VOB
VERDINGUNGSORDNUNG FÜR BAULEISTUNGEN

Mit Erscheinen des Ergänzungsbandes 1976 verlieren die in diesem Band abgedruckten, nachstehend aufgeführten Normen ihre Gültigkeit:

DIN 18 301	Bohrarbeiten
DIN 18 304	Rammarbeiten
DIN 18 320	Landschaftsbauarbeiten
DIN 18 330	Mauerarbeiten
DIN 18 331	Beton- und Stahlbetonarbeiten
DIN 18 333	Betonwerksteinarbeiten
DIN 18 334	Zimmer- und Holzbauarbeiten
DIN 18 350	Putz- und Stuckarbeiten
DIN 18 353	Estricharbeiten
DIN 18 358	Rolladenarbeiten
DIN 18 360	Metallbauarbeiten, Schlosserarbeiten
DIN 18 361	Verglasungsarbeiten
DIN 18 363	Anstricharbeiten
DIN 18 366	Tapezierarbeiten
DIN 18 367	Holzpflasterarbeiten
DIN 18 379	Lüftungstechnische Anlagen
DIN 18 380	Heizungs- und zentrale Brauchwassererwärmungsanlagen
DIN 18 421	Wärmedämmarbeiten an betriebstechnischen Anlagen

Bonn, November 1976

Deutscher Verdingungsausschuß für Bauleistungen (DVA)

DK 69

VOB

Verdingungsordnung für Bauleistungen

Ausgabe 1973

Im Auftrage des

Deutschen Verdingungsausschusses für Bauleistungen

herausgegeben vom

Deutschen Normenausschuß

BEUTH VERLAG GMBH · BERLIN · KÖLN · FRANKFURT (M)

Mitvertrieb:

Bauverlag GmbH, Wiesbaden, Berlin

Karl Krämer Verlag, Stuttgart

Verlagsgesellschaft Rudolf Müller, Köln

Werner-Verlag GmbH, Düsseldorf

DK 69
VOB Verdingungsordnung für Bauleistungen
Im Auftrage des Deutschen Verdingungsausschusses
für Bauleistungen
herausgegeben vom Deutschen Normenausschuß (DNA), Berlin
Berlin, Köln, Frankfurt (M): Beuth Verlag GmbH
1973, 624 S. DIN A 5, Kunststoffband

ISBN 3-410-61 003-0

Druck: Ruksaldruck, Berlin West

Vorwort zur VOB Ausgabe 1973

Die Verdingungsordnung für Bauleistungen (VOB) hat sich in den nunmehr fünf Jahrzehnten seit ihrer ersten Einführung als Grundlage für die Ausgestaltung von Bauverträgen zwischen Auftraggebern und Auftragnehmern voll bewährt. Für die öffentlichen Auftraggeber ist die VOB eine Einkaufsvorschrift, die eine zweckmäßige und wirtschaftliche Bedarfsdeckung sicherstellen soll, und insoweit eine „Durchführungsvorschrift" zu den Haushaltsordnungen. Die Teile B und C werden mehr und mehr nicht nur von den öffentlichen, sondern auch von privaten Auftraggebern als Grundlage für die Ausführung und Abrechnung von Bauarbeiten angewendet.

Die VOB beruht auf dem Prinzip des Wettbewerbes. Wettbewerbsbeschränkende Verhaltensweisen auf dem Baumarkt sind daher nicht nur grundsätzlich gesetzwidrig, sondern widersprechen auch dem Geist und den Bestimmungen der VOB.

Die „Allgemeinen Bestimmungen für die Vergabe von Bauleistungen" (Teil A) und die „Allgemeinen Vertragsbedingungen für die Ausführung von Bauleistungen" (Teil B) sind seit dem Jahre 1952 unverändert geblieben und wurden in die Ausgaben 1958 und 1965 lediglich übernommen. Dagegen wurden die „Allgemeinen Technischen Vorschriften" (Teil C) bis 1965 durch eine Anzahl neuer Vorschriften ergänzt.

Infolge der Fortentwicklung von Technik und Wirtschaft, der Rechtsprechung und nicht zuletzt der Entstehung des Gemeinsamen Marktes mußten jedoch nun alle drei Teile der VOB grundlegend überarbeitet werden. Die jetzt vorliegende Neuausgabe 1973 ist das Ergebnis intensiver Beratungen innerhalb des Deutschen Verdingungsausschusses für Bauleistungen seit Frühjahr 1967.

Die weitestreichenden Änderungen haben die „Allgemeinen Bestimmungen für die Vergabe von Bauleistungen" erfahren. Hierbei sind folgende Bestimmungen besonders hervorzuheben:

Wegen der Entwicklung neuer Produktionsverfahren und neuer Baustoffe sowie moderner Bausysteme mußte § 9 VOB/A (Leistungsbeschreibung) neu gefaßt werden, indem Regelungen für die „Leistungsbeschreibung mit Leistungsprogramm" — auch „funktionale Leistungsbeschreibung" genannt — eingeführt wurden. Zwar war diese Form der Leistungsbeschreibung auch schon nach der bisher geltenden Fassung der VOB möglich; auf Grund der technischen Entwicklung erwies es sich jedoch als unerläßlich, hierfür ins einzelne gehende Regelungen zu treffen.

Die Vorschriften über die Gewährleistung in § 13 VOB/A sind durch Einführung einer neuen Nummer ergänzt worden, in der die Voraussetzungen genannt werden, unter denen von den Regelfristen in § 13 VOB/B abgewichen werden kann.

Aus den „Allgemeinen Vertragsbedingungen für die Ausführung von Bauleistungen" sind insbesondere die Änderungen bzw. Ergänzungen der Vorschriften über Gewährleistung, Stundenlohnarbeiten, Abschlags- und Vorauszahlungen und Sicherheitsleistungen hervorzuheben.

Die Überarbeitung der „Allgemeinen Technischen Vorschriften für Bauleistungen" konnte noch nicht völlig abgeschlossen werden, da die technische Entwicklung gerade hier zahlreiche Fragen aufwirft, die eingehender Beratungen bedürfen. In den jetzt vorliegenden

Teil C wurden jedoch schon mehrere neue Allgemeine Technische Vorschriften aus dem Bereich des Tiefbaus und zahlreiche überarbeitete ATV-Fassungen des Hoch- und Tiefbaus aufgenommen. Dabei handelt es sich insbesondere um solche ATV, die letztmalig im Jahre 1958 neu gefaßt worden sind.

Die VOB-Vorschriften wurden an die EWG-Richtlinien zur Liberalisierung öffentlicher Bauaufträge und zur Koordinierung der Verfahren bei der Vergabe solcher Aufträge dadurch angepaßt, daß die für die Vergabe erheblichen Einzelvorschriften dieser Richtlinien in die VOB vollständig integriert wurden. Dabei war zu unterscheiden zwischen Bestimmungen, die für alle Vergaben geeignet und zweckmäßig sind, und solchen, die nach der Koordinierungsrichtlinie nur für besondere Vergabefälle anzuwenden sind.

Ich hoffe, daß das vorliegende Werk seinen Beitrag zur Rationalisierung des Bauens leisten wird.

Bonn - Bad Godesberg, im Oktober 1973

Der Vorstand des
Deutschen Verdingungsausschusses
für Bauleistungen (DVA)

(Dr.-Ing. Oltmanns)
Vorsitzender

Anmerkung des Herausgebers

1. Die VOB Ausgabe 1973 enthält im Teil C, Allgemeine Technische Vorschriften, insgesamt 48 DIN-Normen, wobei die folgenden Titel erstmals in die VOB aufgenommen wurden:

   DIN 18 310 „Sicherungsarbeiten an Gewässern, Deichen und Küstendünen"

   DIN 18 315 „Straßenbauarbeiten; Oberbauschichten ohne Bindemittel"

   DIN 18 316 „Straßenbauarbeiten; Oberbauschichten mit hydraulischen Bindemitteln"

   DIN 18 317 „Straßenbauarbeiten; Oberbauschichten mit bituminösen Bindemitteln"

   DIN 18 318 „Straßenbauarbeiten; Steinpflaster"

   DIN 18 379 „Lüftungstechnische Anlagen"

   In unveränderter Form wurden aus der VOB Ausgabe 1965 die folgenden 12 Allgemeinen Technischen Vorschriften übernommen:

   DIN 18 304, DIN 18 335, DIN 18 336, DIN 18 337, DIN 18 354, DIN 18 357, DIN 18 358, DIN 18 362, DIN 18 364, DIN 18 366, DIN 18 367, DIN 18 421 und der Anhang DIN 18 451 „Gerüstarbeiten".

   Es ist ferner zu beachten, daß DIN 18 383 „Schwachstrom-Leitungsanlagen in Gebäuden" in der überarbeiteten Fassung von DIN 18 382 „Elektrische Kabel- und Leitungsanlagen in Gebäuden" aufgegangen ist.

2. In den überarbeiteten DIN-Normen der VOB, Teil C, wurde die „Ausführungsverordnung zum Gesetz über Einheiten im Meßwesen" vom 26. 6. 1970 berücksichtigt. Danach dürfen die Krafteinheiten Kilopond (kp) und Megapond (Mp) nur noch bis zum 31. 12. 1977 benutzt werden und müssen dann auf die gesetzliche Krafteinheit Newton (N) umgestellt werden (1 kp = 9,80665 N). Diese Umstellung ist in den Allgemeinen Technischen Vorschriften vorgenommen worden, dabei wurde für 1 kp = 10 N eingesetzt. Zur leichteren Orientierung wurden zu diesen Angaben die alten Kraftgrößen in Klammern hinzugefügt.

3. Besonderer Hinweis zur VOB, Teil B, DIN 1961:

   Auf Grund des Gesetzes zur Änderung der Zivilprozeßordnung vom 21. März 1974 (BGBL 1974, Teil I, S. 753 ff) ist § 38 der Zivilprozeßordnung geändert worden. Hierdurch wurde eine Änderung in der bereits im November 1973 herausgegebenen DIN 1961, in § 18, Nr. 1, erforderlich. Die Neufassung lautet wie folgt:

   > § 18 Streitigkeiten
   >
   > 1. Liegen die Voraussetzungen für eine Gerichtsstandsvereinbarung nach § 38 Zivilprozeßordnung vor, richtet sich der Gerichtsstand für Streitigkeiten aus dem Vertrag nach dem Sitz der für die Prozeßvertretung des Auftraggebers zuständigen Stelle, wenn nichts anderes vereinbart ist. Sie ist dem Auftragnehmer auf Verlangen mitzuteilen.

INHALT

VOB Teil A:

Allgemeine Bestimmungen für die Vergabe von Bauleistungen
DIN 1960

VOB Teil B:

Allgemeine Vertragsbedingungen für die Ausführung von Bauleistungen
DIN 1961

VOB Teil C: Allgemeine Technische Vorschriften für Bauleistungen

Anhang

VOB Teil A:

Allgemeine Bestimmungen für die Vergabe von Bauleistungen

DIN 1960 — Fassung November 1973

§ 1

Bauleistungen

1. Bauleistungen sind Bauarbeiten jeder Art mit oder ohne Lieferung von Stoffen oder Bauteilen.
2. Lieferung und Montage maschineller Einrichtungen sind keine Bauleistungen.

§ 2

Grundsätze der Vergabe

1. Bauleistungen sind an fachkundige, leistungsfähige und zuverlässige Bewerber zu angemessenen Preisen zu vergeben. Der Wettbewerb soll die Regel sein. Ungesunde Begleiterscheinungen, wie z. B. wettbewerbsbeschränkende Verhaltensweisen, sollen bekämpft werden.
2. Es ist anzustreben, die Aufträge so zu erteilen, daß die ganzjährige Bautätigkeit gefördert wird.

§ 3

Arten der Vergabe

1. (1) Bei Öffentlicher Ausschreibung werden Bauleistungen im vorgeschriebenen Verfahren nach öffentlicher Aufforderung einer unbeschränkten Zahl von Unternehmern zur Einreichung von Angeboten vergeben.

   (2) Bei Beschränkter Ausschreibung werden Bauleistungen im vorgeschriebenen Verfahren nach Aufforderung einer beschränkten Zahl von Unternehmern zur Einreichung von Angeboten vergeben, gegebenenfalls nach öffentlicher Aufforderung, Teilnahmeanträge zu stellen (Beschränkte Ausschreibung nach öffentlichem Teilnahmewettbewerb).

   (3) Bei Freihändiger Vergabe werden Bauleistungen ohne ein förmliches Verfahren vergeben, gegebenenfalls nach öffentlicher Aufforderung, Teilnahmeanträge zu stellen (Freihändige Vergabe nach öffentlichem Teilnahmewettbewerb).
2. Der zuständige Bundesminister gibt bekannt, in welchen Vergabefällen bei Beschränkter Ausschreibung und Freihändiger Vergabe ein öffentlicher Teilnahmewettbewerb erforderlich ist; Nr. 6 bleibt unberührt.
3. Öffentliche Ausschreibung soll stattfinden, wenn nicht die Eigenart der Leistung oder besondere Umstände eine Abweichung rechtfertigen.
4. Beschränkte Ausschreibung soll stattfinden,
   a) wenn die Leistung nach ihrer Eigenart nur von einem beschränkten Kreis von Unternehmern in geeigneter Weise ausgeführt werden kann, besonders wenn außergewöhnliche Zuverlässigkeit oder Leistungsfähigkeit (z. B. Erfahrung, technische Einrichtungen oder fachkundige Arbeitskräfte) erforderlich ist,

b) wenn die Öffentliche Ausschreibung für den Auftraggeber oder die Bewerber einen Aufwand verursachen würde, der zu dem erreichbaren Vorteil oder dem Wert der Leistung im Mißverhältnis stehen würde,

c) wenn eine Öffentliche Ausschreibung kein annehmbares Ergebnis gehabt hat,

d) wenn die Öffentliche Ausschreibung aus anderen Gründen (z. B. Dringlichkeit, Geheimhaltung) unzweckmäßig ist.

5. Freihändige Vergabe soll nur stattfinden, wenn die Öffentliche oder Beschränkte Ausschreibung unzweckmäßig ist, besonders

a) weil für die Leistung aus besonderen Gründen (z. B. Patentschutz, besondere Erfahrungen oder Geräte) nur ein bestimmter Unternehmer in Betracht kommt,

b) weil die Leistung nach Art und Umfang vor der Vergabe nicht eindeutig und erschöpfend festgelegt werden kann,

c) weil sich eine kleine Leistung von einer vergebenen größeren Leistung nicht ohne Nachteil trennen läßt,

d) weil die Leistung besonders dringlich ist,

e) weil nach Aufhebung einer Öffentlichen oder Beschränkten Ausschreibung eine erneute Ausschreibung kein annehmbares Ergebnis verspricht.

6. Die Verpflichtung, einen öffentlichen Teilnahmewettbewerb bei Beschränkter Ausschreibung oder Freihändiger Vergabe zu veranstalten (Nr. 2), besteht nicht, wenn

a) nur ein Unternehmer für die Ausführung der Leistung in Betracht kommt (Nr. 5 a),

b) im Ausnahmefall die Leistung nach Art und Umfang oder wegen der damit verbundenen Wagnisse nicht eindeutig und so erschöpfend beschrieben werden kann, daß eine einwandfreie Preisermittlung zwecks Vereinbarung einer festen Vergütung möglich ist (vgl. auch Nr. 5 b),

c) an einen Auftragnehmer zusätzliche Leistungen vergeben werden sollen, die weder in seinem Vertrag noch in dem ihm zugrundeliegenden Entwurf enthalten sind, jedoch wegen eines unvorhergesehenen Ereignisses zur Ausführung der im Hauptauftrag beschriebenen Leistung erforderlich sind, sofern diese Leistungen

— sich entweder aus technischen oder wirtschaftlichen Gründen nicht ohne wesentliche Nachteile für den Auftraggeber vom Hauptauftrag trennen lassen oder

— für die Verbesserung der im Hauptauftrag beschriebenen Leistung unbedingt erforderlich sind, auch wenn sie getrennt vergeben werden könnten,

vorausgesetzt, daß die geschätzte Vergütung für alle solche zusätzlichen Leistungen die Hälfte der Vergütung der Leistung nach dem Hauptauftrag nicht überschreitet (vgl. auch Nr. 5 c),

d) wegen der Dringlichkeit die vorgeschriebenen Bewerbungs- und Angebotsfristen (§ 17 Nr. 2 Absatz 3, § 18 Nr. 3) aus zwingenden Gründen infolge vom Auftraggeber nicht voraussehbarer Ereignisse nicht eingehalten werden können (vgl. auch Nr. 5 d),

e) bei Öffentlicher Ausschreibung beziehungsweise bei Beschränkter Ausschreibung oder Freihändiger Vergabe mit öffentlichem Teilnahmewettbewerb keine annehmbaren Angebote abgegeben oder keine ordnungsgemäßen Teilnahmeanträge gestellt worden sind und eine Wiederholung eines solchen Verfahrens kein brauchbares Ergebnis erwarten läßt (Nr. 5 e), vorausgesetzt, daß die ursprünglich vorgesehene Leistung nach Art, Umfang und Ausführungsbedingungen grundsätzlich nicht geändert wird,

f) die auszuführende Leistung Geheimhaltungsvorschriften unterworfen ist.

§ 4

Einheitliche Vergabe, Vergabe nach Losen

1. Bauleistungen sollen so vergeben werden, daß eine einheitliche Ausführung und zweifelsfreie umfassende Gewährleistung erreicht wird; sie sollen daher in der Regel mit den zur Leistung gehörigen Lieferungen vergeben werden.
2. Umfangreiche Bauleistungen sollen möglichst in Lose geteilt und nach Losen vergeben werden (Teillose).
3. Bauleistungen verschiedener Handwerks- oder Gewerbezweige sind in der Regel nach Fachgebieten oder Gewerbezweigen getrennt zu vergeben (Fachlose). Aus wirtschaftlichen oder technischen Gründen können mehrere Fachlose zusammen vergeben werden.

§ 5

Leistungsvertrag, Stundenlohnvertrag, Selbstkostenerstattungsvertrag

1. Bauleistungen sollen grundsätzlich so vergeben werden, daß die Vergütung nach Leistung bemessen wird (Leistungsvertrag), und zwar:
   a) in der Regel zu Einheitspreisen für technisch und wirtschaftlich einheitliche Teilleistungen, deren Menge nach Maß, Gewicht oder Stückzahl vom Auftraggeber in den Verdingungsunterlagen anzugeben ist (Einheitspreisvertrag),
   b) in geeigneten Fällen für eine Pauschalsumme, wenn die Leistung nach Ausführungsart und Umfang genau bestimmt ist und mit einer Änderung bei der Ausführung nicht zu rechnen ist (Pauschalvertrag).
2. Bauleistungen geringeren Umfangs, die überwiegend Lohnkosten verursachen, können im Stundenlohn vergeben werden (Stundenlohnvertrag).
3. (1) Bauleistungen größeren Umfangs dürfen ausnahmsweise nach Selbstkosten vergeben werden, wenn sie vor der Vergabe nicht eindeutig und so erschöpfend bestimmt werden können, daß eine einwandfreie Preisermittlung möglich ist (Selbstkostenerstattungsvertrag).

   (2) Bei der Vergabe ist festzulegen, wie Löhne, Stoffe, Gerätevorhaltung und andere Kosten einschließlich der Gemeinkosten zu vergüten sind und der Gewinn zu bemessen ist.

   (3) Wird während der Bauausführung eine einwandfreie Preisermittlung möglich, so soll ein Leistungsvertrag abgeschlossen werden. Wird das bereits Geleistete nicht in den Leistungsvertrag einbezogen, so ist auf klare Leistungsabgrenzung zu achten.

§ 6

Angebotsverfahren

1. Das Angebotsverfahren ist darauf abzustellen, daß der Bewerber die Preise, die er für seine Leistungen fordert, in die Leistungsbeschreibung einzusetzen oder in anderer Weise im Angebot anzugeben hat.

2. Das Auf- und Abgebotsverfahren, bei dem vom Auftraggeber angegebene Preise dem Auf- und Abgebot der Bewerber unterstellt werden, soll nur ausnahmsweise bei regelmäßig wiederkehrenden Unterhaltungsarbeiten, deren Umfang möglichst zu umgrenzen ist, angewandt werden.

§ 7

Mitwirkung von Sachverständigen

1. Ist die Mitwirkung von besonderen Sachverständigen zweckmäßig, um
   a) die Vergabe, insbesondere die Verdingungsunterlagen, vorzubereiten oder
   b) die geforderten Preise einschließlich der Vergütungen für Stundenlohnarbeiten (Stundenlohnzuschläge, Verrechnungssätze) zu beurteilen oder
   c) die vertragsgemäße Ausführung der Leistung zu begutachten,

   so sollen die Sachverständigen in der Regel von den Berufsvertretungen vorgeschlagen werden; diese Sachverständigen dürfen weder unmittelbar noch mittelbar an der betreffenden Vergabe beteiligt sein.
2. Sachverständige im Sinn von Nr. 1 sollen in geeigneten Fällen auf Antrag der Berufsvertretungen gehört werden, wenn dem Auftraggeber dadurch keine Kosten entstehen.

§ 8

Teilnehmer am Wettbewerb

1. Alle Bewerber sind gleich zu behandeln. Der Wettbewerb soll insbesondere nicht auf Bewerber, die in bestimmten Bezirken ansässig sind, beschränkt werden.
2. (1) Bei Öffentlicher Ausschreibung sind die Unterlagen an alle Bewerber abzugeben, die sich gewerbsmäßig mit der Ausführung von Leistungen der ausgeschriebenen Art befassen.

   (2) Bei Beschränkter Ausschreibung sollen im allgemeinen nur 3 bis 8 fachkundige, leistungsfähige und zuverlässige Bewerber aufgefordert werden. Werden von den Bewerbern umfangreiche Vorarbeiten verlangt, die einen besonderen Aufwand erfordern, so soll die Zahl der Bewerber möglichst eingeschränkt werden.

   (3) Bei Beschränkter Ausschreibung und Freihändiger Vergabe soll unter den Bewerbern möglichst gewechselt werden.
3. (1) Von den Bewerbern können zum Nachweis ihrer Fachkunde, Leistungsfähigkeit und Zuverlässigkeit Angaben verlangt werden über:
   a) den Umsatz des Bewerbers in den letzten 3 abgeschlossenen Geschäftsjahren, soweit er Bauleistungen und andere Leistungen betrifft, die mit der zu vergebenden Leistung vergleichbar sind, unter Einschluß des Anteils bei Arbeitsgemeinschaften und anderen gemeinschaftlichen Bietern,
   b) die Ausführung von Leistungen in den letzten 3 abgeschlossenen Geschäftsjahren, die mit der zu vergebenden Leistung vergleichbar sind,
   c) die Zahl der in den letzten 3 abgeschlossenen Geschäftsjahren jahresdurchschnittlich beschäftigten Arbeitskräfte, gegebenenfalls gegliedert nach Berufsgruppen,

d) die dem Bewerber für die Ausführung der zu vergebenden Leistung zur Verfügung stehende technische Ausrüstung,

e) die Eintragung in das Berufsregister ihres Sitzes oder Wohnsitzes.

(2) Die Nachweise nach Absatz 1 a, c und e können durch eine von der zuständigen Stelle ausgestellte Bescheinigung erbracht werden, aus der hervorgeht, daß der Bewerber in einer amtlichen Liste in einer Gruppe geführt wird, die den genannten Leistungsmerkmalen entspricht.

(3) Bei Öffentlicher Ausschreibung sind in der Aufforderung zur Angebotsabgabe die Nachweise zu bezeichnen, deren Vorlage mit dem Angebot verlangt oder deren spätere Anforderung vorbehalten wird. Bei Beschränkter Ausschreibung und Freihändiger Vergabe mit öffentlichem Teilnahmewettbewerb ist zu verlangen, daß die Nachweise bereits mit dem Teilnahmeantrag vorgelegt werden.

4. (1) Von der Teilnahme am Wettbewerb können Bewerber ausgeschlossen werden,

   a) über deren Vermögen das Konkursverfahren oder das Vergleichsverfahren eröffnet oder die Eröffnung beantragt worden ist,

   b) die sich in Liquidation befinden,

   c) die nachweislich eine schwere Verfehlung begangen haben, die ihre Zuverlässigkeit als Bewerber in Frage stellt,

   d) die ihre Verpflichtung zur Zahlung von Steuern und Abgaben sowie der Beiträge zur gesetzlichen Sozialversicherung nicht ordnungsgemäß erfüllt haben,

   e) die im Vergabeverfahren vorsätzlich unzutreffende Erklärungen in bezug auf ihre Fachkunde, Leistungsfähigkeit und Zuverlässigkeit abgegeben haben.

   (2) Der Auftraggeber kann von den Bewerbern oder Bietern entsprechende Bescheinigungen der zuständigen Stellen oder Erklärungen verlangen.

   (3) Der Nachweis, daß Ausschlußgründe im Sinn von Absatz 1 nicht vorliegen, kann auch durch eine Bescheinigung nach Nr. 3 Absatz 2 geführt werden, es sei denn, daß dies widerlegt wird.

5. Justizvollzugsanstalten, Fürsorgeheime (-anstalten), Aus- und Fortbildungsstätten und ähnliche Einrichtungen sowie Betriebe der öffentlichen Hand und Verwaltungen sind zum Wettbewerb mit gewerblichen Unternehmern nicht zuzulassen.

§ 9

Leistungsbeschreibung

Allgemeines

1. Die Leistung ist eindeutig und so erschöpfend zu beschreiben, daß alle Bewerber die Beschreibung im gleichen Sinne verstehen müssen und ihre Preise sicher und ohne umfangreiche Vorarbeiten berechnen können.

2. Dem Auftragnehmer soll kein ungewöhnliches Wagnis aufgebürdet werden für Umstände und Ereignisse, auf die er keinen Einfluß hat und deren Einwirkung auf die Preise und Fristen er nicht im voraus schätzen kann.

Leistungsbeschreibung mit Leistungsverzeichnis

3. Die Leistung soll in der Regel durch eine allgemeine Darstellung der Bauaufgabe (Baubeschreibung) und ein in Teilleistungen gegliedertes Leistungsverzeichnis beschrieben werden.

4. (1) Um eine einwandfreie Preisermittlung zu ermöglichen, sind alle sie beeinflussenden Umstände festzustellen und in den Verdingungsunterlagen anzugeben.

   (2) Erforderlichenfalls ist die Leistung auch zeichnerisch oder durch Probestücke darzustellen oder anders zu erklären, z. B. durch Hinweise auf ähnliche Leistungen, durch Massen- oder statische Berechnungen. Zeichnungen und Proben, die für die Ausführung maßgebend sein sollen, sind eindeutig zu bezeichnen.

   (3) Erforderlichenfalls sind auch der Zweck und die vorgesehene Beanspruchung der fertigen Leistung anzugeben.

   (4) Boden- und Wasserverhältnisse sind so zu beschreiben, daß der Bewerber den Baugrund und seine Tragfähigkeit, die Grundwasserverhältnisse und die Einflüsse benachbarter Gewässer auf die bauliche Anlage und die Bauausführung hinreichend beurteilen kann; erforderlichenfalls sind auch die zu beachtenden wasserrechtlichen Vorschriften anzugeben.

   (5) Gegebenenfalls sind auch andere Verhältnisse der Baustelle hinreichend genau anzugeben, wie:

   im Baugelände vorhandene Anlagen, insbesondere Abwasser- und Versorgungsleitungen,

   Zugangswege,

   notwendige Verbindungswege zwischen Arbeitsplätzen und der vorgeschriebenen Lagerstelle,

   Anschlußgleise,

   Plätze für Unterkünfte,

   Lagerplätze,

   benutzbare Wasserstellen,

   Anschlüsse für Energie,

   etwaige Entgelte für die Benutzung von Einrichtungen oder Plätzen.

5. Leistungen, die nach den Vertragsbedingungen, den Technischen Vorschriften oder der gewerblichen Verkehrssitte zu der geforderten Leistung gehören (B § 2 Nr. 1), brauchen nicht besonders aufgeführt zu werden.

6. Werden vom Auftragnehmer besondere Leistungen verlangt, wie

   Beaufsichtigung der Leistungen anderer Unternehmer,

   Sicherungsmaßnahmen zur Unfallverhütung für Leistungen anderer Unternehmer,

   besondere Schutzmaßnahmen gegen Witterungsschäden, Hochwasser und Grundwasser,

   Versicherung der Leistung bis zur Abnahme zugunsten des Auftraggebers oder Versicherung eines außergewöhnlichen Haftpflichtwagnisses,

   besondere Prüfung von Stoffen und Bauteilen, die der Auftraggeber liefert, oder verlangt der Auftraggeber die Abnahme von Stoffen oder Bauteilen vor Anlieferung zur Baustelle, so ist dies in den Verdingungsunterlagen anzugeben; gegebenenfalls sind hierfür besondere Ansätze (Ordnungszahlen) vorzusehen.

7. (1) Bei der Beschreibung der Leistung sind die verkehrsüblichen Bezeichnungen anzuwenden und die einschlägigen Normen zu beachten; insbesondere sind die Hinweise für die Leistungsbeschreibung in den Allgemeinen Technischen Vorschriften zu berücksichtigen.

   (2) Bestimmte Erzeugnisse oder Verfahren sowie bestimmte Ursprungsorte und Bezugsquellen dürfen nur dann ausdrücklich vorgeschrieben werden, wenn dies durch die Art der geforderten Leistung gerechtfertigt ist.

   (3) Bezeichnungen für bestimmte Erzeugnisse oder Verfahren (z. B. Markennamen) dürfen ausnahmsweise, jedoch nur mit dem Zusatz „oder gleichwertiger Art" verwendet werden, wenn eine Beschreibung durch hinreichend genaue, allgemeinverständliche Bezeichnungen nicht möglich ist.

8. (1) Im Leistungsverzeichnis ist die Leistung derart aufzugliedern, daß unter einer Ordnungszahl (Position) nur solche Leistungen aufgenommen werden, die nach ihrer technischen Beschaffenheit und für die Preisbildung als in sich gleichartig anzusehen sind. Ungleichartige Leistungen sollen unter einer Ordnungszahl (Sammelposition) nur zusammengefaßt werden, wenn eine Teilleistung gegenüber einer anderen für die Bildung eines Durchschnittspreises ohne nennenswerten Einfluß ist.

   (2) Für die Einrichtung größerer Baustellen mit Maschinen, Geräten, Gerüsten, Baracken und dergleichen und für die Räumung solcher Baustellen sowie für etwaige zusätzliche Anforderungen an Zufahrten (z. B. hinsichtlich der Tragfähigkeit) sind besondere Ansätze (Ordnungszahlen) vorzusehen.

   (3) Sollen Lohn- und Gehaltsnebenkosten (z. B. Wegegelder, Fahrtkosten, Auslösungen) gesondert vergütet werden, so ist die Art der Vergütung (z. B. durch Pauschalsumme oder auf Nachweis) in den Verdingungsunterlagen zu bestimmen.

9. Für Änderungsvorschläge und Nebenangebote gilt § 17 Nr. 4 Absatz 3.

Leistungsbeschreibung mit Leistungsprogramm

10. Wenn es nach Abwägen aller Umstände zweckmäßig ist, abweichend von Nr. 3 zusammen mit der Bauausführung auch den Entwurf für die Leistung dem Wettbewerb zu unterstellen, um die technisch, wirtschaftlich und gestalterisch beste sowie funktionsgerechte Lösung der Bauaufgabe zu ermitteln, kann die Leistung durch ein Leistungsprogramm dargestellt werden.

11. (1) Das Leistungsprogramm umfaßt eine Beschreibung der Bauaufgabe, aus der die Bewerber alle für die Entwurfsbearbeitung und ihr Angebot maßgebenden Bedingungen und Umstände erkennen können und in der sowohl der Zweck der fertigen Leistung als auch die an sie gestellten technischen, wirtschaftlichen, gestalterischen und funktionsbedingten Anforderungen angegeben sind, sowie gegebenenfalls ein Musterleistungsverzeichnis, in dem die Mengenangaben ganz oder teilweise offengelassen sind.

   (2) Nr. 4 bis 9 gelten sinngemäß.

12. Von dem Bieter ist ein Angebot zu verlangen, das außer der Ausführung der Leistung den Entwurf nebst eingehender Erläuterung und eine Darstellung der Bauausführung sowie eine eingehende und zweckmäßig gegliederte Beschreibung der Leistung — gegebenenfalls mit Mengen- und Preisangaben für Teile der Leistung — umfaßt. Bei Beschreibung der Leistung mit Mengen- und Preisangaben ist vom Bieter zu verlangen, daß er
    a) die Vollständigkeit seiner Angaben, insbesondere die von ihm selbst ermittelten Mengen, entweder ohne Einschränkung oder im Rahmen einer in den Verdingungsunterlagen anzugebenden Mengentoleranz vertritt und daß er
    b) etwaige Annahmen, zu denen er in besonderen Fällen gezwungen ist, weil zum Zeitpunkt der Angebotsabgabe einzelne Teilleistungen nach Art und Menge noch nicht bestimmt werden können (z. B. Aushub-, Abbruch- oder Wasserhaltungsarbeiten), — erforderlichenfalls anhand von Plänen und Mengenermittlungen — begründet.

§ 10
Vertragsbedingungen

1. In den Verdingungsunterlagen ist vorzuschreiben, daß die Allgemeinen Vertragsbedingungen für die Ausführung von Bauleistungen (VOB/B) und die Allgemeinen Technischen Vorschriften für Bauleistungen (VOB/C) Bestandteile des Vertrages werden. Das gilt auch für etwaige Zusätzliche Vertragsbedingungen und etwaige Zusätzliche Technische Vorschriften, soweit sie Bestandteile des Vertrages werden sollen.

2. (1) Die Allgemeinen Vertragsbedingungen bleiben grundsätzlich unverändert. Sie können von Auftraggebern, die ständig Bauleistungen vergeben, für die bei ihnen allgemein gegebenen Verhältnisse durch Zusätzliche Vertragsbedingungen ergänzt werden. Diese dürfen den Allgemeinen Vertragsbedingungen nicht widersprechen.

   (2) Für die Erfordernisse des Einzelfalles sind die Allgemeinen Vertragsbedingungen und etwaige Zusätzliche Vertragsbedingungen durch Besondere Vertragsbedingungen zu ergänzen. In diesen sollen sich Abweichungen von den Allgemeinen Vertragsbedingungen auf die Fälle beschränken, in denen dort besondere Vereinbarungen ausdrücklich vorgesehen sind und auch nur soweit es die Eigenart der Leistung und ihre Ausführung erfordern.

3. Die Allgemeinen Technischen Vorschriften bleiben grundsätzlich unverändert. Sie können durch Zusätzliche Technische Vorschriften ergänzt werden. Für die Erfordernisse des Einzelfalles sind Ergänzungen und Änderungen in der Leistungsbeschreibung festzulegen.

4. (1) In den Zusätzlichen Vertragsbedingungen oder in den Besonderen Vertragsbedingungen sollen, soweit erforderlich, folgende Punkte geregelt werden:
    a) Unterlagen (A § 20 Nr. 3, B § 3 Nr. 5),
    b) Benutzung von Lager- und Arbeitsplätzen, Zufahrtswegen, Anschlußgleisen, Wasser- und Energieanschlüssen (B § 4 Nr. 4),
    c) Weitervergabe an Nachunternehmer (B § 4 Nr. 8),
    d) Ausführungsfristen (A § 11, B § 5),

e) Haftung (B § 10 Nr. 2),
f) Vertragsstrafen und Beschleunigungsvergütungen (A § 12, B § 11),
g) Abnahme (B § 12),
h) Vertragsart (A § 5), Abrechnung (B § 14),
i) Stundenlohnarbeiten (B § 15),
k) Zahlung (B § 16),
l) Sicherheitsleistung (A § 14, B § 17),
m) Gerichtsstand (B § 18 Nr. 1),
n) Lohn- und Gehaltsnebenkosten (A § 9 Nr. 8 Absatz 3),
o) Änderung der Vertragspreise (A § 15).

(2) Im Einzelfall erforderliche besondere Vereinbarungen über die Gewährleistung (A § 13 Nr. 2, B § 13 Nr. 1, 4, 7) und über die Verteilung der Gefahr bei Schäden, die durch Hochwasser, Sturmfluten, Grundwasser, Wind, Schnee, Eis und dergleichen entstehen können (B § 7), sind in den Besonderen Vertragsbedingungen zu treffen. Sind für bestimmte Bauleistungen gleichgelagerte Voraussetzungen im Sinne von § 13 Nr. 2 gegeben, so können die besonderen Vereinbarungen auch in Zusätzlichen Technischen Vorschriften vorgesehen werden.

5. Sollen Streitigkeiten aus dem Vertrag unter Ausschluß des ordentlichen Rechtsweges im schiedsrichterlichen Verfahren ausgetragen werden, so ist es in besonderer, nur das Schiedsverfahren betreffender Urkunde zu vereinbaren, soweit nicht § 1027 Absatz 2 der Zivilprozeßordnung auch eine andere Form der Vereinbarung zuläßt.

§ 11

Ausführungsfristen

1. (1) Die Ausführungsfristen sind ausreichend zu bemessen; Jahreszeit, Arbeitsverhältnisse und etwaige besondere Schwierigkeiten sind zu berücksichtigen. Für die Bauvorbereitung ist dem Auftragnehmer genügend Zeit zu gewähren.

(2) Außergewöhnlich kurze Fristen sind nur bei besonderer Dringlichkeit vorzusehen.

(3) Soll vereinbart werden, daß mit der Ausführung erst nach Aufforderung zu beginnen ist (B § 5 Nr. 2), so muß die Frist, innerhalb deren die Aufforderung ausgesprochen werden kann, unter billiger Berücksichtigung der für die Ausführung maßgebenden Verhältnisse zumutbar sein; sie ist in den Verdingungsunterlagen festzulegen.

2. (1) Wenn es ein erhebliches Interesse des Auftraggebers erfordert, sind Einzelfristen für in sich abgeschlossene Teile der Leistung zu bestimmen.

(2) Wird ein Bauzeitenplan aufgestellt, damit die Leistungen aller Unternehmer sicher ineinandergreifen, so sollen nur die für den Fortgang der Gesamtarbeit besonders wichtigen Einzelfristen als vertraglich verbindliche Fristen (Vertragsfristen) bezeichnet werden.

3. Ist für die Einhaltung von Ausführungsfristen die Übergabe von Zeichnungen oder anderen Unterlagen wichtig, so soll hierfür ebenfalls eine Frist festgelegt werden.

§ 12
Vertragsstrafen und Beschleunigungsvergütungen

1. Vertragsstrafen für die Überschreitung von Vertragsfristen sollen nur ausbedungen werden, wenn die Überschreitung erhebliche Nachteile verursachen kann. Die Strafe ist in angemessenen Grenzen zu halten.
2. Beschleunigungsvergütungen (Prämien) sollen nur vorgesehen werden, wenn die Fertigstellung vor Ablauf der Vertragsfristen erhebliche Vorteile bringt.

§ 13
Gewährleistung

1. Auf Gewährleistung über die Abnahme hinaus soll verzichtet werden bei Bauleistungen, deren einwandfreie, vertragsgemäße Beschaffenheit sich bei der Abnahme unzweifelhaft feststellen läßt und bei denen auch später keine Mängel zu erwarten sind.
2. Andere Verjährungsfristen als nach § 13 Nr. 4 der Allgemeinen Vertragsbedingungen sollen nur vorgesehen werden, wenn dies wegen der Eigenart der Leistung erforderlich ist. In solchen Fällen sind alle Umstände gegeneinander abzuwägen, insbesondere, wann etwaige Mängel wahrscheinlich erkennbar werden und wieweit die Mängelursachen noch nachgewiesen werden können, aber auch die Wirkung auf die Preise und die Notwendigkeit einer billigen Bemessung der Verjährungsfristen für Gewährleistungsansprüche.

§ 14
Sicherheitsleistung

1. Auf Sicherheitsleistung soll ganz oder teilweise verzichtet werden, wenn Mängel der Leistung voraussichtlich nicht eintreten oder wenn der Auftragnehmer hinreichend bekannt ist und genügende Gewähr für die vertragsgemäße Leistung und die Beseitigung etwa auftretender Mängel bietet.
2. Die Sicherheit soll nicht höher bemessen und ihre Rückgabe nicht für einen späteren Zeitpunkt vorgesehen werden, als nötig ist, um den Auftraggeber vor Schaden zu bewahren. Sie soll 5 v. H. der Auftragssumme nicht überschreiten.
3. Wenn bei der Abnahme die Leistung nicht beanstandet wird, soll die Sicherheit ganz oder zum größeren Teil zurückgegeben werden.

§ 15
Änderung der Vergütung

Sind wesentliche Änderungen der Preisermittlungsgrundlagen zu erwarten, deren Eintritt oder Ausmaß ungewiß ist, so kann eine angemessene Änderung der Vergütung in den Verdingungsunterlagen vorgesehen werden. Die Einzelheiten der Preisänderungen sind festzulegen.

§ 16

Grundsätze der Ausschreibung

1. Der Auftraggeber soll erst dann ausschreiben, wenn alle Verdingungsunterlagen fertiggestellt sind und wenn innerhalb der angegebenen Fristen mit der Ausführung begonnen werden kann.
2. Ausschreibungen für vergabefremde Zwecke (z. B. Ertragsberechnungen) sind unzulässig.

§ 17

Bekanntmachung

1. (1) Öffentliche Ausschreibungen sind durch Tageszeitungen, amtliche Veröffentlichungsblätter oder Fachzeitschriften bekanntzumachen.

   (2) Diese Bekanntmachungen sollen mindestens folgende Angaben enthalten:

   a) Art und Umfang der Leistung (einschließlich der etwaigen Teilung in Lose) sowie den Ausführungsort,

   b) etwaige Bestimmungen über die Ausführungszeit,

   c) Bezeichnung (Anschrift) der zur Angebotsabgabe auffordernden Stelle, der den Zuschlag erteilenden Stelle sowie der Stelle, bei der die Angebote einzureichen sind,

   d) Bezeichnung (Anschrift) der Stelle, die die Vergabeunterlagen (Anschreiben und Verdingungsunterlagen; vgl. Nr. 4) abgibt, sowie des Tages, bis zu dem sie bei ihr spätestens angefordert werden können,

   e) Bezeichnung (Anschriften) der Stellen, bei denen die Vergabeunterlagen eingesehen werden können,

   f) Art der Vergabe (A § 3),

   g) Ort und Zeit des Eröffnungstermins (Ablauf der Angebotsfrist, A § 18 Nr. 2) sowie Angabe, welche Personen zum Eröffnungstermin zugelassen sind,

   h) Zuschlags- und Bindefrist (A § 19),

   i) die Höhe einer etwaigen Entschädigung für die Verdingungsunterlagen und die Zahlungsweise (A § 20 Nr. 1 Absatz 1),

   k) etwaige Vorbehalte wegen der Teilung in Lose und Vergabe der Lose an verschiedene Bieter,

   l) die Höhe etwa geforderter Sicherheitsleistungen,

   m) etwa vom Auftraggeber zur Vorlage mit dem Angebot für die Beurteilung der Eignung (Fachkunde, Leistungsfähigkeit und Zuverlässigkeit, A § 2 Satz 1) des Bieters verlangte Unterlagen (A § 8 Nr. 3 und 4),

   n) die wesentlichen Zahlungsbedingungen oder Angabe der Unterlagen, in denen sie enthalten sind (z. B. B § 16).

   In den vom zuständigen Bundesminister bestimmten Vergabefällen muß die Bekanntmachung außer den unter a bis n bezeichneten Angaben enthalten:

   o) die Bestimmung, daß die Angebote in deutscher Sprache abzufassen sind, sowie

   p) die Angabe des Tages der Absendung der Bekanntmachung an das „Amt für amtliche Veröffentlichungen der Europäischen Gemeinschaften“.

2. (1) Bei Beschränkten Ausschreibungen und Freihändigen Vergaben mit öffentlichem Teilnahmewettbewerb sind die Unternehmer durch Bekanntmachungen in Tageszeitungen, amtlichen Veröffentlichungsblättern oder Fachzeitschriften aufzufordern, ihre Teilnahme am Wettbewerb zu beantragen.

   (2) Diese Bekanntmachungen sollen mindestens folgende Angaben enthalten:

   a) Art und Umfang der Leistung (einschließlich der etwaigen Teilung in Lose) sowie den Ausführungsort,
   b) etwaige Bestimmungen über die Ausführungszeit,
   c) Bezeichnung (Anschrift) der zur Angebotsabgabe auffordernden Stelle und der den Zuschlag erteilenden Stelle,
   d) Bezeichnung (Anschrift) der Stelle, bei der der Teilnahmeantrag zu stellen ist,
   e) Art der Vergabe (A § 3),
   f) Tag, bis zu dem der Teilnahmeantrag bei der zur Angebotsabgabe auffordernden Stelle eingegangen sein muß,
   g) Tag, an dem die Aufforderung zur Angebotsabgabe spätestens abgesandt wird,
   h) etwaige Vorbehalte wegen der Teilung in Lose und Vergabe der Lose an verschiedene Bieter,
   i) etwa vom Auftraggeber zur Vorlage mit dem Teilnahmeantrag für die Beurteilung der Eignung (Fachkunde, Leistungsfähigkeit und Zuverlässigkeit, A § 2 Nr. 1 Satz 1) des Bieters verlangte Unterlagen (A § 8 Nr. 3 und 4).

   In den vom zuständigen Bundesminister bestimmten Vergabefällen muß die Bekanntmachung außer den unter a bis i bezeichneten Angaben enthalten:

   k) die Angabe des Tages der Absendung der Bekanntmachung an das „Amt für amtliche Veröffentlichungen der Europäischen Gemeinschaften".

   (3) In den vom zuständigen Bundesminister bestimmten Vergabefällen beträgt die Frist für die Einreichung von Teilnahmeanträgen (Bewerbungsfrist) mindestens 18 Werktage, gerechnet vom Tag der Absendung der Bekanntmachung an, in Fällen besonderer Dringlichkeit ausnahmsweise 12 Werktage.

3. In den vom zuständigen Bundesminister bestimmten Vergabefällen ist der Auftraggeber verpflichtet, die Bekanntmachung nach Nr. 1 oder 2 gleichzeitig an die inländischen Veröffentlichungsblätter und an das „Amt für amtliche Veröffentlichungen der Europäischen Gemeinschaften" zu übersenden.

4. (1) Die Verdingungsunterlagen sind den Bewerbern mit einem Anschreiben (Aufforderung zur Angebotsabgabe) zu übergeben, das alle Angaben enthält, die außer den Verdingungsunterlagen für den Entschluß zur Abgabe eines Angebots notwendig sind, namentlich über

   a) Art und Umfang der Leistung sowie den Ausführungsort,
   b) etwaige Bestimmungen über die Ausführungszeit,
   c) Bezeichnung (Anschrift) der zur Angebotsabgabe auffordernden Stelle und der den Zuschlag erteilenden Stelle,
   d) Bezeichnung (Anschrift) der Stellen, bei denen Verdingungsunterlagen eingesehen werden können, die nicht abgegeben werden,
   e) Art der Vergabe (A § 3),

f) etwaige Ortsbesichtigungen,

g) genaue Aufschrift der Angebote,

h) Ort und Zeit des Eröffnungstermins (Ablauf der Angebotsfrist, A § 18 Nr. 2) sowie Angabe, welche Personen zum Eröffnungstermin zugelassen sind (A § 22 Nr. 1 Satz 1),

i) etwa vom Auftraggeber zur Vorlage mit dem Angebot für die Beurteilung der Eignung (Fachkunde, Leistungsfähigkeit und Zuverlässigkeit, A § 2 Nr. 1 Satz 1) des Bieters verlangte Unterlagen (A § 8 Nr. 3 und 4),

k) die Höhe etwa geforderter Sicherheitsleistungen,

l) Änderungsvorschläge und Nebenangebote (vgl. Absatz 3),

m) etwaige Vorbehalte wegen der Teilung in Lose und Vergabe der Lose an verschiedene Bieter,

n) Zuschlags- und Bindefrist (A § 19),

o) sonstige Erfordernisse, die die Bewerber bei der Bearbeitung ihrer Angebote beachten müssen (vgl. auch A § 18 Nr. 2 und 4, A § 19 Nr. 1, A § 21).

In den vom zuständigen Bundesminister bestimmten Vergabefällen muß außerdem angegeben werden:

p) unter Bezugnahme auf § 25 der Hinweis, daß der Auftraggeber den Zuschlag auf das Angebot erteilen wird, das unter Berücksichtigung aller technischen und wirtschaftlichen, gegebenenfalls auch gestalterischen und funktionsbedingten Gesichtspunkte als das annehmbarste erscheint, möglichst ergänzt durch nähere Bezeichnung der Umstände, auf die der Auftraggeber bei der Beurteilung der Angebote besonderen Wert legt, wie beispielsweise Bauunterhaltungs- oder Betriebskosten, Lebensdauer, Ausführungsfrist, künstlerische Gestaltung,

q) daß die Angebote in deutscher Sprache abzufassen sind.

(2) Auftraggeber, die ständig Bauleistungen vergeben, sollen die Erfordernisse, die die Bewerber bei der Bearbeitung ihrer Angebote beachten müssen, in Bewerbungsbedingungen zusammenfassen und dem Anschreiben beifügen (vgl. auch A § 18 Nr. 2 und 4, A § 19 Nr. 1 und A § 21).

(3) Wenn der Auftraggeber Änderungsvorschläge oder Nebenangebote wünscht, ausdrücklich zulassen oder ausschließen will, so ist dies anzugeben; ebenso ist anzugeben, wenn Nebenangebote ohne gleichzeitige Abgabe eines Hauptangebotes ausnahmsweise ausgeschlossen werden. Soweit der Bieter eine Leistung anbietet, deren Ausführung nicht in Allgemeinen Technischen Vorschriften oder in den Verdingungsunterlagen geregelt ist, sind von ihm im Angebot entsprechende Angaben über Ausführung und Beschaffenheit dieser Leistung zu verlangen.

(4) Die Aufforderung zur Angebotsabgabe ist bei Beschränkter Ausschreibung sowie bei Freihändiger Vergabe mit öffentlichem Teilnahmewettbewerb an alle ausgewählten Bewerber am gleichen Tag abzusenden.

5. Jeder Bewerber soll die Leistungsbeschreibung doppelt und alle anderen für die Preisermittlung wesentlichen Unterlagen einfach erhalten. Wenn von den Unterlagen (außer der Leistungsbeschreibung) keine Vervielfältigungen abgegeben werden können, sind sie in ausreichender Weise zur Einsicht auszulegen, wenn nötig nicht nur am Geschäftssitz des Auftraggebers, sondern auch am Ausführungsort oder an einem Nachbarort.

6. Die Namen der Bewerber, die Verdingungsunterlagen erhalten oder eingesehen haben, sind geheimzuhalten.

7. (1) Erbitten Bewerber zusätzliche sachdienliche Auskünfte über die Vergabeunterlagen, so sind die Auskünfte unverzüglich zu erteilen. In den vom zuständigen Bundesminister bestimmten Vergabefällen müssen rechtzeitig beantragte Auskünfte spätestens 6 Tage — in Fällen besonderer Dringlichkeit (Nr. 2 Absatz 3) 4 Tage — vor Ablauf der Angebotsfrist erteilt werden.

   (2) Werden einem Bewerber wichtige Aufklärungen über die geforderte Leistung oder die Grundlagen der Preisermittlung gegeben, so sind sie auch den anderen Bewerbern unverzüglich mitzuteilen, soweit diese bekannt sind.

§ 18

Angebotsfrist

1. Für die Bearbeitung und Einreichung der Angebote sind ausreichende Fristen vorzusehen, auch bei kleinen Bauleistungen nicht unter 10 Werktagen. Dabei ist insbesondere der zusätzliche Aufwand für die Besichtigung von Baustellen oder die Beschaffung von Unterlagen für die Angebotsbearbeitung zu berücksichtigen.
2. Die Angebotsfrist läuft ab, sobald im Eröffnungstermin der Verhandlungsleiter mit der Öffnung der Angebote beginnt.
3. In den vom zuständigen Bundesminister bestimmten Vergabefällen dürfen folgende Fristen für die Angebotsabgabe nicht unterschritten werden:
   a) bei Öffentlicher Ausschreibung 31 Werktage, gerechnet von dem Tag ab, an dem die Bekanntmachung nach § 17 Nr. 1 zur Veröffentlichung abgesandt worden ist,
   b) bei Beschränkter Ausschreibung oder Freihändiger Vergabe mit öffentlichem Teilnahmewettbewerb 18 Werktage, in Fällen besonderer Dringlichkeit ausnahmsweise 9 Werktage, gerechnet von dem Tag ab, an dem die Aufforderung zur Angebotsabgabe abgesandt worden ist.

   Ist für die Angebotsabgabe eine Ortsbesichtigung oder die Einsichtnahme in ausgelegte Verdingungsunterlagen (A § 17 Nr. 1 e bzw. Nr. 4 d) notwendig, so sind diese Fristen angemessen zu verlängern.
4. Bis zum Ablauf der Angebotsfrist können Angebote schriftlich, fernschriftlich oder telegrafisch zurückgezogen werden.

§ 19

Zuschlags- und Bindefrist

1. Die Zuschlagsfrist beginnt mit dem Eröffnungstermin.
2. Die Zuschlagsfrist soll so kurz wie möglich und nicht länger bemessen werden, als der Auftraggeber für eine zügige Prüfung und Wertung der Angebote (A §§ 23 bis 25) benötigt. Sie soll nicht mehr als 24 Werktage betragen; eine längere Zuschlagsfrist soll nur in begründeten Fällen festgelegt werden. Das Ende der Zuschlagsfrist soll durch Angabe des Kalendertages bezeichnet werden.
3. Es ist vorzusehen, daß der Bieter bis zum Ablauf der Zuschlagsfrist an sein Angebot gebunden ist (Bindefrist).
4. Nr. 1 bis Nr. 3 gelten bei Freihändiger Vergabe entsprechend.

§ 20

Kosten

1. (1) Bei Öffentlicher Ausschreibung darf für die Leistungsbeschreibung und die anderen Unterlagen eine Entschädigung gefordert werden; sie darf die Selbstkosten der Vervielfältigung nicht überschreiten. In der Bekanntmachung (A § 17 Nr. 1) ist anzugeben, wie hoch sie ist; ferner ist in der Bekanntmachung sowie im Anschreiben (A § 17 Nr. 4) anzugeben, ob und unter welchen Bedingungen sie erstattet wird.

   (2) Bei Beschränkter Ausschreibung und Freihändiger Vergabe sind alle Unterlagen unentgeltlich abzugeben.

2. (1) Für die Bearbeitung des Angebots wird keine Entschädigung gewährt. Verlangt jedoch der Auftraggeber, daß der Bewerber Entwürfe, Pläne, Zeichnungen, statische Berechnungen, Massenberechnungen oder andere Unterlagen ausarbeitet, insbesondere in den Fällen des § 9 Nr. 10 bis 12, so ist einheitlich für alle Bieter in der Ausschreibung eine angemessene Entschädigung festzusetzen. Ist eine Entschädigung festgesetzt, so steht sie jedem Bieter zu, der ein der Ausschreibung entsprechendes Angebot mit den geforderten Unterlagen rechtzeitig eingereicht hat.

   (2) Diese Grundsätze gelten für die Freihändige Vergabe entsprechend.

3. Der Auftraggeber darf Angebotsunterlagen und die in den Angeboten enthaltenen eigenen Vorschläge eines Bieters nur für die Prüfung und Wertung der Angebote (A §§ 23 und 25) verwenden. Eine darüber hinausgehende Verwendung bedarf der vorherigen schriftlichen Vereinbarung.

§ 21

Inhalt der Angebote

1. (1) Die Angebote sollen nur die Preise und die geforderten Erklärungen enthalten. Sie müssen mit rechtsverbindlicher Unterschrift versehen sein. Änderungen des Bieters an seinen Eintragungen müssen zweifelsfrei sein.

   (2) Änderungen an den Verdingungsunterlagen sind unzulässig.

   (3) Der Auftraggeber soll allgemein oder im Einzelfall zulassen, daß Bieter für die Angebotsabgabe eine selbstgefertigte Abschrift oder statt dessen eine selbstgefertigte Kurzfassung des Leistungsverzeichnisses benutzen, wenn sie in besonderer Erklärung den vom Auftraggeber verfaßten Wortlaut der Urschrift des Leistungsverzeichnisses als allein verbindlich anerkennen; Kurzfassungen müssen jedoch die Ordnungszahlen (Positionen) vollzählig, in der gleichen Reihenfolge und mit den gleichen Nummern wie in der Urschrift wiedergeben.

   (4) Muster und Proben der Bieter müssen als zum Angebot gehörig gekennzeichnet sein.

2. Etwaige Änderungsvorschläge oder Nebenangebote müssen auf besonderer Anlage gemacht und als solche deutlich gekennzeichnet werden.

3. (1) Arbeitsgemeinschaften und andere gemeinschaftliche Bieter haben eins ihrer Mitglieder als bevollmächtigten Vertreter für den Abschluß und die Durchführung des Vertrages zu bezeichnen. Reichen Vereinigungen von Unternehmern Angebote ein, so haben sie das Mitglied zu bezeichnen, das als Auftragnehmer in Betracht kommen soll.

   (2) Fehlt die Bezeichnung im Angebot, so ist sie vor der Zuschlagserteilung beizubringen.

§ 22
Eröffnungstermin

1. Bei Ausschreibungen ist für die Öffnung und Verlesung (Eröffnung) der Angebote ein Eröffnungstermin abzuhalten, in dem nur die Bieter und ihre Bevollmächtigten zugegen sein dürfen. Bis zu diesem Termin sind die Angebote, die beim Eingang auf dem ungeöffneten Umschlag zu kennzeichnen sind, unter Verschluß zu halten.

2. Zur Eröffnung zuzulassen sind nur Angebote, die dem Verhandlungsleiter bei Öffnung des ersten Angebots vorliegen.

3. (1) Der Verhandlungsleiter stellt fest, ob der Verschluß der Angebote unversehrt ist.

   (2) Die Angebote werden geöffnet und in allen wesentlichen Teilen gekennzeichnet. Name und Wohnort der Bieter und die Endbeträge der Angebote oder ihrer einzelnen Abschnitte, ferner andere den Preis betreffende Angaben werden verlesen. Es wird bekanntgegeben, ob und von wem Änderungsvorschläge oder Nebenangebote eingereicht sind. Weiteres aus dem Inhalt der Angebote soll nicht mitgeteilt werden.

   (3) Muster und Proben der Bieter müssen im Termin zur Stelle sein.

4. (1) Über den Eröffnungstermin ist eine Niederschrift zu fertigen. Sie ist zu verlesen; in ihr ist zu vermerken, daß sie verlesen und als richtig anerkannt worden ist oder welche Einwendungen erhoben worden sind.

   (2) Sie ist vom Verhandlungsleiter zu unterschreiben; die anwesenden Bieter und Bevollmächtigten sind berechtigt, mit zu unterzeichnen.

5. Angebote, die bei der Öffnung des ersten Angebots nicht vorgelegen haben (Nr. 2), sind in der Niederschrift oder in einem Nachtrag besonders aufzuführen. Die Eingangszeiten und die etwa bekannten Gründe, aus denen die Angebote nicht vorgelegen haben, sind zu vermerken. Der Umschlag und andere Beweismittel sind aufzubewahren.

6. Den Bietern und ihren Bevollmächtigten ist die Einsicht in die Niederschrift und ihre Nachträge (Nr. 5 und A § 23 Nr. 4) zu gestatten; den Bietern können die Namen der Bieter und die Endbeträge derAngebote sowie die Zahl ihrer Änderungsvorschläge und Nebenangebote mitgeteilt werden. Die Niederschrift darf nicht veröffentlicht werden.

7. Die Angebote und ihre Anlagen sind sorgfältig zu verwahren und geheimzuhalten; dies gilt auch bei Freihändiger Vergabe.

§ 23

Prüfung der Angebote

1. Angebote, die im Eröffnungstermin dem Verhandlungsleiter bei Öffnung des ersten Angebotes nicht vorgelegen haben, und Angebote, die den Bestimmungen des § 21 Nr. 1 Absatz 1 nicht entsprechen, brauchen nicht geprüft zu werden.
2. Die übrigen Angebote sind rechnerisch, technisch und wirtschaftlich zu prüfen, gegebenenfalls mit Hilfe von Sachverständigen (A § 7).
3. (1) Stimmt der Gesamtbetrag einer Ordnungszahl (Position) mit dem Einheitspreis nicht überein, so ist der Einheitspreis maßgebend. Ist der Einheitspreis in Ziffern und in Worten angegeben und stimmen diese Angaben nicht überein, so gilt der dem Gesamtbetrag der Ordnungszahl entsprechende Einheitspreis. Entspricht weder der in Worten noch der in Ziffern angegebene Einheitspreis dem Gesamtbetrag der Ordnungszahl, so gilt der in Worten angegebene Einheitspreis.

   (2) Bei Vergabe für eine Pauschalsumme gilt diese ohne Rücksicht auf etwa angegebene Einzelpreise.

   (3) Absätze 1 und 2 gelten auch bei Freihändiger Vergabe.
4. Die auf Grund der Prüfung festgestellten Angebotsendsummen sind in der Niederschrift über den Eröffnungstermin zu vermerken.

§ 24

Verhandlung mit Bietern

1. (1) Nach Öffnung der Angebote bis zur Zuschlagserteilung darf der Auftraggeber mit einem Bieter nur verhandeln, um sich über seine technische und wirtschaftliche Leistungsfähigkeit, das Angebot selbst, etwaige Änderungsvorschläge und Nebenangebote, die geplante Art der Durchführung, etwaige Ursprungsorte oder Bezugsquellen von Stoffen oder Bauteilen und um sich über die Angemessenheit der Preise, wenn nötig durch Einsicht in die vorzulegenden Preisermittlungen (Kalkulationen), zu unterrichten.

   (2) Die Ergebnisse solcher Verhandlungen sind geheimzuhalten. Sie sollen, wenn es zweckmäßig ist, schriftlich niedergelegt werden.
2. Verweigert ein Bieter die geforderten Aufklärungen und Angaben, so kann sein Angebot unberücksichtigt bleiben.
3. Andere Verhandlungen, besonders über Änderung der Angebote oder Preise, sind unstatthaft, außer wenn sie bei Nebenangeboten, Änderungsvorschlägen oder Angeboten auf Grund eines Leistungsprogramms nötig sind, um unumgängliche technische Änderungen geringen Umfangs und daraus sich ergebende Änderungen der Preise zu vereinbaren.

§ 25

Wertung der Angebote

1. (1) Ausgeschlossen werden:
   a) Angebote, die im Eröffnungstermin dem Verhandlungsleiter bei Öffnung des ersten Angebotes nicht vorgelegen haben,
   b) Angebote, die dem § 21 Nr. 1 Absatz 1 nicht entsprechen,

c) Angebote von Bietern, die sich bei der Berufsgenossenschaft nicht angemeldet haben,

d) Angebote von Bietern, die in bezug auf die Ausschreibung eine Abrede getroffen haben, die eine unzulässige Wettbewerbsbeschränkung darstellt,

e) Änderungsvorschläge und Nebenangebote, soweit der Auftraggeber dies nach § 17 Nr. 4 Absatz 3 erklärt hat.

(2) Außerdem können Angebote von Bietern nach § 8 Nr. 4 ausgeschlossen werden.

2. (1) Bei der Auswahl der Angebote, die für den Zuschlag in Betracht kommen, sind nur Bieter zu berücksichtigen, die für die Erfüllung der vertraglichen Verpflichtungen die notwendige Sicherheit bieten. Dazu gehört, daß sie die erforderliche Fachkunde, Leistungsfähigkeit und Zuverlässigkeit besitzen und über ausreichende technische und wirtschaftliche Mittel verfügen.

   (2) Angebote, deren Preise in offenbarem Mißverhältnis zur Leistung stehen, werden ausgeschieden. In die engere Wahl kommen nur solche Angebote, die unter Berücksichtigung rationellen Baubetriebs und sparsamer Wirtschaftsführung eine einwandfreie Ausführung einschließlich Gewährleistung erwarten lassen. Unter diesen Angeboten soll der Zuschlag auf das Angebot erteilt werden, das unter Berücksichtigung aller technischen und wirtschaftlichen, gegebenenfalls auch gestalterischen und funktionsbedingten Gesichtspunkte als das annehmbarste erscheint. Der niedrigste Angebotspreis allein ist nicht entscheidend.

3. Änderungsvorschläge und Nebenangebote, die der Auftraggeber bei der Ausschreibung gewünscht oder ausdrücklich zugelassen hat, sind ebenso zu werten wie die Hauptangebote. Sonstige Änderungsvorschläge und Nebenangebote können berücksichtigt werden.

4. Arbeitsgemeinschaften und andere gemeinschaftliche Bieter sind Einzelbewerbern gleichzusetzen, wenn sie die Arbeiten im eigenen Betrieb oder in den Betrieben der Mitglieder ausführen.

5. Die Bestimmungen der Nr. 2 gelten auch bei Freihändiger Vergabe. Die Nr. 1, 3 und 4 sind entsprechend auch bei Freihändiger Vergabe anzuwenden.

§ 26
Aufhebung der Ausschreibung

1. Die Ausschreibung kann aufgehoben werden:

   a) wenn kein Angebot eingegangen ist, das den Ausschreibungsbedingungen entspricht,

   b) wenn sich die Grundlagen der Ausschreibung wesentlich geändert haben,

   c) wenn andere schwerwiegende Gründe bestehen.

2. Die Bieter sind von der Aufhebung der Ausschreibung unter Bekanntgabe der Gründe unverzüglich zu benachrichtigen.

§ 27

Nicht berücksichtigte Angebote

1. Bieter, deren Angebote ausgeschlossen worden sind (A § 25 Nr. 1) und solche, deren Angebote nicht in die engere Wahl kommen, sollen sobald wie möglich verständigt werden. Die übrigen Bieter sind zu verständigen, sobald der Zuschlag erteilt worden ist.

2. Nicht berücksichtigte Angebote und Ausarbeitungen der Bieter dürfen nur mit ihrer Zustimmung für eine neue Vergabe oder für andere Zwecke benutzt werden.

3. Entwürfe, Ausarbeitungen, Muster und Proben zu nicht berücksichtigten Angeboten sind herauszugeben, wenn dies im Angebot oder innerhalb von 24 Werktagen nach Ablehnung des Angebots verlangt wird.

§ 28

Zuschlag

1. Der Zuschlag ist möglichst bald, mindestens aber so rechtzeitig zu erteilen, daß dem Bieter die Erklärung noch vor Ablauf der Zuschlagsfrist (A § 19) zugeht.

2. (1) Wird auf ein Angebot rechtzeitig und ohne Abänderungen der Zuschlag erteilt, so ist damit nach allgemeinen Rechtsgrundsätzen der Vertrag abgeschlossen, auch wenn spätere urkundliche Festlegung vorgesehen ist.

   (2) Werden dagegen Erweiterungen, Einschränkungen oder Änderungen vorgenommen oder wird der Zuschlag verspätet erteilt, so ist der Bieter bei Erteilung des Zuschlages aufzufordern, sich unverzüglich über die Annahme zu erklären.

§ 29

Vertragsurkunde

1. Eine besondere Urkunde braucht über den Vertrag nur dann gefertigt zu werden, wenn der Vertragsinhalt nicht schon durch das Angebot mit den zugehörigen Unterlagen, das Zuschlagsschreiben und andere Schriftstücke eindeutig und erschöpfend festgelegt ist.

2. Die Urkunde ist doppelt auszufertigen und von den beiden Vertragsparteien zu unterzeichnen. Die Beglaubigung einer Unterschrift kann in besonderen Fällen verlangt werden.

VOB Teil B:

Allgemeine Vertragsbedingungen für die Ausführung von Bauleistungen

DIN 1961 — Fassung November 1973

§ 1

Art und Umfang der Leistung

1. Die auszuführende Leistung wird nach Art und Umfang durch den Vertrag bestimmt. Als Bestandteil des Vertrages gelten auch die Allgemeinen Technischen Vorschriften für Bauleistungen.
2. Bei Widersprüchen im Vertrag gelten nacheinander:
   a) die Leistungsbeschreibung,
   b) die Besonderen Vertragsbedingungen,
   c) etwaige Zusätzliche Vertragsbedingungen,
   d) etwaige Zusätzliche Technische Vorschriften,
   e) die Allgemeinen Technischen Vorschriften für Bauleistungen,
   f) die Allgemeinen Vertragsbedingungen für die Ausführung von Bauleistungen.
3. Änderungen des Bauentwurfs anzuordnen, bleibt dem Auftraggeber vorbehalten.
4. Nicht vereinbarte Leistungen, die zur Ausführung der vertraglichen Leistung erforderlich werden, hat der Auftragnehmer auf Verlangen des Auftraggebers mit auszuführen, außer wenn sein Betrieb auf derartige Leistungen nicht eingerichtet ist. Andere Leistungen können dem Auftragnehmer nur mit seiner Zustimmung übertragen werden.

§ 2

Vergütung

1. Durch die vereinbarten Preise werden alle Leistungen abgegolten, die nach der Leistungsbeschreibung, den Besonderen Vertragsbedingungen, den Zusätzlichen Vertragsbedingungen, den Zusätzlichen Technischen Vorschriften, den Allgemeinen Technischen Vorschriften für Bauleistungen und der gewerblichen Verkehrssitte zur vertraglichen Leistung gehören.
2. Die Vergütung wird nach den vertraglichen Einheitspreisen und den tatsächlich ausgeführten Leistungen berechnet, wenn keine andere Berechnungsart (z. B. durch Pauschalsumme, nach Stundenlohnsätzen, nach Selbstkosten) vereinbart ist.
3. (1) Weicht die ausgeführte Menge der unter einem Einheitspreis erfaßten Leistung oder Teilleistung um nicht mehr als 10 v. H. von dem im Vertrag vorgesehenen Umfang ab, so gilt der vertragliche Einheitspreis.

   (2) Für die über 10 v. H. hinausgehende Überschreitung des Mengenansatzes ist auf Verlangen ein neuer Preis unter Berücksichtigung der Mehr- oder Minderkosten zu vereinbaren.

   (3) Bei einer über 10 v. H. hinausgehenden Unterschreitung des Mengenansatzes ist auf Verlangen der Einheitspreis für die tatsächlich ausgeführte Menge der Leistung oder Teilleistung zu erhöhen, soweit der Auftragnehmer nicht durch Erhöhung der Mengen bei anderen Ordnungszahlen (Positionen) oder in anderer Weise einen Ausgleich erhält. Die Erhöhung des Einheitspreises soll im wesent-

lichen dem Mehrbetrag entsprechen, der sich durch Verteilung der Baustelleneinrichtungs- und Baustellengemeinkosten und der Allgemeinen Geschäftskosten auf die verringerte Menge ergibt. Die Umsatzsteuer wird entsprechend dem neuen Preis vergütet.

(4) Sind von der unter einem Einheitspreis erfaßten Leistung oder Teilleistung andere Leistungen abhängig, für die eine Pauschalsumme vereinbart ist, so kann mit der Änderung des Einheitspreises auch eine angemessene Änderung der Pauschalsumme gefordert werden.

4. Werden im Vertrag ausbedungene Leistungen des Auftragnehmers vom Auftraggeber selbst übernommen (z. B. Lieferung von Bau-, Bauhilfs- und Betriebsstoffen), so gilt, wenn nichts anderes vereinbart wird, § 8 Nr. 1 Absatz 2 entsprechend.

5. Werden durch Änderung des Bauentwurfs oder andere Anordnungen des Auftraggebers die Grundlagen des Preises für eine im Vertrag vorgesehene Leistung geändert, so ist ein neuer Preis unter Berücksichtigung der Mehr- oder Minderkosten zu vereinbaren. Die Vereinbarung soll vor der Ausführung getroffen werden.

6. (1) Wird eine im Vertrag nicht vorgesehene Leistung gefordert, so hat der Auftragnehmer Anspruch auf besondere Vergütung. Er muß jedoch den Anspruch dem Auftraggeber ankündigen, bevor er mit der Ausführung der Leistung beginnt.

(2) Die Vergütung bestimmt sich nach den Grundlagen der Preisermittlung für die vertragliche Leistung und den besonderen Kosten der geforderten Leistung. Sie ist möglichst vor Beginn der Ausführung zu vereinbaren.

7. (1) Ist als Vergütung der Leistung eine Pauschalsumme vereinbart, so bleibt die Vergütung unverändert. Weicht jedoch die ausgeführte Leistung von der vertraglich vorgesehenen Leistung so erheblich ab, daß ein Festhalten an der Pauschalsumme nicht zumutbar ist (§ 242 BGB), so ist auf Verlangen ein Ausgleich unter Berücksichtigung der Mehr- oder Minderkosten zu gewähren. Für die Bemessung des Ausgleichs ist von den Grundlagen der Preisermittlung auszugehen. Nr. 4, 5 und 6 bleiben unberührt.

(2) Wenn nichts anderes vereinbart ist, gilt Absatz 1 auch für Pauschalsummen, die für Teile der Leistung vereinbart sind; Nr. 3 Absatz 4 bleibt unberührt.

8. (1) Leistungen, die der Auftragnehmer ohne Auftrag oder unter eigenmächtiger Abweichung vom Vertrag ausführt, werden nicht vergütet. Der Auftragnehmer hat sie auf Verlangen innerhalb einer angemessenen Frist zu beseitigen; sonst kann es auf seine Kosten geschehen. Er haftet außerdem für andere Schäden, die dem Auftraggeber hieraus entstehen, wenn die Vorschriften des BGB über die Geschäftsführung ohne Auftrag (§§ 677 ff.) nichts anderes ergeben.

(2) Eine Vergütung steht dem Auftragnehmer jedoch zu, wenn der Auftraggeber solche Leistungen nachträglich anerkennt. Eine Vergütung steht ihm auch zu, wenn die Leistungen für die Erfüllung des Vertrages notwendig waren, dem mutmaßlichen Willen des Auftraggebers entsprachen und ihm unverzüglich angezeigt wurden.

9 (1) Verlangt der Auftraggeber Zeichnungen, Berechnungen oder andere Unterlagen, die der Auftragnehmer nach dem Vertrag, besonders den Technischen Vorschriften oder der gewerblichen Verkehrssitte, nicht zu beschaffen hat, so hat er sie zu vergüten.

(2) Läßt er vom Auftragnehmer nicht aufgestellte technische Berechnungen durch den Auftragnehmer nachprüfen, so hat er die Kosten zu tragen.

10. Stundenlohnarbeiten werden nur vergütet, wenn sie als solche vor ihrem Beginn ausdrücklich vereinbart worden sind (§ 15).

§ 3

Ausführungsunterlagen

1. Die für die Ausführung nötigen Unterlagen sind dem Auftragnehmer unentgeltlich und rechtzeitig zu übergeben.
2. Das Abstecken der Hauptachsen der baulichen Anlagen, ebenso der Grenzen des Geländes, das dem Auftragnehmer zur Verfügung gestellt wird, und das Schaffen der notwendigen Höhenfestpunkte in unmittelbarer Nähe der baulichen Anlagen sind Sache des Auftraggebers.
3. Die vom Auftraggeber zur Verfügung gestellten Geländeaufnahmen und Absteckungen und die übrigen für die Ausführung übergebenen Unterlagen sind für den Auftragnehmer maßgebend. Jedoch hat er sie, soweit es zur ordnungsgemäßen Vertragserfüllung gehört, auf etwaige Unstimmigkeiten zu überprüfen und den Auftraggeber auf entdeckte oder vermutete Mängel hinzuweisen.
4. Vor Beginn der Arbeiten ist, soweit notwendig, der Zustand der Straßen und Geländeoberfläche, der Vorfluter und Vorflutleitungen, ferner der baulichen Anlagen im Baubereich in einer Niederschrift festzuhalten, die vom Auftraggeber und Auftragnehmer anzuerkennen ist.
5. Zeichnungen, Berechnungen, Nachprüfungen von Berechnungen oder andere Unterlagen, die der Auftragnehmer nach dem Vertrag, besonders den Technischen Vorschriften, oder der gewerblichen Verkehrssitte oder auf besonderes Verlangen des Auftraggebers (§ 2 Nr. 9) zu beschaffen hat, sind dem Auftraggeber nach Aufforderung rechtzeitig vorzulegen.
6. Die in Nr. 5 genannten Unterlagen dürfen ohne Genehmigung ihres Urhebers weder veröffentlicht noch vervielfältigt noch für einen anderen als den vereinbarten Zweck benutzt werden. Sie sind auf Verlangen zurückzugeben, wenn nichts anderes vereinbart ist. Der Auftraggeber darf jedoch die vom Auftragnehmer gelieferten Unterlagen so lange behalten, wie er sie zur Rechnungsprüfung braucht.

§ 4

Ausführung

1. (1) Der Auftraggeber hat für die Aufrechterhaltung der allgemeinen Ordnung auf der Baustelle zu sorgen und das Zusammenwirken der verschiedenen Unternehmer zu regeln. Er hat die erforderlichen öffentlich-rechtlichen Genehmigungen und Erlaubnisse — z. B. nach dem Baurecht, dem Straßenverkehrsrecht, dem Wasserrecht, dem Gewerberecht — herbeizuführen.

   (2) Der Auftraggeber hat das Recht, die vertragsgemäße Ausführung der Leistung zu überwachen. Hierzu hat er Zutritt zu den Arbeitsplätzen, Werkstätten und Lagerräumen, wo die vertragliche Leistung oder Teile von ihr hergestellt oder die hierfür bestimmten Stoffe und Bauteile gelagert werden. Auf Verlangen

sind ihm die Werkzeichnungen oder andere Ausführungsunterlagen sowie die Ergebnisse von Güteprüfungen zur Einsicht vorzulegen und die erforderlichen Auskünfte zu erteilen, wenn hierdurch keine Geschäftsgeheimnisse preisgegeben werden. Als Geschäftsgeheimnis bezeichnete Auskünfte und Unterlagen hat er vertraulich zu behandeln.

(3) Der Auftraggeber ist befugt, unter Wahrung der dem Auftragnehmer zustehenden Leitung (Nr. 2) Anordnungen zu treffen, die zur vertragsgemäßen Ausführung der Leistung notwendig sind. Die Anordnungen sind grundsätzlich nur dem Auftragnehmer oder seinem für die Leitung der Ausführung bestellten Vertreter zu erteilen, außer wenn Gefahr im Verzug ist. Dem Auftraggeber ist mitzuteilen, wer jeweils als Vertreter des Auftragnehmers für die Leitung der Ausführung bestellt ist.

(4) Hält der Auftragnehmer die Anordnungen des Auftraggebers für unberechtigt oder unzweckmäßig, so hat er seine Bedenken geltend zu machen, die Anordnungen jedoch auf Verlangen auszuführen, wenn nicht gesetzliche oder behördliche Bestimmungen entgegenstehen. Wenn dadurch eine ungerechtfertigte Erschwerung verursacht wird, hat der Auftraggeber die Mehrkosten zu tragen.

2. (1) Der Auftragnehmer hat die Leistung unter eigener Verantwortung nach dem Vertrag auszuführen. Dabei hat er die anerkannten Regeln der Technik und die gesetzlichen und behördlichen Bestimmungen zu beachten. Es ist seine Sache, die Ausführung seiner vertraglichen Leistung zu leiten und für Ordnung auf seiner Arbeitsstelle zu sorgen.

(2) Er ist für die Erfüllung der gesetzlichen, behördlichen und berufsgenossenschaftlichen Verpflichtungen gegenüber seinen Arbeitnehmern allein verantwortlich. Es ist ausschließlich seine Aufgabe, die Vereinbarungen und Maßnahmen zu treffen, die sein Verhältnis zu den Arbeitnehmern regeln.

3. Hat der Auftragnehmer Bedenken gegen die vorgesehene Art der Ausführung (auch wegen der Sicherung gegen Unfallgefahren), gegen die Güte der vom Auftraggeber gelieferten Stoffe oder Bauteile oder gegen die Leistungen anderer Unternehmer, so hat er sie dem Auftraggeber unverzüglich — möglichst schon vor Beginn der Arbeiten — schriftlich mitzuteilen; der Auftraggeber bleibt jedoch für seine Angaben, Anordnungen oder Lieferungen verantwortlich.

4. Der Auftraggeber hat, wenn nichts anderes vereinbart ist, dem Auftragnehmer unentgeltlich zur Benutzung oder Mitbenutzung zu überlassen:

a) die notwendigen Lager- und Arbeitsplätze auf der Baustelle,

b) vorhandene Zufahrtswege und Anschlußgleise,

c) vorhandene Anschlüsse für Wasser und Energie. Die Kosten für den Verbrauch und den Messer oder Zähler trägt der Auftragnehmer, mehrere Auftragnehmer tragen sie anteilig.

5. Der Auftragnehmer hat die von ihm ausgeführten Leistungen und die ihm für die Ausführung übergebenen Gegenstände bis zur Abnahme vor Beschädigung und Diebstahl zu schützen. Auf Verlangen des Auftraggebers hat er sie vor Winterschäden und Grundwasser zu schützen, ferner Schnee und Eis zu beseitigen. Obliegt ihm die Verpflichtung nach Satz 2 nicht schon nach dem Vertrag, so regelt sich die Vergütung nach § 2 Nr. 6.

6. Stoffe oder Bauteile, die dem Vertrag oder den Proben nicht entsprechen, sind auf Anordnung des Auftraggebers innerhalb einer von ihm bestimmten Frist von der Baustelle zu entfernen. Geschieht es nicht, so können sie auf Kosten des Auftragnehmers entfernt oder für seine Rechnung veräußert werden.

7. Leistungen, die schon während der Ausführung als mangelhaft oder vertragswidrig erkannt werden, hat der Auftragnehmer auf eigene Kosten durch mangelfreie zu ersetzen. Hat der Auftragnehmer den Mangel oder die Vertragswidrigkeit zu vertreten, so hat er auch den daraus entstehenden Schaden zu ersetzen. Kommt der Auftragnehmer der Pflicht zur Beseitigung des Mangels nicht nach, so kann ihm der Auftraggeber eine angemessene Frist zur Beseitigung des Mangels setzen und erklären, daß er ihm nach fruchtlosem Ablauf der Frist den Auftrag entziehe (§ 8 Nr. 3).

8. (1) Der Auftragnehmer hat die Leistung im eigenen Betrieb auszuführen. Mit schriftlicher Zustimmung des Auftraggebers darf er sie an Nachunternehmer übertragen. Die Zustimmung ist nicht notwendig bei Leistungen, auf die der Betrieb des Auftragnehmers nicht eingerichtet ist.

   (2) Der Auftragnehmer hat bei der Weitervergabe von Bauleistungen an Nachunternehmer die Verdingungsordnung für Bauleistungen zugrunde zu legen.

   (3) Der Auftragnehmer hat die Nachunternehmer dem Auftraggeber auf Verlangen bekanntzugeben.

9. Werden bei Ausführung der Leistung auf einem Grundstück Gegenstände von Altertums-, Kunst- oder wissenschaftlichem Wert entdeckt, so hat der Auftragnehmer vor jedem weiteren Aufdecken oder Ändern dem Auftraggeber den Fund anzuzeigen und ihm die Gegenstände nach näherer Weisung abzuliefern. Die Vergütung etwaiger Mehrkosten regelt sich nach § 2 Nr. 6. Die Rechte des Entdeckers (§ 984 BGB) hat der Auftraggeber.

§ 5

Ausführungsfristen

1. Die Ausführung ist nach den verbindlichen Fristen (Vertragsfristen) zu beginnen, angemessen zu fördern und zu vollenden. In einem Bauzeitenplan enthaltene Einzelfristen gelten nur dann als Vertragsfristen, wenn dies im Vertrag ausdrücklich vereinbart ist.

2. Ist für den Beginn der Ausführung keine Frist vereinbart, so hat der Auftraggeber dem Auftragnehmer auf Verlangen Auskunft über den voraussichtlichen Beginn zu erteilen. Der Auftragnehmer hat innerhalb von 12 Werktagen nach Aufforderung zu beginnen. Der Beginn der Ausführung ist dem Auftraggeber anzuzeigen.

3. Wenn Arbeitskräfte, Geräte, Gerüste, Stoffe oder Bauteile so unzureichend sind, daß die Ausführungsfristen offenbar nicht eingehalten werden können, muß der Auftragnehmer auf Verlangen unverzüglich Abhilfe schaffen.

4. Verzögert der Auftragnehmer den Beginn der Ausführung, gerät er mit der Vollendung in Verzug oder kommt er der in Nr. 3 erwähnten Verpflichtung nicht nach, so kann der Auftraggeber bei Aufrechterhaltung des Vertrages Schadenersatz

nach § 6 Nr. 6 verlangen oder dem Auftragnehmer eine angemessene Frist zur Vertragserfüllung setzen und erklären, daß er ihm nach fruchtlosem Ablauf der Frist den Auftrag entziehe (§ 8 Nr. 3).

§ 6

Behinderung und Unterbrechung der Ausführung

1. Glaubt sich der Auftragnehmer in der ordnungsgemäßen Ausführung der Leistung behindert, so hat er es dem Auftraggeber unverzüglich schriftlich anzuzeigen. Unterläßt er die Anzeige, so hat er nur dann Anspruch auf Berücksichtigung der hindernden Umstände, wenn dem Auftraggeber offenkundig die Tatsache und deren hindernde Wirkung bekannt waren.

2. (1) Ausführungsfristen werden verlängert, soweit die Behinderung verursacht ist:
   a) durch einen vom Auftraggeber zu vertretenden Umstand,
   b) durch Streik oder eine von der Berufsvertretung der Arbeitgeber angeordnete Aussperrung im Betrieb des Auftragnehmers oder in einem unmittelbar für ihn arbeitenden Betrieb,
   c) durch höhere Gewalt oder andere für den Auftragnehmer unabwendbare Umstände.

   (2) Witterungseinflüsse während der Ausführungszeit, mit denen bei Abgabe des Angebots normalerweise gerechnet werden mußte, gelten nicht als Behinderung.

3. Der Auftragnehmer hat alles zu tun, was ihm billigerweise zugemutet werden kann, um die Weiterführung der Arbeiten zu ermöglichen. Sobald die hindernden Umstände wegfallen, hat er ohne weiteres und unverzüglich die Arbeiten wiederaufzunehmen und den Auftraggeber davon zu benachrichtigen.

4. Die Fristverlängerung wird berechnet nach der Dauer der Behinderung mit einem Zuschlag für die Wiederaufnahme der Arbeiten und die etwaige Verschiebung in eine ungünstigere Jahreszeit.

5. Wird die Ausführung für voraussichtlich längere Dauer unterbrochen, ohne daß die Leistung dauernd unmöglich wird, so sind die ausgeführten Leistungen nach den Vertragspreisen abzurechnen und außerdem die Kosten zu vergüten, die dem Auftragnehmer bereits entstanden und in den Vertragspreisen des nicht ausgeführten Teiles der Leistung enthalten sind.

6. Sind die hindernden Umstände von einem Vertragsteil zu vertreten, so hat der andere Teil Anspruch auf Ersatz des nachweislich entstandenen Schadens, nicht aber des entgangenen Gewinns.

7. Dauert eine Unterbrechung länger als 3 Monate, so kann jeder Teil nach Ablauf dieser Zeit den Vertrag schriftlich kündigen. Die Abrechnung regelt sich nach Nr. 5 und 6; wenn der Auftragnehmer die Unterbrechung nicht zu vertreten hat, sind auch die Kosten der Baustellenräumung zu vergüten, soweit sie nicht in der Vergütung für die bereits ausgeführten Leistungen enthalten sind.

§ 7

Verteilung der Gefahr

Wird die ganz oder teilweise ausgeführte Leistung vor der Abnahme durch höhere Gewalt, Krieg, Aufruhr oder andere unabwendbare vom Auftragnehmer nicht zu vertretende Umstände beschädigt oder zerstört, so hat dieser für die ausgeführten Teile der Leistung die Ansprüche nach § 6 Nr. 5; für andere Schäden besteht keine gegenseitige Ersatzpflicht.

§ 8
Kündigung durch den Auftraggeber

1. (1) Der Auftraggeber kann bis zur Vollendung der Leistung jederzeit den Vertrag kündigen.
   (2) Dem Auftragnehmer steht die vereinbarte Vergütung zu. Er muß sich jedoch anrechnen lassen, was er infolge der Aufhebung des Vertrages an Kosten erspart oder durch anderweitige Verwendung seiner Arbeitskraft und seines Betriebes erwirbt oder zu erwerben böswillig unterläßt (§ 649 BGB).
2. (1) Der Auftraggeber kann den Vertrag kündigen, wenn der Auftragnehmer seine Zahlungen einstellt, das Vergleichsverfahren beantragt oder in Konkurs gerät.
   (2) Die ausgeführten Leistungen sind nach § 6 Nr. 5 abzurechnen. Der Auftraggeber kann Schadenersatz wegen Nichterfüllung des Restes verlangen.
3. (1) Der Auftraggeber kann den Vertrag kündigen, wenn in den Fällen des § 4 Nr. 7 und des § 5 Nr. 4 die gesetzte Frist fruchtlos abgelaufen ist (Entziehung des Auftrags). Die Entziehung des Auftrags kann auf einen in sich abgeschlossenen Teil der vertraglichen Leistung beschränkt werden.
   (2) Nach der Entziehung des Auftrags ist der Auftraggeber berechtigt, den noch nicht vollendeten Teil der Leistung zu Lasten des Auftragnehmers durch einen Dritten ausführen zu lassen, doch bleiben seine Ansprüche auf Ersatz des etwa entstehenden weiteren Schadens bestehen. Er ist auch berechtigt, auf die weitere Ausführung zu verzichten und Schadenersatz wegen Nichterfüllung zu verlangen, wenn die Ausführung aus den Gründen, die zur Entziehung des Auftrags geführt haben, für ihn kein Interesse mehr hat.
   (3) Für die Weiterführung der Arbeiten kann der Auftraggeber Geräte, Gerüste, auf der Baustelle vorhandene andere Einrichtungen und angelieferte Stoffe und Bauteile gegen angemessene Vergütung in Anspruch nehmen.
   (4) Der Auftraggeber hat dem Auftragnehmer eine Aufstellung über die entstandenen Mehrkosten und über seine anderen Ansprüche spätestens binnen 12 Werktagen nach Abrechnung mit dem Dritten zuzusenden.
4. Der Auftraggeber kann den Auftrag entziehen, wenn der Auftragnehmer aus Anlaß der Vergabe eine Abrede getroffen hatte, die eine unzulässige Wettbewerbsbeschränkung darstellt. Die Kündigung ist innerhalb von 12 Werktagen nach Bekanntwerden des Kündigungsgrundes auszusprechen. Die Nr. 3 gilt entsprechend.
5. Die Kündigung ist schriftlich zu erklären.
6. Der Auftragnehmer kann Aufmaß und Abnahme der von ihm ausgeführten Leistungen alsbald nach der Kündigung verlangen; er hat unverzüglich eine prüfbare Rechnung über die ausgeführten Leistungen vorzulegen.
7. Eine wegen Verzugs verwirkte, nach Zeit bemessene Vertragsstrafe kann nur für die Zeit bis zum Tag der Kündigung des Vertrages gefordert werden.

§ 9
Kündigung durch den Auftragnehmer

1. Der Auftragnehmer kann den Vertrag kündigen:
   a) wenn der Auftraggeber eine ihm obliegende Handlung unterläßt und dadurch den Auftragnehmer außerstand setzt, die Leistung auszuführen (Annahmeverzug nach §§ 293 ff. BGB),
   b) wenn der Auftraggeber eine fällige Zahlung nicht leistet oder sonst in Schuldnerverzug gerät.
2. Die Kündigung ist schriftlich zu erklären. Sie ist erst zulässig, wenn der Auftragnehmer dem Auftraggeber ohne Erfolg eine angemessene Frist zur Vertragserfüllung gesetzt und erklärt hat, daß er nach fruchtlosem Ablauf der Frist den Vertrag kündigen werde.
3. Die bisherigen Leistungen sind nach den Vertragspreisen abzurechnen. Außerdem hat der Auftragnehmer Anspruch auf angemessene Entschädigung nach § 642 BGB; etwaige weitergehende Ansprüche des Auftragnehmers bleiben unberührt.

§ 10
Haftung der Vertragsparteien

1. Die Vertragsparteien haften einander für eigenes Verschulden sowie für das Verschulden ihrer gesetzlichen Vertreter und der Personen, deren sie sich zur Erfüllung ihrer Verbindlichkeiten bedienen (§§ 276, 278 BGB).
2. (1) Entsteht einem Dritten im Zusammenhang mit der Leistung ein Schaden, für den auf Grund gesetzlicher Haftpflichtbestimmungen beide Vertragsparteien haften, so gelten für den Ausgleich zwischen den Vertragsparteien die allgemeinen gesetzlichen Bestimmungen, soweit im Einzelfall nichts anderes vereinbart ist. Soweit der Schaden des Dritten nur die Folge einer Maßnahme ist, die der Auftraggeber in dieser Form angeordnet hat, trägt er den Schaden allein, wenn ihn der Auftragnehmer auf die mit der angeordneten Ausführung verbundene Gefahr nach § 4 Nr. 3 hingewiesen hat.

   (2) Der Auftragnehmer trägt den Schaden allein, soweit er ihn durch Versicherung seiner gesetzlichen Haftpflicht gedeckt hat oder innerhalb der von der Versicherungsaufsichtsbehörde genehmigten Allgemeinen Versicherungsbedingungen zu tarifmäßigen, nicht auf außergewöhnliche Verhältnisse abgestellten Prämien und Prämienzuschlägen bei einem im Inland zum Geschäftsbetrieb zugelassenen Versicherer hätte decken können.
3. Ist der Auftragnehmer einem Dritten nach §§ 823 ff. BGB zu Schadenersatz verpflichtet wegen unbefugten Betretens oder Beschädigung angrenzender Grundstücke, wegen Entnahme oder Auflagerung von Boden oder anderen Gegenständen außerhalb der vom Auftraggeber dazu angewiesenen Flächen oder wegen der Folgen eigenmächtiger Versperrung von Wegen oder Wasserläufen, so trägt er im Verhältnis zum Auftraggeber den Schaden allein.
4. Für die Verletzung gewerblicher Schutzrechte haftet im Verhältnis der Vertragsparteien zueinander der Auftragnehmer allein, wenn er selbst das geschützte

Verfahren oder die Verwendung geschützter Gegenstände angeboten oder wenn der Auftraggeber die Verwendung vorgeschrieben und auf das Schutzrecht hingewiesen hat.

5. Ist eine Vertragspartei gegenüber der anderen nach Nr. 2, 3 oder 4 von der Ausgleichspflicht befreit, so gilt diese Befreiung auch zugunsten ihrer gesetzlichen Vertreter und Erfüllungsgehilfen, wenn sie nicht vorsätzlich oder grob fahrlässig gehandelt haben.

6. Soweit eine Vertragspartei von dem Dritten für einen Schaden in Anspruch genommen wird, den nach Nr. 2, 3 oder 4 die andere Vertragspartei zu tragen hat, kann sie verlangen, daß ihre Vertragspartei sie von der Verbindlichkeit gegenüber dem Dritten befreit. Sie darf den Anspruch des Dritten nicht anerkennen oder befriedigen, ohne der anderen Vertragspartei vorher Gelegenheit zur Äußerung gegeben zu haben.

§ 11

Vertragsstrafe

1. Wenn Vertragsstrafen vereinbart sind, gelten die §§ 339 bis 345 BGB.

2. Ist die Vertragsstrafe für den Fall vereinbart, daß der Auftragnehmer nicht in der vorgesehenen Frist erfüllt, so wird sie fällig, wenn der Auftragnehmer in Verzug gerät.

3. Ist die Vertragsstrafe nach Tagen bemessen, so zählen nur Werktage; ist sie nach Wochen bemessen, so wird jeder Werktag angefangener Wochen als $^1/_6$ Woche gerechnet.

4. Hat der Auftraggeber die Leistung abgenommen, so kann er die Strafe nur verlangen, wenn er dies bei der Abnahme vorbehalten hat.

§ 12

Abnahme

1. Verlangt der Auftragnehmer nach der Fertigstellung — gegebenenfalls auch vor Ablauf der vereinbarten Ausführungsfrist — die Abnahme der Leistung, so hat sie der Auftraggeber binnen 12 Werktagen durchzuführen; eine andere Frist kann vereinbart werden.

2. Besonders abzunehmen sind auf Verlangen:
   a) in sich abgeschlossene Teile der Leistung,
   b) andere Teile der Leistung, wenn sie durch die weitere Ausführung der Prüfung und Feststellung entzogen werden.

3. Wegen wesentlicher Mängel kann die Abnahme bis zur Beseitigung verweigert werden.

4. (1) Eine förmliche Abnahme hat stattzufinden, wenn eine Vertragspartei es verlangt. Jede Partei kann auf ihre Kosten einen Sachverständigen zuziehen. Der Befund ist in gemeinsamer Verhandlung schriftlich niederzulegen. In die Niederschrift sind etwaige Vorbehalte wegen bekannter Mängel und wegen Vertragsstrafen aufzunehmen, ebenso etwaige Einwendungen des Auftragnehmers. Jede Partei erhält eine Ausfertigung.

(2) Die förmliche Abnahme kann in Abwesenheit des Auftragnehmers stattfinden, wenn der Termin vereinbart war oder der Auftraggeber mit genügender Frist dazu eingeladen hatte. Das Ergebnis der Abnahme ist dem Auftragnehmer alsbald mitzuteilen.

5. (1) Wird keine Abnahme verlangt, so gilt die Leistung als abgenommen mit Ablauf von 12 Werktagen nach schriftlicher Mitteilung über die Fertigstellung der Leistung.

(2) Hat der Auftraggeber die Leistung oder einen Teil der Leistung in Benutzung genommen, so gilt die Abnahme nach Ablauf von 6 Werktagen nach Beginn der Benutzung als erfolgt, wenn nichts anderes vereinbart ist. Die Benutzung von Teilen einer baulichen Anlage zur Weiterführung der Arbeiten gilt nicht als Abnahme.

(3) Vorbehalte wegen bekannter Mängel oder wegen Vertragsstrafen hat der Auftraggeber spätestens zu den in den Absätzen 1 und 2 bezeichneten Zeitpunkten geltend zu machen.

6. Mit der Abnahme geht die Gefahr auf den Auftraggeber über, soweit er sie nicht schon nach § 7 trägt.

§ 13

Gewährleistung

1. Der Auftragnehmer übernimmt die Gewähr, daß seine Leistung zur Zeit der Abnahme die vertraglich zugesicherten Eigenschaften hat, den anerkannten Regeln der Technik entspricht und nicht mit Fehlern behaftet ist, die den Wert oder die Tauglichkeit zu dem gewöhnlichen oder dem nach dem Vertrag vorausgesetzten Gebrauch aufheben oder mindern.

2. Bei Leistungen nach Probe gelten die Eigenschaften der Probe als zugesichert, soweit nicht Abweichungen nach der Verkehrssitte als bedeutungslos anzusehen sind. Dies gilt auch für Proben, die erst nach Vertragsabschluß als solche anerkannt sind.

3. Ist ein Mangel zurückzuführen auf die Leistungsbeschreibung oder auf Anordnungen des Auftraggebers, auf die von diesem gelieferten oder vorgeschriebenen Stoffe oder Bauteile oder die Beschaffenheit der Vorleistung eines anderen Unternehmers, so ist der Auftragnehmer von der Gewährleistung für diese Mängel frei, außer wenn er die ihm nach § 4 Nr. 3 obliegende Mitteilung über die zu befürchtenden Mängel unterlassen hat.

4. Ist für die Gewährleistung keine Verjährungsfrist im Vertrag vereinbart, so beträgt sie für Bauwerke und für Holzerkrankungen 2 Jahre, für Arbeiten an einem Grundstück und für die vom Feuer berührten Teile von Feuerungsanlagen ein Jahr. Die Frist beginnt mit der Abnahme der gesamten Leistung; nur für in sich abgeschlossene Teile der Leistung beginnt sie mit der Teilabnahme (§ 12 Nr. 2 a).

5. (1) Der Auftragnehmer ist verpflichtet, alle während der Verjährungsfrist hervortretenden Mängel, die auf vertragswidrige Leistung zurückzuführen sind, auf seine Kosten zu beseitigen, wenn es der Auftraggeber vor Ablauf der Frist schriftlich verlangt. Der Anspruch auf Beseitigung der gerügten Mängel verjährt mit Ablauf der Regelfristen der Nr. 4, gerechnet vom Zugang des schriftlichen Verlangens

an, jedoch nicht vor Ablauf der vereinbarten Frist. Nach Abnahme der Mängelbeseitigungsleistung beginnen für diese Leistung die Regelfristen der Nr. 4, wenn nichts anderes vereinbart ist.

(2) Kommt der Auftragnehmer der Aufforderung zur Mängelbeseitigung in einer vom Auftraggeber gesetzten angemessenen Frist nicht nach, so kann der Auftraggeber die Mängel auf Kosten des Auftragnehmers beseitigen lassen.

6. Ist die Beseitigung des Mangels unmöglich oder würde sie einen unverhältnismäßig hohen Aufwand erfordern und wird sie deshalb vom Auftragnehmer verweigert, so kann der Auftraggeber Minderung der Vergütung verlangen (§ 634 Absatz 4, § 472 BGB). Der Auftraggeber kann ausnahmsweise auch dann Minderung der Vergütung verlangen, wenn die Beseitigung des Mangels für ihn unzumutbar ist.

7. (1) Ist ein wesentlicher Mangel, der die Gebrauchsfähigkeit erheblich beeinträchtigt, auf ein Verschulden des Auftragnehmers oder seiner Erfüllungsgehilfen zurückzuführen, so ist der Auftragnehmer außerdem verpflichtet, dem Auftraggeber den Schaden an der baulichen Anlage zu ersetzen, zu deren Herstellung, Instandhaltung oder Änderung die Leistung dient.

(2) Den darüber hinausgehenden Schaden hat er nur dann zu ersetzen:

a) wenn der Mangel auf Vorsatz oder grober Fahrlässigkeit beruht,

b) wenn der Mangel auf einem Verstoß gegen die anerkannten Regeln der Technik beruht,

c) wenn der Mangel in dem Fehlen einer vertraglich zugesicherten Eigenschaft besteht oder

d) soweit der Auftragnehmer den Schaden durch Versicherung seiner gesetzlichen Haftpflicht gedeckt hat oder innerhalb der von der Versicherungsaufsichtsbehörde genehmigten Allgemeinen Versicherungsbedingungen zu tarifmäßigen, nicht auf außergewöhnliche Verhältnisse abgestellten Prämien und Prämienzuschlägen bei einem im Inland zum Geschäftsbetrieb zugelassenen Versicherer hätte decken können.

(3) Abweichend von Nr. 4 gelten die gesetzlichen Verjährungsfristen, soweit sich der Auftragnehmer nach Absatz 2 durch Versicherung geschützt hat oder hätte schützen können oder soweit ein besonderer Versicherungsschutz vereinbart ist.

(4) Eine Einschränkung oder Erweiterung der Haftung kann in begründeten Sonderfällen vereinbart werden.

§ 14
Abrechnung

1. Der Auftragnehmer hat seine Leistungen prüfbar abzurechnen. Er hat die Rechnungen übersichtlich aufzustellen und dabei die Reihenfolge der Posten einzuhalten und die in den Vertragsbestandteilen enthaltenen Bezeichnungen zu verwenden. Die zum Nachweis von Art und Umfang der Leistung erforderlichen Massenberechnungen, Zeichnungen und andere Belege sind beizufügen. Änderungen und Ergänzungen des Vertrages sind in der Rechnung besonders kenntlich zu machen; sie sind auf Verlangen getrennt abzurechnen.

2. Die für die Abrechnung notwendigen Feststellungen sind dem Fortgang der Leistung entsprechend möglichst gemeinsam vorzunehmen. Die Abrechnungsbestimmungen in den Technischen Vorschriften und den anderen Vertragsunterlagen sind zu beachten. Für Leistungen, die bei Weiterführung der Arbeiten nur schwer feststellbar sind, hat der Auftragnehmer rechtzeitig gemeinsame Feststellungen zu beantragen.

3. Die Schlußrechnung muß bei Leistungen mit einer vertraglichen Ausführungsfrist von höchstens 3 Monaten spätestens 12 Werktage nach Fertigstellung eingereicht werden, wenn nichts anderes vereinbart ist; diese Frist wird um je 6 Werktage für je weitere 3 Monate Ausführungsfrist verlängert.

4. Reicht der Auftragnehmer eine prüfbare Rechnung nicht ein, obwohl ihm der Auftraggeber dafür eine angemessene Frist gesetzt hat, so kann sie der Auftraggeber selbst auf Kosten des Auftragnehmers aufstellen.

§ 15
Stundenlohnarbeiten

1. (1) Stundenlohnarbeiten werden nach den vertraglichen Vereinbarungen abgerechnet.

   (2) Soweit für die Vergütung keine Vereinbarungen getroffen worden sind, gilt die ortsübliche Vergütung. Ist diese nicht zu ermitteln, so werden die Aufwendungen des Auftragnehmers für

   Lohn- und Gehaltskosten der Baustelle, Lohn- und Gehaltsnebenkosten der Baustelle, Stoffkosten der Baustelle, Kosten der Einrichtungen, Geräte, Maschinen und maschinellen Anlagen der Baustelle, Fracht-, Fuhr- und Ladekosten, Sozialkassenbeiträge und Sonderkosten,

   die bei wirtschaftlicher Betriebsführung entstehen, mit angemessenen Zuschlägen für Gemeinkosten und Gewinn (einschließlich allgemeinem Unternehmerwagnis) zuzüglich Umsatzsteuer vergütet.

2. Verlangt der Auftraggeber, daß die Stundenlohnarbeiten durch einen Polier oder eine andere Aufsichtsperson beaufsichtigt werden, oder ist die Aufsicht nach den einschlägigen Unfallverhütungsvorschriften notwendig, so gilt Nr. 1 entsprechend.

3. Dem Auftraggeber ist die Ausführung von Stundenlohnarbeiten vor Beginn anzuzeigen. Über die geleisteten Arbeitsstunden und den dabei erforderlichen, besonders zu vergütenden Aufwand für den Verbrauch von Stoffen, für Vorhaltung von Einrichtungen, Geräten, Maschinen und maschinellen Anlagen, für Frachten, Fuhr- und Ladeleistungen sowie etwaige Sonderkosten sind, wenn nichts anderes vereinbart ist, je nach der Verkehrssitte werktäglich oder wöchentlich Listen (Stundenlohnzettel) einzureichen. Der Auftraggeber hat die von ihm bescheinigten Stundenlohnzettel unverzüglich, spätestens jedoch innerhalb von 6 Werktagen nach Zugang, zurückzugeben. Dabei kann er Einwendungen auf den Stundenlohnzetteln oder gesondert schriftlich erheben. Nicht fristgemäß zurückgegebene Stundenlohnzettel gelten als anerkannt.

4. Stundenlohnrechnungen sind alsbald nach Abschluß der Stundenlohnarbeiten, längstens jedoch in Abständen von 4 Wochen, einzureichen. Für die Zahlung gilt § 16.

5. Wenn Stundenlohnarbeiten zwar vereinbart waren, über den Umfang der Stundenlohnleistungen aber mangels rechtzeitiger Vorlage der Stundenlohnzettel Zweifel bestehen, so kann der Auftraggeber verlangen, daß für die nachweisbar ausgeführten Leistungen eine Vergütung vereinbart wird, die nach Maßgabe von Nr. 1 Absatz 2 für einen wirtschaftlich vertretbaren Aufwand an Arbeitszeit und Verbrauch von Stoffen, für Vorhaltung von Einrichtungen, Geräten, Maschinen und maschinellen Anlagen, für Frachten, Fuhr- und Ladeleistungen sowie etwaige Sonderkosten ermittelt wird.

§ 16
Zahlung

1. (1) Abschlagszahlungen sind auf Antrag in Höhe des Wertes der jeweils nachgewiesenen vertragsgemäßen Leistungen ohne die jeweiligen Teilbeträge in Höhe der Umsatzsteuer in möglichst kurzen Zeitabständen zu gewähren. Die Leistungen sind durch eine prüfbare Aufstellung nachzuweisen, die eine rasche und sichere Beurteilung der Leistungen ermöglichen muß. Als Leistungen gelten hierbei auch die für die geforderte Leistung eigens angefertigten und bereitgestellten Bauteile sowie die auf der Baustelle angelieferten Stoffe und Bauteile, wenn dem Auftraggeber nach seiner Wahl das Eigentum an ihnen übertragen ist oder entsprechende Sicherheit gegeben wird. Auf Antrag des Auftragnehmers ist nach der Abnahme eine Abschlagszahlung für die vom Auftragnehmer zu entrichtende Umsatzsteuer zu leisten.

   (2) Gegenforderungen können einbehalten werden. Andere Einbehalte sind nur in den im Vertrag und in den gesetzlichen Bestimmungen vorgesehenen Fällen zulässig.

   (3) Abschlagszahlungen sind binnen 12 Werktagen nach Zugang der Aufstellung zu leisten.

   (4) Die Abschlagszahlungen sind ohne Einfluß auf die Haftung und Gewährleistung des Auftragnehmers; sie gelten nicht als Abnahme von Teilen der Leistung.

2. (1) Vorauszahlungen können auch nach Vertragsabschluß vereinbart werden; hierfür ist auf Verlangen des Auftraggebers ausreichende Sicherheit zu leisten. Diese Vorauszahlungen sind, sofern nichts anderes vereinbart wird, mit 1 v. H. über dem Lombardsatz der Deutschen Bundesbank zu verzinsen.

   (2) Vorauszahlungen sind auf die nächstfälligen Zahlungen anzurechnen, soweit damit Leistungen abzugelten sind, für welche die Vorauszahlungen gewährt worden sind.

3. (1) Die Schlußzahlung ist alsbald nach Prüfung und Feststellung der vom Auftragnehmer vorgelegten Schlußrechnung zu leisten, spätestens innerhalb von 2 Monaten nach Zugang. Die Prüfung der Schlußrechnung ist nach Möglichkeit zu beschleunigen. Verzögert sie sich, so ist das unbestrittene Guthaben als Abschlagszahlung sofort zu zahlen.

   (2) Die vorbehaltlose Annahme der als solche gekennzeichneten Schlußzahlung schließt Nachforderungen aus. Einer Schlußzahlung steht es gleich, wenn der Auftraggeber unter Hinweis auf geleistete Zahlungen weitere Zahlungen endgültig und schriftlich ablehnt. Auch früher gestellte, aber unerledigte Forderungen sind ausgeschlossen, wenn sie nicht nochmals vorbehalten werden. Ein Vorbehalt ist innerhalb von 12 Werktagen nach Eingang der Schlußzahlung zu

erklären. Er wird hinfällig, wenn nicht innerhalb von weiteren 24 Werktagen eine prüfbare Rechnung über die vorbehaltenen Forderungen eingereicht oder, wenn das nicht möglich ist, der Vorbehalt eingehend begründet wird.

4. In sich abgeschlossene Teile der Leistung können nach Teilabnahme ohne Rücksicht auf die Vollendung der übrigen Leistungen endgültig festgestellt und bezahlt werden.

5. (1) Alle Zahlungen sind aufs äußerste zu beschleunigen.

(2) Nicht vereinbarte Skontoabzüge sind unzulässig.

(3) Zahlt der Auftraggeber bei Fälligkeit nicht, so kann ihm der Auftragnehmer eine angemessene Nachfrist setzen. Zahlt er auch innerhalb der Nachfrist nicht, so hat der Auftragnehmer vom Ende der Nachfrist an Anspruch auf Zinsen in Höhe von 1 v. H. über dem Lombardsatz der Deutschen Bundesbank, wenn er nicht einen höheren Verzugsschaden nachweist. Außerdem darf er die Arbeiten bis zur Zahlung einstellen.

6. Der Auftraggeber ist berechtigt, zur Erfüllung seiner Verpflichtungen aus Nr. 1 bis 5 Zahlungen an Gläubiger des Auftragnehmers zu leisten, soweit sie an der Ausführung der vertraglichen Leistung des Auftragnehmers auf Grund eines mit diesem abgeschlossenen Dienst- oder Werkvertrags beteiligt sind und der Auftragnehmer in Zahlungsverzug gekommen ist. Der Auftragnehmer ist verpflichtet, sich auf Verlangen des Auftraggebers innerhalb einer von diesem gesetzten Frist darüber zu erklären, ob und inwieweit er die Forderungen seiner Gläubiger anerkennt; wird diese Erklärung nicht rechtzeitig abgegeben, so gelten die Forderungen als anerkannt und der Zahlungsverzug als bestätigt.

§ 17

Sicherheitsleistung

1. (1) Wenn Sicherheitsleistung vereinbart ist, gelten die §§ 232 bis 240 BGB, soweit sich aus den nachstehenden Bestimmungen nichts anderes ergibt.

(2) Die Sicherheit dient dazu, die vertragsgemäße Ausführung der Leistung und die Gewährleistung sicherzustellen.

2. Wenn im Vertrag nichts anderes vereinbart ist, kann Sicherheit durch Einbehalt oder Hinterlegung von Geld oder durch Bürgschaft eines im Inland zugelassenen Kreditinstituts oder Kreditversicherers geleistet werden.

3. Der Auftragnehmer hat die Wahl unter den verschiedenen Arten der Sicherheit; er kann eine Sicherheit durch eine andere ersetzen.

4. Bei Sicherheitsleistung durch Bürgschaft ist Voraussetzung, daß der Auftraggeber den Bürgen als tauglich anerkannt hat. Die Bürgschaftserklärung ist schriftlich unter Verzicht auf die Einrede der Vorausklage abzugeben (§ 771 BGB); sie darf nicht auf bestimmte Zeit begrenzt und muß nach Vorschrift des Auftraggebers ausgestellt sein.

5. Wird Sicherheit durch Hinterlegung von Geld geleistet, so hat der Auftragnehmer den Betrag bei einem zu vereinbarenden Geldinstitut auf ein Sperrkonto einzuzahlen, über das beide Parteien nur gemeinsam verfügen können. Etwaige Zinsen stehen dem Auftragnehmer zu.

6. (1) Soll der Auftraggeber vereinbarungsgemäß die Sicherheit von seinen Zahlungen einbehalten, so darf er die Abschlagszahlung nach § 16 Nr. 1 Absatz 1 Satz 4 in Höhe der vereinbarten Sicherheitssumme kürzen. Den so einbehaltenen

Betrag hat er dem Auftragnehmer mitzuteilen und binnen 18 Werktagen nach dieser Mitteilung auf Sperrkonto bei dem vereinbarten Geldinstitut einzuzahlen. Gleichzeitig muß er veranlassen, daß dieses Geldinstitut den Auftragnehmer von der Einzahlung des Sicherheitsbetrages benachrichtigt. Nr. 5 gilt entsprechend.

(2) Bei kleineren oder kurzfristigen Aufträgen ist es zulässig, daß der Auftraggeber den einbehaltenen Sicherheitsbetrag erst bei der Schlußzahlung auf Sperrkonto einzahlt.

(3) Zahlt der Auftraggeber den einbehaltenen Betrag nicht rechtzeitig ein, so kann ihm der Auftragnehmer hierfür eine angemessene Nachfrist setzen. Läßt der Auftraggeber auch diese verstreichen, so kann der Auftragnehmer die sofortige Auszahlung des einbehaltenen Betrages verlangen und braucht dann keine Sicherheit mehr zu leisten.

(4) Öffentliche Auftraggeber sind berechtigt, den als Sicherheit einbehaltenen Betrag auf eigenes Verwahrgeldkonto zu nehmen; der Betrag wird nicht verzinst.

7. Der Auftragnehmer hat die Sicherheit binnen 18 Werktagen nach Vertragsabschluß zu leisten, wenn nichts anderes vereinbart ist. Soweit er diese Verpflichtung nicht erfüllt hat, ist der Auftraggeber berechtigt, vom Guthaben des Auftragnehmers einen Betrag in Höhe der vereinbarten Sicherheit einzubehalten. Im übrigen gelten Nr. 5 und Nr. 6 außer Absatz 1 Satz 1 entsprechend.

8. Der Auftraggeber hat eine nicht verwertete Sicherheit zum vereinbarten Zeitpunkt, spätestens nach Ablauf der Verjährungsfrist für die Gewährleistung, zurückzugeben. Soweit jedoch zu dieser Zeit seine Ansprüche noch nicht erfüllt sind, darf er einen entsprechenden Teil der Sicherheit zurückhalten.

§ 18

Streitigkeiten

1. Der Gerichtsstand für Streitigkeiten aus dem Vertrag richtet sich nach dem Sitz der für die Prozeßvertretung des Auftraggebers zuständigen Stelle, wenn nichts anderes vereinbart ist. Sie ist dem Auftragnehmer auf Verlangen mitzuteilen *).

2. Entstehen bei Verträgen mit Behörden Meinungsverschiedenheiten, so soll der Auftragnehmer zunächst die der auftraggebenden Stelle unmittelbar vorgesetzte Stelle anrufen. Diese soll dem Auftragnehmer Gelegenheit zur mündlichen Aussprache geben und ihn möglichst innerhalb von 2 Monaten nach der Anrufung schriftlich bescheiden und dabei auf die Rechtsfolgen des Satzes 3 hinweisen. Die Entscheidung gilt als anerkannt, wenn der Auftragnehmer nicht innerhalb von 2 Monaten nach Eingang des Bescheides schriftlich Einspruch beim Auftraggeber erhebt und dieser ihn auf die Ausschlußfrist hingewiesen hat.

3. Bei Meinungsverschiedenheiten über die Eigenschaft von Stoffen und Bauteilen, für die allgemeingültige Prüfungsverfahren bestehen, und über die Zulässigkeit oder Zuverlässigkeit der bei der Prüfung verwendeten Maschinen oder angewendeten Prüfungsverfahren kann jede Vertragspartei nach vorheriger Benachrichtigung der anderen Vertragspartei die materialtechnische Untersuchung durch eine staatliche oder staatlich anerkannte Materialprüfungsstelle vornehmen lassen; deren Feststellungen sind verbindlich. Die Kosten trägt der unterliegende Teil.

4. Streitfälle berechtigen den Auftragnehmer nicht, die Arbeiten einzustellen.

---

*) Siehe Seite 7 Anmerkung des Herausgebers, 3. Abschnitt.

VOB Teil C:

Allgemeine Technische Vorschriften für Bauleistungen

Erdarbeiten – DIN 18 300

Fassung Dezember 1973

Ausgabedatum: August 1974

Inhalt

0. Hinweise für die Leistungsbeschreibung*)

(siehe auch Teil A — DIN 1960 — § 9)

0.1. In der Leistungsbeschreibung sind nach Lage des Einzelfalles insbesondere anzugeben:

0.1.1. Lage der Baustelle und Umgebungsbedingungen, Zufahrtsmöglichkeiten und Beschaffenheit der Zufahrt sowie etwaige Einschränkungen bei ihrer Benutzung.

0.1.2. Lage und Ausmaß der dem Auftragnehmer für die Ausführung seiner Leistungen zur Benutzung oder Mitbenutzung überlassenen Flächen.

0.1.3. hydrologische Werte von Grundwasser und Gewässern.
Art, Lage, Abfluß, Abflußvermögen und Hochwasserverhältnisse von Vorflutern.

0.1.4. Ergebnisse der Boden- und Felsuntersuchung, Wasseranalyse.

0.1.5. Schutzgebiete im Bereich der Baustelle.

0.1.6. besondere Maßnahmen aus Gründen der Landespflege und des Umweltschutzes.

0.1.7. Art und Umfang des vorhandenen Aufwuchses auf den freizumachenden Flächen.

0.1.8. Art und Umfang des Schutzes von Bäumen, Pflanzenbeständen, Vegetationsflächen, Bauteilen, Bauwerken, Grenzsteinen u. ä. im Bereich der Baustelle.

0.1.9. bekannte oder vermutete Hindernisse im Bereich der Baustelle, möglichst unter Auslegung von Bestandsplänen, z. B. Leitungen, Kabel, Dräne, Kanäle, Bauwerksreste (und, soweit bekannt, deren Eigentümer).

0.1.10. besondere Anordnungen, Vorschriften und Maßnahmen der Eigentümer (oder der anderen Weisungsberechtigten) von Leitungen, Kabeln, Dränen, Kanälen, Wegen, Gewässern, Gleisen, Zäunen und dergleichen im Bereich der Baustelle.

---

*) Diese Hinweise werden nicht Vertragsbestandteil.

0.1.11. besondere Maßnahmen zum Schutz der Fischerei, der Jagd, der Land- und Forstwirtschaft und anderer Interessengebiete.

0.1.12. besondere wasserrechtliche Bestimmungen.

0.1.13. für den Verkehr freizuhaltende Flächen.

0.1.14. Besonderheiten der Regelung und Sicherung des Verkehrs, gegebenenfalls auch, wieweit der Auftraggeber die Durchführung der erforderlichen Maßnahmen übernimmt.

0.1.15. Verkehrsverhältnisse auf der Baustelle, insbesondere Verkehrsbeschränkungen, z. B. Begrenzung der Verkehrslasten.

0.1.16. Lage, Art und Anschlußwert der dem Auftragnehmer auf der Baustelle zur Verfügung gestellten Anschlüsse für Wasser und Energie.

0.1.17. Mitbenutzung fremder Gerüste, Hebezeuge, Aufzüge, Aufenthalts- und Lagerräume, Einrichtungen und dergleichen durch den Auftragnehmer.

0.1.18. wie lange, für welche Arbeiten und gegebenenfalls für welche Beanspruchung der Auftragnehmer seine Gerüste, Hebezeuge, Aufzüge, Aufenthalts- und Lagerräume, Einrichtungen und dergleichen für andere Unternehmer vorzuhalten hat.

0.1.19. besondere Anforderungen an die Baustelleneinrichtung.

0.1.20. Art und Zeit der vom Auftraggeber veranlaßten Vorarbeiten.

0.1.21. ob und in welchem Umfang dem Auftragnehmer Arbeitskräfte und Geräte für Abladen, Lagern und Transport zur Verfügung gestellt werden.

0.1.22. Arbeiten anderer Unternehmer auf der Baustelle.

0.1.23. Leistungen für andere Unternehmer.

0.1.24. ob und unter welchen Umständen auf der Baustelle gewonnene Stoffe verwendet werden dürfen oder verwendet werden sollen.

0.1.25. Art, Menge, Gewicht der Stoffe, die vom Auftraggeber beigestellt werden, sowie Art, Ort (genaue Bezeichnung) und Zeit ihrer Übergabe.

0.1.26. Güteanforderungen an nicht genormte Stoffe.

0.1.27. ob Verdichten des einzubauenden Bodens und Felsgesteins verlangt wird, der geforderte Verdichtungsgrad und dessen Nachweis (siehe Abschnitt 3.7.6).

0.1.28. Art und Umfang verlangter Eignungs- und Gütenachweise.

0.1.29. Art und Beschaffenheit der Unterlage (Untergrund, Unterbau, Tragschicht, Tragwerk).

0.1.30. vorgesehene Arbeitsabschnitte, Arbeitsunterbrechungen und -beschränkungen nach Art, Ort und Zeit.

0.1.31. ob Arbeitspläne über den Abbau an Steilhängen verlangt werden (siehe Abschnitt 3.5.4).

0.1.32. Maßnahmen zur bleibenden Sicherung von Felsböschungen und Steilhängen.

0.1.33. Gründungstiefen, Gründungsarten und Lasten benachbarter Bauwerke.

0.1.34. besondere Erschwernisse während der Ausführung, z. B. Arbeiten bei außergewöhnlichen äußeren Einflüssen.

0.1.35. Benutzung von Teilen der Leistung vor der Abnahme.

0.1.36. Ausbildung der Anschlüsse an Bauwerke.

0.1.37. Art und Beschaffenheit vorhandener Einfassungen.

0.1.38. besondere Maßnahmen, die zum Schutz von benachbarten Grundstücken und Bauwerken notwendig sind.

0.1.39. Art und Anzahl der geforderten Proben.

0.1.40. die einzelnen Boden- und Felsarten hinsichtlich ihrer Eigenschaften und Zustände sowie ihre Klassen nach Abschnitt 2.2.

0.1.41. die geschätzten Mengenanteile, wenn Boden- und Felsarten verschiedener Klassen nach Abschnitt 2.2 zusammengefaßt werden, weil eine Trennung nur schwer möglich ist.

0.1.42. ob und wie sich die Eigenschaften und Zustände von Boden- und Felsarten nach dem Lösen wesentlich ändern.

0.1.43. ob und welcher Oberboden nach den Grundsätzen des Landschaftsbaus verwendet werden soll.

0.1.44. ob und welcher Oberboden nicht nach den Grundsätzen des Landschaftsbaus, aber wieder als Oberboden verwendet werden soll (siehe Abschnitt 3.4.4).

0.1.45. Abmessungen von Baugruben und Gräben, gegebenenfalls die Tiefen gestaffelt.

0.1.46. ob Sachverständigengutachten vorliegen und inwieweit sie bei der Ausführung zu beachten sind.

0.1.47. Anzahl, Abmessungen und Lage der Arbeitsräume für Rohrverbindungen.

0.1.48. die Verwendung des Bodens und die Art des Einbaues.

0.1.49. ob für die Baugrube ein Verbau vorgesehen ist.

0.1.50. ob und in welcher Dicke eine Schutzschicht über der Gründungssohle zu belassen ist.

0.1.51. ob gelöster Boden und Fels in das Eigentum des Auftragnehmers übergehen sollen (siehe Abschnitt 1.3).

0.1.52. Leistungen nach Abschnitt 4.2 in besonderen Ansätzen, wenn diese Leistungen keine Nebenleistungen sein sollen.

0.1.53. Leistungen nach Abschnitt 4.3 in besonderen Ansätzen.

0.2. In der Leistungsbeschreibung sind Angaben zu folgenden Abschnitten nötig, wenn der Auftraggeber eine abweichende Regelung wünscht:

Abschnitt 3.1.6 (Wahl des Bauverfahrens)
Abschnitt 3.4.1 (Abtrag von Oberboden)
Abschnitt 3.4.2 (Trennung der Oberbodenarbeiten von anderen Bodenbewegungen)
Abschnitt 3.4.3 (Abtrag von Oberboden unter Baumkronen)
Abschnitt 3.5.2 (Wahl der Abtragsquerschnitte)
Abschnitt 3.5.6 (gelockertes Gestein in Böschungen)
Abschnitt 3.6 (Wahl der Förderwege)
Abschnitt 3.7.1 (Abkippen bzw. Auftragen des Bodens)
Abschnitt 3.7.6 (lagenweises Einbauen und Verdichten)
Abschnitt 3.10.1 (Ausbildung von Baugruben und Gräben)
Abschnitt 3.10.2 (Tiefen für Baugruben und Gräben)
Abschnitt 3.11.2 (Wahl des Materials zum Hinterfüllen und Überschütten)
Abschnitt 3.11.4 (Tiefen für Hinterfüllen und Überschütten)
Abschnitt 3.11.7 (Höhe der Leitungszone)
Abschnitt 5.1.1 (Näherungsverfahren für die Massenermittlung)
Abschnitt 5.1.2 (Abrechnen nach Bodenklassen, Förderwegen)
Abschnitt 5.1.3.3 (Böschungswinkel)
Abschnitt 5.1.6 (Ermittlung der Abtrag- und Aushubmassen)
Abschnitt 5.1.7 (Ermittlung der Einbaumassen)
Abschnitt 5.1.8 (Ermittlung der verdichteten Einbaumassen)

1. Allgemeines

1.1. DIN 18 300 „Erdarbeiten" gilt für das Lösen, Laden, Fördern, Einbauen und Verdichten von Boden und Fels.

1.2. DIN 18 300 gilt nicht für

Erdarbeiten zur Herstellung „von Dränungen im Landeskulturbau" (siehe DIN 18 308 „Dränarbeiten für landwirtschaftlich genutzte Flächen");

Oberbodenarbeiten nach den Grundsätzen des Landschaftsbaues (siehe DIN 18 320 „Landschaftsbauarbeiten").

1.3. Gelöster Boden und Fels gehen nur dann in das Eigentum des Auftragnehmers über, wenn dies in der Leistungsbeschreibung vorgeschrieben ist.

1.4. Sind Boden, Fels oder sonstige Stoffe vom Auftragnehmer zu liefern, so umfaßt die Lieferung auch das Abladen und Lagern auf der Baustelle.

1.5. Boden, Fels oder sonstige Stoffe, die vom Auftraggeber beigestellt werden, hat der Auftragnehmer rechtzeitig beim Auftraggeber anzufordern.

2. Boden- und Felsklassifizierung

2.1. Allgemeines

Die Boden- und Felsarten werden entsprechend ihrem Zustand beim Lösen in Klassen eingestuft (siehe Abschnitt 2.2).

Oberboden (Mutterboden) wird unabhängig von seinem Zustand beim Lösen im Hinblick auf eine besondere Behandlung als eigene Klasse aufgeführt (siehe Abschnitt 2.2).

Im übrigen gilt für die einheitliche Benennung und Beschreibung von Bodenarten (Lockergesteinen) DIN 18 196 „Erdbau; Bodenklassifikation für bautechnische Zwecke und Methoden zum Erkennen von Bodengruppen".

2.2. Boden- und Felsklassen

Klasse 1: **Oberboden (Mutterboden)**

Oberboden ist die oberste Schicht des Bodens, die neben anorganischen Stoffen, z. B. Kies-, Sand-, Schluff- und Tongemische, auch Humus und Bodenlebewesen enthält.

Klasse 2: **Fließende Bodenarten**

Bodenarten, die von flüssiger bis breiiger Beschaffenheit sind und die das Wasser schwer abgeben.

Klasse 3: **Leicht lösbare Bodenarten**

Nichtbindige bis schwachbindige Sande, Kiese und Sand-Kies-Gemische mit bis zu 15 Gew.-% Beimengungen an Schluff und Ton (Korngröße kleiner als 0,06 mm) und mit höchstens 30 Gew.-% Steinen von über 63 mm Korngröße bis zu 0,01 m^3 Rauminhalt**).

Organische Bodenarten mit geringem Wassergehalt (z. B. feste Torfe).

Klasse 4: **Mittelschwer lösbare Bodenarten**

Gemische von Sand, Kies, Schluff und Ton mit einem Anteil von mehr als 15 Gew.-% Korngröße kleiner als 0,06 mm.

**) 0,01 m^3 Rauminhalt entspricht einer Kugel mit einem Durchmesser von rd. 0,30 m.

Bindige Bodenarten von leichter bis mittlerer Plastizität, die je nach Wassergehalt weich bis fest sind, und die höchstens 30 Gew.-% Steine von über 63 mm Korngröße bis zu 0,01 m^3 Rauminhalt**) enthalten.

Klasse 5: **Schwer lösbare Bodenarten**

Bodenarten nach den Klassen 3 und 4, jedoch mit mehr als 30 Gew.-% Steinen von über 63 mm Korngröße bis zu 0,01 m^3 Rauminhalt**).

Nichtbindige und bindige Bodenarten mit höchstens 30 Gew.-% Steinen von über 0,01 m^3 bis 0,1 m^3 Rauminhalt**).

Ausgeprägt plastische Tone, die je nach Wassergehalt weich bis fest sind.

Klasse 6: **Leicht lösbarer Fels und vergleichbare Bodenarten**

Felsarten, die einen inneren, mineralisch gebundenen Zusammenhalt haben, jedoch stark klüftig, brüchig, bröckelig, schiefrig, weich oder verwittert sind, sowie vergleichbare verfestigte nichtbindige und bindige Bodenarten.

Nichtbindige und bindige Bodenarten mit mehr als 30 Gew.-% Steinen von über 0,01 m^3 bis 0,1 m^3 Rauminhalt**).

Klasse 7: **Schwer lösbarer Fels**

Felsarten, die einen inneren, mineralisch gebundenen Zusammenhalt und hohe Gefügefestigkeit haben und die nur wenig klüftig oder verwittert sind.

Festgelagerter, unverwitterter Tonschiefer, Nagelfluhschichten, Schlackenhalden der Hüttenwerke und dergleichen.

Steine von über 0,1 m^3 Rauminhalt**).

3. Ausführung

3.1. Allgemeines

3.1.1. Wenn Verkehrs-, Versorgungs- und Entsorgungsanlagen im Bereich des Baugeländes liegen, sind die Vorschriften und Anordnungen der zuständigen Stellen zu beachten.

3.1.2. Die für die Aufrechterhaltung des Verkehrs bestimmten Flächen sind freizuhalten. Der Zugang zu Einrichtungen der Versorgungs- und Entsorgungsbetriebe, der Feuerwehr, der Post und Bahn, zu Vermessungspunkten und dergleichen darf nicht mehr als durch die Ausführung unvermeidlich behindert werden.

3.1.3. Wenn die Lage vorhandener Leitungen, Kabel, Dräne, Kanäle und sonstiger baulicher Anlagen vor Ausführung der Arbeiten nicht angegeben werden kann, ist diese zu erkunden. Die Maßnahmen hierfür sind zu vereinbaren (siehe Abschnitt 4.3.8).

3.1.4. Werden unvermutete Hindernisse, z. B. nicht angegebene Leitungen, Kanäle, Kabel, Dräne, Bauwerksreste, Vermarkungen, angetroffen, ist der Auftraggeber unverzüglich darüber zu unterrichten. Die zu treffenden Maßnahmen sind zu vereinbaren (siehe Abschnitte 4.3.9 und 4.3.10).

3.1.5. In unmittelbarer Nähe von Bauwerken, Leitungen, Kabeln, Dränen und Kanälen müssen Erdarbeiten mit der erforderlichen Vorsicht durchgeführt werden.

Gefährdete bauliche Anlagen sind dabei zu sichern; DIN 4123 „Gebäudesicherungen im Bereich von Ausschachtungen; Gründungen und Unterfangungen" ist zu

---

**) 0,01 m^3 Rauminhalt entspricht einer Kugel mit einem Durchmesser von rd. 0,30 m.
0,1 m^3 Rauminhalt entspricht einer Kugel mit einem Durchmesser von rd. 0,60 m.

beachten. Bei Schutz- und Sicherungsmaßnahmen sind die Vorschriften der Eigentümer oder anderer Weisungsberechtigter zu beachten. Sind solche Maßnahmen in der Leistungsbeschreibung nicht vorgeschrieben, so sind diese zu vereinbaren (siehe Abschnitte 4.3.7 und 4.3.9).

3.1.6. Die Wahl des Bauverfahrens sowie Wahl und Einsatz der Baugeräte ist Sache des Auftragnehmers, wenn in der Leistungsbeschreibung darüber nichts vorgeschrieben ist.

3.2. Vorbereitung des Baugeländes

3.2.1. Wenn besondere Maßnahmen zum Feststellen des Zustandes der baulichen Anlagen einschließlich Straßen, Versorgungs- und Entsorgungsanlagen vor Beginn der Erdarbeiten erforderlich sind, sind diese zu vereinbaren (siehe Abschnitt 4.3.6).

3.2.2. Grenzsteine und amtliche Festpunkte dürfen nur mit Zustimmung des Auftraggebers beseitigt werden. Festpunkte des Auftraggebers für die Baumaßnahme hat der Auftragnehmer vor Beseitigung zu sichern.

3.2.3. Aufwuchs darf über den vereinbarten Umfang hinaus nur mit Zustimmung des Auftraggebers beseitigt werden.

3.3. Wasserabfluß

3.3.1. Der Auftragnehmer hat die erforderlichen Entwässerungsmaßnahmen rechtzeitig auszuführen.

Reichen die in der Leistungsbeschreibung vorgesehenen Maßnahmen für die Beseitigung von Grundwasser, Quellwasser, Sickerwasser u. ä. nicht aus, so sind die erforderlichen zusätzlichen Maßnahmen zu vereinbaren (siehe Abschnitt 4.3.17).

3.3.2. Richtung, Höhenlage und Wassermenge von Gewässern, Sickerungen und Dränen dürfen während der Bauausführung nur mit Zustimmung des Auftraggebers verändert werden.

3.3.3. Der Auftragnehmer hat bei Maßnahmen nach den Abschnitten 3.3.1 und 3.3.2 dafür zu sorgen, daß das Wasser stets ungehindert abfließen kann und keine Schäden verursacht.

3.4. Oberbodenarbeiten

3.4.1. Oberboden (Mutterboden) muß von allen Auftragsflächen abgetragen werden, wenn in der Leistungsbeschreibung nichts anderes vorgeschrieben ist.

Von Lagerplätzen, Verkehrsflächen u. ä. ist Oberboden nur in dem in der Leistungsbeschreibung vorgesehenen Umfang abzutragen.

3.4.2. Abtrag und Einbau von Oberboden ist gesondert von anderen Bodenbewegungen durchzuführen, wenn in der Leistungsbeschreibung nichts anderes vorgeschrieben ist.

3.4.3. Sind Bäume zu erhalten, darf der Oberboden im Bereich der Fläche unter der Baumkrone nicht abgetragen werden, wenn in der Leistungsbeschreibung nichts anderes vorgeschrieben ist.

3.4.4. Für Oberboden, dessen Verwendung nicht nach den Grundsätzen des Landschaftsbaues vorgeschrieben ist, der aber wieder als Oberboden verwendet wird, gelten nachstehende Festlegungen:

3.4.4.1. Oberboden darf nicht durch Beimengungen verschlechtert werden, z. B. durch Baurückstände, Metalle, Glas, Schlacken, Asche, Kunststoffe, Mineralöle, Chemikalien, schwer zersetzbare Pflanzenreste.

3.4.4.2. Bindige Oberböden dürfen nur bei weicher bis fester Konsistenz abgetragen und aufgetragen werden.

3.4.4.3. Wird Oberboden nicht sofort weiterverwendet, ist er getrennt von anderen Bodenarten und abseits vom Baubetrieb und möglichst zusammenhängend zu lagern. Dabei darf er nicht durch Befahren oder auf andere Weise verdichtet werden.

3.4.4.4. Leicht verrottbare Pflanzendecken, z. B. Grasnarbe, werden wie Oberboden behandelt.

3.5. Lösen und Laden

3.5.1. Von den in der Leistungsbeschreibung vorgeschriebenen Maßen der Abtragsquerschnitte darf nur mit Zustimmung des Auftraggebers abgewichen werden. Dies gilt auch, wenn nur auf Sachverständigengutachten Bezug genommen wird.

3.5.2. Werden Abtragsquerschnitte in der Leistungsbeschreibung nicht vorgeschrieben, so bleibt die Wahl der Abtragsquerschnitte, insbesondere die Böschungsneigung, dem Auftragnehmer überlassen.

Dabei ist für die Herstellung von Böschungen, Baugruben, Gräben und Arbeitsräumen DIN 4124 „Baugruben und Gräben; Böschungen, Arbeitsraumbreiten, Verbau" zu beachten.

3.5.3. Werden beim Abtrag von der Leistungsbeschreibung abweichende Bodenverhältnisse angetroffen oder treten Umstände ein, durch die die vorgeschriebenen Abtragsquerschnitte nicht eingehalten werden können, sind die erforderlichen Maßnahmen zu vereinbaren (siehe Abschnitt 4.3.23).

3.5.4. Über den Abbau an Steilhängen hat der Auftragnehmer auf Verlangen einen Arbeitsplan vorzulegen.

3.5.5. Unvorhergesehenes, z. B. Wasserandrang, Bodenauftrieb, Ausfließen von Schichten, Schäden an baulichen Anlagen, hat der Auftragnehmer dem Auftraggeber unverzüglich anzuzeigen.

Die erforderlichen Maßnahmen sind zu vereinbaren (siehe Abschnitt 4.3.24).

3.5.6. Das Lösen von Fels, z. B. durch Sprengen, ist so durchzuführen, daß das verbleibende Gestein möglichst nicht gelockert wird. Dennoch gelockertes Gestein in Böschungen ist zu entfernen, wenn in der Leistungsbeschreibung nichts anderes vorgeschrieben ist.

3.6. Fördern

Die Wahl der Förderwege bleibt dem Auftragnehmer überlassen, wenn in der Leistungsbeschreibung darüber nichts vorgeschrieben ist.

3.7. Einbau und Verdichten

3.7.1. Boden und Fels sind ohne zusätzliche Maßnahmen abzukippen oder aufzutragen, wenn in der Leistungsbeschreibung nichts anderes vorgeschrieben ist, z. B. Einebnen, Verdichten.

3.7.2. Vor dem Einbau von Boden und Fels für Erdbauwerke ist die Gründungssohle auf Eignung für das Erdbauwerk zu prüfen (siehe Teil B – DIN 1961 – § 4 Nr. 3).

Ungeeignete Bodenarten (z. B. Schlamm, Torf) und Hindernisse (z. B. Baumstümpfe, Baumwurzeln, Bauwerksreste) sind dem Auftraggeber mitzuteilen. Die erforderlichen Maßnahmen sind zu vereinbaren (siehe Abschnitt 4.3.13).

3.7.3. Vertiefungen in der Gründungssohle sind aufzufüllen. Der Füllboden ist so zu verdichten, daß er möglichst so dicht liegt wie der anstehende Boden. Die hierfür erforderlichen Maßnahmen sind, soweit sie der Auftragnehmer nicht zu vertreten hat, zu vereinbaren (siehe Abschnitt 4.3.15).

3.7.4. Werden aus Gründen der Gleitsicherheit bei geneigten Grundflächen Abtreppungen oder andere sichernde Maßnahmen erforderlich, sind diese zu vereinbaren (siehe Abschnitt 4.3.25).

3.7.5. Sickerwasser, Quellwasser und Rinnsale müssen vor dem Überschütten gefaßt und abgeleitet werden (siehe Abschnitt 3.3.1).

3.7.6. Bei Erdbauwerken ist darauf zu achten, daß für den vorgesehenen Verwendungszweck geeigneter Boden und Fels eingebaut wird. Das Schüttgut ist von ungeeigneten Stoffen freizuhalten.

Das Schüttgut ist lagenweise einzubauen und zu verdichten, wenn in der Leistungsbeschreibung nichts anderes vorgeschrieben ist.

Schütthöhe und Anzahl der Arbeitsgänge beim Verdichten sind nach Art und Größe der Verdichtungsgeräte und der Bodenart so festzulegen, daß der vorgeschriebene Verdichtungsgrad des Bodens erreicht wird. Auf Verlangen ist der Nachweis hierfür zu erbringen.

Dämme sind von außen nach der Mitte hin zu verdichten.

Befinden sich im Schüttgut größere Steine oder Bodenschollen, sind diese so zu verteilen, daß sie sich ohne Bildung von schädlichen Hohlräumen in die Schüttung einbetten.

Bindige Böden sind unmittelbar nach dem Schütten zu verdichten. Sie dürfen im aufgeweichten Zustand nicht überschüttet werden, wenn schädliche Auswirkungen für das Erdbauwerk zu erwarten sind.

3.7.7. Ist der vorgeschriebene Verdichtungsgrad durch Verdichten nicht zu erreichen, so sind geeignete Maßnahmen zu vereinbaren, z. B. Bodenverbesserung, Bodenaustausch (siehe Abschnitt 4.3.26).

3.7.8. Meßgeräte, die zum Beobachten von Setzungen, Verschiebungen u. ä. in Erdbauwerke eingebaut werden, dürfen nicht beschädigt oder in ihrer Lage verändert werden.

3.8. Herstellen der Böschungen von Erdbauwerken

3.8.1. Hat der Auftragnehmer die Böschung endgültig zu befestigen, ist die Befestigung unmittelbar nach dem Herstellen der Böschung, gegebenenfalls in Teilabschnitten, auszuführen.

Ist dies nicht möglich, sind die Böschungen in der Zwischenzeit gegen Witterungseinflüsse behelfsmäßig zu schützen und zu unterhalten.

3.8.2. Ist dem Auftragnehmer die endgültige Befestigung nicht übertragen und bleiben die Böschungen aus Gründen, die der Auftragnehmer nicht zu vertreten hat, offen liegen, sind die gegebenenfalls erforderlichen Maßnahmen zu vereinbaren (siehe Abschnitt 4.3.28).

3.8.3. Vor dem Aufbringen von Oberboden auf Böschungen ist ihre Oberfläche aufzurauhen und, falls erforderlich, mit Stufen zu versehen, z. B. bei steilen Böschungen.

3.8.4. Ergibt sich während der Ausführung von Böschungen die Gefahr von Rutschungen, hat der Auftragnehmer die notwendigen Sicherungen unverzüglich zu treffen. Art und Umfang weiterer Maßnahmen sind zu vereinbaren (siehe Abschnit 4.3.29).

3.8.5. Felsböschungen sind entsprechend den Eigenschaften des Gesteins und dem Gefüge des Gebirges herzustellen; witterungsbeständige Gesteinsbänke, Vorsprünge und dergleichen sind möglichst zu erhalten.

3.9. Herstellen von Dichtungskörpern

3.9.1. Dichtungskörper sind entsprechend ihrem Zweck mit besonderer Sorgfalt auszuführen.

Sie sind gegen Witterungseinflüsse, insbesondere gegen Austrocknung und sonstige Beschädigungen, zu schützen.

3.9.2. Der Auftragnehmer hat die Eignung des Bodens für Dichtungskörper durch Untersuchungen festzustellen, falls er den Dichtungsboden zu liefern hat.
Der Eignungsnachweis ist dem Auftraggeber mitzuteilen.

3.10. Herstellen von Baugruben und Gräben

3.10.1. Für die Ausbildung von Baugruben und Gräben sowie für die erforderlichen Arbeitsraumbreiten gilt DIN 4124 „Baugruben und Gräben; Böschungen, Arbeitsraumbreiten, Verbau", wenn in der Leistungsbeschreibung nichts anderes vorgeschrieben ist.

Sind bei Gräben Umsteifarbeiten für das Herablassen von Rohren erforderlich oder sind längsverlaufende Hindernisse vorhanden, so muß die lichte Grabenbreite B auch bei äußeren Rohrschaftdurchmessern von $D \leqq 0{,}40$ m mindestens $B = D + 0{,}70$ m betragen.

3.10.2. Wenn in der Leistungsbeschreibung keine Tiefen für Baugruben und Gräben angegeben sind, umfaßt die Leistung den Aushub von Baugruben nur bis Tiefen von 1,75 m, von Gräben für Fundamente oder Leitungen nur bis Tiefen von 1,25 m.

3.10.3. Ist in der Leistungsbeschreibung vorgeschrieben, daß zum Schutz der Gründungssohle eine Schutzschicht zu belassen ist, darf diese erst unmittelbar vor der Herstellung des Grundwerks, z. B. Unterbeton, Fundament, oder der Leitung entfernt werden.

3.10.4. Im Bereich der Gründungsfläche für das Bauwerk darf die Sohle nicht aufgelockert werden.

Bei trotzdem aufgelockertem Boden muß entweder die ursprüngliche Lagerungsdichte durch Verdichten oder die ursprüngliche Tragfähigkeit in anderer geeigneter Weise wiederhergestellt werden.

3.11. Hinterfüllen und Überschütten von baulichen Anlagen

3.11.1. Vor dem Hinterfüllen oder Überschütten sind im Bereich der baulichen Anlagen Fremdkörper, die Schäden verursachen können, zu entfernen.

3.11.2. Die Wahl des Materials zum Hinterfüllen und Überschütten bleibt dem Auftragnehmer überlassen, wenn in der Leistungsbeschreibung nichts anderes vorgeschrieben ist.

Material, das zu Schäden führen kann, darf nicht verwendet werden.

3.11.3. Hinterfüllen, Überschütten und Verdichten sind so auszuführen, daß an den baulichen Anlagen keine Schäden entstehen.

Bei Leitungen ist darauf zu achten, daß sie in ihrer Lage verbleiben.

3.11.4. Wenn in der Leistungsbeschreibung keine Tiefen angegeben sind, gilt Abschnitt 3.10.2 entsprechend.

3.11.5. Verdichtungsgeräte, Arbeitsverfahren und Schichtdicke sind auf die Eigenschaften und die erforderliche, gleichmäßige Verdichtung des Hinterfüll- bzw. Überschüttmaterials abzustimmen. Das Einschlämmen ist nur mit Zustimmung des Auftraggebers zulässig.

3.11.6. Bei Leitungsgräben darf mit dem Verfüllen erst begonnen werden, wenn Leitungsverbindungen und -auflager durch Erddruck und andere beim Verfüllen auftretende Kräfte belastet werden können.

3.11.7. Material, das die Leitungen schädigen kann, z. B. Schlacke, steinige Böden, darf innerhalb der Leitungszone nicht verwendet werden.

Wenn in der Leistungsbeschreibung nichts anderes vorgeschrieben ist, umfaßt die Leitungszone den Raum zwischen Grabensohle und Grabenwänden bis zu einer Höhe von 0,30 m über dem Scheitel der Leitung.

3.11.8. In der Leitungszone ist der Boden beiderseitig der Leitung gleichzeitig lagenweise einzubauen und sorgfältig zu verdichten.

3.12. Arbeiten bei und nach Frostwetter

Gefrorene Böden dürfen in Erdbauwerke, in Hinterfüllungen und Überschüttungen von baulichen Anlagen nicht eingebaut oder verdichtet werden.

Gefrorene Schichten von Erdbauwerken, Hinterfüllungen und Überschüttungen dürfen nur überschüttet werden, wenn keine Schäden eintreten können.

4. Nebenleistungen

Nebenleistungen sind Leistungen, die auch ohne Erwähnung in der Leistungsbeschreibung zur vertraglichen Leistung gehören (siehe Teil B — DIN 1961 — § 2 Nr. 1).

4.1. Folgende Leistungen sind Nebenleistungen:

4.1.1. Messungen für das Ausführen und Abrechnen der Arbeiten einschließlich des Vorhaltens der Meßgeräte, Lehren, Absteckzeichen usw., des Erhaltens der Lehren und Absteckzeichen während der Bauausführung und des Stellens der Arbeitskräfte, jedoch nicht Leistungen nach Teil B — DIN 1961 — § 3 Nr. 2.

4.1.2. Schutz- und Sicherheitsmaßnahmen nach den Unfallverhütungsvorschriften und den behördlichen Bestimmungen.

4.1.3. Schutz der ausgeführten Leistungen und der für die Ausführung übergebenen Gegenstände vor Beschädigung und Diebstahl bis zur Abnahme.

4.1.4. Feststellen des Zustands der Straßen, der Geländeoberfläche, der Vorfluter usw. nach Teil B — DIN 1961 — § 3 Nr. 4.

4.1.5. Heranbringen von Wasser und Energie von den vom Auftraggeber auf der Baustelle zur Verfügung gestellten Anschlußstellen zu den Verwendungsstellen.

4.1.6. Vorhalten der Kleingeräte und Werkzeuge.

4.1.7. Lieferung der Betriebsstoffe.

4.1.8. Befördern der vom Auftraggeber angelieferten Stoffe von den in der Leistungsbeschreibung angegebenen Übergabestellen zu den Verwendungsstellen und etwaiges Rückbefördern.

4.1.9. Sichern der Arbeiten gegen Tagwasser, mit dem normalerweise gerechnet werden muß, und seine etwa erforderliche Beseitigung.

4.1.10. Beleuchten und Reinigen der Aufenthaltsräume und Aborte für die Beschäftigten des Auftragnehmers sowie Beheizen der Aufenthaltsräume.

4.1.11. Beseitigen aller Verunreinigungen (Abfälle, Bauschutt und dergleichen), die von den Arbeiten des Auftragnehmers herrühren.

4.1.12. Beseitigen einzelner Sträucher und einzelner Bäume bis zu 0,10 m Durchmesser, gemessen 1 m über dem Erdboden, der dazugehörigen Wurzeln und Baumstümpfe.

4.1.13. Beseitigen von einzelnen Steinen und Mauerresten bis zu 0,1 m^3 Rauminhalt**), ausgenommen Hindernisse in Gräben bis zu 0,80 m Sohlenbreite (siehe Abschnitt 4.3.14).

4.1.14. Herstellen, Vorhalten und Beseitigen der zur Durchführung der Leistung erforderlichen Treppen oder Wege in den Böschungen.

4.2. Folgende Leistungen sind Nebenleistungen, wenn sie nicht durch besondere Ansätze in der Leistungsbeschreibung erfaßt sind:

4.2.1. Einrichten und Räumen der Baustelle.

4.2.2. Vorhalten der Baustelleneinrichtung einschließlich der Geräte und dergleichen.

4.3. Folgende Leistungen sind keine Nebenleistungen:

4.3.1. „Besondere Leistungen" nach Teil A — DIN 1960 — § 9 Nr. 6.

4.3.2. Aufstellen, Vorhalten und Beseitigen von Leiteinrichtungen, z. B. Leitpfosten, Leitplanken, Schrammborde, Markierungen, von Bauzäunen, Blenden und Schutzgerüsten zur Sicherung des öffentlichen Verkehrs zu Wasser und zu Lande.

4.3.3. Aufstellen, Vorhalten, Betreiben und Beseitigen von Einrichtungen außerhalb der Baustelle zur Regelung und Umleitung des öffentlichen Verkehrs zu Wasser und zu Lande.

4.3.4. Aufstellen, Vorhalten, Betreiben und Beseitigen von Verkehrssignalanlagen.

4.3.5. Aufstellen, Vorhalten und Beseitigen von Hilfsbauwerken zur Aufrechterhaltung des Anliegerverkehrs und des sonstigen öffentlichen Verkehrs, z. B. Brücken, Befestigungen von Umleitungen und Zufahrten.

4.3.6. besondere Maßnahmen zum Feststellen des Zustands der baulichen Anlagen, Versorgungs- und Entsorgungsanlagen (siehe Abschnitt 3.2.1).

**) 0,1 m^3 Rauminhalt entspricht einer Kugel mit einem Durchmesser von rd. 0,60 m.

4.3.7. besondere Maßnahmen zur Sicherung gefährdeter Bauwerke und zum Schutz benachbarter Grundstücke, z. B. Unterfangungen, Stützmauern, Bodenverfestigungen (siehe Abschnitt 3.1.5).

4.3.8. Maßnahmen zur Feststellung der Lage von Hindernissen, Leitungen, Kanälen, Dränen, Kabeln, Grenzsteinen und dergleichen (siehe Abschnitt 3.1.3).

4.3.9. Sichern von Leitungen, Kanälen, Dränen, Kabeln, Grenzsteinen, Bäumen und dergleichen (siehe Abschnitte 3.1.4 und 3.1.5).

4.3.10. Beseitigen von Hindernissen, Leitungen, Kanälen, Dränen, Kabeln und dergleichen (siehe Abschnitt 3.1.4), ausgenommen Beseitigen von einzelnen Steinen und Mauerresten bis zu 0,1 m^3 Rauminhalt**) (siehe Abschnitt 4.1.13).

4.3.11. besondere Maßnahmen aus Gründen der Landespflege und des Umweltschutzes.

4.3.12. Beseitigen von Aufwuchs einschließlich Roden, ausgenommen Leistungen nach Abschnitt 4.1.12.

4.3.13. Beseitigen von ungeeigneten Bodenarten und Hindernissen unter der Gründungssohle oder andere Maßnahmen (siehe Abschnitt 3.7.2).

4.3.14. Beseitigen von einzelnen Steinen und Mauerresten über 0,01 m^3 Rauminhalt**) in Gräben bis zu 0,80 m Sohlenbreite.

4.3.15. Maßnahmen zum Auffüllen von Vertiefungen und Verdichten des Füllbodens, soweit sie der Auftragnehmer nicht zu vertreten hat (siehe Abschnitt 3.7.3).

4.3.16. Maßnahmen zum Erhalten der vorhandenen Wasserläufe und Vorflut.

4.3.17. zusätzliche Maßnahmen für das Beseitigen von Grund-, Quell- und Sickerwasser (siehe Abschnitt 3.3.1).

4.3.18. Aufbrechen und Wiederinstandsetzen von Straßen und sonstigen Verkehrsflächen.

4.3.19. zusätzliche Maßnahmen für die Weiterarbeit bei Frost und Schnee, soweit sie dem Auftragnehmer nicht ohnehin obliegen.

4.3.20. Ausheben und Verfüllen von Arbeitsräumen für Rohrverbindungen.

4.3.21. Herausschaffen, Aufladen und Abfahren des Bauschuttes anderer Unternehmer.

4.3.22. besondere Maßnahmen zur Behandlung von Böden der Klasse 2 – Fließende Bodenarten –, z. B. Sprengen, Spülen, Anlegen von Gräben, Einbauen von Spundwänden.

4.3.23. Maßnahmen beim Antreffen abweichender Bodenverhältnisse und Maßnahmen, wenn die Abtragsquerschnitte nicht eingehalten werden können (siehe Abschnitt 3.5.3).

4.3.24. Maßnahmen bei unvorhergesehenen Ereignissen (siehe Abschnitt 3.5.5).

4.3.25. Abtreppungen oder andere sichernde Maßnahmen bei geneigten Grundflächen (siehe Abschnitt 3.7.4).

4.3.26. Bodenverbesserung und Bodenaustausch (siehe Abschnitt 3.7.7).

**) 0,01 m^3 Rauminhalt entspricht einer Kugel mit einem Durchmesser von rd. 0,30 m.
0,1 m^3 Rauminhalt entspricht einer Kugel mit einem Durchmesser von rd. 0,60 m.

4.3.27. Boden-, Wasser- und bodenmechanische Untersuchungen, Wasserstandsmessungen, ausgenommen Untersuchungen nach Abschnitt 3.9.2.

4.3.28. zwischenzeitliche Maßnahmen an Böschungen, wenn deren endgültige Befestigung nicht dem Auftragnehmer obliegt (siehe Abschnitt 3.8.2).

4.3.29. sofort notwendige Sicherungen sowie weitere Maßnahmen zur Verhütung oder Beseitigung von Rutschungen bei Böschungen, soweit die Ursache nicht vom Auftragnehmer zu vertreten ist (siehe Abschnitt 3.8.4).

4.3.30. besondere Sicherungsmaßnahmen für Leitungsgräben in Steilstrecken und an Berghängen.

5. Abrechnung

5.1. Allgemeines

5.1.1. Die Leistung ist aus Zeichnungen zu ermitteln, soweit die ausgeführte Leistung diesen Zeichnungen entspricht.

Sind solche Zeichnungen nicht vorhanden, ist die Leistung aufzumessen.

Bei der Massenermittlung sind die üblichen Näherungsverfahren zulässig, wenn in der Leistungsbeschreibung darüber nichts vorgeschrieben ist.

Ist nach Gewicht abzurechnen, so ist das Gewicht durch Wägen, bei Schiffsladungen durch Schiffseiche festzustellen.

5.1.2. Boden ist getrennt nach Bodenklassen und — soweit 50 m Förderweg überschritten werden — gestaffelt nach Länge der Förderwege abzurechnen, wenn in der Leistungsbeschreibung nichts anderes vorgeschrieben ist, z. B. Abrechnung unter Zusammenfassung von Bodenklassen, Abrechnung auf Grund eines Massenverteilungsplans. Als Länge des Förderweges gilt die kürzeste zumutbare Entfernung zwischen den Schwerpunkten der Auftrags- und Abtragskörper.

Ist das Fördern innerhalb der Baustelle längs der Bauachse möglich, wird die Entfernung zwischen diesen Schwerpunkten unter Berücksichtigung der Neigungsverhältnisse in der Bauachse gemessen.

5.1.3. Baugruben

5.1.3.1. Die Aushubtiefe wird von der Oberfläche der auszuhebenden Baugrube bis zu deren Sohle gerechnet, bei einer zu belassenden Schutzschicht (siehe Abschnitt 3.10.3) bis zu deren Oberfläche.

5.1.3.2. Die Breite der Baugrubensohle ergibt sich aus den Außenmaßen des Baukörpers zuzüglich

der Mindestbreiten betretbarer Arbeitsräume nach DIN 4124 „Baugruben und Gräben; Böschungen, Arbeitsraumbreiten, Verbau“ und zuzüglich

der erforderlichen Abmessungen für Schalungs- und Verbaukonstruktionen.

5.1.3.3. Für abgeböschte Baugruben gelten für die Ermittlung des Böschungsraums folgende Böschungswinkel:

40° für Bodenklassen 3 und 4,

60° für Bodenklasse 5,

80° für Bodenklassen 6 und 7,

wenn in der Leistungsbeschreibung kein bestimmter Böschungswinkel vorgeschrieben ist.

In Böschungen ausgeführte erforderliche Bermen werden bei der Ermittlung des Böschungsraums berücksichtigt.

Wenn ein Standsicherheitsnachweis für Böschungen zu führen ist, wird der Böschungsraum nach den danach ausgeführten Böschungswinkeln und Bermen ermittelt.

5.1.3.4. Der Aushub für Baugruben bis 0,80 m Tiefe, z. B. für Einzel- und Streifenfundamente unter Gelände oder Baugrubensohle, wird mit senkrechten Wänden abgerechnet.

Bei einzuschalenden Fundamenten wird ein Arbeitsraum nur berücksichtigt, wenn er für Folgearbeiten, z. B. für Abdichtungsarbeiten, Dränarbeiten, benötigt wird.

5.1.4. Leitungsgräben

5.1.4.1. Bei Leitungsgräben wird die Tiefe von der Oberfläche des auszuhebenden Grabens bis zu dessen Sohle gerechnet, bei einer zu belassenden Schutzschicht bis zu deren Oberfläche (siehe Abschnitt 3.10.3).

5.1.4.2. Für die Ermittlung der Grabenbreite gilt die nach Abschnitt 3.10.1 herzustellende Breite zuzüglich der erforderlichen Abmessungen für Schalungs- und Verbaukonstruktionen.

5.1.5. Hinterfüllen und Überschütten

Bei der Ermittlung des Raummaßes für Hinterfüllungen und Überschüttungen werden das Raummaß der Baukörper und das Raummaß jeder Leitung mit einem äußeren Querschnitt von mehr als 0,1 m^2 abgezogen.

5.1.6. Abtrag und Aushub

Die Massen sind an der Entnahmestelle zu ermitteln, wenn in der Leistungsbeschreibung nichts anderes vorgeschrieben ist, z. B. Ermittlung nach loser Masse, Ermittlung nach fertig eingebauten Massen.

5.1.7. Einbau

Die Massen sind im fertigen Zustand zu ermitteln, wenn in der Leistungsbeschreibung nichts anderes vorgeschrieben ist, z. B. Ermittlung an der Entnahmestelle, Ermittlung nach loser Masse.

Bei der Ermittlung im fertigen Zustand werden Leitungen, Sickerkörper, Steinpackungen und dergleichen mit einem äußeren Querschnitt bis zu je 0,1 m^2 nicht abgezogen.

5.1.8. Verdichten

Verdichten von Boden in Gründungssohlen ist nach der Fläche der Gründungssohle zu ermitteln.

Verdichten von Einbaumassen ist nach Abschnitt 5.1.7 zu ermitteln.

5.2. Es werden abgerechnet:

5.2.1. Abtrag, Aushub, Einbau nach Raummaß (m^3) oder nach Flächenmaß (m^2).

5.2.2. Steinpackungen, Steinwürfe und dergleichen nach Raummaß (m^3), Flächenmaß (m^2) oder Gewicht (t).

5.2.3. Verdichten nach Flächenmaß (m^2) oder Raummaß (m^3).

5.2.4. Beseitigen von Hindernissen, z. B. Mauerresten, Baumstümpfen, nach Raummaß (m^3) oder nach Anzahl (Stück).

5.2.5. Beseitigen einzelner Bäume, Steine und dergleichen nach Anzahl (Stück) oder Raummaß (m^3).

VOB Teil C:

Allgemeine Technische Vorschriften für Bauleistungen

Bohrarbeiten — DIN 18 301

Fassung Dezember 1973

Ausgabedatum: Juli 1974

Inhalt

18 301

0. Hinweise für die Leistungsbeschreibung*)

(siehe auch Teil A — DIN 1960 — § 9)

0.1. In der Leistungsbeschreibung sind nach Lage des Einzelfalles insbesondere anzugeben:

0.1.1. Lage der Baustelle und Umgebungsbedingungen, Zufahrtsmöglichkeiten und Beschaffenheit der Zufahrt sowie etwaige Einschränkungen bei ihrer Benutzung.

0.1.2. Lage und Ausmaß der dem Auftragnehmer für die Ausführung seiner Leistungen zur Benutzung oder Mitbenutzung überlassenen Flächen.

0.1.3. Art, Lage, Abfluß, Abflußvermögen und Hochwasserverhältnisse des Vorfluters.

0.1.4. Ergebnisse der Bodenuntersuchung und der Wasseranalyse.

0.1.5. Schutzgebiete im Bereich der Baustelle.

0.1.6. besondere Maßnahmen aus Gründen der Landespflege und des Umweltschutzes.

0.1.7. Art und Umfang des Schutzes von Bäumen, Pflanzenbeständen, Vegetationsflächen, Bauteilen, Bauwerken, Grenzsteinen u. ä. im Bereich der Baustelle.

0.1.8. besondere Anordnungen, Vorschriften und Maßnahmen der Eigentümer (oder der anderen Weisungsberechtigten) von Leitungen, Kabeln, Dränen, Kanälen, Wegen, Gewässern, Gleisen, Zäunen und dergleichen im Bereich der Baustelle.

0.1.9. besondere wasserrechtliche Bestimmungen.

0.1.10. für den Verkehr freizuhaltende Flächen.

0.1.11. Besonderheiten der Regelung und Sicherung des Verkehrs, gegebenenfalls auch, wieweit der Auftraggeber die Durchführung der erforderlichen Maßnahmen übernimmt.

0.1.12. Verkehrsverhältnisse auf der Baustelle, insbesondere Verkehrsbeschränkungen, z. B. Begrenzung der Verkehrslasten.

0.1.13. Lage, Art und Anschlußwert der dem Auftragnehmer auf der Baustelle zur Verfügung gestellten Anschlüsse für Wasser und Energie.

0.1.14. Mitbenutzung fremder Gerüste, Hebezeuge, Aufzüge, Aufenthalts- und Lagerräume, Einrichtungen und dergleichen durch den Auftragnehmer.

---

*) Diese Hinweise werden nicht Vertragsbestandteil.

0.1.15. besondere Anforderungen an die Baustelleneinrichtung.

0.1.16. bekannte oder vermutete Hindernisse im Bereich der Baustelle, möglichst unter Auslegung von Bestandsplänen, z. B. Leitungen, Kabel, Dräne, Kanäle, Bauwerksreste (und, soweit bekannt, deren Eigentümer).

0.1.17. Art und Zeit der vom Auftraggeber veranlaßten Vorarbeiten.

0.1.18. ob und in welchem Umfang dem Auftragnehmer Arbeitskräfte und Geräte für Abladen, Lagern und Transport zur Verfügung gestellt werden.

0.1.19. Arbeiten anderer Unternehmer auf der Baustelle.

0.1.20. ob und unter welchen Umständen auf der Baustelle gewonnene Stoffe verwendet werden dürfen oder verwendet werden sollen.

0.1.21. Art, Menge, Gewicht der Stoffe und Bauteile, die vom Auftraggeber beigestellt werden, sowie Art, Ort (genaue Bezeichnung) und Zeit ihrer Übergabe.

0.1.22. Güteanforderungen an nicht genormte Stoffe und Bauteile.

0.1.23. Art und Umfang verlangter Eignungs- und Gütenachweise.

0.1.24. vorgesehene Arbeitsabschnitte, Arbeitsunterbrechungen und -beschränkungen nach Art, Ort und Zeit.

0.1.25. Gründungstiefen, Gründungsarten und Lasten benachbarter Bauwerke.

0.1.26. besondere Erschwernisse während der Ausführung, z. B. Arbeiten bei außergewöhnlichen äußeren Einflüssen.

0.1.27. Benutzung von Teilen der Leistung vor der Abnahme.

0.1.28. Art und Anzahl der geforderten Proben.

0.1.29. besondere Maßnahmen, die zum Schutz von benachbarten Grundstücken und Bauwerken notwendig sind.

0.1.30. für jede Bohrung der Solldurchmesser und die Bohrlänge.

0.1.31. Richtung der Bohrachse und zulässige Abweichungen.

0.1.32. Sichern des Bohrlochs gegen Eindringen von Oberflächenwasser.

0.1.33. Leistungen nach Abschnitt 4.2 in besonderen Ansätzen, wenn diese Leistungen keine Nebenleistungen sein sollen.

0.1.34. Leistungen nach Abschnitt 4.3 in besonderen Ansätzen.

0.2. In der Leistungsbeschreibung sind Angaben zu folgenden Abschnitten nötig, wenn der Auftraggeber eine abweichende Regelung wünscht:

Abschnitt 1.2 (Leistungen mit Lieferung der Stoffe und Bauteile)

Abschnitt 2.1 (Vorhalten von Stoffen und Bauteilen)

Abschnitt 2.2 (Liefern ungebrauchter Stoffe und Bauteile)

Abschnitt 3.3.1 (Wahl des Bohrverfahrens, Ausschluß bestimmter Bohrverfahren)

Abschnitt 3.3.2 (Wahl des Bohrverfahrens und der Entnahmegeräte für Baugrunduntersuchungen, Angabe der Güteklasse für Bodenproben nach DIN 4021 Blatt 1)

Abschnitt 3.4.2 (Entnehmen, Behandeln, Kennzeichnen und Verwahren der Bodenproben)

Abschnitt 3.6.1 (Ausbau der Rohre)

1. Allgemeines

1.1. DIN 18 301 „Bohrarbeiten“ gilt für Bohrungen zur Untersuchung des Baugrunds, zur Wassergewinnung, zur Grundwassersenkung sowie für Bohrungen zur Ausführung von Einpreßarbeiten, von Bohrpfählen und dergleichen.

1.2. Alle Leistungen umfassen auch die Lieferung der dazugehörigen Stoffe und Bauteile einschließlich Abladen und Lagern auf der Baustelle, wenn in der Leistungsbeschreibung nichts anderes vorgeschrieben ist.

1.3. Stoffe und Bauteile, die vom Auftraggeber beigestellt werden, hat der Auftragnehmer rechtzeitig beim Auftraggeber anzufordern.

2. Stoffe, Bauteile

2.1. Vorhalten

Stoffe und Bauteile, die der Auftragnehmer nur vorzuhalten hat, die also nicht in das Bauwerk eingehen, können nach Wahl des Auftragnehmers gebraucht oder ungebraucht sein, wenn in der Leistungsbeschreibung darüber nichts vorgeschrieben ist.

2.2. Liefern

Stoffe und Bauteile, die der Auftragnehmer zu liefern hat, die also in das Bauwerk eingehen, müssen ungebraucht sein, wenn in der Leistungsbeschreibung nichts anderes vorgeschrieben ist. Sie müssen für den jeweiligen Verwendungszweck geeignet sein.

Stoffe und Bauteile, für die DIN-Normen bestehen, müssen den DIN-Güte- und -Maßbestimmungen entsprechen.

Stoffe und Bauteile, die nach den behördlichen Vorschriften einer Zulassung bedürfen, müssen amtlich zugelassen sein und den Zulassungsbedingungen entsprechen.

Stoffe und Bauteile, für die weder DIN-Normen bestehen noch eine amtliche Zulassung vorgeschrieben ist, dürfen nur mit Zustimmung des Auftraggebers verwendet werden.

3. Ausführung

3.1. Allgemeines

3.1.1. Wenn Verkehrs-, Versorgungs- und Entsorgungsanlagen im Bereich des Baugeländes liegen, sind die Vorschriften und Anordnungen der zuständigen Stellen zu beachten.

3.1.2. Die für die Aufrechterhaltung des Verkehrs bestimmten Flächen sind freizuhalten. Der Zugang zu Einrichtungen der Versorgungs- und Entsorgungsbetriebe, der Feuerwehr, der Post und Bahn, zu Vermessungspunkten und dergleichen darf nicht mehr als durch die Ausführung unvermeidlich behindert werden.

3.2. Lage der Bohrungen

Vor Beginn der Bohrarbeiten hat der Auftragnehmer Lage und Höhe der vom Auftraggeber angegebenen Ansatzpunkte zu übernehmen. Soweit es für das Einmessen der Bodenschichten, der Wasserspiegel und der Bohrtiefen erforderlich ist, hat der Auftragnehmer an den Bohrstellen Höhenpunkte herzustellen. Die Lage der Bohrlöcher und die Höhe ihrer Ansatzpunkte sind im Lageplan einzutragen.

3.3. Bohrverfahren, Bohrgeräte

3.3.1. Die Wahl des Bohrverfahrens ist dem Auftragnehmer überlassen, wenn in der Leistungsbeschreibung darüber nichts vorgeschrieben ist.

3.3.2. Wenn zur Untersuchung des Baugrunds Bohrproben oder Sonderproben nach DIN 4021 Blatt 1 „Baugrund; Erkundung durch Schürfe und Bohrungen sowie Entnahme von Proben, Aufschlüsse im Boden" zu entnehmen sind, bedarf die Wahl des Bohrverfahrens und der Entnahmegeräte der Vereinbarung, wenn in der Leistungsbeschreibung darüber nichts vorgeschrieben ist.

3.3.3. Wenn die Möglichkeit besteht, daß der Boden im Bohrloch auftreibt, ist unter Wasserauflast zu bohren.

3.4. Feststellen der Bohrergebnisse

3.4.1. Wenn Bohrproben oder Sonderproben zu entnehmen sind, gilt für Entnahme, Behandlung, Kennzeichnung und Verwahrung DIN 4021 Blatt 1 „Baugrund; Erkundung durch Schürfe und Bohrungen sowie Entnahme von Proben, Aufschlüsse im Boden".

3.4.2. Wenn ein Schichtenverzeichnis zu liefern ist, hat der Auftragnehmer die Bohrproben — ausgenommen Sonderproben — zu entnehmen, nach DIN 4022 Blatt 1 „Baugrund und Grundwasser; Benennen und Beschreiben von Bodenarten und Fels, Schichtenverzeichnis für Untersuchungen und Bohrungen ohne durchgehende Gewinnung von gekernten Proben" laufend aufzuschreiben und eine zeichnerische Darstellung nach DIN 4023 „Baugrund- und Wasserbohrungen; Zeichnerische Darstellung der Ergebnisse" zu liefern. Die Bodenproben sind nach DIN 4021 Blatt 1 zu entnehmen, zu behandeln, zu kennzeichnen und zu verwahren, wenn in der Leistungsbeschreibung nichts anderes vorgeschrieben ist.

3.4.3. Außergewöhnliche Erscheinungen, z. B. in der Beschaffenheit und Farbe des Bodens, im Geruch oder in der Färbung des Wassers, Wasser- oder Bodenauftrieb, Austreten des Wassers über Gelände, starkes Absinken des Wasserspiegels, Gasvorkommen, Hohlräume im Boden, sind genau zu beobachten, dem Auftraggeber unverzüglich anzuzeigen und, sofern ein Schichtenverzeichnis zu liefern ist, dort zu vermerken.

Die sofort notwendigen Sicherungen hat der Auftragnehmer unverzüglich zu treffen. Art und Umfang weiterer Maßnahmen und Untersuchungen sind zu vereinbaren (siehe Abschnitt 4.3.14).

3.5. Hindernisse

3.5.1. Wenn nach den örtlichen Verhältnissen im Boden mit Hindernissen, z. B. Leitungen, Kabeln, Kanälen, Bauwerksresten, zu rechnen ist, muß durch Erkundung festgestellt werden, daß die späteren Bohrungen von ihnen freikommen. Die erforderlichen Maßnahmen, z. B. Schürflöcher, Schürfgruben, sind zu vereinbaren (siehe Abschnitt 4.3.12).

3.5.2. Wenn im Boden unvorhergesehene Hindernisse, z. B. Leitungen, Kabel, Kanäle, Bauwerksreste, größere Steine, Vermarkungen, angetroffen oder Bohrrohre oder Bohrwerkzeuge fest werden oder die Bohrachse von der vorgeschriebenen Richtung abweicht, ist dies dem Auftraggeber unverzüglich mitzuteilen. Er bestimmt, ob und wie das Hindernis beseitigt oder gesichert oder ob die Bohrung aufgegeben oder versetzt werden soll. Sprengungen bedürfen der Zustimmung des Auftraggebers.

3.5.3. Bei allen Maßnahmen zum Schutz der Bauwerke, Leitungen, Kanäle, Kabel sind die Vorschriften der Eigentümer oder der anderen Weisungsberechtigten zu beachten. Aufgehängte und abgestützte Leitungen, Kanäle oder Kabel dürfen nicht betreten oder belastet werden.

3.6. Ausbau der Rohre

3.6.1. Wenn in der Leistungsbeschreibung nichts anderes vorgeschrieben ist, sind Bohrrohre nach Erreichen des Bohrzwecks zu ziehen und die Bohrlöcher gleichzeitig mit dem gewonnenen Bohrgut zu füllen.

3.6.2. Lassen sich Bohrrohre nicht ziehen, so hat der Auftragnehmer dies dem Auftraggeber unverzüglich anzuzeigen. Die zu treffenden Maßnahmen sind zu vereinbaren.

4. Nebenleistungen

Nebenleistungen sind Leistungen, die auch ohne Erwähnung in der Leistungsbeschreibung zur vertraglichen Leistung gehören (siehe Teil B — DIN 1961 — § 2 Nr. 1).

4.1. Folgende Leistungen sind Nebenleistungen:

4.1.1. Messungen für das Ausführen und Abrechnen der Arbeiten einschließlich des Vorhaltens der Meßgeräte, Lehren, Absteckzeichen usw., des Erhaltens der Lehren und Absteckzeichen während der Bauausführung und des Stellens der Arbeitskräfte, jedoch nicht Leistungen nach Teil B — DIN 1961 — § 3 Nr. 2.

4.1.2. Schutz- und Sicherheitsmaßnahmen nach den Unfallverhütungsvorschriften und den behördlichen Bestimmungen.

4.1.3. Schutz der ausgeführten Leistung und der für die Ausführung übergebenen Gegenstände vor Beschädigung und Diebstahl bis zur Abnahme.

4.1.4. Feststellen des Zustands der Straßen, der Geländeoberfläche, der Vorfluter usw. nach Teil B — DIN 1961 — § 3 Nr. 4.

4.1.5. Heranbringen von Wasser und Energie von den vom Auftraggeber auf der Baustelle zur Verfügung gestellten Anschlußstellen zu den Verwendungsstellen.

4.1.6. Vorhalten der Kleingeräte und Werkzeuge.

4.1.7. Lieferung der Betriebsstoffe.

4.1.8. Befördern aller Stoffe und Bauteile, auch wenn sie vom Auftraggeber beigestellt sind, von den Lagerstellen auf der Baustelle zu den Verwendungsstellen und etwaiges Rückbefördern.

4.1.9. Sichern der Arbeiten gegen Tagwasser, mit dem normalerweise gerechnet werden muß, und seine etwa erforderliche Beseitigung.

4.1.10. Beleuchten und Reinigen der Aufenthaltsräume und Aborte für die Beschäftigten des Auftragnehmers sowie Beheizen der Aufenthaltsräume.

4.1.11. Beseitigen aller Verunreinigungen (Abfälle, Bauschutt und dergleichen), die von den Arbeiten des Auftragnehmers herrühren, ausgenommen Leistungen nach Abschnitt 4.3.18.

4.1.12. Beseitigen einzelner Sträucher und einzelner Bäume bis zu 0,10 m Durchmesser, gemessen 1 m über dem Erdboden, der dazugehörigen Wurzeln und Baumstümpfe.

4.1.13. Beseitigen von einzelnen Steinen und Mauerresten bis zu je 0,03 m^3 Rauminhalt.

4.1.14. Vorhalten und Füllen der Behälter für Boden- und Wasserproben.

4.2. Folgende Leistungen sind Nebenleistungen, wenn sie nicht durch besondere Ansätze in der Leistungsbeschreibung erfaßt sind:

4.2.1. Einrichten und Räumen der Baustelle.

4.2.2. Vorhalten der Baustelleneinrichtung einschließlich der Geräte, Gerüste und dergleichen.

4.2.3. Umstellen der Bohreinrichtung von Bohrloch zu Bohrloch.

4.3. Folgende Leistungen sind keine Nebenleistungen:

4.3.1. „Besondere Leistungen" nach Teil A – DIN 1960 – § 9 Nr. 6.

4.3.2. Aufstellen, Vorhalten und Beseitigen von Bauzäunen, Blenden und Schutzgerüsten zur Sicherung des öffentlichen Verkehrs sowie von Einrichtungen außerhalb der Baustelle zur Umleitung und Regelung des öffentlichen Verkehrs zu Wasser und zu Lande.

4.3.3. Sichern von Leitungen, Kanälen, Dränen, Kabeln, Grenzsteinen, Bäumen und dergleichen (siehe Abschnitt 3.5.2).

4.3.4. Beseitigen von Hindernissen, Leitungen, Kanälen, Dränen, Kabeln und dergleichen (siehe Abschnitt 3.5.2).

4.3.5. besondere Maßnahmen aus Gründen der Landespflege und des Umweltschutzes.

4.3.6. Entnahme von Bohrproben und Sonderproben nach den Abschnitten 3.4.1 und 3.4.2 sowie von Wasserproben.

4.3.7. Lieferung von Schichtenverzeichnissen nach Abschnitt 3.4.2.

4.3.8. Entnahme von Gasproben, Feststellen der Gasart, der Gasmenge und des Gasdrucks.

4.3.9. Lieferung von Behältern für Boden-, Wasser- und Gasproben.

4.3.10. Verpacken und Versenden von Proben.

4.3.11. Wasserstandsmessungen in benachbarten Brunnen und Gewässern.

4.3.12. Schürflöcher oder Schürfgruben zum Aufsuchen von Hindernissen (siehe Abschnitt 3.5.1).

4.3.13. Ausschachten von aufgefülltem Schutt, Aufbrechen und Wiederherstellen von Straßen.

4.3.14. sofort notwendige Sicherungen sowie weitere Maßnahmen und Untersuchungen bei außergewöhnlichen Erscheinungen (siehe Abschnitt 3.4.3).

4.3.15. zeitweiliges oder dauerndes Belassen der Bohrrohre im Boden und Vorhalten besonderer Rohre und Filter für Beobachtungen.

4.3.16. Füllen der Bohrlöcher gemäß dem natürlichen Aufbau der Bodenschichten oder nach Sondervorschriften.

4.3.17. Lieferung von Boden und anderen Stoffen zum Füllen der Bohrlöcher.

4.3.18. Abfuhr des übriggebliebenen Bohrguts.

4.3.19. zusätzliche Maßnahmen für die Weiterarbeit bei Frost und Schnee, soweit sie dem Auftraggeber nicht ohnehin obliegen.

5. Abrechnung

5.1. Allgemeines

Die Leistung ist aus Zeichnungen zu ermitteln, soweit die ausgeführte Leistung diesen Zeichnungen entspricht.

Sind solche Zeichnungen nicht vorhanden, ist die Leistung aufzumessen.

5.2. Es werden abgerechnet:

5.2.1. Bohrungen nach Solldurchmesser nach Länge (m) des Bohrlochs, getrennt nach Bodenklassen (siehe DIN 18 300 „Erdarbeiten") oder anderen Stoffen, z. B. Beton, Mauerwerk, gestaffelt nach Tiefen.

5.2.2. Bohrungen, die aufgegeben werden müssen, nach Abschnitt 5.2.1, es sei denn, daß dies der Auftragnehmer zu vertreten hat.

5.2.3. im Boden verbleibende Rohre einschließlich Rohrverbindungen, getrennt nach Außendurchmesser, nach Baulänge (m), auch solche, die nicht gezogen werden können, es sei denn, daß dies der Auftragnehmer zu vertreten hat.

5.2.4. Beseitigen von Bohrhindernissen, z. B. größeren Steinen, Resten von Bauwerken, Geröll, auf Nachweis. Die gewonnene Bohrlänge wird bei der Abrechnung der Bohrung nach Einheitspreisen von der Gesamtlänge abgezogen.

5.2.5. Ausschachten von aufgefülltem Schutt, Aufbrechen und Wiederherstellen von Straßen nach Flächenmaß (m²), Raummaß (m³) oder auf Nachweis.

5.2.6. Entnahme von Bohrproben, Sonderproben, Gas- und Wasserproben, getrennt nach Art, nach Anzahl (Stück).

VOB Teil C:

Allgemeine Technische Vorschriften für Bauleistungen

Brunnenbauarbeiten – DIN 18 302

Fassung Dezember 1973

Ausgabedatum: Juli 1974

Inhalt

0. Hinweise für die Leistungsbeschreibung*)

(siehe auch Teil A – DIN 1960 – § 9)

0.1. In der Leistungsbeschreibung sind nach Lage des Einzelfalles insbesondere anzugeben:

0.1.1. Lage der Baustelle und Umgebungsbedingungen, Zufahrtsmöglichkeiten und Beschaffenheit der Zufahrt sowie etwaige Einschränkungen bei ihrer Benutzung.

0.1.2. Lage und Ausmaß der dem Auftragnehmer für die Ausführung seiner Leistungen zur Benutzung oder Mitbenutzung überlassenen Flächen.

0.1.3. Art, Lage, Abfluß, Abflußvermögen und Hochwasserverhältnisse des Vorfluters.

0.1.4. Ergebnisse der Bodenuntersuchung und der Wasseranalyse.

0.1.5. Schutzgebiete im Bereich der Baustelle.

0.1.6. besondere Maßnahmen aus Gründen der Landespflege und des Umweltschutzes.

0.1.7. Art und Umfang des Schutzes von Bäumen, Pflanzenbeständen, Vegetationsflächen, Bauteilen, Bauwerken, Grenzsteinen u. ä. im Bereich der Baustelle.

0.1.8. besondere Anordnungen, Vorschriften und Maßnahmen der Eigentümer (oder der anderen Weisungsberechtigten) von Leitungen, Kabeln, Dränen, Kanälen, Wegen, Gewässern, Gleisen, Zäunen und dergleichen im Bereich der Baustelle.

0.1.9. besondere wasserrechtliche Bestimmungen.

0.1.10. für den Verkehr freizuhaltende Flächen.

0.1.11. Besonderheiten der Regelung und Sicherung des Verkehrs, gegebenenfalls auch, wieweit der Auftraggeber die Durchführung der erforderlichen Maßnahmen übernimmt.

0.1.12. Verkehrsverhältnisse auf der Baustelle, insbesondere Verkehrsbeschränkungen, z. B. Begrenzung der Verkehrslasten.

0.1.13. Lage, Art und Anschlußwert der dem Auftragnehmer auf der Baustelle zur Verfügung gestellten Anschlüsse für Wasser und Energie.

---

*) Diese Hinweise werden nicht Vertragsbestandteil.

0.1.14. Mitbenutzung fremder Gerüste, Hebezeuge, Aufzüge, Aufenthalts- und Lagerräume, Einrichtungen und dergleichen durch den Auftragnehmer.

0.1.15. besondere Anforderungen an die Baustelleneinrichtung.

0.1.16. bekannte oder vermutete Hindernisse im Bereich der Baustelle, möglichst unter Auslegung von Bestandsplänen, z. B. Leitungen, Kabel, Dräne, Kanäle, Bauwerksreste (und, soweit bekannt, deren Eigentümer).

0.1.17. Art und Zeit der vom Auftraggeber veranlaßten Vorarbeiten.

0.1.18. ob und in welchem Umfang dem Auftragnehmer Arbeitskräfte und Geräte für Abladen, Lagern und Transport zur Verfügung gestellt werden.

0.1.19. Arbeiten anderer Unternehmer auf der Baustelle.

0.1.20. Art, Menge, Gewicht der Stoffe und Bauteile, die vom Auftraggeber beigestellt werden, sowie Art, Ort (genaue Bezeichnung) und Zeit ihrer Übergabe.

0.1.21. Güteanforderungen an nicht genormte Stoffe und Bauteile.

0.1.22. Art und Umfang verlangter Eignungs- und Gütenachweise.

0.1.23. vorgesehene Arbeitsabschnitte, Arbeitsunterbrechungen und -beschränkungen nach Art, Ort und Zeit.

0.1.24. Gründungstiefen, Gründungsarten und Lasten benachbarter Bauwerke.

0.1.25. besondere Erschwernisse während der Ausführung, z. B. Arbeiten bei außergewöhnlichen äußeren Einflüssen.

0.1.26. Benutzung von Teilen der Leistung vor der Abnahme.

0.1.27. Art und Anzahl der geforderten Proben.

0.1.28. besondere Maßnahmen, die zum Schutz von benachbarten Grundstücken und Bauwerken notwendig sind.

0.1.29. zu welchen Zwecken das Wasser benutzt werden soll.

0.1.30. Bauweise und Bauart des Brunnens.

0.1.31. ob Bohrbrunnen mit oder ohne Einsteigschacht hergestellt werden sollen und wie der Einsteigschacht bemessen und ausgebildet werden soll.

0.1.32. die Brunnenleistung (größte Brunnenergiebigkeit) in l/s und die vorgesehene Fördergruppe oder Fördereinrichtung nach Art, Förderleistung (Förderstrom) und Einbaustelle.

0.1.33. Art des Brunnenfilters (Filterrohr, Filtergewebe oder Filterkies).

0.1.34. ob Filterkies vor dem Einbau zu desinfizieren (chloren) ist.

0.1.35. ob Filterkies mit Schüttrohren oder mit Schüttkörben einzubringen ist.

0.1.36. Art des Sumpfrohrs und der Aufsatzrohre.

0.1.37. ob der Brunnen gegen bestimmte wasserführende Schichten abgedichtet werden soll.

0.1.38. Bauart des Brunnenkopfs.

0.1.39. Bauart der Abdeckungen von Schachtbrunnen und Einsteigschächten.

0.1.40. wie hoch die Wände von Schachtbrunnen und Einsteigschächten über Erdoberfläche zu führen sind.

0.1.41. ob und welche Peilvorrichtungen vorzusehen sind.

0.1.42. ob, in welchem Umfang und in welcher Weise die Oberfläche in der Umgebung des Brunnens gegen Wasser abgedichtet werden soll.

0.1.43. Dauer und Staffelung der Förderleistung (Förderstrom) in m^3/h beim Leistungspumpen.

0.1.44. Leistungen nach Abschnitt 4.2 in besonderen Ansätzen, wenn diese Leistungen keine Nebenleistungen sein sollen.

0.1.45. Leistungen nach Abschnitt 4.3 in besonderen Ansätzen.

0.2. In der Leistungsbeschreibung sind Angaben zu folgenden Abschnitten nötig, wenn der Auftraggeber eine abweichende Regelung wünscht:

Abschnitt 1.3	(Leistungen mit Lieferung der Stoffe und Bauteile)
Abschnitt 2.1	(Vorhalten von Stoffen und Bauteilen)
Abschnitt 2.2.1.1	(Liefern ungebrauchter Stoffe und Bauteile)
Abschnitt 2.2.2	(Rohre aus Stahl oder Gußeisen; Korrosionsschutz)
Abschnitt 2.2.2.1	(Art der Mantelrohre)
Abschnitt 2.2.2.2	(Art der Aufsatzrohre)
Abschnitt 2.2.2.3	(Art der Sumpfrohre)
Abschnitt 2.2.2.4	(Art der Saugrohre)
Abschnitt 2.2.5	(Mauerziegel, Mörtel)
Abschnitt 2.2.7	(Schachtabdeckungen)
Abschnitt 3.1.6	(Reinigen der Brunnenteile)
Abschnitt 3.1.8	(Lüftungsrohre)
Abschnitt 3.2.1	(Sandfreiheit des Wassers)
Abschnitt 3.2.5	(Abdichten der Einsteigschächte)
Abschnitt 3.3.1	(Schachtbrunnen; Wahl des Abteufverfahrens)
Abschnitt 3.3.2	(Bodenproben, Sonderproben; Wahl des Entnahmeverfahrens und der Entnahmegeräte)
Abschnitt 3.3.4	(wasserdichte Schachtwände)
Abschnitt 3.3.6	(Stützschichten)

1. Allgemeines

1.1. DIN 18 302 „Brunnenbauarbeiten" gilt für den Ausbau von Bohrungen zu Brunnen (Bohrbrunnen) und für das Herstellen von Schachtbrunnen und Einsteigschächten.

DIN 18 302 gilt nicht für das Herstellen von Brunnen bei Wasserhaltungsarbeiten, von Sammelschächten und Schächten für Gründungen.

1.2. DIN 18 302 gilt jedoch nicht für die bei Brunnenbauarbeiten auszuführenden Erdarbeiten (siehe DIN 18 300 „Erdarbeiten") und Bohrarbeiten (siehe DIN 18 301 „Bohrarbeiten").

1.3. Alle Leistungen umfassen auch die Lieferung der dazugehörigen Stoffe und Bauteile einschließlich Abladen und Lagern auf der Baustelle, wenn in der Leistungsbeschreibung nichts anderes vorgeschrieben ist.

1.4. Der Auftragnehmer hat nicht einzustehen für eine bestimmte Ergiebigkeit des Brunnens, für eine bestimmte Absenkung des Wasserspiegels und für eine bestimmte chemische und bakteriologische Beschaffenheit des Wassers; unberührt bleiben seine Verpflichtungen nach Teil B — DIN 1961 — § 4 Nr 3 und seine Gewähr für die vertragsgemäße Ausführung des Brunnens.

2. Stoffe, Bauteile

2.1. Vorhalten

Stoffe und Bauteile, die der Auftragnehmer nur vorzuhalten hat, die also nicht in das Bauwerk eingehen, können nach Wahl des Auftragnehmers gebraucht oder ungebraucht sein, wenn in der Leistungsbeschreibung darüber nichts vorgeschrieben ist.

2.2. Liefern

2.2.1. Allgemeine Anforderungen

2.2.1.1. Stoffe und Bauteile, die der Auftragnehmer zu liefern und einzubauen hat, die also in das Bauwerk eingehen, müssen ungebraucht sein, wenn in der Leistungsbeschreibung nichts anderes vorgeschrieben ist. Sie müssen für den jeweiligen Verwendungszweck geeignet sein.

Stoffe und Bauteile, für die DIN-Normen bestehen, müssen den DIN-Güte- und -Maßbestimmungen entsprechen.

Stoffe und Bauteile, die nach den behördlichen Vorschriften einer Zulassung bedürfen, müssen amtlich zugelassen sein und den Zulassungsbedingungen entsprechen.

Stoffe und Bauteile, für die weder DIN-Normen bestehen noch eine amtliche Zulassung vorgeschrieben ist, dürfen nur mit Zustimmung des Auftraggebers verwendet werden.

Für die gebräuchlichsten genormten Stoffe und Bauteile sind die DIN-Normen nachstehend aufgeführt.

2.2.1.2. Die zu liefernden Stoffe und Bauteile müssen einzeln und in ihrer Zusammenwirkung den jeweiligen chemischen und elektro-chemischen Anforderungen genügen.

2.2.2. Rohre

DIN 1230 Rohre, Formstücke, Sohlschalen und Platten aus Steinzeug

DIN 1754 Rohre aus Kupfer, nahtlosgezogen

DIN 2440 Stahlrohre; mittelschwere Gewinderohre

DIN 2448 Nahtlose Stahlrohre; Maße und Gewichte

DIN 2458 Geschweißte Stahlrohre; Maße und Gewichte

DIN 4032 Betonrohre und -formstücke; Maße, Technische Lieferbedingungen

DIN 4035 Stahlbetonrohre; Bedingungen für die Lieferung und Prüfung

DIN 4036 Stahlbetondruckrohre; Bedingungen für die Lieferung und Prüfung

DIN 8061 Rohre aus PVC hart (Polyvinylchlorid hart); allgemeine Güteanforderungen, Prüfung

DIN 8062 Rohre aus PVC hart (Polyvinylchlorid hart); Maße

DIN 8073 Rohre aus PE weich (Polyäthylen weich) für Trinkwasserversorgung, Technische Lieferbedingungen

DIN 8075 Rohre aus PE hart (Polyäthylen hart) für Trinkwasserversorgung, Technische Lieferbedingungen

DIN 19 532 Rohrleitungen aus PVC hart (Polyvinylchlorid hart) für Trinkwasserversorgung; Rohre, Rohrverbindungen, Rohrleitungsteile

DIN 19 533 Rohrleitungen aus PE hart (Polyäthylen hart) und PE weich (Polyäthylen weich) für Trinkwasserversorgung; Rohre, Rohrverbindungen, Rohrleitungsteile

DIN 19 800 Blatt 1 Asbestzementrohre und -formstücke für Druckrohrleitungen; Rohre; Maße

DIN 19 800 Blatt 2 Asbestzementrohre und -formstücke für Druckrohrleitungen; Rohre; Rohrverbindungen und Formstücke, Technische Lieferbedingungen

DIN 28 511 Gußeiserne Druckrohre mit Schraubmuffen; Klasse LA, A und B

DIN 28 513 Gußeiserne Druckrohre mit Stemmuffen; Klasse LA, A und B

Rohre aus Stahl oder Gußeisen — außer Bohrrohren als Mantelrohre — müssen gegen Korrosion durch Anstriche geschützt sein, wenn in der Leistungsbeschreibung nichts anderes vorgeschrieben ist, z. B. Kunststoffüberzug. Stahlrohre müssen mindestens Handelsgüte, Steinzeugrohre die Güte von Standardsortierung (S) haben.

2.2.2.1. Mantelrohre

Mantelrohre, die nachträglich in die Bohrung eingebaut werden, müssen nahtlose Stahlrohre nach DIN 2448 sein, wenn in der Leistungsbeschreibung nichts anderes vorgeschrieben ist.

2.2.2.2. Aufsatzrohre

Aufsatzrohre müssen nahtlose Stahlrohre nach DIN 2448 sein, wenn in der Leistungsbeschreibung nichts anderes vorgeschrieben ist.

2.2.2.3. Filterrohre, Sumpfrohre

Filterrohre und Sumpfrohre müssen aus dem gleichen Stoff bestehen. Das Sumpfrohr muß eine Länge von mindestens 1 m und einen geschlossenen Boden haben, wenn in der Leistungsbeschreibung nichts anderes vorgeschrieben ist.

2.2.2.4. Saugrohre

Für Saugrohre sind nahtlose Stahlrohre nach DIN 2448 zu verwenden, wenn in der Leistungsbeschreibung nichts anderes vorgeschrieben ist.

2.2.2.5. Peilrohre

Peilrohre müssen eine lichte Weite von mindestens 25 mm haben.

2.2.3. Filtergewebe, Filtersande und Filterkiese

Filtergewebe müssen DIN 4923 „Drahtgewebe im Brunnenbau", Filtersande und Filterkiese müssen DIN 4924 „Filtersande und Filterkiese für Brunnenfilter" entsprechen.

2.2.4. Dichtstoffe

Dichtstoffe müssen dauerhaft und giftfrei sein. Bei Trinkwasserbrunnen dürfen sie außerdem Geschmack, Geruch und Zusammensetzung des Wassers nicht nachteilig beeinflussen.

2.2.5. Mauerziegel, Mörtel für gemauerte Schachtbrunnen und Einsteigschächte

Es sind

Vormauerziegel (VMz 250 NF Vollziegel) nach DIN 105 „Mauerziegel; Vollziegel und Lochziegel",

Mörtel der Mörtelgruppe III nach DIN 1053 „Mauerwerk; Berechnung und Ausführung"

zu verwenden, wenn in der Leistungsbeschreibung nichts anderes vorgeschrieben ist.

2.2.6. Schachtbrunnenringe aus Beton

Schachtbrunnenringe aus Beton müssen DIN 4034 „Schachtringe, Brunnenringe, Schachthälse, Übergangsringe, Auflageringe aus Beton; Maße, Technische Lieferbedingungen" entsprechen.

2.2.7. Schachtabdeckungen

Schachtabdeckungen müssen DIN 1239 „Schachtabdeckungen für Brunnenschächte und Quellfassungen" entsprechen, wenn in der Leistungsbeschreibung nichts anderes vorgeschrieben ist.

3. Ausführung

3.1. Allgemeines

3.1.1. Wenn Verkehrs-, Versorgungs- und Entsorgungsanlagen im Bereich des Baugeländes liegen, sind die Vorschriften und Anordnungen der zuständigen Stellen zu beachten.

3.1.2. Die für die Aufrechterhaltung des Verkehrs bestimmten Flächen sind freizuhalten. Der Zugang zu Einrichtungen der Versorgungs- und Entsorgungsbetriebe, der Feuerwehr, der Post und Bahn, zu Vermessungspunkten und dergleichen darf nicht mehr als durch die Ausführung unvermeidlich behindert werden.

3.1.3. Bei Bohrbrunnen und Schachtbrunnen sind die Bestimmungen der Bauaufsichts-, der Wasser- und Gesundheitsbehörde, außerdem bei Trinkwasserversorgungsanlagen DIN 2000 „Zentrale Trinkwasserversorgung; Leitsätze für Anforderungen an Trinkwasser; Planung, Bau und Betrieb der Anlagen" und DIN 2001 „Leitsätze für die Einzel-Trinkwasserversorgung" zu beachten.

3.1.4. Die endgültige Ausbautiefe des Brunnens aufgrund der erschlossenen wasserführenden Schichten (Grundwasserleiter) bestimmt der Auftraggeber im Benehmen mit dem Auftragnehmer.

3.1.5. Brunnen müssen so hergestellt werden, daß das Innere des Brunnens von außen her nicht verunreinigt werden kann.

3.1.6. Brunnenteile, wie Sumpfrohr, Filterrohre, Aufsatzrohre, Saugrohre, Peilrohre, sind unmittelbar vor dem Einbau gründlich mechanisch zu reinigen, wenn in der Leistungsbeschreibung nichts anderes vorgeschrieben ist, z. B. zusätzliches Chloren.

3.1.7. Saugrohre sollen möglichst aus einem Stück bestehen. Bei Saugrohren aus mehreren Stücken müssen die Rohrverbindungen luftdicht sein.

3.1.8. Sind Schachtbrunnen und Einsteigschächte mit Lüftungsrohren auszustatten, so sind für Belüftung und Entlüftung getrennte Rohre vorzusehen, wenn in der Leistungsbeschreibung nichts anderes vorgeschrieben ist. Lüftungsrohre müssen so beschaffen sein und so eingebaut werden, daß durch sie weder Fremdkörper noch Verunreinigungen in den Schacht gelangen können.

3.1.9. Werden Rohre durch Wände oder Decken von Schachtbrunnen oder Einsteigschächten geführt, so müssen die Anschlüsse der Rohre zu den Wänden oder Decken wasserdicht hergestellt werden; das gleiche gilt für Pumpenteile, die die Decken durchdringen.

3.1.10. Wände von Schachtbrunnen und Einsteigschächten aus Mauerwerk sind nach DIN 18 330 „Mauerarbeiten", aus Beton oder Stahlbeton und Schachtbrunnenringe nach DIN 18 331 „Beton- und Stahlbetonarbeiten" auszuführen (siehe jedoch Abschnitt 2.2.5).

3.2. Bohrbrunnen

3.2.1. Die Länge der Schlitzstrecke und die Schlitzweite des Filterrohrs werden nach der Beschaffenheit und Mächtigkeit der wasserführenden Schichten (Grundwasserleiter) vom Auftragnehmer im Einvernehmen mit dem Auftraggeber festgelegt. Der Auftragnehmer hat — wenn erforderlich aufgrund einer Siebanalyse — die Maschenweite des Filtergewebes und bei gewebelosen Filtern die Kieskörnungen und die Dicke der Kiesummantelung so zu wählen, daß der Brunnen bei der vorgesehenen Leistung — auch beim Leistungspumpen — sandfreies Wasser frei von Körnungen größer als 0,06 mm liefert, wenn in der Leistungsbeschreibung nichts anderes vorgeschrieben ist.

3.2.2. Der Durchmesser der Aufsatzrohre darf nicht kleiner sein als der Filterrohrdurchmesser. Die Verbindungen der Aufsatzrohre müssen sanddicht und wasserdicht sein. Wenn Aufsatzrohre als Saugrohre benutzt werden, müssen die Verbindungen auch luftdicht sein.

3.2.3. Wenn das Aufsatzrohr nicht bis zur Brunnenoberkante geführt wird, sondern innerhalb des Mantelrohrs endet, sind Maßnahmen zu treffen, durch die ein Eintreiben von Sand oder nicht gewünschtem Wasser zwischen Mantelrohr und Aufsatzrohr in den Brunnen verhindert wird.

3.2.4. Brunnenköpfe müssen den Brunnen so verschließen, daß eine Verunreinigung des Wassers ausgeschlossen ist und, wenn der Brunnen im Hochwassergebiet liegt, auch Hochwasser nicht eindringen kann.

3.2.5. Bei Einsteigschächten aus Betonringen sind die Ringe gegeneinander abzudichten, wenn in der Leistungsbeschreibung nichts anderes vorgeschrieben ist, z. B. Abdichten des Schachtes gegen drückendes Wasser. Die Abdeckung von Einsteigschächten muß so beschaffen sein, daß weder Wasser noch Verunreinigungen in den Einsteigschacht gelangen können.

3.3. Schachtbrunnen

3.3.1. Die Wahl des Abteufverfahrens ist dem Auftragnehmer überlassen, wenn in der Leistungsbeschreibung darüber nichts vorgeschrieben ist. Schachtbrunnen sind nach Möglichkeit lotrecht abzuteufen. Von der Lotrechten darf höchstens so weit abgewichen werden, daß dadurch Verwendbarkeit und Standfestigkeit der Brunnen nicht beeinträchtigt werden.

3.3.2. Wenn Bodenproben oder Sonderproben nach DIN 4021 Blatt 1 „Baugrund; Erkundung durch Schürfe und Bohrungen sowie Entnahme von Proben, Aufschlüsse im Boden" gefordert sind, bedarf die Wahl des Entnahmeverfahrens und der Entnahmegeräte der Vereinbarung, wenn in der Leistungsbeschreibung darüber nichts vorgeschrieben ist. Für Entnahme, Behandlung, Kennzeichnung und Verwahrung der Proben gilt DIN 4021 Blatt 1.

3.3.3. Wenn ein Schichtenverzeichnis zu liefern ist, hat der Auftragnehmer die Ergebnisse nach DIN 4022 Blatt 1 „Baugrund und Grundwasser; Benennen und Beschreiben von Bodenarten und Fels, Schichtenverzeichnis für Untersuchungen und Bohrungen ohne durchgehende Gewinnung von gekernten Proben" laufend aufzuschreiben und eine zeichnerische Darstellung nach DIN 4023 „Baugrund- und Wasserbohrungen; Zeichnerische Darstellung der Ergebnisse" zu liefern.

3.3.4. Schachtbrunnenwände sind bis 3 m unter Erdoberfläche wasserdicht herzustellen, wenn in der Leistungsbeschreibung nichts anderes vorgeschrieben ist.

3.3.5. Schachtbrunnenwände sind in Höhe der wasserführenden Schichten, aus denen das Wasser seitlich gewonnen werden soll, durchlässig herzustellen.

3.3.6. Die Brunnensohle ist von Verunreinigungen und Bauschutt zu räumen. Bei Schachtbrunnen, in die das Wasser (nur oder auch) von der Sohle her eintritt, sind Kies- oder Sand-Stützschichten von insgesamt mindestens 0,25 m Dicke einzubringen, wenn in der Leistungsbeschreibung nichts anderes vorgeschrieben ist; die Körnungen des Kieses oder Sandes sind auf die Körnungen der wasserführenden Schichten abzustimmen.

3.3.7. Nach Fertigstellung des Schachtbrunnens sind die Wände gründlich zu reinigen.

3.3.8. Schachtbrunnenabdeckungen und Abdeckungen von Einsteigöffnungen müssen den Brunnen so verschließen, daß eine Verunreinigung des Wassers ausgeschlossen ist und, wenn der Brunnen im Hochwassergebiet liegt, auch Hochwasser nicht eindringen kann. Holz darf nicht verwendet werden.

3.3.9. Bauschutt darf zum Verfüllen nicht verwendet werden.

3.3.10. Außergewöhnliche Erscheinungen, z. B. in der Beschaffenheit und Farbe des Bodens, im Geruch oder in der Färbung des Wassers, Wasser- oder Bodenauftrieb, Austreten des Wassers über Gelände, starkes Absinken des Wasserspiegels, Gasvorkommen, Hohlräume im Boden, sind genau zu beobachten, dem Auftraggeber unverzüglich anzuzeigen und, sofern ein Schichtenverzeichnis zu liefern ist, dort zu vermerken.

Die sofort notwendigen Sicherungen hat der Auftragnehmer unverzüglich zu treffen. Art und Umfang weiterer Maßnahmen und Untersuchungen sind zu vereinbaren (siehe Abschnitt 4.3.12).

4. Nebenleistungen

Nebenleistungen sind Leistungen, die auch ohne Erwähnung in der Leistungsbeschreibung zur vertraglichen Leistung gehören (siehe Teil B — DIN 1961 — § 2 Nr 1).

4.1. Folgende Leistungen sind Nebenleistungen:

4.1.1. Messungen für das Ausführen und Abrechnen der Arbeiten einschließlich des Vorhaltens der Meßgeräte, Lehren, Absteckzeichen usw., des Erhaltens der Lehren und Absteckzeichen während der Bauausführung und des Stellens der Arbeitskräfte, jedoch nicht Leistungen nach Teil B — DIN 1961 — § 3 Nr 2.

4.1.2. Schutz- und Sicherheitsmaßnahmen nach den Unfallverhütungsvorschriften und den behördlichen Bestimmungen.

4.1.3. Schutz der ausgeführten Leistungen und der für die Ausführung übergebenen Gegenstände vor Beschädigung und Diebstahl bis zur Abnahme.

4.1.4. Feststellen des Zustands der Straßen, der Geländeoberfläche, der Vorfluter usw. nach Teil B — DIN 1961 — § 3 Nr 4.

4.1.5. Heranbringen von Wasser und Energie von den vom Auftraggeber auf der Baustelle zur Verfügung gestellten Anschlußstellen zu den Verwendungsstellen.

4.1.6. Vorhalten der Kleingeräte und Werkzeuge.

4.1.7. Lieferung der Betriebsstoffe.

4.1.8. Befördern aller Stoffe und Bauteile, auch wenn sie vom Auftraggeber beigestellt sind, von den Lagerstellen auf der Baustelle zu den Verwendungsstellen und etwaiges Rückbefördern.

4.1.9. Sichern der Arbeiten gegen Tagwasser, mit dem normalerweise gerechnet werden muß, und seine etwa erforderliche Beseitigung.

4.1.10. Beleuchten und Reinigen der Aufenthaltsräume und Aborte für die Beschäftigten des Auftragnehmers sowie Beheizen der Aufenthaltsräume.

4.1.11. Beseitigen aller Verunreinigungen (Abfälle, Bauschutt und dergleichen), die von den Arbeiten des Auftragnehmers herrühren, ausgenommen Leistungen nach Abschnitt 4.3.16.

4.1.12. Beseitigen einzelner Sträucher und einzelner Bäume bis zu 0,10 m Durchmesser, gemessen 1 m über dem Erdboden, der dazugehörigen Wurzeln und Baumstümpfe.

4.1.13. Beseitigen von einzelnen Steinen und Mauerresten bis zu je 0,03 m³ Rauminhalt.

4.1.14. Liefern der für Brunnenbauarbeiten notwendigen Zeichnungen.

4.1.15. Vorhalten und Füllen der Behälter für Boden- und Wasserproben.

4.1.16. Beseitigen des Bohrschlamms beim Ausbau von Bohrungen zu Brunnen.

4.1.17. Messen der Wasserstände während der Bauarbeiten.

4.2. Folgende Leistungen sind Nebenleistungen, wenn sie nicht durch besondere Ansätze in der Leistungsbeschreibung erfaßt sind:

4.2.1. Einrichten und Räumen der Baustelle.

4.2.2. Vorhalten der Baustelleneinrichtung einschließlich der Geräte, Gerüste und dergleichen.

4.3. Folgende Leistungen sind keine Nebenleistungen:

4.3.1. „Besondere Leistungen" nach Teil A — DIN 1960 — § 9 Nr 6.

4.3.2. Aufstellen, Vorhalten und Beseitigen von Bauzäunen, Blenden und Schutzgerüsten zur Sicherung des öffentlichen Verkehrs sowie von Einrichtungen außerhalb der Baustelle zur Umleitung und Regelung des öffentlichen Verkehrs zu Wasser und zu Lande.

4.3.3. Sichern von Leitungen, Kanälen, Dränen, Kabeln, Grenzsteinen, Bäumen und dergleichen.

4.3.4. Beseitigen von Hindernissen, Leitungen, Kanälen, Dränen, Kabeln und dergleichen.

4.3.5. besondere Maßnahmen aus Gründen der Landespflege und des Umweltschutzes.

4.3.6. Entnahme von Bodenproben und Sonderproben (siehe Abschnitte 3.3.2 und 3.3.3) sowie von Wasserproben.

4.3.7. Lieferung von Schichtenverzeichnissen (siehe Abschnitt 3.3.3).

4.3.8. Entnahme von Gasproben, Feststellen der Gasart, der Gasmenge und des Gasdrucks.

4.3.9. Lieferung von Behältern für Boden-, Wasser- und Gasproben.

4.3.10. Wasserstandsmessungen in benachbarten Brunnen oder Gewässern.

4.3.11. Maßnahmen zur Dichtung der Oberfläche in der Umgebung des Brunnens.

4.3.12. sofort notwendige Sicherungen sowie weitere Maßnahmen und Untersuchungen bei außergewöhnlichen Erscheinungen (siehe Abschnitt 3.3.10).

4.3.13. Liefern und Einbau von Kiesschüttungskörben.

4.3.14. Entsandungs-, Klar- und Leistungspumpen.

4.3.15. Ausstattung mit Lüftungsrohren.

4.3.16. Abfuhr des übriggebliebenen Aushubs.

4.3.17. Desinfektion von Brunnen.

4.3.18. Anfertigen und Liefern von Bestandsplänen.

4.3.19. zusätzliche Maßnahmen für die Weiterarbeit bei Frost und Schnee, soweit sie dem Auftragnehmer nicht ohnehin obliegen.

5. Abrechnung

5.1. Allgemeines

Die Leistung ist aus Zeichnungen zu ermitteln, soweit die ausgeführte Leistung diesen Zeichnungen entspricht.

Sind solche Zeichnungen nicht vorhanden, ist die Leistung aufzumessen.

5.2. Es werden abgerechnet:

5.2.1. Rohre mit Verbindungen und Dichtungen nach Baulängen (m) in der Achse gemessen, getrennt nach Arten, äußeren Durchmessern und Wanddicken.

5.2.2. Filterrohre nach Baulängen (m), getrennt nach Arten, inneren Durchmessern und Wanddicken.

5.2.3. Filtersand, Filterkies und sonstige Schüttstoffe nach Schüttungshöhe (m) im eingebauten Zustand oder nach Raummaß (m^3) oder Gewicht (t) der nachgewiesenen eingebauten Menge, getrennt nach Güten und Korngrößen.

5.2.4. Stoffe, die zum Dichten eingebracht werden, z. B. Ton oder Beton, nach Höhe der Dichtungsschicht (m) im eingebauten Zustand oder nach Raummaß (m^3) oder Gewicht (t) der nachgewiesenen eingebauten Menge.

5.2.5. Kiesschüttungskörbe nach Baulängen (m), getrennt nach Durchmessern.

5.2.6. Wandungen der Schachtbrunnen und Einsteigschächte nach Tiefen (m), getrennt nach lichten Durchmessern und Wanddicken. Die Tiefe wird von Oberkante bis Unterkante Schachtwand gemessen. Der lichte Durchmesser kegeliger Schachtbrunnen oder -teile wird in mittlerer Tiefe des kegeligen Teils gemessen.

5.2.7. Senkkränze, Anker, Ankerringe, stählerne Träger, eingebrachte Brunnensohlen, Abdeckungen, Zwischenpodeste, Steig- und Belüftungsvorrichtungen und dergleichen, getrennt nach Art und Abmessung, nach Anzahl (Stück).

5.2.8. Brunnenköpfe, Ventile, Schieber, Wassermeßvorrichtungen einschließlich Dichtungen und Schrauben nach Anzahl (Stück).

5.2.9. Entsandungs-, Klar- und Leistungspumpen, gestaffelt nach Förderleistung (Förderstrom), nach Stunden.

5.2.10. Entnahme von Bodenproben, Sonderproben, Gas- und Wasserproben, getrennt nach Art, nach Anzahl (Stück).

VOB Teil C:

Allgemeine Technische Vorschriften für Bauleistungen

Verbauarbeiten – DIN 18 303

Fassung Dezember 1973

Ausgabedatum: August 1974

Inhalt

0. Hinweise für die Leistungsbeschreibung*)
(siehe auch Teil A — DIN 1960 — § 9)

0.1. In der Leistungsbeschreibung sind nach Lage des Einzelfalles insbesondere anzugeben:

0.1.1. Lage der Baustelle und Umgebungsbedingungen, Zufahrtsmöglichkeiten und Beschaffenheit der Zufahrt sowie etwaige Einschränkungen bei ihrer Benutzung.

0.1.2. Lage und Ausmaß der dem Auftragnehmer für die Ausführung seiner Leistungen zur Benutzung oder Mitbenutzung überlassenen Flächen.

0.1.3. Abmessungen der zu verbauenden Baugrube, des zu verbauenden Grabens oder Fangedammes, Höhenlage der Oberkante des Verbaues.

0.1.4. hydrologische Werte von Grundwasser und Gewässern. Art, Lage, Abfluß, Abflußvermögen und Hochwasserverhältnisse von Vorflutern.

0.1.5. Ergebnisse der Bodenuntersuchung und der Wasseranalyse.

0.1.6. zusätzliche Belastungen des Verbaues.

0.1.7. besondere Anforderungen an die Dichtheit des Verbaues.

0.1.8. ob der Verbau gegen ein Bauwerk nicht abgesteift werden darf, z. B. wegen Abdichtungsarbeiten.

0.1.9. Schutzgebiete im Bereich der Baustelle.

0.1.10. besondere Maßnahmen aus Gründen der Landespflege und des Umweltschutzes.

0.1.11. Art und Umfang des Schutzes von Bäumen, Pflanzenbeständen, Vegetationsflächen, Bauteilen, Bauwerken, Grenzsteinen u. ä. im Bereich der Baustelle.

0.1.12. bekannte und vermutete Hindernisse im Bereich der Baustelle, möglichst unter Auslegung von Bestandsplänen, z. B. Leitungen, Kabel, Dräne, Kanäle, Bauwerksreste (und, soweit bekannt, deren Eigentümer).

---

*) Diese Hinweise werden nicht Vertragsbestandteil.

0.1.13. besondere Anordnungen, Vorschriften und Maßnahmen der Eigentümer (oder der anderen Weisungsberechtigten) von Leitungen, Kabeln, Dränen, Kanälen, Wegen, Gewässern, Gleisen, Zäunen und dergleichen im Bereich der Baustelle.

0.1.14. besondere wasserrechtliche Bestimmungen.

0.1.15. für den Verkehr freizuhaltende Flächen.

0.1.16. Besonderheiten der Regelung und Sicherung des Verkehrs, gegebenenfalls auch, wieweit der Auftraggeber die Durchführung der erforderlichen Maßnahmen übernimmt.

0.1.17. Verkehrsverhältnisse auf der Baustelle, insbesondere Verkehrsbeschränkungen, z. B. Begrenzung der Verkehrslasten.

0.1.18. Lage und Art vorzusehender Überfahrten und Übergänge.

0.1.19. Lage, Art und Anschlußwert der dem Auftragnehmer auf der Baustelle zur Verfügung gestellten Anschlüsse für Wasser und Energie.

0.1.20. Mitbenutzung fremder Gerüste, Hebezeuge, Aufzüge, Aufenthalts- und Lagerräume, Einrichtungen und dergleichen durch den Auftragnehmer.

0.1.21. wie lange, für welche Arbeiten und gegebenenfalls für welche Beanspruchung der Auftragnehmer seine Gerüste, Hebezeuge, Aufzüge, Aufenthalts- und Lagerräume, Einrichtungen und dergleichen für andere Unternehmer vorzuhalten hat.

0.1.22. besondere Anforderungen an die Baustelleneinrichtung.

0.1.23. Arbeiten anderer Unternehmer auf der Baustelle.

0.1.24. Art und Zeit der vom Auftraggeber veranlaßten Vorarbeiten.

0.1.25. ob und in welchem Umfang dem Auftragnehmer Arbeitskräfte und Geräte für Abladen, Lagern und Transport zur Verfügung gestellt werden.

0.1.26. Leistungen für andere Unternehmer.

0.1.27. Art, Menge, Gewicht der Stoffe und Bauteile, die vom Auftraggeber beigestellt werden, sowie Art, Ort (genaue Bezeichnung) und Zeit ihrer Übergabe.

0.1.28. Güteanforderungen an nicht genormte Stoffe und Bauteile.

0.1.29. Art und Umfang verlangter Eignungs- und Gütenachweise.

0.1.30. vorgesehene Arbeitsabschnitte, Arbeitsunterbrechungen und -beschränkungen nach Art, Ort und Zeit.

0.1.31. Gründungstiefen, Gründungsarten und Lasten benachbarter Bauwerke.

0.1.32. besondere Erschwernisse während der Ausführung, z. B. Arbeiten bei außergewöhnlichen äußeren Einflüssen.

0.1.33. Benutzung von Teilen der Leistung vor der Abnahme.

0.1.34. Ausbildung der Anschlüsse an Bauwerke.

0.1.35. ob, wann und wie lange die Stoffe und Bauteile des Verbaues vorzuhalten oder ob sie zu liefern sind.

0.1.36. Leistungen nach Abschnitt 4.2 in besonderen Ansätzen, wenn diese Leistungen keine Nebenleistungen sein sollen.

0.1.37. Leistungen nach Abschnitt 4.3 in besonderen Ansätzen.

0.2. In der Leistungsbeschreibung sind Angaben zu folgenden Abschnitten nötig, wenn der Auftraggeber eine abweichende Regelung wünscht:

Abschnitt 1.4 (Leistungen mit Vorhalten der Stoffe und Bauteile)

Abschnitt 1.5 (Leistungen mit Lieferung der Stoffe und Bauteile)

Abschnitt 2.2 (Vorhalten von Stoffen und Bauteilen)

Abschnitt 2.3 (Liefern ungebrauchter Stoffe und Bauteile)

Abschnitt 3.2.1 (Ausführung nach DIN 4124 „Baugruben und Gräben; Böschungen, Arbeitsraumbreiten, Verbau“, Wahl der Verbauart)

Abschnitt 3.2.2 (Beseitigen sämtlicher Teile des Verbaues)

1. Allgemeines

1.1. DIN 18 303 „Verbauarbeiten" gilt für die Verkleidung der Wände und Sicherung der Standfestigkeit von Baugruben, Gräben, Fangedämmen, Geländesprüngen u. ä. durch Verbau.

1.2. DIN 18 303 gilt nicht für Verbauarbeiten an unterirdischen Hohlräumen und nicht für den Lebendverbau.

1.3. DIN 18 303 gilt nicht für die bei Verbauarbeiten auszuführenden Erdarbeiten (siehe DIN 18 300 „Erdarbeiten"), Bohrarbeiten (siehe DIN 18 301 „Bohrarbeiten"), Rammarbeiten (siehe DIN 18 304 „Rammarbeiten").

1.4. Bei Verbau, der wieder entfernt werden soll, umfassen die Leistungen auch das Vorhalten der dazugehörigen Stoffe und Bauteile einschließlich Abladen, Lagern auf der Baustelle und Wiederaufladen, wenn in der Leistungsbeschreibung nichts anderes vorgeschrieben ist.

1.5. Bei Verbau, der im Boden oder im Bauwerk verbleiben soll, umfassen die Leistungen auch die Lieferung der dazugehörigen Stoffe und Bauteile einschließlich Abladen und Lagern auf der Baustelle, wenn in der Leistungsbeschreibung nichts anderes vorgeschrieben ist.

1.6. Stoffe und Bauteile, die vom Auftraggeber beigestellt werden, hat der Auftragnehmer rechtzeitig beim Auftraggeber anzufordern.

2. Stoffe, Bauteile

2.1. Allgemeines

Stoffe und Bauteile müssen den Anforderungen der DIN 4124 „Baugruben und Gräben; Böschungen, Arbeitsraumbreiten, Verbau" entsprechen.

Stoffe und Bauteile, für die DIN-Normen bestehen, müssen den DIN-Güte- und -Maßbestimmungen entsprechen.

Stoffe und Bauteile, die nach den behördlichen Vorschriften einer Zulassung bedürfen, müssen amtlich zugelassen sein und den Zulassungsbedingungen entsprechen. Stoffe und Bauteile, für die weder DIN-Normen bestehen noch eine amtliche Zulassung vorgeschrieben ist, dürfen nur mit Zustimmung des Auftraggebers verwendet werden.

2.2. Vorhalten

Stoffe und Bauteile, die der Auftragnehmer nur vorzuhalten hat, die also nicht in das Bauwerk eingehen, können nach Wahl des Auftragnehmers gebraucht oder ungebraucht sein, wenn in der Leistungsbeschreibung darüber nichts vorgeschrieben ist.

2.3. Liefern

Stoffe und Bauteile, die der Auftragnehmer zu liefern und einzubauen hat, die also in das Bauwerk eingehen, müssen ungebraucht sein, wenn in der Leistungsbeschreibung nichts anderes vorgeschrieben ist. Sie müssen für den jeweiligen Verwendungszweck geeignet sein.

3. Ausführung

3.1. Allgemeines

3.1.1. Wenn Verkehrs-, Versorgungs- und Entsorgungsanlagen im Bereich des Baugeländes liegen, sind die Vorschriften und Anordnungen der zuständigen Stellen zu beachten.

3.1.2. Die für die Aufrechterhaltung des Verkehrs bestimmten Flächen sind freizuhalten. Der Zugang zu Einrichtungen der Versorgungs- und Entsorgungsbetriebe, der Feuerwehr, der Post und Bahn, zu Vermessungspunkten und dergleichen darf nicht mehr als durch die Ausführung unvermeidlich behindert werden.

3.1.3. Wenn vorhandene Anlagen unvorhergesehen den Bestand des Verbaues gefährden können, sind besondere Sicherungsmaßnahmen zu vereinbaren, sofern diese Anlagen nicht außer Betrieb gesetzt oder aus dem Bereich der Baustelle entfernt werden.

3.1.4. In unmittelbarer Nähe von Bauwerken, Leitungen, Kanälen, Dränen oder Kabeln darf nur mit besonderer Vorsicht gearbeitet werden. Aufgehängte und abgestützte Leitungen, Kanäle, Dräne oder Kabel dürfen nicht betreten oder belastet werden.

3.2. Herstellen und Beseitigen des Verbaues

3.2.1. Für die Ausführung des Verbaues gilt DIN 4124 „Baugruben und Gräben; Böschungen, Arbeitsraumbreiten, Verbau", wenn in der Leistungsbeschreibung nichts anderes vorgeschrieben ist.

Die Wahl der Verbauart bleibt dem Auftragnehmer überlassen, wenn in der Leistungsbeschreibung darüber nichts vorgeschrieben ist.

3.2.2. Wenn der Verbau wieder zu entfernen ist, müssen alle Teile, ausgenommen Anker und Betonteile, beseitigt werden, wenn in der Leistungsbeschreibung nichts anderes vorgeschrieben ist.

4. Nebenleistungen

Nebenleistungen sind Leistungen, die auch ohne Erwähnung in der Leistungsbeschreibung zur vertraglichen Leistung gehören (siehe Teil B — DIN 1961 — § 2 Nr. 1).

4.1. Folgende Leistungen sind Nebenleistungen:

4.1.1. Messungen für das Ausführen und Abrechnen der Arbeiten einschließlich des Vorhaltens der Meßgeräte, Lehren, Absteckzeichen usw., des Erhaltens der Lehren und Absteckzeichen während der Bauausführung und des Stellens der Arbeitskräfte, jedoch nicht Leistungen nach Teil B — DIN 1961 — § 3 Nr. 2.

4.1.2. Schutz- und Sicherheitsmaßnahmen nach den Unfallverhütungsvorschriften und den behördlichen Bestimmungen.

4.1.3. Schutz der ausgeführten Leistungen und der für die Ausführung übergebenen Gegenstände vor Beschädigung und Diebstahl bis zur Abnahme.

4.1.4. Feststellen des Zustands der Straßen, der Geländeoberfläche, der Vorfluter usw. nach Teil B — DIN 1961 — § 3 Nr. 4.

4.1.5. Heranbringen von Wasser und Energie von den vom Auftraggeber auf der Baustelle zur Verfügung gestellten Anschlußstellen zu den Verwendungsstellen.

4.1.6. Vorhalten der Kleingeräte und Werkzeuge.

4.1.7. Lieferung der Betriebsstoffe.

4.1.8. Befördern aller Stoffe und Bauteile, auch wenn sie vom Auftraggeber beigestellt sind, von den Lagerstellen auf der Baustelle zu den Verwendungsstellen und etwaiges Rückbefördern.

4.1.9. Sichern der Arbeiten gegen Tagwasser, mit dem normalerweise gerechnet werden muß, und seine etwa erforderliche Beseitigung.

4.1.10. Beleuchten und Reinigen der Aufenthaltsräume und Aborte für die Beschäftigten des Auftragnehmers sowie Beheizen der Aufenthaltsräume.

4.1.11. Beseitigen aller Verunreinigungen (Abfälle, Bauschutt und dergleichen), die von den Arbeiten des Auftragnehmers herrühren.

4.1.12. Herstellen, Vorhalten, Umstellen und Beseitigen von Leitern oder Treppen für den Zugang zu den Arbeitsstellen des Auftragnehmers.

4.1.13. Überwachen und Instandhalten des Verbaues bis zur Abnahme.

4.1.14. Umsteifen für die eigenen Arbeiten des Auftragnehmers.

4.1.15. Erhalten der Dichtheit des Verbaues, wenn sie vorgeschrieben ist.

4.1.16. Verfüllen und Verdichten von Hohlräumen beim Entfernen des Verbaues einschließlich der an der Oberfläche entstandenen Vertiefungen.

4.2. Folgende Leistungen sind Nebenleistungen, wenn sie nicht durch besondere Ansätze in der Leistungsbeschreibung erfaßt sind:

4.2.1. Einrichten und Räumen der Baustelle.

4.2.2. Vorhalten der Baustelleneinrichtung einschließlich der Geräte, Gerüste und dergleichen.

4.2.3. Liefern der statischen Berechnungen und Ausführungszeichnungen für den Verbau, soweit nach DIN 4124 „Baugruben und Gräben; Böschungen, Arbeitsraumbreiten, Verbau" erforderlich.

4.3. Folgende Leistungen sind keine Nebenleistungen:

4.3.1. „Besondere Leistungen" nach Teil A — DIN 1960 — § 9 Nr. 6.

4.3.2. Aufstellen, Vorhalten und Beseitigen von Leiteinrichtungen, z. B. Leitpfosten, Leitplanken, Schrammborde, Markierungen, von Bauzäunen, Blenden und Schutzgerüsten zur Sicherung des öffentlichen Verkehrs zu Wasser und zu Lande.

4.3.3. Aufstellen, Vorhalten und Beseitigen von Einrichtungen außerhalb der Baustelle zur Regelung und Umleitung des öffentlichen Verkehrs zu Wasser und zu Lande.

4.3.4. Aufstellen, Vorhalten, Betreiben und Beseitigen von Verkehrssignalanlagen.

4.3.5. Aufstellen, Vorhalten und Beseitigen von Hilfsbauwerken zur Aufrechterhaltung des Anliegerverkehrs und des sonstigen öffentlichen Verkehrs, z. B. Brücken, Befestigungen von Umleitungen und Zufahrten.

4.3.6. besondere Maßnahmen zum Feststellen des Zustands der baulichen Anlagen einschließlich Versorgungs- und Entsorgungsanlagen.

4.3.7. Maßnahmen zur Feststellung der Lage von Hindernissen, Leitungen, Kanälen, Dränen, Kabeln, Grenzsteinen und dergleichen.

4.3.8. besondere Maßnahmen zur Sicherung gefährdeter Bauwerke und zum Schutz benachbarter Grundstücke, z. B. Unterfangungen, Stützmauern, Bodenverfestigungen.

4.3.9. Sichern von Leitungen, Kanälen, Dränen, Kabeln, Grenzsteinen, Bäumen und dergleichen.

4.3.10. Beseitigen von Hindernissen, Leitungen, Kanälen, Dränen, Kabeln und dergleichen.

4.3.11. besondere Maßnahmen aus Gründen der Landespflege und des Umweltschutzes.

4.3.12. Boden-, Wasser- und bodenmechanische Untersuchungen.

4.3.13. Umsteifen, ausgenommen Umsteifen für die eigenen Arbeiten des Auftragnehmers (siehe Abschnitt 4.1.14).

4.3.14. Überwachen und Instandhalten des Verbaues über den Zeitpunkt der Abnahme hinaus.

4.3.15. Liefern von Teilen des Verbaues, die auf Verlangen des Auftraggebers oder aus Gründen, die vom Auftraggeber zu vertreten sind, im Boden oder Bauwerk verbleiben.

4.3.16. Ausbauen von Bauteilen, z. B. Betonteile, Anker (siehe Abschnitt 3.2.2).

4.3.17. zusätzliche Maßnahmen für die Weiterarbeit bei Frost und Schnee, soweit sie dem Auftragnehmer nicht ohnehin obliegen.

5. Abrechnung

5.1. Allgemeines

5.1.1. Die Leistung ist aus Zeichnungen zu ermitteln, soweit die ausgeführte Leistung diesen Zeichnungen entspricht.

Sind solche Zeichnungen nicht vorhanden, ist die Leistung aufzumessen.

5.1.2. Bei Abrechnung nach Flächenmaß wird die Fläche aus der Länge und den Tiefen des Verbaues ermittelt.

Die Länge wird in der Achse des Verbaues gemessen, wobei Träger u. ä. übermessen werden.

Die Tiefen werden gemessen von 5 cm über Gelände oder Schutzstreifen oder von der vorgeschriebenen Oberkante des Verbaues

bei Bohlwänden aus Holz, Stahl, Beton und dergleichen bis zur Baugrubensohle,

bei Spund-, Pfahl- oder Schlitzwänden bis zur Unterkante der Wand.

5.1.3. Bei Abrechnung nach Längenmaß gilt

für Gurtungen die in der Achse des Verbaues gemessene Länge,

für Anker das Maß zwischen erdseitigem Ankerende und Unterfläche der Ankerplatte.

5.2. Es werden abgerechnet:

5.2.1. bei einfachem Verbau, z. B. bei Baugruben und Gräben bis 4 m Breite oder außerhalb von Bebauung, sowie bei Fangedämmen das Einbauen, Vorhalten und Beseitigen des gesamten Verbaues (Verkleidung, Absteifung, Verbände, Verbindungen und dergleichen) nach Flächenmaß (m^2).

5.2.2. bei schwierigem Verbau, z. B. bei Baugruben und Gräben mit mehr als 4 m Breite,

5.2.2.1. das Einbauen, Vorhalten und Beseitigen der Verkleidung (Bohlen, Spundwände, Pfahlwände und dergleichen) nach Flächenmaß (m^2),

5.2.2.2. das Einbauen, Vorhalten und Beseitigen der übrigen Teile des Verbaues (Träger, Steifen, Anker, Brusthölzer, Gurtungen, Holme, Zangen, Rahmen, Verbände und dergleichen) einschließlich Zubehör nach Längenmaß (m) oder Anzahl (Stück).

VOB Teil C:

Allgemeine Technische Vorschriften für Bauleistungen

Rammarbeiten - DIN 18304

Fassung Dezember 1958

Inhalt

0. Hinweise für die Leistungsbeschreibung*)

(siehe auch Teil A — DIN 1960 — § 9)

0.1. In der Leistungsbeschreibung sind nach Lage des Einzelfalles insbesondere anzugeben:

0.101. ob Pfähle und Bohlen aus Stahlbeton in Meerwasser, Moorwasser oder anderem betonschädlichem Wasser stehen werden (siehe Abschnitt 2.247).

0.102. ob und in welchem Umfang Pfähle und Bohlen nachträglich gezogen werden müssen (siehe Abschnitte 3.063 und 3.101).

0.103. ob Pfähle und Bohlen in voller Länge gezogen werden müssen (siehe Abschnitt 3.101).

0.104. welche Länge Pfähle und Bohlen haben müssen, die eine bestimmte Rammtiefe erreichen sollen. Wenn zu erwarten ist, daß Pfähle und Bohlen auch in anderen Längen gerammt werden müssen, als für die Ausführung angenommen ist, sind die Preise für abweichende Längen ebenfalls anzufordern (siehe Abschnitte 3.09 und 5.208).

0.105. Neigung der Rammachse bei schrägen Rammungen.

0.106. wie die Einheitspreise für Pfähle und Bohlen zu ermitteln sind, deren Länge in der Leistungsbeschreibung nicht vorgesehen ist (siehe Abschnitt 3.09).

0.107. wie das Ziehen der Pfähle und Bohlen aufzumessen und abzurechnen ist (siehe Abschnitte 5.16 und 5.206).

0.108. Besonderheiten der verkehrs- und wasserpolizeilichen Sicherung, gegebenenfalls auch, wieweit der Auftraggeber die Durchführung der erforderlichen Maßnahmen übernimmt.

0.109. Schürfgruben, Bohrergebnisse.

0.110. Gründungstiefen, Gründungsarten und Lasten benachbarter Bauwerke.

---

*) Diese Hinweise werden nicht Vertragsbestandteil.

0.111. bekannte oder vermutete Hindernisse (z. B. Leitungen, Kabel, Kanäle, Bauwerksreste) im Bereich der Baustelle möglichst unter Auslegung von Bestandsplänen.

0.112. besondere Anordnungen, Vorschriften und Maßnahmen der Eigentümer (oder der anderen Weisungsberechtigten) von Leitungen, Kabeln, Kanälen, Wegen, Wasserläufen und Schienen im Bereich der Baustelle.

0.113. Leistungen nach Abschnitt 4.3, soweit nötig in besonderen Ansätzen.

0.2. In der Leistungsbeschreibung sind Angaben zu folgenden Abschnitten nötig, wenn der Auftraggeber eine abweichende Regelung wünscht:

Abschnitt 1.3 (Lieferung der Stoffe und Bauteile)
Abschnitt 2.1 (Vorhalten von Stoffen und Bauteilen)
Abschnitt 2.21 (ungebrauchte Stoffe und Bauteile)
Abschnitt 2.221 (Holzart und Güte)
Abschnitt 2.242 (Querschnitt von Pfählen und Bohlen aus Stahlbeton)
Abschnitt 2.243 (Art der Spundung aus Stahlbeton)
Abschnitt 5.17 (Aufmaß der vorzuhaltenden gerammten Wände)
Abschnitt 5.207 (Abrechnung der vorzuhaltenden gerammten Wände).

1. Allgemeines

1.1. DIN 18 304 — Rammarbeiten — gilt nicht für Ortpfähle (siehe DIN 18 331 — Beton- und Stahlbetonarbeiten).

1.2. Für Rammungen bei Baugrubenverkleidungsarbeiten gelten nur die in DIN 18 303 — Baugrubenverkleidungsarbeiten[+1]) — genannten Abschnitte 2 und 3 der DIN 18 304 -- Rammarbeiten.

1.3. Alle Leistungen umfassen auch die Lieferung der dazugehörigen Stoffe und Bauteile einschließlich Abladen und Lagern auf der Baustelle, wenn in der Leistungsbeschreibung nichts anderes vorgeschrieben ist.

2. Stoffe und Bauteile

2.1. Vorhalten

Stoffe und Bauteile, die der Auftragnehmer nur vorzuhalten hat, die also nicht in das Bauwerk eingehen, können nach Wahl des Auftragnehmers ungebraucht oder gebraucht sein, wenn in der Leistungsbeschreibung darüber nichts vorgeschrieben ist.

2.2. Liefern

2.21. Allgemeine Anforderungen

Stoffe und Bauteile, die der Auftragnehmer zu liefern und einzubauen hat, die also in das Bauwerk eingehen, müssen ungebraucht sein, wenn in der Leistungsbeschreibung nichts anderes vorgeschrieben ist. Sie müssen den DIN-Güte- und -Maßbestimmungen entsprechen.
Amtlich zugelassene, nicht genormte Stoffe und Bauteile müssen den Zulassungsbedingungen entsprechen.

2.22. Holz

2.221. Ist keine Holzart vorgeschrieben, darf der Auftragnehmer nur Nadelholz verwenden. Fehlen Angaben über die Güte des Schnittholzes, ist es dem Bauwerk ent-

[+1]) Seit Dezember 1973: DIN 18 303 — Verbauarbeiten.

sprechend nach DIN 4074 — Bauholz für Holzbauteile, Gütebedingungen, Blatt 1 für Bauschnittholz (Nadelholz) und Blatt 2 für Baurundholz (Nadelholz) — auszuwählen. Rundholz muß frei von Borke sein. Bast braucht nicht entfernt zu werden.

2.222. Rammpfähle dürfen im Durchschnitt — dieser auf die Pfahllänge bezogen — nicht mehr als 1 cm auf 1,0 m Länge verjüngt sein. Der mittlere Durchmesser darf bis 3 cm größer oder kleiner sein als vorgeschrieben, wenn im Durchschnitt das Sollmaß der Pfahlquerschnitte eingehalten wird.
Rammpfähle dürfen nicht mehr als 3 %, höchstens jedoch 30 cm von der Soll-Länge abweichen, wenn im Durchschnitt die Soll-Länge erreicht wird.

Der mittlere Durchmesser eines Rammpfahles wird als Mittel aus zwei senkrecht zueinander stehenden Messungen (möglichst des kleinsten und des größten Maßes) in der Mitte des entborkten Pfahles mit der Kluppe (Taster, Fidde) festgestellt. Wenn die Meßstelle auf einen unregelmäßigen Stammteil (Ast oder dergleichen) fällt, sind für zwei regelmäßige Stammstellen gleich weit oberhalb und unterhalb der Mitte die Durchmesser, wie vorstehend angegeben, zu ermitteln.

Das Mittel dieser beiden Durchmesser ist der mittlere Durchmesser des Rammpfahles. Bei den Einzelmessungen und den Mittelbildungen ist auf volle Zentimeter abzurunden.

2.223. Bohlen müssen geradlinig und mit gleichlaufenden Seiten geschnitten sein. Sie sollen, bei Spundbohlen ohne Feder gemessen, mindestens 16 cm breit sein. Die Tiefe und Breite der Nuten bei Spundbohlen soll je ungefähr ein Drittel, jedoch nicht weniger als ein Viertel der Bohlendicke betragen. Zur Erzielung einer dichten Spundwand ist die Feder kürzer zu halten als die Nut.

2.23. Stahl

Stahlpfähle (z. B. Rammpfähle, Rammträger) und Stahlbohlen (z. B. Rammbleche, Spundbohlen) sollen mindestens der Güte von Handelsbaustahl entsprechen. Sie sind einwandfrei gerichtet zu liefern.

2.24. Stahlbeton

2.241. Stahlbetonpfähle und -bohlen müssen DIN 18 331 — Beton- und Stahlbetonarbeiten — entsprechen. Die Güte des Betons und des Betonstahls muß auch den Anforderungen des Rammvorganges genügen; mindestens ist B 225 und Betonstahl I nach DIN 1045 — Bestimmungen für Ausführung von Bauwerken aus Stahlbeton[+2]) — zu verwenden. Der Beton muß besonders dicht sein; es ist zweckmäßig, ihn zu rütteln.

2.242. Wenn in der Leistungsbeschreibung nichts anderes vorgeschrieben ist, erhalten die Pfähle und Bohlen quadratischen oder rechteckigen Querschnitt. Pfähle und Bohlen sind in allen Teilen so stark auszubilden, daß sie beim Befördern und Hochnehmen nicht reißen oder schadhaft werden. Die Längsbewehrungsstäbe dürfen abweichend von DIN 1045 — Bestimmungen für Ausführung von Bauwerken aus Stahlbeton[+2]) — keine Endhaken erhalten. An den Köpfen und Spitzen sind die Pfähle und Bohlen besonders dicht zu umschnüren.

2.243. Die Kanten der Pfähle und Bohlen sollen gebrochen werden. Die Art der Spundung bleibt dem Auftragnehmer überlassen, wenn in der Leistungsbeschreibung nichts anderes vorgeschrieben ist.

2.244. In die Pfähle und Bohlen ist das Datum der Herstellung gut sichtbar einzudrücken; auch ihre Nummer ist einwandfrei anzubringen.

[+2]) Seit Januar 1972: DIN 1045 — Beton- und Stahlbetonbau; Bemessung und Ausführung.

2.245. Nur genügend erhärtete und rammfähige Pfähle und Bohlen dürfen geliefert werden. Bis zu einer niedrigsten Temperatur von +5 °C gelten folgende Erhärtungsfristen:

Bei Verwendung von	Bis zum Abheben von der Unterlage	Bis zum Beginn des Rammens
Zement 275	8 Tage	28 Tage
Zement 375	4 Tage	14 Tage
Zement 475	3 Tage	8 Tage

Für die genannten Zementgüten gilt DIN 1164 — Portlandzement, Eisenportlandzement, Hochofenzement+3).

2.246. Bei ungünstiger Witterung sind diese Erhärtungsfristen entsprechend den Ausschalungsvorschriften in DIN 1045 — Bestimmungen für Ausführung von Bauwerken aus Stahlbeton+2) — zu verlängern. Bei schädlichem Boden oder schädlichem Wasser sind die bis zum Beginn des Rammens geltenden Erhärtungsfristen um die Hälfte zu verlängern. Ausnahmsweise dürfen bei Zement 475 die Fristen bis zum Abheben von der Unterlage auf 2 Tage und bis zum Beginn des Rammens auf 3 Tage verkürzt werden, wenn die erforderlichen Festigkeiten durch Erhärtungsprüfungen nach DIN 1048 — Bestimmungen für Betonprüfungen bei Ausführung von Bauwerken aus Beton und Stahlbeton+4) — nachgewiesen werden.

2.247. Bei Pfählen und Bohlen, die in Meerwasser, Moorwasser oder anderem betonschädlichem Wasser stehen, sind die vom Deutschen Ausschuß für Stahlbeton aufgestellten „Richtlinien für die Ausführung von Bauwerken in betonschädlichen Wässern (Meerwasser, Moorwasser, industrielle Abwässer usw.)" zu beachten (siehe auch DIN 4030 — Beton in betonschädlichen Wässern und Böden, Richtlinien für die Ausführung+5).

3. Ausführung

Bei der Ausführung der Rammarbeiten ist DIN 1054 — Gründungen; zulässige Belastung des Baugrundes; Richtlinien+6) — zu beachten.

3.01. Bearbeiten der Pfähle und Bohlen aus Holz

Die Köpfe, Spitzen und Schneiden der Pfähle und Bohlen sind fachgerecht zu bearbeiten. Pfähle und Bohlen, die Bestandteile des Bauwerks werden, können vor dem Rammen vom Auftraggeber mit einem Brennstempel in einem bestimmten Abstand vom Kopf gekennzeichnet werden. Diese Kennzeichnung muß die Nummer des Pfahles oder der Bohle angeben.

3.02. Arbeitsgerüste

3.021. Gerammte Pfähle und Bohlen, die Teile des Bauwerks werden, dürfen für die Arbeitsgerüste nur verwendet werden, wenn für das Bauwerk kein Nachteil entsteht. Hierüber entscheidet der Auftraggeber.

3.022. Die Standsicherheit der Arbeitsgerüste muß nachgewiesen sein. Auf Verlangen des Auftraggebers sind die statischen Berechnungen und Ausführungszeichnungen der Arbeitsgerüste vorzulegen.

+3) Seit Juni 1970: DIN 1164 — Portland-, Eisenportland-, Hochofen- und Traßzement.

+2) Siehe Seite 86.

+4) Seit Januar 1972: DIN 1048 — Prüfverfahren für Beton.

+5) Seit November 1969: DIN 4030 — Beurteilung betonangreifender Wässer, Böden und Gase.

+6) Seit November 1969: DIN 1054 — Baugrund; zulässige Belastung des Baugrundes.

3.03. Rammen

3.031. Die Rammarbeit ist mit leistungsfähigen Rammen auszuführen. Die Arbeitsweise bleibt dem Auftragnehmer im Rahmen der folgenden Vorschriften überlassen.

3.032. Die Fallhöhe der frei fallenden Bären soll bei Stahlbetonpfählen und Stahlbetonbohlen höchstens 1,0 m, ausnahmsweise höchstens 1,5 m, bei anderen Pfählen und Bohlen höchstens 2,0 m, ausnahmsweise höchstens 2,5 m betragen. Wenn bei den Größtwerten dieser Fallhöhen eine Steigerung der Rammleistung nötig ist, darf sie nur durch Erhöhen der Bärgewichte erreicht werden.

3.033. Wenn die Gefahr besteht, daß gerammte Wände durch späteres Rammen von Pfählen aus ihrer Lage gedrängt werden, dürfen sie erst nach den Pfählen gerammt werden.

3.034. Pfähle und Bohlen müssen so vorsichtig eingerammt werden, daß sie keinen Schaden erleiden, der ihren Verwendungszweck beeinträchtigt. Sie sollen nach dem Rammen zeichnungsgerecht stehen. Die durch den Rammvorgang und infolge der Bodenverhältnisse entstehenden unvermeidbaren Abweichungen von der Soll-Lage müssen in engen Grenzen bleiben.

3.035. Wenn durch übermäßiges Abweichen von der Soll-Lage oder von der angegebenen oder erforderlichen Rammtiefe, oder wenn bei Undichtigkeiten der Spundwände oder bei Beschädigungen der Pfähle oder gerammten Wände die vertragliche Leistung beeinträchtigt wird, bedürfen die Maßnahmen zur Abhilfe der Zustimmung des Auftraggebers. Hierbei sind die Anforderungen zu berücksichtigen, denen das Bauwerk genügen muß.

3.036. Wenn Baulichkeiten, Verkehrs- und Versorgungsanlagen im Bereich der Rammwirkung liegen, ist ihr Zustand vor Beginn des Rammens festzustellen (siehe Teil B — DIN 1961 — § 3 Ziffer 4). Die Wirkung des Rammens ist zu beobachten. Schäden, die Folgen des Rammens sein können, sind dem Auftraggeber sofort mitzuteilen.

3.037. Wenn Verkehrs- und Versorgungsanlagen im Bereich des Baugeländes liegen, sind die Vorschriften und Anordnungen der zuständigen Stellen zu beachten.

3.04. Rammtiefe

3.041. Pfähle und Bohlen müssen nach dem Rammen ausreichend fest für die geforderte Tragfähigkeit stehen.

3.042. Wenn eine bestimmte Rammtiefe nicht vorgeschrieben oder notwendig ist, kann das Rammen nach genügend tiefem Einrammen in die tragfähige Schicht eingestellt werden, wenn die vorgesehene Belastung gemäß den Bestimmungen in DIN 1054 — Gründungen; zulässige Belastung des Baugrundes; Richtlinien[+6]) — getragen werden kann.

3.043. Wenn Pfähle oder Bohlen, die eine bestimmte Rammtiefe erreichen sollen, so wenig eindringen (ziehen), daß sie beim Weiterrammen beschädigt würden, ist das Rammen einzustellen. Pfähle und Bohlen dürfen dann nach den Bestimmungen des Abschnittes 3.05 eingespült werden.

3.05. Einspülen

3.051. Wenn die erforderliche Tiefe durch Rammen nur unter Gefährdung der Pfähle und Bohlen erreicht werden kann, dürfen sie in geeignetem Boden eingespült werden, jedoch nur mit Genehmigung des Auftraggebers. Durch das Einspülen dürfen benachbarte Bauteile und besonders auch bereits eingebrachte Pfähle und Bohlen

+6) Siehe Seite 87.

nicht unterspült oder sonst gefährdet werden. Beim Einspülen von Schrägpfählen und Schrägbohlen ist besonders vorsichtig zu verfahren, damit sie nicht flacher als in der Sollneigung eingetrieben werden.

3.052. Das letzte Meter ist ohne Spülung zu rammen. Dieses Maß ist zu verringern, wenn Gefahr besteht, daß die Pfähle und Bohlen auch dann noch durch das Einrammen beschädigt werden. Mindestens sind die letzten 3 Hitzen von je 10 Schlägen ohne Spülung zu rammen, damit auch die in DIN 1054 — Gründungen; zulässige Belastung des Baugrundes; Richtlinien — vorgeschriebenen Messungen ausgeführt werden können.

3.053. Die Spüllanze ist so zu führen, daß sie dicht an dem Pfahl oder der Bohle bleibt; die Spülung darf auch beim Hochziehen der Lanze nicht unterbrochen oder vermindert werden.

3.06. Aufzeichnungen während des Rammens

3.061. Für das Rammen der in der Pfahl- oder Bohlenrichtung belasteten Pfähle und Bohlen ist eine Rammliste zu führen, für andere Pfähle und Bohlen, Arbeitsgerüste und Behelfsbauten nur auf Verlangen des Auftraggebers. Die Liste ist vom Auftragnehmer oder seinem Beauftragten zu unterschreiben und täglich dem Auftraggeber vorzulegen. Sie muß folgende Angaben enthalten:

3.061.1. im Kopf: Nummer, Bauart, Bärgewicht und minutliche Schlagzahl der Ramme, Bezeichnung der etwa verwendeten Rammhauben.

3.061.2. für jeden Pfahl und jede Bohle: Abnahme-Nummer, Nummer im Rammplan, Reihenfolge, Tag des Rammens, Baustoff, Länge, Querschnitt, Eindringen (Ziehen) während der letzten 3 Hitzen von je 10 Rammschlägen unter Angabe der Fallhöhe, eingerammte Länge, Höhenlage der Spitze (der Unterkante) nach dem Einrammen (Soll-Lage und wirkliche Lage), Bemerkungen über Unterbrechungen und Betriebsstörungen während der Rammarbeit, Beschädigungen, Verlängern, sofortiges oder nachträgliches Kürzen der Pfähle und Bohlen, Ersatzrammungen, Abweichen von der Soll-Lage.

3.062. Beim Messen des Eindringens (Ziehens) der Pfähle und Bohlen ist die entsprechende Bestimmung in DIN 1054 — Gründungen; zulässige Belastung des Baugrundes; Richtlinien — zu beachten.

3.063. Wenn Pfähle und Bohlen nachträglich gezogen werden müssen, sind für sie besonders sorgfältige Rammaufzeichnungen zu machen; sie sollen die spätere Entscheidung, ob der Pfahl oder die Bohle gezogen werden kann, erleichtern.

3.07. Neuherrichten der Köpfe und Verlängern von Pfählen und Bohlen

3.071. Pfähle und Bohlen, deren Köpfe beim Rammen zerschlagen werden, dürfen mit Genehmigung des Auftraggebers nach Neuherrichten der Köpfe weitergerammt werden.

3.072. Wenn beim Neuherrichten der Köpfe hölzerner Pfähle und Bohlen das in Abschnitt 3.01 vorgesehene Zeichen entfernt und erneuert werden muß, darf es nur mit Genehmigung des Auftraggebers geschehen.

3.073. Beim Neuherrichten der Köpfe von Pfählen und Bohlen aus Stahlbeton ist der Beton nach dem notwendigen Richten der Stahleinlagen mindestens so weit zu entfernen, wie er Risse zeigt. Dabei sind die Stahleinlagen vor Erschütterungen möglichst zu schützen, damit der noch unbeschädigte Beton nicht weiterreißt. Wenn die

Längsstahleinlagen verlängert werden müssen, sind die Stöße besonders sorgfältig herzustellen. Der Abstand der Bügel oder die Ganghöhe der Umschnürung ist im Stoßbereich zu verkleinern.

3.074. Verlängern von Pfählen und Bohlen bedarf der Genehmigung des Auftraggebers.

3.08. Hindernisse

3.081. Wenn nach den örtlichen Verhältnissen im Boden mit Hindernissen (z. B. Leitungen, Kabeln, Kanälen, Bauwerksresten, größeren Steinen, Vermarkungen) zu rechnen ist, muß durch Schürfen festgestellt werden, daß die späteren Rammungen von ihnen freikommen. Das Schürfen muß bis zu der Tiefe geführt werden, in der nach den örtlichen Verhältnissen keine Hindernisse mehr angetroffen werden können. Erst dann darf mit dem Rammen begonnen werden. Die Preise für Schürflöcher oder Schürfgräben sind zu vereinbaren (siehe Abschnitt 4.311).

3.082. Wenn im Boden unvorhergesehene Hindernisse (z. B. Leitungen, Kabel, Kanäle, Bauwerksreste, größere Steine, Vermarkungen) angetroffen werden, oder wenn der Pfahl oder die Bohle auszuweichen beginnt, ist es dem Auftraggeber sofort mitzuteilen. Er entscheidet, ob und wie das Hindernis beseitigt oder gesichert, ob weitergerammt oder der Rammplan geändert werden soll oder ob andere Maßnahmen zu treffen sind (siehe Abschnitt 4.312).

3.083. Bei allen Maßnahmen zum Schutz der Baulichkeiten, Leitungen, Kanäle oder Kabel sind die Vorschriften der Eigentümer (oder der anderen Weisungsberechtigten) zu beachten.

3.09. Bemessen der Länge der Pfähle und Bohlen für die Lieferung

3.091. Wenn der Auftraggeber keine endgültigen Längen angibt, sind sie nach örtlichen Erfahrungen und nach den Bohrergebnissen im Einvernehmen mit dem Auftraggeber festzustellen. Bei Zweifeln entscheiden Proberammen und Probebelasten unter Berücksichtigung weiterer Bohrergebnisse.

3.092. Stellt sich beim Rammen heraus, daß die angegebenen oder festgestellten Längen zu gering oder zu groß angenommen worden sind, haben Auftraggeber und Auftragnehmer entsprechend größere oder kleinere Längen zu vereinbaren.

3.093. Die so bestimmten Pfähle und Bohlen sind unter die Ramme zu nehmen.

3.10. Ziehen von Pfählen und Bohlen

3.101. Wenn Ziehen vorgeschrieben ist, sind Pfähle und Bohlen in voller Länge herauszuziehen. Für das Ziehen sind leistungsfähige Geräte zu verwenden. Das Ziehen ist so durchzuführen, daß dadurch das Bauwerk, benachbarte Gebäude, Leitungen oder andere Anlagen nicht gefährdet werden. Wenn das nicht zu vermeiden oder der Widerstand gegen das Herausziehen bei einzelnen Pfählen oder Bohlen unverhältnismäßig groß ist, sind mit dem Auftraggeber besondere Vereinbarungen zu treffen.

3.102. Pfähle und Bohlen, die nicht oder nur teilweise beseitigt werden können, hat der Auftragnehmer dem Auftraggeber zeichnerisch und auf Verlangen auch durch örtliche Kennzeichnung mitzuteilen.

4. Nebenleistungen

Nebenleistungen sind Leistungen, die auch ohne Erwähnung in der Leistungsbeschreibung zur vertraglichen Leistung gehören (siehe auch Teil B — DIN 1961 — § 2 Ziffer 1).

4.1. Folgende Leistungen sind Nebenleistungen:

4.101. Messungen für das Ausführen und Abrechnen der Arbeiten, einschließlich des Vorhaltens der Meßgeräte, Lehren, Absteckzeichen usw., des Erhaltens der Lehren und Absteckzeichen während der Bauausführung und des Stellens der Arbeitskräfte, jedoch nicht die Messungen nach Teil B — DIN 1961 — § 3 Ziffer 2.

4.102. Feststellen des Zustandes der Straßen und Geländeoberfläche usw. nach Teil B — DIN 1961 — § 3 Ziffer 4.

4.103. Schutz- und Sicherheitsmaßnahmen nach den Unfallverhütungsvorschriften und den polizeilichen Vorschriften.

4.104. Heranbringen von Wasser, Gas und Strom von den vom Auftraggeber auf der Baustelle zur Verfügung gestellten Anschlußstellen zu den Verwendungsstellen.

4.105. Vorhalten der Kleingeräte und Werkzeuge.

4.106. Sichern der Arbeiten gegen Tagwasser, mit dem normalerweise gerechnet werden muß, und seine etwa erforderliche Beseitigung.

4.107. Befördern aller Stoffe und Bauteile, auch wenn sie vom Auftraggeber beigestellt werden, von den Lagerstellen auf der Baustelle zu den Verwendungsstellen und etwaiges Rückbefördern.

4.108. Beleuchten und Reinigen der Aufenthaltsräume und Aborte für die Beschäftigten des Auftragnehmers sowie Beheizen der Aufenthaltsräume.

4.109. Beseitigen aller von den Arbeiten des Auftragnehmers herrührenden Verunreinigungen und Rückstände.

4.110. Schutz der ausgeführten Leistung und der für die Ausführung übergebenen Gegenstände vor Beschädigung und Diebstahl bis zur Abnahme.

4.111. Vorhalten von Rammhauben für Pfähle und Bohlen.

4.112. Führen der Rammlisten nach Abschnitt 3.061 und die dazu erforderlichen Messungen.

4.113. Neuherrichten der beim Rammen zerschlagenen Köpfe von Pfählen und Bohlen für das Weiterrammen (siehe Abschnitt 3.07).

4.114. Lieferung der Betriebsstoffe.

4.2. Folgende Leistungen sind Nebenleistungen, wenn sie nicht durch besondere Ansätze in der Leistungsbeschreibung erfaßt sind:

4.21. Einrichten und Räumen der Baustelle einschließlich des Herstellens und Beseitigens der Rammebene.

4.22. Vorhalten der Baustelleneinrichtung einschließlich der Geräte, Gerüste und dergleichen.

4.23. Anfertigen und Liefern der statischen Berechnungen und Ausführungszeichnungen für die Arbeitsgerüste (siehe Abschnitt 3.022).

4.3. Folgende Leistungen sind keine Nebenleistungen:

4.301. „Besondere Leistungen" nach Teil A – DIN 1960 – § 9 Ziffer 2 letzter Absatz[+7]).

4.302. Boden- und Wasseruntersuchungen.

4.303. Aufstellen, Vorhalten und Beseitigen von Blenden, Bauzäunen und Schutzgerüsten zur Sicherung des öffentlichen Verkehrs sowie von Einrichtungen außerhalb der Baustelle zur Umleitung und Regelung des öffentlichen Verkehrs.

4.304. Verlängern und Tieferrammen von Pfählen und Bohlen, deren Rammtiefe nachträglich vergrößert werden muß, einschließlich der nötigen Lieferungen.

4.305. Liefern und Rammen von Paß- und Keilbohlen, soweit sie nicht infolge unsachgemäßen Rammens beschafft werden müssen.

4.306. Abschneiden, Kappen und Bearbeiten der Köpfe von Pfählen und Bohlen nach dem Rammen.

4.307. Liefern und Anbringen von Pfahlschuhen für Pfähle und Bohlen.

4.308. Schutzanstriche einschließlich Liefern der Anstrichstoffe.

4.309. Proberammungen.

4.310. Probebelastungen.

4.311. Schürflöcher oder Schürfgräben zum Aufsuchen von Hindernissen (siehe Abschnitt 3.081).

4.312. Beseitigen von Hindernissen, Leitungen, Kanälen oder Kabeln sowie Sichern von Leitungen, Kanälen, Kabeln, Grenzsteinen, Bäumen u. ä. (siehe Abschnitt 3.082).

4.313. Spülen von Pfählen und Bohlen, wenn es nach Abschnitt 3.043 notwendig wird.

4.314. Ziehen (Herausziehen) von Pfählen und Bohlen.

5. Aufmaß und Abrechnung

5.1. Es werden aufgemessen:

5.11. Liefern der Pfähle einschließlich der Eck- und Bundpfähle, wobei die Längen eingesetzt werden, die nach Abschnitt 3.09 unter die Ramme zu nehmen sind:

5.111. bei Holz nach Raummaß (m^3),

5.112. bei Stahlbeton nach Längenmaß (m),

5.113. bei Stahl nach berechnetem Gewicht (t) — siehe Abschnitt 5.18.

5.12. Liefern der Bohlen einschließlich der Paßbohlen, wobei die Längen eingesetzt werden, die nach Abschnitt 3.09 unter die Ramme zu nehmen sind:

5.121. bei Holz und Stahlbeton nach Flächenmaß ohne Berücksichtigung der Feder (m^2),

5.122. bei Stahl nach berechnetem Gewicht (t) — siehe Abschnitt 5.18.

+7) Seit November 1973: DIN 1960 — § 9 Nr. 6.

5.13. Rammen der Pfähle einschließlich der Eck- und Bundpfähle nach Längenmaß (m), wobei die Längen eingesetzt werden, die nach Abschnitt 3.09 unter die Ramme zu nehmen sind.

5.14. Rammen der Bohlen einschließlich der Paßbohlen nach Fläche (m^2), wobei die Längen der Bohlen eingesetzt werden, die nach Abschnitt 3.09 unter die Ramme zu nehmen sind, und die Länge der Wand in der Wandachse zu messen ist.

5.15. Spülen der Pfähle und Bohlen nach besonderer Vereinbarung.

5.16. Ziehen (Herausziehen) der Pfähle und Bohlen nach besonderer Vereinbarung.

5.17. Vorhalten der Pfähle nach Stück; Vorhalten der gerammten Wände nach Grundrißlänge (m), wenn in der Leistungsbeschreibung nichts anderes vorgeschrieben ist. Die Grundrißlänge ist in der Wandachse zu messen.

5.18. Flußstahl, geschmiedeter Stahl und Stahlguß mit einem Berechnungsgewicht von 7,85 t/m^3, genormter Form- und Stabstahl mit den DIN-Gewichten, nicht genormte Stähle mit den Regelgewichten der liefernden Hüttenwerke.

5.2. Es werden abgerechnet:

5.201. Liefern der Pfähle einschließlich der Eck- und Bundpfähle:

5.201.1. bei Holz nach Raummaß (m^3),

5.201.2. bei Stahlbeton nach Längenmaß (m),

5.201.3. bei Stahl nach berechnetem Gewicht (t).

5.202. Liefern der Bohlen einschließlich der Paßbohlen:

5.202.1. bei Holz und Stahlbeton nach Flächenmaß (m^2),

5.202.2. bei Stahl nach berechnetem Gewicht (t).

5.203. Rammen der Pfähle einschließlich der Eck- und Bundpfähle nach Längenmaß (m).

5.204. Rammen der Bohlen einschließlich der Paßbohlen nach Flächenmaß (m^2).

5.205. Spülen der Pfähle und Bohlen nach besonderer Vereinbarung.

5.206. Ziehen (Herausziehen) der Pfähle und Bohlen nach besonderer Vereinbarung.

5.207. Vorhalten der Pfähle nach Stück; Vorhalten der gerammten Wände nach Grundrißlänge (m), wenn in der Leistungsbeschreibung nichts anderes vorgeschrieben ist. Die Grundrißlänge ist in der Wandachse zu messen.

5.208. größere oder geringere Pfahl- oder Bohlenlängen, deren Preise oder Preisermittlung in der Leistungsbeschreibung nicht vorgesehen sind, nach den Preisbildungsgrundlagen der Vertragspreise.

5.209. infolge Änderung der Rammtiefen nicht gerammte Pfähle und Bohlen mit den nachweislich entstandenen Kosten einschließlich der Kosten für etwa nötige Umänderung in den Geräten, wenn die Pfähle und Bohlen vom Auftragnehmer angeliefert oder nachweislich fest bestellt sind.

5.210. Beseitigen von Rammhindernissen (z. B. größeren Steinen, Baumstubben, Resten von Bauwerken, Geröll) auf Nachweis.

5.211. Aufbrechen und Wiederherstellen von Straßen auf Nachweis.

VOB Teil C:

Allgemeine Technische Vorschriften für Bauleistungen

Wasserhaltungsarbeiten – DIN 18 305

Fassung Dezember 1973

Ausgabedatum: Juli 1974

Inhalt

0. Hinweise für die Leistungsbeschreibung*)

(siehe auch Teil A – DIN 1960 – § 9)

0.1. In der Leistungsbeschreibung sind nach Lage des Einzelfalles insbesondere anzugeben:

0.1.1. Lage der Baustelle und Umgebungsbedingungen, Zufahrtsmöglichkeiten und Beschaffenheit der Zufahrt sowie etwaige Einschränkungen bei ihrer Benutzung.

0.1.2. Lage und Ausmaß der dem Auftragnehmer für die Ausführung seiner Leistungen zur Benutzung oder Mitbenutzung überlassenen Flächen.

0.1.3. Art, Lage, Abfluß, Abflußvermögen und Hochwasserverhältnisse des Vorfluters.

0.1.4. Ergebnisse der Bodenuntersuchung und der Wasseranalyse.

0.1.5. Schutzgebiete im Bereich der Baustelle.

0.1.6. besondere Maßnahmen aus Gründen der Landespflege und des Umweltschutzes.

0.1.7. Art und Umfang des Schutzes von Bäumen, Pflanzenbeständen, Vegetationsflächen, Bauteilen, Bauwerken, Grenzsteinen u. ä. im Bereich der Baustelle.

0.1.8. besondere Anordnungen, Vorschriften und Maßnahmen der Eigentümer (oder der anderen Weisungsberechtigten) von Leitungen, Kabeln, Dränen, Kanälen, Wegen, Gewässern, Gleisen, Zäunen und dergleichen im Bereich der Baustelle.

0.1.9. besondere wasserrechtliche Bestimmungen.

0.1.10. für den Verkehr freizuhaltende Flächen.

0.1.11. Besonderheiten der Regelung und Sicherung des Verkehrs, gegebenenfalls auch, wieweit der Auftraggeber die Durchführung der erforderlichen Maßnahmen übernimmt.

0.1.12. Verkehrsverhältnisse auf der Baustelle, insbesondere Verkehrsbeschränkungen, z. B. Begrenzung der Verkehrslasten.

0.1.13. Lage, Art und Anschlußwert der dem Auftragnehmer auf der Baustelle zur Verfügung gestellten Anschlüsse für Wasser und Energie.

---

*) Diese Hinweise werden nicht Vertragsbestandteil.

0.1.14. Mitbenutzung fremder Gerüste, Hebezeuge, Aufzüge, Aufenthalts- und Lagerräume, Einrichtungen und dergleichen durch den Auftragnehmer.

0.1.15. besondere Anforderungen an die Baustelleneinrichtung.

0.1.16. bekannte oder vermutete Hindernisse im Bereich der Baustelle, möglichst unter Auslegung von Bestandsplänen, z. B. Leitungen, Kabel, Dräne, Kanäle, Bauwerksreste (und, soweit bekannt, deren Eigentümer).

0.1.17. Art und Zeit der vom Auftraggeber veranlaßten Vorarbeiten.

0.1.18. ob und in welchem Umfang dem Auftragnehmer Arbeitskräfte und Geräte für Abladen, Lagern und Transport zur Verfügung gestellt werden.

0.1.19. Arbeiten anderer Unternehmer auf der Baustelle.

0.1.20. vorgesehene Arbeitsabschnitte, Arbeitsunterbrechungen und -beschränkungen nach Art, Ort und Zeit.

0.1.21. Gründungstiefen, Gründungsarten und Lasten benachbarter Bauwerke.

0.1.22. besondere Erschwernisse während der Ausführung, z. B. Arbeiten bei außergewöhnlichen äußeren Einflüssen.

0.1.23. Benutzung von Teilen der Leistung vor der Abnahme.

0.1.24. besondere Maßnahmen, die zum Schutz von benachbarten Grundstücken und Bauwerken notwendig sind.

0.1.25. Zweck, Umfang und Absenkungsziele der Wasserhaltung und ihre ungefähre Dauer.

0.1.26. der unbeeinflußte Grundwasserstand, der Grundwasserstand, von dem abgesenkt werden soll, und die Absenkungstiefe.

0.1.27. die geologischen und hydrologischen Verhältnisse und die besondere Beschaffenheit des Wassers.

0.1.28. ob Schichtenwasser, das über dem Grundwasserstand auftritt, von dem aus abgesenkt werden soll, in die Wasserhaltung einzubeziehen ist oder ob andere Maßnahmen vorzusehen sind.

0.1.29. ob Oberflächen- oder Sickerwasser in die Wasserhaltung einzubeziehen ist oder ob andere Maßnahmen vorzusehen sind.

0.1.30. ob für den Umfang und die Leistung der Wasserhaltungsanlage Erweiterungsmöglichkeiten vorgesehen werden sollen.

0.1.31. Art und Umfang vorzusehender Reserveanlagen (siehe Abschnitt 3.2.3).

0.1.32. ob die Preise für das Vorhalten der Wasserhaltungsanlage nach Betriebsbereitschaftszeit und Betriebszeit gegliedert werden sollen.

0.1.33. ob die Anlagen der Wasserhaltung innerhalb oder außerhalb des Raumes des Bauwerks eingebaut werden sollen.

0.1.34. welche Umstellungen der Wasserhaltungsanlage sich voraussichtlich aus dem Fortschreiten der Bauarbeiten ergeben.

0.1.35. wohin das geförderte Wasser abzuleiten ist und ob Gerinne oder geschlossene Leitungen zu verwenden und dazu besondere Bauwerke, z. B. Rohrbrücken, erforderlich sind.

0.1.36. ob Wassermeßvorrichtungen einzubauen sind (siehe Abschnitt 3.3.4).

0.1.37. ob Maßnahmen zum Schutz des Bauwerks gegen Aufschwimmen bei unbeabsichtigtem vorzeitigem Ansteigen des Wassers vorzusehen sind (siehe Abschnitt 3.4.2).

0.1.38. in welchem Umfang der Zustand der von der Wasserhaltung betroffenen Baulichkeiten und anderen Anlagen vorsorglich vor Beginn der Wasserhaltung festgestellt werden soll (siehe Teil B — DIN 1961 — § 3 Nr. 4).

0.1.39. Leistungen nach Abschnitt 4.2 in besonderen Ansätzen, wenn diese Leistungen keine Nebenleistungen sein sollen.

0.1.40. Leistungen nach Abschnitt 4.3 in besonderen Ansätzen.

0.2. In der Leistungsbeschreibung sind Angaben zu folgenden Abschnitten nötig, wenn der Auftraggeber eine abweichende Regelung wünscht:

Abschnitt 2.1 (Vorhalten von Stoffen und Bauteilen)
Abschnitt 2.2 (Liefern ungebrauchter Stoffe und Bauteile)
Abschnitt 3.1.5 (Zeit der Betriebsbereitschaft und des Betriebsbeginns der Wasserhaltungsanlage)
Abschnitt 3.2.1 (Bemessung der Wasserhaltungsanlage)
Abschnitt 3.5.1 (Füllen zu ziehender Brunnen)

1. Allgemeines

DIN 18 305 „Wasserhaltungsarbeiten" gilt für offene Wasserhaltung und für Grundwasserabsenkung mittels Brunnen.

2. Stoffe, Bauteile

2.1. Vorhalten

Stoffe und Bauteile, die der Auftragnehmer nur vorzuhalten hat, die also nicht in das Bauwerk eingehen, können nach Wahl des Auftragnehmers gebraucht oder ungebraucht sein, wenn in der Leistungsbeschreibung darüber nichts vorgeschrieben ist.

2.2. Liefern

Stoffe und Bauteile, die der Auftragnehmer zu liefern und einzubauen hat, die also in das Bauwerk eingehen, müssen ungebraucht sein, wenn in der Leistungsbeschreibung nichts anderes vorgeschrieben ist. Sie müssen für den jeweiligen Verwendungszweck geeignet sein.
Stoffe und Bauteile, für die DIN-Normen bestehen, müssen den DIN-Güte- und -Maßbestimmungen entsprechen.
Stoffe und Bauteile, die nach den behördlichen Vorschriften einer Zulassung bedürfen, müssen amtlich zugelassen sein und den Zulassungsbedingungen entsprechen.
Stoffe und Bauteile, für die weder DIN-Normen bestehen noch eine amtliche Zulassung vorgeschrieben ist, dürfen nur mit Zustimmung des Auftraggebers verwendet werden.

3. Ausführung

3.1. Allgemeines

3.1.1. Wenn Verkehrs-, Versorgungs- und Entsorgungsanlagen im Bereich des Baugeländes liegen, sind die Vorschriften und Anordnungen der zuständigen Stellen zu beachten.

3.1.2. Der Auftragnehmer hat die technischen Unterlagen zu liefern, die zum Einholen der Genehmigungen für den Betrieb der Anlage und das Abführen des geförderten Wassers erforderlich sind.

3.1.3. Wenn der Auftragnehmer Boden- oder Wasserverhältnisse feststellt, die von den Angaben in der Leistungsbeschreibung abweichen, hat er es dem Auftraggeber unverzüglich mitzuteilen. Die zu treffenden Maßnahmen sind zu vereinbaren.

3.1.4. Wenn Anzeichen auf die Gefahr eines Grundbruchs oder Sohlenaufbruchs hinweisen, ist es dem Auftraggeber unverzüglich mitzuteilen. Die sofort notwendigen Sicherungen hat der Auftragnehmer unverzüglich zu treffen. Art und Umfang weiterer Maßnahmen sind zu vereinbaren.

3.1.5. Der Beginn der Betriebsbereitschaft der Wasserhaltungsanlage und der Beginn ihres Betriebs bedürfen der Vereinbarung, wenn in der Leistungsbeschreibung darüber nichts vorgeschrieben ist.

3.1.6. Das Wasser muß so lange und so weit abgesenkt gehalten werden, wie es die Ausführung der Bauarbeiten und bei Bauwerken außerdem die Sicherheit — auch gegen Auftrieb — erfordern.

3.1.7. Der Auftragnehmer hat Schäden, die durch die Wasserhaltung entstanden sein können und die ihm bekannt werden, dem Auftraggeber unverzüglich mitzuteilen.

3.2. Bemessung der Wasserhaltungsanlage

3.2.1. Wenn in der Leistungsbeschreibung nichts anderes vorgeschrieben ist, hat der Auftragnehmer Umfang, Leistung, Wirkungsgrad und Sicherheit der Wasserhaltungsanlage dem vorgesehenen Zweck entsprechend zu bemessen.

3.2.2. Hat der Auftragnehmer die Wasserhaltungsanlage zu bemessen, so hat er den Nachweis zu führen, daß die vorgesehene Anlage geeignet und ausreichend ist. In diesem Fall sind die allgemeine Anordnung der Anlage, die Lage der Pumpensümpfe oder Brunnen nach Ort, Höhe und Tiefe, die Brunnenart, der Standort und die Leistung der Pumpen, die Antriebsmaschinen, die Kraftquelle und der Kraftbedarf, die Lage, Länge und Durchmesser der Rohrleitungen und andere Einzelheiten anzugeben. Grundlegende Abweichungen hiervon sind nur mit Zustimmung des Auftraggebers zulässig.

3.2.3. Wenn in der Leistungsbeschreibung Reserveanlagen vorgeschrieben sind, müssen sie so mit der Hauptanlage verbunden werden, daß die Wasserförderung ohne Unterbrechung von einer Anlage auf die andere übernommen werden kann.

3.3. Fördern und Ableiten des Wassers

3.3.1. Pumpensümpfe und Brunnen sind so anzulegen, daß die Förderung von Bodenteilchen bei offener Wasserhaltung soweit erforderlich und bei Grundwasserabsenkung mittels Brunnen völlig vermieden wird.

3.3.2. Pumpensümpfe sind groß genug und so tief anzulegen, daß ausreichendes Gefälle für den Wasserzufluß vorhanden ist.

Werden Quellen angetroffen, ist zu vereinbaren, wie sie zu fassen sind und wie das Wasser abzuleiten ist (siehe Abschnitt 4.3.7).

3.3.3. Das geförderte Wasser ist ständig auf seine Beschaffenheit zu prüfen, besonders darauf, ob die Bedingungen des Abschnitts 3.3.1 eingehalten werden.

3.3.4. Wenn in der Leistungsbeschreibung keine Wassermeßvorrichtungen vorgeschrieben sind, hat der Auftragnehmer zur Bestimmung der täglich geförderten Wassermengen die Dauer des Pumpens sowie die Anzahl und die Förderleistungen der betriebenen Pumpen und Brunnen aufzuschreiben.

3.4. Ansteigen des Wassers

3.4.1. Der Auftragnehmer darf den abgesenkten Wasserspiegel nur mit Zustimmung des Auftraggebers ansteigen lassen.

3.4.2. In der Leistungsbeschreibung vorgeschriebene Maßnahmen zum Schutz des Bauwerks, z. B. gegen unbeabsichtigtes vorzeitiges Ansteigen des Wassers, gegen Aufschwimmen, sind rechtzeitig auszuführen. Sie sind so vorzubereiten, daß sie im Bedarfsfall sofort ausgeführt werden können.
Wenn Umstände auftreten, die ein schädigendes Ansteigen des Wassers möglich erscheinen lassen, sind diese dem Auftraggeber unverzüglich mitzuteilen. Die erforderlichen Maßnahmen sind zu vereinbaren (siehe Abschnitt 4.3.12).

3.5. Einzelteile der Wasserhaltungsanlage

3.5.1. Brunnen, die gezogen werden, müssen einen herausschlagbaren Boden haben. Sie sind fortlaufend beim Ziehen mit geeignetem Boden zu füllen, wenn in der Leistungsbeschreibung nichts anderes vorgeschrieben ist, z. B. besonderes Füllgut, besonderes Verfahren.

3.5.2. Brunnen, die das Bauwerk durchdringen, sind mit besonderen Vorrichtungen, wenn nötig mit Brunnentöpfen (siehe Abschnitt 4.3.11), auszurüsten, die ein sicheres Abschließen der Brunnenlöcher und einen einwandfreien Anschluß an die Abdichtung des Bauwerks gewährleisten. Der Anschluß an die Abdichtung gehört nicht zu den Wasserhaltungsarbeiten.

4. Nebenleistungen

Nebenleistungen sind Leistungen, die auch ohne Erwähnung in der Leistungsbeschreibung zur vertraglichen Leistung gehören (siehe Teil B – DIN 1961 – § 2 Nr. 1).

4.1. Folgende Leistungen sind Nebenleistungen:

4.1.1. Messungen für das Ausführen und Abrechnen der Arbeiten einschließlich des Vorhaltens der Meßgeräte, Lehren, Absteckzeichen usw., des Erhaltens der Lehren und Absteckzeichen während der Bauausführung und des Stellens der Arbeitskräfte, jedoch nicht Leistungen nach Teil B – DIN 1961 – § 3 Nr. 2.

4.1.2. Schutz- und Sicherheitsmaßnahmen nach den Unfallverhütungsvorschriften und den behördlichen Bestimmungen.

4.1.3. Schutz der ausgeführten Leistungen und der für die Ausführung übergebenen Gegenstände vor Beschädigung und Diebstahl bis zur Abnahme.

4.1.4. Feststellen des Zustands der Straßen, der Geländeoberfläche, der Vorfluter usw. nach Teil B – DIN 1961 – § 3 Nr. 4.

4.1.5. Heranbringen von Wasser und Energie von den vom Auftraggeber auf der Baustelle zur Verfügung gestellten Anschlußstellen zu den Verwendungsstellen.

4.1.6. Vorhalten der Kleingeräte und Werkzeuge.

4.1.7. Lieferung der Betriebsstoffe.

4.1.8. Befördern aller Stoffe und Bauteile, auch wenn sie vom Auftraggeber beigestellt werden, von den Lagerstellen auf der Baustelle zu den Verwendungsstellen und etwaiges Rückbefördern.

4.1.9. Sichern der Arbeiten gegen Tagwasser, mit dem normalerweise gerechnet werden muß, und seine etwa erforderliche Beseitigung.

4.1.10. Beleuchten und Reinigen der Aufenthaltsräume und Aborte für die Beschäftigten des Auftragnehmers sowie Beheizen der Aufenthaltsräume.

4.1.11. Beseitigen aller Verunreinigungen (Abfälle, Bauschutt und dergleichen), die von den Arbeiten des Auftragnehmers herrühren.

4.1.12. Umbau von Teilen der Wasserhaltungsanlage für eigene Arbeiten des Auftragnehmers.

4.1.13. Beobachten und Aufschreiben des Grundwasserstands innerhalb der Baustelle.

4.1.14. Prüfung der Funktionsfähigkeit der Wasserhaltungsanlage, ausgenommen Leistungen nach Abschnitt 4.3.14.

4.2. Folgende Leistungen sind Nebenleistungen, wenn sie nicht durch besondere Ansätze in der Leistungsbeschreibung erfaßt sind:

4.2.1. Einrichten und Räumen der Baustelle.

4.2.2. Vorhalten der Baustelleneinrichtung einschließlich der Geräte, Gerüste und dergleichen.

4.2.3. Füllen von Pumpensümpfen und von im Boden verbleibenden Brunnen.

4.3. Folgende Leistungen sind keine Nebenleistungen:

4.3.1. „Besondere Leistungen" nach Teil A — DIN 1960 — § 9 Nr. 6.

4.3.2. Aufstellen, Vorhalten und Beseitigen von Bauzäunen, Blenden und Schutzgerüsten zur Sicherung des öffentlichen Verkehrs sowie von Einrichtungen außerhalb der Baustelle zur Umleitung und Regelung des öffentlichen Verkehrs.

4.3.3. Boden- und Wasseruntersuchungen, hydrologische Untersuchungen.

4.3.4. Einbau, Ausbau und Vorhalten von Wassermeßvorrichtungen.

4.3.5. Einbau, Ausbau und Vorhalten von Beobachtungsrohren oder -brunnen.

4.3.6. Beobachten und Aufschreiben des Grundwasserstands außerhalb der Baustelle.

4.3.7. Fassen und Ableiten von Quellen.

4.3.8. Vorbereiten der Vorfluter und Wiederherstellen des früheren Zustands der Vorfluter.

4.3.9. Umbau von Teilen der Wasserhaltungsanlage, ausgenommen Umbau für eigene Arbeiten des Auftragnehmers (siehe Abschnitt 4.1.12).

4.3.10. Belassen von Brunnen und anderen Anlageteilen im Boden auf Verlangen des Auftraggebers.

4.3.11. Liefern, Einbauen und Schließen von Brunnentöpfen (siehe Abschnitt 3.5.2).

4.3.12. Maßnahmen gegen schädigendes Ansteigen des Grundwassers, wenn sie dem Auftragnehmer nach dem Vertrag nicht ohnehin obliegen (siehe Abschnitt 3.4.2).

4.3.13. Entgelt an Dritte für die Benutzung des Vorfluters und Inanspruchnahme fremden Geländes bei der Ableitung des Wassers.

4.3.14. Probebetrieb der gesamten Wasserhaltungsanlage.

4.3.15. zusätzliche Maßnahmen für die Weiterarbeit bei Frost und Schnee, soweit sie dem Auftragnehmer nicht ohnehin obliegen.

5. Abrechnung

5.1. Allgemeines

Die Leistung ist aus Zeichnungen zu ermitteln, soweit die ausgeführte Leistung diesen Zeichnungen entspricht.

Sind solche Zeichnungen nicht vorhanden, ist die Leistung aufzumessen.

5.2. Es werden abgerechnet:

5.2.1. Einbau, Ausbau, Umbau von Absenkungsbrunnen, Pumpensümpfen, Quellfassungen, Beobachtungsrohren oder -brunnen, Pumpen, Antriebsmaschinen, Stromerzeugern und -verteilern, Meßvorrichtungen nach Anzahl (Stück).

5.2.2. Einbau, Ausbau, Umbau von Rohrleitungen mit Zubehör, getrennt nach Nennweiten, und von Gerinnen mit Zubehör nach Längenmaß (m), gemessen in der Achse.

5.2.3. Vorhalten von Absenkungsbrunnen, Pumpensümpfen, Quellfassungen, Beobachtungsrohren oder -brunnen, Pumpen, Antriebsmaschinen, Stromerzeugern und -verteilern, Meßvorrichtungen, getrennt nach Anzahl (Stück) und nach Kalendertagen vom vereinbarten Betriebsbeginn bis zum letzten Betriebstag oder vom vereinbarten Beginn bis zum Ende der Betriebsbereitschaft. Angefangene Tage werden als volle Tage gerechnet.

5.2.4. Vorhalten von Rohrleitungen mit Zubehör, getrennt nach Nennweiten, und von Gerinnen mit Zubehör nach Längenmaß (m), gemessen in der Achse und nach Kalendertagen, sonst wie Abschnitt 5.2.3.

5.2.5. Betrieb der Wasserhaltungsanlage oder von Teilen der Wasserhaltungsanlage nach Betriebstagen oder Betriebsstunden. Angefangene Tage werden als volle Tage, angefangene Stunden als volle Stunden gerechnet.

5.2.6. Gestellung der Bedienungsmannschaft bei Betriebsbereitschaft entsprechend Abschnitt 5.2.5.

5.2.7. Lieferung nach Einbau von Sickerleitungen und Dränen nach Längenmaß (m).

5.2.8. Lieferung, Einbau und Schließen von Brunnentöpfen nach Anzahl (Stück).

5.2.9. Teile der Wasserhaltungsanlage, die auf Verlangen des Auftraggebers nicht abgebaut werden:

5.2.9.1. Rohre einschließlich Rohrverbindungen, getrennt nach Nennweiten, nach Längenmaß (m), gemessen in der Achse.

5.2.9.2. Einzelteile nach Anzahl (Stück).

VOB Teil C:

Allgemeine Technische Vorschriften für Bauleistungen

Entwässerungskanalarbeiten — DIN 18 306

Fassung Dezember 1973

Ausgabedatum: Juli 1974

Inhalt

0. Hinweise für die Leistungsbeschreibung*)

(siehe auch Teil A — DIN 1960 — § 9)

0.1. In der Leistungsbeschreibung sind nach Lage des Einzelfalles insbesondere anzugeben:

0.1.1. Lage der Baustelle und Umgebungsbedingungen, Zufahrtsmöglichkeiten und Beschaffenheit der Zufahrt sowie etwaige Einschränkungen bei ihrer Benutzung.

0.1.2. Lage und Ausmaß der dem Auftragnehmer für die Ausführung seiner Leistungen einschließlich Rohrtransport zur Benutzung oder Mitbenutzung überlassenen Flächen.

0.1.3. Art, Lage, Abfluß, Abflußvermögen und Hochwasserverhältnisse des Vorfluters.

0.1.4. Ergebnisse der Bodenuntersuchung und der Wasseranalyse, Grundwasserstand.

0.1.5. Schutzgebiete im Bereich der Baustelle.

0.1.6. besondere Maßnahmen aus Gründen der Landespflege und des Umweltschutzes.

0.1.7. Art und Umfang des Schutzes von Bäumen, Pflanzenbeständen, Vegetationsflächen, Bauteilen, Bauwerken, Grenzsteinen u. ä. im Bereich der Baustelle.

0.1.8. besondere Anordnungen, Vorschriften und Maßnahmen der Eigentümer (oder der anderen Weisungsberechtigten) von Leitungen, Kabeln, Dränen, Kanälen, Wegen, Gewässern, Gleisen, Zäunen und dergleichen im Bereich der Baustelle.

0.1.9. besondere wasserrechtliche Bestimmungen.

0.1.10. für den Verkehr freizuhaltende Flächen.

0.1.11. Besonderheiten der Regelung und Sicherung des Verkehrs, gegebenenfalls auch, wieweit der Auftraggeber die Durchführung der erforderlichen Maßnahmen übernimmt.

0.1.12. Verkehrsverhältnisse auf der Baustelle, insbesondere Verkehrsbeschränkungen, z. B. Begrenzung der Verkehrslasten.

*) Diese Hinweise werden nicht Vertragsbestandteil.

0.1.13. Lage, Art und Anschlußwert der dem Auftragnehmer auf der Baustelle zur Verfügung gestellten Anschlüsse für Wasser und Energie.

0.1.14. Mitbenutzung fremder Gerüste, Hebezeuge, Aufzüge, Aufenthalts- und Lagerräume, Einrichtungen und dergleichen durch den Auftragnehmer.

0.1.15. wie lange, für welche Arbeiten und gegebenenfalls für welche Beanspruchung der Auftragnehmer seine Gerüste, Hebezeuge, Aufzüge, Aufenthalts- und Lagerräume, Einrichtungen und dergleichen für andere Unternehmer vorzuhalten hat.

0.1.16. besondere Anforderungen an die Baustelleneinrichtung.

0.1.17. bekannte oder vermutete Hindernisse im Bereich der Baustelle, möglichst unter Auslegung von Bestandsplänen, z. B. Leitungen, Kabel, Dräne, Kanäle, Bauwerksreste (und, soweit bekannt, deren Eigentümer).

0.1.18. Art und Zeit der vom Auftraggeber veranlaßten Vorarbeiten.

0.1.19. ob und in welchem Umfang dem Auftragnehmer Arbeitskräfte und Geräte für Abladen, Lagern und Transport zur Verfügung gestellt werden.

0.1.20. Arbeiten anderer Unternehmer auf der Baustelle.

0.1.21. Leistungen für andere Unternehmer.

0.1.22. ob und unter welchen Umständen auf der Baustelle gewonnene Stoffe verwendet werden dürfen oder verwendet werden sollen.

0.1.23. Art, Menge, Gewicht der Stoffe und Bauteile, die vom Auftraggeber beigestellt werden, sowie Art, Ort (genaue Bezeichnung) und Zeit ihrer Übergabe.

0.1.24. Güteanforderungen an nicht genormte Stoffe und Bauteile.

0.1.25. Art und Umfang verlangter Eignungs- und Gütenachweise.

0.1.26. Art und Beschaffenheit des Rohrauflagers.

0.1.27. Art der Baugrubenverkleidung.

0.1.28. vorgesehene Arbeitsabschnitte, Arbeitsunterbrechungen und -beschränkungen nach Art, Ort und Zeit.

0.1.29. Gründungstiefen, Gründungsarten und Lasten benachbarter Bauwerke.

0.1.30. Bauverfahren zum Kreuzen von Verkehrsflächen, Gewässern, Schienenbahnen, Dämmen, Kanälen, Leitungen usw.

0.1.31. besondere Erschwernisse während der Ausführung, z. B. Arbeiten bei außergewöhnlichen äußeren Einflüssen.

0.1.32. Benutzung von Teilen der Leistung vor der Abnahme.

0.1.33. Ausbildung der Anschlüsse an Bauwerke.

0.1.34. Zusatzmittel für Stoffe und Bauteile.

0.1.35. Art und Ausführung von Rohrverbindungen, Dehnungsfugen, Schutz- und Dichtungsanstrichen oder -beschichtungen.

0.1.36. Art und Umfang der Prüfung auf Wasserdichtheit. Liefern und Beseitigen des Füllstoffes.

0.1.37. Abstützen und Verankern von Kanälen, Leitungen, Krümmern usw.

0.1.38. Einmessen von Kanal- und Leitungsteilen, Anfertigen von Bestandsplänen, Liefern und Anbringen von Hinweisschildern, Kennzeichnen der Kanal- bzw. Leitungstrasse.

0.1.39. welche Arbeitsblätter des Regelwerks „Abwasser" **) anzuwenden sind.

**) Zu beziehen durch die Gesellschaft zur Förderung der Abwassertechnik e. V., 53 Bonn, Bertha-von-Suttner-Platz 8

0.1.40. Leistungen nach Abschnitt 4.2 in besonderen Ansätzen, wenn diese Leistungen keine Nebenleistungen sein sollen.

0.1.41. Leistungen nach Abschnitt 4.3 in besonderen Ansätzen.

0.2. In der Leistungsbeschreibung sind Angaben zu folgenden Abschnitten nötig, wenn der Auftraggeber eine abweichende Regelung wünscht:

Abschnitt 1.3 (Leistungen mit Lieferung der Stoffe und Bauteile)
Abschnitt 2.1 (Vorhalten von Stoffen und Bauteilen)
Abschnitt 2.2 (Liefern ungebrauchter Stoffe und Bauteile)
Abschnitt 3.3.5 (Fugenbreite und Vollverfugung bei Mauerwerk aus Kanalklinkern)
Abschnitt 3.4.1 (Prüfen von Entwässerungskanälen)

1. Allgemeines

1.1. DIN 18 306 „Entwässerungskanalarbeiten" gilt für das Herstellen von geschlossenen Entwässerungskanälen, von Grundleitungen der Grundstücksentwässerung im Erdreich einschließlich der dazugehörigen Schächte. Sie gilt auch für das Herstellen von dichten Vorflutleitungen von Dränungen mit Rohren über Nennweite 200.

1.2. DIN 18 306 gilt nicht für die bei der Herstellung der Kanäle, Leitungen und Schächte auszuführenden Erdarbeiten (siehe DIN 18 300 „Erdarbeiten") und nicht für Verbauarbeiten (siehe DIN 18 303 „Verbauarbeiten") sowie nicht für das Herstellen von Rohrleitungen unter Gebäuden in Schüttisolierungen, Schutzrohren und Rohrkanälen (siehe DIN 18 381 „Gas-, Wasser- und Abwasser-Installationsarbeiten").

1.3. Alle Leistungen umfassen auch die Lieferung der dazugehörigen Stoffe und Bauteile einschließlich Abladen und Lagern auf der Baustelle, wenn in der Leistungsbeschreibung nichts anderes vorgeschrieben ist.

1.4. Stoffe und Bauteile, die vom Auftraggeber beigestellt werden, hat der Auftragnehmer rechtzeitig beim Auftraggeber anzufordern.

2. Stoffe, Bauteile

2.1. Vorhalten

Stoffe und Bauteile, die der Auftragnehmer nur vorzuhalten hat, die also nicht in das Bauwerk eingehen, können nach Wahl des Auftragnehmers gebraucht oder ungebraucht sein, wenn in der Leistungsbeschreibung darüber nichts vorgeschrieben ist.

2.2. Liefern

Stoffe und Bauteile, die der Auftragnehmer zu liefern und einzubauen hat, die also in das Bauwerk eingehen, müssen ungebraucht sein, wenn in der Leistungsbeschreibung nichts anderes vorgeschrieben ist. Sie müssen für den jeweiligen Verwendungszweck geeignet sein.

Stoffe und Bauteile, für die DIN-Normen bestehen, müssen den DIN-Güte- und -Maßbestimmungen entsprechen.

Stoffe und Bauteile, die nach den behördlichen Vorschriften einer Zulassung bedürfen, müssen amtlich zugelassen sein und den Zulassungsbedingungen entsprechen.

Stoffe und Bauteile, für die weder DIN-Normen bestehen noch eine amtliche Zulassung vorgeschrieben ist, dürfen nur mit Zustimmung des Auftraggebers verwendet werden.

Für die gebräuchlichsten genormten Stoffe und Bauteile sind die Anforderungen und die DIN-Normen in DIN 4033 „Entwässerungskanäle und -leitungen aus vorgefertigten Rohren; Richtlinien für die Ausführung" aufgeführt.

3. Ausführung

3.1. Allgemeines

3.1.1. Wenn Verkehrs-, Versorgungs- und Entsorgungsanlagen im Bereich des Baugeländes liegen, sind die Vorschriften und Anordnungen der zuständigen Stellen zu beachten.

3.1.2. Die für die Aufrechterhaltung des Verkehrs bestimmten Flächen sind freizuhalten. Der Zugang zu Einrichtungen der Versorgungs- und Entsorgungsbetriebe, der Feuerwehr, der Post und Bahn, zu Vermessungspunkten und dergleichen darf nicht mehr als durch die Ausführung unvermeidlich behindert werden.

3.2. Besondere Sicherheitsmaßnahmen

3.2.1. Werden besondere Maßnahmen zum Schutz von Bauwerken, Leitungen, Kanälen, Dränen, Kabeln, Bäumen oder Hecken erforderlich, sind sie zu vereinbaren. Aufgehängte oder abgestützte Leitungen, Kanäle, Dräne oder Kabel dürfen nicht betreten oder belastet werden. Schäden sind dem Auftraggeber und dem Eigentümer oder, wenn ein anderer weisungsberechtigt ist, diesem unverzüglich zu melden.

3.2.2. Bestehende Kanäle dürfen ohne Genehmigung des Auftraggebers nicht begangen werden.

3.3. Herstellen von Entwässerungskanälen, -leitungen und Schächten

3.3.1. Der Auftragnehmer hat den Rohrgraben vor Beginn der Verlegungsarbeiten auf Eignung zum Verlegen der Rohre zu prüfen, besonders die richtige Tiefe und Breite des Rohrgrabens sowie die Beschaffenheit der Grabensohle. Der Auftragnehmer hat dem Auftraggeber Bedenken unverzüglich schriftlich mitzuteilen (siehe Teil B – DIN 1961 – § 4 Nr. 3).

3.3.2. Die Rohre sind nach DIN 4033 „Entwässerungskanäle und -leitungen aus vorgefertigten Rohren; Richtlinien für die Ausführung" zu lagern und zu verlegen.

3.3.3. Entwässerungskanäle, -leitungen und Schächte müssen wasserdicht sein.

3.3.4. Stutzen für spätere Anschlüsse sind durch Teller wasserdicht zu verschließen. Verrottbares Material darf hierfür nicht verwendet werden. Die Verschlüsse müssen einer Prüfung auf Wasserdichtheit standhalten.

3.3.5. Entwässerungskanäle, -leitungen und Schächte aus Mauerwerk sind mit Kanalklinkern nach DIN 4051 „Kanalklinker" an der Innenseite mit höchstens 8 mm dicken Fugen herzustellen und voll zu verfugen, wenn in der Leistungsbeschreibung nichts anderes vorgeschrieben ist.

3.3.6. Entwässerungskanäle und Schächte aus Beton und Stahlbeton sind mit glatter Innenfläche unter Verwendung geeigneter Schalung auszuführen.

3.4. Prüfungen

3.4.1. Entwässerungskanäle, -leitungen und Schächte sind nach den Abschnitten 3.4.2 und 3.4.3 zu prüfen, wenn in der Leistungsbeschreibung nichts anderes vorgeschrieben ist.

3.4.2. Entwässerungskanäle und -leitungen aus vorgefertigten Rohren sind auf vertragsgemäße Ausführung der Rohrverbindungen, auf die Einhaltung von Gefälle und von Richtung sowie auf Wasserdichtheit der Rohrleitung nach DIN 4033 zu prüfen. Die Entwässerungskanäle und -leitungen müssen zur Prüfung zwischen mindestens zwei Schächten fertiggestellt sein.

3.4.3. Entwässerungskanäle und Schächte aus Mauerwerk, Beton und Stahlbeton sind auf die Einhaltung von Gefälle und von Richtung, auf einwandfreies Verlegen der Sohlschalen, Steinzeugplatten und auf einwandfreie Beschaffenheit des Glattstrichs der Schachtsohle zu prüfen.

4. Nebenleistungen

Nebenleistungen sind Leistungen, die auch ohne Erwähnung in der Leistungsbeschreibung zur vertraglichen Leistung gehören (siehe auch Teil B — DIN 1961 — § 2 Nr. 1).

4.1. Folgende Leistungen sind Nebenleistungen:

4.1.1. Messungen für das Ausführen und Abrechnen der Arbeiten einschließlich des Vorhaltens der Meßgeräte, Lehren, Absteckzeichen usw., des Erhaltens der Lehren und Absteckzeichen während der Bauausführung und des Stellens der Arbeitskräfte, jedoch nicht Leistungen nach Teil B — DIN 1961 — § 3 Nr. 2.

4.1.2. Schutz- und Sicherheitsmaßnahmen nach den Unfallverhütungsvorschriften und den behördlichen Bestimmungen.

4.1.3. Schutz der ausgeführten Leistungen und der für die Ausführung übergebenen Gegenstände vor Beschädigung und Diebstahl bis zur Abnahme.

4.1.4. Feststellen des Zustands der Straßen, der Geländeoberfläche, der Vorfluter usw. nach Teil B — DIN 1961 — § 3 Nr. 4.

4.1.5. Heranbringen von Wasser und Energie von den vom Auftraggeber auf der Baustelle zur Verfügung gestellten Anschlußstellen zu den Verwendungsstellen.

4.1.6. Vorhalten der Kleingeräte und Werkzeuge.

4.1.7. Lieferung der Betriebsstoffe.

4.1.8. Befördern aller Stoffe und Bauteile, auch wenn sie vom Auftraggeber beigestellt sind, von den Lagerstellen auf der Baustelle zu den Verwendungsstellen und etwaiges Rückbefördern.

4.1.9. Sichern der Arbeiten gegen Tagwasser, mit dem normalerweise gerechnet werden muß, und seine etwa erforderliche Beseitigung.

4.1.10. Beleuchten und Reinigen der Aufenthaltsräume und Aborte für die Beschäftigten des Auftragnehmers sowie Beheizen der Aufenthaltsräume.

4.1.11. Beseitigen aller Verunreinigungen (Abfälle, Bauschutt und dergleichen), die von den Arbeiten des Auftragnehmers herrühren.

4.1.12. Aufladen und Abfahren aller übriggebliebenen Stoffe und Bauteile, soweit sie auf Veranlassung des Auftragnehmers angeliefert worden sind.

4.1.13. Reinigen von Stoffen und Bauteilen vor dem Einbau, soweit sie vom Auftragnehmer geliefert werden.

4.1.14. Reinigen der hergestellten Entwässerungskanäle einschließlich Abwaschen aller inneren Mauerwerks- und Betonflächen.

4.1.15. Herstellen von Muffenlöchern für nichtgeschweißte Rohrverbindungen.

4.2. Folgende Leistungen sind Nebenleistungen, wenn sie nicht durch besondere Ansätze in der Leistungsbeschreibung erfaßt sind:

4.2.1. Einrichten und Räumen der Baustelle.

4.2.2. Vorhalten der Baustelleneinrichtung einschließlich der Geräte, Gerüste und dergleichen.

4.2.3. Durchführen der Prüfung auf Wasserdichtheit einschließlich Stellens der Arbeitskräfte und Geräte sowie der Lieferung der Betriebsstoffe.

Herstellen und Beseitigen der nur für die Prüfung erforderlichen Verankerungen und Rohrverschlüsse.

4.2.4. Reinigen der Anschlußstellen an vorhandenen Entwässerungskanälen und Schächten.

4.3. Folgende Leistungen sind keine Nebenleistungen:

4.3.1. „Besondere Leistungen" nach Teil A — DIN 1960 — § 9 Nr. 6.

4.3.2. Aufstellen, Vorhalten und Beseitigen von Bauzäunen, Blenden und Schutzgerüsten zur Sicherung des öffentlichen Verkehrs sowie von Einrichtungen außerhalb der Baustelle zur Umleitung und Regelung des öffentlichen Verkehrs.

4.3.3. Reinigen von Stoffen und Bauteilen vor dem Einbau, soweit sie der Auftraggeber beigestellt hat und die Verschmutzung nicht vom Auftragnehmer zu vertreten ist.

4.3.4. Sichern von Leitungen, Kanälen, Dränen, Kabeln, Grenzsteinen, Bäumen und dergleichen.

4.3.5. Beseitigen von Hindernissen, Leitungen, Kanälen, Dränen, Kabeln und dergleichen.

4.3.6. Boden- und Wasseruntersuchungen.

4.3.7. zusätzliche Maßnahmen für die Weiterarbeit bei Frost und Schnee, soweit sie dem Auftragnehmer nicht ohnehin obliegen.

4.3.8. Liefern und Ableiten des für die Prüfung auf Wasserdichtheit notwendigen Füllstoffs einschließlich aller Maßnahmen zur Vermeidung von Schäden und Belästigungen.

4.3.9. Herstellen von Kopflöchern für Schweißverbindungen.

5. Abrechnung

5.1. Allgemeines

5.1.1. Die Leistung ist aus Zeichnungen zu ermitteln, soweit die ausgeführte Leistung diesen Zeichnungen entspricht. Sind solche Zeichnungen nicht vorhanden, ist die Leistung aufzumessen.

5.1.2. Bei Abrechnung nach Längenmaß werden die Achslängen zugrunde gelegt. Bei Entwässerungskanälen und -leitungen aus vorgefertigten Rohren wird die lichte Weite von Schächten abgezogen, Formstücke werden durchgerechnet.

Bei Entwässerungskanälen aus vorgefertigten Rohren mit Schachtaufsätzen und bei gemauerten sowie betonierten Entwässerungskanälen wird die lichte Weite der Schächte nicht abgezogen.

Die lichte Schachttiefe wird von der Auflagerfläche der Schachtabdeckung bis zum tiefsten Punkt der Rinnensohle gerechnet.

5.2. Es werden abgerechnet, getrennt nach Art, Ausführung und Abmessungen:

5.2.1. Entwässerungskanäle und -leitungen nach Längenmaß (m).

5.2.2. Schutz- und Dichtungsanstriche, Beschichtungen nach Flächenmaß (m^2).

5.2.3. Schachtaufsätze, Formstücke nach Anzahl (Stück) als Zulage.

5.2.4. Fertigteile wie Schachtsohlen, Schachtringe, Übergangsstücke, Ausgleichsstücke usw., Einzelteile wie Schachtabdeckungen, Steigeisen, Steigtritte, soweit nicht bereits im Lieferumfang der Fertigteile enthalten, nach Anzahl (Stück).

5.2.5. Schächte nach Raummaß der Wandungen (m^3), Längenmaß (m) oder Anzahl (Stück).

5.2.6. Sohlschalen, Platten nach Längenmaß (m) oder Flächenmaß (m^2).

VOB Teil C:

Allgemeine Technische Vorschriften für Bauleistungen

Gas- und Wasserleitungsarbeiten im Erdreich — DIN 18 307

Fassung Dezember 1973

Ausgabedatum: Juli 1974

Inhalt

0. Hinweise für die Leistungsbeschreibung*)

(siehe auch Teil A — DIN 1960 — § 9)

0.1. In der Leistungsbeschreibung sind nach Lage des Einzelfalles insbesondere anzugeben:

0.1.1. Lage der Baustelle und Umgebungsbedingungen, Zufahrtsmöglichkeiten und Beschaffenheit der Zufahrt sowie etwaige Einschränkungen bei ihrer Benutzung.

0.1.2. Lage und Ausmaß der dem Auftragnehmer für die Ausführung seiner Leistungen einschließlich Rohrtransport zur Benutzung oder Mitbenutzung überlassenen Flächen.

0.1.3. Art, Lage, Abfluß, Abflußvermögen und Hochwasserverhältnisse des Vorfluters.

0.1.4. Ergebnisse der Bodenuntersuchungen und der Wasseranalyse, Grundwasserstand.

0.1.5. Schutzgebiete im Bereich der Baustelle.

0.1.6. besondere Maßnahmen aus Gründen der Landespflege und des Umweltschutzes.

0.1.7. Art und Umfang des Schutzes von Bäumen, Pflanzenbeständen, Vegetationsflächen, Bauteilen, Bauwerken, Grenzsteinen u. ä. im Bereich der Baustelle.

0.1.8. besondere Anordnungen, Vorschriften und Maßnahmen der Eigentümer (oder der anderen Weisungsberechtigten) von Leitungen, Kabeln, Dränen, Kanälen, Wegen, Gewässern, Gleisen, Zäunen und dergleichen im Bereich der Baustelle.

0.1.9. besondere wasserrechtliche Bestimmungen.

0.1.10. für den Verkehr freizuhaltende Flächen.

0.1.11. Besonderheiten der Regelung und Sicherung des Verkehrs, gegebenenfalls auch, wieweit der Auftraggeber die Durchführung der erforderlichen Maßnahmen übernimmt.

0.1.12. Verkehrsverhältnisse auf der Baustelle, insbesondere Verkehrsbeschränkungen, z. B. Begrenzung der Verkehrslasten.

0.1.13. Lage, Art und Anschlußwert der dem Auftragnehmer auf der Baustelle zur Verfügung gestellten Anschlüsse für Wasser und Energie.

---

*) Diese Hinweise werden nicht Vertragsbestandteil.

0.1.14. Mitbenutzung fremder Gerüste, Hebezeuge, Aufzüge, Aufenthalts- und Lagerräume, Einrichtungen und dergleichen durch den Auftragnehmer.

0.1.15. wie lange, für welche Arbeiten und gegebenenfalls für welche Beanspruchung der Auftragnehmer seine Gerüste, Hebezeuge, Aufzüge, Aufenthalts- und Lagerräume, Einrichtungen und dergleichen für andere Unternehmer vorzuhalten hat.

0.1.16. besondere Anforderungen an die Baustelleneinrichtung.

0.1.17. bekannte oder vermutete Hindernisse im Bereich der Baustelle, möglichst unter Auslegung von Bestandsplänen, z. B. Leitungen, Kabel, Dräne, Kanäle, Bauwerksreste (und, soweit bekannt, deren Eigentümer).

0.1.18. Art und Zeit der vom Auftraggeber veranlaßten Vorarbeiten.

0.1.19. ob und in welchem Umfang dem Auftragnehmer Arbeitskräfte und Geräte für Abladen, Lagern und Transport zur Verfügung gestellt werden.

0.1.20. Arbeiten anderer Unternehmer auf der Baustelle.

0.1.21. Leistungen für andere Unternehmer.

0.1.22. ob und unter welchen Umständen auf der Baustelle gewonnene Stoffe verwendet werden dürfen oder verwendet werden sollen.

0.1.23. Art, Menge, Gewicht der Stoffe und Bauteile, die vom Auftraggeber beigestellt werden (Bauart, Werkstoff, Nennweite [NW], Nenndruck [ND], Art der Rohrverbindungen und Zubehörteile, bei Stahlrohren ob nahtlos oder geschweißt), Art, Ort (genaue Bezeichnung) und Zeit ihrer Übergabe, bei Rohren getrennt nach Rohrlängen.

0.1.24. Güteanforderungen an nicht genormte Stoffe und Bauteile, z. B. sondergefertigte Formstücke, Dichtmittel.

0.1.25. Art und Umfang der Prüfung von Rohrverbindungen.

0.1.26. Art und Dauer von Druckprüfungen, Höhe des Prüfdruckes, Einteilung und Länge der Prüfabschnitte.

0.1.27. Art und Umfang verlangter Eignungs- und Gütenachweise.

0.1.28. Art des Schutzes der Rohre und der Rohrverbindungen.

0.1.29. Art und Beschaffenheit des Rohrauflagers.

0.1.30. vorgesehene Arbeitsabschnitte, Arbeitsunterbrechungen und -beschränkungen nach Art, Ort und Zeit.

0.1.31. Gründungstiefen, Gründungsarten und Lasten benachbarter Bauwerke.

0.1.32. Bauverfahren zum Kreuzen von Verkehrsflächen, Gewässern, Schienenbahnen, Dämmen, Leitungen usw.

0.1.33. besondere Erschwernisse während der Ausführung, z. B. Arbeiten bei außergewöhnlichen äußeren Einflüssen.

0.1.34. Benutzung von Teilen der Leistung vor der Abnahme.

0.1.35. Ausbildung der Anschlüsse an Bauwerke.

0.1.36. besondere Maßnahmen nach DVGW-Arbeitsblatt W 451 „Unterlagen für Ausschreibungen zur Ausführung von Wasserversorgungsanlagen, Teil 1, Erdverlegte Rohrleitungen".**)

0.1.37. besondere Maßnahmen nach DVGW-Arbeitsblatt G 472 „Richtlinien für das Verlegen von Rohren, Rohrverbindungen und Rohrleitungsteilen aus PVC hart (Polyvinylchlorid hart) für Gasleitungen mit einem Betriebsdruck bis max. 1 bar (1 kp/cm^2).**)

0.1.38. Abstützen und Verankern von Leitungen, Krümmern usw.

0.1.39. besondere Maßnahmen auf Steilstrecken bei felsigem oder steinigem Untergrund, bei wenig tragfähiger oder stark wasserhaltiger Grabensohle.

0.1.40. ob nach DIN 19 630 „Gas- und Wasserverteilungsanlagen; Rohrverlegungsrichtlinien für Gas- und Wasserrohrnetze" Leitungsteile einzumessen, Bestandszeichnungen anzufertigen, Hinweisschilder zu liefern und Leitungen zu kennzeichnen sind.

**) Zu beziehen durch ZFGW-Verlag GmbH, 6 Frankfurt/M., Zeppelinallee 38

0.1.41. besondere Maßnahmen für das Lagern von Rohren mit bituminösem Außenschutz, z. B. Lagern auf Unterlegehölzer.

0.1.42. Art der Baugrubenverkleidung.

0.1.43. Art und Ausmaß der Rohrgrabenvertiefungen (Kopflöcher und Muffenlöcher) an den Rohrverbindungsstellen.

0.1.44. Art und Umfang von besonderen Maßnahmen bei aggressiven Böden zum Schutz der Rohrleitung.

0.1.45. welche Arbeitsblätter des DVGW-Regelwerks**) anzuwenden sind.

0.1.46. Leistungen nach Abschnitt 4.2 in besonderen Ansätzen, wenn diese Leistungen keine Nebenleistungen sein sollen.

0.1.47. Leistungen nach Abschnitt 4.3 in besonderen Ansätzen.

0.2. In der Leistungsbeschreibung sind Angaben zu folgenden Abschnitten nötig, wenn der Auftraggeber eine abweichende Regelung wünscht:

Abschnitt 1.1 (Geltungsbereich der DIN 18 307)
Abschnitt 1.3 (Leistungen mit Lieferung der Stoffe und Bauteile)
Abschnitt 2.1 (Vorhalten von Stoffen und Bauteilen)
Abschnitt 2.2.1 (Liefern ungebrauchter Stoffe und Bauteile)
Abschnitt 2.2.2 (Nenndruck)
Abschnitt 3.4.1 (Prüfung von Schweißverbindungen)

1. Allgemeines

1.1. DIN 18 307 „Gas- und Wasserleitungsarbeiten im Erdreich" gilt für das Herstellen von Rohrleitungen zum Transport von Gas und Wasser im Erdreich. DIN 18 307 gilt für andere Rohrleitungen nur, wenn es in der Leistungsbeschreibung vorgeschrieben ist.

1.2. DIN 18 307 gilt nicht für die bei der Herstellung von Gas- und Wasserleitungen auszuführenden Erdarbeiten (siehe DIN 18 300 „Erdarbeiten") und nicht für Verbauarbeiten (siehe DIN 18 303 „Verbauarbeiten") sowie nicht für das Herstellen von Rohrleitungen unter Gebäuden in Schüttisolierungen, Schutzrohren und Rohrkanälen (siehe DIN 18 381 „Gas-, Wasser- und Abwasserinstallationsarbeiten").

1.3. Alle Leistungen umfassen auch die Lieferung der dazugehörigen Stoffe und Bauteile einschließlich Abladen und Lagern auf der Baustelle, wenn in der Leistungsbeschreibung nichts anderes vorgeschrieben ist.

1.4. Stoffe und Bauteile, die vom Auftraggeber beigestellt werden, hat der Auftragnehmer rechtzeitig beim Auftraggeber anzufordern.

2. Stoffe, Bauteile

2.1. Vorhalten

Stoffe und Bauteile, die der Auftragnehmer nur vorzuhalten hat, die also nicht in das Bauwerk eingehen, können nach Wahl des Auftragnehmers gebraucht oder ungebraucht sein, wenn in der Leistungsbeschreibung darüber nichts vorgeschrieben ist.

**) Zu beziehen durch ZFGW-Verlag GmbH, 6 Frankfurt/M., Zeppelinallee 38

2.2. Liefern

2.2.1. Allgemeine Anforderungen

Stoffe und Bauteile, die der Auftragnehmer zu liefern und einzubauen hat, die also in das Bauwerk eingehen, müssen ungebraucht sein, wenn in der Leistungsbeschreibung nichts anderes vorgeschrieben ist. Sie müssen für den jeweiligen Verwendungszweck geeignet sein.

Stoffe und Bauteile, für die DIN-Normen bestehen, müssen den DIN-Güte- und -Maßbestimmungen entsprechen.

Stoffe und Bauteile, die nach den behördlichen Vorschriften einer Zulassung bedürfen, müssen amtlich zugelassen sein und den Zulassungsbedingungen entsprechen. Kunststoffrohre müssen das DVWG-Prüfzeichen tragen.

Stoffe und Bauteile, für die weder DIN-Normen bestehen noch eine amtliche Zulassung vorgeschrieben ist, dürfen nur mit Zustimmung des Auftraggebers verwendet werden.

Für die gebräuchlichsten genormten Stoffe und Bauteile sind die Anforderungen, die DIN-Normen und die DVGW-Arbeitsblätter in DIN 19 630 „Gas- und Wasserverteilungsanlagen; Rohrverlegungsrichtlinien für Gas- und Wasserrohrnetze“ aufgeführt.

2.2.2. Nenndruck

Rohre und andere Rohrleitungsteile für Wasserleitungen müssen für einen Nenndruck von mindestens 10 bar (10 kp/cm^2) (ND 10) bemessen sein, wenn in der Leistungsbeschreibung darüber nichts vorgeschrieben ist.

2.2.3. Stoffe und Bauteile der Rohrverbindungen

Stoffe und Bauteile für das Herstellen der Rohrverbindungen müssen den Anforderungen für Rohrleitungsteile genügen.

2.2.4. Dichtstoffe und Dichtungen

Dichtstoffe und Dichtungen müssen dem jeweiligen Verwendungszweck entsprechen.

Bei Trinkwasserleitungen dürfen sie keine gesundheitsschädigenden Stoffe abgeben, den Geschmack, Geruch und die Zusammensetzung des Wassers nicht nachteilig beeinflussen und das Anwachsen von Bakterien nicht begünstigen.

3. Ausführung

3.1. Allgemeines

3.1.1. Gas- und Wasserleitungsarbeiten im Erdreich sind nach DIN 19 630 „Gas- und Wasserverteilungsanlagen, Rohrverlegungsrichtlinien für Gas- und Wasserrohrnetze“ auszuführen.

3.1.2. Wenn Verkehrs-, Versorgungs- und Entsorgungsanlagen im Bereich des Baugeländes liegen, sind die Vorschriften und Anordnungen der zuständigen Stellen zu beachten.

3.1.3. Werden besondere Maßnahmen zum Schutz von Bauwerken, Leitungen, Kanälen, Dränen oder Kabeln erforderlich, sind sie zu vereinbaren. Aufgehängte oder abgestützte Leitungen, Kanäle, Dräne oder Kabel dürfen nicht betreten oder belastet werden. Schäden sind dem Auftraggeber und dem Eigentümer oder, wenn ein anderer weisungsberechtigt ist, diesem unverzüglich zu melden.

3.1.4. Die für die Aufrechterhaltung des Verkehrs bestimmten Flächen sind freizuhalten. Der Zugang zu den Einrichtungen der Versorgungs- und Entsorgungsbetriebe, der Feuerwehr, der Post und Bahn, zu Vermessungspunkten und dergleichen darf nicht mehr als durch die Ausführung unvermeidlich behindert werden.

3.2. Schutz gegen leitungsschädigende Einwirkungen

Der Auftragnehmer hat darauf zu achten, ob Anzeichen leitungsschädigender Einwirkungen wahrnehmbar sind, die besondere Maßnahmen nötig machen. Ungünstige Umstände hat er dem Auftraggeber unverzüglich schriftlich mitzuteilen (siehe Teil B – DIN 1961 – § 4 Nr. 3).

3.3. Verlegen der Rohre

3.3.1. Der Auftragnehmer hat den Rohrgraben vor Beginn der Verlegungsarbeiten auf Eignung zum Verlegen der Rohre zu prüfen, besonders die richtige Tiefe und Breite des Rohrgrabens sowie die Beschaffenheit der Grabensohle. Der Auftragnehmer hat dem Auftraggeber Bedenken unverzüglich schriftlich mitzuteilen.

3.3.2. Wenn Gasleitungen aus Kunststoffen zu verlegen sind, ist das DVGW-Arbeitsblatt G 472 „Richtlinien für das Verlegen von Rohren, Rohrverbindungen und Rohrleitungsteilen aus PVC hart (Polyvinylchlorid hart) für Gasleitungen mit einem Betriebsdruck bis max. 1 bar (1 kp/cm^2)" zu beachten.

3.3.3. Der Auftragnehmer hat das in DIN 19 630 vorgesehene Einmessen der Leitungsteile, Anfertigen von Bestandszeichnungen, Liefern von Hinweisschildern und das Kennzeichnen der Leitungen nur auszuführen, wenn es in der Leistungsbeschreibung vorgeschrieben ist.

3.4. Prüfungen

3.4.1. Wenn die Prüfung an Schweißverbindungen vorgeschrieben ist, ist nach DIN 54 111 Blatt 1 „Zerstörungsfreie Prüfverfahren; Prüfung von Schweißverbindungen metallischer Werkstoffe mit Röntgen- oder Gammastrahlen, Aufnahme von Durchstrahlungsbildern" zu prüfen, wenn in der Leistungsbeschreibung nichts anderes vorgeschrieben ist, z. B. Prüfen mit Ultraschall. Die Röntgenbilder sind nach DVGW-Arbeitsblatt GW 1 „Hinweise zur Begutachtung von Rohrschweißnähten bei zerstörungsfreier Prüfung" zu beurteilen.

3.4.2. Druckprüfungen sind nach DIN 19 630 durchzuführen. Der Termin ist zu vereinbaren. Der Auftraggeber kann verlangen, daß seine Meßgeräte verwendet werden.

4. Nebenleistungen

Nebenleistungen sind Leistungen, die auch ohne Erwähnung in der Leistungsbeschreibung zur vertraglichen Leistung gehören (siehe Teil B – DIN 1961 – § 2 Nr. 1).

4.1. Folgende Leistungen sind Nebenleistungen:

4.1.1. Messungen für das Ausführen und Abrechnen der Arbeiten einschließlich des Vorhaltens der Meßgeräte, Lehren, Absteckzeichen usw., des Erhaltens der Lehren und Absteckzeichen während der Bauausführung und des Stellens der Arbeitskräfte, jedoch nicht Leistungen nach Teil B – DIN 1961 – § 3 Nr. 2.

4.1.2. Schutz- und Sicherheitsmaßnahmen nach den Unfallverhütungsvorschriften und den behördlichen Bestimmungen.

4.1.3. Schutz der ausgeführten Leistungen und der für die Ausführung übergebenen Gegenstände vor Beschädigung und Diebstahl bis zur Abnahme.

4.1.4. Feststellen des Zustands der Straßen, der Geländeoberfläche, der Vorfluter usw. nach Teil B — DIN 1961 — § 3 Nr. 4.

4.1.5. Heranbringen von Wasser und Energie von den vom Auftraggeber auf der Baustelle zur Verfügung gestellten Anschlußstellen zu den Verwendungsstellen.

4.1.6. Vorhalten der Kleingeräte und Werkzeuge.

4.1.7. Lieferung der Betriebsstoffe.

4.1.8. Befördern aller Stoffe und Bauteile, auch wenn sie vom Auftraggeber beigestellt sind, von den Lagerstellen auf der Baustelle zu den Verwendungsstellen und etwaiges Rückbefördern.

4.1.9. Sichern der Arbeiten gegen Tagwasser, mit dem normalerweise gerechnet werden muß, und seine etwa erforderliche Beseitigung.

4.1.10. Beleuchten und Reinigen der Aufenthaltsräume und Aborte für die Beschäftigten des Auftragnehmers sowie Beheizen der Aufenthaltsräume.

4.1.11. Beseitigen aller Verunreinigungen (Abfälle, Bauschutt und dergleichen), die von den Arbeiten des Auftragnehmers herrühren.

4.1.12. Reinigen von Stoffen und Bauteilen vor dem Einbau, soweit sie vom Auftragnehmer geliefert werden.

4.1.13. Ausbessern des Innen- und Außenschutzes von Leitungsteilen nach DIN 19 630, ausgenommen Leistungen nach Abschnitt 4.3.8.

4.1.14. Herstellen von Muffenlöchern für nicht geschweißte Rohrverbindungen.

4.2. Folgende Leistungen sind Nebenleistungen, wenn sie nicht durch besondere Ansätze in der Leistungsbeschreibung erfaßt sind:

4.2.1. Einrichten und Räumen der Baustelle.

4.2.2. Vorhalten der Baustelleneinrichtung einschließlich der Geräte, Gerüste und dergleichen.

4.2.3. Herstellen des Innen- und Außenschutzes bei Schweißverbindungen.

4.2.4. Durchführen der Druckprüfung einschließlich des Stellens der Arbeitskräfte und Geräte sowie Lieferung der Betriebsstoffe.

Herstellen und Beseitigen der nur für die Druckprüfung erforderlichen Verankerungen und Rohrverschlüsse.

4.3. Folgende Leistungen sind keine Nebenleistungen:

4.3.1. „Besondere Leistungen" nach Teil A — DIN 1960 — § 9 Nr. 6.

4.3.2. Boden- und Wasseruntersuchungen.

4.3.3. Aufstellen, Vorhalten und Beseitigen von Bauzäunen, Blenden und Schutzgerüsten zur Sicherung des öffentlichen Verkehrs sowie von Einrichtungen außerhalb der Baustelle zur Umleitung und Regelung des öffentlichen Verkehrs.

4.3.4. Bauarbeiten zum Aufrechterhalten des Verkehrs, des Wasserabflusses und der Vorflut.

4.3.5. Sichern von Leitungen, Kanälen, Dränen, Kabeln, Grenzsteinen, Bäumen und dergleichen.

4.3.6. Beseitigen von Hindernissen, Leitungen, Kanälen, Dränen, Kabeln und dergleichen.

4.3.7. Reinigen von Stoffen und Bauteilen vor dem Einbau, soweit sie der Auftraggeber beigestellt hat und die Verschmutzung nicht vom Auftragnehmer zu vertreten ist.

4.3.8. Entrosten, Aufarbeiten und Ausbessern des Innen- und Außenschutzes von Stoffen und Bauteilen, soweit sie der Auftraggeber beigestellt hat und die Mängel nicht vom Auftragnehmer zu vertreten sind.

4.3.9. besondere Maßnahmen gegen leitungsschädigende Einwirkungen.

4.3.10. besondere Maßnahmen nach DIN 19 630 auf Steilstrecken, bei felsigem oder steinigem Untergrund, bei wenig tragfähiger oder stark wasserhaltiger Grabensohle, bei aggressiven Böden, bei wechselnder Tragfähigkeit der Grabensohle.

4.3.11. Liefern und Ableiten des für die Druckprüfung notwendigen Füllstoffs einschließlich aller Maßnahmen zur Vermeidung von Schäden und Belästigungen.

4.3.12. Prüfen von Schweißverbindungen nach Abschnitt 3.4.1.

4.3.13. Einbindungen und Anschlüsse an bestehende Rohrleitungen.

4.3.14. Herstellen von Kopflöchern für Schweißverbindungen.

4.3.15. zusätzliche Maßnahmen für die Weiterarbeit bei Frost und Schnee, soweit sie dem Auftragnehmer nicht ohnehin obliegen.

5. Abrechnung

5.1. Allgemeines

Die Leistung ist aus Zeichnungen zu ermitteln, soweit die ausgeführte Leistung diesen Zeichnungen entspricht.
Sind solche Zeichnungen nicht vorhanden, ist die Leistung aufzumessen.

5.2. Es werden abgerechnet:

5.2.1. Rohrleitungen, getrennt nach Nennweiten, Nenndrücken und Rohrarten, nach Längenmaß (m), gerechnet in der Achslinie der Rohrleitung. Rohrverbindungen, Formstücke und Armaturen werden durchgerechnet.

5.2.2. Schweißverbindungen und Rohrschnitte, getrennt nach Nennweiten und Wanddicken, nach Anzahl (Stück), als Zulage.

5.2.3. Formstücke, getrennt nach Nennweiten, Nenndrücken und Arten, nach Anzahl (Stück), als Zulage.

5.2.4. Armaturen und Zubehörteile, getrennt nach Nennweiten, Nenndrücken und Arten, nach Anzahl (Stück), als Zulage.

5.2.5. Anbohrungen, getrennt nach Art und Nennweiten des angebohrten und des anzuschließenden Rohres, nach Anzahl (Stück).

5.2.6. Einbindungen und Anschlüsse an Leitungen, getrennt nach Art und Nennweiten des eingebauten und des angeschlossenen Rohres, nach Anzahl (Stück).

5.2.7. Prüfungen der Schweißnähte nach Art, Nennweite und Wanddicke des Rohres, nach Anzahl (Stück).

5.2.8. Herstellen des Innenschutzes und Außenschutzes an Schweißverbindungen und anderen Rohrverbindungen (siehe Abschnitt 4.2.3), getrennt nach Nennweiten und Arten, nach Anzahl (Stück).

5.2.9. Kopflöcher für Schweißverbindungen nach Raummaß (m^3).

VOB Teil C:
Allgemeine Technische Vorschriften für Bauleistungen
Dränarbeiten für landwirtschaftlich genutzte Flächen – DIN 18 308
Fassung Dezember 1973

Ausgabedatum: Juli 1974

Inhalt

0. Hinweise für die Leistungsbeschreibung*)
(siehe auch Teil A – DIN 1960 – § 9)

0.1. In der Leistungsbeschreibung sind nach Lage des Einzelfalles insbesondere anzugeben:

0.1.1. Lage der Baustelle und Umgebungsbedingungen, Zufahrtsmöglichkeiten und Beschaffenheit der Zufahrt sowie etwaige Einschränkungen bei ihrer Benutzung.

0.1.2. Lage und Ausmaß der dem Auftragnehmer für die Ausführung seiner Leistungen zur Benutzung oder Mitbenutzung überlassenen Flächen.

0.1.3. Art, Lage, Abfluß, Abflußvermögen und Hochwasserverhältnisse von Vorflutern.

0.1.4. Ergebnisse der Bodenuntersuchungen nach DIN 4220 „Richtlinien zur Untersuchung meliorationsbedürftiger Standorte“ und der Wasseruntersuchungen.

0.1.5. Schutzgebiete im Bereich der Baustelle.

0.1.6. besondere Maßnahmen aus Gründen der Landespflege und des Umweltschutzes.

0.1.7. Art und Umfang des Schutzes von Bäumen, Pflanzenbeständen, Vegetationsflächen, Bauteilen, Bauwerken, Grenzsteinen u. ä. im Bereich der Baustelle.

0.1.8. bekannte oder vermutete Hindernisse im Bereich der Baustelle, möglichst unter Auslegung von Bestandsplänen, z. B. Leitungen, Kabel, Dräne, Kanäle, Bauwerksreste (und, soweit bekannt, deren Eigentümer).

0.1.9. besondere Anordnungen, Vorschriften und Maßnahmen der Eigentümer (oder der anderen Weisungsberechtigten) von Leitungen, Kabeln, Dränen, Kanälen, Wegen, Gewässern, Gleisen, Zäunen und dergleichen im Bereich der Baustelle.

0.1.10. besondere wasserrechtliche Bestimmungen.

0.1.11. für den Verkehr freizuhaltende Flächen.

0.1.12. Besonderheiten der Regelung und Sicherung des Verkehrs, gegebenenfalls auch, wieweit der Auftraggeber die Durchführung der erforderlichen Maßnahmen übernimmt.

---

*) Diese Hinweise werden nicht Vertragsbestandteil.

0.1.13. Verkehrsverhältnisse auf der Baustelle, insbesondere Verkehrsbeschränkungen, z. B. Begrenzung der Verkehrslasten.

0.1.14. Lage, Art und Anschlußwert der dem Auftragnehmer auf der Baustelle zur Verfügung gestellten Anschlüsse für Wasser und Energie.

0.1.15. Mitbenutzung fremder Gerüste, Hebezeuge, Aufzüge, Aufenthalts- und Lagerräume, Einrichtungen und dergleichen durch den Auftragnehmer.

0.1.16. Art und Zeit der vom Auftraggeber veranlaßten Vorarbeiten.

0.1.17. ob und in welchem Umfang dem Auftragnehmer Arbeitskräfte und Geräte für Abladen, Aufladen und Transport zur Verfügung gestellt werden.

0.1.18. Arbeiten anderer Unternehmer auf der Baustelle.

0.1.19. ob und unter welchen Umständen auf der Baustelle gewonnene Stoffe verwendet werden dürfen oder verwendet werden sollen.

0.1.20. Art, Menge, Gewicht der Stoffe und Bauteile, die vom Auftraggeber beigestellt werden, sowie Art, Ort (genaue Bezeichnung) und Zeit ihrer Übergabe.

0.1.21. Güteanforderungen an nicht genormte Stoffe.

0.1.22. Art und Umfang verlangter Eignungs- und Gütenachweise.

0.1.23. Art und Beschaffenheit von Untergrund und Unterlage.

0.1.24. vorgesehene Arbeitsabschnitte, Arbeitsunterbrechungen und -beschränkungen nach Art, Ort und Zeit.

0.1.25. Gründungstiefen, Gründungsarten und Lasten benachbarter Bauwerke.

0.1.26. besondere Erschwernisse während der Ausführung.

0.1.27. Benutzung von Teilen der Leistung vor der Abnahme.

0.1.28. besondere Maßnahmen, die zum Schutz von benachbarten Grundstücken und Bauwerken notwendig sind.

0.1.29. über DIN 1185 Blatt 3 „Dränung; Regelung des Bodenwasserhaushalts durch Rohrdränung, Rohrlose Dränung und Unterbodenmelioration, Ausführung" hinausgehende Anforderungen an Maschinen und Geräte.

0.1.30. Dränverfahren, Rohrmaterial, Filter und Sicherungen der Rohrlage.

0.1.31. Maßnahmen bei Verockerungsgefahr.

0.1.32. Leistungen nach Abschnitt 4.2 in besonderen Ansätzen, wenn diese Leistungen keine Nebenleistungen sein sollen.

0.1.33. Leistungen nach Abschnitt 4.3 in besonderen Ansätzen.

0.2. In der Leistungsbeschreibung sind Angaben zu folgenden Abschnitten nötig, wenn der Auftraggeber eine abweichende Regelung wünscht:

Abschnitt 1.2 (Leistungen mit Lieferung der Stoffe und Bauteile)

Abschnitt 2.2 (Vorhalten von Stoffen und Bauteilen)

Abschnitt 2.3 (Liefern ungebrauchter Stoffe und Bauteile)

1. Allgemeines

1.1. DIN 18 308 „Dränarbeiten für landwirtschaftlich genutzte Flächen" gilt für die Regelung des Bodenwasser-Haushalts durch Dränung mit Rohren bis einschließlich Nennweite 200, durch rohrlose Dränung und durch Unterbodenmelioration bei landwirtschaftlich genutzten Flächen einschließlich der dabei anfallenden Erdarbeiten.

1.2. Alle Leistungen umfassen auch die Lieferung der dazugehörigen Stoffe und Bauteile einschließlich Abladen und Lagern auf der Baustelle, wenn in der Leistungsbeschreibung nichts anderes vorgeschrieben ist.

1.3. Stoffe und Bauteile, die vom Auftraggeber beigestellt werden, hat der Auftragnehmer rechtzeitig beim Auftraggeber anzufordern.

2. Stoffe, Bauteile

2.1. Bodenarten und Bodentypen sind nach DIN 4220 „Richtlinien zur Untersuchung meliorationsbedürftiger Standorte“ zu benennen.

2.2. Vorhalten

Stoffe und Bauteile, die der Auftragnehmer nur vorzuhalten hat, die also nicht in das Bauwerk eingehen, können nach Wahl des Auftragnehmers gebraucht oder ungebraucht sein, wenn in der Leistungsbeschreibung darüber nichts vorgeschrieben ist.

2.3. Liefern

Stoffe und Bauteile, die der Auftragnehmer zu liefern und einzubauen hat, die also in das Bauwerk eingehen, müssen ungebraucht sein, wenn in der Leistungsbeschreibung nichts anderes vorgeschrieben ist. Sie müssen für den jeweiligen Verwendungszweck geeignet sein.

Stoffe und Bauteile, für die DIN-Normen bestehen, müssen den DIN-Güte- und -Maßbestimmungen entsprechen.

Stoffe und Bauteile, die nach den behördlichen Vorschriften einer Zulassung bedürfen, müssen amtlich zugelassen sein und den Zulassungsbedingungen entsprechen.

Stoffe und Bauteile, für die weder DIN-Normen bestehen noch eine amtliche Zulassung vorgeschrieben ist, dürfen nur mit Zustimmung des Auftraggebers verwendet werden.

Für die gebräuchlichsten genormten Stoffe und Bauteile sind die DIN-Normen nachstehend aufgeführt:

DIN 1180	Dränrohre aus Ton; Maße, Anforderungen, Prüfung
DIN 1187	Dränrohre aus PVC hart (Polyvinylchlorid hart); Maße, Anforderungen, Prüfung
DIN 1230	Rohre, Formstücke, Sohlschalen und Platten aus Steinzeug
DIN 4032	Betonrohre und -formstücke; Maße, Technische Lieferbedingungen
DIN 4034	Schachtringe, Brunnenringe, Schachthälse, Übergangsringe, Auflageringe aus Beton; Maße, Technische Lieferbedingungen
DIN 19 850	Asbestzementrohre und -formstücke für Abwasserkanäle, Rohre, Abzweige, Bogen, Maße, Technische Lieferbedingungen

3. Ausführung

3.1. Dränarbeiten für landwirtschaftlich genutzte Flächen sind nach DIN 1185 Blatt 3 „Dränung; Regelung des Bodenwasser-Haushalts durch Rohrdränung, Rohrlose Dränung und Unterbodenmelioration, Ausführung“ auszuführen.

3.2. Der Auftragnehmer hat während der Ausführung seiner Arbeiten darauf zu achten, ob Verhältnisse vorliegen oder zu erwarten sind, die den Erfolg der Dränung beeinträchtigen. Solche Verhältnisse hat er dem Auftraggeber unverzüglich schriftlich mitzuteilen.

Hierzu gehören insbesondere:

unvorhergesehene Änderungen der Bodenverhältnisse, z. B. Auftreten von Treibsand, ungünstiger Feuchtezustand des Bodens, Auftreten von Quellen, Antreffen von Wurzelbereichen von Bäumen und Sträuchern, Anschneiden vorhandener Dränstränge;

unvorhergesehene Verhältnisse bei Kreuzungen, z. B. mit offenen oder zugeschütteten Gräben, mit Kabeln und Leitungen, mit Gleisen und Wegen.

3.3. Wenn Verkehrs-, Versorgungs- und Entsorgungsanlagen im Bereich des Baugeländes liegen, sind die Vorschriften und Anordnungen der zuständigen Stellen zu beachten.

3.4. Die für die Aufrechterhaltung des Verkehrs bestimmten Flächen sind freizuhalten. Der Zugang zu Einrichtungen der Versorgungs- und Entsorgungsbetriebe, der Feuerwehr, der Post und Bahn, zu Vermessungspunkten und dergleichen darf nicht mehr als durch die Ausführung unvermeidlich behindert werden.

3.5. Bei Frostwetter und bei gefrorenem Boden dürfen Dränarbeiten nur mit Zustimmung des Auftraggebers ausgeführt werden.

4. Nebenleistungen

Nebenleistungen sind Leistungen, die auch ohne Erwähnung in der Leistungsbeschreibung zur vertraglichen Leistung gehören (siehe Teil B – DIN 1961 – § 2 Nr. 1).

4.1. Folgende Leistungen sind Nebenleistungen:

4.1.1. Messungen für das Ausführen und Abrechnen der Arbeiten einschließlich des Vorhaltens der Meßgeräte, Lehren, Absteckzeichen usw., des Erhaltens der Lehren und Absteckzeichen während der Bauausführung und des Stellens der Arbeitskräfte, jedoch nicht Leistungen nach Teil B – DIN 1961 – § 3 Nr. 2.

4.1.2. Schutz- und Sicherheitsmaßnahmen nach den Unfallverhütungsvorschriften und den behördlichen Bestimmungen.

4.1.3. Schutz der ausgeführten Leistungen und der für die Ausführung übergebenen Gegenstände vor Beschädigung und Diebstahl bis zur Abnahme.

4.1.4. Feststellen des Zustands der Straßen, der Geländeoberfläche, der Vorfluter usw. nach Teil B – DIN 1961 – § 3 Nr. 4.

4.1.5. Feststellen des Wasserhaushalts des Bodens nach DIN 1185 Blatt 3.

4.1.6. Heranbringen von Wasser und Energie von den vom Auftraggeber auf der Baustelle zur Verfügung gestellten Anschlußstellen zu den Verwendungsstellen.

4.1.7. Vorhalten der Kleingeräte und Werkzeuge.

4.1.8. Lieferung der Betriebsstoffe.

4.1.9. Befördern aller Stoffe, auch wenn sie vom Auftraggeber beigestellt sind, von den Lagerstellen auf der Baustelle zu den Verwendungsstellen und etwaiges Rückbefördern.

4.1.10. Sichern der Arbeiten gegen Tagwasser, mit dem normalerweise gerechnet werden muß, und seine etwa erforderliche Beseitigung.

4.1.11. Beleuchten und Reinigen der Aufenthaltsräume und Aborte für die Beschäftigten des Auftragnehmers sowie Beheizen der Aufenthaltsräume.

4.1.12. Beseitigen aller Verunreinigungen (Abfälle, Bauschutt und dergleichen), die von den Arbeiten des Auftragnehmers herrühren.

4.1.13. Beseitigen einzelner Sträucher und einzelner Bäume bis zu 0,10 m Durchmesser, gemessen 1 m über dem Erdboden, der dazugehörigen Wurzeln und Baumstümpfe.

4.1.14. Beseitigen von einzelnen Steinen und Mauerresten bis zu je 0,03 m^3 Rauminhalt**).

4.2. Folgende Leistungen sind Nebenleistungen, wenn sie nicht durch besondere Ansätze in der Leistungsbeschreibung erfaßt sind:

4.2.1. Einrichten und Räumen der Baustelle.

**) 0,03 m^3 Rauminhalt entspricht einer Kugel mit einem Durchmesser von rd. 0,40 m.

4.2.2. Vorhalten der Baustelleneinrichtung einschließlich der Geräte, Gerüste und dergleichen.

4.3. Folgende Leistungen sind keine Nebenleistungen:

4.3.1. „Besondere Leistungen" nach Teil A — DIN 1960 — § 9 Nr. 6.

4.3.2. Aufstellen, Vorhalten und Beseitigen von Bauzäunen, Blenden und Schutzgerüsten zur Sicherung des öffentlichen Verkehrs sowie von Einrichtungen außerhalb der Baustelle zur Umleitung und Regelung des öffentlichen Verkehrs zu Wasser und zu Lande.

4.3.3. Bauarbeiten zur Aufrechterhaltung des Anliegerverkehrs, des Wasserabflusses und der Vorflut; Aufbrechen und Wiederinstandsetzen von Straßendecken.

4.3.4. Sichern von Leitungen, Kanälen, Dränen, Kabeln, Grenzsteinen, Bäumen und dergleichen.

4.3.5. Beseitigen von Hindernissen, Leitungen, Kanälen, Dränen, Kabeln und dergleichen, ausgenommen Leistungen nach den Abschnitten 4.1.13 und 4.1.14.

4.3.6. besondere Maßnahmen aus Gründen der Landespflege und des Umweltschutzes.

4.3.7. Boden- und Wasseruntersuchungen, ausgenommen die Feststellungen nach Abschnitt 4.1.5.

4.3.8. zusätzliche Maßnahmen für die Weiterarbeit bei Frost und Schnee, soweit sie dem Auftragnehmer nicht ohnehin obliegen.

4.3.9. Maßnahmen, die beim Anschneiden vorhandener Dräne zu treffen sind.

4.3.10. Maßnahmen, die beim Antreffen von Quellen in Rohrgräben zu treffen sind.

4.3.11. Maßnahmen, die beim Verlegen von Sammlern im Wurzelbereich von Bäumen und Sträuchern zu treffen sind.

4.3.12. Maßnahmen zum Schutz der Dräne gegen Einwachsen von Pflanzenwurzeln.

4.3.13. Abbauen und Wiederherstellen von Zäunen.

4.3.14. Anschlagen vorhandener Schächte zum Einführen von Dränen.

4.3.15. Herstellen von Bestandsplänen.

5. Abrechnung

5.1. Allgemeines

Die Leistung ist aus Zeichnungen zu ermitteln, soweit die ausgeführte Leistung diesen Zeichnungen entspricht.

Sind solche Zeichnungen nicht vorhanden, ist die Leistung aufzumessen.

5.2. Es werden abgerechnet:

5.2.1. Rohrdräne einschließlich der Formstücke und Abzweige sowie einschließlich der dazugehörigen Erdarbeiten, getrennt nach Tiefenlage, Arten und Nennweiten der Rohre, nach Längenmaß (m).

5.2.2. Ummanteln der Dränrohre mit Filterstoffen nach Längenmaß (m) oder Raummaß (m^3) oder Gewicht (t).

5.2.3. Dränschächte, Absturzschächte, Kontrollschächte, Schlucker, Dränausmündungen einschließlich der dazugehörigen Erdarbeiten, getrennt nach Bauarten und Abmessungen, nach Anzahl (Stück).

5.2.4. Rohrlose Dräne nach Längenmaß (m).

5.2.5. Unterbodenmelioration nach Flächenmaß (m^2).

VOB Teil C:

Allgemeine Technische Vorschriften für Bauleistungen

Einpreßarbeiten — DIN 18309

Fassung Dezember 1973

Ausgabedatum: Juli 1974

Inhalt

0. Hinweise für die Leistungsbeschreibung*)

(siehe auch Teil A – DIN 1960 – § 9)

0.1. In der Leistungsbeschreibung sind nach Lage des Einzelfalles insbesondere anzugeben:

0.1.1. Lage der Baustelle und Umgebungsbedingungen, Zufahrtsmöglichkeiten und Beschaffenheit der Zufahrt sowie etwaige Einschränkungen bei ihrer Benutzung.

0.1.2. Lage und Ausmaß der dem Auftragnehmer für die Ausführung seiner Leistungen zur Benutzung oder Mitbenutzung überlassenen Flächen.

0.1.3. Art, Lage, Abfluß, Abflußvermögen und Hochwasserverhältnisse des Vorfluters.

0.1.4. Ergebnisse der Bodenuntersuchung und der Wasseranalyse, geologische Verhältnisse.

0.1.5. Schutzgebiete im Bereich der Baustelle.

0.1.6. besondere Maßnahmen aus Gründen der Landespflege und des Umweltschutzes.

0.1.7. Art und Umfang des Schutzes von Bäumen, Pflanzenbeständen, Vegetationsflächen, Bauteilen, Bauwerken, Grenzsteinen u. ä. im Bereich der Baustelle.

0.1.8. besondere Anordnungen, Vorschriften und Maßnahmen der Eigentümer (oder der anderen Weisungsberechtigten) von Leitungen, Kabeln, Dränen, Kanälen, Wegen, Gewässern, Gleisen, Zäunen und dergleichen im Bereich der Baustelle.

0.1.9. besondere wasserrechtliche Bestimmungen.

0.1.10. für den Verkehr freizuhaltende Flächen.

0.1.11. Besonderheiten der Regelung und Sicherung des Verkehrs, gegebenenfalls auch, wieweit der Auftraggeber die Durchführung der erforderlichen Maßnahmen übernimmt.

0.1.12. Verkehrsverhältnisse auf der Baustelle, insbesondere Verkehrsbeschränkungen, z. B. Begrenzung der Verkehrslasten.

---

*) Diese Hinweise werden nicht Vertragsbestandteil.

0.1.13. Lage, Art und Anschlußwert der dem Auftragnehmer auf der Baustelle zur Verfügung gestellten Anschlüsse für Wasser und Energie.

0.1.14. Mitbenutzung fremder Gerüste, Hebezeuge, Aufzüge, Aufenthalts- und Lagerräume, Einrichtungen und dergleichen durch den Auftragnehmer.

0.1.15. besondere Anforderungen an die Baustelleneinrichtung.

0.1.16. bekannte oder vermutete Hindernisse im Bereich der Baustelle, möglichst unter Auslegung von Bestandsplänen, z. B. Leitungen, Kabel, Dräne, Kanäle, Bauwerksreste (und, soweit bekannt, deren Eigentümer).

0.1.17. Art und Zeit der vom Auftraggeber veranlaßten Vorarbeiten.

0.1.18. ob und in welchem Umfang dem Auftragnehmer Arbeitskräfte und Geräte für Abladen, Lagern und Transport zur Verfügung gestellt werden.

0.1.19. Arbeiten anderer Unternehmer auf der Baustelle.

0.1.20. ob und unter welchen Umständen auf der Baustelle gewonnene Stoffe verwendet werden dürfen oder verwendet werden sollen.

0.1.21. Leistungen für andere Unternehmer.

0.1.22. Art, Menge, Gewicht der Stoffe und Bauteile, die vom Auftraggeber beigestellt werden, sowie Art, Ort (genaue Bezeichnung) und Zeit ihrer Übergabe.

0.1.23. Güteanforderungen an nicht genormte Stoffe und Bauteile.

0.1.24. Art und Umfang verlangter Eignungs- und Gütenachweise.

0.1.25. vorgesehene Arbeitsabschnitte, Arbeitsunterbrechungen und -beschränkungen nach Art, Ort und Zeit.

0.1.26. Gründungstiefen, Gründungsarten und Lasten benachbarter Bauwerke.

0.1.27. besondere Erschwernisse während der Ausführung, z. B. Arbeiten bei außergewöhnlichen Temperaturen, unter Tage, Wasserandrang.

0.1.28. Benutzung von Teilen der Leistung vor der Abnahme.

0.1.29. besondere Maßnahmen, die zum Schutz von benachbarten Grundstücken und Bauwerken notwendig sind.

0.1.30. Zweck der Baumaßnahme, Ergebnisse der Vorarbeiten (siehe DIN 4093 „Grundbau; Einpressungen in Untergrund und Bauwerke, Richtlinien für Planung und Ausführung")

0.1.31. die zu erreichende Güte der Dichtheit oder Verfestigung.

0.1.32. besondere Anforderungen an die Klärung und Ableitung des Betriebswassers.

0.1.33. bei den Einpreßarbeiten zur Verfügung stehender Arbeitsraum.

0.1.34. Art und Lage der Einpreßlöcher, Reihenfolge der Ausführung.

0.1.35. Art, Zusammensetzung, Eigenschaften und Mengenbegrenzung des Einpreßguts; Änderung der Zusammensetzung des Einpreßguts.

0.1.36. Einpreßabschnitte und Einpreßdrücke; Widerstand gegen Einpreßdruck.

0.1.37. Art und Umfang von Wasserdurchlässigkeitsprüfungen (siehe Abschnitte 3.1.6.4 und 3.3).

0.1.38. Einpreßverfahren; Änderung des Einpreßverfahrens.

0.1.39. besondere Anforderungen an den Nachweis nach Abschnitt 1.5.

0.1.40. Art und Anzahl der geforderten Proben.

0.1.41. Leistungen nach Abschnitt 4.2 in besonderen Ansätzen, wenn diese Leistungen keine Nebenleistungen sein sollen.

0.1.42. Leistungen nach Abschnitt 4.3 in besonderen Ansätzen.

0.2. In der Leistungsbeschreibung sind Angaben zu folgenden Abschnitten nötig, wenn der Auftraggeber eine abweichende Regelung wünscht:

Abschnitt 1.3	(Leistungen mit Lieferung der Stoffe und Bauteile)
Abschnitt 2.1	(Vorhalten von Stoffen und Bauteilen)
Abschnitt 2.2.1.1	(Liefern ungebrauchter Stoffe und Bauteile)
Abschnitt 2.2.2.3.2	(Mahlfeinheit des Zements und Wasserfeststoffaktor bei Zementsuspensionen)
Abschnitt 2.2.2.3.3	(Mahlfeinheit von Zement als Zusatz bei Tonsuspensionen)
Abschnitt 3.1.7	(Liefern eines Plans mit Angaben über die Einpreßarbeiten)
Abschnitt 3.2.1.1	(Wahl der Einpreßgeräte)
Abschnitt 3.2.3	(Reinigen der Einpreßlöcher durch Druckwasser)
Abschnitt 3.2.4.1	(Einpreßfolge im Einpreßloch)
Abschnitt 3.2.4.2	(Abschlußart für Abschnitte des Einpreßlochs)
Abschnitt 3.2.4.3	(Änderung des Einpreßguts oder des Einpreßverfahrens)
Abschnitt 3.2.5	(Aufzeichnen des Einpreßverlaufs)
Abschnitt 3.5	(Art der Prüfung der Verfestigungswirkung)
Abschnitt 5.1	(Abrechnen des Einpressens nach Betriebsstunden der Einpreßbetriebszeit)

1. Allgemeines

1.1. DIN 18 309 „Einpreßarbeiten" gilt für Einpreßarbeiten zum Dichten oder Verfestigen von Boden und Bauwerken (auch Erdbauwerken) und für das Füllen (Auspressen) von Hohlräumen für Verankerungen und dergleichen.

1.2. DIN 18 309 gilt nicht für das Auspressen von Spannkanälen im konstruktiven Ingenieurbau (siehe DIN 18 331 „Beton- und Stahlbetonarbeiten").

1.3. Alle Leistungen umfassen auch die Lieferung der dazugehörigen Stoffe und Bauteile einschließlich Abladen und Lagern auf der Baustelle, wenn in der Leistungsbeschreibung nichts anderes vorgeschrieben ist.

1.4. Stoffe und Bauteile, die vom Auftraggeber beigestellt werden, hat der Auftragnehmer rechtzeitig beim Auftraggeber anzufordern.

1.5. Der Auftragnehmer hat sich zu vergewissern und dem Auftraggeber auf Verlangen nachzuweisen, daß das Einpreßgut, das Einpreßverfahren und die Einpreßgeräte den Anforderungen genügen.

2. Stoffe, Bauteile

2.1. Vorhalten

Stoffe und Bauteile, die der Auftragnehmer nur vorzuhalten hat, die also nicht in das Bauwerk eingehen, können nach Wahl des Auftragnehmers gebraucht oder ungebraucht sein, wenn in der Leistungsbeschreibung darüber nichts vorgeschrieben ist.

2.2. Liefern

2.2.1. Allgemeine Anforderungen

2.2.1.1. Stoffe und Bauteile, die der Auftragnehmer zu liefern und einzubauen hat, die also in das Bauwerk eingehen, müssen ungebraucht sein, wenn in der Leistungs-

beschreibung nichts anderes vorgeschrieben ist. Sie müssen für den jeweiligen Verwendungszweck geeignet sein.
Stoffe und Bauteile, für die DIN-Normen bestehen, müssen den DIN-Güte- und -Maßbestimmungen entsprechen.
Stoffe und Bauteile, die nach den behördlichen Vorschriften einer Zulassung bedürfen, müssen amtlich zugelassen sein und den Zulassungsbedingungen entsprechen.
Stoffe und Bauteile, für die weder DIN-Normen bestehen noch eine amtliche Zulassung vorgeschrieben ist, dürfen nur mit Zustimmung des Auftraggebers verwendet werden.

2.2.1.2. Stoffe, die Boden oder Wasser gefährden oder sich auf Bauwerke oder deren Aussehen nachteilig auswirken können, dürfen bei Einpreßarbeiten nicht verwendet werden.

2.2.2. Einpreßgut

2.2.2.1. Lösungen als Einpreßgut

Lösungen als Einpreßgut müssen so beschaffen sein, daß sie an den vorgesehenen Stellen des Einpreßbereichs Feststoffe oder Dichtstoffe bilden, die dort volumenbeständig, erosionsbeständig und widerstandsfähig gegen schädliche chemische Einwirkungen sind.

2.2.2.2. Emulsionen als Einpreßgut

Emulsionen als Einpreßgut müssen — wenn nötig nach Beigabe von Koagulationsmitteln — so beschaffen sein, daß sie an den vorgesehenen Stellen des Einpreßbereichs Dichtstoffe ausscheiden, die dort volumenbeständig, erosionsbeständig und widerstandsfähig gegen schädliche chemische Einwirkungen sind.

2.2.2.3. Suspensionen als Einpreßgut

Suspensionen als Einpreßgut müssen so beschaffen sein, daß sie an den vorgesehenen Stellen des Einpreßbereichs Feststoffe oder Dichtstoffe absetzen, die dort volumenbeständig, erosionsbeständig und widerstandsfähig gegen schädliche chemische Einwirkungen sind. Zusätze, die die Viskosität, das Absetzen, das Abbinden, das Erhärten oder die Festigkeit beeinflussen können oder das Schwinden verhindern sollen, sind nur mit Zustimmung des Auftraggebers zulässig.

2.2.2.3.1. Bei Zementsuspensionen können mit Zustimmung des Auftraggebers zum Stabilisieren oder zum Auffüllen Tone zugesetzt werden, die von Natur oder nach Aufbereiten für diesen Zweck geeignet sind.

2.2.2.3.2. Zemente für Zementsuspensionen dürfen auf dem Prüfsieb mit Maschenweite 0,08 mm nach DIN 4188 Blatt 1 „Siebböden; Drahtsiebböden für Prüfsiebe, Maße“ einen Rückstand von höchstens 2 Gew.-% ergeben, wenn in der Leistungsbeschreibung nichts anderes vorgeschrieben ist. Bei Zementsuspensionen darf der Wasserfeststoffaktor (Gewichtsverhältnis Wasser zu Feststoff) 7 nicht überschreiten und 0,7 nicht unterschreiten, wenn in der Leistungsbeschreibung nichts anderes vorgeschrieben ist.

2.2.2.3.3. Tone für Tonsuspensionen müssen ausreichend quellfähig sein. Die Tonsuspensionen sind durch Zusätze von Zement oder Chemikalien erosionsbeständig zu machen.
Bei Zusatz von Zement sind Zemente zu verwenden, die auf dem Prüfsieb mit Maschenweite 0,08 mm nach DIN 4188 Blatt 1 einen Rückstand von höchstens 2 Gew.-% ergeben, wenn in der Leistungsbeschreibung nichts anderes vorgeschrieben ist.

2.2.2.4. Pasten und Mörtel als Einpreßgut

2.2.2.4.1. Pasten und Mörtel als Einpreßgut müssen so beschaffen sein, daß sie in den Hohlräumen des Einpreßbereichs zu einer festen Masse werden. Die feste Masse muß volumenbeständig, erosionsbeständig und widerstandsfähig gegen schädliche chemische Einwirkungen sein. Zusätze, die das Abbinden, das Erhärten oder die Festigkeit beeinflussen können oder das Schwinden verhindern sollen, sind nur mit Zustimmung des Auftraggebers zulässig.

2.2.2.4.2. Zuschläge dürfen keine organischen Bestandteile enthalten und müssen sich mit den Bindemitteln vertragen.

2.2.3. Wasser

Das zur Herstellung des Einpreßguts verwendete Wasser muß frei von schädlichen Bestandteilen und Beimengungen sein.

3. Ausführung

3.1. Allgemeines

3.1.1. Wenn Verkehrs-, Versorgungs- und Entsorgungsanlagen im Bereich des Baugeländes liegen, sind die Vorschriften und Anordnungen der zuständigen Stellen zu beachten.

3.1.2. Die für die Aufrechterhaltung des Verkehrs bestimmten Flächen sind freizuhalten.

Der Zugang zu Einrichtungen der Versorgungs- und Entsorgungsbetriebe, der Feuerwehr, der Post und Bahn, zu Vermessungspunkten und dergleichen darf nicht mehr als durch die Ausführung unvermeidlich behindert werden.

3.1.3. Der Auftragnehmer hat mit der im Verkehr erforderlichen Sorgfalt zu prüfen, ob die vorgesehene Art der Ausführung eine wirksame Einpressung ermöglicht. Er hat dem Auftraggeber Bedenken unverzüglich schriftlich mitzuteilen (siehe Teil B — DIN 1961 — § 4 Nr. 3), insbesondere bei

Beobachtungen, die mit dem Ergebnis der Vorarbeiten für das Einpressen (siehe DIN 4093 „Grundbau; Einpressungen in Untergrund und Bauwerke, Richtlinien für Planung und Ausführung") nicht in Einklang stehen,

ungeeigneter Anordnung der Einpreßlöcher,

ungeeigneter Einpreßfolge,

ungeeignetem Einpreßgut,

Fehlen eines ausreichenden Widerstands gegen den Einpreßdruck,

ungenügendem Arbeitsraum,

Behinderung durch Grund- oder Sickerwasser.

3.1.4. Der Auftragnehmer hat während der Ausführung seiner Arbeiten darauf zu achten, ob Verhältnisse vorliegen oder zu erwarten sind, die den Erfolg beeinträchtigen, der durch die Einpreßarbeiten erreicht werden soll. Solche Verhältnisse hat er dem Auftraggeber unverzüglich schriftlich mitzuteilen. Die zu treffenden Maßnahmen sind zu vereinbaren.

3.1.5. Wenn Bauwerke, Verkehrs-, Versorgungs- oder Entsorgungsanlagen im Bereich der Einpreßwirkung liegen, ist ihr Zustand vor Beginn des Einpressens festzustellen (siehe Teil B — DIN 1961 — § 3 Nr. 4). Sind durch die Einpreßarbeiten Schäden an diesen baulichen Anlagen zu erwarten, hat es der Auftragnehmer dem Auftraggeber unverzüglich schriftlich mitzuteilen.

Werden beim Einpressen Gefahren für bauliche Anlagen erkennbar, hat der Auftragnehmer die Arbeiten sofort einzustellen und die Anordnung des Auftraggebers einzuholen. Ordnet dieser das Fortsetzen des Einpressens an, so hat der Auftragnehmer die Wirkung des Einpressens zu beobachten. Schäden, die Folgen des Einpressens sein können, sind dem Auftraggeber unverzüglich mitzuteilen.

3.1.6. Der Auftragnehmer hat über die Einpreßarbeiten eine „Liste der Einpreßlöcher" zu führen und die Liste bei der Abnahme dem Auftraggeber zu übergeben. In die Liste sind — je nach Lage des Falls — folgende Angaben aufzunehmen:

3.1.6.1. Bezeichnung, vorgesehene und erreichte Neigung, Richtung und Endtiefe jedes Einpreßlochs aufgrund der Aufzeichnungen bei den Bohrungen.

3.1.6.2. bei Prüfungen von Einpreßlöchern

Datum der Prüfung,

Tiefe der Meßpunkte,

Ergebnis der Prüfung.

3.1.6.3. über jeden Einpreßvorgang

Datum und Uhrzeit des Beginns und des Endes,

bei abschnittsweisem Einpressen Lage und Länge des verpreßten Lochabschnitts,

vorgesehener und erreichter Einpreßdruck,

Art und Zusammensetzung des Einpreßguts,

im Einpreßloch — gegebenenfalls in Einpreßabschnitten — eingebrachte Menge an Einpreßgut, bei Suspensionen zusätzlich die eingebrachte Feststoffmenge,

besondere Vorkommnisse, z. B. Austritte von Einpreßgut, abgebrochene Einpressungen.

3.1.6.4. bei jeder Wasserdurchlässigkeitsprüfung durch Wassereinpreß- oder Pumpversuch

Datum und Uhrzeit des Beginns und des Endes,

bei abschnittsweisem Prüfen Lage und Länge des Prüfabschnitts,

Prüfdruck,

Wasseraufnahme oder Wasserergiebigkeit in l/min je 1 m Prüfabschnitt,

besondere Vorkommnisse.

3.1.6.5. bei jeder Verfestigungsprüfung, z. B. durch Kernbohrungen oder Schürfungen,

Datum,

Lage der Bohrung oder Schürfung,

Befund und Prüfergebnis,

besondere Vorkommnisse.

3.1.7. Soweit sich die Angaben nach Abschnitt 3.1.6 für die Darstellung in einem Plan eignen, hat der Auftragnehmer einen Plan mit diesen Angaben jeweils auf dem neuesten Stand zu halten und ihn bei der Abnahme dem Auftraggeber zu übergeben, wenn in der Leistungsbeschreibung nichts anderes vorgeschrieben ist.

3.1.8. Der Auftragnehmer hat dafür zu sorgen, daß aus dem anfallenden Wasser Spülschlamm und Rückstände von Einpreßgut zurückgehalten werden und daß das Wasser stets ungehindert abfließen kann und keine Schäden verursacht.

3.2. Einpressen

3.2.1. Geräte

3.2.1.1. Dem Auftragnehmer ist die Wahl der Geräte freigestellt, wenn darüber in der Leistungsbeschreibung nichts vorgeschrieben ist.

3.2.1.2. Die Mischanlage muß ein gründliches Durchmischen des Einpreßguts gewährleisten. Die stetige Abgabe des Einpreßguts an die Einpreßpumpe muß gesichert sein. Vorratsbehälter müssen mit Rührwerk ausgestattet sein.

3.2.1.3. Die Einpreßpumpe muß möglichst gleichmäßig ohne nachteilige Druckstöße pressen.

3.2.2. Messen von Einpreßdruck und Einpreßmenge

Einpreßdruck und Einpreßmenge sind hinreichend genau zu messen.

3.2.3. Reinigen der Einpreßlöcher

Das Einpreßloch oder der zu füllende Abschnitt ist unmittelbar vor dem Einpressen durch Druckwasser gründlich zu reinigen, wenn in der Leistungsbeschreibung nichts anderes vorgeschrieben ist, z. B. Reinigen durch ein Gemisch von Druckwasser und Druckluft, durch Ausblasen, durch Absaugen.

3.2.4. Durchführen des Einpressens

3.2.4.1. Das Einpreßloch ist von der Tiefe aufsteigend zu füllen, wenn in der Leistungsbeschreibung nichts anderes vorgeschrieben ist. Sind Einpreßdrücke oder Einpreßabschnitte nicht vorgeschrieben, so hat sie der Auftragnehmer im Einvernehmen mit dem Auftraggeber festzulegen.

3.2.4.2. Jeder Abschnitt des Einpreßlochs ist durch Packer dicht abzuschließen, wenn in der Leistungsbeschreibung nichts anderes vorgeschrieben ist.

3.2.4.3. Einpreßgut, das sich entmischen kann, muß bis zum Einpressen ununterbrochen umgerührt werden. Es darf nur Einpreßgut eingefüllt werden, das noch nicht begonnen hat, in den Endzustand überzugehen. Es ist so lange einzupressen, bis der Einpreßabschnitt kein Einpreßgut mehr aufnimmt und der vorgeschriebene Einpreßdruck erreicht ist. Kann der Einpreßabschnitt nicht gesättigt und der Einpreßdruck nicht erreicht werden, so ist die Zusammensetzung des Einpreßguts oder das Einpreßverfahren zu ändern; die Änderung ist zu vereinbaren, wenn darüber in der Leistungsbeschreibung nichts vorgeschrieben ist. Nach Erreichen des Einpreßdrucks ist die Einpressung noch so lange unter gleichbleibendem Druck zu halten, bis bei Wegnahme des Drucks kein Einpreßgut austritt.

3.2.5. Aufzeichnen des Einpreßverlaufs

Der Einpreßdruck ist für jeden Einpreßabschnitt am Mund des Einpreßlochs mit Druckschreiber aufzuzeichnen, und die Aufnahme des Einpreßguts ist in zeitlicher Zuordnung zum Druckverlauf zu messen und aufzuzeichnen, wenn in der Leistungsbeschreibung nichts anderes vorgeschrieben ist. Die aufgezeichneten Angaben sind in die „Liste der Einpreßlöcher" nach Abschnitt 3.1.6 einzutragen. Alle wesentlichen Beobachtungen sind unter Angabe des Datums und der Uhrzeit zu vermerken und so zu erläutern, daß der Ablauf der Einpressung lückenlos dargestellt ist. Die Aufzeichnungen sind mit der Liste dem Auftraggeber zu übergeben.

3.3. Prüfen der Wasserdurchlässigkeit durch Wassereinpreßversuch

Wenn Prüfen der Wasserdurchlässigkeit durch Wassereinpreßversuch vorgeschrieben ist, ist wie folgt zu verfahren:

Jeder Prüfabschnitt ist so abzuschließen, daß der Prüfdruck aufgenommen werden kann; dazu kann der für das Einpressen nach Abschnitt 3.2.4.2 hergestellte Abschluß verwendet werden. Der Prüfabschnitt ist mit Wasser zu füllen. Das Wasser ist mit dem in der Leistungsbeschreibung vorgeschriebenen Prüfdruck so lange einzupressen, bis er mindestens 3 Minuten lang erhalten bleibt. Die während des gleichbleibenden Druckes vom Prüfabschnitt aufgenommene Wassermenge ist zu messen; das Schluckvermögen ist in l/min für 1 m Prüfabschnitt (WD-Wert) zu berechnen.

3.4. Prüfen des Verlaufs der Einpreßlöcher

Wenn Prüfen des Verlaufs der Einpreßlöcher vorgeschrieben ist, sind Neigung und Richtung des Einpreßlochs in den vorgeschriebenen Tiefen festzustellen.

3.5. Prüfen der Verfestigung

Wenn Prüfen der Verfestigung vorgeschrieben ist, ist der Bereich der Verfestigung durch Kernbohrungen und die Güte durch Prüfung der Bohrkerne festzustellen, wenn in der Leistungsbeschreibung nichts anderes vorgeschrieben ist, z. B. Sondierungen, Druckversuche, Schürfen.

4. Nebenleistungen

Nebenleistungen sind Leistungen, die auch ohne Erwähnung in der Leistungsbeschreibung zur vertraglichen Leistung gehören (siehe Teil B — DIN 1961 — § 2 Nr. 1).

4.1. Folgende Leistungen sind Nebenleistungen:

4.1.1. Messungen für das Ausführen und Abrechnen der Arbeiten einschließlich des Vorhaltens der Meßgeräte, Lehren, Absteckzeichen usw., des Erhaltens der Lehren und Absteckzeichen während der Bauausführung und des Stellens der Arbeitskräfte, jedoch nicht Leistungen nach Teil B — DIN 1961 — § 3 Nr. 2.

4.1.2. Schutz- und Sicherheitsmaßnahmen nach den Unfallverhütungsvorschriften und den behördlichen Bestimmungen.

4.1.3. Schutz der ausgeführten Leistungen und der für die Ausführung übergebenen Gegenstände vor Beschädigung und Diebstahl bis zur Abnahme.

4.1.4. Feststellen des Zustands der Straßen, der Geländeoberfläche, der Vorfluter usw. nach Teil B — DIN 1961 — § 3 Nr. 4.

4.1.5. Heranbringen von Wasser und Energie von den vom Auftraggeber auf der Baustelle zur Verfügung gestellten Anschlußstellen zu den Verwendungsstellen.

4.1.6. Vorhalten der Kleingeräte und Werkzeuge.

4.1.7. Lieferung der Betriebsstoffe.

4.1.8. Befördern aller Stoffe und Bauteile, auch wenn sie vom Auftraggeber beigestellt sind, von den Lagerstellen auf der Baustelle zu den Verwendungsstellen und etwaiges Rückbefördern.

4.1.9. Sichern der Arbeiten gegen Tagwasser, mit dem normalerweise gerechnet werden muß, und seine etwa erforderliche Beseitigung.

4.1.10. Beleuchten und Reinigen der Aufenthaltsräume und Aborte für die Beschäftigten des Auftragnehmers sowie Beheizen der Aufenthaltsräume.

4.1.11. Beseitigen aller Verunreinigungen (Abfälle, Bauschutt und dergleichen), die von den Arbeiten des Auftragnehmers herrühren.

4.1.12. Beseitigen einzelner Sträucher und einzelner Bäume bis zu 0,10 m Durchmesser, gemessen 1 m über dem Erdboden, der dazugehörigen Wurzeln und Baumstümpfe.

4.1.13. Beseitigen von einzelnen Steinen und Mauerresten bis zu je 0,03 m³ Rauminhalt**).

4.1.14. Aufbereiten des Einpreßguts, auch wenn der Auftraggeber die Stoffe beistellt.

4.1.15. Prüfungen nach Abschnitt 1.5.

4.2. Folgende Leistungen sind Nebenleistungen, wenn sie nicht durch besondere Ansätze in der Leistungsbeschreibung erfaßt sind:

4.2.1. Einrichten und Räumen der Baustelle.

4.2.2. Vorhalten der Baustelleneinrichtung einschließlich der Geräte, Gerüste und dergleichen.

4.2.3. Umsetzen aller Einrichtungen zum Aufbereiten des Einpreßguts und zum Einpressen.

4.3. Folgende Leistungen sind keine Nebenleistungen:

4.3.1. „Besondere Leistungen" nach Teil A – DIN 1960 – § 9 Nr. 6.

4.3.2. Aufstellen, Vorhalten und Beseitigen von Bauzäunen, Blenden und Schutzgerüsten zur Sicherung des öffentlichen Verkehrs sowie von Einrichtungen außerhalb der Baustelle zur Umleitung und Regelung des öffentlichen Verkehrs zu Wasser und zu Lande.

4.3.3. besondere Maßnahmen zur Sicherung gefährdeter Bauwerke und zum Schutz benachbarter Grundstücke, z. B. Unterfangungen, Stützmauern, Bodenverfestigungen.

4.3.4. Sichern von Leitungen, Kanälen, Dränen, Kabeln, Grenzsteinen, Bäumen und dergleichen.

4.3.5. Beseitigen von Hindernissen, Leitungen, Kanälen, Dränen, Kabeln und dergleichen.

4.3.6. besondere Maßnahmen aus Gründen der Landespflege und des Umweltschutzes.

4.3.7. Boden- und Wasseruntersuchungen.

4.3.8. zusätzliche Maßnahmen für die Weiterarbeit bei Frost und Schnee, soweit sie dem Auftragnehmer nicht ohnehin obliegen.

**) 0,03 m³ Rauminhalt entspricht einer Kugel mit einem Durchmesser von rd. 0,40 m.

5. Abrechnung

Es werden abgerechnet:

5.1. Einpressen – getrennt nach Einpreßgut – nach Betriebsstunden der Einpreßbetriebszeit, wenn in der Leistungsbeschreibung nichts anderes vorgeschrieben ist. Die Einpreßbetriebszeit beginnt, wenn der Druckschreiber einen Druckanstieg anzeigt; sie endet, nachdem der Druckschreiber den vorgeschriebenen oder festgelegten Enddruck ausreichend lang (siehe Abschnitt 3.2.4.3) angezeigt hat. Unterbrechungen des Einpressens, die zum Beseitigen von Störungen oder Verstopfungen nötig waren, werden bis zur Dauer von jeweils 15 Minuten bei der Berechnung der Betriebsstunde nicht abgezogen.

5.2. Prüfen der Wasserdurchlässigkeit nach Anzahl der Prüfungen.

5.3. Setzen von Abschlüssen, die nur für das Prüfen nötig sind, getrennt nach Tiefenlage der Abschlüsse, nach Anzahl (Stück) als Zulage zum Preis nach Abschnitt 5.2.

5.4. Prüfen des Verlaufs der Einpreßlöcher nach Anzahl der durchgeführten und ausgewerteten Messungen.

5.5. Prüfen der Verfestigung, getrennt nach Prüfverfahren, nach Anzahl der Teilprüfungen.

5.6. Liefern von Feststoffen, getrennt nach Arten, zur Herstellung von Einpreßgut nach Gewicht (kg) der im eingebrachten Einpreßgut enthaltenen Feststoffe.

5.7. Liefern von Emulsionen, Lösungen und flüssigen Zusätzen, getrennt nach Arten, nach Raummaß (l) der eingebrachten Emulsionen usw.

VOB Teil C:

Allgemeine Technische Vorschriften für Bauleistungen

Sicherungsarbeiten an Gewässern, Deichen und Küstendünen — DIN 18 310

Fassung Dezember 1973

Ausgabedatum: Juli 1974

Inhalt

0. Hinweise für die Leistungsbeschreibung*)

(siehe auch Teil A – DIN 1960 – § 9)

0.1. In der Leistungsbeschreibung sind nach Lage des Einzelfalles insbesondere anzugeben:

0.1.1. Lage der Baustelle und Umgebungsbedingungen, Zufahrtsmöglichkeiten und Beschaffenheit der Zufahrt sowie etwaige Einschränkungen bei ihrer Benutzung.

0.1.2. Lage und Ausmaß der dem Auftragnehmer für die Ausführung seiner Leistungen zur Benutzung oder Mitbenutzung überlassenen Flächen.

0.1.3. Art, Lage, Abfluß, Abflußvermögen und Hochwasserverhältnisse von Vorflutern.

0.1.4. Ergebnisse von Boden-, Wasser- und Pflanzenbestandsuntersuchungen, Grundwasserstand.

0.1.5. Schutzgebiete im Bereich der Baustelle.

0.1.6. besondere Maßnahmen aus Gründen der Landespflege und des Umweltschutzes.

0.1.7. Art und Umfang des Schutzes von Bäumen, Pflanzenbeständen, Vegetationsflächen, Bauteilen, Bauwerken, Grenzsteinen u. ä. im Bereich der Baustelle.

0.1.8. bekannte oder vermutete Hindernisse im Bereich der Baustelle, möglichst unter Auslegung von Bestandsplänen, z. B. Leitungen, Kabel, Dräne, Kanäle, Bauwerksreste (und, soweit bekannt, deren Eigentümer).

0.1.9. besondere Anordnungen, Vorschriften und Maßnahmen der Eigentümer (oder der anderen Weisungsberechtigten) von Leitungen, Kabeln, Dränen, Kanälen, Wegen, Gewässern, Gleisen, Zäunen und dergleichen im Bereich der Baustelle.

0.1.10. besondere wasserrechtliche Bestimmungen.

0.1.11. für den Verkehr freizuhaltende Flächen.

---

*) Diese Hinweise werden nicht Vertragsbestandteil.

0.1.12. Besonderheiten der Regelung und Sicherung des Verkehrs, gegebenenfalls auch, wieweit der Auftraggeber die Durchführung der erforderlichen Maßnahmen übernimmt.

0.1.13. Verkehrsverhältnisse auf der Baustelle, insbesondere Verkehrsbeschränkungen, z. B. Begrenzung der Verkehrslasten.

0.1.14. Lage, Art und Anschlußwert der dem Auftragnehmer auf der Baustelle zur Verfügung gestellten Anschlüsse für Wasser und Energie.

0.1.15. Mitbenutzung fremder Gerüste, Hebezeuge, Aufzüge, Aufenthalts- und Lagerräume, Einrichtungen und dergleichen durch den Auftragnehmer.

0.1.16. besondere Anforderungen an die Baustelleneinrichtung.

0.1.17. Art und Zeit der vom Auftraggeber veranlaßten Vorarbeiten.

0.1.18. ob und in welchem Umfang dem Auftragnehmer Arbeitskräfte und Geräte für Abladen, Lagern und Transport zur Verfügung gestellt werden.

0.1.19. Arbeiten anderer Unternehmer auf der Baustelle.

0.1.20. ob und unter welchen Umständen auf der Baustelle gewonnene Stoffe verwendet werden dürfen oder verwendet werden sollen.

0.1.21. Art, Menge, Gewicht der Stoffe und Bauteile, die vom Auftraggeber beigestellt werden, sowie Art, Ort (genaue Bezeichnung) und Zeit ihrer Übergabe.

0.1.22. Güteanforderungen an nicht genormte Stoffe und Bauteile.

0.1.23. Art und Umfang verlangter Eignungs- und Gütenachweise.

0.1.24. Art und Beschaffenheit von Untergrund und Unterbau.

0.1.25. vorgesehene Arbeitsabschnitte, Arbeitsunterbrechungen und -beschränkungen nach Art, Ort und Zeit.

0.1.26. Gründungstiefen, Gründungsarten und Lasten benachbarter Bauwerke.

0.1.27. besondere Erschwernisse während der Ausführung.

0.1.28. Benutzung von Teilen der Leistung vor der Abnahme.

0.1.29. besondere Maßnahmen, die zum Schutz von benachbarten Grundstücken und Bauwerken notwendig sind.

0.1.30. die klimatischen, geographischen, geologischen, morphologischen und biologischen Verhältnisse, z. B. Temperaturen, Niederschläge, Wind (besonders an der Küste und bei stehenden Gewässern), vorhandene Vorländer oder Vorstrände, Gestalt des Gewässerbetts, Wasserbeschaffenheit, tierische und pflanzliche Schädlinge.

0.1.31. die bekannten und die später zu erwartenden hydrologischen und hydraulischen Verhältnisse, z. B. Abflüsse, Wasserstände und deren Häufigkeit, Strömung nach Größe und Richtung, Tide, Wellenbewegung, Einflüsse aus Schiffsverkehr, Feststoffführung und Eis, Grundwasserverhältnisse.

0.1.32. Ergebnisse von Boden-, Wasser- und Pflanzenbestandsuntersuchungen.

0.1.33. vorhandene Abdichtungen.

0.1.34. Art und Umfang des Schutzes zu erhaltender Pflanzen und Pflanzenbestände im Baustellenbereich und auf Entnahmeflächen außerhalb der Baustelle.

0.1.35. Wasserstände und Abflüsse, die der Auftragnehmer zu berücksichtigen hat.

0.1.36. zulässige Eingriffe in die Wasserstands- und Abflußverhältnisse während der Bauzeit.

0.1.37. Art, Maße, Herkunft und Güteanforderungen für Pflanzen und lebende Pflanzenteile aus Naturbeständen.

0.1.38. Art, Maße, Herkunft, Anzuchtweise und — bei fehlenden Normen — Güteanforderungen für Gehölzpflanzen aus Baumschulbeständen.

0.1.39. Keimfähigkeit und Reinheit des Saatguts, erforderliche Saatgutmenge je Flächeneinheit, bei Saatgutmischungen auch Artenzusammensetzung in Gew.-%.

0.1.40. bei kombinierten Bauweisen Anteile von Pflanzen, bewurzelungsfähigen Pflanzenteilen (außer Samen) und sonstigen Baustoffen.

0.1.41. bei Pflanzenmischungen Artenzusammensetzung.

0.1.42. Art und Umfang der Standortvorbereitung (einschließlich Düngung) der Flächen für Lebendbau.

0.1.43. besondere Maßnahmen bei der Ansaat von Gräsern und Kräutern.

0.1.44. Art, Umfang und Dauer der Pflege- und Schutzmaßnahmen (einschließlich Düngung) für Lebendbauten.

0.1.45. Leistungen nach Abschnitt 4.2 in besonderen Ansätzen, wenn diese Leistungen keine Nebenleistungen sein sollen.

0.1.46. Leistungen nach Abschnitt 4.3 in besonderen Ansätzen.

0.2. In der Leistungsbeschreibung sind Angaben zu folgenden Abschnitten nötig, wenn der Auftraggeber eine abweichende Regelung wünscht:

Abschnitt 1.3 (Leistungen mit Lieferung der Stoffe und Bauteile)

Abschnitt 2.1 (Vorhalten von Stoffen und Bauteilen)

Abschnitt 2.2 (Liefern ungebrauchter Stoffe und Bauteile, Pflanzen aus Anzuchtbeständen)

Abschnitt 5.1 (Abrechnung; Gewichtsermitteln durch Berechnen statt durch Wägen)

1. Allgemeines

1.1. DIN 18 310 „Sicherungsarbeiten an Gewässern, Deichen und Küstendünen" gilt für bautechnische und ingenieurbiologische Sicherungen, die die Sohlen und Böschungen von Gewässern, die Deiche und die Küstendünen gegen Beschädigungen und Zerstörungen schützen. Hierzu gehört auch der Verbau von Wundhängen zum Schutz von Gewässern.

1.2. DIN 18 310 gilt nicht für die beim Herstellen der Sicherungen auszuführenden Erdarbeiten (siehe DIN 18 300 „Erdarbeiten").

1.3. Alle Leistungen umfassen auch die Lieferung der dazugehörigen Stoffe und Bauteile einschließlich Abladen und Lagern auf der Baustelle, wenn in der Leistungsbeschreibung nichts anderes vorgeschrieben ist.

1.4. Stoffe und Bauteile, die vom Auftraggeber beigestellt werden, hat der Auftragnehmer rechtzeitig beim Auftraggeber anzufordern.

2. Stoffe, Bauteile

2.1. Vorhalten

Stoffe und Bauteile, die der Auftragnehmer nur vorzuhalten hat, die also nicht in das Bauwerk eingehen, können nach Wahl des Auftragnehmers gebraucht oder ungebraucht sein, wenn in der Leistungsbeschreibung darüber nichts vorgeschrieben ist.

2.2. Liefern

Stoffe und Bauteile, die der Auftragnehmer zu liefern und einzubauen hat, die also in das Bauwerk eingehen, müssen ungebraucht sein, wenn in der Leistungsbeschreibung nichts anderes vorgeschrieben ist.

Pflanzen und Pflanzenteile müssen aus Anzuchtbeständen stammen, wenn in der Leistungsbeschreibung nichts anderes vorgeschrieben ist, z. B. Herkunft aus Wildbeständen.

Stoffe und Bauteile müssen für den jeweiligen Verwendungszweck geeignet sein.

Stoffe und Bauteile, für die DIN-Normen bestehen, müssen den DIN-Güte- und -Maßbestimmungen entsprechen.

Stoffe und Bauteile, die nach den behördlichen Vorschriften einer Zulassung bedürfen, müssen amtlich zugelassen sein und den Zulassungsbedingungen entsprechen.

Stoffe und Bauteile, für die weder DIN-Normen bestehen noch eine amtliche Zulassung vorgeschrieben ist, dürfen nur mit Zustimmung des Auftraggebers verwendet werden.

Für die gebräuchlichsten genormten Stoffe und Bauteile sind die DIN-Normen in DIN 19 657 „Sicherungen von Gewässern, Deichen und Küstendünen; Richtlinien" aufgeführt.

3. Ausführung

3.1. Allgemeines

3.1.1. Sicherungsarbeiten an Gewässern, Deichen und Küstendünen sind nach DIN 19 657 „Sicherungen von Gewässern, Deichen und Küstendünen; Richtlinien" auszuführen.

3.1.2. Wenn Verkehrs-, Versorgungs- und Entsorgungsanlagen im Bereich des Baugeländes liegen, sind die Vorschriften und Anordnungen der zuständigen Stellen zu beachten.

3.1.3. Die für die Aufrechterhaltung des Verkehrs bestimmten Flächen sind freizuhalten. Der Zugang zu Einrichtungen der Versorgungs- und Entsorgungsbetriebe, der Feuerwehr, der Post und Bahn, zu Vermessungspunkten und dergleichen darf nicht mehr als durch die Ausführung unvermeidlich behindert werden.

3.2. Entwässerungsmaßnahmen

Der Auftragnehmer hat Entwässerungsmaßnahmen, die in der Leistungsbeschreibung vorgesehen sind, sowie etwa erforderliche Maßnahmen zur Sicherung gegen Tagwasser und zur Beseitigung von Tagwasser rechtzeitig auszuführen. Muß anderes Wasser, z. B. Quellwasser, Sickerwasser, abgeleitet werden und reichen hierzu die Maßnahmen, die dem Auftragnehmer obliegen (siehe Satz 1), nicht aus, so sind die darüber hinaus erforderlichen Maßnahmen zu vereinbaren.

4. Nebenleistungen

Nebenleistungen sind Leistungen, die auch ohne Erwähnung in der Leistungsbeschreibung zur vertraglichen Leistung gehören (siehe Teil B — DIN 1961 — § 2 Nr. 1).

4.1. Folgende Leistungen sind Nebenleistungen:

4.1.1. Messungen für das Ausführen und Abrechnen der Arbeiten einschließlich des Vorhaltens der Meßgeräte, Lehren, Absteckzeichen usw., des Erhaltens der Lehren und Absteckzeichen während der Bauausführung und des Stellens der Arbeitskräfte, jedoch nicht Leistungen nach Teil B — DIN 1961 — § 3 Nr. 2.

4.1.2. Schutz- und Sicherheitsmaßnahmen nach den Unfallverhütungsvorschriften und den behördlichen Bestimmungen.

4.1.3. Schutz der ausgeführten Leistungen und der für die Ausführung übergebenen Gegenstände vor Beschädigung und Diebstahl bis zur Abnahme.

4.1.4. Feststellen des Zustands der Straßen, der Geländeoberfläche, der Vorfluter usw. nach Teil B – DIN 1961 – § 3 Nr. 4.

4.1.5. Heranbringen von Wasser und Energie von den vom Auftraggeber auf der Baustelle zur Verfügung gestellten Anschlußstellen zu den Verwendungsstellen.

4.1.6. Vorhalten der Kleingeräte und Werkzeuge.

4.1.7. Lieferung der Betriebsstoffe.

4.1.8. Befördern aller Stoffe, auch wenn sie vom Auftraggeber beigestellt sind, von den Lagerstellen auf der Baustelle zu den Verwendungsstellen und etwaiges Rückbefördern.

4.1.9. Sichern der Arbeiten gegen Tagwasser, mit dem normalerweise gerechnet werden muß, und seine etwa erforderliche Beseitigung.

4.1.10. Beleuchten und Reinigen der Aufenthaltsräume und Aborte für die Beschäftigten des Auftragnehmers sowie Beheizen der Aufenthaltsräume.

4.1.11. Beseitigen aller Verunreinigungen (Abfälle, Bauschutt und dergleichen), die von den Arbeiten des Auftragnehmers herrühren.

4.1.12. Beschaffung etwa notwendiger weiterer Arbeitsplätze, Lagerplätze, Pflanzeneinschlagplätze und Zufahrtwege über die vom Auftraggeber zur Verfügung gestellten hinaus.

4.1.13. Eignungs- und Gütenachweise nach DIN 19 657 „Sicherung von Gewässern, Deichen und Küstendünen; Richtlinien" für Stoffe nur, soweit sie vom Auftragnehmer geliefert werden.

4.1.14. Beseitigen einzelner Sträucher und einzelner Bäume bis zu 0,10 m Durchmesser, gemessen 1 m über dem Erdboden, der dazugehörigen Wurzeln und Baumstümpfe.

4.1.15. Beseitigen von einzelnen Steinen und Mauerresten bis zu 0,1 m^3 Rauminhalt**).

4.2. Folgende Leistungen sind Nebenleistungen, wenn sie nicht durch besondere Ansätze in der Leistungsbeschreibung erfaßt sind:

4.2.1. Einrichten und Räumen der Baustelle.

4.2.2. Vorhalten der Baustelleneinrichtung einschließlich der Geräte, Gerüste und dergleichen.

4.3. Folgende Leistungen sind keine Nebenleistungen:

4.3.1. „Besondere Leistungen" nach Teil A – DIN 1960 – § 9 Nr. 6.

4.3.2. Aufstellen, Vorhalten und Beseitigen von Bauzäunen, Blenden und Schutzgerüsten zur Sicherung des öffentlichen Verkehrs zu Wasser und zu Lande sowie von Einrichtungen außerhalb der Baustelle zur Umleitung und Regelung des öffentlichen Verkehrs zu Wasser und zu Lande.

4.3.3. Aufstellen, Vorhalten, Betreiben und Beseitigen von Verkehrssignalanlagen.

4.3.4. Aufstellen, Vorhalten und Beseitigen von Hilfsbauwerken zur Aufrechterhaltung des Anliegerverkehrs und des sonstigen öffentlichen Verkehrs, z. B. Brücken, Befestigungen von Umleitungen und Zufahrten.

**) 0,1 m^3 Rauminhalt entspricht einer Kugel mit einem Durchmesser von rd. 0,60 m.

4.3.5. besondere Maßnahmen zur Sicherung gefährdeter Bauwerke und zum Schutz benachbarter Grundstücke, z. B. Unterfangungen, Stützmauern, Bodenverfestigungen.

4.3.6. Sichern von Leitungen, Kanälen, Dränen, Kabeln, Grenzsteinen, Bäumen und dergleichen.

4.3.7. Beseitigen von Hindernissen, Leitungen, Kanälen, Dränen, Kabeln und dergleichen.

4.3.8. besondere Maßnahmen aus Gründen der Landespflege und des Umweltschutzes.

4.3.9. Boden- und Wasseruntersuchungen.

4.3.10. zusätzliche Maßnahmen für die Weiterarbeit bei Frost und Schnee, soweit sie dem Auftragnehmer nicht ohnehin obliegen.

5. Abrechnung

5.1. Allgemeines

Die Leistung ist aus Zeichnungen zu ermitteln, soweit die ausgeführte Leistung diesen Zeichnungen entspricht.

Sind solche Zeichnungen nicht vorhanden, ist die Leistung aufzumessen.

Ist nach Gewicht abzurechnen, so ist das Gewicht durch Wägen, bei Schiffsladungen nach Schiffseiche festzustellen, wenn in der Leistungsbeschreibung nicht Gewichtsermitteln durch Berechnen nach bestimmten Verfahren vorgeschrieben ist.

5.2. Es werden abgerechnet:

5.2.1. Steinschüttung und Steinsatz nach Gewicht (t) oder Raummaß (m^3).

5.2.2. Setzpack, Pflaster, Plattenbelag (Naturstein oder Beton) mit oder ohne Filterschicht, mit oder ohne Beton- oder Asphaltunterlage, getrennt nach Dicken, nach Flächenmaß (m^2); Filterschichten oder Unterlagen auch nach Raummaß (m^3).

5.2.3. Sohlschalen, getrennt nach Abmessungen und Ausführung mit oder ohne Filterschicht, mit oder ohne Beton- oder Asphaltunterlage, nach Längenmaß (m).

5.2.4. Beton- und Holzschwellen, getrennt nach Abmessungen, nach Längenmaß (m) oder Anzahl (Stück).

5.2.5. Betonformsteine, getrennt nach Abmessungen, nach Flächenmaß (m^2), Anzahl (Stück) oder Gewicht (t).

5.2.6. Verguß nach Gewicht (t) der Vergußmasse oder Flächenmaß (m^2) der gesicherten Flächen oder Längenmaß (m) der vergossenen Fugen.

5.2.7. Drahtsenkwalzen, getrennt nach Abmessungen, nach Längenmaß (m) oder Anzahl (Stück).

5.2.8. Steinmatten, getrennt nach Abmessungen, nach Flächenmaß (m^2) oder Raummaß (m^3).

5.2.9. Drahtschotterkästen nach Raummaß (m^3) oder, getrennt nach Abmessungen, nach Längenmaß (m) oder Anzahl (Stück).

5.2.10. Kunststoffbauteile, getrennt nach Abmessungen, nach Flächenmaß (m^2) oder Gewicht (kg).

5.2.11. Seile, getrennt nach Abmessungen, nach Längenmaß (m).

5.2.12. Säcke, getrennt nach Abmessungen, nach Anzahl (Stück).

5.2.13. Pfähle, getrennt nach Abmessungen, nach Längenmaß (m) oder Anzahl (Stück).

5.2.14. Pfahlwände, getrennt nach Abmessungen, nach Längenmaß (m) oder Flächenmaß (m^2).

5.2.15. Stangen- und Bohlenbeschlag, getrennt nach Abmessungen, nach Längenmaß (m).

5.2.16. Stangen- und Bohlenbeschlag mit Bettung aus Fichten- oder Tannenreisig, getrennt nach Abmessungen, nach Flächenmaß (m^2) oder Längenmaß (m).

5.2.17. Flechtwerk, getrennt nach Abmessungen, nach Flächenmaß (m^2) oder Längenmaß (m).

5.2.18. Wippen und Faschinenwalzen, getrennt nach Abmessungen, nach Längenmaß (m) oder Anzahl (Stück).

5.2.19. Faschinensenkwalzen, getrennt nach Abmessungen, nach Längenmaß (m) oder Anzahl (Stück).

5.2.20. Buschmatten, Faschinenmatten, Rauhwehr, getrennt nach Abmessungen, nach Flächenmaß (m^2).

5.2.21. Packfaschinat nach Raummaß (m^3).

5.2.22. Buschlahnungen und Buschzäune, getrennt nach Abmessungen, nach Längenmaß (m).

5.2.23. Rauhbäume nach Anzahl (Stück).

5.2.24. Rasensoden und Fertigrasen nach Flächenmaß (m^2).

5.2.25. Ansaat nach Flächenmaß (m^2).

5.2.26. Röhrichtwalzen, getrennt nach Abmessungen, nach Längenmaß (m) oder Anzahl (Stück).

5.2.27. Ballen-, Rhizom- und Halmpflanzungen nach Flächenmaß (m^2), Längenmaß (m) oder Anzahl (Stück).

5.2.28. Setzstangen-, Setzholz- und Gehölzpflanzungen, getrennt nach Abmessungen, nach Anzahl (Stück).

5.2.29. Lebende Kämme und Spreitlagen nach Flächenmaß (m^2) oder Längenmaß (m).

5.2.30. Busch-, Hecken- und Heckenbuschlagen nach Längenmaß (m).

5.2.31. Stoffe zur Bodenverbesserung und Dünger nach Raummaß (m^3) oder Gewicht (t).

VOB Teil C:

Allgemeine Technische Vorschriften für Bauleistungen

Straßenbauarbeiten; Oberbauschichten ohne Bindemittel — DIN 18 315

Fassung Dezember 1973

Ausgabedatum: Juli 1974

18315

Inhalt

0. Hinweise für die Leistungsbeschreibung*)

(siehe auch Teil A — DIN 1960 — § 9)

0.1. In der Leistungsbeschreibung sind nach Lage des Einzelfalles insbesondere anzugeben:

0.1.1. Lage der Baustelle und Umgebungsbedingungen, Zufahrtsmöglichkeiten und Beschaffenheit der Zufahrt sowie etwaige Einschränkungen bei ihrer Benutzung.

0.1.2. Lage und Ausmaß der dem Auftragnehmer für die Ausführung seiner Leistungen zur Benutzung oder Mitbenutzung überlassenen Flächen.

0.1.3. Art, Lage, Abfluß, Abflußvermögen und Hochwasserverhältnisse des Vorfluters.

0.1.4. Ergebnisse der Bodenuntersuchung und der Wasseranalyse.

0.1.5. Schutzgebiete im Bereich der Baustelle.

0.1.6. besondere Maßnahmen aus Gründen der Landespflege und des Umweltschutzes.

0.1.7. Art und Umfang des Schutzes von Bäumen, Pflanzenbeständen, Vegetationsflächen, Bauteilen, Bauwerken, Grenzsteinen u. ä. im Bereich der Baustelle.

0.1.8. besondere Anordnungen, Vorschriften und Maßnahmen der Eigentümer (oder der anderen Weisungsberechtigten) von Leitungen, Kabeln, Dränen, Kanälen, Wegen, Gewässern, Gleisen, Zäunen und dergleichen im Bereich der Baustelle.

0.1.9. für den Verkehr freizuhaltende Flächen.

0.1.10. Besonderheiten der Regelung und Sicherung des Verkehrs, gegebenenfalls auch, wieweit der Auftraggeber die Durchführung der erforderlichen Maßnahmen übernimmt.

0.1.11. Verkehrsverhältnisse auf der Baustelle, insbesondere Verkehrsbeschränkungen, z. B. Begrenzung der Verkehrslasten.

0.1.12. Lage, Art und Anschlußwert der dem Auftragnehmer auf der Baustelle zur Verfügung gestellten Anschlüsse für Wasser und Energie.

0.1.13. Mitbenutzung fremder Gerüste, Hebezeuge, Aufzüge, Aufenthalts- und Lagerräume, Einrichtungen und dergleichen durch den Auftragnehmer.

---

*) Diese Hinweise werden nicht Vertragsbestandteil.

0.1.14. wie lange, für welche Arbeiten und gegebenenfalls für welche Beanspruchung der Auftragnehmer seine Gerüste, Hebezeuge, Aufzüge, Aufenthalts- und Lagerräume, Einrichtungen und dergleichen für andere Unternehmer vorzuhalten hat.

0.1.15. besondere Anforderungen an die Baustelleneinrichtung.

0.1.16. bekannte oder vermutete Hindernisse im Bereich der Baustelle, möglichst unter Auslegung von Bestandsplänen, z. B. Leitungen, Kabel, Dräne, Kanäle, Bauwerksreste (und, soweit bekannt, deren Eigentümer).

0.1.17. Art und Zeit der vom Auftraggeber veranlaßten Vorarbeiten.

0.1.18. ob und in welchem Umfang dem Auftragnehmer Arbeitskräfte und Geräte für Abladen, Lagern und Transport zur Verfügung gestellt werden.

0.1.19. Arbeiten anderer Unternehmer auf der Baustelle.

0.1.20. Leistungen für andere Unternehmer.

0.1.21. ob und unter welchen Umständen auf der Baustelle gewonnene Stoffe verwendet werden dürfen oder verwendet werden sollen.

0.1.22. Art, Menge, Gewicht der Stoffe und Bauteile, die vom Auftraggeber beigestellt werden, sowie Art, Ort (genaue Bezeichnung) und Zeit ihrer Übergabe.

0.1.23. Güteanforderungen an nicht genormte Stoffe und Bauteile.

0.1.24. Art und Umfang verlangter Eignungs- und Gütenachweise.

0.1.25. Art und Beschaffenheit der Unterlage (Untergrund, Unterbau, Tragschicht, Tragwerk).

0.1.26. vorgesehene Arbeitsabschnitte, Arbeitsunterbrechungen und -beschränkungen nach Art, Ort und Zeit.

0.1.27. Gründungstiefen, Gründungsarten und Lasten benachbarter Bauwerke.

0.1.28. Benutzung von Teilen der Leistung vor der Abnahme.

0.1.29. besondere Erschwernisse während der Ausführung, z. B. Arbeiten bei außergewöhnlichen äußeren Einflüssen.

0.1.30. Ausbildung der Anschlüsse an Bauwerke.

0.1.31. Art und Beschaffenheit vorhandener Einfassungen.

0.1.32. ob die Kies- oder Schottertragschicht nach Abschnitt 3.3.1.3 für längere Zeit unmittelbar befahren wird.

0.1.33. Leistungen nach Abschnitt 4.2 in besonderen Ansätzen, wenn diese Leistungen keine Nebenleistungen sein sollen.

0.1.34. Leistungen nach Abschnitt 4.3 in besonderen Ansätzen.

0.2. In der Leistungsbeschreibung sind Angaben zu folgenden Abschnitten nötig, wenn der Auftraggeber eine abweichende Regelung wünscht:

Abschnitt 1.1 (Gültigkeit für sonstige Flächen)
Abschnitt 1.3 (Leistungen mit Lieferung der Stoffe und Bauteile)
Abschnitt 2.1 (Vorhalten von Stoffen und Bauteilen)
Abschnitt 2.2.1 (Liefern ungebrauchter Stoffe und Bauteile)
Abschnitt 2.2.3 (Mineralstoffgemische; Zusammensetzung)
Abschnitt 2.2.3.3 (Mineralstoffgemische für Schottertragschichten; Herstellen im zentralen Mischverfahren)
Abschnitt 3.3.1.4 (Tragschichten; Abweichungen von der profilgerechten Lage)
Abschnitt 3.3.1.5 (Tragschichten; Abweichungen von der Ebenheit)
Abschnitt 3.3.1.6 (Tragschichten; Dicke und zulässige Abweichungen)
Abschnitt 3.3.2.4 (Deckschichten; Abweichungen von der profilgerechten Lage)
Abschnitt 3.3.2.5 (Deckschichten; Abweichungen von der Ebenheit)
Abschnitt 3.3.2.6 (Deckschichten; Dicke und zulässige Abweichungen)
Abschnitt 3.3.3 (Einfachbauweisen aus unsortiertem Gestein für geringen Verkehr)

1. Allgemeines

1.1. DIN 18 315 „Straßenbauarbeiten; Oberbauschichten ohne Bindemittel" gilt für die Befestigung von Straßen und Wegen aller Art, von Flugbetriebsflächen, Plätzen, Höfen und Bahnsteigen. Für sonstige Flächen gilt DIN 18 315 nur, wenn es in der Leistungsbeschreibung vorgeschrieben ist.

Oberbauschichten im Sinn dieser Norm sind Tragschichten und Deckschichten.

1.2. DIN 18 315 gilt nicht für Bodenverbesserungen und Bodenverfestigungen des Unterbaus und des Untergrunds.

1.3. Alle Leistungen umfassen auch die Lieferung der dazugehörigen Stoffe und Bauteile einschließlich Abladen und Lagern auf der Baustelle, wenn in der Leistungsbeschreibung nichts anderes vorgeschrieben ist.

1.4. Stoffe und Bauteile, die vom Auftraggeber beigestellt werden, hat der Auftragnehmer rechtzeitig beim Auftraggeber anzufordern.

2. Stoffe, Bauteile

2.1. Vorhalten

Stoffe und Bauteile, die der Auftragnehmer nur vorzuhalten hat, die also nicht in das Bauwerk eingehen, können nach Wahl des Auftragnehmers gebraucht oder ungebraucht sein, wenn in der Leistungsbeschreibung darüber nichts vorgeschrieben ist.

2.2. Liefern

2.2.1. Allgemeine Anforderungen

Stoffe und Bauteile, die der Auftragnehmer zu liefern und einzubauen hat, die also in das Bauwerk eingehen, müssen ungebraucht sein, wenn in der Leistungsbeschreibung nichts anderes vorgeschrieben ist. Sie müssen für den jeweiligen Verwendungszweck geeignet sein.

Stoffe und Bauteile, für die DIN-Normen bestehen, müssen den DIN-Güte- und -Maßbestimmungen entsprechen.

Stoffe und Bauteile, die nach den behördlichen Vorschriften einer Zulassung bedürfen, müssen amtlich zugelassen sein und den Zulassungsbedingungen entsprechen.

Stoffe und Bauteile, für die weder DIN-Normen bestehen noch eine amtliche Zulassung vorgeschrieben ist, dürfen nur mit Zustimmung des Auftraggebers verwendet werden.

Für die gebräuchlichsten genormten Stoffe und Bauteile sind die DIN-Normen nachstehend aufgeführt.

2.2.2. Mineralstoffe

Mineralstoffe müssen witterungsbeständig, ausreichend fest, zäh und dicht sein. Sie dürfen keine quellfähigen, verwitterten, lehmigen, tonigen oder organischen Bestandteile in schädlichen Mengen enthalten.

DIN 4301 Hochofenschlacke und Metallhüttenschlacke für Straßenbau; Technische Lieferbedingungen

DIN 52 100 Prüfung von Naturstein; Richtlinien zur Prüfung und Auswahl von Naturstein

DIN 66 100 Körnungen; Korngrößen zur Kennzeichnung von Kornklassen/Korngruppen
in Verbindung mit den „Technischen Lieferbedingungen für Mineralstoffe im Straßenoberbau", Abschnitt: Körnungen (TL Körnungen)**)

Einschlämmsand muß ausreichend bindige Bestandteile enthalten.

2.2.3. Mineralstoffgemische

Mineralstoffgemische müssen so zusammengesetzt sein, daß sie für den Verwendungszweck geeignet sind. Insbesondere sind dabei zu berücksichtigen: klimatische und örtliche Verhältnisse, Verkehrsmenge und Verkehrsart. Unter diesen Voraussetzungen bleibt die Zusammensetzung dem Auftragnehmer überlassen, wenn in der Leistungsbeschreibung darüber nichts vorgeschrieben ist.

2.2.3.1. Mineralstoffgemische für Frostschutzschichten:

Sand und Kies (gebrochen oder ungebrochen), Brechsand, Splitt, Schotter aus Felsgestein, Hochofenschlacke oder Metallhüttenschlacke.

Das Gemisch muß soviel Feinkorn enthalten, daß frostempfindlicher Boden nicht eindringen kann.

2.2.3.2. Mineralstoffgemische für Kiestragschichten:

korngestufte, hohlraumarme Kies-Sand-Gemische, gegebenenfalls unter Zusatz von gebrochenem Gestein.

2.2.3.3. Mineralstoffgemische für Schottertragschichten:

korngestufte, hohlraumarme Gemische von Schotter, Splitt und Brechsand aus Felsgestein, Hochofenschlacke oder Metallhüttenschlacke.

Neben oder anstelle von Brechsand kann Natursand verwendet werden. Das Gemisch ist im zentralen Mischverfahren herzustellen, wenn in der Leistungsbeschreibung nichts anderes vorgeschrieben ist. Bis zum Einbau ist das Gemisch feucht zu halten.

2.2.3.4. Mineralstoffgemische für Deckschichten:

korngestufte Kies-Sand-Gemische oder Schotter-Splitt-Sand-Gemische gemäß den Abschnitten 2.2.3.2 oder 2.2.3.3.

2.2.4. Unsortiertes Gestein:

Kiessande, gebrochener Fels, Steinbruchabraum, Lesesteine, Betonbrocken, Schlacken.

Das Material muß frei von schädlichen Bestandteilen sein und eine für den vorgesehenen Verwendungszweck geeignete Kornabstufung aufweisen.

2.3. Prüfungen

2.3.1. Eignungsprüfung

Der Auftragnehmer hat sich vor Beginn der Ausführung zu vergewissern und dem Auftraggeber auf Verlangen nachzuweisen, daß die Stoffe und Bauteile für den vorgesehenen Verwendungszweck geeignet sind.

**) Herausgegeben von der Forschungsgesellschaft für das Straßenwesen e. V., 5 Köln, Maastrichter Straße 45.

2.3.2. Eigenüberwachungsprüfung

Der Auftragnehmer hat sich während der Ausführung zu vergewissern und dem Auftraggeber auf Verlangen nachzuweisen, daß die verwendeten Stoffe und Bauteile den vertraglichen Anforderungen entsprechen.

2.3.3. Kontrollprüfung

Die Verpflichtung des Auftragnehmers nach den Abschnitten 2.3.1 und 2.3.2 wird durch etwaige Kontrollprüfungen des Auftraggebers nicht eingeschränkt.

2.3.4. Für die Durchführung der Prüfungen gelten:

DIN 4301	Hochofenschlacke und Metallhüttenschlacke für Straßenbau; Technische Lieferbedingungen
DIN 18 123	Baugrund; Untersuchung von Bodenproben; Korngrößenverteilung
DIN 52 101	Prüfung von Naturstein; Probenahme
DIN 52 102	Prüfung von Naturstein; Bestimmung der Dichte, Rohdichte, Reindichte, Dichtigkeitsgrad, Gesamtporosität
DIN 52 103	Prüfung von Naturstein; Bestimmung der Wasseraufnahme
DIN 52 104	Prüfung von Naturstein; Frostbeständigkeit
DIN 52 105	Prüfung von Naturstein; Druckversuch
DIN 52 106	Prüfung von Naturstein; Beurteilungsgrundlagen für die Verwitterungsbeständigkeit
DIN 52 109	Prüfung von Naturstein; Widerstandsfähigkeit von Schotter gegen Schlag und Druck
DIN 52 110	Prüfung von Naturstein; Raummetergewicht und Gehalt von Steingekörn
DIN 52 111	Prüfung von Naturstein; Kristallisationsversuch
DIN 52 113	Prüfung von Naturstein; Bestimmung des Sättigungswertes
DIN 52 114	Bestimmung der Kornform bei Schüttgütern mit der Kornform-Schieblehre
DIN 66 100	Körnungen; Korngrößen zur Kennzeichnung von Kornklassen/Korngruppen
	in Verbindung mit den „Technischen Lieferbedingungen für Mineralstoffe im Straßenoberbau", Abschnitt: Körnungen (TL Körnungen).**)

3. Ausführung

3.1. Allgemeines

3.1.1. Wenn Verkehrs-, Versorgungs- und Entsorgungsanlagen im Bereich des Baugeländes liegen, sind die Vorschriften und Anordnungen der zuständigen Stellen zu beachten.

3.1.2. Die für die Aufrechterhaltung des Verkehrs bestimmten Flächen sind freizuhalten. Der Zugang zu Einrichtungen der Versorgungs- und Entsorgungsbetriebe, der Feuerwehr, der Post und Bahn, zu Vermessungspunkten und dergleichen darf nicht mehr als durch die Ausführung unvermeidlich behindert werden.

**) Herausgegeben von der Forschungsgesellschaft für das Straßenwesen e. V., 5 Köln, Maastrichter Straße 45.

3.1.3. Oberbauschichten ohne Bindemittel dürfen bei Frost nur ausgeführt werden, wenn durch besondere Maßnahmen sichergestellt ist, daß die vorgeschriebene Güte der Bauleistungen nicht beeinträchtigt wird.

3.2. Unterlage

Der Auftragnehmer hat mit der im Verkehr erforderlichen Sorgfalt die Unterlage auf Eignung für das Aufbringen von Oberbauschichten zu prüfen. Er hat dem Auftraggeber Bedenken unverzüglich schriftlich mitzuteilen (siehe Teil B — DIN 1961 — § 4 Nr. 3), insbesondere bei

unzureichender Verdichtung der Unterlage,

Abweichungen von der planmäßigen Höhenlage, Neigung oder Ebenheit,

schädlichen Verschmutzungen,

Fehlen notwendiger Entwässerungseinrichtungen.

3.3. Herstellen, Anforderungen

3.3.1. Tragschichten

3.3.1.1. Einbringen

Das Mineralstoffgemisch ist gleichmäßig und so zu verteilen, daß es sich nicht entmischt.

3.3.1.2. Verdichten

Jede Schicht oder Lage muß auf der ganzen Fläche bei günstigem Wassergehalt gleichmäßig und dem Verwendungszweck entsprechend verdichtet werden.

3.3.1.3. Oberfläche

Die Oberflächen der einzelnen Schichten müssen eine gleichmäßige Beschaffenheit aufweisen und ein für die Entwässerung ausreichendes Quergefälle haben. Wenn in der Leistungsbeschreibung vorgeschrieben ist, daß die Kies- oder Schottertragschicht für längere Zeit unmittelbar befahren wird, ist die Oberfläche mit bindigem Sand einzuschlämmen.

3.3.1.4. Profilgerechte Lage

Tragschichten sind höhengerecht und im vorgeschriebenen Längs- und Querprofil herzustellen. Abweichungen der Oberfläche von der Sollhöhe dürfen an keiner Stelle mehr als 3 cm betragen, wenn in der Leistungsbeschreibung nichts anderes vorgeschrieben ist.

3.3.1.5. Ebenheit

Unebenheiten der Oberfläche der Tragschicht innerhalb einer 4 m langen Meßstrecke dürfen nicht größer als 2 cm sein, wenn in der Leistungsbeschreibung nichts anderes vorgeschrieben ist.

3.3.1.6. Dicke

Folgende Schichtdicken sind auszuführen, wenn in der Leistungsbeschreibung nichts anderes vorgeschrieben ist:

Tragschicht als Frostschutzschicht nach Abschnitt 2.2.3.1 für mit Nutzfahrzeugen befahrene Flächen: im Mittel 30 cm, an keiner Stelle unter 25 cm;

Kiestragschicht nach Abschnitt 2.2.3.2: im Mittel 20 cm, an keiner Stelle unter 15 cm;

Schottertragschicht nach Abschnitt 2.2.3.3: im Mittel 15 cm, an keiner Stelle unter 12 cm.

3.3.2. Deckschichten

3.3.2.1. Einbringen

Das Mineralstoffgemisch ist gleichmäßig und so zu verteilen, daß es sich nicht entmischt.

3.3.2.2. Verdichten

Die Deckschicht muß bei günstigem Wassergehalt auf der ganzen Fläche gleichmäßig und dem Verwendungszweck entsprechend verdichtet werden.

3.3.2.3. Oberfläche

Die Oberfläche der Deckschicht muß eine gleichmäßige Beschaffenheit aufweisen und ein für die Entwässerung ausreichendes Quergefälle haben. Sie ist mit bindigem Sand so einzuschlämmen und zu walzen, daß eine geschlossene Oberfläche entsteht.

3.3.2.4. Profilgerechte Lage

Deckschichten sind höhengerecht und im vorgeschriebenen Längs- und Querprofil herzustellen. Abweichungen der Oberfläche von der Sollhöhe dürfen an keiner Stelle mehr als 3 cm betragen, wenn in der Leistungsbeschreibung nichts anderes vorgeschrieben ist.

3.3.2.5. Ebenheit

Unebenheiten der Oberfläche der Deckschicht innerhalb einer 4 m langen Meßstrecke dürfen nicht größer als 1,5 cm sein, wenn in der Leistungsbeschreibung nichts anderes vorgeschrieben ist.

3.3.2.6. Dicke

Deckschichten sind im Mittel 8 cm dick, an keiner Stelle unter 6 cm dick auszuführen, wenn in der Leistungsbeschreibung nichts anderes vorgeschrieben ist.

3.3.3. Einfachbauweisen aus unsortiertem Gestein

Einfachbauweisen aus unsortiertem Gestein nach Abschnitt 2.2.4 für geringen Verkehr sind in der vorgeschriebenen Dicke einschichtig herzustellen, wenn in der Leistungsbeschreibung nichts anderes vorgeschrieben ist. Das Einbaumaterial ist gleichmäßig einzubringen und ausreichend zu verdichten.

4. Nebenleistungen

Nebenleistungen sind Leistungen, die auch ohne Erwähnung in der Leistungsbeschreibung zur vertraglichen Leistung gehören (siehe Teil B — DIN 1961 — § 2 Nr. 1).

4.1. Folgende Leistungen sind Nebenleistungen:

4.1.1. Messungen für das Ausführen und Abrechnen der Arbeiten einschließlich des Vorhaltens der Meßgeräte, Lehren, Absteckzeichen usw., des Erhaltens der Lehren und Absteckzeichen während der Bauausführung und des Stellens der Arbeitskräfte, jedoch nicht Leistungen nach Teil B — DIN 1961 — § 3 Nr. 2.

4.1.2. Schutz- und Sicherheitsmaßnahmen nach den Unfallverhütungsvorschriften und den behördlichen Bestimmungen.

4.1.3. Schutz der ausgeführten Leistungen und der für die Ausführung übergebenen Gegenstände vor Beschädigung und Diebstahl bis zur Abnahme.

4.1.4. Feststellen des Zustands der Straßen, der Geländeoberfläche, der Vorfluter usw. nach Teil B – DIN 1961 – § 3 Nr. 4.

4.1.5. Heranbringen von Wasser und Energie von den vom Auftraggeber auf der Baustelle zur Verfügung gestellten Anschlußstellen zu den Verwendungsstellen.

4.1.6. Vorhalten der Kleingeräte und Werkzeuge.

4.1.7. Lieferung der Betriebsstoffe.

4.1.8. Befördern aller Stoffe und Bauteile, auch wenn sie vom Auftraggeber beigestellt sind, von den Lagerstellen auf der Baustelle zu den Verwendungsstellen und etwaiges Rückbefördern.

4.1.9. Sichern der Arbeiten gegen Tagwasser, mit dem normalerweise gerechnet werden muß, und seine etwa erforderliche Beseitigung.

4.1.10. Beleuchten und Reinigen der Aufenthaltsräume und Aborte für die Beschäftigten des Auftragnehmers sowie Beheizen der Aufenthaltsräume.

4.1.11. Beseitigen aller Verunreinigungen (Abfälle, Bauschutt und dergleichen), die von den Arbeiten des Auftragnehmers herrühren.

4.1.12. Beseitigen einzelner Sträucher und einzelner Bäume bis zu 0,10 m Durchmesser, gemessen 1 m über dem Erdboden, der dazugehörigen Wurzeln und Baumstümpfe.

4.1.13. Beseitigen von einzelnen Steinen und Mauerresten bis zu je 0,03 m^3 Rauminhalt.

4.1.14. Herstellen von behelfsmäßigen Zugängen, Zufahrten u. ä., ausgenommen Leistungen nach Abschnitt 4.3.5.

4.1.15. Prüfungen einschließlich Probenahme zum Nachweis der Eignung von Stoffen und Bauteilen nach Abschnitt 2.3.1, soweit die Stoffe und Bauteile vom Auftragnehmer geliefert werden.

4.1.16. Prüfungen einschließlich Probenahme zum Nachweis der Güte von Stoffen und Bauteilen nach Abschnitt 2.3.2, soweit die Stoffe und Bauteile vom Auftragnehmer geliefert oder hergestellt werden.

4.2. Folgende Leistungen sind Nebenleistungen, wenn sie nicht durch besondere Ansätze in der Leistungsbeschreibung erfaßt sind:

4.2.1. Einrichten und Räumen der Baustelle.

4.2.2. Vorhalten der Baustelleneinrichtung einschließlich der Geräte, Gerüste und dergleichen.

4.3. Folgende Leistungen sind keine Nebenleistungen:

4.3.1. „Besondere Leistungen" nach Teil A – DIN 1960 – § 9 Nr. 6.

4.3.2. Aufstellen, Vorhalten und Beseitigen von Leiteinrichtungen, z. B. Leitpfosten, Leitplanken, Schrammborde, Markierungen, von Bauzäunen, Blenden und Schutzgerüsten zur Sicherung des öffentlichen Verkehrs.

4.3.3. Aufstellen, Vorhalten, Betreiben und Beseitigen von Einrichtungen außerhalb der Baustelle zur Regelung und Umleitung des öffentlichen Verkehrs.

4.3.4. Aufstellen, Vorhalten, Betreiben und Beseitigen von Verkehrssignalanlagen.

4.3.5. Aufstellen, Vorhalten und Beseitigen von Hilfsbauwerken zur Aufrechterhaltung des Anliegerverkehrs und des sonstigen öffentlichen Verkehrs, z. B. Brücken, Befestigungen von Umleitungen und Zufahrten.

4.3.6. besondere Maßnahmen zur Sicherung gefährdeter Bauwerke und zum Schutz benachbarter Grundstücke, z. B. Unterfangungen, Stützmauern, Bodenverfestigungen.

4.3.7. Sichern von Leitungen, Kanälen, Dränen, Kabeln, Grenzsteinen, Bäumen und dergleichen.

4.3.8. Beseitigen von Hindernissen, Leitungen, Kanälen, Dränen, Kabeln und dergleichen.

4.3.9. besondere Maßnahmen aus Gründen der Landespflege und des Umweltschutzes.

4.3.10. Boden- und Wasseruntersuchungen, ausgenommen die Feststellungen nach den Abschnitten 4.1.15 und 4.1.16.

4.3.11. zusätzliche Maßnahmen für die Weiterarbeit bei Frost und Schnee, soweit sie dem Auftragnehmer nicht ohnehin obliegen.

4.3.12. Vorbereiten der Unterlage, z. B. Nachverdichten, Herstellen der planmäßigen Höhenlage, Reinigen von schädlichen Verschmutzungen, soweit die Notwendigkeit solcher Leistungen nicht vom Auftragnehmer verursacht ist.

4.3.13. Herstellen von Aussparungen und Schlitzen, die nach Art, Größe und Anzahl nicht in der Leistungsbeschreibung angegeben sind.

4.3.14. Schließen von Aussparungen und Schlitzen sowie Einsetzen von Fertigteilen.

4.3.15. Prüfungen zum Nachweis der Eignung und der Güte von Stoffen und Bauteilen nach den Abschnitten 2.3.1 und 2.3.2, soweit die Stoffe und Bauteile vom Auftraggeber beigestellt sind.

4.3.16. Kontrollprüfungen einschließlich der Probenahmen.

5. Abrechnung

5.1. Allgemeines

5.1.1. Die Leistung ist aus Zeichnungen zu ermitteln, soweit die ausgeführte Leistung diesen Zeichnungen entspricht.
Sind solche Zeichnungen nicht vorhanden, ist die Leistung aufzumessen.

5.1.2. Bei Abrechnung nach Flächenmaß werden Aussparungen bis zu 1 m^2 Einzelgröße sowie Schlitze und Schienen nicht abgezogen.

5.1.3. Bei Abrechnung nach Raummaß werden durch Leitungen verdrängte Massen nicht abgezogen.

5.2. Es werden abgerechnet:

5.2.1. Nachverdichten der Unterlage nach Flächenmaß (m^2).

5.2.2. Herstellen der plangemäßen Höhenlage, Neigung und der vorgeschriebenen Ebenheit der Unterlage nach Flächenmaß (m^2).

5.2.3. Kiestragschicht und Schottertragschicht nach Flächenmaß (m^2), Raummaß (m^3) oder Gewicht (t).

5.2.4. Deckschichten nach Flächenmaß (m^2).

5.2.5. Einfachbauweisen aus unsortiertem Gestein nach Flächenmaß (m^2), Raummaß (m^3) oder Gewicht (t).

5.2.6. Probenahmen, soweit sie keine Nebenleistungen sind, nach Anzahl (Stück).

VOB Teil C:

Allgemeine Technische Vorschriften für Bauleistungen

Straßenbauarbeiten; Oberbauschichten mit hydraulischen Bindemitteln – DIN 18 316

Fassung Dezember 1973

Ausgabedatum: August 1974

Inhalt

0. Hinweise für die Leistungsbeschreibung*)

(siehe auch Teil A — DIN 1960 — § 9)

0.1. In der Leistungsbeschreibung sind nach Lage des Einzelfalles insbesondere anzugeben:

0.1.1. Lage der Baustelle und Umgebungsbedingungen, Zufahrtsmöglichkeiten und Beschaffenheit der Zufahrt sowie etwaige Einschränkungen bei ihrer Benutzung.

0.1.2. Lage und Ausmaß der dem Auftragnehmer für die Ausführung seiner Leistungen zur Benutzung oder Mitbenutzung überlassenen Flächen.

0.1.3. Art, Lage, Abfluß, Abflußvermögen und Hochwasserverhältnisse des Vorfluters.

0.1.4. Ergebnisse der Bodenuntersuchung und der Wasseranalyse.

0.1.5. Schutzgebiete im Bereich der Baustelle.

0.1.6. besondere Maßnahmen aus Gründen der Landespflege und des Umweltschutzes.

0.1.7. Art und Umfang des Schutzes von Bäumen, Pflanzenbeständen, Vegetationsflächen, Bauteilen, Bauwerken, Grenzsteinen u. ä. im Bereich der Baustelle.

0.1.8. besondere Anordnungen, Vorschriften und Maßnahmen der Eigentümer (oder der anderen Weisungsberechtigten) von Leitungen, Kabeln, Dränen, Kanälen, Wegen, Gewässern, Gleisen, Zäunen und dergleichen im Bereich der Baustelle.

0.1.9. für den Verkehr freizuhaltende Flächen.

0.1.10. Besonderheiten der Regelung und Sicherung des Verkehrs, gegebenenfalls auch, wieweit der Auftraggeber die Durchführung der erforderlichen Maßnahmen übernimmt.

0.1.11. Verkehrsverhältnisse auf der Baustelle, insbesondere Verkehrsbeschränkungen, z. B. Begrenzung der Verkehrslasten.

0.1.12. Lage, Art und Anschlußwert der dem Auftragnehmer auf der Baustelle zur Verfügung gestellten Anschlüsse für Wasser und Energie.

0.1.13. Mitbenutzung fremder Gerüste, Hebezeuge, Aufzüge, Aufenthalts- und Lagerräume, Einrichtungen und dergleichen durch den Auftragnehmer.

---

*) Diese Hinweise werden nicht Vertragsbestandteil.

0.1.14. wie lange, für welche Arbeiten und gegebenenfalls für welche Beanspruchung der Auftragnehmer seine Gerüste, Hebezeuge, Aufzüge, Aufenthalts- und Lagerräume, Einrichtungen und dergleichen für andere Unternehmer vorzuhalten hat.

0.1.15. besondere Anforderungen an die Baustelleneinrichtung.

0.1.16. bekannte oder vermutete Hindernisse im Bereich der Baustelle, möglichst unter Auslegung von Bestandsplänen, z. B. Leitungen, Kabel, Dräne, Kanäle, Bauwerksreste (und, soweit bekannt, deren Eigentümer).

0.1.17. Art und Zeit der vom Auftraggeber veranlaßten Vorarbeiten.

0.1.18. ob und in welchem Umfang dem Auftragnehmer Arbeitskräfte und Geräte für Abladen, Lagern und Transport zur Verfügung gestellt werden.

0.1.19. Arbeiten anderer Unternehmer auf der Baustelle.

0.1.20. Leistungen für andere Unternehmer.

0.1.21. ob und unter welchen Umständen auf der Baustelle gewonnene Stoffe verwendet werden dürfen oder verwendet werden sollen.

0.1.22. Art, Menge, Gewicht der Stoffe und Bauteile, die vom Auftraggeber beigestellt werden, sowie Art, Ort (genaue Bezeichnung) und Zeit ihrer Übergabe.

0.1.23. Güteanforderungen an nichtgenormte Stoffe und Bauteile.

0.1.24. Art und Umfang verlangter Eignungs- und Gütenachweise nach Abschnitt 2.3.

0.1.25. Art und Beschaffenheit der Unterlage (Untergrund, Unterbau, Tragschicht, Tragwerk).

0.1.26. vorgesehene Arbeitsabschnitte, Arbeitsunterbrechungen und -beschränkungen nach Art, Ort und Zeit.

0.1.27. Gründungstiefen, Gründungsarten und Lasten benachbarter Bauwerke.

0.1.28. besondere Erschwernisse während der Ausführung, z. B. Arbeiten bei außergewöhnlichen äußeren Einflüssen.

0.1.29. Benutzung von Teilen der Leistung vor der Abnahme.

0.1.30. Ausbildung der Anschlüsse an Bauwerke.

0.1.31. Art und Beschaffenheit vorhandener Einfassungen.

0.1.32. weitergehende Anforderungen an den Frostwiderstand der Zuschläge (siehe DIN 4226 Blatt 1 „Zuschlag für Beton; Zuschlag mit dichtem Gefüge, Begriffe, Bezeichnung, Anforderungen und Überwachung").

0.1.33. ob Unterlagpapier oder -folie zu verlegen ist.

0.1.34. ob in Betondecken eine Flächenbewehrung einzubauen ist.

0.1.35. Art und Anzahl von Aussparungen und Schlitzen.

0.1.36. Leistungen nach Abschnitt 4.2 in besonderen Ansätzen, wenn diese Leistungen keine Nebenleistungen sein sollen.

0.1.37. Leistungen nach Abschnitt 4.3 in besonderen Ansätzen.

0.2. In der Leistungsbeschreibung sind Angaben zu folgenden Abschnitten nötig, wenn der Auftraggeber eine abweichende Regelung wünscht:

Abschnitt 1.1	(Gültigkeit für sonstige Flächen)
Abschnitt 1.3	(Leistungen mit Lieferung der Stoffe und Bauteile)
Abschnitt 2.1	(Vorhalten von Stoffen und Bauteilen)
Abschnitt 2.2.1	(Liefern ungebrauchter Stoffe und Bauteile)
Abschnitt 2.2.4.2	(Zusammensetzung, Herstellung des Betons)
Abschnitt 2.2.4.3	(Transportbeton)
Abschnitt 3.3.1.3	(Betontragschichten; Betongüte)
Abschnitt 3.3.1.4	(Betontragschichten; Abweichungen von der profilgerechten Lage)
Abschnitt 3.3.1.5	(Betontragschichten; Abweichung von der Ebenheit)
Abschnitt 3.3.1.6	(Betontragschichten; Dicke)

Abschnitt 3.3.2.1.2 (Tragschichten mit hydraulischen Bindemitteln; Art des hydraulischen Bindemittels)
Abschnitt 3.3.2.4 (Tragschichten mit hydraulischen Bindemitteln; Abweichungen von der profilgerechten Lage)
Abschnitt 3.3.2.5 (Tragschichten mit hydraulischen Bindemitteln; Abweichungen von der Ebenheit)
Abschnitt 3.3.2.6 (Tragschichten mit hydraulischen Bindemitteln; Dicke)
Abschnitt 3.3.3.1.2 (Betondecken; Flächenbewehrung, Stahlsorte, Gewichte)
Abschnitt 3.3.3.1.5 (Betondecken; Betonfertiger für Verdichtung)
Abschnitt 3.3.3.2.2 (Betondecken; Breite der Raumfugen)
Abschnitt 3.3.3.2.3 (Betondecken; Abmessungen, Herstellungsart der Scheinfugen)
Abschnitt 3.3.3.2.4 (Betondecken; Trennanstrich bei Preßfugen)
Abschnitt 3.3.3.2.5 (Betondecken; Fugenabdichtung mittels bituminöser Fugenvergußmasse)
Abschnitt 3.3.3.2.6 (Betondecken; Stahlsorte, Bemessung der Dübel)
Abschnitt 3.3.3.2.7 (Betondecken; Stahlsorte, Bemessung der Anker)
Abschnitt 3.3.3.4.1 (Betondecken; Betongüte)
Abschnitt 3.3.3.4.2 (Betondecken; Dicke)
Abschnitt 3.3.3.4.3 (Betondecken; Schichten unterschiedlicher Zusammensetzung)
Abschnitt 3.3.3.4.4 (Betondecken; Abweichungen von der profilgerechten Lage)
Abschnitt 3.3.3.4.5 (Betondecken; Abweichungen von der Ebenheit)

1. Allgemeines

1.1. DIN 18316 „Straßenbauarbeiten; Oberbauschichten mit hydraulischen Bindemitteln" gilt für die Befestigung von Straßen und Wegen aller Art, von Flugbetriebsflächen, Plätzen, Höfen und Bahnsteigen. Für sonstige Flächen gilt DIN 18316 nur, wenn es in der Leistungsbeschreibung vorgeschrieben ist.

Oberbauschichten im Sinn dieser Norm sind Betondecken, Betontragschichten und andere Tragschichten mit hydraulischen Bindemitteln.

Diese Norm gilt für die genannten Tragschichten unabhängig davon, ob sie über oder unter anderen Tragschichten oder unter Decken beliebiger Bauart gebaut werden.

1.2. DIN 18316 gilt nicht für Bodenverbesserungen und Bodenverfestigungen des Unterbaus und des Untergrunds.

1.3. Alle Leistungen umfassen auch die Lieferung der dazugehörigen Stoffe und Bauteile einschließlich Abladen und Lagern auf der Baustelle, wenn in der Leistungsbeschreibung nichts anderes vorgeschrieben ist.

1.4. Stoffe und Bauteile, die vom Auftraggeber beigestellt werden, hat der Auftragnehmer rechtzeitig beim Auftraggeber anzufordern.

2. Stoffe, Bauteile

2.1. Vorhalten

Stoffe und Bauteile, die der Auftragnehmer nur vorzuhalten hat, die also nicht in das Bauwerk eingehen, können nach Wahl des Auftragnehmers gebraucht oder ungebraucht sein, wenn in der Leistungsbeschreibung darüber nichts vorgeschrieben ist.

2.2. Liefern

2.2.1. Allgemeine Anforderungen

Stoffe und Bauteile, die der Auftragnehmer zu liefern und einzubauen hat, die also in das Bauwerk eingehen, müssen ungebraucht sein, wenn in der Leistungsbeschreibung nichts anderes vorgeschrieben ist. Sie müssen für den jeweiligen Verwendungszweck geeignet sein.

Stoffe und Bauteile, für die DIN-Normen bestehen, müssen den DIN-Güte- und -Maßbestimmungen entsprechen.

Stoffe und Bauteile, die nach den behördlichen Vorschriften einer Zulassung bedürfen, müssen amtlich zugelassen sein und den Zulassungsbedingungen entsprechen.

Stoffe und Bauteile, für die weder DIN-Normen bestehen noch eine amtliche Zulassung vorgeschrieben ist, dürfen nur mit Zustimmung des Auftraggebers verwendet werden.

Für die gebräuchlichsten genormten Stoffe und Bauteile sind die DIN-Normen nachstehend aufgeführt.

2.2.2. Mineralstoffe

2.2.2.1. Zuschlag für Beton muß witterungsbeständig, ausreichend fest, zäh und dicht sein.

DIN 1045	Beton- und Stahlbetonbau; Bemessung und Ausführung
DIN 4226	Blatt 1 Zuschlag für Beton; Zuschlag mit dichtem Gefüge; Begriffe, Bezeichnung, Anforderungen und Güteüberwachung
DIN 4301	Hochofenschlacke und Metallhüttenschlacke für Straßenbau; Technische Lieferbedingungen
DIN 66 100	Körnungen; Korngrößen zur Kennzeichnung von Kornklassen/Korngruppen in Verbindung mit den „Technischen Lieferbedingungen für Mineralstoffe im Straßenoberbau", Abschnitt: Körnungen (TL Körnungen)**)

2.2.2.2. Kesselschlacke darf als Zuschlag für Beton mit Stahleinlagen (Anker, Dübel, Flächenbewehrung) nicht verwendet werden. Für unbewehrten Beton und Tragschichten mit hydraulischen Bindemitteln darf sie nur verwendet werden, wenn sie frei von bauschädigenden Bestandteilen und Beimengungen ist und der Auftraggeber zustimmt.

2.2.2.3. Leichtzuschlag für Tragschichten

DIN 4226	Blatt 2 Zuschlag für Beton; Zuschlag mit porigem Gefüge (Leichtzuschlag). Begriffe, Bezeichnung, Anforderungen und Überwachung

Leichtzuschlag darf nur mit Zustimmung des Auftraggebers verwendet werden.

2.2.3. Bindemittel

DIN 1060	Baukalk
DIN 1164	Blatt 1 Portland-, Eisenportland-, Hochofen- und Traßzement; Begriffe, Bestandteile, Anforderungen, Lieferung
DIN 4207	Mischbinder

**) Herausgegeben von der Forschungsgesellschaft für das Straßenwesen e. V., 5 Köln, Maastrichter Straße 45.

2.2.4. Frischbeton

2.2.4.1. Als Frischbeton gilt der auf der Baustelle gemischte oder von einem Herstellerwerk bezogene Beton, solange er verarbeitet werden kann.

2.2.4.2. In den durch die DIN-Normen und Zulassungsbedingungen bestimmten Grenzen bleibt es dem Auftragnehmer überlassen, wie er den Beton zur Erreichung der geforderten Güte zusammensetzt und herstellt, wenn in der Leistungsbeschreibung darüber nichts vorgeschrieben ist. Die Verwendung von Zusatzmitteln bedarf jedoch stets der Vereinbarung.

Zement und Zuschläge sind nach Gewichtsteilen zu mischen. Für die Zumessung des Anmachwassers sind die Eigenfeuchtigkeit der Zuschläge und die Witterung zu berücksichtigen.

2.2.4.3. Für Transportbeton gilt DIN 1045 „Beton- und Stahlbetonbau; Bemessung und Ausführung", wenn in der Leistungsbeschreibung nichts anderes vorgeschrieben ist.

2.2.5. Vorgefertigte Betonplatten und Betonfertigteile

Fertigteilplatten und sonstige Fertigteile sind nach DIN 1045 „Beton- und Stahlbeton; Bemessung und Ausführung" sowie nach den einschlägigen Vorschriften, Richtlinien und Merkblättern herzustellen.

2.2.6. Wasser

Das Zugabe- und Nachbehandlungswasser muß frei von schädlichen Bestandteilen und Beimengungen sein.

2.2.7. Stahl für Bewehrung und Verdübelung

DIN 488 Blatt 1 Betonstahl; Begriffe, Eigenschaften, Werkkennzeichnung

DIN 1045 Beton- und Stahlbetonbau; Bemessung und Ausführung

2.2.8. Fugenfüllstoffe

2.2.8.1. Fugeneinlagen

Bleibende Fugeneinlagen in Raumfugen müssen die Ausdehnung der Betonplatten zulassen und so steif sein, daß sie bei der Betonverdichtung nicht verformt werden. Sie müssen wasser- und alkalibeständig sein und dürfen das Wasser aus dem frischen Beton nicht absaugen.

Bei Scheinfugen dürfen bleibende Einlagen im unteren Teil der Decke nicht zusammendrückbar sein.

2.2.8.2. Abdichtungsstoffe

Stoffe zum Abdichten des Fugenspalts müssen eine der Länge der Betonplatte entsprechende Verformungsfähigkeit sowie ausreichende Haftung am Beton aufweisen. Werden Abdichtungsprofile verwendet, muß der Anpreßdruck auch bei niedrigen Temperaturen das Eindringen von Feuchtigkeit verhindern.

2.2.9. Zusatzmittel

Zusatzmittel zur Verbesserung der Verarbeitbarkeit, der Widerstandsfähigkeit gegen chemische und mechanische Einflüsse oder der Tausalzbeständigkeit des Betons müssen ein amtliches Prüfzeichen besitzen und dürfen nur nach den Zulassungsbedingungen und den Verarbeitungsvorschriften des Herstellers verwendet werden.

2.2.10. Farbstoffe

Farbstoffe zum Einfärben des Betons dürfen nicht betonschädigend sein.

2.2.11. Unterlagpapier und -folien

Unterlagpapier muß alkalibeständig sein, ein Rohgewicht von mindestens 150 g/m^2 aufweisen und nach zweistündiger Wasserlagerung einem Berstdruck von mindestens 0,25 kp/cm^2 (2,5 N/cm^2) auf einer Kreisfläche von 100 cm^2 standhalten.

Unterlagfolien müssen wasserfest, alkalibeständig und mindestens 0,1 mm dick sein.

2.3. Prüfungen

2.3.1. Eignungsprüfung

Der Auftragnehmer hat sich vor Beginn der Ausführung zu vergewissern und dem Auftraggeber auf Verlangen nachzuweisen, daß die Stoffe und Bauteile für den vorgesehenen Verwendungszweck geeignet sind.

Wenn ein bestimmter Luftporengehalt vorgeschrieben ist, muß bei der Eignungsprüfung die Menge des Zusatzmittels bestimmt werden.

2.3.2. Eigenüberwachungsprüfung

Der Auftragnehmer hat sich während der Ausführung zu vergewissern und dem Auftraggeber auf Verlangen nachzuweisen, daß die verwendeten Stoffe und Bauteile den vertraglichen Anforderungen entsprechen.

Wenn ein bestimmter Luftporengehalt (LP-Gehalt) vorgeschrieben ist, muß während des Betonierens der LP-Gehalt des Frischbetons nachgeprüft werden.

2.3.3. Kontrollprüfung

Die Verpflichtung des Auftragnehmers nach den Abschnitten 2.3.1 und 2.3.2 wird durch etwaige Kontrollprüfungen des Auftraggebers nicht eingeschränkt.

2.3.4. Für die Durchführung der Prüfungen gelten:

DIN 488 Blatt 3 Betonstahl; Betonstabstahl, Prüfungen
DIN 488 Blatt 5 Betonstahl; Betonstahlmatten, Prüfungen
DIN 1048 Blatt 1 Prüfverfahren für Beton; Frischbeton, Festbeton gesondert hergestellter Probekörper
DIN 1048 Blatt 2 Prüfverfahren für Beton; Festbeton fertiger Bauwerke und Bauglieder
DIN 1164 Blatt 2 Portland-, Eisenportland-, Hochofen- und Traßzement; Güteüberwachung
DIN 4207 Mischbinder
DIN 4226 Blatt 3 Zuschlag für Beton; Prüfung von Zuschlag mit dichtem oder porigem Gefüge
DIN 4301 Hochofenschlacke und Metallhüttenschlacke für Straßenbau; Technische Lieferbedingungen
DIN 52 100 Prüfung von Naturstein; Richtlinien zur Prüfung und Auswahl von Naturstein
DIN 52 101 Prüfung von Naturstein; Probenahme
DIN 52 102 Prüfung von Naturstein; Bestimmung der Dichte; Rohdichte, Reindichte, Dichtigkeitsgrad, Gesamtporosität
DIN 52 103 Prüfung von Naturstein; Bestimmung der Wasseraufnahme
DIN 52 104 Prüfung von Naturstein; Frostbeständigkeit
DIN 52 105 Prüfung von Naturstein; Druckversuch
DIN 52 106 Prüfung von Naturstein; Beurteilungsgrundlagen für die Verwitterungsbeständigkeit

DIN 52 109 Prüfung von Naturstein; Widerstandsfähigkeit von Schotter gegen Schlag und Druck

DIN 52 110 Prüfung von Naturstein; Raummetergewicht und Gehalt von Steingekörn

DIN 52 111 Prüfung von Naturstein; Kristallisationsversuch

DIN 52 113 Prüfung von Naturstein; Bestimmung des Sättigungswertes

DIN 52 114 Bestimmung der Kornform bei Schüttgütern mit der Kornform-Schieblehre

DIN 66 100 Körnungen; Korngrößen zur Kennzeichnung von Kornklassen/Korngruppen

in Verbindung mit den „Technischen Lieferbedingungen für Mineralstoffe im Straßenoberbau", Abschnitt: Körnungen (TL Körnungen)**).

3. Ausführung

3.1. Allgemeines

3.1.1. Wenn Verkehrs-, Versorgungs- und Entsorgungsanlagen im Bereich des Baugeländes liegen, sind die Vorschriften und Anordnungen der zuständigen Stellen zu beachten.

3.1.2. Die für die Aufrechterhaltung des Verkehrs bestimmten Flächen sind freizuhalten. Der Zugang zu Einrichtungen der Versorgungs- und Entsorgungsbetriebe, der Feuerwehr, der Post und Bahn, zu Vermessungspunkten und dergleichen darf nicht mehr als durch die Ausführung unvermeidlich behindert werden.

3.1.3. Bei hohen Lufttemperaturen, ungünstigen Witterungsverhältnissen sowie Lufttemperaturen unter + 5 °C sind für Herstellung, Einbringung und Nachbehandlung des Betons besondere Schutzmaßnahmen zu treffen.

3.2. Unterlage

Der Auftragnehmer hat mit der im Verkehr erforderlichen Sorgfalt die Unterlage auf Eignung für das Aufbringen von Oberbauschichten zu prüfen. Er hat dem Auftraggeber Bedenken unverzüglich schriftlich mitzuteilen (siehe Teil B — DIN 1961 — § 4 Nr. 3), insbesondere bei

unzureichender Verdichtung der Unterlage,
Abweichungen von der planmäßigen Höhenlage, Neigung oder Ebenheit,
schädlichen Verschmutzungen,
Fehlen notwendiger Entwässerungseinrichtungen.

3.3. Herstellen, Anforderungen

3.3.1. Betontragschichten

3.3.1.1. Einbringen, Verdichten, Nachbehandeln

Der Beton ist in der vollen Breite der Tragschicht oder in Streifen einzubringen, gleichmäßig zu verdichten und danach 3 Tage lang ständig feucht zu halten oder gegen Austrocknen zu schützen. Die Nachbehandlung entfällt bei Betontragschichten für Steinpflasterdecken in Zementmörtel (siehe DIN 18 318 „Straßenbauarbeiten; Steinpflaster", Abschnitte 3.3.4, 3.4.2 und 3.9.2).

**) Herausgegeben von der Forschungsgesellschaft für das Straßenwesen e. V., 5 Köln, Maastrichter Straße 45.

3.3.1.2. Fugen

Bei höheren Betongüten als Bn 100 nach DIN 1045 müssen Schein- oder Preßfugen hergestellt werden. Fugeneinlagen sind gegen Verschieben zu sichern.

3.3.1.3. Betongüte

Die Betongüte muß mindestens Bn 50 nach DIN 1045 entsprechen, wenn in der Leistungsbeschreibung nichts anderes vorgeschrieben ist.

3.3.1.4. Profilgerechte Lage

Tragschichten sind höhengerecht und im vorgeschriebenen Längs- und Querprofil herzustellen. Abweichungen der Oberfläche der Betontragschicht von der Sollhöhe dürfen an keiner Stelle mehr als 3 cm betragen, wenn in der Leistungsbeschreibung nichts anderes vorgeschrieben ist.

3.3.1.5. Ebenheit

Unebenheiten der Oberfläche der Betontragschicht innerhalb einer 4 m langen Meßstrecke dürfen nicht größer als 2 cm sein, wenn in der Leistungsbeschreibung nichts anderes vorgeschrieben ist.

3.3.1.6. Dicke

Betontragschichten sind im Mittel 8 cm dick, an keiner Stelle unter 6 cm dick auszuführen, wenn in der Leistungsbeschreibung nichts anderes vorgeschrieben ist.

3.3.2. Tragschichten mit hydraulischen Bindemitteln

3.3.2.1. Allgemeines

3.3.2.1.1. Tragschichten mit hydraulischen Bindemitteln sind aus Schüttmaterial durch Zusatz von Zement oder anderen geeigneten hydraulischen Bindemitteln herzustellen.

3.3.2.1.2. Schüttmaterial ohne bindige Beimengungen oder mit geringen bindigen Beimengungen ist mit Zement, Schüttmaterial mit einem Gewichtsanteil der bindigen Bestandteile unter 0,06 mm Korngröße von mehr als 35 % ist mit Kalk zu verfestigen, wenn in der Leistungsbeschreibung nichts anderes vorgeschrieben ist.

3.3.2.1.3. Der Auftragnehmer hat sich vor Herstellung von Tragschichten mit hydraulischen Bindemitteln zu vergewissern und dem Auftraggeber auf Verlangen nachzuweisen, daß Bindemittelart und -menge, bei Tragschichten mit Zement auch der Wassergehalt, für den vorgesehenen Verwendungszweck geeignet sind.

3.3.2.2. Tragschichten mit Zement

3.3.2.2.1. Für die Herstellung einer Tragschicht mit Zement ist das Schüttmaterial mit Zement und Wasser gründlich zu mischen. Zement- und Wassergehalt müssen den in der Eignungsprüfung ermittelten Werten entsprechen.

3.3.2.2.2. Die Tragschicht ist gleichmäßig zu verdichten, wobei die Verdichtung vor Beginn des Erstarrens des Mischguts abgeschlossen sein muß. Die Trockendichte***) der verdichteten Tragschicht muß mindestens 98 % der mit dem gleichen Gemisch ermittelten einfachen Proctordichte betragen.

3.3.2.2.3. Die Tragschicht ist 3 Tage lang nach der Herstellung ständig feucht zu halten oder gegen Austrocknen zu schützen.

3.3.2.3. Tragschichten mit Kalk

3.3.2.3.1. Für die Herstellung einer Tragschicht mit Kalk ist das Schüttmaterial mit Kalk gründlich zu mischen.

***) Bisher: Trockenraumgewicht.

3.3.2.3.2. Die Tragschicht ist gleichmäßig zu verdichten. Die Trockendichte***) der verdichteten Tragschicht muß mindestens 98 % der mit dem gleichen Gemisch ermittelten einfachen Proctordichte betragen.

3.3.2.4. Profilgerechte Lage

Tragschichten mit hydraulischen Bindemitteln sind höhengerecht und im vorgeschriebenen Längs- und Querprofil herzustellen. Abweichungen der Oberfläche von der Sollhöhe dürfen an keiner Stelle mehr als 3 cm betragen, wenn in der Leistungsbeschreibung nichts anderes vorgeschrieben ist.

3.3.2.5. Ebenheit

Unebenheiten der Oberfläche der Tragschicht mit hydraulischen Bindemitteln innerhalb einer 4 m langen Meßstrecke dürfen nicht größer als 3 cm sein, wenn in der Leistungsbeschreibung nichts anderes vorgeschrieben ist.

3.3.2.6. Dicke

Tragschichten mit hydraulischen Bindemitteln sind im Mittel 12 cm dick, an keiner Stelle unter 9 cm dick auszuführen, wenn in der Leistungsbeschreibung nichts anderes vorgeschrieben ist.

3.3.3. Betondecken

3.3.3.1. Einbau der Betondecken

3.3.3.1.1. Verlegen von Unterlagpapier oder -folien

Ist Unterlagpapier oder Unterlagfolie als Trenn- oder Gleitschicht zwischen Betondecke und Unterlage vorgeschrieben, so sind die Bahnen in Längsrichtung zu verlegen. Die Bahnen müssen sich seitlich um mindestens 5 cm überlappen, ihre Enden müssen sich um mindestens 25 cm überdecken.

3.3.3.1.2. Bewehrung

Ist eine Flächenbewehrung vorgeschrieben, so muß sie mit mindestens 2 kg/m² Betonstahl IV R eingebaut werden, wenn in der Leistungsbeschreibung nichts anderes vorgeschrieben ist. Die Bewehrung darf die Wirksamkeit der Fugen nicht beeinträchtigen. Die Betondeckung muß mindestens 3 cm betragen.

3.3.3.1.3. Bereitstellen des Betons

Transport und Einbau des Betons müssen so aufeinander abgestimmt sein, daß der Beton vor Beginn des Erstarrens fertig verarbeitet werden kann.

3.3.3.1.4. Einbringen des Betons

Der Beton ist in der vollen Breite der Decke oder in Streifen einzubringen, die sich durch die vorgeschriebenen Längsfugen ergeben. Arbeitsunterbrechungen sind nur an Querfugen zulässig. Die Betondecke muß senkrechte Seitenflächen aufweisen.

3.3.3.1.5. Verdichten des Betons

Der Beton muß gleichmäßig verdichtet werden. Für die Verdichtung sind Betonfertiger zu verwenden, wenn in der Leistungsbeschreibung nichts anderes vorgeschrieben ist. Für Arbeiten von geringem Umfang können Kleingeräte eingesetzt werden; dabei sind Deckenränder vorzuverdichten.

Sofort nach Herstellen des Deckenschlusses sind etwaige Unebenheiten fachgerecht auszugleichen.

***) Bisher: Trockenraumgewicht.

3.3.3.2. Einbau der Fugen, Dübel, Anker

3.3.3.2.1. Durch die Herstellung der Fugen dürfen die Festigkeit des Betons und die Oberflächenbeschaffenheit der Betondecke nicht beeinträchtigt werden. Die Fugen sind so rechtzeitig herzustellen, daß keine Risse entstehen.

3.3.3.2.2. Raumfugen

Raumfugen müssen in den vorgeschriebenen Abständen so hergestellt werden, daß sie die Betonplatten in der ganzen Dicke voneinander trennen. Die Fugeneinlagen müssen die Ausdehnung der Platten ermöglichen und unverschieblich eingebaut sein. Die Raumfugen sind 20 mm breit herzustellen, wenn in der Leistungsbeschreibung nichts anderes vorgeschrieben ist.

3.3.3.2.3. Scheinfugen

Scheinfugen sind durch Einschneiden eines Fugenspaltes mit einer Tiefe von mindestens 25 % der Deckendicke in den erhärteten Beton herzustellen, wenn in der Leistungsbeschreibung nichts anderes vorgeschrieben ist, z. B. andere Abmessungen oder Einrütteln von Einlagen in den Frischbeton. Sind im unteren Teil der Betondecken Einlagen zur Schwächung des Betonquerschnitts vorgeschrieben, so sind sie gegen Verschieben zu sichern.

3.3.3.2.4. Preßfugen

Bei Preßfugen muß die erhärtete Betonseitenfläche einen einfachen bituminösen Kaltanstrich erhalten, wenn in der Leistungsbeschreibung nichts anderes vorgeschrieben ist.

3.3.3.2.5. Abdichten der Fugen

Der obere Teil von Raum- und Scheinfugen ist mit bituminöser Fugenvergußmasse randvoll zu vergießen, wenn in der Leistungsbeschreibung nichts anderes vorgeschrieben ist. Vor Einbringen der bituminösen Fugenabdichtung müssen die Fugenflächen trocken und sauber sein.

3.3.3.2.6. Dübel

Wenn zur Querkraftübertragung und Sicherung der Höhenlage der Platten Dübel vorgeschrieben sind, müssen sie in der Mitte der Plattendicke und in der Neigung der Betondecke so verlegt werden, daß sie die Ausdehnung der Platten nicht behindern. Es sind Dübel aus Betonstahl I G mit einem Durchmesser von 25 mm und einer Länge von 50 cm zu verwenden, wenn in der Leistungsbeschreibung nichts anderes vorgeschrieben ist.

3.3.3.2.7. Anker

Wenn Anker zur Verhinderung des Auseinanderwanderns von Betonplatten vorgeschrieben sind, müssen sie in der Mitte der Plattendicke verlegt werden. Es sind Anker aus Betonstahl I R mit einem Durchmesser von 14 mm und einer Länge von 60 cm zu verwenden, wenn in der Leistungsbeschreibung nichts anderes vorgeschrieben ist.

3.3.3.3. Nachbehandlung

Der Beton ist bis zum genügenden Erhärten gegen schädigende Einflüsse zu schützen, z. B. gegen vorzeitiges Austrocknen besonders durch Sonnenbestrahlung und Wind, gegen Auswaschen durch Regen, gegen Erwärmen oder rasches Abkühlen sowie gegen Frost. Die Betondecke ist 7 Tage lang ständig feucht zu halten oder gegen Austrocknen zu schützen.

3.3.3.4. Anforderungen

3.3.3.4.1. Betongüte

Die Betongüte muß mindestens Bn 250 nach DIN 1045 entsprechen, wenn in der Leistungsbeschreibung nichts anderes vorgeschrieben ist. Wenn im Beton ein Gehalt an Luftporen vorgeschrieben ist, darf durch diesen die geforderte Betongüte nicht unterschritten werden.

3.3.3.4.2. Dicke der Betondecke

Betondecken sind im Mittel 12 cm dick, an keiner Stelle unter 10 cm dick auszuführen, wenn in der Leistungsbeschreibung nichts anderes vorgeschrieben ist.

3.3.3.4.3. Schichten und Lagen

Die Betondecke kann unter Wahrung der vorgeschriebenen Betongüte aus Schichten unterschiedlicher Zusammensetzung bestehen, wenn in der Leistungsbeschreibung nichts anderes vorgeschrieben ist. Beton gleicher Zusammensetzung kann in einer Lage oder in mehreren Lagen eingebracht werden. Bei mehrschichtiger Betondecke muß die obere Schicht mindestens 5 cm dick ausgeführt werden.

3.3.3.4.4. Profilgerechte Lage

Betondecken sind höhengerecht und im vorgeschriebenen Längs- und Querprofil herzustellen. Abweichungen der Oberfläche von der Sollhöhe dürfen an keiner Stelle mehr als 3 cm betragen, wenn in der Leistungsbeschreibung nichts anderes vorgeschrieben ist.

3.3.3.4.5. Ebenheit

Unebenheiten der Oberfläche der Betondecke innerhalb einer 4 m langen Meßstrecke dürfen nicht größer als 1 cm sein, wenn in der Leistungsbeschreibung nichts anderes vorgeschrieben ist.

4. Nebenleistungen

Nebenleistungen sind Leistungen, die auch ohne Erwähnung in der Leistungsbeschreibung zur vertraglichen Leistung gehören (siehe Teil B — DIN 1961 — § 2 Nr. 1).

4.1. Folgende Leistungen sind Nebenleistungen:

4.1.1. Messungen für das Ausführen und Abrechnen der Arbeiten einschließlich des Vorhaltens der Meßgeräte, Lehren, Absteckzeichen usw., des Erhaltens der Lehren und Absteckzeichen während der Bauausführung und des Stellens der Arbeitskräfte, jedoch nicht Leistungen nach Teil B — DIN 1961 — § 3 Nr. 2.

4.1.2. Schutz- und Sicherheitsmaßnahmen nach den Unfallverhütungsvorschriften und den behördlichen Bestimmungen.

4.1.3. Schutz der ausgeführten Leistungen und der für die Ausführung übergebenen Gegenstände vor Beschädigung und Diebstahl bis zur Abnahme.

4.1.4. Feststellen des Zustands der Straßen, der Geländeoberfläche, der Vorfluter usw. nach Teil B — DIN 1961 — § 3 Nr. 4.

4.1.5. Heranbringen von Wasser und Energie von den vom Auftraggeber auf der Baustelle zur Verfügung gestellten Anschlußstellen zu den Verwendungsstellen.

4.1.6. Vorhalten der Kleingeräte und Werkzeuge.

4.1.7. Lieferung der Betriebsstoffe.

4.1.8. Befördern aller Stoffe und Bauteile, auch wenn sie vom Auftraggeber beigestellt sind, von den Lagerstellen auf der Baustelle zu den Verwendungsstellen und etwaiges Rückbefördern.

4.1.9. Sichern der Arbeiten gegen Tagwasser, mit dem normalerweise gerechnet werden muß, und seine etwa erforderliche Beseitigung.

4.1.10. Beleuchten und Reinigen der Aufenthaltsräume und Aborte für die Beschäftigten des Auftragnehmers sowie Beheizen der Aufenthaltsräume.

4.1.11. Beseitigen aller Verunreinigungen (Abfälle, Bauschutt und dergleichen), die von den Arbeiten des Auftragnehmers herrühren.

4.1.12. Herstellen von behelfsmäßigen Zugängen, Zufahrten u. ä., ausgenommen Leistungen nach Abschnitt 4.3.5.

4.1.13. Prüfungen einschließlich Probenahme zum Nachweis der Eignung von Stoffen und Bauteilen nach den Abschnitten 2.3.1 und 3.3.2.1.3, soweit die Stoffe und Bauteile vom Auftragnehmer geliefert werden.

4.1.14. Prüfungen einschließlich Probenahme zum Nachweis der Güte von Stoffen und Bauteilen nach Abschnitt 2.3.2, soweit die Stoffe und Bauteile vom Auftragnehmer geliefert oder hergestellt werden.

4.2. Folgende Leistungen sind Nebenleistungen, wenn sie nicht durch besondere Ansätze in der Leistungsbeschreibung erfaßt sind:

4.2.1. Einrichten und Räumen der Baustelle.

4.2.2. Vorhalten der Baustelleneinrichtung einschließlich der Geräte, Gerüste und dergleichen.

4.3. Folgende Leistungen sind keine Nebenleistungen:

4.3.1. „Besondere Leistungen" nach Teil A — DIN 1960 — § 9 Nr. 6.

4.3.2. Aufstellen, Vorhalten und Beseitigen von Leiteinrichtungen, z. B. Leitpfosten, Leitplanken, Schrammborde, Markierungen, von Bauzäunen, Blenden und Schutzgerüsten zur Sicherung des öffentlichen Verkehrs.

4.3.3. Aufstellen, Vorhalten, Betreiben und Beseitigen von Einrichtungen außerhalb der Baustelle zur Regelung und Umleitung des öffentlichen Verkehrs.

4.3.4. Aufstellen, Vorhalten, Betreiben und Beseitigen von Verkehrssignalanlagen.

4.3.5. Aufstellen, Vorhalten und Beseitigen von Hilfsbauwerken zur Aufrechterhaltung des Anliegerverkehrs und des sonstigen öffentlichen Verkehrs, z. B. Brücken, Befestigungen von Umleitungen und Zufahrten.

4.3.6. besondere Maßnahmen zur Sicherung gefährdeter Bauwerke und zum Schutz benachbarter Grundstücke, z. B. Unterfangungen, Stützmauern, Bodenverfestigungen.

4.3.7. Sichern von Leitungen, Kanälen, Dränen, Kabeln, Grenzsteinen, Bäumen und dergleichen.

4.3.8. Beseitigen von Hindernissen, Leitungen, Kanälen, Dränen, Kabeln und dergleichen.

4.3.9. besondere Maßnahmen aus Gründen der Landespflege und des Umweltschutzes.

4.3.10. Boden- und Wasseruntersuchungen, ausgenommen die Feststellungen nach den Abschnitten 4.1.4, 4.1.13 und 4.1.14.

4.3.11. Schutzmaßnahmen für das Betonieren bei Temperaturen unter + 5 °C und zusätzliche Maßnahmen für die Weiterarbeit bei Frost und Schnee, soweit sie dem Auftragnehmer nicht ohnehin obliegen.

4.3.12. Vorbereiten der Unterlage, z. B. Nachverdichten, Herstellen der planmäßigen Höhenlage, Reinigen von schädlichen Verschmutzungen, soweit die Notwendigkeit solcher Leistungen nicht vom Auftragnehmer zu vertreten ist.

4.3.13. Herstellen von Aussparungen und Schlitzen, die nach Art, Größe und Anzahl nicht in der Leistungsbeschreibung angegeben sind.

4.3.14. Schließen von Aussparungen und Schlitzen sowie Einsetzen von Fertigteilen.

4.3.15. Prüfungen zum Nachweis der Eignung und der Güte von Stoffen und Bauteilen nach den Abschnitten 2.3.1, 3.3.2.1.3 und 2.3.2, soweit die Stoffe und Bauteile vom Auftraggeber beigestellt sind.

4.3.16. Kontrollprüfungen einschließlich der Probenahmen.

4.3.17. Liefern statischer Berechnungen für den Nachweis der Tragfähigkeit der Konstruktion und der für diesen Nachweis erforderlichen Planunterlagen.

5. Abrechnung

5.1. Allgemeines

5.1.1. Die Leistung ist aus Zeichnungen zu ermitteln, soweit die ausgeführte Leistung diesen Zeichnungen entspricht.
Sind solche Zeichnungen nicht vorhanden, ist die Leistung aufzumessen.

5.1.2. Bei Abrechnung nach Flächenmaß werden Aussparungen bis zu 1 m^2 Einzelgröße sowie Fugen, Schlitze und Schienen nicht abgezogen.

5.1.3. Bei Abrechnung nach Raummaß werden durch Fugenkonstruktionen, Bewehrung, Verdübelung, Verankerung oder Leitungen verdrängte Massen nicht abgezogen.

5.2. Es werden abgerechnet:

5.2.1. Nachverdichten der Unterlage nach Flächenmaß (m^2).

5.2.2. Herstellen der planmäßigen Höhenlage, Neigung und der vorgeschriebenen Ebenheit der Unterlage nach Flächenmaß (m^2).

5.2.3. Unterlagpapier und -folien nach Flächenmaß (m^2) entsprechend Abschnitt 5.2.2, wobei die Überlappungen und Überdeckungen nicht berücksichtigt werden.

5.2.4. Tragschichten und Betondecken nach Flächenmaß (m^2), wobei die Fugen übermessen werden.

5.2.5. Bewehrung nach Flächenmaß (m^2) entsprechend Abschnitt 5.2.4, wobei die Überdeckungen nicht berücksichtigt werden, oder nach Gewicht (t) entsprechend den Bewehrungsplänen.

5.2.6. Fugenherstellung und -verguß nach Längenmaß (m), getrennt nach den verschiedenen Arten der Fugenausbildung, einschließlich Verdübelung und Verankerung, wobei Durchdringungen der Fugen nicht abgezogen werden.

5.2.7. Verdübelungen und Verankerungen, sofern sie nicht nach Abschnitt 5.2.6 abgerechnet werden, nach Längenmaß (m) der verdübelten oder verankerten Fugen oder nach Anzahl (Stück).

5.2.8. Probenahmen, soweit sie keine Nebenleistungen sind, nach Anzahl (Stück).

VOB Teil C:

Allgemeine Technische Vorschriften für Bauleistungen

Straßenbauarbeiten; Oberbauschichten mit bituminösen Bindemitteln — DIN 18 317

Fassung Dezember 1973

Ausgabedatum: Juli 1974

Inhalt

18 317

0. Hinweise für die Leistungsbeschreibung*)

(siehe auch Teil A — DIN 1960 — § 9)

0.1. In der Leistungsbeschreibung sind nach Lage des Einzelfalles insbesondere anzugeben:

0.1.1. Lage der Baustelle und Umgebungsbedingungen, Zufahrtsmöglichkeiten und Beschaffenheit der Zufahrt sowie etwaige Einschränkungen bei ihrer Benutzung.

0.1.2. Lage und Ausmaß der dem Auftragnehmer für die Ausführung seiner Leistungen zur Benutzung oder Mitbenutzung überlassenen Flächen.

0.1.3. Art, Lage, Abfluß, Abflußvermögen und Hochwasserverhältnisse des Vorfluters.

0.1.4. Ergebnisse der Bodenuntersuchung und der Wasseranalyse.

0.1.5. Schutzgebiete im Bereich der Baustelle.

0.1.6. besondere Maßnahmen aus Gründen der Landespflege und des Umweltschutzes.

0.1.7. Art und Umfang des Schutzes von Bäumen, Pflanzenbeständen, Vegetationsflächen, Bauteilen, Bauwerken, Grenzsteinen u. ä. im Bereich der Baustelle.

0.1.8. besondere Anordnungen, Vorschriften und Maßnahmen der Eigentümer (oder der anderen Weisungsberechtigten) von Leitungen, Kabeln, Dränen, Kanälen, Wegen, Gewässern, Gleisen, Zäunen und dergleichen im Bereich der Baustelle.

0.1.9. für den Verkehr freizuhaltende Flächen.

0.1.10. Besonderheiten der Regelung und Sicherung des Verkehrs, gegebenenfalls auch, wieweit der Auftraggeber die Durchführung der erforderlichen Maßnahmen übernimmt.

0.1.11. Verkehrsverhältnisse auf der Baustelle, insbesondere Verkehrsbeschränkungen, z. B. Begrenzung der Verkehrslasten.

0.1.12. Lage, Art und Anschlußwert der dem Auftragnehmer auf der Baustelle zur Verfügung gestellten Anschlüsse für Wasser und Energie.

0.1.13. Mitbenutzung fremder Gerüste, Hebezeuge, Aufzüge, Aufenthalts- und Lagerräume, Einrichtungen und dergleichen durch den Auftragnehmer.

---

*) Diese Hinweise werden nicht Vertragsbestandteil.

0.1.14. wie lange, für welche Arbeiten und gegebenenfalls für welche Beanspruchung der Auftragnehmer seine Gerüste, Hebezeuge, Aufzüge, Aufenthalts- und Lagerräume, Einrichtungen und dergleichen für andere Unternehmer vorzuhalten hat.

0.1.15. besondere Anforderungen an die Baustelleneinrichtung.

0.1.16. bekannte oder vermutete Hindernisse im Bereich der Baustelle, möglichst unter Auslegung von Bestandsplänen, z. B. Leitungen, Kabel, Dräne, Kanäle, Bauwerksreste (und, soweit bekannt, deren Eigentümer).

0.1.17. Art und Zeit der vom Auftraggeber veranlaßten Vorarbeiten.

0.1.18. ob und in welchem Umfang dem Auftragnehmer Arbeitskräfte und Geräte für Abladen, Lagern und Transport zur Verfügung gestellt werden.

0.1.19. Arbeiten anderer Unternehmer auf der Baustelle.

0.1.20. Leistungen für andere Unternehmer.

0.1.21. ob und unter welchen Umständen auf der Baustelle gewonnene Stoffe verwendet werden dürfen oder verwendet werden sollen.

0.1.22. Art, Menge, Gewicht der Stoffe und Bauteile, die vom Auftraggeber beigestellt werden, sowie Art, Ort (genaue Bezeichnung) und Zeit ihrer Übergabe.

0.1.23. Güteanforderungen an nicht genormte Stoffe und Bauteile.

0.1.24. Art und Umfang verlangter Eignungs- und Gütenachweise.

0.1.25. Art und Beschaffenheit der Unterlage (Untergrund, Unterbau, Tragschicht, Tragwerk).

0.1.26. vorgesehene Arbeitsabschnitte, Arbeitsunterbrechungen und -beschränkungen nach Art, Ort und Zeit.

0.1.27. Gründungstiefen, Gründungsarten und Lasten benachbarter Bauwerke.

0.1.28. besondere Erschwernisse während der Ausführung, z. B. Arbeiten bei außergewöhnlichen äußeren Einflüssen.

0.1.29. Benutzung von Teilen der Leistung vor der Abnahme.

0.1.30. Ausbildung der Anschlüsse an Bauwerke.

0.1.31. Art und Beschaffenheit vorhandener Einfassungen.

0.1.32. Art und Anzahl von Aussparungen und Schlitzen.

0.1.33. Leistungen nach Abschnitt 4.2 in besonderen Ansätzen, wenn diese Leistungen keine Nebenleistungen sein sollen.

0.1.34. Leistungen nach Abschnitt 4.3 in besonderen Ansätzen.

0.2. In der Leistungsbeschreibung sind Angaben zu folgenden Abschnitten nötig, wenn der Auftraggeber eine abweichende Regelung wünscht:

Abschnitt 1.1 (Gültigkeit für sonstige Flächen)
Abschnitt 1.3 (Leistungen mit Lieferung der Stoffe und Bauteile)
Abschnitt 2.1 (Vorhalten von Stoffen und Bauteilen)
Abschnitt 2.2.1 (Liefern ungebrauchter Stoffe und Bauteile)
Abschnitt 2.2.4 (Bituminöse Gemische; Zusammensetzung)
Abschnitt 3.3.1.4 (Tragschichten, Tragdeckschichten, Binderschichten, Deckschichten aus Asphalt- und Teerbeton; Abweichungen von der profilgerechten Lage)
Abschnitt 3.3.1.5 (Tragschichten, Tragdeckschichten, Binderschichten, Deckschichten aus Asphalt- und Teerbeton; Abweichungen von der Ebenheit)
Abschnitt 3.3.1.6 (Tragschichten, Tragdeckschichten, Binderschichten, Deckschichten aus Asphalt- und Teerbeton; Dicke und zulässige Abweichungen)
Abschnitt 3.3.2.3 (Deckschichten aus Gußasphalt; Abweichungen von der Ebenheit)
Abschnitt 3.3.2.4 (Deckschichten aus Gußasphalt; Dicke)
Abschnitt 3.3.3.1 (Oberflächenbehandlung; Ausfüllen von Pflasterfugen)

Abschnitt 3.3.3.2 (Aufbringen bituminöser Schlämme; Ausfüllen von Pflasterfugen)
Abschnitt 3.3.3.3 (Oberflächenschutzschichten aus Asphaltmischgut; Dicke)
Abschnitt 3.3.4.2 (Mit bituminösen Bindemitteln verfestigte Tragschichten; Abweichungen von der profilgerechten Lage)
Abschnitt 3.3.4.3 (Mit bituminösen Bindemitteln verfestigte Tragschichten; Abweichungen von der Ebenheit)
Abschnitt 3.3.4.4 (Mit bituminösen Bindemitteln verfestigte Tragschichten; Dicke)

1. Allgemeines

1.1. DIN 18 317 „Straßenbauarbeiten; Oberbauschichten mit bituminösen Bindemitteln" gilt für die Befestigung von Straßen und Wegen aller Art, von Flugbetriebsflächen, Plätzen, Höfen und Bahnsteigen. Für sonstige Flächen gilt DIN 18 317 nur, wenn es in der Leistungsbeschreibung vorgeschrieben ist.

Oberbauschichten im Sinn dieser Norm sind Tragschichten, Tragdeckschichten, Binderschichten, Deckschichten und Oberflächenschutzschichten.

1.2. DIN 18 317 gilt nicht für Verbesserungen des Unterbaues und des Untergrundes und nicht für Asphaltbelagarbeiten (siehe DIN 18 354 „Asphaltbelagarbeiten").

1.3. Alle Leistungen umfassen auch die Lieferung der dazugehörigen Stoffe und Bauteile einschließlich Abladen und Lagern auf der Baustelle, wenn in der Leistungsbeschreibung nichts anderes vorgeschrieben ist.

1.4. Stoffe und Bauteile, die vom Auftraggeber beigestellt werden, hat der Auftragnehmer rechtzeitig beim Auftraggeber anzufordern.

2. Stoffe, Bauteile

2.1. Vorhalten

Stoffe und Bauteile, die der Auftragnehmer nur vorzuhalten hat, die also nicht in das Bauwerk eingehen, können nach Wahl des Auftragnehmers gebraucht oder ungebraucht sein, wenn in der Leistungsbeschreibung darüber nichts vorgeschrieben ist.

2.2. Liefern

2.2.1. Allgemeine Anforderungen

Stoffe und Bauteile, die der Auftragnehmer zu liefern und einzubauen hat, die also in das Bauwerk eingehen, müssen ungebraucht sein, wenn in der Leistungsbeschreibung nichts anderes vorgeschrieben ist. Sie müssen für den jeweiligen Verwendungszweck geeignet sein.

Stoffe und Bauteile, für die DIN-Normen bestehen, müssen den DIN-Güte- und -Maßbestimmungen entsprechen.

Stoffe und Bauteile, die nach den behördlichen Vorschriften einer Zulassung bedürfen, müssen amtlich zugelassen sein und den Zulassungsbedingungen entsprechen.

Stoffe und Bauteile, für die weder DIN-Normen bestehen noch eine amtliche Zulassung vorgeschrieben ist, dürfen nur mit Zustimmung des Auftraggebers verwendet werden.

Für die gebräuchlichsten genormten Stoffe und Bauteile sind die DIN-Normen nachstehend aufgeführt.

2.2.2. Mineralstoffe

Mineralstoffe müssen witterungsbeständig, ausreichend fest, zäh, dicht und gegenüber dem Bindemittel ausreichend haftfähig sein. Sie dürfen keine quellfähigen, verwitterten, lehmigen, tonigen oder organischen Bestandteile in schädlichen Mengen enthalten.

DIN 4301 Hochofenschlacke und Metallhüttenschlacke für Straßenbau; Technische Lieferbedingungen

DIN 52 100 Prüfung von Naturstein; Richtlinien zur Prüfung und Auswahl von Naturstein

DIN 66 100 Körnungen; Korngrößen zur Kennzeichnung von Kornklassen/Korngruppen
in Verbindung mit den „Technischen Lieferbedingungen für Mineralstoffe im Straßenoberbau", Abschnitt: Körnungen (TL Körnungen) **).

2.2.3. Bindemittel

DIN 1995 Bituminöse Bindemittel für den Straßenbau; Probenahme und Beschaffenheit, Prüfung

Bituminösen Bindemitteln nach DIN 1995 dürfen geeignete Zusatzmittel oder Naturasphalt zugesetzt werden.

2.2.4. Bituminöse Gemische

Bituminöse Gemische müssen so zusammengesetzt sein, daß sie für den Verwendungszweck geeignet sind. Insbesondere sind dabei zu berücksichtigen: klimatische und örtliche Verhältnisse, Verkehrsmenge und Verkehrsart. Unter diesen Voraussetzungen bleibt die Zusammensetzung dem Auftragnehmer überlassen, wenn in der Leistungsbeschreibung darüber nichts vorgeschrieben ist.

Im Gemisch muß das Bindemittel die Mineralstoffkörner vollständig umhüllen und dauerhaft haften.

Die Temperaturen der Mineralstoffe und der Bindemittel sind so zu wählen, daß das Gemisch nicht schädlich beeinflußt wird und einwandfrei verarbeitet werden kann.

Es kommen zur Verwendung in Betracht bei

2.2.4.1. Mischgut für Tragschichten:

Mineralstoffe: Steinmehl, Natursand, Brechsand, Kies, Splitt, Schotter, Hochofen-, Metallhüttenschlacke.

Bindemittel: Straßenbaubitumen, hochviskoser Teer, Teerbitumen.

2.2.4.2. Mischgut für Tragdeckschichten:

Mineralstoffe: Steinmehl, Natursand, Brechsand, Kies, Splitt, Hochofenschlacke, Metallhüttenschlacke.

Bindemittel: Straßenbaubitumen, Gemisch aus Bitumen und Teer.

2.2.4.3. Mischgut für Binderschichten:

Mineralstoffe: Steinmehl, Natursand, Brechsand, Splitt, Edelsplitt, Hochofenschlacke, Metallhüttenschlacke.

Bindemittel: Straßenbaubitumen, hochviskoser Teer, Teerbitumen.

**) Herausgegeben von der Forschungsgesellschaft für das Straßenwesen e. V., 5 Köln, Maastrichter Straße 45.

2.2.4.4. Mischgut für Asphalt- und Teerbetonschichten:

Mineralstoffe: Steinmehl, Natursand, Brechsand, Edelsplitt.

Bindemittel

im Heißeinbau: Straßenbaubitumen, hochviskoser Teer, Gemisch aus Bitumen und Teer.

im Warmeinbau: Verschnittbitumen, Straßenteer.

2.2.4.5. Mischgut für Gußasphaltschichten:

Mineralstoffe: Steinmehl, Natursand, Brechsand, Edelsplitt.

Bindemittel: Straßenbaubitumen, Gemisch aus (Straßenbau-) Bitumen und Naturasphalt.

2.3. Prüfungen

2.3.1. Eignungsprüfung

Der Auftragnehmer hat sich vor Beginn der Ausführung zu vergewissern und dem Auftraggeber auf Verlangen nachzuweisen, daß die Stoffe und Bauteile für den vorgesehenen Verwendungszweck geeignet sind.

2.3.2. Eigenüberwachungsprüfung

Der Auftragnehmer hat sich während der Ausführung zu vergewissern und dem Auftraggeber auf Verlangen nachzuweisen, daß die verwendeten Stoffe und Bauteile den vertraglichen Anforderungen entsprechen.

2.3.3. Kontrollprüfung

Die Verpflichtung des Auftragnehmers nach den Abschnitten 2.3.1 und 2.3.2 wird durch etwaige Kontrollprüfungen des Auftraggebers nicht eingeschränkt.

2.3.4. Für die Durchführung der Prüfungen gelten:

2.3.4.1. Mineralstoffe

DIN 1996	Prüfung bituminöser Massen für den Straßenbau und verwandte Gebiete
DIN 4301	Hochofenschlacke und Metallhüttenschlacke für Straßenbau; Technische Lieferbedingungen
DIN 52 101	Prüfung von Naturstein; Probenahme
DIN 52 102	Prüfung von Naturstein; Bestimmung der Dichte, Rohdichte, Reindichte, Dichtigkeitsgrad, Gesamtporosität
DIN 52 103	Prüfung von Naturstein; Bestimmung der Wasseraufnahme
DIN 52 104	Prüfung von Naturstein; Frostbeständigkeit
DIN 52 105	Prüfung von Naturstein; Druckversuch
DIN 52 106	Prüfung von Naturstein; Beurteilungsgrundlagen für die Verwitterungsbeständigkeit
DIN 52 109	Prüfung von Naturstein; Widerstandsfähigkeit von Schotter gegen Schlag und Druck
DIN 52 110	Prüfung von Naturstein; Raummetergewicht und Gehalt von Steingekörn
DIN 52 111	Prüfung von Naturstein; Kristallisationsversuch
DIN 52 113	Prüfung von Naturstein; Bestimmung des Sättigungswertes

DIN 52 114 Bestimmung der Kornform bei Schüttgütern mit der Kornform-Schieblehre

DIN 66 100 Körnungen; Korngrößen zur Kennzeichnung von Kornklassen/Korngruppen
in Verbindung mit den „Technischen Lieferbedingungen für Mineralstoffe im Straßenoberbau", Abschnitt: Körnungen (TL Körnungen) **)

2.3.4.2. Bindemittel

DIN 1995 Bituminöse Bindemittel für den Straßenbau; Probenahme und Beschaffenheit, Prüfung

2.3.4.3. Bituminöse Gemische

DIN 1996 Prüfung bituminöser Massen für den Straßenbau und verwandte Gebiete.

3. Ausführung

3.1. Allgemeines

3.1.1. Wenn Verkehrs-, Versorgungs- und Entsorgungsanlagen im Bereich des Baugeländes liegen, sind die Vorschriften und Anordnungen der zuständigen Stellen zu beachten.

3.1.2. Die für die Aufrechterhaltung des Verkehrs bestimmten Flächen sind freizuhalten. Der Zugang zu Einrichtungen der Versorgungs- und Entsorgungsbetriebe, der Feuerwehr, der Post und Bahn, zu Vermessungspunkten und dergleichen darf nicht mehr als durch die Ausführung unvermeidlich behindert werden.

3.1.3. Oberbauschichten mit bituminösen Bindemitteln dürfen bei Nässe oder niedriger Lufttemperatur nur ausgeführt werden, wenn durch besondere Maßnahmen sichergestellt ist, daß die vorgeschriebene Güte der Bauleistungen nicht beeinträchtigt wird.

3.2. Unterlage

Der Auftragnehmer hat mit der im Verkehr erforderlichen Sorgfalt die Unterlage auf Eignung für das Aufbringen von Oberbauschichten zu prüfen. Er hat dem Auftraggeber Bedenken unverzüglich schriftlich mitzuteilen (siehe Teil B — DIN 1961 — § 4 Nr. 3), insbesondere bei

unzureichender Verdichtung der Unterlage,
Abweichungen von der planmäßigen Höhenlage, Neigung oder Ebenheit,
schädlichen Verschmutzungen,
Fehlen notwendiger Entwässerungseinrichtungen.

3.3. Herstellen, Anforderungen

3.3.1. Tragschichten, Tragdeckschichten, Binderschichten, Deckschichten aus Asphalt- und Teerbeton

3.3.1.1. Einbringen

Das bituminöse Gemisch ist auf der sauberen Unterlage gleichmäßig und so zu verteilen, daß es sich nicht entmischt.

**) Herausgegeben von der Forschungsgesellschaft für das Straßenwesen e. V., 5 Köln, Maastrichter Straße 45.

Die Nähte der einzelnen Schichten und Lagen sind gegeneinander ausreichend zu versetzen. In der Deckschicht sind die Nähte geradlinig, Längsnähte gegebenenfalls der Linienführung der Straße angepaßt, auszuführen.

Die einzelnen Schichten oder Lagen dürfen erst nach dem Erhärten der darunterliegenden Schichten oder Lagen eingebracht werden.

3.3.1.2. Verdichten

Jede Schicht oder Lage muß auf der ganzen Fläche gleichmäßig und ausreichend verdichtet werden.

3.3.1.3. Oberfläche

Die Oberflächen der einzelnen Schichten müssen eine gleichmäßige Beschaffenheit aufweisen. Die Oberfläche der Tragdeckschicht und der Deckschicht muß gleichmäßig geschlossen sein.

3.3.1.4. Profilgerechte Lage

Tragschichten sind höhengerecht und im vorgeschriebenen Längs- und Querprofil herzustellen. Abweichungen der Oberfläche von der Sollhöhe dürfen an keiner Stelle mehr als 3 cm betragen, wenn in der Leistungsbeschreibung nichts anderes vorgeschrieben ist.

3.3.1.5. Ebenheit

Unebenheiten der Oberfläche der Schichten innerhalb einer 4 m langen Meßstrecke dürfen bei Tragschichten nicht größer als 2 cm, bei Tragdeckschichten nicht größer als 1,5 cm und bei Binder- und Deckschichten nicht größer als 1 cm sein, wenn in der Leistungsbeschreibung nichts anderes vorgeschrieben ist.

3.3.1.6. Dicke

Folgende Schichtdicken sind auszuführen, wenn in der Leistungsbeschreibung nichts anderes vorgeschrieben ist:

Tragschichten: im Mittel 6 cm, an keiner Stelle unter 4 cm;
Tragdeckschichten: im Mittel 7 cm, an keiner Stelle unter 5 cm;
Binderschichten: im Mittel 3,5 cm, an keiner Stelle unter 2,5 cm;
Deckschichten: im Mittel 2,5 cm, an keiner Stelle unter 1,8 cm.

3.3.2. Deckschichten aus Gußasphalt

3.3.2.1. Einbauen des Gußasphaltes

Abschnitt 3.3.1.1 gilt sinngemäß.

Die Anschlüsse an bereits verlegtem erkaltetem Gußasphalt sind anzuwärmen oder als Fuge auszubilden.

3.3.2.2. Oberfläche

Die Oberfläche der Deckschicht muß eine gleichmäßige Beschaffenheit aufweisen. Sie ist beim Einbau aufzurauhen oder abzustumpfen.

3.3.2.3. Ebenheit

Unebenheiten der Oberfläche der Deckschicht innerhalb einer 4 m langen Meßstrecke dürfen nicht größer als 1 cm sein, wenn in der Leistungsbeschreibung nichts anderes vorgeschrieben ist.

3.3.2.4. Dicke

Deckschichten aus Gußasphalt sind im Mittel 2,5 cm dick, an keiner Stelle unter 1,8 cm dick auszuführen, wenn in der Leistungsbeschreibung nichts anderes vorgeschrieben ist.

3.3.3. Oberflächenschutzschichten

Oberflächenschutzschichten sind so auszubilden, daß sie die saubere Unterlage gleichmäßig bedecken.

3.3.3.1. Oberflächenbehandlung

Unmittelbar nach dem Aufspritzen des Bindemittels ist der Splitt gleichmäßig verteilt aufzustreuen und durch Walzen anzudrücken.

Pflasterfugen sind vor Aufspritzen des Bindemittels bis zur Höhe der oberen Pflastersteinkanten mit Splitt oder Kies auszufüllen, wenn in der Leistungsbeschreibung nichts anderes vorgeschrieben ist.

3.3.3.2. Bituminöse Schlämme

Die Schlämme ist unmittelbar auf die Unterlage aufzubringen, wenn in der Leistungsbeschreibung nicht Anspritzen der Unterlage mit einem Bindemittel vorgeschrieben ist.

Pflasterfugen sind vor Verteilen der Schlämme oder Aufspritzen des Bindemittels bis zur Höhe der oberen Pflastersteinkanten mit Splitt oder Kies auszufüllen, wenn in der Leistungsbeschreibung nichts anderes vorgeschrieben ist.

3.3.3.3. Oberflächenschutzschichten aus Asphaltmischgut

Die Abschnitte 3.3.1.1, 3.3.1.2 und 3.3.1.3 gelten sinngemäß. Oberflächenschutzschichten sind im Mittel 1,5 cm dick, an keiner Stelle unter 1 cm dick auszuführen, wenn in der Leistungsbeschreibung nichts anderes vorgeschrieben ist.

3.3.4. Mit bituminösen Bindemitteln verfestigte Tragschichten

3.3.4.1. Herstellen

3.3.4.1.1. Verfestigte Tragschichten sind aus Schüttmaterial durch Zusatz von Straßenteer oder anderen geeigneten bituminösen Bindemitteln herzustellen.

3.3.4.1.2. Der Auftragnehmer hat sich vor Herstellung von mit bituminösen Bindemitteln verfestigten Tragschichten zu vergewissern und dem Auftraggeber auf Verlangen nachzuweisen, daß Bindemittelart und -menge für den vorgesehenen Verwendungszweck geeignet sind.

3.3.4.1.3. Das Schüttmaterial ist mit dem Bindemittel so zu mischen, daß das Bindemittel gleichmäßig verteilt ist. Das Gemisch ist gleichmäßig zu verdichten.

3.3.4.2. Profilgerechte Lage

Mit bituminösen Bindemitteln verfestigte Tragschichten sind höhengerecht und im vorgeschriebenen Längs- und Querprofil herzustellen. Abweichungen der Oberfläche von der Sollhöhe dürfen an keiner Stelle mehr als 3 cm betragen, wenn in der Leistungsbeschreibung nichts anderes vorgeschrieben ist.

3.3.4.3. Ebenheit

Unebenheiten der Oberfläche der mit bituminösen Bindemitteln verfestigten Tragschicht innerhalb einer 4 m langen Meßstrecke dürfen nicht größer als 3 cm sein, wenn in der Leistungsbeschreibung nichts anderes vorgeschrieben ist.

3.3.4.4. Dicke

Mit bituminösen Bindemitteln verfestigte Tragschichten sind im Mittel 15 cm dick, an keiner Stelle unter 12 cm dick auszuführen, wenn in der Leistungsbeschreibung nichts anderes vorgeschrieben ist.

4. Nebenleistungen

Nebenleistungen sind Leistungen, die auch ohne Erwähnung in der Leistungsbeschreibung zur vertraglichen Leistung gehören (siehe Teil B — DIN 1961 — § 2 Nr. 1).

4.1. Folgende Leistungen sind Nebenleistungen:

4.1.1. Messungen für das Ausführen und Abrechnen der Arbeiten einschließlich des Vorhaltens der Meßgeräte, Lehren, Absteckzeichen usw., des Erhaltens der Lehren und Absteckzeichen während der Bauausführung und des Stellens der Arbeitskräfte, jedoch nicht Leistungen nach Teil B — DIN 1961 — § 3 Nr. 2.

4.1.2. Schutz- und Sicherheitsmaßnahmen nach den Unfallverhütungsvorschriften und den behördlichen Bestimmungen.

4.1.3. Schutz der ausgeführten Leistungen und der für die Ausführung übergebenen Gegenstände vor Beschädigung und Diebstahl bis zur Abnahme.

4.1.4. Feststellen des Zustandes der Straßen, der Geländeoberfläche, der Vorfluter usw. nach Teil B — DIN 1961 — § 3 Nr. 4.

4.1.5. Heranbringen von Wasser und Energie von den vom Auftraggeber auf der Baustelle zur Verfügung gestellten Anschlußstellen zu den Verwendungsstellen.

4.1.6. Vorhalten der Kleingeräte und Werkzeuge.

4.1.7. Lieferung der Betriebsstoffe.

4.1.8. Befördern aller Stoffe und Bauteile, auch wenn sie vom Auftraggeber beigestellt sind, von den Lagerstellen auf der Baustelle zu den Verwendungsstellen und etwaiges Rückbefördern.

4.1.9. Sichern der Arbeiten gegen Tagwasser, mit dem normalerweise gerechnet werden muß, und seine etwa erforderliche Beseitigung.

4.1.10. Beleuchten und Reinigen der Aufenthaltsräume und Aborte für die Beschäftigten des Auftragnehmers sowie Beheizen der Aufenthaltsräume.

4.1.11. Beseitigen aller Verunreinigungen (Abfälle, Bauschutt und dergleichen), die von den Arbeiten des Auftragnehmers herrühren.

4.1.12. Herstellen von behelfsmäßigen Zugängen, Zufahrten u. ä., ausgenommen Leistungen nach Abschnitt 4.3.5.

4.1.13. Prüfungen einschließlich Probenahme zum Nachweis der Eignung von Stoffen und Bauteilen nach den Abschnitten 2.3.1 und 3.3.4.1.2, soweit die Stoffe und Bauteile vom Auftragnehmer geliefert werden.

4.1.14. Prüfungen einschließlich Probenahme zum Nachweis der Güte von Stoffen und Bauteilen nach Abschnitt 2.3.2, soweit die Stoffe und Bauteile vom Auftragnehmer geliefert oder hergestellt werden.

4.2. Folgende Leistungen sind Nebenleistungen, wenn sie nicht durch besondere Ansätze in der Leistungsbeschreibung erfaßt sind:

4.2.1. Einrichten und Räumen der Baustelle.

4.2.2. Vorhalten der Baustelleneinrichtung einschließlich der Geräte, Gerüste und dergleichen.

4.3. Folgende Leistungen sind keine Nebenleistungen:

4.3.1. „Besondere Leistungen" nach Teil A – DIN 1960 – § 9 Nr. 6.

4.3.2. Aufstellen, Vorhalten und Beseitigen von Leiteinrichtungen, z. B. Leitpfosten, Leitplanken, Schrammborde, Markierungen, von Bauzäunen, Blenden und Schutzgerüsten zur Sicherung des öffentlichen Verkehrs.

4.3.3. Aufstellen, Vorhalten, Betreiben und Beseitigen von Einrichtungen außerhalb der Baustelle zur Regelung und Umleitung des öffentlichen Verkehrs.

4.3.4. Aufstellen, Vorhalten, Betreiben und Beseitigen von Verkehrssignalanlagen.

4.3.5. Aufstellen, Vorhalten und Beseitigen von Hilfsbauwerken zur Aufrechterhaltung des Anliegerverkehrs und des sonstigen öffentlichen Verkehrs, z. B. Brücken, Befestigungen von Umleitungen und Zufahrten.

4.3.6. besondere Maßnahmen zur Sicherung gefährdeter Bauwerke und zum Schutz benachbarter Grundstücke, z. B. Unterfangungen, Stützmauern, Bodenverfestigungen.

4.3.7. Sichern von Leitungen, Kanälen, Dränen, Kabeln, Grenzsteinen, Bäumen und dergleichen.

4.3.8. Beseitigen von Hindernissen, Leitungen, Kanälen, Dränen, Kabeln und dergleichen.

4.3.9. besondere Maßnahmen aus Gründen der Landespflege und des Umweltschutzes.

4.3.10. Boden- und Wasseruntersuchungen, ausgenommen die Feststellungen nach den Abschnitten 4.1.13 und 4.1.14.

4.3.11. zusätzliche Maßnahmen für die Weiterarbeit bei Frost und Schnee, soweit sie dem Auftragnehmer nicht ohnehin obliegen.

4.3.12. Vorbereiten der Unterlage, z. B. Nachverdichten, Herstellen der planmäßigen Höhenlage, Reinigen von schädlichen Verschmutzungen, Vorspritzen mit bituminösen Bindemitteln, soweit die Notwendigkeit solcher Leistungen nicht vom Auftragnehmer verursacht ist.

4.3.13. Herstellen von Aussparungen und Schlitzen, die nach Art, Größe und Anzahl nicht in der Leistungsbeschreibung angegeben sind.

4.3.14. Schließen von Aussparungen und Schlitzen sowie Einsetzen von Fertigteilen.

4.3.15. Prüfungen zum Nachweis der Eignung und der Güte von Stoffen und Bauteilen nach den Abschnitten 2.3.1, 3.3.4.1.2 und 2.3.2, soweit die Stoffe und Bauteile vom Auftraggeber beigestellt sind.

4.3.16. Kontrollprüfungen einschließlich der Probenahmen.

5. Abrechnung

5.1. Allgemeines

5.1.1. Die Leistung ist aus Zeichnungen zu ermitteln, soweit die ausgeführte Leistung diesen Zeichnungen entspricht.

Sind solche Zeichnungen nicht vorhanden, ist die Leistung aufzumessen.

5.1.2. Bei Abrechnung nach Flächenmaß werden Aussparungen bis zu 1 m^2 Einzelgröße sowie Fugen, Schlitze und Schienen nicht abgezogen.

5.1.3. Bei Abrechnung nach Raummaß werden durch Fugenkonstruktionen oder Leitungen verdrängte Massen nicht abgezogen.

5.2. Es werden abgerechnet:

5.2.1. Nachverdichten der Unterlage nach Flächenmaß (m^2).

5.2.2. Herstellen der planmäßigen Höhenlage, Neigung und der vorgeschriebenen Ebenheit der Unterlage: bei Verwendung bindemittelfreier Gemische nach Flächenmaß (m^2), bei Verwendung bituminöser Gemische nach Gewicht (t).

5.2.3. Reinigen nach Flächenmaß (m^2).

5.2.4. Einsprühen mit bituminösem Bindemittel nach Flächenmaß (m^2) oder Gewicht (t).

5.2.5. Schichten zum Angleichen oder Ausgleichen der Höhenlage nach Gewicht (t).

5.2.6. Tragschichten, Tragdeckschichten, Binderschichten, Deckschichten, Oberflächenschutzschichten nach Flächenmaß (m^2) oder nach Gewicht (t).

5.2.7. Fugenherstellung und -verguß nach Längenmaß (m).

5.2.8. Probenahmen, soweit sie keine Nebenleistungen sind, nach Anzahl (Stück).

VOB Teil C:
Allgemeine Technische Vorschriften für Bauleistungen

Straßenbauarbeiten; Steinpflaster — DIN 18 318

Fassung Dezember 1973

Ausgabedatum: Juli 1974

Inhalt

0. Hinweise für die Leistungsbeschreibung*)
(siehe auch Teil A — DIN 1960 — § 9)

0.1. In der Leistungsbeschreibung sind nach Lage des Einzelfalles insbesondere anzugeben:

0.1.1. Lage der Baustelle und Umgebungsbedingungen, Zufahrtsmöglichkeiten und Beschaffenheit der Zufahrt sowie etwaige Einschränkungen bei ihrer Benutzung.

0.1.2. Lage und Ausmaß der dem Auftragnehmer für die Ausführung seiner Leistungen zur Benutzung oder Mitbenutzung überlassenen Flächen.

0.1.3. Schutzgebiete im Bereich der Baustelle.

0.1.4. besondere Maßnahmen aus Gründen der Landespflege und des Umweltschutzes.

0.1.5. Art und Umfang des Schutzes von Bäumen, Pflanzenbeständen, Vegetationsflächen, Bauteilen, Bauwerken, Grenzsteinen u. ä. im Bereich der Baustelle.

0.1.6. besondere Anordnungen, Vorschriften und Maßnahmen der Eigentümer (oder der anderen Weisungsberechtigten) von Leitungen, Kabeln, Dränen, Kanälen, Wegen, Gewässern, Gleisen, Zäunen und dergleichen im Bereich der Baustelle.

0.1.7. für den Verkehr freizuhaltende Flächen.

0.1.8. Besonderheiten der Regelung und Sicherung des Verkehrs, gegebenenfalls auch, wieweit der Auftraggeber die Durchführung der erforderlichen Maßnahmen übernimmt.

0.1.9. Verkehrsverhältnisse auf der Baustelle, insbesondere Verkehrsbeschränkungen, z. B. Begrenzung der Verkehrslasten.

0.1.10. Lage, Art und Anschlußwert der dem Auftragnehmer auf der Baustelle zur Verfügung gestellten Anschlüsse für Wasser und Energie.

0.1.11. besondere Anforderungen an die Baustelleneinrichtung.

---

*) Diese Hinweise werden nicht Vertragsbestandteil.

0.1.12. bekannte oder vermutete Hindernisse im Bereich der Baustelle, möglichst unter Auslegung von Bestandsplänen, z. B. Leitungen, Kabel, Dräne, Kanäle, Bauwerksreste (und, soweit bekannt, deren Eigentümer).

0.1.13. Art und Zeit der vom Auftraggeber veranlaßten Vorarbeiten.

0.1.14. Arbeiten anderer Unternehmer auf der Baustelle.

0.1.15. ob und unter welchen Umständen auf der Baustelle gewonnene Stoffe verwendet werden dürfen oder verwendet werden sollen.

0.1.16. Art, Menge, Gewicht der Stoffe und Bauteile, die vom Auftraggeber beigestellt werden, sowie Art, Ort (genaue Bezeichnung) und Zeit ihrer Übergabe; im Verbrauchernachweis zugelassene Mengenabweichungen.

0.1.17. Güteanforderungen an nicht genormte Stoffe und Bauteile.

0.1.18. besondere Anforderungen an Stoffe und Bauteile, z. B. Güte, Beschaffenheit der Oberfläche, Farbe.

0.1.19. Art und Umfang verlangter Eignungs- und Gütenachweise.

0.1.20. Art des bituminösen Bindemittels (siehe Abschnitt 3.5.3).

0.1.21. Art und Beschaffenheit der Unterlage (Untergrund, Unterbau, Tragschicht, Tragwerk).

0.1.22. vorgesehene Arbeitsabschnitte, Arbeitsunterbrechungen und -beschränkungen nach Art, Ort und Zeit.

0.1.23. besondere Erschwernisse während der Ausführung, z. B. Arbeiten bei außergewöhnlichen äußeren Einflüssen.

0.1.24. Benutzung von Teilen der Leistung vor der Abnahme.

0.1.25. Ausbildung der Anschlüsse an Bauwerke.

0.1.26. Art und Beschaffenheit vorhandener Einfassungen.

0.1.27. wie Pflaster und Gehwegplatten an vorhandene Befestigungen, an Bögen, Einbauten und Aussparungen anzuschließen sind.

0.1.28. Leistungen nach Abschnitt 4.2 in besonderen Ansätzen, wenn diese Leistungen keine Nebenleistungen sein sollen.

0.1.29. Leistungen nach Abschnitt 4.3 in besonderen Ansätzen.

0.2. In der Leistungsbeschreibung sind Angaben zu folgenden Abschnitten nötig, wenn der Auftraggeber eine abweichende Regelung wünscht:

Abschnitt 1.1 (Gültigkeit für sonstige Flächen)
Abschnitt 1.2 (Leistungen mit Lieferung der Stoffe und Bauteile)
Abschnitt 2.1 (Vorhalten von Stoffen und Bauteilen)
Abschnitt 2.2.1 (Liefern ungebrauchter Stoffe und Bauteile)
Abschnitt 2.2.2 (Gehalt an abschlämmbaren Bestandteilen)
Abschnitt 2.2.3 (Güteklasse der Pflastersteine)
Abschnitt 2.2.3.4 (Güte der Straßenklinker)
Abschnitt 3.1.3 (Oberfläche; Abweichungen von der Sollhöhe)
Abschnitt 3.1.4 (Oberfläche; Abweichungen von der Ebenheit)
Abschnitt 3.3.1 (Kleinpflaster in Sand; Pflasterverband, Rammen statt Rütteln)
Abschnitt 3.3.2 (Kleinpflaster in Kiessand; Pflasterverband, Rammen statt Rütteln)
Abschnitt 3.3.3 (Kleinpflaster in Sand oder Kiessand mit Fugenverguß oder Fugenfüllung; Pflasterverband, Rammen statt Rütteln, Fugenverguß, Fugenfüllung)
Abschnitt 3.3.4 (Kleinpflaster in Zementmörtel auf Betontragschicht; Pflasterverband, Rammen statt Rütteln)

Abschnitt 3.4.1	(Großpflaster in Kiessand; Pflasterverband, Rammen statt Rütteln, Fugenverguß, Fugenfüllung)
Abschnitt 3.4.2	(Großpflaster in Zementmörtel auf Betontragschicht; Pflasterverband, Rammen statt Rütteln, Fugenverguß, Fugenfüllung)
Abschnitt 3.8	(Klinkerpflaster; Sandbett, Pflasterstellung, Pflasterverband, Rammen statt Rütteln)
Abschnitt 3.9.1	(Mosaikpflaster in Sand; Pflasterverband, Rammen statt Rütteln, Dicke des Pflasterbettes)
Abschnitt 3.9.2	(Mosaikpflaster in Zementmörtel auf Betontragschicht; Pflasterverband, Rammen statt Rütteln)
Abschnitt 3.10.1	(Plattenbelag in Sand; Verband)
Abschnitt 3.10.2	(Plattenbelag in Kiessand; Verband)
Abschnitt 3.10.3	(Plattenbelag in Mörtel; Kiessandschicht statt Sandschicht, Zementmörtel statt Kalkmörtel, Verband)
Abschnitt 3.11.1.1	(Bordsteine in Kiessand; Kiessandbett, Fugenausbildung)
Abschnitt 3.11.1.2	(Bordsteine in Beton; Fugenausbildung, Ausbildung des Fundamentes)
Abschnitt 3.11.2	(Einfassung mit anderen Steinen; Kiessandbett, Fugenausbildung)
Abschnitt 3.11.3	(Einfassung mit befestigten Seitenstreifen; Ausbildung der Seitenstreifen, Dicke nach Verdichten, Oberflächenebenheit)

1. Allgemeines

1.1. DIN 18 318 „Straßenbauarbeiten; Steinpflaster" gilt für Befestigung von Straßen und Wegen aller Art, von Flugbetriebsflächen, Plätzen, Höfen und Bahnsteigen. Für sonstige Flächen gilt DIN 18 318 nur, wenn es in der Leistungsbeschreibung vorgeschrieben ist.

1.2. Alle Leistungen umfassen auch die Lieferung der dazugehörigen Stoffe und Bauteile einschließlich Abladen und Lagern auf der Baustelle, wenn in der Leistungsbeschreibung nichts anderes vorgeschrieben ist.

1.3. Stoffe und Bauteile, die vom Auftraggeber beigestellt werden, hat der Auftragnehmer rechtzeitig beim Auftraggeber anzufordern.

2. Stoffe, Bauteile

2.1. Vorhalten

Stoffe und Bauteile, die der Auftragnehmer nur vorzuhalten hat, die also nicht in das Bauwerk eingehen, können nach Wahl des Auftragnehmers gebraucht oder ungebraucht sein, wenn in der Leistungsbeschreibung darüber nichts vorgeschrieben ist.

2.2. Liefern

2.2.1. Allgemeine Anforderungen

Stoffe und Bauteile, die der Auftragnehmer zu liefern und einzubauen hat, die also in das Bauwerk eingehen, müssen ungebraucht sein, wenn in der Leistungsbeschreibung nichts anderes vorgeschrieben ist. Sie müssen für den jeweiligen Verwendungszweck geeignet sein.

Stoffe und Bauteile, für die DIN-Normen bestehen, müssen den DIN-Güte- und -Maßbestimmungen entsprechen.

Stoffe und Bauteile, die nach den behördlichen Vorschriften einer Zulassung bedürfen, müssen amtlich zugelassen sein und den Zulassungsbedingungen entsprechen.

Stoffe und Bauteile, für die weder DIN-Normen bestehen noch eine amtliche Zulassung vorgeschrieben ist, dürfen nur mit Zustimmung des Auftraggebers verwendet werden.

Für die gebräuchlichsten genormten Stoffe und Bauteile sind die DIN-Normen nachstehend aufgeführt.

2.2.2. Sand, Kiessand, Splitt

DIN 66 100 Körnungen; Korngrößen zur Kennzeichnung von Kornklassen/Korngruppen
in Verbindung mit den „Technischen Lieferbedingungen für Mineralstoffe im Straßenoberbau" (TL Körnungen), Abschnitt Körnungen.**)

Sand, Kiessand und Splitt für Pflasterbett und Fugenfüllung müssen frei von Verunreinigungen und schädlichen Bestandteilen sein. Der Gehalt an abschlämmbaren Bestandteilen darf 3 Gew.-% nicht überschreiten, wenn in der Leistungsbeschreibung nichts anderes vorgeschrieben ist; bei Mosaikpflaster soll jedoch der Gehalt an abschlämmbaren Bestandteilen 4 bis 6 Gew.-% betragen.

2.2.3. Pflastersteine

Soweit mehrere Güteklassen bestehen, müssen die Pflastersteine der besten Güteklasse entsprechen, wenn in der Leistungsbeschreibung nichts anderes vorgeschrieben ist.

2.2.3.1. Pflastersteine aus Naturgestein

2.2.3.1.1. DIN 18 502 Pflastersteine; Naturstein

2.2.3.1.2. Rauhpflaster

Rauhpflastersteine müssen aus hartem, zähem und wetterbeständigem Naturstein bestehen und so beschaffen sein, daß die Fußfläche mindestens $^3/_5$ der Kopffläche beträgt. Die Kantenlänge soll 14 bis 18 cm, die Höhe 14 bis 16 cm betragen.

2.2.3.2. Pflastersteine aus Beton

2.2.3.2.1. DIN 18 501 Pflastersteine; Beton

2.2.3.2.2. Betonverbundsteine und Betonlochsteine müssen die Güteeigenschaften nach DIN 18 501 besitzen.

2.2.3.3. Kupferschlackensteine

Kupferschlackensteine müssen vollkantig sein und ebene Flächen mit möglichst geschlossener Struktur besitzen; die Kopffläche muß gesandet oder gesplittet sein.

2.2.3.4. Straßenklinker

DIN 105 Mauerziegel; Vollziegel und Lochziegel

Hochbauklinker KMz 350, wenn in der Leistungsbeschreibung nichts anderes vorgeschrieben ist, z. B. Straßenklinker nach den „Richtlinien für die Verwendung von Klinker im Straßenbau".**)

2.2.4. Bordsteine

DIN 482 Bordsteine; Naturstein

DIN 483 Bordsteine; Beton

2.2.5. Gehwegplatten aus Beton

DIN 485 Gehwegplatten aus Beton

**) Herausgegeben von der Forschungsgesellschaft für das Straßenwesen e. V., 5 Köln, Maastrichter Straße 45.

2.2.6. Bituminöse Pflasterfugenvergußmassen

Bituminöse Pflasterfugenvergußmassen müssen den „Vorläufigen Lieferbedingungen für bituminöse Fugenvergußmassen" **) entsprechen.

2.2.7. Bindemittel

DIN 1060 Baukalk

DIN 1164 Blatt 1 Portland-, Eisenportland-, Hochofen- und Traßzement; Begriffe, Bestandteile, Anforderungen, Lieferung

DIN 1995 Bituminöse Bindemittel für den Straßenbau; Probenahme und Beschaffenheit, Prüfung

2.2.8. Zuschlagstoffe

DIN 4226 Blatt 1 Zuschlag für Beton; Zuschlag mit dichtem Gefüge, Begriffe, Bezeichnung, Anforderungen und Überwachung

DIN 66 100 Körnungen; Korngrößen zur Kennzeichnung von Kornklassen/Korngruppen

in Verbindung mit den „Technischen Lieferbedingungen für Mineralstoffe im Straßenoberbau" (TL Körnungen), Abschnitt: Körnungen.**)

2.2.9. Zugabewasser

Das Zugabewasser muß frei von schädlichen Bestandteilen und Beimengungen sein.

2.2.10. Beton

Beton für Bordsteinfundamente und Rückenstützen erdfeucht; Betongüte Bn 150 nach DIN 1045 „Beton- und Stahlbetonbau; Bemessung und Ausführung".

2.2.11. Zementmörtel

2.2.11.1. Zementmörtel als Bett für Pflasterdecken und Plattenbeläge erdfeucht, Zementgehalt 270 kg/m³.

2.2.11.2. Zementmörtel als Füllung für Pflasterfugen schlämmbar oder gießfähig, Zementgehalt 600 kg/m³.

2.2.11.3. Zementmörtel für Fugen bei Bordsteinen und anderen Einfassungen, Zementgehalt 400 kg/m³.

2.2.12. Kalkmörtel

Kalkmörtel für Plattenbeläge, Mischungsverhältnis 1 : 8 in Raumteilen.

3. Ausführung

3.1. Allgemeines

3.1.1. Wenn Verkehrs-, Versorgungs- und Entsorgungsanlagen im Bereich des Baugeländes liegen, sind die Vorschriften und Anordnungen der zuständigen Stellen zu beachten.

3.1.2. Die für die Aufrechterhaltung des Verkehrs bestimmten Flächen sind freizuhalten. Der Zugang zu Einrichtungen der Versorgungs- und Entsorgungsbetriebe, der Feuerwehr, der Post und Bahn, zu Vermessungspunkten und dergleichen darf nicht mehr als durch die Ausführung unvermeidlich behindert werden.

**) Herausgegeben von der Forschungsgesellschaft für das Straßenwesen e. V., 5 Köln, Maastrichter Straße 45.

3.1.3. Pflasterdecken und Plattenbeläge sind höhengerecht und im vorgeschriebenen Längs- und Querprofil herzustellen. Abweichungen der Oberfläche von der Sollhöhe dürfen an keiner Stelle mehr als 2 cm betragen, wenn in der Leistungsbeschreibung nichts anderes vorgeschrieben ist.

3.1.4. Unebenheiten der Oberfläche innerhalb einer 4 m langen Meßstrecke dürfen bei Pflaster aus künstlichen Steinen, Platten und bei Mosaikpflaster nicht größer als 1 cm, bei sonstigem Pflaster aus Naturstein nicht größer als 2 cm sein, wenn in der Leistungsbeschreibung nichts anderes vorgeschrieben ist.

3.2. Unterlage

Der Auftragnehmer hat die Unterlage auf Eignung für das Aufbringen von Pflasterdecken und Plattenbelägen zu prüfen. Er hat dem Auftraggeber Bedenken unverzüglich schriftlich mitzuteilen (siehe Teil B — DIN 1961 — § 4 Nr. 3), insbesondere bei

unzureichender Verdichtung der Unterlage,

Abweichungen von der planmäßigen Höhenlage, Neigung oder Ebenheit,

schädlichen Verschmutzungen,

Fehlen notwendiger Entwässerungseinrichtungen.

3.3. Kleinpflaster

3.3.1. Kleinpflaster in Sand

Vor dem Pflastern ist ein Pflasterbett aus Sand aufzubringen. Die Kleinpflastersteine sind mit möglichst engen, in Kopfhöhe höchstens 10 mm breiten Fugen im Netzverband (Passe) zu pflastern, wenn in der Leistungsbeschreibung nicht Pflastern in Reihen oder Segmentbögen vorgeschrieben ist. Das Pflaster ist mit Sand einzuschlämmen, standfest zu rütteln, wenn in der Leistungsbeschreibung nicht Rammen vorgeschrieben ist, und mit Sand abzudecken, der nach Fugenschluß abzufegen ist. Das Pflasterbett muß nach dem Rütteln oder Rammen mindestens 3 cm dick sein.

3.3.2. Kleinpflaster in Kiessand

Ausführung nach Abschnitt 3.3.1, jedoch unter Verwendung von Kiessand anstelle von Sand.

3.3.3. Kleinpflaster in Sand oder Kiessand mit Fugenverguß oder Fugenfüllung

Das Kleinpflaster ist nach den Abschnitten 3.3.1 oder 3.3.2 ohne Abdeckung mit Sand oder Kiessand herzustellen. Die Fugen müssen in Kopfhöhe der Steine mindestens 8 mm und dürfen höchstens 12 mm breit sein. Sie sind nach Abschnitt 3.5.1 zu vergießen, wenn in der Leistungsbeschreibung nicht Fugenverguß nach Abschnitt 3.5.2 oder Fugenfüllung nach Abschnitt 3.5.3 vorgeschrieben ist.

3.3.4. Kleinpflaster in Zementmörtel auf Betontragschicht

Auf einer rauhen, noch nicht abgebundenen Betontragschicht ist ein Pflasterbett aus Zementmörtel nach Abschnitt 2.2.11.1 aufzubringen. Die angenäßten Pflastersteine sind mit möglichst engen, in Kopfhöhe höchstens 10 mm breiten Fugen im Netzverband (Passe) zu pflastern, wenn in der Leistungsbeschreibung nicht Pflastern in Reihen oder Segmentbögen vorgeschrieben ist, standfest zu rütteln, wenn in der Leistungsbeschreibung nicht Rammen vorgeschrieben ist. Danach ist das Pflaster nochmals anzunässen und mit Zementmörtel nach Abschnitt 2.2.11.2 einzuschlämmen, mit Sand abzudecken und abzufegen, bis die Steinköpfe frei von Zementmörtel sind. Das Pflasterbett muß nach dem Rütteln oder Rammen mindestens 3 cm dick sein. Die Pflasterfläche ist 7 Tage feucht zu halten.

Die Randfugen sind an den Einfassungen freizuhalten oder freizulegen und nach Abschnitt 3.5.1 zu vergießen; das gleiche gilt für die Pflasterfugen über den Längs- und Querfugen der Betontragschicht in einem Streifen von 0,40 m Breite.

3.4. Großpflaster

3.4.1. Großpflaster in Kiessand

Vor dem Pflastern ist ein Pflasterbett aus Kiessand aufzubringen. Die Großpflastersteine sind mit in Kopfhöhe der Steine etwa 15 mm breiten Fugen in Reihen zu pflastern, wenn in der Leistungsbeschreibung nicht Pflastern im Netzverband (Passe) oder in Segmentbögen vorgeschrieben ist. Das Pflaster ist mit Kiessand einzuschlämmen, standfest zu rütteln, wenn in der Leistungsbeschreibung nicht Rammen vorgeschrieben ist, und mit Kiessand abzudecken, der nach Fugenschluß abzufegen ist, wenn nicht Fugenverguß oder Fugenfüllung nach Abschnitt 3.5 vorgeschrieben ist. Das Pflasterbett muß nach dem Rütteln oder Rammen mindestens 4 cm dick sein.

3.4.2. Großpflaster in Zementmörtel auf Betontragschicht

Auf einer rauhen, noch nicht abgebundenen Betontragschicht ist ein Pflasterbett aus Zementmörtel nach Abschnitt 2.2.11.1 aufzubringen. Die angenäßten Großpflastersteine sind mit in Kopfhöhe der Steine etwa 15 mm breiten Fugen in Reihen zu pflastern, wenn in der Leistungsbeschreibung nicht Pflastern im Netzverband (Passe) oder in Segmentbögen vorgeschrieben ist, und standfest zu rütteln, wenn in der Leistungsbeschreibung nicht Rammen vorgeschrieben ist. Danach ist das Pflaster nochmals anzunässen und mit Zementmörtel nach Abschnitt 2.2.11.2 einzuschlämmen, mit Sand abzudecken und abzufegen, bis die Steinköpfe frei von Zementmörtel sind, wenn nicht Fugenverguß oder Fugenfüllung nach Abschnitt 3.5 vorgeschrieben ist. Das Pflasterbett muß nach dem Rütteln oder Rammen mindestens 4 cm dick sein. Die Pflasterfläche ist 7 Tage feucht zu halten.

Die Pflasterfugen über den Längs- und Querfugen der Betontragschicht und die Randfugen an den Einfassungen sind freizuhalten oder freizulegen und nach Abschnitt 3.5.1 zu vergießen.

3.5. Fugenverguß, Fugenfüllung mit Splitt und bituminösem Bindemittel

3.5.1. Für Fugenverguß mit bituminöser Pflasterfugenvergußmasse sind die Fugen mindestens 30 mm tief auszukratzen, auszublasen, zu trocknen, mit Pflasterfugenvergußmasse nach Abschnitt 2.2.6 bündig mit den Steinkanten zu vergießen und, soweit erforderlich, nachzuvergießen.

3.5.2. Für Fugenverguß mit Zementmörtel sind die Fugen mindestens 30 mm tief auszukratzen, auszublasen und mit Zementmörtel nach Abschnitt 2.2.11.2 bündig mit den Steinkanten zu vergießen. Die Fugen sind 7 Tage feucht zu halten.

3.5.3. Für Fugenfüllung mit Splitt und bituminösem Bindemittel sind die Fugen mindestens 50 mm tief auszukratzen, auszublasen und mit Splitt 2/5 mm bündig mit den Steinkanten zu füllen. Anschließend sind die Fugen durch zweimaliges Eingießen des vorgeschriebenen bituminösen Bindemittels vollständig zu füllen. Danach ist mit Splitt 2/5 mm abzudecken, der mit leichter Walze anzudrücken ist. Der überschüssige Splitt ist abzufegen.

3.6. Pflaster aus Betonverbundsteinen

Vor dem Verlegen der Betonverbundsteine ist ein Pflasterbett aus Sand aufzubringen und profilmäßig abzuziehen. Die Steine sind in engem Verbund zu verlegen und standfest zu rütteln. Das Pflasterbett muß nach dem Rütteln mindestens 3 cm dick sein.

3.7. Rauhpflaster

Rauhpflaster ist nach Abschnitt 3.4.1 im Netzverband auszuführen; es ist nicht zu rütteln, sondern zu rammen.

3.8. Klinkerpflaster

Vor dem Pflastern ist ein Pflasterbett aus Sand aufzubringen, wenn in der Leistungsbeschreibung nichts anderes vorgeschrieben ist, z. B. Kiessand. Die Klinker sind hochkant in Reihen rechtwinklig zur Wegachse mit möglichst engen Fugen zu pflastern, wenn in der Leistungsbeschreibung nichts anderes vorgeschrieben ist, z. B. Flachschicht, anderer Verband. Das Pflaster ist mit Sand einzuschlämmen, standfest zu rütteln, wenn in der Leistungsbeschreibung nicht Rammen mit einer durch Gummikappe geschützten Ramme vorgeschrieben ist, und mit Sand abzudecken, der nach Fugenschluß abzufegen ist. Das Pflasterbett muß nach dem Rütteln oder Rammen mindestens 3 cm dick sein.

3.9. Mosaikpflaster

3.9.1. Mosaikpflaster in Sand

Vor dem Pflastern ist ein Pflasterbett aus Sand aufzubringen. Mosaikpflaster ist eng im Netzverband (Passe) zu pflastern, wenn in der Leistungsbeschreibung nicht Pflastern in Segmentbögen oder Ornamenten vorgeschrieben ist. Das Pflaster ist mit Sand einzuschlämmen, standfest zu rütteln, wenn in der Leistungsbeschreibung nicht Rammen vorgeschrieben ist, und mit Sand abzudecken, der nach Fugenschluß abzufegen ist. Das Pflasterbett muß nach dem Rütteln oder Rammen mindestens 3 cm dick sein, wenn in der Leistungsbeschreibung keine andere Dicke vorgeschrieben ist.

3.9.2. Mosaikpflaster in Zementmörtel auf Betontragschicht

Auf einer rauhen, noch nicht abgebundenen Betontragschicht ist ein Pflasterbett aus Zementmörtel nach Abschnitt 2.2.11.1 aufzubringen. Die angenäßten Mosaikpflastersteine sind eng im Netzverband (Passe) zu pflastern, wenn in der Leistungsbeschreibung nicht Pflastern in Segmentbögen oder Ornamenten vorgeschrieben ist, mit Zementmörtel nach Abschnitt 2.2.11.2 einzuschlämmen, standfest zu rütteln, wenn in der Leistungsbeschreibung nicht Rammen vorgeschrieben ist, mit Sand abzudecken und abzufegen. Das Pflasterbett muß nach dem Rütteln oder Rammen mindestens 3 cm dick sein. Die Pflasterfläche ist 7 Tage feucht zu halten.

3.10. Plattenbeläge

3.10.1. Plattenbelag in Sand

Vor dem Verlegen der Platten ist ein mindestens 3 cm dickes Sandbett aufzubringen. Die Platten sind mit engen Fugen im Diagonalverband zu verlegen, wenn in der Leistungsbeschreibung nicht ein anderer Verband vorgeschrieben ist, und mit Sand einzuschlämmen.

3.10.2. Plattenbelag in Kiessand

Ausführung nach Abschnitt 3.10.1, jedoch unter Verwendung von Kiessand anstelle von Sand.

3.10.3. Plattenbelag in Mörtel

Vor dem Verlegen der Platten ist eine mindestens 3 cm dicke Sandschicht und darauf ein 2 cm dickes Bett aus Kalkmörtel nach Abschnitt 2.2.12 aufzubringen, wenn in der Leistungsbeschreibung nichts anderes vorgeschrieben ist, z. B. Kiessand statt Sand, Zementmörtel nach Abschnitt 2.2.11.1.

Die Platten sind auf dem noch nicht abgebundenen Mörtel mit engen Fugen im Diagonalverband zu verlegen und mit Kalkmörtel nach Abschnitt 2.2.12 einzuschlämmen, wenn in der Leistungsbeschreibung nicht ein anderer Verband oder ein anderer Mörtel vorgeschrieben ist.

3.11. Einfassungen

3.11.1. Einfassung mit Bordsteinen

3.11.1.1. Bordsteine in Kiessand

Vor dem Verlegen der Bordsteine ist ein 15 cm dickes Kiessandbett aufzubringen, wenn in der Leistungsbeschreibung nichts anderes vorgeschrieben ist, z. B. Verlegen auf vorhandene Kiestragschicht. Die Bordsteine sind mit engen Fugen zu verlegen, wenn in der Leistungsbeschreibung nichts anderes vorgeschrieben ist, z. B. Fugeneinlagen oder Fugenfüllung, und, soweit erforderlich, mit Kiessand satt zu hinterfüllen.

3.11.1.2. Bordsteine in Beton

Vor dem Verlegen der Bordsteine ist ein durchgehendes Fundament aus Beton nach Abschnitt 2.2.10 herzustellen. Die Bordsteine sind auf dem noch nicht abgebundenen Beton mit 10 bis 15 mm breiten Fugen zu verlegen, die mit Kiessand zu füllen und in der Auftritt- und Vorderfläche mit Zementmörtel nach Abschnitt 2.2.11.3 etwa 30 mm tief zu verfugen sind, wenn in der Leistungsbeschreibung nichts anderes vorgeschrieben ist, z. B. Fugeneinlagen oder andere Fugenfüllung.

Bei Bordsteinen A 1 DIN 482 ist das Fundament 0,35 m breit und 0,30 m dick ohne Rückenstütze auszuführen, wenn in der Leistungsbeschreibung nichts anderes vorgeschrieben ist.

Bei anderen Bordsteinen ist das Fundament 0,20 m dick und für die Rückenstütze 0,15 m breiter als der Bordstein herzustellen. Die Rückenstütze ist in ganzer Länge ohne Schalung trapezähnlich unten 0,15 m breit und so hoch auszuführen, daß sie 0,10 bis 0,13 m unter Oberkante Bordsteine endet, wenn in der Leistungsbeschreibung nichts anderes vorgeschrieben ist.

3.11.2. Einfassung mit anderen Steinen

Vor dem Verlegen ist ein 5 cm dickes Kiessandbett aufzubringen, wenn in der Leistungsbeschreibung nichts anderes vorgeschrieben ist, z. B. Betonfundament. Die Steine sind mit möglichst engen Fugen zu verlegen, wenn in der Leistungsbeschreibung nichts anderes vorgeschrieben ist, z. B. Fugenfüllung, und, soweit erforderlich, mit Kiessand satt zu hinterfüllen.

3.11.3. Einfassung mit befestigten Seitenstreifen

Einfassungen mit befestigten Seitenstreifen sind aus ungleichkörnigem Gesteinsgemisch 0/70 mm oben mindestens 30 cm und unten mindestens 20 cm breit mit einem Quergefälle von 5 bis 7 % und in der Oberfläche 3 cm tiefer als die übrige Befestigung herzustellen, wenn in der Leistungsbeschreibung nichts anderes vorgeschrieben ist. Der Seitenstreifen muß nach dem Verdichten mindestens 20 cm dick sein, wenn in der Leistungsbeschreibung nichts anderes vorgeschrieben ist.

Unebenheiten der Oberfläche des Seitenstreifens innerhalb einer 4 m langen Meßstrecke dürfen nicht größer als 4 cm sein, wenn in der Leistungsbeschreibung nichts anderes vorgeschrieben ist.

4. Nebenleistungen

Nebenleistungen sind Leistungen, die auch ohne Erwähnung in der Leistungsbeschreibung zur vertraglichen Leistung gehören (siehe Teil B — DIN 1961 — § 2 Nr. 1).

4.1. Folgende Leistungen sind Nebenleistungen:

4.1.1. Messungen für das Ausführen und Abrechnen der Arbeiten einschließlich des Vorhaltens der Meßgeräte, Lehren, Absteckzeichen usw., des Erhaltens der Lehren und Absteckzeichen während der Bauausführung und des Stellens der Arbeitskräfte, jedoch nicht Leistungen nach Teil B — DIN 1961 — § 3 Nr. 2.

4.1.2. Schutz- und Sicherheitsmaßnahmen nach den Unfallverhütungsvorschriften und den behördlichen Bestimmungen.

4.1.3. Schutz der ausgeführten Leistungen und der für die Ausführung übergebenen Gegenstände vor Beschädigung und Diebstahl bis zur Abnahme.

4.1.4. Feststellen des Zustands der Straßen, der Geländeoberfläche, der Vorfluter usw. nach Teil B — DIN 1961 — § 3 Nr. 4.

4.1.5. Heranbringen von Wasser und Energie von den vom Auftraggeber auf der Baustelle zur Verfügung gestellten Anschlußstellen zu den Verwendungsstellen.

4.1.6. Vorhalten der Kleingeräte und Werkzeuge.

4.1.7. Lieferung der Betriebsstoffe.

4.1.8. Befördern aller Stoffe und Bauteile, auch wenn sie vom Auftraggeber beigestellt sind, von den Lagerstellen auf der Baustelle zu den Verwendungsstellen und etwaiges Rückbefördern.

4.1.9. Sichern der Arbeiten gegen Tagwasser, mit dem normalerweise gerechnet werden muß, und seine etwa erforderliche Beseitigung.

4.1.10. Beleuchten und Reinigen der Aufenthaltsräume und Aborte für die Beschäftigten des Auftragnehmers sowie Beheizen der Aufenthaltsräume.

4.1.11. Beseitigen aller Verunreinigungen (Abfälle, Bauschutt und dergleichen), die von den Arbeiten des Auftragnehmers herrühren, ausgenommen Leistungen nach Abschnitt 4.3.11.

4.1.12. Herstellen von behelfsmäßigen Zugängen, Zufahrten und ähnlichem, ausgenommen Leistungen nach Abschnitt 4.3.5.

4.2. Folgende Leistungen sind Nebenleistungen, wenn sie nicht durch besondere Ansätze in der Leistungsbeschreibung erfaßt sind:

4.2.1. Einrichten und Räumen der Baustelle.

4.2.2. Vorhalten der Baustelleneinrichtung einschließlich der Geräte, Gerüste und dergleichen.

4.3. Folgende Leistungen sind keine Nebenleistungen:

4.3.1. „Besondere Leistungen" nach Teil A — DIN 1960 — § 9 Nr. 6.

4.3.2. Aufstellen, Vorhalten und Beseitigen von Leiteinrichtungen, z. B. Leitpfosten, Leitplanken, Schrammborde, Markierungen, von Bauzäunen, Blenden und Schutzgerüsten zur Sicherung des öffentlichen Verkehrs.

4.3.3. Aufstellen, Vorhalten, Betreiben und Beseitigen von Einrichtungen außerhalb der Baustelle zur Regelung und Umleitung des öffentlichen Verkehrs.

4.3.4. Aufstellen, Vorhalten, Betreiben und Beseitigen von Verkehrssignalanlagen.

4.3.5. Aufstellen, Vorhalten und Beseitigen von Hilfsbauwerken zur Aufrechterhaltung des Anliegerverkehrs und des sonstigen öffentlichen Verkehrs, z. B. Brücken, Befestigungen von Umleitungen und Zufahrten.

4.3.6. Sichern von Leitungen, Kanälen, Dränen, Kabeln, Grenzsteinen, Bäumen und dergleichen.

4.3.7. Beseitigen von Hindernissen, Leitungen, Kanälen, Dränen, Kabeln und dergleichen.

4.3.8. besondere Maßnahmen aus Gründen der Landespflege und des Umweltschutzes.

4.3.9. Vorbereiten der Unterlage, z. B. Nachverdichten, Herstellen der planmäßigen Höhenlage, Reinigen von schädlichen Verschmutzungen, soweit die Notwendigkeit solcher Leistungen nicht vom Auftragnehmer verursacht ist.

4.3.10. Zuarbeiten von Gehwegplatten für Bögen, für Einbauten und Aussparungen über 1 m² Einzelfläche.

4.3.11. Aufladen, Abtransport und Abladen von ausgebauten Stoffen und Bauteilen sowie von den vom Auftragnehmer nicht zu vertretenden Resten und aussortierten unbrauchbaren Steinen und Platten aus Lieferungen des Auftraggebers.

5. Abrechnung

5.1. Allgemeines

5.1.1. Die Leistung ist aus Zeichnungen zu ermitteln, soweit die ausgeführte Leistung diesen Zeichnungen entspricht.

Sind solche Zeichnungen nicht vorhanden, ist die Leistung aufzumessen.

Ist nach Gewicht abzurechnen, so ist das Gewicht durch Wägen, bei Schiffsladungen durch Schiffseiche festzustellen.

5.1.2. Einzelflächen unter 0,5 m² werden als 0,5 m² abgerechnet.

5.1.3. Nicht abgezogen werden:

5.1.3.1. Randfugen zwischen Pflaster oder Plattenbelag und Einfassung, z. B. Bordstein, Schiene.

5.1.3.2. Fugen innerhalb der Pflasterfläche oder des Plattenbelags und Stoßfugen zwischen den einzelnen Bordsteinen oder Einfassungssteinen.

5.1.3.3. in der befestigten Fläche liegende oder in sie hineinragende Flächen von Aussparungen oder Einbauten bis 1 m² Einzelfläche, z. B. von Schächten, Schiebern, Masten, Stufen, Kellerhälsen, Luftschächten.

Größere Einzelflächen werden abgezogen; wenn eine solche Einzelfläche in verschiedenen Befestigungsarten liegt, werden die Teilflächen anteilig abgezogen.

5.1.3.4. Schienen, wenn beidseitig die gleiche Befestigungsart an die Schienen herangeführt ist.

5.2. Es werden abgerechnet:

5.2.1. Nachverdichten der Unterlage nach Flächenmaß (m^2).

5.2.2. Herstellen der planmäßigen Höhenlage, Neigung und der vorgeschriebenen Ebenheit der Unterlage nach Flächenmaß (m^2).

5.2.3. Pflaster und Plattenbeläge

5.2.3.1. Pflaster und Plattenbeläge, getrennt nach Ausführungsarten, nach Arten und Abmessungen der Pflastersteine oder der Platten, nach Flächenmaß (m^2).

5.2.3.2. Abputzen aufgenommener Pflastersteine, getrennt nach Art des Fugenvergusses und der Fugenfüllung, nach Arten und Abmessungen der Pflastersteine, nach Flächenmaß (m^2) der aufgenommenen Pflasterfläche.

5.2.3.3. Zuarbeiten von Gehwegplatten aus Beton

5.2.3.3.1. für Verlegen an im Bogen gesetzte Einfassungen nach Längenmaß (m) der Fuge zwischen Einfassung und Plattenbelag.

5.2.3.3.2. für Verlegen im Bogen nach Flächenmaß (m^2) der Bogenfläche als Zulage zum Verlegen.

5.2.3.3.3. für Verlegen an Einbauten und Aussparungen über 1 m^2·Einzelfläche nach Längenmaß (m), gemessen am Umfang der Einbauten und Aussparungen.

5.2.3.4. Zuarbeiten von Platten aus Naturstein nach Anzahl (Stück).

5.2.4. Fugenverguß und Fugenfüllung

5.2.4.1. Fugenverguß und Fugenfüllung nach Abschnitt 3.4, getrennt nach Befestigungsarten und Art des Fugenvergusses oder der Fugenfüllung, nach Flächenmaß (m^2) der befestigten Flächen.

5.2.4.2. Fugenverguß von Dehnungs- und Randfugen, getrennt nach Fugenabmessungen und Art des Fugenvergusses, nach Längenmaß (m).

5.2.5. Einfassungen

5.2.5.1. Einfassungen, getrennt nach Art und Abmessungen, nach Längenmaß (m).

5.2.5.2. Fundamente mit oder ohne Rückenstütze von Einfassungen nach Raummaß (m^3) oder, getrennt nach Abmessungen, nach Längenmaß (m).

5.2.5.3. Bearbeiten von Bordsteinköpfen, getrennt nach Art und Abmessungen der Bordsteine, nach Anzahl (Stück).

5.2.5.4. Nacharbeiten der Schnurkante, Nacharbeiten oder Aufarbeiten eines vorhandenen Anlaufs (Fase) oder der Trittflächen an Bordsteinen, getrennt nach Art und Abmessungen, nach Längenmaß (m) der Bordsteine.

VOB Teil C:

Allgemeine Technische Vorschriften für Bauleistungen

Landschaftsbauarbeiten — DIN 18 320

Fassung Mai 1973

Ausgabedatum: August 1974

Inhalt

0. Hinweise für die Leistungsbeschreibung*)

(siehe auch Teil A — DIN 1960 — § 9)

0.1. In der Leistungsbeschreibung sind nach Lage des Einzelfalles insbesondere anzugeben:

0.1.1. Lage der Baustelle und Umgebungsbedingungen, z. B. Hauptwindrichtung, Einflugschneisen, Verschmutzung der Außenluft, Bebauung usw., Zufahrtsmöglichkeiten und Beschaffenheit der Zufahrt sowie etwaige Einschränkungen bei ihrer Benutzung.

0.1.2. Lage und Ausmaß der dem Auftragnehmer für die Ausführung seiner Leistungen zur Benutzung oder Mitbenutzung überlassenen Flächen.

0.1.3. Art, Lage, Abfluß, Abflußvermögen und Hochwasserverhältnisse des Vorfluters.

0.1.4. Ergebnisse der Bodenuntersuchungen nach DIN 18 915 Blatt 1 „Landschaftsbau; Bodenarbeiten für vegetationstechnische Zwecke, Bewertung von Böden und Einordnung der Böden in Bodengruppen" sowie gegebenenfalls die Ergebnisse der Untersuchungen nach DIN 18 035 „Sportplätze".

0.1.5. Schutzgebiete im Bereich der Baustelle.

0.1.6. besondere wasserrechtliche Bestimmungen.

0.1.7. besondere Maßnahmen aus Gründen der Landespflege und des Umweltschutzes.

0.1.8. Art und Umfang des Schutzes von Bäumen, Pflanzenbeständen und Vegetationsflächen im Bereich der Baustelle nach DIN 18 920 „Landschaftsbau; Schutz von Bäumen, Pflanzenbeständen und Vegetationsflächen bei Baumaßnahmen".

0.1.9. Art und Umfang des Schutzes von Bauteilen und Bauwerken im Bereich der Baustelle.

0.1.10. besondere Anordnungen, Vorschriften und Maßnahmen der Eigentümer (oder der anderen Weisungsberechtigten) von Leitungen, Kabeln, Dränen, Kanälen, Wegen, Gewässern, Gleisen, Zäunen und dergleichen im Bereich der Baustelle.

---

*) Diese Hinweise werden nicht Vertragsbestandteil.

0.1.11. Besonderheiten der Regelung und Sicherung des Verkehrs, gegebenenfalls auch, wieweit der Auftraggeber die Durchführung der erforderlichen Maßnahmen übernimmt.

0.1.12. Verkehrsverhältnisse auf der Baustelle, insbesondere Verkehrsbeschränkungen, z. B. Begrenzung der Verkehrslasten.

0.1.13. für den Verkehr freizuhaltende Flächen.

0.1.14. Lage, Art und Anschlußwert der dem Auftragnehmer auf der Baustelle zur Verfügung gestellten Anschlüsse für Wasser und Energie.

0.1.15. Mitbenutzung fremder Gerüste, Hebezeuge, Aufzüge, Aufenthalts- und Lagerräume, Einrichtungen und dergleichen durch den Auftragnehmer.

0.1.16. besondere Anforderungen an die Baustelleneinrichtung.

0.1.17. bekannte oder vermutete Hindernisse im Bereich der Baustelle, möglichst unter Auslegung von Bestandsplänen, z. B. Leitungen, Kabel, Dräne, Kanäle, Bauwerksreste (und, soweit bekannt, deren Eigentümer).

0.1.18. Art und Zeit der vom Auftraggeber veranlaßten Vorarbeiten.

0.1.19. Arbeiten anderer Unternehmer auf der Baustelle.

0.1.20. Leistungen für andere Unternehmer.

0.1.21. ob und unter welchen Umständen auf der Baustelle gewonnene Stoffe verwendet werden dürfen oder verwendet werden sollen.

0.1.22. Beschaffenheit der Stoffe, Bauteile und Pflanzen, die vom Auftraggeber beigestellt werden, Ort (genaue Bezeichnung), Zeit und Art ihrer Übergabe, getrennt nach Art und Menge der Stoffe, Bauteile und Pflanzen.

0.1.23. vorgesehene Arbeitsabschnitte, Arbeitsunterbrechungen und -beschränkungen nach Art, Ort und Zeit.

0.1.24. Art, Menge, Abmessungen, Schichtdicken u. ä. der zu verwendenden Stoffe, gegebenenfalls ihre Kennzeichnung und/oder Sortierung.

0.1.25. besondere Güteanforderungen an Stoffe, Bauteile und Pflanzen.

0.1.26. Art und Anzahl von geforderten Probestücken oder Probepflanzen.

0.1.27. Art und Umfang verlangter Eignungs- und Gütenachweise.

0.1.28. Einbauverfahren, Einbaumaße, gegebenenfalls unter Angabe der zulässigen Abweichungen, Einbaumenge.

0.1.29. Benutzung von Teilen der Leistung vor der Abnahme.

0.1.30. Ausbildung der Anschlüsse an Bauwerke.

0.1.31. ob nach bestimmten Zeichnungen oder nach Aufmaß abgerechnet werden soll.

0.1.32. Leistungen nach Abschnitt 4.2 in besonderen Ansätzen, wenn diese Leistungen keine Nebenleistungen sein sollen.

0.1.33. Leistungen nach Abschnitt 4.3 in besonderen Ansätzen.

0.2. In der Leistungsbeschreibung sind Angaben zu folgenden Abschnitten nötig, wenn der Auftraggeber eine abweichende Regelung wünscht:

Abschnitt 1.2 (Leistungen mit Lieferung der Stoffe, Bauteile und Pflanzen)

Abschnitt 2.1 (Vorhalten von Stoffen und Bauteilen)

Abschnitt 2.2.1 (Liefern ungebrauchter Stoffe und Bauteile, Herkunft von Pflanzen und Pflanzenteilen)

Abschnitt 5.1.1 (Berechnung von Flächen)

Abschnitt 5.1.4 (Abrechnung von Abtrag)

Abschnitt 5.1.6 (Ermittlung von Anschüttungen, Andeckungen u. ä.)

Abschnitt 5.2.2 (Abrechnung bei Naß- und Trockensaaten)

1. Allgemeines

1.1. DIN 18 320 „Landschaftsbauarbeiten" gilt nicht für Bodenarbeiten, die anderen als vegetationstechnischen Zwecken dienen (siehe DIN 18 300 „Erdarbeiten") und nicht für Pflanz- und Saatarbeiten zur Sicherung an Gewässern, Deichen und Küstendünen (siehe DIN 18 310 „Sicherungsarbeiten an Gewässern, Deichen und Küstendünen").

1.2. Alle Leistungen umfassen auch die Lieferung der dazugehörigen Stoffe, Bauteile, Pflanzen und Pflanzenteile einschließlich Abladen und Lagern auf der Baustelle, wenn in der Leistungsbeschreibung nichts anderes vorgeschrieben ist.

1.3. Stoffe und Bauteile, die vom Auftraggeber beigestellt werden, hat der Auftragnehmer rechtzeitig beim Auftraggeber anzufordern.

2. Stoffe, Bauteile, Pflanzen, Pflanzenteile

2.1. Vorhalten

Stoffe und Bauteile, die der Auftragnehmer nur vorzuhalten hat, die also nicht in das Bauwerk eingehen, können nach Wahl des Auftragnehmers gebraucht oder ungebraucht sein, wenn in der Leistungsbeschreibung darüber nichts vorgeschrieben ist.

2.2. Liefern

2.2.1. Allgemeine Anforderungen

Stoffe und Bauteile, die der Auftragnehmer zu liefern und einzubauen hat, die also in das Bauwerk eingehen, müssen ungebraucht sein, wenn in der Leistungsbeschreibung nichts anderes vorgeschrieben ist. Sie müssen für den jeweiligen Verwendungszweck geeignet sein. Pflanzen und Pflanzenteile müssen aus Anzuchtbeständen stammen, wenn in der Leistungsbeschreibung nichts anderes vorgeschrieben ist, z. B. Herkunft aus Wildbeständen. Stoffe, Bauteile, Pflanzen und Pflanzenteile, für die DIN-Normen bestehen, müssen den DIN-Güte- und -Maßbestimmungen entsprechen.

Stoffe und Bauteile, die nach den behördlichen Vorschriften einer Zulassung bedürfen, müssen amtlich zugelassen sein und den Zulassungsbedingungen entsprechen.

Stoffe und Bauteile, für die weder DIN-Normen bestehen noch eine amtliche Zulassung vorgeschrieben ist, dürfen nur mit Zustimmung des Auftraggebers verwendet werden.

Für die gebräuchlichsten genormten Stoffe, Bauteile, Pflanzen und Pflanzenteile sind die DIN-Normen nachstehend aufgeführt.

2.2.2. Boden, Bodenverbesserungsstoffe, Dünger

DIN 18 915 Blatt 2 Landschaftsbau; Bodenarbeiten für vegetationstechnische Zwecke, Boden, Bodenverbesserungsstoffe, Dünger, Anforderungen.

2.2.3. Pflanzen, Pflanzenteile und Hilfsstoffe für Pflanzarbeiten

DIN 18 916 Landschaftsbau; Pflanzen und Pflanzarbeiten, Beschaffenheit von Pflanzen, Pflanzverfahren.

2.2.4. Saatgut, Fertigrasen

DIN 18 917 Landschaftsbau; Rasen, Saatgut, Fertigrasen, Herstellen von Rasenflächen.

2.2.5. Lebende und nicht lebende Sicherungsbaustoffe

DIN 18 918 Landschaftsbau; Sicherungsbauweisen, Sicherungen durch Ansaaten, Bauweisen mit lebenden und nicht lebenden Stoffen und Bauteilen, kombinierte Bauweisen.

2.2.6. Sportplatz-Baustoffe

DIN 18 035 Sportplätze.

2.2.7. Stoffe für Pflegemaßnahmen

DIN 18 919 Landschaftsbau; Unterhaltungsarbeiten bei Vegetationsflächen, Stoffe, Verfahren.

3. Ausführung

3.1. Allgemeines

3.1.1. Wenn Verkehrs-, Versorgungs- und Entsorgungsanlagen im Bereich des Baugeländes liegen, sind die Vorschriften und Anordnungen der zuständigen Stellen zu beachten.

3.1.2. Die für die Aufrechterhaltung des Verkehrs bestimmten Flächen sind freizuhalten. Der Zugang zu Einrichtungen der Versorgungs- und Entsorgungsbetriebe, der Feuerwehr, der Post und Bahn, zu Vermessungspunkten und dergleichen darf nicht mehr als durch die Ausführung unvermeidlich behindert werden.

3.1.3. Bei Maßnahmen zum Schutz der Bauwerke, Leitungen, Kabel, Kanäle, Dräne, Wege, Gleisanlagen und dergleichen im Bereich des Baugeländes sind die Vorschriften der Eigentümer oder anderer Weisungsberechtigter zu beachten.

3.1.4. Bei Maßnahmen zum Schutz von Bäumen, Pflanzenbeständen und Vegetationsflächen im Baustellenbereich ist DIN 18 920 „Landschaftsbau; Schutz von Bäumen, Pflanzenbeständen und Vegetationsflächen bei Baumaßnahmen" zu beachten.

3.1.5. Der Auftragnehmer hat auf die Beschaffenheit der örtlichen Verhältnisse hinsichtlich der Eignung für die Durchführung seiner Leistung zu achten und dem Auftraggeber Bedenken gegen die vorgesehene Art der Ausführung unverzüglich schriftlich mitzuteilen (siehe Teil B — DIN 1961 — § 4 Nr. 3).

Bedenken sind geltend zu machen insbesondere bei

störenden, gefährdenden oder gefährdeten Verkehrs- und Versorgungsanlagen,

ungeeigneten Bauzeitplanungen, z. B. für Bodenarbeiten, für Saatarbeiten, für Pflanzarbeiten,

ungeeigneten Standortverhältnissen, z. B. Boden, Klima, Wasser, Immissionen,

verunreinigtem Gelände, z. B. durch Chemikalien, Mineralöle, Bauschutt, Bauwerksreste,

durch Baubetrieb gefährdeten Pflanzen und Flächen,

zum Wiederverwenden nicht geeignetem Aufwuchs und Rasen,

vorhandenen Dauerunkräutern in für Vegetation vorgesehenen Böden,

Abweichung der Geländeform gegenüber den Planunterlagen,

unzureichend oder unzweckmäßig vorgeschriebener Düngung oder Bodenverbesserung,

unzureichendem Umfang oder unzweckmäßiger Art der vorgeschriebenen Pflegearbeiten.

3.2. Bodenarbeiten

Bodenarbeiten für vegetationstechnische Zwecke sind nach DIN 18 915 Blatt 3 „Landschaftsbau; Bodenarbeiten für vegetationstechnische Zwecke, Bodenbearbeitungsverfahren" auszuführen.

3.3. Pflanzarbeiten

Pflanzarbeiten sind nach DIN 18 916 „Landschaftsbau; Pflanzen und Pflanzarbeiten, Beschaffenheit von Pflanzen, Pflanzverfahren" auszuführen.

3.4. Rasen

3.4.1. Rasen im Landschaftsbau

Rasen (Gebrauchsrasen, Spielrasen, Landschaftsrasen, Parkplatzrasen und Zierrasen) ist nach DIN 18 917 „Landschaftsbau; Rasen, Saatgut, Fertigrasen, Herstellen von Rasenflächen" auszuführen.

3.4.2. Sportrasen

Rasen für Sportplätze ist nach DIN 18 035 Blatt 4 „Sportplätze; Rasenflächen, Anforderungen, Prüfung, Pflege" auszuführen.

3.5. Sicherungsarbeiten

Sicherungsarbeiten in der Landschaft zum Schutz gegen Erosionen, Austrocknung u. ä. sind nach DIN 18 918 „Landschaftsbau; Sicherungsbauweisen, Sicherungen durch Ansaaten, Bauweisen mit lebenden und nicht lebenden Stoffen und Bauteilen, kombinierte Bauweisen" auszuführen.

3.6. Sportplätze

Sportplätze sind nach DIN 18 035 „Sportplätze" auszuführen.

3.7. Fertigstellungspflegearbeiten

Fertigstellungspflegearbeiten für die Leistungen nach den Abschnitten 3.3 bis 3.6 sind nach den in den betreffenden DIN-Normen enthaltenen Bestimmungen auszuführen.

3.8. Unterhaltungsarbeiten

Unterhaltungsarbeiten sind nach DIN 18 919 „Landschaftsbau; Unterhaltungsarbeiten bei Vegetationsflächen, Stoffe, Verfahren" auszuführen.

4. Nebenleistungen

Nebenleistungen sind Leistungen, die auch ohne Erwähnung in der Leistungsbeschreibung zur vertraglichen Leistung gehören (siehe Teil B — DIN 1961 — § 2 Nr. 1).

4.1. Folgende Leistungen sind Nebenleistungen:

4.1.1. Messungen für das Ausführen und Abrechnen der Arbeiten einschließlich des Vorhaltens der Meßgeräte, Lehren, Absteckzeichen usw., des Erhaltens der Lehren und Absteckzeichen während der Bauausführung und des Stellens der Arbeitskräfte, jedoch nicht die Leistungen nach Teil B — DIN 1961 — § 3 Nr. 2.

4.1.2. Schutz- und Sicherheitsmaßnahmen nach den Unfallverhütungsvorschriften und den behördlichen Bestimmungen.

4.1.3. Schutz der ausgeführten Leistungen und der für die Ausführung übergebenen Gegenstände vor Beschädigung und Diebstahl bis zur Abnahme.

4.1.4. Feststellen des Zustandes der Straßen und Geländeoberflächen, der Vorfluter usw. nach Teil B — DIN 1961 — § 3 Nr. 4, sowie Feststellen des Wassergehalts von Böden zur Ermittlung ihrer Bearbeitbarkeit nach DIN 18 915 Blatt 1 „Landschaftsbau; Bodenarbeiten für vegetationstechnische Zwecke, Bewertung von Böden und Einordnung der Böden in Bodengruppen".

4.1.5. Heranbringen von Wasser und Energie von den vom Auftraggeber auf der Baustelle zur Verfügung gestellten Anschlußstellen zu den Verwendungsstellen.

4.1.6. Vorhalten der Kleingeräte und Werkzeuge.

4.1.7. Lieferung der Betriebsstoffe.

4.1.8. Befördern aller Stoffe, Bauteile, Pflanzen und Pflanzenteile, auch wenn sie vom Auftraggeber beigestellt sind, von den Lagerstellen auf der Baustelle zu den Verwendungsstellen und etwaiges Rückbefördern.

4.1.9. Sichern der Arbeiten gegen Tagwasser, mit dem normalerweise gerechnet werden muß und seine etwa erforderliche Beseitigung, Leistungen nach Abschnitt 3.5.

4.1.10. Beleuchten und Reinigen der Aufenthaltsräume und Aborte für die Beschäftigten des Auftragnehmers sowie Beheizen der Aufenthaltsräume.

4.1.11. Beseitigen aller Verunreinigungen (Abfälle, Bauschutt und dergleichen), die von den Arbeiten des Auftragnehmers herrühren.

4.1.12. Beseitigen einzelner Sträucher und einzelner Bäume bis zu 10 cm Stammdurchmesser, gemessen 1 m über dem Erdboden, der dazugehörigen Baumstümpfe und Wurzeln.

4.1.13. Beseitigen von einzelnen Steinen und Mauerresten bis zu 0,03 m^3 Rauminhalt.

4.1.14. Herstellen der werkgerechten Anschlüsse an angrenzende Bauteile.

4.1.15. Herstellen des nötigen Gefälles bei der Oberflächenausbildung von Vegetationsflächen, Belägen und Sicherungsbauwerken zur Wasserableitung.

4.2. Folgende Leistungen sind Nebenleistungen, wenn sie nicht durch besondere Ansätze in der Leistungsbeschreibung erfaßt sind:

4.2.1. Einrichten und Räumen der Baustelle.

4.2.2. Vorhalten der Baustelleneinrichtung einschließlich der Geräte, Gerüste und dergleichen.

4.3. Folgende Leistungen sind keine Nebenleistungen:

4.3.1. „Besondere Leistungen" nach Teil A — DIN 1960 — § 9 Nr. 6.

4.3.2. Aufstellen, Vorhalten und Beseitigen von Bauzäunen, Blenden und Schutzgerüsten zur Sicherung des öffentlichen Verkehrs sowie von Einrichtungen außerhalb der Baustelle zur Umleitung und Regelung des öffentlichen Verkehrs.

4.3.3. besondere Maßnahmen zur Sicherung gefährdeter Bauwerke und zum Schutz benachbarter Grundstücke, z. B. Unterfangen, Stützmauern, Bodenverfestigungen.

4.3.4. Sichern von Leitungen, Kanälen, Dränen, Kabeln, Grenzsteinen, Bäumen, Pflanzenbeständen, Vegetationsflächen und dergleichen.

4.3.5. Beseitigen von Hindernissen, Leitungen, Kanälen, Dränen, Kabeln und dergleichen, ausgenommen Leistungen nach Abschnitt 4.1.11, und von störenden und/oder pflanzenschädigenden Bodenarten.

4.3.6. besondere Maßnahmen aus Gründen der Landespflege und des Umweltschutzes.

4.3.7. Boden-, Wasser- und Wasserstandsuntersuchungen sowie besondere Prüfverfahren, ausgenommen die Feststellungen nach Abschnitt 4.1.4.

4.3.8. besonderer Schutz der Bauleistung, der vom Auftraggeber für eine vorzeitige Benutzung verlangt wird, seine Unterhaltung und spätere Beseitigung.

4.3.9. Liefern von Wasser bei Leistungen für Unterhaltungspflegearbeiten.

4.3.10. Bauarbeiten zur Aufrechterhaltung des Verkehrs, der Wasserläufe und der Vorflut, Aufbrechen und Wiederinstandsetzen von Wegen und Straßen.

4.3.11. Vorhalten von Aufenthalts- und Lagerräumen für Unterhaltungsarbeiten nach Abschnitt 3.8, wenn der Auftraggeber Räume, die leicht verschließbar gemacht werden können, nicht zur Verfügung stellt.

4.3.12. Maßnahmen zur Feststellung von unterirdischen Einrichtungen, deren Lage im Baubereich nicht genau bekannt ist.

4.3.13. zusätzliche Maßnahmen für die Weiterarbeit bei Frost und Schnee, soweit sie dem Auftragnehmer nicht ohnehin obliegen.

4.3.14. Herausschaffen, Aufladen und Abfahren des Bauschutts anderer Unternehmer.

5. Abrechnung

5.1. Allgemeines

5.1.1. Die Leistung ist aus Zeichnungen zu ermitteln, soweit die ausgeführte Leistung diesen Zeichnungen entspricht. Sind solche Zeichnungen nicht vorhanden, ist die Leistung aufzumessen.
Der Ermittlung der Leistung sind die Konstruktionsmaße zugrunde zu legen.
Flächen werden bei der Ermittlung der Leistung nicht in der Projektion gemessen, wenn in der Leistungsbeschreibung nichts anderes vorgeschrieben ist, z. B. Berechnung nach horizontal gemessener Fläche.

5.1.2. Ist nach Gewicht abzurechnen, so ist das Gewicht durch Wägen, bei Schiffsladungen durch Schiffseiche festzustellen.

5.1.3. Zu rodende Pflanzen werden vor dem Roden ermittelt, dabei Sträucher getrennt nach Höhe, Bäume getrennt nach Höhe und Stammdurchmesser, der in 1 m Höhe über dem Erdboden ermittelt wird.

5.1.4. Abtrag wird an der Entnahmestelle ermittelt, wenn in der Leistungsbeschreibung keine andere Art der Abrechnung, z. B. bei Schüttgütern, wie Bauabfällen u. ä. nach loser Masse in Transportgefäßen, vorgesehen ist.

5.1.5. Bodenlagerungen werden jeweils im einzelnen sofort nach ihrer Fertigstellung abgerechnet.

5.1.6. Anschüttungen, Andeckungen, Einbau von Schichten werden im fertigen Zustand an den Auftragstellen ermittelt, wenn in der Leistungsbeschreibung nichts anderes vorgeschrieben ist, z. B. Ermittlung an der Entnahmestelle, Abrechnung nach Transporteinheiten (Rauminhalte, Gewichte o. ä.) bei Schüttgütern.

5.1.7. Boden wird getrennt nach Bodengruppen und, soweit 50 m Förderweg überschritten werden, nach Länge der Förderwege abgerechnet.

5.1.8. Bei Abrechnung nach Flächenmaß (m^2), ausgenommen Flächen nach Abschnitt 5.1.9, werden Bäume, Baumscheiben, Stützen, Einläufe, Felsnasen, Schrittplatten und andere Aussparungen bis zu 2 m^2 Einzelgröße nicht abgezogen.

5.1.9. Bei den Naß- und Trockensaaten nach DIN 18 918 „Landschaftsbau; Sicherungsbauweisen" werden Aussparungen und Durchbindungen wie Felsflächen, Bauwerke u. ä. bis zu 100 m^2 Einzelfläche nicht abgezogen.

5.1.10. Bei Abrechnung nach Längenmaß (m) werden Unterbrechungen durch Aussparungen und durchbindende Bauteile bis zu 1 m Länge nicht abgezogen.

5.2. Es werden abgerechnet:

5.2.1. aufzunehmende pflanzliche Bodendecken, z. B. Rasenflächen, Heidekrautflächen, Schilfflächen, Sicherungen von Bodenflächen, Oberflächen von Bodenlagerungen u. ä. durch Ansaaten, Abdeckungen, Festlegungen und dergleichen,

Einbau von Filter-, Drän-, Trag-, Deckschichten u. ä.,

Herstellen von Ebenflächigkeit und Gefällen der Oberflächen von Baugrund, Filter-, Drän-, Trag-, Deckschichten u. ä.,

Lockerung von Baugrund und Vegetationstragschichten, Verdichten von Baugrund, Filter-, Drän-, Trag-, Deckschichten u. ä.,

Einarbeiten von Dünger und Bodenverbesserungsstoffen, Herstellen von Rasendecken durch Ansaat, Fertigrasen u. ä.,

Herstellen von Deckschichten und Belägen aus mechanisch gebundenen mineralischen Stoffen, chemisch gebundenen Stoffen, hydraulisch gebundenen Stoffen, natürlichen und künstlichen Steinen,

Deckbauweisen des Lebendverbaues wie Spreitlagen u. ä.,

Pflegeleistungen wie Rasenschnitt, Rasenwalzen, Lüften, Senkrechtschneiden, Tiefenlockerung, Unkrautbeseitigung, Bodenlockerung, Säubern von Vegetationsflächen nach Flächenmaß (m^2).

5.2.2. Herstellen von Rasendecken durch Naß- und Trocken-Saaten nach Flächenmaß (m^2), wenn in der Leistungsbeschreibung nichts anderes vorgeschrieben ist, z. B. zur Begrünung von unebenen Fels- und Felstrümmerflächen Abrechnung nach Raummaß (m^3) der aufgewendeten Mengen.

5.2.3. Ab- und Auftrag von Boden,

Säubern des Baufeldes,

Entfernen von störenden Bodenarten,

Aufnehmen von Bauwegen und Wegen nach Flächenmaß (m^2) oder nach Raummaß (m^3).

5.2.4. Wässern bei Pflegeleistungen nach Flächenmaß (m^2), nach Zeiteinheiten (h), nach Wassermenge (m^3) oder nach Anzahl (Pflanzkübel o. ä.) der bewässerten Einheiten (Stück).

5.2.5. Lagerung von Boden, Kompost, Rundholz u. ä. nach Raummaß (m^3).

5.2.6. Faschinenverbau,

Flechtwerke,

Buschlagen,

Heckenlagen,
Einfriedungen,
Einfassungen,
Abgrenzungen,
Rinnen,
Pflanzgräben,
Pflanzriefen,
Markierungen auf Sportflächen,
Markierungen auf Verkehrsflächen u. ä.
nach Längenmaß (m).

5.2.7. Roden von Aufwuchs,
Winterschutzmaßnahmen bei Pflegearbeiten,
Pflanzenschutz gegen Krankheit und Schädlinge,
Schutzvorrichtungen an Pflanzen und Baumflächen
nach Anzahl (Stück) oder nach Flächenmaß (m^2).

5.2.8. Schutzvorrichtungen an Gehölzen,
Einschlagen von Pflanzen,
Pflanzarbeiten,
Setzen von Steckhölzern und Setzstangen,
Verankerungen von Gehölzen,
Roden bzw. Herausnehmen von Pflanzen,
Schnitt von Gehölzen,
Leichtathletische Einzelanlagen,
Bänke,
Tische,
Wäsche- und Teppichgerüste,
Müll- und Abfallbehälter,
Spielgeräte,
Pflanzkübel,
Schilder u. ä. nach Anzahl (Stück).

5.2.9. Pflanzgruben nach Anzahl (Stück) oder nach Raummaß (m^3).

5.2.10. Schnitt von Hecken nach Flächenmaß (m^2) der bearbeiteten Fläche oder getrennt nach Breite und Höhe nach Längenmaß (m).

5.2.11. Ausbringen von Dünger
Ausbringen von Bodenverbesserungsstoffen nach Anzahl (Stück), nach Gewicht (kg, t) oder nach Raummaß (m^3, l).

VOB Teil C:

Allgemeine Technische Vorschriften für Bauleistungen

Mauerarbeiten — DIN 18 330

Fassung Juni 1972

Ausgabedatum: August 1974

Inhalt

0. Hinweise für die Leistungsbeschreibung*)

(siehe auch Teil A — DIN 1960 — § 9)

0.1. In der Leistungsbeschreibung sind nach Lage des Einzelfalles insbesondere anzugeben:

0.1.1. Lage der Baustelle und Umgebungsbedingungen, z. B. Hauptwindrichtung, Einflugschneisen, Verschmutzung der Außenluft, Bebauung usw., Zufahrtsmöglichkeiten und Beschaffenheit der Zufahrt sowie etwaige Einschränkungen bei ihrer Benutzung, Art der baulichen Anlagen, Anzahl und Höhe der Geschosse.

0.1.2. Lage und Ausmaß der dem Auftragnehmer für die Ausführung seiner Leistungen zur Benutzung oder Mitbenutzung überlassenen Flächen.

0.1.3. Ergebnisse der Bodenuntersuchung und der Wasseranalyse.

0.1.4. Schutzgebiete im Bereich der Baustelle.

0.1.5. besondere Maßnahmen aus Gründen der Landespflege und des Umweltschutzes.

0.1.6. Art und Umfang des Schutzes von Bäumen, Pflanzenbeständen, Vegetationsflächen, Bauteilen, Bauwerken u. ä. im Bereich der Baustelle.

0.1.7. besondere Anordnungen, Vorschriften und Maßnahmen der Eigentümer (oder der anderen Weisungsberechtigten) von Leitungen, Kabeln, Dränen, Kanälen, Wegen, Gewässern, Gleisen, Zäunen und dergleichen im Bereich der Baustelle.

0.1.8. für den Verkehr freizuhaltende Flächen.

0.1.9. Besonderheiten der Regelung und Sicherung des Verkehrs, gegebenenfalls auch, wieweit der Auftraggeber die Durchführung der erforderlichen Maßnahmen übernimmt.

0.1.10. Verkehrsverhältnisse auf der Baustelle, insbesondere Verkehrsbeschränkungen, z. B. Begrenzung der Verkehrslasten.

0.1.11. Lage, Art und Anschlußwert der dem Auftragnehmer auf der Baustelle zur Verfügung gestellten Anschlüsse für Wasser und Energie.

---

*) Diese Hinweise werden nicht Vertragsbestandteil.

0.1.12. Mitbenutzung fremder Gerüste, Hebezeuge, Aufzüge, Aufenthalts- und Lagerräume, Einrichtungen und dergleichen durch den Auftragnehmer.

0.1.13. wie lange, für welche Arbeiten und gegebenenfalls für welche Beanspruchung der Auftragnehmer seine Gerüste, Hebezeuge, Aufzüge, Aufenthalts- und Lagerräume, Einrichtungen und dergleichen für andere Unternehmer vorzuhalten hat.

0.1.14. besondere Anforderungen an die Baustelleneinrichtung.

0.1.15. bekannte oder vermutete Hindernisse im Bereich der Baustelle, möglichst unter Auslegung von Bestandsplänen, z. B. Leitungen, Kabel, Dräne, Kanäle, Bauwerksreste (und, soweit bekannt, deren Eigentümer).

0.1.16. Art und Zeit der vom Auftraggeber veranlaßten Vorarbeiten.

0.1.17. Arbeiten anderer Unternehmer auf der Baustelle.

0.1.18. Leistungen für andere Unternehmer.

0.1.19. ob und unter welchen Umständen auf der Baustelle gewonnene Stoffe verwendet werden dürfen oder verwendet werden sollen.

0.1.20. Art, Menge, Gewicht der Stoffe und Bauteile, die vom Auftraggeber beigestellt werden, sowie Art, Ort (genaue Bezeichnung) und Zeit ihrer Übergabe.

0.1.21. Güteanforderungen an nicht genormte Stoffe und Bauteile.

0.1.22. Art und Umfang verlangter Eignungs- und Gütenachweise.

0.1.23. Art und Beschaffenheit des Untergrundes (Untergrund, Unterbau, Tragschicht, Tragwerk).

0.1.24. vorgesehene Arbeitsabschnitte, Arbeitsunterbrechungen und -beschränkungen nach Art, Ort und Zeit.

0.1.25. besondere Erschwernisse während der Ausführung, z. B. Arbeiten in Räumen, in denen der Betrieb des Auftraggebers weiterläuft, Arbeiten bei außergewöhnlichen Temperaturen.

0.1.26. Benutzung von Teilen der Leistung vor der Abnahme.

0.1.27. ob nach bestimmten Zeichnungen oder nach Aufmaß abgerechnet werden soll.

0.1.28. Arten und Dicke des Mauerwerks.

0.1.29. ob und wie Mauerwerk sowie Anschlüsse zwischen Mauerwerk und anderen Bauteilen zu verfugen sind (siehe Abschnitt 3.2.5).

0.1.30. Art und Dicke von leichten Trennwänden.

0.1.31. Art, Größe und Zahl der Aussparungen (siehe Abschnitt 4.3.15).

0.1.32. Maßnahmen gegen Bodenfeuchtigkeit (siehe auch DIN 18 336 „Abdichtung gegen drükkendes Wasser", DIN 18 337 „Abdichtung gegen nichtdrückendes Wasser").

0.1.33. Verwendung von Zusatzmitteln (siehe Abschnitt 2.2.6.3).

0.1.34. Abrechnungsverfahren bei Schüttgütern, deren Mengen weder am Entnahme- noch am Auftragsort festgestellt werden können, z. B. bei losem Bauschutt nach Aufmaß der Menge in den Transportmitteln.

0.1.35. Leistungen nach Abschnitt 4.2 in besonderen Ansätzen, wenn diese Leistungen keine Nebenleistungen sein sollen.

0.1.36. Leistungen nach Abschnitt 4.3 in besonderen Ansätzen.

0.2. In der Leistungsbeschreibung sind Angaben zu folgenden Abschnitten nötig, wenn der Auftraggeber eine abweichende Regelung wünscht:

Abschnitt 1.2 (Leistungen mit Lieferung der Stoffe und Bauteile)
Abschnitt 2.1 (Vorhalten von Stoffen und Bauteilen)

Abschnitt 2.2.1 (Liefern ungebrauchter Stoffe und Bauteile)
Abschnitt 3.2.2 (Verzahnen von Verblendmauerwerk)
Abschnitt 3.2.4 (Ummauern von Holzbalkenköpfen und dergleichen)
Abschnitt 3.8 (Einbau von Fertigbauteilen und Fertigteilelementen)
Abschnitt 5.2.1.5 (Wangendicke von gemauerten Schornsteinen)

1. Allgemeines

1.1. DIN 18 330 „Mauerarbeiten" gilt nicht für Quadermauerwerk (siehe DIN 18 332 „Naturwerksteinarbeiten") und nicht für das Versetzen von Betonwerksteinen (siehe DIN 18 333 „Betonwerksteinarbeiten").

1.2. Alle Leistungen umfassen auch die Lieferung der dazugehörigen Stoffe und Bauteile einschließlich Abladen und Lagern auf der Baustelle, wenn in der Leistungsbeschreibung nichts anderes vorgeschrieben ist.

2. Stoffe, Bauteile

2.1. Vorhalten

Stoffe und Bauteile, die der Auftragnehmer nur vorzuhalten hat, die also nicht in das Bauwerk eingehen, können nach Wahl des Auftragnehmers gebraucht oder ungebraucht sein, wenn in der Leistungsbeschreibung darüber nichts vorgeschrieben ist.

2.2. Liefern

2.2.1. Allgemeine Anforderungen

Stoffe und Bauteile, die der Auftragnehmer zu liefern und einzubauen hat, die also in das Bauwerk eingehen, müssen ungebraucht sein, wenn in der Leistungsbeschreibung nichts anderes vorgeschrieben ist.

Sie müssen für den jeweiligen Verwendungszweck geeignet sein.

Stoffe und Bauteile, für die DIN-Normen bestehen, müssen den DIN-Güte- und -Maßbestimmungen entsprechen.

Stoffe und Bauteile, die nach den behördlichen Vorschriften einer Zulassung bedürfen, müssen amtlich zugelassen sein und den Zulassungsbedingungen entsprechen. Stoffe und Bauteile, für die weder DIN-Normen bestehen noch eine amtliche Zulassung vorgeschrieben ist, dürfen nur mit Zustimmung des Auftraggebers verwendet werden. Für die gebräuchlichsten genormten Stoffe und Bauteile sind die DIN-Normen nachstehend aufgeführt.

2.2.2. Natürliche Steine

Natürliche Steine müssen wetterbeständig, genügend druckfest und lagerhaft sein und dürfen keine Spalten, Risse, Brüche, Blätterungen, schiefrige Absonderungen und dergleichen aufweisen. Die Abmessungen und die Köpfe müssen derart sein, daß sich das vorgeschriebene Mauerwerk werkgerecht herstellen läßt.

2.2.3. Künstliche Steine

DIN 105 Mauerziegel; Vollziegel und Lochziegel
DIN 106 Kalksandsteine; Vollsteine, Lochsteine und Hohlblocksteine
DIN 398 Hüttensteine; Voll- und Lochsteine
DIN 4165 Gasbeton-Blocksteine

DIN 18 150 Hausschornsteine; Formstücke aus Leichtbeton mit Querschnitten bis 700 cm²

DIN 18 151 Hohlblocksteine aus Leichtbeton

DIN 18 152 Vollsteine aus Leichtbeton

DIN 18 153 Hohlblocksteine und T-Hohlsteine aus Beton mit geschlossenem Gefüge

DIN 18 505 Leichtziegel, Leichtziegelplatten.

2.2.4. Bauplatten

DIN 278 Tonhohlplatten (Hourdis)

DIN 1101 Holzwolle-Leichtbauplatten; Maße, Anforderungen, Prüfung

DIN 1104 Blatt 1 Mehrschicht-Leichtbauplatten aus Schaumkunststoffen und Holzwolle; Maße, Anforderungen, Prüfung

DIN 4027 Bimsbeton-Hohldielen für Dächer

DIN 4028 Stahlbeton-Hohldielen; Bestimmungen für Herstellung und Verlegung

DIN 4166 Gasbeton-Bauplatten, unbewehrt

DIN 18 162 Wandbauplatten aus Leichtbeton, unbewehrt

DIN 18 163 Wandbauplatten aus Gips; Eigenschaften, Anforderungen, Prüfung

DIN 18 180 Gipskartonplatten; Arten, Anforderungen, Prüfung.

2.2.5. Dämm- und Füllstoffe

Dämm- und Füllstoffe dürfen nicht zerfallen, ihr Gefüge nicht verändern und nicht faulen.

Sie müssen widerstandsfähig gegen Insekten und Pilze und schwer entflammbar oder nicht brennbar sein.

2.2.6. Mörtelstoffe

2.2.6.1. Bindemittel

DIN 1060 Baukalk

DIN 1164 Portland-, Eisenportland-, Hochofen- und Traßzement

DIN 1168 Blatt 1 Baugipse; Begriffe und Kennzeichnung

DIN 1168 Blatt 2 Baugipse; Stuckgips und Putzgips, Anforderungen, Prüfverfahren und Prüfgeräte.

Nicht genormte Bindemittel dürfen nur verwendet werden, wenn sie bauaufsichtlich zugelassen sind und der Auftraggeber zustimmt.

2.2.6.2. Zuschläge

Zuschläge für Mauermörtel müssen DIN 1053 „Mauerwerk; Berechnung und Ausführung" entsprechen.

2.2.6.3. Zusatzmittel

Zusatzmittel zur Verbesserung der Verarbeitbarkeit, der Wasserundurchlässigkeit oder der Widerstandsfähigkeit gegen chemische und mechanische Einflüsse oder gegen Frost usw. müssen ein gültiges Prüfzeichen besitzen.

2.2.6.4. Anmachwasser

Das Anmachwasser muß frei von schädlichen Bestandteilen sein.

2.2.7. Stahl

DIN 488 Blatt 1 Betonstahl; Begriffe, Eigenschaften, Werkkennzeichen
DIN 488 Blatt 2 Betonstahl; Betonstabstahl, Abmessungen
DIN 488 Blatt 4 Betonstahl; Betonstahlmatten, Aufbau
DIN 1050 Stahl im Hochbau; Berechnung und bauliche Durchbildung.

3. Ausführung

3.1. Allgemeines

3.1.1. Wenn Verkehrs-, Versorgungs- und Entsorgungsanlagen im Bereich des Baugeländes liegen, sind die Vorschriften und Anordnungen der zuständigen Stellen zu beachten.

3.1.2. Der Auftragnehmer hat auf die Beschaffenheit, vor allem auf die Tragfähigkeit des Baugrundes zu achten und ungünstige Umstände dem Auftraggeber unverzüglich schriftlich mitzuteilen (siehe auch Teil B — DIN 1961 — § 4 Nr. 3).

3.1.3. Ausführung bei Frost bedarf der Zustimmung des Auftraggebers.

3.1.4. Zusatzmittel dürfen nur unter den im Prüfbescheid angegebenen Bedingungen verwendet werden.

3.1.5. Abweichungen von vorgeschriebenen Maßen sind nur in den durch

DIN 18 202 Blatt 1 „Maßtoleranzen im Hochbau; Zulässige Abmaße für die Bauausführung, Wand- und Deckenöffnungen, Nischen, Geschoß- und Podesthöhen"
DIN 18 202 Blatt 2 „Maßtoleranzen im Hochbau; Ebenheitstoleranzen für Oberflächen von Wänden, Massivdeckenunterseiten und Bauteilen"
DIN 18 202 Blatt 3 „Maßtoleranzen im Hochbau; Toleranzen für die Ebenheit der Oberflächen von Rohdecken, Estrichen und Bodenbelägen"
DIN 18 202 Blatt 4 „Maßtoleranzen im Hochbau; Zulässige Abmaße für Bauwerksabmessungen"

bestimmten Grenzen oder mit Zustimmung des Auftraggebers zulässig.

3.2. Mauerwerk

3.2.1. Mauerwerk jeder Art aus natürlichen und künstlichen Steinen (auch Verblendmauerwerk, Sohlbänke, Gesimse, Mauerabdeckungen und dergleichen) ist nach DIN 1053 „Mauerwerk; Berechnung und Ausführung" auszuführen.

3.2.2. Wird Verblendmauerwerk nicht zugleich mit der Hintermauerung im Verband ausgeführt, so ist es mit nichtrostenden Drahtankern nach DIN 1053 „Mauerwerk; Berechnung und Ausführung" mit der Hintermauerung zu verbinden, wenn in der Leistungsbeschreibung nichts anderes vorgeschrieben ist.

3.2.3. Unterfangungsmauerwerk

Unterfangungsmauerwerk ist nach DIN 4123 „Gebäudesicherung im Bereich von Ausschachtungen, Gründungen und Unterfangungen" zu fertigen.

3.2.4. Bauteile aus Holz (Balkenköpfe und dergleichen), die ins Mauerwerk einbinden, sind zum Schutz gegen Feuchtigkeit trocken — ohne Mörtel — zu ummauern, wenn in der Leistungsbeschreibung nichts anderes vorgeschrieben ist.

3.2.5. Ist Mauerwerk zu verfugen, so ist der Mauermörtel, solange er noch frisch ist, etwa 1,5 cm tief auszukratzen. Unmittelbar vor dem Verfugen sind die Ansichtsflächen gründlich zu nässen und mit Wasser zu reinigen. Dem Reinigungswasser darf — außer bei Natursteinen, Kalksandsteinen o. ä. — bis 2 Vol.-% Salzsäure zugesetzt werden. Abgesäuerte Flächen sind gründlich nachzuspülen. Das Mauerwerk ist dann mit dem vorgeschriebenen Mörtel in verlangter Ausführungsart und Farbe zu verfugen.

3.3. Schornsteine

3.3.1. Hausschornsteine sind nach

DIN 18 160 Blatt 1 „Feuerungsanlagen; Hausschornsteine, Bemessung und Ausführung",

frei stehende Schornsteine nach

DIN 1056 Blatt 1 „Frei stehende Schornsteine in Massivbauart; Berechnung und Ausführung",

Säureschornsteine nach

DIN 1058 „Säureschornsteine in Massivbauart; Berechnung und Ausführung"

herzustellen.

3.3.2. Der Auftragnehmer hat die Abnahmebescheinigungen des Schornsteinfegers beizubringen; die Gebühr für die Abnahmebescheinigung trägt der Auftraggeber.

3.4. Bogen und Gewölbe

Bogen und Gewölbe sind nach DIN 1053 „Mauerwerk; Berechnung und Ausführung" auszuführen.

3.5. Leichte Trennwände

Leichte Trennwände sind nach

DIN 4103 „Leichte Trennwände; Richtlinien für die Ausführung"

auszuführen.

3.6. Verarbeitung von Bauplatten

Für die Verarbeitung von Bauplatten gelten

DIN 1102 „Holzwolle-Leichtbauplatten nach DIN 1101; Richtlinien für die Verarbeitung"

DIN 1104 Blatt 2 „Mehrschicht-Leichtbauplatten aus Schaumkunststoffen und Holzwolle; Richtlinien für die Verarbeitung".

3.7. Einbau von Stahlbauteilen

Einzumauernde Bauteile aus Stahl sind unter Verwendung von Mörtel der Mörtelgruppe III (siehe DIN 1053 „Mauerwerk; Berechnung und Ausführung") einzubauen und fest mit dem Mauerwerk zu verbinden.

3.8. Einbau von Fertigbauteilen und Fertigteilelementen

Einzubauende Fertigbauteile sind unter Verwendung von Mörtel der Mörtelgruppe III (siehe DIN 1053 „Mauerwerk; Berechnung und Ausführung") zu verlegen und einzumauern, wenn in der Leistungsbeschreibung nichts anderes vorgeschrieben ist. Die statischen und konstruktiven Anforderungen sind zu beachten.

4. Nebenleistungen

Nebenleistungen sind Leistungen, die auch ohne Erwähnung in der Leistungsbeschreibung zur vertraglichen Leistung gehören (siehe Teil B — DIN 1961 — § 2 Nr. 1).

4.1. Folgende Leistungen sind Nebenleistungen:

4.1.1. Messungen für das Ausführen und Abrechnen der Arbeiten einschließlich des Vorhaltens der Meßgeräte, Lehren, Absteckzeichen usw., des Erhaltens der Lehren und Absteckzeichen während der Bauausführung und des Stellens der Arbeitskräfte, jedoch nicht Leistungen nach Teil B — DIN 1961 — § 3 Nr. 2.

4.1.2. Schutz- und Sicherheitsmaßnahmen nach den Unfallverhütungsvorschriften und den behördlichen Bestimmungen.

4.1.3. Schutz der ausgeführten Leistungen und der für die Ausführung übergebenen Gegenstände vor Beschädigung und Diebstahl bis zur Abnahme.

4.1.4. Heranbringen von Wasser und Energie von den vom Auftraggeber auf der Baustelle zur Verfügung gestellten Anschlußstellen zu den Verwendungsstellen.

4.1.5. Vorhalten der Kleingeräte und Werkzeuge.

4.1.6. Lieferung der Betriebsstoffe.

4.1.7. Befördern aller Stoffe und Bauteile, auch wenn sie vom Auftraggeber beigestellt sind, von den Lagerstellen auf der Baustelle zu den Verwendungsstellen und etwaiges Rückbefördern.

4.1.8. Sichern der Arbeiten gegen Tagwasser, mit dem normalerweise gerechnet werden muß, und seine etwa erforderliche Beseitigung.

4.1.9. Beleuchten und Reinigen der Aufenthaltsräume und Aborte für die Beschäftigten des Auftragnehmers sowie Beheizen der Aufenthaltsräume.

4.1.10. Beseitigen aller Verunreinigungen (Abfälle, Bauschutt und dergleichen), die von den Arbeiten des Auftragnehmers herrühren.

4.1.11. Zubereiten des Mörtels und Vorhalten der hierzu erforderlichen Einrichtungen, auch wenn der Auftraggeber die Baustoffe beistellt.

4.1.12. Vorhalten der Gerüste sowie der Abdeckungen und Umwehrungen von Öffnungen zum Mitbenutzen durch andere Unternehmer bis zu 3 Wochen über die eigene Benutzungsdauer hinaus. Der Abschluß der eigenen Benutzung ist dem Auftraggeber unverzüglich schriftlich mitzuteilen.

4.1.13. Aussparen und Vermauern aller Rüstlöcher und Auflager für Balken, Träger und Decken.

4.1.14. Aussparen von Reinigungsöffnungen und Rohröffnungen in gemauerten Schornsteinen.

4.1.15. Ummauern oder Vergießen von Träger- und Balkenköpfen und anderen Konstruktionsgliedern, ausgenommen das Vergießen bei Stahlbauarbeiten.

4.2. Folgende Leistungen sind Nebenleistungen, wenn sie nicht durch besondere Ansätze in der Leistungsbeschreibung erfaßt sind:

4.2.1. Einrichten und Räumen der Baustelle.

4.2.2. Vorhalten der Baustelleneinrichtung einschließlich der Geräte, Gerüste und dergleichen.

4.2.3. Anfertigen und Liefern von statischen Berechnungen und Plänen, soweit sie für Baubehelfe nötig sind.

4.3. Folgende Leistungen sind keine Nebenleistungen:

4.3.1. „Besondere Leistungen" nach Teil A – DIN 1960 – § 9 Nr. 6.

4.3.2. Aufstellen, Vorhalten und Beseitigen von Bauzäunen, Blenden und Schutzgerüsten zur Sicherung des öffentlichen Verkehrs sowie von Einrichtungen außerhalb der Baustelle zur Umleitung und Regelung des öffentlichen Verkehrs.

4.3.3. besondere Maßnahmen zur Sicherung gefährdeter Bauwerke und zum Schutz benachbarter Grundstücke, z. B. Unterfangungen, Stützmauern, Bodenverfestigungen.

4.3.4. besondere Maßnahmen aus Gründen der Landespflege und des Umweltschutzes.

4.3.5. Sichern von Leitungen, Kanälen, Dränen, Kabeln, Grenzsteinen, Bäumen und dergleichen.

4.3.6. Boden- und Wasseruntersuchungen.

4.3.7. Beseitigen von Hindernissen, Leitungen, Kanälen, Dränen, Kabeln und dergleichen.

4.3.8. Vorhalten von Aufenthalts- und Lagerräumen, wenn der Auftraggeber Räume, die leicht verschließbar gemacht werden können, nicht zur Verfügung stellt.

4.3.9. Herausschaffen, Aufladen und Abfahren des Bauschuttes anderer Unternehmer.

4.3.10. Vorhalten der Gerüste, Hebezeuge, Aufzüge, Aufenthalts- und Lagerräume, Einrichtungen und dergleichen länger als 3 Wochen über die eigene Benutzungsdauer hinaus für andere Unternehmer sowie das Vorhalten der Abdeckungen und Umwehrungen für diese Zeit.

4.3.11. Umbau von Gerüsten für Zwecke anderer Unternehmer.

4.3.12. zusätzliche Maßnahmen für die Weiterarbeit bei Frost und Schnee, soweit sie dem Auftragnehmer nicht ohnehin obliegen.

4.3.13. Liefern statischer Berechnungen für den Nachweis der Standfestigkeit des Bauwerks und der für diese Nachweise erforderlichen Zeichnungen.

4.3.14. besonderer Schutz der Bauleistung, der vom Auftraggeber für eine vorzeitige Benutzung verlangt wird, seine Unterhaltung und spätere Beseitigung.

4.3.15. Herstellen von Aussparungen und Schlitzen, die nach Art, Abmessungen und Anzahl in der Leistungsbeschreibung nicht angegeben sind.

4.3.16. Schließen von Löchern, Schlitzen, Durchbrüchen u. ä. in anderen Fällen als nach Abschnitt 4.1.13.

4.3.17. Liefern und Einsetzen von Dübeln, Dübelsteinen, Schornsteinreinigungstüren, Tür- und Fensterzargen und dergleichen.

4.3.18. Herstellen von Dehnungsfugen.

5. Abrechnung

5.1. Allgemeines

5.1.1. Die Leistung ist aus Zeichnungen zu ermitteln, soweit die ausgeführte Leistung diesen Zeichnungen entspricht. Sind solche Zeichnungen nicht vorhanden, ist die Leistung aufzumessen.

Der Ermittlung der Leistung – gleichgültig ob sie nach Zeichnungen oder nach Aufmaß erfolgt – sind zugrunde zu legen:

für Bauteile aus Mauerwerk deren Konstruktionsmaße,

für Bodenbeläge die zu belegende Fläche bis zu den begrenzenden, ungeputzten bzw. unbekleideten Bauteilen,

für Bodenbeläge ohne begrenzende Bauteile deren Abmessungen.

5.1.2. Mauerwerk wird getrennt nach Bauarten, Geschossen und, bei Abrechnung nach Flächenmaß, außerdem getrennt nach Dicken gerechnet.

5.1.3. Bruchsteinmauerwerk wird getrennt nach Mauerwerk in Gräben, einhäuptigem und mehrhäuptigem Mauerwerk gerechnet.

5.1.4. Bei Öffnungen und Nischen gelten die Maße der lichten Öffnung. Die Höhe bogenförmiger Öffnungen und Nischen ist um $^1/_3$ der Stichhöhe zu verringern.

5.2. Es werden abgerechnet:

5.2.1. Mauerwerk nach Flächenmaß (m^2) oder Raummaß (m^3).

5.2.1.1. Mauerwerk bis 11,5 cm Dicke nach Flächenmaß (m^2),

Mauerwerk von mehr als 11,5 cm bis 40 cm Dicke nach Flächenmaß (m^2) oder nach Raummaß (m^3),

Mauerwerk über 40 cm Dicke nach Raummaß (m^3).

5.2.1.2. Bei Mauerwerk, das bis Oberfläche Rohdecke durchgeht, wird von Oberfläche Rohdecke (bei Kellergeschossen von Oberfläche Fundament) bis Oberfläche Rohdecke gerechnet, bei anderem Mauerwerk die tatsächliche Höhe.

5.2.1.3. Bei Abrechnung nach Flächenmaß wird die Höhe von Mauerwerk mit oben abgeschrägtem Querschnitt bis zur höchsten Kante gerechnet.

5.2.1.4. Bei Wanddurchdringungen wird nur eine Wand durchgehend berücksichtigt, bei Wänden ungleicher Dicke die dickere.

5.2.1.5. Bei der Ermittlung der Länge von Wänden werden durchbindende, einbindende und einliegende gemauerte Schornsteine nicht mitgemessen; dabei gilt als Wangendicke des Schornsteins die nach den bauaufsichtlichen Bestimmungen erforderliche Mindestdicke, wenn darüber in der Leistungsbeschreibung nichts vorgeschrieben ist. Das dabei nicht mitgemessene Wandmauerwerk rechnet zum Schornstein.

5.2.1.6. Abgezogen werden bei Abrechnung nach Flächenmaß:

Öffnungen über 1 m² Einzelgröße,

durchbindende Bauteile (Deckenplatten und dergleichen) über je 0,25 m² Einzelgröße,

Nischen sowie Aussparungen für einbindende Bauteile, soweit für das dahinterliegende Mauerwerk besondere Ansätze in der Leistungsbeschreibung vorgesehen sind.

5.2.1.7. Abgezogen werden bei Abrechnung nach Raummaß:

Öffnungen über 0,25 m³ Einzelgröße,

Nischen über 0,25 m³ Einzelgröße,

einbindende, durchbindende und eingebaute Bauteile über 0,25 m³ Einzelgröße,

Schlitze für Rohrleitungen und dergleichen über je 0,1 m² Querschnitt,

durchgehende Luftschichten im Mauerwerk, jedoch nur mit dem über 7 cm Dicke hinausgehenden Teil der Luftschichten.

5.2.1.8. Als ein Bauteil gilt bei den Abzügen nach Flächenmaß und Raummaß auch jeder aus Einzelteilen zusammengesetzte Bauteil, z. B. Fenster- und Türumrahmungen, Fenster- und Türstürze, Gesimse.

5.2.2. Fachwerkwände nach Flächenmaß (m²)

Wand-, Bundbalken und -träger werden bei Ermittlung der Höhe nicht berücksichtigt. Andere Holz- und Stahlteile der Fachwerkwände, wie Schwellen, Pfosten und Rähme (Pfetten), werden nicht abgezogen. Öffnungen über 1 m² Einzelgröße sind abzuziehen.

5.2.3. Ausmauern von Stahlbetongerippen nach Flächenmaß (m²) oder Raummaß (m³). Die Stahlbetonbauteile werden abgezogen, ebenso Öffnungen über 1 m² Einzelgröße.

5.2.4. Leichte Trennwände nach Flächenmaß (m²), Öffnungen über 1 m² Einzelgröße werden abgezogen.

5.2.5. Verblendmauerwerk nach Flächenmaß (m²).

Öffnungen über 1 m² Einzelgröße werden abgezogen, Leibungen bis 13 cm Tiefe nicht berücksichtigt.

5.2.6. Ausfugen nach Flächenmaß (m²).

Öffnungen nach Abschnitt 5.2.5.

5.2.7. Herstellen von Öffnungen über 1 m² Einzelgröße nach Anzahl (Stück).

5.2.8. Gewölbe nach Flächenmaß (m²)

Bei einer Stichhöhe unter 1/6 der Spannweite wird die überwölbte Grundfläche abgerechnet, bei größeren Stichhöhen die abgewickelte Untersicht. Abgezogen werden Öffnungen, Aussparungen und durchbindende Bauteile über 1 m² Einzelgröße.

5.2.9. Gemauerte Stürze, Überwölbungen und Entlastungsbögen über Öffnungen und Nischen nach Anzahl (Stück) als Zulage zum Preis des Mauerwerks, wenn die Öffnung oder Nische abgezogen wird.

5.2.10. Gemauerte Sohlbänke und Gesimse einschließlich etwaiger Auskragungen getrennt nach Bauart und Abmessungen, nach Längenmaß (m), ermittelt an der Vorderkante oder Anzahl (Stück), als Zulage zum Preis des Mauerwerks.

5.2.11. Pfeiler
getrennt nach Bauart und Abmessungen, nach Anzahl (Stück), Längenmaß (m) oder Raummaß (m³).

Tür- und Fensterpfeiler im Wandmauerwerk als Zulage zum Wandmauerwerk, wenn sie schmaler als 49 cm sind und die beiderseits dieser Pfeiler liegenden Öffnungen nach Abschnitt 5.2.1.6 oder Abschnitt 5.2.1.7 abgezogen werden; anderenfalls gelten sie als Wandmauerwerk.

5.2.12. Pfeilervorlagen
Pfeilervorlagen gleicher Bauart wie das dahinterliegende Mauerwerk, wenn dieses nach Raummaß (m³) abgerechnet wird, zusammen mit dem Mauerwerk nach Abschnitt 5.2.1, Pfeilervorlagen in anderen Fällen, getrennt nach Bauart und Abmessungen, nach Längenmaß (m).

5.2.13. Gemauerte Schornsteine für Rauch, Abgas und Lüftung getrennt nach Bauart, Anzahl und Querschnitt der Züge und Dicken der Wangen nach Raummaß (m³) oder Längenmaß (m), in der Achse gemessen von Oberfläche Fundament bis Oberfläche Dachhaut.

Breite und Dicke von durchbindenden einbindenden und einliegenden Schornsteinen werden nach Abschnitt 5.2.1.5 berücksichtigt.

Züge, Reinigungsöffnungen, Rohröffnungen und dergleichen werden nicht abgezogen, Verwahrungen (Auskragungen) werden nicht mitgerechnet.

5.2.14. Schornsteine aus Formstücken,
getrennt nach Bauart und Abmessungen, Anzahl und Querschnitt der Züge nach Längenmaß (m), ermittelt in der Achse bis Oberfläche Dachhaut.

5.2.15. Schornsteinköpfe (Schornsteine über Dachhaut), getrennt nach Bauart und nach Abmessungen, Anzahl und Querschnitt der Züge, nach Anzahl (Stück).

5.2.16. Schornstein-Reinigungsverschlüsse, Rohrmuffen, Übergangsstücke und dergleichen, nach Anzahl (Stück).

5.2.17. Gemauerte Stufen,
getrennt nach Bauart und Abmessungen, nach Längenmaß (m) in der größten Länge jeder Stufe.

5.2.18. Fußbodenbeläge aus Flach- oder Rollschichten nach Flächenmaß (m²); abgezogen werden Aussparungen über 1 m².

5.2.19. Auffüllungen von Decken
nach Flächenmaß (m²). Berücksichtigt wird die Fläche des jeweils darüberliegenden Raumes; Balken oder Träger werden nicht abgezogen.

Aussparungen über 1 m² werden abgezogen.

5.2.20. Ausmauern, Ummanteln oder Verblenden von Stahlträgern, Unterzügen, Stützen und dergleichen, getrennt nach Bauart und Abmessungen, nach Längenmaß (m).

5.2.21. Kellerlichtschächte, Sinkkästen, Fundamente für Öfen und dergleichen, getrennt nach Bauart und Abmessungen, nach Anzahl (Stück).

5.2.22. Betonstahl (Liefern, Schneiden, Biegen, Verlegen) nach Gewicht (kg oder t). Maßgebend ist das errechnete Gewicht, bei deutschen genormten Stählen die Gewichte nach den DIN-Normen, bei anderen Stählen die Einheitsgewichte nach dem Profilbuch des Erzeugerwerkes.

5.2.23. Liefern und Einbauen von Walzstahlprofilen usw. nach Handelsgewicht (kg oder t).

5.2.24. Liefern und Einbauen von Ankern, Bolzen usw. nach Anzahl (Stück) oder Handelsgewicht (kg).

5.2.25. Liefern und Einbauen von Tür- und Fensterzargen, Überlagshölzern, Dübeln, Dübelsteinen und dergleichen, nach Anzahl (Stück).

5.2.26. Einsetzen von Treppengeländern und dergleichen nach Längenmaß (m), ermittelt in der Mittellinie nach der tatsächlichen Länge des Handlaufs.

5.2.27. Herstellen von Öffnungen, Durchbrüchen usw., getrennt nach Abmessungen, nach Anzahl (Stück).

5.2.28. Herstellen von Schlitzen, getrennt nach Abmessungen, nach Längenmaß (m).

5.2.29. Schließen von Öffnungen, Durchbrüchen usw. wie Abschnitt 5.2.27.

5.2.30. Schließen von Schlitzen wie Abschnitt 5.2.28.

5.2.31. Liefern und Einbauen von Stahlbauteilen, getrennt nach Bauart und Abmessungen, nach Anzahl (Stück).

5.2.32. Liefern und Einbauen von Fertigbauteilen und Fertigteildecken, getrennt nach Bauart und Abmessungen, nach Anzahl (Stück).

VOB Teil C:
Allgemeine Technische Vorschriften für Bauleistungen
Beton- und Stahlbetonarbeiten – DIN 18 331
Fassung April 1972

Ausgabedatum: August 1974

Inhalt

0. Hinweise für die Leistungsbeschreibung*)
(siehe auch Teil A — DIN 1960 — § 9)

0.1. In der Leistungsbeschreibung sind nach Lage des Einzelfalles insbesondere anzugeben:

0.1.1. Lage der Baustelle und Umgebungsbedingungen, z. B. Hauptwindrichtung, Einflugschneisen, Verschmutzung der Außenluft, Bebauung usw., Zufahrtsmöglichkeiten und Beschaffenheit der Zufahrt sowie etwaige Einschränkungen bei ihrer Benutzung, Art der baulichen Anlagen, Anzahl und Höhe der Geschosse.

0.1.2. Lage und Ausmaß der dem Auftragnehmer für die Ausführung seiner Leistungen zur Benutzung oder Mitbenutzung überlassenen Flächen.

0.1.3. Gründungstiefen, Gründungsarten und Lasten benachbarter Bauwerke.

0.1.4. Ergebnisse der Bodenuntersuchung und der Wasseranalyse.

0.1.5. Schutzgebiete im Bereich der Baustelle.

0.1.6. besondere Maßnahmen aus Gründen der Landespflege und des Umweltschutzes.

0.1.7. Art und Umfang des Schutzes von Bäumen, Pflanzenbeständen, Vegetationsflächen, Bauteilen, Bauwerken u. ä. im Bereich der Baustelle.

0.1.8. besondere Anordnungen, Vorschriften und Maßnahmen der Eigentümer (oder der anderen Weisungsberechtigten) von Leitungen, Kabeln, Dränen, Kanälen, Wegen, Gewässern, Gleisen, Zäunen und dergleichen im Bereich der Baustelle.

0.1.9. Besonderheiten der Regelung und Sicherung des Verkehrs, gegebenenfalls auch, wieweit der Auftraggeber die Durchführung der erforderlichen Maßnahmen übernimmt.

0.1.10. Lage, Art und Anschlußwert der dem Auftragnehmer auf der Baustelle zur Verfügung gestellten Anschlüsse für Wasser und Energie.

0.1.11. Mitbenutzung fremder Gerüste, Hebezeuge, Aufzüge, Aufenthalts- und Lagerräume, Einrichtungen und dergleichen durch den Auftragnehmer.

---
*) Diese Hinweise werden nicht Vertragsbestandteil.

0.1.12. wie lange, für welche Arbeiten und gegebenenfalls für welche Beanspruchung der Auftragnehmer seine Gerüste, Hebezeuge, Aufzüge, Aufenthalts- und Lagerräume, Einrichtungen und dergleichen für andere Unternehmer vorzuhalten hat.

0.1.13. besondere Anforderungen an die Baustelleneinrichtung.

0.1.14. bekannte oder vermutete Hindernisse im Bereich der Baustelle, möglichst unter Auslegung von Bestandsplänen, z. B. Leitungen, Kabel, Dräne, Kanäle, Bauwerksreste (und, soweit bekannt, deren Eigentümer).

0.1.15. Art und Zeit der vom Auftraggeber veranlaßten Vorarbeiten.

0.1.16. Arbeiten anderer Unternehmer auf der Baustelle.

0.1.17. Leistungen für andere Unternehmer.

0.1.18. ob und unter welchen Umständen auf der Baustelle gewonnene Stoffe verwendet werden dürfen oder verwendet werden sollen.

0.1.19. Art, Menge, Gewicht der Stoffe und Bauteile, die vom Auftraggeber beigestellt werden, sowie Art, Ort (genaue Bezeichnung) und Zeit ihrer Übergabe.

0.1.20. vorgesehene Arbeitsabschnitte, Arbeitsunterbrechungen und -beschränkungen nach Art, Ort und Zeit.

0.1.21. Art und Umfang verlangter Eignungs- und Gütenachweise.

0.1.22. besondere Erschwernisse während der Ausführung, z. B. Arbeiten in Räumen, in denen der Betrieb des Auftraggebers weiterläuft, Arbeiten bei außergewöhnlichen Temperaturen.

0.1.23. ob nach bestimmten Zeichnungen oder nach Aufmaß abgerechnet werden soll.

0.1.24. Arten des Betons und Stahlbetons, die geforderte Festigkeitsklasse, Betongruppe und Anforderungen an Beton mit besonderen Eigenschaften nach DIN 1045 „Beton- und Stahlbetonbau; Bemessung und Ausführung“ sowie bei sichtbar bleibenden Betonflächen die Art der Oberfläche, z. B. glatt, Brettstruktur, getrennt nach:

0.1.24.1. Beton oder Stahlbeton ohne Schalung.

0.1.24.2. Beton oder Stahlbeton mit einseitiger oder mehrseitiger Schalung.

0.1.24.3. Beton besonderer Fertigung, z. B. Vakuumbeton.

0.1.24.4. Beton besonderer Zusammensetzung, z. B. Feinbeton, Beton mit Farbzusatz, Beton unter Verwendung von weißem Zement.

0.1.25. Verwendung von Beton-Zusatzmitteln.

0.1.26. Sorten, Mengen und Abmessungen des Betonstahls.

0.1.27. Art, Lage, Größe und Zahl der Aussparungen (siehe Abschnitt 4.3.13 und 5.2.10).

0.1.28. besondere Anforderungen an die Ausführung von Schalungs- und Arbeitsfugen oder deren Anordnung bei sichtbar bleibenden Betonflächen.

0.1.29. Vergrößerung der Betondeckung der Stahleinlagen, z. B. für eine vorgesehene werksteinmäßige Bearbeitung.

0.1.30. besondere Ausbildung der Baukörper und Beschaffenheit des Betons bei Abdichtungen gegen nichtdrückendes und gegen drückendes Wasser sowie bei Schutzanstrichen.

0.1.31. Aufmaß von Betonkörpern hinter Werksteinbekleidungen, Vormauerungen und dergleichen.

0.1.32. Leistungen nach Abschnitt 4.2 in besonderen Ansätzen, wenn diese Leistungen keine Nebenleistungen sein sollen.

0.1.33. Leistungen nach Abschnitt 4.3 in besonderen Ansätzen.

0.2. In der Leistungsbeschreibung sind Angaben zu folgenden Abschnitten nötig, wenn der Auftraggeber eine abweichende Regelung wünscht:

Abschnitt 1.3 (Leistungen mit Lieferung der Stoffe und Bauteile)

Abschnitt 2.1 (Vorhalten von Stoffen und Bauteilen)

Abschnitt 2.2.1 (Liefern ungebrauchter Stoffe und Bauteile)
Abschnitt 3.2.1 (Zusammensetzung, Mischweise, Verarbeitung, Nachbehandlung des Betons)
Abschnitt 3.3 (Betonflächen)
Abschnitt 5.1.3 (Abrechnen des Betons und Stahlbetons einschließlich Schalung und Bewehrung)
Abschnitt 5.3.2.3 (Abrechnungsgewichte).

1. Allgemeines

1.1. DIN 18 331 „Beton- und Stahlbetonarbeiten" gilt nicht für:

Einpreßarbeiten (siehe DIN 18 309 „Einpreßarbeiten"), Betonwerksteinarbeiten (siehe DIN 18 333 „Betonwerksteinarbeiten"),

Estricharbeiten (siehe DIN 18 353 „Estricharbeiten") und nicht für

Oberbauschichten mit hydraulischen Bindemitteln (siehe DIN 18 316 „Straßenbauarbeiten; Oberbauschichten mit hydraulischen Bindemitteln").

1.2. Es gelten die Bestimmungen des Deutschen Ausschusses für Stahlbeton*).

1.3. Alle Leistungen umfassen auch die Lieferung der dazugehörigen Stoffe und Bauteile einschließlich Abladen und Lagern auf der Baustelle, wenn in der Leistungsbeschreibung nichts anderes vorgeschrieben ist.

2. Stoffe, Bauteile

2.1. Vorhalten

Stoffe und Bauteile, die der Auftragnehmer nur vorzuhalten hat, die also nicht in das Bauwerk eingehen, können nach Wahl des Auftragnehmers gebraucht oder ungebraucht sein, wenn in der Leistungsbeschreibung darüber nichts vorgeschrieben ist.

2.2. Liefern

2.2.1. Allgemeine Anforderungen

Stoffe und Bauteile, die der Auftragnehmer zu liefern und einzubauen hat, die also in das Bauwerk eingehen, müssen ungebraucht sein, wenn in der Leistungsbeschreibung nichts anderes vorgeschrieben ist.

---

*) Die gebräuchlichsten Bestimmungen des Deutschen Ausschusses für Stahlbeton sind folgende:

DIN 1045 Beton- und Stahlbetonbau; Bemessung und Ausführung
DIN 1048 Prüfverfahren für Beton
DIN 1075 Massive Brücken; Berechnungsgrundlagen
DIN 1084 Beton- und Stahlbetonbau; Güteüberwachung von Baustellen mit Beton B II, von tragenden Beton- und Stahlbetonfertigteilen und von Transportbeton
DIN 4030 Beurteilung betonangreifender Wässer, Böden und Gase
DIN 4099 Schweißen von Betonstahl; Anforderungen, Prüfung
DIN 4164 Gas- und Schaumbeton; Herstellung, Verwendung und Prüfung; Richtlinien
DIN 4224 Bemessung im Stahlbetonbau
DIN 4232 Wände aus Leichtbeton mit haufwerksporigem Gefüge; Ausführung und Bemessung
DIN 4243 Betongläser; Anforderungen, Prüfung

Sie müssen für den jeweiligen Verwendungszweck geeignet sein.

Stoffe und Bauteile, für die DIN-Normen bestehen, müssen den DIN-Güte- und -Maßbestimmungen entsprechen.

Stoffe und Bauteile, die nach den behördlichen Vorschriften einer Zulassung bedürfen, müssen amtlich zugelassen sein und den Zulassungsbedingungen entsprechen.

Stoffe und Bauteile, für die weder DIN-Normen bestehen noch eine amtliche Zulassung vorgeschrieben ist, dürfen nur mit Zustimmung des Auftraggebers verwendet werden.

Für die gebräuchlichsten genormten Stoffe und Bauteile sind die DIN-Normen nachstehend aufgeführt.

2.2.2. Bindemittel

2.2.2.1. DIN 1164 Portland-, Eisenportland-, Hochofen- und Traßzement
DIN 4207 Mischbinder.

2.2.2.2. Nicht genormte Bindemittel dürfen nur verwendet werden, wenn sie amtlich zugelassen sind und der Auftraggeber zustimmt.

2.2.3. Betonzuschlag

DIN 1045 Beton- und Stahlbetonbau; Bemessung und Ausführung,
DIN 4226 Blatt 1 Zuschlag für Beton; Zuschlag mit dichtem Gefüge, Begriffe, Bezeichnung, Anforderungen und Überwachung
DIN 4226 Blatt 2 Zuschlag für Beton; Zuschlag mit porigem Gefüge (Leichtzuschlag), Begriffe, Bezeichnung, Anforderungen und Überwachung
DIN 4226 Blatt 3 Zuschlag für Beton; Prüfung von Zuschlag mit dichtem oder porigem Gefüge.

2.2.4. Betonzusätze

DIN 1045 Beton- und Stahlbetonbau; Bemessung und Ausführung.

2.2.5. Zugabewasser

DIN 1045 Beton- und Stahlbetonbau; Bemessung und Ausführung.

2.2.6. Betonstahl

DIN 488 Betonstahl
DIN 1045 Beton- und Stahlbetonbau; Bemessung und Ausführung
DIN 1075 Massive Brücken; Berechnungsgrundlagen
DIN 4099 Schweißen von Betonstahl; Anforderungen, Prüfung.

2.2.7. Zwischenbauteile für Decken, Deckenziegel

DIN 4158 Zwischenbauteile aus Beton für Stahlbeton- und Spannbetondecken
DIN 4159 Ziegel für Decken und Wandtafeln; statisch mitwirkend
DIN 4160 Deckenziegel; statisch nicht mitwirkend.

2.2.8. Stahlbeton- und Bimsbeton-Hohldielen

DIN 4027 Bimsbeton-Hohldielen für Dächer
DIN 4028 Stahlbeton-Hohldielen; Bestimmungen für Herstellung und Verlegung
DIN 4223 Bewehrte Dach- und Deckenplatten aus dampfgehärtetem Gas- und Schaumbeton; Richtlinien für Bemessung, Herstellung, Verwendung und Prüfung.

3. Ausführung

3.1. Allgemeines

Für die Ausführung gelten:

DIN 1045 Beton- und Stahlbetonbau; Bemessung und Ausführung

DIN 4232 Wände aus Leichtbeton mit haufwerksporigem Gefüge; Ausführung und Bemessung

DIN 18 202 Blatt 1 Maßtoleranzen im Hochbau; zulässige Abmaße für die Bauausführung, Wand- und Deckenöffnungen, Nischen, Geschoß- und Podesthöhen

DIN 18 202 Blatt 2 Maßtoleranzen im Hochbau; Ebenheitstoleranzen für Oberflächen von Wänden, Massivdeckenunterseiten und Bauteilen

DIN 18 202 Blatt 3 Maßtoleranzen im Hochbau; Toleranzen für die Ebenheit der Oberflächen von Rohdecken, Estrichen und Bodenbelägen

DIN 18 202 Blatt 4 Maßtoleranzen im Hochbau; zulässige Abmaße für Bauwerksabmessungen

DIN 18 203 Blatt 1 Maßtoleranzen im Hochbau; Vorgefertigte Teile aus Beton und Stahlbeton.

3.1.1. Wenn Verkehrs-, Versorgungs- und Entsorgungsanlagen im Bereich des Baugeländes liegen, sind die Vorschriften und Anordnungen der zuständigen Stellen zu beachten.

3.1.2. Der Auftragnehmer hat auf die Übereinstimmung der Beschaffenheit des Baugrundes mit den vom Auftraggeber zur Verfügung gestellten Unterlagen zu achten und ungünstige Umstände dem Auftraggeber unverzüglich schriftlich mitzuteilen. Der Auftragnehmer hat dem Auftraggeber Bedenken gegen die vorgesehene Art der Ausführung unverzüglich schriftlich mitzuteilen (siehe Teil B — DIN 1961 — § 4 Nr. 3). Bedenken sind geltend zu machen insbesondere bei betonangreifenden Wässern, Böden und Gasen (siehe DIN 4030 „Beurteilung betonangreifender Wässer, Böden und Gase"), Säuren, Säuredämpfen und Ölen, schädlichen Lösungen.

3.2. Herstellen des Betons

3.2.1. Es bleibt dem Auftragnehmer überlassen, wie er den Beton zur Erreichung der geforderten Güte zusammensetzt, mischt, verarbeitet und nachbehandelt, wenn in der Leistungsbeschreibung darüber nichts vorgeschrieben ist.

3.3. Betonflächen

Die Wahl der Schalung nach Art und Stoffen bleibt dem Auftragnehmer überlassen, wenn in der Leistungsbeschreibung nichts anderes vorgeschrieben ist.

Geschalte Flächen des Betons sind schalungsroh, d. h. unbearbeitet nach dem Ausschalen, nicht geschalte Flächen roh abgezogen herzustellen, wenn in der Leistungsbeschreibung nichts anderes vorgeschrieben ist, z. B. glatte Oberfläche, Waschbeton, werksteinmäßige Bearbeitung, gebrochene Kanten, Entgraten, besondere Maßnahmen für Putzhaftung und Werksteinverkleidungen (Aufrauhen, Einsetzen von Drahtschlaufen).

4. Nebenleistungen

Nebenleistungen sind Leistungen, die auch ohne Erwähnung in der Leistungsbeschreibung zur vertraglichen Leistung gehören (siehe Teil B — DIN 1961 — § 2 Nr. 1).

4.1. Folgende Leistungen sind Nebenleistungen:

4.1.1. Messungen für das Ausführen und Abrechnen der Arbeiten einschließlich des Vorhaltens der Meßgeräte, Lehren, Absteckzeichen usw., des Erhaltens der Lehren und Absteckzeichen während der Bauausführung und des Stellens der Arbeitskräfte, jedoch nicht Leistungen nach Teil B — DIN 1961 — § 3 Nr. 2.

4.1.2. Schutz- und Sicherheitsmaßnahmen nach den Unfallverhütungsvorschriften und den behördlichen Bestimmungen.

4.1.3. Schutz der ausgeführten Leistungen und der für die Ausführung übergebenen Gegenstände vor Beschädigung und Diebstahl bis zur Abnahme.

4.1.4. Heranbringen von Wasser und Energie von den vom Auftraggeber auf der Baustelle zur Verfügung gestellten Anschlußstellen zu den Verwendungsstellen.

4.1.5. Vorhalten der Kleingeräte und Werkzeuge.

4.1.6. Lieferung der Betriebsstoffe.

4.1.7. Befördern aller Stoffe und Bauteile, auch wenn sie vom Auftraggeber beigestellt sind, von den Lagerstellen auf der Baustelle zu den Verwendungsstellen und etwaiges Rückbefördern.

4.1.8. Sichern der Arbeiten gegen Tagwasser, mit dem normalerweise gerechnet werden muß, und seine etwa erforderliche Beseitigung.

4.1.9. Beleuchten und Reinigen der Aufenthaltsräume und Aborte für die Beschäftigten des Auftragnehmers sowie Beheizen der Aufenthaltsräume.

4.1.10. Beseitigen aller Verunreinigungen (Abfälle, Bauschutt und dergleichen), die von den Arbeiten des Auftragnehmers herrühren.

4.1.11. Herstellen von Verbindungen beim Einbau von Betonfertigteilen mit Ausnahme der Fugendichtung, soweit der Einbau der Betonfertigteile zu den Leistungen des Auftragnehmers gehört.

4.1.12. Schutz des jungen Betons bis zum genügenden Erhärten gegen Witterungseinflüsse, ausgenommen Leistungen nach Abschnitt 4.3.11.

4.1.13. Leistungen zum Nachweis der Güte der Stoffe, Bauteile und des Betons nach den Bestimmungen des Deutschen Ausschusses für Stahlbeton.

4.1.14. Vorhalten der Gerüste sowie der Abdeckungen und Umwehrungen von Öffnungen zum Mitbenutzen durch andere Unternehmer bis zu 3 Wochen über die eigene Benutzungsdauer hinaus. Der Abschluß der eigenen Benutzung ist dem Auftraggeber unverzüglich schriftlich mitzuteilen.

4.2. Folgende Leistungen sind Nebenleistungen, wenn sie nicht durch besondere Ansätze in der Leistungsbeschreibung erfaßt sind:

4.2.1. Einrichten und Räumen der Baustelle.

4.2.2. Vorhalten der Baustelleneinrichtung einschließlich der Geräte, Gerüste (auch Lehrgerüste) und dergleichen.

4.2.3. Anfertigen und Liefern von statischen Verformungsberechnungen und Zeichnungen, soweit sie für Baubehelfe nötig sind.

4.3. Folgende Leistungen sind keine Nebenleistungen:

4.3.1. „Besondere Leistungen" nach Teil A — DIN 1960 — § 9 Nr. 6.

4.3.2. Aufstellen, Vorhalten und Beseitigen von Bauzäunen, Blenden und Schutzgerüsten zur Sicherung des öffentlichen Verkehrs sowie von Einrichtungen außerhalb der Baustelle zur Umleitung und Regelung des öffentlichen Verkehrs.

4.3.3. besondere Maßnahmen zur Sicherung gefährdeter Bauwerke und zum Schutz benachbarter Grundstücke, z. B. Unterfangungen, Stützmauern, Bodenverfestigungen.

4.3.4. Sichern von Leitungen, Kanälen, Dränen, Kabeln, Grenzsteinen, Bäumen und dergleichen.

4.3.5. Beseitigen von Hindernissen, Leitungen, Kanälen, Dränen, Kabeln und dergleichen.

4.3.6. Boden- und Wasseruntersuchungen.

4.3.7. Herausschaffen, Aufladen und Abfahren des Bauschuttes anderer Unternehmer.

4.3.8. Vorhalten der Gerüste, Hebezeuge, Aufzüge, Aufenthalts- und Lagerräume, Einrichtungen und dergleichen länger als 3 Wochen über die eigene Benutzungsdauer hinaus für andere Unternehmer sowie das Vorhalten der Abdeckungen und Umwehrungen für diese Zeit.

4.3.9. Umbau von Gerüsten für Zwecke anderer Unternehmer.

4.3.10. Liefern statischer Berechnungen für den Nachweis der Standfestigkeit des Bauwerks und der für diese Nachweise erforderlichen Zeichnungen.

4.3.11. besonderer Schutz der Bauleistung, der vom Auftraggeber für eine vorzeitige Benutzung verlangt wird, seine Unterhaltung und spätere Beseitigung.

4.3.12. Vorsorge- und Schutzmaßnahmen für das Betonieren unter + 5 °C Lufttemperatur (siehe DIN 1045 „Beton- und Stahlbetonbau; Bemessung und Ausführung") und zusätzliche Maßnahmen für die Weiterarbeit bei Frost und Schnee, soweit sie dem Auftragnehmer nicht ohnehin obliegen.

4.3.13. Herstellen von Aussparungen und Schlitzen, die nach Art, Abmessungen und Anzahl in der Leistungsbeschreibung nicht angegeben sind.

4.3.14. Schließen von Löchern, Schlitzen, Durchbrüchen.

4.3.15. Liefern und Einsetzen von Einbauteilen (Zargen, Ankerschienen, Rohre, Leitungen, Dübeln u. ä.).

4.3.16. Herstellen von Dehnungsfugen und Fugendichtungen.

4.3.17. Leistungen zum Nachweis der Güte der Stoffe, Bauteile und des Betons, soweit sie der Auftraggeber über Abschnitt 4.1.13 hinaus verlangt.

4.3.18. zusätzliche Schutzmaßnahmen gegen betonschädigende Einwirkungen (siehe Abschnitt 3.1.2) und gegen Fremderschütterungen.

5. Abrechnung

5.1. Allgemeines

5.1.1. Die Leistung ist aus Zeichnungen zu ermitteln, soweit die ausgeführte Leistung diesen Zeichnungen entspricht.

Sind solche Zeichnungen nicht vorhanden, ist die Leistung aufzumessen.

Die Ermittlung der Leistung — gleichgültig ob sie nach Zeichnungen oder nach Aufmaß erfolgt — sind für die aus Beton oder Stahlbeton hergestellten Bauteile deren Konstruktionsmaße zugrunde zu legen.

5.1.2. Bei werksteinmäßiger Bearbeitung von Betonflächen werden für die Abrechnung des Betonkörpers die Rohbaumaße zugrunde gelegt, die der Betonkörper vor der Bearbeitung haben muß.

5.1.3. Beton und Stahlbeton werden einschließlich Schalung und Bewehrung nach Abschnitt 5.2 abgerechnet, wenn in der Leistungsbeschreibung nicht Abrechnung nach Abschnitt 5.3 (Beton einschließlich Schalung, Bewehrung getrennt) oder nach Abschnitt 5.4 (Beton, Schalung, Bewehrung je für sich) vorgeschrieben ist.

5.1.4. Bei Abrechnung von Bauteilen nach Raummaß werden Öffnungen und Nischen bis zu 0,25 m³ Einzelgröße sowie Schlitze, Kanäle oder ähnliches bis zu 0,25 m³ je Meter nicht abgezogen.

5.1.5. Bei Abrechnung von Bauteilen nach Flächenmaß werden Öffnungen bis zu 1 m² Einzelgröße sowie alle Nischen, Schlitze, Kanäle u. ä. nicht abgezogen.

5.1.6. Durch die Bewehrung, z. B. Betonstabstähle, Profilstähle, Spannbetonbewehrungen mit Zubehör, Ankerschienen, verdrängte Betonmassen werden nicht abgezogen.

5.2. Beton und Stahlbeton einschließlich Schalung und Bewehrung

Es werden abgerechnet:

5.2.1. massige Bauteile, z. B. Fundamente, Stützmauern, Widerlager, nach Raummaß (m³).

Einbindungen und Durchbindungen von Fertigteilen, z. B. Betonfertigteilen, Stahl- oder Steinzeugrohren, werden abgezogen, wenn die durch diese Fertigteile im Zusammenhang verdrängte Betonmasse 0,25 m³ überschreitet. Einbetonierte Pfahlköpfe, Walzprofile und Spundwände werden nicht abgezogen.

5.2.2. Wände bis 25 cm Dicke nach Flächenmaß (m²) oder nach Raummaß (m³), Wände von mehr als 25 cm Dicke nach Raummaß (m³), Silo- und Behälterwände nach Flächenmaß (m²) oder Raummaß (m³).

5.2.2.1. Bei Wänden, die bis Oberfläche Rohdecke durchgehen, wird die Höhe von Oberfläche Rohdecke (bei Kellergeschossen von Oberfläche Fundament) bis Oberfläche Rohdecke gerechnet.

Bei Wänden, die nicht bis Oberfläche Rohdecke durchgehen, und bei frei stehenden Wänden wird die tatsächliche Höhe gerechnet.

Bei Abrechnung von Wänden bis 25 cm Dicke nach Flächenmaß wird die Höhe von Wänden mit oben abgeschrägtem Querschnitt bis zur höchsten Kante gerechnet.

5.2.2.2. Bei Wanddurchdringungen wird nur eine Wand durchgehend berücksichtigt, bei Wänden ungleicher Dicke die dickere.

Sind die Wände durch unterschiedliche Betonzusammensetzung oder in anderer Weise baulich voneinander abgegrenzt, so wird jede Wand in ihrer tatsächlichen Ausdehnung gerechnet.

5.2.2.3. Bei Abrechnung von Wänden nach Raummaß werden Einbindungen von Decken mit zusammenhängendem Auflager, z. B. Einbindungen von Deckenplatten oder von aus Einzelbalken zusammengesetzten Decken, und Einbindungen von Wänden abgezogen, wenn sie durch unterschiedliche Betonzusammensetzung oder in anderer Weise baulich, z. B. durch Betonierfuge, abgegrenzt sind.

Durch unterschiedliche Betonzusammensetzung oder in anderer Weise baulich abgegrenzte Einbindungen und Durchbindungen von Einzelbalken, von Balkenstegen bei Plattenbalkendecken, von Stützen und von besonders eingebauten Bauteilen bis je 0,25 m^3 Einzelgröße werden nicht abgezogen, als ein Bauteil gilt dabei auch jeder aus Einzelteilen zusammengesetzte Bauteil, z. B. Fenster- und Türumrahmungen, Fenster- und Türstürze, Gesimse.

5.2.2.4. Bei Abrechnung von Wänden nach Flächenmaß werden durchbindende Bauteile bis je 1 m^2 Einzelgröße und einbindende Bauteile (ohne Größenbegrenzung) nicht abgezogen, für einbindende und durchbindende Wände gilt Abschnitt 5.2.2.2.

5.2.2.5. Bei Abrechnung von Wänden nach Flächenmaß werden durch den Preis der Wände auch Wandschrägen (Vouten) abgegolten.

5.2.3. Stützen nach Anzahl (Stück), Längenmaß (m) oder Raummaß (m^3).

5.2.3.1. Bei Abrechnung von Stützen nach Längenmaß (m) wird die Länge von Oberfläche Rohdecke (bei Kellergeschossen von Oberfläche Fundament) bis Oberfläche Rohdecke (bei Dachstützen in der Stützenachse bis Oberfläche Rohdecke) gerechnet.

5.2.3.2. Bei Abrechnung von Stützen nach Raummaß (m^3) wird die Höhe der Stützen von Oberfläche Rohdecke (bei Kellergeschossen von Oberfläche Fundament) bis Unterseite Deckenplatte, bei Fehlen einer Deckenplatte bis Oberfläche Deckenbalken gerechnet.

5.2.3.3. Bei frei stehenden und bei nicht einbindenden Stützen wird die tatsächliche Höhe gerechnet.

5.2.4. Decken nach Flächenmaß (m^2) oder nach Raummaß (m^3).

5.2.4.1. Die Decke wird zwischen den äußeren Begrenzungsflächen der Decke oder der Auskragung gerechnet, einbindende oder durchbindende Stützen werden nicht abgezogen. Bei Decken, die in Betonwände einbinden und von diesen weder durch unterschiedliche Betonzusammensetzung noch in anderer Weise baulich abgegrenzt sind, z. B. durch Betonierfuge, wird das Auflager abgezogen.

Bei Betonfertigteildecken, die aus Tragbalken und Füllkörper bestehen, wird die Decke nur bis Außenfläche Füllkörper oder Außenfläche Betonabschlußstreifen gerechnet.

Schräge und gekrümmte Decken werden mit der Abwicklung der Oberfläche der Deckenplatte abgerechnet.

5.2.4.2. Bei Abrechnung von Decken nach Flächenmaß (m^2) werden durch den Preis der Decke auch besondere Tragstreifen innerhalb der Deckenplatte, Auflagerschrägen (Vouten) von Deckenplatten und Balken und in die Deckenplatte einbindende Bauteile wie Balken, Fenster- und Türstürze abgegolten, soweit für diese Bauteile in der Leistungsbeschreibung Ansätze nicht enthalten sind. Sind für solche Bauteile Ansätze in der Leistungsbeschreibung enthalten, gilt für die Deckenplatte Abschnitt 5.2.4.1, für die Bauteile Abschnitt 5.2.5.

5.2.4.3. Bei Abrechnung von Decken nach Raummaß (m^3) werden Auflagerschrägen (Vouten) von Deckenplatten mitgerechnet.

5.2.5. Balken, Fenster- und Türstürze, nach Raummaß (m^3), nach Längenmaß (m) oder Anzahl (Stück).

Die Höhe von in Deckenplatten einbindende Balken und Stürzen wird von Unterseite Balken bzw. Sturz bis Unterfläche Deckenplatte gerechnet (vgl. Abschnitt 5.2.4.2).

5.2.5.1. Auflager Einbindungen und Durchbindungen in Wänden werden mitgerechnet, wenn sie durch unterschiedliche Betonzusammensetzung oder in anderer Weise baulich abgegrenzt sind.

5.2.5.2. Bei Abrechnung nach Raummaß werden Kreuzungen untereinander nur einmal berücksichtigt, durchgerechnet wird jeweils der Hauptbalken. Bei Kreuzungen mit Stützen und bei Anschlüsse an Stützen werden die Stützen nicht berücksichtigt. Auflagerschrägen (Vouten) von Balken gegen Wände, gegen Stützen und gegen Balken werden berücksichtigt, wenn sie größer als 0,25 m^3 sind.

5.2.5.3. Bei Abrechnung nach Längenmaß (m) werden Kreuzungen von Balken mit Balken und von Balken mit Stützen durchgerechnet.

5.2.5.4. Balkenschrägen (Vouten) werden bei Abrechnung nach Längenmaß (m) durch den Preis der Balken abgegolten.

5.2.6. Treppenlaufplatten mit oder ohne Stufen sowie Treppenpodestplatten nach Abschnitt 5.2.4 oder Anzahl (Stück).

5.2.7. Aufbetonierte Stufen, die nicht zusammen mit den Treppenlaufplatten nach Abschnitt 5.2.6 abgerechnet werden, nach Anzahl (Stück) oder nach Längenmaß (m). Der Abrechnung nach Längenmaß (m) wird die größte Länge jeder Stufe zugrunde gelegt.

5.2.8. Ortpfähle nach Längenmaß (m) von Unterseite Pfahlkopfplatte bis Unterseite Pfahlfuß bzw. bis Pfahlspitze. Bohrungen siehe DIN 18 301 „Bohrarbeiten".

5.2.9. Besondere Ausführungen von Betonflächen, z. B. Anforderungen an die Schalung, nachträgliche Bearbeitung oder sonstige Maßnahmen (siehe Abschnitt 3.3), nach Flächenmaß (m^2), als Zulage zu den Preisen des Betons oder Stahlbetons.

5.2.10. Herstellen von Öffnungen, Nischen, Schlitzen, Kanälen u. ä. in Fällen nach Abschnitt 4.3.13, getrennt nach Art und Abmessungen, nach Anzahl (Stück) oder Längenmaß (m), in den Fällen der Abschnitte 5.1.4 und 5.1.5 als Zulage zum Preis des Betons oder Stahlbetons.

5.3. Beton und Stahlbeton, getrennt nach Beton (einschließlich Schalung) und Bewehrung

Es werden abgerechnet:

5.3.1. Beton (einschließlich Schalung) nach Abschnitt 5.2.

5.3.2. schlaffe Bewehrungen (Liefern, Schneiden, Biegen, Verlegen),
vorgespannte Bewehrungen (Liefern einschließlich Zubehör, Schneiden, Zusammenbauen, Verlegen, Spannen, Injizieren) nach Gewicht (kg oder t).

5.3.2.1. Abgerechnet wird das Gewicht der schlaffen Bewehrung nach den Ausführungszeichnungen, bei vorgespannter Bewehrung das Gewicht des Spannstahls nach den Stahllisten.

Zur Bewehrung gehören auch die Unterstützungen, z. B. Stahlböcke, Abstandhalter aus Stahl, Spiralbewehrungen, Verspannungen, Auswechselungen, Montageeisen u. ä.

Das Zubehör zur Spannbewehrung, z. B. Hüllrohre, Spannköpfe, Ankerköpfe, Kupplungsstücke und Einpreßmörtel werden nicht gesondert vergütet.

5.3.2.2. Maßgebend ist das errechnete Gewicht, bei deutschen genormten Stählen nach den Gewichten der DIN-Normen (Nenngewichten), bei anderen Stählen nach den Gewichten des Profilbuchs des Erzeugerwerkes.

5.3.2.3. Bindedraht, Walztoleranzen und Verschnitt bleiben bei der Ermittlung des Abrechnungsgewichtes unberücksichtigt, wenn in der Leistungsbeschreibung nichts anderes vorgeschrieben ist.

5.4. Beton und Stahlbeton, getrennt nach Beton, Schalung, Bewehrung

Es werden abgerechnet:

5.4.1. Beton nach Abschnitt 5.2, jedoch ohne Abschnitt 5.2.10.

5.4.2. Schalung nach Flächenmaß (m^2).

Schalung für Aussparungen (Öffnungen, Nischen, Hohlräume, Schlitze, Kanäle u. ä.) nach Flächenmaß (m^2), Längenmaß (m) oder Anzahl (Stück). Bei Abrechnung nach Flächenmaß siehe Abschnitt 5.4.2.3.

5.4.2.1. Deckenschalung wird zwischen Wänden und Balken nach den geschalten Betonflächen der Deckenplatten gerechnet. Deckenöffnungen bis zu 1,0 m^2 Einzelgröße werden nicht abgezogen. Die Schalung von frei liegenden Begrenzungsseiten der Deckenplatte wird mitgerechnet.

5.4.2.2. Balkenschalung, Stützenschalung, Wandschalung und Treppenschalung werden in der Abwicklung der geschalten Betonflächen gerechnet.

Nicht abgezogen werden Aussparungen und Schalungsausschnitte für Anschlüsse von Balken an Balken, an Stützen und an Wänden bis je 1,0 m^2 Einzelgröße; Schlitze und Kanäle bis 0,5 m Breite.

5.4.2.3. Schalung für Aussparungen (Öffnungen, Nischen, Hohlräume, Schlitze, Kanäle u. ä.) wird bei Abrechnung nach Flächenmaß (m^2) in der Abwicklung der geschalten Betonfläche gerechnet, als Zulage zum Preis der Schalung.

5.4.3. Bewehrungen nach Abschnitt 5.3.2.

VOB Teil C:
Allgemeine Technische Vorschriften für Bauleistungen

Naturwerksteinarbeiten — DIN 18 332

Fassung August 1973

Ausgabedatum: August 1974

Inhalt

0. Hinweise für die Leistungsbeschreibung)*

1. Allgemeines
2. Stoffe, Bauteile
3. Ausführung
4. Nebenleistungen
5. Abrechnung

0. Hinweise für die Leistungsbeschreibung*)
(siehe auch Teil A — DIN 1960 — § 9)

0.1. In der Leistungsbeschreibung sind nach Lage des Einzelfalles insbesondere anzugeben:

0.1.1. Lage der Baustelle und Umgebungsbedingungen, z. B. Hauptwindrichtung, Einflugschneisen, Verschmutzung der Außenluft, Bebauung usw., Zufahrtsmöglichkeiten und Beschaffenheit der Zufahrt sowie etwaige Einschränkungen bei ihrer Benutzung, Art der baulichen Anlagen, Anzahl und Höhe der Geschosse.

0.1.2. Lage und Ausmaß der dem Auftragnehmer für die Ausführung seiner Leistungen zur Benutzung oder Mitbenutzung überlassenen Flächen.

0.1.3. Schutzgebiete im Bereich der Baustelle.

0.1.4. besondere Maßnahmen aus Gründen der Landespflege und des Umweltschutzes.

0.1.5. Art und Umfang des Schutzes von Bäumen, Pflanzenbeständen, Vegetationsflächen, Bauteilen, Bauwerken u. ä. im Bereich der Baustelle.

0.1.6. besondere Anordnungen, Vorschriften und Maßnahmen der Eigentümer (oder der anderen Weisungsberechtigten) von Leitungen, Kabeln, Dränen, Kanälen, Wegen, Gewässern, Gleisen, Zäunen und dergleichen im Bereich der Baustelle.

0.1.7. für den Verkehr freizuhaltende Flächen.

0.1.8. Besonderheiten der Regelung und Sicherung des Verkehrs, gegebenenfalls auch, wieweit der Auftraggeber die Durchführung der erforderlichen Maßnahmen übernimmt.

0.1.9. Verkehrsverhältnisse auf der Baustelle, insbesondere Verkehrsbeschränkungen, z. B. Begrenzung der Verkehrslasten.

0.1.10. Lage, Art und Anschlußwert der dem Auftragnehmer auf der Baustelle zur Verfügung gestellten Anschlüsse für Wasser und Energie.

0.1.11. Mitbenutzung fremder Gerüste, Hebezeuge, Aufzüge, Aufenthalts- und Lagerräume, Einrichtungen und dergleichen durch den Auftragnehmer.

---

*) Diese Hinweise werden nicht Vertragsbestandteil.

0.1.12. wie lange, für welche Arbeiten und gegebenenfalls für welche Beanspruchung der Auftragnehmer seine Gerüste, Hebezeuge, Aufzüge, Aufenthalts- und Lagerräume, Einrichtungen und dergleichen für andere Unternehmer vorzuhalten hat.

0.1.13. Auf- und Abbauen sowie Vorhalten der Gerüste, die nicht unter Abschnitt 4.1.6 fallen.

0.1.14. besondere Anforderungen an die Baustelleneinrichtung.

0.1.15. bekannte oder vermutete Hindernisse im Bereich der Baustelle, möglichst unter Auslegung von Bestandsplänen, z. B. Leitungen, Kabel, Dräne, Kanäle, Bauwerksreste (und, soweit bekannt, deren Eigentümer).

0.1.16. Art und Zeit der vom Auftraggeber veranlaßten Vorarbeiten.

0.1.17. ob und in welchem Umfang dem Auftragnehmer Arbeitskräfte und Geräte für Abladen, Lagern und Transport zur Verfügung gestellt werden.

0.1.18. Arbeiten anderer Unternehmer auf der Baustelle.

0.1.19. Leistungen für andere Unternehmer.

0.1.20. ob und unter welchen Umständen auf der Baustelle gewonnene Stoffe verwendet werden dürfen oder verwendet werden sollen.

0.1.21. Art, Menge, Gewicht der Stoffe und Bauteile, die vom Auftraggeber beigestellt werden, sowie Art, Ort (genaue Bezeichnung) und Zeit ihrer Übergabe.

0.1.22. Steinart nach geologischer und geographischer Herkunft, die erforderlichen technischen Werte, Farbe. Werden diese Angaben nicht gemacht, so sollen sie vom Bieter gefordert werden.

0.1.23. Bearbeitungsart der Werkstücke.

0.1.24. Güteanforderungen an nichtgenormte Stoffe und Bauteile.

0.1.25. ob Verlege- und/oder Versetzpläne vorzulegen sind und ggf. Angabe über deren Art und Umfang.

0.1.26. Art und Umfang verlangter Eignungs- und Gütenachweise.

0.1.27. Art und Anzahl von geforderten Probestücken sowie Art und Ort der Anbringung.

0.1.28. Unterkonstruktion für den Einbau von Naturwerksteinen, die erforderlichen Konstruktionshöhen und -dicken, Art und Umfang von auszusparenden Schlitzen und Durchgängen für Rohrleitungen und dergleichen, einzubindende Winkelrahmen, Roste und Schutzschienen, Art der Verfugung.

0.1.29. Art und Beschaffenheit des Untergrundes.

0.1.30. vorgesehene Arbeitsabschnitte, Arbeitsunterbrechungen und -beschränkungen nach Art, Ort und Zeit.

0.1.31. besondere Erschwernisse während der Ausführung, z. B. Arbeiten in Räumen, in denen der Betrieb des Auftraggebers weiterläuft, Arbeiten bei außergewöhnlichen Temperaturen.

0.1.32. Benutzung von Teilen der Leistung vor der Abnahme.

0.1.33. Ausbildung der Anschlüsse an Bauwerke.

0.1.34. ob nach bestimmten Zeichnungen oder nach Aufmaß abgerechnet werden soll.

0.1.35. Leistungen nach Abschnitt 4.2 in besonderen Ansätzen, wenn diese Leistungen keine Nebenleistungen sein sollen.

0.1.36. Leistungen nach Abschnitt 4.3 in besonderen Ansätzen.

0.2. In der Leistungsbeschreibung sind Angaben zu folgenden Abschnitten nötig, wenn der Auftraggeber eine abweichende Regelung wünscht:

Abschnitt 1.2 (Leistungen mit Lieferung der Stoffe und Bauteile)

Abschnitt 2.1 (Vorhalten von Stoffen und Bauteilen)

Abschnitt 2.2.1 (Liefern ungebrauchter Stoffe und Bauteile)

Abschnitt 2.2.3.2 (Maßabweichungen bearbeiteter Naturwerksteinplatten)

Abschnitt 3.2 (Fugenabstandsplättchen)

Abschnitt 3.3.1 (zeitliche Reihenfolge der Gewerke)
Abschnitt 3.5 (Verwendung von Traßkalkmörtel)
Abschnitt 3.5.2 (Mörtelbett für Bodenbeläge im Freien)
Abschnitt 3.6.1 (vollfugiges Verfugen)
Abschnitt 3.6.2 (Zusammensetzung des Mörtels von Lager- und Stoßfugen)
Abschnitt 3.7.2 (Dehnfugen in Bodenbelägen)
Abschnitt 3.7.4 (Schließen von Dehn- und Bauwerkstrennfugen).

1. Allgemeines

1.1. DIN 18 332 „Naturwerksteinarbeiten" gilt auch für Quadermauerwerk und mittragendes Verblendmauerwerk, jedoch nicht für Mauerwerk aus natürlichen Steinen (siehe DIN 18 330 „Mauerarbeiten") und nicht für Ansetzen und Verlegen von industriell als Massenware gefertigten Solnhofer Platten (siehe DIN 18 352 „Fliesen- und Plattenarbeiten").

1.2. Alle Leistungen umfassen auch die Lieferung der dazugehörigen Stoffe und Bauteile einschließlich Abladen und Lagern auf der Baustelle, wenn in der Leistungsbeschreibung nichts anderes vorgeschrieben ist.

2. Stoffe, Bauteile

2.1. Vorhalten

Stoffe und Bauteile, die der Auftragnehmer nur vorzuhalten hat, die also nicht in das Bauwerk eingehen, können nach Wahl des Auftragnehmers gebraucht oder ungebraucht sein, wenn in der Leistungsbeschreibung darüber nichts vorgeschrieben ist.

2.2. Liefern

2.2.1. Allgemeine Anforderungen

Stoffe und Bauteile, die der Auftragnehmer zu liefern und einzubauen hat, die also in das Bauwerk eingehen, müssen ungebraucht sein, wenn in der Leistungsbeschreibung nichts anderes vorgeschrieben ist.
Sie müssen für den jeweiligen Verwendungszweck geeignet sein.
Stoffe und Bauteile, für die DIN-Normen bestehen, müssen den DIN-Güte- und -Maßbestimmungen entsprechen.
Stoffe und Bauteile, die nach den behördlichen Vorschriften einer Zulassung bedürfen, müssen amtlich zugelassen sein und den Zulassungsbedingungen entsprechen.
Stoffe und Bauteile, für die weder DIN-Normen bestehen noch eine amtliche Zulassung vorgeschrieben ist, dürfen nur mit Zustimmung des Auftraggebers verwendet werden.
Für die gebräuchlichsten genormten Stoffe und Bauteile sind die DIN-Normen nachstehend aufgeführt.

2.2.1.1. Naturstein

DIN 52 100 Prüfung von Naturstein; Richtlinien zur Prüfung und Auswahl von Naturstein

DIN 52 103 Prüfung von Naturstein; Bestimmung der Wasseraufnahme

DIN 52 104 Prüfung von Naturstein; Frostbeständigkeit

DIN 52 105 Prüfung von Naturstein; Druckversuch

DIN 52 106 Prüfung von Naturstein; Beurteilungsgrundlagen für die Verwitterungsbeständigkeit

DIN 52 108 Prüfung anorganischer nichtmetallischer Werkstoffe; Verschleißprüfung mit der Schleifscheibe nach Böhme, Schleifscheiben-Verfahren

DIN 52 112 Prüfung von Naturstein; Biegefestigkeit

DIN 1053 Mauerwerk; Berechnung und Ausführung.

2.2.1.2. Mörtel

DIN 1053 Mauerwerk; Berechnung und Ausführung

DIN 18 515 Fassadenbekleidungen aus Naturwerkstein, Betonwerkstein und keramischen Baustoffen; Richtlinien für die Ausführung.

2.2.1.3. Befestigungsmittel

Klammern, Anker und andere Befestigungsmittel müssen korrosionsgeschützt sein.

DIN 1053 Mauerwerk; Berechnung und Ausführung

DIN 18 515 Fassadenbekleidungen aus Naturwerkstein, Betonwerkstein und keramischen Baustoffen; Richtlinien für die Ausführung.

2.2.2. Besondere Anforderungen

2.2.2.1. Bearbeitungsarten:

spaltrauh,
bossiert,
gespitzt,
gekrönelt,
geflächt,
gestockt,
gebeilt,
gezahnt,
geriffelt,
scharriert,
aufgeschlagen,
gesägt,
abgerieben,
gesandelt,
geschurt,
beflammt,
gefräst,
geschliffen,
poliert.

2.2.2.2. Aussehen

Farb- und Strukturschwankungen durch das naturgegebene Vorkommen innerhalb des gleichen Farbtons und der gleichen Gesteinsstruktur sind zulässig.

2.2.3. Maße, zulässige Maßabweichungen

2.2.3.1. Bei Einzelwerkstücken für zusammenzusetzende Bauteile aus Naturwerkstein, wie z. B. Beläge, Bekleidungen, Abdeckungen, Stufen, sind in der Länge und

Breite bei Werkstücken bis 60 cm Maßabweichungen von ± 1 mm, bei größeren Werkstücken Maßabweichungen von ± 2 mm sowie in der Oberfläche von ± 1 mm zulässig.

2.2.3.2. Für die Dicke bearbeiteter Naturwerksteinplatten sind Maßabweichungen von ± 3 mm zulässig, wenn in der Leistungsbeschreibung nichts anderes vorgeschrieben ist. Jedoch müssen sichtbare Stirnflächen der Platten gleichmäßig dick sein. Polygonale Platten dürfen nicht kleiner als 0,1 m² sein, ihre geringste Breite nicht kleiner als 0,25 m, wenn in der Leistungsbeschreibung nichts anderes vorgeschrieben ist.

2.2.3.3. Richtwerte für Plattendicken

Bodenbeläge im Freien, trockenverlegt	min. 30 mm,
Bodenbeläge im Freien, im Mörtelbett verlegt	min. 20 mm,
Bodenbeläge in Innenräumen, im Mörtelbett verlegt	min. 15 mm,
Bodenbeläge in Innenräumen, im Dünnbett verlegt	min. 10 mm,
Fassadenplatten	min. 30 mm,
Wandplatten in Gebäuden	min. 20 mm,
Fensterbänke	min. 20 mm,
Trittplatten als Treppenbelag	min. 30 mm.

2.2.4. Ausbesserungen

2.2.4.1. Bei beschädigten Werkstücken entscheidet der Auftraggeber, ob eine sorgfältige Kittung zugelassen werden kann. Ohne seine Zustimmung ausgebesserte oder gekittete Werkstücke hat der Auftragnehmer auf Verlangen durch werkgerechte zu ersetzen.

2.2.4.2. Bunter Marmor darf sachgemäß gekittet und durch untergelegte feste Platten (Verdoppelung) verstärkt werden. In buntem Marmor dürfen im Einvernehmen mit dem Auftraggeber Klammern, Schienen, Dübel und Vierungen eingesetzt werden.

2.2.4.3. Bei Sandstein und Kalkstein dürfen Nester, Tongallen oder Kohleeinsprengungen, bei massiven Stücken mit einer abgewickelten Ansichtsfläche über 0,5 m² durch eine schwalbenschwanzförmige Vierung bis zu 10 cm × 10 cm ausgebessert werden, benachbarte Vierungen müssen mindestens 4,0 m auseinanderliegen.

3. Ausführung

3.1. Allgemeines

3.1.1. Der Auftragnehmer hat die baulichen Verhältnisse daraufhin zu prüfen, ob sie für die Durchführung seiner Leistung geeignet sind. Er hat dem Auftraggeber Bedenken gegen die vorgeschriebene Art der Ausführung unverzüglich schriftlich mitzuteilen (siehe Teil B – DIN 1961 – § 4 Nr. 3). Bedenken sind geltend zu machen insbesondere bei:

größeren Unebenheiten des Untergrundes,
ungenügender Tragfähigkeit des Untergrundes,
nicht ausreichender Frostsicherheit des Untergrundes bei Verlegen im Freien,
gefrorenem Untergrund,
Ausblühungen des Untergrundes,

verschmutztem, insbesondere veröltem Untergrund (z. B. Gips, Entschalungsmittel),

fehlendem oder falschem Gefälle,

nicht ausreichender Konstruktionshöhe,

fehlender Wind- und Wasserdichtheit in der Fläche und an den Anschlüssen des Untergrundes,

fehlenden oder unzureichenden Verlege- oder Versetzplänen,

unzureichender Plattendicke.

3.1.2. Die Werkstücke sind werkgerecht nach den Verlege- oder Versetzplänen zu vermauern, zu versetzen oder zu verlegen. Für Quadermauerwerk und mittragendes Verblendmauerwerk gilt DIN 1053 „Mauerwerk; Berechnung und Ausführung", für Fassadenbekleidungen DIN 18 515 „Fassadenbekleidungen aus Naturwerkstein, Betonwerkstein und keramischen Baustoffen; Richtlinien für die Ausführung".

3.2. Versetzen von Werksteinen

Lager- und Stoßfugen sollen gleichmäßig breit sein. In den zu vermörtelnden Fugen sind geeignete unverrottbare Fugenabstandsplättchen, z. B. Kunstharzplättchen, mindestens 1 cm hinter der Steinaußenkante zu verlegen, wenn in der Leistungsbeschreibung nicht Zink- oder Bleiplättchen vorgeschrieben sind. Der Gefahr des Brechens ausgesetzte Werksteine, wie z. B. Stürze, äußere Fensterbänke, sind hohlfugig zu versetzen.

Holzkeile sind nach dem Versetzen und vor dem Verfugen wieder zu entfernen.

3.3. Versetzen und Verlegen von Platten

3.3.1. Bodenbeläge, Wandbekleidungen und Werkstücke, die an Bauteile, wie z. B. Türen, Fenster, Installationsobjekte, Anschlagschienen, angrenzen, sind erst nach Einbau dieser Bauteile zu verlegen oder zu versetzen, wenn in der Leistungsbeschreibung nichts anderes vorgeschrieben ist.

3.3.2. Freitragende Fensterinnenbänke sind nichtfedernd unmittelbar auf Konsolen oder sonstigen Konstruktionen mit Zwischenabständen je nach Plattendicke, Belastung und Auskragung aufzulegen und zu verkleben.

3.3.3. Platten sind senkrecht und fluchtgerecht, waagerecht oder mit dem nötigen Gefälle mit gleichmäßig breiten Fugen entsprechend den zulässigen Maßabweichungen der Platten zu verlegen oder zu versetzen.

3.3.4. Für Fassadenbekleidungen gilt DIN 18 515 „Fassadenbekleidungen aus Naturwerkstein, Betonwerkstein und keramischen Baustoffen; Richtlinien für die Ausführung". Für Wandbekleidungen in Gebäuden gilt DIN 18 515 mit folgenden Abweichungen:

für Plattengrößen über 0,1 m^2 Einzelgröße, Plattendicke mindestens 20 mm.

Befestigung der Platten mit korrosionsgeschützten Trag- und Halteankern.

3.4. Befestigungen

Für Verankerungen bei Fassadenbekleidungen gilt DIN 18 515 „Fassadenbekleidungen aus Naturwerkstein, Betonwerkstein und keramischen Baustoffen; Richtlinien für die Ausführung".

3.5. Mörtel

Die Zusammensetzung des Verlegemörtels ist der Verwendungsart und den zur Verwendung gelangenden Werkstücken anzupassen.

Die Verwendung von Gips, Tonerdeschmelzzement und chloridhaltigen Binde- oder Zusatzmitteln ist unzulässig.

Um Verfärbungen bei Gesteinen zu vermeiden, ist Traßkalkmörtel zu verwenden, wenn in der Leistungsbeschreibung nicht die Verwendung von reinem Kalkmörtel oder hydraulischem Kalkmörtel vorgeschrieben ist.

3.5.1. Für Wandbekleidungen ist Mörtel nach DIN 18 515 „Fassadenbekleidungen aus Naturwerkstein, Betonwerkstein und keramischen Baustoffen; Richtlinien für die Ausführung" zu verwenden.

3.5.2. Für Bodenbeläge und Stufen im Freien ist Mörtelgruppe III nach DIN 1053 „Mauerwerk; Berechnung und Ausführung" zu verwenden, für Bodenbeläge und Stufen im Innern ist Mörtelgruppe II zu verwenden, wenn in der Leistungsbeschreibung nicht Mörtelgruppe III vorgeschrieben ist.

Das Mörtelbett für Bodenbeläge in Gebäuden über Betonrohdecken und auf Estrichen muß mindestens 10 mm, darf jedoch nicht mehr als 20 mm dick sein, wenn in der Leistungsbeschreibung nichts anderes vorgeschrieben ist.

Das Mörtelbett für Bodenbeläge im Freien muß mindestens 15 mm, darf jedoch nicht mehr als 30 mm dick sein, wenn in der Leistungsbeschreibung nichts anderes vorgeschrieben ist.

3.6. Verfugen

3.6.1. Alle Fugen sind mit mineralischem Fugenmörtel vollfugig auszuführen und glatt zu verstreichen, wenn in der Leistungsbeschreibung nichts anderes vorgeschrieben ist.

3.6.2. Die Lager- und Stoßfugen sind mit Zementmörtel 1:3 (in Raumteilen) zu verfugen, wenn in der Leistungsbeschreibung nichts anderes vorgeschrieben ist (siehe auch DIN 18 515).

3.6.3. Bei Belägen mit größten Seitenlängen der Platten bis zu 60 cm muß bei Verwendung von mineralischem Fugenmörtel die Fugenbreite mindestens 3 mm, bei größeren Seitenlängen mindestens 5 mm betragen.

3.7. Dehn- und Bauwerkstrennfugen

3.7.1. Für die Fugen von Fassadenbekleidungen gilt DIN 18 515 „Fassadenbekleidungen aus Naturwerkstein, Betonwerkstein und keramischen Baustoffen; Richtlinien für die Ausführung".

3.7.2. Bei Bodenbelägen müssen Dehnfugen entsprechend den zu erwartenden Bewegungen, mindestens jedoch alle 6 m, angelegt werden, wenn in der Leistungsbeschreibung nichts anderes vorgeschrieben ist.

3.7.3. Bauwerkstrennfugen müssen an gleicher Stelle und in derselben Breite im Belag oder in der Bekleidung übernommen werden.

3.7.4. Die Dehn- und Bauwerkstrennfugen bleiben offen, wenn in der Leistungsbeschreibung nichts anderes vorgeschrieben ist.

4. Nebenleistungen

Nebenleistungen sind Leistungen, die auch ohne Erwähnung in der Leistungsbeschreibung zur vertraglichen Leistung gehören (siehe Teil B — DIN 1961 — § 2 Nr. 1).

4.1. Folgende Leistungen sind Nebenleistungen:

4.1.1. Messungen für das Ausführen und Abrechnen der Arbeiten einschließlich des Vorhaltens der Meßgeräte, Lehren, Absteckzeichen usw., des Erhaltens der Lehren und Absteckzeichen während der Bauausführung und des Stellens der Arbeitskräfte, jedoch nicht Leistungen nach Teil B — DIN 1961 — § 3 Nr. 2.

4.1.2. Lieferung der Betriebsstoffe.

4.1.3. Befördern aller Stoffe und Bauteile, auch wenn sie vom Auftraggeber beigestellt sind, von den Lagerstellen auf der Baustelle zu den Verwendungsstellen und etwaiges Rückbefördern.

4.1.4. Heranbringen von Wasser und Energie von den vom Auftraggeber auf der Baustelle zur Verfügung gestellten Anschlußstellen zu den Verwendungsstellen.

4.1.5. Vorhalten der Kleingeräte und Werkzeuge.

4.1.6. Auf- und Abbauen sowie Vorhalten der Gerüste, deren Arbeitsbühnen bis zu 2 m über Gelände oder Fußboden liegen.

4.1.7. Ausgleichen von kleineren Unebenheiten des Untergrundes.

4.1.8. Erforderliches Beseitigen von kleineren Putzresten und Putzüberständen für das Erstellen von Belägen und Bekleidungen.

4.1.9. Herstellen aller Löcher, Falze, Anschläge, Ausklinkungen an den Werkstücken, die zum Befördern, Befestigen, Verankern, Verklammern und Verdübeln dieser Werkstücke erforderlich sind.

4.1.10. Herstellen der werkgerechten Anschlüsse an angrenzende eingebaute Bauteile wie Rohrleitungen, Schwellen, Anschlagschienen, sofern dies in den Verdingungsunterlagen vorgesehen ist. Ausgenommen sind Leistungen nach Abschnitt 4.3.7.

4.1.11. Beseitigen aller Verunreinigungen (Abfälle, Bauschutt und dergleichen), die von den Arbeiten des Auftragnehmers herrühren.

4.1.12. Beleuchten und Reinigen der Aufenthaltsräume und Aborte für die Beschäftigten des Auftragnehmers sowie Beheizen der Aufenthaltsräume.

4.1.13. Schutz- und Sicherheitsmaßnahmen nach den Unfallverhütungsvorschriften und den behördlichen Bestimmungen.

4.1.14. Sichern der Arbeiten gegen Tagwasser, mit dem normalerweise gerechnet werden muß, und seine etwa erforderliche Beseitigung.

4.1.15. Schutz der ausgeführten Leistungen und der für die Ausführungen übergebenen Gegenstände vor Beschädigung und Diebstahl bis zur Abnahme.

4.2. Folgende Leistungen sind Nebenleistungen, wenn sie nicht durch besondere Ansätze in der Leistungsbeschreibung erfaßt sind:

4.2.1. Einrichten und Räumen der Baustelle.

4.2.2. Vorhalten der Baustelleneinrichtung einschließlich der Geräte und dergleichen.

4.2.3. Liefern der Befestigungsmittel, z. B. Klammern, Anker, Dübel und Fugenplättchen, ausgenommen Leistungen nach Abschnitt 4.3.12.

4.3. Folgende Leistungen sind keine Nebenleistungen:

4.3.1. „Besondere Leistungen" nach Teil A – DIN 1960 – § 9 Nr. 6.

4.3.2. Aufstellen, Vorhalten und Beseitigen von Bauzäunen, Blenden und Schutzgerüsten zur Sicherung des öffentlichen Verkehrs sowie von Einrichtungen außerhalb der Baustelle zur Umleitung und Regelung des öffentlichen Verkehrs.

4.3.3. Vorhalten von Aufenthalts- und Lagerräumen, wenn der Auftraggeber Räume, die leicht verschließbar gemacht werden können, nicht zur Verfügung stellt.

4.3.4. Herausschaffen, Aufladen und Abfahren des Bauschuttes anderer Unternehmer.

4.3.5. Auf- und Abbauen sowie Vorhalten der Gerüste, deren Arbeitsbühnen mehr als 2 m über Gelände oder Fußboden liegen.

4.3.6. Reinigen des Untergrundes von grober Verschmutzung durch Bauschutt, Gips, Mörtelreste, Farbreste u. ä., soweit sie von anderen Unternehmern herrührt.

4.3.7. nachträgliches Anarbeiten an Einbauteile, soweit das vom Auftraggeber zu vertreten ist.

4.3.8. Abdichten des Untergrundes, Unterputzes oder der Plattenrückwände sowie andere Vorkehrungen gegen Feuchtigkeit und chemische Einwirkungen.

4.3.9. besonderer Schutz der Bauleistung, der vom Auftraggeber für eine vorzeitige Benutzung verlangt wird, seine Unterhaltung und spätere Beseitigung.

4.3.10. Herstellen von Trag- und Frostschutzschichten bei Wege-, Platz- und Terrassenbelägen.

4.3.11. Herstellen von Gleitlagern oder Gleitschichten bei Wege-, Platz- und Terrassenbelägen und auf Geschoßdecken.

4.3.12. Liefern und Einbauen von Anschlag-, Trenn-, Dehnungs- und Ankerschienen, Bewehrungen, Tragkonstruktionen, Abstandshalterungen, Fugendichtmassen u. ä.

4.3.13. zusätzliche Maßnahmen für die Weiterarbeit bei Frost und Schnee, soweit sie dem Auftragnehmer nicht ohnehin obliegen.

4.3.14. Auffüllen des Untergrundes mit einem Ausgleichmörtel zum Herstellen der erforderlichen Höhe oder des nötigen Gefälles sowie das Herstellen von Unterputz zum Ausgleich unebener oder nicht lotrechter Wände in anderen Fällen als nach Abschnitt 4.1.7.

4.3.15. vom Auftraggeber geforderte Probestücke für die Ausführung, wenn diese nicht am Bau verwendet werden.

4.3.16. Anfertigen der Verlegepläne oder Versetzpläne.

4.3.17. Fluatieren und Abschleifen der verlegten Beläge.

4.3.18. Liefern statischer Berechnungen für den Nachweis der Standfestigkeit des Bauwerks und der für diese Nachweise erforderlichen Zeichnungen.

5. Abrechnung

5.1. Allgemeines

5.1.1. Die Leistung ist aus Zeichnungen zu ermitteln, soweit die ausgeführte Leistung diesen Zeichnungen entspricht. Sind solche Zeichnungen nicht vorhanden, ist die Leistung aufzumessen.

Der Ermittlung der Leistung — gleichgültig ob sie nach Zeichnungen oder nach Aufmaß erfolgt — sind zugrunde zu legen

für Bauteile aus Naturwerkstein deren Konstruktionsmaße,

für Bekleidungen die Konstruktionsmaße der zu bekleidenden Flächen,

für Beläge die zu belegende Fläche bis zu den begrenzenden, ungeputzten bzw. unbekleideten Bauteilen,

für Beläge ohne begrenzende Bauteile deren Abmessungen.

5.1.2. Bei Abrechnung nach Längenmaß wird die größte Werkstückslänge gerechnet. Bearbeitete Köpfe und Verkröpfungen werden in der Abwicklung gerechnet. Bei zusammengesetzten Bauteilen ergibt sich die Gesamtlänge aus der Summe der Längen der einzelnen Stücke einschließlich der Fugenbreiten.

5.1.3. Bei Abrechnung nach Flächenmaß werden Aussparungen (z. B. für Öffnungen, Pfeilervorlagen, Rohrdurchführungen) bis zu 0,25 m^2 Einzelgröße nicht abgezogen. Fugen werden übermessen, bearbeitete Leibungen und bearbeitete sichtbare Stirnflächen hinzugerechnet. Bei Anwendung des Flächenmaßes für Einzelstücke gilt bei ausgeklinkten und bei nicht rechtwinkligen Platten das kleinstumschriebene Rechteck als Berechnungsgrundlage; das Maß von 0,25 m^2 gilt auch dann, wenn das kleinstumschriebene Rechteck kleiner als 0,25 m^2 ist.

5.1.4. Bei Abrechnung nach Raummaß werden die Fugen übermessen. Öffnungen über 0,25 m^3 Einzelgröße, Nischen über 0,25 m^3 Einzelgröße, einbindende, durchbindende und eingebaute Bauteile über 0,25 m^3 Einzelgröße, Schlitze für Rohrleitungen und dergleichen über je 0,1 m^2 Querschnitt werden abgezogen. Bei zweischaligem Mauerwerk wird jede Schale für sich abgerechnet. Bei Einzelstücken wird der kleinstumschriebene rechtwinklige Körper zugrunde gelegt, in dem das Werkstück mit Rücksicht auf das natürliche Lager des Steines ausgeführt werden kann; 0,03 m^3 gilt als Mindestmaß.

5.2. Es werden abgerechnet:

5.2.1. Plattenbekleidungen nach Flächenmaß (m^2).

5.2.2. Quadermauerwerk nach Raummaß (m^3).

5.2.3. Verblendmauerwerk nach Flächenmaß (m^2).

5.2.4. Gesimse, Fensterbänke, Pfeiler, Säulen, Tür- und Fenstergewände sowie Umrahmungen und Abdeckplatten nach Anzahl (Stück) oder Längenmaß (m).

5.2.5. Bodenbeläge nach Flächenmaß (m^2).

5.2.6. Einzelne Werkstücke nach Anzahl (Stück).

5.2.7. Sockelplatten nach Längenmaß (m).

5.2.8. Schräge Sockelplatten (Bischofsmützen) nach Längenmaß (m), gemessen an der oberen Kante, oder nach Anzahl (Stück).

5.2.9. Abgetreppte Sockelplatten nach Längenmaß (m), abgewickelt gemessen, oder nach Anzahl (Stück), der einzelnen Sockelplatten.

5.2.10. Stufen und Schwellen nach Längenmaß (m) oder nach Anzahl (Stück).

5.2.11. Gehrungsschnitte, Schrägschnitte, Fugendichtungen, Tropfkanten, Wassernasen und Gleitschutzkanten nach Längenmaß (m).

5.2.12. Löcher und Aussparungen für Rohrdurchführungen, Dübel und dergleichen nach Anzahl (Stück).

VOB Teil C:
Allgemeine Technische Vorschriften für Bauleistungen

Betonwerksteinarbeiten – DIN 18 333

Fassung August 1973
Ausgabedatum: August 1974

Inhalt

0. Hinweise für die Leistungsbeschreibung*)

(siehe auch Teil A — DIN 1960 — § 9)

0.1. In der Leistungsbeschreibung sind nach Lage des Einzelfalles insbesondere anzugeben:

0.1.1. Lage der Baustelle und Umgebungsbedingungen, z. B. Hauptwindrichtung, Einflugschneisen, Verschmutzung der Außenluft, Bebauung usw., Zufahrtsmöglichkeiten und Beschaffenheit der Zufahrt sowie etwaige Einschränkungen bei ihrer Benutzung, Art der baulichen Anlagen, Anzahl und Höhe der Geschosse.

0.1.2. Lage und Ausmaß der dem Auftragnehmer für die Ausführung seiner Leistungen zur Benutzung oder Mitbenutzung überlassenen Flächen.

0.1.3. Schutzgebiete im Bereich der Baustelle.

0.1.4. besondere Maßnahmen aus Gründen der Landespflege und des Umweltschutzes.

0.1.5. Art und Umfang des Schutzes von Bäumen, Pflanzenbeständen, Vegetationsflächen, Bauteilen, Bauwerken u. ä. im Bereich der Baustelle.

0.1.6. besondere Anordnungen, Vorschriften und Maßnahmen der Eigentümer (oder der anderen Weisungsberechtigten) von Leitungen, Kabeln, Dränen, Kanälen, Wegen, Gewässern, Gleisen, Zäunen und dergleichen im Bereich der Baustelle.

0.1.7. für den Verkehr freizuhaltende Flächen.

0.1.8. Besonderheiten der Regelung und Sicherung des Verkehrs, gegebenenfalls auch, wieweit der Auftraggeber die Durchführung der erforderlichen Maßnahmen übernimmt.

0.1.9. Verkehrsverhältnisse auf der Baustelle, insbesondere Verkehrsbeschränkungen, z. B. Begrenzung der Verkehrslasten.

0.1.10. Lage, Art und Anschlußwert der dem Auftragnehmer auf der Baustelle zur Verfügung gestellten Anschlüsse für Wasser und Energie.

0.1.11. Mitbenutzung fremder Gerüste, Hebezeuge, Aufzüge, Aufenthalts- und Lagerräume, Einrichtungen und dergleichen durch den Auftragnehmer.

---

*) Diese Hinweise werden nicht Vertragsbestandteil.

0.1.12. wie lange, für welche Arbeiten und gegebenenfalls für welche Beanspruchung der Auftragnehmer seine Gerüste, Hebezeuge, Aufzüge, Aufenthalts- und Lagerräume, Einrichtungen und dergleichen für andere Unternehmer vorzuhalten hat.

0.1.13. Auf- und Abbauen sowie Vorhalten der Gerüste, die nicht unter Abschnitt 4.1.6 fallen.

0.1.14. besondere Anforderungen an die Baustelleneinrichtung.

0.1.15. bekannte oder vermutete Hindernisse im Bereich der Baustelle, möglichst unter Auslegung von Bestandsplänen, z. B. Leitungen, Kabel, Dräne, Kanäle, Bauwerksreste (und, soweit bekannt, deren Eigentümer).

0.1.16. Art und Zeit der vom Auftraggeber veranlaßten Vorarbeiten.

0.1.17. ob und in welchem Umfang dem Auftragnehmer Arbeitskräfte und Geräte für Abladen, Lagern und Transport zur Verfügung gestellt werden.

0.1.18. Arbeiten anderer Unternehmer auf der Baustelle.

0.1.19. Leistungen für andere Unternehmer.

0.1.20. Abmessungen der vorgefertigten Betonerzeugnisse, Art ihrer betonwerksteinmäßigen Bearbeitung bzw. Art ihrer Oberflächengestaltung, sonstige Anforderungen, z. B. Farbe und Art der Zuschläge.

0.1.21. Unterkonstruktion für den Einbau der vorgefertigten Betonerzeugnisse, die erforderlichen Auffüllungshöhen, Art der Einbindungen, Einbindetiefen, Art und Umfang von auszusparenden Schlitzen und Durchgängen für Rohrleitungen und dergleichen, einzubetonierende Bauteile (Winkelrahmen, Schutzschienen und dergleichen), Art der Verfugung.

0.1.22. ob und unter welchen Umständen auf der Baustelle gewonnene Stoffe verwendet werden dürfen oder verwendet werden sollen.

0.1.23. Art, Menge, Gewicht der Stoffe und Bauteile, die vom Auftraggeber beigestellt werden, sowie Art, Ort (genaue Bezeichnung) und Zeit ihrer Übergabe.

0.1.24. Güteanforderungen an nicht genormte Stoffe und Bauteile.

0.1.25. Art und Umfang verlangter Eignungs- und Gütenachweise.

0.1.26. Art und Anzahl von geforderten Probestücken sowie Art und Ort der Anbringung.

0.1.27. Art und Beschaffenheit des Untergrundes.

0.1.28. vorgesehene Arbeitsabschnitte, Arbeitsunterbrechungen und -beschränkungen nach Art, Ort und Zeit.

0.1.29. besondere Erschwernisse während der Ausführung, z. B. Arbeiten in Räumen, in denen der Betrieb des Auftraggebers weiterläuft, Arbeiten bei außergewöhnlichen Temperaturen.

0.1.30. Benutzung von Teilen der Leistung vor der Abnahme.

0.1.31. Ausbildung der Anschlüsse an Bauwerke.

0.1.32. ob nach bestimmten Zeichnungen oder nach Aufmaß abgerechnet werden soll.

0.1.33. ob Verlege- und/oder Versetzpläne vorzulegen sind und gegebenenfalls Angabe über deren Art und Umfang.

0.1.34. Leistungen nach Abschnitt 4.2 in besonderen Ansätzen, wenn diese Leistungen keine Nebenleistungen sein sollen.

0.1.35. Leistungen nach Abschnitt 4.3 in besonderen Ansätzen.

0.2. In der Leistungsbeschreibung sind Angaben zu folgenden Abschnitten nötig, wenn der Auftraggeber eine abweichende Regelung wünscht:

Abschnitt 1.2 (Leistungen mit Lieferung der Stoffe und Bauteile)

Abschnitt 2.1 (Vorhalten von Stoffen und Bauteilen)

Abschnitt 2.2.1 (Liefern ungebrauchter Stoffe und Bauteile)

Abschnitt 3.3.1 (zeitliche Reihenfolge der Gewerke)

Abschnitt 3.3.2 (Mörtelbett)

Abschnitt 3.3.3 (Platten für Wandbekleidung)
Abschnitt 3.4.1 (Mörtelgruppe und Mörtelbettdicke für Bodenbeläge und Stufen)
Abschnitt 3.5.1 (vollfugiges Verfugen)
Abschnitt 3.5.2 (Zusammensetzung des Mörtels von Lager- und Stoßfugen)
Abschnitt 3.6.1 (Dehnungsfugen bei Bodenbelägen)
Abschnitt 3.6.3 (Schließen von Dehn- und Bauwerksfugen).

1. Allgemeines

1.1. DIN 18 333 „Betonwerksteinarbeiten" gilt nicht für:

vorgefertigte Betonerzeugnisse ohne betonwerksteinmäßige Bearbeitung oder ohne besonders gestaltete Oberfläche (siehe DIN 18 331 „Beton- und Stahlbetonarbeiten")

und nicht für

Beläge aus Gehwegplatten und Pflastersteinen aus Beton (siehe DIN 18 318 „Straßenbauarbeiten; Steinpflaster").

1.2. Alle Leistungen umfassen auch die Lieferung der dazugehörigen Stoffe und Bauteile einschließlich Abladen und Lagern auf der Baustelle, wenn in der Leistungsbeschreibung nichts anderes vorgeschrieben ist.

2. Stoffe, Bauteile

2.1. Vorhalten

Stoffe und Bauteile, die der Auftragnehmer nur vorzuhalten hat, die also nicht in das Bauwerk eingehen, können nach Wahl des Auftragnehmers gebraucht oder ungebraucht sein, wenn in der Leistungsbeschreibung darüber nichts vorgeschrieben ist.

2.2. Liefern

2.2.1. Allgemeine Anforderungen

Stoffe und Bauteile, die der Auftragnehmer zu liefern und einzubauen hat, die also in das Bauwerk eingehen, müssen ungebraucht sein, wenn in der Leistungsbeschreibung nichts anderes vorgeschrieben ist. Sie müssen für den jeweiligen Verwendungszweck geeignet sein.

Stoffe und Bauteile, für die DIN-Normen bestehen, müssen den DIN-Güte- und -Maßbestimmungen entsprechen.

Stoffe und Bauteile, die nach den behördlichen Vorschriften einer Zulassung bedürfen, müssen amtlich zugelassen sein und den Zulassungsbedingungen entsprechen.

Stoffe und Bauteile, für die weder DIN-Normen bestehen noch eine amtliche Zulassung vorgeschrieben ist, dürfen nur mit Zustimmung des Auftraggebers verwendet werden.

Für die gebräuchlichsten genormten Stoffe und Bauteile sind die DIN-Normen nachstehend aufgeführt.

2.2.1.1. Betonwerkstein

DIN 1045 Beton- und Stahlbetonbau; Bemessung und Ausführung,
DIN 18 500 Betonwerkstein; Güte, Prüfung und Überwachung.

2.2.1.2. Mörtel

DIN 1053 Mauerwerk; Berechnung und Ausführung,

DIN 18 515 Fassadenbekleidungen aus Naturwerkstein, Betonwerkstein und keramischen Baustoffen; Richtlinien für die Ausführung.

2.2.1.3. Befestigungsmittel

Klammern, Anker und andere Befestigungsmittel müssen korrosionsgeschützt sein.

DIN 1053 Mauerwerk; Berechnung und Ausführung,

DIN 18 515 Fassadenbekleidungen aus Naturwerkstein, Betonwerkstein und keramischen Baustoffen; Richtlinien für die Ausführung.

2.2.2. Besondere Anforderungen

2.2.2.1. Oberflächengestaltung durch Schalungsarten.

2.2.2.2. Oberflächengestaltung durch Bearbeitungsarten

gespalten,
bossiert,
gespitzt,
gestockt,
scharriert,
sandgestrahlt,
abgesäuert,
ausgewaschen,
poliert (Naturpolitur),
feingeschliffen (geschliffen, gespachtelt und nachgeschliffen),
geschliffen (nicht gespachtelt).

2.2.2.3. zusätzliche Oberflächenbehandlung

fluatiert mit Härtefluat,
poliert mit Polierwachs,
versiegelt mit Versiegelungsmasse.

2.2.2.4. Aussehen

Farb- und Strukturschwankungen, die durch unterschiedliche Herstellungsverfahren entstehen, jedoch bei gleicher Betonzusammensetzung, sind zulässig.

Hierzu gehören auch Farbschwankungen innerhalb des gleichen Zuschlages, die durch das naturbedingte Vorkommen gegeben sind.

3. Ausführung

3.1. Allgemeines

3.1.1. Der Auftragnehmer hat die baulichen Verhältnisse daraufhin zu prüfen, ob sie für die Durchführung seiner Leistung geeignet sind.

Er hat dem Auftraggeber Bedenken gegen die vorgeschriebene Art der Ausführung unverzüglich schriftlich mitzuteilen (siehe Teil B — DIN 1961 — § 4 Nr. 3).

Bedenken sind geltend zu machen insbesondere bei

größeren Unebenheiten des Untergrundes,
ungenügender Tragfähigkeit des Untergrundes,

nicht ausreichender Frostsicherheit des Untergrundes bei Verlegen im Freien,
gefrorenem Untergrund,
Ausblühungen des Untergrundes,
verschmutztem, insbesondere veröltem Untergrund, z. B. Gips, Entschalungsmittel,
fehlendem oder falschem Gefälle,
nicht ausreichender Konstruktionshöhe,
fehlender Wind- und Wasserdichtheit in der Fläche und an den Anschlüssen des Untergrundes,
fehlenden oder unzureichenden Verlege- oder Versetzplänen,
unzureichender Plattendicke,
fehlender Abdichtung gegen nichtdrückendes Wasser.

3.1.2. Die Werkstücke sind nach den Verlege- oder Versetzplänen werkgerecht zu vermauern, zu versetzen oder zu verlegen.

Für die Ausführung gelten:

DIN 1053 Mauerwerk; Berechnung und Ausführung,

DIN 18 515 Fassadenbekleidungen aus Naturwerkstein, Betonwerkstein und keramischen Baustoffen; Richtlinien für die Ausführung.

3.2. Einbau von Betonwerksteinstücken

3.2.1. Lager- und Stoßfugen sollen gleichmäßig und bei Außenarbeiten nicht unter 4 mm breit sein.

3.2.2. Das Einspannen von Werkstücken, die nicht auf Biegung beansprucht werden dürfen, z. B. Fensterbänke, in tragende Bauteile, wie aufgehendes Mauerwerk, Stahlbetonkonstruktionen und dergleichen, ist unzulässig.

3.2.3. Treppenstufen und Belagplatten auf betonierten Treppenläufen sind spannungsfrei, z. B. auf Mörtelstreifen, zu verlegen.

3.3. Versetzen und Verlegen von Platten

3.3.1. Bodenbeläge, Wandbekleidungen und Werkstücke, die an Bauteile, wie z. B. Türen, Fenster, Installationsobjekte, Anschlagschienen, angrenzen, sind erst nach Einbau dieser Bauteile zu verlegen oder zu versetzen, wenn in der Leistungsbeschreibung nichts anderes vorgeschrieben ist.

3.3.2. Platten für Bodenbeläge sind fluchtgerecht, waagerecht oder mit dem nötigen Gefälle zu verlegen. Bei Verlegung im Mörtel müssen die Bodenbeläge volles Mörtelbett erhalten.

Die Mörtelunterlage muß mindestens 15 mm dick sein und darf 30 mm Dicke nicht überschreiten, wenn in der Leistungsbeschreibung nichts anderes vorgeschrieben ist.

3.3.3. Platten für Wandbekleidungen sind fluchtgerecht und senkrecht zu versetzen, wenn in der Leistungsbeschreibung nichts anderes vorgeschrieben ist.

3.3.4. Für Fassadenbekleidungen gilt DIN 18 515 „Fassadenbekleidungen aus Naturwerkstein, Betonwerkstein und keramischen Baustoffen; Richtlinien für die Ausführung".

Für Wandbekleidungen in Gebäuden gilt DIN 18 515 mit der Abweichung, daß zur Befestigung der Platten über 0,1 m² Einzelgröße korrosionsgeschützte Trage- und Halteanker zugelassen sind.

3.4. Mörtel

Die Zusammensetzung des Verlegemörtels ist der Verwendungsart und den zur Verwendung gelangenden Werkstücken anzupassen.

Die Verwendung von Gips, Tonerdeschmelzzement und chloridhaltigen Binde- oder Zusatzmitteln ist unzulässig.

3.4.1. Für Bodenbeläge und Stufen im Freien ist Mörtelgruppe III nach DIN 1053 „Mauerwerk; Berechnung und Ausführung" zu verwenden, für Bodenbeläge und Stufen im Innern ist Mörtelgruppe II zu verwenden, wenn in der Leistungsbeschreibung nicht Mörtelgruppe III vorgeschrieben ist.

Das Mörtelbett für Bodenbeläge in Gebäuden über Betonrohdecken und auf Estrichen muß mindestens 10 mm, darf jedoch nicht mehr als 20 mm dick sein, wenn in der Leistungsbeschreibung nichts anderes vorgeschrieben ist.

Das Mörtelbett für Bodenbeläge im Freien muß mindestens 15 mm, darf jedoch nicht mehr als 30 mm dick sein, wenn in der Leistungsbeschreibung nichts anderes vorgeschrieben ist.

3.5. Verfugen

3.5.1. Alle Fugen sind mit mineralischem Fugenmörtel vollfugig auszuführen und glatt zu verstreichen, wenn in der Leistungsbeschreibung nichts anderes vorgeschrieben ist.

3.5.2. Die Lager- und Stoßfugen sind mit Zementmörtel 1 : 3 (in Raumteilen) zu verfugen, wenn in der Leistungsbeschreibung nichts anderes vorgeschrieben ist (siehe auch DIN 18 515).

3.5.3. Bei Belägen mit größten Seitenlängen der Platten bis zu 60 cm muß bei Verwendung von mineralischem Fugenmörtel die Fugenbreite mindestens 3 mm, bei größeren Seitenlängen mindestens 5 mm betragen.

3.6. Dehn- und Bauwerkstrennfugen

3.6.1. Bei Bodenbelägen müssen Dehnungsfugen entsprechend den zu erwartenden Bewegungen, mindestens jedoch alle 6 m, angelegt werden, wenn in der Leistungsbeschreibung nichts anderes vorgeschrieben ist.

3.6.2. Bauwerkstrennfugen müssen an gleicher Stelle und in derselben Breite im Belag oder in der Bekleidung übernommen werden.

3.6.3. Die Dehn- und Bauwerkstrennfugen bleiben offen, wenn in der Leistungsbeschreibung nichts anderes vorgeschrieben ist.

3.7. Abmessungen

Trittplatten als Treppenbeläge müssen mindestens 40 mm dick sein.

3.8. Ausbesserungen

Sind Ausbesserungen an Werkstücken erforderlich, sind sie so vorzunehmen, daß Aussehen, Gebrauchsfähigkeit und Tragfähigkeit (statische Sicherheit) nicht beeinträchtigt werden.

4. Nebenleistungen

Nebenleistungen sind Leistungen, die auch ohne Erwähnung in der Leistungsbeschreibung zur vertraglichen Leistung gehören (siehe Teil B – DIN 1961 – § 2 Nr. 1).

4.1. Folgende Leistungen sind Nebenleistungen:

4.1.1. Messungen für das Ausführen und Abrechnen der Arbeiten einschließlich des Vorhaltens der Meßgeräte, Lehren, Absteckzeichen usw., des Erhaltens der Lehren und Absteckzeichen während der Bauausführung und des Stellens der Arbeitskräfte, jedoch nicht Leistungen nach Teil B – DIN 1961 – § 3 Nr. 2.

4.1.2. Vorhalten der Kleingeräte und Werkzeuge.

4.1.3. Lieferung der Betriebsstoffe.

4.1.4. Befördern aller Stoffe und Bauteile, auch wenn sie vom Auftraggeber beigestellt sind, von den Lagerstellen auf der Baustelle zu den Verwendungsstellen und etwaiges Rückbefördern.

4.1.5. Heranbringen von Wasser und Energie von den vom Auftraggeber auf der Baustelle zur Verfügung gestellten Anschlußstellen zu den Verwendungsstellen.

4.1.6. Auf- und Abbauen sowie Vorhalten der Gerüste, deren Arbeitsbühne bis zu 2 m über Gelände oder Fußboden liegen.

4.1.7. Ausgleichen von kleineren Unebenheiten des Untergrundes.

4.1.8. Für das Herstellen von Belägen und Bekleidungen erforderliches Beseitigen von kleineren Putzresten und Putzüberständen.

4.1.9. Herstellen aller Löcher, Falze, Anschläge, Ausklinkungen an den Werkstücken, die zum Befördern, Befestigen, Verankern, Verklammern und Verdübeln dieser Werkstücke erforderlich sind.

4.1.10. Herstellen der werkgerechten Anschlüsse an angrenzende eingebaute Bauteile wie Rohrleitungen, Schwellen, Anschlagschienen, sofern dies in den Verdingungsunterlagen vorgesehen ist. Ausgenommen sind Leistungen nach Abschnitt 4.3.7.

4.1.11. Beseitigen aller Verunreinigungen (Abfälle, Bauschutt und dergleichen), die von den Arbeiten des Auftragnehmers herrühren.

4.1.12. Beleuchten und Reinigen der Aufenthaltsräume und Aborte für die Beschäftigten des Auftragnehmers sowie Beheizen der Aufenthaltsräume.

4.1.13. Schutz- und Sicherheitsmaßnahmen nach den Unfallverhütungsvorschriften und den behördlichen Bestimmungen.

4.1.14. Sichern der Arbeiten gegen Tagwasser, mit dem normalerweise gerechnet werden muß, und seine etwa erforderliche Beseitigung.

4.1.15. Schutz der ausgeführten Leistungen und der für die Ausführung übergebenen Gegenstände vor Beschädigung und Diebstahl bis zur Abnahme.

4.2. Folgende Leistungen sind Nebenleistungen, wenn sie nicht durch besondere Ansätze in der Leistungsbeschreibung erfaßt sind:

4.2.1. Einrichten und Räumen der Baustelle.

4.2.2. Vorhalten der Baustelleneinrichtung einschließlich der Geräte und dergleichen.

4.2.3. Liefern der Befestigungsmittel, z. B. Klammern, Anker, Dübel und Fugenplättchen, ausgenommen Leistungen nach Abschnitt 4.3.12.

4.3. Folgende Leistungen sind keine Nebenleistungen:

4.3.1. „Besondere Leistungen“ nach Teil A – DIN 1960 – § 9 Nr. 6.

4.3.2. Aufstellen, Vorhalten und Beseitigen von Bauzäunen, Blenden und Schutzgerüsten zur Sicherung des öffentlichen Verkehrs sowie von Einrichtungen außerhalb der Baustelle zur Umleitung und Regelung des öffentlichen Verkehrs.

4.3.3. Vorhalten von Aufenthalts- und Lagerräumen, wenn der Auftraggeber Räume, die leicht verschließbar gemacht werden können, nicht zur Verfügung stellt.

4.3.4. Herausschaffen, Aufladen und Abfahren des Bauschuttes anderer Unternehmer.

4.3.5. Auf- und Abbauen sowie Vorhalten der Gerüste, deren Arbeitsbühnen mehr als 2 m über Gelände oder Fußboden liegen.

4.3.6. Reinigen des Untergrundes von grober Verschmutzung durch Bauschutt, Gips, Mörtelreste, Farbreste u. ä., soweit sie von anderen Unternehmern herrührt.

4.3.7. nachträgliches Anarbeiten an Einbauteile, soweit das vom Auftraggeber zu vertreten ist.

4.3.8. Abdichten des Untergrundes, Unterputzes oder der Plattenrückwände sowie andere Vorkehrungen gegen Feuchtigkeit und chemische Einwirkungen.

4.3.9. besonderer Schutz der Bauleistung, der vom Auftraggeber für eine vorzeitige Benutzung verlangt wird, seine Unterhaltung und spätere Beseitigung.

4.3.10. Herstellen von Trag- und Frostschutzschichten bei Wege-, Platz- und Terrassenbelägen.

4.3.11. Herstellen von Gleitlagern oder Gleitschichten bei Wege-, Platz- und Terrassenbelägen und auf Geschoßdecken.

4.3.12. Liefern und Einbauen von Anschlag-, Trenn-, Dehnungs- und Ankerschienen, Bewehrungen, Tragkonstruktionen, Abstandshalterungen, Fugendichtmassen u. ä.

4.3.13. zusätzliche Maßnahmen für die Weiterarbeit bei Frost und Schnee, soweit sie dem Auftragnehmer nicht ohnehin obliegen.

4.3.14. Auffüllen des Untergrundes mit einem Ausgleichmörtel zum Herstellen der erforderlichen Höhe oder des nötigen Gefälles sowie das Herstellen von Unterputz zum Ausgleich unebener oder nicht lotrechter Wände in anderen Fällen als nach Abschnitt 4.1.7.

4.3.15. Vom Auftraggeber geforderte Probestücke für die Ausführung, wenn diese nicht am Bau verwendet werden.

4.3.16. Anfertigen der Verlegepläne oder Versetzpläne.

4.3.17. Liefern statischer Berechnungen für den Nachweis der Standfestigkeit des Bauwerks und der für diesen Nachweis erforderlichen Zeichnungen.

5. Abrechnung

5.1. Allgemeines

5.1.1. Die Leistung ist aus Zeichnungen zu ermitteln, soweit die ausgeführte Leistung diesen Zeichnungen entspricht. Sind solche Zeichnungen nicht vorhanden, ist die Leistung aufzumessen.

Der Ermittlung der Leistung — gleichgültig ob sie nach Zeichnungen oder nach Aufmaß erfolgt — sind zugrunde zu legen

für Bauteile aus Betonwerkstein deren Konstruktionsmaße,

für Bekleidungen die Konstruktionsmaße der zu bekleidenden Flächen,

für Beläge die zu belegende Fläche bis zu den begrenzenden, ungeputzten bzw. unbekleideten Bauteilen,

für Beläge ohne begrenzende Bauteile deren Abmessungen.

5.1.2. Bei Abrechnung nach Längenmaß wird die größte Werkstückslänge gerechnet. Bearbeitete Köpfe und Verkröpfungen werden in der Abwicklung gerechnet. Bei zusammengesetzten Bauteilen ergibt sich die Gesamtlänge aus der Summe der Längen der einzelnen Werkstücke einschließlich der Fugenbreiten.

5.1.3. Bei Abrechnung nach Flächenmaß von Belägen und Bekleidungen werden Aussparungen (z. B. Öffnungen, Pfeilervorlagen, Rohrdurchführungen) bis zu 0,25 m^2 Einzelgröße nicht abgezogen. Fugen werden übermessen, bearbeitete Leibungen und bearbeitete sichtbare Stirnflächen hinzugerechnet. Einzelwerkstücke werden nach dem kleinstumschriebenen Rechteck abgerechnet.

5.1.4. Bei Abrechnung nach Raummaß gelten die Abmessungen des kleinsten umschriebenen Quaders, ohne Abzug etwaiger Dämmschichten, Aussparungen und Fugen.

5.2. Es werden abgerechnet

5.2.1. Bodenbeläge und Wandbekleidungen nach Flächenmaß (m^2).

5.2.2. Gesimse,
Profilbänder,
gerade Sockel,
schräge Sockel, gemessen an der oberen Kante (soweit nicht nach Abschnitt 5.2.3),
Kehlen (als Zulage zu Abschnitt 5.2.1),
ausgerundete Ecken,
Treppenstufen (soweit nicht nach Abschnitt 5.2.3),
Treppenwangen (soweit nicht nach Abschnitt 5.2.3),
Fensterbänke (soweit nicht nach Abschnitt 5.2.3),
Mauerabdeckplatten,
Einfassungen,
getrennt nach Bauarten und Abmessungen,
nach Längenmaß (m).

5.2.3. Fensterbänke (innen und außen),
Treppenstufen,
Treppenwangen,

abgetreppte Sockel je Stufe,
schräge Sockel (Bischofsmützen),
Fensterumrahmungen,
Türumrahmungen,
Säulen,
Pfeiler und Pfeilervorlagen,
getrennt nach Bauarten und Abmessungen, nach Anzahl (Stück).

5.2.4. Größere Werkstücke (Balkonplatten, Balkonbrüstungen u. ä.) nach Raummaß (m^3), Flächenmaß (m^2), Längenmaß (m) oder Anzahl (Stück).

5.2.5. Löcher und Aussparungen für Rohrdurchführungen, Dübel, Geländerpfosten, Bodeneinläufe und dergleichen nach Anzahl (Stück).

VOB Teil C:

Allgemeine Technische Vorschriften für Bauleistungen

Zimmer- und Holzbauarbeiten – DIN 18 334

Fassung April 1973

Ausgabedatum: August 1974

Inhalt

0. Hinweise für die Leistungsbeschreibung*)

(siehe auch Teil A — DIN 1960 — § 9)

0.1. In der Leistungsbeschreibung sind nach Lage des Einzelfalles insbesondere anzugeben:

0.1.1. Lage der Baustelle und Umgebungsbedingungen, z. B. Hauptwindrichtung, Einflugschneisen, Verschmutzung der Außenluft, Bebauung usw., Zufahrtsmöglichkeiten und Beschaffenheit der Zufahrt sowie etwaige Einschränkungen bei ihrer Benutzung, Art der baulichen Anlagen, Anzahl und Höhe der Geschosse.

0.1.2. Lage und Ausmaß der dem Auftragnehmer für die Ausführung seiner Leistungen zur Benutzung oder Mitbenutzung überlassenen Flächen.

0.1.3. Schutzgebiete im Bereich der Baustelle.

0.1.4. besondere Maßnahmen aus Gründen der Landespflege und des Umweltschutzes.

0.1.5. besondere Maßnahmen, die zum Schutz von benachbarten Grundstücken und Bauwerken notwendig sind.

0.1.6. Art und Umfang des Schutzes von Bäumen, Pflanzenbeständen, Vegetationsflächen, Bauteilen, Bauwerken u. ä. im Bereich der Baustelle.

0.1.7. besondere Anordnungen, Vorschriften und Maßnahmen der Eigentümer (oder der anderen Weisungsberechtigten) von Leitungen, Kabeln, Dränen, Kanälen, Wegen, Gewässern, Gleisen, Zäunen und dergleichen im Bereich der Baustelle.

0.1.8. für den Verkehr freizuhaltende Flächen.

0.1.9. Besonderheiten der Regelung und Sicherung des Verkehrs, gegebenenfalls auch, wieweit der Auftraggeber die Durchführung der erforderlichen Maßnahmen übernimmt.

0.1.10. Verkehrsverhältnisse auf der Baustelle, insbesondere Verkehrsbeschränkungen, z. B. Begrenzung der Verkehrslasten.

0.1.11. Lage, Art und Anschlußwert der dem Auftragnehmer auf der Baustelle zur Verfügung gestellten Anschlüsse für Wasser und Energie.

---

*) Diese Hinweise werden nicht Vertragsbestandteil.

0.1.12. Mitbenutzung fremder Gerüste, Hebezeuge, Aufzüge, Aufenthalts- und Lagerräume, Einrichtungen und dergleichen durch den Auftragnehmer.

0.1.13. wie lange, für welche Arbeiten und gegebenenfalls für welche Beanspruchung der Auftragnehmer seine Gerüste, Hebezeuge, Aufzüge, Aufenthalts- und Lagerräume, Einrichtungen und dergleichen für andere Unternehmer vorzuhalten hat.

0.1.14. besondere Anforderungen an die Baustelleneinrichtung.

0.1.15. bekannte oder vermutete Hindernisse im Bereich der Baustelle, möglichst unter Auslegung von Bestandsplänen, z. B. Leitungen, Kabel, Dräne, Kanäle, Bauwerksreste (und, soweit bekannt, deren Eigentümer).

0.1.16. Art und Zeit der vom Auftraggeber veranlaßten Vorarbeiten.

0.1.17. ob und in welchem Umfang dem Auftragnehmer Arbeitskräfte und Geräte für Abladen, Lagern und Transport zur Verfügung gestellt werden.

0.1.18. Arbeiten anderer Unternehmer auf der Baustelle.

0.1.19. Leistungen für andere Unternehmer.

0.1.20. Art, Menge, Gewicht der Stoffe und Bauteile, die vom Auftraggeber beigestellt werden, sowie Art, Ort (genaue Bezeichnung) und Zeit ihrer Übergabe.

0.1.21. Güteanforderungen an nicht genormte Stoffe und Bauteile.

0.1.22. Art und Umfang verlangter Eignungs- und Gütenachweise.

0.1.23. vorgesehene Arbeitsabschnitte, Arbeitsunterbrechungen und -beschränkungen nach Art, Ort und Zeit.

0.1.24. besondere Erschwernisse während der Ausführung, z. B. Arbeiten in Räumen, in denen der Betrieb des Auftraggebers weiterläuft, Arbeiten bei außergewöhnlichen Temperaturen.

0.1.25. ob nach bestimmten Zeichnungen oder nach Aufmaß abgerechnet werden soll.

0.1.26. Neigung (Gefälle) der Dächer in Grad oder Prozent.

0.1.27. Abstände der Bretter untereinander bei Sparschalungen.

0.1.28. Aufbau der Trennwände und vorgefertigten Bauteile, z. B. Art, Dicke, Abmessungen der Fläche, Oberflächenbeschaffenheit, bauphysikalische Anforderungen und Beanspruchungen durch zusätzliche Lasten, z. B. sanitäre Ausstattungsgegenstände.

0.1.29. Art der Bekleidungen, Dicke, Abmessungen der Einzelteile, Oberflächenbeschaffenheit sowie ihre Befestigung, z. B. sichtbar, nicht sichtbar, verzinkte Nägel.

0.1.30. Abstände der Bekleidungsteile untereinander, z. B. Akustikbretter, Platten, Tafeln, Lamellen, Paneele.

0.1.31. Be- und Entlüftungen von Wänden, Decken und Dächern, Abstand, Abmessungen und Lage der Be- und Entlüftungsöffnungen.

0.1.32. Art und Durchführung der Befestigung der Bauteile, z. B. Dübel, Unterkonstruktionen, Verankerungen und dergleichen an oder in Mauerwerk, Beton, Stahlbeton, Stahl, Holz.

0.1.33. ob chemischer Holzschutz bei Holzwerkstoffen gefordert wird.

0.1.34. ob bei chemischem Holzschutz besondere Anforderungen an das Holzschutzmittel bezüglich der Verwendung in Wohnräumen, Lagerräumen oder Ställen zu machen sind.

0.1.35. ob und welche Schallschutzmaßnahmen vorzusehen sind.

0.1.36. verbindliche Maße für die Vorfertigung von Bauteilen.

0.1.37. Leistungen nach Abschnitt 4.2 in besonderen Ansätzen, wenn diese Leistungen keine Nebenleistungen sein sollen.

0.1.38. Leistungen nach Abschnitt 4.3 in besonderen Ansätzen.

0.2. In der Leistungsbeschreibung sind Angaben zu folgenden Abschnitten nötig, wenn der Auftraggeber eine abweichende Regelung wünscht:

Abschnitt 1.2 (Leistungen mit Lieferung der Stoffe und Bauteile)

Abschnitt 2.1 (Vorhalten von Stoffen und Bauteilen)

Abschnitt 2.2.1 (Liefern ungebrauchter Stoffe und Bauteile)
Abschnitt 2.2.6.2 (Stahlgüte der Anker und ähnliche Bauteile)
Abschnitt 3.2.2 (Schnittklasse und Güte des Holzes für Konstruktionen)
Abschnitt 3.3.1 (Latten für Zwischenböden)
Abschnitt 3.3.2 (Einschub für Zwischenböden)
Abschnitt 3.4.1 (Bretter für Dachschalungen)
Abschnitt 3.4.4 (Platten und Tafeln für Dachschalungen; Befestigung von Dachschalung aus Holzspanplatten oder Bau-Furnierplatten)
Abschnitt 3.5.2 (Bretter für Sparschalungen)
Abschnitt 3.5.3 (Bretter für Bekleidungen)
Abschnitt 3.5.6 (Güte des Holzes für Unterkonstruktion)
Abschnitt 3.6.1 (Güte der Dachlatten)
Abschnitt 3.6.2 (Lattung für Rohrputz)
Abschnitt 3.7.1 (Holz für Lagerhölzer)
Abschnitt 3.7.3 (Bretter für Fußböden und Fußleisten)
Abschnitt 3.7.4 (Verlegen der Fußbodenbretter)
Abschnitt 3.7.5 (Bretter für Blindböden)
Abschnitt 3.11.1 (Bretter und Latten für gezimmerte Türen und Tore)
Abschnitt 3.11.2 (Befestigungen der Bretter an gezimmerten Türen und Toren)
Abschnitt 3.12.1 (Holz für Verschläge)
Abschnitt 3.12.2 (Befestigen der Bretter bei Verschlägen)
Abschnitt 3.12.3 (Befestigen der Latten bei Verschlägen)
Abschnitt 3.12.4 (Platten bei Verschlägen)
Abschnitt 3.13.1 (Holz für Treppen)
Abschnitt 3.13.3 (Herstellen der Trittstufen)
Abschnitt 3.14.4 (Einbringen der Holzschutzmittel)
Abschnitt 3.14.5 (Schutz der Balkenköpfe u. a. Bauteile).

1. Allgemeines

1.1. DIN 18 334 „Zimmer- und Holzbauarbeiten" gilt nicht für:
Einschalarbeiten bei Beton- und Stahlbetonarbeiten (siehe DIN 18 331 „Beton- und Stahlbetonarbeiten"), Verbau bei Baugrubenarbeiten (siehe DIN 18 303 „Verbauarbeiten"), Parkettarbeiten (siehe DIN 18 356 „Parkettarbeiten") und nicht für gestemmte Türen und Tore (siehe DIN 18 355 „Tischlerarbeiten").

1.2. Alle Leistungen umfassen auch die Lieferung der dazugehörigen Stoffe und Bauteile einschließlich Abladen und Lagern auf der Baustelle, wenn in der Leistungsbeschreibung nichts anderes vorgeschrieben ist.

2. Stoffe, Bauteile

2.1. Vorhalten

Stoffe und Bauteile, die der Auftragnehmer nur vorzuhalten hat, die also nicht in das Bauwerk eingehen, können nach Wahl des Auftragnehmers gebraucht oder ungebraucht sein, wenn in der Leistungsbeschreibung darüber nichts vorgeschrieben ist.

2.2. Liefern

2.2.1. Allgemeine Anforderungen

Stoffe und Bauteile, die der Auftragnehmer zu liefern und einzubauen hat, die also in das Bauwerk eingehen, müssen ungebraucht sein, wenn in der Leistungsbeschreibung nichts anderes vorgeschrieben ist.

Sie müssen für den jeweiligen Verwendungszweck geeignet sein.

Stoffe und Bauteile, für die DIN-Normen bestehen, müssen den DIN-Güte- und -Maßbestimmungen entsprechen.

Stoffe und Bauteile, die nach den behördlichen Vorschriften einer Zulassung bedürfen, müssen amtlich zugelassen sein und den Zulassungsbedingungen entsprechen.

Stoffe und Bauteile, für die weder DIN-Normen bestehen, noch eine amtliche Zulassung vorgeschrieben ist, dürfen nur mit Zustimmung des Auftraggebers verwendet werden.

Für die gebräuchlichsten genormten Stoffe und Bauteile sind die DIN-Normen nachstehend aufgeführt.

2.2.2. Bauholz

DIN 68 365 Bauholz für Zimmerarbeiten; Gütebedingungen

DIN 4074 Blatt 1 Bauholz für Holzbauteile; Gütebedingungen für Bauschnittholz (Nadelholz)

DIN 4074 Blatt 2 Bauholz für Holzbauteile; Gütebedingungen für Baurundholz (Nadelholz).

2.2.2.1. Bretter und Bohlen

DIN 4071 Blatt 1 Abmessungen ungehobelter Bretter und Bohlen aus europäischen (außer nordischen) Hölzern

DIN 4071 Blatt 2 Abmessungen ungehobelter Bretter und Bohlen aus nordischen und überseeischen Hölzern

DIN 4072 Blatt 1 Gespundete Bretter aus europäischen (außer nordischen) Hölzern

DIN 4072 Blatt 2 Gespundete Bretter aus nordischen und überseeischen Hölzern

DIN 4073 Blatt 1 Abmessungen gehobelter Bretter und Bohlen aus europäischen (außer nordischen) Hölzern

DIN 4073 Blatt 2 Abmessungen gehobelter Bretter und Bohlen aus nordischen und überseeischen Hölzern

DIN 68 122 Blatt 1 Gespundete Fasebretter aus europäischen (außer nordischen) Hölzern

DIN 68 122 Blatt 2 Gespundete Fasebretter aus nordischen und überseeischen Hölzern

DIN 68 123 Blatt 1 Stülpschalungsbretter aus europäischen (außer nordischen) Hölzern

DIN 68 123 Blatt 2 Stülpschalungsbretter aus nordischen und überseeischen Hölzern

DIN 68 126 Blatt 1 Profilbretter mit Schattennut aus europäischen (außer nordischen) Hölzern

DIN 68 126 Blatt 2 Profilbretter mit Schattennut aus nordischen und überseeischen Hölzern

DIN 68 127 Akustikbretter.

2.2.2.2. Fußleisten

DIN 68 125 Blatt 1 Fußleisten aus europäischen (außer nordischen Hölzern)
DIN 68 125 Blatt 2 Fußleisten aus nordischen und überseeischen Hölzern.

2.2.3. Holzwerkstoffe

DIN 1101 Holzwolle-Leichtbauplatten; Maße, Anforderungen, Prüfung
DIN 1104 Blatt 1 Mehrschicht-Leichtbauplatten aus Schaumkunststoffen und Holzwolle; Maße, Anforderungen, Prüfung
DIN 4078 Sperrholz; Maße
DIN 68 705 Blatt 1 Sperrholz; Begriffe, allgemeine Anforderungen, Prüfung
DIN 68 705 Blatt 2 Sperrholz; Sperrholz für allgemeine Zwecke, Gütebedingungen
DIN 68 705 Blatt 3 Sperrholz; Bau-Furnierplatten, Gütebedingungen
DIN 68 705 Blatt 4 Sperrholz; Bau-Tischlerplatten, Gütebedingungen
DIN 68 750 Holzfaserplatten, poröse und harte Holzfaserplatten; Gütebedingungen
DIN 68 751 Kunststoffbeschichtete dekorative Holzfaserplatten; Begriffe, Anforderungen
DIN 68 752 Holzfaserplatten; Bitumen-Holzfaserplatten, Gütebedingungen
DIN 68 760 Spanplatten; Nenndicken
DIN 68 761 Spanplatten; Flachpreßplatten FPY für allgemeine Zwecke, Begriffe, Eigenschaften, Prüfung
DIN 68 762 Spanplatten für Sonderzwecke im Bauwesen, Begriffe, Eigenschaften, Prüfung
DIN 68 763 Spanplatten; Flachpreßplatten für das Bauwesen, Begriffe, Eigenschaften, Prüfung, Güteüberwachung
DIN 68 764 Blatt 1 Spanplatten; Strangpreßplatten für das Bauwesen, Begriffe, Anforderungen, Prüfung, Güteüberwachung
DIN 68 765 Spanplatten; Kunststoffbeschichtete dekorative Flachpreßplatten für allgemeine Zwecke, Begriffe, Anforderungen
DIN 68 771 Unterböden aus Holzspanplatten.

2.2.4. Nicht holzhaltige Stoffe

DIN 274 Blatt 1 Asbestzement-Wellplatten; Maße, Anforderungen, Prüfungen
DIN 18 180 Gipskartonplatten; Arten, Anforderungen, Prüfung.

2.2.5. Dämmstoffe

DIN 18 164 Blatt 1 Schaumkunststoffe als Dämmstoffe für das Bauwesen; Dämmstoffe für die Wärmedämmung
DIN 18 164 Blatt 2 Schaumkunststoffe als Dämmstoffe für das Bauwesen; Dämmstoffe für die Trittschalldämmung
DIN 18 165 Faserdämmstoffe für den Hochbau; Abmessungen, Eigenschaften, Prüfung.

2.2.6. Verbindungs- und Befestigungsmittel

2.2.6.1. DIN 97 Senkholzschrauben mit Längsschlitz
DIN 571 Sechskant-Holzschrauben
DIN 1052 Blatt 1 Holzbauwerke; Berechnung und Ausführung

DIN 1052 Blatt 2 Holzbauwerke; Bestimmung für Dübelverbindungen besonderer Bauart
DIN 1144 Leichtbauplatten-Stifte
DIN 1151 Drahtstifte; rund, Flachkopf, Senkkopf
DIN 1152 Drahtstifte; rund, Stauchkopf
DIN 7961 Bauklammern.

2.2.6.2. Stählerne Anker, Laschen, Verbinder und ähnliche Bauteile müssen aus Stahl St 37.1 hergestellt sein, wenn in der Leistungsbeschreibung nichts anderes vorgeschrieben ist.

2.2.6.3. Abhängungen, Abstandhalter und Befestigungen aus Holz, Metall, Kunststoff usw. für Bekleidungen müssen den Anforderungen in bezug auf die Tragfähigkeit genügen.
Metallteile müssen gegen Korrosion geschützt sein.

2.2.7. Verleimte Bauteile

DIN 1052 Blatt 1 Holzbauwerke; Berechnung und Ausführung
DIN 68 140 Keilzinkenverbindung von Holz
DIN 68 602 Holz-Leimverbindungen; Beanspruchungsgruppen.

2.2.8. Holzschutzmittel

DIN 68 800 Holzschutz im Hochbau.

3. Ausführung

3.1. Allgemeines

3.1.1. Der Auftragnehmer hat die baulichen Verhältnisse daraufhin zu prüfen, ob sie für die Durchführung seiner Leistung geeignet sind.
Der Auftragnehmer hat dem Auftraggeber Bedenken unverzüglich schriftlich mitzuteilen (siehe Teil B — DIN 1961 — § 4 Nr. 3).
Bedenken sind geltend zu machen insbesondere bei
fehlenden Voraussetzungen für die Verankerung,
mangelhafter Befestigung und Abdichtung der einzubauenden Teile,
größeren Unebenheiten des Untergrundes und der Unterkonstruktion,
zu hoher Baufeuchtigkeit,
fehlenden Aussparungen,
ungenügend vorgeschriebenem Abstand der Lagerhölzer.

3.1.2. Für die Ausführung gelten:

DIN 1050 Stahl im Hochbau; Berechnung und bauliche Durchbildung
DIN 1052 Blatt 1 Holzbauwerke; Berechnung und Ausführung
DIN 1052 Blatt 2 Holzbauwerke; Bestimmung für Dübelverbindungen besonderer Bauart.

Ergänzung zu DIN 1052 Holzhäuser in Tafelbauart; Bemessung und Ausführung

Dachschalungen aus Holzspanplatten oder Bau-Furnierplatten; Vorläufige Richtlinien für Bemessung und Ausführung (siehe DIN-Taschenbuch 31).

DIN 1055 Blatt 4 Lastannahmen im Hochbau; Verkehrslasten — Windlast

Ergänzende Bestimmungen zu DIN 1055 Blatt 4 (siehe DIN-Taschenbuch 31)

DIN 1074 Holzbrücken; Berechnung und Ausführung

DIN 1102 Holzwolle-Leichtbauplatten nach DIN 1101; Richtlinien für die Verarbeitung

DIN 1104 Blatt 2 Mehrschicht-Leichtbauplatten aus Schaumkunststoffen und Holzwolle; Richtlinien für die Verarbeitung

DIN 4074 Blatt 1 Bauholz für Holzbauteile; Gütebedingungen für Bauschnittholz (Nadelholz)

DIN 4074 Blatt 2 Bauholz für Holzbauteile; Gütebedingungen für Baurundholz (Nadelholz)

DIN 4102 Blatt 2 Brandverhalten von Baustoffen und Bauteilen; Begriffe, Anforderungen und Prüfungen von Bauteilen

DIN 4102 Blatt 3 Brandverhalten von Baustoffen und Bauteilen; Begriffe, Anforderungen und Prüfungen von Sonderbauteilen

DIN 4102 Blatt 4 Brandverhalten von Baustoffen und Bauteilen; Einreihung in die Begriffe

DIN 4103 Leichte Trennwände; Richtlinien für die Ausführung

DIN 4108 Wärmeschutz im Hochbau

DIN 4109 Blatt 1 Schallschutz im Hochbau; Begriffe

DIN 4109 Blatt 2 Schallschutz im Hochbau; Anforderungen

DIN 4109 Blatt 3 Schallschutz im Hochbau; Ausführungsbeispiele

DIN 4109 Blatt 5 Schallschutz im Hochbau; Erläuterungen

DIN 4112 Fliegende Bauten; Richtlinien für die Bemessung und Ausführung

DIN 4112 Beiblatt Fliegende Bauten; Bemessung und Ausführung, Erläuterungen zu den Richtlinien

DIN 18 181 Gipskartonplatten im Hochbau; Richtlinien für die Verarbeitung

DIN 18 183 Blatt 1 Leichtwände aus Gipskartonplatten und Gipskarton-Wandbautafeln; Richtlinien für die Ausführung.

3.1.3. Wenn der Auftragnehmer die Angaben über Achsen, Fluchten und Höhen erhalten hat, ist er allein für richtiges Abschnüren verantwortlich.

3.1.4. Die Hölzer sind in trockenem Zustand einzubauen. Kanthölzer (Balken), Latten und Baurundhölzer dürfen auch eingebaut werden, wenn sie mindestens halbtrocken sind; sind sie beim Einbau noch nicht trocken, so hat der Auftragnehmer darauf hinzuweisen, daß bei der weiteren Ausführung des Bauwerks hierauf Rücksicht genommen werden muß.

3.1.5. Beim Verleimen (Kleben) der zu verbindenden Teile ist der vorgeschriebene Trockenheitsgrad zu beachten, z. B. für Holz, siehe DIN 1052 Blatt 1.

3.1.6. Tragende Nagelverbindungen sind nach DIN 1052 Blatt 1 herzustellen.

3.1.7. Bei der Befestigung von Brettern, Latten oder Platten müssen Drahtnägel mindestens $2^1/_2$ mal so lang sein, wie die zu befestigenden Bretter oder Latten dick sind.

3.2. Verzimmerungen

3.2.1. Verzimmerungen sind nach DIN 1052 Blatt 1 und nach den Abschnitten 3.2.2 bis 3.2.4 auszuführen.

3.2.2. Bauschnittholz für Konstruktionen muß mindestens der Schnittklasse B entsprechen und mindestens die Gütemerkmale der Normalklasse nach DIN 68 365 „Bauholz für Zimmerarbeiten; Gütebedingungen" haben.

Holz für tragende Holzbauteile nach DIN 1052 Blatt 1 muß DIN 4074 Blatt 1 entsprechen, wenn in der Leistungsbeschreibung nichts anderes vorgeschrieben ist. Baumkanten dürfen nicht in den Bereich der Verbindungen hineinreichen.

3.2.3. Balkenlagen müssen volle, feste Auflager haben und gegen Abrutschen gesichert sein.

3.2.4. Baurundhölzer müssen so geschnitten oder behauen werden, daß die Auflagerflächen an den Verbindungsstellen mindestens $^2/_3$ des Rundholzdurchmessers breit sind.

3.3. Latten und Einschub für Zwischenböden

3.3.1. Latten für Zwischenböden müssen DIN 68 365 Güteklasse II entsprechen und einen Querschnitt von mindestens 24 mm × 48 mm haben, wenn in der Leistungsbeschreibung nichts anderes vorgeschrieben ist. Sie sind gleichlaufend mit den Balkenkanten anzunageln. Der Abstand zwischen den Nägeln darf nicht größer als 30 cm sein.

3.3.2. Der Einschub (Fehlboden) ist aus angesäumten, mindestens 18 mm dicken entrindeten und von Bast befreiten Einschubschwarten dicht verlegt herzustellen, wenn in der Leistungsbeschreibung nichts anderes vorgeschrieben ist.

3.4. Schalungen für Dächer

3.4.1. Dachschalung ist aus ungehobelten, parallel besäumten Brettern oder Bohlen nach DIN 68 365, Güteklasse III, herzustellen, wenn in der Leistungsbeschreibung nichts anderes vorgeschrieben ist, z. B. eine andere Güteklasse, keilig besäumte Bretter oder Bohlen, Rauhspunde, Holzspanplatten, Bau-Furnierplatten usw. Dachschalungsbretter dürfen jedoch keine Durchfalläste von mehr als 2 cm Durchmesser haben. Rauhspund muß nach DIN 4072 Blatt 1 und DIN 4072 Blatt 2 bearbeitet sein.

Die Bretter oder Bohlen der Dachschalung sind auf jedem Auflager (Sparren oder Pfetten) durch mindestens 2 Nägel zu befestigen. Versetzte Stöße der Bretter und Bohlen sind erforderlich, wenn die Schalung statische Funktionen, z. B. Aussteifung der Dachfläche nach DIN 1052 Blatt 1, übernehmen muß.

Sind für Dachschalungen Holzwerkstoffe vorgesehen, dann müssen Holzspanplatten nach DIN 68 763, der Verleimung V 100 G oder Bau-Furnierplatten nach DIN 68 705 Blatt 3, Verleimung AW 100 G entsprechen. Dachschalung aus Holzspanplatten oder Bau-Furnierplatten ist mit mindestens 6 Drahtnägeln je m² Dachfläche, im Randbereich von Flachdächern mit mindestens 12 Drahtnägeln je m² Dachrandfläche zu befestigen, wenn in der Leistungsbeschreibung nichts anderes vorgeschrieben ist.

3.5. Schalungen und Bekleidungen für Decken und Wände

3.5.1. Deckenunterschalungen für Rohrputz sind aus mindestens 18 mm dicken, höchstens 12 cm breiten, besäumten, mindestens halbtrockenen Brettern der Güteklasse IV nach DIN 68 365 herzustellen.

3.5.2. Sparschalung muß aus mindestens 18 mm dicken und 7 bis 10 cm breiten Brettern nach DIN 68 365, Güteklasse !V, hergestellt werden, wenn in der Leistungsbeschreibung nichts anderes vorgesehen ist.

3.5.3. Sichtbar bleibende Schalungen und Bekleidungen aus Brettern sind aus parallel besäumten, gefalzten oder gespundeten, an den Sichtflächen gehobelten, gleich breiten Brettern nach DIN 68 365, Güteklasse II, herzustellen, wenn in der Leistungsbeschreibung nichts anderes vorgeschrieben ist. Für Außenschalungen ist mindestens halbtrockenes, für Innenbekleidungen trockenes Holz zu verwenden. Die Bretter sind so zu befestigen, daß sie arbeiten können. Sind Fugendeckleisten vorgeschrieben, so ist jede Leiste nur auf einem Brett zu befestigen.

3.5.4. Bei Stülpschalung aus nicht profilierten parallel besäumten Brettern muß die Überdeckung mindestens 12 % der Brettbreite betragen, sie darf jedoch nicht kleiner als 10 mm sein.

3.5.5. Sichtbar bleibende Bekleidungen aus Platten, z. B. Holzwolle-Leichtbauplatten, Furnierplatten, Tischlerplatten, Holzspanplatten, Holzfaserplatten, Gipskartonplatten, Asbestzementplatten und -tafeln, Verbundplatten aller Art, Platten aus Schaumstoffen, Faserdämmstoffen, Metall usw., sind unter Beachtung der DIN-Normen und der Richtlinien des Herstellerwerkes auszuführen.

3.5.6. Soweit Unterkonstruktionen für Schalungen und Bekleidungen nach den Abschnitten 3.5.3 bis 3.5.5 erforderlich sind, müssen Kanthölzer der Normalklasse, Bretter der Güteklasse III und Latten der Güteklasse I nach DIN 68 365 entsprechen, wenn in der Leistungsbeschreibung nichts anderes vorgeschrieben ist, z. B. für tragende Bauteile.

Das Holz der Unterkonstruktion muß mit einem geeigneten Holzschutzmittel behandelt werden.

3.5.7. Eingelegte und eingeschobene Platten müssen in ihrer Lage gesichert werden.

3.6. Dach- und Deckenlattung

3.6.1. Dachlatten müssen der Güteklasse I nach DIN 68 365 entsprechen, wenn in der Leistungsbeschreibung nichts anderes vorgeschrieben ist. Sie sind gradlinig und in gleicher Lattenweite mit den erforderlichen Grat- und Kehllatten entsprechend der vorgesehenen Dachdeckung aufzubringen und auf jedem Sparren mit mindestens 1 Nagel zu befestigen.

3.6.2. Bei Deckenlattung für Rohrputz sind Latten der Güteklasse II nach DIN 68 365 mit 24 mm × 48 mm Querschnitt zu verwenden und mit Zwischenräumen von 20 mm auf jedem Balken mit 1 Nagel zu befestigen, wenn in der Leistungsbeschreibung nichts anderes vorgeschrieben ist. Lattenstöße sind so zu versetzen, daß die Stoßbreite 50 cm nicht überschreitet.

3.7. Lagerhölzer, Blindböden, Fußböden, Fußleisten

3.7.1. Das Holz für Lagerhölzer muß der Schnittklasse B entsprechen und die Gütemerkmale der Normalklasse nach DIN 68 365 haben, wenn in der Leistungsbeschreibung nichts anderes vorgeschrieben ist. Lagerhölzer sind waagerecht zu verlegen. Ihre Oberfläche muß in einer Ebene liegen. Ist Trittschallschutz vorgesehen, sind die Lagerhölzer auf Dämmstreifen zu verlegen.

3.7.2. Die Lagerhölzer sind gemäß DIN 68 800 mit einem geeigneten Holzschutzmittel zu schützen.

3.7.3. Für gehobelte Fußböden und Fußleisten sind Bretter oder Bohlen der Güteklasse II, für ungehobelte Fußböden sind Bretter oder Bohlen der Güteklasse III nach DIN 68 365 zu verwenden, wenn in der Leistungsbeschreibung nichts anderes vorgeschrieben ist. Durchfalläste müssen ausgedübelt sein.

3.7.4. Die Fußbodenbretter müssen, wenn in der Leistungsbeschreibung nichts anderes vorgeschrieben ist, quer zu den Balken oder Lagerhölzern verlegt werden. Für eine ausreichende Be- und Entlüftung von Hohlräumen unter den Brettern ist zu sorgen. Die Bretter sind auf jedem Lager zu befestigen. Nach dem Verlegen sind vorstehende Kanten an Stößen und an Fugen zu beseitigen, so daß eine ebene Fläche entsteht.

3.7.5. Bretter für Blindböden müssen DIN 68 365, Güteklasse III, entsprechen. Blindböden sind aus mindestens 21 mm gleichmäßig dicken Brettern mit 15 mm Zwischenraum anzuordnen, wenn in der Leistungsbeschreibung nichts anderes vorgeschrieben ist.

Blindböden aus Holzwerkstoffen müssen auch bei Verlegung auf Schüttungen und Dämmstoffen belüftet und gegen Feuchtigkeit geschützt werden. Die Verlegerichtlinien der Holzwerkstoff-Hersteller sind zu beachten.

3.7.6. Fuß-, Scheuer- und Stableisten müssen an Ecken und Stößen auf Gehrung geschnitten oder mit Profilanschnitt versehen sein; sie sind dauerhaft zu befestigen, z. B. Holzleisten in Abständen von höchstens 60 cm.

3.8. Vorgefertigte Flächenbauteile

3.8.1. Vorgefertigte tragende Flächenbauteile sind nach konstruktiven und statischen Erfordernissen zu verankern und miteinander zu verbinden.

3.8.2. Vorgefertigte, nichttragende Flächenbauteile müssen den baulichen Anforderungen, z. B. hinsichtlich des Feuchtigkeitsschutzes, entsprechen.

3.8.3. Für Holzhäuser in Tafelbauart und deren Gütesicherung gilt die entsprechende Festlegung in der Ergänzung zu DIN 1052 (siehe Abschnitt 3.1.2).

3.8.4. Für Fugendichtungen sind dauerelastische oder dauerplastische Dichtmassen Dichtbänder, Dichtprofile und ähnliche Stoffe zu verwenden.

Fugenüberspannungen mit elastischen Stoffen sind so auszuführen, daß sie Bewegungen an den Stößen aufnehmen.

3.9. Leichte Trennwände, Leichtwände

3.9.1. Leichte Trennwände sind nach DIN 4103, Leichtwände nach DIN 18 183 Blatt 1 herzustellen.

3.10. Dampfbremsen und Dampfsperren

Dampfbremsen und Dampfsperren, z. B. aus Papier, Pappen oder Folien, müssen an den Stößen überlappt und angepreßt oder anderweitig einwandfrei verbunden werden.

3.11. Gezimmerte Türen und Tore

3.11.1. Für gezimmerte Türen und Tore sind Bretter der Güteklasse II und Latten der Güteklasse I nach DIN 68 365 zu verwenden, wenn in der Leistungsbeschreibung nichts anderes vorgeschrieben ist.

3.11.2. Bei Türen und Toren aus Brettern sind die Bretter mit mindestens je 2 Nägeln, bei Türen und Toren aus Latten die Latten mit mindestens je 1 Nagel auf den Quer- und Strebeleisten zu befestigen, wenn in der Leistungsbeschreibung nichts anderes vorgeschrieben ist, z. B. Befestigung mit Holzschrauben. Sind Fugendeckleisten vorgeschrieben, so ist jede Leiste nur auf einem Brett zu befestigen.

3.11.3. Strebeleisten sind bei gezimmerten Türen und Toren mit Versatz an die Querleisten anzuschließen.

3.11.4. Bei aufgedoppelten Türen und Toren sind die Bretter so zu befestigen, daß sie nicht reißen können.

3.11.5. Bei Türen und Toren aus Platten müssen Holzspanplatten nach DIN 68 763, Bau-Furnierplatten nach DIN 68 705 Blatt 3 oder Platten mit gleichen Nutzungseigenschaften verwendet werden.

3.12. Verschläge

3.12.1. Bei Verschlägen müssen die Bretter und Latten der Güteklasse II nach DIN 68 365 entsprechen, wenn in der Leistungsbeschreibung nichts anderes vorgeschrieben ist.

3.12.2. Bei Bretterverschlägen sind die Bretter dicht nebeneinander auf jedem Riegel mit 2 Nägeln zu befestigen, wenn in der Leistungsbeschreibung nichts anderes vorgeschrieben ist.

3.12.3. Zu Lattenverschlägen sind Latten mit einem Querschnitt von mindestens 24 mm × 48 mm zu verwenden. Die Latten sind mit Zwischenräumen von höchstens 50 mm auf jedem Riegel mit 1 Nagel zu befestigen, wenn in der Leistungsbeschreibung nichts anderes vorgeschrieben ist.

3.12.4. Bei Verschlägen aus Platten sind Holzspanplatten nach DIN 68 763 zu verwenden, wenn in der Leistungsbeschreibung nichts anderes vorgeschrieben ist, z. B. Bau-Furnierplatten nach DIN 68 705 Blatt 3 oder Gipskartonplatten nach DIN 18 180. Bei Gipskartonplatten müssen verzinkte Befestigungsmittel verwendet werden.

3.13. Treppen

3.13.1. Nadelholz für Geschoßtreppen muß der Güteklasse I nach DIN 68 365 entsprechen, wenn in der Leistungsbeschreibung nichts anderes vorgeschrieben ist. Bei Verwendung von Holzspanplatten ist DIN 68 763 zu beachten.

3.13.2. Die Treppen müssen so zusammengearbeitet und aufgestellt werden, daß die Stufen beim Begehen nicht knarren.

3.13.3. Trittstufen dürfen aus verleimten Einzelteilen hergestellt werden, wenn in der Leistungsbeschreibung nicht die Herstellung aus einem Stück vorgeschrieben ist.

3.13.4. Krümmlinge (Kropfstücke) sind aus Vollholz oder aus einem verleimten Stück auszuarbeiten oder zu biegen. Krümmlinge sind unter sich, mit den Wangen und dem Handlauf durch Kropfschrauben und Hartholzbündel zu verbinden, wenn aus statischen Gründen nicht andere Verbindungen erforderlich sind. Werden Schraubenlöcher verdübelt, so sind die Dübel entsprechend der Holzart auszuwählen und in der Faserrichtung einzupassen.

3.14. Chemischer Holzschutz

3.14.1. Ist chemischer Holzschutz vorgeschrieben, so ist dieser nach DIN 68 800 auszuführen.

3.14.2. Der Auftragnehmer hat bei der Auswahl und der Verwendung der Holzschutzmittel die für den Verkehr mit Giftstoffen geltenden behördlichen Vorschriften zu beachten.

3.14.3. Holzschutzmittel müssen für die zu behandelnden Stoffe und Bauteile geeignet sein, auf die Verträglichkeit der Holzschutzmittel mit anderen Stoffen ist zu achten.

3.14.4. Das Holzschutzmittel ist nach Wahl des Auftragnehmers durch Kurztauchen, Streichen oder Spritzen einzubringen, wenn in der Leistungsbeschreibung ein anderes Verfahren nicht vorgeschrieben ist.

3.14.5. Balkenköpfe und andere Bauteile aus Holz, die in Mauerwerk oder Beton einbinden sollen, sind mit einem geeigneten chemischen Holzschutzmittel nach DIN 68 800 zu schützen, wenn in der Leistungsbeschreibung nichts anderes vorgeschrieben ist.

4. Nebenleistungen

Nebenleistungen sind Leistungen, die auch ohne Erwähnung in der Leistungsbeschreibung zur vertraglichen Leistung gehören (siehe Teil B — DIN 1961 — § 2 Nr. 1).

4.1. Folgende Leistungen sind Nebenleistungen:

4.1.1. Messungen für das Ausführen und Abrechnen der Arbeiten einschließlich des Vorhaltens der Meßgeräte, Lehren, Absteckzeichen usw., des Erhaltens der Lehren und Absteckzeichen während der Bauausführung und des Stellens der Arbeitskräfte, jedoch nicht Leistungen nach Teil B — DIN 1961 — § 3 Nr. 2.

4.1.2. Schutz- und Sicherheitsmaßnahmen nach den Unfallverhütungsvorschriften und den behördlichen Bestimmungen.

4.1.3. Schutz der ausgeführten Leistung und der für die Ausführung übergebenen Gegenstände vor Beschädigung und Diebstahl bis zur Abnahme.

4.1.4. Heranbringen von Wasser und Energie von den vom Auftraggeber auf der Baustelle zur Verfügung gestellten Anschlußstellen zu den Verwendungsstellen.

4.1.5. Lieferung der Betriebsstoffe.

4.1.6. Befördern aller Stoffe und Bauteile, auch wenn sie vom Auftraggeber beigestellt sind, von den Lagerstellen auf der Baustelle zu den Verwendungsstellen und etwaiges Rückbefördern.

4.1.7. Sichern der Arbeiten gegen Tagwasser, mit dem normalerweise gerechnet werden muß, und seine etwa erforderliche Beseitigung.

4.1.8. Beleuchten und Reinigen der Aufenthaltsräume und Aborte für die Beschäftigten des Auftragnehmers sowie Beheizen der Aufenthaltsräume.

4.1.9. Beseitigen aller Verunreinigungen (Abfälle, Bauschutt und dergleichen), die von den Arbeiten des Auftragnehmers herrühren.

4.1.10. Vorhalten der Gerüste, Hebezeuge, Aufzüge, Aufenthalts- und Lagerräume, Einrichtungen und dergleichen bis zu 3 Wochen über die eigene Benutzungsdauer hinaus für andere Unternehmer sowie das Vorhalten der Abdeckungen und Umwehrungen für diese Zeit.

Der Abschluß der eigenen Benutzung ist dem Auftraggeber schriftlich mitzuteilen.

4.1.11. Liefern von Nägeln und Holzschrauben.

4.1.12. Auffütterungen bis zu 2 cm Dicke zur Herstellung einer ebenen Fläche, z. B. an Wänden, Böden und Decken.

4.2. Folgende Leistungen sind Nebenleistungen, wenn sie nicht durch besondere Ansätze in der Leistungsbeschreibung erfaßt sind:

4.2.1. Einrichten und Räumen der Baustelle.

4.2.2. Vorhalten der Baustelleneinrichtung einschließlich der Geräte, Gerüste und dergleichen.

4.2.3. Anfertigen und Liefern statischer Berechnungen und Pläne für Baubehelfe, soweit diese für die eigene Leistung des Auftragnehmers errichtet werden.

4.2.4. Liefern und Einbauen von Ankern, Dübeln, Laschen.

4.2.5. Liefern und Einbauen von Spannschlössern.

4.2.6. Liefern und Einbauen von Abhängern an Decken und Dächern.

4.2.7. Liefern und Einbauen von Abstandhaltern an Wänden und Fassaden.

4.3. Folgende Leistungen sind keine Nebenleistungen:

4.3.1. „Besondere Leistungen" nach Teil A – DIN 1960 – § 9 Nr. 6.

4.3.2. Aufstellen, Vorhalten und Beseitigen von Bauzäunen, Blenden und Schutzgerüsten zur Sicherung des öffentlichen Verkehrs sowie von Einrichtungen außerhalb der Baustelle zur Umleitung und Regelung des öffentlichen Verkehrs.

4.3.3. besondere Maßnahmen zur Sicherung gefährdeter Bauwerke und zum Schutz benachbarter Grundstücke, z. B. Unterfangungen, Stützmauern, Bodenverfestigungen.

4.3.4. Sichern von Leitungen, Kanälen, Dränen, Kabeln, Grenzsteinen, Bäumen und dergleichen.

4.3.5. Beseitigen von Hindernissen, Leitungen, Kanälen, Dränen, Kabeln und dergleichen.

4.3.6. besondere Maßnahmen aus Gründen der Landespflege und des Umweltschutzes.

4.3.7. Vorhalten von Aufenthalts- und Lagerräumen, wenn der Auftraggeber Räume, die leicht verschließbar gemacht werden können, nicht zur Verfügung stellt.

4.3.8. Herausschaffen, Aufladen und Abfahren des Bauschuttes anderer Unternehmer.

4.3.9. Vorhalten der Gerüste, Hebezeuge, Aufzüge, Aufenthalts- und Lagerräume, Einrichtungen und dergleichen länger als 3 Wochen über die eigene Benutzungsdauer hinaus für andere Unternehmer sowie das Vorhalten der Abdeckungen und Umwehrungen für diese Zeit.

4.3.10. Umbau von Gerüsten für Zwecke anderer Unternehmer.

4.3.11. zusätzliche Maßnahmen für die Weiterarbeit bei Frost und Schnee, soweit sie dem Auftragnehmer nicht ohnehin obliegen.

4.3.12. besonderer Schutz der Bauleistung, der vom Auftraggeber für eine vorzeitige Benutzung verlangt wird, seine Unterhaltung und spätere Beseitigung.

4.3.13. Lieferung statischer Berechnungen für den Nachweis der Standfestigkeit des Bauwerks (Dachstuhl oder dergleichen) und der für diese Nachweise erforderlichen Zeichnungen. Berechnungen und Gutachten über die Schall- und Wärmedämmung, den Feuerschutz, die Dampfdiffusion und dergleichen.

4.3.14. Herstellen und Schließen von Löchern in Mauerwerk und Beton für Auflager und Verankerungen.

4.3.15. Auffütterungen von mehr als 2 cm Dicke zur Herstellung einer ebenen Fläche, z. B. an Wänden, Böden und Decken.

4.3.16. Probebelastungen nach DIN 1074, wenn die vertragsmäßige Beschaffenheit der Leistung nicht auf andere Weise nachgewiesen werden kann.

4.3.17. Herstellen und Anlegen von Öffnungen, z. B. für Schalter, Rohrdurchführungen, Kabel.

4.3.18. Herstellen von Musterflächen, Musterkonstruktionen und Modellen.

5. Abrechnung

5.1. Allgemeines

5.1.1. Die Leistung ist aus Zeichnungen zu ermitteln, soweit die ausgeführte Leistung diesen Zeichnungen entspricht. Sind solche Zeichnungen nicht vorhanden, ist die Leistung aufzumessen.

Der Ermittlung der Leistung — gleichgültig ob sie nach Zeichnungen oder nach Aufmaß erfolgt — sind zugrunde zu legen:

für Bauteile aus Holz, leichte Trennwände usw. deren Konstruktionsmaße,

für verzimmerte Hölzer deren Einbaumaße, wobei die Länge der Hölzer einschließlich der Zapfen und anderer Holzverbindungen zu rechnen ist,

für Dachschalungen und Dachlattungen deren Konstruktionsmaße,

für Wandbekleidungen, Wandschalungen, Verschläge usw. die Konstruktionsmaße der zu bekleidenden bzw. zu verschalenden Flächen,

für Zwischenböden, Dämmungen, Deckenschalungen, Fußböden usw. die zu belegende Fläche bis zu den begrenzenden, ungeputzten bzw. unbekleideten Bauteilen,

für Holzschutzbehandlung die Maße der Bauteile, der verzimmerten Hölzer oder das Konstruktionsmaß des Untergrundes der behandelten Flächen.

5.2. Es werden abgerechnet:

5.2.1. Verzimmerte Hölzer

5.2.1.1. Liefern von Kanthölzern (Balken), Bohlen, Brettern und Baurundhölzern nach Raummaß (m^3).

Die Länge der Hölzer wird einschließlich der Zapfen und anderer Holzverbindungen gerechnet. Ihr Rauminhalt wird aus dieser Länge und ihrem Querschnitt ermittelt. Verschnitt bleibt bei der Abrechnung unberücksichtigt.

5.2.1.2. Abbinden und Aufstellen oder Verlegen der Hölzer nach Abschnitt 5.2.1.1 nach Längenmaß (m).

5.2.1.3. Abbinden und Aufstellen von Grat- und Kehlsparren sowie Schiftern nach Längenmaß (m) als zusätzliche Leistung nach Abschnitt 5.2.1.2.

5.2.1.4. Abbinden und Aufstellen bei schwierigen Verzimmerungen, z. B. Türme, Kuppeln, Dachgaupen, geschweifte Dachflächen, nach Anzahl (Stück), als zusätzliche Leistung nach Abschnitt 5.2.1.2.

5.2.1.5. Aufschieblinge, getrennt nach Größe, nach Anzahl (Stück).

5.2.1.6. Gehobelte, profilierte Sparren-, Pfetten- und Balkenköpfe nach Anzahl (Stück) als zusätzliche Leistung nach Abschnitt 5.2.1.2.

5.2.1.7. Hobeln von Bauhölzern einseitig, zweiseitig, dreiseitig, allseitig, nach Längenmaß (m) als zusätzliche Leistung nach Abschnitt 5.2.1.2.

5.2.2. Konstruktive Bauteile

5.2.2.1. Liefern und Aufstellen von freitragenden Bindern, z. B. Nagelbinder, Dübelbinder, verleimte Binder u. ä. nach Anzahl (Stück).

5.2.2.2. Liefern und Aufstellen anderer Konstruktionsbauteile, z. B. Stützen, Unterzüge, Träger, nach Längenmaß (m) oder Anzahl (Stück).

5.2.2.3. Liefern und Ausführen von Knick- und Windverbänden nach Längenmaß (m) oder Anzahl (Stück).

5.2.2.4. Oberflächenbehandlung von Bauteilen nach Längenmaß (m), Flächenmaß (m^2) oder Anzahl (Stück) als zusätzliche Leistung nach den Abschnitten 5.2.2.1. bis 5.2.2.3.

5.2.3. Vorgefertigte Bauteile

5.2.3.1. Vorgefertigte Bauteile, z. B. Wände, Decken, Böden, nach Längenmaß (m), Flächenmaß (m^2) oder Anzahl (Stück).

Bei Abrechnung nach Flächenmaß werden Öffnungen und Aussparungen bis zu 2 m^2 Einzelgröße nicht abgezogen. Öffnungen über 2 m^2 Einzelgröße werden abgezogen und nach Anzahl (Stück) als Zulage vergütet.
Hierbei werden Nischen wie Aussparungen behandelt.

5.2.3.2. besondere Fugen- und Eckausbildungen nach Längenmaß (m) als zusätzliche Leistung nach Abschnitt 5.2.3.1. Für die Abrechnung gilt die größte Länge.

5.2.3.3. Bekleidungen der Leibungen nach Längenmaß (m) oder nach Anzahl (Stück) als zusätzliche Leistung nach Abschnitt 5.2.3.1.

5.2.4. Leichte Trennwände nach Abschnitt 5.2.3.

5.2.5. Zwischenböden

5.2.5.1. Einschub einschließlich Latten zwischen den ungeputzten Wänden ohne Abzug der Balken nach Flächenmaß (m^2). Aussparungen bis zu 1,0 m^2 Einzelgröße werden nicht abgezogen.

5.2.5.2. Auffüllungen und Dämmungen nach Flächenmaß (m^2), wie in Abschnitt 5.2.5.1.

5.2.6. Schalungen, Bekleidungen, Deckenlattungen

5.2.6.1. Schalungen aus Bohlen und Dachschalungen nach Flächenmaß (m^2).
Aussparungen bis 1 m^2 Einzelgröße werden nicht abgezogen.

5.2.6.2. Kehlschalungen nach Längenmaß (m) als zusätzliche Leistung nach Abschnitt 5.2.6.1.

5.2.6.3. Dach- und Wangenschalung der Gaupen nach Flächenmaß (m^2).

5.2.6.4. Deckenunterschalung und Sparschalung sowie Deckenlattung nach Flächenmaß (m^2). Die Zwischenräume zwischen den Brettern und Latten sowie Öffnungen bis zu 1 m^2 Einzelgröße werden nicht berücksichtigt.

5.2.6.5. Decken- und Wandbekleidungen mit oder ohne Unterkonstruktion bzw. Dämmung zwischen den ungeputzten Decken und Wänden nach Flächenmaß (m^2).

Öffnungen bei Deckenbekleidungen bis zu 1 m^2, bei Wandbekleidungen bis zu 2 m^2 Einzelgröße werden nicht berücksichtigt.

5.2.6.6. Öffnungen bei Deckenbekleidungen über 1 m^2 Einzelgröße und bei Wandbekleidungen über 2 m^2 Einzelgröße werden abgezogen und das Herstellen der Öffnungen nach Anzahl (Stück) als Zulage zum Preis nach Abschnitt 5.2.6.5 vergütet.

5.2.6.7. besondere Fugen und Eckausbildungen sowie Bekleidungen der Leibungen nach den Abschnitten 5.2.3.2 und 5.2.3.3.

5.2.6.8. besondere Dämmungen, Dampfsperren nach Flächenmaß (m^2).

5.2.6.9. Rohr-, Stützen- und Trägerbekleidungen, Lüftungsschächte und Abschottungen nach abgewickelter Fläche nach Flächenmaß (m^2) oder nach Längenmaß (m).

5.2.7. Lattung und Einzelbauteile am Dach

5.2.7.1. Dachlattung nach Flächenmaß (m^2) oder nach Längenmaß (m).

5.2.7.2. Traufbretter und Traufbohlen (auch Keilbohlen) nach Längenmaß (m).

5.2.7.3. Schornsteinsättel nach Anzahl (Stück).

5.2.7.4. Laufbohlen nach Längenmaß (m).

5.2.7.5. Gesimse und Gesimsunterkonstruktion, z. B. Kastengesimse, Giebelgesimse, getrennt nach Bauart und Abmessungen nach Längenmaß (m). Gerechnet wird die größte Länge.

5.2.7.6. Stirnbretter, Ortbretter und Zahnleisten nach Abschnitt 5.2.7.5.

5.2.8. Lagerhölzer, Fußböden, Blindböden und Fußleisten

5.2.8.1. Lagerhölzer für Fußböden und Schwellen unter Leichtwänden nach Längenmaß (m).

5.2.8.2. Fußböden und Blindböden aus Holz und Holzwerkstoffen zwischen den ungeputzten Wänden nach Flächenmaß (m^2).

Aussparungen bis zu 1 m^2 Einzelgröße werden nicht abgezogen.

Bei Blindböden werden die Zwischenräume zwischen den Brettern nicht berücksichtigt.

5.2.8.3. Fuß- und Scheuerleisten nach Längenmaß (m).
Gerechnet wird die größte Länge.

5.2.8.4. Profil-, Stab- und Dreikantleisten nach Längenmaß (m).
Gerechnet wird die größte Länge.

5.2.8.5. Auffüllungen und Dämmungen nach Abschnitt 5.2.8.2 nach Flächenmaß (m^2). Lagerhölzer werden nicht berücksichtigt.

5.2.9. Gezimmerte Türen und Tore

5.2.9.1. Türen und Tore, getrennt nach Ausführung, nach Anzahl (Stück).

5.2.9.2. Türschwellen nach Länge und Breiten getrennt, nach Anzahl (Stück).

5.2.10. Verschläge

Verschläge nach Abschnitt 5.2.6.1. Die Zwischenräume zwischen den Latten werden nicht berücksichtigt.

5.2.11. Zäune, getrennt nach Bauart und Höhe, nach Längenmaß (m).
Zauntore und Zauntüren nach Anzahl (Stück) als Zulage.

5.2.12. Treppen

5.2.12.1. Treppen nach Anzahl der Steigungen, getrennt nach geraden, gewendelten und besonders ausgebildeten Stufen, oder nach Anzahl (Stück).

5.2.12.2. Podeste, Pfosten, Krümmlinge, Kropfstücke nach Anzahl (Stück).

5.2.12.3. Beläge, Schutzabdeckungen u. ä. je Stufe nach Anzahl (Stück).

5.2.12.4. Blindwangen, Abdeckleisten auf Wangen- und Treppenlochbekleidungen nach Längenmaß (m).

5.2.12.5. unterseitige Treppenbekleidungen nach Flächenmaß (m^2).

5.2.12.6. Geländer und Handläufe nach dem längsten Maß (m).

5.2.13. Holzschutz

Holzschutzbehandlung nach Flächenmaß (m^2), nach Raummaß (m^3), nach Längenmaß (m) oder nach Anzahl (Stück).

5.2.14. Verbindungs- und Befestigungsmittel

Zuganker, Stahlschuhe, Dübel nach DIN 1052 Blatt 2.
Bolzen, Klammern, Laschen, Kopf- und Balkenanker u. ä. nach Anzahl (Stück).

VOB Teil C:

Allgemeine Technische Vorschriften für Bauleistungen

Stahlbauarbeiten - DIN 18335

Fassung Dezember 1958 × (× Oktober 1965)

Inhalt

18 335

0. Hinweise für die Leistungsbeschreibung*)

(siehe auch Teil A – DIN 1960 – § 9)

0.1. In der Leistungsbeschreibung sind nach Lage des Einzelfalles insbesondere anzugeben:

0.101. für welche Ausführungsunterlagen die Genehmigung des Auftraggebers erforderlich ist.

0.102. Boden- und Wasserverhältnisse, soweit sie bekannt sind, und das Ergebnis von Boden- und Wasseruntersuchungen.

0.103. besondere Maßnahmen, die aus Gründen der Landespflege (z. B. Naturschutz, Schonung des Landschaftsbildes) durchzuführen sind.

0.104. Berechnungen oder Zeichnungen, die der Auftraggeber zur Verfügung stellt.

0.105. ob der Stahl durch Schrauben, Niete oder Schweißnähte verbunden werden soll.

0.106. ob eine Bescheinigung nach DIN 50049 — Bescheinigungen über Werkstoffprüfungen — verlangt wird und gegebenenfalls welcher Art sie sein soll.

0.107. ob Stahl verwendet werden muß, der vom Auftraggeber auf vertragsmäßige Beschaffenheit im Werkstofflieferwerk geprüft ist.

0.108. ob Schweißnähte über die Vorschriften nach Abschnitt 1.2 hinausgehend zu bearbeiten sind und gegebenenfalls in welcher Weise.

0.109. ob über die Vorschriften nach Abschnitt 1.2 hinausgehend eine zerstörungsfreie Werkstoffprüfung gefordert wird und gegebenenfalls welcher Art sie sein soll.

0.110. Grenzen für Formänderungen.

0.111. zulässige Fugenpressung an Lagern und Stützenfüßen; Verlauf und Ausmaß von Setzungen.

0.112. Bedingungen für Anheben und Senken von Verbundkonstruktionen.

0.113. ob eine Berechnung für eine Probebelastung zu liefern ist.

---

*) Diese Hinweise werden nicht Vertragsbestandteil.

0.114. wann die Stützkörper an den Auftragnehmer übergeben werden (siehe Abschnitt 3.41).

0.115. Füllstoffe, die der Auftraggeber für die Dichtigkeitsprobe beistellt.

0.116. Besonderheiten der verkehrs- und wasserpolizeilichen Sicherung, gegebenenfalls auch, wieweit der Auftraggeber die Durchführung der erforderlichen Maßnahmen übernimmt.

0.117. bekannte oder vermutete Hindernisse (z. B. Leitungen, Kabel, Kanäle, Bauwerksreste) im Bereich der Baustelle, möglichst an Hand von Plänen.

0.118. besondere Anordnungen, Vorschriften und Maßnahmen der Eigentümer (oder der anderen Weisungsberechtigten) von Leitungen, Kabeln, Kanälen, Wegen, Wasserläufen und Schienen im Bereich der Baustelle.

0.119. ob, wie lange, für welche Arbeiten und gegebenenfalls für welche besondere Beanspruchung der Auftragnehmer seine Gerüste (oder nur Teile der Gerüste) sowie Abdeckungen und Umwehrungen von Öffnungen über Abschnitt 4.115 hinaus vorzuhalten hat.

0.120. Leistungen nach Abschnitt 4.3, soweit nötig in besonderen Ansätzen.

0.2. In der Leistungsbeschreibung sind Angaben zu folgenden Abschnitten nötig, wenn der Auftraggeber eine abweichende Regelung wünscht:

Abschnitt 1.3 (Lieferung der Stoffe und Bauteile)
Abschnitt 2.1 (Vorhalten von Stoffen und Bauteilen)
Abschnitt 2.21 (ungebrauchte Stoffe und Bauteile)
Abschnitt 3.21 (Liefern von Zeichnungen und Festigkeitsberechnungen)
Abschnitt 3.25 (Frist für die Genehmigung der Ausführungsunterlagen durch den Auftraggeber)
Abschnitt 3.3 (Berührungsflächen, Oberflächenschutz)
Abschnitt 3.43 (Untergießen oder Unterstopfen der Lager sowie Vergießen der Verankerungen und Geländerpfosten)
Abschnitt 5.11 (Abrechnung nach Gewicht)
Abschnitt 5.12 (Gewichtsbestimmung durch Wägen)
Abschnitt 5.33 (Gewichtszuschläge bei genieteten Stahlbauten)
Abschnitt 5.34 (Gewichtszuschläge bei geschweißten Stahlbauten)
Abschnitt 5.35 (Gewichtszuschläge bei geschraubten Stahlbauten)
Abschnitt 5.36 (Gewichtszuschläge bei teils genieteten, teils geschraubten und teils geschweißten Stahlbauten)
Abschnitt 5.38 (Gewichtszuschläge für Walztoleranzen und Verschnitt)

1. Allgemeines

1.1. DIN 18 335 — Stahlbauarbeiten — gilt für Stahlbauleistungen des konstruktiven Ingenieurbaues und für den Geltungsbereich von DIN 1050 — Stahl im Hochbau; Berechnung und bauliche Durchbildung. Bei Verbundbauweise gilt DIN 18 335 nicht für die in Verbundwirkung stehenden Beton- und Stahlbetonteile.

1.2. Außer DIN 18 335 gelten für die Berechnung, bauliche Durchbildung, Fertigung und Aufstellung:

1.21. DIN 120 Blatt 1 Berechnungsgrundlagen für Stahlbauteile von Kranen und Kranbahnen

DIN 1000 Stahlhochbauten; Ausführung[+1])

[+1]) Seit Dezember 1973: DIN 1000 — Stahlbauten; Ausführung.

DIN 1050 Stahl im Hochbau; Berechnung und bauliche Durchbildung

DIN 4100 Geschweißte Stahlhochbauten; Berechnung und bauliche Durchbildung+2)

1.22. DIN 1073 Stählerne Straßenbrücken; Berechnungsgrundlagen

DIN 1078 Blatt 1 Verbundträger-Straßenbrücken; Richtlinien für die Berechnung und Ausbildung

DIN 1079 Stählerne Straßenbrücken; Grundsätze für die bauliche Durchbildung

DIN 4101 Geschweißte, vollwandige, stählerne Straßenbrücken; Vorschriften+3).

1.3. Alle Leistungen umfassen auch die Lieferung der dazugehörigen Stoffe und Bauteile einschließlich Abladen und Lagern auf der Baustelle, wenn in der Leistungsbeschreibung nichts anderes vorgeschrieben ist.

2. Stoffe und Bauteile

2.1. Vorhalten

Stoffe und Bauteile, die der Auftragnehmer nur vorzuhalten hat, die also nicht in das Bauwerk eingehen, können nach Wahl des Auftragnehmers ungebraucht oder gebraucht sein, wenn in der Leistungsbeschreibung darüber nichts vorgeschrieben ist.

2.2. Liefern

2.21. Stoffe und Bauteile, die der Auftragnehmer zu liefern und einzubauen hat, die also in das Bauwerk eingehen, müssen ungebraucht sein, wenn in der Leistungsbeschreibung nichts anderes vorgeschrieben ist. Sie müssen den DIN-Güte- und -Maßbestimmungen entsprechen.

2.22. Zum Schweißen darf nur Stahl verwendet werden, der als Stahl einer dem Verwendungszweck entsprechenden Gütegruppe nach DIN 17 100 — Allgemeine Baustähle, Gütevorschriften — oder einer mindestens gleichgeeigneten Güte bestellt, als solcher entgegengenommen und gelagert ist. Der Auftragnehmer hat auf Verlangen des Auftraggebers nachzuweisen, daß diese Bedingungen erfüllt sind.

2.23. Wenn der Auftraggeber rechtzeitig verlangt, daß Werkstoffe vom Auftragnehmer vor Beginn der Fertigung auf bestimmte Eigenschaften geprüft werden, so gilt folgendes:

2.231. Der Auftragnehmer hat den Auftraggeber rechtzeitig zur Probeentnahme aufzufordern.

2.232. Der Auftragnehmer hat die zur Prüfung erforderlichen Arbeitskräfte, Maschinen, Geräte usw. sowie die fertig bearbeiteten Probestücke zu stellen und dem Auftraggeber Gelegenheit zu geben, an der Prüfung teilzunehmen.

2.233. Die nicht beanstandeten Werkstoffe hat der Auftragnehmer durch Kennzeichnung oder entsprechende Lagerung vor Verwechslung zu schützen und für die Ausführung der Bauleistung zu verwenden.

2.234. Der Auftraggeber hat für die Leistungen nach den Abschnitten 2.231 bis 2.233 keine besondere Vergütung zu entrichten, soweit es sich um Stichproben der Werkstoffe handelt.

+2) Seit Dezember 1968: DIN 4100 — Geschweißte Stahlbauten mit vorwiegend ruhender Belastung; Berechnung und bauliche Durchbildung.

+3) Seit Dezember 1973: DIN 4101 — Geschweißte stählerne Straßenbrücken; Berechnung und bauliche Durchbildung.

2.24. Wenn in den Verdingungsunterlagen vorgeschrieben ist, daß Werkstoffe vom Auftraggeber im Werkstofflieferwerk auf vertragsmäßige Beschaffenheit geprüft werden, so gilt folgendes:

2.241. Der Auftragnehmer hat sicherzustellen,
daß dem Auftraggeber vom Werkstofflieferwerk rechtzeitig mitgeteilt wird, wann der Stahl zur Prüfung bereitsteht;
daß der Prüfungsbeauftragte des Auftraggebers Zutritt zum Werkstofflieferwerk erhält, soweit es der Prüfungszweck erfordert;
daß die zur Durchführung der Prüfung erforderlichen Arbeitskräfte, Maschinen, Geräte usw. sowie die fertig bearbeiteten Probestücke vom Werkstofflieferwerk gestellt werden. Eine besondere Vergütung hat der Auftraggeber hierfür nicht zu zahlen.

2.242. Die nicht beanstandeten Werkstoffe werden vom Prüfungsbeauftragten des Auftraggebers mit einem Prüfstempel versehen.
Die Stempelzeichen sind so zu setzen, daß sie, in der Walzrichtung gesehen, aufrecht stehen. Sie sind mit einem weißen Ölfarbenring augenfällig zu kennzeichnen.

2.243. Nur Werkstoffe, die nach Abschnitt 2.242 gekennzeichnet sind, dürfen für die Ausführung der Bauleistung verwendet werden.

2.25. Die Prüfungen nach den Abschnitten 2.23 und 2.24 sind nach den für den Werkstoff gültigen DIN-Lieferbedingungen durchzuführen.

2.26. Werden die zur Prüfung nötigen Arbeitskräfte, Einrichtungen usw. nicht gestellt, so kann der Auftraggeber die Prüfung auf Kosten des Auftragnehmers durch andere Stellen ausführen lassen.

3. Ausführung

3.1. Allgemeines

Liegen Verkehrs- und Versorgungsanlagen im Bereich des Baugeländes, so sind die Vorschriften und Anordnungen der zuständigen Stellen zu beachten.

3.2. Zeichnerische und rechnerische Ausführungsunterlagen

3.21. Der Auftragnehmer hat die für seine Vertragsleistung nötigen Zeichnungen und Festigkeitsberechnungen zu beschaffen. Bei Verbundbauweisen muß sich die Festigkeitsberechnung auch auf die in Verbundwirkung stehenden Beton- und Stahlbetonteile erstrecken. Er hat die für die Genehmigung des Bauvorhabens erforderlichen Zeichnungen und Festigkeitsberechnungen in zwei von ihm unterschriebenen Ausfertigungen dem Auftraggeber zu liefern, wenn in der Leistungsbeschreibung nichts anderes vorgeschrieben ist.

3.22. Hat der Auftragnehmer Werkzeichnungen zu liefern, so müssen sie im Maßstab von mindestens 1:20, für Einzelteile im Maßstab 1:10 bis 1:1 ausgeführt sein.

3.23. In den Werkzeichnungen müssen folgende Angaben enthalten sein:
alle wesentlichen Maße, Stablängen, Blechdicken;
Benennungen der Stab-, Form- und Breitflachstähle;
Niet- und Schraubendurchmesser, Lochabstände und Wurzelmaße;
Form, Länge, Dicke und Güte der Schweißnähte;
vorgesehene Bearbeitung der Kontaktstöße;
die Werkstatt- und Baustellenstöße.

3.24. Festigkeitsberechnungen, die der Auftragnehmer liefert, müssen vom Auftragnehmer und vom Statiker mit vollem Namen unterschrieben sein. Schweißpläne müssen entsprechend vom Auftragnehmer und vom Schweißfachingenieur unterschrieben sein.

3.25. Der Auftraggeber hat die vom Auftragnehmer gelieferten Ausführungsunterlagen, soweit sie der Genehmigung des Auftraggebers bedürfen und nicht zu beanstanden sind, in einer Ausfertigung mit seinem Genehmigungsvermerk spätestens 3 Wochen nach der Vorlage zurückzugeben, wenn keine andere Frist vereinbart ist.

3.26. Die Verantwortung und Haftung, die dem Auftragnehmer nach dem Vertrag obliegt, wird nicht dadurch eingeschränkt, daß der Auftraggeber Ausführungsunterlagen genehmigt. Der Auftraggeber erklärt hierdurch jedoch, daß die Ausführungsunterlagen seinen Forderungen entsprechen.

3.3. Berührungsflächen, Oberflächenschutz

Berührungsflächen zu verbindender Stahlteile und Stahlbauteile hat der Auftragnehmer nach den einschlägigen DIN-Vorschriften zu behandeln und, wenn es darin vorgesehen ist, mit einem Oberflächenschutz zu versehen. Im übrigen hat er weder einen Grundanstrich noch einen anderen Oberflächenschutz aufzubringen, wenn in der Leistungsbeschreibung nichts anderes vorgeschrieben ist.

3.4. Auflagerung der Stahlbauten

3.41. Die Stützkörper für die Stahlbauten hat der Auftraggeber dem Auftragnehmer in richtiger Lage und Höhe und für die Aufnahme der Lager hergerichtet zum vereinbarten Zeitpunkt zur Verfügung zu stellen; dabei hat er die Mittellinien des Bauwerks und die Widerlager-, Pfeiler- oder Säulenachsen zu kennzeichnen.

3.42. Der Auftragnehmer hat die Stahlbauten auszurichten. Mit dem Untergießen oder Unterstopfen der Lager und Stützenfüße (siehe Abschnitt 3.43) darf erst begonnen werden, nachdem der Auftraggeber die richtige Lage in einer gemeinsam aufgenommenen Niederschrift anerkannt hat. Das Anerkenntnis gilt nicht als Abnahme.

3.43. Es ist Sache des Auftraggebers, für das Untergießen oder Unterstopfen der Lager und Stützenfüße mit Zementmörtel und für das Vergießen der Verankerungen und Geländerpfosten mit Zementmörtel die erforderlichen Stoffe, Fachkräfte und Hilfskräfte, in schwierigen Fällen auch einen Polier oder Fachingenieur beizustellen, wenn in der Leistungsbeschreibung nichts anderes vorgeschrieben ist. Im Endausbau störende Keile hat der Auftragnehmer zu entfernen, nachdem der Zementmörtel die erforderliche Festigkeit erreicht hat. Das Untergießen oder Unterstopfen ist sobald wie möglich nach dem Ausrichten vorzunehmen; der Zeitpunkt ist in der Niederschrift nach Abschnitt 3.42 festzulegen.

3.5. Probebelastungen, Dichtigkeitsproben

3.51. Für die Abnahme kann der Auftraggeber auf seine Kosten Probebelastungen der Stahlbauten vornehmen. Er hat dem Auftragnehmer Gelegenheit zu geben, daran teilzunehmen.

3.52. Die Probebelastungen sind entsprechend den Annahmen der Festigkeitsberechnungen durchzuführen; Einzelheiten sind mit dem Auftragnehmer zu verabreden.

3.53. Wenn unter Probelast eintretende elastische Formänderungen das Maß überschreiten,

a) das nach der für die Probelast aufgestellten Festigkeitsberechnung zu erwarten ist oder

b) das nach dem Vertrag zugelassen ist oder

c) das nach der Zweckbestimmung des Bauwerks höchstens zulässig ist,

gilt die Bauleistung als mangelhaft. Im Falle a) bleibt das Übermaß der Formänderungen unberücksichtigt, soweit es auf vereinfachenden, aber an sich zulässigen Annahmen bei der Festigkeitsberechnung für die Probelast beruht und der Auftragnehmer diesen Zusammenhang nachweist.

3.54. Formänderungen, die nach Entfernen der Probelast zurückbleiben, sind ein Mangel der Bauleistung,

a) wenn die Formänderung nicht nur geringfügig ist oder

b) wenn eine anfangs nur geringfügige Formänderung bei wiederholten gleichgroßen Belastungen zunimmt oder

c) wenn bei nur geringfügigen Formänderungen des Gesamtbauwerks Bauteile verbogen oder Verbindungsstellen getrennt sind.

3.55. Bei Stahlbauten und Teilen von Stahlbauten, die dicht sein müssen, hat der Auftragnehmer die Dichtigkeit durch Probe nachzuweisen.

4. Nebenleistungen

Nebenleistungen sind Leistungen, die auch ohne Erwähnung in der Leistungsbeschreibung zur vertraglichen Leistung gehören (siehe auch Teil B — DIN 1961 — § 2 Ziffer 1).

4.1. Folgende Leistungen sind Nebenleistungen:

4.101. Messungen für das Ausführen und Abrechnen der Arbeiten einschließlich des Vorhaltens der Meßgeräte, Lehren, Absteckzeichen usw., des Erhaltens der Lehren und Absteckzeichen während der Bauausführung und des Stellens der Arbeitskräfte, jedoch nicht die Messungen nach Teil B — DIN 1961 — § 3 Ziffer 2.

4.102. Feststellen des Zustandes der Straßen und Geländeoberfläche usw. nach Teil B – DIN 1961 – § 3 Ziffer 4.

4.103. Schutz- und Sicherheitsmaßnahmen nach den Unfallverhütungsvorschriften und den polizeilichen Vorschriften.

4.104. Heranbringen von Wasser, Gas oder Strom von den vom Auftraggeber auf der Baustelle zur Verfügung gestellten Anschlußstellen zu den Verwendungsstellen.

4.105. Vorhalten der Kleingeräte und Werkzeuge.

4.106. Sichern der Arbeiten gegen Tagwasser, mit dem normalerweise gerechnet werden muß, und seine etwa erforderliche Beseitigung.

4.107. Befördern aller Stoffe und Bauteile, auch wenn sie vom Auftraggeber beigestellt werden, von den Lagerstellen auf der Baustelle zu den Verwendungsstellen und etwaiges Rückbefördern.

4.108. Beleuchten und Reinigen der Aufenthaltsräume und Aborte für die Beschäftigten des Auftragnehmers sowie Heizen der Aufenthaltsräume.

4.109. Beseitigen aller von den Arbeiten des Auftragnehmers herrührenden Verunreinigungen und Rückstände.

4.110. Schutz der ausgeführten Leistung und der für die Ausführung übergebenen Gegenstände vor Beschädigung und Diebstahl bis zur Abnahme.

4.111. Stellen der für Prüfung während der Herstellung und für Abnahme nach Fertigstellung der Stahlbauten erforderlichen Arbeitskräfte, Maschinen und Werkzeuge sowie Lieferung der fertig bearbeiteten Probestücke, ausgenommen Probebelastungen nach den Abschnitten 3.51 bis 3.54.

4.112. Schutz der für die Abnahmeprüfung eingebauten Geräte usw. vor Beschädigungen und Verschiebungen.

4.113. Wägen der Stahlbauteile oder Liefern der Gewichtsberechnungen für die Abrechnung.

4.114. Reinigen der Stahlbauteile von Schmutz.

4.115. Vorhalten der Gerüste zum Mitbenutzen durch andere Unternehmer sowie der Abdeckungen und Umwehrungen von Öffnungen bis zu 3 Wochen über die eigene Benutzungsdauer hinaus, ausgenommen Leistungen nach Abschnitt 4.37. Der Abschluß der eigenen Benutzung ist dem Auftraggeber unverzüglich schriftlich mitzuteilen.

4.116. Lieferung der Betriebsstoffe.

4.2. Folgende Leistungen sind Nebenleistungen, wenn sie nicht durch besondere Ansätze in der Leistungsbeschreibung erfaßt sind:

4.21. Einrichten und Räumen der Baustelle.

4.22. Vorhalten der Baustelleneinrichtung einschließlich der Geräte, Gerüste und dergleichen.

4.3. Folgende Leistungen sind keine Nebenleistungen:

4.31. „Besondere Leistungen" nach Teil A — DIN 1960 — § 9 Ziffer 2 letzter Absatz[+4]).

4.32. Aufstellen, Vorhalten und Beseitigen von Blenden, Bauzäunen und Schutzgerüsten zur Sicherung des öffentlichen Verkehrs sowie von Einrichtungen außerhalb der Baustelle zur Umleitung und Regelung des öffentlichen Verkehrs.

4.33. Beseitigen von Hindernissen, Leitungen oder Kabeln sowie Sichern von Leitungen, Kanälen oder Kabeln.

4.34. Lieferung von Zeichnungen und Berechnungen über Abschnitt 3.21 und über Teil B — DIN 1961 — § 14 Ziffer 1 hinaus (z. B. Lieferung von Anstrichflächenberechnungen).

4.35. vom Auftraggeber verlangtes Liefern, Einbringen und Entfernen fester oder flüssiger Füllstoffe zur Dichtigkeitsprobe, wenn der Dichtigkeitsnachweis mit anderen Mitteln wirtschaftlicher geführt werden kann.

4.36. Umbau von Gerüsten für Zwecke anderer Unternehmer.

4.37. Vorhalten der Gerüste zum Mitbenutzen durch andere Unternehmer sowie der Abdeckungen und Umwehrungen von Öffnungen länger als 3 Wochen über die eigene Benutzungsdauer hinaus (siehe Abschnitt 4.115).

[+4]) Seit November 1973: DIN 1960 — § 9 Nr. 6.

5. Aufmaß und Abrechnung

5.1. Allgemeines

5.11. Es wird nach Gewicht abgerechnet, soweit in der Leistungsbeschreibung nichts anderes vorgeschrieben ist.

5.12. Wenn nach Gewicht abzurechnen ist, wird das der Abrechnung zugrunde zu legende Gewicht durch Wägen bestimmt, soweit in der Leistungsbeschreibung nicht die Gewichtsermittlung durch Berechnen vorgeschrieben ist.

5.13. Auch bei Abrechnung nach errechnetem Gewicht ist das Gewicht von Gußteilen durch Wägen zu ermitteln, wenn die Ermittlung des Gewichts durch Berechnen zu umständlich wäre.

5.2. Gewichtsermittlung durch Wägen

5.21. Sämtliche Bauteile sind zu wiegen. Von gleichen Bauteilen braucht jedoch nur eine Anzahl gewogen zu werden, wenn es vereinbart ist.

5.22. Die Wägungen können ohne Beteiligung des Auftraggebers durchgeführt werden, wenn dieser damit einverstanden ist und die Wägungen von einem vereidigten Wiegemeister oder auf einer öffentlichen Waage vorgenommen werden.

5.23. Das Gewicht ist jeweils in kg zu ermitteln und erforderlichenfalls auf ganze kg zu runden. Es ist nach oben zu runden, wenn die nächste Ziffer 5 oder größer als 5 ist; im übrigen ist nach unten zu runden.

5.3. Gewichtsermittlung durch Berechnen

5.31. Die Gewichte werden nach Einheitsgewichten ermittelt. Als Einheitsgewichte werden angesetzt:

für Blech, Breitflachstahl und Band 8,0 kg/m^2 und mm Blechdicke,

für Formstahl, Stabstahl und Stahlrohre in deutschen Normalprofilen das DIN-Gewicht,

für Formstahl, Stabstahl und Stahlrohre in abweichenden Formen das Einheitsgewicht nach dem Profilbuch des Erzeugerwerks,

für Flußstahl, geschmiedeten Stahl und Stahlguß in anderen als den vorstehend geregelten Fällen 7850 kg/m^3,

für Grauguß 7250 kg/m^3.

5.32. Bei Flachstählen bis 180 mm Breite sowie bei Form- und Stabstählen wird mit der größten Länge gerechnet. Bei Flachstählen über 180 mm Breite und bei Blechen wird mit der Fläche des kleinsten umschriebenen, aus geraden oder nach außen gekrümmten Linien bestehenden Vielecks gerechnet, das keine einspringenden Ecken hat; jedoch gilt bei hochkantig gebogenen Flachstählen und Blechen als Begrenzungslinie auf der hohl gekrümmten Seite nicht die Sehne, sondern die durch das Biegen gewonnene gekrümmte Kante. Angeschnittene, ausgeklinkte oder beigezogene Träger werden mit vollem Querschnitt gerechnet.

5.33. Bei genieteten Stahlbauten werden für Niete zu dem nach den Abschnitten 5.31 und 5.32 ermittelten Gewicht folgende Zuschläge gemacht, wenn in der Leistungsbeschreibung nichts anderes vorgeschrieben ist:

5.331. bei genieteten Brücken und genieteten brückenartigen Tragwerken
mit gegliederten Hauptträgern 3 %,
mit vollwandigen Hauptträgern 2 %,
mit Hauptträgern aus Walzträgern und besonderen Fahrbahnträgern 2 %,
mit Hauptträgern aus Walzträgern und Verbänden, aber ohne besondere Fahrbahnträger 1 %;

5.332. bei anderen genieteten Stahlbauten 3 %.

5.34. Bei geschweißten Stahlbauten wird für Schweißnähte ein Zuschlag von 1,5 % zu dem nach den Abschnitten 5.31 und 5.32 ermittelten Gewicht berechnet, wenn in der Leistungsbeschreibung nichts anderes vorgeschrieben ist.

5.35. Bei geschraubten Stahlbauten wird für Schrauben, Muttern und Scheiben ein Zuschlag von 3 % zu dem nach den Abschnitten 5.31 und 5.32 ermittelten Gewicht berechnet, wenn in der Leistungsbeschreibung nichts anderes vorgeschrieben ist.

5.36. Bei teils genieteten, teils geschraubten und teils geschweißten Stahlbauten wird ein Zuschlag von 2 % zu dem nach den Abschnitten 5.31 und 5.32 ermittelten Gewicht berechnet, wenn in der Leistungsbeschreibung nichts anderes vorgeschrieben ist.

5.37. Die aus den Einheitsgewichten (Abschnitt 5.31) und dem Aufmaß nach Abschnitt 5.32 durch Vervielfältigung errechneten Gewichte sind in kg mit einer Stelle hinter dem Komma in die Gewichtsberechnung einzutragen; die erste Stelle hinter dem Komma ist gegebenenfalls nach oben oder unten zu runden. Das sich aus diesen Gewichten ergebende Gesamtgewicht der Stahlbauteile, die zur selben Ordnungszahl (Position) des Leistungsverzeichnisses gehören, ist auf ganze kg zu runden.

5.38. Walztoleranz und Verschnitt bleiben bei der Ermittlung des Gewichts durch Berechnen unberücksichtigt, wenn in der Leistungsbeschreibung nichts anderes vorgeschrieben ist.

VOB Teil C:

Allgemeine Technische Vorschriften für Bauleistungen

Abdichtung gegen drückendes Wasser - DIN 18 336

Fassung Oktober 1965

Inhalt

0. Hinweise für die Leistungsbeschreibung*)

(siehe auch Teil A – DIN 1960 – § 9)

0.1. In der Leistungsbeschreibung sind nach Lage des Einzelfalles insbesondere anzugeben:

0.101. Baugrundverhältnisse, aggressive Wässer, säurehaltige Böden.

0.102. für die Abdichtung maßgebender höchster Wasserstand.

0.103. besondere und ungewöhnliche Anforderungen an die Widerstandsfähigkeit der Abdichtungen gegen thermische, mechanische und chemische Beanspruchungen (z. B. gegen Dauertemperaturen von mehr als + 40 °C oder weniger als 0 °C, Erschütterungen, Säuren, Laugen, Fette, Öle, Benzin).

0.104. Umfang der Leistung, getrennt nach Sohlen-, Decken- und Wandabdichtung und nach Höhe der abzudichtenden Wände an Hand von Zeichnungen über die konstruktive Gestaltung des Bauwerks und über Art, Größe, Lage und Zahl von Bauwerksfugen, Durchdringungen (z. B. Rohrleitungen, Kabeln, Brunnentöpfen), Tellerankern und Aussparungen für später einzubauende und einzudichtende Rohrdurchführungen und dergleichen.

0.105. Anzahl der Lagen.

0.106. Lage, Zahl und Größe von Aussparungen, die (z. B. für Rammträger oder Steifen) während der Abdichtungsarbeiten auf Verlangen des Auftraggebers zeitweise nötig sind.

0.107. Lage der Abdichtung auf der dem Wasser zugekehrten oder abgekehrten Seite des Bauwerks; Lage der Einbaustelle.

---

*) Diese Hinweise werden nicht Vertragsbestandteil.

0.108. welche konstruktiven Maßnahmen bei einer Abdichtung, die auf der dem Wasser abgekehrten Seite des Bauwerks angebracht werden soll, getroffen werden, damit der volle zu erwartende Wasserdruck aufgenommen werden kann und eine dauernde gleichmäßige Einpressung der Abdichtung gewährleistet ist.

0.109. Art und Beschaffenheit des Untergrundes für die Abdichtung.

0.110. Art der nächsten Schicht, die auf die Abdichtung aufgebracht wird (Schutzschicht, Beton oder Mauerwerk).

0.111. Schutz der Abdichtung bis zum Aufbringen der nächsten Schicht (siehe Abschnitt 3.17).

0.112. konstruktive Maßnahmen gegen schädliche Gleitbewegungen von Bauteilen.

0.113. der Flächendruck, dem die Abdichtung dauernd ausgesetzt sein wird; eine zu erwartende Änderung des Flächendrucks und die Zonen, in denen der Druck sich ändert.

0.114. Art und Beschaffenheit der Bauwerkshinterfüllung.

0.115. Verstärken der Abdichtung mit nackten Pappen – an Stelle einer Lage Pappe oder als zusätzliche Lage — durch Kupferband oder — in geeigneten Fällen — durch andere Metallbänder (z. B. durch Aluminiumband, kalottengeriffelt, mit folgenden Eigenschaften: Reinaluminium mit einem Aluminiumgehalt von mindestens 99,50 Gew.-% nach DIN 1712 Blatt 3 – Aluminium, Reinstaluminium und Reinaluminium in Halbzeug; Breite der Bänder höchstens 60 cm; Dicke des nicht kalottengeriffelten Bandes 0,2 mm; weiche Qualität; Zugfestigkeit des nicht kalottengeriffelten Bandes mindestens 6 kp/mm^2; höchstens 9 kp/mm^2; Kalottenhöhe 1,0 bis 2,5 mm; poren- und rissefrei; plan- und geradegereckt); bei Verstärkung durch andere Metallbänder als Kupferband auch Angaben darüber, ob und inwieweit Abschnitt 3.22 anzuwenden ist.

0.116. Art, Zahl, Lage und konstruktive Ausbildung der Bauwerksfugen; Art und Größenordnung der Bewegungen der Bauwerksteile, die durch diese Fugen getrennt sind.

0.117. vom Auftraggeber vorgesehene Arbeitsabschnitte und andere Arbeitsunterbrechungen nach Art, Zahl, Ort und Zeit unter Beifügung eines Bauzeitenplanes, in dem die Abdichtungsarbeiten mit angegeben sind.

0.118. vorgesehener Arbeitsraum für die Ausführung der Leistung.

0.119. vom Auftraggeber zu vertretende besondere Erschwernisse der Ausführung (z. B. Behinderung durch Absteifungen, Arbeiten in Räumen, in denen der Betrieb des Auftraggebers weitergeht, Arbeiten bei ungewöhnlichen Temperaturen, Einwirkungen von Gasen).

0.120. besondere Bedingungen für die Aufstellung von Schmelzkesseln (z. B. aus Gründen des Feuerschutzes).

0.121. Mitbenutzung von Gerüsten, Hebezeugen, Aufzügen, Aufenthalts- und Lagerräumen und dergleichen durch den Auftragnehmer.

0.122. Hilfskräfte, die dem Auftragnehmer für Abladen, Lagern und Transport zur Verfügung gestellt werden.

0.123. ob und in welchem Umfang der Auftraggeber Maßnahmen zur Sicherung der Arbeiten gegen Tagwasser und zu dessen etwa erforderlicher Beseitigung übernimmt.

0.124. Bau- und Betriebsstoffe, soweit sie vom Auftraggeber beigestellt werden.

0.125. Leistungen nach Abschnitt 4.3, soweit nötig in besonderen Ansätzen.

0.2. In der Leistungsbeschreibung sind Angaben zu folgenden Abschnitten nötig, wenn der Auftraggeber eine abweichende Regelung wünscht:

Abschnitt 1.1 (Anwendung der DIN 18 336 – Abdichtung gegen drückendes Wasser – auf andere als bituminöse Abdichtungen)

Abschnitt 1.2 (Leistungen mit Lieferung der Stoffe und Bauteile)

18 336

Abschnitt 2.1 (Vorhalten von Stoffen und Bauteilen)
Abschnitt 2.211 (Lieferung von ungebrauchten Stoffen und Bauteilen)
Abschnitt 3.21 (Abdichtungen aus nackten Pappen mit oder ohne Voranstrich; Art des Voranstrichmittels; Art der Pappen; Art und Menge der Klebemassen und Deckaufstrichmittel)
Abschnitt 3.223 (Art der Klebemasse zum Aufkleben der Kupferbänder)
Abschnitt 3.3 (Art des Anschlusses der Abdichtung an Durchdringungen)
Abschnitt 3.4 (Art der Verstärkung der Abdichtung über Bauwerksfugen)
Abschnitt 3.5 (Art der Fugenvergußmasse)

1. Allgemeines

1.1. DIN 18 336 — Abdichtung gegen drückendes Wasser — gilt für bituminöse Abdichtungen mit nackten Pappen gegen hydrostatisch drückendes Wasser (z. B. Grundwasser, Schichtenwasser, drückendes Hangwasser). Für andere Abdichtungen gegen drückendes Wasser gilt DIN 18 336 nur, soweit es in der Leistungsbeschreibung vorgeschrieben ist.

1.2. Alle Leistungen umfassen auch die Lieferung der dazugehörigen Stoffe und Bauteile einschließlich Abladen und Lagern auf der Baustelle, wenn in der Leistungsbeschreibung nichts anderes vorgeschrieben ist.

2. Stoffe und Bauteile

2.1. Vorhalten

Stoffe und Bauteile, die der Auftragnehmer nur vorzuhalten hat, die also nicht in das Bauwerk eingehen, können nach Wahl des Auftragnehmers gebraucht oder ungebraucht sein, wenn in der Leistungsbeschreibung darüber nichts vorgeschrieben ist.

2.2. Liefern

2.21. Allgemeine Anforderungen

2.211. Stoffe und Bauteile, die der Auftragnehmer zu liefern und einzubauen hat, die also in das Bauwerk eingehen, müssen ungebraucht sein, wenn in der Leistungsbeschreibung nichts anderes vorgeschrieben ist. Sie müssen den DIN-Güte- und -Maßbestimmungen entsprechen. Für die gebräuchlichsten genormten Stoffe sind die DIN-Normen nachstehend aufgeführt. Amtlich zugelassene nicht genormte Stoffe und Bauteile müssen den Zulassungsbedingungen entsprechen.

2.212. Von Stoffen und Bauteilen, die nicht genormt sind, hat der Auftragnehmer auf Verlangen Proben zu liefern und den Hersteller zu nennen.

2.22. Bituminöse Stoffe

2.221. Bituminöse Stoffe müssen die in den Abschnitten 2.222 und 2.223 angegebenen Eigenschaften haben; dabei gilt als Festkörper der Rückstand, der verbleibt, wenn das Lösungsmittel nach dem dafür üblichen Verfahren (z. B. durch Verdampfen) entfernt ist. Füllstoffe dürfen in Wasser weder quellen noch sich lösen. Gefüllte bituminöse Stoffe für Abdichtungen, die gegen Säureeinflüsse widerstandsfähig sein müssen, dürfen nur Füllstoffe enthalten, die in 5%iger Salzsäure bei + 20 °C (zulässige Abweichung ± 1°) innerhalb 24 Stunden zu höchstens 10 Gew.-% löslich sind.

2.222. Voranstrichmittel

2.222.1. Bitumenlösung

Bitumengehalt 30 bis 45 Gew.-%, E.P. (= Erweichungspunkt) des Festkörpers 55 bis 70 °C nach R. u. K. (= Ring- und Kugelverfahren nach DIN 1995 — Bituminöse Bindemittel für den Straßenbau; Probenahme und Beschaffenheit, Prüfung).

2.222.2. Steinkohlenteerpechlösung

E.P. des Festkörpers 50 bis 70 °C nach R. u. K.; Flüssigkeitsgrad der Lösung im Auslaufbecher 4 nach DIN 53 211 — Prüfung von Anstrichstoffen; Bestimmung der Auslaufzeit mit dem Auslaufbecher — bei 20 °C 15 bis 25 Sekunden.

2.223. Klebemassen und Deckaufstrichmittel, heiß zu verarbeiten

2.223.1. Bitumen ungefüllt

E.P. des ungefüllten Bitumens mindestens 54 °C nach R. u. K.

2.223.2. Bitumen gefüllt

Bitumengehalt mindestens 50 Gew.-%; E.P. des gefüllten Bitumens mindestens 60 °C nach R. u. K.

2.223.3. Steinkohlenteersonderpech ungefüllt

E.P. des ungefüllten Steinkohlenteersonderpechs mindestens 50 °C nach R. u. K.

2.223.4. Steinkohlenteersonderpech gefüllt

Gehalt an Steinkohlenteersonderpech mindestens 50 Gew.-%; E.P. des gefüllten Steinkohlenteersonderpechs mindestens 60 °C nach R. u. K.

2.23. Pappen

DIN 52 129 Nackte Bitumenpappen; Begriff, Bezeichnung, Eigenschaften
DIN 52 126 Nackte Teerpappen; Begriff, Bezeichnung, Eigenschaften

2.24. Kupferband ohne Deckschichten, kalottengeriffelt

Bänder aus sauerstofffreiem Kupfer mit einem Kupfergehalt von mindestens 99,90 Gew.-% nach DIN 1708 — Hüttenkupfer[+1]), Breite der Bänder höchstens 60 cm; Dicke des nicht kalottengeriffelten Bandes 0,1 mm; Zugfestigkeit des nicht kalottengeriffelten Bandes mindestens 20 kp/mm², höchstens 26 kp/mm²; Kalottenhöhe 1,0 bis 1,5 mm; poren- und rissefrei; plan- und geradegereckt.

3. Ausführung

3.1. Allgemeines

3.11. Der Auftragnehmer hat mit der im Verkehr erforderlichen Sorgfalt die baulichen Verhältnisse auf Eignung für die Ausführung einer wirksamen und dauerhaften Abdichtung zu prüfen. Er hat dem Auftraggeber Bedenken unverzüglich schriftlich mitzuteilen (siehe Teil B — DIN 1961 — § 4 Ziffer 3), wenn die baulichen Verhältnisse oder die vorgesehene Art der Ausführung eine wirksame und dauerhafte Abdichtung nicht ermöglichen. Unter diesen Voraussetzungen sind Bedenken geltend zu machen, insbesondere bei

ungeeigneter Dicke oder ungeeigneter Ausführung der Schutzschichten,

fehlenden oder ungeeignet liegenden Fugen in den Schutzschichten,

ungeeigneter Lage oder ungeeigneter Konstruktion der Bauwerksfugen,

+1) Seit Januar 1973: DIN 1708 — Kupfer; Kathoden und Gußformate.

falscher Lage der vorgesehenen Abdichtung,
ungenügenden Maßnahmen gegen Gleiten des Bauwerks auf der Abdichtung und gegen Gleiten der Schutzschichten auf der Abdichtung,
ungenügendem Einpreßdruck auf die Abdichtung,
zu hohem Flächendruck auf die Abdichtung,
zu gering vorgesehenem Zwischenraum für die erforderliche Stampffuge zwischen Mauerwerk und Abdichtung,
schädlichen Unebenheiten der Flächen,
zu rauhen, zu porigen, zu glatten Flächen,
fehlendem Porenschluß (z. B. bei Leichtbeton),
zu feuchten Flächen,
zu stark saugenden Flächen,
ungenügend festen Flächen,
verölten Flächen, Farbresten,
fehlender oder ungenügender Rundung von Ecken, Kanten oder Kehlen,
nicht oder ungenügend abgeglichenen Flächen aus Beton oder Mauerwerk,
Nestern, Löchern und Schalungsabdrücken (Kanten, Graten, Riffeln),
Spannungs- und Setzrissen,
unzweckmäßiger oder ungeeigneter Art oder Lage von Bauteilen, die die Abdichtung durchdringen,
Fehlen von Verbindungselementen zum Anschluß der Abdichtung an Bauteile, die die Abdichtung durchdringen,
Flanschen, deren Dichtheit nicht geprüft ist oder deren Abmessungen oder Oberflächen ungeeignet sind,
ungenügendem Arbeitsraum.

3.12. Der Auftragnehmer hat während der Ausführung seiner Arbeiten darauf zu achten, ob Einwirkungen, die die Abdichtung schädigen können, vorhanden oder zu erwarten sind (z. B. der Leistungsbeschreibung nicht entsprechendes Verhalten der Bauwerksteile an den Bauwerksfugen, Schädigung durch Öl oder Chemikalien, ungenügende Wasserhaltung); ungünstige Umstände hat er dem Auftraggeber unverzüglich schriftlich mitzuteilen.

3.13. Bei Bitumenpappen dürfen nur Voranstrichmittel, Klebemassen und Deckaufstrichmittel verwendet werden, die auf Bitumenbasis hergestellt sind, bei Teerpappen nur solche, die auf Steinkohlenteerpechbasis hergestellt sind.

3.14. Abdichtungsarbeiten dürfen bei Witterungsverhältnissen, die sich nachteilig auf die Abdichtung auswirken können, nur ausgeführt werden, wenn die schädliche Wirkung durch besondere Vorkehrungen mit Sicherheit verhindert wird. Solche Witterungsverhältnisse sind z. B. Temperaturen unter + 5 °C, Regen, Schnee, scharfer Wind.

3.15. Der Auftragnehmer hat die Abdichtung nach ihrer Fertigstellung sorgfältig auf Mängel zu untersuchen; festgestellte Mängel sind zu beheben. Wird nicht sofort anschließend die nächste Schicht (Schutzschicht, Beton oder Mauerwerk) aufgebracht, so hat der Auftragnehmer die Untersuchung der Abdichtung unmittelbar vor dem Aufbringen der nächsten Schicht zu wiederholen und etwaige Mängel zu beseitigen.

Schrauben an Dichtungsflanschen sind nachzuziehen. Werden bei der Wiederholung der Untersuchung keine Mängel festgestellt und hat der Auftragnehmer die Wiederholung der Untersuchung auch nicht zu vertreten, so hat er Anspruch auf besondere Vergütung für die Wiederholung der Untersuchung. Werden bei der Wiederholung der Untersuchung Mängel festgestellt, hat der Auftragnehmer diese jedoch nicht zu vertreten, so hat er Anspruch auf besondere Vergütung für die Wiederholung der Untersuchung und für die Beseitigung der Mängel.

3.16. Der Auftragnehmer hat den Zeitpunkt seiner Untersuchungen dem Auftraggeber jeweils rechtzeitig mitzuteilen, um ihm Gelegenheit zu geben, sich daran zu beteiligen.

3.17. Der Auftragnehmer hat die Abdichtung bis zum Aufbringen der nächsten Schicht (Schutzschicht, Beton oder Mauerwerk) gegen Sonneneinstrahlung, schädliche Erwärmung und Beschädigungen zu schützen, wenn ihm das Aufbringen der nächsten Schicht obliegt oder wenn es in der Leistungsbeschreibung vorgeschrieben ist.

3.2. Abdichtungen mit nackten Pappen

3.21. Abdichtungen mit nackten Pappen sind nach den Abschnitten 3.211 bis 3.214 herzustellen, wenn in der Leistungsbeschreibung nichts anderes (z. B. Abdichtung ohne Voranstrich; Verwendung von Bitumen gefüllt; Verwendung von Voranstrichmitteln, Pappen, Klebemassen und Deckaufstrichmitteln auf Steinkohlenteerpechbasis; andere Mengen für die Klebemassen und Deckaufstrichmittel) vorgeschrieben ist.

3.211. Auf den Untergrund ist ein Voranstrich mit einem Voranstrichmittel nach Abschnitt 2.222.1 aufzubringen. Der Voranstrich muß vollkommen durchgetrocknet sein, bevor die weiteren Abdichtungsarbeiten ausgeführt werden.

3.212. Es ist 500er nackte Bitumenpappe nach DIN 52 129 — Nackte Bitumenpappen; Begriff, Bezeichnung, Eigenschaften — zu verwenden.

3.213. Die Lagen sind miteinander zu verkleben; die letzte Lage ist mit einem Deckaufstrich zu versehen. Das innige Verkleben der Lagen miteinander, besonders an senkrechten Flächen und an den Stößen und Nähten, ist durch Bügeln und Andrücken zu fördern. Zum Kleben und für den Deckaufstrich sind Klebemassen und Deckaufstrichmittel nach Abschnitt 2.223.1 zu verwenden. Die Klebeaufstriche müssen bei jeder Lage an Klebemasse mindestens 1,5 kg/m^2, der Deckaufstrich muß an Deckaufstrichmittel mindestens 1,5 kg/m^2 enthalten; dazu sind bei der Verarbeitung mindestens 2,0 kg/m^2 einzusetzen. Ist die Verwendung einer Klebemasse und eines Deckaufstrichmittels mit einem höheren Raumgewicht als dem Raumgewicht von Bitumen ungefüllt (Abschnitt 2.223.1) vorgeschrieben, so muß das Mindestgewicht der je m^2 aufzubringenden Klebemasse und des je m^2 aufzubringenden Deckaufstrichmittels entsprechend dem Verhältnis der Raumgewichte höher sein; für die Umrechnung ist das Raumgewicht von Bitumen ungefüllt (Abschnitt 2.223.1) mit 1000 kg/m^3 anzusetzen.

3.214. Nähte, Stöße und Anschlüsse sind nach DIN 4031 — Wasserdruckhaltende bituminöse Abdichtungen für Bauwerke; Richtlinien für Bemessung und Ausführung — herzustellen.

3.22. Ist in der Leistungsbeschreibung vorgeschrieben, die Abdichtung mit nackten Pappen durch Kupferbänder zu verstärken, so ist nach den Abschnitten 3.221 bis 3.225 zu verfahren.

3.221. Die Kupferbänder müssen zwischen die erste und zweite Lage Pappe, von der Wasserseite her gezählt, eingeklebt werden.

3.222. Auf die Pappenlage sind die Kupferbänder im Gieß- und Einwalzverfahren aufzukleben. Sie müssen sich an ihren Längsseiten mindestens 10 cm, an ihren Schmalseiten mindestens 30 cm überdecken.

3.223. Zum Aufkleben der Kupferbänder im Gieß- und Einwalzverfahren ist Klebemasse nach Abschnitt 2.223.2 zu verwenden, wenn in der Leistungsbeschreibung nichts anderes (z. B. bei Teerpappen Klebemasse nach Abschnitt 2.223.4) vorgeschrieben ist. An Klebemasse sind zum Aufkleben auf waagerechten und schwach geneigten Flächen mindestens 5 kg/m² einzusetzen, zum Aufkleben auf senkrechten und stark geneigten Flächen mindestens 6 kg/m², bezogen auf Klebemassen mit einem Raumgewicht von 1500 kg/m³. Werden Klebemassen mit höheren oder niedrigeren Raumgewichten verwendet, so muß das Mindestgewicht der je m² aufzubringenden Klebemasse entsprechend dem Verhältnis der Raumgewichte höher oder niedriger sein.

3.224. Auf die Kupferbänder ist die nächste Pappenlage nach Abschnitt 3.213 aufzukleben.

3.225. Es ist dafür zu sorgen, daß zwischen dem Kupferband und anderen Metallen keine elektrisch leitende Verbindung entstehen kann.

3.3. Anschluß der Abdichtung an Durchdringungen

Die Abdichtung ist an Rohre und andere Bauteile, die die Abdichtung durchdringen, nach den Abschnitten 3.31 bis 3.35 anzuschließen, wenn in der Leistungsbeschreibung nichts anderes (z. B. Verwendung eines Voranstrichmittels nach Abschnitt 2.222.2, Verstärkung mit Kupferbändern nach Abschnitt 2.24) vorgeschrieben ist.

3.31. Die Anschlüsse sind mit Hilfe von festen Flanschen (eingebauten Stahlflanschen) und losen Flanschen auszuführen.

3.32. Die Verbindungselemente (feste Flansche und lose Flansche) sind von Rost und Verschmutzungen zu reinigen. Soweit sie die Abdichtung berühren werden, ist auf ihnen sofort nach dem Reinigen ein Voranstrich mit einem Voranstrichmittel nach Abschnitt 2.222.1 aufzubringen.

3.33. Die festen Flansche dürfen erst dann überklebt, die losen Flansche erst dann aufgespannt werden, wenn der Voranstrich durchgetrocknet ist und kein Lösungsmittel mehr enthält. Der Voranstrich auf den festen Flanschen muß beim Überkleben frei von Feuchtigkeit sein; wenn nötig, ist er unmittelbar vorher durch besondere Maßnahmen zu trocknen.

3.34. Im Bereich der festen Flansche ist die Abdichtung zu verstärken. Zur Verstärkung ist eine weitere Lage nackter Pappe, die auf allen Seiten mindestens 30 cm über die Flansche hinausreicht, zu verwenden. Im Bereich der festen Flansche sind die einzelnen Lagen stumpf zu stoßen; die Stöße der einzelnen Lagen müssen zueinander versetzt liegen.

3.35. Die Abdichtung ist zwischen den festen Flanschen und den losen Flanschen einzupressen.

3.4. Abdichtungen über Bauwerksfugen

Abdichtungen über Bauwerksfugen sind nach den Abschnitten 3.41 bis 3.43 zu verstärken, wenn in der Leistungsbeschreibung nichts anderes vorgeschrieben ist.

3.41. Abdichtungen über Bauwerksfugen, die nur das Schwinden und Kriechen der Bauwerksteile oder nur das Ausdehnen der Bauwerksteile berücksichtigen sollen, sind nach DIN 4031 — Wasserdruckhaltende bituminöse Abdichtungen für Bauwerke; Richtlinien für Bemessung und Ausführung — durch Einbau von Kupferbändern, kalottengeriffelt, nach Abschnitt 2.24, jedoch 0,2 mm dick, zu verstärken. Die Kupferbänder sind nach den Abschnitten 3.221 bis 3.225 einzukleben.

3.42. Abdichtungen über Bauwerksfugen, die nur unterschiedliche lotrechte Bewegungen aneinanderliegender Bauwerksteile bis zu einem Setzungsunterschied von 1 cm berücksichtigen sollen, sind nach Abschnitt 3.41 auszuführen. Wenn sie Setzungsunterschiede von mehr als 1 cm berücksichtigen sollen, sind sie so auszuführen, daß sie den auftretenden erhöhten Beanspruchungen genügen.

3.43. Abdichtungen über Bauwerksfugen, die Bewegungen durch Temperaturwechsel, Schwingungen, Verdrehungen u. ä. berücksichtigen sollen, sind so auszuführen, daß sie der Art und Größe der auftretenden besonderen Beanspruchungen genügen.

3.5. Vergießen von Fugen in den Schutzschichten

Fugen in den Schutzschichten von Sohlenabdichtungen und Deckenabdichtungen sind zu reinigen, ohne daß dabei die Abdichtung beschädigt wird, und mit heißflüssiger Bitumen-Vergußmasse für Zementbetondecken nach DIN 1996 — Bitumen und Teer enthaltende Massen für Straßenbau und ähnliche Zwecke; Vorschriften für Probenahme, Beschaffenheit und Untersuchung (Prüfverfahren)[+2]) — voll zu vergießen, wenn in der Leistungsbeschreibung nichts anderes vorgeschrieben ist.

18 336

4. Nebenleistungen

Nebenleistungen sind Leistungen, die auch ohne Erwähnung in der Leistungsbeschreibung zur vertraglichen Leistung gehören (siehe Teil B — DIN 1961 — § 2 Ziffer 1).

4.1. Folgende Leistungen sind Nebenleistungen:

4.101. Messungen für das Ausführen und Abrechnen der Arbeiten einschließlich des Vorhaltens der Meßgeräte und des Stellens der Arbeitskräfte.

4.102. Schutz- und Sicherheitsmaßnahmen nach den Unfallverhütungsvorschriften und den polizeilichen Vorschriften.

4.103. Heranbringen von Wasser, Gas und Strom von den vom Auftraggeber auf der Baustelle zur Verfügung gestellten Anschlußstellen zu den Verwendungsstellen.

4.104. Vorhalten der Kleingeräte und Werkzeuge.

4.105. Lieferung der Betriebsstoffe.

4.106. Reinigen des Untergrundes, ausgenommen Leistungen nach Abschnitt 4.33.

4.107. Sichern der Arbeiten gegen Tagwasser, mit dem normalerweise gerechnet werden muß, und seine etwa erforderliche Beseitigung.

4.108. Befördern aller Stoffe und Bauteile, auch wenn sie vom Auftraggeber beigestellt werden, von den Lagerstellen auf der Baustelle zu den Verwendungsstellen und etwaiges Rückbefördern.

4.109. Beleuchten und Reinigen der Aufenthaltsräume und Aborte für die Beschäftigten des Auftragnehmers sowie Beheizen der Aufenthaltsräume.

4.110. Beseitigen aller von den Arbeiten des Auftragnehmers herrührenden Verunreinigungen und Rückstände und des Bauschuttes des Auftragnehmers.

[+2]) Seit August 1966: DIN 1996 — Prüfung bituminöser Massen für den Straßenbau und verwandte Gebiete.

4.111. Schutz der ausgeführten Leistung und der für die Ausführung übergebenen Gegenstände vor Beschädigung und Diebstahl bis zur Abnahme; Sperren des Zugangs zu den Abdichtungen bis zur Abnahme.

4.2. Folgende Leistungen sind Nebenleistungen, wenn sie nicht durch besondere Ansätze in der Leistungsbeschreibung erfaßt sind:

4.21. Einrichten und Räumen der Baustelle.

4.22. Vorhalten der Baustelleneinrichtung einschließlich der Geräte, Gerüste und dergleichen.

4.23. Anschluß der Abdichtung an Durchdringungen, Abdichtungen über Bauwerksfugen, Vergießen von Fugen in den Schutzschichten, soweit es nach Art, Größe, Lage und Zahl in den Verdingungsunterlagen vorgesehen ist.

4.3. Folgende Leistungen sind keine Nebenleistungen

4.31. „Besondere Leistungen" nach Teil A — DIN 1960 — § 9 Ziffer 2 letzter Absatz[+3]).

4.32. Aufstellen, Vorhalten und Beseitigen von Blenden, Bauzäunen und Schutzgerüsten zur Sicherung des öffentlichen Verkehrs sowie von Einrichtungen außerhalb der Baustelle zur Umleitung und Regelung des öffentlichen Verkehrs.

4.33. Reinigen des Untergrundes von grober Verschmutzung durch Bauschutt, Gips, Mörtelreste, Öl u. ä., soweit sie von anderen Unternehmern herrührt.

4.34. Maßnahmen für die Weiterarbeit bei Temperaturen unter + 5 °C, Schnee und Nässe (z. B. künstliche Trocknung oder Trockenhaltung des Untergrundes), wenn sie dem Auftragnehmer nach dem Vertrag nicht ohnehin obliegen.

4.35. Besonderer Schutz der Bauleistung, der über den Schutz nach Abschnitt 4.111 hinausgeht.

5. Aufmaß und Abrechnung

5.1. Allgemeines

Bei Abrechnung nach Flächenmaß werden die von der Abdichtung bedeckten Flächen gemessen; Aussparungen in der Abdichtung für Durchdringungen bis 0,10 m² Einzelgröße werden nicht abgezogen.

5.2. Es werden aufgemessen und abgerechnet:

5.21. Abdichtungen von Flächen nach Flächenmaß (m²).

5.22. Anschlüsse der Abdichtung an Durchdringungen, getrennt nach Art und Größe, nach Stück oder Längenmaß (m).

5.23. Abdichtungen über Bauwerksfugen, getrennt nach Art, nach Längenmaß (m).

5.24. Vergießen von Fugen in den Schutzschichten nach Längenmaß (m).

+3) Seit November 1973: DIN 1960 — § 9 Nr. 6.

VOB Teil C:

Allgemeine Technische Vorschriften für Bauleistungen

Abdichtung gegen nichtdrückendes Wasser – DIN 18 337

Fassung Februar 1961

Inhalt

0. Hinweise für die Leistungsbeschreibung*)

(siehe auch Teil A – DIN 1960 – § 9)

0.1. In der Leistungsbeschreibung sind nach Lage des Einzelfalles insbesondere anzugeben:

0.101. Art und Beschaffenheit der Abdichtungen gegen aufsteigende und seitliche Feuchtigkeit (siehe Abschnitt 3.2 und DIN 4117 – Abdichtung von Bauwerken gegen Bodenfeuchtigkeit, Richtlinien für die Ausführung).

0.102. Art und Beschaffenheit der Abdichtungen gegen Sickerwasser, Oberflächenwasser und dergleichen im Freien und in Räumen (siehe Abschnitt 3.3).

0.103. Bezeichnung der abzudichtenden Bauwerksteile und etwaiger Aussparungen für Durchdringungen, möglichst an Hand von Zeichnungen.

0.104. Lage, Konstruktion und Längen der Bauwerksfugen; Art und Größenordnung von Bewegungen in den Fugen.

0.105. besondere und ungewöhnliche Anforderungen an die Widerstandsfähigkeit der Abdichtungen gegen thermische, mechanische und chemische Beanspruchungen (z. B. gegen Dauertemperaturen von mehr als + 30 °C oder weniger als 0 °C, Erschütterungen, Säuren, Laugen, Fette, Öle, Benzin).

0.106. Wasser- und Bodenverhältnisse (z. B. Haftwasser, Kapillarwasser, Sickerwasser, nichtdrückendes Hangwasser, aggressive Wässer, bindige Böden, säurehaltige Böden).

0.107. Art und Beschaffenheit des Untergrundes für die Abdichtung.

0.108. Art und Zahl, wenn nötig auch Größenordnung, von Durchdringungen (z. B. von Rohren, Sinkkästen, Maschinenfundamenten, siehe Abschnitt 3.4).

0.109. Anschlüsse an Mauerwerk, Metalleinfassungen u. ä.

0.110. Art der Schutzschicht nach Abschnitt 3.13.

---

*) Diese Hinweise werden nicht Vertragsbestandteil.

0.111. besondere Bedingungen des Auftraggebers für die Aufstellung von Schmelzkesseln (z. B. aus Gründen des Feuerschutzes).

0.112. besondere Erschwernisse der Ausführung (z. B. beengter Arbeitsraum, Behinderung durch Absteifungen, Arbeiten in Räumen, in denen der Betrieb des Auftraggebers weiterläuft, Arbeiten bei außergewöhnlichen Temperaturen, Einwirkungen von Gasen).

0.113. Benutzung von Gerüsten, Hebezeugen und Aufzügen oder deren Gestellung durch den Auftragnehmer.

0.114. Hilfskräfte, die dem Auftragnehmer für Abladen, Lagern und Transport zur Verfügung gestellt werden.

0.115. Bau- und Betriebsstoffe, soweit sie vom Auftraggeber beigestellt werden.

0.116. vom Auftraggeber vorgesehene Arbeitsunterbrechungen.

0.117. Leistungen nach Abschnitt 4.3, soweit nötig in besonderen Ansätzen.

0.2. In der Leistungsbeschreibung sind Angaben zu folgenden Abschnitten nötig, wenn der Auftraggeber eine abweichende Regelung wünscht:

Abschnitt 1.3 (Lieferung von Stoffen und Bauteilen)

Abschnitt 2.1 (Vorhalten von Stoffen und Bauteilen)

Abschnitt 2.211 (ungebrauchte Stoffe)

Abschnitt 3.211 (Art der Pappe, Zahl der Lagen bei Abdichtungen in Wänden)

Abschnitt 3.212 (Zahl der Lagen, Quellverschweißen der Stöße bei Abdichtungen aus thermoplastischen Kunststoff-Folien in Wänden)

Abschnitt 3.221 (Art der Pappe, Zahl der Lagen, Art der Klebemasse bei Abdichtungen von Fußböden usw. gegen aufsteigende Feuchtigkeit)

Abschnitt 3.222 (Art der Dichtungsbahnen, Art der Klebemasse bei Abdichtungen von Fußböden usw. gegen aufsteigende Feuchtigkeit, Zahl der Lagen)

Abschnitt 3.224 (Art der Spachtelmasse, Dicke der Abdichtung, Art der Trennschicht bei Abdichtungen von Fußböden usw. gegen aufsteigende Feuchtigkeit)

Abschnitt 3.225.3 (Dicke der Sperrmörtelschicht bei Abdichtungen von Fußböden usw. gegen aufsteigende Feuchtigkeit)

Abschnitt 3.231.2 (Art des Voranstrichmittels bei Abdichtungen aus bituminösen Aufstrichen gegen seitliche Feuchtigkeit)

Abschnitt 3.231.3 (Art des kaltflüssigen Deckaufstrichmittels, Zahl der Aufstriche bei Abdichtungen aus bituminösen Aufstrichen gegen seitliche Feuchtigkeit)

Abschnitt 3.231.4 (Art des heißflüssigen Deckaufstrichmittels, Zahl der Aufstriche bei Abdichtungen aus bituminösen Aufstrichen gegen seitliche Feuchtigkeit)

Abschnitt 3.232 (Art des Voranstrichmittels bei Abdichtungen aus Pappen gegen seitliche Feuchtigkeit)

Abschnitt 3.233 (Art des Voranstrichmittels bei Abdichtungen aus thermoplastischen Kunststoff-Folien gegen seitliche Feuchtigkeit)

Abschnitt 3.234 (Art des Voranstrichmittels, Art der Spachtelmasse, Gesamtdicke der Schichten bei Abdichtungen aus Spachtelmassen gegen seitliche Feuchtigkeit)

Abschnitt 3.31 (Art des Voranstrichmittels, Art der nackten Pappen bei Abdichtungen aus Pappen gegen Sickerwasser usw.)

Abschnitt 3.32 (Art des Voranstrichmittels, Art der Dichtungsbahnen, Zahl der Lagen bei Abdichtungen aus Dichtungsbahnen gegen Sickerwasser usw.)

Abschnitt 3.331 (Art des Voranstrichmittels, Art und Menge des Deckaufstrichmittels und der Klebemasse bei Abdichtungen aus Kupferbändern)

Abschnitt 3.332	(Art des Voranstrichmittels, Art und Menge des Deckaufstrichmittels und der Klebemasse bei Abdichtungen aus Aluminiumbändern)
Abschnitt 3.34	(Art des Voranstrichmittels bei Abdichtungen von Wänden mit thermoplastischen Kunststoff-Folien gegen Sickerwasser usw.)
Abschnitt 3.35	(Art der Spachtelmasse, Dicke der Abdichtung, Art der Trennschicht bei Abdichtungen von Fußböden usw. gegen Sickerwasser usw.)
Abschnitt 3.36	(Dicke der Sperrmörtelschicht bei Abdichtungen von Fußböden usw. gegen Sickerwasser usw.)
Abschnitt 3.4	(Art des Anschlusses der Abdichtungen an Rohrleitungen und andere Gegenstände)

1. Allgemeines

1.1. DIN 18 337 — Abdichtung gegen nichtdrückendes Wasser — gilt für folgende Leistungen:

Abdichtungen gegen aufsteigende und seitliche Feuchtigkeit.

Abdichtungen gegen Sickerwasser, Oberflächenwasser und dergleichen im Freien und in Räumen.

1.2. DIN 18 337 gilt nicht für folgende Leistungen:

wasserdruckhaltende Abdichtungen (siehe DIN . . . — Abdichtung gegen drückendes Wasser, in Vorbereitung)[+1]).

Asphaltbeläge (siehe DIN 18 354 — Asphaltbelagarbeiten),

Sperrbeton (wasserundurchlässiger Beton, siehe DIN 18 331 — Beton und Stahlbetonarbeiten),

Dachdeckungen (siehe DIN 18 338 — Dachdeckungsarbeiten),

Abdichtungen von stählernen Brücken und ähnlichen stählernen Bauwerken oder Bauwerksteilen,

Abdichtungen von Tunnelbauwerken.

1.3. Alle Leistungen umfassen auch die Lieferung der dazugehörigen Stoffe und Bauteile einschließlich Abladen und Lagern auf der Baustelle, wenn in der Leistungsbeschreibung nichts anderes vorgeschrieben ist.

2. Stoffe und Bauteile

2.1. Vorhalten

Stoffe und Bauteile, die der Auftragnehmer nur vorzuhalten hat, die also nicht in das Bauwerk eingehen, können nach Wahl des Auftragnehmers gebraucht oder ungebraucht sein, wenn in der Leistungsbeschreibung darüber nichts vorgeschrieben ist.

2.2. Liefern

2.21. Allgemeine Anforderungen

2.211. Stoffe und Bauteile, die der Auftragnehmer zu liefern und einzubauen hat, die also in das Bauwerk eingehen, müssen ungebraucht sein, wenn in der Leistungsbeschreibung nichts anderes vorgeschrieben ist. Sie müssen den DIN-Güte- und -Maßbestimmungen entsprechen. Für die gebräuchlichsten genormten Stoffe sind die DIN-Normen nachstehend aufgeführt. Amtlich zugelassene, nicht genormte Stoffe und Bauteile müssen den Zulassungsbedingungen entsprechen.

[+1]) Seit Oktober 1965: DIN 18 336.

2.212. Für Stoffe und Bauteile, die nicht genormt sind, hat der Auftragnehmer auf Verlangen Proben zu liefern und den Hersteller zu benennen.

2.22. Bituminöse Stoffe

2.221. Bituminöse Stoffe müssen die in den Abschnitten 2.222 bis 2.227 angegebenen Eigenschaften haben; dabei gilt als Festkörper der Rückstand, der verbleibt, wenn das Lösungsmittel oder das Emulsionswasser nach dem dafür üblichen Verfahren verdampft oder in anderer Weise entfernt ist. Füllstoffe dürfen in Wasser weder quellen noch sich lösen. Gefüllte bituminöse Stoffe für Abdichtungen, die gegen Säureeinflüsse widerstandsfähig sein müssen, dürfen nur Füllstoffe enthalten, die in 5%iger Salzsäure bei + 20 °C (zulässige Abweichung ± 1 °) innerhalb 24 Stunden zu höchstens 10 Gew.-% löslich sind.

2.222. Voranstrichmittel

2.222.1. Bitumenlösung

Bitumengehalt 30 bis 45 Gew.-%; E.P. (= Erweichungspunkt) des Festkörpers 55 bis 70 °C nach R. u. K. (= Ring- und Kugelverfahren nach DIN 1995 — Bituminöse Bindemittel für den Straßenbau).

2.222.2. Bitumenemulsion

Bitumengehalt mindestens 30 Gew.-%; E.P. des Festkörpers mindestens 45 °C nach R. u. K.

2.222.3. Steinkohlenteerpechlösung

E.P. des Festkörpers 50 bis 70 °C nach R. u. K.; Flüssigkeitsgrad der Lösung im Rütgers-Viskosimeter[+2]) bei 20 °C 15 bis 25 Sekunden.

2.222.4. Steinkohlenteerpechemulsion

Steinkohlenteerpechgehalt mindestens 20 Gew.-%; E. P. des Festkörpers mindestens 40 °C nach R. u. K.

2.223. Deckaufstrichmittel, kalt zu verarbeiten

2.223.1. Bitumenlösung ungefüllt

Bitumengehalt mindestens 50 Gew.-%; E.P. des Festkörpers mindestens 60 °C nach R. u. K.

2.223.2. Bitumenlösung gefüllt

Bitumengehalt mindestens 30 Gew.-%; E.P. des Festkörpers mindestens 60 °C nach R. u. K.

2.223.3. Bitumenemulsion ungefüllt

Bitumengehalt mindestens 45 Gew.-%; E.P. des Festkörpers mindestens 45 °C nach R. u. K.

2.223.4. Bitumenemulsion gefüllt

Bitumengehalt mindestens 30 Gew.-%; E.P. des Festkörpers mindestens 50 °C nach R. u. K.

2.223.5. Steinkohlenteerpechlösung ungefüllt

Steinkohlenteerpechgehalt mindestens 50 Gew.-%; E.P. des Festkörpers mindestens 50 °C nach R. u. K.

+2) In DIN 18 336 — Abdichtung gegen drückendes Wasser — Abschnitt 2.222.2 ist für die Bestimmung des Flüssigkeitsgrades ein anderes, dem Stand von 1965 entsprechendes Meßverfahren vorgesehen.

2.223.6. Steinkohlenteerpechlösung gefüllt

Steinkohlenteerpechgehalt mindestens 30 Gew.-%; E.P. des Festkörpers mindestens 60 °C nach R. u. K.

2.223.7. Steinkohlenteerpechemulsion

Steinkohlenteerpechgehalt mindestens 25 Gew.-%; E.P. des Festkörpers mindestens 40 °C nach R. u. K.

2.224. Deckaufstrichmittel, heiß zu verarbeiten

2.224.1. Bitumen ungefüllt

E.P. des ungefüllten Bitumens mindestens 54 °C nach R. u. K.

2.224.2. Bitumen gefüllt

Bitumengehalt mindestens 50 Gew.-%; E.P. des gefüllten Bitumens mindestens 60 °C nach R. u. K.

2.224.3. Steinkohlenteerpech ungefüllt

E.P. des ungefüllten Steinkohlenteerpechs mindestens 50 °C nach R. u. K.

2.224.4. Steinkohlenteerpech gefüllt

Steinkohlenteerpechgehalt mindestens 60 Gew.-%; E.P. des gefüllten Steinkohlenteerpechs mindestens 50 °C nach R. u. K.

2.225. Spachtelmassen (Spachtelkitte), kalt zu verarbeiten

2.225.1. Spachtelmassen auf Bitumenbasis, Bitumen als Lösung, gefüllt

E.P. des Festkörpers mindestens 90 °C nach R. u. K.

2.225.2. Spachtelmassen auf Bitumenbasis, Bitumen als Emulsion, gefüllt

E.P. des Festkörpers mindestens 90 °C nach R. u. K.

2.225.3. Spachtelmassen auf Steinkohlenteerpechbasis, Steinkohlenteerpech als Lösung, gefüllt

E.P. des Festkörpers mindestens 90 °C nach R. u. K.

2.225.4. Spachtelmassen auf Steinkohlenteerpechbasis, Steinkohlenteerpech als Emulsion, gefüllt

E.P. des Festkörpers mindestens 90 °C nach R. u. K.

2.226. Spachtelmassen, heiß zu verarbeiten

2.226.1. Spachtelmassen auf Bitumenbasis, gefüllt (z. B. Asphaltmastix)
Bitumengehalt mindestens 16 Gew.-%.

2.226.2. Spachtelmassen auf Steinkohlenteerpechbasis, gefüllt
Steinkohlenteerpechgehalt mindestens 16 Gew.-%.

2.227. Klebemassen, heiß zu verarbeiten

2.227.1. Bitumen ungefüllt

E.P. des ungefüllten Bitumens mindestens 54 °C nach R. u. K.

2.227.2. Bitumen gefüllt

Bitumengehalt mindestens 50 Gew.-%; E.P. des gefüllten Bitumens mindestens 60 °C nach R. u. K.

2.227.3 Steinkohlenteersonderpech ungefüllt

E.P. des ungefüllten Steinkohlenteersonderpechs mindestens 50 °C nach R. u. K.

2.227.4. Steinkohlenteersonderpech gefüllt

Gehalt an Steinkohlenteersonderpech mindestens 50 Gew.-%; E.P. des gefüllten Steinkohlenteersonderpechs mindestens 60 °C nach R. u. K.

2.23. Pappen

DIN 52 129 Nackte Bitumenpappen; Begriff, Bezeichnung, Eigenschaften

DIN 52 126 Nackte Teerpappen; Begriff, Bezeichnung, Eigenschaften

DIN 52 128 Bitumendachpappen mit beiderseitiger Bitumendeckschicht; Begriff, Bezeichnung, Eigenschaften

DIN 52 121 Teerdachpappen, beiderseitig besandet; Begriff, Bezeichnung, Eigenschaften

DIN 52 140 Teer-Sonderdachpappen und Teer-Bitumendachpappen, beide mit beiderseitiger Sonderdeckschicht; Begriff, Bezeichnung, Eigenschaften.

2.24. Dichtungsbahnen, fabrikfertig

2.24.01. Dichtungsbahnen, fabrikfertig, müssen aus einer Einlage und aus Deckschichten bestehen, die auf beiden Seiten der Einlage aufgebracht sind; die Deckschichten müssen mit Feinsand bestreut sein. E.P. der Deckschichten 55 bis 90 °C nach R. u. K.

Die Einlage und die Deckschichten müssen miteinander innig verbunden sein. Die Bestreuung der Deckschichten muß gut haften.

Getränkte Einlagen dürfen nach Augenschein keine undurchtränkten Stellen haben; ausgenommen sind Glasgewebeeinlagen in Dichtungsbahnen nach den Abschnitten 2.24.06 und 2.24.07.

Die Dichtungsbahnen müssen wasserdicht sein. Sie müssen auf ebener Unterlage plan liegen und dürfen keine Unebenheiten (z. B. Beulen, Ausbuchtungen) haben. Sie müssen eine gleichmäßige Oberfläche und Dicke haben. Sie müssen frei von Mängeln wie Rissen, Falten usw. sein.

Für die Prüfung von Eigenschaften der Dichtungsbahnen ist DIN 52 123 — Dachpappen, Prüfung[+3]) — maßgebend, jedoch mit folgenden Abweichungen:

Die Prüfung auf Biegsamkeit bei Raumtemperatur entfällt.

Die Prüfung auf Biegsamkeit bei 0 °C (Kältebeständigkeit) wird bei + 4 °C unter Verwendung einer Biegeplatte 15 (Biegeradius $r = 15$ mm) durchgeführt.

Die Prüfung auf Wärmebeständigkeit wird bei einer Temperatur von 60 °C durchgeführt.

2.24.02. Dichtungsbahnen mit Einlage aus getränkter 500er Rohfilzpappe, beiderseitig mit Deckschichten aus Bitumen

Dicke mindestens 3,5 mm. Bruchwiderstand (Bruchlast) längs und quer mindestens 30 kp. Dehnbarkeit längs und quer mindestens 2 %.

2.24.03. Dichtungsbahnen mit Einlage aus getränkter 500er Rohfilzpappe, beiderseitig mit Deckschichten aus Steinkohlenteersonderpech

Dicke, Bruchwiderstand und Dehnbarkeit wie Abschnitt 2.24.02.

2.24.04. Dichtungsbahnen mit Einlage aus getränktem 300er Jutegewebe, beiderseitig mit Deckschichten aus Bitumen

Dicke mindestens 3 mm. Bruchwiderstand (Bruchlast) längs und quer mindestens 60 kp. Dehnbarkeit längs und quer mindestens 5 %.

+3) Seit November 1960: DIN 52 123 — Dachpappen und nackte Pappen; Prüfverfahren.

2.24.05. Dichtungsbahnen mit Einlage aus getränktem 300er Jutegewebe, beiderseitig mit Deckschichten aus Steinkohlenteersonderpech

Dicke, Bruchwiderstand und Dehnbarkeit wie Abschnitt 2.24.04.

2.24.06. Dichtungsbahnen mit Einlage aus getränktem 300 g/m² schwerem Glasfasergewebe, beiderseitig mit Deckschichten aus Bitumen

Dicke, Bruchwiderstand und Dehnbarkeit wie Abschnitt 2.24.04.

2.24.07. Dichtungsbahnen mit Einlage aus getränktem 300 g/m² schwerem Glasfasergewebe, beiderseitig mit Deckschichten aus Steinkohlenteersonderpech

Dicke, Bruchwiderstand und Dehnbarkeit wie Abschnitt 2.24.04.

2.24.08. Dichtungsbahnen mit Einlage aus 0,1 mm dicker Kupferfolie, beiderseitig mit Deckschichten aus Bitumen

Dicke mindestens 3 mm. Bruchwiderstand (Bruchlast) längs und quer mindestens 50 kp. Dehnbarkeit längs und quer mindestens 5 %.

Die Kupferfolie muß folgende Eigenschaften haben:

Kupfergehalt mindestens 99,88 % sauerstofffreies Kupfer, weiche Qualität (Brinellhärte etwa 40 kp/mm²),

porenfrei, plan- und geradegereckt.

2.24.09. Dichtungsbahnen mit Einlage aus 0,1 mm dicker Kupferfolie, beiderseitig mit Deckschichten aus Steinkohlenteersonderpech

Dicke, Bruchwiderstand und Dehnbarkeit der Dichtungsbahnen sowie Eigenschaften der Kupferfolie wie Abschnitt 2.24.08.

2.24.10. Dichtungsbahnen mit Einlage aus 0,2 mm dicker Aluminiumfolie, beiderseitig mit Deckschichten aus Bitumen

Dicke mindestens 3 mm. Bruchwiderstand (Bruchlast) längs und quer mindestens 50 kp. Dehnbarkeit längs und quer mindestens 5 %.

Die Aluminiumfolie muß folgende Eigenschaften haben:

Reinheitsgrad mindestens 99,5 %,

feindessinierte Oberfläche,

weiche Qualität (Brinellhärte etwa 20 kp/mm²),

porenfrei, plan- und geradegereckt.

2.24.11. Dichtungsbahnen mit Einlage aus 0,2 mm dicker Aluminiumfolie, beiderseitig mit Deckschichten aus Steinkohlenteersonderpech

Dicke, Bruchwiderstand und Dehnbarkeit der Dichtungsbahn sowie Eigenschaften der Aluminiumfolie wie Abschnitt 2.24.10.

2.24.12. Dichtungsbahnen mit Einlage aus mindestens 0,03 mm dicken Polyterephthalsäureester-Folien, beiderseitig mit Deckschichten aus Bitumen

Dicke mindestens 2,5 mm. Bruchwiderstand (Bruchlast) längs und quer mindestens 25 kp. Dehnbarkeit längs und quer mindestens 15 %.

2.25. Metallbänder ohne Deckschichten

2.251. Kupferband [+4])

Kupfergehalt mindestens 99,88 % sauerstofffreies Kupfer; kalottengeriffelt, Kalottenhöhe 1,0 bis 1,5 mm; weiche Qualität (Brinellhärte etwa 60 kp/mm²); Ziehtiefe etwa

+4) Die dem Stand von 1965 entsprechenden Eigenschaften für Kupferband sind in DIN 18 336 — Abdichtung gegen drückendes Wasser — Abschnitt 2.24 festgelegt.

5 nach Erichsen; Foliendicke 0,1 mm; Breite der Bänder höchstens 60 cm; porenfrei, plan- und geradegereckt.

2.252. Aluminiumband+5)

Reinheitsgrad mindestens 99,5 %; kalottengeriffelt, Kalottenhöhe 1,0 bis 1,5 mm; weiche Qualität (Brinellhärte etwa 20 kp/mm²); Ziehtiefe etwa 5 nach Erichsen; Foliendicke 0,2 mm; Breite der Bänder höchstens 60 cm; porenfrei, plan- und geradegereckt.

2.26. Thermoplastische Kunststoff-Folien

2.261. Thermoplastische Kunststoff-Folien müssen wasserundurchlässig und feuchtigkeitsbeständig sein und dürfen im Wasser nicht quellen. Sie müssen gegen die Einwirkung natürlicher saurer, alkalischer oder salzhaltiger Grund-, Stau- oder Sikkerwässer und gegen normale chemische Einflüsse der angrenzenden Bauteile unempfindlich sein. Sie müssen alterungsbeständig und verrottungsfest sein. Sie dürfen sich bei Dauertemperaturen im Bereich von − 20 bis + 70 °C in ihren wesentlichen Eigenschaften nicht ändern und müssen dabei ihre homogene Beschaffenheit behalten; es dürfen sich z. B. keine Bläschen bilden. Die Kunststoff-Folien müssen widerstandsfähig sein gegen Perforierung (z. B. durch lose Sandkörner oder durch bauübliche Rauhigkeiten des Untergrundes). Sie dürfen keine Blasen bilden, sich chemisch nicht verändern und müssen maßhaltig bleiben, auch wenn 200 °C heißes Bitumen als Klebe- oder Deckaufstrich aufgebracht wird. Sie müssen sich auf ebener Unterlage kantengerade und gleichmäßig breit ausrollen lassen und auf der Unterlage plan liegenbleiben. Die Nenndicke der Kunststoff-Folie darf an keiner Stelle um mehr als 10 % unterschritten werden. Die Folien müssen sich so verbinden lassen (z. B. durch Quellschweißen), daß auch die Verbindung (Naht) der Folien lückenlos und ebenso widerstandsfähig abdichtet wie die Folien selbst.

2.262. Thermoplastische Kunststoff-Folien aus Polyisobutylen+6) (unkaschiert)

Nenndicke mindestens 1,5 mm.

2.263. Andere thermoplastische Kunststoff-Folien

Bei anderen thermoplastischen Kunststoff-Folien ist dem Auftraggeber nachzuweisen, daß sie den Güteanforderungen nach Abschnitt 2.261 genügen und für die auszuführende Abdichtung geeignet sind.

2.27. Quellschweißmittel für thermoplastische Kunststoff-Folien nach Abschnitt 2.262

Aromatenarmes Benzin (Aromatengehalt höchstens 5 %) mit Zusätzen nicht über 0,5 %; Siedebereich von 80 bis 110 °C.

2.28. Sperrmörtel

Sperrmörtel muß DIN 4117 — Abdichtung von Bauwerken gegen Bodenfeuchtigkeit; Richtlinien für die Ausführung — entsprechen.

3. Ausführung

3.1. Allgemeines

3.11. Der Auftragnehmer hat die baulichen Verhältnisse auf Eignung zum Aufbringen der Abdichtung zu prüfen. Er hat dem Auftraggeber Bedenken gegen die vor-

+5) Die dem Stand von 1965 entsprechenden Eigenschaften für Aluminiumband sind in DIN 18 336 — Abdichtung gegen drückendes Wasser — Abschnitt 0.115 festgelegt.

+6) Nach dem Stand von 1971 liegt vor:
DIN 16 935 — Polyisobutylen-Bahnen für Bautenabdichtungen; Anforderungen, Prüfung.

gesehene Art der Ausführung unverzüglich schriftlich mitzuteilen (siehe Teil B – DIN 1961 – § 4 Ziffer 3), wenn diese den baulichen Verhältnissen nicht entspricht. Unter diesen Voraussetzungen sind Bedenken geltend zu machen, insbesondere bei

größeren Unebenheiten des Untergrundes;

zu rauhen, zu porigen, zu glatten Flächen;

scharfen Schalungskanten und Graten;

Abweichungen von der Waagerechten oder dem Gefälle, das in der Leistungsbeschreibung vorgeschrieben oder nach der Sachlage nötig ist;

unrichtiger Höhenlage der Oberfläche des Untergrundes;

fehlender Rundung von Ecken, Kanten und Kehlen;

Spannungs- und Setzrissen, Löchern;

zu feuchten Flächen;

zu stark saugenden Flächen;

fehlendem Porenschluß (z. B. bei Leichtbeton);

ungenügender Festigkeit des Untergrundes;

Flächen aus Gips, Steinholz u. ä.;

verölten Flächen, Farbresten;

ungeeigneter Art oder Lage von durchdringenden Bauteilen;

Fehlen von Elementen zum Anschluß an Bauteile, die die Abdichtung durchdringen;

nicht oder ungenügend abgeglichenen Flächen aus Beton oder Mauerwerk.

3.12. Abdichtungsarbeiten dürfen bei Witterungsverhältnissen, die sich nachteilig auf die Abdichtung auswirken können, nur ausgeführt werden, wenn die schädliche Wirkung durch besondere Vorkehrungen mit Sicherheit verhindert wird. Solche Witterungsverhältnisse sind z. B. Temperaturen unter + 5 °C, Regen, Schnee, scharfer Wind.

3.13. Waagerechte und schwach geneigte Abdichtungen (ausgenommen waagerechte Abdichtungen in Wänden und Abdichtungen aus Sperrmörtel) müssen sofort eine Schutzschicht nach DIN 4117 – Abdichtung von Bauwerken gegen Bodenfeuchtigkeit; Richtlinien für die Ausführung – erhalten (z. B. eine 5 cm dicke Schutzschicht aus Beton). Auch stark geneigte und senkrechte Abdichtungen müssen sofort eine Schutzschicht erhalten, wenn die Abdichtung eingespannt werden muß oder die Gefahr der Beschädigung besteht.

3.14. Abdichtungen aus Kunststoff-Folien nach Abschnitt 2.263 sind nach den Vorschriften des Herstellerwerks auszuführen.

3.2. Abdichtungen gegen aufsteigende und seitliche Feuchtigkeit

3.21. Abdichtungen von Wänden gegen aufsteigende Feuchtigkeit

3.211. Abdichtungen aus Pappen

Abdichtungen aus Pappen sind aus einer Lage 500er Teer-Sonderdachpappe nach DIN 52 140 herzustellen, wenn in der Leistungsbeschreibung nichts anderes (z. B. zwei Lagen Bitumendachpappe nach DIN 52 128 oder Teerdachpappe nach DIN 52 121) vorgeschrieben ist. Die Pappen dürfen weder auf die Unterlage noch aufeinander geklebt werden. Sie müssen sich an den Stößen mindestens 10 cm überdecken.

3.212. Abdichtungen aus thermoplastischen Kunststoff-Folien nach Abschnitt 2.262

Abdichtungen aus thermoplastischen Kunststoff-Folien nach Abschnitt 2.262 sind aus einer Lage Kunststoff-Folien herzustellen, wenn in der Leistungsbeschreibung nichts anderes vorgeschrieben ist. Die Folien müssen sich an den Stößen 5 cm überdekken. Sie sind durch Quellschweißen zu verbinden, wenn in der Leistungsbeschreibung nichts anderes vorgeschrieben ist.

3.22. Abdichtungen von Fußböden und anderen waagerechten oder schwach geneigten Bauwerksteilen gegen aufsteigende Feuchtigkeit

3.221. Abdichtungen aus Pappen

Abdichtungen aus Pappen sind aus zwei Lagen 333er nackter Bitumenpappe nach DIN 52 129 herzustellen, wenn in der Leistungsbeschreibung nichts anderes (z. B. Abdichtung aus nackter Teerpappe nach DIN 52 126) vorgeschrieben ist. Die Bahnen sind so zu verlegen, daß die Stöße jeder Lage sowie Nähte und Stöße der oberen zur unteren Lage versetzt liegen. An Nähten und Stößen müssen sich die Bahnen jeder Lage mindestens 10 cm überdecken. Jede Lage ist durch je einen Klebeaufstrich auf ihrer Unterseite und auf ihrer Unterlage mit dieser vollflächig zu verkleben. Die Oberseite der zweiten Lage ist mit der gleichen Klebemasse deckend zu streichen. Bei Bitumenpappen ist nur Bitumenklebemasse, bei Teerpappen nur Klebemasse aus Steinkohlenteerpech zu verwenden. Wenn in der Leistungsbeschreibung nichts anderes vorgeschrieben ist, ist Bitumenklebemasse nach Abschnitt 2.227.1 bzw. Klebemasse aus Steinkohlenteersonderpech nach Abschnitt 2.227.3 zu verwenden. Bei Verwendung von Klebemasse mit einem Raumgewicht von $\approx$ 1000 kg/m^3 (z. B. Bitumenklebemasse nach Abschnitt 2.227.1) ist bei jedem Klebeaufstrich mindestens 1,0 kg auf den Quadratmeter aufzubringen, bei dem Deckaufstrich mindestens 1,5 kg; werden Klebemassen mit höheren Raumgewichten verwendet, so muß das Mindestgewicht der je Quadratmeter aufzubringenden Klebemasse entsprechend dem Verhältnis der Raumgewichte höher sein.

3.222. Abdichtungen aus Dichtungsbahnen

Abdichtungen aus Dichtungsbahnen sind aus einer Lage Dichtungsbahnen nach Abschnitt 2.24.04 herzustellen, wenn in der Leistungsbeschreibung nichts anderes vorgeschrieben ist. Für die Ausführung gilt Abschnitt 3.221; jedoch ist bei den Klebeaufstrichen und bei dem Deckaufstrich mindestens je 1,0 kg Klebemasse auf den Quadratmeter aufzubringen.

3.223. Abdichtungen aus thermoplastischen Kunststoff-Folien nach Abschnitt 2.262

Abdichtungen aus thermoplastischen Kunststoff-Folien nach Abschnitt 2.262 sind aus einer Lage Kunststoff-Folien herzustellen. Auf schwach geneigten Flächen müssen die Folien mit Klebemasse nach Abschnitt 2.227.1 geheftet werden. Die Bahnen sind so zu verlegen, daß die Stöße versetzt liegen. Sie müssen sich 5 cm überdecken. Die Folien sind durch Quellschweißen zu verbinden. Die Überdeckungen dürfen bei der Quellschweißung nicht wasserfeucht und nicht mit Bitumen, Klebemitteln oder anderen Stoffen verunreinigt sein; sie sind — wenn nötig — durch Papierstreifen vor Verunreinigungen zu schützen. Es ist unzulässig, die Kanten der Folien, die an den Überdeckungen oben liegen, anzuschrägen oder abzubügeln. Auf die Folien ist als Schutzbahn 500er nackte Bitumenpappe nach DIN 52 129 aufzukleben. Die Bitumenpappe ist durch je einen Klebeaufstrich mit Klebemasse nach Abschnitt 2.227.1 auf ihrer Unterseite und auf ihrer Unterlage mit dieser vollflächig zu verkleben. Die Oberseite der Bitumenpappe ist mit der gleichen Klebemasse deckend zu streichen. Bei den Klebeaufstrichen muß mindestens 1,0 kg Klebemasse, beim Deckaufstrich mindestens 1,5 kg Klebemasse auf den Quadratmeter aufgebracht werden.

3.224. Abdichtungen aus Spachtelmassen

Abdichtungen aus Spachtelmassen sind aus Asphaltmastix in 2 Schichten von zusammen 15 mm Dicke herzustellen, wenn in der Leistungsbeschreibung nichts anderes vorgeschrieben ist. Bei waagerechten oder schwach geneigten Flächen ist vor Aufbringen der ersten Schicht auf die abzudichtende Fläche eine Zwischenlage als Trennschicht aufzubringen. Die Wahl des Stoffes für die Trennschicht bleibt dem Auftragnehmer überlassen, wenn in der Leistungsbeschreibung nicht eine bestimmte Art der Zwischenlage (z. B. Natronkraftpapier, Ölpapier, Glasvlies) vorgeschrieben ist. Die Bahnen der Trennschicht müssen so verlegt werden, daß sie sich bei dünnen Zwischenlagen an den Rändern überdecken, bei dicken Zwischenlagen stumpf stoßen.

3.225. Abdichtungen aus Sperrmörtel

3.225.1. Der Sperrmörtel ist nach den Verarbeitungsvorschriften des Herstellwerkes des Dichtungsmittels herzustellen und zu verarbeiten.

3.225.2. Vor Aufbringen des Sperrmörtels ist der Untergrund zu säubern und anzunässen. Die Mörtelschicht ist in einem fortlaufenden Arbeitsgang aufzubringen. Sind jedoch Arbeitsunterbrechungen nötig, so ist der zunächst ausgeführte Teil der Mörtelschicht mit dem anschließenden Teil durch Überlappung von 20 bis 30 cm dicht zu verbinden.

3.225.3. Der Sperrmörtel ist mindestens 3 cm dick aufzubringen, wenn in der Leistungsbeschreibung nichts anderes vorgeschrieben ist. Die Abdichtung ist waagerecht oder mit dem Gefälle herzustellen, das in der Leistungsbeschreibung vorgeschrieben oder nach der Sachlage nötig ist. Die aufgebrachte Mörtelschicht ist zu verdichten. Die Oberfläche ist abzureiben; sie muß eben und geschlossen sein.

3.225.4. Für den Anschluß zwischen waagerechten oder schwach geneigten Abdichtungen aus Sperrmörtel und senkrechten oder stark geneigten Abdichtungen aus Sperrmörtel (Sperrputz) gilt Abschnitt 3.235.

3.23. Abdichtungen gegen seitliche Feuchtigkeit

3.231. Abdichtungen aus bituminösen Aufstrichen

3.231.1. Abdichtungen aus bituminösen Aufstrichen sind aus einem Voranstrich und Deckaufstrichen herzustellen.

3.231.2. Für den Voranstrich ist ein kalt zu verarbeitendes Voranstrichmittel nach Abschnitt 2.222.1 zu verwenden, wenn in der Leistungsbeschreibung nichts anderes vorgeschrieben ist. Der Voranstrich ist durch einen einmaligen Aufstrich herzustellen. Er muß völlig durchgetrocknet sein, bevor die weiteren Abdichtungsarbeiten ausgeführt werden.

3.231.3. Als kaltflüssige Deckaufstriche sind drei Aufstriche mit kalt zu verarbeitender Bitumenlösung nach Abschnitt 2.223.1 auszuführen, wenn in der Leistungsbeschreibung nichts anderes vorgeschrieben ist.

3.231.4. Als heißflüssige Deckaufstriche sind zwei Aufstriche mit heiß zu verarbeitendem Bitumen nach Abschnitt 2.224.1 auszuführen, wenn in der Leistungsbeschreibung nichts anderes vorgeschrieben ist.

3.232. Abdichtungen aus Pappen

Abdichtungen aus Pappen sind aus einem Voranstrich, einer Lage 500er nackter Bitumenpappe nach DIN 52 129, Klebeaufstrichen und einem Deckaufstrich herzustellen. Der Voranstrich ist nach Abschnitt 3.231.2 auszuführen. Im übrigen ist nach Abschnitt 3.221 zu verfahren; jedoch ist nur eine Lage Pappe aufzubringen.

3.233. Abdichtungen aus thermoplastischen Kunststoff-Folien nach Abschnitt 2.262

Abdichtungen aus thermoplastischen Kunststoff-Folien nach Abschnitt 2.262 sind aus einem Voranstrich, einer Lage Kunststoff-Folie nach Abschnitt 2.262, einer Lage Bitumenpappe als Schutzbahn und einem Deckaufstrich herzustellen. Der Voranstrich ist nach Abschnitt 3.231.2 auszuführen. Im übrigen ist nach Abschnitt 3.223 zu verfahren.

3.234. Abdichtungen aus Spachtelmassen

Abdichtungen aus Spachtelmassen sind aus einem Voranstrich nach Abschnitt 3.231.2 und aus Schichten aus Spachtelmasse herzustellen. Es sind zwei Schichten aus 16%igem Asphaltmastix — zusammen 10 mm dick — aufzutragen, wenn in der Leistungsbeschreibung nichts anderes vorgeschrieben ist.

3.235. Abdichtungen aus Sperrmörtel

Bei Abdichtungen aus Sperrmörtel an Wänden (Sperrputz) sind die Abschnitte 3.225.1 und 3.225.2 entsprechend anzuwenden. Der Sperrputz ist mindestens 2 cm dick herzustellen. Er ist in mehreren Lagen durch Anwerfen aufzubringen. Die untere Lage darf beim Anwerfen der folgenden noch nicht erhärtet sein. Der Sperrputz ist fluchtrecht und frei von Unebenheiten herzustellen. Er ist gut durchzureiben, darf jedoch nicht geglättet werden. Soll an den Sperrputz eine waagerechte oder schwach geneigte Abdichtung aus Sperrmörtel anschließen, so ist zunächst ein Kehlanwurf auszuführen und über diesen der Sperrputz auf der Fußbodenfläche in einer Breite von 20 bis 30 cm so vorzuziehen, daß die anschließend auszuführende waagerechte Abdichtung den vorgezogenen Sperrputz überdeckt. Ecken, Kanten und Kehlen sind rund mit einem Radius von 4 cm auszubilden.

3.3. Abdichtungen gegen Sickerwasser, Oberflächenwasser und dergleichen im Freien und in Räumen

3.31. Abdichtungen aus Pappen

Abdichtungen aus Pappen sind aus einem Voranstrich nach Abschnitt 3.231.2 und zwei Lagen nackter Pappe herzustellen. Als nackte Pappe ist 500er nackte Bitumenpappe nach DIN 52 129 zu verwenden, wenn in der Leistungsbeschreibung nichts anderes (z. B. 500er nackte Teerpappe) vorgeschrieben ist. Die Pappen sind nach Abschnitt 3.221 aufzubringen.

3.32. Abdichtungen aus Dichtungsbahnen

Abdichtungen aus Dichtungsbahnen sind aus einem Voranstrich nach Abschnitt 3.231.2 und mehreren Lagen Dichtungsbahnen herzustellen. Es sind zwei Lagen Dichtungsbahnen nach Abschnitt 2.24.04 aufzubringen, wenn in der Leistungsbeschreibung nichts anderes vorgeschrieben ist. Für das Aufbringen der Dichtungsbahnen gilt Abschnitt 3.221 entsprechend; jedoch ist bei den Klebeaufstrichen und dem Deckaufstrich mindestens je 1,0 kg Klebemasse auf den Quadratmeter aufzubringen.

3.33. Abdichtungen aus Metallbändern ohne Deckschicht

3.331. Abdichtungen aus Kupferbändern

Abdichtungen aus Kupferbändern sind aus einem Voranstrich nach Abschnitt 3.231.2 und einer Lage Kupferbänder nach Abschnitt 2.251 herzustellen. Die Kupferbänder sind in gefüllte Bitumenklebemasse nach Abschnitt 2.227.2 im Gieß- und Einwalzverfahren vollflächig einzukleben. Sie sind so zu verlegen, daß die Stöße versetzt liegen. Sie müssen sich an den Nähten mindestens 10 cm, an den Stößen mindestens 20 cm überdecken. Auf die Kupferbänder ist ein Deckaufstrich aus ungefülltem Bitumen nach Abschnitt 2.224.1 aufzubringen, wenn in der Leistungsbeschreibung nichts anderes vorgeschrieben ist.

Zum Einkleben der Kupferbänder nach dem Gieß- und Einwalzverfahren ist gefüllte Bitumenklebemasse nach Abschnitt 2.227.2 — auf waagerechten und schwach geneigten Flächen mindestens 5 kg/m^2, an senkrechten und stark geneigten Flächen mindestens 6 kg/m^2, bezogen auf ein Raumgewicht von 1500 kg/m^3 — zu verwenden, wenn in der Leistungsbeschreibung nichts anderes vorgeschrieben ist. Für den Deckaufstrich sind etwa 2 kg ungefülltes Bitumen nach Abschnitt 2.224.1 auf den Quadratmeter zu verwenden.

3.332. Abdichtungen aus Aluminiumbändern

Abdichtungen aus Aluminiumbändern sind aus einem Voranstrich nach Abschnitt 3.231.2, einer Lage Aluminiumbänder nach Abschnitt 2.252 und einer Lage 500er nackter Bitumenpappe nach DIN 52 129 herzustellen. Die Aluminiumbänder sind in gefüllte Bitumenklebemasse nach Abschnitt 2.227.2 im Gieß- und Einwalzverfahren vollflächig einzukleben. Sie sind so zu verlegen, daß die Stöße versetzt liegen. Sie müssen sich an den Nähten mindestens 10 cm, an den Stößen mindestens 20 cm überdecken.

Die Lage 500er nackter Bitumenpappe ist durch je einen Klebeaufstrich auf ihrer Unterseite und auf der Oberfläche der aufgeklebten Aluminiumbänder mit diesen vollflächig zu verkleben. Auf die Oberfläche der Bitumenpappe ist ein Deckaufstrich aufzubringen. Zum Aufkleben und für den Deckaufstrich ist ungefüllte Bitumenklebemasse nach Abschnitt 2.227.1 zu verwenden, wenn in der Leistungsbeschreibung nichts anderes vorgeschrieben ist.

Zum Einkleben der Aluminiumbänder nach dem Gieß- und Einwalzverfahren ist gefüllte Bitumenklebemasse nach Abschnitt 2.227.2 — auf waagerechten und schwach geneigten Flächen mindestens 5 kg/m^2, an senkrechten und stark geneigten Flächen mindestens 6 kg/m^2, bezogen auf ein Raumgewicht von 1500 kg/m^3 — zu verwenden, wenn in der Leistungsbeschreibung nichts anderes vorgeschrieben ist.

An Klebemasse nach Abschnitt 2.227.1 ist für jeden Klebeaufstrich zum Aufkleben der nackten Bitumenpappe mindestens 1,0 kg/m^2, für den Deckaufstrich mindestens 1,5 kg/m^2 zu verwenden.

3.34. Abdichtungen aus thermoplastischen Kunststoff-Folien nach Abschnitt 2.262

Abdichtungen aus thermoplastischen Kunststoff-Folien nach Abschnitt 2.262 sind bei Abdichtungen von Fußböden usw. nach Abschnitt 3.223, bei Abdichtungen von Wänden nach Abschnitt 3.233 auszuführen.

3.35. Abdichtungen aus Spachtelmassen

Abdichtungen aus Spachtelmassen sind nach Abschnitt 3.224 auszuführen.

3.36. Abdichtungen aus Sperrmörtel

Abdichtungen aus Sperrmörtel sind bei Abdichtungen von Fußböden usw. nach Abschnitt 3.225, bei Abdichtungen von Wänden nach Abschnitt 3.235 auszuführen.

3.4. Anschluß der Abdichtungen an Rohrleitungen und dergleichen

Die Abdichtung ist an Rohrleitungen und andere Gegenstände, die die Abdichtung durchdringen, wasserdicht anzuschließen. Die Anschlüsse sind mit Hilfe von eingebauten Stahlflanschen (siehe Abschnitt 3.11) auszuführen, wenn in der Leistungsbeschreibung nichts anderes (z. B. Anschellen oder bei Abdichtungen mit Sperrmörteln die Verwendung plastischer Massen) vorgeschrieben ist. Verbindungselemente sind von Rost zu befreien und mit einem Voranstrich nach Abschnitt 3.231.2 zu versehen.

3.5. Abdichtung von Bauwerksfugen und Abdichtungen über Bauwerksfugen

Abdichtungen von Bauwerksfugen und Abdichtungen über Bauwerksfugen sind so auszuführen, daß sie den auftretenden besonderen Beanspruchungen genügen.

4. Nebenleistungen

Nebenleistungen sind Leistungen, die auch ohne Erwähnung in der Leistungsbeschreibung zur vertraglichen Leistung gehören (siehe Teil B — DIN 1961 — § 2 Ziffer 1).

4.1. Folgende Leistungen sind Nebenleistungen:

4.101. Messungen für das Ausführen und Abrechnen der Arbeiten einschließlich des Vorhaltens der Meßgeräte und des Stellens der Arbeitskräfte.

4.102. Heranbringen von Wasser, Gas und Strom von den vom Auftraggeber angegebenen Anschlußstellen auf der Baustelle zu den Verwendungsstellen.

4.103. Vorhalten der Kleingeräte und Werkzeuge.

4.104. Lieferung der Betriebsstoffe.

4.105. Beleuchten und Reinigen der Aufenthaltsräume und Aborte für die Beschäftigten des Auftragnehmers sowie Beheizen der Aufenthaltsräume.

4.106. Reinigen des Untergrundes, ausgenommen Leistungen nach Abschnitt 4.34.

4.107. Befördern aller Stoffe und Bauteile, auch wenn sie vom Auftraggeber beigestellt werden, von den Lagerstellen auf der Baustelle zu den Verwendungsstellen und etwaiges Rückbefördern.

4.108. Vorhalten der Gerüste, deren Arbeitsbühne nicht höher als 2,0 m über Gelände oder Fußboden liegt.

4.109. Schutz- und Sicherheitsmaßnahmen nach den Unfallverhütungsvorschriften und polizeilichen Vorschriften.

4.110. Beseitigen aller von den Arbeiten des Auftragnehmers herrührenden Verunreinigungen und des Bauschutts des Auftragnehmers.

4.111. Schutz der ausgeführten Leistung und der für die Ausführung übergebenen Gegenstände vor Beschädigung und Diebstahl bis zur Abnahme, bei waagerechten Abdichtungen Sperren des Zugangs bis zur Abnahme.

4.2. Folgende Leistungen sind Nebenleistungen, wenn sie nicht durch besondere Ansätze in der Leistungsbeschreibung erfaßt sind:

4.21. Einrichten und Räumen der Baustelle.

4.22. Vorhalten der Baustelleneinrichtung einschließlich der Geräte und dergleichen.

4.3. Folgende Leistungen sind keine Nebenleistungen:

4.31. „Besondere Leistungen“ nach Teil A — DIN 1960 — § 9 Ziffer 2 letzter Absatz[+7]).

4.32. Aufstellen, Vorhalten und Beseitigen von Blenden, Bauzäunen und Schutzgerüsten zur Sicherung des öffentlichen Verkehrs.

4.33. Gestellung von Aufenthalts- und Lagerräumen, wenn der Auftraggeber keine Räume zur Verfügung stellt, die vom Auftragnehmer leicht verschließbar gemacht werden können.

4.34. Reinigen des Untergrundes von grober Verschmutzung durch Bauschutt, Gips, Mörtelreste, Öl u. ä., soweit sie von anderen Unternehmern herrührt.

4.35. Ausgleich von größeren Unebenheiten, von mangelndem Gefälle oder unrichtiger Höhenlage des Untergrundes (siehe Abschnitt 3.11).

4.36. Maßnahmen für die Weiterarbeit bei Temperaturen unter + 5 °C, Schnee und Nässe (z. B. Beheizung der Räume, in denen gearbeitet werden soll, künstliche Trocknung oder Trockenhaltung des Untergrundes), wenn sie dem Auftragnehmer nach dem Vertrag nicht ohnehin obliegen.

4.37. besonderer Schutz der Bauleistung, der über den Schutz nach Abschnitt 4.111 hinausgeht.

4.38. Aufbringen von Schutzschichten nach Abschnitt 3.13.

5. Aufmaß und Abrechnung

5.1. Allgemeines

Bei Abrechnung nach Flächenmaß werden die durch die Abdichtung bedeckten Flächen gemessen; Aussparungen in der Abdichtung für Öffnungen, Mauervorlagen, Rohrdurchführungen und dergleichen bis zu 0,10 m^2 Einzelgröße werden nicht abgezogen.

5.2. Es werden aufgemessen und abgerechnet:

5.21. Abdichtungen — ausgenommen Leistungen nach den Abschnitten 5.22 bis 5.26 — getrennt nach Arten, senkrechten und stark geneigten, waagerechten und schwach geneigten Flächen, nach Flächenmaß (m^2).

5.22. Abdichtungen von Wänden gegen aufsteigende Feuchtigkeit nach Längenmaß (m) oder nach Flächenmaß (m^2), bei Abrechnung nach Längenmaß getrennt nach Wanddicken.

5.23. Abdichtungen von Bauwerksfugen nach Längenmaß (m).

5.24. Abdichtungen über Bauwerksfugen nach Längenmaß (m) als Zulage zu den Preisen nach Abschnitt 5.21.

5.25. Verstärkungen der Abdichtung bei Anschlüssen an aufgehendes Mauerwerk, an Metalleinfassungen u. ä. nach Längenmaß (m) als Zulage zu den Preisen nach Abschnitt 5.21.

5.26. Anschlüsse der Abdichtung an Rohrleitungen und dergleichen, getrennt nach Art und Größe, nach Stück.

[+7]) Seit November 1973: DIN 1960 — § 9 Nr. 6.

VOB Teil C:

Allgemeine Technische Vorschriften für Bauleistungen

Dachdeckungs- und Dachabdichtungsarbeiten – DIN 18 338

Fassung November 1971

Ausgabedatum: August 1974

Inhalt

0. Hinweise für die Leistungsbeschreibung*)

(siehe auch Teil A — DIN 1960 — § 9)

0.1. In der Leistungsbeschreibung sind nach Lage des Einzelfalles insbesondere anzugeben:

0.1.1. Lage der Baustelle und Umgebungsbedingungen, z. B. Hauptwindrichtung, Einflugschneisen, Verschmutzung der Außenluft, Bebauung usw., Zufahrtsmöglichkeiten und Beschaffenheit der Zufahrt sowie etwaige Einschränkungen bei ihrer Benutzung, Art der baulichen Anlagen, Anzahl und Höhe der Geschosse.

0.1.2. Lage und Ausmaß der dem Auftragnehmer für die Ausführung seiner Leistungen zur Benutzung oder Mitbenutzung überlassenen Flächen.

0.1.3. besondere Maßnahmen aus Gründen der Landespflege und des Umweltschutzes.

0.1.4. Art und Umfang des Schutzes von Bäumen, Pflanzenbeständen, Vegetationsflächen, Bauteilen, Bauwerken u. ä. im Bereich der Baustelle.

0.1.5. besondere Anordnungen, Vorschriften und Maßnahmen der Eigentümer (oder der anderen Weisungsberechtigten) von Leitungen, Kabeln, Dränen, Kanälen, Wegen, Gewässern, Gleisen, Zäunen und dergleichen im Bereich der Baustelle.

0.1.6. für den Verkehr freizuhaltende Flächen.

0.1.7. Besonderheiten der Regelung und Sicherung des Verkehrs, gegebenenfalls auch, wieweit der Auftraggeber die Durchführung der erforderlichen Maßnahmen übernimmt.

0.1.8. Lage, Art und Anschlußwert der dem Auftragnehmer auf der Baustelle zur Verfügung gestellten Anschlüsse für Wasser und Energie.

0.1.9. Mitbenutzung fremder Gerüste, Hebezeuge, Aufzüge, Aufenthalts- und Lagerräume, Einrichtungen und dergleichen durch den Auftragnehmer.

0.1.10. Auf- und Abbauen sowie Vorhalten der Gerüste, die nicht unter Abschnitt 4.1.11 fallen.

0.1.11. besondere Anforderungen an die Baustelleneinrichtung.

*) Diese Hinweise werden nicht Vertragsbestandteil.

0.1.12. Art und Zeit der vom Auftraggeber veranlaßten Vorarbeiten.

0.1.13. ob und in welchem Umfang dem Auftragnehmer Arbeitskräfte und Geräte für Abladen, Lagern und Transport zur Verfügung gestellt werden.

0.1.14. Arbeiten anderer Unternehmer auf der Baustelle.

0.1.15. Leistungen für andere Unternehmer.

0.1.16. Art, Menge, Gewicht der Stoffe und Bauteile, die vom Auftraggeber beigestellt werden, sowie Art, Ort (genaue Bezeichnung) und Zeit ihrer Übergabe.

0.1.17. Güteanforderungen an nicht genormte Stoffe und Bauteile.

0.1.18. Art und Umfang verlangter Eignungs- und Gütenachweise.

0.1.19. Art und Beschaffenheit des Untergrundes (Holz, Stahlkonstruktion, Betonfläche).

0.1.20. vorgesehene Arbeitsabschnitte, Arbeitsunterbrechungen und -beschränkungen nach Art, Ort und Zeit.

0.1.21. Ausbildung der Anschlüsse an Bauwerke.

0.1.22. Art und Anzahl der geforderten Proben.

0.1.23. besondere Maßnahmen, die zum Schutz von benachbarten Grundstücken und Bauwerken notwendig sind.

0.1.24. ob nach bestimmten Zeichnungen oder nach Aufmaß abgerechnet werden soll.

0.1.25. Dachform, Dachneigung, Traufhöhe und Art der Unterlagen der Dachdeckung (Dachkonstruktion).

0.1.26. Art und Neigung der Kehlen und Grate.

0.1.27. Anzahl, Art und Ausbildung der Anschlüsse, Abschlüsse und Durchführungen.

0.1.28. Art und Umfang der erforderlichen Be- und Entlüftung des Dachbodenraumes.

0.1.29. Art des verlangten Deckungsmaterials nach Ursprungsort und Farbe. Werden diese Angaben nicht gemacht, sollen sie vom Bieter gefordert werden.

0.1.30. Lage, Art, Ausbildung und Längen der einzelnen Bauwerksfugen.

0.1.31. Art und Lage der Dachentwässerung.

0.1.32. bei Schindeldeckung Art der Deckung.

0.1.33. bei Schieferdeckung, ob die Deckung abweichend von Abschnitt 3.4 ohne Dachpappenvordeckung auszuführen ist.

0.1.34. ob Leiterhaken und Schneefanggitter anzubringen sind.

0.1.35. Dauerbelastung der unter der Dachdecke liegenden Räume durch Temperatur und relative Luftfeuchtigkeit.

0.1.36. Maßnahmen zur Erfüllung erhöhter Anforderungen an Staub- oder Flugschneedichte, z. B. Vordeckung mit Unterspannbahnen.

0.1.37. besondere Anforderungen an Baustoffe und Ausführung infolge thermischer, mechanischer, chemischer Beanspruchung bedingt, z. B. durch klimatische Abweichungen.

0.1.38. besondere Bedingungen des Auftraggebers für die Aufstellung von Schmelzkesseln.

0.1.39. Leistungen nach Abschnitt 4.2 in besonderen Ansätzen, wenn diese Leistungen keine Nebenleistungen sein sollen.

0.1.40. Leistungen nach Abschnitt 4.3 in besonderen Ansätzen.

0.2. In der Leistungsbeschreibung sind Angaben zu folgenden Abschnitten nötig, wenn der Auftraggeber eine abweichende Regelung wünscht:

Abschnitt 1.2 (Leistungen mit Lieferung der Stoffe und Bauteile)
Abschnitt 2.1 (Vorhalten von Stoffen und Bauteilen)
Abschnitt 2.2.1 (Liefern ungebrauchter Stoffe und Bauteile)
Abschnitt 2.3 (Güte und Farbton der Dachziegel)
Abschnitt 2.10.1 (Holzart der Dachschindeln)
Abschnitt 3.2.1 (Deckmörtel für Dachziegel)

Abschnitt 3.2.2	(Verstreichmörtel für Dachziegel)
Abschnitt 3.2.3.1	(Verklammerung und Verdrahtung bei Ziegeldächern)
Abschnitt 3.2.3.3	(Lattung auf Konterlatten)
Abschnitt 3.2.4.1	(Kronendeckung und Doppeldeckung in Mörtel)
Abschnitt 3.2.5	(Hohlpfannendeckung)
Abschnitt 3.2.7	(Krempziegeldeckung)
Abschnitt 3.2.8	(Falzziegeldeckung)
Abschnitt 3.2.9.1	(Dachkanten)
Abschnitt 3.2.9.1.3	(Formziegel bei Dachkanten)
Abschnitt 3.2.9.2	(Deckung von Firsten und Graten)
Abschnitt 3.2.9.3.1	(Metallkehlen)
Abschnitt 3.2.9.3.2.3	(Unterlegte Kehlen)
Abschnitt 3.2.9.4	(Dachanschlüsse)
Abschnitt 3.3.1	(Trockendeckung mit Betondachsteinen)
Abschnitt 3.3.5.1	(Dachkanten im Sonderformat bei Betondachsteinen)
Abschnitt 3.4.1.1	(Dachpappenvordeckung)
Abschnitt 3.4.1.2	(Nagelung bei Schieferdeckung)
Abschnitt 3.4.3	(Deckung besonderer Dachteile)
Abschnitt 3.4.3.2	(Kehlen bei Schieferdeckung)
Abschnitt 3.5.1.2	(Deutsche Deckung mit Asbestzement-Dachplatten, Verwendung von Sturmklammern)
Abschnitt 3.5.1.5	(Doppeldeckung mit Asbestzement-Dachplatten)
Abschnitt 3.5.1.6	(Deckung der Firste, Grate und Orte bei Asbestzement-Dachplatten)
Abschnitt 3.5.1.7	(Deckung von Kehlen)
Abschnitt 3.5.2.1	(Deckung mit Asbestzement-Platten an senkrechten Flächen)
Abschnitt 3.5.2.2	(Befestigung ebener Asbestzement-Platten)
Abschnitt 3.5.2.3	(Fugenausbildung)
Abschnitt 3.5.3.1.1	(Deckung besonderer Dachteile mit Asbestzement-Wellplatten)
Abschnitt 3.5.3.1.2	(Befestigung von Asbestzement-Wellplatten an Wandflächen)
Abschnitt 3.5.3.2.2	(Befestigung von Asbestzement-Kurzwellplatten)
Abschnitt 3.5.3.2.5	(Deckung besonderer Dachteile mit Asbestzement-Kurzwellplatten)
Abschnitt 3.6.1	(Befestigung von Pfannenblechen)
Abschnitt 3.7.1	(Befestigung von profilierten Stahlblechen)
Abschnitt 3.7.2.1	(Deckung mit profilierten Stahlblechen, Nietung der Seitenüberdeckung)
Abschnitt 3.7.3	(Deckung besonderer Dachteile)
Abschnitt 3.8.3	(Unterlage bei Deckung mit Bitumenschindeln)
Abschnitt 3.9	(Deckung der Giebelkanten und Firste bei Rohr- und Strohdeckung)
Abschnitt 3.10.2.1	(Ausführung von Dachabdichtungen)
Abschnitt 3.10.2.1.1	(Art des Voranstrichs)
Abschnitt 3.10.2.1.2	(Ausführung der Trenn- oder Ausgleichsschicht)
Abschnitt 3.10.2.1.3	(Art der Dampfsperre)
Abschnitt 3.10.2.1.4	(Art und Ausführung der Wärmedämmschicht)
Abschnitt 3.10.2.1.5	Ausführung der Dampfdruckausgleichsschicht)

Abschnitt 3.10.2.1.6 (Dachabdichtung und Art der zu verwendenden Klebemasse)
Abschnitt 3.10.2.1.7 (Ausführung der Oberflächenschutzschicht)
Abschnitt 3.10.2.2 (Dachabdichtung ohne Wärmedämmschicht auf Holzschalung)
Abschnitt 3.10.2.2.1 (Ausführung der ersten Lage)
Abschnitt 3.10.2.2.2 (Aufbringung weiterer Dachbahnenlagen)
Abschnitt 3.10.3.1 (Dachdeckung mit Wärmedämmschicht auf massiven Deckenkonstruktionen)
Abschnitt 3.10.3.1.2 (Ausführung der Trenn- oder Ausgleichsschicht)
Abschnitt 3.10.3.2 (Dachdeckung ohne Wärmedämmschicht auf Holzschalung)
Abschnitt 3.10.4.2 (Art und Dicke der Dampfsperre)
Abschnitt 3.10.5.3 (Ausführung der Anschlüsse an Dachabläufe)
Abschnitt 3.10.5.5 (Zusätzliche Verstärkungsstreifen).

1. Allgemeines

1.1. DIN 18 338 „Dachdeckungs- und Dachabdichtungsarbeiten" gilt nicht für

Herstellen von am Bau zu fälzenden Metalldachdeckungen und Metallanschlüssen (siehe DIN 18 339 „Klempnerarbeiten"),

Herstellen von Deckunterlagen aus Latten oder Schalung (siehe DIN 18 334 „Zimmer- und Holzbauarbeiten"),

Abdichtung gegen drückendes Wasser (siehe DIN 18 336 „Abdichtung gegen drückendes Wasser") und nicht für

Abdichtung gegen nichtdrückendes Wasser (siehe DIN 18 337 „Abdichtung gegen nichtdrückendes Wasser").

1.2. Alle Leistungen umfassen auch die Lieferung der dazugehörigen Stoffe und Bauteile einschließlich Abladen und Lagern auf der Baustelle, wenn in der Leistungsbeschreibung nichts anderes vorgeschrieben ist.

2. Stoffe, Bauteile

2.1. Vorhalten

Stoffe und Bauteile, die der Auftragnehmer nur vorzuhalten hat, die also nicht in das Bauwerk eingehen, können nach Wahl des Auftragnehmers gebraucht oder ungebraucht sein, wenn in der Leistungsbeschreibung darüber nichts vorgeschrieben ist.

2.2. Liefern

2.2.1. Allgemeine Anforderungen

Stoffe und Bauteile, die der Auftragnehmer zu liefern und einzubauen hat, die also in das Bauwerk eingehen, müssen ungebraucht sein, wenn in der Leistungsbeschreibung nichts anderes vorgeschrieben ist. Sie müssen für den jeweiligen Verwendungszweck geeignet und aufeinander abgestimmt sein. Stoffe und Bauteile, für die DIN-Normen bestehen, müssen den DIN-Güte- und -Maßbestimmungen entsprechen.

Stoffe und Bauteile, die nach den behördlichen Vorschriften einer Zulassung bedürfen, müssen amtlich zugelassen sein und den Zulassungsbedingungen entsprechen.

Stoffe und Bauteile, für die weder DIN-Normen bestehen noch eine amtliche Zulassung vorgeschrieben ist, dürfen nur mit Zustimmung des Auftraggebers verwendet werden. Für die gebräuchlichsten genormten Stoffe und Bauteile sind die DIN-Normen nachstehend aufgeführt.

2.2.2. Der Auftragnehmer hat auf Verlangen Proben zu liefern und den Hersteller des Deckungsmaterials zu nennen.

2.2.3. Stoffe und Bauteile, die vom Auftraggeber beigestellt werden, hat der Auftragnehmer rechtzeitig beim Auftraggeber anzufordern.

2.3. Dachziegel

DIN 456 Dachziegel; Güteeigenschaften und Prüfverfahren
Dachziegel müssen der I. Klasse (Wahl) entsprechen und dürfen im Farbton nur geringfügige Abweichungen aufweisen, wenn in der Leistungsbeschreibung nichts anderes vorgeschrieben ist.

2.4. Betondachsteine

DIN 1115 Betondachsteine; Güte, Prüfung, Überwachung und Lieferbedingungen

DIN 1119 Betondachsteine; First- und Gratsteine.

Betondachsteine — Sonderformat mit hochliegendem Längsfalz.

2.5. Stoffe für Unterspannung bei Deckungen mit Dachziegeln und Betondachsteinen

Unterspannbahnen,

Ziegelunterlagsbahnen und

Kunststoff-Folien

müssen eine Reißfestigkeit von 400 N (40 kp) bei 5 cm Probenbreite haben und feuchtigkeitsbeständig sein (siehe DIN 52 123 „Dachpappen und nackte Pappen; Prüfverfahren" und DIN 53 354 „Prüfung von Kunstleder und ähnlichen Flächengebilden; Zugversuch an Gewebekunstleder").

2.6. Dachschiefer

DIN 52 201 Dachschiefer; Begriff, Richtlinien für Probenahme, gesteinskundliche und chemische Untersuchung.

2.7. Asbestzement-Wellplatten, Asbestzement-Dachplatten

DIN 274 Blatt 1 Asbestzement-Wellplatten; Maße, Anforderungen, Prüfung

DIN 274 Blatt 2 Asbestzement-Wellplatten; Anwendung bei Dachdeckungen.

Asbestzement-Dachplatten müssen witterungsbeständig sein.

2.8. Vorgefertigte Dachdeckungsteile aus Metall

2.8.1. Vorgefertigte Dachdeckungsteile aus Metall müssen witterungsbeständig und korrosionsgeschützt sein.

DIN 59 231 Wellbleche, Pfannenbleche, verzinkt.

2.8.2. Profilierte Stahlbleche aus Stahlblech

DIN 1623 Blatt 1 Flachzeug aus Stahl; Kaltgewalztes Band und Blech aus weichen unlegierten Stählen, Gütevorschriften

DIN 1623 Blatt 2 Flachzeug aus Stahl; Feinbleche aus allgemeinen Baustählen, Gütevorschriften

mit zusätzlicher Kunststoffbeschichtung oder Farbauftrag.

Profilierte Bleche aus Aluminium

DIN 1725 Blatt 1 Aluminiumlegierungen, Knetlegierungen

Profilierte Bleche aus Edelstahl

Werkstoffnummer: 1.4301, 1.4401, 1.4571.

2.9. Dichtungsstoffe aus klebbaren metallischen Bändern

2.9.1. Bänder aus Aluminiumlegierungen

DIN 1725 Blatt 1 Aluminiumlegierungen, Knetlegierungen.

2.9.2. Bänder aus Kupferlegierungen

DIN 1787 Kupfer in Halbzeug

DIN 1751 Bleche und Blechstreifen aus Kupfer und Kupfer-Knetlegierungen, kaltgewalzt; Maße.

2.9.3. Bänder aus Edelstahl

Werkstoffnummer: 1.4301, 1.4401, 1.4571.

2.10. Dachschindeln aus Holz und Bitumen-Dachschindeln

2.10.1. Dachschindeln aus Holz müssen aus Lärche oder Kiefer bestehen, wenn in der Leistungsbeschreibung nichts anderes vorgeschrieben ist, z. B. Fichte, Tanne, Eiche, Zeder, Buche.

Die Form der Schindeln muß der Deckungsart entsprechen.

2.10.2. Bitumen-Dachschindeln müssen aus mindestens einer Einlage und beiderseitig aufgebrachten Bitumen-Deckschichten bestehen. Die Oberseite muß gleichmäßig und dicht mit einem die Bitumen-Deckschicht schützenden lichtechten Granulat bedeckt sein.

2.11. Rohr und Stroh

Rohr soll 2 bis 3 m lang, dünnhalmig, ungeschält, aber frei von abstehenden Schilfblättern und Fremdpflanzen sowie ungeknickt sein.

Roggen- oder Weizenstroh muß völlig ausgewachsen, gerade, möglichst lang und gut ausgedroschen sein, es darf nicht breitgeschlagen oder gebrochen sein. Andere Stroharten sind unzulässig.

Rasen- oder Heidestücke für die Deckung von Firsten müssen gut durchwurzelt sein.

2.12. Deckungsstoffe und Bauteile für Licht- und Lüftungsöffnungen, Ausstiege, Rohrdurchführungen u. ä.

Die Deckungsstoffe und Bauteile müssen der anschließenden Deckung entsprechen und witterungsbeständig sein.

2.13. Bindemittel

DIN 1060 Baukalk

DIN 1164 Blatt 1 Portland-, Eisenportland-, Hochofen- und Traßzement; Begriffe, Bestandteile, Anforderungen, Lieferung

DIN 1164 Blatt 2 Portland-, Eisenportland-, Hochofen- und Traßzement; Güteüberwachung

DIN 1164 Blatt 3 Portland-, Eisenportland-, Hochofen- und Traßzement; Bestimmung der Zusammensetzung

2.14. Sand

Sand muß scharfkörnig und frei von tonigen und pflanzlichen Beimengungen sein.

2.15. Anmachwasser

Anmachwasser muß frei von schädlichen Bestandteilen und Beimengungen sein.

2.16. Befestigungsmittel, Dachhaken, Schneefanggitter u. ä.

Sturmklammern, Bindedraht, Nägel und Stifte, Nagelklammern, Schrauben, L-Haken, Gelenkhaken, Setzbolzen, Bänder und andere Befestigungsmittel aus Stahl, Schneefanggitter u. ä. müssen gegen Korrosion geschützt sein.

Dachhaken und Gerüsthaken müssen

DIN 18 480 Blatt 1 „Dachzubehörteile; Dachhaken und Gerüsthaken aus Rundstahl, Maße, Anforderungen, Prüfung",

Schieferstifte

DIN 1160 „Breitkopfstifte; Rohr-, Dachpapp-, Schiefer- und Gipsdielenstifte"

entsprechen.

Stifte zum Befestigen von Dachbahnen auf Beton müssen gehärtet sein. Bindedraht zur Befestigung von Rohr- und Strohdeckungen muß mindestens 1 mm Durchmesser haben, sichtbarer Bindedraht muß mindestens 1,4 mm dick sein. Bindedraht zur Befestigung der Querhölzer bei der Legschindeldeckung muß mindestens 2,5 mm Durchmesser haben.

2.17. Fugenstreifen aus Faserdämmstoffen und Schaumkunststoffen

Fugenstreifen aus Faserdämmstoffen und Schaumkunststoffen müssen

DIN 18 165 „Faserdämmstoffe für den Hochbau; Abmessungen, Eigenschaften und Prüfung"

entsprechen. Sie müssen funktionsbeständig bleiben und dürfen nicht saugen.

2.18. Bituminöse Anstrich- und Klebemassen

2.18.1. Bituminöse Anstrich- und Klebemassen müssen die in den Abschnitten 2.18.2 bis 2.22.3.9 angegebenen Eigenschaften haben.

Für die Bestimmung des Festkörpers gilt

DIN 53 215 „Prüfung von Anstrichstoffen; Bestimmung des Festkörper-Gehaltes von bituminösen Anstrichstoffen".

Füllstoffe dürfen in Wasser weder quellen noch sich lösen. Gefüllte bituminöse Stoffe für Abdichtungen dürfen, soweit sie gegen Säureeinflüsse widerstandsfähig sein müssen, nur Füllstoffe enthalten, die in 5 vol.-%iger Salzsäure bis (+ 20 ± 1) °C innerhalb 24 Stunden zu höchstens 25 Gew.-% löslich sind.

2.18.2. Voranstrichmittel

2.18.2.1. Bitumenlösung

Bitumengehalt 30 bis 45 Gew.-%, E. P. (= Erweichungspunkt) des Festkörpers 54 bis 72 °C nach R. u. K. (= Ring- und Kugelverfahren) nach

DIN 1995 „Bituminöse Bindemittel für den Straßenbau; Probenahme und Beschaffenheit, Prüfung".

2.18.2.2. Bitumenemulsionen

Bitumengehalt mindestens 30 Gew.-%, E. P. des Festkörpers mindestens 45° nach R. u. K.

2.18.2.3. Steinkohlenteerpechlösung

E. P. des Festkörpers 50 bis 70 °C nach R. u. K. Flüssigkeitsgrad der Lösung im Auslaufbecher 4 nach

DIN 53 211 „Prüfung von Anstrichstoffen; Bestimmung der Auslaufzeit mit dem Auslaufbecher"

bei 20 °C und bei 15 bis 25 Sekunden.

2.18.2.4. Steinkohlenteerpechemulsionen
Steinkohlenteerpechgehalt mindestens 20 Gew.-%, E. P. des Festkörpers mindestens 40 °C nach R. u. K.

2.18.3. Klebemassen, heiß zu verarbeiten

2.18.3.1. Bitumen, ungefüllt, destilliert oder geblasen; E. P. mindestens 59 °C nach R. u. K.

2.18.3.2. Bitumen gefüllt, Gehalt an destilliertem oder geblasenem Bitumen mindestens 50 Gew.-%, höchstens 90 Gew.-%, E. P. des gefüllten Bitumens mindestens 60 °C nach R. u. K.

2.18.3.3. Steinkohlenteersonderpech ungefüllt, E. P. mindestens 50 °C nach R. u. K.

2.18.3.4. Steinkohlenteersonderpech gefüllt, Gehalt an Steinkohlenteersonderpech mindestens 50 Gew.-%, höchstens 90 Gew.-%, E. P. des gefüllten Steinkohlensonderpechs mindestens 60 °C nach R. u. K.

2.19. Stoffe für Ausgleichsschichten und Dampfdruckausgleichsschichten

2.19.1. Einseitig grob bestreute Bitumendachbahnen.

2.19.2. Lochglasvlies-Bitumen-Dachbahnen, einseitig grob bestreut.

2.19.3. Imprägnierte Falzbaupappen, Wellpappen, gepreßte Buckelpappen u. ä.

2.20. Stoffe für Dampfsperrschichten

2.20.1. DIN 18 190 Blatt 4 Dichtungsbahnen für Bauwerksabdichtungen; Dichtungsbahnen mit Metallbandeinlagen, Begriff, Bezeichnung, Anforderungen.

Aus Kupfer: Die Dicke der Einlage muß mindestens 0,1 mm, die Dicke der Bahn jedoch mindestens 2 mm betragen.

2.20.2. DIN 18 190 Blatt 4 Dichtungsbahnen für Bauwerksabdichtungen; Dichtungsbahnen mit Metallbandeinlagen, Begriff, Bezeichnung, Anforderungen.

Aus Aluminium: jedoch Dicke der Einlage mindestens 0,1 mm und Dicke der Bahn mindestens 2 mm.

2.20.3. Glasvlies-Bitumen-Dachbahnen

DIN 52 143 Glasvlies-Bitumen-Dachbahnen; Begriff, Bezeichnung, Anforderungen, Bitumen-Schweißbahnen, mindestens 4 mm dick, mit mindestens einer Trägereinlage.

2.20.4. Kunststoffbahnen

DIN 16 935 Polyisobutylen-Bahnen für Bautenabdichtungen; Anforderungen, Prüfung

DIN 16 937 PVC weich(Polyvinylchlorid weich)-Bahnen, bitumenbeständig, für Bautenabdichtungen; Anforderungen, Prüfung

DIN 16 938 PVC weich(Polyvinylchlorid weich)-Bahnen, nicht bitumenbeständig, für Abdichtungen; Anforderungen, Prüfung.

2.21. Stoffe für Wärmedämmschichten

2.21.1. Stoffe für Wärmedämmschichten, auf welche die Dachabdichtung unmittelbar aufgebracht wird, müssen trittfest, maßhaltig, temperaturbeständig, unverrottbar und lufttrocken sein.

2.21.2. Expandierte, bituminierte Korksteinplatten.

2.21.3. Platten aus expandierten Materialien.

2.21.4. DIN 18 164 Blatt 1 Schaumkunststoffe als Dämmstoffe für das Bauwesen; Dämmstoffe für die Wärmedämmung.

2.21.5. Platten aus Schaumglas.

2.21.6. Holzfaserplatten, bituminiert.

2.22. Stoffe für die Dachhaut

2.22.1. Bituminöse Dachbahnen

DIN 52 128 Bitumendachpappen mit beiderseitiger Bitumendeckschicht; Begriff, Bezeichnung, Eigenschaften

DIN 52 121 Teerdachpappen, beiderseitig besandet; Begriff, Bezeichnung, Eigenschaften

DIN 52 140 Teer-Sonderdachpappen und Teer-Bitumendachpappen, beide mit beiderseitiger Sonderdeckschicht; Begriff, Bezeichnung, Anforderungen

DIN 52 130 Bitumen-Dachdichtungsbahnen mit Rohfilzpappen-Einlage; Begriff, Bezeichnung, Anforderungen

DIN 52 143 Glasvlies-Bitumen-Dachbahnen; Begriff, Bezeichnung, Anforderungen.

2.22.2. Bitumen-Glasgewebe-Dachdichtungsbahnen

Bitumen-Glasgewebe-Dachdichtungsbahnen müssen aus einer mindestens 170 g/m² schweren Glasgewebeeinlage und auf beiden Seiten der Einlage aufgebrachten Bitumen-Deckschichten bestehen.

Die Deckschichten müssen gleichmäßig mit mineralischen Stoffen bedeckt sein. E. P. der Deckschichten über 80 °C nach R. u. K.

Einlage und Deckschichten müssen innig miteinander verbunden sein. Die Bestreuung der Deckschichten muß gut haften.

Die Dachbahnen müssen auf ebener Unterlage plan aufliegen und dürfen keine Unebenheiten, z. B. Beulen oder Ausbuchtungen haben. Sie müssen eine gleichmäßige Dicke der Oberfläche aufweisen und frei von Mängeln, wie Risse, Falten usw., sein.

Für die Prüfung der Bitumen-Glasgewebe-Dachbahnen ist DIN 52 123 „Dachpappen und nackte Pappen; Prüfverfahren" maßgebend.

Die Dachbahnen müssen den Eigenschaften nach DIN 52 128, Abschnitt 5.2 bis 5.6 entsprechen, jedoch mit folgenden Abweichungen:

Gehalt an Löslichem:	mindestens 1,60 kg/m²,
Bruchwiderstand:	mindestens 700 N (70 kp),
Dehnung beim Bruch (Bruchlast):	mindestens 3 % (Mittelwert aus Längs- und Querrichtung).

2.22.3. Bitumen-Jutegewebedachbahn

DIN 18 190 Blatt 2 Dichtungsbahnen für Bauwerksabdichtungen; Dichtungsbahnen mit Jutegewebeeinlage, Begriff, Bezeichnung, Anforderungen

die Bahn muß mindestens 2 mm dick sein.

2.22.4. Bitumenschweißbahnen, mindestens 4 mm dick, mit mindestens einer Trägereinlage.

Trägereinlagen aus Glasgewebe mindestens 170 g/m² oder Jutegewebe mindestens 300 g/m², jeweils kombiniert mit Glasvlies 50 g/m² nach DIN 52 141 „Glasvlies als Einlage für Dach- und Dichtungsbahnen; Begriff, Bezeichnung, Anforderungen".

2.22.5. Thermoplastische Kunststoffbahnen

DIN 16 935 Polyisobutylen-Bahnen für Bautenabdichtungen; Anforderungen, Prüfung

DIN 16 937 PVC weich(Polyvinylchlorid weich)-Bahnen, bitumenbeständig, für Bautenabdichtungen; Anforderungen, Prüfung

DIN 16 938 PVC weich(Polyvinylchlorid weich)-Bahnen, nicht bitumenbeständig, für Abdichtungen; Anforderungen, Prüfung.

2.22.6. Stoffe für die Oberflächenbehandlung

2.22.6.1. Bitumen ungefüllt,
E. P. des Bitumens mindestens 40 °C nach R. u. K.

2.22.6.2. Bitumen gefüllt,
E. P. des gefüllten Bitumens mindestens 40 °C nach R. u. K.

2.22.6.3. Steinkohlenteerpech ungefüllt,
E. P. des Steinkohlenteerpechs mindestens 30 °C nach R. u. K.

2.22.6.4. Steinkohlenteerpech gefüllt,
E. P. des gefüllten Steinkohlenteerpechs mindestens 30 °C nach R. u. K.

2.22.6.5. Bitumen gefüllt, kalt zu verarbeiten
Festkörpergehalt mindestens 50 Gew.-%,
E. P. des Festkörpers mindestens 55 °C nach R. u. K.

2.22.6.6. Bitumen gefüllt (Spachtelmasse),
E. P. des gefüllten Bitumens mindestens 80 °C.

2.22.6.7. Steinkohlenteerpech gefüllt (Spachtelmasse),
E. P. des gefüllten Steinkohlenteerpechs mindestens 60 °C.

2.22.6.8. Spachtelmassen auf Bitumenbasis, Bitumen als Lösung, gefüllt.
E. P. des Festkörpers mindestens 70 °C nach R. u. K.

2.22.6.9. Spachtelmassen auf Steinkohlenteerpechbasis, Steinkohlenteerpech als Lösung, gefüllt,
E. P. des Festkörpers mindestens 70 °C nach R. u. K.

2.22.6.10. Kies und Splitt

2.22.6.10.1. Kies und Splitt trocken, staub- und lehmfrei zum Einbringen in heiß zu verarbeitende Einbettmasse,
Körnung 3 bis 7 mm.

2.22.6.10.2. Kies und Splitt gewaschen zur Schüttung,
Körnung > 7 mm.

2.22.6.10.3. Kies für Filterschichten,
Körnung > 25 mm.

3. Ausführung

3.1. Allgemeines

3.1.1. Wenn Verkehrs-, Versorgungs- und Entsorgungsanlagen im Bereich des Baugeländes liegen, sind die Vorschriften und Anordnungen der zuständigen Stellen zu beachten.

3.1.2. Die für die Aufrechterhaltung des Verkehrs bestimmten Flächen sind freizuhalten. Der Zugang zu Einrichtungen der Versorgungs- und Entsorgungsbetriebe, der Feuerwehr, der Post und Bahn, zu Vermessungspunkten und dergleichen darf nicht mehr als durch die Ausführung unvermeidlich behindert werden.

3.1.3. Stoffe und Bauteile, für die Verarbeitungsvorschriften des Herstellerwerkes bestehen, sind nach diesen Vorschriften zu verarbeiten.

3.1.4. Der Auftragnehmer hat vor Durchführung seiner Arbeiten die baulichen Verhältnisse auf Eignung für die Ausführung einer wirksamen und dauerhaften Dachdeckung oder Dachabdichtung zu prüfen und dem Auftraggeber Bedenken unverzüglich schriftlich mitzuteilen (siehe Teil B – DIN 1961 – § 4 Nr. 3).
Bedenken sind geltend zu machen insbesondere bei
größeren Unebenheiten des Untergrundes,
zu rauhen, zu porigen, zu glatten Flächen,
scharfen Schalungskanten und Graten,
Abweichungen von der Waagerechten oder dem Gefälle, das in der Leistungsbeschreibung vorgeschrieben oder nach Sachlage nötig ist,
unrichtiger Höhenlage der Oberfläche des Untergrundes,
fehlender Rundung oder Anschrägung von Ecken, Kanten und Kehlen der Unterlage der Dachdeckung bzw. Dachabdichtung,
Spannungs- und Setzrissen, Löchern,

zu feuchten Flächen,

ungenügender Festigkeit der Oberfläche des Untergrundes,

verölten Flächen, Farbresten,

nicht oder ungenügend abgeglichenen Flächen aus Beton oder Mauerwerk,

ungeeigneter Art oder Lage von durchdringenden Bauteilen,

fehlenden oder ungeeigneten Anschluß- oder Abdichtungsmöglichkeiten der Dachdeckung oder Dachabdichtung, bei Rohr- oder sonstigen Durchführungen, Befestigungen, Verankerungen u. ä.,

fehlenden oder ungeeigneten Möglichkeiten zur Sicherung von senkrechten oder geneigten Anschlüssen der Dachdeckung oder Dachabdichtung gegen Abgleiten,

ungenügender Höhe des Anschlusses der Dachabdichtung an andere Bauteile (Wasserrückstau),

Fehlen von Widerlagern für den Dämmbelag bei geneigten Flächen,

Fehlen von Dübelleisten o. ä. bei geneigten Dachflächen zur Sicherung der Dachhaut gegen Abgleiten,

Fehlen von Elementen zum Befestigen von in die Dachhaut einbindenden Blechteilen.

3.1.5. Der Auftragnehmer hat dem Auftraggeber die Maße für Dachlatten- oder Pfettenabstände, Gratleisten, Kehlschalungen, Traufen, Dübel usw. anzugeben, wenn er die Unterlage für seine Dachdeckung nicht selbst ausführt.

3.1.6. Dachdeckungen und Dachabdichtungen mit Bitumen- oder Teerdachbahnen sowie Kunststoffbahnen dürfen bei Witterungsverhältnissen, die sich nachteilig auf die Dachdeckung oder Dachabdichtung auswirken können, nur ausgeführt werden, wenn durch besondere Maßnahmen nachteilige Auswirkungen verhindert werden.

Solche Witterungsverhältnisse sind z. B. bei Klebearbeiten Temperaturen unter + 5 °C, Feuchtigkeit und Nässe, Schnee und Eis, scharfer Wind und Arbeiten mit Mörtel bei Frost.

3.1.7. Die Dachdeckung muß regensicher, die Dachabdichtung wasserdicht hergestellt, die Sicherung gegen Sturm vertragsgemäß ausgeführt werden.

3.1.8. Bei Verwendung unterschiedlicher Stoffe müssen, auch wenn sie sich nicht berühren, schädigende Einwirkungen untereinander ausgeschlossen sein.

3.2. Dachziegeldeckung

3.2.1. Deckung in Mörtel

Für Dachziegeldeckung in Mörtel ist Luftkalk- oder Wasserkalkmörtel zu verwenden, wenn in der Leistungsbeschreibung nichts anderes vorgeschrieben ist. Der Mörtel muß die nötige Dichtheit und Haftfähigkeit haben.

3.2.2. Mörtelverstrich

Für das Verstreichen von Ziegeldächern (Innen- und Außenverstrich) ist Mörtel nach Abschnitt 3.2.1 zu verwenden, wenn in der Leistungsbeschreibung nicht die Verwendung eines anderen Mörtels, z. B. eines Kalkzementmörtels, vorgeschrieben ist.

3.2.3. Verklammerung, Verdrahtung

3.2.3.1. Dächer aus Falzziegeln und Reformpfannen müssen auf der ganzen Fläche durch Verklammerung oder Verdrahtung gesichert werden.

Dächer aus anderen Ziegeln nur an den Ortgängen und Firsten, wenn in der Leistungsbeschreibung die Verklammerung oder Verdrahtung der ganzen Fläche nicht vorgeschrieben ist.

3.2.3.2. Ist die Verklammerung oder Verdrahtung von Ziegeldeckungen ohne genauere Angabe vorgeschrieben, so muß mindestens jeder 4. Ziegel auf der ganzen Fläche verklammert oder verdrahtet werden.

3.2.3.3. Ist bei nicht verklammerten oder nicht verdrahteten Ziegeldeckungen eine Unterspannung vorgeschrieben, so ist diese mit Unterspannbahnen oder Ziegelunterlagspappe auszuführen.

Die Unterspannung ist parallel zur Traufe über die Sparren zu führen und auf jedem Sparren mit zwei Dachpappstiften zu befestigen.

Die Unterspannung muß zwischen den Sparren leicht durchhängen und 150 mm unterhalb des Firstes enden.

Die Lattung wird unmittelbar auf die Unterspannung aufgebracht, wenn in der Leistungsbeschreibung nicht Lattung auf Konterlatten vorgeschrieben ist.

Bei Ziegeldeckungen mit Unterspannung ist eine Verklammerung oder Verdrahtung nach Abschnitt 3.2.3 nicht möglich.

3.2.4. Biberschwanzdeckung

3.2.4.1. Kronendeckung und Doppeldeckung

Biberschwänze nach DIN 456 „Dachziegel; Güteeigenschaften und Prüfverfahren“ (schmale Form) sind ganz (mit Längsfuge und Querschlag) in Mörtel zu decken. Biberschwänze nach DIN 456 (breite Form) dagegen ohne Mörtel, wenn in der Leistungsbeschreibung nichts anderes vorgeschrieben ist.

Bei Deckung in Mörtel sind Scheinstellen an Anschlüssen und dergleichen von innen zu verstreichen.

Bei Doppeldeckung sind das First- und Traufgebinde als Kronengebinde oder mit Schlußplatten (Trauf- und Firstplatten) zu decken.

Die Höhenüberdeckung ist mit folgenden Mindestmaßen herzustellen:

bei Dachneigung Grad (°)	Höhenüberdeckung in mm bei Breite	
	155 mm	180 mm
von 30 bis 35	100	95
über 35 bis 40	100	80
über 40 bis 45	90	70
über 45 bis 50	80	60
über 50 bis 55	70	60
über 55 bis 60	60	60
über 60	60	50

3.2.5. Hohlpfannendeckung

Hohlpfannendeckung ist als Aufschnittdeckung auszuführen, wenn die Ausführung als Vorschnittdeckung in der Leistungsbeschreibung nicht vorgeschrieben oder ortsüblich ist.

Vorschnittdeckung ist jedoch nur bei einer Dachneigung von 40° und mehr zulässig. Die Höhenüberdeckung ist mit folgenden Mindestmaßen herzustellen:

bei Dachneigung Grad (°)	Höhenüberdeckung in mm	
	bei Aufschnittdeckung	bei Vorschnittdeckung
von 35 bis 40	100	nicht zulässig
über 40 bis 45	90	70
über 45	80	70

Bei Hohlpfannendeckung sind Längs- und Querfugen mit Verstrichmörtel nach Abschnitt 3.2.2 von innen zu verstreichen.

Ist ein Innenanstrich nicht möglich, z. B. bei Deckung auf einer geschlossenen Unterlage, sind die Pfannen mit Querschlag und Längsfugen in Mörtel zu decken, wenn in der Leistungsbeschreibung nichts anderes vorgeschrieben ist, z. B. Dichtung mit Mineralfaserwolle.

3.2.6. Mönch- und Nonnendeckung

Mönch- und Nonnendeckung ist ganz in Mörtel auszuführen, die Höhenüberdeckung muß mindestens 80 mm betragen.

Scheinstellen an Anschlüssen und dergleichen sind von innen zu verstreichen.

3.2.7. Krempziegeldeckung

Bei Krempziegeldeckung muß die Höhenüberdeckung mindestens 80 mm betragen. In Fällen, in denen ein Innenverstrich nicht möglich ist, z. B. bei Deckung auf einer geschlossenen Unterlage, sind die Pfannen mit Querschlag und Längsfuge in Mörtel zu decken, wenn in der Leistungsbeschreibung nichts anderes vorgeschrieben ist, z. B. Dichtung mit Mineralfaserwolle, Pappdocken.

3.2.8. Falzziegeldeckung

Deckungen mit Falzziegel, Reformpfannen, Falzpfannen, Flachdachpfannen und Flachkrempern sind ohne Mörtel auszuführen, wenn in der Leistungsbeschreibung nichts anderes vorgeschrieben ist, z. B. Verstrich der Querfugen, Verstrich der Quer- und Längsfugen soweit Ortsgebrauch, Deckung auf eine Unterspannung, Dichtung der Querfugen mit Steinwolle, Mineralfaserwolle oder Schaumkunststoffstreifen.

Durch den Verstrich der Längsfugen darf die Wasserführung nicht behindert sein.

3.2.9. Deckung besonderer Dachteile

3.2.9.1. Deckung von Dachkanten.

Die Deckung von Dachkanten ist nach den Abschnitten 3.2.9.1.1 bis 3.2.9.1.3 auszuführen, wenn in der Leistungsbeschreibung nichts anderes vorgeschrieben ist.

Die Kantendeckung ist, z. B. durch Verklammerung oder Verdrahtung, mit der Unterlage zu sichern.

Die Deckung von Dachkanten ist mit mindestens 30 mm Überstand über die fertige Wandfläche herzustellen.

3.2.9.1.1. Biberschwanzdeckung

Die Deckung von Dachkanten mit Biberschwänzen ist mit geringer Anhebung der Deckung herzustellen, der Anschluß an andere Bauteile mit Schichtstücken und Überhangstreifen auszubilden.

3.2.9.1.2. Hohlpfannendeckung

Die Deckung von Dachkanten mit Hohlpfannen ist an der einen Dachkante mit Doppelkrempern, an der anderen Kante mit normalen Hohlpfannen herzustellen.

3.2.9.1.3. Preßdachziegeldeckung (Deckung mit verfalzten Ziegeln)

Die Deckung von Dachkanten ist mit unbehauenen, unbeschnittenen Normalziegeln auszuführen, wenn in der Leistungsbeschreibung die Deckung mit Formziegeln, z. B. Ortgangziegeln, Traufziegeln, Firstanschlußziegeln oder mit Schichtstücken oder Abschlußblechen (Winkelblechen) nicht vorgeschrieben ist.

3.2.9.2. Deckung von Firsten und Graten

Firste und Grate sind bei allen Ziegeldeckarten mit First- und Gratziegeln in Mörtel zu decken, wenn in der Leistungsbeschreibung nichts anderes vorgeschrieben ist. Gratziegel sind mit Bindedraht oder Klammern zu befestigen.

3.2.9.3. Deckung von Kehlen

3.2.9.3.1. Deckung an Metallkehlen

Die Deckung in der Kehle ist ohne Mörtelverstrich auszuführen, wenn in der Leistungsbeschreibung nichts anderes vorgeschrieben ist.

Die Kehle ist entsprechend dem Wasseranfall zu bemessen.

Die Ziegeldeckung muß die Metallkehlen von beiden Seiten mindestens 80 mm überdecken.

Ist bei Biberschwanzdeckung die Ausbildung der Kehlen mit Schichtstücken vorgeschrieben, so muß das dritte Schichtstück das erste überdecken.

3.2.9.3.2. Eingebundene Kehlen

3.2.9.3.2.1. Deutsch eingebundene Kehlen (im Kronen- und Doppeldach als gleich- und ungleichhüftige Kehle)

Deutsch eingebundene Kehlen sind in Doppeldeckung zu decken. Alle Kehlziegel mit Ausnahme der Einspitzer sind in Richtung der Kehllinie zu decken, die Längsfugen der Kehlziegel müssen parallel mit dem Kehlsparren verlaufen.

Die Breite der Kehle muß betragen

bei gleichhüftigen Kehlen im Kronen- und Doppeldach 2 Kehlziegel,

bei ungleichhüftigen (einhüftigen) Kehlen im Kronen- und Doppeldach 1 Kehlziegel.

3.2.9.3.2.2. Schwenksteinkehlen (im Kronen- und Doppeldach)

Schwenksteinkehlen sind mit keiligen Formziegeln zu decken. Bei gleichhüftigen Kehlen müssen die einzelnen Schichten waagerecht durchlaufen.

3.2.9.3.2.3. Unterlegte Kehlen

Die Kehlbretter sind mit Dachpappe vorzudecken. Die seitliche Überdeckung der Dachdeckung auf die Kehle muß mindestens 10 cm betragen.

Unterlegte Kehlen sind aus Formziegeln herzustellen, wenn in der Leistungsbeschreibung nicht Biberschwanzkehlen vorgeschrieben sind. Unterlegte Biberschwanzkehlen sind mindestens 4 Ziegel breit in Doppeldeckung zu decken.

3.2.9.3.2.4. Dreipfannenkehle

Die Dreipfannenkehle in der Hohlpfannendeckung ist als unterlegte Kehle in einer Breite von drei Hohlpfannen einschließlich Schalung mit einer Unterlage aus Bitumendachpappe 500 nach Abschnitt 2.22.1 und in Mörtel nach Abschnitt 3.2.1 zu decken.

3.2.9.4. Dachanschlüsse

Dachanschlüsse an die Einfassungen von Schornsteinen, Mauern, Gaupen, Dachflächenfenstern u. ä. sind mit den zur Deckung verwendeten Normalziegeln herzustellen, wenn in der Leistungsbeschreibung nichts anderes vorgeschrieben ist, z. B. Anschlüsse aus Formziegeln.

3.3. Betondachsteindeckung

3.3.1. Allgemeines

Die Deckung mit Betondachsteinen ist ohne Mörtel und ohne Innenverstrich auszuführen, wenn in der Leistungsbeschreibung nichts anderes vorgeschrieben ist, z. B. Verstrich der Querfugen, Deckung auf Unterspannung oder Dichtung der Querfugen mit Mineralfaserwolle- oder Schaumkunststoffstreifen.

3.3.2. Verklammerung, Verdrahtung

Für Verklammerung und Verdrahtung gilt Abschnitt 3.2.3.

3.3.3. Deckung mit Betondachsteinen-Sonderformat mit hochliegendem Längsfalz

Die Höhenüberdeckung ist mit folgenden Mindestmaßen herzustellen:

bei Dachneigung Grad (°)	Höhenüberdeckung in mm (Mindestüberdeckung)
von 25 bis 30	105
über 30 bis 35	90
über 35 bis 40	80
über 40	70

3.3.4. Deckung mit Betondachsteinen-Sonderformat mit hochliegendem Längsfalz und mehrfacher Fußverrippung

Die Höhenüberdeckung ist bei Betondachsteinen-Sonderformat mit hochliegendem Längsfalz und mehrfacher Fußverrippung mit folgenden Mindestmaßen herzustellen:

bei Dachneigung Grad (°)	Höhenüberdeckung in mm (Mindestüberdeckung)
von 22 bis 25	105
über 25 bis 30	90
über 30 bis 45	80
über 45	70

3.3.5. Deckung besonderer Dachteile

3.3.5.1. Deckung von Dachkanten

Die Dachkanten sind mit Ortgangsteinen zu decken, wenn in der Leistungsbeschreibung nichts anderes vorgeschrieben ist.

Die Kantendeckung ist mit der Unterlage, z. B. durch Verklammerung, zu verbinden. Der Abschluß von Dachkanten sowie der Anschluß an andere Bauteile ist mit Schichtstücken auszubilden.

3.3.5.2. Deckung von Firsten und Graten

Firste und Grate sind mit First- und Gratdachsteinen in Mörtel zu decken. Gratdachsteine sind mit Bindedraht oder Klammern zu befestigen.

3.3.5.3. Deckung von Kehlen

3.3.5.3.1. Deckung an Metallkehlen

Die Deckung an Metallkehlen ist nach Abschnitt 3.2.9.3.1 auszuführen.

3.3.5.3.2. Unterlegte Kehlen

Unterlegte Kehlen sind nach Abschnitt 3.2.9.3.2 auszuführen.

3.3.5.4. Dachanschlüsse

Dachanschlüsse an die Einfassungen von Schornsteinen, Mauern, Gaupen, Dachflächenfenstern u. ä. sind mit den zur Deckung verwendeten Betondachsteinen herzustellen.

3.4. Schieferdeckung

3.4.1. Allgemeines

3.4.1.1. Dachpappenvordeckung

Bei Deckung auf Schalung ist eine Vordeckung einlagig aus Bitumen-Dachpappe 333 DIN 52 128 „Bitumendachpappe mit beiderseitiger Bitumendeckschicht; Begriff, Bezeichnung, Eigenschaften" aufzubringen, wenn in der Leistungsbeschreibung nichts anderes vorgeschrieben ist.

3.4.1.2. Nagelung

Bei Deckung nach den Abschnitten 3.4.2.1 bis 3.4.2.4 sind die Decksteine innerhalb der Höhenüberdeckung zu befestigen, und zwar bei einer Steinhöhe

bis 240 mm mit mindestens 2 Schiefernägeln,

über 240 mm mit mindestens 3 Schiefernägeln, wenn Nagelung mit nur 2 Schieferstiften je Deckstein (1 Stift in der Höhenüberdeckung und 1 Stift in der Seitenüberdeckung) in der Leistungsbeschreibung nicht vorgeschrieben ist.

Bei Deckung nach den Abschnitten 3.4.2.5 bis 3.4.2.7 sind die Decksteine mit mindestens 2 Schiefernägeln oder Schieferstiften zu befestigen.

Kehl-, First-, Ort-, Fuß- und Strackortsteine sind innerhalb der Überdeckung mit mindestens 3 Stück Schiefernägeln oder Schieferstiften zu befestigen.

3.4.2. Deckung von Dachflächen

3.4.2.1. Altdeutsche Schieferdeckung in einfacher Deckung

Für altdeutsche Schieferdeckung sind Decksteine mit unterschiedlicher Höhe und Breite zu verwenden. Die Seiten- und Höhenüberdeckung muß mindestens 29 % der Steinhöhe betragen, aber nicht weniger als 50 mm.

3.4.2.2. Altdeutsche Schieferdeckung in doppelter Deckung

Deckung entsprechend Abschnitt 3.4.2.1.

Jedes Gebinde muß vom übernächsten Gebinde noch um mindestens 20 mm überdeckt werden.

Traufen und Orte, ausgenommen die Endorte, sind in einfacher Deckung auszuführen.

3.4.2.3. Deutsche Schuppenschablonendeckung in einfacher Deckung

Für Deutsche Schuppenschablonendeckung sind Decksteine gleicher Größe zu verwenden; die Seiten- und Höhenüberdeckung muß mindestens 29 % der Steinhöhe betragen, aber nicht weniger als 50 mm.

3.4.2.4. Deutsche Schuppenschablonendeckung in doppelter Deckung

Für die Decksteine gilt Abschnitt 3.4.2.3.

Die Deckung ist nach Abschnitt 3.4.2.2 auszuführen.

3.4.2.5. Rechteckschablonendeckung

Die Rechteckschablonendeckung ist als Doppeldeckung im Verband auszuführen.

Bei Dachneigungen unter 35° sind Schiefer mit einer Breite von mindestens 230 mm zu verwenden.

Die Höhenüberdeckung ist mit folgenden Mindestmaßen herzustellen:

Höhe der Schiefer mm	Höhenüberdeckung in mm bei einer Neigung in Grad (°) der zu deckenden Fläche von über					
	25 bis 30	30 bis 35	35 bis 40	40 bis 45	45 bis 50	50
bis 410	—	75	65	60	55	50
über 410 bis 550	91	84	77	70	63	56
über 550	104	96	88	80	72	64

Bei Deckung auf Dachplatten darf eine Höhenüberdeckung von 70 mm nicht unterschritten werden.

3.4.2.6. Fischschuppenschablonendeckung

Die Fischschuppenschablonendeckung ist im Verband mit überdecktem Schnitt auszuführen.

3.4.2.7. Spitzwinkelschablonendeckung und Normalschablonendeckung

Die Deckung ist nach Abschnitt 3.4.2.6 auszuführen.

3.4.3. Deckung besonderer Dachteile

Die Deckung besonderer Dachteile ist in Schiefer auszuführen, wenn in der Leistungsbeschreibung die Verwendung von Metall bei der Ausführung von Firsten, Graten, Kehlen und sonstigen Anschlüssen nicht vorgeschrieben ist.

3.4.3.1. Deckung von Firsten und Graten

Firste sind in einfacher Deckung zu decken. First- und Gratgebinde der Wetterseite müssen 50 bis 70 mm überstehen.

3.4.3.2. Deckung von Kehlen

Gleichhüftige Kehlen sind als rechte oder linke Kehlen zu decken, wenn in der Leistungsbeschreibung nicht Herzkehlen vorgeschrieben sind. Bei Herzkehlen müssen rechts und links der Kehlmitte (Herzwasserstein) mindestens je 4 Kehlsteine gedeckt werden. Ungleichhüftige Kehlen bei Dachflächen mit Neigung bis 50° sind als eingehende Kehlen von der flacheren an die steilere Dachfläche zu decken.

Ungleichhüftige Kehlen bei Dachflächen mit Neigungen, von denen mindestens eine mehr als 50° beträgt, sind als ausgehende (fliehende) Kehlen zu decken, wenn in der Leistungsbeschreibung nicht die Deckung eingehender Kehlen vorgeschrieben ist.

Anschlüsse sind als Wandkehlen auszuführen, eingehende und ausgehende Kehlen müssen mindestens 7 Kehlsteine, Wandkehlen mindestens 3 Kehlsteine breit sein.

3.4.4. Deckung von senkrechten Flächen

Bei Deckung von senkrechten Flächen muß die Höhenüberdeckung mindestens 4 cm betragen, im übrigen gilt Abschnitt 3.4.2 entsprechend.

3.4.5. Deckung von Gaupenpfosten und Leibungen

Die Deckung der Gaupenpfosten und Leibungen muß so ausgeführt werden, daß sie der Deckung der Hauptflächen entspricht.

3.5. Deckungen mit Platten aus Asbestzement

3.5.1. Deckungen mit Asbestzement-Dachplatten

3.5.1.1. Befestigung

Asbestzement-Dachplatten sind mit je 2 Schieferstiften zu befestigen.
Ortgang- und Firstplatten sind mit mindestens je 3 Schieferstiften zu befestigen.

3.5.1.2. Deutsche Deckung

Die Deutsche Deckung ist aus Platten mit Bogenschnitt auf Schalung mit einer Vordeckung aus besandeter Bitumen-Dachpappe 333 DIN 52 128 „Bitumendachpappen mit beiderseitiger Bitumendeckschicht; Begriff, Bezeichnung, Eigenschaften" herzustellen, wenn in der Leistungsbeschreibung nichts anderes vorgeschrieben ist. Die Platten sind je nach Wetterrichtung rechts oder links in Gebindesteigung in Abhängigkeit von der Dachneigung zu decken. Platten 40 cm × 40 cm sind zusätzlich mit einer Klammer zu befestigen.

Die Seiten- und Höhenüberdeckungen müssen betragen:

bei Dachneigung Grad (°)	Seiten- und Höhenüberdeckung in mm bei Platten (cm × cm)			
	40 × 40	30 × 30 25 × 30	25 × 25	20 × 20
von 25 bis 30	120	110	nicht zulässig	
über 30 bis 35	110	100	90	—
über 35 bis 45	100	90	80	—
über 45 bis 55	90	80	70	—
über 55	80	70	60	—
senkrechte Flächen	60	50	50	40

Bei Platten 30 cm × 30 cm, 25 cm × 30 cm und 25 cm × 25 cm mit vergrößertem Bogenschnitt beträgt die Seitenüberdeckung 90 mm.

3.5.1.3. Spitzschablonendeckung

Die Spitzschablonendeckung ist aus quadratischen Platten mit einer zur Traufe gerichteten Spitze herzustellen. Die Spitze muß, ausgenommen bei Wandflächen, mindestens 10 mm überhängen.

Platten 40 cm × 40 cm und 30 cm × 30 cm sind mit Klammern zu befestigen.

Die schräg verlaufenden Überdeckungen müssen betragen:

bei Dachneigung Grad (°)	Überdeckung in mm bei Platten (cm × cm)		
	40 × 40	30 × 30	20 × 20
von 35 bis 45	100	90	—
über 45 bis 55	90	80	—
über 55	80	70	—
senkrechte Flächen	60	50	40

3.5.1.4. Waagerechte Deckung

Die waagerechte Deckung ist aus Rechteck- oder Quadratplatten herzustellen.

Bei Rechteckplatten ist die lange Seite der Platten gleichlaufend zur Traufe zu decken. Platten 40 cm × 20 cm, 30 cm × 30 cm und größer sind mit Haken zu befestigen.

Die Seiten- und Höhenüberdeckungen müssen betragen:

bei Dachneigung Grad (°)	Seiten- und Höhenüberdeckung in mm bei Platten (cm × cm)					
	60 × 30 40 × 40		40 × 20		30 × 20	
	Seite	Höhe	Seite	Höhe	Seite	Höhe
von 30 bis 40	120	100	nicht zulässig		—	—
über 40 bis 50	110	90	110	90	—	—
über 50	90	80	90	80	—	—
senkrechte Flächen	50	40	50	40	50	40

3.5.1.5. Doppeldeckung

Die Doppeldeckung ist aus rechteckigen Platten herzustellen, wenn in der Leistungsbeschreibung eine Deckung mit quadratischen Platten nicht vorgeschrieben ist.

Die Überdeckungen müssen betragen:

bei Dachneigung Grad (°)	Überdeckung in mm bei Platten (cm × cm)	
	30 × 60, 40 × 40	30 × 30, 40 × 20
von 25 bis 30	120	nicht zulässig
über 30 bis 40	100	100
über 40 bis 50	80	80
über 50	70	60*)
Wandflächen	60	50*)

*) Gilt auch bei Anwendung von Platten kleinerer Abmessungen.

18 338

Platten 30 cm × 30 cm, 20 cm × 40 cm und größer sind zusätzlich mit Haken zu befestigen.

3.5.1.6. Deckung von Firsten, Graten, Orten

Firste sind mit aufgelegten Firstplatten zu decken, wenn in der Leistungsbeschreibung nichts anderes vorgeschrieben ist.

Grate und Ortkanten sind bei Deutscher Deckung mit eingebundenem Anfangs- und Endort zu decken, wenn in der Leistungsbeschreibung nichts anderes vorgeschrieben ist.

Bei allen anderen Deckarten sind die Deckgebinde bis zur Dachkante zu decken, wenn in der Leistungsbeschreibung nicht für Grate aufgelegte Gratplatten (Strackorte) vorgeschrieben sind.

3.5.1.7. Deckung von Kehlen

Kehlen sind mit Metall zu decken, wenn in der Leistungsbeschreibung Kehldeckung mit Asbestzement-Kehlplatten nicht vorgeschrieben ist.

Bei Kehldeckung mit Asbestzement-Kehlplatten muß die Kehlsparrenneigung mindestens 30° betragen.

Die Höhenüberdeckung der Kehlsteine muß mindestens $^1/_3$ der Höhe, die Seitenüberdeckung $^1/_2$ der Breite der Kehlplatten betragen.

3.5.1.8. Deckung von Gauben, Pfosten und Leibungen

Die Deckung von Gauben, Pfosten und Leibungen muß der Deckung der Hauptflächen entsprechen.

3.5.2. Ebene Asbestzement-Platten

3.5.2.1. Deckung senkrechter Flächen

Deckungen mit ebenen Asbestzement-Platten an senkrechten Flächen sind auf einer imprägnierten Holzunterkonstruktion auszuführen, wenn in der Leistungsbeschreibung nichts anderes vorgeschrieben ist.

3.5.2.2. Befestigung

Ebene Asbestzement-Platten in der Dicke ≦ 6 mm sind mit Stahlnägeln, dickere Tafeln mit Holzschrauben zu befestigen, wenn in der Leistungsbeschreibung eine andere Befestigungsart nicht vorgeschrieben ist.

3.5.2.3. Fugenausbildung

Die Fugen sind mit Fugenbändern zu hinterlegen, wenn in der Leistungsbeschreibung keine andere Fugenausbildung vorgeschrieben ist.

3.5.2.4. Lüftung

Die Deckung senkrechter Flächen muß belüftet sein.

3.5.3. Deckung mit Asbestzement-Wellplatten

3.5.3.1. Asbestzement-Wellplatten

Für die Deckung mit Asbestzement-Wellplatten gilt DIN 274 Blatt 2 „Asbestzement-Wellplatten; Anwendung bei Dachdeckungen".

3.5.3.1.1. Deckung besonderer Dachteile

Firste sind mit zweiteiligen Wellfirsthauben zu decken, wenn in der Leistungsbeschreibung nichts anderes vorgeschrieben ist.

An Dachfuß, Ortgang, Grat, an den Wandanschlüssen, Ecken und für Dachdurchdringungen sind Standard-Formstücke zu verwenden, wenn in der Leistungsbeschreibung besondere Formstücke nicht vorgeschrieben sind.

3.5.3.1.2. Deckung senkrechter Flächen

An Wandflächen ist jede Wellplatte, die 1,60 m oder länger ist, zusätzlich mit einem Haken zu unterstützen.
Die Wellplatten werden auf dem Wellenberg befestigt, wenn in der Leistungsbeschreibung die Befestigung im Wellental nicht vorgeschrieben ist.

3.5.3.2. Asbestzement-Kurzwellplatten

3.5.3.2.1. Unterkonstruktion

Die Unterkonstruktion ist aus 4 cm × 6 cm Latten auszuführen; Lattenabstand für Normalplatten von 62,5 cm Länge 50 cm,
für Ausgleichsplatten bis 90 cm Länge bis 75 cm.

3.5.3.2.2. Befestigung

Asbestzement-Kurzwellplatten sind mit Glockennägeln zu befestigen, wenn in der Leistungsbeschreibung nichts anderes vorgeschrieben ist.
Die Befestigung muß auf dem 2. und 5. Wellenberg in vorgebohrten Löchern erfolgen.
An Traufe, Ortgang und First sind zusätzliche Befestigungen anzuordnen.

3.5.3.2.3. Deckrichtung

Asbestzement-Kurzwellplatten sind je nach Wetterrichtung links oder rechts zu decken.

3.5.3.2.4. Überdeckung

Die Seitenüberdeckung beträgt mindestens $^1/_4$ Welle, die Höhenüberdeckung 125 mm. Bei Dachneigungen unter 25° ist zusätzlich eine Einlage aus dauerplastischem Kitt in die Höhenüberdeckung einzulegen.

3.5.3.2.5. Deckung besonderer Dachteile

Firste sind mit zweiteiligen Wellfirsthauben zu decken. Am Dachfuß, Ortgang, an Wandanschlüssen, Ecken und für Dachdurchdringungen sind Standard-Formstücke zu verwenden, wenn in der Leistungsbeschreibung andere Formstücke nicht vorgeschrieben sind.

3.6. Deckung mit vorgefertigten Dachdeckungsteilen aus Metall

3.6.1. Deckung aus Pfannenblechen

Pfannenbleche sind auf Holzkonstruktion mit korrosionsgeschützten Schrauben, auf Stahlunterkonstruktion mit korrosionsgeschützten Hakenschrauben zu befestigen, wenn in der Leistungsbeschreibung nichts anderes vorgeschrieben ist.

3.6.2. Die Befestigungsstellen müssen auf den Wellenbergen liegen. Sie sind gegen das Eindringen von Feuchtigkeit zu sichern.
Überdeckung
Die Höhenüberdeckung muß mindestens betragen:

bei Dachneigung Grad (°)	Höhenüberdeckung in mm
von 7 bis 10	200
über 10 bis 18	150
über 18	100

Die Seitenüberdeckung ist so zu bemessen, daß die Deckung ohne zusätzliche Dichtung regensicher ist.

Die Pfannen sind gegenüber der vorhergehenden Reihe um $^{1}/_{3}$ Pfannenbreite versetzt zu decken.

3.6.3. Deckung besonderer Dachteile

Besondere Dachteile, wie Firste, Grate, Kehlen, Ortgänge, Anschlüsse und dergleichen, sind mit Stahlblechformteilen zu decken.

3.7. Deckung mit profilierten Blechen

3.7.1. Befestigung

Profilierte Bleche sind auf Holzkonstruktion und auf Stahlkonstruktion mit korrosionsgeschützten Schrauben zu befestigen, wenn in der Leistungsbeschreibung nichts anderes vorgeschrieben ist.

Die Befestigungsstellen müssen auf den oberen Wellenbogen liegen, sie sind gegen das Eindringen von Feuchtigkeit zu sichern.

3.7.2. Überdeckung

3.7.2.1. Die Seitenüberdeckung ist durch die Form des Profils bedingt. Anordnung entgegen der Hauptwetterrichtung. Seitenüberdeckungen sind zusätzlich zu nieten, wenn in der Leistungsbeschreibung nichts anderes vorgeschrieben ist.

3.7.2.2. Die Höhenüberdeckung muß mindestens betragen:

bei Dachneigung Grad (°)	Höhenüberdeckung in mm
von 7 bis 10	200
über 10 bis 18	150
über 18	100

Bei Dachneigungen von 7 bis 10° ist innerhalb der Seiten- und Höhenüberdeckungen zusätzlich dauerplastischer Kitt einzulegen.

3.7.3. Deckung besonderer Dachteile

Besondere Dachteile, wie Firste, Grate, Kehlen, Ortgang und Anschlüsse, sind mit Formteilen aus den gleichen Stoffen wie die Dacheindeckung herzustellen, wenn in der Leistungsbeschreibung nichts anderes vorgeschrieben ist.

3.8. Schindeldeckung

3.8.1. Schindeldeckarten:

Legschindeldeckung,
Langschindeldeckung,
Scharschindeldeckung,
Schuppenschindeldeckung,
Nutschindeldeckung,
Rückenschindeldeckung,
Bitumen-Dachschindeldeckung.

3.8.2. Befestigung

Bei Rückenschindeldeckung genügt die Befestigung mit einem Stift je Schindel.

Legschindeldeckung wird nicht genagelt, sondern nur mit aufgelegten Querhölzern und Bindedraht am Dachsparren befestigt. Bei allen anderen Schindeldeckungen sind die Schindel mit mindestens 2 Stiften verdeckt genagelt zu befestigen. Die Stifte müssen mindestens 20 mm in die Deckunterlage eingreifen.

Bei Nutschindeldeckung liegt die Nagelung unverdeckt am Fuß der Schindel.

3.8.3. Bei Bitumen-Dachschindel wird die Doppeldeckung im Verband ausgeführt

Die Dachneigung muß zwischen 10 und 90 Grad betragen. Die Unterlage muß aus trockenen, scharfkantigen, trittfesten Brettern, parallel zur Traufe verlegt, oder aus auf Sparrenmitte dicht gestoßenen Spanplatten, mindestens 22 mm stark, bestehen, wenn in der Leistungsbeschreibung nichts anderes vorgeschrieben ist.

Die Vordeckung ist mit Bitumen-Glasvlies-Dachbahn V 13 nach DIN 52 143 „Glasvlies-Bitumen-Dachbahnen; Begriff, Bezeichnung, Anforderungen" parallel zu den Schindelgebinden, die Befestigung mit vier korrosionsgeschützten Pappstiften 15 mm oberhalb der Schlitze und seitlich der Schindelränder durchzuführen.

3.9. Rohr- und Strohdeckung

Deckung mit Rohr und Stroh ist mindestens 28 cm dick rechtwinklig zur Traufe auszuführen. Die Deckung ist mit Stahldraht zu binden oder zu nähen.

Giebelkanten sind mit dem gleichen Werkstoff wie die Dachflächen zu decken, wenn in der Leistungsbeschreibung nichts anderes vorgeschrieben ist. Kehlen und Grate sind auszurunden bzw. abzurunden. Die Dicke der Kehldeckung muß das $1^1/_2$fache der Flächendeckung betragen.

Firste sind mit Rasenstücken (Grassoden) oder Heidestücken (mit Heidekraut) zu decken, wenn in der Leistungsbeschreibung nichts anderes vorgeschrieben ist.

3.10. Dachdeckung und Dachabdichtung mit bituminösen Dachbahnen und Kunststoffbahnen sowie Wärmedämmarbeiten auf Dächern

3.10.1. Allgemeines

3.10.1.1. Dächer mit Neigung unter 5° sind nach Abschnitt 3.10.2 als Dachabdichtungen,

Dächer mit größerer Neigung nach Abschnitt 3.10.3 als Dachdeckungen herzustellen. Bei Gefahr des Wasserrückstaus, z. B. bei Innenentwässerung, sind jedoch auch bei Dächern mit mehr als 5° Neigung die Vorschriften des Abschnittes 3.10.2 anzuwenden.

3.10.1.2. Es ist grundsätzlich im Gießverfahren zu kleben, sofern es die Konstruktion des Daches erlaubt. Die Verklebung der Bahnen untereinander muß in ganzer Fläche ohne Lufteinschlüsse erfolgen. Es ist so viel Klebemasse in flüssiger Form zu verwenden, daß sich beim Einrollen vor der Rolle in ganzer Breite ein Klebemassewulst bildet. Die Klebemasse muß beim Aufgießen an der Verarbeitungsstelle eine Temperatur von + 180 °C haben. Beim Einrollen der Dachbahnen in die heiße Klebemasse muß die Rolle ständig angedrückt werden.

3.10.1.3. Die Standfestigkeit der Klebemasse ist entsprechend der Konstruktion und Neigung der Dachdeckung oder der Dachabdichtung sowie nach der Art der Verlegung zu bestimmen.

3.10.1.4. Bei Verwendung von Bitumen-Dachbahnen für die einzelnen Schichten des Dachbelages ist Klebemasse auf Bitumen-Basis,

bei Verwendung von Teerdachbahnen ist Klebemasse auf Steinkohlenteerpechbasis zu verwenden.

Bei Verwendung von Klebemasse mit einer Dichte (früher: Raumgewicht) von etwa 1000 kg/m³, z. B. Bitumenklebemasse nach Abschnitt 2.18.3.1, sind mindestens 1,8 kg/m² je Lage aufzubringen, werden Klebemassen mit höherer Dichte verwendet, so muß das Mindestgewicht der je Quadratmeter aufzubringenden Klebemasse entsprechend dem Verhältnis der Dichte höher sein. Bei Verwendung einer Deckaufstrichmasse mit einer Dichte von etwa 1000 kg/m³, z. B. Bitumen ungefüllt nach Abschnitt 2.22.3.1, sind für den Deckaufstrich mindestens 1,8 kg/m² aufzubringen. Werden Deckaufstrichmassen mit höherer Dichte verwendet, so muß das Mindestgewicht der je Quadratmeter aufzubringenden Deckaufstrichmasse entsprechend dem Verhältnis der Dichte höher sein. Bitumen-Schweißbahnen sind im Schweißverfahren aufzubringen.

3.10.1.5. Die Dampfsperre ist nach DIN 18 530 „Dächer mit massiven Deckenkonstruktionen; Richtlinien für Planung und Ausführung" zu bemessen, sie ist im Bereich der Anschlüsse des Dachbelages an Durchdringungen und aufgehende Bauwerksteile bis über die Wärmedämmschicht hochzuführen.

3.10.1.6. Dampfdruckausgleichsschichten müssen mit der Außenluft Verbindung haben.

3.10.1.7. Ecken, Kanten und Kehlen der Unterlagen für die Dachhaut müssen ausreichend gerundet oder durch Dreikantleisten gebrochen sein.

3.10.1.8. Die Überdeckung der Dachbahnen jeder Lage an den Nähten und Stößen muß mindestens 80 mm betragen.

Die Nähte und Stöße der Dachbahnen der einzelnen Lagen sind zu versetzen.

3.10.1.9. Bei geneigten Dachflächen über 8° sind die Lagen senkrecht zur Traufe aufzubringen. Die Dachbahnen sind am oberen Rand durch versetzte Nagelung mit Nagelabstand von etwa 50 mm gegen Abgleiten zu sichern. Ist die Unterlage nicht nagelbar, so sind Nagelleisten in die Dachdecke einzulassen. Bei Dachbelägen mit Wärmedämmschicht sind Nagelleisten über der Dampfsperre anzuordnen.

Nagelleisten in der Fläche dienen gleichzeitig als Widerlager für den Dämmbelag.

3.10.1.10. Dachdeckungs- und Dachabdichtungsarbeiten unter Verwendung von Kunststoffbahnen nach Abschnitt 2.22.5 sind nach den Vorschriften des Herstellerwerkes auszuführen.

3.10.2. Dachabdichtungen

3.10.2.1. Dachabdichtungen mit Wärmedämmschicht auf massiven Deckenkonstruktionen.

Die Dachabdichtungen sind aus einem Voranstrich, einer Trennschicht oder Ausgleichsschicht, einer Dampfsperre, einer Wärmedämmschicht, einer Dampfdruckausgleichsschicht, einer Dachdichtung und einer Oberflächenschutzschicht herzustellen, wenn in der Leistungsbeschreibung nichts anderes vorgeschrieben ist.

3.10.2.1.1. Der Voranstrich ist mit einem kalt zu verarbeitenden Voranstrichmittel nach Abschnitt 2.18.2 herzustellen, wenn in der Leistungsbeschreibung nichts anderes vorgeschrieben ist.

Der Voranstrich muß durchgetrocknet sein, bevor die weiteren Dachabdichtungsarbeiten ausgeführt werden.

3.10.2.1.2. Die Trenn- oder Ausgleichsschicht ist durch loses Verlegen einer Lage Lochglasvlies-Bitumen-Dachbahn nach Abschnitt 2.19.2 herzustellen, wenn in der

Leistungsbeschreibung nichts anderes vorgeschrieben ist, z. B. punktweises oder streifenweises Aufkleben einer Lage einseitig grob bestreuter Dachbahn nach Abschnitt 2.19.1.

3.10.2.1.3. Als Dampfsperre ist eine Glasvlies-Bitumen-Dachbahn nach Abschnitt 2.20.3 zu verwenden, wenn in der Leistungsbeschreibung aufgrund der bauphysikalischen Gegebenheiten nicht eine andere Dampfsperrbahn vorgeschrieben ist, z. B. bei Raumtemperaturen über 20 °C und einer relativen Luftfeuchtigkeit über 65 % eine Dichtungsbahn mit Aluminiumbandeinlage nach Abschnitt 2.20.2. Die einzelnen Bahnen sind vollflächig unter Verwendung von mindestens 2,0 kg/m² Klebemasse nach Abschnitt 2.18.3.1 mit ihrer Unterlage zu verkleben. Damit wird gleichzeitig die nach Abschnitt 3.10.2.1.2 verlegte Lochglasvlies-Bitumen-Dachbahn mit ihrem Untergrund verklebt.

3.10.2.1.4. Für die Wärmedämmschicht sind Platten aus Schaumkunststoff nach Abschnitt 2.21.4 zu verwenden, wenn in der Leistungsbeschreibung nicht ein anderer Dämmstoff nach Abschnitt 2.21 vorgeschrieben ist. Die Platten sind versetzt und dicht gestoßen unter Verwendung von mindestens 1,5 kg/m² Klebemasse nach Abschnitt 2.18.3.1 ganzflächig aufzukleben, wenn in der Leistungsbeschreibung nichts anderes vorgeschrieben ist. Stellen, an denen die Dämmschicht nicht dicht gestoßen ist (Ausbrüche an Dämmplatten, größere Fugen usw.), sind mit losem Dämmstoff zu verfüllen.

3.10.2.1.5. Die Dampfdruckausgleichsschicht ist durch loses Verlegen einer Lage Lochglasvlies-Bitumen-Dachbahn herzustellen, wenn in der Leistungsbeschreibung nichts anderes vorgeschrieben ist. Für die Verlegung gilt Abschnitt 3.10.2.1.2.

3.10.2.1.6. Die Dachabdichtung ist aus einer Lage Glasvlies-Bitumen-Dachbahn V 11 nach DIN 52 143 „Glasvlies-Bitumen-Dachbahnen; Begriff, Bezeichnung, Anforderungen", einer Lage Bitumen-Dachdichtungsbahn nach DIN 52 130 „Bitumen-Dachdichtungsbahnen mit Rohfilzpappen-Einlage; Begriff, Bezeichnung, Anforderungen" und einer Lage Glasvlies-Bitumendachbahn V 13 nach DIN 52 143 herzustellen, wenn in der Leistungsbeschreibung nichts anderes vorgeschrieben ist, z. B. Abdichtung mit 2 Lagen Bitumen-Schweißbahnen oder eine Lage Bitumen-Schweißbahnen nach Abschnitt 2.22.4 und eine Lage Glasgewebebahn (Gewebeeinlage mindestens 170 g/m²) nach Abschnitt 2.22.1.6. Es sind Dachbahnen zu verwenden, deren Einlagen keine Feuchtigkeit aufnehmen können.

Eventuelle Kaschierungen von Wärmedämmplatten gelten nicht als erste Dachhautlage.

Für das Aufkleben der Lagen ist Klebemasse nach Abschnitt 2.18.3.1 (ungefülltes Bitumen) zu verwenden, wenn in der Leistungsbeschreibung nichts anderes vorgeschrieben ist. Die Abschnitte 3.10.1.2 bis 3.10.1.4 sind zu beachten.

3.10.2.1.7. Die Oberflächenschutzschicht ist aus einem heißflüssigen Deckaufstrich und einer Kiesschüttung herzustellen, wenn in der Leistungsbeschreibung nichts anderes vorgeschrieben ist, z. B. ein heißflüssiger Deckaufstrich aus mindestens 1,8 kg/m² Bitumen ungefüllt nach Abschnitt 2.18.3.1, darauf ein kaltflüssiger Deckaufstrich aus mindestens 1,0 kg/m² Kieseinbettmasse nach Abschnitt 2.22.6.5 und Aufbringen einer Lage aus 12 bis 15 kg/m² Perlkies nach Abschnitt 2.22.6.10 oder eine zusätzliche Lage aus Glasgewebebahn nach Abschnitt 2.22.2.

3.10.2.2. Dachabdichtungen ohne Wärmedämmschicht auf Holzschalung.

Die Dachabdichtungen sind aus mindestens 3 Lagen bituminöser Dachbahnen und einer Oberflächenschutzschicht herzustellen, wenn in der Leistungsbeschreibung nichts anderes vorgeschrieben ist.

3.10.2.2.1. Als erste Lage ist eine Glasvlies-Bitumen-Dachbahn nach Abschnitt 2.22.1 zu verlegen, wenn in der Leistungsbeschreibung nichts anderes vorgeschrieben ist. Die Dachbahn ist lose zu verlegen und mit 10 cm Nagelabstand zu nageln, wenn in der Leistungsbeschreibung nicht verdeckte Nagelung und Verkleben der Nähte und Stöße vorgeschrieben ist.

3.10.2.2.2. Als weitere Lagen sind eine Lage Bitumen-Dachdichtungsbahn nach DIN 52 130 „Bitumen-Dachdichtungsbahnen mit Rohfilzpappen-Einlage; Begriff, Bezeichnung, Anforderungen" und eine Lage Glasvlies-Bitumen-Dachbahn V 13 nach DIN 52 143 „Glasvlies-Bitumen-Dachbahnen; Begriff, Bezeichnung, Anforderungen" aufzubringen, wenn in der Leistungsbeschreibung nichts anderes vorgeschrieben ist. Für die Verlegung gilt Abschnitt 3.10.2.1.6.

3.10.3. Dachdeckungen

Bei Ausführung der Dachdeckungen auf anderen als den in den Abschnitten 3.10.3.1 und 3.10.3.2 genannten Dachdecken sind die hierfür im Einzelfall erforderlichen Maßnahmen entsprechend Abschnitt 3.10.4,

bei Ausführung der Dachbelagsarbeiten mit Kunststoff-Folie die Richtlinien der Hersteller zu beachten.

3.10.3.1. Dachdeckungen mit Wärmedämmschicht auf massiven Deckenkonstruktionen

Die Dachdeckungen sind aus einem Voranstrich, einer Trenn- bzw. Ausgleichsschicht, einer Dampfsperre, einer Wärmedämmschicht, einer Dampfdruckausgleichsschicht und zwei Lagen bituminöser Dachbahnen herzustellen, wenn in der Leistungsbeschreibung nichts anderes vorgeschrieben ist.

3.10.3.1.1. Für die Herstellung des Voranstrichs, der Trenn- oder Ausgleichsschicht, der Dampfsperre, der Wärmedämmschicht gelten die Abschnitte 3.10.2.1.1, 3.10.2.1.2, 3.10.2.1.3 und 3.10.2.1.4 sinngemäß.

3.10.3.1.2. Die Trenn- oder Ausgleichsschicht ist durch punkt- oder streifenweises Aufkleben der ersten Lage der Dachdeckung herzustellen.

Als erste Lage der Dachdeckung ist eine unterseitig grob besandete Glasvlies-Bitumen-Dachbahn nach Abschnitt 2.22.1 zu verwenden, wenn in der Leistungsbeschreibung nichts anderes vorgeschrieben ist.

Die Bahnen sind etwa zu 30 bis 50 % ihrer Fläche aufzukleben. Zum Aufkleben ist eine der Dachneigung entsprechend standfeste Bitumenklebemasse (siehe Abschnitt 3.10.1.3) zu verwenden.

3.10.3.1.3. Als Oberlage der Dachdeckung sind Dachbahnen nach Abschnitt 2.22.1 zu verwenden. Die Bahnen sind unter Beachtung der Abschnitte 3.10.1.2, 3.10.1.3, 3.10.1.4 und 3.10.1.10 aufzubringen. Bei Dachneigungen zwischen 5 und 8° ist als oberste Lage eine oberseitig beschieferte Bitumen-Glasgewebe-Dachdichtungsbahn nach Abschnitt 2.22.2 zu verwenden.

Bei Rückstaugefahr ist eine zusätzliche Lage Glasvlies-Bitumen-Dachbahn nach Abschnitt 2.22.1 aufzukleben.

3.10.3.2. Dachdeckungen ohne Wärmedämmschicht auf Holzschalung

Die Dachdeckungen sind aus mindestens zwei Lagen bituminöser Dachbahnen herzustellen, wenn in der Leistungsbeschreibung nichts anderes vorgeschrieben ist.

Für die Ausführung der Dachdeckung gelten die Abschnitte 3.10.1.9, 3.10.2.2.1, 3.10.2.2.2 und 3.10.3.1.3 sinngemäß.

3.10.4. Dachdeckungen oder Dachabdichtungen auf anderen Unterkonstruktionen

3.10.4.1. Dachdeckungen oder Dachabdichtungen auf Dachdecken aus Betonfertigteilen, z. B. Schwer- und Leichtbetonplatten.

Die Betonfertigteile sind mit einem Voranstrich nach Abschnitt 3.10.2.1.1 zu versehen. Über den Stoßfugen auf den Auflagern sind mindestens 200 mm breite Fugenabdeckstreifen, z. B. aus Glasvlies-Bitumen-Dachbahnen, lose aufzulegen und gegen Verschieben zu sichern.

Bei Dächern mit Wärmedämmschicht ist hiernach eine Ausgleichsschicht und eine Dampfsperre nach Abschnitt 3.10.2.1.2 und Abschnitt 3.10.2.1.3, bei Dächern ohne Wärmedämmschicht eine Dampfdruckausgleichsschicht nach Abschnitt 3.10.2.1.5. aufzubringen. Für den weiteren Aufbau des Dachbelages gelten die Abschnitte 3.10.2 und 3.10.3 sinngemäß.

3.10.4.2. Dachdeckungen oder Dachabdichtungen auf Dachdecken aus profilierten Stahlblechen.

Der Korrosionsschutz und der Haftgrund (Voranstrich) ist nach den für das jeweilige Fabrikat erlassenen amtlichen Zulassungsbedingungen auszuführen. Eine Ausgleichsschicht wird nicht benötigt. Ist eine Dampfsperre auszuführen, so ist eine Schweißbahn 4 mm dick mit zugfester Einlage zu verwenden, wenn in der Leistungsbeschreibung nichts anderes vorgeschrieben ist. Die einzelnen Bahnen sind parallel zu den Sicken so zu verlegen, daß die Nähte auf einem Steg liegen.

3.10.4.3. Dachdeckungen oder Dachabdichtungen auf Spanplatten o. ä.

Ausführung wie auf Holzschalung (siehe Abschnitt 3.10.2.2 und 3.10.3.2).

Soll die erste Lage punktweise aufgeklebt werden, ist ein Voranstrich nach Abschnitt 3.10.2.1.1 aufzubringen. Im übrigen gelten für die Ausführung des Dachbelages sinngemäß die Abschnitte 3.10.2 und 3.10.3.

3.10.5. Anschlüsse der Dachdeckungen und Dachabdichtungen an angrenzende oder eingebaute Bauteile

3.10.5.1. Die Dampfsperre ist so anzuschließen, daß Feuchtigkeit aus dem Bauwerksinnern in die darüberliegende Dämmschicht nicht eindringen kann.

3.10.5.2. Der Dämmbelag ist unmittelbar an die eingebauten oder angrenzenden Bauteile heranzuführen.

3.10.5.3. Die Dachdeckung oder Dachabdichtung ist wasserdicht anzuschließen.

Die Anschlüsse an Rohrdurchführungen u. ä. sind bei Dachneigungen unter 5° aus der Dichtungsebene herauszuheben. Anschlüsse der Dachdeckung an Dachabläufe sind mit Hilfe von Klemmflanschen auszuführen, wenn in der Leistungsbeschreibung nichts anderes vorgeschrieben ist.

3.10.5.4. Anschlüsse der Dachdeckung an Lichtkuppeln, Dehnungsfugen oder dergleichen sind so herzustellen, daß sie den auftretenden Beanspruchungen genügen und auch bei vorübergehendem Wasserstau auf der Dachdeckung das Eindringen von Wasser unter die Dachdeckung verhindern. An aufgehendem Mauerwerk sind die Anschlüsse mindestens 200 mm über die Oberfläche der Dachdeckung oder Dachabdichtung hochzuziehen und gegen Abrutschen sowie Hinterwandern durch ablaufendes Niederschlagwasser zu sichern.

3.10.5.5. Ist bei Dachneigungen über 5° ein Anschluß mit Hilfe von Metallblechen nicht zu vermeiden, so sind die Bleche bei Konstruktionen ohne Wärmedämmung auf Dübelleisten, sonst auf Holzbohlen im Abstand von höchstens 50 mm zu nageln. Die Nägel sind versetzt anzuordnen. Die Bleche sind wasserdicht miteinander zu verbinden. Die Klebefläche muß mindestens 120 mm breit sein. Im Bereich des Überganges der Dachdeckung oder Dachabdichtung an die Klebefläche ist diese durch einen zusätzlichen mindestens 250 mm breiten Streifen aus Bitumen-Jutegewebe-Dachbahn nach Abschnitt 2.22.3 zu verstärken, wenn in der Leistungsbeschreibung nichts anderes vorgeschrieben ist. Die Klebefläche ist auf beiden Seiten mit einem Voranstrich nach Abschnitt 3.10.2.1.1 zu versehen und die Dichtungsbahn ohne Lufteinschlüsse auf die Unterlage aufzukleben. Die auf die Klebeflächen aufzubringende Lage ist mit der gleichen Klebemasse so aufzukleben, daß die Klebefläche und die Unterseite der Bahn voll mit Klebemasse eingestrichen sind.

Bei Blechanschlüssen an aufgehendem Mauerwerk ist die erste Lage hinter der Verwahrung mindestens 200 mm hoch zu führen. Die Abwicklung der Anschlußbleche soll nicht größer als 33 cm sein. Die Blechanschlüsse sind durch einen Überhangstreifen zu sichern.

3.10.6. Ausführung von Dachdeckungen oder Dachabdichtungen über Bauwerksfugen

Die Dachdeckungen oder Dachabdichtungen über Bauwerksfugen sind so herzustellen, daß die Bewegungen der Baukörper aufgenommen werden können.

4. Nebenleistungen

Nebenleistungen sind Leistungen, die auch ohne Erwähnung in der Leistungsbeschreibung zur vertraglichen Leistung gehören (siehe Teil B — DIN 1961 — § 2 Nr. 1).

4.1. Folgende Leistungen sind Nebenleistungen:

4.1.1. Messungen für das Ausführen und Abrechnen der Arbeiten einschließlich des Vorhaltens der Meßgeräte, Lehren, Absteckzeichen usw., des Erhaltens der Lehren und Absteckzeichen während der Bauausführung und des Stellens der Arbeitskräfte, jedoch nicht Leistungen nach Teil B — DIN 1961 — § 3 Nr. 2.

4.1.2. Schutz- und Sicherheitsmaßnahmen nach den Unfallverhütungsvorschriften und den behördlichen Bestimmungen.

4.1.3. Schutz der ausgeführten Leistungen und der für die Ausführung übergebenen Gegenstände vor Beschädigung und Diebstahl bis zur Abnahme.

4.1.4. Heranbringen von Wasser und Energie von den vom Auftraggeber auf der Baustelle zur Verfügung gestellten Anschlußstellen zu den Verwendungsstellen.

4.1.5. Vorhalten der Kleingeräte und Werkzeuge.

4.1.6. Lieferung der Betriebsstoffe.

4.1.7. Befördern aller Stoffe und Bauteile, auch wenn sie vom Auftraggeber beigestellt sind, von den Lagerstellen auf der Baustelle zu den Verwendungsstellen und etwaiges Rückbefördern.

4.1.8. Sichern der Arbeiten gegen Tagwasser, mit dem normalerweise gerechnet werden muß, und seine etwa erforderliche Beseitigung.

4.1.9. Beleuchten und Reinigen der Aufenthaltsräume und Aborte für die Beschäftigten des Auftragnehmers sowie Beheizen der Aufenthaltsräume.

4.1.10. Beseitigen aller Verunreinigungen (Abfälle, Bauschutt und dergleichen), die von den Arbeiten des Auftragnehmers herrühren.

4.1.11. Auf- und Abbauen sowie Vorhalten der Gerüste, deren Arbeitsbühnen bis zu 2 m über Gelände oder Fußboden liegen.

4.1.12. Zubereiten des Mörtels und Vorhalten der hierzu erforderlichen Einrichtungen, auch wenn der Auftraggeber die Stoffe beistellt.

4.2. Folgende Leistungen sind Nebenleistungen, wenn sie nicht durch besondere Ansätze in der Leistungsbeschreibung erfaßt sind:

4.2.1. Einrichten und Räumen der Baustelle.

4.2.2. Vorhalten der Baustelleneinrichtung einschließlich der Geräte und dergleichen.

4.3. Folgende Leistungen sind keine Nebenleistungen:

4.3.1. „Besondere Leistungen" nach Teil A — DIN 1960 — § 9 Nr. 6.

4.3.2. Aufstellen, Vorhalten und Beseitigen von Bauzäunen, Blenden und Schutzgerüsten zur Sicherung des öffentlichen Verkehrs sowie von Einrichtungen außerhalb der Baustelle zur Umleitung und Regelung des öffentlichen Verkehrs.

4.3.3. Sichern von Leitungen, Bäumen und dergleichen.

4.3.4. Beseitigen von Hindernissen, Leitungen, Kanälen, Dränen, Kabeln und dergleichen.

4.3.5. besondere Maßnahmen aus Gründen der Landespflege und des Umweltschutzes.

4.3.6. Vorhalten von Aufenthalts- und Lagerräumen, wenn der Auftraggeber Räume, die leicht verschließbar gemacht werden können, nicht zur Verfügung stellt.

4.3.7. Auf- und Abbauen sowie Vorhalten der Gerüste, deren Arbeitsbühnen mehr als 2 m über Gelände oder Fußboden liegen.

4.3.8. Reinigen des Untergrundes von grober Verschmutzung durch Bauschutt, Gips, Mörtelreste, Farbreste u. ä., soweit sie von anderen Unternehmern herrührt.

4.3.9. Ausgleich von größeren Unebenheiten, von mangelndem Gefälle oder unrichtiger Höhenlage des Untergrundes (siehe Abschnitt 3.1.4).

4.3.10. zusätzliche Maßnahmen für die Weiterarbeit bei Temperaturen unter +5 °C und bei Feuchtigkeit, Nässe, Schnee und Eis.

4.3.11. besonderer Schutz der Bauleistung, der über den Schutz nach Abschnitt 4.1.3 hinausgeht.

5. Abrechnung

5.1. Allgemeines

5.1.1. Die Leistung ist aus Zeichnungen zu ermitteln, soweit die ausgeführte Leistung diesen Zeichnungen entspricht.
Sind solche Zeichnungen nicht vorhanden, ist die Leistung aufzumessen.

Der Ermittlung der Leistung – gleichgültig ob sie nach Zeichnungen oder nach Aufmaß erfolgt – sind zugrunde zu legen:

bei Wandabdichtungen die Konstruktionsmaße der Wände,

bei Dachdeckungen und Dachabdichtungen auf Flächen, die von Bauteilen, z. B. Attika, Wände, begrenzt sind, die Fläche bis zu den begrenzenden ungeputzten bzw. unbekleideten Bauteilen,

bei Dachdeckungen und Dachabdichtungen auf Flächen, die nicht von Bauteilen begrenzt sind, deren Abmessungen.

5.1.2. Schließen Dachdeckungen, Wanddeckungen und Dachabdichtungen an Firste, Grate oder Kehlen an, wird von Mitte First, Grat oder Kehle gerechnet.

5.2. Es werden abgerechnet:

5.2.1. Dach- und Wanddeckungen und Dachabdichtungen ohne Berücksichtigung der Dachkanten sowie ohne Berücksichtigung der An- und Abschlüsse, Trenn- und Dampfdruck-Ausgleichsschichten, Sperrschichten und Dämmschichten nach Flächenmaß (m^2) (bei Verwendung von Formstücken gilt Abschnitt 5.2.2). Abgezogen werden über 1 m^2 große Aussparungen in der Deckung oder Abdichtung für Schornsteine, Fenster, Oberlichter, Entlüfter und dergleichen, geht die Aussparung über den First oder Grat hinweg, so ist sie in jeder Dachfläche für sich zu berücksichtigen.

5.2.2. Deckungen von Firsten, Graten, Kehlen, Dachkanten, An- und Abschlüsse u. ä. mit Formstücken, in der Mittellinie gemessen, nach Längenmaß (m), als Zulage zum Preis nach Abschnitt 5.2.1. Abgezogen werden über 1 m lange Unterbrechungen für Schornsteine, Fenster, Oberlichter, Entlüfter und dergleichen.

5.2.3. Ausgleichsschichten nach der tatsächlich ausgeführten Leistung nach Flächenmaß (m^2).

5.2.4. Sperrschichten nach der tatsächlich ausgeführten Leistung nach Flächenmaß (m^2).

5.2.5. Dämmschichten nach der von der Dämmung einschließlich der von vorhandenen Bohlen bedeckten Fläche nach Flächenmaß (m^2).

5.2.6. Bohlen bei Dachbelagsarbeiten nach Längenmaß (m).

5.2.7. Abdichtungen über Bauwerksfugen nach Längenmaß (m).

5.2.8. Verstärkungen der Abdichtungen bei Anschlüssen an aufgehendes Mauerwerk, an Metalleinfassungen u. ä. nach Längenmaß (m), als Zulage zu den Preisen der Abschnitte 5.2.1, 5.2.2, 5.2.9.

5.2.9. Anschlüsse der Dachbelagsarbeiten an Abflüsse, Rohrleitungen und sonstige Durchdringungen, getrennt nach Art und Größe, nach Anzahl (Stück).

5.2.10. Gaupenpfosten, Gaupen und Leibungen, getrennt nach Form, Abmessungen und Ausführungen, als Zulage zum Preis nach Abschnitt 5.2.1, nach Anzahl (Stück).

5.2.11. Lüftungsziegel, Glasdachziegel und dergleichen, getrennt nach Art und Abmessungen, nach Anzahl (Stück), als Zulage zum Preis nach Abschnitt 5.2.1.

5.2.12. Lichtkuppeln, Dachfenster, getrennt nach Art und Abmessungen, nach Anzahl (Stück).

5.2.13. Schneefanggitter einschließlich Stützen, nach Längenmaß (m).

5.2.14. Leiterhaken, Laufbrettstützen und dergleichen, nach Anzahl (Stück).

VOB Teil C:

Allgemeine Technische Vorschriften für Bauleistungen

Klempnerarbeiten – DIN 18 339

Fassung Mai 1972

Ausgabedatum: August 1974

Inhalt

0. Hinweise für die Leistungsbeschreibung*)

(siehe auch Teil A — DIN 1960 — § 9)

0.1. In der Leistungsbeschreibung sind nach Lage des Einzelfalles insbesondere anzugeben:

0.1.1. Lage der Baustelle und Umgebungsbedingungen, z. B. Hauptwindrichtung, Einflugschneisen, Verschmutzung der Außenluft, Bebauung usw., Zufahrtsmöglichkeiten und Beschaffenheit der Zufahrt sowie etwaige Einschränkungen bei ihrer Benutzung, Art der baulichen Anlagen, Anzahl und Höhe der Geschosse.

0.1.2. Lage und Ausmaß der dem Auftragnehmer für die Ausführung seiner Leistungen zur Benutzung oder Mitbenutzung überlassenen Flächen.

0.1.3. besondere Maßnahmen aus Gründen der Landespflege und des Umweltschutzes.

0.1.4. Art und Umfang des Schutzes von Bäumen, Pflanzenbeständen, Vegetationsflächen, Bauteilen, Bauwerken u. ä. im Bereich der Baustelle.

0.1.5. besondere Anordnungen, Vorschriften und Maßnahmen der Eigentümer (oder der anderen Weisungsberechtigten) von Leitungen, Kabeln, Dränen, Kanälen, Wegen, Gewässern, Gleisen, Zäunen und dergleichen im Bereich der Baustelle.

0.1.6. für den Verkehr freizuhaltende Flächen.

0.1.7. Besonderheiten der Regelung und Sicherung des Verkehrs, gegebenenfalls auch, wieweit der Auftraggeber die Durchführung der erforderlichen Maßnahmen übernimmt.

0.1.8. Lage, Art und Anschlußwert der dem Auftragnehmer auf der Baustelle zur Verfügung gestellten Anschlüsse für Wasser und Energie.

0.1.9. Mitbenutzung fremder Gerüste, Hebezeuge, Aufzüge, Aufenthalts- und Lagerräume, Einrichtungen und dergleichen durch den Auftragnehmer.

0.1.10. Auf- und Abbauen sowie Vorhalten der Gerüste, die nicht unter Abschnitt 4.1.11 fallen.

0.1.11. besondere Anforderungen an die Baustelleneinrichtung.

---

*) Diese Hinweise werden nicht Vertragsbestandteil.

0.1.12. Art und Zeit der vom Auftraggeber veranlaßten Vorarbeiten.

0.1.13. ob und in welchem Umfang dem Auftragnehmer Arbeitskräfte und Geräte für Abladen, Lagern und Transport zur Verfügung gestellt werden.

0.1.14. Arbeiten anderer Unternehmer auf der Baustelle.

0.1.15. Leistungen für andere Unternehmer.

0.1.16. Art, Menge, Gewicht der Stoffe und Bauteile, die vom Auftraggeber beigestellt werden, sowie Art, Ort (genaue Bezeichnung) und Zeit ihrer Übergabe.

0.1.17. Güteanforderungen an nicht genormte Stoffe und Bauteile.

0.1.18. Art und Umfang verlangter Eignungs- und Gütenachweise.

0.1.19. Art und Beschaffenheit des Untergrundes (Holz, Stahlkonstruktion, Mauerwerk, Beton).

0.1.20. vorgesehene Arbeitsabschnitte, Arbeitsunterbrechungen und -beschränkungen nach Art, Ort und Zeit.

0.1.21. besondere Erschwernisse während der Ausführung, z. B. Arbeiten in Räumen, in denen der Betrieb des Auftraggebers weiterläuft, Arbeiten bei außergewöhnlichen Temperaturen.

0.1.22. Benutzung von Teilen der Leistung vor der Abnahme.

0.1.23. Ausbildung der Anschlüsse an Bauwerke.

0.1.24. Art und Anzahl der geforderten Proben.

0.1.25. besondere Maßnahmen, die zum Schutz von benachbarten Grundstücken und Bauwerken notwendig sind.

0.1.26. ob nach bestimmten Zeichnungen oder nach Aufmaß abgerechnet werden soll.

0.1.27. Stoffe, die für die Dachdeckung usw. verwendet werden sollen.

0.1.28. die Zuschnittbreite oder Richtgröße der Dachrinnen, Regenfallrohre, Traufbleche und dergleichen in Zuschnitteilen und deren Dicke.

0.1.29. ob die Rinnenhalter mit Spreizen (Spanneisen) herzustellen sind (siehe Abschnitt 3.7.7).

0.1.30. ob Leiterhaken, Schneefanggitter oder Wasserabweiser anzubringen sind.

0.1.31. ob Kappleisten bei Wandanschlüssen in vorhandene Profilschienen eingehängt oder ob die Kappleisten nachträglich eingeputzt werden sollen.

0.1.32. ob bei großen Dachflächen und Rinnen Gefällestufen anzuordnen sind.

0.1.33. Art und Anzahl der Dübel, Dübelleisten, Traufbohlen usw., die zur Befestigung bauseitig vorgesehen sind.

0.1.34. ob zur Befestigung Schrauben oder Nägel verwendet werden sollen (siehe Abschnitt 3.1.6 und 3.2.3).

0.1.35. ob oberhalb von Dachdurchbrüchen zur Ableitung des Wassers Sättel bauseitig vorhanden sind.

0.1.36. ob Bleche bei besonderer Korrosionsgefahr, z. B. durch Schwitzwasser, durch Anstriche zu schützen sind.

0.1.37. Leistungen nach Abschnitt 4.2 in besonderen Ansätzen, wenn diese Leistungen keine Nebenleistungen sein sollen.

0.1.38. Leistungen nach Abschnitt 4.3 in besonderen Ansätzen.

0.2. In der Leistungsbeschreibung sind Angaben zu folgenden Abschnitten nötig, wenn der Auftraggeber eine abweichende Regelung wünscht:

Abschnitt 1.2 (Leistungen mit Lieferung der Stoffe und Bauteile)

Abschnitt 2.1 (Vorhalten von Stoffen und Bauteilen)

Abschnitt 2.1.1 (Liefern ungebrauchter Stoffe und Bauteile)

Abschnitt 3.1.5 (Korrosionsschutz bei verschiedenen Metallen)
Abschnitt 3.1.6 (Korrosionsschutz für Befestigungsteile)
Abschnitt 3.1.9 (Bitumendachpappe als Korrosionsschutz)
Abschnitt 3.1.11 (Kappleisten in Mauerschlitzen, andere Verbindungen sind hier anzugeben)
Abschnitt 3.2.2 (Ausführung von Quernähten bei Metallfalzdächern)
Abschnitt 3.2.3 (Anbringen einer Schiebenaht mit Zusatzfalz bei Metalldächern)
Abschnitt 3.6.1 (Befestigung von Gesimsabdeckungen mit korrosionsgeschützten Schrauben)
Abschnitt 3.7.2 (Rinnen mit gleichmäßigem Gefälle)
Abschnitt 3.7.4 (Ausdehnung der Rinnen)
Abschnitt 3.7.5 (Materialien für Schutzkörbe)
Abschnitt 3.7.7 (Befestigung von Rinnenhaltern)
Abschnitt 3.8.9 (Anbringen der Regenfallrohre).

1. Allgemeines

1.1. DIN 18 339 „Klempnerarbeiten" gilt nicht für Deckung und Bekleidungen mit profilierten Metallbauteilen (siehe DIN 18 338 „Dachdeckungs- und Dachabdichtungsarbeiten"), Abdichtung gegen nichtdrückendes Wasser (siehe DIN 18 337 „Abdichtungen gegen nichtdrückendes Wasser") und nicht für Blecharbeiten in Wärmedämmungsarbeiten (siehe DIN 18 421 „Wärmedämmungsarbeiten").

1.2. Alle Leistungen umfassen auch die Lieferung der dazugehörigen Stoffe und Bauteile einschließlich Abladen und Lagern auf der Baustelle, wenn in der Leistungsbeschreibung nichts anderes vorgeschrieben ist.

1.3. Stoffe und Bauteile, die vom Auftraggeber beigestellt werden, hat der Auftragnehmer rechtzeitig beim Auftraggeber anzufordern.

Bei der Durchführung der Leistungen sind etwa bestehende Vorschriften von Herstellerwerken zu beachten.

2. Stoffe, Bauteile

2.1. Vorhalten

Stoffe und Bauteile, die der Auftragnehmer nur vorzuhalten hat, die also nicht in das Bauwerk eingehen, können nach Wahl des Auftragnehmers gebraucht oder ungebraucht sein, wenn in der Leistungsbeschreibung darüber nichts vorgeschrieben ist.

2.2. Liefern

2.2.1. Allgemeine Anforderungen

Stoffe und Bauteile, die der Auftragnehmer zu liefern und einzubauen hat, die also in das Bauwerk eingehen, müssen ungebraucht sein, wenn in der Leistungsbeschreibung nichts anderes vorgeschrieben ist. Sie müssen für den jeweiligen Verwendungszweck geeignet und aufeinander abgestimmt sein.

Stoffe und Bauteile, für die DIN-Normen bestehen, müssen den DIN-Güte- und -Maßbestimmungen entsprechen.

Stoffe und Bauteile, die nach den behördlichen Vorschriften einer Zulassung bedürfen, müssen amtlich zugelassen sein und den Zulassungsbedingungen entsprechen.

Stoffe und Bauteile, für die weder DIN-Normen bestehen noch eine amtliche Zulassung vorgeschrieben ist, dürfen nur mit Zustimmung des Auftraggebers verwendet werden.

Für die gebräuchlichsten genormten Stoffe und Bauteile sind die DIN-Normen nachstehend aufgeführt.

2.2.2. Auf Verlangen hat der Auftragnehmer Proben zu liefern, die Einhaltung der vorgeschriebenen Abmessungen der Stoffe und Bauteile nachzuweisen und den Hersteller zu nennen.

2.3. Rinnen und Regenfallrohre

DIN 18 460 Dachrinnen und Regenfallrohre; Begriffe, Bemessungsgrundlagen

DIN 18 461 Halbrunde Hängedachrinnen, Regenfallrohre und Zubehörteile aus Metall.

2.4. Zinkbleche und Zinkbänder

DIN 9722 Bleche und Bänder aus Zink; Maße

DIN 17 770 Bleche und Bänder aus Zink; Technische Lieferbedingungen

Titanzink-Bleche und -Bänder, Abmessungen nach

DIN 9722 Bleche und Bänder aus Zink; Maße.

2.5 Stahlbleche und Stahlbänder

2.5.1. Feuerverzinkte Stahlbleche und Stahlbänder

Feuerverzinkte Stahlbleche und Stahlbänder müssen den Gütebestimmungen entsprechen.

2.5.2. Nichtrostende Stahlbleche und Stahlbänder

Nichtrostende Stahlbleche und Stahlbänder müssen nach DIN 17 440 „Nichtrostende Stähle; Gütevorschriften", hergestellt sein und den Stahl-Eisen-Lieferbedingungen 401 und 402 entsprechen.

Werkstoffe vorzugsweise

5 CrNi 18 9, Werkstoffnummer 1.4301 und

5 CrNiMo 18 10, Werkstoffnummer 1.4401.

2.6. Kupferbleche, Kupferbänder, Kupferprofile

DIN 1751 Bleche und Blechstreifen aus Kupfer und Kupfer-Knetlegierungen; kaltgewalzt, Maße

DIN 1768 Flachstangen aus Kupfer; gezogen mit scharfen Kanten, Maße

DIN 1787 Kupfer; Halbzeug

DIN 1791 Bänder und Bandstreifen aus Kupfer und Kupfer-Knetlegierungen; kaltgewalzt, Maße

DIN 17 670 Blatt 1 Bleche und Bänder aus Kupfer und Kupfer-Knetlegierungen; Festigkeitseigenschaften

DIN 17 670 Blatt 2 Bleche und Bänder aus Kupfer und Kupfer-Knetlegierungen; technische Lieferbedingungen.

2.7. Aluminium und Aluminiumlegierungen

DIN 1712 Blatt 3 Aluminium; Reinstaluminium und Reinaluminium in Halbzeug

DIN 1725 Blatt 1 Aluminiumlegierungen; Knetlegierungen

DIN 1745 Blatt 1 Bleche und Bänder aus Aluminium (Reinstaluminium, Reinaluminium und Aluminium-Knetlegierungen); Festigkeitseigenschaften

DIN 1748 Blatt 1 Strangpreßprofile aus Aluminium (Reinstaluminium, Reinaluminium und Aluminium-Knetlegierungen); Festigkeitseigenschaften.

2.8. Bleche aus Blei

DIN 59 610 Bleche mit eingewalzten Mustern aus Blei; Maße

DIN 17 640 Blei und Bleilegierungen für Kabelmäntel.

2.9. Feuerverzinkte und feuerverbleite Bauteile

DIN 50 975 Korrosionsschutz; Zinküberzüge durch Feuerverzinken, Richtlinien

DIN 50 976 Korrosionsschutz; Anforderungen an Zinküberzüge auf Gegenstände aus Eisenwerkstoffen, die als Fertigteile feuerverzinkt werden

Feuerverbleite Stahlteile, Rinnenhalter, Rohrschellen, Schneefanggitter und dergleichen müssen gut haftende und dichte Überzüge aufweisen.

2.10. Kunststoffe

2.10.1. PVC hart (Polyvinylchlorid hart)

DIN 18 469 Hängedachrinnen aus PVC (Polyvinylchlorid); technische Anforderungen, Prüfung.

2.10.2. DIN 7748 Kunststoff-Formmassen; Weichmacherfreie Polyvinylchlorid-(PVC)-Formmassen, Einteilung und Bezeichnung nach kennzeichnenden Eigenschaften.

2.11. Verbindungsstoffe

2.11.1. Schweiß- und Lötstoffe

DIN 1707 Weichlote für Schwermetalle; Zusammensetzung, Verwendung, technische Lieferbedingungen

DIN 1732 Blatt 1 Schweißzusatzwerkstoffe für Aluminium-Werkstoffe; Zusammensetzung, Verwendung und technische Lieferbedingungen

DIN 8505 Löten metallischer Werkstoffe; Begriffe, Benennungen

DIN 8511 Blatt 1 Flußmittel zum Löten metallischer Werkstoffe; Flußmittel zum Hartlöten von Schwermetallen

DIN 8511 Blatt 2 Flußmittel zum Löten metallischer Werkstoffe; Flußmittel zum Weichlöten von Schwermetallen

DIN 8511 Blatt 3 Flußmittel zum Löten metallischer Werkstoffe; Flußmittel zum Hart- und Weichlöten von Leichtmetallen

DIN 8512 Hart- und Weichlote für Aluminium-Werkstoffe; Zusammensetzung, Verwendung, technische Lieferbedingungen

DIN 8513 Blatt 1 Hartlote für Schwermetalle; Kupferlote, Zusammensetzung, Verwendung, technische Lieferbedingungen

DIN 8556 Blatt 1 Schweißzusatzwerkstoffe für das Schweißen nichtrostender und hitzebeständiger Stähle; Bezeichnung, technische Lieferbedingungen.

2.11.2. Kitte und Kleber

2.11.2.1. Kitte müssen an den anschließenden Bauteilen gut haften. Sie dürfen keine aggressiven Bestandteile im Sinne von DIN 52 460 „Prüfung von Materialien für Fugen- und Glasabdichtungen im Hochbau; Begriffe" enthalten und müssen innerhalb der vorkommenden Temperaturbereiche standfest bleiben.

2.11.2.2. Kleber müssen nach spätestens 2 Tagen abgebunden haben. Nach dieser Frist müssen sie in hohem Maße haften, außerdem dem jeweiligen Verwendungszweck entsprechend elastisch, wasserfest, jedoch mit Mitteln lösbar sein, die am Bau anwendbar sind.

3. Ausführung

3.1. Allgemeines

3.1.1. Wenn Verkehrs-, Versorgungs- und Entsorgungsanlagen im Bereich des Baugeländes liegen, sind die Vorschriften und Anordnungen der zuständigen Stellen zu beachten.

3.1.2. Die für die Aufrechterhaltung des Verkehrs bestimmten Flächen sind freizuhalten. Der Zugang zu Einrichtungen der Versorgungs- und Entsorgungsbetriebe, der Feuerwehr, der Post und Bahn, zu Vermessungspunkten und dergleichen darf nicht mehr als durch die Ausführung unvermeidlich behindert werden.

3.1.3. Stoffe und Bauteile, für die Verarbeitungsvorschriften des Herstellerwerks bestehen, sind nach diesen Vorschriften zu verarbeiten.

3.1.4. Der Auftragnehmer hat vor Ausführung seiner Arbeiten zu prüfen, ob die vorgesehene Ausführung sich für die Durchführung seiner Leistungen eignet, und Bedenken dem Auftraggeber unverzüglich schriftlich mitzuteilen (siehe Teil B — DIN 1961 — § 4 Nr. 3).

Bedenken sind geltend zu machen insbesondere bei

ungeeigneter Beschaffenheit des Untergrundes,
zu rauhen und zu porigen Flächen,
zu scharfen Schalungskanten und Graten,
Abweichungen von der Waagerechten oder dem Gefälle, das in der Leistungsbeschreibung vorgeschrieben oder nach der Sachlage nötig ist,
fehlenden Abrundungen an Ecken, Kanten und Kehlen,
Spannungs- und Setzrissen, Löchern,
zu feuchten Flächen,
ungenügender Festigkeit der Unterkonstruktion bei Metalldeckungen,
zu weitem Sparrenabstand,
verölten Flächen,
Farbresten,
ungeeigneter Art und Lage von durchdringenden Bauteilen,
fehlenden oder ungenügenden Befestigungsmöglichkeiten,
fehlenden oder ungenügenden Aussparungen,
fehlender Be- und Entlüftung bei Kaltdächern.

3.1.5. Teile aus verschiedenen Metallen dürfen sich nicht berühren, wenn dadurch Kontakt-Korrosion oder andere ungünstige Beeinflussungen entstehen können. Befestigungsteile aus Stahl für Zinkblech und für verzinktes Blech sind zu verzinken, wenn in der Leistungsbeschreibung keine anderen Schutzmaßnahmen vorgeschrieben sind, z. B. Zwischenlegen eines Bleistreifens oder eines säure- und alkalifreien plastischen Schutzbindestreifens.

Bei Verwendung unterschiedlicher Metalle müssen, auch wenn sie sich nicht berühren, schädigende Einwirkungen untereinander ausgeschlossen sein.

3.1.6. Zum Befestigen sind zu verwenden:

bei direkter Befestigung:

für Zinkblech und feuerverzinktes Stahlblech oder Titanzinkblech

verzinkte Breitkopfstifte mit rauhem Schaft, wenn in der Leistungsbeschreibung nichts anderes vorgeschrieben ist, z. B. feuerverzinkte Schrauben.

bei indirekter Befestigung:

Hafte aus feuerverzinktem Stahlblech oder Titanzinkblech von ausreichender Dicke (siehe Abschnitt 3.2.3),

für Kupferblech Nägel aus Kupfer, wenn in der Leistungsbeschreibung nichts anderes vorgeschrieben ist, z. B. Schrauben aus Kupferlegierungen,

für Aluminiumblech Breitkopfstifte aus einer Aluminiumlegierung oder aus verzinktem Stahl, wenn in der Leistungsbeschreibung nichts anderes vorgeschrieben ist, z. B. Nagelschrauben (Riffelnägel) oder Schrauben aus einer Aluminiumlegierung, Schrauben kadmiert, verzinkt oder inchromiert oder Verbindungsmittel aus nichtrostendem Stahl,

für Bleibleche Kupfernägel, verbleite Nägel, Bleikeile, Kupferhafte oder verbleite Hafte,

für Kunststoffprofile feuerverzinkte Breitkopfdrahtstifte mit rauhem Schaft, wenn in der Leistungsbeschreibung nichts anderes vorgeschrieben ist, z. B. feuerverzinkte Hafte.

3.1.7. Die Verbindungen und Befestigungen sind so auszuführen, daß sich die Bauglieder bei Wärmeeinflüssen ungehindert ausdehnen, zusammenziehen oder verschieben können, ohne Undichtheiten hervorzurufen.

Hierbei ist mit einem Wärmeunterschied von 100 °C zu rechnen.

3.1.8. Gegen Abheben und Beschädigung durch Sturm sind geeignete Sicherungsmaßnahmen zu treffen.

3.1.9. Gegen schädigende Einflüsse angrenzender Stoffe, z. B. Mörtel, Steine, Beton, Holzschutzmittel sind die Bleche durch Unterlegen von Bitumendachpappe 500 DIN 52 128 „Bitumendachpappen mit beiderseitiger Bitumendeckschicht; Begriff, Bezeichnung, Eigenschaften" zu schützen, wenn in der Leistungsbeschreibung nichts anderes vorgeschrieben ist. Dachrinnen und Regenfallrohre aus Kunststoff, z. B. PVC (Polyvinylchlorid), sind nach den Vorschriften der Hersteller vor schädigenden Einflüssen wie Heißbitumen-Dachanstrichen, Holzschutzmittel und dergleichen zu schützen.

3.1.10. Bei Verbindung durch Löten muß bei Zinkblech das Weichlot an beiden Blechen in einer Breite von mindestens 10 mm gebunden haben. Bei breiteren Lötungen, z. B. Shedrinne, ist der Überlappungsstreifen vorzuverzinnen. Bei Kupferblechen und feuerverzinkten Blechen müssen die Lötnähte mindestens 20 mm überlappen und zusätzlich genietet oder gefalzt werden. Kupferlötnähte müssen vorverzinnt werden. Aluminium darf nur hartgelötet werden.

3.1.11. An höhergeführten Mauerflächen ist die Eindichtung mindestens 150 mm hoch aufzubiegen und mit einer Kappleiste (Überhang oder Putzstreifen) zu überdecken, die in einem Mauerschlitz eingelegt und mit Putzhaken gut befestigt wird, wenn in der Leistungsbeschreibung nichts anderes vorgeschrieben ist, z. B. Ausführung von Kappleisten in Profilschienen.

3.1.12. Bei Anordnung und Ausführung der Regenfalleitungen ist DIN 1986 Blatt 1 „Grundstücksentwässerungsanlagen; Technische Bestimmungen für den Bau" und DIN 1986 Blatt 2 „Grundstücksentwässerungsanlagen; Bestimmungen für die Ermittlung der lichten Weiten der Rohrleitungen" zu beachten.

3.2. Metalldachdeckungen, Falz- und Leistendächer und Wandverkleidungen

3.2.1. Für Metalldeckungen ist eine Zwischenlage aus fein bestreuter Bitumendachpappe 500 DIN 52 128 „Bitumendachpappen mit beiderseitiger Bitumendeckschicht; Begriff, Bezeichnung, Eigenschaften" vorzusehen.

3.2.2. Metallfalzdächer sollen senkrecht zur Traufe doppelte Stehfalze von mindestens 23 mm Höhe haben. Die Quernähte sind doppelt zu falzen, bei flachen Dächern (Neigung unter 15°) sind die Nähte mit 25 mm breiter Überlappung zu löten oder zu schweißen, wenn in der Leistungsbeschreibung nichts anderes vorgeschrieben ist. Bei Kupferfalzdächern sind Weichlötungen nur bei Eindichtungen und nur in Verbindung mit Nietung oder Falzung zulässig.

3.2.3. Für die Befestigung von Metallfalzdächern sind eingefalzte Hafte zu verwenden. Dabei sind auf 1 m² Dachfläche jeder Neigung mindestens 6 Hafte anzubringen. Dem Sog besonders ausgesetzte Teile der Dachflächen, z. B. Firste, Traufen, Grate, Giebel, Dachkanten und Vorsprünge, müssen in einer Breite von 1 bis 2 m mindestens 8 Hafte auf 1 m² erhalten.

Die Hafte sind mit mindestens je 2 Nägeln von 3,1 mm Durchmesser und einer Einbindetiefe in die Schalung von 20 mm zu befestigen. Bei Firsten, Traufen, Graten, Giebeln, Dachkanten und Vorsprüngen sind in einer Breite von 1 bis 2 m die Hafte mit je 2 Holzschrauben von mindestens 4 mm Schaftdurchmesser zu befestigen. Bei Kupferdächern sind Kupfernägel bzw. Messing- oder Bronzeschrauben zu verwenden. Bei Dächern aus Zinkblech, Aluminiumblech oder feuerverzinktem Stahlblech sind verzinkte Nägel bzw. verzinkte Holzschrauben zu verwenden.

Kupferfalzdächer sind grundsätzlich mit Kupferhaften, Falzdächer aus Zinkblech, verzinktem Stahlblech und Aluminiumblech mit verzinkten Stahlblechhaften oder Haften aus gleichwertigem korrosionsgeschütztem Material, Falzdächer aus nichtrostendem Stahl mit Haften aus gleichem Stoff zu befestigen.

Alle Hafte einschließlich Befestigungsmittel sind mindestens für eine Bruchkraft von 0,8 kN (80 kp), in den Eckbreiten für 12 kN (120 kp) (bei senkrechtem Zug zur Dachfläche) zu bemessen.

Hafte aus feuerverzinktem oder nichtrostendem Stahlblech und aus Kupferblech müssen mindestens 0,6 mm dick, aus Aluminiumblech mindestens 1 mm dick, aus Titanzinkblech mindestens 0,8 mm dick hergestellt sein.

Bei Metallbändern darf die Zuschnittbreite der einzelnen Bahnen nicht größer als 600 mm sein.

Bei feuerverzinkten Bändern mit einer Dicke von mindestens 0,6 mm können die Zuschnittbreiten bis 800 mm gewählt werden.

Die Scharen (Blechbahnen) dürfen nicht länger als 10 m, bei verzinkten Stahlbändern bis zu 14 m lang sein.

Für größere Konstruktionslängen ist eine Schiebenaht mit Zusatzfalz einzuarbeiten, wenn in der Leistungsbeschreibung nicht eine Gefällestufe vorgeschrieben ist.
Bei Leistendächern müssen die Scharen Ausdehnungsmöglichkeit haben.

3.3. Kehlen

Größere Dachkehlen sind sinngemäß wie Metallfalzdeckungen oder Leistendekkungen einzudecken.

3.3.1. Vertiefte Metallkehlen bei Steildächern erhalten auf beiden Seiten aufgebogene Wasserfalze. Bei Längen über 4 m sind 100 mm ungelötete Überdeckungen (Schiebenähte) anzuordnen.

3.4. Lüftung

Bei Kaltdächern (zweischalig) dürfen durch die Ausführung der Metalldeckung die Lüftungsquerschnitte nicht beeinträchtigt werden. Bei Warmdächern (einschalig) dürfen Schichten, die der Dampfabführung dienen, nach außen hin nicht abgeschlossen werden.

3.5. Einfassungen, Wandanschlüsse

Durchbrechungen von Dächern, z. B. durch Schornsteine, Oberlichte, Ausstiegluken, Lüftungsrohre, sind durch Falten, Nieten, Falzen, Löten oder Schweißen und bei Durchbrechungen unter Verwendung von Kunststoffen durch Abdeckprofile regendicht mit der Metalldeckung einzufassen und zu verbinden.

3.5.1. Schornsteineinfassungen, Dachaufbauten, Dachflächenfenster und Oberlichte sind auf der Firstseite mit Sattel auf einer bauseitig hergestellten Einschalung einzukehlen.

3.5.2. Zu überklebende Teile der Einfassungen, Wandanschlüsse und Vorstoßbleche müssen mindestens 100 mm breit sein.

3.6. Abdeckungen

3.6.1. Abdeckungen sind mit korrosionsgeschützten Schrauben oder Haften zu befestigen, wenn in der Leistungsbeschreibung nichts anderes vorgeschrieben ist, z. B. Befestigung mit Vorstoßblechen, Vorstoßprofilen, Flachprofilen.

3.6.2. In ausreichenden Abständen (8 bis 12 m) sind Schiebenähte anzuordnen.

3.6.3. Der Überstand der Metallabdeckung muß eine Tropfkante mit mindestens 20 mm Abstand von den zu schützenden Bauwerksteilen erhalten.

3.7. Dachrinnen, Rinnenhalter

3.7.1. Dachrinnen aus Zinkblech sind nach Abschnitt 3.1.10 zu löten.

Bei Rinnen aus feuerverzinktem Stahlblech sind die Verbindungen zusätzlich zu nieten oder zu falzen. Bei Rinnen aus Kunststoff sind die Vorschriften der Herstellerwerke zu beachten. Bei Verwendung von Kupferblech oder feuerverzinktem Stahlblech sind die Stöße in Verbindung mit Weichlötung oder mit Einlage zu nieten, bei nichtrostendem Stahlblech zu löten, zu nieten oder zu schweißen, bei Aluminiumblech hart zu löten, mit Einlage zu nieten oder zu schweißen.

3.7.2. Die Rinnen sind mit gleichmäßigem Gefälle anzubringen, wenn in der Leistungsbeschreibung nicht waagerechte Rinnen vorgeschrieben sind. Nach der Dachseite muß der Rinnenrand um mindestens 10 mm höher liegen als an der Außenseite.

3.7.3. Das Traufblech muß mindestens 150 mm auf das Traufbrett der Dachfläche hinaufgreifen. Die Traufbleche sind in die Rinne einzuhängen.

3.7.4. Rinnen müssen sich ausdehnen können. Wenn die Anordnung der Rinnen eine freie Ausdehnung nicht zuläßt, müssen Rinnen von über 15 m Länge besondere Ausdehnungsmöglichkeiten erhalten. Sie sind entweder an den höchsten Punkten so anzuordnen, daß jeder Teil im Zusammenstoß einen besonderen Boden mit einem Schiebeblech erhält, oder am tiefsten Punkt als bewegliche Einführung in einen Rinnenkasten herzustellen, wenn in der Leistungsbeschreibung nichts anderes vorgeschrieben ist.

3.7.5. Sind Schutzkörbe vorgeschrieben, so müssen diese aus feuerverzinktem Stahldraht von mindestens 2 mm Dicke, bei Kupferrinnen aus Kupferdraht hergestellt werden, wenn in der Leistungsbeschreibung nichts anderes vorgeschrieben ist, z. B. Kunststoff.

Die Einlauffläche des Schutzkorbes muß größer sein, als der Regenfallrohrquerschnitt.

3.7.6. Beim Einführen von Regenfallrohren höher gelegener Dachteile in die Dachrinnen ist, um das Überspritzen von Wasser zu verhüten, der äußere Dachrinnenrand im Bereich des Einlaufs zu erhöhen.

3.7.7. Rinnenhalter für Rinnen aus Zink- oder Aluminiumblech oder feuerverzinktem Stahlblech müssen feuerverzinkt, Halter für Kupferrinnen aus Kupfer, für nicht rostenden Stahl aus nichtrostendem Stahl hergestellt sein. Die Rinnenhalter sind, gleichgültig, ob sie mit oder ohne Spreizen (Spanneisen) herzustellen sind, in solchen Abständen anzubringen, daß durch äußere Einflüsse keine Formveränderungen, Senkungen und dergleichen an den Rinnen entstehen können. Die Halter sind an der Schalung oder an den Sparren nach Abschnitt 3.1.6, bei Wellasbestzementdächern mit mindestens 2 Schrauben zu befestigen, wenn in der Leistungsbeschreibung nichts anderes vorgeschrieben ist. Bei Metall- und Pappdächern sind die Halter in die Schalung bündig einzulassen und versenkt zu verschrauben. Bei Dachrinnen aus Kunststoff sind die Vorschriften des Herstellerwerkes zu beachten.

3.8. Regenfallrohre

3.8.1. Für die lichten Weiten der Regenfallrohre gilt DIN 18 460 „Dachrinnen und Regenfallrohre; Begriffe, Bemessungsgrundlagen".

3.8.2. Regenfallrohre sind nach DIN 18 461 „Halbrunde Hängedachrinnen, Regenfallrohre und Zubehörteile aus Metall" auszuführen.

3.8.3. Innenliegende Regenfallrohre aus PVC hart sind nach DIN 19 531 „Grundstücksentwässerungsanlagen; Rohre- und Formstücke aus PVC hart (Polyvinylchlorid hart) für Abwasserleitungen innerhalb von Gebäuden; Technische Lieferbedingungen, Maße" auszuführen.

3.8.4. Rohrschellen sind feuerverzinkt und bei Kupferrohren aus massivem Kupfer, bei nichtrostendem Stahl aus artgleichem Werkstoff herzustellen. Sie müssen so hergestellt sein, daß die Regenfallrohre herausgenommen und wieder angebracht werden können, ohne die Rohrschellenstifte in der Mauer zu lösen. Ihr Abstand darf bei einem Rohrinnendurchmesser bis zu 100 mm nicht über 3 m, bei größerem Rohrinnendurchmesser und bei Kunststoff nicht über 2 m betragen.

3.8.5. Die Verbindung der Regenfallrohre mit Standrohren und Kästen aus Gußeisen u. ä. ist durch einen Blechtrichter oder Wulste herzustellen. Das Regenfallrohr und das Standrohr müssen an den Verbindungsstellen ohne Schwierigkeiten zu trennen sein (Anbringen eines Schiebestückes). Standrohre sind nach DIN 1986 Blatt 1 „Grundstücksentwässerungsanlagen, Technische Bestimmungen für den Bau“ mit einer Reinigungsöffnung zu versehen.

3.8.6. Über den Rohrschellen sind bei Regenfallrohren Wülste oder Nasen zur Auflage auf den Rohrschellen und bei Gesimsdurchführungen Überzugsstutzen in Form der Gesimse anzuordnen. Sie sind bei Zinkrohren durch Löten, bei Kupferrohren durch Nieten zu befestigen.

3.8.7. Die einzelnen Regenfallrohre müssen an den Steckverbindungen mindestens 50 mm ineinandergreifen. Bei Regenfallrohren aus Kunststoff sind die Vorschriften der Herstellerwerke zu beachten.

3.8.8. Regenfalleitungen sind nach DIN 19 586 „Deckenabläufe, niedrig, mit innenliegender Reinigungsöffnung“; mit einer Reinigungsöffnung zu versehen.

3.8.9. Regenfallrohre sind so anzubringen, daß die Längsnaht sichtbar ist. Sie müssen mindestens 20 mm Abstand vom fertigen Bauwerksteil haben, wenn in der Leistungsbeschreibung nichts anderes vorgeschrieben ist.

3.8.10. Für die Abführung von Regenwasser während der Bauzeit sind Behelfskniestücke oder Wasserabweiser vorzuhalten. Sie sind so anzubringen, daß sie über die Rüstung hinausreichen.

4. Nebenleistungen

Nebenleistungen sind Leistungen, die auch ohne Erwähnung in der Leistungsbeschreibung zur vertraglichen Leistung gehören (siehe Teil B – DIN 1961 – § 2 Nr. 1).

4.1. Folgende Leistungen sind Nebenleistungen:

4.1.1. Messungen für das Ausführen und Abrechnen der Arbeiten einschließlich des Vorhaltens der Meßgeräte, Lehren, Absteckzeichen usw., des Erhaltens der Lehren und Absteckzeichen während der Bauausführung und des Stellens der Arbeitskräfte, jedoch nicht Leistungen nach Teil B – DIN 1961 – § 3 Nr. 2.

4.1.2. Schutz- und Sicherheitsmaßnahmen nach den Unfallverhütungsvorschriften und den behördlichen Bestimmungen.

4.1.3. Schutz der ausgeführten Leistungen und der für die Ausführung übergebenen Gegenstände vor Beschädigung und Diebstahl bis zur Abnahme.

4.1.4. Heranbringen von Wasser und Energie von den vom Auftraggeber auf der Baustelle zur Verfügung gestellten Anschlußstellen zu den Verwendungsstellen.

4.1.5. Vorhalten der Kleingeräte und Werkzeuge.

4.1.6. Lieferung der Betriebsstoffe.

4.1.7. Befördern aller Stoffe und Bauteile, auch wenn sie vom Auftraggeber beigestellt sind, von den Lagerstellen auf der Baustelle zu den Verwendungsstellen und etwaiges Rückbefördern.

4.1.8. Sichern der Arbeiten gegen Tagwasser, mit dem normalerweise gerechnet werden muß, und seine etwa erforderliche Beseitigung.

4.1.9. Beleuchten und Reinigen der Aufenthaltsräume und Aborte für die Beschäftigten des Auftragnehmers sowie Beheizen der Aufenthaltsräume.

4.1.10. Beseitigen aller Verunreinigungen (Abfälle, Bauschutt und dergleichen), die von den Arbeiten des Auftragnehmers herrühren.

4.1.11. Auf- und Abbauen sowie Vorhalten der Gerüste, deren Arbeitsbühnen bis zu 2 m über Gelände oder Fußboden liegen, und der Dachböcke, Leitern, Gurte, Leinen (Sicherheitsseile) u. ä.

4.1.12. Anzeichnen der Schlitze für die Ausführung von Stemmarbeiten.

4.1.13. Einstemmen und Befestigen von Rinnenhaltern, Laufbrettstützen, Dübeln, Rohrschellen (siehe auch Abschnitt 4.3.17).

4.1.14. Liefern der Verbindungs- und Befestigungsstoffe, wie Rinnenhalter, Spreizen, Spanneisen, Rohrschellen, Hafte, Schrauben, Nägel, Nieten, Draht, Dübel, Lötzinn, Blei.

4.2. Folgende Leistungen sind Nebenleistungen, wenn sie nicht durch besondere Ansätze in der Leistungsbeschreibung erfaßt sind:

4.2.1. Einrichten und Räumen der Baustelle.

4.2.2. Vorhalten der Baustelleneinrichtung einschließlich der Geräte und dergleichen.

4.3. Folgende Leistungen sind keine Nebenleistungen:

4.3.1. „Besondere Leistungen" nach Teil A – DIN 1960 – § 9 Nr. 6.

4.3.2. Aufstellen, Vorhalten und Beseitigen von Bauzäunen, Blenden und Schutzgerüsten zur Sicherung des öffentlichen Verkehrs sowie von Einrichtungen außerhalb der Baustelle zur Umleitung und Regelung des öffentlichen Verkehrs.

4.3.3. Sichern von Leitungen, Kanälen, Dränen, Kabeln, Grenzsteinen, Bäumen und dergleichen.

4.3.4. Beseitigen von Hindernissen, Leitungen, Kanälen, Dränen, Kabeln und dergleichen.

4.3.5. besondere Maßnahmen aus Gründen der Landespflege und des Umweltschutzes.

4.3.6. Vorhalten von Aufenthalts- und Lagerräumen, wenn der Auftraggeber Räume, die leicht verschließbar gemacht werden können, nicht zur Verfügung stellt.

4.3.7. Herausschaffen, Aufladen und Abfahren des Bauschuttes anderer Unternehmer.

4.3.8. Auf- und Abbauen sowie Vorhalten der Gerüste, deren Arbeitsbühnen mehr als 2 m über Gelände oder Fußboden liegen.

4.3.9. Umbau von Gerüsten für Zwecke anderer Unternehmer.

4.3.10. zusätzliche Maßnahmen für die Weiterarbeit bei Frost und Schnee, soweit sie dem Auftragnehmer nicht ohnehin obliegen.

4.3.11. besonderer Schutz der Bauleistung, der vom Auftraggeber für eine vorzeitige Benutzung verlangt wird, seine Unterhaltung und spätere Beseitigung.

4.3.12. Reinigen des Untergrundes von grober Verschmutzung durch Bauschutt, Gips, Mörtelreste, Farbreste u. ä., soweit sie von anderen Unternehmern herrührt.

4.3.13. Herstellen von Probestücken, soweit sie nicht als Teil der Leistung mit vergütet werden.

4.3.14. Anbringen, Vorhalten und Beseitigen von behelfsmäßigen Regenfallrohren und -ablaufstutzen, wenn Maßnahmen nach Abschnitt 3.8.10 nicht ausreichen.

4.3.15. Das Abnehmen und Wiederanbringen der endgültigen Regenfallrohre, soweit es der Auftragnehmer nicht zu vertreten hat.

4.3.16. Liefern und Einbauen der Schutzkörbe (Siebe) (siehe Abschnitt 3.7.5).

4.3.17. Stemmen von Schlitzen und Dübellöchern in Werkstein und Stemmen von Schlitzen in Mauerwerk und Beton (siehe Abschnitt 4.1.13).

4.3.18. Schließen von Schlitzen.

4.3.19. Auf- und Zudecken des Daches, soweit es der Auftragnehmer nicht zu vertreten hat.

5. Abrechnung

5.1. Allgemeines

5.1.1. Die Leistung ist aus Zeichnungen zu ermitteln, soweit die ausgeführte Leistung diesen Zeichnungen entspricht.

Sind solche Zeichnungen nicht vorhanden, ist die Leistung aufzumessen.

Der Ermittlung der Leistung — gleichgültig ob sie nach Zeichnungen oder nach Aufmaß erfolgt — sind zugrunde zu legen:

bei Metalldeckungen an Wänden deren Konstruktionsmaße,

bei Metalldachdeckungen auf Flächen mit begrenzenden Bauteilen, z. B. Attika, Wände, die zu deckenden bis zu den begrenzenden ungeputzten bzw. unbekleideten Bauteilen,

bei Metalldachdeckungen auf Flächen ohne begrenzende Bauteile, die Abmessungen der zu bedeckenden Fläche ohne Berücksichtigung der Dachkanten und Abschlüsse.

5.2. Es werden abgerechnet:

5.2.1. Metalldachdeckungen nach Flächenmaß (m^2), ohne Rücksicht auf die Überdeckungen an den Lötnähten und Falzen. Aussparungen über 1 m^2 Einzelgröße in der Deckung, z. B. für Schornsteine, Fenster, Oberlichte, Entlüfter und dergleichen, werden abgezogen; reicht die Aussparung über den First oder Grat hinweg, ist sie in jeder gedeckten Fläche mit ihrem jeweiligen Maß zu berücksichtigen.

5.2.2. Abdeckungen für Gesimse, Ortgänge, Bewegungsfugen, Fensterbänke sowie Überhangstreifen, Maueranschlüsse und Dachrandabschlüsse, soweit sie nicht in Verbindung mit Leistungen nach Abschnitt 5.2.1 ausgeführt werden, nach der größten Länge (m) einschließlich der Hochführung an Mauern unter Zugrundelegung der Zuschnittbreite; Überdeckungen und Überfälzungen werden mitgemessen.

5.2.3. Rinnen und ihre Winkel nach Längenmaß (m), an den Vorderwulsten ermittelt.

5.2.4. Regenfallrohre und ihre Winkel und Bogen nach Länge (m) in der Mittellinie.

5.2.5. Bögen, Winkel, Kniestücke, Ablaufstutzen nach Anzahl (Stück) als Zulage zu Abschnitt 5.2.3 und 5.2.4.

5.2.6. Rinnenkessel, Laubfangkörbe, Wasserspeier, Einfassungen von Rohrdurchführungen und Entlüftungsrohre, nach Anzahl (Stück).

VOB Teil C:
Allgemeine Technische Vorschriften für Bauleistungen

Putz- und Stuckarbeiten – DIN 18 350

Fassung März 1972
Ausgabedatum: August 1974

Inhalt

0. Hinweise für die Leistungsbeschreibung*)

(siehe auch Teil A — DIN 1960 — § 9)

0.1. In der Leistungsbeschreibung sind nach Lage des Einzelfalles insbesondere anzugeben:

0.1.1. Lage der Baustelle und Umgebungsbedingungen, z. B. Hauptwindrichtung, Einflugschneisen, Verschmutzung der Außenluft, Bebauung usw., Zufahrtsmöglichkeiten und Beschaffenheit der Zufahrt sowie etwaige Einschränkungen bei ihrer Benutzung, Art der baulichen Anlagen, Anzahl und Höhe der Geschosse.

0.1.2. Lage und Ausmaß der dem Auftragnehmer für die Ausführung seiner Leistungen zur Benutzung oder Mitbenutzung überlassenen Flächen.

0.1.3. besondere Maßnahmen aus Gründen der Landespflege und des Umweltschutzes.

0.1.4. Art und Umfang des Schutzes von Bäumen, Pflanzenbeständen, Vegetationsflächen, Bauteilen, Bauwerken u. ä. im Bereich der Baustelle.

0.1.5. besondere Anordnungen, Vorschriften und Maßnahmen der Eigentümer (oder der anderen Weisungsberechtigten) von Leitungen, Kabeln, Dränen, Kanälen, Wegen, Gewässern, Gleisen, Zäunen und dergleichen im Bereich der Baustelle.

0.1.6. für den Verkehr freizuhaltende Flächen.

0.1.7. Besonderheiten der Regelung und Sicherung des Verkehrs, gegebenenfalls auch, wieweit der Auftraggeber die Durchführung der erforderlichen Maßnahmen übernimmt.

0.1.8. Lage, Art und Anschlußwert der dem Auftragnehmer auf der Baustelle zur Verfügung gestellten Anschlüsse für Wasser und Energie.

0.1.9. Mitbenutzung fremder Gerüste, Hebezeuge, Aufzüge, Aufenthalts- und Lagerräume, Einrichtungen und dergleichen durch den Auftragnehmer.

---

*) Diese Hinweise werden nicht Vertragsbestandteil.

0.1.10. wie lange, für welche Arbeiten und gegebenenfalls für welche Beanspruchung der Auftragnehmer seine Gerüste, Hebezeuge, Aufzüge, Aufenthalts- und Lagerräume, Einrichtungen und dergleichen für andere Unternehmer vorzuhalten hat.

0.1.11. Auf- und Abbauen sowie Vorhalten der Gerüste, die nicht unter Abschnitt 4.1.11 fallen.

0.1.12. besondere Anforderungen an die Baustelleneinrichtung.

0.1.13. bekannte oder vermutete Hindernisse im Bereich der Baustelle, möglichst unter Auslegung von Bestandsplänen, z. B. Leitungen, Kabel, Dräne, Kanäle, Bauwerksreste (und, soweit bekannt, deren Eigentümer).

0.1.14. Art und Zeit der vom Auftraggeber veranlaßten Vorarbeiten.

0.1.15. Arbeiten anderer Unternehmer auf der Baustelle.

0.1.16. Leistungen für andere Unternehmer.

0.1.17. ob und unter welchen Umständen auf der Baustelle gewonnene Stoffe verwendet werden dürfen oder verwendet werden sollen.

0.1.18. Art, Menge, Gewicht der Stoffe und Bauteile, die vom Auftraggeber beigestellt werden, sowie Art, Ort (genaue Bezeichnung) und Zeit ihrer Übergabe.

0.1.19. Güteanforderungen an nicht genormte Stoffe und Bauteile.

0.1.20. Art und Umfang verlangter Eignungs- und Gütenachweise.

0.1.21. Art und Beschaffenheit des Untergrundes.

0.1.22. vorgesehene Arbeitsabschnitte, Arbeitsunterbrechungen und -beschränkungen nach Art, Ort und Zeit.

0.1.23. besondere Erschwernisse während der Ausführung, z. B. Arbeiten in Räumen, in denen der Betrieb des Auftraggebers weiterläuft, Arbeiten bei außergewöhnlichen Temperaturen.

0.1.24. Ausbildung der Anschlüsse an Bauwerke.

0.1.25. Art und Anzahl von geforderten Probeputzflächen.

0.1.26. die Leistungen getrennt nach Geschossen.

0.1.27. ob nach bestimmten Zeichnungen oder nach Aufmaß abgerechnet werden soll.

0.1.28. Art und Eigenschaft des Putzes.

0.1.29. Vorbehandlung des Putzuntergrundes durch Spritzbewurf, Aufrauhen, Auffüllen.

0.1.30. Anbringen von Einputzschienen, Putztrennschienen u. ä.

0.1.31. Vorwegputzen oder nachträgliches Putzen von Heizkörpernischen und Flächen hinter Rohrleitungen und dergleichen.

0.1.32. besondere Einflüsse, denen die Putzflächen nach der Ausführung ausgesetzt sind, z. B. ungewöhnliche Temperaturen, chemische Einwirkungen.

0.1.33. Leistungen nach Abschnitt 4.2 in besonderen Ansätzen, wenn diese Leistungen keine Nebenleistungen sein sollen.

0.1.34. Leistungen nach Abschnitt 4.3 in besonderen Ansätzen.

0.2. In der Leistungsbeschreibung sind Angaben zu folgenden Abschnitten nötig, wenn der Auftraggeber eine abweichende Regelung wünscht:

Abschnitt 1.2 (Leistungen mit Lieferung der Stoffe und Bauteile)
Abschnitt 2.1 (Vorhalten von Stoffen und Bauteilen)
Abschnitt 2.2.1 (Liefern ungebrauchter Stoffe und Bauteile)
Abschnitt 3.1.4 (Putzausführung)
Abschnitt 3.1.6 (Schutz von Holzteilen gegen Feuchtigkeit)
Abschnitt 3.1.8 (Behandeln von Ecken und Kanten des Putzes)
Abschnitt 3.2.4 (Edelputz als Kratzputz)

Abschnitt 3.2.5 (Oberflächenbearbeitung von Steinputz)
Abschnitt 3.2.6 (Oberflächenbehandlung von Waschputz)
Abschnitt 3.2.7 (Putzträger bei Rohrmattenputz; Rohrgewebeputz)
Abschnitt 3.4.3 (Befestigung von Formstücken von Stuckmarmor)
Abschnitt 3.4.5 (Beschaffenheit des Stuckmörtels bei Antragsarbeiten).

1. Allgemeines

1.1. DIN 18 350 „Putz- und Stuckarbeiten" gilt nicht für:

Abdichtungen aus Sperrmörtel (siehe DIN 18 337 „Abdichtungen gegen nichtdrückendes Wasser") und nicht für

Leichte Trennwände (siehe DIN 18 330 „Mauerarbeiten").

1.2. Alle Leistungen umfassen auch die Lieferung der dazugehörigen Stoffe und Bauteile einschließlich Abladen und Lagern auf der Baustelle, wenn in der Leistungsbeschreibung nichts anderes vorgeschrieben ist.

1.3. Stoffe und Bauteile, die vom Auftraggeber beigestellt werden, hat der Auftragnehmer rechtzeitig beim Auftraggeber anzufordern.

2. Stoffe, Bauteile

2.1. Vorhalten

Stoffe und Bauteile, die der Auftragnehmer nur vorzuhalten hat, die also nicht in das Bauwerk eingehen, können nach Wahl des Auftragnehmers gebraucht oder ungebraucht sein, wenn in der Leistungsbeschreibung darüber nichts vorgeschrieben ist.

2.2. Liefern

2.2.1. Allgemeine Anforderungen

Stoffe und Bauteile, die der Auftragnehmer zu liefern und einzubauen hat, die also in das Bauwerk eingehen, müssen ungebraucht sein, wenn in der Leistungsbeschreibung nichts anderes vorgeschrieben ist. Sie müssen für den jeweiligen Verwendungszweck geeignet sein.

Stoffe und Bauteile, für die DIN-Normen bestehen, müssen den DIN-Güte- und -Maßbestimmungen entsprechen.

Stoffe und Bauteile, die nach den behördlichen Vorschriften einer Zulassung bedürfen, müssen amtlich zugelassen sein und den Zulassungsbedingungen entsprechen.

Stoffe und Bauteile, für die weder DIN-Normen bestehen noch eine amtliche Zulassung vorgeschrieben ist, dürfen nur mit Zustimmung des Auftraggebers verwendet werden.

Für die gebräuchlichsten genormten Stoffe und Bauteile sind die DIN-Normen nachstehend aufgeführt.

2.3. Bindemittel

DIN 1060 Baukalk

DIN 1164 Blatt 1 Portland-, Eisenportland-, Hochofen- und Traßzement; Begriffe, Bestandteile, Anforderungen, Lieferung

DIN 1168 Blatt 1 Baugipse; Begriffe und Kennzeichnung

DIN 1168 Blatt 2 Baugipse; Stuckgips und Putzgips, Anforderungen, Prüfverfahren und Prüfgeräte

DIN 4208 Anhydritbinder.

2.4. Zuschlagstoffe

2.4.1. Sand und Leichtzuschlagstoffe

DIN 18 550 Putz; Baustoffe und Ausführung.

2.4.2. Faserstoffe, z. B. Haare, Hanf, Jute, Asbestfaser, Kokosfaser, Mineralfaser und dergleichen, müssen in ihrer Art geeignet und von einwandfreier Beschaffenheit sein.

2.5. Zusatzstoffe und Farbstoffe

2.5.1. Chemische Dichtungsmittel, wasserabweisende Mittel, Frostschutzmittel, Erstarrungsbeschleuniger, Farbstoffe und dergleichen müssen für den Verwendungszweck geeignet und von einwandfreier Beschaffenheit sein.

2.5.2. Verzögerungsstoffe für Gipsmörtel:

Leime, Kunststoffverzögerer.

2.6. Anmachwasser

Das Anmachwasser muß frei von schädlichen Bestandteilen und Beimengungen sein.

2.7. Putzträger

Putzträger müssen ein dauerndes Haften des Putzes gewährleisten und beständig sein.

2.7.1. Rohrmatten müssen aus trockenen, möglichst gleichmäßigen Rohrstengeln bestehen und zwar

einfache Rohrmatten je m aus mindestens 60 Rohrstengeln,
dichte Rohrmatten je m aus mindestens 75 Rohrstengeln,
doppelte Rohrmatten je m aus mindestens 90 Rohrstengeln.

Die Rohrmatten müssen mit verzinktem Draht gebunden sein, die Abstände der Drahtbindungen dürfen nicht größer als 200 mm sein.

2.7.2. Drahtgeflechte, Rippenstreckmetall und Baustahlmatten müssen handelsübliche Güte und zweckentsprechende Dicke haben. Sie müssen frei von losem Rost sein.

2.7.3. Drahtziegelgewebe dürfen keine schädlichen Einschlüsse, z. B. Kalk, enthalten.

2.7.4. Putzträger bei hängenden Decken (siehe DIN 4121 „Hängende Drahtputzdecken; Putzdecken mit Metallputzträgern, Rabitzdecken, Anforderungen für die Ausführung").

2.7.5. Holzstabmatten müssen nach Dicke, Form und Abstand der Stäbe eine einwandfreie Haftung des Putzes gewährleisten.

Spalierlatten dürfen keine kleineren Querschnitte als 20 mm × 20 mm oder 13 mm × 23 mm haben.

2.7.6. Holzwolle-Leichtbauplatten (siehe DIN 1101 „Holzwolle-Leichtbauplatten; Maße, Anforderungen, Prüfung").

2.7.7. Mehrschicht-Leichtbauplatten (siehe DIN 1104 Blatt 1 „Mehrschicht-Leichtbauplatten aus Schaumkunststoffen und Holzwolle; Maße, Anforderungen, Prüfung").

2.8. Befestigungsmittel für Putzträger

2.8.1. Bindedraht muß blau geglüht nach DIN 1653 „Oberflächenbeschaffenheit handelsüblicher Stahldrähte; Benennungen und deren Abkürzungen" sein;

für Arbeiten mit Gips oder in feuchten Räumen ist Draht in nichtrostender Qualität in blanker geglühter Ausführung zu verwenden. Der Draht muß mindestens 0,9 mm dick, für Rippenstreckmetall mindestens 1,2 mm dick sein.

2.8.2. Die Nägel zur Befestigung der Putzträger müssen mindestens folgende Länge haben

für einfache und dichte Rohrmatten:	18 mm,
für doppelte Rohrmatten:	25 mm,
für Holzstabmatten und dergleichen:	30 mm,
für Spalierlatten:	50 mm,
für Drahtziegelgewebe und dergleichen:	30 mm,
für Drahtgeflecht:	18 mm,
für Rippenstreckmetall und Baustahlmatten:	30 mm.

Für Nägel gelten:

DIN 1144 Leichtbauplatten-Stifte

DIN 1151 Drahtstifte; rund, Flachkopf, Senkkopf

DIN 1152 Drahtstifte; rund, Stauchkopf.

Zur Verwendung in feuchten Räumen und für Arbeiten mit Gips müssen die Nägel nichtrostend oder rostgeschützt sein.

2.9. Deckenplatten aus Gips, Gipskartonplatten.

DIN 18 169 Deckenplatten aus Gips; Platten mit rückseitigem Randwulst

DIN 18 180 Gipskartonplatten; Arten, Anforderungen, Prüfung.

3. Ausführung

3.1. Allgemeines

3.1.1. Wenn Verkehrs-, Versorgungs- und Entsorgungsanlagen im Bereich des Baugeländes liegen, sind die Vorschriften und Anordnungen der zuständigen Stellen zu beachten.

3.1.2. Die für die Aufrechterhaltung des Verkehrs bestimmten Flächen sind freizuhalten.

Der Zugang zu Einrichtungen der Versorgungs- und Entsorgungsbetriebe, der Feuerwehr, der Post und Bahn, zu Vermessungspunkten und dergleichen darf nicht mehr als durch die Ausführung unvermeidlich behindert werden.

3.1.3. Stoffe und Bauteile, für die Verarbeitungsvorschriften des Herstellerwerks bestehen, sind nach diesen Vorschriften zu verarbeiten.

3.1.4. Putzarbeiten sind nach

DIN 18 550 „Putz; Baustoffe und Ausführung" auszuführen, wenn in der Leistungsbeschreibung nichts anderes vorgeschrieben ist. Fertigfabrikate sind nach den Richtlinien der Hersteller zu verarbeiten.

3.1.5. Der Auftragnehmer hat den Untergrund daraufhin zu prüfen, ob er für die Durchführung seiner Leistungen geeignet ist.

Der Auftragnehmer hat dem Auftraggeber Bedenken unverzüglich schriftlich mitzuteilen (siehe Teil B – DIN 1961 – § 4 Nr. 3).

Bedenken sind geltend zu machen insbesondere bei

größeren Unebenheiten,
Ausblühungen,
Spannungs- und Setzrissen,
zu glatten Flächen,
zu feuchten Flächen,
gefrorenen Flächen,
verölten Flächen, z. B. durch Schalöl,
ungleich saugendem Untergrund,
verschiedenartigen Stoffen des Untergrundes für eine zusammenhängende Putzfläche.

3.1.6. Putzträger

Putzträger nach Abschnitt 2.7 müssen so befestigt werden, daß sie nicht durchhängen oder sich durchbiegen.

Die Befestigung muß dauerhaft sein, Rostschäden dürfen nicht auftreten.

Die Putzträger müssen so angebracht werden, daß sie sich an den Stößen mindestens 5 cm überdecken oder sich stumpf stoßen.

Bei stumpfem Stoß ist dieser mit Drahtgewebestreifen o. ä. beiderseits mindestens 5 cm übergreifend zu überdecken.

Die Putzträger sind bei Stahl- und Holzteilen mindestens 5 cm übergreifend anzubringen, dabei sind Holzteile durch eine Zwischenlage aus Bitumen-Dachpappe 333 DIN 52 128 „Bitumendachpappen mit beiderseitiger Bitumendeckschicht; Begriff, Bezeichnung, Eigenschaften" gegen Feuchtigkeit zu schützen, wenn in der Leistungsbeschreibung nichts anderes vorgeschrieben ist; an Stelle der Nägel zur Befestigung der Putzträger dürfen auch verzinkte Heftklammern gleicher Länge verwendet werden, jedoch nicht zur Befestigung von Leichtbauplatten und nicht in Feuchträumen.

3.1.7. Aufbringen des Putzes

Der Putz ist fluchtgerecht und, soweit es der Putzart entspricht, frei von Unebenheiten herzustellen.

Dehnungsfugen dürfen nicht überputzt werden.

Anhydritputz kann rein oder schwach gemagert auf hydraulischem Putz aufgebracht werden, wenn dieser vollkommen abgebunden hat. Auf Putz aus Weiß- oder Ätzkalk darf am nächsten Tag der Oberputz aus Anhydritmörtel aufgebracht werden. Auf einem Unterputz aus Anhydritmörtel darf hydraulischer Putz nicht aufgebracht werden.

Feinputz, der ohne Unterputz aufgebracht wird, muß eine mittlere Dicke von 3 mm haben.

Beim Aufbringen von Maschinenputz sind die Vorschriften der Herstellerwerke für die Mindestdicken zu beachten.

3.1.8. Nester dürfen im Putz nicht verbleiben. Ecken und Kanten sind geradlinig und stumpfkantig, bei Gesimsen geradlinig und scharfkantig auszuführen, wenn in der Leistungsbeschreibung nichts anderes vorgeschrieben ist.

3.2. Putzarten

3.2.1. Wischputz

Die Fugen sind mit Mörtel vollzuwischen, so daß das Mauerwerk sichtbar bleibt.

3.2.2. Schlämmputz

Dünnflüssiger Mörtel ist so aufzubringen und mit Wasser zu verstreichen, daß das Gefüge des Untergrundes erkennbar bleibt.

3.2.3. Bestich (Rapputz)

Der Mörtel ist deckend aufzubringen und zu verstreichen.

3.2.4. Edelputz

Der Unterputz und der Edelputz sind nach den Vorschriften des Herstellers der Stoffe auszuführen. Der Edelputz ist als Kratzputz herzustellen, wenn in der Leistungsbeschreibung nichts anderes vorgeschrieben ist.

3.2.5. Steinputz

Der Unterputz und der Steinputz sind nach den Vorschriften des Herstellers der Stoffe auszuführen. Beide Putzlagen sind so dick aufzutragen, daß eine steinmetzmäßige Bearbeitung möglich ist. Flächen bis zu 6 cm Breite sind zu scharrieren, größere Flächen sind zu stocken, wenn in der Leistungsbeschreibung nichts anderes vorgeschrieben ist.

3.2.6. Waschputz

Der Unterputz muß gut saugfähig sein. Der Mörtel für den Oberputz ist so zusammenzusetzen, daß der Waschputz dem vereinbarten Muster entspricht. Der Waschputz ist nach dem Aufbringen abzureiben, zu bügeln, abzutupfen, anzunässen und mit verdünnter Salzsäure abzuwaschen, wenn in der Leistungsbeschreibung nichts anderes vorgeschrieben ist.

3.2.7. Rohrmattenputz, Rohrgewebeputz

Als Putzträger ist eine Lage aus einfachen Rohrmatten anzubringen, wenn in der Leistungsbeschreibung nichts anderes vorgeschrieben ist.

Einfache und dichte Rohrmatten sind an allen Drahtbindungen in Abständen von etwa 12 cm zu befestigen, Enden und Stöße sind mit Draht zu unterspannen, der in Abständen von etwa 15 cm zu befestigen ist.

Doppelte Rohrmatten sind zwischen allen Drahtbindungen einfach, unter den Stößen zweifach mit Draht zu unterspannen, die Drähte sind in Abständen von etwa 15 cm zu befestigen.

Rohrgewebeputz ist als zweilagiger Putz auszuführen, wenn in der Leistungsbeschreibung nichts anderes vorgeschrieben ist.

Die erste Mörtellage ist so anzuwerfen und durchzudrücken, daß sich der Mörtel zwischen und über die Rohrstengel legt.

3.2.8. Putz auf Putzträgerplatten

Für die Ausführung von Putz auf Holzwolle-Leichtbauplatten nach DIN 1101 „Holzwolle-Leichtbauplatten; Maße, Anforderungen, Prüfung" gilt DIN 1102 „Holzwolle-Leichtbauplatten nach DIN 1101; Richtlinien für die Verarbeitung".

Für das Aufbringen von Putz auf Mehrschicht-Leichtbauplatten aus Schaumkunststoffen und Holzwolle gilt DIN 1104 Blatt 2 „Mehrschicht-Leichtbauplatten aus Schaumkunststoffen und Holzwolle; Richtlinien für die Verarbeitung".

Bei sonstigen Putzträgerplatten sind die Richtlinien des Herstellers zu beachten.

3.3. Drahtputzarbeiten

Drahtputzdecken und Drahtputzgewölbe sind nach DIN 4121 „Hängende Drahtputzdecken; Putzdecken mit Metallputzträgern, Rabitzdecken, Anforderungen für die Ausführung", Rabitzwände und Anwurfwände nach DIN 4103 „Leichte Trennwände; Richtlinien für die Ausführung" herzustellen.

3.4. Stuckarbeiten

3.4.1. Gezogener und gegossener Stuck, Trockenstuck

Die Negativformen und die Abgüsse sowie die gezogenen Stücke sind in der vorgeschriebenen Formung herzustellen.

Kleine Profile sind in reinem Gipsmörtel zu ziehen.

Größere Profile sind mit Gipsmörtel vorzuziehen und mit Gipsmörtel fertigzuziehen.

Profile mit einer größeren Dicke als 4 cm und größerer Ausladung sind, wenn sie nicht vorgemauert sind, auf einer Drahtputzunterkonstruktion auszuführen.

Verkröpfungen, Eck- und Winkelstücke können als Guß- oder Zugstück oder in Antragarbeit hergestellt werden. Bei Zugarbeiten an Außenflächen ist Zement an Stelle von Gips zu verwenden.

Stuckteile, die durch Formen und Gießen vervielfältigt werden, sind mit einer Einlage aus Jute- oder ähnlichem Gewebe herzustellen.

Schwere Stuckstücke sind mit Stabstahl oder Drahteinlagen, die gegen Rost geschützt sein müssen, zu bewehren.

Die vorgefertigten Stuckteile sind mit Schrauben auf Dübeln und mit verzinkten Drähten zu befestigen, sauber an- bzw. zusammenzupassen und einzuputzen.

Geformte Teile, die für Außenflächen angefertigt werden, sind in Zement auszuführen.

3.4.2. Stuckmarmor (Antragarbeit)

Der trockene und sorgfältig gereinigte Untergrund ist nach Annetzen mit einem nicht zu dünnen, mit Leimwasser vermengten Spritzbewurf aus Gipsmörtel zu versehen. Der Untergrund (Marmorgrund) ist mit rauher Oberfläche 2 bis 3 cm dick aus dafür geeignetem Stuckgips unter Zusatz von Leimwasser (Abbindezeit 2 bis 3 Stunden) oder aus anderem langsam bindenden Hartgips und reinem scharfem Sand herzustellen, nötigenfalls durch Abkämmen aufzurauhen.

Der vollständig ausgetrocknete Marmorgrund ist mit Wasser anzunetzen. Nach besonderen Arbeitsvorschriften der Hersteller der Stoffe ist der Stuckmarmor aus feinstem Alabastergips oder Marmorzement (alaunisiertem Gips) unter Beimischung geeigneter licht- und kalkechter Farbpigmente herzustellen, aufzutragen, mehrmals im Wechsel zu spachteln und zu schleifen, bis die verlangte matte oder polierte geschlossene Oberfläche erzielt ist.

Sie ist nach dem völligen Austrocknen zu wachsen und muß in Struktur und Farbe dem nachzuahmenden Marmor entsprechen.

3.4.3. Geformter Stuckmarmor

Formstücke und Profile aus Stuckmarmor sind nach dem Freilegen aus der Negativform in ihren Verzierungen passend zu beschneiden, im Wechsel mehrmals zu spachteln und zu schleifen und in der vorgeschriebenen Form und Oberfläche (matt oder poliert) herzustellen. Bei schweren Stücken notwendige Metalleinlagen müssen korrosionsgeschützt sein.

Formstücke und Profile sind mit korrosionsgeschützten Schrauben am Mauerwerk auf Dübeln oder mit Steinschrauben zu befestigen, wenn in der Leistungsbeschreibung nichts anderes vorgeschrieben ist.

Die Oberfläche ist, soweit erforderlich, nachzuschleifen und nach völligem Austrocknen zu wachsen.

3.4.4. Stukkolustro

Auf den vorbereiteten Untergrund ist ein 2 bis 3 cm dicker rauher Untergrund aus lange gelagertem fettem Sumpfkalk und grobkörnigem reinem Sand aufzutragen. Bei gleichmäßig saugendem Untergrund darf dem Mörtel bis zu $^1/_5$ Gips beigemengt werden. Zement darf nicht verarbeitet werden.

Bei ungleichmäßig saugendem Untergrund, z. B. Ziegelmauerwerk, ist reiner Kalkmörtel zu verwenden. Auf den vollständig trockenen Unterputz ist eine etwa 1 cm dicke zweite Lage aus etwas feinerem Kalkmörtel aufzutragen und vollkommen glattzureiben.

Als dritte Lage ist eine Feinputzschicht aus feingesiebtem Kalk, Marmormehl und Farbe des vorgesehenen Grundtones aufzutragen und vollkommen glattzureiben.

Sie ist mit einem noch etwas feinerem Marmormörtel zu überreiben, durch Glätten ist ein vollkommen geschlossener, glatter Malgrund herzustellen.

Die Stukkolustro-Farbe ist nach den Arbeitsrichtlinien des Herstellerwerkes zu mischen und aufzutragen. Sie ist mit gewärmtem Stahl zu bügeln und zu wachsen.

3.4.5. Stuckantragsarbeiten

Der für Antragsarbeiten verwendete „Stuckmörtel" ist aus sorgfältig gemischtem durchgeriebenem Kalk und Marmorgries bzw. Marmormehl herzustellen. Er ist mit einem geringen Gipszusatz anzutragen und zu formen, wenn in der Leistungsbeschreibung nichts anderes vorgeschrieben ist, z. B. Verwendung von langsam bindendem Gips bzw. Zement (für Außenflächen) unter Beimischung von 2 Teilen Marmorgries bzw. Marmormehl. Größere Formen sind mit Gipsmörtel 1 : 1 : 3 oder durch Drahtputzkonstruktion zu unterbauen.

3.5. Für das Anbringen von Platten aus Gipskarton gilt DIN 18 181 „Gipskartonplatten im Hochbau; Richtlinien für die Verarbeitung".

Für das Anbringen von Platten aus anderen Stoffen, z. B. Dekor- und Dämmplatten, Decken und Wänden, sind die Richtlinien der Hersteller einzuhalten.

4. Nebenleistungen

Nebenleistungen sind Leistungen, die auch ohne Erwähnung in der Leistungsbeschreibung zur vertraglichen Leistung gehören (siehe Teil B — DIN 1961 — § 2 Nr. 1).

4.1. Folgende Leistungen sind Nebenleistungen:

4.1.1. Messungen für das Ausführen und Abrechnen der Arbeiten einschließlich des Vorhaltens der Meßgeräte, Lehren, Absteckzeichen usw., des Erhaltens der Lehren und Absteckzeichen während der Bauausführung und des Stellens der Arbeitskräfte, jedoch nicht Leistungen nach Teil B — DIN 1961 — § 3 Nr. 2.

4.1.2. Schutz- und Sicherheitsmaßnahmen nach den Unfallverhütungsvorschriften und den behördlichen Bestimmungen.

4.1.3. Schutz der ausgeführten Leistungen und der für die Ausführung übergebenen Gegenstände vor Beschädigung und Diebstahl bis zur Abnahme.

4.1.4. Heranbringen von Wasser und Energie von den vom Auftraggeber auf der Baustelle zur Verfügung gestellten Anschlußstellen zu den Verwendungsstellen.

4.1.5. Vorhalten der Kleingeräte und Werkzeuge.

4.1.6. Lieferung der Betriebsstoffe.

4.1.7. Befördern aller Stoffe und Bauteile, auch wenn sie vom Auftraggeber beigestellt sind, von den Lagerstellen auf der Baustelle zu den Verwendungsstellen und etwaiges Rückbefördern.

4.1.8. Sichern der Arbeiten gegen Tagwasser, mit dem normalerweise gerechnet werden muß, und seine etwa erforderliche Beseitigung.

4.1.9. Beleuchten und Reinigen der Aufenthaltsräume und Aborte für die Beschäftigten des Auftragnehmers sowie Beheizen der Aufenthaltsräume.

4.1.10. Beseitigen aller Verunreinigungen (Abfälle, Bauschutt und dergleichen), die von den Arbeiten des Auftragnehmers herrühren.

4.1.11. Auf- und Abbauen sowie Vorhalten der Gerüste, deren Arbeitsbühnen bis zu 2 m über Gelände oder Fußboden liegen.

4.1.12. Schutz der Arbeiten gegen Hitze, Winde und Zugluft.

4.1.13. Schutz der Arbeiten gegen Frosteinwirkungen, soweit der Schutz dem Auftragnehmer nach dem Vertrag obliegt.

4.1.14. Säubern des Putzuntergrundes von Staub und losen Teilen.

4.1.15. Vornässen von stark saugendem Putzgrund und Feuchthalten der Putzflächen bis zum Abbinden.

4.1.16. Zubereiten des Mörtels und Vorhalten aller hierzu erforderlichen Einrichtungen, auch wenn der Auftraggeber die Stoffe beistellt.

4.1.17. Herstellen der erforderlichen Proben im angemessenen Verhältnis zum Umfang des Auftrages.

4.1.18. Ein-, Zu- und Beiputzarbeiten, ausgenommen Arbeiten nach Abschnitt 4.3.15.

4.1.19. gewerbeübliche Maßnahmen zum Schutz von Fußböden, Türen, Fenstern, Beschlägen und sonstigen Bauteilen und Einrichtungsgegenständen vor Verunreinigungen und Beschädigung durch die Putzarbeiten einschließlich der erforderlichen Stoffe, ausgenommen die Schutzmaßnahmen nach Abschnitt 4.3.16.

4.2. Folgende Leistungen sind Nebenleistungen, wenn sie nicht durch besondere Ansätze in der Leistungsbeschreibung erfaßt sind:

4.2.1. Einrichten und Räumen der Baustelle.

4.2.2. Vorhalten der Baustelleneinrichtung einschließlich der Geräte und dergleichen.

4.3. Folgende Leistungen sind keine Nebenleistungen:

4.3.1. „Besondere Leistungen" nach Teil A — DIN 1960 — § 9 Nr. 6.

4.3.2. Aufstellen, Vorhalten und Beseitigen von Bauzäunen, Blenden und Schutzgerüsten zur Sicherung des öffentlichen Verkehrs sowie von Einrichtungen außerhalb der Baustelle zur Umleitung und Regelung des öffentlichen Verkehrs.

4.3.3. Einrichtungen außerhalb der Baustelle zur Regelung und Umleitung des öffentlichen Verkehrs.

4.3.4. Aufstellen, Vorhalten, Betreiben und Beseitigen von Verkehrssignalanlagen.

4.3.5. Sichern von Leitungen, Kanälen, Dränen, Kabeln, Grenzsteinen, Bäumen und dergleichen.

4.3.6. Beseitigen von Hindernissen, Leitungen, Kanälen, Dränen, Kabeln und dergleichen.

4.3.7. besondere Maßnahmen aus Gründen der Landespflege und des Umweltschutzes.

4.3.8. Vorhalten von Aufenthalts- und Lagerräumen, wenn der Auftraggeber Räume, die leicht verschließbar gemacht werden können, nicht zur Verfügung stellt.

4.3.9. Herausschaffen, Aufladen und Abfahren des Bauschuttes anderer Unternehmer.

4.3.10. Auf- und Abbauen sowie Vorhalten der Gerüste, deren Arbeitsbühnen mehr als 2 m über Gelände oder Fußboden liegen.

4.3.11. Vorhalten der Gerüste, Hebezeuge, Aufzüge, Aufenthalts- und Lagerräume, Einrichtungen und dergleichen länger als 3 Wochen über die eigene Benutzungsdauer hinaus für andere Unternehmer sowie das Vorhalten der Abdeckungen und Umwehrungen für diese Zeit.

4.3.12. Umbau von Gerüsten für Zwecke anderer Unternehmer.

4.3.13. zusätzliche Maßnahmen für die Weiterarbeit bei Frost und Schnee, soweit sie dem Auftragnehmer nicht ohnehin obliegen.

4.3.14. Beseitigen von Mängeln des Putzuntergrundes nach Abschnitt 3.1.5.

4.3.15. Ein-, Zu- und Beiputzarbeiten, soweit sie nicht im Zuge mit den übrigen Putzarbeiten bei Innenputzarbeiten im selben Geschoß ausgeführt werden können, sowie nachträgliches Schließen und Verputzen von Schlitzen, ausgesparter Öffnungen.

4.3.16. über Abschnitt 4.1.19 hinaus notwendige Schutzmaßnahmen, wie Schutzabdeckung aus Brettern usw., sowie Schutzanstriche für Verblendungen, Gesimse, Sohlbänke, eloxierte Teile u. ä.

5. Abrechnung

5.1. Allgemeines

5.1.1. Die Leistung ist aus Zeichnungen zu ermitteln, soweit die ausgeführte Leistung diesen Zeichnungen entspricht. Sind solche Zeichnungen nicht vorhanden, ist die Leistung aufzumessen. Der Ermittlung der Leistung — gleichgültig ob sie nach Zeichnungen oder nach Aufmaß erfolgt — sind die Konstruktionsmaße der zu putzenden oder mit Stuck zu versehenden Flächen zugrunde zu legen.

5.2. Es werden abgerechnet:

5.2.1. Wandputz innen, getrennt nach Art des Putzes, nach Flächenmaß (m^2).

5.2.1.1. Die Höhe ganz geputzter Wände wird von Oberfläche Rohdecke bis Unterfläche Rohdecke ermittelt. Alle geputzten Gesimse und alle Umrahmungen von Öffnungen sowie Fußleistenkonstruktionen bis 10 cm Höhe werden mitgerechnet.

Die Wandhöhen überwölbter Räume werden bis zum Gewölbeanschnitt, die Wandhöhen der Schildmauern bis zu $^2/_3$ des Gewölbestichs gerechnet.

5.2.1.2. Öffnungen und Nischen, die geputzte Leibungen haben und bis zu 4 m² groß sind, werden nicht abgezogen; dafür werden die Leibungen ohne Rücksicht auf ihre Breite nicht mitgerechnet. Dies gilt auch, wenn nicht alle Leibungen der Öffnung geputzt sind.

Öffnungen bzw. Nischen, die geputzte Leibungen haben und über 4 m² groß sind, sind mit ihrem lichten Konstruktionsmaß abzuziehen, dafür werden die geputzten Leibungen mitgerechnet. Öffnungen bzw. Nischen, die ungeputzte Leibungen haben und über 1 m² groß sind, sind mit ihrem lichten Konstruktionsmaß abzuziehen. Sind Leibungen bekleidet, gilt das Konstruktionsmaß der Bekleidungen.

Bei Aussparungen, die über 1 m² groß sind, ist die tatsächliche Fläche der Aussparung abzuziehen. Ungeputzte Rückflächen von Nischen werden wie Öffnungen behandelt. Geputzte Rückflächen von Nischen werden gesondert gerechnet. Zusammenhängende Öffnungen und Nischen werden getrennt gerechnet.

5.2.2. Wandputz außen, getrennt nach Art des Putzes, nach Flächenmaß (m²).

Bei geputzten (auch gezogenen) Hauptgesimsen wird bis Oberkante Gesims gerechnet, bei nichtgeputzten Hauptgesimsen, z. B. aus Stein, Beton und Holz, wird bis Unterkante Gesims gerechnet. Umrahmungen von Öffnungen werden mitgerechnet. Öffnungen und andere Aussparungen wie Abschnitt 5.2.1.2.

5.2.3. Deckenputz, getrennt nach Art des Putzes, nach Flächenmaß (m²).

Gewölbe mit einer Stichhöhe unter $^1/_6$ der Spannweite nach der Fläche des überdeckten Raumes.

Gewölbe mit größerer Stichhöhe nach der Fläche der abgewickelten Untersicht. Öffnungen und andere Aussparungen wie Abschnitt 5.2.1.2.

5.2.4. Drahtputzwände und -decken, Wand- und Deckenbekleidungen u. ä. nach Flächenmaß (m²).

Öffnungen über 1 m² Einzelgröße werden abgezogen.

5.2.5. Kehlen und Gesimse nach Längenmaß (m) als Zulage zum Preis des Wand- und Deckenputzes. Der Abrechnung wird die größte Länge zugrunde gelegt. Ausrundungen mit weniger als 5 cm Halbmesser werden nicht berechnet. Ecken und Verkröpfungen werden nach Anzahl (Stück) als Zulage für die Kehlen und Gesimse abgerechnet.

5.2.6. Sohlbänke, Fenster- und Türumrahmungen und dergleichen nach Längenmaß (m) oder Anzahl (Stück) als Zulage zum Putz.

5.2.7. Putz an Säulen, Stützen und Unterzügen nach Flächenmaß (m²) oder Anzahl (Stück).

5.2.8. Putzanschlüsse und Putzabschlüsse, soweit sie besondere Maßnahmen erfordern, nach Längenmaß (m).

5.2.9. Einputzschienen, Vorhangschienen u. ä. nach Längenmaß (m) oder Anzahl (Stück).

5.2.10. Stuckarbeiten nach Flächenmaß (m²), Längenmaß (m) oder Anzahl (Stück).

5.2.11. Schornsteinköpfe nach Anzahl (Stück).

VOB Teil C:

Allgemeine Technische Vorschriften für Bauleistungen

Fliesen- und Plattenarbeiten – DIN 18 352

Fassung März 1973

Ausgabedatum: August 1974

Inhalt

0. Hinweise für die Leistungsbeschreibung*)

(siehe auch Teil A — DIN 1960 — § 9)

0.1. In der Leistungsbeschreibung sind nach Lage des Einzelfalles insbesondere anzugeben:

0.1.1. Lage der Baustelle und Umgebungsbedingungen, z. B. Hauptwindrichtung, Einflugschneisen, Verschmutzung der Außenluft, Bebauung usw., Zufahrtsmöglichkeiten und Beschaffenheit der Zufahrt sowie etwaige Einschränkungen bei ihrer Benutzung, Art der baulichen Anlagen, Anzahl und Höhe der Geschosse.

0.1.2. Lage und Ausmaß der dem Auftragnehmer für die Ausführung seiner Leistungen zur Benutzung oder Mitbenutzung überlassenen Flächen.

0.1.3. Schutzgebiete im Bereich der Baustelle.

0.1.4. besondere Maßnahmen aus Gründen der Landespflege und des Umweltschutzes.

0.1.5. Art und Umfang des Schutzes von Bäumen, Pflanzenbeständen, Vegetationsflächen, Bauteilen, Bauwerken u. ä. im Bereich der Baustelle.

0.1.6. besondere Anordnungen, Vorschriften und Maßnahmen der Eigentümer (oder der anderen Weisungsberechtigten) von Leitungen, Kabeln, Dränen, Kanälen, Wegen, Gewässern, Gleisen, Zäunen und dergleichen im Bereich der Baustelle.

0.1.7. für den Verkehr freizuhaltende Flächen.

0.1.8. Besonderheiten der Regelung und Sicherung des Verkehrs, gegebenenfalls auch, wieweit der Auftraggeber die Durchführung der erforderlichen Maßnahmen übernimmt.

0.1.9. Verkehrsverhältnisse auf der Baustelle, insbesondere Verkehrsbeschränkungen, z. B. Begrenzung der Verkehrslasten.

0.1.10. Lage, Art und Anschlußwert der dem Auftragnehmer auf der Baustelle zur Verfügung gestellten Anschlüsse für Wasser und Energie.

0.1.11. Mitbenutzung fremder Gerüste, Hebezeuge, Aufzüge, Aufenthalts- und Lagerräume, Einrichtungen und dergleichen durch den Auftragnehmer.

---

*) Diese Hinweise werden nicht Vertragsbestandteil.

0.1.12. Auf- und Abbauen sowie Vorhalten der Gerüste, die nicht unter Abschnitt 4.1.11 fallen.

0.1.13. besondere Anforderungen an die Baustelleneinrichtung.

0.1.14. Art und Zeit der vom Auftraggeber veranlaßten Vorarbeiten.

0.1.15. ob und in welchem Umfang dem Auftragnehmer Arbeitskräfte und Geräte für Abladen, Lagern und Transport zur Verfügung gestellt werden.

0.1.16. Arbeiten anderer Unternehmer auf der Baustelle.

0.1.17. Leistungen für andere Unternehmer.

0.1.18. ob und unter welchen Umständen auf der Baustelle gewonnene Stoffe verwendet werden dürfen oder verwendet werden sollen.

0.1.19. Art, Menge, Gewicht der Stoffe und Bauteile, die vom Auftraggeber beigestellt werden, sowie Art, Ort (genaue Bezeichnung) und Zeit ihrer Übergabe.

0.1.20. Güteanforderungen an nicht genormte Stoffe und Bauteile.

0.1.21. Art und Umfang verlangter Eignungs- und Gütenachweise.

0.1.22. Art und Beschaffenheit der Unterlage (Untergrund, Unterbau, Tragschicht, Tragwerk).

0.1.23. vorgesehene Arbeitsabschnitte, Arbeitsunterbrechungen und -beschränkungen nach Art, Ort und Zeit.

0.1.24. besondere Erschwernisse während der Ausführung, z. B. Arbeiten in Räumen, in denen der Betrieb des Auftraggebers weiterläuft, Arbeiten bei außergewöhnlichen Temperaturen.

0.1.25. Benutzung von Teilen der Leistung vor der Abnahme.

0.1.26. Ausbildung der Anschlüsse an Bauwerke.

0.1.27. Art und Anzahl der geforderten Proben.

0.1.28. ob nach bestimmten Zeichnungen oder nach Aufmaß abgerechnet werden soll.

0.1.29. vorhandene oder erforderliche Abdichtungen und Dämmschichten.

0.1.30. Spritzbewurf, Aufrauhen und Auffüllen des Untergrundes, Art und Abmessungen der aufzufüllenden Fläche, der herzustellenden Dicke und der nötigen Bewehrungen.

0.1.31. Herstellen des Untergrundes für Arbeiten im Dünnbettverfahren.

0.1.32. Angaben des erforderlichen Gefälles und der Bezugslinien sowie Hinweise auf den Höhenriß und den Fugenschnitt der Beläge.

0.1.33. Einmauerung von Einbauwannen und Brausewannen mit oder ohne Untertritt, ein-, zwei-, drei- oder allseitig. Angaben über die Form des Untertritts und der Lüftung.

0.1.34. Fliesen- und Plattenart, etwa gewünschte Besonderheiten, z. B. in Form, Dicke, Farbtönung, Oberflächenbeschaffenheit, Sortierung, Verwendungszweck, Abmessungen.

0.1.35. Breite der Fugen, Art und Farbe der Verfugung.

0.1.36. Art und Anzahl der Gegenstände, wie Waschtische, Spülbecken, Brausewannen usw., an die angearbeitet werden soll.

0.1.37. Anordnung und Ausbildung von Trenn-, Dehnungs- oder Anschlußfugen.

0.1.38. Art der Formstücke, z. B. Seifenschalen vorstehend oder einliegend.

0.1.39. bei Fassadenbekleidungen Ansetz- und Befestigungsart der Bekleidungen und Angabe der Reihenfolge des Einbaues von Fenstern und Türen sowie der Ausführung von Putzflächen und dergleichen.

0.1.40. Ausbildung der Treppen.

0.1.41. Ausbildung der zu bekleidenden Stufen und der Treppensockel, wenn nötig unter Beifügung von Zeichnungen.

0.1.42. Anzahl, Abmessungen und Art von kleinflächigen Belägen, z. B. Wandfliesenschildern, Heizkörpernischen, Kaminbekleidungen.

0.1.43. Anzahl, Abmessungen und Art von Winkelrahmen, Trenn- und Eckschutz-, Anschlagschienen u. ä.

0.1.44. Form und Abmessungen von Bottichen, Becken und anderen Behältern, wenn nötig unter Beifügung von Konstruktions- und Ausführungszeichnungen, Verwendungszweck und Beanspruchung der zu bekleidenden Anlagen.

0.1.45. Art und Abmessung der Trennwandelemente und Bauart von Trennwandanlagen, wenn nötig unter Beifügung von Zeichnungen.

0.1.46. besondere Einflüsse, denen Fliesen- und Plattenbekleidungen oder -beläge nach dem Ansetzen oder Verlegen ausgesetzt sind, z. B. ungewöhnliche Temperaturen, chemische Einwirkungen, außergewöhnliche mechanische Beanspruchung.

0.1.47. Leistungen nach Abschnitt 4.2 in besonderen Ansätzen, wenn diese Leistungen keine Nebenleistungen sein sollen.

0.1.48. Leistungen nach Abschnitt 4.3 in besonderen Ansätzen.

0.2. In der Leistungsbeschreibung sind Angaben zu folgenden Abschnitten nötig, wenn der Auftraggeber eine abweichende Regelung wünscht:

Abschnitt 1.2 (Leistungen mit Lieferung der Stoffe und Bauteile)
Abschnitt 2.1 (Vorhalten von Stoffen und Bauteilen)
Abschnitt 2.2.1 (Liefern ungebrauchter Stoffe und Bauteile)
Abschnitt 2.2.2 (andere handelsübliche Güteklassen für Fliesen und Platten)
Abschnitt 2.3 (Einhaltung von Maß- und Güteanforderungen)
Abschnitt 2.5.2 (Dicke der Solnhofener Platten)
Abschnitt 3.3.1 (Aufbringen eines Spritzbewurfes)
Abschnitt 3.4.1.1 (Reihenfolge der Arbeiten bei Innenraumbelägen)
Abschnitt 3.4.2.1 (Art des Mörtelbettes)
Abschnitt 3.4.2.6 (Dicke des Mörtelbettes)
Abschnitt 3.4.2.7 (zusätzliches Sichern von großformatigen Platten und vorgefertigten Elementen)
Abschnitt 3.5.2 (Fugenbreiten)
Abschnitt 3.5.3 (Art der Verfugung)
Abschnitt 3.5.4 (Stoffe für die Verfugung)
Abschnitt 3.5.5 (Dichtstoffe)

1. Allgemeines

1.1. DIN 18 352 „Fliesen- und Plattenarbeiten" gilt nicht für das Ansetzen und Verlegen von Platten aus Naturstein (siehe DIN 18 332 „Naturwerksteinarbeiten"), ausgenommen Platten, Fliesen, Mosaik und Riemchen nach Abschnitt 2.5, das Ansetzen und Verlegen von Platten aus Betonwerkstein (siehe DIN 18 333 „Betonwerksteinarbeiten"), und nicht für das Ansetzen und Verlegen von Platten aus Asphalt (siehe DIN 18 354 „Asphaltbelagarbeiten").

1.2. Alle Leistungen umfassen auch die Lieferung der dazugehörigen Stoffe und Bauteile einschließlich Abladen und Lagern auf der Baustelle, wenn in der Leistungsbeschreibung nichts anderes vorgeschrieben ist.

1.3. Stoffe und Bauteile, die vom Auftraggeber beigestellt werden, hat der Auftragnehmer rechtzeitig beim Auftraggeber anzufordern.

2. Stoffe, Bauteile

2.1. Vorhalten

Stoffe und Bauteile, die der Auftragnehmer nur vorzuhalten hat, die also nicht in das Bauwerk eingehen, können nach Wahl des Auftragnehmers gebraucht oder ungebraucht sein, wenn in der Leistungsbeschreibung darüber nichts vorgeschrieben ist.

2.2. Liefern

2.2.1. Allgemeine Anforderungen

Stoffe und Bauteile, die der Auftragnehmer zu liefern und einzubauen hat, die also in das Bauwerk eingehen, müssen ungebraucht sein, wenn in der Leistungsbeschreibung nichts anderes vorgeschrieben ist. Sie müssen für den jeweiligen Verwendungszweck geeignet und aufeinander abgestimmt sein.

Stoffe und Bauteile, für die DIN-Normen bestehen, müssen den DIN-Güte- und -Maßbestimmungen entsprechen.

Stoffe und Bauteile, die nach den behördlichen Vorschriften einer Zulassung bedürfen, müssen amtlich zugelassen sein und den Zulassungsbedingungen entsprechen.

Für die gebräuchlichsten genormten Stoffe und Bauteile sind die DIN-Normen nachstehend aufgeführt.

2.2.2. Fliesen und Platten, für die mehrere Güteklassen bestehen, müssen der besten handelsüblichen Güteklasse entsprechen, wenn in der Leistungsbeschreibung eine andere handelsübliche Güteklasse nicht vorgeschrieben ist.

2.3. Keramische Fliesen, Platten, Keramisches Mosaik, Keramische Trenn- und Zellenwandsteine

DIN 18 155 Keramische Wand- und Bodenfliesen

DIN 12 912 Laboreinrichtungen; Keramische Fliesen für Labortische (Labortischfliesen)

DIN 18 166 Keramische Spaltplatten

DIN 18 167 Keramische Trenn- oder Zellen-Wandsteine

In diesen Normen nicht enthaltene Fliesen, Platten, Formstücke, vorgefertigte Trennwandteile oder Belagteile für Wände oder Böden sowie Dekorplatten müssen den Güte- und Maßanforderungen dieser Normen entsprechen, wenn in der Leistungsbeschreibung nichts anderes vorgeschrieben ist.

2.4. Glasfliesen, Glaswandplatten, Glasmosaik

DIN 18 170 Glasfliesen

Für die Güteeigenschaften von Glaswandplatten gilt DIN 18 170.

2.5. Solnhofener Platten, Natursteinfliesen, Natursteinmosaik, Natursteinriemchen

2.5.1. Solnhofener Platten, Natursteinfliesen, Natursteinmosaik und Natursteinriemchen müssen aus industriell gefertigter Massenware bestehen.

Für Beschaffenheit und Bearbeitung gilt DIN 18 332 „Naturwerksteinarbeiten".

Solnhofener Platten und Natursteinfliesen, die zu Wandbelägen verwendet werden, dürfen nicht größer als 0,10 m² sein.

2.5.2. Solnhofener Platten müssen mindestens die nachstehend angegebenen Dicken haben, wenn in der Leistungsbeschreibung nichts anderes vorgeschrieben ist:

Wandplatten
mit einer Seitenlänge bis zu 30 cm: 7 mm,
über 30 bis 40 cm: 10 mm,

Bodenplatten
mit einer Seitenlänge bis zu 37,5 cm: 13 mm,
über 37,5 bis 47,5 cm: 15 mm,
über 47,5 cm: 18 mm.

Für Solnhofener Platten kann Frostbeständigkeit nicht gefordert werden.

2.6. Mörtelstoffe, Klebemörtel, Kleber, Kitte, Dicht- und Fugenfüllstoffe

DIN 1060 Baukalk

DIN 1164 Blatt 1 Portland-, Eisenportland-, Hochofen- und Traßzement; Begriffe, Bestandteile, Anforderungen, Lieferung.

Dichtstoffe und Fugenfüllstoffe auf Kunststoffbasis, organische Kleber, Kitte.

Hydraulischer Klebemörtel mit organischen Zusätzen.

Vorgemischte Fugenmörtel.

Diese Stoffe dürfen die Oberfläche des Belages nicht verändern und nicht beschädigen.

3. Ausführung

3.1. Allgemeines

3.1.1. Wenn Verkehrs-, Versorgungs- und Entsorgungsanlagen im Bereich des Baugeländes liegen, sind die Vorschriften und Anordnungen der zuständigen Stellen zu beachten.

3.1.2. Die für die Aufrechterhaltung des Verkehrs bestimmten Flächen sind freizuhalten. Der Zugang zu Einrichtungen der Versorgungs- und Entsorgungsbetriebe, der Feuerwehr, der Post und Bahn, zu Vermessungspunkten und dergleichen darf nicht mehr als durch die Ausführung unvermeidlich behindert werden.

3.1.3. Stoffe und Bauteile, für die Verarbeitungsvorschriften des Herstellerwerks bestehen, sind nach diesen Vorschriften zu verarbeiten.

3.2. Der Auftragnehmer hat den Untergrund (Ansetz- oder Verlegefläche) daraufhin zu prüfen, ob er für die Durchführung seiner Leistung geeignet ist.

Der Auftragnehmer hat dem Auftraggeber Bedenken unverzüglich schriftlich mitzuteilen (siehe Teil B – DIN 1961 – § 4 Nr. 3).

Bedenken sind geltend zu machen insbesondere bei

- größeren Unebenheiten,
- nicht gefüllten Mauerwerksfugen,
- größeren Putzüberständen,
- fehlendem, ungenügendem oder von der Angabe in den Ausführungszeichnungen abweichendem Gefälle,
- Ausblühungen,
- Spannungs- und Setzrissen,
- zu glatten Flächen,
- zu feuchten Flächen,

zu stark saugenden Flächen,
gefrorenen Flächen,
erkennbaren oder vermuteten schädigenden Bestandteilen, z. B. verölten Flächen, Gipsbatzen.

3.3. Vorbereiten des Untergrundes

3.3.1. Vor Bekleidung von Wandflächen mit Fliesen, Platten oder Mosaik, die in normaler Mörtelbettung anzusetzen sind, ist auf den Untergrund ein Spritzbewurf aus Zementmörtel nach Tabelle in Abschnitt 3.4.2.3 aufzubringen, wenn in der Leistungsbeschreibung nichts anderes vorgeschrieben ist.

3.3.2. Ist die Haftfestigkeit zwischen Mörtelbett und Untergrund durch die vorgesehene Art der Ausführung nicht gewährleistet, so sind besondere Maßnahmen, z. B. Aufrauhen, Überspannen des Untergrundes oder ein ganzflächiger Bewurf nach Tabelle in Abschnitt 3.4.2.3 vorzusehen.

3.3.3. Ist für Arbeiten im Dünnbettverfahren keine ausreichend ebene Fläche vorhanden, so sind besondere Maßnahmen vorzusehen, z. B. Unterputz, Estrich.

3.4. Ansetzen und Verlegen

3.4.1. Allgemeines

3.4.1.1. Fliesen, Platten und Mosaik sind bei Innenarbeiten erst nach Anbringen von Fenster- und Türzargen, Anschlagschienen, Installationen und Putz anzusetzen oder zu verlegen, wenn in der Leistungsbeschreibung nichts anderes vorgeschrieben ist.

3.4.1.2. Fassadenbekleidungen sind nach DIN 18 515 „Fassadenbekleidungen aus Naturwerkstein, Betonwerkstein und keramischen Baustoffen; Richtlinien für die Ausführung“ auszuführen.

3.4.1.3. Fliesen, Platten und Mosaik sind senkrecht, fluchtrecht und waagerecht oder mit dem angegebenen Gefälle unter Berücksichtigung angegebener Bezugslinien und des Höhenrisses ohne Überstände anzusetzen oder zu verlegen.
Bei Wandbekleidungen sind Überstände nur so weit zugelassen, als sie durch die Art der vorgeschriebenen Fliesen oder Platten nicht zu vermeiden sind.

3.4.2. Ansetzen, Verlegen in normalem Mörtelbett.

3.4.2.1. Fliesen, Platten, Mosaik oder Riemchen sind in normalem Mörtelbett anzusetzen oder zu verlegen, wenn in der Leistungsbeschreibung nichts anderes vorgeschrieben ist.

3.4.2.2. Als Bindemittel ist Zement nach DIN 1164 Blatt 1 zu verwenden.
Die Zuschlagstoffe müssen gemischtkörnig und frei von schädigenden Bestandteilen sein.

3.4.2.3. Für die Mörtelzusammensetzung gilt:

Mörtel für		Mischungsverhältnis von Zement : Sand in Raumteilen
Spritzbewurf		1 : 2 bis 1 : 3
Unterputz (bewehrt und unbewehrt)		1 : 3 bis 1 : 4
Ansetzen und Verlegen	innen: außen:	1 : 4 bis 1 : 6 1 : 4 bis 1 : 5

3.4.2.4. Bei Solnhofener Platten und anderen nichtkeramischen Fliesen und Platten kann je nach ihrer Art hydraulischer Kalk zugesetzt oder Traßkalk verwendet werden.

3.4.2.5. Für das Ansetzen und Verlegen von Glasfliesen, Glaswandplatten und Glasmosaik sind die Verarbeitungsrichtlinien der Hersteller zu beachten.

3.4.2.6. Die Dicke des Mörtelbettes bei Fliesen- und Plattenbelägen muß mindestens 10 mm, im Mittel 15 mm betragen, wenn in der Leistungsbeschreibung nichts anderes vorgeschrieben ist.

3.4.2.7. Großformatige Platten und vorgefertigte Elemente mit Bekleidungen aus Fliesen, Platten und Mosaik sind zusätzlich zu sichern, wenn in der Leistungsbeschreibung nichts anderes vorgeschrieben ist.

3.4.3. Ansetzen und Verlegen im Dünnbettverfahren
Für das Ansetzen und Verlegen von Fliesen, Platten und Mosaik im Dünnbettverfahren sind die Verarbeitungsrichtlinien der Hersteller zu beachten.

3.5. Fugen

3.5.1. Die Fugenbreiten richten sich nach der Art der Fliesen und Platten, nach Zweck und Beanspruchung des Belages und nach der Art der Verfugung. Die Fugen sind gleichmäßig breit anzulegen.

3.5.2. Beläge sind mit folgenden Fugenbreiten anzulegen, wenn in der Leistungsbeschreibung nichts anderes vorgeschrieben ist

<table>
<tr><td>Keramische Fliesen nach DIN 18 155 für Wandbeläge bis zu einer Seitenlänge von 15 cm
Keramische Fliesen nach DIN 18 155 für Bodenbeläge bis zu einer Seitenlänge von 15 cm</td><td></td><td>2 mm</td></tr>
<tr><td>Natursteinfliesen, Solnhofener Wand- und Bodenplatten,
Glasfliesen und Glaswandplatten</td><td>min.
max.</td><td>1,5 mm,
3 mm,</td></tr>
<tr><td>Keramische Fliesen nach DIN 18 155 mit einer Seitenlänge
über 15 cm</td><td>min.
max.</td><td>2 mm,
8 mm,</td></tr>
<tr><td>Keramische Spaltplatten nach DIN 18 166 und
Keramische Zellenwandsteine nach DIN 18 167</td><td>min.
max.</td><td>4 mm,
10 mm,</td></tr>
<tr><td>Keramische Verblendplatten mit einer Seitenlänge über 30 cm</td><td>min.</td><td>10 mm.</td></tr>
</table>

3.5.3. Das Verfugen muß durch Einschlämmen erfolgen, wenn in der Leistungsbeschreibung nichts anderes vorgeschrieben ist.

3.5.4. Für das Verfugen ist Zementmörtel zu verwenden, wenn in der Leistungsbeschreibung nichts anderes vorgeschrieben ist.
Zum Ausfugen von Wandbelägen aus Glaswandplatten sind elastisch bleibende Dichtstoffe zu verwenden.

3.5.5. Trenn-, Dehnungs- und Anschlußfugen sind mit geeigneten Dichtstoffen zu schließen, wenn in der Leistungsbeschreibung nichts anderes vorgeschrieben ist, z. B. elastische Fugenprofile, offene Fugen.

3.5.6. Gebäudetrennfugen müssen bis in die Wand- und Bodenbeläge an gleicher Stelle und in ausreichender Breite durchgehen. Es dürfen keine Mörtelbrücken entstehen.
Dehnungsfugen der Beläge müssen bis auf die Ansetzfläche durchgehen.

3.6. Fliesentrennwände und Trennwände aus Zellenwandsteinen

Fliesentrennwände und Trennwände aus Zellenwandsteinen sind so zu bewehren, daß ihre Standfestigkeit gewährleistet ist.

Die Bewehrung ist so einzubauen, daß keine Korrosionsschäden auftreten können.

3.7. Säurefeste Fliesen- und Plattenbeläge

Bei säurefesten Fliesen- und Plattenbelägen ist die Art der Beanspruchung zu berücksichtigen.

4. Nebenleistungen

Nebenleistungen sind Leistungen, die auch ohne Erwähnung in der Leistungsbeschreibung zur vertraglichen Leistung gehören (siehe Teil B — DIN 1961 — § 2 Nr. 1).

4.1. Folgende Leistungen sind Nebenleistungen:

4.1.1. Messungen für das Ausführen und Abrechnen der Arbeiten einschließlich des Vorhaltens der Meßgeräte, Lehren, Absteckzeichen usw., des Erhaltens der Lehren und Absteckzeichen während der Bauausführung und des Stellens der Arbeitskräfte, jedoch nicht Leistungen nach Teil B — DIN 1961 — § 3 Nr. 2.

4.1.2. Schutz- und Sicherheitsmaßnahmen nach den Unfallverhütungsvorschriften und den behördlichen Bestimmungen.

4.1.3. Schutz der ausgeführten Leistungen und der für die Ausführung übergebenen Gegenstände vor Beschädigung und Diebstahl bis zur Abnahme, bei Bodenbelägen Absperren der Räume bis zur Begehbarkeit und Abdecken der Beläge mit Sägespänen.

4.1.4. Heranbringen von Wasser und Energie von den vom Auftraggeber auf der Baustelle zur Verfügung gestellten Anschlußstellen zu den Verwendungsstellen.

4.1.5. Vorhalten der Kleingeräte und Werkzeuge.

4.1.6. Lieferung der Betriebsstoffe.

4.1.7. Befördern aller Stoffe und Bauteile, auch wenn sie vom Auftraggeber beigestellt sind, von den Lagerstellen auf der Baustelle zu den Verwendungsstellen und etwaiges Rückbefördern.

4.1.8. Sichern der Arbeiten gegen Tagwasser, mit dem normalerweise gerechnet werden muß, und seine etwa erforderliche Beseitigung.

4.1.9. Beleuchten und Reinigen der Aufenthaltsräume und Aborte für die Beschäftigten des Auftragnehmers sowie Beheizen der Aufenthaltsräume.

4.1.10. Beseitigen aller Verunreinigungen (Abfälle, Bauschutt und dergleichen), die von den Arbeiten des Auftragnehmers herrühren.

4.1.11. Auf- und Abbauen sowie Vorhalten der Gerüste, deren Arbeitsbühnen bis zu 2 m über Gelände oder Fußboden liegen.

4.1.12. Vorlegen erforderlicher Muster.

4.1.13. Reinigen des Untergrundes, ausgenommen Leistungen nach Abschnitt 4.3.8.

4.1.14. Ausgleichen kleiner Unebenheiten des Untergrundes beim Ansetzen oder Verlegen von Fliesen oder Platten in normaler Mörtelbettung.

4.1.15. Beseitigen kleiner Putzüberstände.

4.1.16. Anarbeiten von Belägen an angrenzende eingebaute Bauteile, wie Zargen, Bekleidungen, Anschlagschienen, Vorstoßschienen, Säulen, Schwellen u. ä.

4.1.17. Befestigen der lose angebrachten Dosen von elektrischen Installationen innerhalb der Beläge, sofern zusätzliche Stemmarbeiten nicht erforderlich sind.

4.1.18. Anarbeiten von Belägen an Öffnungen, Fundamentsockel, Pfeiler, Pfeilervorlagen, Rohrdurchführungen und dergleichen bei Aussparungen bis 0,10 m^2 Einzelgröße.

4.1.19. Zubereiten des Mörtels und Vorhalten der hierzu erforderlichen Einrichtungen, auch wenn der Auftraggeber die Stoffe beistellt.

4.2. Folgende Leistungen sind Nebenleistungen, wenn sie nicht durch besondere Ansätze in der Leistungsbeschreibung erfaßt sind:

4.2.1. Einrichten und Räumen der Baustelle.

4.2.2. Vorhalten der Baustelleneinrichtung einschließlich der Geräte und dergleichen.

4.2.3. Herstellen von Löchern für Schalter, Rohrdurchführungen und Dübel in Räumen ohne besondere Installationen, wie in Wohnungen, Büroräumen, ausgenommen Leistungen nach Abschnitt 4.3.14.

4.3. Folgende Leistungen sind keine Nebenleistungen:

4.3.1. „Besondere Leistungen" nach Teil A — DIN 1960 — § 9 Nr. 6.

4.3.2. Aufstellen, Vorhalten und Beseitigen von Bauzäunen, Blenden und Schutzgerüsten zur Sicherung des öffentlichen Verkehrs sowie von Einrichtungen außerhalb der Baustelle zur Umleitung und Regelung des öffentlichen Verkehrs.

4.3.3. besondere Maßnahmen aus Gründen der Landespflege und des Umweltschutzes.

4.3.4. Vorhalten von Aufenthalts- und Lagerräumen, wenn der Auftraggeber Räume, die leicht verschließbar gemacht werden können, nicht zur Verfügung stellt.

4.3.5. Herausschaffen, Aufladen und Abfahren des Bauschuttes anderer Unternehmer.

4.3.6. Auf- und Abbauen sowie Vorhalten der Gerüste, deren Arbeitsbühnen mehr als 2 m über Gelände oder Fußboden liegen.

4.3.7. besonderer Schutz der Bauleistung, der vom Auftraggeber für eine vorzeitige Benutzung verlangt wird, seine Unterhaltung und spätere Beseitigung.

4.3.8. Reinigen des Untergrundes von grober Verschmutzung durch Bauschutt, Gips, Mörtelreste, Farbreste u. ä., soweit sie von anderen Unternehmern herrührt.

4.3.9. Maßnahmen für die Weiterarbeit bei Temperaturen, die geeignet sind, die Leistung zu gefährden, wenn die Maßnahmen dem Auftragnehmer nicht ohnehin obliegen.

4.3.10. Maßnahmen zum Schutz gegen Feuchtigkeit und zur Wärme- und Schalldämmung.

4.3.11. Auffüllen des Untergrundes zur Herstellung der erforderlichen Höhe oder des nötigen Gefälles sowie das Herstellen von Unterputz zum Ausgleich unebener oder nicht lotrechter Wände in anderen Fällen als nach Abschnitt 4.1.14.

4.3.12. besondere Maßnahmen nach Abschnitt 3.3.2 und 3.3.3.

4.3.13. nachträgliches Anarbeiten an Einbauteile.

4.3.14. Herstellen von Löchern für Schalter, Rohrdurchführungen und Dübel in Räumen mit besonderen Installationen, in Laboratorien, Schalträumen, Maschinenräumen, Heizzentralen, OP-Räumen, Großwaschräumen (Reihenwaschanlagen) u. ä., ausgenommen Leistungen nach Abschnitt 4.2.3.

4.3.15. Herstellen von Anschlüssen an angrenzende eingebaute Bauteile mit anderen Ausdehnungskoeffizienten durch elastische Anschlußfugen, Ausbildung und Verfüllen von Dehnungs- und Gebäudetrennfugen.

5. Abrechnung

5.1. Allgemeines

5.1.1. Die Leistung ist aus Zeichnungen zu ermitteln, soweit die ausgeführte Leistung diesen Zeichnungen entspricht.

Sind solche Zeichnungen nicht vorhanden, ist die Leistung aufzumessen.

Der Ermittlung der Leistung — gleichgültig, ob sie nach Zeichnungen oder nach Aufmaß erfolgt — sind zugrunde zu legen

für Wandbekleidungen die Konstruktionsmaße der zu bekleidenden Flächen,

für Bodenbeläge die zu belegende Fläche bis zu den begrenzenden, ungeputzten bzw. unbekleideten Bauteilen,

für Bodenbeläge ohne begrenzende Bauteile deren Abmessungen.

Wandbeläge, die an Stehsockel, Kehlsockel, Kehlleisten oder ausgerundete Ecken als Sockel anschließen oder unmittelbar auf den Bodenbelag aufsetzen, sind ab Oberseite Sockel oder Oberseite Bodenbelag abzurechnen.

5.1.2. Bei Abrechnung von Belägen nach Flächenmaß werden Aussparungen, z. B. für Öffnungen, Fundamentsockel, Pfeiler, Pfeilervorlagen, Rohrdurchführungen und dergleichen, bis 0,10 m² Einzelgröße nicht abgezogen.

5.1.3. Bestehen Wandbeläge aus Schichten, von denen eine nicht die volle, jedoch mehr als die halbe Schichthöhe hat, so wird diese Schicht mit der vollen Schichthöhe abgerechnet. Dies gilt nicht für Wandbeläge, deren Höhe in der Leistungsbeschreibung durch Maßangabe festgelegt ist, oder deren Schichthöhen größer als 30 cm sind.

5.1.4. Sind Fliesentrennwände und Wände aus Zellenwandsteinen durch Formstücke mit Belägen verbunden, so werden die Beläge durchgerechnet. Bei Wänden, die sich kreuzen oder nur einbinden, wird nur eine Wand berücksichtigt. Türen und Durchgänge werden mit der lichten Öffnungsgröße (Breite × Höhe) abgezogen.

5.2. Es werden abgerechnet:

5.2.1. Auffüllen und Ausgleichen des Untergrundes sowie Herstellen von fluchtrechten und ebenen Untergründen für Dünnbettverfahren, getrennt nach Dicke (cm), nach Flächenmaß (m²).

5.2.2. Bodenbeläge nach Flächenmaß (m²).

5.2.3. Stehsockel, Kehlsockel und Kehlleisten sowie ausgerundete Ecken als Sockel, getrennt nach Bauarten und Abmessungen, nach Längenmaß (m).

5.2.4. Kehlleisten und ausgerundete Ecken innerhalb von Wandbelägen, getrennt nach Bauarten und Abmessungen, nach Längenmaß (m), als Zulage zum Preis der Wandbeläge.

5.2.5. Wandbeläge, Beläge an geneigten Flächen, gebogenen Flächen, an der Unterseite von Stürzen, Decken, Gewölben, Dachschrägen nach Flächenmaß (m^2).
Bei abgestuften Begrenzungen der Beläge, z. B. über Treppen, werden die Zwickel nicht als Fläche, sondern nach Anzahl (Stück) abgerechnet.
Abschrägungen an den Randplatten von Belägen, z. B. über Rampen oder Treppen nach der Länge der Abschrägungen als Zulage zum Preis der Beläge.

5.2.6. Fliesen- und Plattenbeläge an geneigten Flächen, gebogenen Flächen, an der Unterseite von Stürzen, Decken, Gewölben, Dachschrägen nach Flächenmaß (m^2) als Zulage zum Preis der Leistungen nach Abschnitt 5.2.5.

5.2.7. Fliesen- und Plattenbeläge in Bottichen u. ä. Anlagen, getrennt nach Art und Abmessungen, nach Anzahl (Stück).

5.2.8. Seifenschalen, Schwammschalen, Papierrollenhalter und ähnliche Formstücke sowie Zierplatten, getrennt nach Art und Abmessungen, nach Anzahl (Stück), als Zulage zum Preis der Leistungen nach Abschnitt 5.2.5.

5.2.9. Anarbeiten der Beläge an Waschtische, Spülbecken, Wannen, Brausewannen und dergleichen, getrennt nach Art und Abmessungen der Gegenstände, nach Anzahl (Stück).

5.2.10. Anarbeiten von Belägen an Bodenentwässerungen nach Anzahl (Stück).

5.2.11. Anarbeiten von Belägen an Öffnungen, Fundamentsockel, Pfeiler, Pfeilervorlagen, Rohrdurchführungen und dergleichen von mehr als 0,10 m^2 Einzelgröße, getrennt nach Form und Abmessungen der Aussparungen, nach Anzahl (Stück).

5.2.12. Einmauern von Einbauwannen und Brausewannen nach Anzahl (Stück).

5.2.13. Einbauen, Anarbeiten und Ausfliesen von Revisionsrahmen, Ausfliesen von Wannenuntertritten und Wannenschrägen u. ä., getrennt nach Art und Abmessungen, nach Anzahl (Stück), als Zulage zum Preis der Beläge.

5.2.14. Einbauen von Anschlagschienen, Trennschienen, Dehnungsfugenprofilen, Eckschutzschienen, Mattenrahmen, Winkelrahmen, Bewehrungen, Tragkonstruktionen u. ä., getrennt nach Art und Abmessung, nach Anzahl (Stück), Längenmaß (m) oder Flächenmaß (m^2).

5.2.15. Löcher nach Abschnitt 4.3.14 und, sofern hierfür besondere Ansätze vorgesehen sind, nach Abschnitt 4.2.3 nach Anzahl (Stück).

5.2.16. Stufen und Schwellen, getrennt nach Art und Abmessungen, nach Anzahl (Stück) oder Längenmaß (m).

5.2.17. Trenn-, Dehnungs- und Anschlußfugen, mit elastischen Dichtstoffen oder Dichtprofilen gefüllt, getrennt nach Querschnitt, nach Längenmaß (m).

5.2.18. Profilleisten, z. B. Eckleisten, Rinnleisten, Gesimsleisten u. ä., Zierstreifen, Profilplatten, z. B. Wulstrandplatten, Beckenrandsteine, Überlaufrinnen, getrennt nach Bauart und Abmessungen, nach Längenmaß (m), besondere Formteile nach Anzahl (Stück) als Zulage.

5.2.19. Bekleidungen besonderer Bauteile, z. B. Brunnen, Ladentische, Fundamentsockel, frei stehende Säulen und Pfeiler, getrennt nach Bauart und Abmessungen, nach Anzahl (Stück) oder Flächenmaß (m^2).

VOB Teil C:
Allgemeine Technische Vorschriften für Bauleistungen
Estricharbeiten – DIN 18 353
Fassung Juni 1973

Ausgabedatum: August 1974

Inhalt

0. Hinweise für die Leistungsbeschreibung*)
(siehe auch Teil A — DIN 1960 — § 9)

0.1. In der Leistungsbeschreibung sind nach Lage des Einzelfalles insbesondere anzugeben:

0.1.1. Lage der Baustelle und Umgebungsbedingungen, z. B. Bebauung, Zufahrtsmöglichkeiten und Beschaffenheit der Zufahrt sowie etwaige Einschränkungen bei ihrer Benutzung, Art der baulichen Anlagen, Anzahl und Höhe der Geschosse.

0.1.2. Lage und Ausmaß der dem Auftragnehmer für die Ausführung seiner Leistungen zur Benutzung oder Mitbenutzung überlassenen Flächen.

0.1.3. Schutzgebiete im Bereich der Baustelle.

0.1.4. besondere Maßnahmen aus Gründen der Landespflege und des Umweltschutzes.

0.1.5. Art und Umfang des Schutzes von Bäumen, Pflanzenbeständen, Vegetationsflächen, Bauteilen, Bauwerken u. ä. im Bereich der Baustelle.

0.1.6. besondere Anordnungen, Vorschriften und Maßnahmen der Eigentümer (oder der anderen Weisungsberechtigten) von Leitungen, Kabeln, Dränen, Kanälen, Wegen, Gewässern, Gleisen, Zäunen und dergleichen im Bereich der Baustelle.

0.1.7. für den Verkehr freizuhaltende Flächen.

0.1.8. Besonderheiten der Regelung und Sicherung des Verkehrs, gegebenenfalls auch, wieweit der Auftraggeber die Durchführung der erforderlichen Maßnahmen übernimmt.

0.1.9. Verkehrsverhältnisse auf der Baustelle, insbesondere Verkehrsbeschränkungen, z. B. Begrenzung der Verkehrslasten.

0.1.10. Lage, Art und Anschlußwert der dem Auftragnehmer auf der Baustelle zur Verfügung gestellten Anschlüsse für Wasser und Energie.

0.1.11. Mitbenutzung fremder Gerüste, Hebezeuge, Aufzüge, Aufenthalts- und Lagerräume, Einrichtungen und dergleichen durch den Auftragnehmer.

---

*) Diese Hinweise werden nicht Vertragsbestandteil.

0.1.12. besondere Anforderungen an die Baustelleneinrichtung.

0.1.13. Art und Zeit der vom Auftraggeber veranlaßten Vorarbeiten.

0.1.14. ob und in welchem Umfang dem Auftragnehmer Arbeitskräfte und Geräte für Abladen, Lagern und Transport zur Verfügung gestellt werden.

0.1.15. wie lange, für welche Arbeiten und gegebenenfalls für welche Beanspruchung der Auftragnehmer seine Hebezeuge, Aufzüge, Aufenthalts- und Lagerräume, Einrichtungen und dergleichen für andere Unternehmer vorzuhalten hat.

0.1.16. bekannte oder vermutete Hindernisse im Bereich der Baustelle, möglichst unter Auslegung von Bestandsplänen, z. B. Leitungen, Kabel, Dräne, Kanäle, Bauwerksreste (und, soweit bekannt, deren Eigentümer).

0.1.17. Arbeiten anderer Unternehmer auf der Baustelle.

0.1.18. Leistungen für andere Unternehmer.

0.1.19. ob und unter welchen Umständen auf der Baustelle gewonnene Stoffe verwendet werden dürfen oder verwendet werden sollen.

0.1.20. Art, Menge, Gewicht der Stoffe und Bauteile, die vom Auftraggeber beigestellt werden, sowie Art, Ort (genaue Bezeichnung) und Zeit ihrer Übergabe.

0.1.21. Güteanforderungen an nicht genormte Stoffe und Bauteile.

0.1.22. Art und Umfang verlangter Eignungs- und Gütenachweise.

0.1.23. vorgesehene Arbeitsabschnitte, Arbeitsunterbrechungen und -beschränkungen nach Art, Ort und Zeit.

0.1.24. besondere Erschwernisse während der Ausführung, z. B. Arbeiten in Räumen, in denen der Betrieb des Auftraggebers weiterläuft, Arbeiten bei außergewöhnlichen Temperaturen.

0.1.25. Benutzung von Teilen der Leistung vor der Abnahme.

0.1.26. besondere Maßnahmen, die zum Schutz von benachbarten Grundstücken und Bauwerken notwendig sind.

0.1.27. ob nach bestimmten Zeichnungen oder nach Aufmaß abgerechnet werden soll.

0.1.28. Art des Estrichs, etwa gewünschte Besonderheiten, z. B. Farbtönung, Flächenaufteilungen, Oberflächenbeschaffenheit, Dicke, Verwendungszweck, Aussparungen u. ä.

0.1.29. bei Estrichen als Unterlage für Beläge, Art und Dicke der vorgesehenen Beläge.

0.1.30. Anordnung und Ausbildung von Fugen.

0.1.31. Art und Anzahl der geforderten Probeflächen.

0.1.32. Ausbildung der Treppen.

0.1.33. Ausbildung der zu belegenden Stufen und der Treppensockel, wenn nötig unter Beifügung von Zeichnungen.

0.1.34. Art und Beschaffenheit des Untergrundes, z. B. vorhandene Fußbodenheizungen.

0.1.35. Angaben des erforderlichen Gefälles und der Bezugslinien sowie Hinweise auf den Höhenriß und den Fugenschnitt der Beläge.

0.1.36. Anforderungen an die Dämmwirkung schwimmender Estriche.

0.1.37. bei schwimmenden Estrichen Verhältnisse, die für die Dämmwirkung wichtig sind, z. B. Art der Deckenkonstruktion und zur Verfügung stehende Konstruktionshöhe.

0.1.38. Anforderungen an die Dämmstoffe hinsichtlich des Brandverhaltens.

0.1.39. vorhandene oder erforderliche Abdichtungen, Dämmschichten und Sperren.

0.1.40. Anzahl, Abmessungen und Art von Winkelrahmen, Trenn- und Anschlagschienen u. ä.

0.1.41. besondere Anforderungen an Estriche, z. B. besonders hohe mechanische Beanspruchung, ungewöhnliche Temperaturen, chemische Einwirkungen, Wasser.

0.1.42. Verfüllung von Fugen.

0.1.43. provisorisches Schließen von Fenster- und Türöffnungen.

0.1.44. ob Haftschichten vorzusehen sind.

0.1.45. Leistungen nach Abschnitt 4.2 in besonderen Ansätzen, wenn diese Leistungen keine Nebenleistungen sein sollen.

0.1.46. Leistungen nach Abschnitt 4.3 in besonderen Ansätzen.

0.2. In der Leistungsbeschreibung sind Angaben zu folgenden Abschnitten nötig, wenn der Auftraggeber eine abweichende Regelung wünscht:

Abschnitt 1.2 (Leistungen mit Lieferung der Stoffe und Bauteile)
Abschnitt 2.1 (Vorhalten von Stoffen und Bauteilen)
Abschnitt 2.2.1 (Liefern ungebrauchter Stoffe und Bauteile)
Abschnitt 3.1.8 (Preßfugen im Untergrund)
Abschnitt 3.1.11 (Gefälle des Estrichs)
Abschnitt 3.1.12 (Behandlung der Oberfläche)
Abschnitt 3.3.1.2 (Festigkeit von Verbundestrichen als Nutzestrich)
Abschnitt 3.3.2 (Dicke von Zementestrichen auf Trennschichten)
Abschnitt 3.3.3 (Festigkeit von schwimmenden Zementestrichen)
Abschnitt 3.4.1.1 (Festigkeit von Anhydritestrichen zur Aufnahme von Belägen)
Abschnitt 3.4.1.2 (Festigkeit von Anhydritestrichen als Nutzestrich)
Abschnitt 3.4.1.3 (Einschichtige Anhydritestriche als Verbundestriche mit Hartstoffzuschlägen)
Abschnitt 3.4.2 (Dicke von Anhydritestrichen auf Trennschichten)
Abschnitt 3.4.1.1 (Behandlung der Oberfläche von Magnesiaestrichen als Verbundestriche als Nutzestrich)
Abschnitt 3.5.1.2 (Beschaffenheit von Magnesiaestrichen als Nutzestrich für Industriezwecke)
Abschnitt 3.5.2 (Dicke von Magnesiaestrichen auf Trennschicht)
Abschnitt 3.5.3.2 (Festigkeit von schwimmenden Magnesiaestrichen).

1. Allgemeines

1.1. DIN 18 353 „Estricharbeiten" gilt nicht für Herstellen von Asphaltestrichen im Heißeinbau (siehe DIN 18 354 „Asphaltbelagarbeiten") und nicht für Herstellen von Abdichtungen aus Sperrmörtel (siehe DIN 18 337 „Abdichtung gegen nichtdrükkendes Wasser").

1.2. Alle Leistungen umfassen auch die Lieferung der dazugehörigen Stoffe und Bauteile einschließlich Abladen und Lagern auf der Baustelle, wenn in der Leistungsbeschreibung nichts anderes vorgeschrieben ist.

1.3. Stoffe und Bauteile, die vom Auftraggeber beigestellt werden, hat der Auftragnehmer rechtzeitig beim Auftraggeber anzufordern.

2. Stoffe, Bauteile

2.1. Vorhalten

Stoffe und Bauteile, die der Auftragnehmer nur vorzuhalten hat, die also nicht in das Bauwerk eingehen, können nach Wahl des Auftragnehmers gebraucht oder ungebraucht sein, wenn in der Leistungsbeschreibung darüber nichts vorgeschrieben ist.

2.2. Liefern

2.2.1. Allgemeine Anforderungen

Stoffe und Bauteile, die der Auftragnehmer zu liefern und einzubauen hat, die also in das Bauwerk eingehen, müssen ungebraucht sein, wenn in der Leistungsbeschreibung nichts anderes vorgeschrieben ist. Sie müssen für den jeweiligen Verwendungszweck geeignet sein. Stoffe und Bauteile, für die DIN-Normen bestehen, müssen den DIN-Güte- und -Maßbestimmungen entsprechen. Stoffe und Bauteile, die nach den behördlichen Vorschriften einer Zulassung bedürfen, müssen amtlich zugelassen sein und den Zulassungsbedingungen entsprechen. Stoffe und Bauteile, für die weder DIN-Normen bestehen noch eine amtliche Zulassung vorgeschrieben ist, dürfen nur mit Zustimmung des Auftraggebers verwendet werden. Für die gebräuchlichsten genormten Stoffe und Bauteile sind die DIN-Normen nachstehend aufgeführt.

2.2.2. Nicht genormte Dämmstoffe sowie Füllstoffe müssen struktur-, fäulnis- und ungezieferfest sowie alterungsbeständig sein.

2.3. Bindemittel

DIN 273	Blatt 2 Ausgangsstoffe für Magnesiaestriche (Estriche aus Magnesiamörtel); Magnesiumchlorid
DIN 1164	Blatt 1 Portland-, Eisenportland-, Hochofen- und Traßzement; Begriffe, Bestandteile, Anforderungen, Lieferung
DIN 1995	Bituminöse Bindemittel für den Straßenbau; Probenahme und Beschaffenheit, Prüfung
DIN 1996	Blatt 1 Prüfung bituminöser Massen für den Straßenbau und verwandte Gebiete; Allgemeines und Übersicht
DIN 4208	Anhydritbinder

Kunstharze (siehe Abschnitt 2.8).

2.4. Zuschlagstoffe, Füllstoffe

DIN 273	Blatt 3 Ausgangsstoffe für Magnesiaestriche (Estriche aus Magnesiamörtel); Füllstoffe
DIN 4226	Blatt 1 Zuschlag für Beton; Zuschlag mit dichtem Gefüge, Begriffe, Bezeichnung, Anforderungen und Überwachung
DIN 4226	Blatt 2 Zuschlag für Beton; Zuschlag mit porigem Gefüge (Leichtzuschlag), Begriffe, Bezeichnung, Anforderungen und Überwachung
DIN 4226	Blatt 3 Zuschlag für Beton; Prüfung von Zuschlag mit dichtem oder porigem Gefüge

Hartstoffe müssen hohen Widerstand gegen Abschliff und gegen rollende, stoßende und schlagende Einwirkung haben. Sie müssen zweckmäßige Kornform und Kornzusammensetzung haben, sowie die Herstellung dauerhaft rauher oder dauerhaft glatter Oberfläche ermöglichen. Bindemittel und Zuschlagstoffe müssen untereinander verträglich sein.

2.5. Dämmstoffe

DIN 1101	Holzwolle-Leichtbauplatten; Maße, Anforderungen, Prüfung
DIN 18 164	Blatt 1 Schaumkunststoffe als Dämmstoffe für das Bauwesen; Dämmstoffe für die Wärmedämmung

DIN 18 164 Blatt 2 Schaumkunststoffe als Dämmstoffe für das Bauwesen; Dämmstoffe für die Trittschalldämmung

DIN 18 165 Blatt 1 Faserdämmstoffe für das Bauwesen; Dämmstoffe für die Wärmedämmung

DIN 18 165 Blatt 2 Faserdämmstoffe für das Bauwesen; Dämmstoffe für die Trittschalldämmung

DIN 68 750 Holzfaserplatten, poröse und harte Holzfaserplatten; Gütebedingungen

Expandierte Korkplatten, Korkschrotmatten, Schaumglas.

Lose Dämmstoffe, z. B. gekörnte, geschäumte, geblähte Stoffe.

2.6. Zusatzmittel

Werden Zusatzmittel, z. B. Plastifizierer, Verzögerer, verwendet, so dürfen sie die Eigenschaften des Estrichs nicht ungünstig beeinflussen.

2.7. Farbmittel

Zugesetzte Farbstoffe dürfen den Estrich weder angreifen noch zersetzen.

2.8. Kunstharze

2.8.1. Wäßrige, thermoplastische Kunstharz-Dispersionen auf Einkomponenten-Basis und wäßrige duroplastische Kunstharz-Emulsionen auf Zweikomponenten-Basis zum Vergüten und Modifizieren von Estrichen.

2.8.2. Flüssige lösungsmittelfreie thermoplastische Kunstharze auf Zweikomponenten-Basis und flüssige lösungsmittelfreie oder lösungsmittelarme duroplastische Kunstharze auf Zweikomponenten-Basis und flüssige lösungsmittelfreie oder lösungsmittelarme duroplastische Kunstharze auf Einkomponenten-Basis, zur Verbesserung der Festigkeit, zur Erhöhung der Widerstandsfähigkeit gegen Chemikalien, z. B. Säuren, Basen, Lösungsmittel, Treibstoffe.

2.9. Zugabewasser

Das Zugabewasser muß frei von schädlichen Bestandteilen und Beimengungen sein.

2.10. Abdeckstoffe, Dichtstoffe

DIN 4109 Blatt 4 Schallschutz im Hochbau; schwimmende Estriche auf Massivdecken, Richtlinien für die Ausführung.

2.11. Schwimmender Estrich aus vorgefertigten Platten

Schwimmender Estrich aus vorgefertigten Platten muß den Anforderungen nach DIN 4109 Blatt 4 „Schallschutz im Hochbau; schwimmende Estriche auf Massivdekken, Richtlinien für die Ausführung“ entsprechen.

3. Ausführung

3.1. Allgemeines

3.1.1. Wenn Verkehrs-, Versorgungs- und Entsorgungsanlagen im Bereich des Baugeländes liegen, sind die Vorschriften und Anordnungen der zuständigen Stellen zu beachten.

3.1.2. Die für die Aufrechterhaltung des Verkehrs bestimmten Flächen sind freizuhalten.

Der Zugang zu Einrichtungen der Versorgungs- und Entsorgungsbetriebe, der Feuerwehr, der Post und Bahn, zu Vermessungspunkten und dergleichen darf nicht mehr als durch die Ausführung unvermeidlich behindert werden.

3.1.3. Der Auftragnehmer hat den Untergrund daraufhin zu prüfen, ob er für die Durchführung seiner Leistung geeignet ist.

Der Auftragnehmer hat dem Auftraggeber Bedenken unverzüglich schriftlich mitzuteilen (siehe Teil B — DIN 1961 — § 4 Nr. 3).

Bedenken sind geltend zu machen insbesondere bei

größeren Unebenheiten,
Abweichungen von der Waagerechten oder dem Gefälle, das in der Leistungsbeschreibung vorgeschrieben oder nach der Sachlage nötig ist,
unrichtiger Höhenlage der Oberfläche oder des Untergrundes,
Ausblühungen,
gefrorenen Flächen,
nicht genügend festen Flächen,
zu trockenem oder zu feuchtem Untergrund,
zu glattem Untergrund,
Rissen in der Oberfläche,
ungeeigneten oder mangelhaft ausgebildeten Fugen,
unzugänglich zu schützenden Metallteilen,
erkennbaren oder vermuteten schädigenden Bestandteilen, z. B. veröltem Untergrund, Mörtel- oder Betonrückständen,
ungeeigneten Putzanschlüssen,
vorgesehenen, noch nicht ausgeführten Putzarbeiten,
ungeeigneten Temperatur- und Luftverhältnissen im Raum.

3.1.4. Bei werkmäßig hergestellten Stoffen für die Ausführung von Estrichen sind die Verarbeitungsvorschriften der Hersteller zu beachten.

3.1.5. Bei Estrichen, die Metalle gefährden, sind diese durch Anstriche, Ummantelungen oder auf andere Weise zu schützen.

3.1.6. Dehnungsfugen des Baukörpers müssen in Estrichen an gleicher Stelle und in gleicher Breite übernommen werden.

3.1.7. Sonstige Fugen sind in Abstimmung mit dem Auftraggeber anzulegen.

3.1.8. Über Preßfugen im Untergrund ist der Estrich anzuschneiden, wenn in der Leistungsbeschreibung nichts anderes vorgeschrieben ist.

3.1.9. Estriche als Verbundstriche sind so herzustellen, daß sie mit dem Untergrund fest verbunden sind.

Beträgt der Zementgehalt des Untergrundes weniger als 50 Gew.-% des Zementgehaltes des Estrichs und wird nicht frisch in frisch gearbeitet, so ist eine Übergangsschicht und/oder eine Haftbrücke auszuführen.

3.1.10. Bei gefärbten Estrichen muß die Farbe gleichmäßig mit dem Mörtel vermischt sein, bei einschichtigem Estrich in der ganzen Dicke des Estrichs, bei mehrschichtigem Estrich in der ganzen Dicke der Nutzschicht des Estrichs.

3.1.11. Estriche sind gleichmäßig dick und ebenflächig herzustellen. Sie sind waagerecht auszuführen, wenn in der Leistungsbeschreibung eine Verlegung im Gefälle nicht vorgeschrieben ist.

3.1.12. Die Oberfläche der Estriche muß DIN 18 202 Blatt 3 „Maßtoleranzen im Hochbau; Toleranzen für die Ebenheit der Oberflächen von Rohdecken, Estrichen und Bodenbelägen" entsprechen.

Die Oberfläche ist abzuziehen und abzureiben, wenn in der Leistungsbeschreibung nichts anderes vorgeschrieben ist.

3.1.13. Zementestriche sind gegen zu rasches und ungleichmäßiges Austrocknen zu schützen.

3.2. Verlegen

3.2.1. Estriche dürfen nur bei einer Mindesttemperatur von plus 5 °C hergestellt werden, wenn in den Verarbeitungsvorschriften der Hersteller keine anderen Temperaturen vorgeschrieben oder zugelassen sind.

3.3. Zementestriche

3.3.1. Verbundestriche

Vorgeschriebene Druck- und Biegezugfestigkeiten der Estriche müssen an Prismen 4 cm × 4 cm × 16 cm vorhanden sein.

Für die Prüfung gilt DIN 1164 Blatt 7 „Portland-, Eisenportland-, Hochofen- und Traßzement; Bestimmung der Festigkeit".

3.3.1.1. Verbundestriche zur Aufnahme von Belägen

Verbundestriche zur Aufnahme von Belägen sind mit einer Druckfestigkeit von mindestens 15 N/mm^2 (150 kp/cm^2) in einer Schicht oder mehreren Schichten herzustellen.

3.3.1.2. Verbundestriche als Nutzestriche

Verbundestriche als Nutzestriche sind je nach Beanspruchung mit einer Druckfestigkeit von mindestens 25 N/mm^2 (250 kp/cm^2) herzustellen, wenn in der Leistungsbeschreibung nichts anderes vorgeschrieben ist.

3.3.1.3. Verbundestriche als Nutzestriche mit Hartstoffschicht (Hartstoffestriche)

Hartstoffestriche sind homogen in einer Schicht oder in zwei Schichten (Übergangsschicht und Hartstoffschicht mit einer Druckfestigkeit der Hartstoffverschleißschicht von mindestens 80 N/mm^2 (800 kp/cm^2) und einer Biegezugfestigkeit von mindestens 10 N/mm^2 (100 kp/cm^2) herzustellen. Der Abschliffverlust darf höchstens 6,0 cm^3/50 cm^2 betragen; er ist nach DIN 52 108 „Prüfung anorganischer nichtmetallischer Werkstoffe; Verschleißprüfung mit der Schleifscheibe nach Böhme, Schleifscheiben-Verfahren" zu bestimmen.

Die Festigkeit und der Bindemittelgehalt der Schichten sind aufeinander und auf den Untergrund abzustimmen.

Die Wahl des Hartstoffzuschlages, die Dicke der Schichten und die Gestaltung der Oberfläche müssen der vorgesehenen Beanspruchung genügen.

3.3.2. Estriche auf Trennschichten

Estriche auf Trennschichten müssen mindestens 30 mm dick hergestellt werden, wenn in der Leistungsbeschreibung nichts anderes vorgeschrieben ist.

3.3.3. Schwimmende Estriche

Die Biegezugfestigkeit des verlegten Estrichs muß DIN 4109 Blatt 4 „Schallschutz im Hochbau; schwimmende Estriche auf Massivdecken, Richtlinien für die Ausführung" entsprechen. Bei Ausführung von Estrichdicken größer als 35 mm muß eine Bruchlast erreicht werden, die einer Biegezugfestigkeit des Estrichs in der nach der Norm geforderten Mindestdicke entspricht.

Dämmschichten, Randstreifen und Abdeckungen der Dämmschichten sind nach DIN 4109 Blatt 4 auszuführen, wenn für höhere Anforderungen in der Leistungsbeschreibung nichts anderes vorgeschrieben ist, z. B. bei Nutz- und Industrieestrichen.

3.4. Anhydritestriche

3.4.1. Verbundestriche

Vorgeschriebene Druck- und Biegezugfestigkeiten der Verbundestriche müssen an Prismen 4 cm × 4 cm × 16 cm vorhanden sein.

Für die Prüfung gilt DIN 4208 „Anhydritbinder".

3.4.1.1. Verbundestriche zur Aufnahme von Belägen

Verbundestriche zur Aufnahme von Belägen sind mit einer Druckfestigkeit von mindestens 15 N/mm^2 (150 kp/cm^2) in einer Schicht oder in mehreren Schichten herzustellen, wenn in der Leistungsbeschreibung nichts anderes vorgeschrieben ist.

3.4.1.2. Verbundestriche als Nutzestrich

Verbundestriche als Nutzestrich sind mit einer Druckfestigkeit von mindestens 25 N/mm^2 (250 kp/cm^2) herzustellen, wenn in der Leistungsbeschreibung nichts anderes vorgeschrieben ist.

3.4.1.3. Verbundestriche als Nutzestriche mit Hartstoffzuschlägen

Verbundestriche mit Hartstoffzuschlägen sind einschichtig herzustellen, wenn in der Leistungsbeschreibung nichts anderes vorgeschrieben ist.

3.4.2. Estriche auf Trennschichten

Estriche auf Trennschichten müssen mindestens 25 mm dick hergestellt werden, wenn in der Leistungsbeschreibung nichts anderes vorgeschrieben ist.

3.4.3. Schwimmende Estriche

Die Biegezugfestigkeit des verlegten Estrichs muß DIN 4109 Blatt 4 entsprechen. Bei Ausführung von Estrichdicken größer als 30 mm muß eine Bruchlast erreicht werden, die einer Biegezugfestigkeit des Estrichs in der nach der Norm geforderten Mindestdicke entspricht.

Für schwimmend verlegte Anhydritestriche zur Aufnahme von Belägen gilt Abschnitt 3.3.3 entsprechend.

3.5. Magnesiaestriche

Magnesiaestriche sind nach DIN 272 „Magnesiaestriche (Estriche aus Magnesiamörtel)" auszuführen.

3.5.1. Verbundestriche

3.5.1.1. Verbundestriche als Nutzestrich

Die Oberfläche einfarbiger Verbundestriche ist zu spachteln; die Oberfläche mehrfarbiger Verbundestriche ist zu glätten und abzuziehen, wenn in der Leistungsbeschreibung nichts anderes vorgeschrieben ist, z. B. Schleifen.

3.5.1.2. Verbundestriche als Nutzestrich für Industriezwecke

Verbundestriche sind einschichtig mit gespachtelter Oberfläche zu verlegen, wenn in der Leistungsbeschreibung nichts anderes vorgeschrieben ist.

3.5.2. Estriche auf Trennschichten

Estriche auf Trennschichten müssen mindestens 30 mm dick hergestellt werden, wenn in der Leistungsbeschreibung nichts anderes vorgeschrieben ist.

3.5.3. Schwimmende Estriche

3.5.3.1. Für schwimmend verlegte Magnesiaestriche nach DIN 272 „Magnesiaestriche (Estriche aus Magnesiamörtel") zur Aufnahme von Belägen gelten die Abschnitte 3.3.3 und 3.5.

3.5.3.2. Schwimmend verlegte Magnesiaestriche als Nutzestrich sind aus einer Dämmschicht nach Abschnitt 3.3.3 und nach DIN 272 herzustellen, wenn in der Leistungsbeschreibung nichts anderes vorgeschrieben ist.

Die Mindestdicke der Unterschicht und die Mindestfestigkeit sind nach DIN 4109 Blatt 4 zu bemessen, wenn in der Leistungsbeschreibung nichts anderes vorgeschrieben ist.

3.6. Kunstharzestriche

Bestandteile: Kunstharze nach Abschnitt 2.8, Füllstoffe nach Abschnitt 2.4.

3.7. Schwimmender Estrich aus vorgefertigten Platten

Schwimmende Estriche aus vorgefertigten Platten nach Abschnitt 2.11 müssen so verlegt werden, daß sie den Vorschriften nach Abschnitt 3.3.3 entsprechen.

4. Nebenleistungen

Nebenleistungen sind Leistungen, die auch ohne Erwähnung in der Leistungsbeschreibung zur vertraglichen Leistung gehören (siehe Teil B — DIN 1961 — § 2 Nr. 1).

4.1. Folgende Leistungen sind Nebenleistungen:

4.1.1. Messungen für das Ausführen und Abrechnen der Arbeiten einschließlich des Vorhaltens der Meßgeräte, Lehren, Absteckzeichen usw., des Erhaltens der Lehren und Absteckzeichen während der Bauausführung und des Stellens der Arbeitskräfte, jedoch nicht Leistungen nach Teil B — DIN 1961 — § 3 Nr. 2.

4.1.2. Heranbringen von Wasser und Energie von den vom Auftraggeber auf der Baustelle zur Verfügung gestellten Anschlußstellen zu den Verwendungsstellen.

4.1.3. Vorhalten der Kleingeräte und Werkzeuge.

4.1.4. Lieferung der Betriebsstoffe.

4.1.5. Befördern aller Stoffe und Bauteile, auch wenn sie vom Auftraggeber beigestellt sind, von den Lagerstellen auf der Baustelle zu den Verwendungsstellen und etwaiges Rückbefördern.

4.1.6. Herstellen der Kanten von Aussparungen, soweit diese Aussparungen nach Art, Größe und Anzahl in den Verdingungsunterlagen vorgesehen sind.

4.1.7. Sichern der Arbeiten gegen Tagwasser, mit dem normalerweise gerechnet werden muß, und seine etwa erforderliche Beseitigung.

4.1.8. Beleuchten und Reinigen der Aufenthaltsräume und Aborte für die Beschäftigten des Auftragnehmers sowie Beheizen der Aufenthaltsräume.

4.1.9. Beseitigen aller Verunreinigungen (Abfälle, Bauschutt und dergleichen), die von den Arbeiten des Auftragnehmers herrühren.

4.1.10. Vorlegen der erforderlichen Muster.

4.1.11. Reinigen des Untergrundes, ausgenommen Leistungen nach Abschnitt 4.3.8.

4.1.12. Ausgleichen kleinerer Unebenheiten des Untergrundes innerhalb der nach DIN 18 202 Blatt 3 „Maßtoleranzen im Hochbau; Toleranzen für die Ebenheit der Oberflächen von Rohdecken, Estrichen und Bodenbelägen" zulässigen Toleranzen.

4.1.13. Herstellen der Anschlüsse der Estriche an angrenzende eingebaute Bauteile wie Wände, Schwellen, Säulen, Rohrleitungen, Zargen, Bekleidungen, Anschlagschienen, Vorstoßschienen, Bodeneinläufe u. ä., außer Leistungen nach Abschnitt 4.3.12.

4.1.14. Entfernen des Überstandes von Randstreifen.

4.1.15. Schutz- und Sicherheitsmaßnahmen nach den Unfallverhütungsvorschriften und den behördlichen Bestimmungen.

4.1.16. Schutz der ausgeführten Leistungen und der für die Ausführung übergebenen Gegenstände vor Beschädigung und Diebstahl bis zur Abnahme.

4.1.17. Feststellen des Zustandes der Straßen, der Geländeoberfläche, des Vorfluters usw. nach Teil B — DIN 1961 — § 3 Nr. 4.

4.2. Folgende Leistungen sind Nebenleistungen, wenn sie nicht durch besondere Ansätze in der Leistungsbeschreibung erfaßt sind:

4.2.1. Einrichten und Räumen der Baustelle.

4.2.2. Vorhalten der Baustelleneinrichtung einschließlich der Geräte und dergleichen.

4.3. Folgende Leistungen sind keine Nebenleistungen:

4.3.1. „Besondere Leistungen" nach Teil A — DIN 1960 — § 9 Nr. 6.

4.3.2. Aufstellen, Vorhalten und Beseitigen von Bauzäunen, Blenden und Schutzgerüsten zur Sicherung des öffentlichen Verkehrs sowie von Einrichtungen außerhalb der Baustelle zur Umleitung und Regelung des öffentlichen Verkehrs.

4.3.3. besondere Maßnahmen aus Gründen der Landespflege und des Umweltschutzes.

4.3.4. Vorhalten von Aufenthalts- und Lagerräumen, wenn der Auftraggeber Räume, die leicht verschließbar gemacht werden können, nicht zur Verfügung stellt.

4.3.5. Herausschaffen, Aufladen und Abfahren des Bauschuttes anderer Unternehmer.

4.3.6. Vorhalten der Gerüste, Hebezeuge, Aufzüge, Aufenthalts- und Lagerräume, Einrichtungen und dergleichen länger als 3 Wochen über die eigene Benutzungsdauer hinaus für andere Unternehmer sowie das Vorhalten der Abdeckungen und Umwehrungen für diese Zeit.

4.3.7. zusätzliche Maßnahmen für die Weiterarbeit bei Frost und Schnee, soweit sie dem Auftragnehmer nicht ohnehin obliegen.

4.3.8. Reinigen der Verlegeflächen von grober Verschmutzung durch Bauschutt, Gips, Mörtelreste, Öl, Farbreste u. ä., soweit sie von anderen Unternehmern herrührt.

4.3.9. besonderer Schutz der Bauleistung, der vom Auftraggeber für eine vorzeitige Benutzung verlangt wird, seine Unterhaltung und spätere Beseitigung, z. B. Abdecken.

4.3.10. Einbauen von Anschlag- und Stoßschienen, Trennschienen, Mattenrahmen, Bewehrungen und dergleichen.

4.3.11. Herstellen von Kanten von Aussparungen in anderen Fällen als nach Abschnitt 4.1.6.

4.3.12. Herstellen von Anschlüssen an angrenzende Bauteile durch elastische oder plastische Anschlußfugen. Ausbildung und Verfüllen von Estrichdehnungs- und Gebäudetrennfugen.

4.3.13. Maßnahmen für die Weiterarbeit bei Temperaturen, die geeignet sind, die Leistungen zu gefährden, soweit die Maßnahmen dem Auftragnehmer nach dem Vertrag nicht ohnehin obliegen.

4.3.14. Maßnahmen zum Schutz gegen Feuchtigkeit, ausgenommen Leistungen nach Abschnitt 4.1.7.

4.3.15. Ausgleich von größeren Unebenheiten, die über den Toleranzbereich von DIN 18 202 Blatt 3 hinausgehen.

4.3.16. nachträgliches Herstellen von Anschlüssen an angrenzende Bauteile, soweit dies vom Auftraggeber zu vertreten ist.

4.3.17. Beseitigen von Putzüberständen.

5. Abrechnung

5.1. Allgemeines

5.1.1. Die Leistung ist aus Zeichnungen zu ermitteln, soweit die ausgeführte Leistung diesen Zeichnungen entspricht. Sind solche Zeichnungen nicht vorhanden, ist die Leistung aufzumessen.

Der Ermittlung der Leistung — gleichgültig ob sie nach Zeichnungen oder nach Aufmaß erfolgt — ist die zu belegende Fläche bis zu den begrenzenden, ungeputzten bzw. unbekleideten Bauteilen zugrunde zu legen.

5.1.2. Bei Abrechnung von Estrichen nach Flächenmaß werden Aussparungen, z. B. für Öffnungen, Pfeilervorlagen, Rohrdurchführungen, bis zu 0,10 m^2 Einzelgröße und Fugen nicht abgezogen.

5.2. Es werden abgerechnet:

5.2.1. Auffüllen und Ausgleichen des Untergrundes, getrennt nach Dicke, nach Flächenmaß (m^2).

5.2.2. Estriche nach Flächenmaß (m^2).

5.2.3. Sockel, Kehlsockel, getrennt nach Bauart und Abmessungen, als Zulage zum Preis des Estrichs, nach Längenmaß (m).

5.2.4. Herstellen der Kanten von Aussparungen nach Abschnitt 4.3.11, getrennt nach Form und Abmessungen der Aussparungen, nach Anzahl (Stück) oder nach Längenmaß (m) der abgewickelten Kanten.

5.2.5. Schließen von Aussparungen, getrennt nach Form und Abmessungen, nach Anzahl (Stück).

5.2.6. Ausbilden von Trenn- und Dehnungsfugen nach Längenmaß (m).

5.2.7. Einbauen von Anschlag- und Stoßschienen, Trennschienen, Dehnungsfugenprofilen, Mattenrahmen, Bewehrungen u. ä., getrennt nach Art und Abmessung, nach Längenmaß (m) oder Flächenmaß (m^2) oder Anzahl (Stück).

5.2.8. Trenn-, Dehnungs- und Anschlußfugen, mit elastischen Dichtstoffen oder Dichtprofilen gefüllt, getrennt nach Querschnitt, nach Längenmaß (m).

5.2.9. Estriche auf Stufen (Tritt- und Setzstufen) sowie Schwellen, getrennt nach Art und Abmessungen, nach Anzahl (Stück) oder Längenmaß (m).

VOB Teil C:

Allgemeine Technische Vorschriften für Bauleistungen

Asphaltbelagarbeiten — DIN 18 354

Fassung Februar 1961

Inhalt

0. Hinweise für die Leistungsbeschreibung*)

(siehe auch Teil A — DIN 1960 — § 9)

0.1. In der Leistungsbeschreibung sind nach Lage des Einzelfalles insbesondere anzugeben:

0.101. Leistungen getrennt nach Geschossen.

0.102. Art des Belages, etwa gewünschte Besonderheiten (z. B. bei Farbtönung, Oberflächenbeschaffenheit, Plattengröße, Plattenform, Dicke, Verwendungszweck).

0.103. bei Gußasphaltestrichen als Unterlage für Beläge die Art der vorgesehenen Beläge.

0.104. besondere Anforderungen an die Innenbeläge durch Dauertemperaturen von mehr als + 30 °C oder weniger als −5 °C.

0.105. besonders hohe mechanische Beanspruchung.

0.106. besondere Anforderungen an die Widerstandsfähigkeit der Beläge gegen Säuren, Laugen, Fette, Öle, Benzin und dergleichen.

0.107. Art und Beschaffenheit des Untergrundes und die für die Asphaltbeläge verfügbare Bauhöhe.

0.108. Zahl, ungefähre Größe und Lage der Aussparungen für Abflüsse, Sinkkästen, Maschinenfundamente und dergleichen.

0.109. Mattenrahmen, Stoßschienen und dergleichen, an die der Belag anzuarbeiten ist.

0.110. Auffüllung des Untergrundes, Größe der aufzufüllenden Fläche und herzustellende Dicke.

0.111. bei Asphaltbelägen auf Dächern die Dachneigung (siehe Abschnitt 3.35).

0.112. bei schwimmenden Gußasphaltestrichen Verhältnisse, die für die Dämmwirkung wichtig sind (z. B. Art der Deckenkonstruktion).

---

*) Diese Hinweise werden nicht Vertragsbestandteil.

0.113. Anforderungen an die Dämmwirkung schwimmender Gußasphaltestriche.

0.114. Anforderungen an Dämmstoffe hinsichtlich der Schwerentflammbarkeit.

0.115. besondere Bedingungen des Auftraggebers für die Aufstellung von Schmelzkesseln (z. B. aus Gründen des Feuerschutzes).

0.116. besondere Erschwernisse während der Ausführung (z. B. Arbeiten in Räumen, in denen der Betrieb des Auftraggebers weiterläuft, Arbeiten bei außergewöhnlichen Temperaturen).

0.117. Benutzung von Gerüsten, Hebezeugen und Aufzügen oder deren Gestellung durch den Auftragnehmer.

0.118. ob und in welchem Umfang dem Auftragnehmer Hilfskräfte für Abladen, Lagern, Transport und Verlegen zur Verfügung gestellt werden.

0.119. Leistungen nach Abschnitt 4.3, soweit nötig in besonderen Ansätzen.

0.2. In der Leistungsbeschreibung sind Angaben zu folgenden Abschnitten nötig, wenn der Auftraggeber eine abweichende Regelung wünscht:

Abschnitt 1.2 (Lieferung von Stoffen und Bauteilen)
Abschnitt 2.11 (ungebrauchte Stoffe und Bauteile)
Abschnitt 2.12 (vorzuhaltende Stoffe und Bauteile)
Abschnitt 2.261 (Eigenschaften von Asphaltplatten und Steinkohlenteerpech-Platten)
Abschnitt 3.211 (Wahl des Stoffes für Trennschichten)
Abschnitt 3.221 (Zusammensetzung der Masse für Gußasphaltestriche)
Abschnitt 3.222 (Standfestigkeit der Gußasphaltestriche)
Abschnitt 3.224 (Dicke der Gußasphaltestriche)
Abschnitt 3.225 (Aufbau wasserdichter oder säurefester Gußasphaltestriche)
Abschnitt 3.226 (Behandlung der Oberfläche von Gußasphaltestrichen)
Abschnitt 3.32 (Zahl der Lagen der Dachhaut)
Abschnitt 3.36 (Anschlüsse der Dachhaut an Mauern usw.)
Abschnitt 3.37 (Einlegen von Jutegewebestreifen am First, an Graten und Kehlen)
Abschnitt 3.38 (Behandlung der oberen Lage der Dachhaut)
Abschnitt 3.41 (Verlegen der Asphaltplatten im Verband)
Abschnitt 3.42 (Verlegen der Asphaltplatten in Mörtel)
Abschnitt 3.43 (Füllen der Fugen bei Asphaltplattenbelägen mit Zementschlämme)
Abschnitt 3.44 (Einbettungsschicht bei wasserdichten Asphaltplattenbelägen)
Abschnitt 3.45 (Einbettungsschicht bei säurefesten Asphaltplattenbelägen)
Abschnitt 3.46 (Breite und Füllung der Fugen bei wasserdichten und bei säurefesten Asphaltplattenbelägen)
Abschnitt 3.512 (Mindestdicke und höchstzulässige Eindrucktiefe der Gußasphaltestrichschicht bei schwimmenden Gußasphaltestrichen).

1. Allgemeines

1.1. DIN 18 354 — Asphaltbelagarbeiten — gilt auch für Gußbeläge und Plattenbeläge, die als Bindemittel Steinkohlenteerpech enthalten; sie gilt nicht für Asphaltarbeiten im Straßenbau.

1.2. Alle Leistungen umfassen auch die Lieferung der dazugehörigen Stoffe und Bauteile einschließlich Abladen und Lagern auf der Baustelle, wenn in der Leistungsbeschreibung nichts anderes vorgeschrieben ist.

2. Stoffe und Bauteile

2.1. Vorhalten

Stoffe und Bauteile, die der Auftragnehmer nur vorzuhalten hat, die also nicht in das Bauwerk eingehen, können nach Wahl des Auftragnehmers gebraucht oder ungebraucht sein, wenn in der Leistungsbeschreibung darüber nichts anderes vorgeschrieben ist.

2.2. Liefern

2.21. Allgemeine Anforderungen

Stoffe und Bauteile, die der Auftragnehmer zu liefern und einzubauen hat, die also in das Bauwerk eingehen, müssen ungebraucht sein, wenn in der Leistungsbeschreibung nichts anderes vorgeschrieben ist. Sie müssen den DIN-Güte- und -Maßbestimmungen entsprechen. Für die gebräuchlichsten genormten Stoffe und Bauteile sind die DIN-Normen nachstehend aufgeführt. Amtlich zugelassene, nicht genormte Stoffe und Bauteile müssen den Zulassungsbedingungen entsprechen.

2.22. Asphaltstoffe

2.221. Trinidadasphalt ist gereinigter Trinidadasphalt mit einem Bitumengehalt von 53 bis 55 Gewichtsprozent (Trinidad-Epuré).

2.222. Naturasphaltrohmehl ist gemahlener Naturasphalt mit mindestens 4 Gewichtsprozent natürlichem Bitumen und mindestens 40 Gewichtsprozent Füller (Körnung unter 0,09 mm), bezogen auf das bitumenfreie Mehl.

2.223. Asphaltmastix sind maschinell hergestellte Gemische aus Bitumen und Naturasphaltrohmehl oder aus Bitumen und Steinmehl. Das Gemisch muß der handelsüblichen Güte von industriell hergestelltem Asphaltmastix entsprechen.

2.224. Säurefester Asphaltmastix sind maschinell hergestellte Gemische aus Bitumen und Mineralbestandteilen, die gegen die jeweils in Frage kommenden chemischen Angriffe widerstandsfähig sind. Das Gemisch muß der handelsüblichen Güte von industriell hergestelltem säurefestem Asphaltmastix entsprechen.

2.23. Zuschlagstoffe

2.231. Sand, Kies und Feinsplitt müssen DIN 4226 — Betonzuschlagstoffe aus natürlichem Vorkommen, Vorläufige Richtlinien für die Lieferung und Abnahme[+1]) — entsprechen.

2.232. Steinmehl ist gemahlenes Naturgestein (Kalkstein, Schiefer, Quarzit, Schwerspat und dergleichen), mit mindestens 40 Gewichtsprozent in Körnung unter 0,09 mm (Füller).

2.24. Bindemittel

2.241. Bitumen muß DIN 1995 — Bituminöse Bindemittel für den Straßenbau, Probenahme und Beschaffenheit, Prüfung — oder den Analysendaten der deutschen Mineralölindustrie entsprechen.

2.242. Steinkohlenteerpeche müssen DIN 52 138 — Klebemassen für Dachpappe, Steinkohlenteererzeugnisse (früher DIN DVM 2138)[+2]) — oder den Analysendaten der deutschen Herstellerwerke entsprechen.

[+1]) Seit Dezember 1971: DIN 4226 — Zuschlag für Beton.
[+2]) Seit August 1971: DIN 52 138 — Klebemasse für Dachpappe; Steinkohlenteererzeugnisse; Begriff.

2.25. Dämmstoffe

2.251. Genormte Dämmstoffe

DIN 1101 Holzwolle-Leichtbauplatten; Abmessungen, Eigenschaften und Prüfung+3)

DIN 18 165 Faserdämmstoffe für den Hochbau; Abmessungen, Eigenschaften und Prüfung+4)

DIN 68 750 Holzfaserdämmplatten, poröse und harte Holzfaserplatten; Gütebedingungen.

2.252. Dämmstoffe dürfen nicht zerfallen, ihr Gefüge nicht verändern und nicht faulen. Sie müssen alterungsbeständig und widerstandsfähig gegen Insekten und Pilze sein.

2.26. Asphaltplatten, Steinkohlenteerpech-Platten

2.261. Asphaltplatten und Steinkohlenteerpech-Platten müssen den in den Abschnitten 2.262 und 2.263 angegebenen allgemeinen und besonderen Bedingungen im handelsüblichen Maße genügen, wenn in der Leistungsbeschreibung nichts anderes vorgeschrieben ist.

2.262. Allgemeine Bedingungen für Asphaltplatten und Steinkohlenteerpech-Platten

feste, gerade, rechtwinklige Kanten,

frei von Bestandteilen und Einschlüssen, die die Güte der Platte mindern,

frei von Rissen und Blasen,

standfest,

verschleißfeste, gleitsichere und ebene Oberfläche,

Rück- und Seitenflächen, die für das Ansetzen, Verlegen und Verfugen eben und gut haftfähig sind,

Raumgewicht mindestens 2,0, festgestellt nach dem Prüfverfahren für „Raumwichte von Deckenstücken und Probekörpern" in DIN 1996 — Bitumen und Teer enthaltende Massen für Straßenbau und ähnliche Zwecke, Vorschriften für Probenahme, Beschaffenheit und Untersuchung (Prüfverfahren),

zulässige Abweichung der Plattendicke nicht mehr als ± 2 mm,

zulässige Abweichung der Plattengröße nicht mehr als ± 1 mm in Länge und Breite.

Asphaltplatten und Steinkohlenteerpech-Platten für Beläge im Freien müssen außerdem wetterbeständig und frostsicher sein.

+3) Seit April 1970: DIN 1101 — Holzwolle-Leichtbauplatten; Maße, Anforderungen, Prüfung.

+4) Seit Oktober 1973: DIN 18 165 — Faserdämmstoffe für das Bauwesen.

2.263. Besondere Bedingungen für Asphaltplatten und Steinkohlenteerpech-Platten:

Plattenart	Bindemittel-gehalt in % des Gewichts mindestens	Eindruck-tiefe*) höchstens	Weitere Bedingungen
Hochdruck-Asphalt-platten	8 %	1,5 mm	–
Säurefeste Asphalt-platten	10 %	3,0 mm	Der Auftragnehmer hat durch eine Auskunft beim Herstellerwerk festzustellen, daß die Platten gegen die in Frage kommenden Säuren, Laugen usw. widerstandsfähig sind; seine Gewährleistung wird dadurch nicht eingeschränkt.
Asphalt-feinbeton-platten	7 %	1,5 mm	–
Terrazzo-Asphalt-platten	8 % gilt nur für die Asphalt-Unterschicht	0,0 mm	Zementgebundene Terrazzo-Oberschicht nach DIN 18 500 – Betonwerkstein, Güte, Prüfung und Überwachung.
Steinkohlen-teerpech-Platten	8 %	1,5 mm	–

2.27. Mörtel

Der Mörtel muß der Mörtelgruppe III nach DIN 1053 (Ausgabe Dezember 1952)+6) – Mauerwerk, Berechnung und Ausführung – entsprechen; er darf jedoch keinen Kalkzusatz enthalten.

3. Ausführung

3.1. Allgemeines

3.11. Der Auftragnehmer hat den Untergrund für seine Leistung auf Eignung zum Aufbringen von Asphaltbelägen zu prüfen. Er hat dem Auftraggeber Bedenken gegen die vorgesehene Art der Ausführung unverzüglich schriftlich mitzuteilen (siehe Teil B – DIN 1961 – § 4 Ziffer 3), wenn diese der Beschaffenheit des Unter-

---

*) Die Eindrucktiefe wird festgestellt nach dem Prüfverfahren für Eindrucktiefe (Stempelprüfung) in DIN 1996 — Bitumen und Teer enthaltende Massen für Straßenbau und ähnliche Zwecke, Vorschriften für Probenahme, Beschaffenheit und Untersuchung (Prüfverfahren)+5).

+5) Seit April 1966: DIN 1996 Bl. 13 — Prüfung bituminöser Massen für den Straßenbau und verwandte Gebiete; Eindruckversuch mit ebenem Stempel.

+6) Ausgabe November 1962.

grundes nicht entspricht. Unter diesen Voraussetzungen sind Bedenken geltend zu machen, insbesondere bei

größeren Unebenheiten,

Abweichungen von der Waagerechten oder dem Gefälle, das in der Leistungsbeschreibung vorgeschrieben oder nach der Sachlage nötig ist,

unrichtiger Höhenlage der Oberfläche des Untergrundes,

Fehlen einer notwendigen Abdichtung unter dem auszuführenden Asphaltplattenbelag,

Spannungs- und Setzrissen, Löchern,

zu feuchten Flächen,

zu stark saugenden Flächen,

Leichtbeton ohne Porenschluß,

gefrorenen Flächen,

ungenügender Festigkeit des Untergrundes,

verölten Flächen,

Farbresten, Gips, Steinholz u. ä.

3.12. Asphaltbeläge sind waagerecht oder mit dem Gefälle herzustellen, das in der Leistungsbeschreibung vorgeschrieben oder nach der Sachlage nötig ist.

3.2. Gußasphaltestriche als Nutzbelag (auch auf Balkonen, Terrassen und dergleichen) und als Unterlage für andere Beläge

3.21. Vorarbeiten

3.211. Auf die zu belegenden Flächen, ausgenommen Stahlflächen, ist eine der Art des Estrichs entsprechende Zwischenlage als Trennschicht aufzubringen. Die Wahl des Stoffes bleibt dem Auftragnehmer überlassen, wenn in der Leistungsbeschreibung nicht eine bestimmte Art der Zwischenlage (z. B. Natronkraftpapier, Glasvlies, Bitumenfilz) vorgeschrieben ist. Die Bahnen müssen so verlegt werden, daß sie sich bei dünneren Zwischenlagen an den Rändern überdecken, bei dickeren Zwischenlagen stumpf stoßen.

3.212. Stahlflächen, die mit Gußasphalt belegt werden sollen, und Bauteile, an die der Gußasphalt angeschlossen werden soll, an denen Gußasphalt aber schlecht haftet, sind mit einem bituminösen Voranstrich nach DIN 4117 — Abdichtung von Bauwerken gegen Bodenfeuchtigkeit, Richtlinien für die Ausführung — zu versehen.

3.22. Herstellen des Gußasphaltestrichs

3.221. Die Masse für Gußasphaltestriche ist nach dem Verwendungszweck und nach der vorgesehenen technischen Beanspruchung zusammenzusetzen. Die Bestimmung der Zusammensetzung bleibt dem Auftragnehmer überlassen, wenn in der Leistungsbeschreibung nichts anderes vorgeschrieben ist. Die Zusammensetzung unterliegt nicht den Vorschriften nach DIN 1996 — Bitumen und Teer enthaltende Massen für Straßenbau und ähnliche Zwecke, Vorschriften für Probenahme, Beschaffenheit und Untersuchung (Prüfverfahren)[+7]).

[+7]) Seit August 1966: DIN 1996 — Prüfung bituminöser Massen für den Straßenbau und verwandte Gebiete.

3.222. Die Standfestigkeit der Gußasphaltestriche muß der vorgesehenen technischen Beanspruchung und dem Verwendungszweck genügen. Sie muß mindestens so groß sein, daß die Eindrucktiefe bei einer Stempelprüfung nach DIN 1996[+8]) bei Gußasphaltestrichen in Innenräumen 1,5 mm, im Freien 10 mm nicht übersteigt, wenn in der Leistungsbeschreibung nichts anderes vorgeschrieben ist.

3.223. Dehnungsfugen, die zur Vermeidung von Rissen nötig sind, sind im Einvernehmen mit dem Auftraggeber anzulegen; sie sind zu vergießen.

3.224. Gußasphaltestriche müssen mindestens 20 mm dick sein, wenn in der Leistungsbeschreibung nichts anderes vorgeschrieben ist. Gußasphaltestriche über 30 mm Dicke müssen mehrlagig aufgetragen werden. Bei mehrlagigen Gußasphaltestrichen müssen die Arbeitsnähte der einzelnen Lagen gegeneinander versetzt werden.

3.225. Gußasphaltestriche, die wasserdicht oder säurefest sein müssen, sind mindestens zweilagig herzustellen. Als untere Lage ist Asphaltmastix, als obere Lage Gußasphalt aufzubringen, wenn in der Leistungsbeschreibung nichts anderes vorgeschrieben ist. Bei wasserdichten Belägen müssen alle Lagen wasserdicht, bei säurefesten Belägen alle Lagen wasserdicht und außerdem gegen die in Frage kommenden chemischen Angriffe widerstandsfähig sein, wenn in der Leistungsbeschreibung nichts anderes vorgeschrieben ist.

3.226. Die Oberfläche von Gußasphaltestrichen muß eben und geschlossen sein. Sie ist mit feinem Sand abzureiben, wenn in der Leistungsbeschreibung nichts anderes vorgeschrieben ist.

3.3. Asphaltbeläge als Dachhaut

3.31. Auf die zu belegenden Flächen sind Zwischenlagen nach Abschnitt 3.211 als Trennschicht aufzubringen.

3.32. Die Dachhaut ist insgesamt 15 mm dick in zwei Lagen aus Asphaltmastix herzustellen, wenn in der Leistungsbeschreibung nichts anderes vorgeschrieben ist. Die Arbeitsnähte der einzelnen Lagen müssen gegeneinander versetzt sein.

3.33. Für die Zusammensetzung der Masse gilt Abschnitt 3.221.

3.34. Dehnungsfugen, die zur Vermeidung von Rissen nötig sind, sind im Einvernehmen mit dem Auftraggeber anzulegen; sie sind zu vergießen.

3.35. Die Dachhaut muß wasserdicht sein.

3.36. Anschlüsse und Abschlüsse der Dachhaut sind wasserdicht herzustellen. Sind Anschlüsse der Dachhaut unmittelbar an Mauern, Schornsteinen, Dachfenstern u. ä. herzustellen, so ist die Dachhaut mindestens 15 cm mit Hohlkehle hochzuziehen und mit Jute- oder Drahtgewebeeinlage zu sichern, wenn in der Leistungsbeschreibung nichts anderes vorgeschrieben ist.

3.37. Bei Dächern mit einer Dachneigung über 15° sind in den noch heißen Asphaltmastix der unteren Lage am First, an Graten und Kehlen mindestens 30 cm breite imprägnierte Jutegewebestreifen einzulegen, wenn in der Leistungsbeschreibung nichts anderes vorgeschrieben ist.

3.38. Die obere Lage der Dachhaut ist, solange sie noch warm ist, mit reinem scharfen Sand abzureiben, wenn in der Leistungsbeschreibung nichts anderes (z. B. Bekiesen, Farbanstrich) vorgeschrieben ist.

[+8]) Seit April 1966: DIN 1996 Blatt 13.

3.4. Asphaltplattenbeläge

3.41. Asphaltplatten sind im Verband zu verlegen, wenn in der Leistungsbeschreibung nichts anderes vorgeschrieben ist (z. B. mit durchlaufenden Fugen). Unter den Platten dürfen keine Hohlräume verbleiben. Paßstücke sind scharfkantig herzustellen.

3.42. Asphaltplatten für Beläge, die weder wasserdicht noch säurefest sein müssen, sind in Mörtel nach Abschnitt 2.27 preßgestoßen zu verlegen, wenn in der Leistungsbeschreibung nichts anderes vorgeschrieben ist. Das Mörtelbett muß mindestens 15 mm dick sein.

3.43. Bei Asphaltplattenbelägen, die in Zementmörtel verlegt sind, müssen die Fugen zwischen den Asphaltplatten mit Zementschlämme gefüllt werden, wenn in der Leistungsbeschreibung nichts anderes vorgeschrieben ist. Überschüssige Zementschlämme ist zu entfernen.

3.44. Bei Asphaltplattenbelägen, die wasserdicht sein müssen, sind die Asphaltplatten in eine wasserdichte Schicht einzubetten. Diese Schicht ist mindestens 10 mm dick aus Asphaltmastix herzustellen, wenn in der Leistungsbeschreibung nichts anderes vorgeschrieben ist.

3.45. Bei Asphaltplattenbelägen, die säurefest sein müssen, sind die säurefesten Platten in eine wasserdichte und säurefeste Schicht einzubetten. Diese Schicht ist mindestens 10 mm dick aus säurefestem Asphaltmastix herzustellen, wenn in der Leistungsbeschreibung nichts anderes vorgeschrieben ist.

3.46. Die Asphaltplatten sind bei wasserdichten und bei säurefesten Asphaltplattenbelägen mit 5 mm breiten Fugen zu verlegen, wenn in der Leistungsbeschreibung nichts anderes vorgeschrieben ist. Die Fugen sind mit Bitumen zu füllen, wenn in der Leistungsbeschreibung nichts anderes vorgeschrieben ist.

3.5. Schwimmende Gußasphaltestriche

3.51. Aufbau, Bemessung

3.511. Schwimmende Gußasphaltestriche sind aus einer Dämmschicht nach Abschnitt 3.52 und einer Gußasphaltestrichschicht nach Abschnitt 3.53 herzustellen.

3.512. Die Mindestdicke und die höchstzulässige Eindrucktiefe der Gußasphaltestrichschicht sind nach DIN 4109 — Schallschutz im Hochbau, Richtlinien[+9]) — zu bemessen, wenn in der Leistungsbeschreibung nichts anderes vorgeschrieben ist.

3.52. Dämmschicht, Dämmstreifen

3.521. Die Dämmschicht der schwimmenden Gußasphaltestriche ist so herzustellen, daß die in der Leistungsbeschreibung vorgeschriebene oder — wenn eine solche Vorschrift fehlt — die nach der Sachlage erforderliche Dämmwirkung überall gleichmäßig erreicht wird.

3.522. Die Dämmschicht und die Dämmstreifen sind so zu verlegen, daß sie die aufzubringende Gußasphaltestrichschicht vom Untergrund, von den Wänden und anderen Bauteilen vollständig trennen.

3.523. Die Dämmschicht muß eine Abdeckung erhalten; die Abdeckung ist nach DIN 4109 auszuführen.

[+9]) Seit September 1962: DIN 4109 Blatt 4 — Schallschutz im Hochbau; schwimmende Estriche auf Massivdecken; Richtlinien für die Ausführung.

3.53. Gußasphaltestrichschicht

Die Gußasphaltestrichschicht ist nach den Abschnitten 3.221, 3.222 Satz 1, 3.223, 3.224, 3.226 und 3.512 auszuführen.

4. Nebenleistungen

Nebenleistungen sind Leistungen, die auch ohne Erwähnung in der Leistungsbeschreibung zur vertraglichen Leistung gehören (siehe Teil B — DIN 1961 — § 2 Ziffer 1).

4.1. Folgende Leistungen sind Nebenleistungen:

4.101. Messungen für das Ausführen und Abrechnen der Arbeiten einschließlich des Vorhaltens der Meßgeräte und des Stellens der Arbeitskräfte.

4.102. Heranbringen von Wasser, Gas oder Strom von den vom Auftraggeber anzugebenden Anschlußstellen auf der Baustelle zu den Verwendungsstellen.

4.103. Vorhalten der Kleingeräte und Werkzeuge.

4.104. Lieferung der Betriebsstoffe.

4.105. Beleuchten und Reinigen der Aufenthaltsräume und Aborte für die Beschäftigten des Auftragnehmers sowie Beheizen der Aufenthaltsräume.

4.106. Vorlegen erforderlicher Muster.

4.107. Reinigen des Untergrundes, ausgenommen Leistungen nach Abschnitt 4.304.

4.108. Befördern aller Stoffe und Bauteile, auch wenn sie vom Auftraggeber beigestellt werden, von den Lagerstellen auf der Baustelle zu den Verwendungsstellen und etwaiges Rückbefördern.

4.109. Zubereiten des Mörtels und Vorhalten aller hierzu erforderlichen Einrichtungen, auch wenn der Auftraggeber die Stoffe beistellt.

4.110. Ausgleichen von kleineren Unebenheiten des Untergrundes.

4.111. Für das Herstellen von Belägen und für das Ansetzen von Sockelleisten erforderliches Beseitigen kleinerer Putzüberstände.

4.112. Schutz- und Sicherheitsmaßnahmen nach den Unfallverhütungsvorschriften und polizeilichen Vorschriften.

4.113. Anarbeiten der Beläge an alle angrenzenden Bauteile (z. B. Wände, Schwellen, Säulen, Zargen, Bekleidungen, Anschlagschienen, Vorstoßschienen, Bodeneinläufe), ausgenommen bei Aussparungen von mehr als 0,10 m^2 Einzelgröße und bei Aussparungen nach Abschnitt 4.307; Vergießen von Anschlußfugen.

4.114. Vorarbeiten für Gußasphaltestriche nach Abschnitt 3.21 und für Asphaltbeläge als Dachhaut nach Abschnitt 3.31.

4.115. Anlegen und Vergießen von Dehnungsfugen nach den Abschnitten 3.223 und 3.34.

4.116. Sichern der Arbeiten gegen Tagwasser, mit dem normalerweise gerechnet werden muß, und seine etwa erforderliche Beseitigung.

4.117. Beseitigen aller von den Arbeiten des Auftragnehmers herrührenden Verunreinigungen und des Bauschuttes des Auftragnehmers.

4.118. Schutz der ausgeführten Leistung und der für die Ausführung übergebenen Gegenstände vor Beschädigung und Diebstahl bis zur Abnahme.

4.2. Folgende Leistungen sind Nebenleistungen, wenn sie nicht durch besondere Ansätze in der Leistungsbeschreibung erfaßt sind:

4.21. Einrichten und Räumen der Baustelle.

4.22. Vorhalten der Baustelleneinrichtung einschließlich der Geräte und dergleichen.

4.3. Folgende Leistungen sind keine Nebenleistungen:

4.301. „Besondere Leistungen" nach Teil A – DIN 1960 – § 9 Ziffer 2 letzter Absatz[+10]).

4.302. Aufstellen, Vorhalten und Beseitigen von Blenden, Bauzäunen und Schutzgerüsten zur Sicherung des öffentlichen Verkehrs.

4.303. Gestellung von Aufenthalts- und Lagerräumen, wenn der Auftraggeber keine Räume zur Verfügung stellt, die vom Auftragnehmer leicht verschließbar gemacht werden können.

4.304. Reinigen des Untergrundes von grober Verschmutzung durch Bauschutt, Gips, Mörtelreste u. ä., soweit sie von anderen Unternehmern herrührt.

4.305. Ausstemmen und Wiederverputzen von Mauerschlitzen zur Aufnahme von Asphaltleisten u. ä.

4.306. Ausgleich von größeren Unebenheiten, von mangelndem Gefälle oder falscher Konstruktionshöhe des Untergrundes (siehe Abschnitt 3.11).

4.307. Herstellen von Aussparungen in Asphaltplattenbelägen für Rohrdurchführungen und dergleichen in Räumen mit besonderen Installationen, wie Laboratorien, Schalträume u. ä.; Anarbeiten der Beläge an die Bauteile.

4.308. Liefern und Einbauen von Stoßschienen, Trennschienen, Mattenrahmen und dergleichen.

4.309. Herstellen und Vergießen von Dehnungsfugen, die über Dehnungsfugen im Bauwerk liegen.

4.310. Maßnahmen für die Weiterarbeit bei Frost, Schnee und Nässe (z. B. Beheizen der Räume, in denen gearbeitet werden soll, künstliches Trocknen oder Trockenhalten des Untergrundes), wenn sie dem Auftragnehmer nach dem Vertrag nicht ohnehin obliegen.

4.311. Schleifen, Wachsen und Polieren der Beläge.

4.312. besonderer Schutz der Bauleistung, der vom Auftraggeber für eine vorzeitige Benutzung verlangt wird, seine Unterhaltung und spätere Beseitigung.

5. Aufmaß und Abrechnung

5.1. Allgemeines

5.11. Beläge mit oder ohne Sockel werden nach den tatsächlich ausgeführten Leistungen aufgemessen; wo sie an Rohbauteile angrenzen, werden sie jedoch bis zu den Rohbauteilen durchgemessen. Kehlsockel gelten dabei als Teil des Bodenbelages; über die Abrechnung von Kehlsockeln siehe Abschnitte 5.22 und 5.25.

[+10]) Seit November 1973: DIN 1960 — § 9 Nr. 6.

5.12. Bei Abrechnung nach Flächenmaß werden Aussparungen (z. B. für Öffnungen, Pfeilervorlagen, Rohrdurchführungen) bis 0,10 m^2 Einzelgröße nicht abgezogen. Das Anarbeiten von Belägen wird bei Aussparungen bis 0,10 m^2 Einzelgröße nicht aufgemessen.

5.2. Es werden aufgemessen und abgerechnet:

5.21. Auffüllen des Untergrundes nach Flächenmaß (m^2).

5.22. Bodenbeläge mit oder ohne Kehlsockel und Dachbeläge mit oder ohne Kehlen nach Flächenmaß (m^2). Die Höhe von Kehlsockeln wird nicht mitgemessen; über die Abgeltung der Kehlsockel siehe Abschnitt 5.25.

5.23. Liefern und Einbauen von Mattenrahmen und dergleichen, getrennt nach Art und Größe, nach Stück.

5.24. Anarbeiten von Belägen an Bodeneinläufe, Fundamentsockel, Pfeilervorlagen, Rohrdurchführungen und ähnliche Bauteile, getrennt nach Form und Größe der Aussparungen, nach Stück. Das Anarbeiten wird nur bei Aussparungen von mehr als 0,10 m^2 Einzelgröße aufgemessen.

5.25. Kehlsockel und Kehlleisten, getrennt nach Bauarten und Abmessungen, nach Längenmaß (m), in Verbindung mit Belägen als Zulage zum Preis der Beläge.

5.26. Stehsockel, getrennt nach Bauarten und Abmessungen, nach Längenmaß (m).

5.27. Stufen und Schwellen, getrennt nach Art und Größe, nach Stück.

5.28. Herstellen und Vergießen von Dehnungsfugen, die über Dehnungsfugen im Bauwerk liegen, nach Längenmaß (m).

5.29. Liefern und Einbauen von Dehnungsschienen, Trennschienen, Stoßschienen und dergleichen nach Längenmaß (m) oder nach Stück.

VOB Teil C:

Allgemeine Technische Vorschriften für Bauleistungen

Tischlerarbeiten – DIN 18 355

Fassung März 1973

Ausgabedatum: August 1974

Inhalt

0. Hinweise für die Leistungsbeschreibung*)

(siehe auch Teil A — DIN 1960 — § 9)

0.1. In der Leistungsbeschreibung sind nach Lage des Einzelfalles insbesondere anzugeben:

0.1.1. Lage der Baustelle und Umgebungsbedingungen, z. B. Hauptwindrichtung, Einflugschneisen, Verschmutzung der Außenluft, Bebauung usw., Zufahrtsmöglichkeiten und Beschaffenheit der Zufahrt sowie etwaige Einschränkungen bei ihrer Benutzung, Art der baulichen Anlagen, Anzahl und Höhe der Geschosse.

0.1.2. Lage und Ausmaß der dem Auftragnehmer für die Ausführung seiner Leistungen zur Benutzung oder Mitbenutzung überlassenen Flächen.

0.1.3. besondere Maßnahmen aus Gründen der Landespflege und des Umweltschutzes.

0.1.4. besondere Anordnungen, Vorschriften und Maßnahmen der Eigentümer (oder der anderen Weisungsberechtigten) von Leitungen, Kabeln, Dränen, Kanälen, Wegen, Gewässern, Gleisen, Zäunen und dergleichen im Bereich der Baustelle.

0.1.5. für den Verkehr freizuhaltende Flächen.

0.1.6. Verkehrsverhältnisse auf der Baustelle, insbesondere Verkehrsbeschränkungen, z. B. Begrenzung der Verkehrslasten.

0.1.7. Lage, Art und Anschlußwert der dem Auftragnehmer auf der Baustelle zur Verfügung gestellten Anschlüsse für Wasser und Energie.

0.1.8. Mitbenutzung fremder Gerüste, Hebezeuge, Aufzüge, Aufenthalts- und Lagerräume, Einrichtungen und dergleichen durch den Auftragnehmer.

0.1.9. wie lange, für welche Arbeiten und gegebenenfalls für welche Beanspruchung der Auftragnehmer seine Gerüste, Hebezeuge, Aufzüge, Aufenthalts- und Lagerräume, Einrichtungen und dergleichen für andere Unternehmer vorzuhalten hat.

0.1.10. Auf- und Abbauen sowie Vorhalten der Gerüste, die nicht unter Abschnitt 4.1.10 fallen.

---

*) Diese Hinweise werden nicht Vertragsbestandteil.

0.1.11. besondere Anforderungen an die Baustelleneinrichtung.

0.1.12. Art und Zeit der vom Auftraggeber veranlaßten Vorarbeiten.

0.1.13. ob und in welchem Umfang dem Auftragnehmer Arbeitskräfte und Geräte für Abladen, Lagern und Transport zur Verfügung gestellt werden.

0.1.14. Arbeiten anderer Unternehmer auf der Baustelle.

0.1.15. Leistungen für andere Unternehmer.

0.1.16. ob und unter welchen Umständen auf der Baustelle gewonnene Stoffe verwendet werden dürfen oder verwendet werden sollen.

0.1.17. Art, Menge, Gewicht der Stoffe und Bauteile, die vom Auftraggeber beigestellt werden, sowie Art, Ort (genaue Bezeichnung) und Zeit ihrer Übergabe.

0.1.18. Güteanforderungen an nicht genormte Stoffe und Bauteile.

0.1.19. Art und Umfang verlangter Eignungs- und Gütenachweise.

0.1.20. Art und Beschaffenheit der Unterlage (Untergrund, Unterbau, Tragschicht, Tragwerk).

0.1.21. vorgesehene Arbeitsabschnitte, Arbeitsunterbrechungen und -beschränkungen nach Art, Ort und Zeit.

0.1.22. besondere Erschwernisse während der Ausführung, z. B. Arbeiten in Räumen, in denen der Betrieb des Auftraggebers weiterläuft, Arbeiten bei außergewöhnlichen Temperaturen.

0.1.23. Benutzung von Teilen der Leistung vor der Abnahme.

0.1.24. Ausbildung der Anschlüsse an Bauwerke.

0.1.25. Art und Beschaffenheit vorhandener Einfassungen.

0.1.26. Art und Anzahl der geforderten Proben.

0.1.27. ob nach bestimmten Zeichnungen oder nach Aufmaß abgerechnet werden soll.

0.1.28. ob davon abgesehen werden kann, die Maße für nicht genormte Bauteile vor Beginn der Fertigung zu prüfen (siehe Abschnitt 3.1.3) und ob für Türblätter andere Maße als Vorzugsmaße nach DIN 68 706 Blatt 1 „Sperrtüren; Begriffe, Vorzugsmaße, Konstruktionsmerkmale für Innentüren" vorgesehen sind.

0.1.29. wie die angegebenen Abmessungen zu verstehen sind, z. B. lichtes Rohbaumaß, Rahmenaußenmaß, und mit welchen Toleranzen abweichend von DIN 18 202 Blatt 1 „Maßtoleranzen im Hochbau; Zulässige Abmaße für die Bauausführung, Wand- und Deckenöffnungen, Nischen, Geschoß- und Podesthöhen" zu rechnen ist.

0.1.30. welche Anschlagarten vorgesehen sind, z. B. stumpf, Außenanschlag, Innenanschlag.

0.1.31. Unterkonstruktion für Decken- und Wandbekleidungen.

0.1.32. woran die Bauteile zu befestigen sind, z. B. an Mauerwerk, Beton — verputzt und unverputzt —, Werkstein, Holz, Stahl.

0.1.33. wie die Bauteile zu befestigen sind, z. B. an Dübeln, Bolzen u. a.

0.1.34. ob und wie Fugen bei Anschluß an andere Bauteile abzudecken sind.

0.1.35. ob und wie der Einbau von Rolläden zu berücksichtigen ist.

0.1.36. ob Schwitzwasserrinnen und Schwitzwasserröhrchen anzubringen sind.

0.1.37. Art der Oberflächenbehandlung (siehe Abschnitt 3.13).

0.1.38. ob bei Fenstern und Außentüren der Grund- und der erste Zwischenanstrich vor dem Einbau und vor der Verglasung vom Auftragnehmer ausgeführt werden sollen (siehe DIN 18 363 „Anstricharbeiten").

0.1.39. ob bei Bauteilen, die dem Freiluftklima ausgesetzt sind, dunkle Anstriche verwendet werden sollen.

0.1.40. ob Wetterschutzschienen, Wetterschenkel oder Falzdichtungen an Fenstern oder Türen anzubringen sind.

0.1.41. Anforderungen an die Fugendurchlässigkeit und Schlagregensicherheit nach DIN 18 055 Blatt 2 „Fenster; Fugendurchlässigkeit und Schlagregensicherheit; Anforderung und Prüfung".

0.1.42. besondere Anforderungen an Baustoffe und Ausführung, die über die nachstehenden Allgemeinen Technischen Vorschriften hinausgehen, z. B. Widerstandsfähigkeit gegen außergewöhnliche klimatische Einflüsse, erhöhte Schalldämmung.

0.1.43. wo (in welchen Geschossen) die Bauteile einzusetzen sind, welche Transportmöglichkeiten zur Verfügung stehen und ob an der Einbaustelle besondere Erschwernisse zu erwarten sind.

0.1.44. ob und welche Putz- und Deckleisten vor dem Tapezieren und Anstreichen von Wandflächen abzunehmen, aufzubewahren und wieder anzubringen sind.

0.1.45. ob eine gemeinsame Baustellenbewachung vorgesehen ist.

0.1.46. Leistungen nach Abschnitt 4.2 in besonderen Ansätzen, wenn diese Leistungen keine Nebenleistungen sein sollen.

0.1.47. Leistungen nach Abschnitt 4.3 in besonderen Ansätzen.

0.2. In der Leistungsbeschreibung sind Angaben zu folgenden Abschnitten nötig, wenn der Auftraggeber eine abweichende Regelung wünscht:

Abschnitt 1.2 (Leistungen mit Lieferung der Stoffe und Bauteile)
Abschnitt 2.1 (Vorhalten von Stoffen und Bauteilen)
Abschnitt 2.2.1 (Liefern ungebrauchter Stoffe und Bauteile)
Abschnitt 2.3.2 (Holzgüte, Holzarten für sichtbar bleibende Bauteile)
Abschnitt 2.3.3 (Holzarten für verdeckte Bauteile)
Abschnitt 2.4.1 (Güte von Sperrholz)
Abschnitt 3.1.3 (Maßnehmen am Bau)
Abschnitt 3.5.2 (Dichten von Außentüren und Fenstern mit Hanfstrick, Fugenbreite am Anschlag, Ausstopfen von Fugen mit Mineralfaserstoff)
Abschnitt 3.6.5 (Anbringen von Falzleisten)
Abschnitt 3.6.6 (Holzverbindungen bei bogenförmigen Rahmenhölzern)
Abschnitt 3.9.1.3 (Türfüllungen aus Sperrholz)
Abschnitt 3.10.1 (Holzart für Schwellen)
Abschnitt 3.10.2 (Eckverbindungen von Bekleidungen)
Abschnitt 3.11.2 (Dicke von Füllungen)
Abschnitt 3.12.2 (Bemessung von Böden und Füllungen bei Schränken)
Abschnitt 3.12.3 (Führungen in Hartholz bei Schiebetüren)
Abschnitt 3.13.1.1 (Schleifen der sichtbaren Holzoberfläche).

1. Allgemeines

1.1. DIN 18 355 „Tischlerarbeiten" gilt nicht für:

Treppen, Holzfußböden, Fußleisten, gezimmerte Türen, Tore, Schalungen, zimmermannsmäßige Bekleidungen und Verschläge (siehe DIN 18 334 „Zimmer- und Holzbauarbeiten"),
Parkettarbeiten (siehe DIN 18 356 „Parkettarbeiten"),
Beschläge (siehe DIN 18 357 „Beschlagarbeiten") und nicht für
Anstricharbeiten (siehe DIN 18 363 „Anstricharbeiten").

1.2. Alle Leistungen umfassen auch die Lieferung der dazugehörigen Stoffe und Bauteile einschließlich Abladen und Lagern auf der Baustelle, wenn in der Leistungsbeschreibung nichts anderes vorgeschrieben ist.

1.3. Stoffe und Bauteile, die vom Auftraggeber beigestellt werden, hat der Auftragnehmer rechtzeitig beim Auftraggeber anzufordern.

2. Stoffe, Bauteile

2.1. Vorhalten

Stoffe und Bauteile, die der Auftragnehmer nur vorzuhalten hat, die also nicht in das Bauwerk eingehen, können nach Wahl des Auftragnehmers gebraucht oder ungebraucht sein, wenn in der Leistungsbeschreibung darüber nichts vorgeschrieben ist.

2.2. Liefern

2.2.1. Allgemeine Anforderungen

Stoffe und Bauteile, die der Auftragnehmer zu liefern und einzubauen hat, die also in das Bauwerk eingehen, müssen ungebraucht sein, wenn in der Leistungsbeschreibung nichts anderes vorgeschrieben ist. Sie müssen für den jeweiligen Verwendungszweck geeignet sein.

Stoffe und Bauteile, für die DIN-Normen bestehen, müssen den DIN-Güte- und -Maßbestimmungen entsprechen.

Stoffe und Bauteile, die nach den behördlichen Vorschriften einer Zulassung bedürfen, müssen amtlich zugelassen sein und den Zulassungsbedingungen entsprechen.

Stoffe und Bauteile, für die weder DIN-Normen bestehen noch eine amtliche Zulassung vorgeschrieben ist, dürfen nur mit Zustimmung des Auftraggebers verwendet werden.

Für die gebräuchlichsten genormten Stoffe und Bauteile sind die DIN-Normen nachstehend aufgeführt.

2.3. Holz (Vollholz)

2.3.1. DIN 4071 Blatt 1 Abmessungen ungehobelter Bretter und Bohlen aus europäischen (außer nordischen) Hölzern

DIN 4071 Blatt 2 Abmessungen ungehobelter Bretter und Bohlen aus nordischen und überseeischen Hölzern

DIN 4072 Blatt 1 Gespundete Bretter aus europäischen (außer nordischen) Hölzern

DIN 4072 Blatt 2 Gespundete Bretter aus nordischen und überseeischen Hölzern

DIN 4073 Blatt 1 Abmessungen gehobelter Bretter und Bohlen aus europäischen (außer nordischen) Hölzern

DIN 4073 Blatt 2 Abmessungen gehobelter Bretter und Bohlen aus nordischen und überseeischen Hölzern

DIN 68 120 Holzprofile; Grundformen

DIN 68 122 Blatt 1 Gespundete Fasebretter aus europäischen (außer nordischen) Hölzern

DIN 68 122 Blatt 2 Gespundete Fasebretter aus nordischen und überseeischen Hölzern

DIN 68 123 Blatt 1 Stülpschalungsbretter aus europäischen (außer nordischen) Hölzern

DIN 68 123 Blatt 2 Stülpschalungsbretter aus nordischen und überseeischen Hölzern

DIN 68 126 Blatt 1 Profilbretter mit Schattennut aus europäischen (außer nordischen) Hölzern

DIN 68 126 Blatt 2 Profilbretter mit Schattennut aus nordischen und überseeischen Hölzern

DIN 68 127 Akustikbretter

DIN 68 360 Holz für Tischlerarbeiten; Gütebedingungen.

2.3.2. Das Holz muß mindestens die Güteeigenschaften für deckend zu streichende Bauteile (siehe DIN 68 360) haben, wenn in der Leistungsbeschreibung nichts anderes vorgeschrieben ist.

Für Bauteile, die nach dem Einbau sichtbar bleiben, hat der Auftragnehmer nach seiner Wahl eine nach DIN 68 360 „Holz für Tischlerarbeiten; Gütebedingungen" geeignete Holzart zu verwenden, wenn in der Leistungsbeschreibung eine bestimmte Holzart nicht vorgeschrieben ist.

2.3.3. Für die nach dem Einbau verdeckten Bauteile, z. B. bei Wandschränken oder Wandbekleidungen, ist nach Wahl des Auftragnehmers die für die nicht verdeckten Bauteile vorgeschriebene Holzart (Fichte, Tanne, Kiefer oder ein in der Güte mindestens gleich geeignetes Holz) oder ein gleich geeigneter Werkstoff zu verwenden, wenn in der Leistungsbeschreibung nichts anderes vorgeschrieben ist.

2.3.4. Das Holz muß so beschaffen sein, daß die daraus gefertigten Einzelteile nicht reißen, sich nicht werfen oder verziehen.

Jedoch können Veränderungen dieser Art nicht beanstandet werden, wenn sie nach der Verkehrssitte als bedeutungslos anzusehen sind.

2.3.5. Der Feuchtigkeitsgehalt fertig zusammengebauter Holzteile muß, wenn diese den Herstellungsbetrieb verlassen,

für Innenausbauteile 8 bis 12 %,
für Bauteile, die ständig mit der Außenluft in Verbindung stehen, 10 bis 15 %
bezogen auf das Darrgewicht, betragen.

Dieser Feuchtigkeitsgehalt muß auf Verlangen des Auftraggebers nachgewiesen werden.

2.4. Holzwerkstoffe

2.4.1. Sperrholz

DIN 4078 Sperrholz; Maße

DIN 68 705 Blatt 1 Sperrholz; Begriffe, allgemeine Anforderungen, Prüfung

DIN 68 705 Blatt 2 Sperrholz; Sperrholz für allgemeine Zwecke, Gütebedingungen

DIN 68 705 Blatt 3 Sperrholz; Bau-Furnierplatten, Gütebedingungen

DIN 68 705 Blatt 4 Sperrholz; Bau-Tischlerplatten, Gütebedingungen

DIN 68 707 Sperrholzformteile für Sitzmöbel.

Die sichtbar bleibenden Flächen von Bauteilen aus Sperrholz müssen den folgenden Gütebedingungen genügen, wenn in der Leistungsbeschreibung nichts anderes vorgeschrieben ist:

für deckend zu streichende Deckfurniere Güteklasse II nach DIN 68 705 Blatt 2 „Sperrholz; Sperrholz für allgemeine Zwecke, Gütebedingungen",

für nicht deckend zu behandelnde Deckfurniere Güteklasse I nach DIN 68 705 Blatt 2.

2.4.2. Holzspanplatten

DIN 68 761 Spanplatten; Flachpreßplatten FPY für allgemeine Zwecke, Begriffe, Eigenschaften, Prüfung

DIN 68 762 Spanplatten für Sonderzwecke im Bauwesen, Begriffe, Eigenschaften, Prüfung

DIN 68 763 Spanplatten; Flachpreßplatten für das Bauwesen, Begriffe, Eigenschaften, Prüfung, Überwachung

DIN 68 764 Blatt 1 Spanplatten; Strangpreßplatten für das Bauwesen, Begriffe, Eigenschaften, Prüfung, Überwachung

DIN 68 764 Blatt 2 Spanplatten; Strangpreßplatten für das Bauwesen, beplankte Strangpreßplatten für die Tafelbauart

DIN 68 765 Spanplatten; kunststoffbeschichtete dekorative Flachpreßplatten für allgemeine Zwecke, Begriffe, Eigenschaften

Oberflächen von Holzspanplatten, die furniert werden sollen oder für die eine Oberflächenbehandlung vorgesehen ist, müssen ausreichend geschlossen sein.

2.4.3. Holzfaserplatten

DIN 68 750 Holzfaserplatten, poröse und harte Holzfaserplatten; Gütebedingungen

DIN 68 751 Kunststoffbeschichtete dekorative Holzfaserplatten; Begriffe, Anforderungen

DIN 68 752 Holzfaserplatten; Bitumen-Holzfaserplatten, Gütebedingungen.

2.5. Furniere

DIN 4079 Furniere; Dicken

DIN 68 330 Furniere; Begriffe.

2.6. Beschichtungsplatten und Beschichtungsfolien aus Kunststoff

Beschichtungsplatten und Beschichtungsfolien aus Kunststoff müssen dem Verwendungszweck sowie den Güte- und Prüfbestimmungen entsprechen, z. B.

DIN 7707 Blatt 1 Schichtpreßstoff-Erzeugnisse; Kunstharz-Preßholz, Anforderungen, Prüfung

DIN 16 926 Dekorative Schichtpreßstoffplatten A; Typen

DIN 53 799 Prüfung von dekorativen Schichtpreßstoffplatten A und kunststoffbeschichteten dekorativen Holzfaserplatten.

2.7. Klebstoffe (Leime)

DIN 4076 Blatt 3 Benennungen und Kurzzeichen auf dem Holzgebiet; Klebstoffe, Verleimungsarten, Beanspruchungsgruppen

DIN 68 601 Holzverleimung; Begriffe

DIN 68 602 Holz-Leimverbindungen; Beanspruchungsgruppen

DIN 68 603 Holz-Leimverbindungen; Prüfung

DIN 53 255 Prüfung von Holzleimen und Holzverleimungen; Bestimmung von Sperrholzverleimungen (Furnier- und Tischlerplatten) im Zugversuch und im Aufsteckversuch

DIN 53 258 Prüfung von Holzleimen und Holzverleimungen; Bestimmung des Verhaltens bei wiederholter kurzzeitiger Wassereinwirkung.

Klebstoff (Leime) dürfen an der behandelten Oberfläche weder Verfärbungen noch andere Schäden verursachen.

Dichtstoffe müssen gegenüber den atmosphärischen Einflüssen beständig sein, sie dürfen nicht aushärten und nach DIN 52 460 „Prüfung von Materialien für Fugen- und Glasabdichtungen im Hochbau; Begriffe" nicht aggressiv sein.

2.8. Holzschrauben, Nägel, Stifte

DIN 95 Linsensenk-Holzschrauben mit Schlitz

DIN 96 Halbrundholzschrauben mit Schlitz

DIN 97 Senk-Holzschrauben mit Schlitz

DIN 1151 Drahtstifte, rund; Flachkopf, Senkkopf

DIN 1152 Drahtstifte, rund; Stauchkopf.

2.9. Stoffe zur Oberflächenbehandlung

2.9.1. Beizen

Holzbeize muß lichtecht und so beschaffen sein, daß sie gleichmäßig in das Holz eindringt, den Farbton des Holzes verändert und seine Struktur hervorhebt.

Die Beize muß — je nach Verarbeitungstechnik — in Wasser oder Spiritus löslich sein.

2.9.2. Überzugsstoffe

Überzugsstoffe müssen eine gute Verbindung zum Untergrund eingehen. Die Oberfläche muß den Anforderungen nach DIN 68 751 „Kunststoffbeschichtete dekorative Holzfaserplatten; Begriffe, Anforderungen" entsprechen und leicht streich- und wischbar sein.

2.9.3. Politur (Politurlack)

Politur (Politurlack) soll lichtecht und so beschaffen sein, daß sie eine möglichst elastische und — je nach Verwendungszweck — kratz-, wasser-, säure- bzw. hitzebeständige Oberfläche ergibt.

2.10. Holzschutzmittel

DIN 52 175 Holzschutz; Grundlage, Begriffe

DIN 68 800 Holzschutz im Hochbau.

Holzschutzmittel müssen amtlich zugelassen sein (siehe Holzschutzmittelverzeichnis, herausgegeben vom Institut für Bautechnik, 1 Berlin 30, Reichpietschufer 72–76). Ist ein nachfolgender Anstrich der Hölzer vorgesehen, so muß das Holzschutzmittel anstrichverträglich sein. Das Holzschutzmittel muß bei Innenanstrich geruchlos sein.

2.11. Genormte Fenster und Türen

DIN 18 051 Holzfenster für den Wohnungsbau; Rahmengrößen für Blendrahmen- und Verbundfenster, Bandsitz

DIN 18 101 Holztüren für den Wohnungsbau; Türblattgrößen, Bandsitz und Schloßsitz

DIN 68 121 Blatt 1 Holzfenster-Profile; Dreh-, Drehkipp- und Kippfenster

DIN 68 121 Blatt 2 Holzfenster-Profile; Größtmaße für Fensterflügel

DIN 68 706 Blatt 1 Sperrtüren; Begriffe, Vorzugsmaße, Konstruktionsmerkmale für Innentüren.

3. Ausführung

3.1. Allgemeines

3.1.1. Wenn Verkehrs-, Versorgungs- und Entsorgungsanlagen im Bereich des Baugeländes liegen, sind die Vorschriften und Anordnungen der zuständigen Stellen zu beachten.

3.1.2. Die für die Aufrechterhaltung des Verkehrs bestimmten Flächen sind freizuhalten. Der Zugang zu Einrichtungen der Versorgungs- und Entsorgungsbetriebe, der Feuerwehr, der Post und Bahn, zu Vermessungspunkten und dergleichen darf nicht mehr als durch die Ausführung unvermeidlich behindert werden.

3.1.3. Der Auftragnehmer hat die Maße für nicht genormte Bauteile rechtzeitig vor Beginn der Fertigung am Bau zu überprüfen, soweit nicht geklärt ist, z. B. in der Leistungsbeschreibung oder durch Absprache, daß diese Überprüfung unterbleiben kann oder durch bestimmte Maßangaben, z. B. in ausdrücklich genannten Zeichnungen, ersetzt wird.

3.1.4. Abweichungen von den in der Leistungsbeschreibung angegebenen Abmessungen für Höhe, Breite, Länge, sind bei nicht genormten Bauteilen bis zu 5 cm jeder dieser Abmessungen ohne Änderung des vereinbarten Preises zu berücksichtigen, wenn die Notwendigkeit der Abweichungen vor Beginn der Fertigung festgestellt wird oder vom Auftragnehmer hätte festgestellt werden müssen.

3.1.5. Der Auftragnehmer hat die baulichen Verhältnisse daraufhin zu prüfen, ob sie für die Ausführung der vorgeschriebenen Leistung geeignet sind. Er hat dem Auftraggeber Bedenken unverzüglich schriftlich mitzuteilen (siehe Teil B — DIN 1961 — § 4 Nr. 3), wenn die baulichen Verhältnisse nicht der vorgesehenen Ausführung entsprechen. Unter diesen Voraussetzungen sind Bedenken geltend zu machen, insbesondere bei

zu hoher Baufeuchtigkeit,

ungenügendem Anstrich der einzubauenden Bauteile,

fehlenden Voraussetzungen für die Befestigung und Abdichtung der einzubauenden Bauteile zum Baukörper.

3.1.6. Die in den Verdingungsunterlagen angegebenen Holzabmessungen gelten für das fertig bearbeitete Holz.

3.1.7. Alle Bauteile sind so herzustellen, daß sie sich bei sachgemäßer Behandlung und Nutzung nicht verziehen und daß sie nicht reißen, auch nicht bei zu erwartenden Temperatur- und Feuchtigkeitsbelastungen.

3.1.8. Gliederung und Profile sind nach den für die Ausführung maßgebenden Zeichnungen herzustellen.

Holzverbindungen und Gehrungen sind genau zusammenzupassen.

3.1.9. Die sichtbar bleibenden Flächen sind zu putzen, z. B. durch Hobeln und Schleifen, Hobelschläge dürfen nicht erkennbar sein.

3.2. Ausführung von Vollhölzern

3.2.1. Bei den Dicken der bearbeiteten (gehobelten) Hölzer sind Abweichungen nur zulässig nach

DIN 4073 Blatt 1 Abmessungen gehobelter Bretter und Bohlen aus europäischen (außer nordischen) Hölzern

DIN 4073 Blatt 2 Abmessungen gehobelter Bretter und Bohlen aus nordischen und überseeischen Hölzern.

3.2.2. Vollhölzer müssen so miteinander verbunden werden, daß das Holz bei Schwankungen der Luftfeuchtigkeit quellen und schwinden kann, ohne die Verbindung zu beeinträchtigen.

3.2.3. Rahmenhölzer dürfen nicht gestoßen werden.
Keilzinkenverbindungen nach
DIN 68 140 „Keilzinkenverbindungen von Holz"
dürfen mit Zustimmung des Auftraggebers angewendet werden.

3.3. Absperren, Furnieren und Beschichten

3.3.1. Sichtbar bleibende Kantenflächen von Sperrholz, Holzspan- und Verbundplatten müssen furniert oder mit Einleimern bzw. mit Anleimern versehen werden.

3.3.2. Bei abgesperrten furnierten und beschichteten Flächen dürfen sich Fugen und Unebenheiten des Untergrundes auch nach dem Nachtrocknen nicht abzeichnen.

3.3.3. Deckanstriche oder Beschichtungen müssen in den Fugen dicht schließen und dürfen keine ungeleimten Stellen haben.

3.3.4. Maserfurniere sind gegen Reißen zu sichern, Haarrisse sind zulässig.

3.4. Verleimen

3.4.1. Art und Festigkeit der Verleimung müssen dem Einbauort und dem Verwendungszweck des Bauteils entsprechen.
Für Begriffe, Anforderungen und Prüfung von Verleimungen gelten:

DIN 53 251 Prüfung von Holzleimen und Holzverleimungen; Bestimmung der Bindefestigkeit, Allgemeine Richtlinien

DIN 53 252 Prüfung von Holzleimen; Kenndaten des Verleimungsvorganges

DIN 68 601 Holzverleimung; Begriffe

DIN 68 602 Holz-Leimverbindungen; Beanspruchungsgruppen

DIN 68 603 Holz-Leimverbindungen; Prüfung.

3.5. Einbau

3.5.1. Bauteile, wie Blendrahmen, Futter und dergleichen sind fluchtgerecht und winkelrecht und in der vorgeschriebenen Höhenlage einzusetzen und zu befestigen. Erforderliche Abdichtungen müssen möglich sein.

3.5.2. Die Rahmen von Außentüren und Fenstern sind gegen den Anschlag oder die Leibung mit imprägniertem Hanfstrick von mindestens 15 mm Durchmesser zu dichten, wenn in der Leistungsbeschreibung nichts anderes vorgeschrieben ist. Die Fuge am Anschluß muß etwa 10 mm breit sein, wenn in der Leistungsbeschreibung nichts anderes vorgeschrieben ist.

Der Hanfstrick ist so weit zurückzusetzen, daß der spätere Fugenmörtel in Putzdicke, mindestens 15 mm tief, eingebracht werden kann, die verbleibenden Fugen sind auf der Raumseite mit Mineralfaserstoff auszustopfen, wenn in der Leistungsbeschreibung nichts anderes vorgeschrieben ist.

Bei Abdichtung der Rahmen gegen den Anschlag oder die Leibung mit spritzbaren Dichtstoffen müssen diese innerhalb des vorkommenden Temperaturbereiches am

Rahmen und an den anschließenden Bauteilen so haften, daß sie Bewegungen, Ausdehnungen und Schwinden des Bauteiles aufnehmen, ohne in sich zu reißen oder abzureißen.

3.5.3. Nägel an Sichtflächen müssen gestauchte Köpfe haben, sie sind zu versenken. Nägel mit gekerbten Köpfen und Nagelschrauben an Stelle von Holzschrauben sind nicht zulässig.

3.5.4. Aushängbare Bauteile und ihre Rahmen sind an unauffälliger Stelle als zusammengehörig dauerhaft zu bezeichnen.

Die Bezeichnung muß auch nach dem Anstrich noch sichtbar sein.

3.6. Fenster

3.6.1. Blendrahmen, Zargenrahmen und Stockrahmen sind an den Ecken zu schlitzen oder zu zinken.

3.6.2. Rahmenhölzer der Fenster sind durch Schlitz und Zapfen zu verbinden und vollflächig — auch an den Brüstungen der Holzverbindungen — zu verleimen (siehe auch DIN 68 602 „Holz-Leimverbindungen; Beanspruchungsgruppen").

Äußere Schlagleisten sind mit dem Rahmenholz zu verleimen, innere Schlagleisten sind zu verschrauben.

3.6.3. Wetterschenkel sind mit den Flügelrahmen zu verleimen und zu verschrauben.

3.6.4. Sprossen müssen untereinander überblattet oder verzapft in der Gliederungsbreite auf Gehrung zusammengeschnitten und in die Rahmen eingezapft werden oder, wenn die Form der Sprossen es erfordert, eine andere gleichwertige Verbindung erhalten. Aus Metall hergestellte Sprossen sind schon beim Zusammensetzen der Holzrahmen mit einzufügen.

3.6.5. Innere Falzleisten sind an allen Ecken auf Gehrung zusammenzupassen. Bei äußeren Leisten sind die seitlichen Leisten, passend angeschnitten, auf die untere durchgehende Leiste aufzusetzen, wenn in der Leistungsbeschreibung nichts anderes vorgeschrieben ist; dies gilt sinngemäß auch für innere untere Glashalteleisten bei Einfachfenstern mit Einfachverglasung.

3.6.6. Bogenförmige Rahmenhölzer sind je nach der Größe der Bögen aus mehreren Stücken herzustellen, mit Keilzinken oder Zapfen zu verbinden, wenn in der Leistungsbeschreibung nichts anderes vorgeschrieben ist, z. B. Dübel, Hirnholzfeder.

3.7. Fensterbretter

3.7.1. Innere Fensterbretter und untere Stücke der Fensterzwischenfutter sind in das Rahmenholz einzulassen. Fensterbretter aus Vollholz mit einer Breite von mehr als 25 cm sind mit Einschub-Gratleisten zu versehen.

3.8. Fenster- und Türläden

Bei gestemmten Fenster- und Türläden sind die unteren Rahmenhölzer in die senkrechten Rahmenhölzer durchgehend und die senkrechten Rahmenhölzer in die Kopfstücke bis zu $^2/_3$ der Kopfstückbreite einzuzapfen, zu verkeilen und zu verleimen.

3.9. Türen und Tore

3.9.1. Rahmentüren und Rahmentore

3.9.1.1. Rahmenhölzer von Außentüren und Toren sowie nicht deckend zu streichende Rahmenhölzer von Innentüren bis zu einer Breite von 15 cm dürfen ohne Zustimmung des Auftraggebers nicht aus mehreren Stücken verleimt werden.

Bei breiteren, in der Breite zusammengesetzten Rahmenhölzern äußerer Türblätter ist die Verleimung mit zusätzlicher Verdübelung oder einer gleichwertigen Verbindung auszuführen.

Für Rahmenhölzer ist nur kerngetrenntes (nicht einstieliges) Holz zu verwenden.

3.9.1.2. Die Rahmenhölzer sind durch Schlitz und Zapfen oder durch Dübel miteinander zu verbinden.

Die Zapfen dürfen nicht breiter als 60 mm
und müssen mit Nutzapfen von 15 mm Länge
versehen sein.

Sie müssen beim Zusammenbau der Rahmen vollflächig – auch an den Brüstungen der Holzverbindungen – verleimt und verkeilt werden.

3.9.1.3. Füllungen müssen sich in den Nuten der Rahmen frei bewegen können. Füllungen über 30 cm Breite sind bei deckend zu streichenden Türen aus Sperrholz herzustellen, wenn in der Leistungsbeschreibung nichts anderes vorgeschrieben ist, z. B. Holzspanplatten, harte Holzfaserplatten.

Füllungen aus Sperrholz sind nach DIN 68 705 Blatt 1 „Sperrholz; Begriffe, allgemeine Anforderungen, Prüfung",

Füllungen aus Spanplatten nach DIN 68 763 „Spanplatten; Flachpreßplatten für das Bauwesen, Begriffe, Eigenschaften, Prüfung, Überwachung" herzustellen.

Füllungen aus Vollholz von über 30 cm Breite sind aus mehreren Stücken zu verleimen.

3.9.1.4. Wetterschenkel sind auf den Rahmen aufzuleimen und mit diesen zu verschrauben.

3.9.1.5. Schlagleisten sind mit dem Rahmenholz zu verschrauben, äußere Schlagleisten sind außerdem zu verleimen.

3.9.2. Glatte Türen und glatte Tore

Für glatte Türblätter gilt DIN 68 706 Blatt 1 „Sperrtüren; Begriffe, Vorzugsmaße, Konstruktionsmerkmale für Innentüren".

Für die Rahmenunterkonstruktion der glatten Tore gilt Abschnitt 3.9.1 sinngemäß.

3.9.3. Gestemmte Türen und Tore

Für die Rahmenkonstruktion der gestemmten Türen und Tore gilt Abschnitt 3.9.1 sinngemäß.

3.10. Futter, Zargenrahmen, Bekleidungen

3.10.1. Futter mit oder ohne Schwellen sowie Zargenrahmen sind entsprechend der ortsüblichen Ausführung an allen Ecken zu fälzen, zu zinken, zu schlitzen, zu dübeln oder mit Fingerzapfen zu verbinden. Für die Schwellen ist Hartholz zu verwenden, wenn in der Leistungsbeschreibung nichts anderes vorgeschrieben ist.

3.10.2. Bekleidungen an Türen, Fenstern und dergleichen sind an den Ecken stumpf oder auf Gehrung durch Schlitz und Zapfen oder Überblattung oder mit Dübeln zu verbinden und zu verleimen, wenn in der Leistungsbeschreibung nicht eine bestimmte Verbindung vorgeschrieben ist.

3.11. Wand- und Deckenbekleidungen

3.11.1. Für die Ausführung von Wand- und Deckenbekleidungen gelten sinngemäß die Abschnitte 3.9.1 und 3.9.2.

3.11.2. Für die Dicke von Tafeln oder Füllungen aus Sperrholz, Holzspanplatten oder verleimten Massivholzplatten gilt Abschnitt 3.12.2 sinngemäß, wenn in der Leistungsbeschreibung nichts anderes vorgeschrieben ist.

3.11.3. Am Sockel und Gesims von Wandbekleidungen sind zur Erzielung eines Luftwechsels verdeckte Lüftungsöffnungen oder Schlitze anzubringen. Zwischen Wand und Wandbekleidungen muß ein Luftraum von mindestens 2 cm bleiben.

3.11.4. Alle Zwischenbauteile aus Holz sind mit einem Holzschutzmittel nach DIN 68 800 „Holzschutz im Hochbau" gegen Pilze und Insekten zu schützen.

3.11.5. Alle Zwischenbauteile aus Stahl und Aluminiumlegierungen müssen einen ausreichenden Korrosionsschutz nach DIN 18 364 „Oberflächenschutzarbeiten an Stahl und Oberflächenschutzarbeiten (Anstrich) an Aluminiumlegierungen" besitzen.

3.11.6. Schalldämmende bzw. schallschluckende Wand- und Deckenbekleidungen müssen den entsprechenden Forderungen der DIN 4109 „Schallschutz im Hochbau" und der DIN 18 041 „Hörsamkeit in kleinen bis mittelgroßen Räumen" entsprechen.

3.12. Einbauschränke

3.12.1. Türen und Schubladen müssen dicht schließen und leicht gangbar sein. Die Laufflächen der Schubladenseiten müssen mit einem Laufstreifen aus Hartholz oder einem anderen geeigneten Stoff versehen sein. Tragleisten sind aus Hartholz oder einem anderen geeigneten Stoff herzustellen und anzuschrauben.

3.12.2. Rahmen-Sockelkonstruktionen und Böden von Schränken, Regalen und Schubladen müssen so bemessen und angeordnet sein, daß sie der zu erwartenden Belastung entsprechen. Es gelten folgende Mindestdicken, wenn in der Leistungsbeschreibung nichts anderes vorgeschrieben ist:

für Rückwände, eingeschobene Böden, Kranzböden und Füllungen

aus Sperrholz mindestens 6 mm,

aus Holzspanplatten mindestens 8 mm,

für Schubladenböden über 0,25 m^2 Größe aus Sperrholz mindestens 6 mm.

3.12.3. Schiebetüren müssen in Führungen aus Hartholz laufen, wenn in der Leistungsbeschreibung nichts anderes vorgeschrieben ist.

3.13. Oberflächenbehandlung

3.13.1. Allgemeines

3.13.1.1. Die sichtbar bleibenden Holzoberflächen sind zu schleifen, wenn in der Leistungsbeschreibung nichts anderes vorgeschrieben ist.

Exotische Hölzer, z. B. Palisander, Makassar, sind, soweit ihre Inhaltsstoffe es erfordern, zu sperren und erst nach ausreichender Durchtrocknung fein zu schleifen. Der Schleifstaub ist durch Ausbürsten zu entfernen.

3.13.1.2. Bei Füllungen muß die vorgeschriebene Oberflächenbehandlung über die ganze Fläche durchgeführt werden, bevor die Füllung eingesetzt wird.

3.13.2. Vorbehandlung der Holzoberfläche

Die Oberfläche des Holzes darf keine ausgerissenen oder durchgeputzten bzw. durchgeschliffenen Stellen aufweisen und auch keine grauen Poren oder Streifen vom Querschleifen haben. Etwaiger Leimdurchschlag darf nicht erkennbar bleiben.

Darüber hinaus sind für deckende Anstriche, Risse und Löcher vor dem Schleifen auszukitten, nichtdeckende Anstriche, die Oberfläche in Faserrichtung feinkörnig zu schleifen.

Holzoberflächen, die gebeizt werden, sind zu waschen und zu wässern.

Nach dem Wässern sind die Flächen zu schleifen und die Poren sauber auszubürsten.

3.13.3. Beizen

Die Beize muß gleichmäßig ohne Streifen und Pinselansätze verteilt werden. Treiber, Wischer, helle Streifen, helle ungebeizte Poren oder Ölflecke dürfen nicht entstehen.

3.13.4. Mattieren, Wachsen

Mattine oder Wachs muß gleichmäßig dünn aufgetragen und fein verteilt werden. Die behandelte Fläche darf nicht rauh und nicht verschleiert sein.

Die Poren der Oberfläche dürfen durch die Behandlung nicht geschlossen werden.

3.13.5. Polieren

Beim Polieren ist eine dem verwendeten Poliermaterial und der Porosität des verarbeiteten Holzes entsprechende Trocknungszeit einzuhalten. Die Farbe der Porenfüller muß der Holzfarbe genau entsprechen. Die polierte Fläche darf nicht verschleiert und nicht wellig sein und darf keinen grauen Schimmer zeigen. Es dürfen keine Rückstände von Porenfüllern und Ölausschlag zurückbleiben.

Die Poren der Oberfläche müssen restlos geschlossen sein.

3.14. Chemischer Holzschutz

3.14.1. Holzteile, die mit der Außenluft oder ständig mit besonders feuchter Luft in Berührung kommen oder in Mauerwerk oder in Beton einbinden, z. B. Fenster, Türen einschließlich Futter und Bekleidung, müssen vor dem Einsetzen allseitig mit einem Holzschutzmittel, bei bläueempfindlichen Hölzern auch mit Bläueschutz nach DIN 68 800 „Holzschutz im Hochbau", behandelt sein, soweit sie nicht bereits bei der Herstellung, z. B. Holzwerkstoffe, ausreichend geschützt sind.

Die Vorschriften des Herstellerwerkes sind zu beachten.

Der Auftragnehmer hat bei der Auswahl und der Verwendung der Holzschutzmittel die im Verkehr mit Giftstoffen erforderliche Sorgfalt zu beachten.

3.14.2. Hat der Auftraggeber das anzuwendende Holzschutzmittel nicht vorgeschrieben, so hat der Auftragnehmer ein geeignetes Mittel aus dem Holzschutzmittelverzeichnis des Instituts für Bautechnik Berlin auszuwählen.

Die Holzteile sind, bevor sie die Werkstatt verlassen, mit einem Anstrich zu versehen.

4. Nebenleistungen

Nebenleistungen sind Leistungen, die auch ohne Erwähnung in der Leistungsbeschreibung zur vertraglichen Leistung gehören (siehe Teil B — DIN 1961 — § 2 Nr. 1).

4.1. Folgende Leistungen sind Nebenleistungen:

4.1.1. Messungen für das Ausführen und Abrechnen der Arbeiten einschließlich des Vorhaltens der Meßgeräte, Lehren, Absteckzeichen usw., des Erhaltens der Lehren und Absteckzeichen während der Bauausführung und des Stellens der Arbeitskräfte, jedoch nicht Leistungen nach Teil B — DIN 1961 — § 3 Nr. 2.

4.1.2. Schutz- und Sicherheitsmaßnahmen nach den Unfallverhütungsvorschriften und den behördlichen Bestimmungen.

4.1.3. Schutz der ausgeführten Leistungen und der für die Ausführung übergebenen Gegenstände vor Beschädigung und Diebstahl bis zur Abnahme.

4.1.4. Heranbringen von Wasser und Energie von den vom Auftraggeber auf der Baustelle zur Verfügung gestellten Anschlußstellen zu den Verwendungsstellen.

4.1.5. Vorhalten der Kleingeräte und Werkzeuge.

4.1.6. Lieferung der Betriebsstoffe.

4.1.7. Befördern aller Stoffe und Bauteile, auch wenn sie vom Auftraggeber beigestellt sind, von den Lagerstellen auf der Baustelle zu den Verwendungsstellen und etwaiges Rückbefördern.

4.1.8. Beleuchten und Reinigen der Aufenthaltsräume und Aborte für die Beschäftigten des Auftragnehmers sowie Beheizen der Aufenthaltsräume.

4.1.9. Beseitigen aller Verunreinigungen (Abfälle, Bauschutt und dergleichen), die von den Arbeiten des Auftragnehmers herrühren.

4.1.10. Auf- und Abbauen sowie Vorhalten der Gerüste, deren Arbeitsbühnen bis zu 2 m über Gelände oder Fußboden liegen.

4.1.11. Herstellen von Löchern in Mauerwerk und Leichtbeton.

4.1.12. Liefern und Einbau von Dübeln, ausgenommen Leistungen nach Abschnitt 4.3.10.

4.1.13. Anbringen und Einlassen von Befestigungen in Holzteilen.

4.1.14. Liefern der erforderlichen Befestigungsmittel, z. B. Schrauben, Nägel, Bankstahl, Zargenanker.

4.1.15. Chemischer Holzschutz.

4.2. Folgende Leistungen sind Nebenleistungen, wenn sie nicht durch besondere Ansätze in der Leistungsbeschreibung erfaßt sind:

4.2.1. Einrichten und Räumen der Baustelle.

4.2.2. Vorhalten der Baustelleneinrichtung einschließlich der Geräte und dergleichen.

4.2.3. Liefern und Befestigen der für die Tischlerarbeiten erforderlichen Unterlagskeile und Ausfütterungen.

4.3. Folgende Leistungen sind keine Nebenleistungen:

4.3.1. „Besondere Leistungen" nach Teil A — DIN 1960 — § 9 Nr. 6.

4.3.2. Sichern von Leitungen, Kanälen, Dränen, Kabeln, Grenzsteinen, Bäumen und dergleichen.

4.3.3. besondere Maßnahmen aus Gründen der Landespflege und des Umweltschutzes.

4.3.4. Vorhalten von Aufenthalts- und Lagerräumen, wenn der Auftraggeber Räume, die leicht verschließbar gemacht werden können, nicht zur Verfügung stellt.

4.3.5. Auf- und Abbauen sowie Vorhalten der Gerüste, deren Arbeitsbühnen mehr als 2 m über Gelände oder Fußboden liegen.

4.3.6. zusätzliche Maßnahmen für die Weiterarbeit bei Frost und Schnee, soweit sie dem Auftragnehmer nicht ohnehin obliegen.

4.3.7. besonderer Schutz der Bauleistung, der vom Auftraggeber für eine vorzeitige Benutzung verlangt wird, seine Unterhaltung und spätere Beseitigung.

4.3.8. Reinigen des Untergrundes von grober Verschmutzung durch Bauschutt, Gips, Mörtelreste, Farbreste u. ä., soweit sie von anderen Unternehmern herrührt.

4.3.9. Herstellen oder Bohren von Löchern in Werkstein, Schwerbeton, Stahl u. ä.

4.3.10. Liefern und Einbauen von Dübeln zum Befestigen für Türen und Fenster.

4.3.11. Liefern und Befestigen von Deckleisten zum Anschließen an andere Bauteile.

4.3.12. Grundanstrich und andere Anstriche, ausgenommen Chemischer Holzschutz.

4.3.13. vom Auftraggeber geforderte Probestücke, wenn diese nicht am Bau verwendet werden.

4.3.14. Einziehen bauseitig gelieferter Dichtungsschnüre in Stahltürzargen.

4.3.15. Lieferung statischer Berechnungen und der dafür erforderlichen Zeichnungen und Nachweise.

5. Abrechnung

5.1. Allgemeines

5.1.1. Die Leistung ist aus Zeichnungen zu ermitteln, soweit die ausgeführte Leistung diesen Zeichnungen entspricht. Sind solche Zeichnungen nicht vorhanden, ist die Leistung aufzumessen.
Der Ermittlung der Leistung — gleichgültig ob sie nach Zeichnungen oder nach Aufmaß erfolgt — sind zugrunde zu legen:

für Fenster, Türen usw. die Konstruktionsmaße der lichten Öffnungen,
für Wand- und Deckenbekleidungen die Konstruktionsmaße der zu bekleidenden Flächen.

5.2. Es werden abgerechnet:

5.2.1. Fenster, Fensterbretter, Fenster- und Türläden, Türen, Tore, Futter, Zargenrahmen und Bekleidungen, getrennt nach Art und Größe, nach Anzahl (Stück).

5.2.2. Wand- und Deckenbekleidungen, nach Flächenmaß (m²).

5.2.3. Einbauschränke, getrennt nach Art und Abmessungen, nach Anzahl (Stück).

5.2.4. Leisten, getrennt nach Art und Querschnitt, nach Längenmaß (m).

5.2.5. Oberflächenbehandlung, falls sie nicht durch die Preise nach Abschnitt 5.2.1 bis 5.2.4 mit abgegolten wird, gesondert nach den entsprechenden Vorschriften der Abschnitte 5.2.1 bis 5.2.4.

VOB Teil C:

Allgemeine Technische Vorschriften für Bauleistungen

Parkettarbeiten – DIN 18 356

Fassung März 1973

Ausgabedatum: August 1974

18 356

Inhalt

0. Hinweise für die Leistungsbeschreibung*)

(siehe auch Teil A — DIN 1960 — § 9)

0.1. In der Leistungsbeschreibung sind nach Lage des Einzelfalles insbesondere anzugeben:

0.1.1. Lage der Baustelle und Umgebungsbedingungen, z. B. Hauptwindrichtung, Einflugschneisen, Verschmutzung der Außenluft, Bebauung usw., Zufahrtsmöglichkeiten und Beschaffenheit der Zufahrt sowie etwaige Einschränkungen bei ihrer Benutzung, Art der baulichen Anlagen, Anzahl und Höhe der Geschosse.

0.1.2. Lage und Ausmaß der dem Auftragnehmer für die Ausführung seiner Leistungen zur Benutzung oder Mitbenutzung überlassenen Flächen.

0.1.3. besondere Maßnahmen aus Gründen der Landespflege und des Umweltschutzes.

0.1.4. besondere Anordnungen, Vorschriften und Maßnahmen der Eigentümer (oder der anderen Weisungsberechtigten) von Leitungen, Kabeln, Dränen, Kanälen, Wegen, Gewässern, Gleisen, Zäunen und dergleichen im Bereich der Baustelle.

0.1.5. für den Verkehr freizuhaltende Flächen.

0.1.6. Verkehrsverhältnisse auf der Baustelle, insbesondere Verkehrsbeschränkungen, z. B. Begrenzung der Verkehrslasten.

0.1.7. Lage, Art und Anschlußwert der dem Auftragnehmer auf der Baustelle zur Verfügung gestellten Anschlüsse für Wasser und Energie.

0.1.8. Mitbenutzung fremder Gerüste, Hebezeuge, Aufzüge, Aufenthalts- und Lagerräume, Einrichtungen und dergleichen durch den Auftragnehmer.

0.1.9. besondere Anforderungen an die Baustelleneinrichtung.

0.1.10. Art und Zeit der vom Auftraggeber veranlaßten Vorarbeiten.

0.1.11. ob und in welchem Umfang dem Auftragnehmer Arbeitskräfte und Geräte für Abladen, Lagern und Transport zur Verfügung gestellt werden.

0.1.12. Arbeiten anderer Unternehmer auf der Baustelle.

---

*) Diese Hinweise werden nicht Vertragsbestandteil.

0.1.13. Leistungen für andere Unternehmer.

0.1.14. ob und unter welchen Umständen auf der Baustelle gewonnene Stoffe verwendet werden dürfen oder verwendet werden sollen.

0.1.15. Art, Menge, Gewicht der Stoffe und Bauteile, die vom Auftraggeber beigestellt werden, sowie Art, Ort (genaue Bezeichnung) und Zeit ihrer Übergabe.

0.1.16. Güteanforderungen an nicht genormte Stoffe und Bauteile.

0.1.17. Art und Umfang verlangter Eignungs- und Gütenachweise.

0.1.18. Art und Beschaffenheit des Untergrundes.

0.1.19. vorgesehene Arbeitsabschnitte, Arbeitsunterbrechungen und -beschränkungen nach Art, Ort und Zeit.

0.1.20. besondere Erschwernisse während der Ausführung, z. B. Arbeiten in Räumen, in denen der Betrieb des Auftraggebers weiterläuft, Arbeiten bei außergewöhnlichen Temperaturen.

0.1.21. Benutzung von Teilen der Leistung vor der Abnahme.

0.1.22. Art und Anzahl der geforderten Proben.

0.1.23. ob nach bestimmten Zeichnungen oder nach Aufmaß abgerechnet werden soll.

0.1.24. Abweichung des Untergrundes von der Waagerechten.

0.1.25. Holzart, Art des Parketts, Güte und Abmessungen der Parketthölzer, Verlegeart und Parkett-Unterlagen (siehe Abschnitte 2.3 und 2.7).

0.1.26. Benutzung des Parketts unter außergewöhnlichen Feuchtigkeits- und Temperaturverhältnissen.

0.1.27. außergewöhnliche Druckbeanspruchungen des Parketts.

0.1.28. Holzart und Breite von Wandfriesen und Zwischenfriesen.

0.1.29. Holzart, Abmessungen und Profil von Fußleisten und Deckleisten (siehe Abschnitt 2.4).

0.1.30. bei Versiegelung Verwendungszweck des Raumes oder vorgesehene Beanspruchung des versiegelten Parketts.

0.1.31. Aussparungen, mit denen der Bieter nach der Sachlage nicht ohne weiteres rechnen kann (siehe Abschnitte 4.1.12 und 4.3.6).

0.1.32. vom Rechteck abweichende Form der zu belegenden Fläche.

0.1.33. Leistungen nach Abschnitt 4.2 in besonderen Ansätzen, wenn diese Leistungen keine Nebenleistungen sein sollen.

0.1.34. Leistungen nach Abschnitt 4.3 in besonderen Ansätzen.

0.2. In der Leistungsbeschreibung sind Angaben zu folgenden Abschnitten nötig, wenn der Auftraggeber eine abweichende Regelung wünscht:

Abschnitt 1.2 (Leistungen mit Lieferung der Stoffe und Bauteile)
Abschnitt 2.1 (Vorhalten von Stoffen und Bauteilen)
Abschnitt 2.2.1 (Liefern ungebrauchter Stoffe und Bauteile)
Abschnitt 2.4 (Güte von Fußleisten und Deckleisten)
Abschnitt 3.3.1.4 (Füllen von Fugen an Vorstoß-, Trenn- und Dehnungsschienen)
Abschnitt 3.3.1.5 (Anlegen von Dehnungsfugen)
Abschnitt 3.3.3 (Verwendung anderer als hartplastischer — schubfester — Parkettklebstoffe)
Abschnitt 3.3.5.1 (Parkett auf Parkettunterlage)
Abschnitt 3.3.5.2 (Verlegung von Holzspanplatten als Parkettunterlage)
Abschnitt 3.3.5.4 (Art der Verlegung von Parketthölzern auf Parkettunterlage)
Abschnitt 3.3.6 (Befestigung der Fußleisten und der Deckleisten)
Abschnitt 3.4 (Wachsen des Parketts)
Abschnitt 3.5.2 (Versiegelungsart und Versiegelungsmittel).

1. Allgemeines

1.1. DIN 18 356 „Parkettarbeiten" gilt nicht für Lagerhölzer und Blindböden (siehe DIN 18 334 „Zimmer- und Holzbauarbeiten").

1.2. Alle Leistungen umfassen auch die Lieferung der dazugehörigen Stoffe und Bauteile einschließlich Abladen und Lagern auf der Baustelle, wenn in der Leistungsbeschreibung nichts anderes vorgeschrieben ist.

1.3. Stoffe und Bauteile, die vom Auftraggeber beigestellt werden, hat der Auftragnehmer rechtzeitig beim Auftraggeber anzufordern.

2. Stoffe, Bauteile

2.1. Vorhalten

Stoffe und Bauteile, die der Auftragnehmer nur vorzuhalten hat, die also nicht in das Bauwerk eingehen, können nach Wahl des Auftragnehmers gebraucht oder ungebraucht sein, wenn in der Leistungsbeschreibung darüber nichts vorgeschrieben ist.

2.2. Liefern

2.2.1. Allgemeine Anforderungen

Stoffe und Bauteile, die der Auftragnehmer zu liefern und einzubauen hat, die also in das Bauwerk eingehen, müssen ungebraucht sein, wenn in der Leistungsbeschreibung nichts anderes vorgeschrieben ist. Sie müssen für den jeweiligen Verwendungszweck geeignet sein.

Stoffe und Bauteile, für die DIN-Normen bestehen, müssen den DIN-Güte- und -Maßbestimmungen entsprechen.

Stoffe und Bauteile, die nach den behördlichen Vorschriften einer Zulassung bedürfen, müssen amtlich zugelassen sein und den Zulassungsbedingungen entsprechen.

Stoffe und Bauteile, für die weder DIN-Normen bestehen noch eine amtliche Zulassung vorgeschrieben ist, dürfen nur mit Zustimmung des Auftraggebers verwendet werden.

Für die gebräuchlichsten genormten Stoffe und Bauteile sind die DIN-Normen nachstehend aufgeführt.

2.3. Parketthölzer

2.3.1. Für Parketthölzer im Sinne von DIN 18 356 „Parkettarbeiten" gelten:

DIN 280 Blatt 1 Parkett; Parkettstäbe und Tafeln für Tafelparkett
DIN 280 Blatt 2 Parkett; Mosaikparkettlamellen
DIN 280 Blatt 3 Parkett; Parkettriemen
DIN 280 Blatt 4 Parkett; Parkettdielen, Parkettplatten
DIN 280 Blatt 5 Parkett; Fertigparkett-Elemente.

2.3.2. Parketthölzer dürfen auch bei der Anlieferung an der Verwendungsstelle keinen anderen als den nach DIN 280 Blatt 1 „Parkett; Parkettstäbe und Tafeln für Tafelparkett" zulässigen Feuchtigkeitsgehalt haben.

2.4. Hölzerne Fußleisten und Deckleisten

Für hölzerne Fußleisten und Deckleisten gelten die Gütebestimmungen für genormte Parketthölzer sinngemäß, wenn in der Leistungsbeschreibung nichts anderes vorgeschrieben ist.

2.5. Nägel

DIN 1151 Drahtstifte; rund, Flachkopf, Senkkopf.

2.6. Parkettklebstoffe

DIN 281 Parkettklebmasse, kalt streichbar; Anforderungen, Prüfung.

2.7. Parkettunterlagen und Dämmstoffe

Parkettunterlagen und Dämmstoffe müssen so beschaffen sein, daß sie die fachgerechte Verlegung gewährleisten und dem vorgesehenen Verwendungszweck entsprechen.

DIN 1101 Holzwolle-Leichtbauplatten; Maße, Anforderungen, Prüfung

DIN 18 164 Blatt 1 Schaumkunststoffe als Dämmstoffe für das Bauwesen; Dämmstoffe für die Wärmedämmung

DIN 18 165 Faserdämmstoffe für den Hochbau; Abmessungen, Eigenschaften, Prüfung

DIN 68 750 Holzfaserplatten; poröse und harte Holzfaserplatten, Gütebedingungen

DIN 68 752 Holzfaserplatten; Bitumen-Holzfaserplatten, Gütebedingungen

DIN 68 763 Spanplatten; Flachpreßplatten für das Bauwesen, Begriffe, Eigenschaften, Prüfung, Güteüberwachung

DIN 68 771 Unterböden aus Holzspanplatten.

2.8. Fußbodenwachse

Fußbodenwachse für Parkett müssen so beschaffen sein, daß sie die Parketthölzer nur wenig verfärben, den verwendeten Klebstoff in den Stößen nicht in die Oberfläche ziehen und keinen aufdringlichen Geruch haben.

2.9. Parkett-Versiegelungsmittel

Parkett-Versiegelungsmittel müssen so beschaffen sein, daß durch die Versiegelung die Oberfläche des Parketts gegen das Eindringen von Schmutz und Flüssigkeiten geschützt ist. Das natürliche Aussehen des Parketts darf durch die Versiegelung und etwaige Nachversiegelung mit demselben Versiegelungsmittel nicht oder nur unwesentlich beeinträchtigt werden.

3. Ausführung

3.1. Allgemeines

3.1.1. Wenn Verkehrs-, Versorgungs- und Entsorgungsanlagen im Bereich des Baugeländes liegen, sind die Vorschriften und Anordnungen der zuständigen Stellen zu beachten.

3.1.2. Die für die Aufrechterhaltung des Verkehrs bestimmten Flächen sind freizuhalten. Der Zugang zu Einrichtungen der Versorgungs- und Entsorgungsbetriebe, der Feuerwehr, der Post und Bahn, zu Vermessungspunkten und dergleichen darf nicht mehr als durch die Ausführung unvermeidlich behindert werden.

3.1.3. Stoffe und Bauteile, für die Verarbeitungsrichtlinien der Herstellerwerke bestehen, sind nach diesen Richtlinien zu verarbeiten.

3.2. Der Auftragnehmer hat den Untergrund/die Unterlage daraufhin zu prüfen, ob er/sie für die Durchführung seiner Leistung geeignet ist.

Der Auftragnehmer hat dem Auftraggeber Bedenken unverzüglich schriftlich mitzuteilen (siehe Teil B — DIN 1961 — § 4 Nr. 3).

Bedenken sind geltend zu machen insbesondere bei

nicht genügend trockenem Untergrund,
nicht genügend festem Untergrund,
ungenügenden Dehnungsfugen im Untergrund, besonders bei Gußasphalt,
Spannungs- und Setzrissen des Untergrundes,
nicht genügender Haftfähigkeit des Untergrundes,
zu glattem oder zu rauhem Untergrund,
größeren Unebenheiten des Untergrundes,
verunreinigtem Untergrund,
unrichtiger Höhenlage der Oberfläche des Untergrundes im Verhältnis zur Höhenlage anschließender Bauwerksteile,
nicht vorgeschriebenen Abweichungen des Untergrundes von der Waagerechten,
fehlenden oder an falscher Stelle angebrachten Dübeln für Fußleisten,
ungeeigneter Raumtemperatur,
zu hoher Feuchtigkeit im Raum.

3.3. Verlegen von Parkett

3.3.1. Allgemeines

3.3.1.1. Das Parkett ist aus Hölzern nach

DIN 280 Blatt 1 „Parkett; Parkettstäbe und Tafeln für Tafelparkett",
DIN 280 Blatt 2 „Parkett; Mosaikparkettlamellen",
DIN 280 Blatt 3 „Parkett; Parkettriemen",
DIN 280 Blatt 4 „Parkett; Parkettdielen, Parkettplatten",
DIN 280 Blatt 5 „Parkett; Fertigparkett-Elemente"

herzustellen und zwar bei Verlegung von

Parkettstäben aus Sortierung Standard nach DIN 280 Blatt 1,
Mosaikparkettlamellen aus Sortierung Natur nach DIN 280 Blatt 2,
Parkettriemen aus Sortierung Standard nach DIN 280 Blatt 3,
Parkettdielen und Parkettplatten mit stabparkettartiger Oberseite aus Sortierung Standard nach DIN 280 Blatt 4,
Parkettdielen und Parkettplatten mit mosaikparkettartiger Oberseite aus Sortierung Natur nach DIN 280 Blatt 2,
Fertigparkett-Elementen aus Sortierung, z. B. Eiche EI-XXX, nach DIN 280 Blatt 5.

Nicht deckend zu streichende Fuß- und Deckleisten müssen den obengenannten Sortierungen entsprechen.

3.3.1.2. Die Parketthölzer dürfen auch beim Verlegen keinen anderen als den nach DIN 280 Blatt 1 „Parkett; Parkettstäbe und Tafeln für Tafelparkett" zulässigen Feuchtigkeitsgehalt haben.

3.3.1.3. Zwischen dem Parkett sowie gegebenenfalls den Parkettunterlagen und angrenzenden festen Bauteilen, z. B. Wänden, Pfeilern, Stützen, sind Dehnungsfugen anzulegen. Ihre Breite ist nach der Holzart des Parketts, der Art der Parkettunterlagen und Verlegung sowie der Größe der Parkettflächen zu bestimmen.

3.3.1.4. An Vorstoß-, Trenn- und Dehnungsschienen sind, wenn es nach Holzart und Verlegungsart nötig ist, Fugen anzulegen; diese Fugen sind mit einem geeigneten elastischen Stoff zu füllen, wenn in der Leistungsbeschreibung nichts anderes vorgeschrieben ist.

3.3.1.5. Über Dehnungsfugen im Bauwerk sind im Parkett und gegebenenfalls auch in den Parkettunterlagen Fugen anzulegen, wenn in der Leistungsbeschreibung nichts anderes vorgeschrieben ist.

3.3.1.6. Durch die Verwendung von Parkettstäben mit unterschiedlichen Abmessungen darf das Gesamtbild des Parketts nicht beeinträchtigt werden. Nebeneinanderliegende Stäbe dürfen dabei nicht mehr als 50 mm in der Länge und nicht mehr als 10 mm in der Breite voneinander abweichen. Außerdem dürfen bei Parkettflächen bis zu 30 m^2 Stäbe in höchstens drei unterschiedlichen Abmessungen verwendet werden.

3.3.2. Parkett genagelt

Parkettstäbe (Nutstäbe) oder Parkettafeln sind durch Hirnholzfedern, Parkettriemen und Parkettdielen durch einseitig angehobelte Federn miteinander zu verbinden, dicht zu verlegen und verdeckt zu nageln. Bei Parkettstäben (Nutstäben) und Parkettafeln müssen die Hirnholzfedern auf die ganze Länge der Nuten verteilt und fest eingeklemmt sein. Der Anteil der Hirnholzfedern muß mindestens ¾ der Länge der Nut betragen.

3.3.3. Stabparkett, Tafelparkett und Parkettriemen in Parkettklebstoffen

Parkettstäbe, Parkettriemen und Tafelparkett sind mit hartplastischem (schubfestem) Parkettklebstoff aufzukleben, wenn in der Leistungsbeschreibung nichts anderes vorgeschrieben ist, z. B. weichplastischer, bituminöser Klebstoff.

Der Parkettklebstoff ist vollflächig auf den Untergrund oder gegebenenfalls auf die Parkettunterlage aufzutragen. Die Parkettstäbe und Parkettafeln sind durch Hirnholzfedern, Parkettriemen durch angehobelte Federn miteinander zu verbinden und dicht zu verlegen. Die Hirnholzfedern müssen auf die ganze Länge der Nuten verteilt und fest eingeklemmt sein. Der Anteil der Hirnholzfedern muß mindestens ¾ der Länge der Nut betragen.

3.3.4. Mosaikparkett

Mosaikparkett ist mit hartplastischem (schubfestem) Parkettklebstoff aufzukleben. Soweit Verarbeitungsrichtlinien des Herstellerwerkes nichts anderes empfehlen oder solche nicht bestehen, ist wie folgt zu verfahren:

> Der Parkettklebstoff ist ausreichend dick und vollflächig auf den Untergrund aufzutragen. Das Mosaikparkett ist in die Klebstoffschicht einzuschieben, einzudrücken und dicht zu verlegen.

3.3.5. Parkett auf Parkettunterlagen

3.3.5.1. Parkett ist auf Parkettunterlagen zu verlegen, wenn es in der Leistungsbeschreibung vorgeschrieben ist. Die Parkettunterlagen sind nach den Richtlinien des

Herstellerwerkes zu verlegen. Soweit solche Richtlinien für Parkettunterlagen, auf die das Parkett in Klebemasse zu verlegen ist, nicht bestehen, ist nach Abschnitt 3.3.5.2 zu verfahren.

3.3.5.2. Parkettunterlagen sind versetzt und — wenn nötig — mit Dehnungsfugen zu verlegen, auch wenn sie aufgeklebt werden; ihre Fugen müssen versetzt zu den Fugen des Parketts liegen. Bei Mosaikparkett sind Unterlagsplatten diagonal zur Verlegerichtung des Parketts zu verlegen; Holzspanplatten, die mit Nut und Feder verbunden sind, können parallel verlegt werden, wenn in der Leistungsbeschreibung nichts anderes vorgeschrieben ist. Parkettunterlagen, die wegen ihrer Beschaffenheit aufgeklebt werden müssen, z. B. Unterlagspappen, Bitumenfilze, Folien, oder für die das Aufkleben in der Leistungsbeschreibung vorgeschrieben ist, sind auf den Untergrund vollflächig aufzukleben.

3.3.5.3. Die Dämmwirkung von Dämmstoffen darf durch die Parkettklebstoffe nicht wesentlich beeinträchtigt werden.

3.3.5.4. Die Parketthölzer sind auf den Unterlagen nach den Abschnitten 3.3.2, 3.3.3 oder 3.3.4 zu verlegen, wenn in der Leistungsbeschreibung nichts anderes vorgeschrieben ist.

3.3.6. Fußleisten und Deckleisten

Hölzerne Fußleisten und Deckleisten müssen an Ecken und Stößen auf Gehrung geschnitten werden; Fußleisten sind in Abständen von höchstens 60 cm dauerhaft mit Stahlstiften in der Wand zu befestigen, wenn in der Leistungsbeschreibung nichts anderes vorgeschrieben ist, z. B. Schrauben. Deckleisten sind sinngemäß mit Drahtstiften zu befestigen.

3.3.7. Abschleifen

Genageltes Parkett ist sofort nach dem Verlegen, verklebtes Parkett nach genügendem Abbinden des Parkettklebstoffes gleichmäßig abzuschleifen. Die Anzahl der Schleifgänge und die Feinheit des Abschleifens richten sich nach der vorgeschriebenen anschließenden Oberflächenbehandlung.

3.4. Wachsen

Das Parkett ist sofort nach dem Abschleifen zu wachsen, wenn in der Leistungsbeschreibung keine andere Oberflächenbehandlung vorgeschrieben ist, z. B. Versiegeln. Das Parkett ist nur einmal zu wachsen, wenn in der Leistungsbeschreibung mehrmaliges Wachsen nicht vorgeschrieben ist.

3.5. Versiegeln

3.5.1. Ist Versiegeln vorgeschrieben, so muß das Parkett sofort nach dem Abschleifen versiegelt werden.

3.5.2. Ist die Versiegelungsart in der Leistungsbeschreibung nicht vorgeschrieben, hat der Auftragnehmer die Versiegelungsart und das Versiegelungsmittel im Benehmen mit dem Auftraggeber entsprechend dem Verwendungszweck des Raumes und der vorgesehenen Beanspruchung auszuwählen.

Sofern als Parkettklebstoff ein weichplastischer (bituminöser) Kleber verwendet wurde, ist ausschließlich Öl-Kunstharz-Versiegelung (Imprägniersiegel) zulässig.

3.5.3. Die Versiegelung ist so auszuführen, daß eine gleichmäßige Oberfläche entsteht.

3.5.4. Nach der Versiegelung hat der Auftragnehmer dem Auftraggeber schriftliche Pflegeanweisungen in der erforderlichen Anzahl zu übergeben. Diese sollen auch Hinweise auf das zweckmäßige Raumklima enthalten.

3.5.5. Die Schutzwirkung der Versiegelung muß bei Befolgung der Pflegeanweisung, die dem Auftraggeber auszuhändigen ist, mindestens zwei Jahre dauern. Durch die Pflegeanweisung kann das rechtzeitige Nachversiegeln stark beanspruchter Teilflächen vorgeschrieben sein.

4. Nebenleistungen

Nebenleistungen sind Leistungen, die auch ohne Erwähnung in der Leistungsbeschreibung zur vertraglichen Leistung gehören (siehe Teil B – DIN 1961 – § 2 Nr. 1).

4.1. Folgende Leistungen sind Nebenleistungen:

4.1.1. Messungen für das Ausführen und Abrechnen der Arbeiten einschließlich des Vorhaltens der Meßgeräte, Lehren, Absteckzeichen usw., des Erhaltens der Lehren und Absteckzeichen während der Bauausführung und des Stellens der Arbeitskräfte, jedoch nicht Leistungen nach Teil B – DIN 1961 – § 3 Nr. 2.

4.1.2. Schutz- und Sicherheitsmaßnahmen nach den Unfallverhütungsvorschriften und den behördlichen Vorschriften.

4.1.3. Schutz der ausgeführten Leistung und der für die Ausführung übergebenen Gegenstände vor Beschädigung und Diebstahl bis zur Abnahme.

4.1.4. Heranbringen von Wasser und Energie von den vom Auftraggeber auf der Baustelle zur Verfügung gestellten Anschlußstellen zu den Verwendungsstellen.

4.1.5. Vorhalten der Kleingeräte und Werkzeuge.

4.1.6. Lieferung der Betriebsstoffe.

4.1.7. Befördern aller Stoffe und Bauteile, auch wenn sie vom Auftraggeber beigestellt sind, von den Lagerstellen auf der Baustelle zu den Verwendungsstellen und etwaiges Rückbefördern.

4.1.8. Beleuchten und Reinigen der Aufenthaltsräume und Aborte für die Beschäftigten des Auftragnehmers sowie Beheizen der Aufenthaltsräume.

4.1.9. Beseitigen aller Verunreinigungen (Abfälle, Bauschutt und dergleichen), die von den Arbeiten des Auftragnehmers herrühren.

4.1.10. Reinigen des Untergrundes, ausgenommen Leistungen nach Abschnitt 4.3.5.

4.1.11. Liefern aller erforderlichen Hilfsstoffe.

4.1.12. Anschließen des Parketts an alle angrenzenden Bauteile, z. B. an Rohrleitungen, Zargen, Bekleidungen, Anschlagschienen, Vorstoßschienen, Säulen, Schwellen, ausgenommen Leistungen nach Abschnitt 4.3.7.

4.1.13. Auffüttern bis zu 1 cm Dicke auf Balken oder Lagerhölzern.

4.1.14. Absperrmaßnahmen bis zur Begehbarkeit des Parketts.

4.1.15. Verlegen erforderlicher Muster.

4.2. Folgende Leistungen sind Nebenleistungen, wenn sie nicht durch besondere Ansätze in der Leistungsbeschreibung erfaßt sind:

4.2.1. Einrichten und Räumen der Baustelle.

4.2.2. Vorhalten der Baustelleneinrichtung einschließlich der Geräte und dergleichen.

4.3. Folgende Leistungen sind keine Nebenleistungen:

4.3.1. „Besondere Leistungen" nach Teil A — DIN 1960 — § 9 Nr. 6.

4.3.2. Vorhalten von Aufenthalts- und Lagerräumen, wenn der Auftraggeber Räume, die leicht verschließbar gemacht und zur Lagerung von Parketthölzern nötigenfalls beheizt werden können, nicht zur Verfügung stellt.

4.3.3. Herausschaffen, Aufladen und Abfahren des Bauschuttes anderer Unternehmer.

4.3.4. Besonderer Schutz der Bauleistung, der vom Auftraggeber für eine vorzeitige Benutzung verlangt wird, seine Unterhaltung und spätere Beseitigung.

4.3.5. Reinigen des Untergrundes von groben Verschmutzungen durch Bauschutt, Gips, Mörtel- und Farbreste u. ä., soweit diese von anderen Unternehmern herrühren.

4.3.6. Herstellen von Aussparungen, mit denen der Bieter bei Abgabe des Angebotes nicht rechnen konnte.

4.3.7. Einbau von Vorstoßschienen, Trennschienen, Dehnungsschienen, Dehnungsfugenfüllungen, Armaturen, Matten, Revisionsrahmen u. ä.

4.3.8. Auffüttern von mehr als 1 cm Dicke auf Balken oder Lagerhölzern.

4.3.9. Einbau von Dübeln für Fußleisten.

4.3.10. Voranstriche oder Vorbehandlung auf Estrichen.

4.3.11. Maßnahmen für die Weiterarbeit bei die Leistung gefährdenden Temperaturen, wenn die Maßnahmen dem Auftragnehmer nicht ohnehin obliegen.

4.3.12. Vom Auftraggeber verlangtes Anfertigen von Probeflächen, wenn diese weder am Bau noch anderweitig verwendet werden können.

5. Abrechnung

5.1. Allgemeines

5.1.1. Die Leistung ist aus Zeichnungen zu ermitteln, soweit die ausgeführte Leistung diesen Zeichnungen entspricht. Sind solche Zeichnungen nicht vorhanden, ist die Leistung aufzumessen.

Der Ermittlung der Leistung — gleichgültig ob sie nach Zeichnungen oder nach Aufmaß erfolgt — ist die zu belegende Fläche bis zu den begrenzenden, ungeputzten bzw. unbekleideten Bauteilen zugrunde zu legen.

5.1.2. Bei Abrechnung nach Flächenmaß werden Aussparungen, z. B. Öffnungen, Pfeilervorlagen, Kamine, Rohrdurchführungen u. ä., bis zu 0,10 m² Einzelgröße nicht abgezogen.

5.2. Es werden abgerechnet:

5.2.1. Parkett, getrennt nach Parkettart, Art der Parkettunterlage, Holzart und Verlegeart, nach Flächenmaß (m²).

5.2.2. Fußleisten und Deckleisten, nach Längenmaß (m).

5.2.3. Versiegelung, getrennt nach Art, nach Flächenmaß (m²), nach Längenmaß (m), z. B. Fußleisten, oder Anzahl (Stück), z. B. Stufen, Türschwellen.

VOB Teil C:

Allgemeine Technische Vorschriften für Bauleistungen

Beschlagarbeiten – DIN 18 357

Fassung Oktober 1965

mit Ergänzungen Dezember 1973

Ausgabedatum: August 1974

Inhalt

0. Hinweise für die Leistungsbeschreibung*)

(siehe auch Teil A — DIN 1960 — § 9)

0.1. In der Leistungsbeschreibung sind nach Lage des Einzelfalles insbesondere anzugeben:

0.1.1. Art der Baustellenbewachung, wenn sie dem Auftragnehmer, abweichend vom Teil B — DIN 1961 — § 4 Ziffer 5, nicht obliegen soll.

0.1.2. Art und Abmessungen der zu beschlagenden Bauteile, wie Fenster, aufgedoppelte Tore, glatte Sperrholztüren, Glastüren, Einbauschränke u. ä. sowie Art und Dicke der Zargen und Rahmen.

0.1.3. Stoffart der Bauwerksteile, an die Beschläge anzubringen sind (z. B. Holz, Beton, Mauerwerk).

0.1.4. ob die Beschläge aufzusetzen oder einzulassen sind.

0.1.5. ob die zu beschlagenden Türen gefälzt oder ungefälzt sind.

0.1.6. Art und Abmessungen von Falzen.

0.1.7. ob zu beschlagende Bauteile deckende oder lasierende Anstriche erhalten.

0.1.8. Anzahl und Art der Beschläge oder Beschlagteile (z. B. Schlösser, Bänder, Getriebe, Drücker und dergleichen, Bänder mit losem Stift); bei Schlössern auch Art der Schloßausführung (z. B. Schließungsart, Nachtriegel, Schlüssellochblenden), gegebenenfalls auch Hinweis auf Muster.

0.1.9. Art und Anzahl der Schließgruppen (Haupt- und Gruppenschlüssel).

0.1.10. Liefern eines Schließplanes.

0.1.11. Stoffart und Oberflächenbehandlung der Beschläge (z. B. Türbänder aus Stahl feuerverzinkt oder aus Nichteisenmetall eloxiert, Überschiebhülsen aus Nichteisenmetall).

0.1.12. ob nichtgenormte Einstemmbänder zu verstiften oder zu verschrauben sind.

0.1.13. Farbton von Drückern, Türschildern, Oliven, Hebeln u. ä.

*) Diese Hinweise werden nicht Vertragsbestandteil.

0.1.14. besondere Einwirkungen, denen die Beschläge nach dem Einbau ausgesetzt sind (ungewöhnliche Temperaturen oder Feuchtigkeitsverhältnisse, chemische Einflüsse u. ä.).

0.1.15. außergewöhnliche Längen von Schlüsseln oder Zylindern.

0.1.16. Liefern von numerierten Schlössern und Schlüsseln.

0.1.17. Anpassen von Beschlagteilen, wie Türschildern, Oliven, Rosetten und dergleichen, vor den Malerarbeiten; Anbringen nach Fertigstellung der Malerarbeiten.

0.1.18. Benutzung von Gerüsten, die nicht unter Abschnitt 4.1 fallen, oder die Gestellung der Gerüste durch den Auftragnehmer.

0.1.19. Leistungen nach Abschnitt 4.3, soweit nötig in besonderen Ansätzen.

0.2. In der Leistungsbeschreibung sind Angaben zu folgenden Abschnitten nötig, wenn der Auftraggeber eine abweichende Regelung wünscht:

Abschnitt 1.2 (Leistungen mit Lieferung der Stoffe und Bauteile)
Abschnitt 2.1.1 (Lieferung von ungebrauchten Stoffen und Bauteilen)
Abschnitt 2.1.4 (Loch- und Griffschieber bei Kantenriegeln)
Abschnitt 2.2.4.2 (Schlösser mit aufgeschraubter Decke)
Abschnitt 2.2.4.3 (Schlösser, eintourig oder zweitourig)
Abschnitt 2.2.4.4 (Stoffart, Oberflächenbehandlung und Anzahl der Schlüssel)
Abschnitt 2.6.1 (Wirkungsweise von elektrischen Türöffnern)
Abschnitt 2.7.4 (Hebelgetriebe bei Oberlichtöffnern mit Handbedienung)
Abschnitt 2.7.5 (Drehwinkel von Schwingflügelbeschlägen)
Abschnitt 2.8 (Eigenschaften von Beschlägen für Einbaumöbel)
Abschnitt 3.1.7 (unterschiedliche Schließbarkeit der Schlösser)
Abschnitt 3.1.8 (Zuhaltungsschlösser mit Wechsel bei Haustüren und Wohnungsabschlußtüren)
Abschnitt 3.1.11 (Schlösser mit 3 Zuhaltungen für Einbaumöbel)
Abschnitt 3.1.14 (Riegel und Schloß bei zweitürigen Einbauschränken)
Abschnitt 3.1.15 (Haltevorrichtungen der Klappen an Einbaumöbeln)
Abschnitt 3.2.13 (Öffnungswinkel bei Zapfenbändern)
Abschnitt 3.2.18 (Führung bei Schiebetüren und Schiebetoren).

1. Allgemeines

1.1. DIN 18 357 „Beschlagarbeiten" gilt für das Anbringen von Beschlägen und das Gangbarmachen von Beschlägen zum Öffnen und Schließen oder zum Feststellen von Türen, Fenstern und dergleichen.

1.2. Alle Leistungen umfassen auch die Lieferung der dazugehörigen Stoffe und Bauteile einschließlich Abladen und Lagern auf der Baustelle, wenn in der Leistungsbeschreibung nichts anderes vorgeschrieben ist.

1.3. Der Auftragnehmer hat Türen, Fenster und dergleichen, die außerhalb der Baustelle beschlagen worden sind, zur Baustelle zu befördern, dort abzuladen und bis zum Einbau zu lagern. Er hat diese Verpflichtung jedoch nicht, wenn er die Beschlagarbeiten dort, wo die Türen, Fenster und dergleichen hergestellt werden, auszuführen hat.

2. Stoffe, Bauteile

2.1. Allgemeine Anforderungen

2.1.1. Stoffe und Bauteile, die der Auftragnehmer zu liefern und einzubauen hat, die also in das Bauwerk eingehen, müssen ungebraucht sein, wenn in der Leistungsbeschreibung nichts anderes vorgeschrieben ist. Sie müssen den DIN-Güte- und -Maßbestimmungen entsprechen. Für die gebräuchlichsten genormten Stoffe und Bauteile sind die DIN-Normen nachstehend aufgeführt. Amtlich zugelassene nicht genormte Stoffe und Bauteile müssen den Zulassungsbedingungen entsprechen.

2.1.2. Beschläge und alle Beschlagteile müssen nach ihrer Beschaffenheit und ihren Abmessungen den zu erwartenden Beanspruchungen genügen.

Sie müssen so beschaffen sein, daß ein dichtes Schließen der Flügel gewährleistet ist. Beschlagteile, die einem Verschleiß unterliegen, müssen leicht auswechselbar sein. Stulpschrauben dürfen nicht verdeckt sein.

2.1.3. Beschläge, die Riegel, Fallen, Zungen oder andere Schließvorrichtungen haben, sind mit den dazugehörigen passenden Beschlagteilen, in die die Riegel usw. eingreifen sollen, zu liefern (z. B. mit Schließblechen, Schließkloben). Griffe und Knöpfe für Einbaumöbel, die an der Rückseite verschraubt werden, sind mit inneren Deckhülsen zu liefern.

Beschläge und Schließeinrichtungen in Turn- und Sporthallen müssen versenkt eingelassen angeordnet sein.

2.1.4. Riegel müssen leicht beweglich sein, in den Endstellungen jedoch durch Einrasten feststehen oder sich selbst hemmen. Für Kantenriegel genügen Loch- oder Griffschieber, wenn in der Leistungsbeschreibung nichts anderes (z. B. Kantenriegel mit Hebel) vorgeschrieben ist.

2.1.5. Beschläge, die von Zeit zu Zeit der Schmierung bedürfen, müssen so beschaffen sein, daß das Schmieren erleichtert wird, soweit es die Eigenart des Beschlages zuläßt.

Die Schließöffnungen von selten betätigten, der Witterung ausgesetzten Schlössern müssen mit Regenschutzkappen versehen sein.

2.1.6. Beschläge müssen leicht und unfallsicher zu betätigen sein. Beschläge mit Laufwerken, z. B. für Schiebetüren, müssen so beschaffen sein, daß das Laufwerk gegen Herausspringen aus der Lagerung gesichert ist.

2.1.7. Einzulassende Beschlagteile müssen — vor allem an Oberfläche, Seitenflächen und Kanten — so beschaffen sein, daß sie genau passend eingelassen werden können.

2.1.8. Schlösser und Beschläge an Außenfenstern, Außentüren und Außentoren sowie in Feuchträumen müssen aus korrosionsbeständigen Werkstoffen bestehen.

2.1.9. Beschläge, Schlösser und Türschließmittel für Feuerschutzabschlüsse müssen güteüberwacht sein.

2.2 Türbeschläge

2.2.1. Türbänder, Türscharniere

2.2.1.1. Der Stift muß aus Stahl bestehen, auch bei Türbändern aus Nichteisenmetall und bei Bändern für Ganzglastüren.

2.2.1.2.

DIN 18 260 Blatt 1 Einstemmbänder für Zimmer- und Wohnungsabschlußtüren[1])
DIN 18 260 Blatt 2 Aufschraubbänder für Zimmer- und Wohnungsabschlußtüren[1])
DIN 18 261 Scharniere für Holztüren; gerollt[1])

1) Seit 1972 zurückgezogen.

2.2.2. Türdrücker

DIN 18 255 Türdrücker für Haus-, Zimmer-, Wohnungsabschluß-, Badezellen- und Aborttüren[1])

DIN 18 259 Türdrücker-Wechselstift für Wohnungsabschluß- und Haustüren[1])

2.2.3. Türschilder

DIN 18 256 Blatt 1 Langschilder mit Drückerführung für Zimmer-, Wohnungsabschluß-, Badezellen- und Aborttüren[1])

DIN 18 256 Blatt 2 Langschilder mit Drückerführung für Haustüren[1])

DIN 18 257 Blatt 1 Langschilder mit Knopf für Wohnungsabschlußtüren[1])

DIN 18 257 Blatt 2 Langschilder mit Knopf für Haustüren[1])

DIN 18 258 Drückerrosette, Schlüsselschild, Knopf mit Rosette für Zimmer- und Wohnungsabschlußtüren, Haustüren, Badezellen- und Aborttüren[1])

2.2.4. Türschlösser

2.2.4.1.

DIN 18 244 Einsteckschlösser für Stahl- und Holztüren im Industriebau[1])

DIN 18 251 Blatt 1 Türschlösser; Einsteckschlösser; Zimmertürschloß und Wohnungsabschlußtürschloß

DIN 18 251 Blatt 2 Türschlösser; Einsteckschlösser; Haustürschloß

DIN 18 251 Blatt 3 Türschlösser; Einsteckschlösser; Badezellentürschloß und Aborttürschloß

DIN 18 251 Blatt 4 Türschlösser; Einsteckschlösser; Schließbleche

DIN 18 251 Blatt 5 Türschlösser; Einsteckschlösser; Begriffe, Werkstoffe, Güteanforderungen.

18 357

2.2.4.2. Schlösser müssen kräftige, auswechselbare Federn aus gehärtetem Federstahl haben. Die Schlösser müssen so beschaffen sein, daß der Drücker, nachdem er zurückgeschnellt ist, in der waagerechten Lage gehalten wird.

Die Decke der Schlösser muß mit Schrauben befestigt sein, wenn in der Leistungsbeschreibung nichts anderes vorgeschrieben ist.

2.2.4.3. Schlösser für Zimmertüren können eintourig, Schlösser für andere Türen müssen zweitourig sein, wenn in der Leistungsbeschreibung nichts anderes vorgeschrieben ist.

2.2.4.4. Schlüssel müssen der Beanspruchung genügen, die durch die Art der Schließung entsteht.

Für Stoffart, Oberflächenbehandlung und Anzahl der Schlüssel sind die Angaben in der folgenden Tabelle maßgebend, wenn in der Leistungsbeschreibung nichts anderes vorgeschrieben ist.

Schloßart	Stoffart der Schlüssel	Oberflächenbehandlung der Schlüssel	Anzahl der mitzuliefernden Schlüssel je Schloß
Buntbartschloß	Temperguß	galvanisiert	1
Zuhaltungsschloß	Temperguß	galvanisiert	2
Besatzungsschloß	Stahl	fein geschliffen	2
Zylinderschloß	Stahl	galvanisiert	3
Zylinderschloß	Neusilber	—	3

[1]) Seit 1972 zurückgezogen.

2.2.4.5. Die Schlüssel dürfen im Schloß nur den erforderlichen Spielraum haben.

2.2.4.6. Schlösser in Türen zu Rettungswegen müssen so beschaffen sein, daß sie den Zutritt Unbefugter sicher verhindern, den Ausgang jedoch ohne Benötigung eines Schlüssels gewährleisten.

2.3. Torbeschläge

2.3.1. Laufwerke für Schiebetore müssen bei einem Flügelgewicht bis 150 kg kugelgelagert oder rollengelagert, bei einem höheren Flügelgewicht rollengelagert sein.

2.3.2. Beschläge für Tore, die nur durch Heben (Hebetore) oder durch Heben und Kippen (Schwingtore) geöffnet werden, müssen so wirken, daß das Tor in voll geöffnetem Zustand stehenbleibt und in keiner Stellung von selbst zufällt.

2.3.3. Schiebetorgehänge im Freien müssen gegen Witterungseinflüsse geschützt sein.

2.3.4. Stangenriegelverschlüsse müssen so beschaffen sein, daß ein selbständiges Öffnen und Schließen durch Erschütterungen ausgeschlossen ist.

2.4. Türschließer

2.4.1. Türschließer müssen so beschaffen sein, daß sie die Schließbewegung der Tür dämpfen.

Zum sicheren Eindrücken der Schloßfalle soll die Dämpfung so einstellbar sein, daß sie kurz vor der Null-Stellung der Tür aufgehoben werden kann. Türschließer müssen einstellbar und nachstellbar sein. Die Füllflüssigkeit von hydraulischen Türschließern, die Außentemperaturen ausgesetzt sind, muß gegen Frost unempfindlich sein.

2.4.2. Bodentürschließer müssen ein wasserdichtes Gehäuse haben.

2.4.3. DIN 18 263 Türschließer mit hydraulischer Dämpfung für Feuerschutztüren[2]).

2.5. Federbänder

2.5.1. Federbänder müssen so beschaffen sein, daß sie die Tür völlig schließen; sie müssen einstellbar und nachstellbar sein.

2.5.2. DIN 18 262 Einstellbares, nicht tragendes Federband für Feuerschutztüren.

2.6. Elektrische Türöffner

2.6.1. Elektrische Türöffner müssen — wenn in der Leistungsbeschreibung Türöffner mit anderer Wirkung (z. B. Türöffner mit Aufwurffeder) nicht vorgeschrieben sind — so wirken, daß sie das Öffnen der Tür nur ermöglichen, während der Türöffner bedient wird.

2.6.2. Elektrische Türöffner für Gartentore oder für Türen, die in ähnlicher Weise wie Gartentore der Witterung ausgesetzt sind, müssen außerdem so beschaffen sein, daß die Lebensdauer durch die Witterung nicht wesentlich beeinträchtigt wird.

2.7. Fensterbeschläge

2.7.1. DIN 18 266 Blatt 1 Fenstergetriebe; Kantengetriebe, Einlaßgetriebe[3])
DIN 18 270 Fensteroliven, Fensterhalboliven[3])

---

[2]) Seit August 1973: DIN 18 263 — Obenliegender Türschließer mit hydraulischer Dämpfung für Feuerschutztüren.

[3]) Seit 1972 zurückgezogen.

DIN 18 275 Einlaßecken für Fenster[3])
DIN 18 280 Einstemmbänder für Fenster[3])
DIN 18 285 Blatt 1 Handhebel für Metallfenster-Verschlüsse mit verdeckt liegenden Treibstangen[4])
DIN 18 286 Scharniere für Metallfenster[3])
DIN 18 287 Oberlichtöffner für Metallfenster, Hebel-Bock, Zugstangen-Führungen und Zugstangen-Durchmesser[3])

2.7.2. Fensterbänder für Verbundfenster mit Flügelabstand müssen auf die erforderliche Falztiefe gekröpft sein.

2.7.3. Bei Fensterfeststellern mit Bremse muß diese einstellbar und nachstellbar sein.

2.7.4. Öffner von Oberlichten und dergleichen müssen bei Handbedienung Hebelgetriebe haben, wenn in der Leistungsbeschreibung nichts anderes (z. B. Kurbelgetriebe) vorgeschrieben ist.

2.7.5. Bei Schwingflügelbeschlägen müssen die Drehlager die Drehung der Fensterflügel um 180° um ihre horizontale Mittelachse ermöglichen, wenn in der Leistungsbeschreibung nicht ein anderer Drehwinkel vorgeschrieben ist. Die Lager müssen ausreichend wirksame Bremsen haben; diese müssen einstellbar und nachstellbar sein. Die Lager brauchen keine Bremsen zu haben, wenn die Schwingflügel durch Öffnungsvorrichtungen (z. B. Oberlichtöffner) feststellbar sind.

2.7.6. Bei Wendeflügelbeschlägen müssen die Drehlager die Drehung der Fensterflügel um ihre vertikale Mittelachse so weit ermöglichen, daß sich die Außenflächen der Fenster vom Raum aus gefahrlos reinigen lassen. Die Lager müsen ausreichend wirksame Bremsen haben; diese müssen einstellbar und nachstellbar sein.

2.7.7. Beschläge für vertikale Schiebe- und Versenkfenster müssen entweder das Gewicht so ausgleichen, daß das Fenster in jeder Lage stehenbleibt, oder es mindestens ermöglichen, daß das Fenster in gewissen Höhen feststellbar ist.

2.8. Beschläge für Einbaumöbel

Beschläge für Einbaumöbel müssen galvanisiert, Stangenscharniere jedoch messingplattiert oder nickelplattiert sein, wenn in der Leistungsbeschreibung nichts anderes (z. B. Vollmessing, Glanzvernickelung) vorgeschrieben ist. Für Feuchträume und Laboratorien müssen sie gegen die in Betracht kommenden aggressiven Einwirkungen widerstandsfähig sein.

3. Ausführung

3.1. Allgemeines

3.1.1. Der Auftragnehmer hat zu prüfen, ob vom Auftraggeber vorgeschriebene Beschläge nach ihrer Beschaffenheit und ihren Abmessungen für die zu beschlagenden Bauteile, gegebenenfalls auch für das Anbringen am Bauwerk, geeignet sind und ob sie den zu erwartenden Beanspruchungen genügen. Er hat dem Auftraggeber Bedenken unverzüglich schriftlich mitzuteilen (siehe Teil B — DIN 1961 — § 4 Ziffer 3).

[3]) Seit 1972 zurückgezogen.
[4]) Seit 1970 zurückgezogen.

18 357

3.1.2. Maßangaben, die in der Leistungsbeschreibung oder in den dazugehörigen Zeichnungen enthalten und für die auszuführende Beschlagarbeit von Bedeutung sind, hat der Auftragnehmer auf ihre Richtigkeit zu prüfen. Das gleiche gilt für andere Maßangaben des Auftraggebers.

3.1.3. Soweit Maßangaben, die für die Beschlagarbeiten erforderlich sind, in der Leistungsbeschreibung oder in den dazugehörigen Zeichnungen nicht enthalten sind, hat sie der Auftragnehmer unter Beteiligung des Auftraggebers zu beschaffen.

3.1.4. Bei Beschlägen, für die Einbauvorschriften der Hersteller bestehen, ist nach diesen Vorschriften zu verfahren.

3.1.5. Bei Beschlägen, für die Bedienungsvorschriften der Hersteller bestehen, ist die Bedienungsvorschrift dem Auftraggeber in der erforderlichen Anzahl zu übergeben.

3.1.6. Der Auftragnehmer hat das Einverständnis des Auftraggebers zu den von ihm vorgesehenen Beschlägen an Hand von Mustern sobald wie möglich einzuholen.

3.1.7. Die Schlösser — ausgenommen Buntbartschlösser — müssen so unterschiedlich sein, daß kein Schloß mit einem Schlüssel der anderen gelieferten Schlösser schließbar ist, wenn in der Leistungsbeschreibung nichts anderes vorgeschrieben ist. Soweit bei Buntbartschlössern die technische Möglichkeit zu unterschiedlicher Schließbarkeit besteht, ist sie im Einvernehmen mit dem Auftraggeber auszunutzen.

3.1.8. Für Haustüren und Wohnungsabschlußtüren sind Zuhaltungsschlösser mit Wechsel zu verwenden, wenn in der Leistungsbeschreibung nichts anderes (z. B. Zylinderschlösser) vorgeschrieben ist.

3.1.9. Schlüssel sind übersichtlich geordnet, wenn nötig auch bezeichnet, zu übergeben.

3.1.10. Ist eine Numerierung nach der Zugehörigkeit der Schlösser und Schlüssel zu den Räumen vorgeschrieben, so sind die Nummern auf den Schlössern und den Schlüsseln dauerhaft anzubringen; auf den Schlössern müssen die Nummern auch nach dem Einbau sichtbar sein.

3.1.11. Für Einbaumöbel sind Schlösser mit 3 Zuhaltungen zu verwenden, wenn in der Leistungsbeschreibung nichts anderes (z. B. Nutbartschlösser, Schlösser mit 4 Zuhaltungen, Zylinderschlösser) vorgeschrieben ist.

3.1.12. Schnäpper an Klappen und Türen bei Einbaumöbeln müssen so angebracht sein, daß die Klappen und Türen zugehalten werden, sich aber leicht öffnen und schließen lassen.

3.1.13. Gekröpfte Bänder für gefälzte Türen an Einbaumöbeln müssen den Abmessungen des Falzes angepaßt sein.

3.1.14. Bei zweitürigen Einbauschränken sind Riegel und Schloß zu verwenden, wenn in der Leistungsbeschreibung nichts anderes (z. B. Stangenschloß) vorgeschrieben ist.

3.1.15. Klappen (z. B. an Einbaumöbeln) müssen bei mehr als 30 cm Ausladung zusätzliche Haltevorrichtungen (z. B. Scheren) haben, wenn nicht ein anderes ausreichendes Auflager vorhanden ist.

3.1.16. Türfeststeller mit Federn dürfen an Stellen, die der Witterung ausgesetzt sind, nicht eingebaut werden.

3.2. Anbringen von Beschlägen

3.2.1. Bei Türen und Fenstern nach DIN-Normen sind für den Sitz der Bänder und für den Sitz der Schlösser die DIN-Normen maßgebend, z. B. DIN 18 051 „Holzfenster für den Wohnungsbau; Rahmengrößen für Blendrahmen und Verbundfenster, Bandsitz"; DIN 18 101 „Holztüren für den Wohnungsbau; Türblattgrößen, Bandsitz und Schloßsitz".

3.2.2. Beschläge aus Stahl, die durch den Einbau mit Stahl, Stein, Beton, Mauerwerk, Putz oder Holz in Berührung kommen, müssen an den Berührungsflächen einen ausreichenden Oberflächenschutz haben, z. B. Verzinkung, oder vor dem Anbringen einen ausreichenden Schutzanstrich, z. B. Bleimennigeanstrich, erhalten. Der Anstrich muß beim Anbringen der Beschläge trocken und unbeschädigt sein.

3.2.3. Bei gleitenden Beschlagteilen, die nach dem Einbau verdeckt liegen, sind vorher die Gleitflächen mit säurefreiem Fett einzufetten.

3.2.4. Der Auftragnehmer hat an den zu beschlagenden Bauteilen die für das Anbringen der Beschläge nötigen Ausnehmungen u. ä. herzustellen.

3.2.5. Die Auflageflächen der Beschläge müssen ganz aufliegen; einzulassende Beschlagteile, z. B. Schließ- und Kantenbleche, Schloßstulpe und Stangenscharniere, müssen außerdem mit der Oberfläche des beschlagenen Bauteiles bündig sein.

3.2.6. Einlassungen sind genau passend auszuführen.

3.2.7. Bauteile dürfen durch das Anbringen von Beschlägen nicht mehr geschwächt werden als unbedingt nötig und ohne Gefährdung des zu beschlagenden Bauteiles möglich ist. Das gilt vor allem an den Verbindungsstellen der Bauteile.

3.2.8. Zum Befestigen der Beschläge an den Bauteilen sind Befestigungsmittel, z. B. Schrauben, zu verwenden, die in Art, Stoff und Abmessungen zu den Beschlägen und zu den Bauteilen passen und bei genormten Beschlägen den Vorschriften dieser Normen entsprechen.

3.2.9. Holzschrauben müssen in ihrer ganzen Länge und so eingeschraubt werden, daß sie fest sitzen; sie dürfen keinen Grat haben. Senkschrauben dürfen nicht vorstehen. Nagelschrauben sind unzulässig.

3.2.10. Zum Befestigen von Beschlägen in Stein, Mauerwerk oder Beton darf Gips nicht verwendet werden.

3.2.11. Zu Beschlägen, die Riegel, Fallen, Zungen oder andere Schließvorrichtungen haben, sind für das Eingreifen der Riegel usw. entsprechende Beschlagteile anzubringen, z. B. Schließbleche, Schließkloben. Bei Einbaumöbeln sind Griffe und Knöpfe, die innen verschraubt werden müssen, an den Innenseiten mit Deckhülsen zu versehen.

3.2.12. Türen, Fenster und Fenstertüren sind so zu beschlagen, daß sie sich leicht öffnen und schließen lassen und daß die geschlossenen Flügel gut anliegen. Die Flügel dürfen auch nach dem Anstrich an keiner Stelle streifen. Vom Tischler eingesetzte Abstandhalter dürfen beim Beschlagen nicht entfernt werden.
Türen mit einer Höhe von mehr als 2200 mm sind mit drei Bändern anzuschlagen.

3.2.13. Zapfenbänder müssen so angebracht werden, daß sich die Türen über den rechten Winkel hinaus öffnen lassen, wenn in der Leistungsbeschreibung nichts anderes vorgeschrieben ist.

3.2.14. Hebetüren dürfen sich von außen nicht ausheben lassen, wenn sie geschlossen sind.

3.2.15. Zweiflügelige Pendeltüren sind so zu beschlagen, daß die Flügel sich nicht berühren können. Der Abstand der Flügel darf 5 mm nicht überschreiten und muß gleichmäßig sein. Dies gilt für einflügelige Pendeltüren sinngemäß.

3.2.16. Schiebetüren, Harmonikatüren und Falttüren in Wohnräumen müssen sich geräuscharm bewegen lassen. Die Bewegungsmechanik muß zugänglich sein.

3.2.17. Falttüren sind zwischen je zwei Flügeln mit Riegeln zum Feststellen zu versehen; an den Hängepunkten sind die Riegel nur unten, an den anderen Punkten oben und unten anzubringen.

3.2.18. Schiebetüren und Schiebetore mit oberem Laufwerk müssen eine untere, solche mit unterem Laufwerk eine obere Führung erhalten, wenn in der Leistungsbeschreibung nichts anderes vorgeschrieben ist.

3.2.19. Bei Oberlichtöffnern und dergleichen müssen Hebelstangen und Querwellen so gehaltert und geführt werden, daß sie sich bei der Bedienung nicht durchbiegen.

3.2.20. Oberlichte und Kippflügel sind so zu beschlagen, daß sie sich von außen nicht öffnen lassen.

3.2.21. Schwingflügelfenster müssen, wenn sie voll umgeschlagen sind, sich feststellen lassen, damit sie ohne Gefahr gereinigt werden können.

3.2.22. Vertikale Schiebefenster müssen in jeder Höhe feststehen oder mindestens in gewissen Höhen feststellbar sein; sie müssen ohne Gefahr gereinigt werden können.

3.2.23. Klappläden müssen so beschlagen werden, daß sie durch Feststeller offengehalten werden können, ohne das Bauwerk zu berühren. Sie dürfen sich im geschlossenen Zustand nicht ausheben lassen. Die Beschläge dürfen sich bei geschlossenen Läden nicht von außen abnehmen lassen.

3.2.24. Nach dem Anbringen aller Beschlagteile hat der Auftragnehmer die Beschläge zu reinigen, Schlösser, Getriebe, Bänder, Lager und dergleichen gangbar zu machen und sie, soweit technisch zulässig, zu ölen.

3.2.25. Zementkästen für Bodentürschließer sind nach dem Einbau vor Verschmutzung zu sichern. Sind Bodentürschließer eindringendem Wasser ausgesetzt, z. B. Feuchträume oder Außentüren ohne Regenschutz, so ist der Raum zwischen Zementkasten und Türschließergehäuse mit einer geeigneten Vergußmasse auszufüllen.

4. Nebenleistungen

Nebenleistungen sind Leistungen, die auch ohne Erwähnung in der Leistungsbeschreibung zur vertraglichen Leistung gehören (siehe Teil B — DIN 1961 — § 2 Ziffer 1).

4.1. Folgende Leistungen sind Nebenleistungen:

4.1.1. Messungen für das Ausführen und Abrechnen der Arbeiten einschließlich des Vorhaltens der Meßgeräte und des Stellens der Arbeitskräfte.

4.1.2. Befördern aller Stoffe und Bauteile, auch wenn sie vom Auftraggeber beigestellt werden, von den Lagerstellen auf der Baustelle zu den Verwendungsstellen und etwaiges Rückbefördern.

4.1.3. Heranbringen von Strom von den vom Auftraggeber angegebenen Anschlußstellen auf der Baustelle zu den Verwendungsstellen.

4.1.4. Vorhalten der Kleingeräte und Werkzeuge.

4.1.5. Bemusterung der Baubeschläge.

4.1.6. Beleuchten und Reinigen der Aufenthaltsräume und Aborte für die Beschäftigten des Auftragnehmers sowie Beheizen der Aufenthaltsräume.

4.1.7. Beseitigen aller von den Arbeiten des Auftragnehmers herrührenden Verunreinigungen und des Bauschuttes des Auftragnehmers.

4.1.8. Schutz der ausgeführten Leistung und der für die Ausführung übergebenen Gegenstände vor Verschmutzung, Beschädigung und Diebstahl bis zur Abnahme.

4.1.9. Schutz- und Sicherheitsmaßnahmen nach den Unfallverhütungsvorschriften und polizeilichen Vorschriften.

4.1.10. Vorhalten der Gerüste, deren Arbeitsbühne nicht höher als 2 m über Gelände oder Fußboden liegt.

4.1.11. Lieferung der Betriebsstoffe.

4.1.12. Liefern der Schrauben, Stifte, Nägel, Befestigungseisen und dergleichen.

4.1.13. Beseitigen von Roststellen und der Grate von Gußnähten.

4.1.14. Liefern der für die Beschlagarbeiten erforderlichen Ausführungszeichnungen.

4.1.15. Herstellen von Löchern in Mauerwerk und Leichtbeton.

4.1.16. Nacharbeiten an den eingebauten Beschlägen vor der Abnahme.

4.2. Folgende Leistungen sind Nebenleistungen, wenn sie nicht durch besondere Ansätze in der Leistungsbeschreibung erfaßt sind:

4.2.1. Einrichten und Räumen der Baustelle.

4.2.2. Vorhalten der Baustelleneinrichtung einschließlich der Geräte und dergleichen.

4.3. Folgende Leistungen sind keine Nebenleistungen:

4.3.1. „Besondere Leistungen" nach Teil A — DIN 1960 — § 9 Ziffer 2, letzter Absatz[5]).

4.3.2. Gestellung von Aufenthalts- und Lagerräumen, wenn der Auftraggeber keine Räume zur Verfügung stellt, die vom Auftragnehmer leicht verschließbar gemacht werden können.

4.3.3. besonderer Schutz der Bauleistung, der vom Auftraggeber für eine vorzeitige Benutzung verlangt wird, seine Unterhaltung und spätere Beseitigung.

4.3.4. Anfertigen von Probestücken, wenn sie nicht am Bau verwendet werden.

4.3.5. Herstellen von Löchern in Werkstein, Schwerbeton, Stahl u. ä.

---

[5]) Seit November 1973: DIN 1960 — § 9 Nr. 6.

5. Abrechnung

Es werden abgerechnet:

5.1. Beschlagen von Fenstern, Türen und Toren, Einbaumöbeln und dergleichen, getrennt nach Art und Anzahl der Beschlagteile, nach Anzahl (Stück).

5.2. Anbringen und Gangbarmachen einzelner Beschläge nach Anzahl (Stück).

VOB Teil C:

Allgemeine Technische Vorschriften für Bauleistungen

Rolladenarbeiten – DIN 18 358

Fassung Oktober 1965

Inhalt

0. Hinweise für die Leistungsbeschreibung*)

(siehe auch Teil A – DIN 1960 – § 9)

0.1. In der Leistungsbeschreibung sind nach Lage des Einzelfalles insbesondere anzugeben:

0.101. Abmessungen der durch Rolladenarbeiten zu schließenden Öffnungen im Zustand des fertigen Bauwerks, bei vor der Öffnung hängenden Jalousien auch die seitliche Überdeckung.

0.102. Abmessungen des Raumes für den Rollballen oder das Jalousiepaket.

0.103. bei eingebauten oder vorgesehenen Rolladenfertigkästen Art und Abmessungen.

0.104. Art und Konstruktion (gegebenenfalls durch Zeichnungen) der Fenster- und Türstürze und der Leibungen, an denen die Rolläden, Rolltore, Rollgitter und Jalousien zu befestigen sind.

0.105. ob Leisten mit Laufnuten oder Futterleisten (Beiholzleisten) vorhanden sind oder geliefert werden sollen.

0.106. Stoffart der Stäbe oder Lamellen für Rolläden, Rolltore und Rollgitter, gegebenenfalls auch Härtegrad des Stahls von Lamellen für Rolltore.

0.107. Abmessungen und Form der Rolläden und Rollgitterstäbe und der Lamellen.

0.108. besondere Anforderungen (z. B. Berücksichtigung ungewöhnlichen Winddrucks, Einbruchsicherung).

0.109. Einbau von Schlupftüren.

0.110. Art der Jalousien (Raffjalousie oder Rolljalousie, Innen- oder Außenjalousie, Einbau-Jalousie in Verbundfenster).

0.111. Oberflächenbehandlung und Farbe der Stäbe oder Lamellen und der Führungsschienen.

0.112. Stellen von Fach- oder Hilfskräften durch den Auftraggeber als Hilfe beim Einbau von Bauteilen.

---

*) Diese Hinweise werden nicht Vertragsbestandteil.

0.113. Benutzung von Hebe- und Transportvorrichtungen oder von Gerüsten anderer Unternehmer oder des Auftraggebers.

0.114. Art der Aufzugseinrichtung; bei elektrischem Antrieb auch Stromart und Spannung, Hubdauer und Lage der elektrischen Anschlüsse und Bedienungsstellen.

0.115. Leistungen nach Abschnitt 4.3, soweit nötig in besonderen Ansätzen.

0.2. In der Leistungsbeschreibung sind Angaben zu folgenden Abschnitten nötig, wenn der Auftraggeber eine abweichende Regelung wünscht:

Abschnitt 1.2 (Leistungen mit Lieferung der Stoffe und Bauteile)
Abschnitt 2.1 (Lieferung von ungebrauchten Stoffen und Bauteilen)
Abschnitt 2.4 (Güte des Holzes für Futterleisten und Laufnutleisten)
Abschnitt 3.101 (Überprüfung der Maße am Bau)
Abschnitt 3.108 (Länge des Rolladenpanzers)
Abschnitt 3.113 (Verzinkung der Lamellen aus Stahl)
Abschnitt 3.114 (Korrosionsschutz der Bauteile aus Stahl)
Abschnitt 3.118 (Führungsschienen aus Stahl ohne Ausstellvorrichtung)
Abschnitt 3.121 (Rolladenverschlüsse)
Abschnitt 3.22 (Holzgüte für deckend zu streichende Rolläden)
Abschnitt 3.23 (Dicke der Stäbe bei Holzrolläden)
Abschnitt 3.24 (Holzrolladenpanzer mit ausziehbarer Kette)
Abschnitt 3.25 (Holzschutz bei Holzrolläden)
Abschnitt 3.3 (Dicke der Stäbe, Ausziehbarkeit bei Kunststoffrolläden)
Abschnitt 3.41 (Metallrolläden ohne Luft- und Lichtschlitze)
Abschnitt 3.43 (Lamellen, Gitter und Führungsschienen aus anodisch oxydierter Aluminiumlegierung)
Abschnitt 3.54 (Einrichtung für Handaufzug)
Abschnitt 3.58 (Einrichtungen gegen rasches Abrollen des Panzers von Rolltoren und Rollgittern)
Abschnitt 3.59 (Not-Handantrieb bei Aufzugseinrichtung mit elektrischem Antrieb)
Abschnitt 3.61 (Lamellenbreite bei Raffjalousien)
Abschnitt 3.65 (Schnurzug bei Raffjalousien)
Abschnitt 3.73 (Aufzugband aus Stahl)
Abschnitt 3.75 (Gurtzug bei Rolljalousien)

1. Allgemeines

1.1. DIN 18 358 — Rolladenarbeiten — gilt auch für Rolltore, für Rollgitter und für Jalousien, die mit dem Bauwerk fest verbunden sind, soweit sie nicht als maschinentechnische Anlagen nach VOL — Verdingungsordnung für Leistungen (ausgenommen Bauleistungen) — zu vergeben sind.

1.2. Alle Leistungen umfassen auch die Lieferung der dazugehörigen Stoffe und Bauteile einschließlich Abladen und Lagern auf der Baustelle, wenn in der Leistungsbeschreibung nichts anderes vorgeschrieben ist.

2. Stoffe und Bauteile

2.1. Allgemeine Anforderungen

Stoffe und Bauteile, die der Auftragnehmer zu liefern und einzubauen hat, die also in das Bauwerk eingehen, müssen ungebraucht sein, wenn in der Leistungsbeschreibung nichts anderes vorgeschrieben ist. Sie müssen den DIN-Güte- und -Maßbestimmungen entsprechen. Für die gebräuchlichsten genormten Stoffe und Bauteile sind die DIN-Normen nachstehend aufgeführt. Amtlich zugelassene, nicht genormte Stoffe und Bauteile müssen den Zulassungsbedingungen entsprechen.

2.2. Genormte Bauteile

DIN 18 074 Holzrolläden; Werkstoffe, Ausführung, Rollkastenraum[+1]). Die Rolladenstäbe müssen jedoch bläuefrei sein.

DIN 18 076 Holzrolläden; Rolladenprofile und Rolladenwalzen[+2])

DIN 18 077 Holzrolläden; Beschlagteile; Verbindungsglieder, Gurtroller, Lager, Nutschienen, Achsenstifte, Aussteller[+3])

2.3. Nicht genormte Bauteile

2.31. Nicht genormte Rolladenstäbe müssen so geformt sein, daß sie in Laufnuten passen, deren Abmessungen den Nuten der Nutschienen nach DIN 18 077 entsprechen und in den Nuten gut geführt werden können.

2.32. Schlußleisten müssen so beschaffen sein, daß Anschlagwinkel und Sicherungsverschlüsse dauerhaft daran befestigt werden können.

2.33. Aufzugs- und Wendeschnüre müssen aus Kunststoffaser geflochten sein oder einen Kern aus Baumwolle oder Kunststoffaser haben, der mit Kunststoffaser ummantelt ist. Sie müssen lichtbeständig und abriebfest sein und eine dem Verwendungszweck entsprechende Reißfestigkeit haben.

2.34. Stegbänder aus Kunststoff oder Baumwolle und geflochtene Leiterkordeln aus Kunststoffaser für Jalousien müssen lichtbeständig und in technisch erreichbarem Maße dehnungs- und schrumpfungsfrei sein.

2.4. Holz

Holz für Futterleisten (Beiholzleisten) und für Laufnutleisten muß bläuefrei sein und im übrigen den Anforderungen von Holz für Türen nach DIN 68 360 — Holz für Tischlerarbeiten; Gütebedingungen — genügen, wenn in der Leistungsbeschreibung nichts anderes vorgeschrieben ist.

2.5. Kunststoffe

Kunststoffe müssen formbeständig (besonders in der Längsrichtung), alterungsbeständig, wasserundurchlässig, feuchtigkeitsbeständig, lichtbeständig und mindestens schwer entflammbar sein. Ihre Festigkeit, ihre Widerstandsfähigkeit gegen chemische und atmosphärische Einflüsse, gegen Wärme und Kälte und ihr elastisches Verhalten müssen dem Verwendungszweck auf Dauer entsprechen. Die Kunststoffe müssen dabei den einschlägigen allgemein gültigen Güte- und Prüfvorschriften genügen.

[+1]) Seit Oktober 1966: DIN 18 074 — Rolläden aus Holz; . . .

[+2]) Seit Oktober 1966: DIN 18 076 — Rolläden aus Holz; Profile für Rolladenholzteile.

[+3]) Seit Oktober 1966: DIN 18 077 — Rolläden; Zubehörteile.

2.6. Stahl

DIN 655 Drahtseile aus Drähten gleichen Durchmessers+4)

DIN 1623 Blatt 1 Feinbleche aus unlegierten Stählen, Feinbleche aus weichen Stählen; Gütevorschriften+5). Der Abschnitt „Beanstandungen" ist jedoch nicht anzuwenden.

DIN 1623 Blatt 2 Feinbleche aus unlegierten Stählen, Feinbleche aus allgemeinen Baustählen; Gütevorschriften. Der Abschnitt „Beanstandungen" ist jedoch nicht anzuwenden.

DIN 1624 Kaltbänder aus weichen unlegierten Stählen; Gütebedingungen

DIN 17 100 Allgemeine Baustähle; Gütevorschriften. Der Abschnitt „Beanstandungen" ist jedoch nicht anzuwenden.

2.7. Aluminiumlegierungen

DIN 1725 Blatt 1 Aluminiumlegierungen, Knetlegierungen

DIN 1725 Blatt 2 Aluminiumlegierungen, Gußlegierungen; Sandguß, Kokillenguß, Druckguß

DIN 1725 Blatt 3 Aluminiumlegierungen, Reduktionslegierungen; Verschnitt- und Vorlegierungen+6)

DIN 1725 Blatt 4 Aluminiumlegierungen, Knetlegierungen auf Basis Al 99,99 R und Al 99,9 H+7)

DIN 1745 Blatt 1 (Vornorm) Bleche und Bänder aus Aluminium; Festigkeitseigenschaften+8)

DIN 1745 Blatt 2 Bleche und Bänder aus Aluminium; handelsübliche Qualität, Technische Lieferbedingungen+8)

DIN 1748 Blatt 1 (Vornorm) Strangpreßfolie aus Aluminium; Festigkeitseigenschaften+9)

DIN 1784 Blatt 1 Bänder aus Aluminium, Bänder und Bandstreifen 0,4 bis 3 mm, kaltgewalzt; Maße

DIN 17 611 (Vornorm) Anodisch oxydierte Strangpreßprofile aus Aluminium für das Bauwesen; Technische Lieferbedingungen+10). Der Abschnitt „Maßnahmen für Transport, Lagerung und Montage" ist jedoch nicht anzuwenden.

2.8. Nichtrostende Stähle

Nichtrostende Stähle müssen in ihren Eigenschaften dem Verwendungszweck entsprechen. Sie müssen den Güte- und Prüfvorschriften nach den einschlägigen Werkstoffblättern und technischen Lieferbedingungen des Vereins Deutscher Eisenhüttenleute genügen.*)

---

*) Verlegt bei Verlag Stahleisen mbH., Düsseldorf.

+4) Seit März 1972: ersetzt durch DIN 3055, DIN 3060, DIN 3066.

+5) Seit November 1972: DIN 1623 Blatt 1 — Flachzeug aus Stahl; Kaltgewalztes Band und Blech aus weichen unlegierten Stählen; Gütevorschriften.

+6) Seit Juni 1973: DIN 1725 Blatt 3 — Aluminiumlegierungen; Vorlegierungen.

+7) Seit Februar 1967: ersetzt durch DIN 1725 Blatt 1.

+8) Seit Dezember 1968:
DIN 1745 Blatt 1 — Bleche und Bänder aus Aluminium (Reinstaluminium, Reinaluminium und Aluminium-Knetlegierungen); Festigkeitseigenschaften.
DIN 1745 Blatt 2 —; Normalqualität, Technische Lieferbedingungen

+9) Seit Dezember 1968: DIN 1748 Blatt 1 — Strangpreßprofile aus Aluminium (Reinstaluminium, Reinaluminium und Aluminium-Knetlegierungen); Festigkeitseigenschaften.

+10) Seit Juni 1969 Norm.

3. Ausführung

3.1. Allgemeine Anforderungen

3.101. Der Auftragnehmer hat die Maße für seine Leistung rechtzeitig am Bau zu überprüfen, soweit nicht geklärt ist (z. B. in der Leistungsbeschreibung oder durch Absprache), daß diese Überprüfung unterbleiben kann oder durch bestimmte Maßangaben (z. B. in ausdrücklich genannten Zeichnungen) ersetzt wird.

3.102. Abweichungen von den in der Leistungsbeschreibung angegebenen Abmessungen bis zu 3 % jeder Abmessung sind ohne Anspruch auf Änderung der Vergütung zu berücksichtigen, wenn die Notwendigkeit der Abweichung vor Beginn der Fertigung festgestellt wird oder vom Auftragnehmer vor Beginn der Fertigung hätte festgestellt werden müssen.

3.103. Der Auftragnehmer hat mit der im Verkehr erforderlichen Sorgfalt die baulichen Verhältnisse daraufhin zu prüfen, ob sie für die Ausführung der vorgeschriebenen Leistung geeignet sind. Er hat dem Auftraggeber Bedenken unverzüglich schriftlich mitzuteilen (siehe Teil B — DIN 1961 — § 4 Ziffer 3), wenn die baulichen Verhältnisse nicht der vorgesehenen Ausführung entsprechen. Unter diesen Voraussetzungen sind Bedenken geltend zu machen, insbesondere bei

ungeeignetem oder fehlendem Auflager für die bei den Rolladenarbeiten zu befestigenden Teile,

ungenügender oder fehlender Aussparung für den Rollballen samt Gurtscheibe und Aufzugsvorrichtung,

ungeeigneter oder fehlender Aussparung für den Mauerkasten des Einlaßgurtrollers,

unrichtig eingesetztem Mauerkasten,

ungenügendem Raum für das Jalousie-Paket,

ungeeigneter Ausführung der Futterleisten (Beiholzleisten), der Laufnuten und des Rollkastens,

zu engem oder zu weitem Durchlaßschlitz für den Panzer oder die Jalousie.

3.104. Stoffe und Bauteile, für die Verarbeitungsvorschriften des Herstellerwerks bestehen, sind danach zu verarbeiten.

3.105. Rolläden, Rolltore, Rollgitter und Rolljalousien sind — bis auf die in den Absätzen 2 und 3 angegebenen Abweichungen — mit allen Einrichtungen und allen Zubehörteilen zu liefern, die zur betriebsfertigen Anlage gehören (z. B. je nach Lage des Falles mit Gurtroller, Mauerkasten, mit Motor für den elektrischen Antrieb), und betriebsfertig herzustellen.

Ausgenommen sind:

Lieferung von Rollkästen und Rollkastenabschlüssen;

Einbau von Rollkästen, Rollkastenabschlüssen und Mauerkästen;

bei elektrischem Antrieb Lieferung und Installation von Zuleitungen und von Steuerleitungen außerhalb der Rolläden, Rolltore usw. und die Herstellung des elektrischen Anschlusses.

Bei elektrischem Antrieb hat der Auftragnehmer jedoch den Schaltplan rechtzeitig zu liefern und die Installation von Steuerleitungen zu überwachen.

3.106. Alle Bauteile und alle Verbindungen von Bauteilen müssen so bemessen, Stäbe und Lamellen auch so profiliert sein, daß sie den vorgeschriebenen oder zu erwartenden Beanspruchungen genügen, der Größe und dem Gewicht des Panzers angepaßt sind und den Abrieb an den Gleitstellen auf ein Mindestmaß beschränken.

3.107. Ist in der Leistungsbeschreibung vorgeschrieben, daß feuerbeständige oder feuerhemmende Rolläden oder Rolltore einzubauen sind, so hat der Auftragnehmer nachzuweisen, daß sie den Anforderungen nach DIN 4102 — Widerstandsfähigkeit von Baustoffen und Bauteilen gegen Feuer und Wärme; Begriffe+11) — genügen.

3.108. Der Rolladenpanzer muß so lang sein, daß er nach dem Abrollen mindestens noch 10 cm im Rollraum über dem Durchlaßschlitz verbleibt, wenn in der Leistungsbeschreibung nichts anderes vorgeschrieben ist.

3.109. Der Panzer muß herausgenommen werden können, ohne daß dazu eine Änderung am Bauwerk vorgenommen werden muß. Abweichungen bedürfen der Zustimmung des Auftraggebers.

3.110. Bei Verwendung verschiedener Metalle hat der Auftragnehmer dafür zu sorgen, daß daraus weder Korrosion noch eine andere ungünstige Beeinflussung entstehen kann.

3.111. Wenn Metallteile oder ihr Oberflächenschutz durch den Einbau mit Mörtel in Berührung kommen und dadurch beschädigt werden können, sind sie durch geeignete Maßnahmen zu schützen.

3.112. Wenn Flächen von Metallbauteilen eines Korrosionsschutzes bedürfen, nach dem Einbau jedoch nicht mehr zugänglich sind, hat sie der Auftragnehmer vorher mit einem dauerhaften Korrosionsschutz zu versehen.

3.113. Bei Rolläden und Rolltoren müssen Lamellen aus Stahl sendzimirverzinkt oder mindestens gleichwertig verzinkt sein, wenn in der Leistungsbeschreibung nichts anderes vorgeschrieben ist.

3.114. Bauteile aus Stahl, die keinen Korrosionsschutz haben, sind zu reinigen und zu entrosten; sie sind einmal mit einem Korrosionsschutzanstrich zu versehen, wenn in der Leistungsbeschreibung nichts anderes (z. B. Oberflächenschutz durch Anstriche nach DIN 18 364 — Oberflächenschutzarbeiten an Stahl und Oberflächenschutzarbeiten [Anstrich] an Aluminiumlegierungen) vorgeschrieben ist.

3.115. Für das Phosphatieren gelten DIN 50 942 — Phosphatieren von Stahlteilen; Richtlinien+12) — und DIN 50 942 Beiblatt — Korrosionsschutz; Phosphatieren von Stahlteilen, handelsübliche Phosphatierverfahren+13).

3.116. Anodisches Oxydieren ist nach DIN 17 611 (Vornorm) — Anodisch oxydierte Strangpreßprofile aus Aluminium für das Bauwesen; Technische Lieferbedingungen+14) — auszuführen.

3.117. Lager für liegende Walzen müssen so eingebaut werden, daß die eingesetzte Walze waagerecht liegt. Der Panzer muß in den Laufnuten oder Führungsschienen leicht gleiten.

3.118. Es sind Führungsschienen aus Stahl ohne Ausstellvorrichtung einzubauen, wenn in der Leistungsbeschreibung nichts anderes (z. B. Führungsschienen aus Stahl mit Ausstellvorrichtung, Führungsschienen aus Stahl verzinkt ohne Ausstellvorrichtung, Laufnuten in Holz) vorgeschrieben ist.

+11) Seit Februar 1970: DIN 4102 — Brandverhalten von Baustoffen und Bauteilen.

+12) Seit November 1973: DIN 50 942 — Phosphatieren von Metallen; Richtlinien, Kurzzeichen und Prüfverfahren.

+13) Seit 1967 zurückgezogen.

+14) Seit Juni 1969 Norm.

3.119. Anschießen zur Befestigung von Rolladenbauteilen ist in geeigneten Fällen zulässig, wenn der Auftraggeber zustimmt.

3.120. Ineinandergeschobene Metallamellen von Rolläden und Rolltoren müssen gegen seitliches Verschieben gesichert sein.

3.121. Rolladenverschlüsse müssen – außer in Fällen nach Abschnitt 3.45 – nur dann angebracht werden, wenn es in der Leistungsbeschreibung vorgeschrieben ist; sie müssen das Öffnen der Rolläden von außen verhindern können, wenn in der Leistungsbeschreibung nichts anderes (z. B. Möglichkeit des Öffnens von innen und außen oder nur von außen) vorgeschrieben ist.

3.122. Der Auftragnehmer hat von ihm verwendete Anstrichmittel dem Auftraggeber auf Anfrage mitzuteilen.

3.2. Holzrolläden

3.21. Für Rolladenstäbe ist Kiefernholz oder eine andere gleichartige Holzart zu verwenden; das Holz muß gesund, feinjährig, rissefrei, bläuefrei und möglichst astfrei sein.

3.22. Bei Rolläden, die deckend gestrichen werden, dürfen Stäbe im oberen Drittel des Rolladenpanzers kleine, fest verwachsene Äste haben, wenn nicht in der Leistungsbeschreibung astfreies Holz vorgeschrieben ist.

3.23. Die Stäbe müssen mindestens 11 mm dick sein, wenn in der Leistungsbeschreibung nichts anderes vorgeschrieben ist.

3.24. Der Rolladenpanzer ist mit ausziehbaren Ketten herzustellen, wenn in der Leistungsbeschreibung nicht ein Rolladen mit nicht ausziehbaren Ketten vorgeschrieben ist.

3.25. Die Stäbe sind vor dem Einbau gegen Bläue und Witterungseinflüsse mit einem Holzschutzmittel nach DIN 68 800 – Holzschutz im Hochbau – zu schützen, wenn in der Leistungsbeschreibung nichts anderes vorgeschrieben ist. Das Holzschutzmittel muß mit den üblichen weiteren Anstrichen verträglich sein.

3.3. Kunststoffrolläden

Für Kunststoffrolläden gelten die Abschnitte 3.23 und 3.24 sinngemäß. Bei Kunststoffrolläden, die den Holzrolläden mit ausziehbarer Kette entsprechen, müssen durch das Ausziehen Schlitze zwischen den Stäben frei werden.

3.4. Rolläden, Rolltore, Rollgitter aus Metall

3.41. Metallrolläden sind ohne Luft- und Lichtschlitze herzustellen, wenn in der Leistungsbeschreibung nichts anderes vorgeschrieben ist.

3.42. Bei Rolläden und Rolltoren aus Metall muß die Nuttiefe der Führungsschienen mindestens 1 % der Breite des Panzers betragen, darf jedoch nicht kleiner als 20 mm sein.

3.43. Für Lamellen, Gitter und Führungsschienen aus Aluminiumlegierung ist nach Wahl des Auftragnehmers eine genormte wetterfeste Aluminiumlegierung zu verwenden, wenn in der Leistungsbeschreibung nicht eine bestimmte Aluminiumlegierung (z. B. anodisch oxydierte Aluminiumlegierung nach DIN 17 611 [Vornorm] – Anodisch oxydierte Strangpreßprofile aus Aluminium für das Bauwesen; Technische Lieferbedingungen)[+15]) vorgeschrieben ist.

[+15]) Seit Juni 1969 Norm.

3.44. Nach Lage des Falles sind erhöhte Sicherungen des Metallrolladens oder Metallrolltores gegen Winddruck (z. B. durch die Art des Einbaues, Sturmstützen) zu schaffen.

3.45. Rolläden, Rolltore und Rollgitter aus Metall, die mit Federwellenantrieb versehen sind, müssen verschließbar sein.

3.5. Aufzugseinrichtungen für Rolläden, Rolltore und Rollgitter

3.51. Die Aufzugseinrichtungen bei Rolläden, Rolltoren und Rollgittern — ausgenommen Selbstroller-Federwellen nach Abschnitt 3.52 — müssen so konstruiert sein, daß der Panzer in jeder Lage festgestellt werden kann.

3.52. Bei Selbstroller-Federwellen muß die Zugkraft der Feder den Zug des Panzers ausgleichen.

3.53. Die Schmierstellen der Aufzugseinrichtungen müssen so liegen, daß das Schmieren möglichst erleichtert wird.

3.54. Rolläden sind mit Gurt, Gurtscheibe, Leitrolle (gegebenenfalls Umleitrolle) und automatischem Einlaßgurtroller für Handaufzug einzurichten, wenn in der Leistungsbeschreibung nichts anderes (z. B. Drahtseil mit Seilscheibe und Winde) vorgeschrieben ist.

3.55. Bei Aufzugseinrichtungen mit Gurt ist die Walze mit der Gurtscheibe so einzubauen, daß der Gurt in der Ebene der Gurtscheibe geführt wird.

3.56. Bei Handaufzug ohne Kurbel darf die zur Bedienung erforderliche Zugkraft am Gurt 20 Kilopond (kp) nicht überschreiten.

3.57. Drahtseilwinden müssen so beschaffen sein, daß das Seil nicht in falscher Richtung aufgespult werden kann. Sie müssen eine selbsttätig wirkende Bremse haben.

3.58. Rolltore und Rollgitter müssen mit Einrichtungen ausgerüstet sein, die ein rasches Abrollen des Panzers selbsttätig verhindern, wenn in der Leistungsbeschreibung nichts anderes vorgeschrieben ist. Bei elektrisch betriebenen Rolltor- und Rollgitteranlagen, die dem Abschluß von Öffnungen für den Personenverkehr dienen, muß die Bedienungsstelle der Steuerschaltung so liegen, daß von ihr aus das Schließen beobachtet werden kann. Die Steuerschaltung muß so eingerichtet sein, daß der Schließvorgang sofort unterbrochen wird, wenn der Druck auf den Schaltknopf aufhört (Totmannschaltung).

3.59. Aufzugseinrichtungen mit elektrischem Antrieb müssen mit Not-Handantrieb ausgerüstet sein, wenn in der Leistungsbeschreibung nicht darauf verzichtet ist. Bei Schlupftüren muß durch eine elektrisch wirkende, gegen äußere Einwirkungen geschützte Vorrichtung gesichert werden, daß der Panzer erst dann aufgerollt werden kann, wenn die nicht aufrollbaren Teile der Schlupftür herausgenommen sind. Der Auftragnehmer hat dem Auftraggeber die Anschlußwerte des elektrischen Antriebs und die anderen technischen Daten mitzuteilen.

3.6. Raffjalousien

3.61. Die Lamellen der Raffjalousien müssen bis annähernd 180° verstellbar sein; sie müssen 5 cm breit sein, wenn in der Leistungsbeschreibung nichts anderes vorgeschrieben ist. Die geschlossenen Lamellen müssen einander außen ausreichend überdecken.

3.62. Die Lamellen müssen aus speziallegiertem Aluminium bestehen und folgende Eigenschaften haben:

im Querprofil leicht gewölbt,

hochflexibel,

bei formverändernder Beanspruchung in die ursprüngliche Form zurückfedernd.

Sie müssen durch einen Überzug aus lichtbeständigem Einbrennlack oder in anderer, mindestens gleichwertiger, Weise gegen Korrosion geschützt sein.

3.63. Oberschienen, Unterschienen, Führungs- und Getriebeteile müssen aus nichtkorrodierendem Stoff bestehen oder gegen Korrosion dauerhaft geschützt sein.

3.64. Die Lamellen außen angebrachter Raffjalousien müssen durch straff gespannte Drähte aus Kunststoff oder aus kunststoffummanteltem Stahl oder in anderer Weise so geführt werden, daß sie auch bei Wind oder Sturm nicht aus der Führung herausspringen können.

3.65. Raffjalousien sind mit Schnurzug zum Heben und Senken und mit besonderem Schnurzug zum Verstellen der Lamellen auszurüsten, wenn in der Leistungsbeschreibung nichts anderes (z. B. endloser Schnurzug zum Heben, Senken und Verstellen, Friktionsgetriebe mit Handkurbelantrieb, elektrischer Antrieb) vorgeschrieben ist.

3.7. Rolljalousien

3.71. Die Lamellen der Rolljalousien müssen mindestens bis zu 90° verstellbar sein und, geschlossen, die jeweils darunterliegende Lamelle außen ausreichend überdecken.

3.72. Die Lamellen müssen aus speziallegiertem Aluminium bestehen und folgende Eigenschaften haben:

im Querprofil leicht gewölbt,

an den Längsseiten aufgebördelt.

Sie müssen durch einen Überzug aus lichtbeständigem Einbrennlack oder in anderer, mindestens gleichwertiger, Weise gegen Korrosion geschützt sein.

3.73. Die Lamellen müssen durch Führungsschienen geführt werden und am Aufzugband verstellbar befestigt sein. Das Aufzugband muß aus Stahl bestehen, wenn in der Leistungsbeschreibung nichts anderes vorgeschrieben ist.

3.74. Unterschienen, Führungs- und Getriebeteile müssen aus nichtkorrodierendem Stoff bestehen oder gegen Korrosion dauerhaft geschützt sein.

3.75. Rolljalousien sind zum Öffnen und Schließen der Jalousien und zum Verstellen der Lamellen mit Gurtzug, Gurtscheibe und Gurtroller auszurüsten, wenn in der Leistungsbeschreibung nichts anderes (z. B. Winde mit Seilscheibe und Drahtseil, Friktionsgetriebe mit Handkurbelantrieb, elektrischer Antrieb) vorgeschrieben ist.

4. Nebenleistungen

Nebenleistungen sind Leistungen, die auch ohne Erwähnung in der Leistungsbeschreibung zur vertraglichen Leistung gehören (siehe Teil B — DIN 1961 — § 2 Ziffer 1).

4.1. Folgende Leistungen sind Nebenleistungen:

4.101. Messungen für das Ausführen und Abrechnen der Arbeiten einschließlich des Vorhaltens der Meßgeräte und des Stellens der Arbeitskräfte.

4.102. Vorlage von Plänen für Aussparungen, die zur Ausführung der Rolladenarbeiten nötig sind, oder, wenn solche Pläne nicht verlangt werden, das Anzeichnen der Löcher, die für die Rolladenarbeiten hergestellt werden müssen.

4.103. Schutz- und Sicherheitsmaßnahmen nach den Unfallverhütungsvorschriften und polizeilichen Vorschriften.

4.104. Beleuchten und Reinigen der Aufenthaltsräume und Aborte für die Beschäftigten des Auftragnehmers sowie Beheizen der Aufenthaltsräume.

4.105. Heranbringen von Strom von den vom Auftraggeber angegebenen Anschlußstellen auf der Baustelle zu den Verwendungsstellen.

4.106. Befördern aller Stoffe und Bauteile, auch wenn sie vom Auftraggeber beigestellt werden, von den Lagerstellen auf der Baustelle zu den Verwendungsstellen und etwaiges Rückbefördern.

4.107. Lieferung der Betriebsstoffe.

4.108. Liefern und Einbauen von Befestigungseisen, Walzenlagern, Dübeln und dergleichen.

4.109. Beseitigen aller von den Arbeiten des Auftragnehmers herrührenden Verunreinigungen und des Bauschuttes des Auftragnehmers.

4.110. Schutz der ausgeführten Leistung und der für die Ausführung übergebenen Gegenstände vor Beschädigung und Diebstahl bis zur Abnahme.

4.2. Folgende Leistungen sind Nebenleistungen, wenn sie nicht durch besondere Ansätze in der Leistungsbeschreibung erfaßt sind:

4.21. Einrichten und Räumen der Baustelle.

4.22. Vorhalten der Baustelleneinrichtung einschließlich der Geräte, Gerüste und dergleichen.

4.3. Folgende Leistungen sind keine Nebenleistungen:

4.31. „Besondere Leistungen" nach Teil A — DIN 1960 — § 9 Ziffer 2 letzter Absatz[+16]).

4.32. Gestellung von Aufenthaltsräumen und Lagerräumen, wenn der Auftraggeber keine Räume zur Verfügung stellt, die vom Auftragnehmer leicht verschließbar gemacht werden können.

4.33. Reinigen des Untergrundes von grober Verschmutzung durch Bauschutt, Gips, Mörtelreste u. ä., soweit sie von anderen Unternehmern herrührt.

4.34. Stemmen oder Bohren von Löchern in Werkstein oder Schwerbeton, Bohren von Löchern in Stahlbauteile vorhandener Konstruktion.

4.35. Schweißarbeiten zur Herstellung des Auflagers für die bei den Rolladenarbeiten zu befestigenden Teile.

4.36. Lieferung und Einbau von Rollkästen und Rollkastenabschlüssen, Einbau von Mauerkästen.

[+16]) Seit November 1973: DIN 1960 — § 9 Nr. 6.

4.37. vom Auftraggeber verlangte Probestücke, wenn sie nicht am Bau verwendet werden.

4.38. besonderer Schutz der Bauleistung, der vom Auftraggeber für eine vorzeitige Benutzung verlangt wird, die Unterhaltung des Schutzes und seine spätere Beseitigung.

5. Aufmaß und Abrechnung

Es werden aufgemessen und abgerechnet:

5.1. Rolläden, Rolltore und Rollgitter, getrennt nach Stoffart, Bauart und Abmessungen, nach Stück.

5.2. Jalousien, die in Öffnungen (zwischen den Leibungen) liegen, getrennt nach Stoffart und Bauart (Rolljalousie oder Raffjalousie, Art der Aufzugseinrichtung, Lage des Jalousieoberkastens) und nach den Abmessungen der Öffnungen im Zustand des fertigen Bauwerks, nach Stück.

5.3. Jalousien, die nicht in Öffnungen (nicht zwischen den Leibungen) liegen, getrennt nach Stoffart, Bauart (Rolljalousie oder Raffjalousie, Innen- oder Außenjalousie, Art der Aufzugseinrichtung) und Größe der Jalousien (Höhe bei Raffjalousien von Unterkante Unterschiene bis Oberkante Oberschiene, Höhe bei Rolljalousien von Unterkante Unterschiene bis Unterkante Rollkasten), nach Stück.

VOB Teil C:

Allgemeine Technische Vorschriften für Bauleistungen

Metallbauarbeiten, Schlosserarbeiten – DIN 18 360

Fassung Dezember 1973

Ausgabedatum: August 1974

Inhalt

0. Hinweise für die Leistungsbeschreibung*)

(siehe auch Teil A — DIN 1960 — § 9)

0.1. In der Leistungsbeschreibung sind nach Lage des Einzelfalles insbesondere anzugeben:

0.1.1. Lage der Baustelle und Umgebungsbedingungen, z. B. Hauptwindrichtung, Einflugschneisen, Verschmutzung der Außenluft, Bebauung usw., Zufahrtsmöglichkeiten und Beschaffenheit der Zufahrt sowie etwaige Einschränkungen bei ihrer Benutzung, Art der baulichen Anlagen, Anzahl und Höhe der Geschosse.

0.1.2. Lage und Ausmaß der dem Auftragnehmer für die Ausführung seiner Leistungen zur Benutzung oder Mitbenutzung überlassenen Flächen.

0.1.3. besondere Maßnahmen aus Gründen der Landespflege und des Umweltschutzes.

0.1.4. Art und Umfang des Schutzes von Bäumen, Pflanzenbeständen, Vegetationsflächen, Bauteilen, Bauwerken u. ä. im Bereich der Baustelle.

0.1.5. besondere Anordnungen, Vorschriften und Maßnahmen der Eigentümer (oder der anderen Weisungsberechtigten) von Leitungen, Kabeln, Dränen, Kanälen, Wegen, Gewässern, Gleisen, Zäunen und dergleichen im Bereich der Baustelle.

0.1.6. für den Verkehr freizuhaltende Flächen.

0.1.7. Verkehrsverhältnisse auf der Baustelle, insbesondere Verkehrsbeschränkungen, z. B. Begrenzung der Verkehrslasten.

0.1.8. Lage, Art und Anschlußwert der dem Auftragnehmer auf der Baustelle zur Verfügung gestellten Anschlüsse für Wasser und Energie.

0.1.9. Mitbenutzung fremder Gerüste, Hebezeuge, Aufzüge, Aufenthalts- und Lagerräume, Einrichtungen und dergleichen durch den Auftragnehmer.

0.1.10. Auf- und Abbauen sowie Vorhalten der Gerüste, die nicht unter Abschnitt 4.1.10 fallen.

0.1.11. besondere Anforderungen an die Baustelleneinrichtung.

---

*) Diese Hinweise werden nicht Vertragsbestandteil.

0.1.12. Art und Zeit der vom Auftraggeber veranlaßten Vorarbeiten.

0.1.13. ob und in welchem Umfang dem Auftragnehmer Arbeitskräfte und Geräte für Abladen, Lagern und Transport zur Verfügung gestellt werden.

0.1.14. Arbeiten anderer Unternehmer auf der Baustelle.

0.1.15. Leistungen für andere Unternehmer.

0.1.16. Art, Menge, Gewicht der Stoffe und Bauteile, die vom Auftraggeber beigestellt werden, sowie Art, Ort (genaue Bezeichnung) und Zeit ihrer Übergabe.

0.1.17. Güteanforderungen an nicht genormte Stoffe und Bauteile.

0.1.18. Art und Umfang verlangter Eignungs- und Gütenachweise.

0.1.19. vorgesehene Arbeitsabschnitte, Arbeitsunterbrechungen und -beschränkungen nach Art, Ort und Zeit.

0.1.20. besondere Erschwernisse während der Ausführung, z. B. Arbeiten in Räumen, in denen der Betrieb des Auftraggebers weiterläuft, Arbeiten bei außergewöhnlichen Temperaturen.

0.1.21. Benutzung von Teilen der Leistung vor der Abnahme.

0.1.22. Ausbildung der Anschlüsse an Bauwerke.

0.1.23. Art und Anzahl der geforderten Proben.

0.1.24. besondere Maßnahmen, die zum Schutz von benachbarten Grundstücken und Bauwerken notwendig sind.

0.1.25. ob nach bestimmten Zeichnungen oder nach Aufmaß abgerechnet werden soll.

0.1.26. ob Konstruktionszeichnungen und statische Berechnungen vom Auftraggeber zur Verfügung gestellt werden.

0.1.27. für welche Leistungen ein statischer Nachweis zu erbringen ist.

0.1.28. Art, Beschaffenheit, Gestaltung und Belastbarkeit der Bauwerksteile, in welche die Bauteile eingebaut werden sollen, z. B. bei Türen und Fenstern innerer oder äußerer Anschlag, glatte Leibung, Art des Sturzes, Putz.

0.1.29. Art der Abdichtung von Fugen zwischen Bauteilen und Bauwerken.

0.1.30. Lage der glatten Seiten einwandiger Türen und Tore.

0.1.31. bei Fenstern die Flügelart nach DIN 18 059 Blatt 1 „Stahlfenster; Ausführung, Flügelarten".

0.1.32. Anforderungen an Wärmedämmung, Schalldämmung, Entdröhnung, Feuerwiderstandsfähigkeit und dergleichen.

0.1.33. besondere Anforderungen, denen die Metallbauteile nach dem Einbau ausgesetzt sind, z. B. durch Windlasten, Temperaturen, chemische Einwirkung der Außenluft — Seeluft/Industrieluft u. ä. —, Bewegungen und Schwingungen des Bauwerks oder einzelner Bauwerksteile — bedingt durch die Konstruktion des Tragwerks —, Beschaffenheit des Baugrundes, starke Verkehrsbelastung und dergleichen.

0.1.34. besondere Anforderungen an Kunststoffe, z. B. Schwerentflammbarkeit.

0.1.35. Stoff, Art und Form der Beschläge, z. B. Schlösser, Bänder, Riegel.

0.1.36. Art, Sorte und Dicke des Glases und Art des Einglasens, z. B. mit Dichtstoff, mit Falzleisten innen oder außen, bei zu verglasenden Metallbauteilen.

0.1.37. Oberflächenbehandlung, auch durch andere Unternehmer.

0.1.38. ob Beschlagteile erst längere Zeit nach dem Einbau des Bauteiles anzubringen sind.

0.1.39. ob Aussparungen für die Befestigungsanker oder ob andere Befestigungsarten, z. B. Schweißen, Bolzensetzen oder Dübeln, vorgesehen sind.

0.1.40. bei Zargen die Bauform und Profilierung, die Dicke der vorgesehenen Türblätter, die notwendigen Bodeneinstände.

0.1.41. ob und welche Dämpfungsmittel für Türblätter in den Zargen vorzusehen und wann und von wem sie einzubauen sind.

0.1.42. ob die unteren Distanzschienen der Zargen nach dem Einbau entfernt werden sollen.

0.1.43. ob bei Leichtbauwänden für die Zargen Wandaussteifungen erforderlich sind.

0.1.44. besondere Anforderungen an den Schutz und den Umfang der Schutzmaßnahmen bei Zargen und Türblättern mit besonders behandelter Oberfläche.

0.1.45. bei Türblättern mit dekorativer Ausstattung die Befestigungsart für diese Ausstattungen.

0.1.46. wie Sonnenschutzanlagen zur Himmelsrichtung liegen und welche Beschattungszeiten verlangt werden.

0.1.47. ob auskragende Sonnenschutzeinrichtungen begehbar sein sollen oder ob sonstige zusätzliche Lasten zu berücksichtigen sind.

0.1.48. ob Sonnenschutzkonstruktionen auch Verdunkelungsaufgaben übernehmen sollen.

0.1.49. besonderer Korrosionsschutz der Verbindungsmittel.

0.1.50. Leistungen nach Abschnitt 4.2 in besonderen Ansätzen, wenn diese Leistungen keine Nebenleistungen sein sollen.

0.1.51. Leistungen nach Abschnitt 4.3 in besonderen Ansätzen.

0.2. In der Leistungsbeschreibung sind Angaben zu folgenden Abschnitten nötig, wenn der Auftraggeber eine abweichende Regelung wünscht:

Abschnitt 1.3 (Leistungen mit Lieferung der Stoffe und Bauteile)
Abschnitt 2.1 (Vorhalten von Stoffen und Bauteilen)
Abschnitt 2.2.1 (Liefern von ungebrauchten Stoffen und Bauteilen)
Abschnitt 3.1.14 (Korrosionsschutz von Metallbauteilen)
Abschnitt 3.1.20 (Bearbeiten von Falzen und Oberflächen)
Abschnitt 3.1.22 (Schichtdicke von Entdröhnungsstoffen)
Abschnitt 3.1.24 (Beseitigen überstehender Schweißnähte)
Abschnitt 3.1.26 (Beschaffenheit gegossener Werkstücke)
Abschnitt 3.1.28 (Einbau der Metallbauteile)
Abschnitt 3.2.3.1 (Hinterlüftung von Scheiben)
Abschnitt 3.2.4.1 (Lastannahme für Metallfassaden und Fensterwände — Windlast, Lastannahme für Metallfassaden und Fensterwände — Verkehrslasten, zusätzliche vertikale Verkehrslasten und besondere Belastungen)
Abschnitt 3.2.5.1 (Ebenheit der Verkleidungen)
Abschnitt 3.2.6.1 (Korrosionsschutz bei Trennwänden)
Abschnitt 3.2.6.2 (Anforderungen in bezug auf Brandschutz, Schallschutz und klimatische Dämmung)
Abschnitt 3.3.1.1 (Blechdicke von Zargen)
Abschnitt 3.3.2.3 (Blechdicke von Türblättern)
Abschnitt 3.3.3.2 (Lage von Falttorflügeln)
Abschnitt 3.3.5.2 (Stababstand von Scherengittern)
Abschnitt 3.3.7.1 (Ausführung von Treppen)
Abschnitt 3.3.8.2 (Horizontalkraft bei Handläufen)
Abschnitt 3.3.8.7 (Spanndrahtabstand bei Maschengeflecht)
Abschnitt 3.3.9.3 (Anzahl der Markisenarme).

1. Allgemeines

1.1. DIN 18 360 „Metallbauarbeiten, Schlosserarbeiten“ gilt auch für Konstruktionen, bei denen Metallbauteile mit Kunststoff kombiniert sind.

1.2. DIN 18 360 „Metallbauarbeiten, Schlosserarbeiten“ gilt nicht für
Stahlbauarbeiten (siehe DIN 18 335 „Stahlbauarbeiten“),
Klempnerarbeiten (siehe DIN 18 339 „Klempnerarbeiten“) und nicht für
Rolladen, Rolltore usw. aus Metall (siehe DIN 18 358 „Rolladenarbeiten“).

1.3. Alle Leistungen umfassen auch die Lieferung der dazugehörigen Stoffe und Bauteile einschließlich Abladen und Lagern auf der Baustelle, wenn in der Leistungsbeschreibung nichts anderes vorgeschrieben ist.

1.4. Stoffe und Bauteile, die vom Auftraggeber beigestellt werden, hat der Auftragnehmer rechtzeitig beim Auftraggeber anzufordern.

2. Stoffe, Bauteile

2.1. Vorhalten

Stoffe und Bauteile, die der Auftragnehmer nur vorzuhalten hat, die also nicht in das Bauwerk eingehen, können nach Wahl des Auftragnehmers gebraucht oder ungebraucht sein, wenn in der Leistungsbeschreibung darüber nichts vorgeschrieben ist.

2.2. Liefern

2.2.1. Allgemeine Anforderungen

Stoffe und Bauteile, die der Auftragnehmer zu liefern und einzubauen hat, die also in das Bauwerk eingehen, müssen ungebraucht sein, wenn in der Leistungsbeschreibung nichts anderes vorgeschrieben ist. Sie müssen für den jeweiligen Verwendungszweck geeignet und aufeinander abgestimmt sein.

Stoffe und Bauteile, für die DIN-Normen bestehen, müssen den DIN-Güte- und -Maßbestimmungen entsprechen.

Stoffe und Bauteile, die nach den behördlichen Vorschriften einer Zulassung bedürfen, müssen amtlich zugelassen sein und den Zulassungsbedingungen entsprechen. Stoffe und Bauteile, für die weder DIN-Normen bestehen noch eine amtliche Zulassung vorgeschrieben ist, dürfen nur mit Zustimmung des Auftraggebers verwendet werden.

Für die gebräuchlichsten genormten Stoffe und Bauteile sind die DIN-Normen nachstehend aufgeführt.

2.2.2. Stahl

DIN 17 100	Allgemeine Baustähle; Gütevorschriften. Der Abschnitt „Beanstandungen“ ist jedoch nicht anzuwenden.
DIN 1623	Blatt 1 Flachzeug aus Stahl; Kaltgewalztes Band und Blech aus weichen, unlegierten Stählen, Gütevorschriften. Der Abschnitt „Beanstandungen“ ist jedoch nicht anzuwenden.
DIN 1623	Blatt 2 Feinbleche aus unlegierten Stählen; Feinbleche aus allgemeinen Baustählen; Gütevorschriften. Der Abschnitt „Beanstandungen“ ist jedoch nicht anzuwenden.
DIN 1199	Drahtgeflecht mit viereckigen Maschen
DIN 1200	Drahtgeflecht mit sechseckigen Maschen.

2.2.3. Kupfer und Kupferlegierungen

DIN 1705 Kupfer-Zinn- und Kupfer-Zinn-Zink-Blei-Gußlegierungen (Guß-Zinnbronze und Rotguß); Gußstücke.

DIN 1709 Kupfer-Zink-Gußlegierungen und Kupfer-Zink-Gußlegierungen mit Zusätzen (Guß-Messing und Guß-Sondermessing); Gußstücke.

DIN 1787 Kupfer in Halbzeug

DIN 1751 Bleche und Blechstreifen aus Kupfer und Kupfer-Knetlegierungen, kaltgewalzt; Maße

DIN 17 656 Kupfer-Gußlegierungen; Blockmetalle

DIN 17 660 Kupfer-Knetlegierungen; Kupfer-Zink-Legierungen (Messing), (Sondermessing), Zusammensetzung

DIN 17 662 Kupfer-Knetlegierungen; Kupfer-Zinn-Legierungen (Zinnbronze), Zusammensetzung

DIN 17 663 Kupfer-Knetlegierungen; Kupfer-Nickel-Zink-Legierungen (Neusilber), Zusammensetzung

DIN 17 664 Kupfer-Knetlegierungen; Kupfer-Nickel-Legierungen, Zusammensetzung

DIN 17 665 Kupfer-Knetlegierungen; Kupfer-Aluminium-Legierungen (Aluminiumbronze), Zusammensetzung

DIN 17 666 Kupfer-Knetlegierungen, niedriglegiert; Zusammensetzung.

2.2.4. Blei

DIN 1719 Blei.

2.2.5. Zink

DIN 1706 Zink.

2.2.6. Aluminium und Aluminiumlegierungen

DIN 1712 Blatt 1 Aluminium; Reinstaluminium und Hüttenaluminium

DIN 1712 Blatt 3 Aluminium; Reinstaluminium und Reinaluminium in Halbzeug

DIN 1725 Blatt 1 Aluminiumlegierungen; Knetlegierungen

DIN 1725 Blatt 2 Aluminiumlegierungen; Gußlegierungen, Sandguß, Kokillenguß, Druckguß

DIN 1725 Blatt 3 Aluminiumlegierungen

DIN 17 611 Anodisch oxydierte Strangpreßerzeugnisse aus Aluminium für das Bauwesen; technische Lieferbedingungen

DIN 17 612 Anodisch oxydierte Teile aus Blechen und Bändern aus Aluminium für das Bauwesen; Technische Lieferbedingungen.

2.2.7. Nichtrostende Stähle

DIN 17 440 Nichtrostende Stähle; Gütevorschriften.

2.2.8. Kunststoffe

Kunststoffe müssen in ihrer Zusammensetzung, ihrer Festigkeit und Widerstandsfähigkeit dem Verwendungszweck entsprechen.

DIN 16 901 Kunststoff-Formteile; Toleranzen und zulässige Abweichungen für Maße

DIN 16 927 Tafeln aus PVC hart.

2.2.9. Markisentuch

Das Markisentuch muß ein Mindestgewicht von 320 g/m² haben. Es muß licht- und farbecht, wasserabweisend und witterungsbeständig sein.

2.2.10. Verbindungsmittel und Zusatzwerkstoffe

Verbindungsmittel, z. B. Schrauben, Niete, Klebstoffe, und Zusatzwerkstoffe zum Schweißen und Löten müssen den Beanspruchungen genügen und auf die Verarbeitungsverfahren abgestimmt sein.

DIN 267 Schrauben, Muttern und ähnliche Gewinde- und Formteile.

2.2.11. Dicht-, Trenn- und Beschichtungsstoffe

Dicht-, Trenn- und Beschichtungsstoffe müssen witterungs- und alterungsbeständig und je nach Beanspruchung plastisch bleibend oder elastisch bleibend sein und dürfen keine schädigenden Bestandteile enthalten.

2.2.12. Aluminiumhalbzeug, Bleche und Profile

DIN 1745 Blatt 1 Bleche und Bänder aus Aluminium (Reinstaluminium, Reinaluminium und Aluminium-Knetlegierungen); Festigkeitseigenschaften

DIN 1745 Blatt 2 Bleche und Bänder aus Aluminium (Reinstaluminium, Reinaluminium und Aluminium-Knetlegierungen); Normalqualität, Technische Lieferbedingungen

DIN 1745 Blatt 3 Bleche und Bänder aus Aluminium (Reinstaluminium, Reinaluminium und Aluminium-Knetlegierungen); Eloxalqualität, Technische Lieferbedingungen

DIN 1746 Blatt 1 Rohre aus Aluminium (Reinstaluminium, Reinaluminium und Aluminium-Knetlegierungen); Festigkeitseigenschaften

DIN 1746 Blatt 2 Rohre aus Aluminium (Reinstaluminium, Reinaluminium und Aluminium-Knetlegierungen); Technische Lieferbedingungen

DIN 1748 Blatt 1 Strangpreßprofile aus Aluminium (Reinstaluminium, Reinaluminium und Aluminium-Knetlegierungen); Festigkeitseigenschaften

DIN 1748 Blatt 2 Strangpreßprofile aus Aluminium (Reinstaluminium, Reinaluminium und Aluminium-Knetlegierungen); Technische Lieferbedingungen

DIN 1748 Blatt 3 Strangpreßprofile aus Aluminium (Reinstaluminium, Reinaluminium und Aluminium-Knetlegierungen); Gestaltung

DIN 1748 Blatt 4 Strangpreßprofile aus Aluminium (Reinstaluminium, Reinaluminium und Aluminium-Knetlegierungen); zulässige Abweichungen.

2.2.13. Stahlfensterprofile

DIN 4441 Stahlfenster-Profile, gewalzt; Reihe A 35, Maße und statische Werte

DIN 4444 Stahlfenster-Profile, gewalzt; Reihe B 48, Maße und statische Werte

DIN 4449 Stahlfenster-Profile, gewalzt; Reihen E, T, U, W, kaltgeformt Reihe R

DIN 4450 Stahlfenster-Profile, gewalzt; Reihe V, Abmessungen, statische Werte und zulässige Abweichungen.

2.2.14. Fenster und Türen

DIN 107 Bezeichnung mit links oder rechts im Bauwesen

DIN 18 050 Fensteröffnungen für den Wohnungsbau, Rohbau-Richtmaße

DIN 18 056 Fensterwände; Bemessung und Ausführung

DIN 18 058 Stahlfenster für Keller und Waschküche
DIN 18 059 Blatt 1 Stahlfenster; Ausführung, Flügelarten
DIN 18 081 Blatt 1 Feuerbeständige einflügelige Stahltüren (T 90-1-Türen); Maße und Anforderungen
DIN 18 082 Blatt 1 Feuerhemmende einflügelige Stahltüren (T 30-1-Türen); Maße und Anforderungen
DIN 18 084 Feuerhemmende zweiflügelige Stahltüren (T 30-2-Türen); Maße und Anforderungen
DIN 18 113 Stahltüren und Stahltore; Ankerlöcher in Mauerwerk und Beton
DIN 18 240 Blatt 1 Stahltüren für den Industriebau; einflügelig, einwandig
DIN 18 240 Blatt 2 Stahltüren für den Industriebau; zweiflügelig, einwandig
DIN 18 240 Blatt 3 Stahltüren für den Industriebau; einflügelig, doppelwandig
DIN 18 240 Blatt 4 Stahltüren für den Industriebau; zweiflügelig, doppelwandig.

3. Ausführung

3.1. Allgemeines

3.1.1. Der Auftragnehmer hat auf die örtlichen Verhältnisse hinsichtlich Eignung für die Durchführung seiner Leistung zu achten und Bedenken gegen die vorgesehene Art der Ausführung dem Auftraggeber unverzüglich schriftlich mitzuteilen (siehe Teil B — DIN 1961 — § 4 Nr. 3). Bedenken sind geltend zu machen insbesondere bei:

unzweckmäßiger Beschaffenheit der vorgeschriebenen Bauteile, z. B. in bezug auf Stoffart, Profil, Abmessungen, Befestigungsmöglichkeit, statische Festigkeit der Bauteile im ganzen, auch im Hinblick auf einzusetzende Scheiben, Füllelemente und in bezug auf Dröhnen,

unzweckmäßiger Verbindung mit dem Bauwerk, z. B. bei Verbindungselementen,

Nichteignung von Bauwerksteilen für die Aufnahme der durch die Bauteile entsprechenden Belastungen,

fehlenden oder nicht ausreichenden Befestigungsmöglichkeiten am Bauwerk, dabei hat der Auftragnehmer die Eigengewichte seiner Bauteile und die zu übertragenden Windlasten anzugeben,

fehlender Möglichkeit zu gefahrloser Reinigung und Bedienung im Gebrauch,

Abweichungen der Öffnungen am Bau, die bei fachgerechten Fugen keine einheitlichen Rahmenaußenmaße zulassen,

größeren Abweichungen, als in den nachstehend genannten Normen zugelassen sind:

DIN 18 201 Maßtoleranzen im Bauwesen; Begriffe, Grundsätze, Anwendung, Prüfung
DIN 18 202 Blatt 1 Maßtoleranzen im Hochbau; Zulässige Abmaße für die Bauausführung, Wand- und Deckenöffnungen, Nischen, Geschoß- und Podesthöhen
DIN 18 203 Blatt 1 Maßtoleranzen im Hochbau; Zulässige Abmaße für Bauteile, Fertigteile aus Beton und Stahlbeton, Stützen, Wandtafeln und Fassadenplatten, Decken- und Dachplatten, Binder, Pfetten, Unterzüge.

3.1.2. Vom Auftragnehmer gelieferte, zeichnerische und beschreibende Darstellungen, aus denen Konstruktion, Abmessungen, Einbau und Befestigung der Bauteile zu ersehen sind, bedürfen der Genehmigung des Auftraggebers.

3.1.3. Für Metallbauarbeiten nach Abschnitt 3.2 hat der Auftragnehmer rechtzeitig Konstruktionszeichnungen zu liefern.

3.1.4. Abweichungen der Fertigungsmaße von den in der Leistungsbeschreibung oder Zeichnung angegebenen Breiten und Höhen der Fenster, Türen und Tore oder von entsprechenden Abmessungen anderer Bauteile hat der Auftragnehmer bis zu 5 % jeder dieser Abmessungen, höchstens jedoch bis 50 mm, unter folgenden Voraussetzungen ohne Anspruch auf besondere Vergütung zu berücksichtigen:

die Notwendigkeit, die Abweichung zu berücksichtigen, wird vor Beginn der Fertigung festgestellt, oder sie hätte vom Auftragnehmer vor Beginn der Fertigung festgestellt werden müssen;

trotz Berücksichtigung der Abweichung bleibt das Rahmenaußenmaß innerhalb der einzelnen Positionen einheitlich;

die Berücksichtigung der Abweichung macht eine Konstruktionsänderung aus statischen Gründen nicht notwendig.

3.1.5. Beim Zusammentreffen verschiedener Stoffe sowie bei Beanspruchung durch Bewitterung muß gesichert sein, daß schädigende Korrosion und andere ungünstige Beeinflussungen nicht entstehen können.

3.1.6. Beim Zusammenbau verschiedener Stoffe sind Verbindungsmittel aus korrosionsbeständigen Stoffen zu verwenden. Im Aluminiumbau können solche auch aus Aluminium sein, wenn diese den statischen Anforderungen genügen und den verwendeten Werkstoffen entsprechen.

3.1.7. Verbindungen und Befestigungen sind so auszuführen, daß sich die Bauglieder bei Temperaturänderungen ungehindert ausdehnen, zusammenziehen und verschieben können. Dabei müssen Stellen, die dicht sein müssen, dicht bleiben.

3.1.8. Wenn Flächen von Bauteilen eines Korrosionsschutzes bedürfen, nach dem Einbau jedoch nicht mehr zugänglich sind, hat sie der Auftragnehmer vorher mit einem dauerhaften Korrosionsschutz zu versehen.

3.1.9. Bei verzinkten und verbleiten Stahlblechen und Stahlteilen muß die Zink- oder Bleischicht ausreichend dick, gut deckend, gut haftend, porenfrei und ohne Blasen sein; die Zink- oder Bleischicht darf auch bei notwendigem Biegen nicht reißen oder abblättern. Bei abgekanteten Stahlteilen dürfen die Biegehalbmesser die Werte nach DIN 6935 Beiblatt 2 „Kaltabkanten und Kaltbiegen von Flacherzeugnissen aus Stahl; gerechnete Ausgleichswerte v für mehrere Biegewinkel“ nicht unterschreiten.

3.1.10. Auf flammspritzverzinkte Flächen hat der Auftragnehmer unmittelbar nach dem Flammspritzverzinken einen porenfüllenden, abdeckenden, quellfesten und gut haftenden Schutzanstrich aufzubringen, der sich mit der Metallschicht verträgt und auf den ein weiterer Anstrich aufgebracht werden kann.

Der verwendetete Schutzanstrich ist dem Auftraggeber auf Verlangen mitzuteilen.

3.1.11. Müssen verzinkte Teile geschweißt werden, so ist der Zink in der Schweißzone zu entfernen.

Die Güte der Schweißung muß gewährleistet sein.

Der geschweißte Bereich ist zu reinigen und zweimal gut deckend mit Zinkstaubfarbe zu streichen. Dabei sind die Verarbeitungsrichtlinien der Hersteller der Zinkstaubfarbe zu beachten.

3.1.12. Für das Phosphatieren gilt DIN 50 942 „Phosphatieren von Stahlteilen; Richtlinien".

3.1.13. Anodisches Oxydieren ist nach DIN 17 611 „Anodisch oxydierte Strangpreßerzeugnisse aus Aluminium für das Bauwesen; Technische Lieferbedingungen" und DIN 17 612 „Anodisch oxydierte Teile aus Blechen und Bändern aus Aluminium für das Bauwesen; Technische Lieferbedingungen" auszuführen.

Abweichungen der Eloxalfarbtöne sind im Rahmen dieser DIN-Normen zulässig. Auf Wunsch sind Grenzmuster zu vereinbaren.

3.1.14. Bauteile aus Stahl sind an Flächen, die nach dem Einbau zugänglich bleiben, gegen Korrosion zu schützen. Dieser Schutz ist, wenn in der Leistungsbeschreibung nichts anderes vorgeschrieben wurde, ein Grundschutz mit einer Wirksamkeit von mindestens drei Monaten ab vereinbartem Liefertermin.

3.1.15. Das Schaffen der erforderlichen Meterrisse und Meßpunkte sowie deren Erhaltung bis zur Abnahme der davon abhängigen Arbeiten ist Sache des Auftraggebers.

3.1.16. An Bauteilen, die als Raumabschluß dienen, z. B. Fenster, Fensterwände, Türen, sind in den Fugen zwischen Bauwerk und Bauteil Dichtstoffe einzubringen. Die Anschlußstellen zum Bauwerk müssen dicht sein. Für das Abdichten von Außenwandfugen sind die Bestimmungen nach DIN 18 540 Blatt 1 „Abdichten von Außenwandfugen zwischen Beton- und Stahlbetonfertigteilen im Hochbau mit Fugendichtungsmassen; Konstruktive Ausbildung der Fugen" sinngemäß anzuwenden. Die Maßangaben der Tabelle dieser DIN-Norm sind zu beachten. Ist darauf eine Versiegelung anzubringen, so muß die verbleibende Restfuge für diese Versiegelung geeignet sein und sie voll aufnehmen können.

3.1.17. Zum Befestigen von Bauteilen in Stein, Mauerwerk oder Beton dürfen keine Stoffe, die Metalle schädigen können, verwendet werden.

3.1.18. Die Befestigung von Bauteilen am Baukörper durch Dübelsetzen oder Bolzensetzen ist zulässig, wenn dem keine anderen Vorschriften entgegenstehen. In geeigneten Fällen kann geklebt werden. In Feuchträumen sind nichtrostende Stoffe für die Befestigung zu verwenden.

3.1.19. Befestigungen durch Schweißen oder Schrauben an tragenden Bauteilen dürfen nur erfolgen, wenn der Auftraggeber zugestimmt hat.

3.1.20. Bauteile dürfen in den Falzen keine unebenen behindernden Stellen haben. Die Oberflächen müssen glatt sein, wenn in der Leistungsbeschreibung nichts anderes vorgeschrieben ist.

3.1.21. Füllelemente, z. B. Glas, Platten, müssen sicher und dauerhaft befestigt werden. Beim Einbetten in aushärtende Dichtstoffe ist für festen Sitz bis zur Aushärtung zu sorgen.

3.1.22. Die Schichtdicke von Entdröhnungsstoffen muß mindestens 0,5 der Materialdicke des zu entdröhnenden Bauteils betragen, sofern in der Leistungsbeschreibung keine höheren Forderungen gestellt werden.

3.1.23. Biegungen und Kröpfungen müssen frei von Rissen und frei von nicht fachgerechten Querschnittsveränderungen sein.

3.1.24. Bei tragenden Bauteilen gelten DIN 1050 „Stahl im Hochbau; Berechnung und bauliche Durchbildung", DIN 4113 „Aluminium im Hochbau; Richtlinien für Berechnung und Ausführung von Aluminiumbauteilen", DIN 4100 „Geschweißte Stahlbauten mit vorwiegend ruhender Belastung; Berechnung und bauliche Durchbildung" und DIN 4115 „Stahlleichtbau im Hochbau; Berechnung, bauliche Durchbildung, Ausführung". Überstehende Teile der Schweißnaht müssen an sichtbar bleibenden Flächen beseitigt werden, wenn sie statisch nicht notwendig sind und in der Leistungsbeschreibung nichts anderes vorgeschrieben ist.

Bei Löt- und Klebverbindungen sind die Verarbeitungsrichtlinien der Hersteller der Hilfsstoffe zu beachten. Schlacken, Fluß- und Lösungsmittel sind zu beseitigen.

3.1.25 Für Schweißnahtvorbereitungen gelten:

DIN 8551 Blatt 1 Schweißnahtvorbereitung; Richtlinien für Fugenformen, offenes Lichtbogenschweißen von Hand an Stählen

DIN 8551 Blatt 2 Schweißnahtvorbereitung; Richtlinien für Fugenformen, Gasschweißen an Stählen

DIN 8551 Blatt 4 Schweißnahtvorbereitung; Richtlinien für Fugenformen, Unterpulver-Schweißen an Stählen

DIN 8551 Blatt 5 Schweißnahtvorbereitung; Richtlinien für Fugenformen, Wolfram- und Metall-Schutzgasschweißen an Stählen

DIN 8552 Blatt 1 Schweißnahtvorbereitung; Richtlinien für Fugenformen, Metall- und Wolfram-Schutzgasschweißen an Aluminium

DIN 8552 Blatt 2 Schweißnahtvorbereitung; Richtlinien für Fugenformen, Gasschweißen an Aluminium, Kupfer und Messing.

3.1.26. Gegossene Werkstücke müssen frei von Formsandrückständen und sauber entgratet sein. Gußteile mit Lunkerstellen dürfen nicht eingebaut werden, wenn in der Leistungsbeschreibung nichts anderes vorgeschrieben ist.

3.1.27. Alle sichtbaren Schnittkanten sind sorgfältig zu entgraten.

3.1.28. Der Einbau der Bauteile muß eben und fluchtrecht erfolgen, wenn in der Leistungsbeschreibung nichts anderes vorgeschrieben ist.

3.1.29. Der Einbau von Bauteilen darf erst erfolgen, wenn die Bauwerksteile belastbar sind.

3.1.30. Die Verankerungen der Bauteile im Baukörper sind so anzubringen, daß das sichere Übertragen der Kräfte in den Baukörper gewährleistet ist.

3.1.31. Rahmen müssen an jeder Seite mindestens zwei Verankerungsstellen haben, wenn ihre Seitenlänge 400 mm übersteigt, der Abstand der Anker voneinander darf 800 mm, ihr Abstand von den Ecken darf 200 mm nicht übersteigen.

3.1.32. Die Bauteile sind bis zum Abbinden der Bindemittel gegen Verrücken zu sichern.

3.1.33. Das Einbringen der Verglasung und anderer Füllelemente darf erst erfolgen, wenn die Bindemittel abgebunden haben oder wenn die Bauteile auf andere Art unverrückbar und belastbar am Baukörper befestigt sind.

3.1.34. Falze und Kammern, in die Niederschlagwasser eindringen kann oder in denen die Bildung von Kondenswasser möglich ist, sind zu entwässern.

3.2. Metallbauarbeiten

3.2.1. Fenster

3.2.1.1. Fensterflügel sind so einzupassen, daß sie dicht schließen und schon vor der Verglasung gut gangbar sind, später aufzubringende Anstriche sind dabei zu berücksichtigen.

3.2.1.2. Fenster müssen Vorrichtungen, z. B. Glashalter, Glasleisten, Stiftlöcher, haben, mit denen die Glasscheiben an allen Seiten sicher befestigt werden können. Die Vorrichtungen müssen auf die vorgesehene Glasdicke und die Dicke des Dichtstoffbettes oder — bei Einglasung mit Dichtstreifen oder bei Druckverglasung — des Dichtstreifens oder des Druckverglasungsstreifens abgestellt sein.

3.2.1.3. Die Befestigungsstellen der Vorrichtungen müssen folgende Abstände haben:

Art der Vorrichtung	Abstand der Befestigungsstellen von den Ecken	Abstand zwischen den Befestigungsstellen der Vorrichtungen
Glashalter (Clips)	50 bis 100 mm	höchstens 200 mm
Glashalteleisten	50 bis 100 mm	höchstens 350 mm
Stiftlöcher	50 bis 100 mm	höchstens 200 mm

3.2.1.4. Klemmleisten dürfen zur Halterung von Scheiben nur verwendet werden, wenn die Art der Konstruktion des Metallbauteiles Gewähr bietet, daß der Halt der Scheibe trotz der Belastung des Metallbauteiles durch die Scheibe nicht gefährdet ist.

Bei großflächigen Scheiben dürfen Klemmleisten durch die Halterung der Scheiben nicht beansprucht werden.

3.2.1.5. Die Falze müssen der Verglasung entsprechend bemessen sein. Die Mindestfalzhöhe beträgt für eine größte Scheibenlänge

bis zu 1000 mm: 10 mm,
über 1000 mm bis zu 2500 mm: 12 mm,
über 2500 mm bis zu 4000 mm: 15 mm,
über 4000 mm bis zu 6000 mm: 17 mm,
über 6000 mm: 20 mm.

Bei geraden Scheiben setzt sich die Mindestfalzbreite zusammen aus der Glasdicke und 2 × 3 mm für die Abdichtung. Für gebogene Scheiben sind der Glasdicke für den Falz mindestens 20 mm zuzuschlagen.

Bei Sonderverglasungen sind die Vorschriften der Scheibenhersteller zu berücksichtigen.

3.2.1.6. Für Anforderungen an Fenster gilt DIN 18 055 „Fenster".

3.2.1.7. Fensterrahmen sind am Bauwerk ausreichend zu verankern. Bei Fenstern ohne bewegliche Flügel sind die Rahmen auch dort zu verankern, wo die Scheiben zu klotzen sind; bei Fenstern mit beweglichen Flügeln sind die Fensterrahmen auch dort zu verankern, wo die von den Bändern und Lagern ausgehenden Kräfte auf das Bauwerk technisch richtig übertragen werden.

3.2.1.8. Wird die Verglasung durch den Auftragnehmer entsprechend DIN 18 361 „Verglasungsarbeiten“ ausgeführt, so ist sie als in sich abgeschlossene Leistung durch den Auftraggeber abzunehmen.

3.2.1.9. Dreh-Kipp-Fenster müssen eine Fehlbedienungssperre haben. Schwingflügel müssen bei einer Drehung von 180° eine Feststellvorrichtung haben.

3.2.2. Türen und Fenstertüren

3.2.2.1. Türen und Fenstertüren müssen sich leicht öffnen und schließen lassen. Die vorgesehene weitere Oberflächenbehandlung ist zu berücksichtigen. Die geschlossenen Flügel müssen gut anliegen. Die Flügel dürfen an keiner Stelle streifen.

3.2.2.2. Treibriegel und Getriebe müssen auswechselbar sein, Schließstangen müssen in Führungen laufen.

3.2.2.3. Türen und Fenstertüren sind am Bauwerk mit Ankern zu befestigen, die der zu erwartenden Beanspruchung genügen, dabei ist nach DIN 18 113 „Stahltüren und Stahltore; Ankerlöcher in Mauerwerk und Beton“ sinngemäß zu verfahren.

3.2.2.4. Für Türen und Fenstertüren gelten die Bestimmungen des Abschnitts 3.2.1 sinngemäß.

3.2.3. Schaufenster, Schaukästen und Vitrinen

3.2.3.1. Bei Schaufenstern, Schaukästen und Vitrinen müssen die Scheiben hinterlüftet sein, wenn in der Leistungsbeschreibung nichts anderes vorgeschrieben ist.

3.2.3.2. Schaufenster-, Schaukästen- und Vitrinenkonstruktionen sind so zu bemessen, daß sie alle auf sie einwirkenden Lasten zuverlässig und auf Dauer tragen können. Gewichte der Verglasung und Besonderheiten auskragender Konstruktionen sind entsprechend zu berücksichtigen.

3.2.3.3. Sind Scheiben durch senkrechte Sprossen verbunden, so müssen die Sprossen abnehmbare Deckleisten haben, wenn

die Scheibenhöhe mehr als 2400 mm beträgt,

die Größe der einzelnen Scheiben mehr als 5 m² beträgt oder

mehr als vier Scheiben nebeneinander mit Sprossen verbunden sind.

Die Deckleisten müssen es ermöglichen, daß jede Scheibe für sich ausgewechselt werden kann.

3.2.3.4. Bei Schaufenstern mit einer Fläche von mindestens 9 m² und einer Seitenlänge von mehr als 2000 mm ist DIN 18 056 „Fensterwände; Bemessung und Ausführung“ zu beachten.

3.2.3.5. Die Konstruktionen müssen eine fachgerechte Verklotzung der Scheiben ermöglichen. Dabei ist zu berücksichtigen, daß die Klotzhöhe ein Drittel der Falzhöhe beträgt.

3.2.3.6. Bei zusammengesetzten Profilen darf kein Niederschlagswasser durch die Fugen nach innen eindringen können. Dies gilt auch für angeschlossene Markisenkästen u. ä.

3.2.3.7. Bei Schaukästen und Vitrinen müssen die Verschließeinrichtungen so beschaffen sein, daß die dafür notwendigen Ausnehmungen die Biege- und Verwindungssteifigkeit der Rahmen nicht in unzulässigem Maße gefährden.

3.2.4. Metallfassaden und Metallfensterwände

3.2.4.1. Metallfassaden und Metallfensterwände müssen die auf sie einwirkenden Kräfte aufnehmen und an die Tragwerke des Baukörpers abgeben können. Dies gilt auch für die Verbindungselemente. Windlasten sind nach DIN 1055 Blatt 4 „Lastannahmen im Hochbau; Verkehrslasten — Windlast" anzunehmen, wenn in der Leistungsbeschreibung keine höheren Werte vorgeschrieben sind. Für Verkehrslasten als Horizontallasten ist bei der Bemessung der Tragglieder eine von innen wirkende Horizontalkraft von 500 N/m (50 kp/m) auf die horizontalen Brüstungsriegel zu berücksichtigen, sofern diese dem öffentlichen Verkehr zugänglich sind und in der Leistungsbeschreibung keine höheren Werte vorgeschrieben sind.

Zusätzliche vertikale Verkehrslasten und besondere Belastungen, z. B. Sonnenschutzanlagen, Außenbefahranlagen, Gerüstanker und dergleichen, sind nicht zu berücksichtigen, wenn in der Leistungsbeschreibung darüber nichts vorgeschrieben ist.

Die rechnerische Durchbiegung darf unter Berücksichtigung der angegebenen Werte $^1/_{300}$ der Länge nicht überschreiten, sofern die Art der Konstruktion im Einzelfall keine größere Beschränkung der Durchbiegung erforderlich macht. Die Vorschriften der Isolierglashersteller sind zu beachten.

3.2.4.2. Fensterwände sind nach DIN 18 056 „Fensterwände; Bemessung und Ausführung" anzufertigen.

3.2.4.3. Mögliche Maßänderungen durch wechselnde Temperaturen sind zu berücksichtigen.

3.2.4.4. Die Ableitung von Niederschlagswasser und Kondenswasser nach außen muß gewährleistet sein. Dies gilt auch bei hinterlüfteten Fassaden.

3.2.4.5. Alle Stahlteile, die nach dem Einbau nicht mehr zugänglich sind, müssen feuerverzinkt oder flammspritzverzinkt sein, soweit sie nicht aus nichtrostendem Stahl bestehen.

3.2.4.6. Behördliche Vorschriften über die Verwendung brennbarer oder entflammbarer Werkstoffe sind zu beachten.

3.2.4.7. Ist Holz für die Unterkonstruktion zugelassen, so sind die fertigen Zuschnitte nach DIN 68 800 „Holzschutz im Hochbau" zu behandeln.

3.2.4.8. Bei Verwendung von Dämm- und Sandwichplatten sind die Vorschriften der Hersteller über Transport, Lagerung und Einbau zu beachten. Gleiches gilt für andere Füllstoffe und Glas.

3.2.5. Bekleidungen, abgehängte Metalldecken

3.2.5.1. Bekleidungen, abgehängte Decken und dergleichen müssen ebenflächig sein, wenn in der Leistungsbeschreibung nichts anderes vorgeschrieben ist.

Gegebenenfalls sind Ausgleichsstücke zu verwenden, insbesondere bei abgehängten Decken.

3.2.5.2. Bekleidungen vor und abgehängte Decken unterhalb von Antriebseinheiten und Bedienungselemente für Versorgungsleitungen müssen abnehmbar sein.

3.2.5.3. Bekleidungselemente, die durch Klemmvorrichtungen gehalten werden, dürfen nicht aus den Halterungen herausfallen.

3.2.5.4. Die Befestigungsmittel, Dübel, Abhängungen u. ä. müssen aus korrosionsbeständigem Metall bestehen und den auftretenden Belastungen entsprechend bemessen und befestigt sein.

3.2.6. Trennwände

3.2.6.1. Für Trennwände in Gebäuden gelten die Bestimmungen der anderen Abschnitte dieser Norm sinngemäß. Die Abschnitte über Korrosionsschutz werden nicht angewendet, wenn in der Leistungsbeschreibung nichts anderes vorgeschrieben ist.

3.2.6.2. Bei Trennwänden finden Anforderungen in bezug auf Brandschutz, z. B. Rettungswege, auf Schallschutz, z. B. Beratungszimmer, und auf klimatische Dämmung, z. B. Computerräume, keine Berücksichtigung, wenn in der Leistungsbeschreibung darüber nichts vorgeschrieben ist.

3.2.6.3. Für versetzbare Trennwände gelten nicht die Bestimmungen dieser Norm über Verankerungen am Bauwerk.

3.2.7. Überdachungen, Vordächer, feststehende Sonnenschutzkonstruktionen

3.2.7.1. Niederschlags- und Kondenswasser ist so abzuleiten, daß es nicht in die Konstruktion eindringen kann und nicht zum Durchfeuchten von Bauwerkswänden führt.

3.2.7.2. Für die Befestigungselemente darf nur nichtrostender Werkstoff verwendet werden.

3.2.7.3. Zur Verminderung einer Geräuschübertragung in das Bauwerk sind die Befestigungsstellen der einzelnen Konstruktionsteile mit geeigneten Stoffen zu unterlegen.

3.2.7.4. Bei Sonnenschutzkonstruktionen mit verstellbaren Teilen sind alle Lager und Gelenke leichtgängig herzustellen.

3.2.7.5. Um die Abstände der Kragarme untereinander zu fixieren, ist das Randprofil sicher mit den Kragarmen zu verbinden. Dehnungen des Randprofils dürfen den festen Sitz der Lamellen nicht gefährden. Dehnstöße sind nach Bedarf einzubauen.

3.3. Schlosserarbeiten

3.3.1. Zargen (Eckzargen, Umfassungszargen, Zargen für Leichtbauwände, zweischalige Zargen)

3.3.1.1. Die Blechdicke von Zargen aus kaltgeformten Metallblechen muß so gewählt sein, daß durch den Gebrauch keine Verformungen entstehen. Die Blechdicke muß 1,5 mm betragen, wenn in der Leistungsbeschreibung nichts anderes vorgeschrieben ist. Die Qualität muß mindestens St 1203 von DIN 1623 Blatt 1 „Flachzeug aus Stahl; Kaltgewalztes Band und Blech aus weichen unlegierten Stählen, Gütevorschriften" entsprechen. Die Oberfläche muß auch an Biegekanten rißfrei sein.

3.3.1.2. Die äußeren Abkantungen von Zargen aus kaltgeformten Blechen müssen rechtwinklig auf die Wand gerichtet sein.

3.3.1.3. Die Öffnungen für die Schließriegel müssen so abgedeckt sein, daß kein Baustoff, z. B. Mörtel, in die Schließschlitze eindringen kann.

3.3.1.4. Maueranker sind so zu setzen, daß die von Bändern und Verriegelungen einwirkenden Kräfte richtig auf den Baukörper übertragen werden. Dabei ist

DIN 18 113 „Stahltüren und Stahltore; Ankerlöcher in Mauerwerk und Beton“ sinngemäß anzuwenden.

3.3.1.5. Zargen, die wegen einer besonders behandelten Oberfläche eines Schutzes bis zur Abnahme bedürfen, sind mit diesem Schutz zu liefern und einzubauen.

3.3.1.6. Sind Zargen aus Halbzeugen, z. B. aus Aluminium- oder Kunststoff-Profilen, herzustellen, so sind die Verarbeitungsrichtlinien der Halbzeughersteller zu beachten.

3.3.1.7. Zargen mit geschoßhohen Stützprofilen für Leichtbauwände müssen Anschlußmöglichkeiten für diese Wände und justierbare Befestigungen zur Decke und zum Fußboden haben.

3.3.1.8. Zargen, die ohne untere Anschlagschiene anzufertigen sind, müssen zwei Distanzwinkelschienen erhalten. Die waagerechten Schenkel müssen zueinander zeigen und in der Mitte unterstützt werden. Zargen mit unterer Anschlagschiene müssen zusätzlich einen Distanzwinkel erhalten, sein waagerechter Schenkel muß zur Anschlagschiene zeigen. Die Distanzschienen müssen ohne sichtbare Rückstände demontierbar sein.

3.3.2. Türblätter

3.3.2.1. Türblätter müssen verwindungsfest sein.

3.3.2.2. Die Oberflächen von Türblättern müssen grat- und rißfrei sein, auch an Abkantungen.

3.3.2.3. Türblätter aus Stahlblech müssen mindestens aus der Qualität St 1203 von DIN 1623 Blatt 1 „Flachzeug aus Stahl; Kaltgewalztes Band und Blech aus weichen unlegierten Stählen, Gütevorschriften“ gefertigt werden. Die Blechdicke muß bei einwandiger Ausführung mindestens 2 mm und bei doppelwandiger Ausführung ohne Füllstoff mindestens 1,5 mm betragen, wenn in der Leistungsbeschreibung nichts anderes vorgeschrieben ist.

3.3.2.4. Kaltgeformte zweischalige Türblätter sind in den Verschluß- und Bandbereichen so auszubilden, daß die Kräfte sicher übertragen werden.

3.3.2.5. Zweischalige Türblätter sind so auszubilden, daß kein Spritz- oder Niederschlagswasser in den Zwischenraum eindringen kann.

3.3.2.6. Beschläge für Türblätter aus Aluminium, nichtrostendem Stahl u. ä. müssen aus korrosionsbeständigem Stoff bestehen.

3.3.2.7. Türblätter mit Aussparungen für Verglasungen u. ä. sind auszusteifen.

3.3.2.8. Werden Türblatteile aufgeklebt, sind Klebstoffe zu verwenden, die eine dauerhafte Verbindung gewährleisten.

3.3.3. Stahltore, Stahlabschlüsse, Klappen

3.3.3.1. Die Flügel von Stahltoren, Stahlabschlüssen und Klappen müssen in geschlossenem Zustand gut anliegen. Spätere Oberflächenbehandlung ist zu berücksichtigen. Die Flügel müssen ausreichend verwindungs- und biegesteif sein.

3.3.3.2. Verschlußstangen müssen die Flügel in geschlossenem Zustand oben und unten oder beidseitig verriegeln und in Führungen laufen. Flügel von Falttoren müssen in geöffnetem Zustand parallel aufeinander liegen, wenn in der Leistungsbeschreibung nichts anderes vorgeschrieben ist.

3.3.3.3. Für Sektional- und Gliedertore gelten die Bestimmungen von DIN 18 358 „Rolladenarbeiten“ sinngemäß.

3.3.3.4. Handbetätigte Rauchklappen müssen leichtgängig sein. Die Betätigungskraft soll nicht mehr als 300 N (30 kp) betragen.

3.3.4. Industrie- und Kellerfenster aus kalt- oder warmgeformten Profilen

3.3.4.1. Niederschlags- und Kondenswasser ist nach außen abzuleiten.

3.3.4.2. Fensterkonstruktionen müssen für die Bedienung der Beschläge ausreichenden Freiraum haben.

3.3.4.3. Bei kombinierten Glas- und Gitterflügeln muß der Gitterflügel für sich so verriegelbar sein, daß er von außen nicht geöffnet werden kann.

3.3.4.4. Bei geschweißten Fenstern müssen die Profile, z. B. Z-, L- und T-Profile, an den Stoßstellen mindestens auf einer Seite durchgehend geschweißt sein.

Stöße müssen außen gratfrei sein. Der Glasfalz muß frei von Schweißperlen und Schlacken sein.

3.3.4.5. Wenn die Verglasung nicht mit Hilfe von Glasleisten erfolgen soll, dann sind Stiftlöcher oder Clips vorzusehen, die Glasdicke ist dabei zu berücksichtigen.

3.3.4.6. Erfolgt der Korrosionsschutz bei Fenstern durch Tauchen, z. B. Feuerverzinkung oder Kunststoff-Überzug, dann müssen Hohlprofile Öffnungen haben, so daß alle beim Tauchen verwendeten Stoffe in die Hohlräume ein- und auslaufen können.

3.3.4.7. Bei Fenstern aus Profilsystemen mit Dichtungsschnüren ist auf werkstoff- und fachgerechtes Verarbeiten dieses Zubehörmaterials zu achten (Eckausbildung und dergleichen).

3.3.4.8. Für den Einbau von Fenstern gilt Abschnitt 3.1.28 sinngemäß.

3.3.5. Scherengitter

3.3.5.1. Bei Scherengittern müssen die Hauptstäbe in aus- und eingefahrenem Zustand senkrecht stehen.

3.3.5.2. Der Stababstand darf in ausgefahrenem Zustand nicht größer als 120 mm sein, wenn in der Leistungsbeschreibung nichts anderes vorgeschrieben ist.

3.3.5.3. Scherengitter müssen mit einer unteren und oberen Führung versehen werden. Bei hochklappbarer unterer Führung dürfen nach Öffnung im Gehbereich keine überstehenden Teile verbleiben.

3.3.5.4. Scherengitter müssen an der tragenden Führung mit Laufrollen ausgerüstet sein. Mindestens jeder sechste Stab muß eine Laufrolle erhalten.

3.3.5.5. Scherengitter bis zu 2400 mm Höhe sind mit zwei, höhere sind mit drei Scherenreihen auszurüsten.

3.3.6. Abdeckungen, Roste, Bühnen, Stege

3.3.6.1. Einlegbare Abdeckplatten und Roste in Zargen müssen bündig und verwindungsfrei einliegen.

3.3.6.2. Zargen an Schächten müssen an ihrer freitragenden Seite entsprechend der vorgesehenen Belastung bemessen oder verstärkt sein.

3.3.6.3. Griffe und Bänder eines klappbaren Teiles, die im Gehwegbereich liegen, müssen versenkt oder eingelassen sein.

3.3.6.4. Im Gehwegbereich sind Abdeckungen, Roste, Bühnen und Stege durch eine entsprechende Oberflächengestaltung rutschfest und trittsicher auszubilden.

3.3.7. Treppen, Leitertreppen und ortsfeste Leitern

3.3.7.1. Treppen sind nach
DIN 18 064 „Treppen; Begriffe, Bezeichnung, Ausführung"
DIN 18 065 Blatt 1 „Wohnhaustreppen; Hauptmaße"
DIN 4174 „Geschoßhöhen und Treppensteigungen"
auszuführen, wenn in der Leistungsbeschreibung nichts anderes vorgeschrieben ist.

3.3.7.2. Trittstufen müssen rutschsicher sein und sind nach DIN 24 531 „Trittstufen zu Stahltreppen" auszuführen.

3.3.7.3. Festmontierte Leitertreppen und Leitern sind nach
DIN 24 532 „Senkrechte ortsfeste Leitern aus Stahl"
auszuführen.

3.3.7.4. Die obere Befestigung von Leitern an Schornsteinköpfen, Gesimsen u. ä. ist so auszuführen, daß die Haltbarkeit auf Dauer nicht durch Auswitterung gefährdet ist.

3.3.8. Handläufe, Geländer, Umwehrungen, Einfriedungen, Gitter

3.3.8.1. Handläufe sind allseitig zu entgraten und an geschweißten Stoßstellen bündig zu verschleifen. Handläufe dürfen an dem oberen Handlaufprofil nicht von oben verschraubt werden.

3.3.8.2. Handläufe an Geländern müssen eine horizontale Kraft von 500 N/m (50 kp/m) aufnehmen, wenn in der Leistungsbeschreibung nichts anderes vorgeschrieben ist. Bei Rettungswegen ist der Gedrängedruck von DIN 18 056 „Fensterwände; Bemessung und Ausführung" zu beachten.

3.3.8.3. Füllstäbe von Geländern müssen, bei verschraubter Konstruktion, eine Mindestschraubendicke von 6 mm haben und an jedem Stabende verschraubt sein. Bei geschweißter Ausführung ist die Schweißnaht allseitig am Stab anzulegen.

3.3.8.4. Wenn bei Geländern Flächenfüllungen in Rahmen zu fassen sind, so sind diese Rahmen entsprechend Abschnitt 3.3.4.5 auszuführen. Die Flächenfüllungen sind mit Halteleisten zu befestigen.

3.3.8.5. Für Geländer in Betriebsanlagen, z. B. der Hüttenwerke, des Bergbaus, der chemischen Industrie, gilt DIN 24 533 Blatt 1 „Geländer aus Stahl".

3.3.8.6. Gitter, die dem Einbruchsschutz dienen, müssen einen umlaufenden Rahmen oder tragende Querstäbe haben; sie sind zu verschweißen und mit entsprechenden Ankern zu versehen.

3.3.8.7. Einfriedungen mit Maschengeflecht müssen mit Spanndrähten zur Anbringung des Geflechtes versehen sein, ihr Abstand darf 700 mm nicht übersteigen, wenn in der Leistungsbeschreibung nichts anderes vorgeschrieben ist.

3.3.9. Markisen

3.3.9.1. Markisenwellen müssen torsionssteif und ausreichend biegefest sein.

3.3.9.2. Bei Spannstangenwellen sind die Außenlager so zu bemessen, daß auch die Spannlasten sicher aufgenommen werden.

3.3.9.3. Bei Markisen sind mindestens zwei Arme zu verwenden, wenn in der Leistungsbeschreibung nichts anderes vorgeschrieben ist. Bei Längen über 5500 mm ist eine entsprechend größere Anzahl von Armen vorzusehen.

3.3.9.4. Die Ausfallschienen der Markisen müssen genügend steif gegen Durchbiegung und in ausgefahrenem Zustand waagerecht sein.

3.3.9.5. Markisen mit Handantrieb müssen leichtgängig sein. Das maximale Drehmoment an Kurbeln darf 20 N m (2 kp m), die aufzuwendende Handzugkraft 150 N (15 kp) nicht überschreiten.

3.3.9.6. Markisen müssen gegen selbständiges Ausfahren gesichert sein.

3.3.9.7. Die Stoffbespannung ist an den Metallteilen sicher zu befestigen, sie muß die Stoffwelle in ausgefahrenem Zustand mindestens 1,5fach umschließen.

3.3.10. Ortsfeste Turn- und Spielgeräte, Teppichklopfstangen u. ä.

3.3.10.1. Ortsfeste Turn- und Spielgeräte u. ä. sind so herzustellen, daß bei deren Benutzung keine Verletzungen durch die Geräte entstehen.

3.3.10.2. Alle Schweißstellen sind sorgfältig und bündig zu verschleifen.

3.3.10.3. Verschraubungen müssen versenkt angeordnet werden.

3.3.10.4. Unvermeidbare herausstehende Gewinde müssen mit Hutmuttern o. ä. abgedeckt werden.

3.3.11. Bauteile aus Blech

3.3.11.1. Bleche im Rahmen müssen spannungsfrei eingesetzt werden.

3.3.11.2. Offen liegende Schnittkanten sind zu entgraten, bei Blechen unter 1 mm Dicke sind sie umzubördeln.

3.3.11.3. Niete sind so weit von den Materialkanten entfernt zu setzen, daß sich der Werkstoff beim Nieten nicht auswölbt. Nietlöcher sind vor dem Einziehen der Niete zu entgraten.

3.3.11.4. Einnietungen müssen gratfreie Schließköpfe haben.

3.3.11.5. Einsteck-, Einlege- und Einschiebeteile sind sicher zu befestigen.

3.3.11.6. Türen und Klappen mit verdecktliegenden Bändern müssen mindestens 90° zu öffnen sein.

3.3.12. Kleinteile (Anker, Ankerplatten, Konsolen, Steigeisen, Anschlag- und Eckschienen, Radabweiser, Mattenrahmen, Rolladenschutzschienen u. ä.).

3.3.12.1. Maueranker sind zu spreizen, zu kerben oder zu biegen. Sie dürfen nicht grundiert oder mit Farbe gestrichen sein.

3.3.12.2. Anker an Schienen dürfen von den Enden höchstens 200 mm, voneinander höchstens 800 mm entfernt sein.

3.3.12.3. Bei Verwendung von Schrauben und Dübeln als Befestigungsmittel gilt Abschnitt 3.3.12.2 sinngemäß.

3.3.12.4. In Feuchträumen ist hierfür nichtrostender Werkstoff zu verwenden.

3.3.13. Schmiedearbeiten

Handgeschmiedete Teile müssen in allen Teilen handgeschmiedet oder von Hand getrieben und dürfen nicht maschinell oder mit der Feile bearbeitet sein.

4. Nebenleistungen

Nebenleistungen sind Leistungen, die auch ohne Erwähnung in der Leistungsbeschreibung zur vertraglichen Leistung gehören (siehe Teil B — DIN 1961 — § 2 Nr. 1).

4.1. Folgende Leistungen sind Nebenleistungen:

4.1.1. Messungen für das Ausführen und Abrechnen der Arbeiten einschließlich des Vorhaltens der Meßgeräte, Lehren, Absteckzeichen usw., des Erhaltens der Lehren und Absteckzeichen während der Bauausführung und des Stellens der Arbeitskräfte, jedoch nicht Leistungen nach Teil B – DIN 1961 – § 3 Nr. 2.

4.1.2. Schutz- und Sicherheitsmaßnahmen nach den Unfallverhütungsvorschriften und den behördlichen Bestimmungen.

4.1.3. Schutz der ausgeführten Leistungen und der für die Ausführung übergebenen Gegenstände vor Beschädigung und Diebstahl bis zur Abnahme.

4.1.4. Heranbringen von Wasser und Energie von den vom Auftraggeber auf der Baustelle zur Verfügung gestellten Anschlußstellen zu den Verwendungsstellen.

4.1.5. Vorhalten der Kleingeräte und Werkzeuge.

4.1.6. Lieferung der Betriebsstoffe.

4.1.7. Befördern aller Stoffe und Bauteile, auch wenn sie vom Auftraggeber beigestellt sind, von den Lagerstellen auf der Baustelle zu den Verwendungsstellen und etwaiges Rückbefördern.

4.1.8. Beleuchten und Reinigen der Aufenthaltsräume und Aborte für die Beschäftigten des Auftragnehmers sowie Beheizen der Aufenthaltsräume.

4.1.9. Beseitigen aller Verunreinigungen (Abfälle, Bauschutt und dergleichen), die von den Arbeiten des Auftragnehmers herrühren.

4.1.10. Auf- und Abbauen sowie Vorhalten der Gerüste, deren Arbeitsbühnen bis zu 2 m über Gelände oder Fußboden liegen.

4.1.11. Vorlage von Plänen für auszusparende Ankerlöcher zur Befestigung der Türen, Tore, Fenster und dergleichen, oder, wenn solche Pläne nicht vorhanden sind, das Anzeichnen der Ankerlöcher.

4.1.12. Anfertigen von einzelnen Probestücken, wenn sie bei der Ausführung des Auftrages mit verwendet werden können.

4.1.13. Liefern der Befestigungsmittel, z. B. Anker, Schrauben.

4.1.14. Einsetzen und Befestigen von Türen, Toren, Zargen, Fenster und dergleichen einschließlich der Anker, ausgenommen Leistungen nach Abschnitt 4.3.11.

4.2. Folgende Leistungen sind Nebenleistungen, wenn sie nicht durch besondere Ansätze in der Leistungsbeschreibung erfaßt sind.

4.2.1. Einrichten und Räumen der Baustelle.

4.2.2. Vorhalten der Baustelleneinrichtung einschließlich der Geräte und dergleichen.

4.2.3. Abdichten von Fugen.

4.3. Folgende Leistungen sind keine Nebenleistungen.

4.3.1. „Besondere Leistungen" nach Teil A – DIN 1960 – § 9 Nr. 6.

4.3.2. Aufstellen, Vorhalten und Beseitigen von Bauzäunen, Blenden und Schutzgerüsten zur Sicherung des öffentlichen Verkehrs sowie von Einrichtungen außerhalb der Baustelle zur Umleitung und Regelung des öffentlichen Verkehrs.

4.3.3. Sichern von Leitungen, Kanälen, Dränen, Kabeln, Grenzsteinen, Bäumen und dergleichen.

4.3.4. Beseitigen von Hindernissen, Leitungen, Kanälen, Dränen, Kabeln und dergleichen.

4.3.5. Vorhalten von Aufenthalts- und Lagerräumen, wenn der Auftraggeber Räume, die leicht verschließbar gemacht werden können, nicht zur Verfügung stellt.

4.3.6. besondere Maßnahmen aus Gründen der Landespflege und des Umweltschutzes.

4.3.7. Auf- und Abbauen sowie Vorhalten der Gerüste, deren Arbeitsbühnen mehr als 2 m über Gelände oder Fußboden liegen.

4.3.8. zusätzliche Maßnahmen für die Weiterarbeit bei Frost und Schnee, soweit sie dem Auftragnehmer nicht ohnehin obliegen.

4.3.9. besonderer Schutz der Bauleistung, der vom Auftraggeber für eine vorzeitige Benutzung verlangt wird, seine Unterhaltung und spätere Beseitigung.

4.3.10. Herstellen von Löchern im Mauerwerk, Beton und ähnlichem für die Befestigung von Türen, Toren, Fenstern, Zargen und dergleichen.

4.3.11. Vergießen von Ankern und Einputzen von Zargen und Blendrahmen.

4.3.12. Reinigen der Fassaden von Verschmutzungen, die nicht vom Auftragnehmer verursacht wurden.

4.3.13. Prüfung auf klimatische, chemische oder physikalische Eignung des zu verwendenden Materials und der Konstruktion bei Vorliegen besonderer Einflußfaktoren oder standortbedingter Belastung.

4.3.14. Liefern von Konstruktionszeichnungen über Abschnitt 3.1.3 hinaus.

5. Abrechnung

5.1. Allgemeines

5.1.1. Die Leistung ist aus Zeichnungen zu ermitteln, soweit die ausgeführte Leistung diesen Zeichnungen entspricht. Sind solche Zeichnungen nicht vorhanden, ist die Leistung aufzumessen.

Der Ermittlung der Leistung — gleichgültig, ob sie nach Zeichnungen oder nach Aufmaß erfolgt — sind zugrunde zu legen

für Metallbauteile deren Konstruktionsmaße,

für Wandbekleidungen die Konstruktionsmaße der zu bekleidenden Flächen,

für Deckenbekleidungen die zu bekleidenden Flächen bis zu den begrenzenden ungeputzten bzw. unbekleideten Bauteilen,

für Fenster, Türen usw. die Konstruktionsmaße der lichten Öffnungen.

5.1.2. Ist nach Gewicht abzurechnen, so ist das Gewicht durch Wägen festzustellen.

5.1.3. Können die Gewichte nicht durch Wägen ermittelt werden, so sind sie nach folgenden Grundsätzen zu berechnen:

5.1.3.1. Für Stahlblech und Bandstahl sind anzusetzen 8,0 kg/m^2 für jeden mm der Stoffdicke,

5.1.3.2. für Formstahl sowie für Profile, die vom Großhandel nach Handelsgewicht verkauft werden, das Handelsgewicht (kg/m).

5.1.3.3. für andere Profile das DIN-Gewicht mit einem Zuschlag von 2 % für Walzwerktoleranzen.

5.1.3.4. Bei geschraubten, geschweißten oder genieteten Stahlkonstruktionen werden dem nach Abschnitt 5.1.3.1 bis 5.1.3.3 ermittelten Gewicht 2 % zugeschlagen.

5.1.3.5. Für verzinkte Bauteile oder verzinkte Konstruktionen werden den nach den zuvor genannten Grundsätzen ermittelten Gewichten 5 % für die Verzinkung zugeschlagen.

5.1.4. Längen- und Flächenmaße werden wie folgt ermittelt:

5.1.4.1. Bei Abrechnung nach Längenmaß wird die größte Länge zugrunde gelegt, auch bei schräg geschnittenen und ausgeklinkten Profilen.

5.1.4.2. Bei gebogenen Profilen wird die äußere abgewickelte Länge zugrunde gelegt.

5.1.4.3. Zur Ermittlung von Maßen nach Fläche wird, auch bei trapezförmigen und unregelmäßig geformten Teilen, das kleinste umschriebene Rechteck zugrunde gelegt.

5.2. Es werden abgerechnet:

5.2.1. Fenster, Türen, Fenstertüren und dergleichen nach Anzahl (Stück).

5.2.2. Schaufenster, Schaukästen, Vitrinen und dergleichen nach Flächenmaß (m^2), Längenmaß (m) oder Anzahl (Stück).

5.2.3. Geländer, Gitter, Leitern, Roste, Abdeckungen und dergleichen nach Anzahl (Stück), Flächenmaß (m^2) oder Längenmaß (m). Bei ortsfesten Leitern wird die abgewickelte Länge der Holme vom Fußpunkt an gemessen. Bei ungleich langen Holmen wird das arithmetische Mittel aus beiden Holmlängen abgerechnet.

5.2.4. Profile und Bleche nach Anzahl (Stück), Flächenmaß (m^2), Längenmaß (m) oder Gewicht (kg).

5.2.5. Metallfassaden, Fensterwände, Bekleidungen, abgehängte Decken und dergleichen nach Flächenmaß (m^2), Längenmaß (m) oder Anzahl (Stück).

5.2.5.1. Öffnungen und Aussparungen in Wänden oder Decken mit zur Leistung gehörenden Leibungen bis zu einer Tiefe von 200 mm werden bis zu einer Einzelgröße von 2,5 m^2 übermessen; das gilt auch für Nischen, deren Rückwand jedoch hinzuzurechnen ist.

5.2.5.2. Öffnungen und Aussparungen ohne zur Leistung gehörende Leibungen werden bis zu einer Einzelgröße von 0,5 m^2 übermessen. Öffnungen und Aussparungen über 0,5 m^2 Einzelgröße werden mit ihrer ganzen Fläche abgezogen.

5.2.5.3. Zur Leistung gehörende Leibungen über 200 mm Tiefe und alle zur Leistung gehörenden Leibungen bei größeren Öffnungen und Aussparungen als 2,5 m^2 Einzelgröße werden gesondert abgerechnet.

5.2.6. Unterkonstruktionen nach Flächenmaß (m^2), Längenmaß (m), Anzahl (Stück) oder Gewicht (kg).

VOB Teil C:

Allgemeine Technische Vorschriften für Bauleistungen

Verglasungsarbeiten – DIN 18 361

Fassung Juni 1973

Ausgabedatum: August 1974

Inhalt

0. Hinweise für die Leistungsbeschreibung*)

(siehe auch Teil A — DIN 1960 — § 9)

0.1. In der Leistungsbeschreibung sind nach Lage des Einzelfalles insbesondere anzugeben:

0.1.1. Lage der Baustelle und Umgebungsbedingungen, z. B. Hauptwindrichtung, Einflugschneisen, Verschmutzung der Außenluft, Bebauung usw., Zufahrtsmöglichkeiten und Beschaffenheit der Zufahrt sowie etwaige Einschränkungen bei ihrer Benutzung, Art der baulichen Anlagen, Anzahl und Höhe der Geschosse.

0.1.2. Lage und Ausmaß der dem Auftragnehmer für die Ausführung seiner Leistungen zur Benutzung oder Mitbenutzung überlassenen Flächen.

0.1.3. Schutzgebiete im Bereich der Baustelle.

0.1.4. Art und Umfang des Schutzes von Bäumen, Pflanzenbeständen, Vegetationsflächen, Bauteilen, Bauwerken u. ä. im Bereich der Baustelle.

0.1.5. besondere Anordnungen, Vorschriften und Maßnahmen der Eigentümer (oder der anderen Weisungsberechtigten) von Leitungen, Kabeln, Dränen, Kanälen, Wegen, Gewässern, Gleisen, Zäunen und dergleichen im Bereich der Baustelle.

0.1.6. für den Verkehr freizuhaltende Flächen.

0.1.7. Besonderheiten der Regelung und Sicherung des Verkehrs, gegebenenfalls auch, wieweit der Auftraggeber die Durchführung der erforderlichen Maßnahmen übernimmt.

0.1.8. Verkehrsverhältnisse auf der Baustelle, insbesondere Verkehrsbeschränkungen, z. B. Begrenzung der Verkehrslasten.

0.1.9. Lage, Art und Anschlußwert der dem Auftragnehmer auf der Baustelle zur Verfügung gestellten Anschlüsse für Wasser und Energie.

0.1.10. Mitbenutzung fremder Gerüste, Hebezeuge, Aufzüge, Aufenthalts- und Lagerräume, Einrichtungen und dergleichen durch den Auftragnehmer.

---

*) Diese Hinweise werden nicht Vertragsbestandteil.

0.1.11. wie lange, für welche Arbeiten und gegebenenfalls für welche Beanspruchung der Auftragnehmer seine Gerüste, Hebezeuge, Aufzüge, Aufenthalts- und Lagerräume, Einrichtungen und dergleichen für andere Unternehmer vorzuhalten hat.

0.1.12. Auf- und Abbauen sowie Vorhalten der Gerüste, die nicht unter Abschnitt 4.1.11 fallen.

0.1.13. besondere Anforderungen an die Baustelleneinrichtung.

0.1.14. Art und Zeit der vom Auftraggeber veranlaßten Vorarbeiten.

0.1.15. ob und in welchem Umfang dem Auftragnehmer Arbeitskräfte und Geräte für Abladen, Lagern und Transport zur Verfügung gestellt werden.

0.1.16. Arbeiten anderer Unternehmer auf der Baustelle.

0.1.17. Leistungen für andere Unternehmer.

0.1.18. Art, Menge, Gewicht der Stoffe und Bauteile, die vom Auftraggeber beigestellt werden, sowie Art, Ort (genaue Bezeichnung) und Zeit ihrer Übergabe.

0.1.19. Güteanforderungen an nicht genormte Stoffe und Bauteile.

0.1.20. Art und Umfang verlangter Eignungs- und Gütenachweise.

0.1.21. vorgesehene Arbeitsabschnitte, Arbeitsunterbrechungen und -beschränkungen nach Art, Ort und Zeit.

0.1.22. besondere Erschwernisse während der Ausführung, z. B. Arbeiten in Räumen, in denen der Betrieb des Auftraggebers weiterläuft, Arbeiten bei außergewöhnlichen Temperaturen.

0.1.23. Benutzung von Teilen der Leistung vor der Abnahme.

0.1.24. ob nach bestimmten Zeichnungen oder nach Aufmaß abgerechnet werden soll.

0.1.25. die zu verglasenden Bauteile, getrennt nach Geschossen und Neigungswinkeln.

0.1.26. Art, Dicke (übliche Herstellungsdicke), Scheibengrößen, Qualität und vorgesehene Bearbeitung des Glases.

0.1.27. Art des für die Rahmenherstellung verwendeten Stoffes (Holzart, Metallart, Kunststoffart, Betonart u. ä.).

0.1.28. System der Verglasung, z. B. mit freiliegender Fase, mit Glashalteleisten.

0.1.29. Art der vorhandenen Imprägnierung, des Grundanstrichs und der weiteren Schutzanstriche oder Beschichtungen des Rahmenwerkes und der Glashalteleisten.

0.1.30. besondere Anforderungen an die Baustoffe und das Verglasungssystem durch mechanische Beanspruchung, z. B. Erschütterungen, erhöhte Windkräfte, durch außergewöhnliche Temperaturen infolge Wärmestrahlung, dunkle Anstriche u. ä. sowie hohe Luftfeuchte, z. B. bei Hallenbädern.

0.1.31. Dichtstoffe nach Art und Eigenschaften, z. B. erhärtende, plastisch bleibende oder elastisch bleibende Dichtstoffe, Dichtprofile, Farbe, und wer die erforderliche Nachbehandlung der Dichtstoffoberfläche ausführt.

0.1.32. Art und Anzahl von geforderten Probestücken.

0.1.33. Art und Beschaffenheit vorhandener Einfassungen.

0.1.34. Leistungen nach Abschnitt 4.2 in besonderen Ansätzen, wenn diese Leistungen keine Nebenleistungen sein sollen.

0.1.35. Leistungen nach Abschnitt 4.3 in besonderen Ansätzen.

0.2. In der Leistungsbeschreibung sind Angaben zu folgenden Abschnitten nötig, wenn der Auftraggeber eine abweichende Regelung wünscht:

Abschnitt 1.2 (Leistungen mit Lieferung der Stoffe und Bauteile)
Abschnitt 2.1 (Vorhalten von Stoffen und Bauteilen)
Abschnitt 2.2.1 (Liefern ungebrauchter Stoffe und Bauteile)
Abschnitt 2.2.2 (Mindestglasdicken)
Abschnitt 2.3.1 (Verglasungsqualität)
Abschnitt 2.3.6.3.2 (Durchsichtigkeit bei Verbundsicherheitsglas)

Abschnitt 3.1.4 (Scheibendicke, Fensterwände)
Abschnitt 3.2.2.2 (Befestigung von Glashalteleisten)
Abschnitt 3.3.2 (Befestigung der Scheiben durch Glashalteleisten)
Abschnitt 3.4.1 (Drahtglas für Dächer und Dachoberlichte)
Abschnitt 3.4.5 (Verglasen mit Dichtstoffen)
Abschnitt 3.5.4 (Glasdicken für aneinanderstoßende Scheiben).

1. Allgemeines

1.1. DIN 18 361 „Verglasungsarbeiten" gilt nicht für Beschlagarbeiten (siehe DIN 18 357 „Beschlagarbeiten"), nicht für das Herstellen von Tragwerken aus Glasstahlbeton (siehe DIN 18 331 „Beton- und Stahlbetonarbeiten"), nicht für das Verarbeiten von Glasbausteinen (siehe DIN 18 330 „Mauerarbeiten" und DIN 4242 „Glasbaustein-Wände") und nicht für das Verlegen von Glasdachziegeln (siehe DIN 18 338 „Dachdeckungs- und Dachabdichtungsarbeiten").

1.2. Alle Leistungen umfassen auch die Lieferung der dazugehörigen Stoffe und Bauteile einschließlich Abladen und Lagern auf der Baustelle, wenn in der Leistungsbeschreibung nichts anderes vorgeschrieben ist.

1.3. Stoffe und Bauteile, die vom Auftraggeber beigestellt werden, hat der Auftragnehmer rechtzeitig beim Auftraggeber anzufordern.

2. Stoffe, Bauteile

2.1. Vorhalten

Stoffe und Bauteile, die der Auftragnehmer nur vorzuhalten hat, die also nicht in das Bauwerk eingehen, können nach Wahl des Auftragnehmers gebraucht oder ungebraucht sein, wenn in der Leistungsbeschreibung darüber nichts vorgeschrieben ist.

2.2. Liefern

2.2.1. Allgemeine Anforderungen

Stoffe und Bauteile, die der Auftragnehmer zu liefern und einzubauen hat, die also in das Bauwerk eingehen, müssen ungebraucht sein, wenn in der Leistungsbeschreibung nichts anderes vorgeschrieben ist. Sie müssen für den jeweiligen Verwendungszweck geeignet sein.

Stoffe und Bauteile, für die DIN-Normen bestehen, müssen den DIN-Güte- und -Maßbestimmungen entsprechen.

Stoffe und Bauteile, die nach den behördlichen Vorschriften einer Zulassung bedürfen, müssen amtlich zugelassen sein und den Zulassungsbedingungen entsprechen.

Stoffe und Bauteile, für die weder DIN-Normen bestehen noch eine amtliche Zulassung vorgeschrieben ist, dürfen nur mit Zustimmung des Auftraggebers verwendet werden.

2.2.2. In der Leistungsbeschreibung vorgeschriebene Glasdicken gelten mit den zulässigen Abweichungen als Mindestdicken, wenn eine Mindestglasdicke nicht vorgeschrieben ist.

2.2.3. Von Stoffen und Bauteilen hat der Auftragnehmer auf Verlangen Proben zu liefern und den Hersteller zu nennen.

2.3. Flachglas

2.3.1. Fensterglas

DIN 1249 Blatt 1 „Fensterglas; Dicken, Sorten, Anforderungen, Prüfung".

Fensterglas muß der Verglasungsqualität (V) entsprechen, wenn in der Leistungsbeschreibung nichts anderes vorgeschrieben ist.

2.3.2. Kristallspiegelglas

Kristallspiegelglas muß in seiner Oberfläche plan, klar, durchsichtig, klar reflektierend und verzerrungsfrei sein. Vereinzelte, nicht störende kleine Blasen und unauffällige Kratzer sind zulässig.

Übliche Herstellungsdicken mm	zulässige Abweichungen mm
4	± 0,2
5	± 0,2
6	± 0,2
8	± 0,3
10	± 0,3
12	± 0,3
15	± 0,3
19	± 1
21	± 1

2.3.3. Drahtspiegelglas und Chauvel-Drahtglas

Drahtspiegelglas und Chauvel-Drahtglas müssen beiderseitig plangeschliffen und poliert sowie klar durchsichtig und klar reflektierend sein. Sie dürfen unauffällige Kratzer, kleine Blasen und Abweichungen in der Drahteinlage nur in dem bei handelsüblicher Güte zulässigen Ausmaß haben.

Übliche Herstellungsdicke mm	zulässige Abweichung mm
7	± 1

2.3.4. Gußglas

Gußglas mit oder ohne Drahteinlage, auch farbiges Gußglas, muß lichtdurchlässig, darf aber nur beschränkt durchsichtig sein.

Bläschen und Unterschiedlichkeiten in den Oberflächen und im Glaskern, Kratzer sowie geringe fabrikationstechnisch bedingte Abweichungen in der Drahteinlage sind zulässig, soweit sie das der Eigenart des vorgeschriebenen Gußglases entsprechende Ausmaß nicht überschreiten und die Belastbarkeit nicht beeinträchtigen.

	Übliche Herstellungsdicken mm	Zulässige Abweichungen mm
Drahtglas, Drahtornamentglas, Drahtdifulitglas	7 9 *	± 1 ± 1
Welldrahtglas	6	± 0,5
Rohglas	5 7 9	± 0,5 ± 1 ± 1
Ornamentglas	4 5 * 7 * 9 *	± 0,5 ± 0,5 ± 1 ± 1
Profilbauglas	5 * 6 7 8*	± 1 ± 1 ± 1 ± 1

2.3.5. Farbglas und Sondergläser

2.3.5.1. Farbglas

Alle farbigen Gläser (farbiges Gußglas, farbiges Antikglas und Überfangglas, farbiges Kristallspiegelglas, beschichtetes Glas u. a.) müssen der handelsüblichen Güte entsprechen.

2.3.5.2. Sondergläser

Sondergläser, z. B. absorbierende, reflektierende Gläser u. ä., müssen die vom Hersteller zugesicherten Eigenschaften haben.

2.3.6. Glas mit Sicherheitseigenschaften

2.3.6.1. Drahtglas

Drahtspiegelglas — ausgenommen Chauvel-Drahtglas (siehe Abschnitt 2.3.3) —, Drahtglas, Drahtornamentglas, Drahtdifulitglas, Welldrahtglas (siehe Abschnitt 2.3.4) müssen ausreichend widerstandsfähig sein gegen Feuereinwirkung entsprechend den Forderungen nach DIN 4102 Blatt 2 „Brandverhalten von Baustoffen und Bauteilen; Begriffe, Anforderungen und Prüfungen von Bauteilen". Bei zu Bruch gehenden Scheiben muß die Drahteinlage weitgehend splitterbindend wirken.

2.3.6.2. Profilbauglas mit Drahteinlage

Bei zu Bruch gehendem Profilbauglas mit Drahteinlage muß die Drahteinlage weitgehend splitterbindend wirken.

2.3.6.3. Sicherheitsglas

2.3.6.3.1. Einscheibensicherheitsglas

Einscheibensicherheitsglas muß als vorgespanntes Glas in hohem Grad elastisch, biegebruchfest, schlagfest und temperaturwechselbeständig sein. Das Glas darf bei

*) Nicht bei allen Mustern.

Bruch nicht splittern; es muß den Bestimmungen der Abschnitte 2.3.1, 2.3.2, 2.3.4 und 2.3.5 entsprechen.

2.3.6.3.2. Verbundsicherheitsglas

Verbundsicherheitsglas mit oder ohne Stahlfadeneinlage muß splitterbindend, durchschlaghemmend sowie licht- und witterungsbeständig sein. Es muß gut durchsichtig sein, wenn in der Leistungsbeschreibung nichts anderes vorgeschrieben ist.

Für die verwendeten Glasarten gelten die Bestimmungen der Abschnitte 2.3.1 bis 2.3.6.

Übliche Herstellungsdicken

aus Fensterglas mm	aus Kristallspiegelglas mm
zweischeibig 3 bis 12	7 bis 24
dreischeibig 11 bis 17	10 bis 23
vierscheibig 17 bis 23	19 bis 23
Panzerglas (mindestens vierscheibig) 26 und dicker	

2.3.7. Mehrscheiben-Isolierglas

Mehrscheiben-Isolierglas ist eine Verglasungseinheit aus mehreren Glasscheiben, die durch luftgefüllte Zwischenräume getrennt sind; sie müssen an den Rändern luft- und feuchtigkeitsdicht miteinander verbunden sein. Die Scheibenflächen im Zwischenraum dürfen weder beschlagen noch verschmutzen. Für die verwendeten Glasarten gelten die Bestimmungen der Abschnitte 2.3.1 bis 2.3.6.

2.3.8. Verbundglas mit Zwischenlage

Für die verwendeten Glasarten gelten die Bestimmungen der Abschnitte 2.3.1 bis 2.3.6.

2.4. Proben und Gütenachweis

2.4.1. Der Auftragnehmer hat auf Verlangen des Auftraggebers Proben von etwa 0,05 m^2 zu liefern.

2.4.2. Der Auftragnehmer hat auf Verlangen des Auftraggebers nachzuweisen, daß das gelieferte Glas nach Güte und Dicke vertragsmäßig ist.

2.5. Dichtstoffe

2.5.1. Erhärtende Dichtstoffe (Kitte)

Erhärtende Dichtstoffe (Kitte) müssen am Glas und am anschließenden Bauteil gut haften. Sie dürfen keine Bestandteile haben, die den anschließenden Bauteil und das Glas beeinträchtigen. Sie dürfen nicht fließen, ihre Oberfläche muß nach dem Trocknen glatt sein und bei den zu erwartenden Temperaturen und Feuchtigkeitsverhältnissen stehen bleiben; für reinen Leinölkitt gilt RAL 849 B 2 „Reiner Leinölkitt; Gütebedingungen und Bezeichnungsvorschriften".

2.5.2. Plastisch bleibende Dichtstoffe (Spezialkitte)

Plastisch bleibende Dichtstoffe (Spezialkitte) müssen am Glas und am anschließenden Bauteil gut haften. Sie müssen im Sinne von DIN 52 460 „Prüfung von Materialien für Fugen- und Glasabdichtungen im Hochbau; Begriffe" verträglich sein und innerhalb der vorkommenden Temperaturbereiche standfest bleiben.

2.5.3. Elastisch bleibende Dichtstoffe (Versiegelungsmassen)

Elastisch bleibende Dichtstoffe (Versiegelungsmassen) müssen innerhalb der vorkommenden Temperaturbereiche am Glas und am anschließenden Bauteil so haften, daß sie — unter Berücksichtigung der zulässigen Dehnung — Bewegungen, Ausdehnungen und Schwinden der Bauteile aufnehmen, ohne in sich zu reißen oder abzureißen.

Sie müssen gegenüber den atmosphärischen Einflüssen beständig sein. Sie dürfen nicht aushärten und müssen im Sinne von DIN 52 460 verträglich sein.

2.6. Vorlegebänder

Vorlegebänder müssen im vorkommenden Temperaturbereich ihre Eigenschaften behalten und gegen atmosphärische Einflüsse beständig sein; sie müssen im Sinne von DIN 52 460 verträglich sein.

2.7. Dichtprofile

Dichtprofile müssen in Beschaffenheit, Abmessung und Gestaltung dem vorgesehenen Verwendungszweck entsprechen. Sie müssen im vorkommenden Temperaturbereich ihre zugesicherten Eigenschaften behalten und gegen atmosphärische Einflüsse beständig sein; sie müssen im Sinne von DIN 52 460 verträglich sein.

2.8. Glaszemente und Glaskleber

Glaszemente und Glaskleber müssen spätestens nach 2 Tagen abgebunden haben. Nach dieser Frist müssen sie in hohem Maße haften, außerdem dem jeweiligen Verwendungszweck entsprechend elastisch, wasserfest, jedoch mit Mitteln lösbar sein, die am Bau anwendbar sind.

Soweit bei Einscheibensicherheitsglas Glaszemente oder Glaskleber verwendet werden, müssen diese Stoffe bei ausreichender Fugenbreite so elastisch sein, daß der Bruch einer Scheibe nicht auf die mit ihr verbundenen Scheibe übergreift.

3. Ausführung

3.1. Allgemeines

3.1.1. Wenn Verkehrs-, Versorgungs- und Entsorgungsanlagen im Bereich des Baugeländes liegen, sind die Vorschriften und Anordnungen der zuständigen Stellen zu beachten.

3.1.2. Die für die Aufrechterhaltung des Verkehrs bestimmten Flächen sind freizuhalten. Der Zugang zu Einrichtungen der Versorgungs- und Entsorgungsbetriebe, der Feuerwehr, der Post und Bahn, zu Vermessungspunkten und dergleichen darf nicht mehr als durch die Ausführung unvermeidlich behindert werden.

3.1.3. Bei Maßangaben ist das Breitenmaß der Scheibe zuerst anzugeben.

3.1.4. Die Dicke von ebenen und gebogenen Scheiben muß, wenn in der Leistungsbeschreibung nichts anderes vorgeschrieben ist, entsprechend der Randauflage (zweiseitig, dreiseitig, vierseitig) und entsprechend den Lastannahmen nach DIN 1055 „Lastannahmen für Bauten" bemessen werden. Für Fensterwände gilt DIN 18 056 „Fensterwände; Bemessung und Ausführung", wenn in der Leistungsbeschreibung nichts anderes vorgeschrieben ist.

3.1.5. Bei Verglasungen mit Sicherheitsglas, Mehrscheiben-Isolierglas, Verbundglas mit Zwischenlage und Sondergläsern sind die Vorschriften der Herstellerwerke und der Hersteller der Dichtstoffe zu beachten.

3.1.6. Der Auftragnehmer hat die zu verglasenden Bauteile auf ihre Eignung für seine Leistung zu prüfen. Erkennt er Mängel, die zu Schäden an der Verglasung führen können, oder hat er andere Bedenken, so muß er diese dem Auftraggeber unverzüglich schriftlich mitteilen (siehe auch Teil B — DIN 1961 — § 4 Nr. 3). Bedenken sind geltend zu machen insbesondere bei

Verglasungen, die den gesetzlichen oder bauaufsichtlichen Vorschriften nicht entsprechen,

unzureichender Festigkeit von Rahmen, Pfosten, Riegeln, Sprossen und Beschlägen, vor allem im Verhältnis zum Gewicht der Scheiben und unter den Klotzungsstellen,

ungenügender Befestigung von Rahmen,

Unebenheiten der Glasauflageflächen,

Rahmenprofilen, die Niederschlagwasser nicht genügend ableiten,

ungenügender Reinigungsmöglichkeit der Verglasung,

durch Sprossen verbundene Scheiben,

a) bei denen mehr als 2 Scheiben nebeneinander mit Sprossen verbunden sind, oder

b) deren Scheibenhöhe mehr als 240 cm beträgt, oder

c) bei denen die einzelne Scheibengröße mehr als 5 m² beträgt und die Rahmenkonstruktion keine abnehmbaren Glashalteleisten hat,

Klemmleisten und Halterungen, wenn sie für eine sichere Befestigung der Scheiben nicht geeignet sind (siehe DIN 18 360 „Metallbauarbeiten, Schlosserarbeiten" Abschnitt 3.2.1.4),

Metall-, Beton- und Kunststoffrahmen ohne ausreichende Löcher für Stifte oder Schrauben oder bei deren ungenügenden Abmessungen,

Rahmen und Glashalteleisten, an denen die erforderliche Vorbereitung für die Befestigung nicht durchgeführt ist oder die Befestigungsmittel fehlen,

Rahmen und Glashalteleisten, an denen die erforderliche Vorbehandlung vor der Abdichtung der Verglasung fehlt oder ungeeignet ist,

Rahmen, bei denen die Glashalteleisten erst nachträglich angebracht werden können und die notwendigen Halteelemente zur Scheibensicherung fehlen,

ungenügender Dicke des für die Verglasung vorgeschriebenen Glases,

ungenügender Abmessung von Glasfalzen.

Die Falzhöhe muß mindestens betragen

bei einer größten Scheibenseite bis 100 cm:	10 mm,
bei einer größten Scheibenseite über 100 bis 250 cm:	12 mm,
bei einer größten Scheibenseite über 250 bis 400 cm:	15 mm,
bei einer größten Scheibenseite über 400 bis 600 cm:	17 mm,
bei einer größten Scheibenseite über 600 cm:	20 mm,

soweit nicht für die Verglasung mit Sondergläsern oder bei besonderen Beanspruchungen der Verglasungen größere Mindestfalzhöhen notwendig sind,

wenn die Überdeckung der Scheiben durch etwa zwei Drittel der Glasfalzhöhe nicht gegeben oder

die Glasfalzbreite so bemessen ist, daß außer der Glasdicke eine beiderseitige Dichtstoffvorlage von je mindestens 3 mm bei einer Verglasung mit Glashalteleisten oder mit abschraubbaren Winkelstücken als Glashalter nicht vorgenommen werden kann, oder

bei Verglasungen mit gebogenen Scheiben die Glasfalzbreite nicht mindestens 20 mm größer ist als die Glasdicke, oder

die Glasfalzbreite bei Glas bis 4 mm Dicke ohne Glashalteleisten nicht 15 mm erreicht, oder

Glasfalze und Glashalteleisten so ausgeführt sind, daß eine einwandfreie Verklotzung auf ebenem Falzgrund und eine einwandfreie Abdichtung nicht möglich ist.

3.1.7. Der Spielraum zwischen Scheibe und Glasfalzgrund muß etwa ein Drittel der Glasfalzhöhe betragen.

3.1.8. Scheiben müssen geklotzt werden, und zwar derart, daß hierdurch eine Gewichtsverteilung der Scheiben erreicht wird, die schädliche Verspannungen verhindert, ohne die Gangbarkeit der Fenster- und Türflügel zu beeinträchtigen. Die Scheibenkanten dürfen an keiner Stelle den Rahmen berühren. Es sind imprägnierte, ölgetränkte Hartholzklötze oder gleichwertige Stoffe zu verwenden.

3.1.9. Nicht senkrechte Verglasungen müssen der besonderen Anforderung, die sich aus der Neigung ergibt, genügen.

3.1.10. Außenverglasungen müssen regendicht sein und den Windlasten nach DIN 1055 Blatt 4 „Lastannahmen im Hochbau; Verkehrslasten, Windlast" genügen; sie müssen ferner gegen Luftzug dicht sein, ausgenommen sind Verglasungen, deren Konstruktion eine Luftdichtheit nicht zuläßt, z. B. Dachverglasungen, Lamellen.

3.1.11. Können Glashalteleisten erst nachträglich angebracht werden, so sind die Scheiben bis zum Anbringen der Leisten auf allen Seiten und in Abständen von höchstens 80 cm durch 10 cm lange Leistenstücke mit elastischer Zwischenlage zu sichern.

3.2. Verglasen von Fenstern, Türen und Wänden mit Scheiben bis 2,31 m² Fläche

3.2.1. Verglasen mit Dichtstoffen ohne Glashalteleisten.

3.2.1.1. Scheiben, die ohne Glashalteleisten verglast werden sollen, sind in Glasfalzhöhe und Glasfalzbreite ringsum satt mit den dafür geeigneten Dichtstoffen einzulegen, mit einer gleichmäßigen Fase zu versehen und an den Ecken auf Gehrung abzustreichen. Die Fase darf nicht über die Lichtkante des Falzes vorstehen. Die Verarbeitungsvorschriften der Herstellerwerke sind zu beachten.

3.2.1.2. In Holzrahmen sind die Scheiben an allen Seiten mit genügend dicken Drahtstiften oder Weißblechecken, in Metall- und Betonrahmen mit geeigneten Metallfedern, Metallstiften, imprägnierten Hartholzstiften oder Kunststoffhalterungen zu befestigen.

Diese Befestigungen müssen von den Ecken einen Abstand von 5 bis 10 cm haben; im übrigen dürfen sie entsprechend den Anforderungen an die Scheibe höchstens

20 cm voneinander entfernt sein. Die Befestigungen müssen von den Dichtstoffasen voll überdeckt sein.

3.2.2. Verglasen mit Dichtstoffen in Verbindung mit Glashalteleisten

3.2.2.1. Die Scheiben sind im Falz ringsum in der Fläche und Dicke bzw. Kante satt in Dichtstoff zu legen. Der Abstand zwischen Glashalteleiste und Scheibe ist voll auszufüllen.

3.2.2.2. Hölzerne Glashalteleisten sind in Abständen von höchstens 35 cm in Holzrahmen mit Drahtstiften nach DIN 1152 „Drahtstifte rund; Stauchkopf" in Metallrahmen mit nichtrostenden Schrauben zu befestigen, wenn in der Leistungsbeschreibung nichts anderes vorgeschrieben ist.

3.2.2.3. Glashalteleisten müssen abgenommen und wieder angebracht werden können.

3.2.3. Verglasen mit Vorlegebändern in Verbindung mit elastisch bleibenden Dichtstoffen

Beim Verglasen mit Vorlegebändern in Verbindung mit elastisch bleibenden Dichtstoffen müssen die Vorlegebänder den Glasfalzabmessungen entsprechen. Bei beiderseitiger Anwendung ist die Ausfüllung des Spielraumes zwischen Scheibe und Glasfalzgrund nicht erforderlich, wenn eine funktionssichere Glasfalzentwässerung in der Rahmenkonstruktion vorhanden ist.

3.2.4. Verglasen mit Dichtprofilen in Verbindung mit Glashalteleisten

Beim Verglasen mit Dichtprofilen sind die Vorschriften der Hersteller zu beachten; Dichtprofile müssen den Glasfalzabmessungen entsprechen. Bei beiderseitiger Anwendung ist die Ausfüllung des Spielraumes zwischen Scheibe und Glasfalzgrund nicht erforderlich, wenn eine funktionssichere Glasfalzentwässerung in der Rahmenkonstruktion vorhanden ist.

3.2.5. Verglasen mit selbstklemmenden Dichtprofilrahmen

Beim Verglasen mit selbstklemmenden Dichtprofilrahmen sind die Vorschriften der Hersteller zu beachten.

3.2.6. Blei-, Messing- und Leichtmetallverglasung

Die Scheiben sind in den Metallfassungen mit geeigneten Dichtstoffen zu dichten.

Die Kreuzpunkte der Metallfassungen müssen auf beiden Seiten bei Blei durch Verzinnen, bei Messing durch Verlöten, bei Leichtmetall durch Zwischenstücke verbunden sein.

Die Bleifassungen sind nach dem Dichten an die Scheiben anzudrücken.

Die zu Feldern zusammengesetzten Scheiben sind standfest mit geeigneten Dichtstoffen einzusetzen.

3.3. Verglasen von Fenstern, Türen und Wänden mit Scheiben von mehr als 2,31 m² Fläche

3.3.1. Scheiben mit einer größten Scheibenseite

bis 250 cm müssen mindestens 8 mm,
über 250 bis 400 cm müssen mindestens 10 mm,
über 400 bis 600 cm müssen mindestens 12 mm,
über 600 cm müssen mindestens 15 mm
im Glasfalz liegen.

3.3.2. Die Scheiben dürfen an keiner Stelle fest eingespannt werden, sie sind im Falz durch nicht erhärtende Dichtstoffe beidseitig ringsum zu fassen. Die Scheiben sind durch Glashalteleisten zu befestigen, wenn in der Leistungsbeschreibung nichts anderes, z. B. Einbau in eine Nut, vorgeschrieben ist.

Abschnitt 3.2.2 gilt sinngemäß.

3.3.3. Für Fensterwände mit einer Flächengröße von mindestens 9 m² und einer Seitenlänge von mindestens 200 cm, die aus einem Traggerippe (Rahmen, Pfosten, Riegel) mit Füllungen, z. B. Verglasungen, bestehen, gilt DIN 18 056 „Fensterwände; Bemessung und Ausführung".

3.4. Verglasen von Dächern und Dachoberlichten

3.4.1. Für das Verglasen von Dächern und Dachoberlichten ist Drahtglas zu verwenden, wenn in der Leistungsbeschreibung nichts anderes vorgeschrieben ist, z. B. Einscheibensicherheitsglas, Verbundsicherheitsglas.

3.4.2. Die Scheiben müssen neben den zu erwartenden Windbelastungen auch Schneebelastungen genügen.

3.4.3. Die Überdeckungen der Scheiben sind so zu bemessen, daß sie ohne zusätzliche Dichtung regensicher sind.

3.4.4. Verglasen mit Dichtprofilen

Beim Verglasen mit Dichtprofilen sind die Scheiben auf geeignete Profilstreifen zu legen und sturmsicher zu befestigen. Für die Befestigung sind Glashalteleisten, denen geeignete Profilstreifen unterzulegen sind, zu verwenden. Am unteren freiliegenden Rand ist jede Scheibe unter Verwendung einer elastischen Zwischenlage mit rostgeschützten Glashaltern gegen Abrutschen zu sichern.

3.4.5. Verglasen mit Dichtstoffen

Beim Verglasen mit Dichtstoffen gilt sinngemäß Abschnitt 3.2.1, wenn in der Leistungsbeschreibung nichts anderes vorgeschrieben ist.

3.5. Verglasungsarbeiten für Ganzglaskonstruktionen aus nicht vorgespanntem Glas

3.5.1. Die Scheiben müssen an den Stößen vollflächig aneinandergepaßt werden.

3.5.2. Aneinanderstoßende Scheiben, die zusammen eine ebene Fläche bilden, müssen fein geschliffene Stoßkanten mit polierten Fasen erhalten; die Fasen müssen so schmal sein, daß die Glasdicke nur geringfügig verringert wird.

3.5.3. Aneinanderstoßende Scheiben, die einen Winkel bilden, müssen an den Stößen dem Winkel entsprechend auf Gehrung geschliffen werden. Die Stoßkanten müssen schmale geschliffene und polierte Fasen erhalten. Unvermeidbare Ungenauigkeiten im Passen der Gehrung sind nur auf der dem Beschauer abgewandten Seite der Scheibe zulässig.

3.5.4. Für aneinanderstoßende Scheiben bis insgesamt 9 m² sind folgende Glasdicken unter Berücksichtigung der zulässigen Abweichungen zu verwenden:

für Scheiben bis 120 cm breit und
bis 180 cm hoch mindestens 8 mm,

für Scheiben bis 160 cm breit und
bis 300 cm hoch mindestens 10 mm,

wenn in der Leistungsbeschreibung nichts anderes vorgeschrieben ist.

18 361

Bei besonderen Beanspruchungen, z. B. Hochhausbauten, Bauten in Gebieten mit besonderem Windanfall, sind die erforderlichen Glasdicken nachzuweisen.

Bei Scheiben einer Ganzglaskonstruktion innerhalb einer Fensterwand ab 9 m² Flächengröße und einer Seitenlänge von mindestens 200 cm gilt DIN 18 056 „Fensterwände; Bemessung und Ausführung".

3.5.5. Die Fugen müssen mindestens 2 mm, dürfen aber nicht mehr als 5 mm breit sein. Sie sind voll und gleichmäßig mit Glaszement oder Glaskleber auszufüllen und glatt abzustreichen. Metallstege und andere Einlagen aus glasfremden Stoffen dürfen nicht in die Fugen eingelassen werden.

3.5.6. Bei Endscheiben ist an der senkrechten Kantenfläche unten ein Distanzklotz einzufügen.

3.6. Verglasungsarbeiten für Ganzglaskonstruktionen aus vorgespanntem Glas (Einscheibensicherheitsglas)

Bei Verglasungsarbeiten für Ganzglaskonstruktionen aus Einscheibensicherheitsglas sind die Einbauvorschriften des Herstellerwerkes zu beachten.

3.7. Sicherheitsverglasungen gegen Einbruch und besondere Beanspruchungen

Bei Sicherheitsverglasungen sind die Vorschriften der Hersteller der Gläser zu beachten.

3.8. Verglasen von Fassaden, Einbau von hängenden Glasscheiben und Glasbauelementen

Bei der Ausführung sind die Vorschriften der Hersteller der Konstruktionsteile zu beachten.

3.9. Sonnen- und Wärmeschutzverglasungen

Bei der Ausführung sind die Vorschriften der Hersteller der Sondergläser zu beachten.

4. Nebenleistungen

Nebenleistungen sind Leistungen, die auch ohne Erwähnung in der Leistungsbeschreibung zur vertraglichen Leistung gehören (siehe Teil B — DIN 1961 — § 2 Nr. 1).

4.1. Folgende Leistungen sind Nebenleistungen:

4.1.1. Messungen für das Ausführen und Abrechnen der Arbeiten einschließlich des Vorhaltens der Meßgeräte, Lehren, Absteckzeichen usw., des Erhaltens der Lehren und Absteckzeichen während der Bauausführung und des Stellens der Arbeitskräfte, jedoch nicht Leistungen nach Teil B — DIN 1961 — § 3 Nr. 2.

4.1.2. Schutz- und Sicherheitsmaßnahmen nach den Unfallverhütungsvorschriften und den behördlichen Bestimmungen.

4.1.3. Schutz der ausgeführten Leistungen und der für die Ausführung übergebenen Gegenstände vor Beschädigung und Diebstahl bis zur Abnahme.

4.1.4. Heranbringen von Wasser und Energie von den vom Auftraggeber auf der Baustelle zur Verfügung gestellten Anschlußstellen zu den Verwendungsstellen.

4.1.5. Vorhalten der Kleingeräte und Werkzeuge.

4.1.6. Lieferung der Betriebsstoffe.

4.1.7. Befördern aller Stoffe und Bauteile, auch wenn sie vom Auftraggeber beigestellt sind, von den Lagerstellen auf der Baustelle zu den Verwendungsstellen und etwaiges Rückbefördern.

4.1.8. Sichern der Arbeiten gegen Tagwasser, mit dem normalerweise gerechnet werden muß, und seine etwa erforderliche Beseitigung.

4.1.9. Beleuchten und Reinigen der Aufenthaltsräume und Aborte für die Beschäftigten des Auftragnehmers sowie Beheizen der Aufenthaltsräume.

4.1.10. Beseitigen aller Verunreinigungen (Abfälle, Bauschutt und dergleichen), die von den Arbeiten des Auftragnehmers herrühren.

4.1.11. Auf- und Abbauen sowie Vorhalten der Gerüste, deren Arbeitsbühnen bis zu 2 m über Gelände oder Fußboden liegen.

4.1.12. Liefern von Glasproben nach Abschnitt 2.4.1.

4.1.13. Liefern und Anbringen von Stahldrahteinlagen und Windeisen bei Bleiverglasungen sowie Verstärkungseinlagen aus gleichem Stoff bei Leichtmetall- und Messingverglasungen.

4.1.14. Aus- und Einhängen von Fenster- und Türflügeln sowie Zusammenschließen der Verbundflügel bei Ausführung der Leistung.

4.1.15. Säubern der Scheiben von Dichtstoffen, Glaszementresten, Klebestreifen und Flecken, die von der Verglasung herrühren.

4.2. Folgende Leistungen sind Nebenleistungen, wenn sie nicht durch besondere Ansätze in der Leistungsbeschreibung erfaßt sind:

4.2.1. Einrichten und Räumen der Baustelle.

4.2.2. Vorhalten der Baustelleneinrichtung einschließlich der Geräte und dergleichen.

4.2.3. Bei Reparaturverglasung das Ausglasen von Scheiben, Beseitigen von Glasresten und Säubern der Glasfalze.

4.3. Folgende Leistungen sind keine Nebenleistungen:

4.3.1. „Besondere Leistungen" nach Teil A — DIN 1960 — § 9 Nr. 6.

4.3.2. Vorhalten von Aufenthalts- und Lagerräumen, wenn der Auftraggeber Räume, die leicht verschließbar gemacht werden können, nicht zur Verfügung stellt.

4.3.3. Auf- und Abbauen sowie Vorhalten der Gerüste, deren Arbeitsbühnen mehr als 2 m über Gelände oder Fußboden liegen.

4.3.4. Vorhalten der Gerüste, Hebezeuge, Aufzüge, Aufenthalts- und Lagerräume, Einrichtungen und dergleichen länger als 3 Wochen über die eigene Benutzungsdauer hinaus für andere Unternehmer sowie das Vorhalten der Abdeckungen und Umwehrungen für diese Zeit.

4.3.5. Umbau von Gerüsten für Zwecke anderer Unternehmer.

4.3.6. zusätzliche Maßnahmen für die Weiterarbeit bei Frost und Schnee, soweit sie dem Auftragnehmer nicht ohnehin obliegen.

4.3.7. Putzen der Scheiben, soweit der Auftragnehmer oder sein Zulieferer die Verschmutzung nicht zu vertreten haben.

4.3.8. zusätzliche Leistungen, die wegen nachträglichen Anbringens von Glashalteleisten erforderlich werden (siehe Abschnitt 3.1.11).

4.3.9. Liefern von Glasproben über Abschnitt 2.4.1 hinaus.

4.3.10. Lieferung statischer Berechnungen und der dafür erforderlichen Zeichnungen und Nachweise.

4.3.11. Liefern und Anbringen von Stabilisierungsstreifen, Hängevorrichtungen, Dehnungssprossen u. ä. Konstruktionsteilen.

4.3.12. Bearbeiten von Glasflächen oder Glaskanten.

5. Abrechnung

5.1. Allgemeines

5.1.1. Die Leistung ist aus Zeichnungen zu ermitteln, soweit die ausgeführte Leistung diesen Zeichnungen entspricht. Sind solche Zeichnungen nicht vorhanden, ist die Leistung aufzumessen.
Die Scheiben werden einschließlich Glasfalzhöhe gemessen.

5.1.2. Bei Abrechnung nach Anzahl (Stück) gilt folgendes:
Weicht bei der Verwendung von Fensterglas, ausgenommen Dickglas, die Größe der eingeglasten Scheiben von den in der Leistungsbeschreibung angegebenen Abmessungen für Breite und Höhe um nicht mehr als 2 cm bei jeder dieser Abmessungen ab, so werden die Abweichungen bei der Abrechnung nicht berücksichtigt. Bei Dickglas und bei anderen Flachgläsern werden Abweichungen berücksichtigt.

5.1.3. Bei Abrechnung nach Flächenmaß (m^2) gilt folgendes:
Bei Scheiben, deren Abmessungen in der Leistungsbeschreibung nicht angegeben sind oder deren Abmessungen sich gegenüber der Leistungsbeschreibung geändert haben, werden bei Fensterglas, ausgenommen Dickglas, die tatsächlichen Abmessungen für Breite und Höhe auf gerade Zentimeter aufgerundet. Bei Dickglas und bei anderen Flachgläsern wird auf Zentimeter aufgerundet, die durch 3 teilbar sind.
Nicht rechteckige Scheiben werden nach den Maßen des kleinsten umschriebenen Rechtecks gerechnet.
Scheiben, die kleiner sind als 0,25 m^2, werden mit 0,25 m^2 berechnet.

5.2. Es werden abgerechnet:

5.2.1. Verglasungen von Fenstern, Türen und Fensterwänden, Dachoberlichten und Dächern, Ganzglaskonstruktionen, getrennt nach Glasarten, Glasdicken und Scheibengrößen, nach Flächenmaß (m^2), nach Anzahl (Stück) Scheibe oder nach Anzahl (Stück) Bauteil.
Bei Abrechnung der Verglasungen von Dachoberlichten und Dächern nach Flächenmaß (m^2) werden Sprossen bis zu 5 cm Einzelbreite und Überdeckungen der Scheiben nicht berücksichtigt.

Verglasungen mit Mehrscheiben-Isolierglas getrennt nach Scheibengröße, Glasarten und Glasdicken nach Anzahl (Stück).

5.2.2. Blei-, Messing- und Leichtmetallverglasungen nach Abschnitt 3.2.6 nach der ganzen Fläche oder unterteilt in Feldgrößen oder nach Anzahl (Stück) oder nach Flächenmaß (m^2).

5.2.3. Stabilisierungsstreifen aus Glas, getrennt nach Glasarten, Glasdicken und Abmessungen, nach Anzahl (Stück).

5.2.4. Bearbeitung von Glaskantenflächen, getrennt nach Glasdicken und Scheibengröße, nach Längenmaß (m).

5.2.5. Bearbeitung von Glasflächen nach Flächenmaß (m^2).

5.2.6. Ausschnitte, Bohrungen und Eckabrundungen, getrennt nach Glasdicken, Scheibengröße und Abmessungen, nach Anzahl (Stück).

VOB Teil C:
Allgemeine Technische Vorschriften für Bauleistungen

Ofen- und Herdarbeiten – DIN 18362

Fassung Februar 1961

Inhalt

0. Hinweise für die Leistungsbeschreibung*)

(siehe auch Teil A – DIN 1960 – § 9)

0.1. In der Leistungsbeschreibung sind nach Lage des Einzelfalles insbesondere anzugeben:

0.101. geforderte Heizleistung der Öfen und Herde (z. B. Nennheizleistung).

0.102. vorgesehene Brennstoffart.

0.103. für welche Öfen und Herde Muster, Abbildungen, Beschreibungen mit Angaben über Hersteller, Abmessungen, Gewichte und Ausführung dem Angebot beizufügen sind.

0.104. Art und Güteklasse der Kacheln.

0.105. Anbau der Öfen oder Herde an Wände (z. B. einseitig, zweiseitig).

0.106. ob ein Ofen in mehrere Räume hineinreichen soll.

0.107. Rauminhalt von Wasserschiffen und Waschkesseln (in l).

0.108. Zahl und Größe der Kochstellen bei Herden.

0.109. Art der Deckenkonstruktionen, Fußbodenbeläge.

0.110. in welchen Stockwerken und Räumen und an welchen Stellen der Räume die Öfen und Herde zu setzen sind.

0.111. Lage der Schornsteine und ihrer Anschlußöffnungen.

0.112. Hilfskräfte, die dem Auftragnehmer für Abladen, Lagern und Transport zur Verfügung gestellt werden.

0.113. besondere Anforderungen an Stoffe und Ausführung, die über die nachstehenden Allgemeinen Technischen Vorschriften für Bauleistungen hinausgehen.

0.114. bei Ofen-Luftheizung Lage von Kanälen für Luftzufuhr und Weiterleitung von Warmluft.

---

*) Diese Hinweise werden nicht Vertragsbestandteil.

0.115. ob Ofen-Luftheizungen als Einraumheizung, als Heizung für mehrere Räume im selben Stockwerk oder als Heizung für mehrere Räume in mehreren Stockwerken ausgeführt werden sollen.

0.116. Leistungen nach Abschnitt 4.3, soweit nötig in besonderen Ansätzen.

0.2. In der Leistungsbeschreibung sind Angaben zu folgenden Abschnitten nötig, wenn der Auftraggeber eine abweichende Regelung wünscht:

Abschnitt 1.2 (Lieferung der Stoffe und Bauteile)
Abschnitt 2.011 (ungebrauchte Stoffe und Bauteile)
Abschnitt 2.031 (Herstellungsart von Kacheln)
Abschnitt 2.032 (Abmessungen von Kacheln)
Abschnitt 2.091 (Ofen- und Herdarmaturen aus schwarzem Grauguß)
Abschnitt 2.093 (Bleche für Aschenkästen)
Abschnitt 2.094 (Bodenbleche für Ofen- und Herdteile)
Abschnitt 2.095.2 (Rauchrohre)
Abschnitt 2.096 (Fußbodenbleche)
Abschnitt 3.16 (Güteklassen der Kacheln)
Abschnitt 3.321 (Dauerbrandeinsätze für feste Brennstoffe bei Ofen-Luftheizungen)
Abschnitt 3.322 (Heizeinsätze bei ölbefeuerten Ofen-Luftheizungen)
Abschnitt 3.332 (Heizgaskästen bei Ofen-Luftheizungen)
Abschnitt 3.342 (Heizkammerwände aus Kacheln)
Abschnitt 3.51 (Außenwände von gemauerten Kesselöfen)
Abschnitt 3.53 (Kessel von gemauerten Kesselöfen)

0.3. Der Auftraggeber kann bei Aufträgen über Herstellung von Kachelgrundöfen und Ofen-Luftheizungen zur Abgabe von Angeboten dergestalt auffordern, daß der dem Angebot zugrunde liegende Entwurf und die Leistungsbeschreibung von den Bewerbern aufgestellt werden (Entwurf und Leistungsbeschreibung mit Angebot), wenn die folgenden Voraussetzungen vorliegen:

0.31. Es sind technisch mehrere Lösungen möglich, und es ist unklar, welche Lösung die technisch und wirtschaftlich günstigste ist.

0.32. Es sind besonders günstige Entwürfe und Angebotspreise zu erwarten, wenn die Anfertigung des Entwurfs und der Leistungsbeschreibung den Bewerbern überlassen wird.

0.33. Der Auftraggeber besitzt nicht die besondere Fachkunde und Erfahrung, die nach Lage des Falles zur Anfertigung von Entwurf und Leistungsbeschreibung erforderlich sind.

0.4. Wenn der Auftraggeber unter den in Abschnitt 0.3 angegebenen Voraussetzungen den Entwurf und die Leistungsbeschreibung durch die Bewerber aufstellen läßt, hat er ihnen die in Abschnitt 0.5 bezeichneten Unterlagen zu übergeben und die in Abschnitt 0.6 bezeichneten Angaben zu machen.

0.5. Unter den in Abschnitt 0.3 genannten Voraussetzungen hat der Auftraggeber den Bewerbern folgende Unterlagen zu übergeben:

einen Lageplan

Gebäudepläne (Geschoßgrundrisse und Gebäudeschnitte).

0.6. Unter den in Abschnitt 0.3 angegebenen Voraussetzungen hat der Auftraggeber folgende Angaben zu machen:

Lage des Gebäudes (Himmelsrichtung) und Bauart des Gebäudes (z. B. der Wände, Fußböden, Decken, Fenster, Türen, des Daches),

die Raumtemperaturen, die erreicht werden sollen, gegebenenfalls, ob Räume nur wechselweise erwähnt werden sollen (z. B. Wohnräume im Wechsel mit Schlafräumen und Baderaum).

1. Allgemeines

1.1. DIN 18 362 — Ofen- und Herdarbeiten — gilt nicht für Luftheizungen, bei denen die Heizkammer nicht dazu bestimmt ist, Wärme durch Strahlung abzugeben (siehe DIN 18 380 — Zentralheizungs-, Lüftungs- und zentrale Warmwasserbereitungsanlagen)[+1]).

1.2. Alle Leistungen umfassen auch die Lieferung der dazugehörigen Stoffe und Bauteile einschließlich Abladen und Lagern auf der Baustelle, wenn in der Leistungsbeschreibung nichts anderes vorgeschrieben ist.

2. Stoffe und Bauteile

2.01. Allgemeine Anforderungen

2.011. Stoffe und Bauteile, die der Auftragnehmer zu liefern und einzubauen hat, die also in das Bauwerk eingehen, müssen ungebraucht sein, wenn in der Leistungsbeschreibung nichts anderes vorgeschrieben ist. Sie müssen den DIN-Güte- und -Maßbestimmungen entsprechen. Für die gebräuchlichsten genormten Stoffe und Bauteile sind die DIN-Normen nachstehend aufgeführt. Amtlich zugelassene, nicht genormte Stoffe und Bauteile müssen den Zulassungsbedingungen entsprechen.

2.012. Für Stoffe und Bauteile zu ortsfesten Herden gilt ergänzend DIN 18 880 — Dauerbrandherde für Haushalt aus Stahlblech oder (und) Grauguß für feste Brennstoffe, Richtlinien für Güte, Leistung und Prüfung.

2.02. Dauerbrandeinsätze

DIN 18 892 Dauerbrandeinsätze aus Grauguß, Begriffe, Bau, Güte, Leistung und Prüfung.

2.03. Kacheln

2.031. Kacheln können maschinengepreßt, handgeformt oder gegossen sein, wenn in der Leistungsbeschreibung darüber nichts vorgeschrieben ist.

2.032. Wenn die Abmessungen der Kacheln in der Leistungsbeschreibung nicht durch Angabe der Maße, des Kachelmusters oder der Kachelart festgelegt sind, müssen die Kacheln den Maßvorschriften nach DIN 409 — Kacheln für Tonöfen, quadratisch[+2]) — entsprechen.

2.033. Die Kacheln dürfen nicht gesintert sein. Sie müssen leicht bearbeitbar sein und dem zu erwartenden Temperaturwechsel standhalten.

2.034. Kacheln I. Wahl müssen eine gleichmäßig eingebrannte Glasur haben. Die Glasur muß frei von Blasen, Narben und Brandrissen sein; sie darf nicht abspringen. Vereinzelte Haarrisse in der Glasur sind zulässig. Der Scherben darf höchstens unwesentlich verzogen und muß frei von Brandrissen sein. Für denselben Ofen dürfen die Kacheln in Höhe und Breite höchstens um 2 mm voneinander abweichen. Kacheln I. Wahl müssen als solche vom Hersteller gekennzeichnet sein.

2.035. Kacheln II. Wahl sind Kacheln nach Abschnitt 2.034, jedoch mit kleinen, wenig auffallenden Fehlern, wie kleinen Unebenheiten und Vertiefungen in der Glasur, kleinen Unterschieden im Farbton, etwas größeren Unterschieden in den Abmessungen und kleinen Brandrissen. Kacheln II. Wahl müssen als solche vom Hersteller gekennzeichnet sein.

[+1]) DIN 18 380: Neuer Titel, siehe dort.

[+2]) Seit 1970 zurückgezogen.

2.036. Kacheln III. Wahl (Hinterzeug) sind Kacheln, die den Anforderungen nach den Abschnitten 2.034 und 2.035 nicht genügen; sie müssen jedoch frei von Fehlern sein, die die Tauglichkeit der Kacheln zu dem vorgesehenen Zweck mindern.

2.04. Keramische Ofenplatten

Keramische Ofenplatten sind glasierte Schamotteplatten ohne Rumpf. Abschnitt 2.03, ausgenommen 2.032, gilt sinngemäß.

2.05. Mauer- und Dachziegel für Außenwände von Öfen und Herden

DIN 105 Mauerziegel, Vollziegel und Lochziegel
DIN 456 Dachziegel, Güteeigenschaften und Prüfverfahren.

2.06. Ausbaustoffe

2.061. Schamottesteine müssen den Anforderungen nach DIN 1299 — Ausbaumaterial für Hausbrandöfen und Herde, Güte- und Prüfvorschriften+3) — genügen.

2.062. Ofensteine, Unterlegplatten, Futtersteine.
DIN 1300 Blatt 2 — Ausbaumaterial für Hausbrandöfen und Herde, Ofensteine, Unterlegplatten, Futterstein+4).

2.07. Stoffe zur Wärmedämmung

Stoffe zur Wärmedämmung müssen den zu erwartenden Temperaturen standhalten und unbrennbar sein.

2.08. Befestigungsmittel

2.081. Bindedraht muß geglüht und mindestens 1 mm dick sein.

2.082. Stahlblech für Verklammerungen muß mindestens 1 mm dick sein.

2.083. Stahldraht für Verklammerungen muß federnd und mindestens 2,8 mm dick sein.

2.09. Einzelteile

2.091. Vom Feuer berührte Einzelteile und Türen
Metallene Einzelteile, die vom Feuer berührt werden, ausgenommen Wärme- und Bratröhren, und vom Feuer berührte Türen müssen aus schwarzem Grauguß bestehen, wenn in der Leistungsbeschreibung nichts anderes (z. B. Stahl oder Grauguß vernickelt, verchromt) vorgeschrieben ist. Für Grauguß gilt DIN 1691 — Grauguß, unlegiert, niedrig legiert+5) — entsprechend. Graugußbauteile müssen so dick sein, daß sie durch mechanische und thermische Beanspruchung nicht zerstört werden.

2.092. Vom Feuer nicht berührte Türen, Luftgitter
Vom Feuer nicht berührte Türen (z. B. Backofentüren, Wärmeröhrentüren), Luftgitter u. ä. dürfen aus nichtmetallischen Stoffen bestehen, wenn der Schmelzpunkt dieser Stoffe ausreichend hoch liegt und der Auftraggeber zustimmt.

2.093. Aschenkästen
Aschenkästen für Öfen und Herde müssen aus mindestens 0,75 mm dickem Stahlblech bestehen, wenn in der Leistungsbeschreibung nichts anderes vorgeschrieben ist.

+3) Seit 1971 zurückgezogen.
+4) Seit 1971 zurückgezogen.
+5) Seit August 1964: DIN 1691 — Gußeisen mit Lamellengraphit; Grauguß.

2.094. Bodenbleche für Ofen- und Herdteile

Bleche für Sockel- und Herdböden, für Backöfen und Wärmeröhren müssen aus 1 mm dickem Stahlblech bestehen, wenn in der Leistungsbeschreibung nichts anderes vorgeschrieben ist.

2.095. Rauchrohre

2.095.1. DIN 1298 Ofenrohre.

2.095.2. Rauchrohre müssen aus schwarzem Stahlblech bestehen und gefalzte Nähte haben, wenn in der Leistungsbeschreibung nichts anderes vorgeschrieben ist. Für Feuchträume (Waschküchen, Bäder u. ä.) müssen Rauchrohre beiderseitig verzinkt sein, wenn in der Leistungsbeschreibung nichts anderes vorgeschrieben ist.

2.096. Fußbodenbleche

Fußbodenbleche müssen aus mindestens 0,75 mm dickem Stahlblech bestehen und an den Rändern eine Sicke haben, wenn in der Leistungsbeschreibung nichts anderes vorgeschrieben ist.

2.10. Öfen und Herde

2.101. Eiserne Dauerbrandöfen

DIN 18 890 Eiserne Dauerbrandöfen, Begriffe, Bau, Güte, Leistung und Prüfung[+6])

DIN 18 893 Eiserne Dauerbrandöfen; Raumheizvermögen

2.102. Keramische Dauerbrandöfen

DIN 18 891 Transportable keramische Dauerbrandöfen, Richtlinien für Güte, Leistung und Prüfung[+7])

DIN 18 894 Transportable keramische Dauerbrandöfen; Raumheizvermögen

2.103. Herde

DIN 18 880 Dauerbrandherde für Haushalt aus Stahlblech oder (und) Grauguß für feste Brennstoffe, Richtlinien für Güte, Leistung und Prüfung.

3. Ausführung

3.1. Allgemeines

3.11. Der Auftragnehmer hat die baulichen Verhältnisse daraufhin zu prüfen, ob sie für die Ausführung seiner Leistung geeignet sind. Er hat dem Auftraggeber Bedenken unverzüglich schriftlich mitzuteilen (siehe Teil B — DIN 1961 — § 4 Ziffer 3), wenn die baulichen Verhältnisse der vorgesehenen Ausführung nicht entsprechen. Unter diesen Voraussetzungen sind Bedenken geltend zu machen, insbesondere bei

- ungenügender Tragfähigkeit des Untergrundes,
- zu geringen Abständen von brennbaren Bauteilen,
- unzureichender Leistungsfähigkeit des Schornsteins,
- ungeeignetem Standort für Mehrraumheizung,
- fehlender oder ungeeigneter Vorkehrung am Schornstein für die Einführung des Ofenrohrs in den Schornstein,
- ungenügender Bemessung von Mauerschlitzen und Deckendurchbrüchen für Luftkanäle.

+6) Seit September 1971: DIN 18 890 — Dauerbrandöfen für feste Brennstoffe.

+7) Seit 1972 zurückgezogen.

3.12. Der Auftragnehmer hat Berechnungen und Zeichnungen, die außer den vom Auftraggeber übergebenen Unterlagen für die Ausführung nötig sind, nach den ihm rechtzeitig auszuhändigenden Bauplänen anzufertigen und die Zeichnungen dem Auftraggeber rechtzeitig zur Anerkennung vorzulegen. Durch eine solche Anerkennung wird die Verantwortung und Haftung, die dem Auftragnehmer nach dem Vertrag obliegt, nicht eingeschränkt.

3.13. Bei der Berechnung des Wärmebedarfs ist nach DIN 4701 — Heizungen, Regeln für die Berechnung des Wärmebedarfs von Gebäuden — zu verfahren.

3.14. Für den Feuerraum und für keramische Nachheizzüge sind Schamottesteine und Schamottemörtel mit Ton gemischt zu verwenden.

3.15. Fliesen und Platten nach DIN 18 352 — Fliesen- und Plattenarbeiten — dürfen zu Ofenwandungen und zum Aufbau der Heizkammer nicht verwendet werden.

3.16. Bei gekachelten Öfen und Herden sind für die Schauseiten Kacheln I. Wahl, für die übrigen Seiten mindestens Kacheln II. Wahl zu verwenden, wenn in der Leistungsbeschreibung nichts anderes vorgeschrieben ist.

3.17. Lehm darf nur als Bindemittel — nicht als Ausbaustoff — verwendet werden. Der Lehm muß bei der Verarbeitung so zusammengesetzt werden, daß er bindekräftig ist, beim Trocknen aber keine nennenswerten Risse bekommt. Zum Magern darf nur Sand in der Körnung 0,1 bis 0,3 mm oder Schamottemehl verwendet werden.

3.2. Kachelgrundöfen

Kachelgrundöfen sind nach DIN 18 899 — Kachelgrundöfen, Begriffe, Bau, Güte und Leistung[+8]) — auszuführen.

3.3. Kachelofen-Luftheizungen und ähnliche Ofen-Luftheizungen

3.31. Allgemeines

3.311. Eine Kachelofen-Luftheizung muß aus einem Kachelofen bestehen, der einen Heizeinsatz — mit oder ohne Nachheizflächen — zur Erzeugung von Warmluft umschließt und Einrichtungen zur Zuführung von Luft und zur Abgabe und gegebenenfalls Weiterleitung von Warmluft hat.

3.312. Für Ofen-Luftheizungen, bei denen die frei stehenden Wände des Ofens statt aus Kacheln aus Mauerziegeln oder dergleichen bestehen, gelten die Vorschriften für Kachelofen-Luftheizungen entsprechend.

3.32. Heizeinsätze

3.321. Bei Ofen-Luftheizungen, in denen die Wärme mit festen Brennstoffen erzeugt werden soll, sind als Heizeinsätze Dauerbrandeinsätze aus Grauguß nach DIN 18 892 — Dauerbrandeinsätze aus Grauguß, Begriffe, Bau, Güte, Leistung und Prüfung — einzubauen, wenn in der Leistungsbeschreibung nichts anderes vorgeschrieben ist.

3.322. Bei Ofen-Luftheizungen, in denen die Wärme durch Heizöl erzeugt werden soll, sind Heizeinsätze aus Stahlblech einzubauen, wenn in der Leistungsbeschreibung nicht der Einbau von Heizeinsätzen aus Grauguß vorgeschrieben ist. Bei Heizeinsätzen aus Stahlblech müssen die Seitenwände mindestens 1,5 mm, die Decken mindestens 2,0 mm und die Böden mindestens 1,0 mm dick sein.

+8) Seit 1971 zurückgezogen.

3.33. Nachheizzüge

3.331. Nachheizzüge müssen so bemessen werden, daß die erzeugte Wärme so wirtschaftlich wie möglich ausgenutzt wird.

3.332. Die Wandungen der Nachheizzüge sind aus Schamottesteinen mehrschichtig in gedecktem Fugenverband zu mauern oder als Heizgaskästen aus Stahlblech oder Grauguß herzustellen, wenn in der Leistungsbeschreibung nicht Nachheizzüge aus Rohren vorgeschrieben sind. Das Stahlblech von Heizgaszügen muß mindestens 1,5 mm dick sein. Bei Nachheizzügen aus Rohren müssen die Rohre aus mindestens 1,5 mm dickem Stahlblech bestehen.

3.333. Die Nachheizzüge müssen betriebssicher befestigt werden. Sie müssen die durch Temperaturwechsel entstehenden Bewegungen aufnehmen können und hinreichend dicht bleiben. Sie sind hinreichend dicht, wenn die Dauerbrandfähigkeit des Ofens bei dem üblichen Unterdruck im Schornstein durch die einströmende Nebenluft nicht beeinträchtigt wird.

3.334. Nachheizzüge müssen ausreichende Reinigungsöffnungen haben. Diese müssen durch Verschlußdeckel dicht verschließbar sein. Stählerne Verschlußdeckel müssen sich leicht abnehmen und leicht wieder einsetzen lassen.

3.335. Anheizklappen müssen aus mindestens 2,5 mm dickem Stahlblech oder aus Grauguß bestehen. Die Klappenstellung muß von außen erkennbar sein.

3.34. Heizkammern

3.341. Die Heizkammern sind so zu bemessen und so herzustellen, daß die erzeugte Wärme so wirtschaftlich wie möglich auf die Luft übertragen wird.

3.342. Heizkammerwände aus Kacheln sind so herzustellen, daß die Außenseiten fluchtrecht und eben sind und daß die Schauseiten gleichmäßig breite und durchlaufende waagerechte und senkrechte Fugen haben, wenn in der Leistungsbeschreibung nichts anderes vorgeschrieben ist. Kacheln mit Rümpfen sind senkrecht und waagerecht zu klammern. Kachelfugen und Rümpfe sind mit Schamottesteinen und Lehm auszufuttern; die Innenwände sind glattzustreichen.

3.343. Heizkammerwände aus Mauerziegeln oder ähnlichen Stoffen sind vollfugig mit Schamottemörtel oder Lehm zu mauern.

3.344. Gitter an Lufteinströmungsöffnungen im unteren Teil der Heizkammern müssen so beschaffen sein, daß der Zutritt der Luft nicht gleichzeitig bei allen Öffnungen gesperrt werden kann.

3.35. Luftkanäle

3.351. Luftkanäle müssen innen glatt sein. Sie müssen leicht gereinigt werden können.

3.352. Luftkanäle, die Warmluft führen, müssen aus wärmebeständigen, nicht brennbaren Stoffen bestehen, gegen Wärmeverluste geschützt sein und eine dicht verschließbare Drosselvorrichtung besitzen. Benachbarte brennbare Bauteile dürfen nicht gefährdet werden.

3.36. Ventilatoren

Wenn Ofen-Luftheizungen mit Ventilatoren ausgestattet werden, sind diese so einzubauen, daß bei Betrieb dauernd ein Überdruck in der Heizkammer entsteht. Wird der Betrieb des Ventilators bei Heizungen mit öl- oder gasbefeuerten Heizeinsätzen gestört, so muß sich der Brenner selbsttätig abschalten oder auf Kleinbrand schalten.

3.4. Kamine

Bei Kaminen (Kaminen für offenes Feuer) sind die Kaminöffnung, der Feuerraum, der Rauchfang und der Schornstein so herzustellen, daß ihre Abmessungen aufeinander abgestimmt sind.
Der Feuerraum des Kamins ist so anzulegen, daß das Feuer möglichst viel Wärme in den Raum strahlt und daß die Strahlungswärme von den Seitenwandungen und von der Rückwand möglichst weit in den Raum wirkt.

Die mit Feuer oder Heizgasen in Berührung kommenden Bauteile müssen feuerbeständig sein.

Die Wärmeableitung von allen feuerberührten Bauteilen zu benachbarten Wänden, Decken und Böden ist durch Dämmung soweit wie möglich zu verringern. Der Abzug muß bei Nichtbenutzung des Kamins durch eine Abstellklappe verschließbar sein.

3.5. Gemauerte Kesselöfen (Waschkessel)

3.51. Die Außenwände der gemauerten Kesselöfen sind aus Mauerziegeln herzustellen, wenn in der Leistungsbeschreibung nichts anderes (z. B. aus Kacheln) vorgeschrieben ist; sind sie aus Mauerziegeln herzustellen, so sind sie vollfugig mit Schamottemörtel oder mit Lehm zu mauern, mit Zementmörtel auszufugen und durch Ringanker zu sichern. Die Wärmeableitung von allen feuerberührten Bauteilen zu benachbarten Wänden, Decken und Böden ist durch Dämmung soweit wie möglich zu verringern.

3.52. Die Heizgase müssen im Rundzug einseitig oder doppelseitig um den Kessel geführt werden.

3.53. Die Kessel müssen aus Gußeisen bestehen und innen emailliert sein, wenn in der Leistungsbeschreibung nichts anderes (z. B. Kessel aus Stahlblech innen verzinkt oder emailliert, aus Kupferblech innen blank oder verzinnt) vorgeschrieben ist. Die Kessel müssen einen Auslaufhahn haben.

3.6. Anschließen der Öfen und Herde

Öfen und Herde sind betriebssicher an den Schornstein anzuschließen.

4. Nebenleistungen

Nebenleistungen sind Leistungen, die auch ohne Erwähnung in der Leistungsbeschreibung zur vertraglichen Leistung gehören (siehe Teil B – DIN 1961 – § 2 Ziffer 1).

4.1. Folgende Leistungen sind Nebenleistungen:

4.101. Messungen für das Ausführen und Abrechnen der Arbeiten einschließlich des Vorhaltens der Meßgeräte und des Stellens der Arbeitskräfte.

4.102. Anfertigen der Berechnungen und Zeichnungen nach Abschnitt 3.12.

4.103. Vorhalten der Kleingeräte und Werkzeuge.

4.104. Heranbringen von Wasser, Gas und Strom von den vom Auftraggeber angegebenen Anschlußstellen auf der Baustelle zu den Verwendungsstellen.

4.105. Beleuchten und Reinigen der Aufenthaltsräume und Aborte für die Beschäftigten des Auftragnehmers sowie das Beheizen der Aufenthaltsräume.

4.106. Befördern aller Stoffe und Bauteile, auch wenn sie vom Auftraggeber beigestellt werden, von den Lagerstellen auf der Baustelle zu den Verwendungsstellen und etwaiges Rückbefördern.

4.107. Schutz der ausgeführten Leistung und der für die Ausführung übergebenen Gegenstände vor Beschädigung und Diebstahl bis zur Abnahme.

4.108. Vorkehrungen zum Schutz der Fußböden und Wände.

4.109. Schutz- und Sicherheitsmaßnahmen nach den Unfallverhütungsvorschriften und polizeilichen Vorschriften.

4.110. Herstellen etwa erforderlicher Rauchrohröffnungen in Schornsteinen, wenn nicht besondere Rohrsteine oder Kapseln eingemauert sind, das Dichten der Anschlüsse, jedoch ausschließlich etwaiger Putzarbeiten.

4.111. Beseitigen aller von den Arbeiten des Auftragnehmers herrührenden Verunreinigungen und des Bauschuttes des Auftragnehmers.

4.112. Verlegen und Befestigen der Ofenunterlagssteine, der Fußbodenbleche und der Rauchrohre einschließlich Lieferung der Befestigungsmittel (z. B. Schrauben, Nägel, Klammern, Schelleisten).

4.113. Lieferung der handelsüblichen Zubehörteile (z. B. Rüttler, Schlüssel, Türöffner, Stocher, Aschenkästen).

4.114. äußeres Reinigen der Öfen und Herde, Schwärzen der Eisenteile.

4.115. Austrocknen und Probeheizen der Öfen und Herde, ausgenommen Leistungen nach Abschnitt 4.32.

4.116. Lieferung etwaiger Vorschriften über die Bedienung und Behandlung der Öfen und Herde.

4.2. Folgende Leistungen sind Nebenleistungen, wenn sie nicht durch besondere Ansätze in der Leistungsbeschreibung erfaßt sind:

4.21. Einrichten und Räumen der Baustelle.

4.22. Vorhalten der Baustelleneinrichtung einschließlich der Geräte, Gerüste und dergleichen.

4.3. Folgende Leistungen sind keine Nebenleistungen:

4.31. „Besondere Leistungen" nach Teil A — DIN 1960 — § 9 Ziffer 2 letzter Absatz[+9]).

4.32. Lieferung der zum Austrocknen und Probeheizen nach Abschnitt 4.115 erforderlichen Brennstoffe.

5. Aufmaß und Abrechnung

Es werden aufgemessen und abgerechnet:

5.1. Öfen und Herde, getrennt nach Art und Größe, nach Stück.

5.2. Ofenunterlagssteine, Fußbodenbleche und Futterrohre, getrennt nach Art und Größe, nach Stück.

5.3. Rauchrohre und ihre Knie- und Bogenstücke nach Längenmaß (m), gemessen über den äußeren Bogen; Überdeckungen an Rohrstößen werden übermessen.

5.4. Knie- und Bogenstücke von Rauchrohren nach Stück, als Zulage zum Preis der Rauchrohre.

+9) Seit November 1973: DIN 1960 — § 9 Nr. 6.

VOB Teil C:

Allgemeine Technische Vorschriften für Bauleistungen

Anstricharbeiten - DIN 18363

Fassung Mai 1972

Ausgabedatum: August 1974

Inhalt

0. Hinweise für die Leistungsbeschreibung*)

(siehe auch Teil A — DIN 1960 — § 9)

0.1. In der Leistungsbeschreibung sind nach Lage des Einzelfalles insbesondere anzugeben:

0.1.1. Lage der Baustelle und Umgebungsbedingungen, z. B. Hauptwindrichtung, Einflugschneisen, Verschmutzung der Außenluft, Bebauung usw., Zufahrtsmöglichkeiten und Beschaffenheit der Zufahrt sowie etwaige Einschränkungen bei ihrer Benutzung, Art der baulichen Anlagen, Anzahl und Höhe der Geschosse.

0.1.2. Lage und Ausmaß der dem Auftragnehmer für die Ausführung seiner Leistungen zur Benutzung oder Mitbenutzung überlassenen Flächen.

0.1.3 besondere Maßnahmen aus Gründen der Landespflege und des Umweltschutzes.

0.1.4. besondere Anordnungen, Vorschriften und Maßnahmen der Eigentümer (oder der anderen Weisungsberechtigten) von Leitungen, Kabeln, Dränen, Kanälen, Wegen, Gewässern, Gleisen, Zäunen und dergleichen im Bereich der Baustelle.

0.1.5. Besonderheiten der Regelung und Sicherung des Verkehrs, gegebenenfalls auch, wieweit der Auftraggeber die Durchführung der erforderlichen Maßnahmen übernimmt.

0.1.6. Lage, Art und Anschlußwert der dem Auftragnehmer auf der Baustelle zur Verfügung gestellten Anschlüsse für Wasser und Energie.

0.1.7. Mitbenutzung fremder Gerüste, Hebezeuge, Aufzüge, Aufenthalts- und Lagerräume, Einrichtungen und dergleichen durch den Auftragnehmer.

0.1.8. Auf- und Abbauen sowie Vorhalten der Gerüste, die nicht unter Abschnitt 4.1.11 fallen.

0.1.9. besondere Anforderungen an die Baustelleneinrichtung.

0.1.10. Art und Zeit der vom Auftraggeber veranlaßten Vorarbeiten.

0.1.11. ob und in welchem Umfang dem Auftragnehmer Arbeitskräfte und Geräte für Abladen, Lagern und Transport zur Verfügung gestellt werden.

---

*) Diese Hinweise werden nicht Vertragsbestandteil.

0.1.12. Arbeiten anderer Unternehmer auf der Baustelle.

0.1.13. Leistungen für andere Unternehmer.

0.1.14. Art, Menge, Gewicht der Stoffe und Bauteile, die vom Auftraggeber beigestellt werden, sowie Art, Ort (genaue Bezeichnung) und Zeit ihrer Übergabe.

0.1.15. Güteanforderungen an nicht genormte Stoffe und Bauteile.

0.1.16. Art und Umfang verlangter Eignungs- und Gütenachweise.

0.1.17. Art und Beschaffenheit des Untergrundes, Holz-, Beton-Mauerwerksflächen u. ä.

0.1.18. vorgesehene Arbeitsabschnitte, Arbeitsunterbrechungen und -beschränkungen nach Art, Ort und Zeit.

0.1.19. besondere Erschwernisse während der Ausführung, z. B. Arbeiten in Räumen, in denen der Betrieb des Auftraggebers weiterläuft, Arbeiten bei außergewöhnlichen Temperaturen.

0.1.20. Benutzung von Teilen der Leistung vor der Abnahme.

0.1.21. ob nach bestimmten Zeichnungen oder nach Aufmaß abgerechnet werden soll.

0.1.22. Art und Beschaffenheit der zu behandelnden Flächen, ob und welches Frostschutzmittel, welche Dichtstoffe, Trennmittel und/oder welche Grundanstrichstoffe bei Stahlbauteilen bzw. für den Holzschutz verwendet worden sind.

0.1.23. Leistungen, die der Auftragnehmer in Werkstätten anderer Unternehmer ausführen soll, unter Bezeichnung der Lage dieser Werkstätten.

0.1.24. wie und wann nach dem Einbau nicht mehr zugängliche Flächen vorher behandelt werden sollen.

0.1.25. Art und Anzahl von geforderten Probeanstrichen.

0.1.26. ob und wie Dichtstoffe behandelt werden sollen.

0.1.27. Anforderungen an den Anstrich in bezug auf Glätte, Oberflächeneffekt, Glanz oder Beanspruchungsgrad, z. B. wischbeständig, waschbeständig, scheuerbeständig, wetterbeständig o. ä.

0.1.28. Farbtöne (hell-, mittel- oder sattgetönt), bei Mehrfarbigkeit die mit unterschiedlichen Farbtönen zu behandelnden Flächen.

0.1.29. ob mehrere Spachtelungen oder Zwischenanstriche auszuführen sind.

0.1.30. bei Türen, Fenstern, Türblättern und -zargen Bauart, Abmessungen, Tiefe der Futter und Breite der Bekleidungen;
bei Fensterläden und Rolläden, Geländern, Gittern und dergleichen, Bauart und Abmessungen;
bei Heizkörpern, Heizfläche, Bauart und Abmessungen;
bei allen nach Stückpreisen zu berechnenden Bauteilen die Hauptabmessungen;
bei Dachgesimsen, Dachuntersichten, Balken, Fachwerk und dergleichen Abwicklung bzw. Breite und Länge;
bei Rinnen, Regenfallrohren und dergleichen Abwicklung, Zuschnitt oder Durchmesser und Länge;
bei gewellten Flächen die Wellenhöhe und der Wellenabstand.

0.1.31. Leistungen nach Abschnitt 4.2 in besonderen Ansätzen, wenn diese Leistungen keine Nebenleistungen sein sollen.

0.1.32. Leistungen nach Abschnitt 4.3 in besonderen Ansätzen.

0.2. In der Leistungsbeschreibung sind Angaben zu folgenden Abschnitten nötig, wenn der Auftraggeber eine abweichende Regelung wünscht:

Abschnitt 1.2 (Leistungen mit Lieferung der Stoffe)
Abschnitt 2.1 (Vorhalten von Stoffen)
Abschnitt 3.1.2 (Anstrichverfahren)
Abschnitt 3.1.3 (Oberflächenstruktur der Anstriche, Lackierungen, Beschichtungen)

Abschnitt 3.1.3 (Tönung der Anstriche, Lackierungen, Beschichtungen, Anstrichaufbau)
Abschnitt 3.1.3 (Oberflächenbeschaffenheit der Lackierungen)
Abschnitt 3.1.5 (Auswahl der Stoffe, Anstrichaufbau)
Abschnitt 3.1.11.1 (Farbton sich berührender Falze)
Abschnitt 3.1.11.4 (Anstrich von Kitten und Dichtstoffen)
Abschnitt 3.1.11.5 (Innenanstriche von farblos lackierten Fenstern und Türen)
Abschnitt 3.2.1.1 (Anzahl der Zwischenanstriche bei Kalkfarbe)
Abschnitt 3.2.1.7 (Art des Grundanstrichs bei Dispersionsfarbe)
Abschnitt 3.2.1.7 (Beanspruchungsgrad bei Dispersionsfarbe)
Abschnitt 3.2.1.8 (Art des Grundanstrichs bei pastöser Dispersionsfarbe)
Abschnitt 3.2.1.8 (Waschbeständigkeit des Anstrichs bei pastöser Dispersionsfarbe)
Abschnitt 3.2.1.8 (Art des Schlußanstrichs bei pastöser Dispersionsfarbe)
Abschnitt 3.2.1.9 (Art des Grundanstrichs bei Dispersionsspachtelmasse)
Abschnitt 3.2.1.10 (Art des Grundanstrichs bei Kunststoff-Dispersionsfarbe mit Füllstoffen)
Abschnitt 3.2.1.11 (Ölfarbengrundanstrich auf Putzflächen)
Abschnitt 3.2.1.12 (Grundanstrich für Öllackfarben)
Abschnitt 3.2.2.1.1 (Art der Grundanstriche bei Ölfarbenanstrich auf Holz)
Abschnitt 3.2.2.1.2 (Art des Grundanstrichs bei Öllackfarbenanstrich auf Holz)
Abschnitt 3.2.2.1.3 (Art des Grundanstrichs bei Kunstharzlackfarbenanstrich auf Holz)
Abschnitt 3.2.2.2.1 (Grundanstrich oder Porenfüllung bei lasierenden und farblosen Anstrichen)
Abschnitt 3.2.2.2.2 (Porenfüllung mit Kunstharzspachtelmasse bei farbloser Lackierung mit Kunstharzlack)
Abschnitt 3.2.3.1 (Art des Korrosionsschutzgrundanstrichs)
Abschnitt 3.2.4.1 (Schlußanstrich auf bituminösen Überzügen)
Abschnitt 3.3.1.6 (Art des Schlußanstrichs bei Ölfarbenanstrichen auf mineralischen Untergründen)
Abschnitt 3.3.2.1.1 (Art des Grundanstrichs bei deckendem Ölfarbenanstrich auf Holz)
Abschnitt 3.3.2.1.2 (Art des Grundanstrichs bei deckendem Öl-Lackfarbenanstrich auf Holz)
Abschnitt 3.3.2.1.3 (Art des Grundanstrichs bei deckendem Kunstharzlackfarbenanstrich auf Holz)
Abschnitt 3.3.2.2.1 (Art des Grundanstrichs bei Lasuranstrich auf Nadelholz)
Abschnitt 3.3.2.2.2 (Art des Grundanstrichs bei Lasuranstrichstoff auf Nadelholz)
Abschnitt 3.3.2.2.3 (Art des Grundanstrichs bei farbloser Lackierung mit Kunstharzlack)
Abschnitt 3.3.3.2 (Art des Grundanstrichs bei Kunstharzlackfarbenanstrich auf Stahlfenstern)
Abschnitt 3.3.4.1 (Art des Schlußanstrichs bei Öllackfarbenanstrichen auf Zink und verzinktem Stahl).
Abschnitt 5.1.1 (Art der Ermittlung der Leistung)

1. Allgemeines

1.1. DIN 18 363 „Anstricharbeiten" gilt nicht für

Anstricharbeiten an Bauteilen aus Stahl, für die eine Festigkeitsberechnung nötig ist (siehe DIN 18 364 „Oberflächenschutzarbeiten an Stahl und Oberflächenschutzarbeiten (Anstrich) an Aluminiumlegierungen"), nicht für

Beizen und Polieren von Holzteilen (siehe DIN 18 355 „Tischlerarbeiten") und nicht für

Versiegeln von Parkett (siehe DIN 18 356 „Parkettarbeiten").

1.2. Alle Leistungen umfassen auch die Lieferung der dazugehörigen Stoffe einschließlich Abladen und Lagern auf der Baustelle, wenn in der Leistungsbeschreibung nichts anderes vorgeschrieben ist.

1.3. Stoffe, die vom Auftraggeber beigestellt werden, hat der Auftragnehmer rechtzeitig beim Auftraggeber anzufordern.

1.4. Als Anstrich, Lackierung oder Beschichtung gilt der von Hand oder maschinell ausgeführte Überzug aus Anstrichstoffen.
Als Beschichtung gilt auch der Überzug aus metallischen Stoffen.

2. Stoffe

2.1. Vorhalten

Stoffe, die der Auftragnehmer nur vorzuhalten hat, die also nicht in das Bauwerk eingehen, können nach Wahl des Auftragnehmers gebraucht oder ungebraucht sein, wenn in der Leistungsbeschreibung darüber nichts vorgeschrieben ist.

2.2. Liefern

2.2.1. Stoffe, die der Auftragnehmer zu liefern und zu verarbeiten hat, müssen für den jeweiligen Verwendungszweck geeignet und aufeinander abgestimmt sein.
Stoffe, für die DIN-Normen bestehen, müssen den DIN-Güte- und -Maßbestimmungen entsprechen.
Stoffe, die nach den behördlichen Vorschriften einer Zulassung bedürfen, müssen amtlich zugelassen sein und den Zulassungsbedingungen entsprechen.
Stoffe, für die weder DIN-Normen bestehen noch eine amtliche Zulassung vorgeschrieben ist, dürfen nur mit Zustimmung des Auftraggebers verwendet werden.
Für die gebräuchlichsten genormten Stoffe sind die DIN-Normen nachstehend aufgeführt.

2.3. Stoffe zur Untergrundvorbehandlung

2.3.1. Absperrmittel

2.3.1.1. Fluate
Kieselfluorwasserstoffsäure oder
Lösungen von Salzen der Kieselfluorwasserstoffsäure
zur Verminderung der Alkalität in der Kalk- und Zementputzoberfläche,
zur Verringerung der Saugfähigkeit,
zur Bekämpfung von Ausblühungen und Schimmelbildung,
zur Oberflächenfestigung von Kalk- und Zementputz,
zum Absperren von Rauch- und Wasserflecken.

2.3.1.2. Absperrmittel auf der Grundlage tonerdehaltiger Salze, z. B. Alaun,
zur Oberflächenhärtung und Dichtung von stark oder ungleichmäßig saugenden Flächen,
zum Absperren von Rauch- und Wasserflecken,
für neutrale Untergründe (Gips- und Lehmputz).

2.3.1.3. Absperrmittel auf der Grundlage von Kunststoffdispersionen oder Lacken zum Absperren von teer- oder bitumenhaltigen Untergründen, Rost-, Rauch- und Wasserflecken.

2.3.2. Abbeizmittel

2.3.2.1. Ablaugmittel

2.3.2.2. Abbeizsalben bzw. -pasten
Ammoniaklösung,
Natriumhydroxid (Ätznatron),
Natriumcarbonat (Soda),
Kalk und andere.

2.3.2.3. Abbeizfluide
aus geeigneten Lösungsmitteln, z. B. Toluol, Azeton, Spiritus.

2.3.3. Entfettungsstoffe, Stoffe zum Entfernen von Schalölen
Nitrozellulose- oder Kunstharzlösungsmittel, Ammoniaklösung, Schaumwaschmittel.

2.3.4. Spezialreinigungsmittel für Metalloberflächen

2.3.5. Haftgrundmittel für Metalloberflächen
DIN 55 945 Anstrichstoffe und ähnliche Beschichtungsstoffe; Begriffe.

2.4. Wasserverdünnbare Anstrichstoffe
(Grund-, Zwischen- und Schlußanstrichstoffe), für Putzflächen und andere mineralische Untergründe.

2.4.1. Kalkfarben
Bestandteile:
Kalk nach DIN 1060 „Baukalk",
kalkbeständige Pigmente.

2.4.2. Kalk-Weißzementfarben
Bestandteile:
Kalk nach DIN 1060 „Baukalk",
Weißzement nach DIN 1164 „Portland-, Eisenportland-, Hochofen- und Traßzement",
zementbeständige Pigmente.

2.4.3. Leimfarben
Bestandteile:
Leim,
Pigmente,
Füllstoffe, z. B. Faserstoffe.

2.4.4. Wasserglas
Bestandteile:
Kaliwasserglas.

2.4.5. Silikatfarben
Bestandteile:
Kaliwasserglas,
kaliwasserglasbeständige Pigmente.

Es dürfen nur fabrikmäßig hergestellte Silikatfarben und Zusätze nach Angabe des Herstellers der Silikatfarben verwendet werden.

2.4.6. Dispersionssilikatfarben

Bestandteile:

Kaliwasserglas,

kaliwasserglasbeständige Pigmente,

Kunststoffdispersionen bis zu 5 Gewichtsprozent, bezogen auf die Gesamtmenge des Anstrichstoffes.

Es dürfen nur fabrikmäßig hergestellte Dispersionssilikatfarben und Zusätze nach Angabe des Herstellers verwendet werden.

2.4.7. Kunststoffdispersionen

Bestandteile:
Polymere in wäßriger Dispersion mit oder ohne Weichmacher.

2.4.8. Kunststoffdispersionsfarben

Bestandteile:

Kunststoff-Dispersionen,

Pigmente,

Füllstoffe, z. B. Calciumcarbonate, Quarzmehl, Schwerspat, Faserstoffe, Granulate,

Hilfsstoffe, z. B. Fungizide.

Dispersionsfarben können dünnflüssig oder pastös sein, sie werden nach ihrer Zusammensetzung in die Gruppen waschbeständig, scheuerbeständig, wetterbeständig eingeteilt.

2.4.9. Lasurdispersionsfarben

Bestandteile:

Kunststoffdispersionen,

Lasurpigmente.

2.5. Lösungsmittelverdünnbare Anstrichstoffe

2.5.1. Grundanstrichstoffe

2.5.1.1. für Putzflächen, für andere mineralische Untergründe, für Holzflächen, für Holzwerkstoffflächen

2.5.1.1.1. Leinölfirnis nach DIN 55 932 „Anstrichstoffe; Leinölfirnis, Technische Lieferbedingungen" (nur auf chemisch neutralem Untergrund),

2.5.1.1.2. Kunstharzlacke in entsprechender Verdünnung;

2.5.1.2. für Holzflächen, für Holzwerkstoffflächen

2.5.1.2.1. Bläueschutz-Grundanstrichstoffe auf Kunstharzbasis,

2.5.1.2.2. Holz-Grundanstrichstoffe auf Nitrocellulosebasis;

2.5.1.3. für Stahlflächen

Korrosionsschutz-Grundanstrichstoffe

Bestandteile:

Pigmente,

Bleimennige,

Zinkchromat, (Zinkgelb) nach DIN 55 902 „Pigmente; Zinkchromat-Pigmente, Technische Lieferbedingungen" und Bleisiliconchromat,
Zinkstaub,
Bleipulver,
Bindemittel:
Leinölfirnis nach Abschnitt 2.5.1.1.1,
Alkydharzlacke,
Chlorkautschuklacke,
Epoxidharzlacke,
Polyurethanharzlacke,
Polymerisatharzlacke,
Füllstoffe,
z. B. Schwerspat,
Heizkörpergrundanstrichfarben nach DIN 55 900 „Anstrichstoffe; Heizkörper-Grundanstrichfarbe, technische Lieferbedingungen";

2.5.1.4. für Flächen aus Zink, verzinktem Stahl
Kunstharz-Zinkchromatfarbe nach Abschnitt 2.5.1.3;

2.5.1.5. für Kunststoffflächen
Kunstharzlackfarbe.

2.5.2. Zwischen- und Schlußanstrichstoffe

2.5.2.1. Ölfarben
Bestandteile:
Bindemittel,
Pigmente,
Füllstoffe,
Trockenstoffe,
Verdünnungsmittel.

2.5.2.1.1. Bindemittel
Leinölfirnis nach DIN 55 932 „Anstrichstoffe; Leinölfirnis, Technische Lieferbedingungen",
Lackleinöl nach DIN 55 933 „Anstrichstoffe; Lackleinöl, Technische Lieferbedingungen" für Pigmentpasten entsprechend den für jedes Pigment geltenden RAL-Vorschriften für Schlußanstriche zusätzlich in Mengen von 15 bis 20 Gewichtsprozent, bemessen auf den Bindemittelfestkörpergehalt,
Leinöl-Standöl nach DIN 55 931 „Anstrichstoffe; Leinöl-Standöl, Technische Lieferbedingungen",
Holzöl-Standöl nach DIN 55 937 „Holzöl-Standöl für Anstrichstoffe; Technische Lieferbedingungen".

2.5.2.1.2. Pigmente

2.5.2.1.2.1. für weiße Ölfarben
für außen:
Bleiweiß nach RAL 844 A 2,
Zinkweiß nach RAL 844 C 2,
Farbenzinkoxid nach RAL 844 C 2,
Rutil-Titanweiß nach RAL 844 H 2,

18 363

in Mischung mit aktiven Pigmenten, z. B. Bleiweiß bis zu 30 Gewichtsprozent, bezogen auf die Gesamtmenge der Pigmente;

für innen:

Zinkweiß nach RAL 844 C 2,

Lithopone nach RAL 855 J 3,

Rutil-Titanweiß nach RAL 844 H 2;

2.5.2.1.2.2. für bunte Ölfarben, Pigmentpaste, lasierende Ölfarben, für den Farbton geeignete anorganische und organische Buntpigmente,

Pigmente nach Abschnitt 2.5.2.1.2.1.

2.5.2.1.3. Füllstoffe

Schwerspat nach DIN 55 911 „Füllstoffe, Bariumsulfate; Technische Lieferbedingungen",

Calciumcarbonate nach DIN 55 918 „Füllstoffe, Calciumcarbonate; Technische Lieferbedingungen",

Synthetische Kieselsäure und Silikate nach DIN 55 921 Blatt 1 „Synthetische Kieselsäure und Silikate; Typen, Anforderungen", natürliche Kieselsäuren, natürliche Silikate.

2.5.2.1.4. Trockenstoffe

DIN 55 901 „Trockenstoffe; Technische Lieferbedingungen".

2.5.2.1.5. Verdünnungsmittel

Terpentinöl nach DIN 53 248 „Anstrichstoffe; Terpentinöle und Kienöl, Anforderungen, Prüfung",

Testbenzin nach DIN 51 632 „Testbenzine; Mindestanforderungen".

2.5.2.2. Öl-Lackfarben

Bestandteile:

Bindemittelmischung: Leinölfirnis nach Abschnitt 2.5.2.1.1 und leinölverträgliche Alkydharzlacke,

Leinölpigmentpaste unter Verwendung der Pigmente nach Abschnitt 2.5.2.1.2 und der Verdünnungsmittel nach Abschnitt 2.5.2.1.5.

2.5.2.3. Lacke, Lackfarben

2.5.2.3.1. Kunstharzlacke (Klarlacke)

2.5.2.3.1.1. Alkydharzlacke

2.5.2.3.1.2. Polymerisatharzlacke, z. B. Acrylharzlacke, Überzugslacke für Stein, Beton, Metall u. ä.,

2.5.2.3.1.3. Polyurethanlacke (PUR-Lacke), Ein- oder Mehrkomponentenreaktionslacke, säure- und kondenswasserbeständig, lösungsmittel- und fettbeständig,

2.5.2.3.1.4. Epoxidharzlacke (EP-Lacke), Mehrkomponentenlacke, alkalibeständig, lösungsmittelbeständig, wasserbeständig, kratz- und schlagfest für Beschichtungen auf stark beanspruchten Bauteilen,

2.5.2.3.1.5. Ungesättigte Polyesterlacke (UP-Lacke), Mehrkomponenten-Reaktionslacke für Beschichtungen auf Holz und Holzwerkstoffen, innen,

2.5.2.3.1.6. Säurehärtende Lacke (SH-Lacke), zur Oberflächenbehandlung von Holz und Holzwerkstoffen, innen,

2.5.2.3.2. Kunstharzlackfarben (pigmentierte Lacke)

2.5.2.3.2.1. Alkydharzlackfarben,

2.5.2.3.2.2. Polymerisatharzlackfarben, z. B. Acrylharzlackfarben, Polyvinylchloridlackfarben, alkali- und säurebeständig, jedoch nicht lösungsmittelbeständig,

2.5.2.3.2.3. Polyurethanlackfarben (PUR-Lackfarben), Ein- oder Mehrkomponentenreaktionslackfarben, säure- und kondenswasserbeständig, lösungsmittel- und fettbeständig,

2.5.2.3.2.4. Epoxidharzlackfarben (EP-Lackfarben), Mehrkomponentenreaktionslackfarben, alkalibeständig, lösungsmittelbeständig, wasserbeständig, kratz- und schlagfest, für Beschichtungen auf stark beanspruchten Bauteilen,

2.5.2.3.2.5. Ungesättigte Polyesterlackfarben (UP-Lackfarben),

2.5.2.3.2.6. Säurehärtende Lackfarben (SH-Lackfarben) zur Oberflächenbehandlung von Holz, innen,

2.5.2.3.2.7. Chlorkautschuklackfarben, säure-, alkali-, wasserbeständig; jedoch nicht fett- und lösungsmittelbeständig,

2.5.2.3.2.8. Heizkörperlackfarben mit Vergilbungsbeständigkeit bis 120 °C,

2.5.2.3.2.9. Bitumenlackfarben, Teerpech-Lackfarben,

2.5.2.3.2.10. Mehrfarbeneffekt-Lackfarben.

2.5.2.4. Kunstharz-Lacklasurfarben, schichtbildend

Bestandteile:
Kunstharzlacke,
Lasurpigmente.

2.5.2.5. Lasuranstrichstoffe, dünnschichtbildend mit erhöhter Wasserdampfdurchlässigkeit

Bestandteile:
Kunstharzlösungen,
Lasurpigmente,
fungizide und insektizide Wirkstoffe.

2.6. Spachtelmassen

Zieh-, streich- oder spritzbare Glättmassen aus Bindemitteln und Füllstoffen.

2.6.1. Zement-Spachtelmassen

Bestandteile:
Zement,
Füllstoffe, z. B. Quarzmehl,
organische Bindemittel.

2.6.2. Gips-Spachtelmassen

Bestandteile:
Gips,
Füllstoffe,
Leim.

2.6.3. Leim-Spachtelmassen

Bestandteile:
Leim, gegebenenfalls Zusätze von Dispersionen,
Pigmente,
Füllstoffe.

2.6.4. Dispersions-Spachtelmassen

Bestandteile:
Kunstharzdispersion,
Pigmente,
Füllstoffe.

2.6.5. Öl-Spachtelmassen

Bestandteile:
Leinölfirnis nach DIN 55 932 „Anstrichstoffe; Leinölfirnis, Technische Lieferbedingungen",
Trockenstoffe,
Pigmente,
Füllstoffe.

2.6.6. Kunstharz-Spachtelmassen

Bestandteile:
Kunstharzlacke,
Pigmente,
Füllstoffe.

2.6.7. Porenfüller für Holzlackierungen

Bestandteile:
Kunstharzlacke,
Füllstoffe.

2.7. Armierungsstoffe für Rißüberbrückung

Armierungsvlies und Armierungsgewebe aus Glasfaser oder Kunststoff
Armierungskleber, z. B. Kunststoffdispersion,
faserhaltige Armierungsstoffe auf Basis Kunststoff-Dispersionsfarbe.

2.8. Metallische Überzugsstoffe

2.8.1. Bronzen (feinpulvrige Metalle)

Goldbronze, z. B. Kupfer- oder Kupfer-Zink-Legierung u. ä.,
Silberbronze (Kupfer-Zink-Nickel-Legierung),
Aluminiumbronze,
Bindemittel,
säurefreie Lacke,
säurefreie Bronzetinktur.

2.8.2. Blattgold (aus Gold-Silber-Kupfer-Legierung geschlagene Metallfolie).

Die Güte wird bestimmt durch den Feingehalt an Gold und die Dicke der Blättchen.
Klebstoffe,
Anlegeöl,
Polimentgrund,
Gelatinelösung,
Eiweiß.

2.8.3. Kompositionsgold, Schlagmetall (aus Kupfer-Zinn-Zink-Legierung geschlagene Metallfolie)

Kompositionsgold darf nur innen verwendet werden und muß einen Schutzüberzug erhalten, um Verfärbungen zu vermeiden.

Klebstoffe nach Abschnitt 2.8.2.

2.8.4. Blattsilber (aus Silber geschlagene Metallfolie)

Blattsilber darf nur innen verwendet werden und muß, um Verfärbungen zu vermeiden, sofort nach dem Verarbeiten einen Schutzüberzug erhalten.

Klebstoffe nach Abschnitt 2.8.2.

2.8.5. Blattaluminium (aus reinem Aluminium geschlagene Metallfolie)

Blattaluminium ist ohne Schutzüberzug wetterbeständig.

Klebstoffe nach Abschnitt 2.8.2.

2.9. Kitte

Leinölkitte nach RAL 849 B 2 und Holzkitte zum Verfüllen von Spalten, Rissen, Vertiefungen usw.

2.10. Flammschutzanstrichstoffe

(schaumschichtbildend) müssen DIN 4102 Blatt 2 „Brandverhalten von Baustoffen und Bauteilen; Begriffe, Anforderungen und Prüfungen von Bauteilen" entsprechen und ein Prüfzeichen des Instituts für Bautechnik Berlin tragen.

2.11. Wasserabweisende Stoffe

Siliconharzlösungen,

Paraffine.

2.12. Faserstoffe zur Strukturbildung

Fasern, z. B. aus Kunststoff,

Asbest,

Zellulose,

Glas.

2.13. Holzschutzmittel

nach DIN 68 800 „Holzschutz im Hochbau".

3. Ausführung

3.1. Allgemeines

3.1.1. Stoffe, für die Verarbeitungsvorschriften des Herstellerwerkes bestehen, sind nach diesen Vorschriften zu verarbeiten.

3.1.2. Anstriche, Lackierungen, Beschichtungen können mit der Hand oder maschinell ausgeführt werden, wenn in der Leistungsbeschreibung eine bestimmte Ausführungsart nicht vorgeschrieben ist.

3.1.3. Anstriche, Lackierungen, Beschichtungen müssen fest haften und als gleichmäßige Fläche ohne Ansätze und Streifen erscheinen.

Die Oberfläche muß glatt sein, wenn in der Leistungsbeschreibung nichts anderes vorgeschrieben ist, z. B. fein oder grob gekörnt.

Alle Anstriche, Lackierungen oder Beschichtungen sind ohne Spachtelung in gleichmäßiger, bei Lackfarben verlaufender Oberfläche mit den vorgesehenen Stoffen entsprechend den nachfolgenden Ausführungsvorschriften weiß oder hell getönt auszuführen, wenn in der Leistungsbeschreibung nichts anderes vorgeschrieben ist.

Lackierungen sind hochglänzend auszuführen, wenn in der Leistungsbeschreibung nichts anderes vorgeschrieben ist, z. B. seidenglänzend, matt.

Ist Spachtelung vorgeschrieben, sind die bereits mit einem Grundanstrich versehenen Flächen ganzflächig mit Spachtelmasse zu überziehen und zu glätten.

Porenfüller können je nach Herstellervorschrift auch auf rohes Holz aufgetragen werden.

Bei mehrfachen Anstrichen muß jeder vorhergehende Anstrich trocken sein, bevor der folgende Anstrich aufgebracht wird. Dies gilt nicht für Naß- auf Naß-Techniken.

Vom Hersteller angegebene Trockenzeiten sind einzuhalten, Standzeiten dürfen nicht überschritten werden.

Alle Anschlüsse an Türen, Fenstern, Fußleisten, Sockel usw. sind scharf und geradlinig zu begrenzen.

Arbeiten im Freien dürfen bei ungünstigem Wetter nicht ausgeführt werden.

Fabrikfertige Stoffe sind nach den Richtlinien der Hersteller zu verarbeiten.

3.1.4. Der Auftragnehmer hat den Untergrund daraufhin zu prüfen, ob er für die Durchführung seiner Leistung geeignet ist.

Der Auftragnehmer hat dem Auftraggeber Bedenken unverzüglich schriftlich mitzuteilen (siehe Teil B – DIN 1961 – § 4 Nr. 3).

Bedenken sind geltend zu machen insbesondere bei

für die Haftung des Anstrichs nicht geeignetem Untergrund,

weichem, rieselndem Putz,

gerissenem Putz und anderen Schäden, für die das Ausbessern nicht unter Abschnitt 4.1.15 fällt,

mineralischem Untergrund mit zu hoher Feuchtigkeit,

Kalkputzflächen, die mangelhaft abgelöschte Kalkteile (sogenannte Treiber) enthalten,

Sinterschichten,

Salzausblühungen,

frischem Kalkputz der Mörtelgruppe I (nach DIN 18 550 „Putz; Baustoffe und Ausführung“ als Untergrund für Außenanstrich mit Dispersions-, Öl- oder Lackfarben,

nicht ausreichend abgebundenem Kalkzementputz der Mörtelgruppe II bzw. Zementputz der Mörtelgruppe III für Anstrich mit ölhaltigem Anstrichstoff,

Gipsputz der Mörtelgruppe IV, der nicht die notwendigen Festigkeitsanforderungen erfüllt,

überwässertem (totgeriebenem) Gips in der Feinschicht,

Betonflächen, die in der Oberfläche Bindemittelanreicherungen enthalten oder mit Zement gepudert sind oder anstrichunverträgliche Schalölrückstände aufweisen,

feuchtem Holz (der Feuchtigkeitsgehalt des Holzes, an mehreren Stellen in mindestens 5 mm Tiefe gemessen, darf bei Nadelhölzern 15 %, bei Laubhölzern 12 % nicht überschreiten),

Holz, das erkennbar von Bläue, Fäulnis oder Insekten befallen ist,

harzreichem Holz, insbesondere bei getönten Außenanstrichen,

gerissenem oder astreichem Holz,

unsachgemäß und/oder mit für den vorgeschriebenen weiteren Anstrichaufbau ungeeigneten Stoffen ausgeführten Grundanstrichen,

für den Anstrich ungeeigneten Holzkonstruktionen,

unbehandelten Flächen, die nicht mehr durch Anstriche geschützt werden können, z. B. Fenster- und Türrahmen, Schalungen und Verkleidungen, offene Fugen, Glashalteleisten und dergleichen, korrodierten und verschmutzten Metallbauteilen, Walzhaut, Zunder und Schweißrückständen,

Grundanstrichen auf Stahlbauteilen, wenn die Eignung als Grundanstrich für die vorgesehenen Folgeanstriche nicht gegeben ist,

unterrosteten und/oder schlecht haftenden Voranstrichen.

3.1.5. Der Auftragnehmer hat die zu verarbeitenden Stoffe auszuwählen und den Anstrichaufbau festzulegen, wenn in der Leistungsbeschreibung bestimmte Stoffe oder ein bestimmter Anstrichaufbau nicht vorgeschrieben sind.

3.1.6. Bei der Verwendung gifthaltiger Anstrichstoffe hat der Auftragnehmer die im Verkehr mit Giftstoffen geltenden Bestimmungen zu beachten.

3.1.7. Anstrichstoffe, die feuergefährliche oder gesundheitsschädigende Lösungsmittel enthalten, sind entsprechend ihrer Eigenart und unter Beachtung der behördlichen Vorschriften zu lagern und zu verarbeiten.

3.1.8. Reste von Anstrichstoffen sind so zu beseitigen, daß sie keinen Schaden anrichten können, sie dürfen nicht in Ausgüsse, Abortbecken usw. geschüttet werden.

3.1.9. Grundanstriche

3.1.9.1. Grundanstriche sind gegebenenfalls unter Verwendung eines geeigneten Verdünnungsmittels, entsprechend der Saugfähigkeit des Untergrundes auszuführen.

3.1.9.2. Nadelhölzer, die eine Holzschutzimprägnierung erhalten haben, sind mit einem Grundanstrich nach Abschnitt 2.5.1.2.1 zu versehen.

3.1.9.3. Grundanstriche mit Lasuranstrichstoffen dürfen nur auf nicht abgesperrte, saugfähige Holzuntergründe aufgebracht werden.

3.1.9.4. Metallflächen sind, sofern erforderlich, zu entfetten, zu entrosten und unmittelbar nach dem Entrosten mit einem, dem Anstrichaufbau entsprechenden Korrosionsschutz-Grundanstrich zu versehen.

3.1.10. Zwischen- und Schlußanstriche auf mineralischen Untergründen, z. B. Putz, Beton, Mauerwerk.

Anstriche auf mineralischen Untergründen sind nach der geforderten Beanspruchung auszuführen.

3.1.10.1. Waschbeständig

ist ein Anstrich, wenn er nach der dem Anstrichstoff entsprechenden Trocken- und Abbindezeit mit Schwamm und Wasser unter Zusatz eines neutralen Feinwaschmittels gewaschen werden kann, ohne daß sich das Reinigungswasser färbt.

Anstrich- und Beschichtungsstoffe:

Dispersionsfarben, Ölfarben, Öl-Lackfarben, Lacke und Lackfarben.

3.1.10.2. Scheuerbeständig

ist ein Anstrich, wenn er nach der dem Anstrichstoff entsprechenden Trocken- und Abbindezeit mit einer Waschbürste aus Naturborsten und Wasser unter Zusatz eines neutralen Feinwaschmittels gescheuert werden kann, ohne daß der Anstrich beschädigt wird oder das Reinigungswasser sich färbt.

Anstrich- und Beschichtungsstoffe:

Dispersionsfarben, Lacke und Lackfarben.

3.1.10.3. Wetterbeständig

ist ein Anstrich, wenn er unter Witterungseinflüssen, mit denen normalerweise gerechnet werden muß, noch nach 2 Jahren in zweckentsprechendem Zustand ist.

Anstrich- und Beschichtungsstoffe:

Kalk-, Kalk-Weißzement-, Silikatfarben, Dispersionssilikatfarben, Dispersionsfarben, Ölfarben, Öl-Lackfarben, Lacke und Lackfarben.

3.1.11. Anstriche auf Holzflächen

3.1.11.1. Holz muß allseitig gestrichen werden. Nach dem Einbau nicht mehr sichtbare Flächen sind so zu streichen, daß die Flächen gegen schädigende Einflüsse geschützt sind.

Sich berührende Falze von Fenstern oder Türen sind im gleichen Farbton zu streichen, wenn in der Leistungsbeschreibung nichts anderes vorgeschrieben ist.

3.1.11.2. Fenster und Außentüren aus Holz sind einschließlich aller Glasfalze und zugehörigen Leisten mit einem allseitigen Grund- und ersten Zwischenanstrich in der Werkstatt des Herstellers zu versehen. Spachteln der Außenflächen ist nicht zulässig.

3.1.11.3. Beschlagteile sind vor Verunreinigung durch Anstrichstoffe und Beschädigung zu schützen.

3.1.11.4. Kitte und Dichtstoffe sind mit einem Zwischen- und einem Schlußanstrich entsprechend dem sonstigen Anstrichaufbau zu versehen, wenn in der Leistungsbeschreibung nichts anderes vorgeschrieben ist.

3.1.11.5. Werden Fenster und Türen aus Holz auf ihrer Außenfläche mit Lasuranstrichstoffen nach Abschnitt 2.5.2.4 behandelt, müssen sie gleichzeitig auf ihrer Innenfläche einschließlich aller Falze eine farblose Lackierung erhalten, wenn in der Leistungsbeschreibung ein deckender Anstrich nicht vorgeschrieben ist.

3.2. Innenanstriche

3.2.1. auf mineralischen Untergründen

(Mauerwerk, Putz, Beton, Asbestzement und dergleichen)

3.2.1.1. mit Kalkfarbe:

ein Grundanstrich mit Kalkfarbe;

der Kalkfarbe dürfen bis zu 0,5 % der Kalkbreimasse Leinöl nach DIN 55 930 „Anstrichstoffe; Rohleinöl (Rohes Leinöl), Technische Lieferbedingungen" oder Leinölfirnis nach DIN 55 932 „Anstrichstoffe; Leinölfirnis, Technische Lieferbedingungen" zugesetzt werden,

ein Zwischenanstrich mit Kalkfarbe, wenn in der Leistungsbeschreibung nicht mehrere Zwischenanstriche vorgeschrieben sind,

ein Schlußanstrich mit Kalkfarbe;

bei Zwischen- und Schlußanstrichen dürfen der Kalkfarbe kalkverträgliche Bindemittel zugesetzt werden, um erforderlichenfalls Wischbeständigkeit zu erreichen;

3.2.1.2. mit Kalk-Weißzementfarbe:

ein Grundanstrich mit Kalk-Weißzementfarbe,

ein Schlußanstrich mit Kalk-Weißzementfarbe;

3.2.1.3. mit Leimfarbe:

ein Grundanstrich mit Leimfarbe nur gering pigmentiert,

ein Schlußanstrich mit Leimfarbe;

3.2.1.4. mit Wasserglas:

ein Grundanstrich mit verdünntem Wasserglas,

ein Schlußanstrich mit Wasserglas;

3.2.1.5. mit Silikatfarbe:

eine Vorbehandlung des Untergrundes nach Angabe des Herstellers der Silikatfarben,

ein Grundanstrich mit Silikatfarbe,

ein Schlußanstrich mit Silikatfarbe;

3.2.1.6. mit Dispersionssilikatfarbe:

ein Grundanstrich nach Angabe des Herstellers der Dispersionssilikatfarbe,

ein Schlußanstrich mit Dispersionssilikatfarbe;

3.2.1.7. mit Dispersionsfarbe:

ein Grundanstrich mit Grundanstrichstoff nach Abschnitt 2.4.8, wenn in der Leistungsbeschreibung nicht ein Grundanstrich nach Abschnitt 2.5.1.1.2 vorgeschrieben ist,

ein Zwischenanstrich mit Dispersionsfarbe,

ein Schlußanstrich mit Dispersionsfarbe.

Der Anstrich ist waschbeständig auszuführen, wenn in der Leistungsbeschreibung scheuerbeständig oder wetterbeständig nicht vorgeschrieben ist.

3.2.1.8. mit pastöser Dispersionsfarbe (modellierter Anstrich):

ein Grundanstrich mit Grundanstrichstoff nach Abschnitt 2.4.8, wenn in der Leistungsbeschreibung nicht

ein Grundanstrich nach Abschnitt 2.5.1.1.2 vorgeschrieben ist;

ein Zwischenanstrich mit Dispersionsfarbe nach Abschnitt 2.4.8,

ein Anstrich mit pastöser Dispersionsfarbe nach Abschnitt 2.4.8.

Modellieren des Anstrichs:

Der Anstrich ist waschbeständig auszuführen, wenn in der Leistungsbeschreibung scheuerbeständig nicht vorgeschrieben ist.

Ist ein zusätzlicher Schlußanstrich vorgeschrieben, muß dieser entsprechend der geforderten Beanspruchung mit Dispersionsfarbe ausgeführt werden, wenn in der Leistungsbeschreibung nichts anderes, z. B. Anstrich mit Kunstharzlack, Kunstharzlackfarbe oder dergleichen vorgeschrieben ist;

3.2.1.9. mit Dispersions-Spachtelmasse (Glättetechnik):

ein Grundanstrich mit Grundanstrichstoff nach Abschnitt 2.4.8, wenn in der Leistungsbeschreibung nicht ein Grundanstrich nach Abschnitt 2.5.1.1.2 vorgeschrieben ist.

Spachteln mit Dispersions-Spachtelmasse nach Abschnitt 2.6.4:

mehrmals ganze Fläche mit Dispersions-Spachtelmasse nach Abschnitt 2.6.4 fleckspachteln und glätten,

Polieren mit Polierwachs;

3.2.1.10. mit Kunststoff-Dispersionsfarbe mit Füllstoffen zur Oberflächengestaltung, z. B. Quarz:

ein Grundanstrich mit Grundanstrichstoff nach Abschnitt 2.4.8, wenn in der Leistungsbeschreibung nicht ein Grundanstrich nach Abschnitt 2.5.1.1.2 vorgeschrieben ist,

ein Zwischenanstrich mit Dispersionsfarbe nach Abschnitt 2.4.8,

Beschichtung mit Dispersionsfarbe unter Zusatz von Füllstoffen zur Oberflächenbehandlung;

3.2.1.11. mit Ölfarbe:

ein Grundanstrich mit Leinölfirnis, wenn in der Leistungsbeschreibung nichts anderes vorgeschrieben ist,

ein Zwischenanstrich mit Ölfarbe nach Abschnitt 2.5.2.1,

ein Schlußanstrich mit Ölfarbe nach Abschnitt 2.5.2.1;

3.2.1.12. mit Öl-Lackfarbe:

ein Grundanstrich mit Leinölfirnis, wenn in der Leistungsbeschreibung ein anderer Grundanstrichstoff nicht vorgeschrieben ist,

ein Zwischenanstrich mit Öl-Lackfarbe nach Abschnitt 2.5.2.2,

ein Schlußanstrich mit Öl-Lackfarbe nach Abschnitt 2.5.2.2;

3.2.1.13. mit Kunstharzlackfarbe nach Abschnitt 2.5.2.3.2, ein Grundanstrich mit verdünnter Kunstharzlackfarbe nach Abschnitt 2.5.1.1.2,

ein Zwischenanstrich mit Kunstharzlackfarbe nach Abschnitt 2.5.2.3.2,

ein Schlußanstrich mit Kunstharzlackfarbe nach Abschnitt 2.5.2.3.2;

3.2.2. Auf Holz und Holzwerkstoffen

3.2.2.1. deckende Anstriche

3.2.2.1.1. mit Ölfarbe nach Abschnitt 2.5.2.1:

ein Grundanstrich mit Leinölfirnis, wenn in der Leistungsbeschreibung ein anderer Grundanstrich nicht vorgeschrieben ist,

ein Zwischenanstrich mit Ölfarbe,

ein Schlußanstrich mit Ölfarbe;

3.2.2.1.2. mit Öl-Lackfarbe nach Abschnitt 2.5.2.2:

ein Grundanstrich mit Leinölfirnis, wenn in der Leistungsbeschreibung ein anderer Grundanstrich nicht vorgeschrieben ist,

ein Zwischenanstrich mit Öl-Lackfarbe,

ein Schlußanstrich mit Öl-Lackfarbe;

3.2.2.1.3. mit Kunstharzlackfarbe nach Abschnitt 2.5.2.3.1:

ein Grundanstrich mit verdünnter Kunstharzlackfarbe, wenn in der Leistungsbeschreibung ein anderer Grundanstrich nicht vorgeschrieben ist,

mit Kunstharzspachtelmasse spachteln,

ein Zwischenanstrich mit Kunstharzlackfarbe,

ein Schlußanstrich mit Kunstharzlackfarbe;

3.2.2.1.4. mit Mehrfarbeneffektlackfarben nach Abschnitt 2.5.2.3.2.10:

ein Grundanstrich mit Grundanstrichstoff nach Abschnitt 2.5.1.1,

weitere Anstriche entsprechend dem Anstrichaufbau nach den Richtlinien der Herstellerfirma der Mehrfarbeneffekt-Anstrichstoffe;

3.2.2.2. lasierende und farblose Anstriche

3.2.2.2.1. lasierender Anstrich mit Kunstharzlack nach Abschnitt 2.5.2.3.1:

ein Grundanstrich mit verdünntem Kunstharzlack nach Abschnitt 3.2.1.13, wenn in der Leistungsbeschreibung nichts anderes, z. B. Porenfüllung mit Kunstharzspachtelmasse vorgeschrieben ist,

ein erster Zwischenanstrich mit Kunstharz-Lacklasurfarbe nach Abschnitt 2.5.2.4,

ein zweiter Zwischenanstrich mit Kunstharzlack nach Abschnitt 2.5.2.3.1,

ein Schlußanstrich mit Kunstharzlack nach Abschnitt 2.5.2.3.1;

3.2.2.2.2. farblose Lackierung mit Kunstharzlack:

ein Grundanstrich mit verdünntem Kunstharzlack, wenn in der Leistungsbeschreibung Porenfüllung mit Kunstharzspachtelmasse nicht vorgeschrieben ist,

ein Zwischenanstrich mit Kunstharzlack,

ein Schlußanstrich mit Kunstharzlack;

3.2.3. auf Stahlflächen

3.2.3.1. mit Ölfarbe:

ein Grundanstrich mit Öl-Bleimennigefarbe nach Abschnitt 2.5.1.3, wenn in der Leistungsbeschreibung nichts anderes vorgeschrieben ist,

ein Zwischenanstrich nach Abschnitt 2.5.1.3,

ein Zwischenanstrich mit Ölfarbe nach Abschnitt 2.5.2.1,

ein Schlußanstrich mit Ölfarbe nach Abschnitt 2.5.2.1;

3.2.3.2. mit Öl-Lackfarbe:

ein Grundanstrich mit Öl-Bleimennigefarbe nach Abschnitt 3.2.3.1,

ein Zwischenanstrich mit Öl-Lackfarbe nach Abschnitt 3.2.3.1,

ein Zwischenanstrich mit Öl-Bleimennigefarbe nach Abschnitt 2.5.2.2,

ein Schlußanstrich mit Öl-Lackfarbe nach Abschnitt 2.5.2.2;

3.2.3.3. mit Kunstharzlackfarbe:

ein Grundanstrich mit Kunstharz-Bleimennigefarbe nach Abschnitt 2.5.1.3,

ein Zwischenanstrich mit Kunstharz-Lackfarbe nach Abschnitt 2.5.2.3.2,

ein Schlußanstrich mit Kunstharzlackfarbe nach Abschnitt 2.5.2.3.2;

3.2.3.4. mit Heizkörperlackfarbe auf Guß-, Stahlradiatoren, Heizrohren u. ä.:

ein Grundanstrich mit Heizkörpergrundanstrichfarbe nach Abschnitt 2.5.1.3,

ein Zwischenanstrich mit Heizkörperlackfarbe nach Abschnitt 2.5.2.3.2.8,
ein Schlußanstrich mit Heizkörperlackfarbe nach Abschnitt 2.5.2.3.2.8;

3.2.4. auf bituminösen Überzügen

3.2.4.1. zwei Anstriche mit Absperrmittel nach Abschnitt 2.3.1.3,
ein Schlußanstrich mit Öl-Lackfarbe nach Abschnitt 2.5.2.2, wenn in der Leistungsbeschreibung nichts anderes vorgeschrieben ist;

3.2.4.2. zwei Anstriche mit Bitumenlackfarbe nach Abschnitt 2.5.2.3.2.9.

3.3. Außenanstriche

3.3.1. auf mineralischen Untergründen (Mauerwerk, Beton, Putz, Asbestzement u. ä.)

3.3.1.1. mit Kalkfarbe wie Abschnitt 3.2.1.1;

3.3.1.2. mit Kalk-Weißzementfarbe wie Abschnitt 3.2.1.2;

3.3.1.3. mit Silikatfarbe wie Abschnitt 3.2.1.5;

3.3.1.4. mit Dispersionssilikatfarbe wie Abschnitt 3.2.1.6;

3.3.1.5. mit Dispersionsfarbe wie Abschnitt 3.2.1.7;

3.3.1.6. mit Ölfarbe:
ein Grundanstrich mit Leinölfirnis nach Abschnitt 3.2.1.11,
zwei Zwischenanstriche mit Ölfarbe nach Abschnitt 3.2.1.11,
ein Schlußanstrich mit Ölfarbe nach Abschnitt 2.5.2.1 unter Zusatz von Leinöl-Standöl nach Abschnitt 2.5.2.1.1, wenn in der Leistungsbeschreibung nichts anderes vorgeschrieben ist;

3.3.1.7. mit Öl-Lackfarbe:
ein Grundanstrich mit Leinölfirnis nach Abschnitt 3.2.1.12,
zwei Zwischenanstriche mit Öl-Lackfarbe nach Abschnitt 3.2.1.12,
ein Schlußanstrich mit Öl-Lackfarbe;

3.3.1.8. mit Kunstharzlackfarbe:
ein Grundanstrich mit verdünnter Kunstharzlackfarbe nach Abschnitt 3.2.1.13,
zwei Zwischenanstriche mit Kunstharzlackfarbe nach Abschnitt 3.2.1.13,
ein Schlußanstrich mit Kunstharzlackfarbe nach Abschnitt 3.2.1.13;

3.3.2. auf Holzflächen

3.3.2.1. Deckende Anstriche

3.3.2.1.1. mit Ölfarbe:
ein Grundanstrich mit Bläueschutz-Grundanstrichstoff nach Abschnitt 2.5.1.2.1, wenn in der Leistungsbeschreibung nichts anderes vorgeschrieben ist,
zwei Zwischenanstriche mit Ölfarbe nach Abschnitt 3.3.1.6,
ein Schlußanstrich mit Ölfarbe nach Abschnitt 3.3.1.6;

3.3.2.1.2. mit Öl-Lackfarbe:
ein Grundanstrich mit Bläueschutz-Grundanstrichstoff nach Abschnitt 2.5.1.2.1, wenn in der Leistungsbeschreibung nichts anderes vorgeschrieben ist,
zwei Zwischenanstriche mit Öl-Lackfarbe nach Abschnitt 3.2.1.12,
ein Schlußanstrich mit Öl-Lackfarbe nach Abschnitt 3.2.1.12;

3.3.2.1.3. mit Kunstharzlackfarbe:

ein Grundanstrich mit Bläueschutz-Grundanstrichstoff nach Abschnitt 2.5.1.2.1, wenn in der Leistungsbeschreibung nichts anderes vorgeschrieben ist,

zwei Zwischenanstriche mit Kunstharzlackfarbe nach Abschnitt 3.2.1.13,

ein Schlußanstrich mit Kunstharzlackfarbe nach Abschnitt 3.2.1.13;

3.3.2.2. lasierende und farblose Anstriche auf Nadelhölzern

3.3.2.2.1. lasierende Anstriche mit Kunstharzlack:

ein Grundanstrich mit Bläueschutz-Grundanstrichstoff nach Abschnitt 3.3.2.1.3, wenn in der Leistungsbeschreibung nichts anderes vorgeschrieben ist,

ein Zwischenanstrich mit Kunstharzlack nach Abschnitt 2.5.2.3.1,

ein Zwischenanstrich mit Kunstharz-Lacklasurfarbe nach Abschnitt 2.5.2.4,

ein Zwischenanstrich mit Kunstharzlack nach Abschnitt 2.5.2.3.1,

ein Schlußanstrich mit Kunstharzlack nach Abschnitt 2.5.2.3.1;

3.3.2.2.2. mit Lasuranstrichstoff:

ein Grundanstrich mit Bläueschutz-Grundanstrichstoff nach Abschnitt 3.3.2.1.3, wenn in der Leistungsbeschreibung nichts anderes vorgeschrieben ist,

zwei Zwischenanstriche mit Lasuranstrichstoff nach Abschnitt 2.5.2.5,

ein Schlußanstrich mit Lasuranstrichstoff nach Abschnitt 2.5.2.5;

3.3.2.2.3. farblose Lackierung mit Kunstharzlack:

ein Grundanstrich mit Bläueschutz-Grundanstrichstoff nach Abschnitt 3.3.2.1.3, wenn in der Leistungsbeschreibung nichts anderes vorgeschrieben ist,

drei Zwischenanstriche mit Kunstharzlack nach Abschnitt 3.3.2.2.1,

ein Schlußanstrich mit Kunstharzlack nach Abschnitt 3.3.2.2.1;

3.3.2.3. lasierende und farblose Anstriche auf Laubhölzern

3.3.2.3.1. lasierender Anstrich mit Kunstharzlack:

ein Grundanstrich mit Grundanstrichstoff nach Angabe des Herstellers des Kunstharzlackes,

ein erster Zwischenanstrich mit Kunstharzlack nach Abschnitt 3.3.2.2.1,

ein zweiter Zwischenanstrich mit Kunstharz-Lacklasurfarbe nach Abschnitt 3.3.2.2.1,

ein dritter Zwischenanstrich mit Kunstharzlack nach Abschnitt 3.3.2.2.1,

ein Schlußanstrich mit Kunstharzlack nach Abschnitt 3.3.2.2.1;

3.3.2.3.2. farblose Lackierung mit Kunstharzlack:

ein Grundanstrich mit Grundanstrichstoff nach Angabe des Herstellers des Kunstharzlackes,

drei Zwischenanstriche mit Kunstharzlack nach Abschnitt 3.3.2.3.1,

ein Schlußanstrich mit Kunstharzlack nach Abschnitt 3.3.2.3.1;

3.3.2.3.3. mit Lasuranstrichstoff:

ein Grundanstrich nach Angabe des Herstellers des Lasuranstrichstoffes,

zwei Zwischenanstriche mit Lasuranstrichstoff nach Abschnitt 2.5.2.5,

ein Schlußanstrich mit Lasuranstrichstoff nach Abschnitt 2.5.2.5;

3.3.3. auf Stahlflächen

3.3.3.1. Bleche, Verkleidungen

3.3.3.1.1. mit Ölfarbe:

ein Korrosionsschutzgrundanstrich mit Öl-Bleimennigefarbe nach Abschnitt 2.5.1.3,

ein Zwischenanstrich mit Öl-Bleimennigefarbe nach Abschnitt 2.5.1.3,

ein Zwischenanstrich mit Ölfarbe nach Abschnitt 2.5.2.1,

ein Schlußanstrich mit Ölfarbe unter Zusatz von Leinöl-Standöl nach Abschnitt 2.5.2.1;

3.3.3.1.2. mit Öl-Lackfarbe:

ein Korrosionsschutzgrundanstrich mit Öl-Bleimennigefarbe nach Abschnitt 3.3.3.1,

ein Zwischenanstrich mit Öl-Bleimennigefarbe nach Abschnitt 3.3.3.1,

ein Zwischenanstrich mit Öl-Lackfarbe nach Abschnitt 2.5.2.2,

ein Schlußanstrich mit Öl-Lackfarbe nach Abschnitt 2.5.2.2;

3.3.3.1.3. mit Kunstharzlackfarbe:

ein Grundanstrich mit Kunstharz-Bleimennigefarbe nach Abschnitt 2.5.1.3,

ein Zwischenanstrich mit Kunstharz-Bleimennigefarbe nach Abschnitt 2.5.1.3,

ein Zwischenanstrich mit Kunstharzlackfarbe nach Abschnitt 2.5.2.3.2,

ein Schlußanstrich mit Kunstharzlackfarbe nach Abschnitt 2.5.2.3.2;

3.3.3.2. auf Stahlfenstern mit Kunstharzlackfarbe vor dem Einbau und Verglasen:

ein Grundanstrich mit Kunstharz-Bleimennigefarbe nach Abschnitt 2.5.1.3, wenn in der Leistungsbeschreibung ein anderer Grundanstrich nicht vorgeschrieben ist,

ein Zwischenanstrich mit Kunstharz-Bleimennigefarbe wie vor,

nach dem Einbau und Verglasen:

ein Zwischenanstrich mit Kunstharzlackfarbe nach Abschnitt 2.5.2.3.2,

ein Schlußanstrich mit Kunstharzlackfarbe nach Abschnitt 2.5.2.3.2;

3.3.4. auf Zink und verzinktem Stahl

Die für einen Anstrich vorgesehenen Flächen sind zu reinigen, zu entfetten und gründlich mit Wasser nachzuwaschen;

3.3.4.1. mit Öl-Lackfarbe:

ein Grundanstrich mit Zinkchromatfarbe nach Abschnitt 2.5.1.3,

ein Zwischenanstrich mit Öl-Lackfarbe nach Abschnitt 2.5.2.2,

ein Schlußanstrich mit Öl-Lackfarbe nach Abschnitt 2.5.2.2, wenn in der Leistungsbeschreibung nichts anderes vorgeschrieben ist;

3.3.4.2. mit Kunstharzlackfarbe:

ein Grundanstrich mit Haftgrundmittel nach Abschnitt 2.3.5,

ein Zwischenanstrich mit Kunstharzlackfarbe nach Abschnitt 2.5.2.3.2,

ein Schlußanstrich mit Kunstharzlackfarbe nach Abschnitt 2.5.2.3.2.

3.4. Besondere Anstrichverfahren, z. B.
metallische Überzüge,
Metalleffektlackierungen,
Flammschutzanstriche,
wasserabweisende Anstriche,
Holzschutzanstriche,
armierte Anstriche,
sind nach den Richtlinien der Hersteller auszuführen.

4. Nebenleistungen

Nebenleistungen sind Leistungen, die auch ohne Erwähnung in der Leistungsbeschreibung zur vertraglichen Leistung gehören (siehe Teil B — DIN 1961 — § 2 Nr. 1).

4.1. Folgende Leistungen sind Nebenleistungen:

4.1.1. Messungen für das Ausführen und Abrechnen der Arbeiten einschließlich des Vorhaltens der Meßgeräte, Lehren, Absteckzeichen usw., des Erhaltens der Lehren und Absteckzeichen während der Bauausführung und des Stellens der Arbeitskräfte, jedoch nicht Leistungen nach Teil B — DIN 1961 — § 3 Nr. 2.

4.1.2. Schutz- und Sicherheitsmaßnahmen nach den Unfallverhütungsvorschriften und den behördlichen Bestimmungen.

4.1.3. Schutz der ausgeführten Leistungen und der für die Ausführung übergebenen Gegenstände vor Beschädigung und Diebstahl bis zur Abnahme.

4.1.4. Heranbringen von Wasser und Energie von den vom Auftraggeber auf der Baustelle zur Verfügung gestellten Anschlußstellen zu den Verwendungsstellen.

4.1.5. Vorhalten der Kleingeräte und Werkzeuge.

4.1.6. Lieferung der Betriebsstoffe.

4.1.7. Befördern aller Stoffe, auch wenn sie vom Auftraggeber beigestellt sind, von den Lagerstellen auf der Baustelle zu den Verwendungsstellen und etwaiges Rückbefördern.

4.1.8. Sichern der Arbeiten gegen Tagwasser, mit dem normalerweise gerechnet werden muß, und seine etwa erforderliche Beseitigung.

4.1.9. Beleuchten und Reinigen der Aufenthaltsräume und Aborte für die Beschäftigten des Auftragnehmers sowie Beheizen der Aufenthaltsräume.

4.1.10. Beseitigen aller Verunreinigungen (Abfälle, Bauschutt und dergleichen), die von den Arbeiten des Auftragnehmers herrühren.

4.1.11. Auf- und Abbauen sowie Vorhalten der Gerüste, deren Arbeitsbühnen bis zu 2 m über Gelände oder Fußboden liegen, und der Hilfsrüstungen wie Dachböcke, Leitern, Gurte, Leinen und dergleichen.

4.1.12. Abdeckungen und sonstige Maßnahmen zum Schutz von Bauteilen, z. B. von Fußböden, Treppen, Türen, Fenstern, Beschlägen und Einrichtungsgegenständen vor Verunreinigung und Beschädigung durch die Anstricharbeiten einschließlich der erforderlichen Stoffe.

4.1.13. Aus- und Einhängen der Türen, Fenster, Fensterläden und dergleichen für den Anstrich sowie ihre Kennzeichnung zur Verhütung von Verwechselungen.

4.1.14. Entfernen von Staub, Verschmutzungen und lose sitzenden Putz- und Betonteilen auf den zu behandelnden Untergründen.

4.1.15. Ausbessern von Putz- und Untergrundschäden geringen Umfanges bei allen Anstricharbeiten.

4.1.16. Beseitigen von Harzgallen,
Wässern von Holzflächen.

4.1.17. Schleifen von Holzflächen und soweit erforderlich, von mineralischen Untergründen und Metallflächen vor und zwischen den einzelnen Anstrichen sowie Feinsäubern der zu streichenden Flächen.

4.1.18. Verkitten kleiner Löcher, Fugen, Risse.

4.1.19. Entfetten und Reinigen von Metallteilen.

4.1.20. Lüften der Räume, soweit und solange es für das Trocknen von Anstrichen erforderlich ist.

4.1.21. Ansetzen von Farbproben für die einzelnen Anstriche und für die Probeanstriche (bis zu 2 % der zu streichenden Fläche).

4.2. Folgende Leistungen sind Nebenleistungen, wenn sie nicht durch besondere Ansätze in der Leistungsbeschreibung erfaßt sind:

4.2.1. Einrichten und Räumen der Baustelle.

4.2.2. Vorhalten der Baustelleneinrichtung einschließlich der Geräte und dergleichen.

4.3. Folgende Leistungen sind keine Nebenleistungen:

4.3.1. „Besondere Leistungen" nach Teil A — DIN 1960 — § 9 Nr. 6.

4.3.2. Aufstellen, Vorhalten und Beseitigen von Bauzäunen, Blenden und Schutzgerüsten zur Sicherung des öffentlichen Verkehrs sowie von Einrichtungen außerhalb der Baustelle zur Umleitung und Regelung des öffentlichen Verkehrs.

4.3.3. Vorhalten von Aufenthalts- und Lagerräumen, wenn der Auftraggeber Räume, die leicht verschließbar gemacht werden können, nicht zur Verfügung stellt.

4.3.4. Auf- und Abbauen sowie Vorhalten der Gerüste, deren Arbeitsbühnen mehr als 2 m über Gelände oder Fußboden liegen.

4.3.5. zusätzliche Maßnahmen für die Weiterarbeit bei Frost und Schnee, soweit sie dem Auftragnehmer nicht ohnehin obliegen.

4.3.6. besonderer Schutz der Bauleistung, der vom Auftraggeber für eine vorzeitige Benutzung verlangt wird, seine Unterhaltung und spätere Beseitigung.

4.3.7. Reinigen des Untergrundes von grober Verschmutzung durch Bauschutt, Gips, Mörtelreste, Farbreste u. ä., soweit sie von anderen Unternehmern herrührt.

4.3.8. Maßnahmen zum Schutz von Bauteilen und Einrichtungsgegenständen, z. B. Ganzabdeckungen, soweit sie über Abschnitt 4.1.12 hinausgehen.

4.3.9. Ausbessern umfangreicher Putz- und Untergrundschäden.

4.3.10. Entfernen von Kalksinterschichten und Verkieselungen.

4.3.11. Aufrauhen glatter Putz- und Betonflächen.

4.3.12. Entfernen von Trennmittelrückständen.

4.3.13. Entfernen alter Anstrichschichten oder Tapezierungen.

4.3.14. Behandeln mit Fluat, Absperrmitteln u. ä.

4.3.15. Überbrücken von Putz- und Betonrissen mit Armierungsgewebe.

4.3.16. Verkitten von Fußbodenfugen.

4.3.17. Anlaugen und Aufrauhen alter Anstriche.

4.3.18. Entrosten und Entfernen von Walzhaut und Zunder.

4.3.19. Ziehen von Abschlußstrichen, Schablonieren von Abschlußborden und dergleichen.

4.3.20. Absetzen von Beschlagteilen in einem besonderen Farbton an Türen, Fenstern, Fensterläden und dergleichen.

4.3.21. Mehrfarbiges Absetzen eines Bauteiles.

4.3.22. Reinigungsarbeiten, soweit sie über Abschnitt 4.1.10 hinausgehen, z. B. zur Herstellung der Bezugsfertigkeit.

5. Abrechnung

5.1. Allgemeines

5.1.1. Die Leistung ist aus Zeichnungen zu ermitteln, soweit die ausgeführte Leistung diesen Zeichnungen entspricht. Sind solche Zeichnungen nicht vorhanden, ist die Leistung aufzumessen.

Der Ermittlung der Leistung — gleichgültig ob sie nach Zeichnungen oder nach Aufmaß erfolgt — sind zugrunde zu legen, wenn in der Leistungsbeschreibung nichts anderes vorgeschrieben ist, z. B. Ermittlung nach Fertigmaßen,

für Bau- bzw. Gebäudeteile deren Konstruktionsmaße,

für Fußböden die Maße bis zu den begrenzenden, ungeputzten bzw. unbekleideten Bauteilen,

für andere Anstricharbeiten, z. B. Fahrbahnmarkierungen, deren Maße.

5.2. Es werden abgerechnet:

5.2.1. Decken, Wände, Fußböden und dergleichen nach Flächenmaß (m^2).

Gewölbte Treppenuntersichten, Treppenwangen, Unterzüge und Vorlagen in der Abwicklung nach Flächenmaß (m^2). Bei Fachwerkwänden wird das Fachwerk nicht abgezogen.

5.2.1.1. die Höhe ganz gestrichener Wände wird von Oberfläche Rohdecke bis Unterfläche Rohdecke ermittelt.

5.2.1.2. Öffnungen, die gestrichene Leibungen haben und bis zu 4 m^2 groß sind, werden nicht abgezogen, die Leibungen nicht berücksichtigt.

Öffnungen, die gestrichene Leibungen haben und über 4 m^2 groß sind, sind mit ihrem lichten Konstruktionsmaß abzuziehen, die gestrichenen Leibungen zu berücksichtigen.

5.2.1.3. Öffnungen, die ungestrichene Leibungen haben und über 1 m^2 groß sind, sind mit ihrem lichten Konstruktionsmaß abzuziehen.

Bei Aussparungen im Anstrich, die über 1 m^2 groß sind, ist die tatsächliche Fläche der Aussparung abzuziehen.

5.2.1.4. Nischen in Wänden werden wie Öffnungen behandelt; jedoch werden die Rückflächen, soweit sie gestrichen sind, zusätzlich gerechnet; zu den Nischen gehören auch zurückliegende Brüstungen unter Fensteröffnungen.

5.2.1.5. Gesimse, die im Zusammenhang mit Decke und Wand gestrichen werden unter Angabe von Höhe und Ausladung, nach Längenmaß (m), gerechnet an der vorderen Kante, als Zulage zu Abschnitt 5.2.1.

Durch Gesimse verdeckte Wand- und Deckenflächen werden nicht abgezogen.

5.2.2. Türen mit Futter und Bekleidungen,
Türblätter mit und ohne Glasfüllungen,
Türzargen,
Fenster,
Rolläden einschließlich Laufschienen,
Fensterläden,
nach Anzahl (Stück) unter Angabe der Bauart und Abmessungen einschließlich der Tiefe der Futter und der Breite der Bekleidungen oder nach den Flächen (m^2) der Anstrichseiten ohne Abzug der Scheiben.

5.2.2.1. werden Türen, Fenster, Rolläden u. ä. nach Anzahl (Stück) abgerechnet, bleiben Abweichungen von den in der Leistungsbeschreibung angegebenen Abmessungen (Höhe und Breite) bis zu je 5 cm unberücksichtigt. Bei größerer Abweichung auch nur einer Abmessung wird die Mehr- oder Minderleistung gesondert ermittelt.

5.2.3. Holzbekleidungen, Trennwände mit Glasfüllung ohne Abzug der Füllungen je Anstrichseite,
Untersichten von Dächern und Dachüberständen nach Flächenmaß (m^2).
Sparren werden übermessen, jedoch nach Abschnitt 5.2.4 gesondert abgerechnet.

5.2.4. Fuß- und Deckleisten
Deckenbalken,
Gesimse,
Hölzer von Fachwerken, Dachbindern, Sparren und dergleichen,
Geländer,
Gitter,
Zäune,
nach Längenmaß (m) mit Angabe von Höhe, Breite oder Abwicklung.
Geländer, Gitter, Zäune einseitig gerechnet.

5.2.5. vollwandige Stahlbauteile,
nichtvollwandige Stahlbauteile mit Profilen über 30 cm Abwicklung,
Heizkörper (Heizfläche),
Scheren- und Rollgitter (einseitig gerechnet),
Schachtroste (einseitig gerechnet),
Wellbleche und -platten (nach Grundfläche gerechnet unter Angabe von Wellenhöhe und -abstand) nach Flächenmaß (m^2).

5.2.6. Rohrleitungen,
Rohrgeländer und Handläufe,
Stahlprofile bis 30 cm Abwicklung,
Dachrinnen und ihre Winkel ermittelt an den Vorderwulsten nach Längenmaß (m).
Regenfallrohre und ihre Rohrbogen und Rohrwinkel nach Längenmaß (m), ermittelt in der Mittellinie, Kehlen, Schneefanggitter und dergleichen nach Längenmaß (m) mit Angabe von Höhe, Breite, Zuschnitt und dergleichen.

5.2.7. Spülkästen, Wäschepfähle, Teppichklopfgerüste usw. nach Anzahl (Stück).

VOB Teil C:

Allgemeine Technische Vorschriften für Bauleistungen

Oberflächenschutzarbeiten an Stahl und Oberflächenschutzarbeiten (Anstrich) an Aluminiumlegierungen — DIN 18 364

Fassung Februar 1961

Inhalt

0. Hinweise für die Leistungsbeschreibung*)
(siehe auch Teil A — DIN 1960 — § 9)

0.1. In der Leistungsbeschreibung sind nach Lage des Einzelfalles insbesondere anzugeben:

0.101. Konstruktion des Bauwerks (z. B. Vollwand- oder Fachwerkkonstruktion; genietet, geschraubt oder geschweißt).

0.102. Beschaffenheit des Untergrundes (z. B. frühere Behandlung, Umfang der Verrostung).

0.103. verlangter Grad der Entrostung und Entrostungsart.

0.104. Art, Stärke und Dauer einer ungewöhnlich hohen mechanischen, chemischen oder anderen Beanspruchung des herzustellenden Oberflächenschutzes.

0.105. Stoffe (auch Verdünnungsmittel), die vom Auftraggeber beigestellt werden, und den Ort der Beistellung.

0.106. Art des Metallisierungsstoffes (z. B. Zink, Aluminium und seine Legierungen) und Dicke der Metallisierungsschicht.

0.107. ob, wie und in welchem Umfang Prüfungen der flüssigen Anstrichstoffe, des nassen Anstrichfilms und des trockenen Anstrichfilms oder Prüfungen bei Vorliegen von Sonderbeanspruchungen durchzuführen sind.

0.108. Termin (Jahreszeit und Dauer) für die Durchführung der Anstricharbeiten.

0.109. ob der erste Grundanstrich nicht mit Pinsel aufgebracht werden soll (Abschnitt 3.115).

0.110. ob der Auftraggeber Geräte zur Belüftung und Entlüftung (z. B. Exhaustoren, Ventilatoren), Berieselungs-Apparaturen für Staubniederschlag u. ä. stellt.

0.111. Gerüste, die vom Auftraggeber beigestellt werden.

---

*) Diese Hinweise werden nicht Vertragsbestandteil.

0.112. Anforderungen des Auftraggebers an die vom Auftragnehmer zu verwendenden Gerüste.

0.113. Verhältnisse, die Maßnahmen des Auftragnehmers zum Schutz der Umgebung während der Durchführung der Oberflächenschutzarbeiten erforderlich machen.

0.114. Verhältnisse, die Maßnahmen des Auftragnehmers gegen Störung und Erschwerung seiner Arbeiten erforderlich machen.

0.115. Besonderheiten der verkehrs- und wasserpolizeilichen Sicherung, gegebenenfalls auch, wieweit der Auftraggeber die Durchführung der erforderlichen Maßnahmen übernimmt.

0.116. besondere Anordnungen, Vorschriften und Maßnahmen der Eigentümer (oder der anderen Weisungsberechtigten) von Leitungen, Kabeln, Kanälen, Wegen, Wasserläufen, Gleisen und Zäunen im Bereich der Baustelle.

0.117. Gestellung nötiger Wasserfahrzeuge durch den Auftraggeber.

0.118. ob bei neuen Stahlbauwerken, die besonders starken Korrosionsbeanspruchungen ausgesetzt sind, die Walzhaut vollständig zu entfernen ist.

0.119. Leistungen nach Abschnitt 4.3, soweit nötig in besonderen Ansätzen.

0.2. In der Leistungsbeschreibung sind Angaben zu folgenden Abschnitten nötig, wenn der Auftraggeber eine abweichende Regelung wünscht:

Abschnitt 1.1 (Ausschluß von DIN 18 364 bei anderen Oberflächenschutzarbeiten)
Abschnitt 1.2 (Lieferung der Stoffe)
Abschnitt 2.21 (Bedingungen für Anstrichstoffe und Kitte)
Abschnitt 3.103 (Auswahl der Stoffe)
Abschnitt 3.107 (Lieferung der Anstrichstoffe in Originalgefäßen)
Abschnitt 3.115 (Aufbringungsart der dem ersten Grundanstrich folgenden Anstriche)
Abschnitt 3.211.2 (Vorbereitung des Untergrundes bei Stahlbauwerken mit alten Anstrichen)
Abschnitt 3.213.1 (Wahl der Entrostungsart)
Abschnitt 3.221.1 (Art und Anzahl der Grundanstriche; „magere" und „fette" Anstrichstoffe)
Abschnitt 3.221.2 (Grundanstriche für nachfolgende Deckanstriche auf Bitumen- oder Steinkohlenteerpech-Grundlage)
Abschnitt 3.222.1 (Anzahl der Deckanstriche)
Abschnitt 3.222.2 (Art der Anstrichstoffe für Deckanstriche)
Abschnitt 3.224 (vollständige Anstricherneuerung, Entrostungsgrad, Anzahl und Art der Grund- und Deckanstriche)
Abschnitt 3.31 (Oberflächenschutzarbeiten an Stahl durch Metallisieren)
Abschnitt 3.41 (Oberflächenschutzarbeiten an Aluminiumlegierungen, Regelausführung).

1. Allgemeines

1.1. DIN 18 364 — Oberflächenschutzarbeiten an Stahl und Oberflächenschutzarbeiten (Anstrich) an Aluminiumlegierungen — gilt für Oberflächenschutzarbeiten an Stahlbauwerken für die Teile, für die eine Festigkeitsberechnung nötig ist. Bei Oberflächenschutzarbeiten an anderen Bauteilen aus Stahl ist DIN 18 364 nur anzuwenden, wenn es in der Leistungsbeschreibung vorgeschrieben ist. DIN 18 364 gilt ferner für Oberflächenschutzarbeiten (Anstriche) an Aluminiumlegierungen nach DIN 4113 — Aluminium im Hochbau; Richtlinien für Berechnung und Ausführung von Aluminiumbauteilen.

1.2. Alle Leistungen umfassen auch die Lieferung der dazugehörigen Stoffe einschließlich Abladen und Lagern auf der Baustelle, wenn in der Leistungsbeschreibung nichts anderes vorgeschrieben ist.

2. Stoffe

2.1. Allgemeine Anforderungen

2.11. Stoffe, die der Auftragnehmer zu liefern und für den Oberflächenschutz zu verarbeiten hat (z. B. Anstrichstoffe, Kitte, Metallisierungsstoffe), müssen den DIN-Gütebestimmungen, den nachstehenden Bestimmungen und etwaigen besonderen Zulassungsbedingungen und behördlichen Vorschriften entsprechen.

2.12. Ist in der Leistungsbeschreibung ein bestimmter Stoff vorgeschrieben, so kann mit Zustimmung des Auftraggebers ein in Güte und Eignung nachweislich mindestens gleichwertiger Stoff verwendet werden.

2.13. Anstrichstoffe, die nicht erst unmittelbar vor der Verarbeitung aus mehreren Teilen gemischt werden müssen, sind so gebrauchsfertig zur Baustelle zu bringen, daß sie entsprechend den jeweiligen Verarbeitungsbedingungen (z. B. Temperaturen) nach den Angaben des Herstellerwerkes durch Zusatz der zugehörigen Verdünnungsmittel nur noch streichfertig, gegebenenfalls spritzfertig, eingestellt zu werden brauchen.

2.14. Bei Anstrichstoffen, die erst unmittelbar vor der Verarbeitung durch Mischung mehrerer Komponenten gebrauchsfertig eingestellt werden (z. B. Mehrkomponentenlacken), müssen die einzelnen Komponenten so beschaffen sein, daß das Mischen auf der Baustelle auf das notwendige Maß beschränkt ist.

2.15. Die Anstrichstoffe müssen so beschaffen sein, daß sie innerhalb von 6 Monaten — gerechnet von dem Tag an, an dem das Herstellerwerk sie geliefert hat — keinen festen Bodensatz und in nicht angebrochenen Originalgefäßen höchstens eine leichte Haut bilden. Ein Anstrichstoff, der zur Zeit der Verarbeitung einen festen Bodensatz oder in nicht angebrochenen Originalgefäßen mehr als nur eine leichte Haut gebildet hat oder der sich nicht gut verarbeiten läßt, darf nicht verwendet werden. Ein Bodensatz gilt als fest, wenn er sich nicht schnell und nicht vollständig wieder einrühren läßt.

2.2. Stoffe für den Korrosionsschutz von Stahl und Aluminiumlegierungen

2.21. Für den Korrosionsschutz von Stahl oder Aluminiumlegierungen bestimmte Anstrichstoffe und Kitte, für die weder DIN-Gütebestimmungen noch Zulassungsbedingungen, jedoch Technische Lieferbedingungen der Deutschen Bundesbahn bestehen, müssen diesen entsprechen, wenn in der Leistungsbeschreibung nichts anderes vorgeschrieben ist.

2.22. Wählt der Auftragnehmer für den Korrosionsschutz von Stahl oder Aluminiumlegierungen Anstrichstoffe und Kitte aus, für die weder DIN-Gütebestimmungen noch Zulassungsbedingungen noch Technische Lieferbedingungen der Deutschen Bundesbahn bestehen, so dürfen sie verwendet werden, wenn der Auftragnehmer ihre Eignung für den erforderlichen Korrosionsschutz nachweist und der Auftraggeber zustimmt.

3. Ausführung

3.1. Allgemeines

3.101. Wenn Verkehrs- und Versorgungsanlagen im Bereich des Baugeländes liegen, sind die Vorschriften und Anordnungen der zuständigen Stellen zu beachten.

3.102. Der Auftragnehmer hat den Untergrund auf Eignung für die vorgesehenen Oberflächenschutzarbeiten zu prüfen. Er hat dem Auftraggeber Bedenken gegen die vorgesehene Art der Ausführung unverzüglich schriftlich mitzuteilen (siehe Teil B — DIN 1961 — § 4 Ziffer 3), wenn diese der Beschaffenheit des Untergrundes nicht entspricht. Unter dieser Voraussetzung sind Bedenken geltend zu machen, insbesondere bei

Anstrichen, die als Untergrund für die vorgesehenen Oberflächenschutzarbeiten ungeeignet sind,

teer- und bitumenhaltigen Untergründen, wenn andere Anstriche (z. B. Öl- oder Kunstharzanstriche) aufgebracht werden sollen,

zu rauhem Untergrund,

Undichtigkeiten und Rissen,

Lockerungen an Verbindungsstellen und Verbindungsteilen,

Durchrostungen.

3.103. Der Auftragnehmer hat die Stoffe auszuwählen, soweit in der Leistungsbeschreibung oder anderen Vertragsbestandteilen kein bestimmter Stoff vorgeschrieben ist. Die Stoffe müssen so ausgewählt werden, daß sie dem Untergrund und den Bedingungen während der Verarbeitung (z. B. Witterung, Zeit) entsprechen, daß die übereinanderliegenden Anstriche sich miteinander vertragen und daß die fertige Leistung der Beanspruchung genügt, die nach der Leistungsbeschreibung und den örtlichen Verhältnissen zu erwarten ist.

3.104. Bei der Auswahl und Verwendung gifthaltiger Anstrichstoffe hat der Auftragnehmer die im Verkehr mit Giftstoffen geltenden Bestimmungen zu beachten.

3.105. Anstrichstoffe, die feuergefährliche oder gesundheitsschädigende Lösungsmittel enthalten, sind entsprechend ihrer Eigenart und unter Beachtung der einschlägigen polizeilichen Vorschriften zu lagern und zu verarbeiten.

3.106. Reste von Anstrichstoffen sind so zu beseitigen, daß sie keinen Schaden anrichten können.

3.107. Anstrichstoffe sind in dicht schließenden, handlichen Originalgefäßen zur Baustelle zu bringen, wenn in der Leistungsbeschreibung nichts anderes vorgeschrieben ist. Auf den Gebinden müssen folgende Angaben haltbar angebracht sein:

Hersteller,

Anstrichstoff und dazugehöriges Verdünnungsmittel,

Gewicht mit und ohne Verpackung,

Tag der Auslieferung durch das Herstellerwerk.

Die Öffnung der Gebinde muß genügend Raum für ein Rührgerät lassen.

3.108. Alle Gebinde sind bis zur Verwendung des Inhalts dicht verschlossen zu halten. Unmittelbar vor der Verwendung des Inhalts und vor dem Umfüllen in Gebrauchsgefäße ist eine etwa entstandene Haut zu entfernen und der Inhalt gründlich durchzurühren, wenn nötig mit einem Rührgerät.

3.109. Anstrichstoffe, Verdünnungsmittel und Kitte, die nicht unverzüglich verarbeitet werden können, sind gegen Frost und Hitze zu schützen.

3.110. Zur Einstellung von Anstrichstoffen auf Verarbeitungskonsistenz dürfen nur die vom Herstellerwerk mitgelieferten oder von ihm als anwendbar bezeichneten Verdünnungsmittel verwendet werden. Dabei ist nach den Vorschriften des Herstellerwerkes zu verfahren.

3.111. Anstrichstoffe und Kitte sind nach den Vorschriften des Herstellerwerkes zu verarbeiten.

3.112. Wo sich Bauteile aus Stahl oder Aluminiumlegierungen berühren, sind Fugen so zu dichten, daß keine Feuchtigkeit zwischen den Berührungsflächen eindringen kann.

3.113. Niet- und Schraubenköpfe, vorspringende Ecken, scharfe Profilkanten und schwer erreichbare Stellen sind vorzubehandeln.

3.114. Der Anstrichstoff ist in möglichst gleichmäßigen Schichten aufzubringen.

3.115. Der erste Grundanstrich muß mit Pinsel aufgetragen werden. Weitere Anstriche sind mit Pinseln aufzutragen, wenn in der Leistungsbeschreibung nichts anderes vorgeschrieben ist. Für Niet- und Schraubenköpfe, vorspringende Ecken, scharfe Profilkanten und schwer erreichbare Stellen sind kleinere und besonders geformte Pinsel zu benutzen.

3.116. Beim Aufbringen von Anstrichstoffen im Spritzverfahren darf das Spritzgut nicht durch Wasser- oder Ölgehalt der Spritzluft verunreinigt werden.

3.117. Bei mehrschichtigem Anstrichaufbau müssen sich die einzelnen Anstriche durch ihre Farbtönung voneinander unterscheiden. Werden hierbei Anstrichstoffe auf Bitumen- oder Steinkohlenteerpech-Grundlage verwendet, so ist abwechselnd ein schwarzer und ein abgetönter Anstrich aufzubringen.

3.118. Alle Anstriche dürfen nur auf sauberem, trockenem und fettfreiem Untergrund ausgeführt werden. Bei mehrschichtigem Anstrichaufbau muß jeweils der zu überdeckende Anstrich ausreichend durchgetrocknet, frei von jeglichem Feuchtigkeitsbelag sowie frei von Staub und Schmutz sein, ehe der nächste Anstrich aufgebracht wird; nur bei Verwendung von Feuchtöl-Anstrichstoffen braucht der zu überdeckende Anstrich nicht durchgetrocknet zu sein. Der Auftragnehmer hat den Auftraggeber von dem Beginn des nächsten Anstrichs rechtzeitig zu benachrichtigen, damit der Auftraggeber die Möglichkeit hat, den zu überdeckenden Anstrich abzunehmen.

3.119. Anstricharbeiten dürfen bei Temperaturen von weniger als + 5 °C nicht ausgeführt werden. Auf Flächen, die unter der Einwirkung von Regen, Nebel und Feuchtigkeit oder Kondenswasserbildung stehen, dürfen Anstricharbeiten nicht ausgeführt werden; begonnene Arbeiten dürfen an solchen Flächen erst fortgesetzt werden, wenn die zu streichenden Flächen vollständig trocken sind.

3.120. Probeanstriche sind auf Verlangen des Auftraggebers für alle nach Farbtönung, Aufbau und Ausführung unterschiedlichen Anstriche anzusetzen.

3.121. Um die Ursachen etwaiger Leistungsmängel klären zu können, hat der Auftragnehmer auf Verlangen des Auftraggebers Gewährleistungsausführungen herzustellen und nach Angabe des Auftraggebers zu beschriften. Auftraggeber und Auftragnehmer haben gemeinsam die Flächen, auf denen Gewährleistungsausführungen hergestellt werden sollen, nach Anzahl, Größe und Lage festzulegen und über die vertragsmäßige Ausführung der Oberflächenschutzarbeiten auf diesen Flächen eine Niederschrift aufzunehmen. Bei der Auswahl der Flächen, bei der Überwachung der Ausführung und bei der Aufnahme der Niederschriften sind die Herstellerwerke der Stoffe zu beteiligen.

3.122. Nach Ausführung der Oberflächenschutzarbeiten hat der Auftragnehmer an sichtbar bleibender Stelle des behandelten Bauwerks in einer dauerhaften Aufschrift die vom Auftraggeber angegebenen technischen Daten über Entrostung und Anstrich anzubringen.

3.2. Oberflächenschutzarbeiten an Stahl durch Anstriche

3.21. Vorbereitung des Untergrundes

3.211. Allgemeines

3.211.1. Bei der Vorbereitung des Untergrundes sind von den Flächen alle Stoffe, die auf den Anstrich schädigend wirken oder seine Haftung auf dem Untergrund beeinträchtigen, zu entfernen (z. B. nicht festhaftende Walzhaut, Rost, verwitterte Anstriche und Verkittungen, die lose oder rissig sind, sowie Schmutz und Staub). Die Flächen müssen unmittelbar vor dem Anstrich sauber sein.

3.211.2. Bei Stahlbauwerken mit alten Anstrichen ist der Untergrund in folgender Weise vorzubereiten, wenn in der Leistungsbeschreibung nichts anderes vorgeschrieben ist:

vom Rost angegriffene Stellen, Flächen mit rissigen, verwitterten Anstrichen, die mit Stahlbürsten und Schabern beseitigt werden können, und Flächen mit Verkittungen sind metallisch rein zu entrosten (Abschnitt 3.212.2);

Flächen mit festhaftendem Anstrich sind lediglich von Schmutz, Staub, Ruß und dergleichen sorgfältig zu reinigen.

3.212. Entrostungsgrade

3.212.1. Entrostungsgrad 1 — Reinigen mit teilweise verbleibendem Anstrich

Die Oberfläche ist von Schmutz, losen Anstrichen und Rost zu reinigen. Noch gut haftender Anstrich ist zu belassen. Roststellen sind nach Abschnitt 3.212.2 metallisch rein zu entrosten. Zwischen festhaftendem Anstrich und metallisch reinen Flächen ist ein Übergang herzustellen.

3.212.2. Entrostungsgrad 2 — Metallisch reine, wolkige Entrostung

Anstrich und Rost sind so weit zu entfernen, daß auf dem Stahlgrund ein Schimmer des Grundanstrichs verbleibt. Die Poren dürfen noch getönt erscheinen.

3.212.3. Entrostungsgrad 3 — Metallisch blanke Entrostung

Anstriche, Rost und Walzhaut sind restlos bis auf den blanken Stahl zu entfernen.

3.213. Entrostungsarten

3.213.1. Allgemeines

Wenn die Entrostungsart in der Leistungsbeschreibung nicht vorgeschrieben ist, bleibt ihre Auswahl dem Auftragnehmer überlassen.

3.213.2. Entrosten von Hand

Beim Entrosten von Hand ist — über die Vorbereitung des Untergrundes nach Abschnitt 3.211 hinaus — auch der festhaftende Rost zu entfernen. Nietköpfe, Nietkopfränder und Vertiefungen sind mit kleinen Drahtbürsten zu entrosten.

Entrosten von Hand ist zur Herstellung der Entrostungsgrade 2 und 3 nur an den Stellen zulässig, die bei der angewendeten Entrostungsart nach den Abschnitten 3.213.3 bis 3.213.5 nicht erreicht werden können.

3.213.3. Maschinelles Entrosten

Beim Entrosten mit maschinell angetriebenen Werkzeugen dürfen Werkzeuge, die Bauteile beschädigen können, nicht verwendet werden. Mit maschinell angetriebenen Werkzeugen nicht erreichbare Stellen, Nietköpfe und narbige Oberflächen sind von Hand zu entrosten (Abschnitt 3.213.2).

3.213.4. Entrosten durch Sandstrahlen, Strahlen mit Stahlkies und anderen Strahlmitteln

Beim Entrosten durch Strahlen mit Sand, Stahlkies oder anderen Strahlmitteln ist besonders harter Rost, wenn nötig, zunächst mit Hammerschlägen zu lockern. Der Stahl ist durch das Strahlen gleichmäßig und nicht mehr als unbedingt nötig aufzurauhen. Der Auftragnehmer hat für den Schutz der schon gestrichenen Flächen vor dem umherspritzenden Strahlmittel zu sorgen, die Schutzvorrichtungen zu liefern, aufzustellen und wieder abzubauen.

3.213.5. Entrosten durch Flammstrahlen

Vor dem Flammstrahlen sind grober, locker sitzender Plattenrost und loser Anstrich zu entfernen. Die Flächen sind je nach dem Grad der Verrostung einmal oder mehrmals mit einem Kammbrenner zu überflammen. Verbrennungsrückstände sind abschnittsweise, soweit möglich mit rotierenden Bürsten, abzubürsten.

3.214. Schutzanstrich nach dem Entrosten

Entrostete Flächen sind sofort nach dem Entrosten, auf jeden Fall noch am selben Tag, mit einem Grundanstrich oder Haftgrund zu versehen. Die Flächen dürfen beim Aufbringen eines Haftgrundmittels oder des ersten Grundanstrichs nicht wärmer sein als in den Vorschriften des Herstellerwerkes für den Anstrichstoff angegeben ist.

3.22. Anstricharbeiten

3.221. Grundanstriche

3.221.1. Entrostete Stahlbauteile sind mit zwei Bleimennige-Grundanstrichen auf Öl-Grundlage zu versehen, wenn in der Leistungsbeschreibung nichts anderes vorgeschrieben ist. Der Auftragnehmer hat den Auftraggeber von dem Beginn des ersten Grundanstrichs rechtzeitig zu benachrichtigen, damit der Auftraggeber die Möglichkeit hat, die Entrostungsarbeiten abzunehmen, bevor der Auftragnehmer den ersten Grundanstrich aufbringt. Für den ersten Grundanstrich sind „magere", für den zweiten Grundanstrich „fette" Anstrichstoffe zu verwenden, wenn in der Leistungsbeschreibung nichts anderes vorgeschrieben ist. Etwaige Beschädigungen des ersten Grundanstrichs sind auszubessern; schmale Fugen, die nicht durch den Anstrich ausgefüllt werden dürfen, sind zu verkitten. Erst dann ist der zweite Grundanstrich auszuführen.

3.221.2. Als Grundanstrich für einen nachfolgenden Deckanstrich mit Stoffen auf Bitumen- oder Steinkohlenteerpech-Grundlage ist auf die entrosteten Flächen noch am Tage des Entrostens ein Bitumen oder Steinkohlenteerpech-Anstrich aufzubringen, wenn in der Leistungsbeschreibung nichts anderes vorgeschrieben ist.

3.222. Deckanstriche

3.222.1. Auf die Grundanstriche nach Abschnitt 3.221 sind, sobald sie trocken sind, zwei Deckanstriche aufzubringen, wenn in der Leistungsbeschreibung nicht eine andere Anzahl von Deckanstrichen vorgeschrieben ist.

3.222.2. Für die Deckanstriche sind Anstrichstoffe auf Leinöl- oder Phthalatharz-Grundlage zu verwenden, wenn in der Leistungsbeschreibung nichts anderes vorgeschrieben ist.

3.222.3. Für Deckanstriche mit Stoffen auf Bitumen- oder Steinkohlenteerpech-Grundlage dürfen nur gefüllte Bitumen-, Steinkohlenteerpech-Lösungen oder -Emulsionen verwendet werden. Steinkohlenteerpech-Emulsionen dürfen nur auf Steinkohlenteerpech-Grundanstrichen aufgebracht werden.

3.223. Ausbesserung bestehender Anstriche

3.223.1. Kleine Ausbesserung

Bei kleiner Ausbesserung sind nur die einzelnen Roststellen nach Abschnitt 3.212.1 zu entrosten. An diesen Stellen und den Übergängen sind die Anstriche nach den Abschnitten 3.221 und 3.222 zu erneuern.

3.223.2. Große Ausbesserung

Bei großer Ausbesserung sind die auszubessernden Teile des Bauwerks nach Abschnitt 3.212.1 zu entrosten. Die metallisch rein entrosteten Stellen sind mit zwei Bleimennige-Grundanstrichen zu versehen; dabei sind die Anstriche auch auf die Übergänge (Abschnitt 3.212.1 Satz 2) zu erstrecken. Dann sind die gesamten Flächen der auszubessernden Bauteile mit zwei Deckanstrichen zu versehen.

3.224. Vollständige Anstricherneuerung

Bei vollständiger Anstricherneuerung sind ein Entrosten nach Abschnitt 3.212.2 und Anstriche nach den Abschnitten 3.221 und 3.222 durchzuführen, wenn in der Leistungsbeschreibung nichts anderes vorgeschrieben ist.

3.3. Oberflächenschutzarbeiten an Stahl durch Metallisieren

3.31. Oberflächenschutzarbeiten an Stahl durch Metallisieren sind nach den Abschnitten 3.32 bis 3.35 auszuführen, wenn in der Leistungsbeschreibung nichts anderes (z. B. Feuerverzinken, galvanisches Verbleien, Phosphatieren) vorgeschrieben ist.

3.32. Die Flächen sind nach Abschnitt 3.212.3 (Entrostungsgrad 3) zu behandeln und ausreichend aufzurauhen.

3.33. Die nach Abschnitt 3.32 behandelten Flächen sind mit trockener, ölfreier Preßluft zu entstauben und im Flammspritzverfahren zu metallisieren. Die Dicke der aufgespritzten Metallschicht darf den in der Leistungsbeschreibung vorgeschriebenen Sollwert höchstens an 10 % der Meßstellen bis zu 10 % unterschreiten.

3.34. Auf die metallisierten Flächen ist ein porenfüllender, abdichtender, quellfester und gut haftender Anstrich aufzubringen. Der Anstrich muß sich mit der Metallschicht vertragen.

3.35. Die Arbeiten nach den Abschnitten 3.32 bis 3.34 sind unmittelbar nacheinander auszuführen.

3.4. Oberflächenschutzarbeiten (Anstrich) an Aluminiumlegierungen

3.41. Regelausführung

Oberflächenschutzarbeiten (Anstrich) an Aluminiumlegierungen sind nach den Abschnitten 3.411 bis 3.414 auszuführen, wenn in der Leistungsbeschreibung nichts anderes vorgeschrieben ist.

3.411. Reinigen und Entfetten

Die zu schützenden Stellen sind zu reinigen und gründlich zu entfetten. Korrosionsstellen müssen vor Aufbringen des Haftgrundmittels besonders behandelt werden. Sandstrahlen ist unzulässig. Wenn Bleche, Profile oder fertige Konstruktionsteile schon vor dem Zusammenbau vorbehandelt oder grundiert waren, sind alle Stellen, an die fetthaltige Stoffe gelangt sind, vor Auftragen des Deckanstrichs zu entfetten. Flußmittelreste an Schweißstellen sind zu entfernen, die Schweißstellen metallblank zu bürsten.

3.412. Vorbehandlung mit Haftgrundmitteln

Die gereinigten und entfetteten Flächen sind unmittelbar nach dem Trocknen durch Auftragen eines metallreaktiven Haftgrundmittels (Wash-Primer) vorzubehandeln, soweit die Flächen nicht schon vorbehandelt sind.

3.413. Grundanstrich

Auf die nach Abschnitt 3.412 vorbehandelten Flächen ist ein Grundanstrich mit Zinkchromat-Grundierung aufzutragen. Scharfe Kanten sind zum Kantenschutz mit einem zweiten Grundanstrich zu versehen. Blei- oder kupferhaltige Grundanstrichstoffe sind unzulässig.

3.414. Deckanstriche

Nach ausreichendem Trocknen des Grundanstrichs sind zwei Deckanstriche mit blei- und kupferfreien Deckanstrichmitteln aufzubringen.

3.42. Bitumenanstriche

Die Stoffe für Bitumenanstriche müssen neutral und phenolfrei sein. Die zu streichenden Flächen müssen blank sein. Sie sind nötigenfalls zu reinigen und stets zu entfetten, sie brauchen nicht mit einem Haftgrundmittel vorbehandelt zu werden.

3.43. Instandsetzungsanstriche

Vor Instandsetzungsanstrichen ist die Anstrichfläche von Verschmutzungen zu reinigen. Schadhafte Teile des vorhandenen Anstrichs sind zu entfernen; fest haftender Anstrich braucht jedoch nicht entfernt zu werden. Anschließend ist mit Fiberbürsten nachzubürsten. Übergangsstellen sind zu glätten, Korrosionsstellen metallblank zu reinigen. Ablaugen mit metallangreifenden Mitteln, Abbrennen oder mechanisches Entfernen mit Schlagwerkzeugen ist unzulässig. Bei der Regelausführung (Abschnitt 3.41) sind metallblanke Stellen erneut mit einem Haftgrundmittel vorzubehandeln; dann sind die Anstriche nach den Abschnitten 3.413 und 3.414 aufzubringen. Bitumenanstriche sind nach dem Abschnitt 3.42 zu ergänzen.

3.44. Oberflächenschutzarbeiten an Berührungsflächen von Bauteilen aus Aluminiumlegierungen mit Bauteilen aus Aluminiumlegierungen oder aus anderen Stoffen

3.441. Berührungsflächen von Bauteilen aus Aluminiumlegierungen mit Bauteilen aus Aluminiumlegierungen sind vor dem Zusammenbau in folgender Weise zu behandeln:

Die Berührungsflächen sind nach Abschnitt 3.411 zu reinigen und zu entfetten, dann nach Abschnitt 3.412 mit einem Haftgrundmittel vorzubehandeln und anschließend mit einem Grundanstrich nach Abschnitt 3.413 zu versehen.

3.442. Berührungsflächen von Bauteilen aus Aluminiumlegierungen mit Bauteilen aus Stahl sind vor dem Zusammenbau in folgender Weise zu behandeln:

Die Berührungsflächen der Bauteile aus Aluminiumlegierungen sind nach den Abschnitten 3.411 und 3.412 zu behandeln, wenn in der Leistungsbeschreibung nichts anderes vorgeschrieben ist. Die Berührungsflächen der Bauteile aus Stahl sind durch Aufbringen einer Zinkchromat-Grundierung zu schützen, wenn in der Leistungsbeschreibung nicht ein anderer Anstrichstoff oder ein anderer wirksamer Schutz vorgeschrieben ist. Blei- oder kupferhaltige Anstrichstoffe dürfen nicht verwendet werden. Alle Berührungsflächen sind nach der Vorbehandlung mit einem einheitlichen Deckanstrich, der dem Aufbau des Grundanstrichs angepaßt ist, zu versehen.

3.443. Berührungsflächen von Bauteilen aus Aluminiumlegierungen mit Bauteilen aus Holz sind vor dem Zusammenbau in folgender Weise zu behandeln:

Die Berührungsflächen der Bauteile aus Aluminiumlegierungen sind nach den Abschnitten 3.411 bis 3.413 zu behandeln. Die Berührungsflächen der Bauteile aus Holz sind mit einem Anstrich zu versehen; der Anstrich darf keine Bestandteile enthalten, die Aluminiumlegierungen angreifen. Der Anstrich muß, wenn die Bauteile aus Holz mit Holzschutzmitteln behandelt sind, die Aluminiumlegierungen gegen etwaige schädliche Einwirkungen der Holzschutzmittel schützen.

3.444. Berührungsflächen von Bauteilen aus Aluminiumlegierungen mit Beton, Mauerwerk oder Putz sind vor dem Einbau mit einem Bitumenanstrich nach Abschnitt 3.42 zu versehen.

3.45. Oberflächenschutzarbeiten an stählernen Nieten oder Schrauben auf Bauteilen aus Aluminiumlegierungen

Nach dem Zusammennieten der Bauteile sind die Nietköpfe zu reinigen; dabei darf die Oberfläche der Bauteile aus Aluminiumlegierungen nicht verletzt werden. Dann sind die Nietköpfe mit Zinkchromat-Grundierung zu streichen, wenn in der Leistungsbeschreibung kein anderer Anstrichstoff vorgeschrieben ist. Der Anstrich muß auf die Bauteile aus Aluminiumlegierungen übergreifen.
Bei stählernen Schrauben ist in gleicher Weise zu verfahren, wenn sie nicht mit einem geeigneten Korrosionsschutz versehen sind.

4. Nebenleistungen

Nebenleistungen sind Leistungen, die auch ohne Erwähnung in der Leistungsbeschreibung zur vertraglichen Leistung gehören (siehe Teil B — DIN 1961 — § 2 Ziffer 1).

4.1. Folgende Leistungen sind Nebenleistungen:

4.101. Messungen für das Ausführen und Abrechnen der Arbeiten einschließlich des Vorhaltens der Meßgeräte und des Stellens der Arbeitskräfte.

4.102. Schutz- und Sicherheitsmaßnahmen nach den Unfallverhütungsvorschriften und polizeilichen Vorschriften.

4.103. Heranbringen von Wasser, Gas und Strom von den vom Auftraggeber angegebenen Anschlußstellen auf der Baustelle zur Verwendungsstelle.

4.104. Vorhalten der Kleingeräte und Werkzeuge.

4.105. Befördern aller Stoffe, auch wenn sie vom Auftraggeber beigestellt werden, von den Lagerstellen auf der Baustelle zu den Verwendungsstellen und etwaiges Rückbefördern.

4.106. Beleuchten und Reinigen der Aufenthaltsräume und Aborte für die Beschäftigten des Auftragnehmers sowie Beheizen der Aufenthaltsräume.

4.107. Beseitigen aller von den Arbeiten des Auftragnehmers herrührenden Verunreinigungen und Abfälle.

4.108. Schutz der ausgeführten Leistung und der für die Ausführung übergebenen Gegenstände vor Beschädigung und Diebstahl bis zur Abnahme.

4.109. Lieferung der Betriebsstoffe.

4.110. Beseitigen von geringfügigen Schäden des Untergrundes.

4.111. Aufbringen von Probeanstrichen; für die einzelne Probe höchstens 1,0 m^2, alle Proben zusammen höchstens 2 % der zu streichenden Flächen, jedoch nicht mehr als 20 m^2.

4.2. Folgende Leistungen sind Nebenleistungen, wenn sie nicht durch besondere Ansätze in der Leistungsbeschreibung erfaßt sind:

4.21. Einrichten und Räumen der Baustelle.

4.22. Vorhalten der Baustelleneinrichtung einschließlich der Geräte, Gerüste und dergleichen.

4.23. Abladen und Lagern der vom Auftraggeber beigestellten Stoffe an der Baustelle, soweit sie während der Ausführung der Bauleistung angeliefert werden.

4.24. Vorhalten von Abdeckungen zum Schutz der Umgebung (z. B. Maschinen, Grundstücke, andere Teile des Bauwerks) gegen Verunreinigungen und Beschädigungen sowie Vorhalten von Apparaten (z. B. Ventilatoren, Exhaustoren) und Rohren (Lutten) zum Be- und Entlüften von Räumen.

4.3. Folgende Leistungen sind keine Nebenleistungen:

4.31. „Besondere Leistungen" nach Teil A — DIN 1960 — § 9 Ziffer 2 letzter Absatz[+1]).

4.32. Aufstellen, Vorhalten und Beseitigen von Bauzäunen, Blenden und Schutzgerüsten zur Sicherung des öffentlichen Verkehrs sowie Einrichtungen außerhalb der Baustelle zur Umleitung und Regelung des Verkehrs.

4.33. Entfernen und Wiederanbringen von Belägen, Abdeckplatten und dergleichen.

4.34. Prüfungen des Untergrundes, die über den Umfang gewerbeüblicher Prüfungen (z. B. durch Augenschein, Gitterschnittprobe) hinausgehen.

5. Aufmaß und Abrechnung

5.1. Allgemeines

5.11. Bei Abrechnung nach Längenmaß wird die Länge von Bauteilen in der Mittelachse gemessen.

5.12. Aussparungen der Flächen bis 0,10 m^2 werden nicht abgezogen.

5.2. Es werden aufgemessen und abgerechnet:

5.21. Oberflächenschutzarbeiten an Vollwandkonstruktionen sowie an Fachwerkkonstruktionen (z. B. Fachwerkbrücken), gegebenenfalls getrennt nach unterschiedlichen Leistungen, nach Flächenmaß (m^2) der bearbeiteten Flächen oder (z. B. Gittermasten) nach Stück.

5.22. Einzelne Profilstäbe, Rohre und dergleichen bis zu 0,30 m^2 abgewickelter Fläche je Meter nach Längenmaß (m), über 0,30 m^2 abgewickelter Fläche je Meter nach Flächenmaß (m^2).

5.23. Kleineisenteile, Aufhängungen und dergleichen, getrennt nach Art und Abmessung, nach Stück.

[+1]) Seit November 1973: DIN 1960 — § 9 Nr. 6.

VOB Teil C:

Allgemeine Technische Vorschriften für Bauleistungen

Bodenbelagarbeiten — DIN 18 365

Fassung Januar 1974

Ausgabedatum: August 1974

Inhalt

0. Hinweise für die Leistungsbeschreibung*)

(siehe auch Teil A — DIN 1960 — § 9)

0.1. In der Leistungsbeschreibung sind nach Lage des Einzelfalles insbesondere anzugeben:

0.1.1. Lage der Baustelle und Umgebungsbedingungen, z. B. Hauptwindrichtung, Einflugschneisen, Verschmutzung der Außenluft, Bebauung usw., Zufahrtsmöglichkeiten und Beschaffenheit der Zufahrt sowie etwaige Einschränkungen bei ihrer Benutzung, Art der baulichen Anlagen, Anzahl und Höhe der Geschosse, Art und Lage der zu behandelnden Räume.

0.1.2. Lage und Ausmaß der dem Auftragnehmer für die Ausführung seiner Leistungen zur Benutzung oder Mitbenutzung überlassenen Flächen.

0.1.3. für den Verkehr freizuhaltende Flächen.

0.1.4. Verkehrsverhältnisse auf der Baustelle, insbesondere Verkehrsbeschränkungen, z. B. Begrenzung der Verkehrslasten.

0.1.5. Lage, Art und Anschlußwert der dem Auftragnehmer auf der Baustelle zur Verfügung gestellten Anschlüsse für Wasser und Energie.

0.1.6. Mitbenutzung fremder Gerüste, Hebezeuge, Aufzüge, Aufenthalts- und Lagerräume, Einrichtungen und dergleichen durch den Auftragnehmer.

0.1.7. besondere Anforderungen an die Baustelleneinrichtung.

0.1.8. Art und Zeit der vom Auftraggeber veranlaßten Vorarbeiten.

0.1.9. ob und in welchem Umfang dem Auftragnehmer Arbeitskräfte und Geräte für Abladen, Lagern und Transport zur Verfügung gestellt werden.

0.1.10. Arbeiten anderer Unternehmer auf der Baustelle.

0.1.11. Leistungen für andere Unternehmer.

0.1.12. Art, Menge, Gewicht der Stoffe und Bauteile, die vom Auftraggeber beigestellt werden, sowie Art, Ort (genaue Bezeichnung) und Zeit ihrer Übergabe.

---

*) Diese Hinweise werden nicht Vertragsbestandteil.

0.1.13. Güteanforderungen an nicht genormte Stoffe und Bauteile.

0.1.14. Art und Umfang verlangter Eignungs- und Gütenachweise.

0.1.15. vorgesehene Arbeitsabschnitte, Arbeitsunterbrechungen und -beschränkungen nach Art, Ort und Zeit.

0.1.16. besondere Erschwernisse während der Ausführung, z. B. Arbeiten in Räumen, in denen der Betrieb des Auftraggebers weiterläuft, Arbeiten bei außergewöhnlichen Temperaturen.

0.1.17. Benutzung von Teilen der Leistung vor der Abnahme.

0.1.18. Art der Bodenbeläge, etwa gewünschte Besonderheiten, z. B. Farbtönung, Flächenaufteilungen, Oberflächenbeschaffenheit, Dicke, Verwendungszweck, Aussparungen u. ä.

0.1.19. besondere Anforderungen an die Bodenbeläge, z. B. bei hoher mechanischer, bei thermischer und chemischer Einwirkung, und ob die Beläge elektrisch isolierend oder elektrisch leitfähig sein sollen.

0.1.20. Art und Beschaffenheit des Untergrundes, Art und Dicke der einzelnen Schichten.

0.1.21. Ausbildung der Anschlüsse an Bauwerke und Bauwerksteile.

0.1.22. Art und Anzahl der geforderten Probeflächen.

0.1.23. ob nach bestimmten Zeichnungen oder nach Aufmaß abgerechnet werden soll.

0.1.24. Art der Treppen, Ausbildung der zu belegenden Stufen, der Treppensockel, wenn nötig unter Beifügung von Zeichnungen.

0.1.25. Art und Beschaffenheit vorhandener Einfassungen.

0.1.26. Angaben über vorhandenes Gefälle.

0.1.27. ob Proben der Belagstoffe mit Angabe des Herstellers dem Angebot beizufügen sind.

0.1.28. Dehnungsfugen im Bauwerk.

0.1.29. Anzahl, Abmessungen und Art von Aussparungen, Rohrdurchführungen, Winkelrahmen, Trenn- und Anschlagschienen u. ä.

0.1.30. vom Rechteck abweichende Form der zu belegenden Flächen, z. B. schiefwinklige Flächen, runde Flächen, Treppen und dergleichen.

0.1.31. Verlegemuster, z. B. Verlauf der Fugen, der Platten und Bahnenware.

0.1.32. Art der Leisten und anderer Bauprofile einschließlich Befestigungsart.

0.1.33. Leistungen nach Abschnitt 4.2 in besonderen Ansätzen, wenn diese Leistungen keine Nebenleistungen sein sollen.

0.1.34. Leistungen nach Abschnitt 4.3 in besonderen Ansätzen.

0.2. In der Leistungsbeschreibung sind Angaben zu folgenden Abschnitten nötig, wenn der Auftraggeber eine abweichende Regelung wünscht:

Abschnitt 1.2 (Leistungen mit Lieferung der Stoffe und Bauteile)
Abschnitt 2.1 (Vorhalten von Stoffen und Bauteilen)
Abschnitt 2.2 (Liefern ungebrauchter Stoffe und Bauteile)
Abschnitt 3.3.1 (Verlegen von Unterlagen)
Abschnitt 3.3.3 (Kleben der Beläge)
Abschnitt 3.3.5 (Verlegungsrichtung der Bahnen)
Abschnitt 3.3.8 (Überdecken der Bodenflächen an Türöffnungen und dergleichen)
Abschnitt 3.3.9 (Verschweißen von Kunststoffbelägen)
Abschnitt 3.4.3 (Befestigen von Treppenstoßkanten und anderen Stoßkanten).

1. Allgemeines

1.1. DIN 18 365 „Bodenbelagarbeiten" gilt nicht für Fliesen- und Plattenbeläge (siehe DIN 18 352 „Fliesen- und Plattenarbeiten"), Estrichbeläge (siehe DIN 18 353 „Estricharbeiten"), Asphaltbeläge (siehe DIN 18 354 „Asphaltbelagarbeiten") und nicht für Parkettfußböden (siehe DIN 18 356 „Parkettarbeiten").

1.2. Alle Leistungen umfassen auch die Lieferung der dazugehörigen Stoffe und Bauteile einschließlich Abladen und Lagern auf der Baustelle, wenn in der Leistungsbeschreibung nichts anderes vorgeschrieben ist.

1.3. Stoffe und Bauteile, die vom Auftraggeber beigestellt werden, hat der Auftragnehmer rechtzeitig beim Auftraggeber anzufordern.

2. Stoffe, Bauteile

2.1. Vorhalten

Stoffe und Bauteile, die der Auftragnehmer nur vorzuhalten hat, die also nicht in das Bauwerk eingehen, können nach Wahl des Auftragnehmers gebraucht oder ungebraucht sein, wenn in der Leistungsbeschreibung darüber nichts vorgeschrieben ist.

2.2. Liefern

2.2.1. Allgemeine Anforderungen

Stoffe und Bauteile, die der Auftragnehmer zu liefern und einzubauen hat, die also in das Bauwerk eingehen, müssen ungebraucht sein, wenn in der Leistungsbeschreibung nichts anderes vorgeschrieben ist. Sie müssen für den jeweiligen Verwendungszweck geeignet und aufeinander abgestimmt sein.
Stoffe und Bauteile, für die DIN-Normen bestehen, müssen den DIN-Güte- und -Maßbestimmungen entsprechen.
Stoffe und Bauteile, die nach den behördlichen Vorschriften einer Zulassung bedürfen, müssen amtlich zugelassen sein und den Zulassungsbedingungen entsprechen.
Stoffe und Bauteile, für die weder DIN-Normen bestehen noch eine amtliche Zulassung vorgeschrieben ist, dürfen nur mit Zustimmung des Auftraggebers verwendet werden.

Für die gebräuchlichsten genormten Stoffe und Bauteile sind die DIN-Normen nachstehend aufgeführt.

2.2.2. Die Bodenbeläge müssen so beschaffen sein, daß sie einen gut begehbaren Belag ergeben. Es dürfen keine unzumutbaren Belästigungen auftreten. Farbabweichungen gegenüber Proben dürfen nur geringfügig sein.

2.3. Bodenbeläge

2.3.1. Bodenbeläge in Bahnen und Platten aus Linoleum, Kunststoff und Gummi

DIN 16 950	Bodenbeläge; Vinyl-Asbest-Platten und Kunstharz-Asbest-Platten, Anforderungen, Prüfung
DIN 16 951	Bodenbeläge; PVC-Beläge ohne Träger, Anforderungen, Prüfung
DIN 16 952	Blatt 1 Bodenbeläge; PVC-Beläge mit Träger, PVC-Beläge mit genadeltem Jutefilz als Träger, Anforderungen, Prüfung
DIN 16 952	Blatt 2 Bodenbeläge; PVC-Beläge mit Träger, PVC-Beläge mit Korkment als Träger, Anforderungen, Prüfung
DIN 16 952	Blatt 3 Bodenbeläge; PVC-Beläge mit Träger, PVC-Beläge mit Unterschicht aus PVC-Schaumstoff, Anforderungen, Prüfung

DIN 18 171 Bodenbeläge; Linoleum, Anforderungen, Prüfung
DIN 18 172 Bodenbeläge; Korklinoleum, Anforderungen, Prüfung
DIN 18 173 Bodenbeläge; Linoleum-Verbundbelag, Anforderungen, Prüfung
RAL-RG 806 Güterichtlinien für festzuverlegende Bodenbeläge aus Gummi.

2.3.2. Textile Bodenbeläge

Soweit für textile Bodenbeläge keine DIN-Normen oder RAL-Gütebestimmungen bestehen, müssen sie die folgenden Eigenschaften in ausreichendem Maße besitzen:

Maßbeständigkeit,
Farbechtheit,
Lichtechtheit,
Wasserechtheit für Farben und Druck,
Verschleißfestigkeit.

2.4. Klebstoffe

Klebstoffe müssen so beschaffen sein, daß durch sie eine feste und dauerhafte Verbindung erreicht wird. Die Klebstoffe dürfen Bodenbelag, Unterlagen und Untergrund nicht nachteilig beeinflussen und nach der Verarbeitung keine Belästigung durch Geruch hervorrufen.

2.5. Unterlagen

Unterlagen, z. B. Woll- und Korkfilzplatten, Hartfaserplatten, Holzspanplatten, Haarfilze, Jutefilze, Preßkork, Korkment, Schaumstoffe, Schaumgummi, müssen für die vorgesehenen Klebstoffe einen guten Haftgrund bilden. Sie dürfen durch diese Klebstoffe nicht angegriffen werden und keine Geruchsbelästigung hervorrufen. Sie dürfen nicht zerfallen, ihr Gefüge nicht verändern und nicht faulen. Sie müssen ausreichend alterungsbeständig sein und dürfen den Befall durch Insekten und Pilze nicht begünstigen.

Filzpappen sind als Unterlagen für Linoleumbahnen zulässig, für Linoleumfliesen und andere Belagstoffe nur, wenn es nach den Verarbeitungsvorschriften des Herstellerwerks dieser Stoffe ausdrücklich vorgesehen ist.

2.6. Spachtel- und Ausgleichsmassen

Spachtel- und Ausgleichsmassen müssen sich fest und dauerhaft mit dem Untergrund verbinden, einen guten Haftgrund für den Klebstoff ergeben und so beschaffen sein, daß der Belag darauf gut liegt. Sie dürfen Untergrund, Klebstoff, Unterlage und Belag nicht nachteilig beeinflussen.

3. Ausführung

3.1. Allgemeines

3.1.1. Der Auftragnehmer hat den Untergrund daraufhin zu prüfen, ob er für die Durchführung seiner Leistung geeignet ist. Der Auftragnehmer hat dem Auftraggeber Bedenken unverzüglich schriftlich mitzuteilen (siehe Teil B — DIN 1961 — § 4 Nr. 3).

Bedenken sind geltend zu machen insbesondere bei

- größeren Unebenheiten,
- Rissen in der Oberfläche des Untergrundes,
- nicht genügend trockenem Untergrund,
- nicht genügend festen Oberflächen des Untergrundes,
- zu poröser und zu rauher Oberfläche des Untergrundes,
- verunreinigten Oberflächen des Untergrundes, z. B. durch Öl, Wachs, Lacke, Farbreste,
- unrichtiger Höhenlage der Oberfläche des Untergrundes im Verhältnis zur Höhenlage anschließender Bauwerksteile,
- ungeeigneten Temperatur- und Luftverhältnissen im Raum.

3.1.2. Stoffe und Bauteile, für die Verarbeitungvorschriften des Herstellerwerks bestehen, sind nach diesen Vorschriften zu verarbeiten.

3.1.3. Dehnungsfugen des Bauwerks dürfen durch den Belag nicht geschlossen werden.

3.1.4. Ist in der Leistungsbeschreibung die erste Pflege vorgeschrieben, so hat der Auftragnehmer den Bodenbelag zu reinigen und ihn nach der vom Herstellerwerk des Bodenbelagstoffes herausgegebenen Anleitung für die erste Pflege zu behandeln.

3.1.5. Der Auftragnehmer hat dem Auftraggeber die schriftliche Pflegeanleitung für den Bodenbelag zu übergeben.

3.2. Vorbereitung des Untergrundes

3.2.1. Der Untergrund ist zu säubern.

3.2.2. Der Untergrund für Beläge, die ohne Unterlagen verlegt werden, ist mit Spachtelmasse zu glätten; bei größeren Unebenheiten ist Ausgleichsmasse zu verwenden.

Spachtelmasse oder Ausgleichsmasse ist so aufzubringen, daß sie sich fest und dauerhaft mit dem Untergrund verbindet, nicht reißt und ausreichend druckfest ist. Auf Estrichen, mit denen sich die Spachtelmasse oder Ausgleichsmasse ungenügend verbindet, ist ein Voranstrich aufzubringen, z. B. auf Magnesia- und Anhydritestrichen.

3.3. Aufbringen der Beläge

3.3.1. Beläge sind ohne Unterlagen zu verlegen, wenn in der Leistungsbeschreibung nichts anderes vorgeschrieben ist.

3.3.2. Unterlagen sind so zu verlegen, daß ihre Stöße und Nähte zu den Stößen und Nähten des Bodenbelages versetzt sind und sich keine Unebenheiten oder Fugen auf dem Belag abzeichnen.

3.3.3. Unterlagen und Beläge sind zu kleben, wenn in der Leistungsbeschreibung nichts anderes vorgeschrieben ist.

3.3.4. Unterlagen und Beläge, die zu kleben sind, müssen so aufgeklebt werden, daß in der ganzen Fläche eine gleichmäßig feste Verbindung entsteht.

3.3.5. Bahnen sind in Richtung auf die Hauptfensterwand, in Fluren und Gängen jedoch in Längsrichtung zu verlegen, wenn in der Leistungsbeschreibung nichts anderes vorgeschrieben ist.

3.3.6. Abweichungen im Farbton, die nicht nur geringfügig und auch nicht durch das Muster im Belag bedingt sind, sind unzulässig, wenn sie das Gesamtbild des Belages beeinträchtigen.

3.3.7. Bahnen mit Rapport sind dem Rapport entsprechend zu verlegen.

3.3.8. Wenn Bahnen auf Türen, Nischen und dergleichen zulaufen, müssen sie so verlegt werden, daß sie die Bodenflächen der Türöffnungen, Nischen und dergleichen mit überdecken; solche Bodenflächen dürfen mit Streifen oder Platten nur dann belegt werden, wenn es in der Leistungsbeschreibung vorgeschrieben ist.

Bei Türen, Nischen und dergleichen, auf die die Bahnen nicht zulaufen, können die Bodenflächen der Türöffnungen, Nischen und dergleichen mit Streifen belegt werden, wenn in der Leistungsbeschreibung nichts anderes vorgeschrieben ist.

3.3.9. Kunststoffbeläge sind nicht zu verschweißen, wenn in der Leistungsbeschreibung oder in der Verarbeitungsvorschrift des Herstellerwerks des Bodenbelagstoffes nichts anderes vorgeschrieben ist.

3.3.10. Klebstoff auf dem Belag ist sofort zu entfernen.

3.3.11. Werden Bodenbeläge in Kehlen an Wänden hochgezogen, so ist der Bodenbelag in den Ecken der Kehlen genau aneinanderzupassen, erforderlichenfalls durch Einsetzen von Paßstücken.

3.3.12. Sind Bodenbeläge elektrisch leitend auszuführen, so müssen die VDE-Vorschriften beachtet werden.

3.4. Anbringen von Leisten und Stoßkanten

3.4.1. Sockel- und Deckleisten sind gut anzupassen und dauerhaft zu befestigen.

3.4.2. Hölzerne Deckleisten sind an Ecken und Stößen auf Gehrung zu schneiden; sie sind in Abständen von höchstens 60 cm zu befestigen.

3.4.3. Treppenstoßkanten und andere Stoßkanten aus Metall sind in Abständen von höchstens 18 cm mit Schrauben zu befestigen, wenn in der Leistungsbeschreibung nichts anderes, z. B. Verankerung, vorgeschrieben ist.

3.4.4. Treppenstoßkanten aus Kunststoff oder Gummi sind nur auf den Trittflächen der Stufen zu befestigen.

4. Nebenleistungen

Nebenleistungen sind Leistungen, die auch ohne Erwähnung in der Leistungsbeschreibung zur vertraglichen Leistung gehören (siehe Teil B — DIN 1961 — § 2 Nr. 1).

4.1. Folgende Leistungen sind Nebenleistungen:

4.1.1. Messungen für das Ausführen und Abrechnen der Arbeiten einschließlich des Vorhaltens der Meßgeräte, Lehren, Absteckzeichen usw., des Erhaltens der Lehren und Absteckzeichen während der Bauausführung und des Stellens der Arbeitskräfte, jedoch nicht Leistungen nach Teil B — DIN 1961 — § 3 Nr. 1.

4.1.2. Heranbringen von Wasser und Energie von den vom Auftraggeber auf de Baustelle zur Verfügung gestellten Anschlußstellen zu den Verwendungsstellen.

4.1.3. Vorhalten der Kleingeräte und Werkzeuge.

4.1.4. Lieferung der Betriebsstoffe.

4.1.5. Befördern aller Stoffe und Bauteile, auch wenn sie vom Auftraggeber bei gestellt sind, von den Lagerstellen auf der Baustelle zu den Verwendungsstelle und etwaiges Rückbefördern.

4.1.6. Sichern der Arbeiten gegen Tagwasser, mit dem normalerweise gerechnet wer den muß, und seine etwa erforderliche Beseitigung.

4.1.7. Beleuchten und Reinigen der Aufenthaltsräume und Aborte für die Beschäftig ten des Auftragnehmers sowie Beheizen der Aufenthaltsräume.

4.1.8. Beseitigen aller Verunreinigungen (Abfälle, Bauschutt und dergleichen), di von den Arbeiten des Auftragnehmers herrühren.

4.1.9. Vorlegen der erforderlichen Muster.

4.1.10. Reinigen des Untergrundes, ausgenommen Leistungen nach Abschnitt 4.3.5

4.1.11. Vorbereiten des Untergrundes zur Erzielung eines guten Haftgrundes, z. B Ablaugen, Absäuern, wenn die Beschaffenheit des Untergrundes den Angaben i der Leistungsbeschreibung entspricht.

4.1.12. Ausgleichen von Unebenheiten des Untergrundes bis 1,0 mm.

4.1.13. Anschließen der Beläge an alle angrenzenden eingebauten Bauteile, z. B Rohrleitungen, Zargen, Bekleidungen, Anschlagschienen, Vorstoßschienen, Säulen Schwellen, ausgenommen bei Aussparungen nach Abschnitt 4.3.9.

4.1.14. Schutz- und Sicherheitsmaßnahmen nach den Unfallverhütungsvorschrifter und den behördlichen Bestimmungen.

4.1.15. Schutz der ausgeführten Leistungen und der für die Ausführung übergebener Gegenstände vor Beschädigung und Diebstahl bis zur Abnahme.

4.2. Folgende Leistungen sind Nebenleistungen, wenn sie nicht durch besondere An sätze in der Leistungsbeschreibung erfaßt sind:

4.2.1. Einrichten und Räumen der Baustelle.

4.2.2. Vorhalten der Baustelleneinrichtung einschließlich der Geräte und dergleichen

4.3. Folgende Leistungen sind keine Nebenleistungen:

4.3.1. „Besondere Leistungen" nach Teil A — DIN 1960 — § 9 Nr. 6.

4.3.2. Vorhalten von Aufenthalts- und Lagerräumen, wenn der Auftraggeber Räume die leicht verschließbar gemacht werden können, nicht zur Verfügung stellt.

4.3.3. Herausschaffen, Aufladen und Abfahren des Bauschuttes anderer Unternehmer.

4.3.4. besonderer Schutz der Bauleistung, der vom Auftraggeber für eine vorzeitige Benutzung verlangt wird, seine Unterhaltung und spätere Beseitigung.

4.3.5. Reinigen des Untergrundes von grober Verschmutzung durch Bauschutt, Gips, Mörtelreste, Farbreste u. ä., soweit sie von anderen Unternehmern herrührt.

4.3.6. Vorbereiten des Untergrundes zur Erzielung eines guten Haftgrundes in anderen Fällen als nach Abschnitt 4.1.11.

4.3.7. Einbauen von Stoßkanten, Vorstoßschienen, Trennschienen, Dehnungsschienen, Armaturen, Matten, Revisionsrahmen u. ä.

4.3.8. Einbauen von Dübeln.

4.3.9. Herstellen von Aussparungen in Belägen für Rohrdurchführungen und dergleichen in Räumen mit besonderer Installation; Anschließen der Beläge an die Einbauteile oder Einrichtungsgegenstände in solchen Räumen.

4.3.10. Ausgleichen von Unebenheiten in anderen Fällen als nach Abschnitt 4.1.12.

4.3.11. Schließen von Trenn- und Anschlußfugen.

4.3.12. Maßnahmen für die Weiterarbeit bei Temperaturen, die geeignet sind, die Leistungen zu gefährden, soweit die Maßnahmen dem Auftragnehmer nach dem Vertrag nicht ohnehin obliegen.

4.3.13. nachträgliches Herstellen von Anschlüssen an angrenzende Bauteile, soweit dies vom Auftraggeber zu vertreten ist.

5. Abrechnung

5.1. Allgemeines

5.1.1. Die Leistung ist aus Zeichnungen zu ermitteln, soweit die ausgeführte Leistung diesen Zeichnungen entspricht. Sind solche Zeichnungen nicht vorhanden, ist die Leistung aufzumessen.

Der Ermittlung der Leistung — gleichgültig, ob sie nach Zeichnungen oder nach Aufmaß erfolgt — sind zugrunde zu legen für Bodenbeläge mit begrenzenden Bauteilen die zu belegende Fläche bis zu den begrenzenden, ungeputzten bzw. unbekleideten Bauteilen,

für Bodenbeläge ohne begrenzende Bauteile deren Abmessungen.

5.1.2. Bei Abrechnung von Belägen nach Flächenmaß werden Aussparungen, z. B. für Öffnungen, Pfeilervorlagen, Rohrdurchführungen, bis 0,10 m^2 Einzelgröße nicht abgezogen.

5.2. Es werden abgerechnet:

5.2.1. Beläge, getrennt nach Art der Beläge und, soweit nötig, nach den Formen und Ausmaßen der zu belegenden Flächen, nach Flächenmaß (m^2) oder bei Läufern, getrennt nach Breiten, nach Längenmaß (m).

5.2.2. Friese, Kehlen, Beläge von Kehlen und Markierungslinien, getrennt nach Stoffen und Breiten, als Zulage zum Preis der Beläge nach Abschnitt 5.2.1 nach Längenmaß (m) oder Flächenmaß (m^2).

5.2.3. Belag von Stufen und Schwellen, getrennt nach Abmessungen, nach Anzahl (Stück) oder nach Flächenmaß (m^2).

5.2.4. Leisten, Kehlen, Stoßkanten, Abschlußschienen, getrennt nach Art und Abmessungen, nach Längenmaß (m).

5.2.5. Intarsien und Einzelmarkierungen als Zulage zum Preis der Beläge nach Abschnitt 5.2.1 nach Anzahl (Stück).

5.2.6. Ausgleichen des Untergrundes nach Flächenmaß (m^2).

5.2.7. Vorbereiten des Untergrundes zur Erzielung eines guten Haftgrundes nach Flächenmaß (m^2).

5.2.8. Unterlagen nach Flächenmaß (m^2).

5.2.9. besonderer Schutz der Beläge nach Flächenmaß (m^2).

5.2.10. erste Pflege des Belages nach Flächenmaß (m^2).

5.2.11. Anschließen von Belägen an Rohrdurchführungen und dergleichen in Räumen mit besonderen Installationen, getrennt nach Form und Größe der Aussparungen, nach Anzahl (Stück), bei Abrechnung nach Abwicklung der Schnittlängen nach Längenmaß (m).

5.2.12. Verschweißen und Verfugen von Belägen nach Längenmaß (m), ermittelt durch die Länge der Nähte, oder nach Flächenmaß (m^2) der Beläge.

VOB Teil C:

Allgemeine Technische Vorschriften für Bauleistungen

Tapezierarbeiten – DIN 18 366

Fassung Oktober 1965

18 366

Inhalt

0. Hinweise für die Leistungsbeschreibung*)

(siehe auch Teil A – DIN 1960 – § 9)

0.1. In der Leistungsbeschreibung sind nach Lage des Einzelfalles insbesondere anzugeben:

0.101. Art der Räume, deren Lage nach Geschossen.

0.102. Art und Beschaffenheit des Untergrundes (z. B. Putzart, Holz, vorhandener Anstrich, vorhandene Tapezierung).

0.103. die Höhe der auszuführenden Tapezierung von Wänden.

0.104. bei zu tapezierenden Decken in außergewöhnlich hohen Räumen die Höhe über Fußboden.

0.105. ungewöhnliche Gliederungen von Decken und Wänden.

0.106. Tapezieren eines Raumes mit unterschiedlichen Tapeten und ähnliche Besonderheiten.

0.107. Art der Stoffe, mit denen tapeziert werden soll, nach üblichen Bezeichnungen (z. B. nach Musterbüchern), bei Tapeten zumindest die Preisklasse.

0.108. ob dem Angebot Muster beizufügen sind.

0.109. Fußböden, Bauwerksteile und Einrichtungsgegenstände, die besonders wirksam geschützt werden müssen (z. B. mit Teppichen bespannte Fußböden, schwer bewegliche wertvolle Möbel).

0.110. besondere Anforderungen an Tapezierungen (z. B. besonders hohe mechanische Beanspruchung, ungewöhnliche Temperaturen und chemische Einwirkungen, Verwendung von schwerentflammbaren Spannstoffen, lichtbeständigen Spannstoffen).

0.111. Leistungen nach Abschnitt 4.3, soweit nötig in besonderen Ansätzen.

---

*) Diese Hinweise werden nicht Vertragsbestandteil.

0.2. In der Leistungsbeschreibung sind Angaben zu folgenden Abschnitten nötig, wenn der Auftraggeber eine abweichende Regelung wünscht:

Abschnitt 1.1	(Ausschluß der ATV-Tapezierarbeiten für Anbringen von Platten aus Kunststoff)
Abschnitt 1.2	(Leistungen mit Lieferung der Stoffe und Bauteile)
Abschnitt 2.11	(Lieferung von ungebrauchten Stoffen und Bauteilen)
Abschnitt 3.225	(Art der Tapetenunterlage beim Tapezieren mit Tapeten bei Untergrund aus Putz)
Abschnitt 3.236	(kein Tapezieren mit Tapeten hinter Öfen und Heizkörpern)
Abschnitt 3.325	(bei Tapezieren mit tapetenähnlichen Stoffen Glätten des Untergrundes mit Spachtelmasse)
Abschnitt 3.335	(kein Tapezieren mit tapetenähnlichen Stoffen hinter Öfen und Heizkörpern)
Abschnitt 3.412.3	(bei Tapezieren mit Spannstoffen Art des Unterlagstoffes)
Abschnitt 3.413.2	(Art des Anbringens von gewebten Stoffen)
Abschnitt 3.421	(bei Tapezieren mit zu spannenden Kunststoffen kein Aufbringen von Unterlagstoffen)
Abschnitt 3.423.1	(Art des Anbringens von zu spannenden Kunststoffen)
Abschnitt 3.423.4	(bei gehefteter unterpolsterter Bespannung Befestigung auf Dübeln)
Abschnitt 5.11	(Aufmaß der tatsächlich ausgeführten Leistungen)

1. Allgemeines

1.1. DIN 18 366 — Tapezierarbeiten — gilt für das Tapezieren (Bekleben oder Bespannen) von Bauwerksteilen, ausgenommen Fußböden, mit Tapeten, tapetenähnlichen Stoffen oder Spannstoffen. Für das Anbringen von Platten aus Kunststoff gilt DIN 18 366 nur, wenn es in der Leistungsbeschreibung vorgeschrieben ist.

1.2. Alle Leistungen umfassen auch die Lieferung der dazugehörigen Stoffe und Bauteile einschließlich Abladen und Lagern auf der Baustelle, wenn in der Leistungsbeschreibung nichts anderes vorgeschrieben ist.

2. Stoffe und Bauteile

2.1. Allgemeine Anforderungen

2.11. Stoffe und Bauteile, die der Auftragnehmer zu liefern und einzubauen hat, die also in das Bauwerk eingehen, müssen ungebraucht sein, wenn in der Leistungsbeschreibung nichts anderes vorgeschrieben ist. Sie müssen den DIN-Güte- und -Maßbestimmungen entsprechen. Amtlich zugelassene nicht genormte Stoffe und Bauteile müssen den Zulassungsbedingungen entsprechen.

2.12. Ist für Stoffe oder Bauteile gefordert, daß sie lichtbeständig sind, so müssen ihre Farbpigmente lichtecht sein.

2.2. Unterlagstoffe

Unterlagstoffe dürfen nicht zerfallen, ihr Gefüge nicht verändern, nicht faulen und keine Geruchsbelästigung hervorrufen. Sie müssen ausreichend fest und alterungsbeständig sein und dürfen den Befall durch Insekten und Pilze nicht begünstigen. Unterlagstoffe, die aufgeklebt werden oder auf die geklebt wird, müssen so beschaffen sein, daß sie durch die Klebstoffe nicht angegriffen werden und für die Klebstoffe einen guten Haftgrund bilden.

2.21. Papier für Tapetenunterlagen

Papier für Tapetenunterlagen muß klebbares und saugfähiges Rohpapier sein. Bedrucktes Papier (z. B. Zeitungsmakulatur) darf nicht verwendet werden.

2.22. Pulver für Tapetenunterlagen

Pulver für Tapetenunterlagen, die als streichbare Masse aufgetragen werden, muß aus Faserstoffen, Klebstoffen und Füllstoffen bestehen; es muß industriell hergestellt sein.

2.23. Spachtelmassen

Spachtelmassen müssen aus industriell hergestellten Bindemitteln und aus Füllstoffen bestehen.

2.24. Unterlagschaumstoffe

Unterlagschaumstoffe müssen gleichmäßig dick sein (Toleranz ± 0,2 mm) und ein gleichmäßiges Gefüge haben. Auf Bauwerksteile geklebt, müssen sie mindestens ebenso schwer entflammbar sein wie aufgeklebte Tapetenunterlagen aus Papier; bei Brand dürfen sich Unterlagschaumstoffe nicht ungünstiger verhalten als Tapetenunterlagen aus Papier.

2.25. Gewebte Unterlagstoffe

Gewebte Unterlagstoffe (z. B. Molton) müssen gleichmäßig fest sein, dem normalen Zug beim Spannen standhalten und bei fachgerechtem glatten Spannen auf dem Untergrund glatt aufliegen.

2.3. Klebstoffe

Klebstoffe müssen so beschaffen sein, daß durch sie eine feste und dauerhafte Verbindung erreicht wird. Die Verbindung muß jedoch bei Tapeten und Tapetenunterlagen gelöst werden können, ohne daß der Untergrund (Putz oder Holz) beschädigt wird.

Die Klebstoffe dürfen den Untergrund und die aufzuklebenden Stoffe nicht nachteilig beeinflussen und nach der Verarbeitung keine Belästigung durch Geruch hervorrufen.

2.4. Tapeten

2.401. Tapeten müssen mindestens die in den Abschnitten 2.405 bis 2.414 angeführten Eigenschaften haben.

2.402. Tapeten sind wischbeständig, wenn auf ihnen unter leichtem Druck mit einem weichen, trockenen Tuch oder mit der Hand gewischt werden kann, ohne daß die Tapete abfärbt.

2.403. Tapeten sind waschbeständig, wenn sie mit einem weichen Schwamm und Wasser unter geringem Zusatz eines neutralen Reinigungsmittels (z. B. laugenarmer Seife) abgewaschen werden können, ohne daß sich Farbtonänderungen zeigen.

2.404. Auf der Selfkante oder an anderer Stelle der Tapete muß aus Zeichen, die bei der Herstellung angebracht worden sind, erkennbar sein, aus welcher einheitlichen Anfertigung die Tapeten stammen.

2.405. Naturell-Tapeten

Leichtes, holzhaltiges Papier, naturfarbig oder gefärbt, nur zum Teil oder lasierend mit Leimfarbe bedruckt, wischbeständig. Naturell-Tapeten brauchen nicht lichtbeständig zu sein.

2.406. Fond-Tapeten

Mittelschweres, holzhaltiges Papier, Grundfarbe (Fond) und etwaige Muster aufgedruckt; wischbeständig, lichtbeständig.

2.407. Rauhfasertapeten

Mittelschweres, holzhaltiges Papier, dessen Oberfläche durch Zusätze (z. B. Sägemehl, Holzfasern) rauh ist, Grundfarbe (Fond) und etwaige Muster aufgedruckt, wischbeständig, lichtbeständig.

2.408. Relief-Tapeten

Mittelschweres, festes, holzhaltiges Papier oder Rauhfaserpapier, mit Reliefaufdruck, einfarbig oder gemustert; lichtbeständig. Der Reliefaufdruck muß fest mit dem Papier verbunden und wischbeständig sein.

2.409. Prägetapeten

Schweres, festes Papier, gemustert durch Prägungen des Papiers und ein- oder mehrfarbige Aufdrucke, wischbeständig, lichtbeständig.

2.410. Seidenglanztapeten

Festes, pergamentähnliches Papier mit seidigglänzenden Aufdrucken und eingeprägten (geriffelten) Mustern; wischbeständig, lichtbeständig.

2.411. Waschbeständige Fond-Tapeten, Rauhfasertapeten, Relief-Tapeten, Prägetapeten oder Seidenglanztapeten

Eigenschaften nach den Abschnitten 2.406 bis 2.410, jedoch statt wischbeständig waschbeständig.

2.412. Velours-Tapeten

Schweres, festes Papier mit aufgebrachter Faserschicht, mit oder ohne Muster, lichtbeständig.

2.413. Linkrusta

Spezialpapier mit aufgewalzter Schicht aus Linoleummasse; Oberfläche glatt oder geprägt, einfarbig oder mehrfarbig, widerstandsfähig gegen Druck und Stoß, waschbeständig, lichtbeständig.

2.414. Holztapeten

Mittelschweres, festes Papier mit aufgeklebtem Furnier, naturfarbig oder gebeizt, mit oder ohne Mattierung.

2.5. Aufzuklebende tapetenähnliche Stoffe

2.51. Aufzuklebende tapetenähnliche Stoffe müssen abriebfest, lichtbeständig und klebbar sein. Sie müssen, wenn es sich um die in den Abschnitten 2.53 bis 2.55 genannten Stoffe handelt, außerdem die in diesen Abschnitten angegebenen Eigenschaften haben.

2.52. Auf Bauwerksteile geklebt, müssen tapetenähnliche Stoffe mindestens ebenso schwer entflammbar sein wie aufgeklebte Tapeten; bei Brand dürfen sie sich nicht ungünstiger verhalten als Tapeten.

2.53. Kunststoff-Folien mit Unterlagen

Kunststoff-Folien, die mit Unterlagstoffen durch Nähte oder in anderer, mindestens gleichwertiger Weise fest verbunden sind (z. B. Stepp-Folien).

2.54. Kunststoffbeschichtete Träger

Träger aus Geweben, Gewirken, Vliesen, Pappen oder anderen Stoffen, die mit einer Kunststoffschicht ganzflächig fest verbunden sind (z. B. Gewebe-Kunstleder, kunststoffbeschichtetes Papier).

2.55. Kunststoff-Verbundfolien

Zwei oder mehr Kunststoff-Folien, die ganzflächig miteinander fest verbunden sind.

2.6. Spannstoffe

2.61. Zu spannende gewebte Stoffe (z. B. Leinen, Baumwolle, Bast, Kunstseide, Zellwolle) und zu spannende Kunststoffe müssen so beschaffen sein, daß sie beim Spannen dem normalen Zug standhalten und sich glatt spannen lassen.

2.62. Zu spannende Kunststoffe müssen abriebfest und lichtbeständig sein und, wenn es sich um die in den Abschnitten 2.53 bis 2.55 genannten Stoffe handelt, außerdem die in diesen Abschnitten angegebenen Eigenschaften haben.

2.7. Leisten

Leisten müssen in Farbtönung, Oberflächengestaltung und Querschnitt gleichmäßig sein; sie dürfen nicht reißen, sich nicht werfen und sich nicht verziehen.

2.8. Kordeln

Kordeln müssen so beschaffen sein, daß sie sich in der Längsrichtung nur wenig dehnen lassen und sich durch Einwirkung von Luftfeuchtigkeit oder Wärme nicht verändern.

2.9. Borten

Borten müssen die gleichen Güteeigenschaften haben wie die entsprechenden Tapeten und tapetenähnlichen Stoffe.

3. Ausführung

3.1. Allgemeines

3.11. Der Auftragnehmer hat den Untergrund für seine Leistung auf Eignung zum Tapezieren zu prüfen. Er hat dem Auftraggeber Bedenken gegen die vorgesehene Art der Ausführung unverzüglich schriftlich mitzuteilen (siehe Teil B — DIN 1961 — § 4 Ziffer 3), wenn diese der Beschaffenheit des Untergrundes nicht entspricht. Unter dieser Voraussetzung sind Bedenken geltend zu machen, insbesondere bei

nicht genügend trockenem Untergrund,
nicht genügend festem Untergrund,
Putz mit ungelöschten Kalkteilen oder anderen Treibern,
Putzrissen oder Putzschäden größeren Umfangs,
verunreinigtem Untergrund (z. B. durch Rauch, Ruß, Rost),
größeren Unebenheiten des Untergrundes,
zu rauhem Untergrund,
ungeeigneten Anstrichen (z. B. mit nicht vollständig entfernbaren Binderfarben),
klaffenden Fugen zwischen Putz und Türbekleidungen, Putz und Fußleisten u. ä.

3.12. Stoffe, für die Verarbeitungsvorschriften des Herstellerwerks bestehen, sind nach diesen Vorschriften zu verarbeiten.

3.13. Dehnungsfugen des Bauwerks sind sachgerecht zu berücksichtigen.

3.14. Reste der vom Auftragnehmer gelieferten Stoffe, die nach Abschnitt 5.14 als verbraucht gelten und Reste der vom Auftraggeber beigestellten Stoffe sind so zu bezeichnen (z. B. mit Gebäude- und Raumnummer), daß die Verwendungsstelle der verbrauchten Stoffe ersichtlich ist. Die Reste sind dem Auftraggeber zu übergeben.

3.2. Tapezieren mit Tapeten

3.21. Das Tapezieren mit Tapeten umfaßt das Vorbereiten des Untergrundes, das Aufbringen von Unterlagstoffen und das Kleben der Tapeten.

3.22. Vorbereiten des Untergrundes und Aufbringen von Unterlagstoffen

3.221. Der Untergrund ist zu säubern.

3.222. Leimfarbenanstriche sind bis auf den Untergrund zu entfernen. Mehrschichtige Kalkmilch- und Kalkfarbenanstriche sind bis auf den mit dem Untergrund fest verbundenen Anstrich zu entfernen; der Untergrund ist dann zu glätten. Ölfarben- und Lackfarbenanstriche sind aufzurauhen.

3.223. Vorhandene Tapezierung ist zu entfernen.

3.224. Kleine Unebenheiten im Putz sind zu beseitigen, kleine Putzschäden auszubessern.

3.225. Auf Untergrund aus Putz ist eine Tapetenunterlage aufzubringen. Sie ist aus Pulver nach Abschnitt 2.22 herzustellen, wenn in der Leistungsbeschreibung nichts anderes (z. B. Tapetenunterlage aus Papier, bei rauhem Putz aus Spachtelmasse oder aus Unterlagschaumstoff) vorgeschrieben ist.

3.226. Untergrund aus Holz ist mit Papier lose zu behängen und mit Nessel- oder Jutegewebe zu bespannen. Der Übergang an den Rändern ist auszugleichen. Auf die Bespannung ist eine Tapetenunterlage aus Papier nach Abschnitt 2.21 zu kleben.

3.227. Leistungen nach den Abschnitten 3.222, 3.223 und 3.226 sind durch den für das Tapezieren vereinbarten Preis dann mit abgegolten, wenn die Beschaffenheit des Untergrundes den Angaben in der Leistungsbeschreibung entspricht oder dem Auftragnehmer bei Abgabe seines Angebotes bekannt sein mußte.

3.228. Bei der Herstellung von Tapetenunterlagen aus Papier nach Abschnitt 2.21 ist das Papier auf Stoß zu kleben.

3.23. Kleben von Tapeten und Borten

3.231. Der Auftragnehmer hat dafür zu sorgen, daß seine Leistung weder durch zu schnelles noch durch zu langsames Trocknen oder durch Zugluft nachteilig beeinflußt wird.

3.232. Tapeten und Borten sind zu beschneiden und faltenfrei zu kleben. Tapeten aus leichtem Papier sind beiderseitig zu beschneiden und schmal überdeckt zu kleben. Tapeten aus mittelschwerem, schwerem oder pergamentähnlichem Papier oder aus Spezialpapier sowie Holztapeten sind beiderseitig zu beschneiden und gestoßen zu kleben. Die Schnittflächen dürfen nicht störend sichtbar sein. Muster sind möglichst genau aneinanderzupassen.

3.233. Auf derselben Wand- oder Deckenfläche müssen Bahnen der gleichen Tapete in der Farbtönung übereinstimmen.

3.234. Verunreinigungen von Fußböden, Fußleisten, Fenstern, Türen u. ä. durch Klebstoff sind sofort zu beseitigen.

3.235. Bei Anschlüssen an Türen, Fenstern, Fußleisten, Sockeln u. ä. muß die Tapete an diese Bauwerksteile genau anstoßen, sie darf nicht an diese Bauwerksteile geklebt werden und auch nicht an diesen aufliegen. Das gleiche gilt bei Borten.

3.236. Hinter Öfen und Heizkörpern ist nur dann zu tapezieren, wenn es in der Leistungsbeschreibung vorgeschrieben ist.

3.3. Tapezieren mit aufzuklebenden tapetenähnlichen Stoffen

3.31. Das Tapezieren mit aufzuklebenden tapetenähnlichen Stoffen umfaßt das Vorbereiten des Untergrundes, das Aufbringen von Unterlagstoffen und das Kleben der tapetenähnlichen Stoffe.

3.32. Vorbereiten des Untergrundes und Aufbringen von Unterlagstoffen

3.321. Der Untergrund ist zu säubern.

3.322. Leimfarbenanstriche sind bis auf den Untergrund zu entfernen. Mehrschichtige Kalkmilch- und Kalkfarbenanstriche sind bis auf den mit dem Untergrund fest verbundenen Anstrich zu entfernen; der Untergrund ist dann zu glätten. Ölfarben- und Lackanstriche sind aufzurauhen.

3.323. Vorhandene Tapezierung ist zu entfernen.

3.324. Kleine Unebenheiten im Putz sind zu beseitigen, kleine Putzschäden sind auszubessern.

3.325. Rauhigkeiten des Untergrundes, die sich auf der fertigen Tapezierung abzeichnen könnten, sind durch Glätten des Untergrundes mit Spachtelmasse zu beseitigen, wenn in der Leistungsbeschreibung nichts anderes vorgeschrieben ist.

3.326. Die Leistungen nach den Abschnitten 3.322, 3.323 und 3.325 sind durch den für das Tapezieren vereinbarten Preis dann mit abgegolten, wenn die Beschaffenheit des Untergrundes den Angaben in der Leistungsbeschreibung entspricht oder dem Auftragnehmer bei Abgabe seines Angebotes bekannt sein mußte.

3.33. Kleben von tapetenähnlichen Stoffen

3.331. Tapetenähnliche Stoffe sind, wenn erforderlich, zu beschneiden. Sie sind faltenfrei zu kleben. Muster sind möglichst genau aneinanderzupassen.

3.332. Auf derselben Wand- oder Deckenfläche müssen Bahnen des gleichen Stoffes in der Farbtönung übereinstimmen.

3.333. Verunreinigungen von Fußböden, Fußleisten, Fenstern, Türen u. ä. durch Klebstoff sind sofort zu beseitigen.

3.334. Bei Anschlüssen an Türen, Fenstern, Fußleisten, Sockeln u. ä. muß der tapetenähnliche Stoff an diese Bauwerksteile genau anstoßen; er darf nicht an diese Bauwerksteile geklebt werden und auch nicht an diesen aufliegen. Das gleiche gilt bei Borten.

3.335. Hinter Öfen und Heizkörpern ist nur dann zu tapezieren, wenn es in der Leistungsbeschreibung vorgeschrieben ist.

3.4. Tapezieren mit Spannstoffen

3.41. Tapezieren mit gewebten Stoffen

3.411. Tapezieren mit gewebten Stoffen umfaßt das Vorbereiten des Untergrundes, das Aufbringen von Unterlagstoffen und das Anbringen der gewebten Stoffe.

3.412. Vorbereiten des Untergrundes und Aufbringen von Unterlagstoffen

3.412.1. Der Untergrund ist zu säubern.

3.412.2. Kleine Unebenheiten im Putz sind zu beseitigen, kleine Putzschäden auszubessern.

3.412.3. Der Untergrund ist durch Aufbringen einer Anstrichmasse aus Pulver nach Abschnitt 2.22 zu festigen, wenn in der Leistungsbeschreibung nichts anderes (z. B. Kleben mit Papier für Tapetenunterlagen, Bespannen mit leichtem Nessel oder Molton) vorgeschrieben ist.

3.412.4. Ist Bespannen mit Nessel, Molton oder anderen gewebten Unterlagstoffen vorgeschrieben, so ist der Untergrund vor dem Bespannen durch Vorleimen zu festigen.

3.413. Anbringen von gewebten Stoffen

3.413.1. Werden gewebte Stoffe zusammengenäht, so sind die Nähte auf der Rückseite zu glätten.

3.413.2. Gewebte Stoffe sind nach den Abschnitten 3.413.3 bis 3.413.6 anzubringen, wenn in der Leistungsbeschreibung nichts anderes vorgeschrieben ist.

3.413.3. Die Stoffe sind so zu spannen und zu befestigen, daß keine Spannzüge sichtbar sind und die Spannung ausreichend straff bleibt.

3.413.4. Schuß und Kette müssen rechtwinklig zueinander verlaufen. Nähte, die Bahnen miteinander verbinden, müssen parallel zu Schuß oder Kette verlaufen. Ist die bespannte Fläche rechteckig, so müssen Schuß, Kette und Nähte rechtwinklig oder parallel zu den Rändern der bespannten Fläche verlaufen.

3.413.5. Muster sind sorgfältig aneinanderzupassen, besonders in Augenhöhe.

3.413.6. Bei faltiger Bespannung muß die Stoffzugabe für die Falten 100 % betragen. Die Falten müssen gleichmäßig verteilt sein und senkrecht verlaufen.

3.42. Tapezieren mit zu spannenden Kunststoffen

3.421. Das Tapezieren mit zu spannenden Kunststoffen umfaßt das Vorbereiten des Untergrundes und das Anbringen der Kunststoffe. Das Tapezieren umfaßt auch das Aufbringen von Unterlagstoffen, wenn es in der Leistungsbeschreibung vorgeschrieben ist.

3.422. Vorbereiten des Untergrundes

Der Untergrund ist zu säubern.

3.423. Anbringen von zu spannenden Kunststoffen

3.423.1. Zu spannende Kunststoffe sind nach den Abschnitten 3.423.2 und 3.423.3 anzubringen, wenn in der Leistungsbeschreibung nichts anderes vorgeschrieben ist.

3.423.2. Die Kunststoffe sind so zu spannen und zu befestigen, daß Spannzüge nicht sichtbar sind und die Spannung ausreichend straff bleibt.

3.423.3. Bei faltiger Bespannung muß die Stoffzugabe für die Falten 100 % betragen. Die Falten müssen gleichmäßig verteilt sein und senkrecht verlaufen.

3.423.4. Bei gehefteter, unterpolsterter Bespannung muß die Hefteinteilung gleichmäßig sein. Die Bespannung ist auf Dübeln, die der Auftragnehmer anzubringen hat, unmittelbar auf der zu bespannenden Fläche zu befestigen, wenn in der Leistungsbeschreibung nichts anderes vorgeschrieben ist.

3.5. Anbringen von Leisten

Leisten, die sichtbar bleiben (z. B. Abschlußleisten und Leisten zur Feldeinteilung), müssen an Ecken auf Gehrung geschnitten sein; sie sind so zu befestigen, daß sie ständig fest aufliegen. Befestigungsmittel dürfen nicht störend sichtbar sein. Die Leisten müssen am Stoß genau zueinander passen.

3.6. Anbringen von Kordeln

Kordeln müssen dauerhaft befestigt werden; zur Befestigung verwendete Nägel müssen rostgeschützt sein. Die Spannung muß ausreichend straff bleiben.

4. Nebenleistungen

Nebenleistungen sind Leistungen, die auch ohne Erwähnung in der Leistungsbeschreibung zur vertraglichen Leistung gehören (siehe Teil B — DIN 1961 — § 2 Ziffer 1).

4.1. Folgende Leistungen sind Nebenleistungen:

4.101. Messungen für das Ausführen und Abrechnen der Arbeiten einschließlich des Vorhaltens der Meßgeräte und des Stellens der Arbeitskräfte.

4.102. Vorhalten der Kleingeräte und Werkzeuge.

4.103. Heranbringen von Wasser, Gas und Strom von den vom Auftraggeber angegebenen Anschlußstellen auf der Baustelle zu den Verwendungsstellen.

4.104. Lieferung der Betriebsstoffe.

4.105. Befördern aller Stoffe und Bauteile, auch wenn sie vom Auftraggeber beigestellt werden, von den Lagerstellen auf der Baustelle zu den Verwendungsstellen und etwaiges Rückbefördern.

4.106. Schutz- und Sicherheitsmaßnahmen nach den Unfallverhütungsvorschriften und polizeilichen Vorschriften.

4.107. Beleuchten und Reinigen der Aufenthaltsräume und Aborte für die Beschäftigten des Auftragnehmers sowie Beheizen der Aufenthaltsräume.

4.108. Vorhalten der Gerüste, deren Arbeitsbühne nicht höher als 2 m über dem Fußboden liegt.

4.109. Maßnahmen zum Schutz von Fußböden und anderen Bauwerksteilen und Einrichtungsgegenständen vor Verunreinigung und Beschädigung durch die Tapezierarbeiten einschließlich der erforderlichen Stoffe.

4.110. Beseitigen aller von den Arbeiten des Auftragnehmers herrührenden Verunreinigungen und Abfälle.

4.111. Schutz der ausgeführten Leistung und der für die Ausführung übergebenen Gegenstände vor Beschädigung und Diebstahl bis zur Abnahme.

4.2. Folgende Leistungen sind Nebenleistungen, wenn sie nicht durch besondere Ansätze in der Leistungsbeschreibung erfaßt sind:

4.21. Einrichten und Räumen der Baustelle.

4.22. Vorhalten der Baustelleneinrichtung einschließlich der Geräte und dergleichen.

4.3. Folgende Leistungen sind keine Nebenleistungen:

4.31. „Besondere Leistungen“ nach Teil A — DIN 1960 — § 9 Ziffer 2 letzter Absatz[+1]).

4.32. Gestellung von Aufenthalts- und Lagerräumen, wenn der Auftraggeber keine Räume zur Verfügung stellt, die vom Auftragnehmer leicht verschließbar gemacht werden können.

4.33. Ausgleichen von größeren Unebenheiten des Untergrundes und Ausbessern von Putzschäden größeren Umfangs.

4.34. Maßnahmen zur Weiterarbeit bei Frost, wenn sie dem Auftragnehmer nach dem Vertrage nicht ohnehin obliegen.

5. Aufmaß und Abrechnung

5.1. Allgemeines

5.11. Dem Aufmaß werden die tatsächlich ausgeführten Leistungen zugrunde gelegt, soweit in der Leistungsbeschreibung nichts anderes (z. B. Berechnung nach bestimmt bezeichneten Plänen) vorgeschrieben ist.

5.12. Bei Abrechnung von Tapezierarbeiten nach Flächenmaß werden Aussparungen (z. B. für Öffnungen, Pfeilervorlagen, Schornsteine, Rohrdurchführungen) bis zu 1 m^2 Einzelgröße nicht abgezogen.

5.13. Auch beim Übermessen von Aussparungen wird das Tapezieren von Leibungen aufgemessen.

5.14. Wird die Lieferung von Tapeten, von tapetenähnlichen Stoffen und Spannstoffen nach verbrauchter Menge abgerechnet, so ist die tatsächlich verbrauchte Menge, jedoch höchstens die bei wirtschaftlicher Ausnutzung nötige Menge zugrunde zu legen. Unvermeidbare Reste gelten dabei als verbraucht.

5.2. Es werden aufgemessen und abgerechnet:

5.21. Tapezieren nach Flächenmaß (m^2) getrennt nach Wänden einschließlich Leibungen, nach Decken, Dachschrägen, Treppenlaufuntersichten u. ä. Die Höhe der Tapezierung von Wänden wird von der unteren Begrenzung der Tapezierung (Oberkante Fußleiste, Sockelanstrich u. ä.) bis zur oberen Begrenzung (einschließlich Borten, Abschlußleisten u. ä.) gemessen.

5.22. Vorbereiten des Untergrundes (Abschnitte 3.222, 3.223, 3.322, 3.323), Aufbringen von Unterlagstoffen (Abschnitte 3.225, 3.326), bei getrennter Abrechnung nach Flächenmaß (m^2).

5.23. Liefern und Anbringen von Borten nach Längenmaß (m) als Zulage zum Preis der Leistungen nach Abschnitt 5.21.

5.24. Liefern und Anbringen von Leisten und Kordeln nach Längenmaß (m).

5.25. Liefern von Tapeten, tapetenähnlichen Stoffen und Spannstoffen bei Abrechnung nach Abschnitt 5.14 nach Rollenzahl, oder, wenn sie nicht in Rollen geliefert werden, getrennt nach Breiten, nach Längenmaß (m).

[+1]) Seit November 1973: DIN 1960 — § 9 Nr. 6.

VOB Teil C:
Allgemeine Technische Vorschriften für Bauleistungen

Holzpflasterarbeiten – DIN 18 367

Fassung Oktober 1965

18 367

Inhalt

0. Hinweise für die Leistungsbeschreibung*)
(siehe auch Teil A – DIN 1960 – § 9)

0.1. In der Leistungsbeschreibung sind nach Lage des Einzelfalles insbesondere anzugeben:

0.101. Art und Beschaffenheit des Untergrundes.

0.102. Art und Beschaffenheit von Abdichtungen des Untergrundes.

0.103. Abweichung des Untergrundes von der Waagerechten.

0.104. Dehnungsfugen im Untergrund.

0.105. ob die zu pflasternden Flächen in Räumen oder im Freien liegen, nur überdacht sind oder in Räumen mit Feuchtigkeitseinflüssen liegen, die denen im Freien entsprechen, oder ob sie außergewöhnlichen Temperatureinflüssen ausgesetzt sind.

0.106. außergewöhnliche Druck- oder Schubbeanspruchungen des Holzpflasters.

0.107. Leistungen getrennt nach Geschossen.

0.108. vom Rechteck abweichende Form der zu pflasternden Fläche.

0.109. Holzart und Höhe der Holzpflasterklötze, gegebenenfalls auch Art des Holzschutzes, Verlegeart.

0.110. Verwendung anderer Klebemassen und Vergußmassen als solcher nach den Abschnitten 2.3 und 2.4.

0.111. Verlegen von Holzpflaster mit astfreier Oberfläche in Räumen.

0.112. Anzahl, Größe und Lage der Aussparungen für Abflüsse, Sinkkästen, Maschinenfundamente und dergleichen (siehe Abschnitt 4.107).

0.113. Leistungen nach Abschnitt 4.3, soweit nötig in besonderen Ansätzen.

0.2. In der Leistungsbeschreibung sind Angaben zu folgenden Abschnitten nötig, wenn der Auftraggeber eine abweichende Regelung wünscht:

Abschnitt 1 (Leistungen mit Lieferung der Stoffe und Bauteile)
Abschnitt 2.1 (Lieferung von ungebrauchten Stoffen und Bauteilen)

---

*) Diese Hinweise werden nicht Vertragsbestandteil.

Abschnitt 2.22 (Feuchtigkeitsschutz der Holzpflasterklötze)
Abschnitt 2.3 (Eigenschaften von Klebemassen)
Abschnitt 2.4 (Eigenschaften von Vergußmassen)
Abschnitt 3.107 (Verlegeart im Freien usw.)
Abschnitt 3.108 (Verlegen mit Längsfugen parallel zur Schmalseite)
Abschnitt 3.111 (Anschluß an Vorstoß- und andere Schienen)
Abschnitt 3.116 (Füllstoff für die Dehnungsfugen)
Abschnitt 3.21 (Preßverlegen auf Unterlagspappe)
Abschnitt 3.22 (Voranstrich auf Betonuntergrund)
Abschnitt 3.26 (Abkehren mit trockenem Sand)
Abschnitt 3.31 (Füllen der Fugen mit Vergußmasse)
Abschnitt 3.32 (Verlegen mit Fugenleisten auf Unterlagspappe)
Abschnitt 5.11 (Aufmaß der tatsächlich ausgeführten Leistungen)

1. Allgemeines

Alle Leistungen umfassen auch die Lieferung der dazugehörigen Stoffe und Bauteile einschließlich Abladen und Lagern auf der Baustelle, wenn in der Leistungsbeschreibung nichts anderes vorgeschrieben ist.

2. Stoffe und Bauteile

2.1. Allgemeine Anforderungen

Stoffe und Bauteile, die der Auftragnehmer zu liefern und einzubauen hat, die also in das Bauwerk eingehen, müssen ungebraucht sein, wenn in der Leistungsbeschreibung nichts anderes vorgeschrieben ist. Sie müssen den DIN-Güte- und -Maßbestimmungen entsprechen. Für die gebräuchlichsten genormten Stoffe und Bauteile sind die DIN-Normen nachstehend aufgeführt. Amtlich zugelassene nicht genormte Stoffe und Bauteile müssen den Zulassungsbedingungen entsprechen.

2.2. Holzpflasterklötze

2.21. DIN 68 701 Holzpflasterklötze; Begriffe, Maße, Gütebedingungen

2.22. Die Holzpflasterklötze müssen gegen Feuchtigkeit geschützt sein, wenn in der Leistungsbeschreibung nichts anderes vorgeschrieben ist.

2.3. Klebemassen

Klebemasse aus Steinkohlenteerpech oder Bitumen oder aus einem Gemisch von beiden muß folgende Eigenschaften haben, wenn in der Leistungsbeschreibung nichts anderes vorgeschrieben ist.

Wärmebeständigkeit: Erweichungspunkt Ring und Kugel mindestens + 45 °C (Prüfverfahren nach DIN 1995 — Bituminöse Bindemittel für den Straßenbau; Probenahme und Beschaffenheit, Prüfung).

Kältebeständigkeit: Fallhöhe bei 0 °C mindestens 55 cm (Prüfverfahren „Kältebeständigkeit von Pflastervergußmassen und Betonfugenvergußmassen" nach DIN 1996 — Bitumen und Teer enthaltende Massen für Straßenbau und ähnliche Zwecke)[+1]).

Wenn Füllstoffe in der Klebemasse enthalten sind, müssen sie feuchtigkeitsbeständig sein; in Wasser dürfen sie nicht quellen und sich nicht lösen. Die Klebemasse muß der handelsüblichen Güte von industriell hergestellter Klebemasse für Holzpflasterarbeiten entsprechen.

[+1]) Seit August 1966: DIN 1996 — Prüfung bituminöser Massen für den Straßenbau und verwandte Gebiete.

2.4. Vergußmassen

Für Vergußmasse aus Steinkohlenteerpech oder Bitumen oder aus einem Gemisch von beiden gilt Abschnitt 2.3 entsprechend.
Die Vergußmasse muß außerdem folgenden Anforderungen genügen, wenn in der Leistungsbeschreibung nichts anderes vorgeschrieben ist.

Gießbarkeit:
Die Vergußmasse muß bei der vom Lieferwerk angegebenen Verarbeitungstemperatur so flüssig sein, daß damit eine 4 mm breite und 100 mm tiefe Fuge voll vergossen werden kann.

Mischungsbeständigkeit:
Die Vergußmasse darf sich bei der vom Lieferwerk angegebenen Verarbeitungstemperatur innerhalb von 30 Minuten höchstens bis zu der im Prüfverfahren „Bestimmung der Entmischung" nach DIN 1996*2) zulässigen Grenze entmischen.

2.5. Voranstrichmittel (kalt zu verarbeiten)

Bitumenlösung und Steinkohlenteerpechlösung nach DIN 4117 — Abdichtung von Bauwerken gegen Bodenfeuchtigkeit; Richtlinien für die Ausführung.

2.6. Unterlagspappen

DIN 52 126 Nackte Teerpappen; Begriff, Bezeichnung, Eigenschaften

DIN 52 129 Nackte Bitumenpappen; Begriff, Bezeichnung, Eigenschaften

2.7. Sand

2.71. DIN 1179 Körnungen für Sand, Kies und zerkleinerte Stoffe*3)

2.72. Die Korngröße darf 3 mm nicht überschreiten.

3. Ausführung

3.1. Allgemeines

3.101. Der Auftragnehmer hat den Untergrund für seine Leistungen auf Eignung zum Aufbringen des vorgeschriebenen Holzpflasters zu prüfen. Er hat dem Auftraggeber Bedenken gegen die vorgeschriebene Art der Ausführung unverzüglich schriftlich mitzuteilen (siehe Teil B — DIN 1961 — § 4 Ziffer 3), wenn diese der Beschaffenheit des Untergrundes nicht entspricht. Unter diesen Voraussetzungen sind Bedenken geltend zu machen, insbesondere bei

größeren Unebenheiten des Untergrundes,
Abweichungen des Untergrundes von der Waagerechten oder dem Gefälle, das in der Leistungsbeschreibung vorgeschrieben oder nach der Sachlage nötig ist,
unrichtiger Höhenlage der Oberfläche des Untergrundes,
Spannungs- und Setzrissen oder Löchern im Untergrund,
nicht genügend trockenem Untergrund,
nicht genügend festem Untergrund,
verunreinigtem Untergrund,
Fehlen von Schienen, Schwellen und dergleichen als Anschlag für das Holzpflaster.

---

*2) Seit Mai 1966: DIN 1996 Blatt 16 — Prüfung bituminöser Massen für den Straßenbau und verwandte Gebiete; Bestimmung der Entmischungsneigung.

*3) Seit 1970 zurückgezogen.

3.102. Holzpflasterarbeiten dürfen bei einer Witterung, die sich nachteilig auf das Holzpflaster auswirken kann (z. B. Temperaturen unter + 5 °C, Regen, Schnee), nur ausgeführt werden, wenn die schädliche Wirkung durch besondere Vorkehrungen mit Sicherheit vermieden wird.

3.103. Stoffe und Bauteile, für die Verarbeitungsvorschriften des Herstellerwerks bestehen, sind nach diesen Vorschriften zu verarbeiten.

3.104. Voranstrichmittel, Unterlagspappen, Klebe- und Vergußmassen sind so auszuwählen und zu verarbeiten, daß sie sich miteinander, mit dem Untergrund und mit dem zur Schutzbehandlung der Holzpflasterklötze verwendeten Stoff vertragen.

3.105. Die Holzpflasterklötze müssen beim Verlegen den in DIN 68 701 — Holzpflasterklötze — vorgeschriebenen Feuchtigkeitsgehalt haben.

3.106. Holzpflasterklötze aus Buchenholz dürfen nur in trockenen Räumen verlegt werden; sie sind mit Fugenleisten nach Abschnitt 3.3 zu verlegen.

3.107. Wenn Holzpflasterklötze, ausgenommen solche aus Buchenholz, im Freien, auf nur überdachten Flächen oder in Räumen mit Feuchtigkeitseinflüssen, die denen im Freien entsprechen, zu verlegen sind und in der Leistungsbeschreibung nichts anderes vorgeschrieben ist, sind sie nach Abschnitt 3.32 zu verlegen.

3.108. Die Holzpflasterklötze sind im Verband mit geradlinig durchgehenden Längsfugen zu verlegen. Die Längsfugen müssen parallel zur Schmalseite der zu pflasternden Fläche verlaufen, wenn in der Leistungsbeschreibung nicht eine andere Verlegungsart (z. B. diagonale Verlegung) vorgeschrieben ist.

3.109. Die Oberfläche von Holzpflaster im Freien, auf nur überdeckten Flächen und in Räumen mit Feuchtigkeitseinflüssen, die denen im Freien entsprechen, muß astfrei sein.

3.110. Einstielige Holzpflasterklötze müssen beim Verlegen auf die gesamte zu pflasternde Fläche verteilt werden. Das gleiche gilt beim Verlegen von Holzpflasterklötzen, die auf keiner Hirnholzseite astfrei sind.

3.111. An Vorstoß- (Anschlag-) und anderen Schienen ist das Holzpflaster unmittelbar anzustoßen, wenn in der Leistungsbeschreibung nichts anderes vorgeschrieben ist.

3.112. Zwischen dem Holzpflaster und angrenzenden Wänden, Pfeilern, Stützen, Maschinenfundamenten, Bordsteinen oder anderen Bauwerksteilen, ausgenommen Schienen, sind Dehnungsfugen anzulegen.

3.113. Über Dehnungsfugen des Bauwerkes sind Fugen auch im Holzpflaster anzulegen.

3.114. Beim Pflastern von großen Flächen sind Dehnungsfugen anzulegen, die das Holzpflaster längs oder quer oder längs und quer unterteilen. Die Abstände der Fugen richten sich nach der Verlegeart, der Größe der zu pflasternden Fläche und — bei Pflasterung in Räumen — auch nach der Verwendungsart des Raumes.

3.115. Die Breite der Dehnungsfugen ist nach der Holzart und der Verlegeart des Holzpflasters sowie nach der Größe der durch die Dehnungsfugen begrenzten Flächen zu bestimmen. Sie soll mindestens 15 mm betragen.

3.116. Alle Dehnungsfugen sind mit Vergußmasse zu füllen, wenn in der Leistungsbeschreibung nichts anderes vorgeschrieben ist.

3.117. Der Auftragnehmer hat die vergossenen Fugen nachzugießen, wenn die Vergußmasse um mehr als 6 mm unter Oberfläche des Pflasters abgesunken ist, jedoch frühestens 6 Monate nach Abnahme des Holzpflasters.

3.2. Preßverlegen

3.21. Preßverlegen von Holzpflaster umfaßt folgende Leistungen:

Voranstrich nach Abschnitt 3.22;

Aufkleben von Unterlagspappe nach Abschnitt 3.24, wenn Preßverlegen auf Unterlagspappe in der Leistungsbeschreibung vorgeschrieben ist;

Verlegen der Holzpflasterklötze nach Abschnitt 3.25.

3.22. Auf Betonuntergrund ist vor dem Verlegen zur Verbesserung der Haftverbindung zwischen Untergrund und Unterlagspappe oder zwischen Untergrund und Holzpflaster ein Voranstrich aufzubringen, wenn in der Leistungsbeschreibung nichts anderes vorgeschrieben ist.

3.23. Der Voranstrich muß abgetrocknet sein, bevor die Unterlagspappe aufgeklebt oder das Holzpflaster verlegt wird.

3.24. Beim Verlegen auf Unterlagspappe ist nackte 500er Teerpappe oder nackte 500er Bitumenpappe auf den nach Abschnitt 3.22 vorgestrichenen Untergrund mit der zur Verlegung des Holzpflasters vorgesehenen Klebemasse vollflächig aufzukleben. Die Pappebahnen sind stumpf zu stoßen, an den Stößen hochquellende Klebemasse ist zu glätten.

3.25. Die Holzpflasterklötze sind mit der Unterseite, einer Längsseite und den halben Stoßseiten in heißflüssige Klebemasse zu tauchen, vollflächig mit dem Untergrund und preßgestoßen miteinander zu verkleben. Sie müssen auf dem Untergrund gleichmäßig aufliegen und dürfen nach dem Anpressen nicht verkantet sein.

3.26. Nach dem Verlegen des Holzpflasters und dem Vergießen von Dehnungsfugen ist das Holzpflaster mit trockenem Sand abzukehren, wenn in der Leistungsbeschreibung nichts anderes (z. B. Abkehren mit bituminiertem Sand) vorgeschrieben ist.

3.3. Verlegen mit Fugenleisten

3.31. Verlegen mit Fugenleisten ohne Aufkleben der Holzpflasterklötze

Die Klötze sind — an den Stoßseiten preßgestoßen, an den Seiten der Längsfugen mit Fugenleisten — derart zu verlegen, daß zwischen den Klotzreihen 4 bis 6 mm breite gleichmäßige Längsfugen entstehen. Die Höhe der Fugenleisten muß etwa $^1/_3$ der Klotzhöhe betragen. Die Fugen sind mit heißflüssiger Vergußmasse voll zu füllen, wenn in der Leistungsbeschreibung nichts anderes (z. B. bei Klotzhöhen von 80 mm oder mehr Vergießen des unteren Drittels der Fugenhöhe mit heißflüssiger Vergußmasse, Füllen des mittleren Drittels der Fugenhöhe mit trokkenem Sand, Füllen des oberen Drittels der Fugenhöhe mit heißflüssiger Vergußmasse) vorgeschrieben ist.

Überstehende Vergußmasse ist zu entfernen.

3.32. Verlegen mit Fugenleisten und Aufkleben der Holzpflasterklötze

Verlegen mit Fugenleisten und Aufkleben der Holzpflasterklötze umfaßt folgende Leistungen:

Voranstrich nach Abschnitt 3.22;

Aufkleben von Unterlagspappe nach Abschnitt 3.24, wenn es in der Leistungsbeschreibung vorgeschrieben ist;

Verlegen der aufzuklebenden Holzpflasterklötze nach den Abschnitten 3.25 und 3.31.

4. Nebenleistungen

Nebenleistungen sind Leistungen, die auch ohne Erwähnung in der Leistungsbeschreibung zur vertraglichen Leistung gehören (siehe Teil B — DIN 1961 — § 2 Ziffer 1).

4.1. Folgende Leistungen sind Nebenleistungen:

4.101. Messungen für das Ausführen und Abrechnen der Arbeiten einschließlich des Vorhaltens der Meßgeräte und des Stellens der Arbeitskräfte.

4.102. Befördern aller Stoffe und Bauteile, auch wenn sie vom Auftraggeber beigestellt werden, von den Lagerstellen auf der Baustelle zu den Verwendungsstellen und etwaiges Rückbefördern.

4.103. Heranbringen von Wasser, Gas und Strom von den vom Auftraggeber auf der Baustelle zur Verfügung gestellten Anschlußstellen zu den Verwendungsstellen.

4.104. Vorhalten der Kleingeräte und Werkzeuge.

4.105. Lieferung der Betriebsstoffe.

4.106. Reinigen des Untergrundes, ausgenommen Leistungen nach Abschnitt 4.33.

4.107. Anpassen des Holzpflasters an die angrenzenden Bauwerksteile (z. B. an Wände, Pfeiler, Stützen, Schwellen, Maschinenfundamente, Rohrleitungen, Schienen aller Art) und Anschließen an diese Bauwerksteile in anderen Fällen als nach Abschnitt 4.34.

4.108. Schutz- und Sicherheitsmaßnahmen nach den Unfallverhütungsvorschriften und polizeilichen Vorschriften.

4.109. Beleuchten und Reinigen der Aufenthaltsräume und Aborte für die Beschäftigten des Auftragnehmers sowie Beheizen der Aufenthaltsräume.

4.110. Beseitigen aller von den Arbeiten des Auftragnehmers herrührenden Verunreinigungen und des Bauschuttes des Auftragnehmers.

4.111. Absperrmaßnahmen bis zur Begehbarkeit des Holzpflasters.

4.112. Schutz der ausgeführten Leistung und der für die Ausführung übergebenen Gegenstände vor Beschädigung und Diebstahl bis zur Abnahme.

4.2. Folgende Leistungen sind Nebenleistungen, wenn sie nicht durch besondere Ansätze in der Leistungsbeschreibung erfaßt sind:

4.21. Einrichten und Räumen der Baustelle.

4.22. Vorhalten der Baustelleneinrichtung einschließlich der Geräte und dergleichen.

4.3. Folgende Leistungen sind keine Nebenleistungen:

4.31. „Besondere Leistungen" nach Teil A — DIN 1960 — § 9 Ziffer 2 letzter Absatz+4).

4.32. Gestellung von Aufenthalts- und Lagerräumen, wenn der Auftraggeber keine Räume zur Verfügung stellt, die vom Auftragnehmer leicht verschließbar gemacht werden können.

4.33. Reinigen des Untergrundes von grober Verschmutzung durch Bauschutt, Gips, Mörtel- und Farbreste u. ä., soweit sie von anderen Unternehmern herrührt.

4.34. Herstellen von Aussparungen und Anschlüssen, mit denen der Auftragnehmer bei Abgabe des Angebots nicht rechnen konnte.

+4) Seit November 1973: DIN 1960 — § 9 Nr. 6.

4.35. Vorkehrungen nach Abschnitt 3.102, wenn sie dem Auftragnehmer nach dem Vertrag nicht ohnehin obliegen.

4.36. besonderer Schutz der Bauleistung, der vom Auftraggeber für eine vorzeitige Benutzung verlangt wird, seine Unterhaltung und spätere Beseitigung.

4.37. Schleifen und Versiegeln des Holzpflasters.

5. Aufmaß und Abrechnung

5.1. Allgemeines

5.11. Dem Aufmaß werden die tatsächlich ausgeführten Leistungen zugrunde gelegt, soweit in der Leistungsbeschreibung nichts anderes (z. B. Berechnung nach bestimmt bezeichneten Plänen) vorgeschrieben ist.

5.12. Bei Abrechnung nach Flächenmaß werden Aussparungen (z. B. Öffnungen, Pfeilervorlagen, Rohrdurchführungen) bis zu 0,10 m^2 Einzelgröße nicht abgezogen.

5.2. Es wird aufgemessen und abgerechnet:

Holzpflaster, getrennt nach Holzart, Klotzhöhe und Verlegeart, nach Flächenmaß (m^2).

VOB Teil C:

Allgemeine Technische Vorschriften für Bauleistungen

Lüftungstechnische Anlagen – DIN 18 379

Fassung Juni 1972

Ausgabedatum: August 1974

Inhalt

0. Hinweise für die Leistungsbeschreibung*)

(siehe auch Teil A — DIN 1960 — § 9)

0.1. In der Leistungsbeschreibung sind nach Lage des Einzelfalles insbesondere anzugeben:

0.1.1. Lage der Baustelle und Umgebungsbedingungen, z. B. Hauptwindrichtung, Einflugschneisen, Verschmutzung der Außenluft, Bebauung usw., Zufahrtsmöglichkeiten und Beschaffenheit der Zufahrt sowie etwaige Einschränkungen bei ihrer Benutzung, Art der baulichen Anlagen, Anzahl und Höhe der Geschosse.

0.1.2. Lage und Ausmaß der dem Auftragnehmer für die Ausführung seiner Leistungen zur Benutzung oder Mitbenutzung überlassenen Flächen.

0.1.3. Art, Lage, Abflußvermögen und Hochwasserverhältnisse des Vorfluters.

0.1.4. Ergebnisse der Bodenuntersuchung und der Wasseranalyse.

0.1.5. Schutzgebiete im Bereich der Baustelle.

0.1.6. besondere Maßnahmen aus Gründen der Landespflege und des Umweltschutzes.

0.1.7. Art und Umfang des Schutzes von Bäumen, Pflanzenbeständen, Vegetationsflächen, Bauteilen, Bauwerken u. ä. im Bereich der Baustelle.

0.1.8. besondere Anordnungen, Vorschriften und Maßnahmen der Eigentümer (oder der anderen Weisungsberechtigten) von Leitungen, Kabeln, Dränen, Kanälen, Wegen, Gewässern, Gleisen, Zäunen und dergleichen im Bereich der Baustelle.

0.1.9. für den Verkehr freizuhaltende Flächen.

0.1.10. Besonderheiten der Regelung und Sicherung des Verkehrs, gegebenenfalls auch, wieweit der Auftraggeber die Durchführung der erforderlichen Maßnahmen übernimmt.

0.1.11. Verkehrsverhältnisse auf der Baustelle, insbesondere Verkehrsbeschränkungen, z. B. Begrenzung der Verkehrslasten.

0.1.12. Lage, Art und Anschlußwert der dem Auftragnehmer auf der Baustelle zur Verfügung gestellten Anschlüsse für Wasser und Energie.

---

*) Diese Hinweise werden nicht Vertragsbestandteil.

0.1.13. Mitbenutzung fremder Gerüste, Hebezeuge, Aufzüge, Aufenthalts- und Lagerräume, Einrichtungen und dergleichen durch den Auftragnehmer.

0.1.14. Auf- und Abbauen sowie Vorhalten der Gerüste, die nicht unter Abschnitt 4.1.11 fallen.

0.1.15. besondere Anforderungen an die Baustelleneinrichtung.

0.1.16. Art und Zeit der vom Auftraggeber veranlaßten Vorarbeiten.

0.1.17. ob und in welchem Umfang dem Auftragnehmer Arbeitskräfte und Geräte für Abladen, Lagern und Transport zur Verfügung gestellt werden.

0.1.18. Arbeiten anderer Unternehmer auf der Baustelle.

0.1.19. Leistungen für andere Unternehmer.

0.1.20. Art, Menge, Gewicht der Stoffe und Bauteile, die vom Auftraggeber beigestellt werden, sowie Art, Ort (genaue Bezeichnung) und Zeit ihrer Übergabe.

0.1.21. Güteanforderungen an nicht genormte Stoffe und Bauteile.

0.1.22. Art und Umfang verlangter Eignungs- und Gütenachweise.

0.1.23. vorgesehene Arbeitsabschnitte, Arbeitsunterbrechungen und -beschränkungen nach Art, Ort und Zeit.

0.1.24. besondere Erschwernisse während der Ausführung, z. B. Arbeiten in Räumen, in denen der Betrieb des Auftraggebers weiterläuft, Arbeiten bei außergewöhnlichen Temperaturen.

0.1.25. ob nach bestimmten Zeichnungen oder nach Aufmaß abgerechnet werden soll.

0.1.26. Angabe der Termine für die Lieferung der Unterlagen nach Abschnitt 3.1.5 und 3.1.6 sowie für Beginn und Ende der vertraglichen Leistungen, ferner, ob und gegebenenfalls in welchem Umfang vom Auftragnehmer Terminpläne oder Beiträge dazu aufzustellen und zu liefern sind, z. B. für Netzpläne.

0.1.27. für welche Anlageteile im Angebot Muster, Darstellungen und Beschreibungen sowie Einzelheiten über Hersteller, Abmessungen, Gewichte und Ausführungen verlangt werden.

0.1.28. Angabe, ob Maßnahmen nach Abschnitt 4.1.3 besonders frühzeitig auszuführen sind oder besonderen Aufwand erfordern.

0.1.29. Zeitpunkt der Inbetriebnahme der Anlage.

0.1.30. ob Arbeitspläne zum Aussparen von Schlitzen und Durchbrüchen für Leitungen und Kanäle anzufertigen sind, oder ob nur vorhandene Pläne zu prüfen sind.

0.1.31. Art und Anzahl der zu liefernden Bestandszeichnungen und schematischen Darstellungen sowie der Bedienungsanweisungen, soweit sie über die in Abschnitt 3.11.2 aufgeführten Unterlagen hinaus gefordert werden.

0.1.32. Art und Umfang von Provisorien, z. B. Versorgung aus dem Stadtwassernetz bis zur Fertigstellung der Kälteanlage.

0.1.33. Art und Umfang von Winterbaumaßnahmen.

0.1.34. Art und Höhe des Prämienanteils für gegebenenfalls vom Auftragnehmer zu übernehmende Bauwesen- und Haftpflichtversicherung.

0.1.35. ob ein Wartungsvertrag mit angeboten werden soll.

0.1.36. Abgrenzung des Leistungsumfanges zwischen den beteiligten Auftragnehmern.

0.1.37. der Auftraggeber kann zur Abgabe von Angeboten dergestalt auffordern, daß der dem Angebot zugrunde zu legende Entwurf und die Leistungsbeschreibung von den Bewerbern aufgestellt werden (Leistungsbeschreibung mit Leistungsprogramm).

In diesem Fall ist den Bewerbern anzugeben bzw. zu übergeben:

0.1.37.1. Lageplan und Umgebungsbedingungen, z. B. Himmelsrichtung, Windanfall, Bebauung, Verschmutzung der Außenluft.

0.1.37.2. Gebäudeplan (Geschoßgrundrisse und Gebäudeschnitte) als pausfähige Zeichnungen mit Angabe der Bauweise, z. B. der Außen- und Innenwände, Fußböden, Dekken, Fenster, Türen.

0.1.37.3. Benutzungsart der Gebäude und der Räume mit Maximal- und Minimal-Angabe der Belegung, der Betriebszeiten, der Einrichtungen, der Beleuchtung usw.

0.1.37.4. zur Verfügung stehende Energien.

0.1.37.5. Unterbringung der Klima- und Lüftungsgeräte, Kälteanlagen usw., Lage des Heizraumes oder des Übergaberaumes bei Fernwärme, der Räume für Pumpen, Verteiler, Wasseraufbereitung und sonstiger Anlageteile.

0.1.37.6. Rohr-, Kanal- und Leitungsführung.

0.1.37.7. geforderte Verlegungsart der Rohrleitungen und Kanäle.

0.1.37.8. Ausführung der Brandschutz-, Wärmedämm- und Schallschutzarbeiten.

0.1.37.9. geforderte, von den Normen abweichende Temperaturen, Größe der durch örtliche Heizflächen gedeckten Grundlast, wenn Restwärme durch Lüftungs- oder Klimaanlagen gedeckt werden soll.

0.1.37.10. von der Lüftungs bzw. Klimaanlage zu deckender Wärmebedarf.

0.1.37.11. Außenluftraten und Luftwechselzahlen.

0.1.37.12. Raumlufttemperaturen, Raumluftfeuchten, Luftgeschwindigkeit, maximale Arbeitsplatzkonzentration, gesundheitsschädliche Stoffe (MAK-Werte), zulässige oder geforderte Lautstärken in den zu lüftenden Räumen und gegebenenfalls in angrenzenden Räumen bzw. Maschinenräumen der Lüftungs- und Klimaanlage, Funkentstörgrade.

0.1.37.13. Betriebsweise.

0.1.37.14. Lieferbedingungen und Aggregatzustand des Wärmeträgers bei Fernwärmeversorgung.

0.1.37.15. Grenzen der Vor- und Rücklauftemperatur.

0.1.37.16. Art der Regelung.

0.1.37.17. Zonenaufteilung der Heizkreise.

0.1.37.18. ob Spezialarmaturen gefordert werden.

0.1.37.19. Zeiten und Dauer des Spitzenbedarfs.

0.1.37.20. Brandabschnitte.

0.1.37.21. besondere Vorschriften des Auftraggebers.

0.1.37.22. eventuelle spätere Erweiterung.

0.1.38. Leistungen nach Abschnitt 4.2 in besonderen Ansätzen, wenn diese Leistungen keine Nebenleistungen sein sollen.

0.1.39. Leistungen nach Abschnitt 4.3 in besonderen Ansätzen.

0.2. In der Leistungsbeschreibung sind Angaben zu folgenden Abschnitten nötig, wenn der Auftraggeber eine abweichende Regelung wünscht:

Abschnitt 1.3 (Leistungen mit Lieferung der Stoffe und Bauteile)
Abschnitt 2.1.1 (Lieferung ungebrauchter Stoffe und Bauteile)
Abschnitt 2.3.1.2 (Vorrichtungen zur Tauwasserableitung)
Abschnitt 2.3.1.3 (Beschilderung an Bauteilen)
Abschnitt 2.3.5.1 (Blechdicken für Bauteile aus Stahlblech)
Abschnitt 3.6 (Schalldämmaßnahmen)
Abschnitt 3.7.4 (Verbindungen der Blechkanäle)
Abschnitt 3.7.5 (Rohrverbindungen)
Abschnitt 3.8.2 (Einbau von Motor-, Membran- und Magnetventilen der Regelstrecken)
Abschnitt 3.11.2 (Bestandszeichnungen, Brennstoff- und Energiebedarfs-Berechnung)
Abschnitt 3.12 (Leistungsmessung).

1. Allgemeines

1.1. DIN 18 379 „Lüftungstechnische Anlagen" gilt nicht für Einzelabsaugungen als Bestandteil von maschinellen Einrichtungen und nicht für Heizungs- und zentrale Brauchwassererwärmungsanlagen (siehe DIN 18 380 „Heizungs- und zentrale Brauchwassererwärmungsanlagen").

1.2. Vom Auftraggeber gelieferte Planungsunterlagen und Berechnungen hat der Auftragnehmer auf ihre Richtigkeit zu prüfen (siehe auch Teil B — DIN 1961 — § 3 Nr. 3), insbesondere hinsichtlich Volumenstrom, Lufttemperatur, Luftfeuche und Schallpegel.

1.3. Alle Leistungen umfassen auch die Lieferung der dazugehörigen Stoffe und Bauteile, einschließlich Abladen und Lagern auf der Baustelle, wenn in der Leistungsbeschreibung nichts anderes vorgeschrieben ist.

2. Stoffe, Bauteile

2.1. Liefern

2.1.1. Allgemeine Anforderungen

Stoffe und Bauteile, die der Auftragnehmer zu liefern und einzubauen hat, die also in das Bauwerk eingehen, müssen ungebraucht sein, wenn in der Leistungsbeschreibung nichts anderes vorgeschrieben ist. Sie müssen für den jeweiligen Verwendungszweck geeignet sein.

Stoffe und Bauteile, für die DIN-Normen bestehen, müssen den DIN-Güte- und -Maßbestimmungen entsprechen. Stoffe und Bauteile, die nach den behördlichen Vorschriften einer Zulassung bedürfen, müssen amtlich zugelassen sein und den Zulassungsbedingungen entsprechen.

Stoffe und Bauteile, für die weder DIN-Normen bestehen noch eine amtliche Zulassung vorgeschrieben ist, dürfen nur mit Zustimmung des Auftraggebers verwendet werden.

Für die gebräuchlichsten genormten Stoffe und Bauteile sind die DIN-Normen nachstehend aufgeführt.

2.1.2. Stoffe und Bauteile müssen dem Verwendungszweck entsprechend korrosionsgeschützt sein.

2.1.3. Stoffe und Bauteile von Lüftungs- und Klimaanlagen müssen geruchfrei und — ausgenommen Keilriemen und Kohlebürsten — abriebfest sein.

2.2. Stoffe

2.2.1. Stahlblech

DIN 1623 Blatt 1 Flachzeug aus Stahl; Kaltgewalztes Band und Blech aus weichen unlegierten Stählen, Gütevorschriften

DIN 1623 Blatt 2 Flachzeug aus Stahl; Feinbleche aus allgemeinen Baustählen; Gütevorschriften"

DIN 1623 Beiblatt Feinbleche aus unlegierten Stählen; Anhalt zum Umschlüsseln der Feinblechsorten.

2.2.2. Aluminium

DIN 1725 Blatt 1 Aluminiumlegierungen; Knetlegierungen.

2.2.3. Asbestzement

DIN 274 Blatt 1 Asbestzement-Wellplatten; Maße, Anforderungen, Prüfungen
DIN 274 Blatt 2 Asbestzement-Wellplatten; Anwendung bei Dachdeckungen.

2.2.4. Kunststoff

VDI 2051 Lüftung von Laboratorien.

2.3. Bauteile

2.3.1. Allgemeines

2.3.1.1. Alle Bauteile sind, soweit sie keine korrosionsgeschützte Oberfläche haben, mit einem Grundanstrich nach DIN 18 363 „Anstricharbeiten“ zu liefern.

2.3.1.2. Alle Bauteile, bei denen mit Taupunktunterschreitung zu rechnen ist, sind mit Vorrichtungen zur Tauwasserableitung zu liefern, wenn in der Leistungsbeschreibung nichts anderes vorgeschrieben ist.

2.3.1.3. Alle Beschilderungen an Bauteilen (Schilder, Skalen, Hinweise) müssen in deutscher Sprache und entsprechend dem „Gesetz über Einheiten im Meßwesen“ vom 2. 7. 1969 und seiner Ausführungsverordnung vom 26. 6. 1970 ausgeführt sein, wenn in der Leistungsbeschreibung nichts anderes vorgeschrieben ist. Die Schilder müssen Angaben über Leistung, Typ, Funktion u. ä. enthalten.

2.3.2. Ventilatoren

2.3.2.1. Für Ventilatoren gelten folgende Vorschriften und Richtlinien:

Unfallverhütungsvorschrift (UVV) Ventilatoren (VBG 7 w)

VDI 2044 Abnahme- und Leistungsversuche an Ventilatoren
VDMA 24 151 Ventilatoren; Begriffe, Zeichen, Einheiten
VDMA 24 162 Ventilatoren; Maßbezeichnungen
VDMA 24 164 Ventilatoren; Benennungen, Nenngröße, Antriebe, Nenndrücke, Kurzbezeichnungen, Fabrikschild
VDMA 24 165 Ventilatoren; Laufrad-Drehsinn, Gehäusestellung, Bogenstück- bzw. Saugkastenstellung
VDMA 24 167 Ventilatoren; Berührungs-, Schutzvorrichtungen, Richtlinien.

2.3.2.2. Werden Ventilatoren durch Drehstrommotoren der Bauform B 3 angetrieben, so müssen die Motoren

DIN 42 673 Blatt 1 „Oberflächengekühlte Drehstrommotoren mit Käfigläufer, Bauform B 3, mit Wälzlagern, Anbaumaße und Zuordnung der Leistungen“

entsprechen.

2.3.3. Warmlufterzeuger

2.3.3.1. Warmlufterzeuger mit Feuerungen für feste, flüssige und gasförmige Brennstoffe

DIN 4794 Blatt 1 Ortsfeste Warmlufterzeuger; Allgemeine und lufttechnische Anforderungen, Prüfung
DIN 4794 Blatt 2 Ortsfeste Warmlufterzeuger; Ölbefeuerte Warmlufterzeuger, Anforderungen
DIN 4794 Blatt 3 Ortsfeste Warmlufterzeuger; Gasbefeuerte Warmlufterzeuger, Anforderungen

DIN 4794 Blatt 4 Ortsfeste Warmlufterzeuger; Warmlufterzeuger für feste Brennstoffe, Anforderungen

DIN 4794 Blatt 5 Ortsfeste Warmlufterzeuger; Aufstellung außerhalb von Heizräumen.

Für direkt beheizte Lufterhitzer ist diese Norm sinngemäß anzuwenden.

2.3.3.2. Flanschanschlüsse und Gewindeanschlüsse müssen

DIN 18 380 „Heizungs- und zentrale Brauchwassererwärmungsanlagen" entsprechen.

2.3.3.3. Für Wärmeaustauscher mit zwei Massenströmen muß die Leistung

VDI 2076 „Leistungsnachweis für Wärmeaustauscher mit zwei Massenströmen" entsprechen.

2.3.4. Luftfilter

2.3.4.1. Luftfilter müssen den Anforderungen des Staubforschungsinstituts des Hauptverbandes der gewerblichen Berufsgenossenschaften e. V. „Richtlinien für die Prüfung von Filtern für Lüftungstechnische Anlagen" entsprechen. Für Schwebstoffilter gilt DIN 24 184 „Typprüfung von Schwebstoffiltern".

2.3.4.2. Luftfilter müssen mit Druckdifferenzmeßeinrichtungen ausgestattet sein.

2.3.4.3. Elektro-Luftfilter müssen den VDE-Vorschriften entsprechen.

2.3.5. Lüftungsleitungen mit Zubehör

Lüftungsleitungen mit eckigem Querschnitt werden als Kanäle, solche mit rundem oder ovalem Querschnitt als Rohre bezeichnet.

2.3.5.1. Lüftungsleitungen aus Blech müssen in ihrer Blechdicke mindestens DIN 1946 Blatt 1 „Lüftungstechnische Anlagen (VDI-Lüftungsregeln); Grundregeln" entsprechen, wenn in der Leistungsbeschreibung nichts anderes vorgeschrieben ist. Hinsichtlich ihrer Brandsicherheit müssen sie

DIN 4102 Blatt 3 „Brandverhalten von Baustoffen und Bauteilen; Begriffe, Anforderungen und Prüfungen von Sonderbauteilen"

genügen.

2.3.5.2. Wickelfalzrohre müssen nach

DIN 24 145 „Lufttechnische Anlagen; Wickelfalzrohre, Anschlußenden, Verbinder"

hergestellt sein.

2.3.5.3. Lüftungsleitungen aus verzinktem Stahlblech müssen sendzimier-verzinkt sein.

2.3.5.4. Dichtstoffe für Lüftungsleitungen müssen witterungs- und alterungsbeständig und — je nach der Beanspruchung — dauerplastisch oder dauerelastisch sein; sie müssen in ihren übrigen Eigenschaften dem Verwendungszweck entsprechen.

2.3.5.5. Bauteile für Lüftungsleitungen müssen, soweit erforderlich, mit Leitflächen versehen sein.

2.3.5.6. Absperreinrichtungen in Lüftungsleitungen gegen Feuer und Rauch unterliegen der Prüfzeichenpflicht.

2.3.6. Steuer-, Regel-, Meß- und Schaltanlagen

2.3.6.1. Für Begriffe und Benennungen gilt

DIN 19 226 „Regelungstechnik und Steuerungstechnik; Begriffe und Benennungen".

2.3.6.2. Elektrische Steuer-, Regel-, Meß- und Schaltgeräte müssen den VDE-Vorschriften entsprechen.

2.3.6.3. Elektrische Meßgeräte für Lüftungsanlagen müssen mindestens der Meßklasse 1,5 nach

VDE 0410 „Regeln für elektrische Meßgeräte"

entsprechen.

2.3.6.4. Schalttafeln müssen den VDE-Vorschriften entsprechen.

Schutzart mindestens IP 43 nach

DIN 40 050 Blatt 1 „Schutzarten; Berührungs-, Fremdkörper- und Wasserschutz für elektrische Betriebsmittel, Allgemeines".

Schalt-, Regel- und Meßinstrumente sowie ihre Verdrahtungen müssen leicht zugänglich sein.

2.3.7. Kälteanlagen

DIN 8975 Kälteanlagen; sicherheitstechnische Grundsätze für Bau, Ausrüstung und Aufstellung

DIN 8962 Kältemittel; Begriffe, Kurzzeichen

DIN 1947 Leistungsversuche an Kühltürmen; VDI-Kühlturmregeln.

3. Ausführung

3.1. Allgemeines

3.1.1. Wenn Verkehrs-, Versorgungs- und Entsorgungsanlagen im Bereich des Baugeländes liegen, sind die Vorschriften und Anordnungen der zuständigen Stellen zu beachten.

3.1.2. Die für die Aufrechterhaltung des Verkehrs bestimmten Flächen sind freizuhalten. Der Zugang zu Einrichtungen der Versorgungs- und Entsorgungsbetriebe, der Feuerwehr, der Post und Bahn zu Vermessungspunkten und dergleichen darf nicht mehr als durch die Ausführung unvermeidlich behindert werden.

3.1.3. Stoffe und Bauteile, für die Verarbeitungsvorschriften des Herstellerwerks bestehen, sind nach diesen Vorschriften zu verarbeiten.

3.1.4. Lüftungs- und Klimaanlagen sind in allen ihren Teilen so aufeinander abgestimmt auszuführen, daß die geforderte Leistung erbracht, die Betriebssicherheit vorhanden ist und die Korrosionsvorgänge weitgehend eingeschränkt sind.

3.1.5. Der Auftragnehmer hat dem Auftraggeber vor Beginn der Bauarbeiten alle Angaben zu machen, die für den reibungslosen Einbau und ordnungsgemäßen Betrieb der Anlage notwendig sind.

3.1.6. Der Auftragnehmer hat nach den Plänen des Auftraggebers Einbau-, Fundament-, Schlitz- und Durchbruchpläne aufzustellen und mit dem Auftraggeber abzustimmen. Sofern die Schlitz- und Durchbruchpläne bereits vorliegen, hat der Auftragnehmer diese zu prüfen. Ein Satz Ausführungszeichnungen einschließlich aller notwendigen Detailzeichnungen mit den Gewichtsangaben der Einbauteile sind dem Auftraggeber rechtzeitig auszuhändigen.

3.1.7. Der Auftragnehmer hat vor Beginn seiner Arbeiten die baulichen Verhältnisse auf Eignung für die Durchführung seiner Leistungen zu prüfen.

Er hat dem Auftraggeber Bedenken unverzüglich schriftlich mitzuteilen (siehe Teil B — DIN 1961 — § 4 Nr. 3), insbesondere bei

mangelhafter und erkennbar fehlerhafter Ausführung oder nicht rechtzeitiger Fertigstellung von

Fundamenten,

Durchbrüchen,

Dachdurchführungen,

Brüstungselementen,

Schall- und Wärmedämmung,

unzureichender Anschlußleistung für die Betriebsmittel (Heiz- und Kühlmittel, Energie),

fehlenden oder mangelhaften Anschlüssen an Bauteilen wie:

Lufterhitzern,

Luftkühlern,

Befeuchtungseinrichtungen,

Motoren,

Regel-, Schalt- und Meßanlagen, sofern diese der Auftragnehmer nicht selbst einzubauen hat,

Gefahr der Taupunktunterschreitung,

Änderungen von Voraussetzungen, die der Planung zugrunde gelegen haben, wie z. B. Verwendungszweck, innere und äußere Klimadaten (Temperatur, Feuchte, Staubgehalt, Lautstärke).

3.1.8. Stemm-, Fräs- und Bohrarbeiten am Bauwerk dürfen nur im Einvernehmen mit dem Auftraggeber ausgeführt werden.

3.1.9. Baustoffe, die zerstörend auf Anlageteile wirken können, z. B. Gips in Verbindung mit Stahl- und Gußteilen oder chloridhaltige Schnellbinder, dürfen nicht verwendet werden.

3.1.10. Für Lüftungstechnische Anlagen gelten:

DIN 1946	Blatt 1	Lüftungstechnische Anlagen (VDI Lüftungsregeln); Grundregeln
DIN 1946	Blatt 2	Lüftungstechnische Anlagen (VDI Lüftungsregeln); Lüftung von Versammlungsräumen
DIN 1946	Blatt 4	Lüftungstechnische Anlagen (VDI Lüftungsregeln); Lüftung in Krankenanstalten
DIN 1946	Blatt 5	Lüftungstechnische Anlagen (VDI Lüftungsregeln); Lüftung von Schulen
DIN 18 017	Blatt 3	Lüftung von Bädern und Spülaborten ohne Außenfenster mit Ventilatoren
DIN 18 017	Blatt 4	Lüftung von Bädern und Spülaborten ohne Außenfenster mit Ventilatoren; Rechnerischer Nachweis der ausreichenden Volumenströme
DIN 18 910	Blatt 1	Klima im geschlossenen Stall; Klima- und Wärmehaushalt im Winter;

ferner folgende Richtlinien:

VDI 2051 Lüftung von Laboratorien
VDI 2052 Lüftung von Küchen
VDI 2053 Lüftung von Garagen und Tunnel
VDI 2054 Klimaanlagen für Datenverarbeitungsräume
VDI 2086 Blatt 1 Lüftung in Druckereien; Tiefdruckbetriebe
VDI 2084 Lüftung von Schweißräumen und Schweißplätzen
VDI 2078 Berechnung der Kühllast klimatisierter Räume (VDI-Kühllast-Regeln)
VDI 2081 Lärmminderung bei Lufttechnischen Anlagen.

3.2. Ventilatoren

Bestehen Ventilatorteile aus splitterfähigen Stoffen, so sind geeignete Maßnahmen vorzusehen, die beim Zerspringen dieser Teile einen ausreichenden Splitterschutz geben.

3.3. Lufterhitzer, Luftkühler, Warmlufterzeuger

3.3.1. Lufterhitzer und Luftkühler sind vor dem Einbau auf ihre Dichtheit und Druckfestigkeit zu prüfen.

3.3.2. Lufterhitzer und Luftkühler sind so einzubauen, daß eine einfache vollständige Entleerung und Entlüftung möglich ist.

3.3.3. Die Luftkühler sind so einzubauen, daß eine einwandfreie Tauwasserableitung nach DIN 1986 Blatt 1 „Grundstücksentwässerungsanlagen; Technische Bestimmungen für den Bau" sichergestellt ist.

3.3.4. Das Eindringen von Wassertropfen in andere Anlageteile ist durch geeignete Maßnahmen zu verhindern.

3.3.5. Elektro-Lufterhitzer sind mit Strömungs- und Übertemperatursicherungen auszurüsten.

3.4. Luftfilter

Elektro-Luftfilter müssen den VDE-Vorschriften entsprechend eingebaut sein. Sie sind mit den erforderlichen Sicherheits- und Schutzeinrichtungen einschließlich Hochspannungskabel zu versehen.

3.5. Befeuchtungseinrichtungen

3.5.1. Befeuchtungseinrichtungen mit Wasser- oder Dampfanschluß sind mit den dafür notwendigen Absperr- und Reguliereinrichtungen zu versehen.

3.5.2. Befeuchtungseinrichtungen mit Wasseranschluß sind so einzubauen, daß sie an das Wasserversorgungsnetz und, wenn erforderlich, auch an das Abwassernetz unter Beachtung der Vorschriften angeschlossen werden können (siehe DIN 1988 „Trinkwasser-Leitungsanlagen in Grundstücken; Technische Bestimmungen für Bau und Betrieb" und DIN 1986 Blatt 1 „Grundstücksentwässerungsanlagen; Technische Bestimmung für den Bau").

3.5.3. Das Eindringen von Wassertropfen in andere Anlageteile ist durch geeignete Maßnahmen zu verhindern.

3.6. Schalldämmaßnahmen

Wenn Schalldämmaßnahmen an der Anlage auszuführen sind, müssen sie den Anforderungen DIN 1946 Blatt 1 „Lüftungstechnische Anlagen (VDI-Lüftungsregeln); Grundregeln“ entsprechen, wenn in der Leistungsbeschreibung nichts anderes vorgeschrieben ist.

3.7. Lüftungsleitungen mit Zubehör

3.7.1. Für Bemessungsgrundlagen, Schalldämpfung, Temperaturabfall und Wärmeverlust gilt VDI 2087 „Luftkanäle, Bemessungsgrundlage, Schalldämpfung, Temperaturabfall und Wärmeverlust“.

3.7.2. Lüftungsleitungen müssen so ausgeführt sein, daß störende Geräusche beim Ein- und Ausschalten der Lüftungs- und Klimaanlagen nicht entstehen.

3.7.3. Alle Verbindungen von Lüftungsleitungen müssen dem Verwendungszweck entsprechend luftdicht und stabil sein.

3.7.4. Die Art der Verbindungen von Lüftungsleitungen bleibt dem Auftragnehmer überlassen, wenn in der Leistungsbeschreibung nicht etwas anderes vorgeschrieben ist.

Die Dichtflächen müssen dem Verwendungszweck entsprechend ausgebildet und mit dauerelastischen Dichtstoffen versehen sein.

Bei Kanalabmessungen bis 400 mm größter Seitenlänge sind Steckverbindungen zulässig, die Verbindung ist dann von außen mit einer selbstklebenden Binde von mindestens 5 cm Breite zweimal zu umwickeln.

3.7.5. Rohre sind zusammenzustecken oder zu flanschen, wenn in der Leistungsbeschreibung nichts anderes vorgeschrieben ist. Bei Steckverbindungen ist die Verbindung von außen mit einer selbstklebenden Binde von mindestens 5 cm Breite zweimal zu umwickeln.

3.7.6. Lüftungsleitungen müssen, soweit erforderlich, mit verschließbaren Meßöffnungen versehen sein.

3.7.7. Luftdurchlässe sind mit Einbaurahmen auszurüsten, ausgenommen beim direkten Kanaleinbau des Luftdurchlasses oder bei Schiebestutzen.

3.8. Steuer-, Regel-, Meß- und Schaltanlagen

3.8.1. Beim Einbau elektrischer Steuer-, Regel-, Meß- und Schaltanlagen sind die VDE-Vorschriften zu beachten.

3.8.2. Motor-, Membran- und Magnetventile der Regelstrecken von Lüftungstechnischen Anlagen sind vom Auftragnehmer zu bemessen und einzubauen, wenn in der Leistungsbeschreibung nichts anderes vorgeschrieben ist. Der Auftragnehmer ist auch dann für die ordnungsgemäße Funktion verantwortlich, wenn der Einbau durch andere Unternehmer durchgeführt wird.

3.8.3. Der Auftragnehmer hat für die von ihm einzubauenden elektrotechnischen Bauteile dem Auftraggeber zur Verlegung der elektrischen Leitungen einen verbindlichen Geräteplan, ein Schaltbild oder einen Stromlaufplan mit Klemmenplan zur Verfügung zu stellen und die Stromaufnahme (Anlaufstrom) anzugeben. Er hat während der Inbetriebnahme einen mit der Regelanlage vertrauten Fachmann bei der Prüfung der elektrischen Leitungsanlage zur Verfügung zu stellen.

3.8.4. Meßfühler sind an solchen Stellen und so einzubauen, daß der Meßwert richtig erfaßt werden kann.

3.8.5. Antriebsmotore für Ventilatoren und Grundplatten-Pumpen müssen mit Notschaltern am Aufstellungsort ausgerüstet sein.

3.9. Kälteanlagen

Kälteanlagen sind einzubauen nach VBG 20 Unfallverhütungsvorschrift, Kälteanlagen und

DIN 8975 Kälteanlagen; sicherheitstechnische Grundsätze für Bau, Ausrüstung und Aufstellung.

3.10. Zulassungsbescheinigungen

Bei Anlagen und Anlageteilen, die einer Zulassung oder Prüfung unterliegen, hat der Auftragnehmer entsprechende Bescheinigungen beizubringen.

3.11. Funktionsprüfung

3.11.1. Der Auftragnehmer hat die Anlage auf einwandfreie Funktion zu prüfen. Dafür sind insbesondere folgende Arbeiten durchzuführen:

Einstellen des geforderten Volumenstromes,
Einstellen und Prüfen der Schutzeinrichtungen der Antriebsmotore,
Einstellen der Regelanlage,
Einstellen sämtlicher Gitter, Drosselelemente und Brandschutzsperrvorrichtungen,
Einstellen der Drosselelemente für die Heiz-, Kühl- und Befeuchtungsmittel auf die berechneten Werte,
die endgültige Einstellung ist in der ersten Heiz- und Kühlperiode nach Fertigstellung der Anlage durchzuführen.

3.11.2. Der Auftragnehmer hat aufzustellen und dem Auftraggeber spätestens bei der Abnahme zu übergeben:

Bestandszeichnungen, soweit sie vom Auftraggeber verlangt werden,
Luft-, Wasser-, Dampf- und Strom-Schaltschemata,
Schematische Darstellungen und Beschreibungen der Anlage,
Berechnung des Brennstoff- bzw. des Energiebedarfes, soweit dies vom Auftraggeber verlangt wird,
Kopien behördlicher Prüfbescheinigungen und Werksatteste,
Protokolle über alle im Rahmen der Einregulierungsarbeiten durchgeführten Messungen,
alle für den sicheren und wirtschaftlichen Betrieb erforderlichen Bedienungs- und Wartungsanweisungen,
Ersatzteilliste.

3.12. Leistungsmessung

Ist eine Leistungsmessung vorgeschrieben, so ist diese nach DIN 1946 Blatt 1 „Lüftungstechnische Anlagen (VDI-Lüftungsregeln); Grundregeln" durchzuführen.

4. Nebenleistungen

Nebenleistungen sind Leistungen, die auch ohne Erwähnung in der Leistungsbeschreibung zur vertraglichen Leistung gehören (siehe Teil B – DIN 1961 – § 2 Nr. 1).

4.1. Folgende Leistungen sind Nebenleistungen:

4.1.1. Messungen für das Ausführen und Abrechnen der Arbeiten einschließlich des Vorhaltens der Meßgeräte, Lehren, Absteckzeichen usw., des Erhaltens der Lehren und Absteckzeichen während der Bauausführung und des Stellens der Arbeitskräfte, jedoch nicht Leistungen nach Teil B — DIN 1961 — § 3 Nr. 2.

4.1.2. Schutz- und Sicherheitsmaßnahmen nach den Unfallverhütungsvorschriften und den behördlichen Bestimmungen.

4.1.3. Schutz der ausgeführten Leistungen und der für die Ausführung übergebenen Gegenstände vor Beschädigung und Diebstahl bis zur Abnahme.

4.1.4. Heranbringen von Wasser und Energie von den vom Auftraggeber auf der Baustelle zur Verfügung gestellten Anschlußstellen zu den Verwendungsstellen.

4.1.5. Vorhalten der Kleingeräte und Werkzeuge.

4.1.6. Lieferung der Betriebsstoffe.

4.1.7. Befördern aller Stoffe und Bauteile, auch wenn sie vom Auftraggeber beigestellt sind, von den Lagerstellen auf der Baustelle zu den Verwendungsstellen und etwaiges Rückbefördern.

4.1.8. Sichern der Arbeiten gegen Tagwasser, mit dem normalerweise gerechnet werden muß, und seine etwa erforderliche Beseitigung.

4.1.9. Beleuchten und Reinigen der Aufenthaltsräume und Aborte für die Beschäftigten des Auftragnehmers sowie Beheizen der Aufenthaltsräume.

4.1.10. Beseitigen aller Verunreinigungen (Abfälle, Bauschutt und dergleichen), die von den Arbeiten des Auftragnehmers herrühren.

4.1.11. Auf- und Abbauen sowie Vorhalten der Gerüste, deren Arbeitsbühnen bis zu 2 m über Gelände oder Fußboden liegen.

4.1.12. Nachprüfen aller für den Bau der Anlage des Auftragnehmers nötigen baulichen Arbeiten auf ihre maßgerechte Ausführung, soweit dieses mit einfachen Mitteln, z. B. Metermaß, Bandmaß, Wasserwaage, Lot, möglich ist.

4.1.13. Einweisung des Bedienungs- und Wartungspersonals.

4.1.14. Liefern und Anbringen der Typen- und Leistungsschilder.

4.2. Folgende Leistungen sind Nebenleistungen, wenn sie nicht durch besondere Ansätze in der Leistungsbeschreibung erfaßt sind:

4.2.1. Einrichten und Räumen der Baustelle.

4.2.2. Vorhalten der Baustelleneinrichtung einschließlich der Geräte und dergleichen.

4.3. Folgende Leistungen sind keine Nebenleistungen:

4.3.1. „Besondere Leistungen“ nach Teil A — DIN 1960 — § 9 Nr. 6.

4.3.2. Aufstellen, Vorhalten und Beseitigen von Bauzäunen, Blenden und Schutzgerüsten zur Sicherung des öffentlichen Verkehrs sowie von Einrichtungen außerhalb der Baustelle zur Umleitung und Regelung des öffentlichen Verkehrs.

4.3.3. Sichern von Leitungen, Kanälen, Dränen, Kabeln, Grenzsteinen, Bäumen und dergleichen.

4.3.4. Beseitigen von Hindernissen, Leitungen, Kanälen, Dränen, Kabeln und dergleichen.

4.3.5. besondere Maßnahmen aus Gründen der Landespflege und des Umweltschutzes, z. B. Schalldämmung der Geräte gegen den Baukörper.

4.3.6. Vorhalten von Aufenthalts- und Lagerräumen, wenn der Auftraggeber Räume, die leicht verschließbar gemacht werden können, nicht zur Verfügung stellt.

4.3.7. Auf- und Abbauen sowie Vorhalten der Gerüste, deren Arbeitsbühnen mehr als 2 m über Gelände oder Fußboden liegen.

4.3.8. zusätzliche Maßnahmen für die Weiterarbeit bei Frost und Schnee, soweit sie dem Auftragnehmer nicht ohnehin obliegen.

4.3.9. Stemm-, Bohr- und Fräsarbeiten für die Befestigung von Konsolen und Halterungen sowie das Stemmen von Schlitzen und Durchbrüchen.

4.3.10. Anpassen von Anlageteilen an nicht maßgerecht ausgeführte Leistungen anderer Unternehmer.

4.3.11. Liefern und Befestigen der Funktions-, Bezeichnungs- und Hinweisschilder.

4.3.12. Liefern von Schalt- und Stromlaufplänen, in anderen Fällen als nach Abschnitt 3.11.2.

4.3.13. Anschluß von bauseits gestellten Apparateteilen an die Rohrleitungen und Kanäle.

4.3.14. Einbau von bauseits gestellten Armaturen in die Rohrleitungen und Kanäle.

4.3.15. Wasseranalyse und Gutachten.

4.3.16. Liefern der für die Inbetriebnahme und den Probebetrieb nötigen Betriebsstoffe.

4.3.17. provisorische Maßnahmen zum vorzeitigen Betreiben der Anlage oder von Anlageteilen.

4.3.18. Gebühren für behördlich vorgeschriebene Abnahmeprüfungen.

4.3.19. Herstellen von Mutterpausen nach den Plänen des Auftraggebers nach Abschnitt 3.1.6.

5. Abrechnung

5.1. Allgemeines

5.1.1. Die Leistung ist aus Zeichnungen zu ermitteln, soweit die ausgeführte Leistung diesen Zeichnungen entspricht.

Sind solche Zeichnungen nicht vorhanden, ist die Leistung aufzumessen.

Der Ermittlung der Leistung — gleichgültig, ob sie nach Zeichnungen oder nach Aufmaß erfolgt — sind die Konstruktionsmaße der Anlagenteile zugrunde zu legen.

5.2. Es werden abgerechnet:

5.2.1. Ventilatoren, Antriebsmotore, Luftfilter, Luftwäscher, Schalldämpfer, Warmlufterzeuger, Lufterhitzer und -kühler und ähnliche Teile, getrennt nach Leistungsdaten und kennzeichnenden Merkmalen, nach Anzahl (Stück).

5.2.2. Absperrorgane, Regelorgane und ähnliche Geräte, Luftdurchlässe, Kontroll- und Reinigungsdeckel, getrennt nach Art und Abmessungen, nach Anzahl (Stück).

5.2.3. Verbindungs- und Befestigungsmaterial, z. B. Flanschen, Rahmen, Schienen, Profilstahl, Falze, Schraubenverbindungen, Dichtungsmaterial, Verbindungsmuffen, sowie Aufhängungen, Wand- und Deckenhülsen, Versteifungen für das Entdröhnen der Kanäle, Leitbleche, Ausschnitte zum Reinigen, Kontrollieren und Messen, Rostschutzgrundanstrich aller nicht oberflächengeschützten Teile werden nicht berücksichtigt.

5.2.4. Rohre

5.2.4.1. Rohre einschließlich Bogen, Form- und Verbindungsstücke, getrennt nach Art, Nennweite und Wanddicke, in der Achse gemessen, nach Längenmaß (m).

5.2.4.2. Bogen, getrennt nach Art, Nennweite, Wanddicke, Winkel und mittlerem Krümmungshalbmesser, nach Anzahl (Stück) als Zulage zum Rohrpreis.

5.2.4.3. Formstücke, unterschieden in T-Stücke, Kreuzstücke, Hosenstücke, Übergangsstücke, getrennt nach Art, größter Nennweite, größter Wanddicke und sonstigen Kennzeichen, nach Anzahl (Stück) als Zulage zum Rohrpreis.

5.2.4.4. Flexible Rohre, getrennt nach Nennweite über dem mittleren Krümmungshalbmesser, in Längenmaß (m).

5.2.5. Kanäle

5.2.5.1. Kanäle nach äußerer Oberfläche, ermittelt aus den Abmessungen ohne Berücksichtigung der Wärmedämmung, nach Flächenmaß (m^2).

Hierbei sind die Oberflächen der Kanalbogen, Kanalsprünge, Übergangs- und Formstücke aus dem größten Umfang und der größten Länge zu ermitteln.

Überlappungen werden nicht berücksichtigt.

5.2.5.2. Endböden und Abschlußdeckel nach Flächenmaß (m^2).

5.2.5.3. Ausschnitte, wie Gitterausschnitte, oder Ausschnitte für Abzweige usw. werden nicht abgezogen.

VOB Teil C:

Allgemeine Technische Vorschriften für Bauleistungen

Heizungs- und zentrale Brauchwassererwärmungsanlagen

DIN 18 380

Fassung Juni 1972

Ausgabedatum: August 1974

Inhalt

0. Hinweise für die Leistungsbeschreibung*)

(siehe auch Teil A — DIN 1960 — § 9)

0.1. In der Leistungsbeschreibung sind nach Lage des Einzelfalles insbesondere anzugeben:

0.1.1. Lage der Baustelle und Umgebungsbedingungen, z. B. Hauptwindrichtung, Einflugschneisen, Verschmutzung der Außenluft, Bebauung usw., Zufahrtsmöglichkeiten und Beschaffenheit der Zufahrt sowie etwaige Einschränkungen bei ihrer Benutzung, Art der baulichen Anlagen, Anzahl und Höhe der Geschosse.

0.1.2. Lage und Ausmaß der dem Auftragnehmer für die Ausführung seiner Leistungen zur Benutzung oder Mitbenutzung überlassenen Flächen.

0.1.3. Art, Lage, Abfluß, Abflußvermögen und Hochwasserverhältnisse des Vorfluters.

0.1.4. Ergebnisse der Bodenuntersuchung und der Wasseranalyse.

0.1.5. Schutzgebiete im Bereich der Baustelle.

0.1.6. besondere Maßnahmen aus Gründen der Landespflege und des Umweltschutzes.

0.1.7. Art und Umfang des Schutzes von Bäumen, Pflanzenbeständen, Vegetationsflächen, Bauteilen, Bauwerken u. ä. im Bereich der Baustelle.

0.1.8. besondere Anordnungen, Vorschriften und Maßnahmen der Eigentümer (oder der anderen Weisungsberechtigten) von Leitungen, Kabeln, Dränen, Kanälen, Wegen, Gewässern, Gleisen, Zäunen und dergleichen im Bereich der Baustelle.

0.1.9. für den Verkehr freizuhaltende Flächen.

0.1.10. Verkehrsverhältnisse auf der Baustelle, insbesondere Verkehrsbeschränkungen, z. B. Begrenzung der Verkehrslasten.

0.1.11. Lage, Art und Anschlußwert der dem Auftragnehmer auf der Baustelle zur Verfügung gestellten Anschlüsse für Wasser und Energie.

0.1.12. Mitbenutzung fremder Gerüste, Hebezeuge, Aufzüge, Aufenthalts- und Lagerräume, Einrichtungen und dergleichen durch den Auftragnehmer.

---

*) Diese Hinweise werden nicht Vertragsbestandteil.

0.1.13. besondere Anforderungen an die Baustelleneinrichtung.

0.1.14. Art und Zeit der vom Auftraggeber veranlaßten Vorarbeiten.

0.1.15. ob und in welchem Umfang dem Auftragnehmer Arbeitskräfte und Geräte für Abladen, Lagern und Transport zur Verfügung gestellt werden.

0.1.16. Arbeiten anderer Unternehmer auf der Baustelle.

0.1.17. Leistungen für andere Unternehmer.

0.1.18. Art, Menge, Gewicht der Stoffe und Bauteile, die vom Auftraggeber beigestellt werden, sowie Art, Ort (genaue Bezeichnung) und Zeit ihrer Übergabe.

0.1.19. vorgesehene Arbeitsabschnitte, Arbeitsunterbrechungen und -beschränkungen nach Art, Ort und Zeit.

0.1.20. besondere Erschwernisse während der Ausführung, z. B. Arbeiten in Räumen, in denen der Betrieb des Auftraggebers weiterläuft, Arbeiten bei außergewöhnlichen Temperaturen.

0.1.21. Benutzung von Teilen der Leistung vor der Abnahme.

0.1.22. besondere Maßnahmen, die zum Schutz von benachbarten Grundstücken und Bauwerken notwendig sind.

0.1.23. ob nach bestimmten Zeichnungen oder nach Aufmaß abgerechnet werden soll.

0.1.24. Transportwege für alle größeren Anlageteile auf der Baustelle und im Gebäude.

0.1.25. für welche Anlageteile im Angebot Muster, Darstellungen und Beschreibung sowie Einzelheiten über Hersteller, Abmessungen, Gewichte und Ausführung verlangt werden.

0.1.26. Angabe der Termine für die Lieferung der Unterlagen nach Abschnitt 3.1.4 und 3.1.5 sowie für Beginn und Ende der vertraglichen Leistungen, ferner, ob und gegebenenfalls in welchem Umfang vom Auftragnehmer Terminpläne oder Beiträge dazu aufzustellen und zu liefern sind, z. B. für Netzpläne.

0.1.27. Angabe, ob Maßnahmen nach Abschnitt 4.1.3 besonders frühzeitig auszuführen sind oder besonderen Aufwand erfordern.

0.1.28. Zeitpunkte der Inbetriebnahme.

0.1.29. ob Arbeitspläne zum Aussparen von Schlitzen und Durchbrüchen für Leitungen und Kanäle anzufertigen sind, oder ob nur vorhandene Pläne zu prüfen sind.

0.1.30. Art und Anzahl der zu liefernden Bestandzeichnungen und schematischen Darstellungen sowie der Bedienungsanweisungen, soweit sie über die in Abschnitt 3.6.3 aufgeführten Unterlagen hinaus gefordert werden.

0.1.31. Abgrenzung des Leistungsumfanges zwischen den beteiligten Auftragnehmern.

0.1.32. Forderung von Röntgenaufnahmen bei Hochdruckanlagen, erdverlegten bzw. schwer zugänglichen Leitungen.

0.1.33. Schaltungs- und Verteilungsart, z. B. obere oder untere Verteilung, Ein- oder Zweirohrsystem.

0.1.34. Angabe, ob bei Rohrdurchführungen durch Wände und Decken Deckscheiben vorgesehen werden sollen.

0.1.35. Heizkörperverkleidungen (siehe Abschnitt 3.2.8.2).

0.1.36. Art und Umfang von Provisorien, z. B. vorübergehende Versorgung durch transportable Heizzentrale.

0.1.37. Angabe der Wärmeerzeugung bzw. Heizungsart durch die Art der Beheizung:
unmittelbare Beheizung mit

festen Brennstoffen,
flüssigen Brennstoffen
gasförmigen Brennstoffen,
Dampf,
Abgasen,

elektrischer Energie,
heißen Flüssigkeiten,
mittelbare Beheizung durch
heiße Flüssigkeiten oder Dämpfe,
durch die Art des Wärmeträgers
Wasser,
Wasserdampf,
andere flüssige, dampf- oder gasförmige Wärmeträger,
durch die Art der sicherheitstechnischen Schaltung (Anordnung und Bemessung der Rohrleitungen und Ausdehnungsgefäße) und Art der Absicherung gegen Druck- und/oder Temperaturüberschreitung (siehe auch Abschnitt 3.1).

0.1.38. Angabe zur Auswahl der Bauart des Brauchwassererwärmers
Temperatur des Brauchwassers,
Betriebsdruck,
Zusammensetzung des Brauchwassers und des Wärmeträgers.

0.1.39. Art und Umfang von Winterbaumaßnahmen.

0.1.40. Art und Höhe des Prämienanteiles für gegebenenfalls vom Auftragnehmer zu übernehmende Bauwesen- und Haftpflichtversicherung.

0.1.41. ob ein Wartungsvertrag mit angeboten werden soll.

0.1.42. Der Auftraggeber kann zur Abgabe von Angeboten dergestalt auffordern, daß der dem Angebot zugrunde zu legende Entwurf und die Leistungsbeschreibung von den Bewerbern aufgestellt werden (Leistungsbeschreibung mit Leistungsprogramm). In diesem Falle ist den Bewerbern anzugeben bzw. zu übergeben:

0.1.42.1. Lageplan und Umgebungsbedingungen, z. B. Himmelsrichtung, Windanfall, Bebauung, Verschmutzung der Außenluft.

0.1.42.2. Gebäudeplan (Geschoßgrundrisse und Gebäudeschnitte) als pausfähige Zeichnungen mit Angabe der Bauweise, z. B. Außen- und Innenwände, Fußböden, Decken, Fenster, Türen.

0.1.42.3. Benutzungsart der Gebäude und der Räume mit Maximal- und Minimal-Angabe der Belegung, der Betriebszeiten, der Einrichtungen, der Beleuchtung usw.

0.1.42.4. zur Verfügung stehenden Energien, Art des Brennstoffes und Vorratshaltung.

0.1.42.5. Lage des Heizraumes, des Brennstofflagerraumes bzw. -behälters oder des Übergaberaumes bei Fernwärme, der Räume für Pumpen, Verteiler, Wasseraufbereitung und sonstige Anlageteile.

0.1.42.6. Lage und Höhe der Schornsteine, Querschnitte vorhandener Schornsteine.

0.1.42.7. Rohr-, Kanal- und Leitungsführung.

0.1.42.8. geforderte Verlegungsart der Rohrleitungen, z. B. auf oder unter Putz.

0.1.42.9. Ausführung der Brandschutz-, Wärmedämm- und Schallschutzarbeiten.

0.1.42.10. geforderte, von den Normen abweichende Temperaturen, Größe der durch örtliche Heizflächen gedeckten Grundlast, wenn Restwärme durch Lüftungs- oder Klimaanlagen gedeckt werden soll.

0.1.42.11. Betriebsweise.

0.1.42.12. Lieferungsbedingungen und Aggregatzustand des Wärmeträgers bei Fernwärmeversorgung.

0.1.42.13. Grenzen der Vor- und Rücklauftemperatur.

0.1.42.14. Art der Regelung.

0.1.42.15. Zonenaufteilung der Heizkreise.

0.1.42.16. Art und Anordnung der Heizflächen sowie Heizkörperverkleidungen.

0.1.42.17. ob Spezialarmaturen gefordert werden.

0.1.42.18. Umfang der Brauchwasserversorgung, Anzahl der Bäder und normaler Zapfstellen und der Zapfstellen für Sonderzwecke, unter Angabe der jeweiligen Bedarfsmenge.

0.1.42.19. Zeiten und Dauer des Spitzenbedarfs.

0.1.42.20. Brandabschnitte.

0.1.42.21. besondere Vorschriften des Auftraggebers.

0.1.42.22. gegebenenfalls spätere Erweiterung.

0.1.43. Leistungen nach Abschnitt 4.2 in besonderen Ansätzen, wenn diese Leistungen keine Nebenleistungen sein sollen.

0.1.44. Leistungen nach Abschnitt 4.3 in besonderen Ansätzen.

0.2. In der Leistungsbeschreibung sind Angaben zu folgenden Abschnitten nötig, wenn der Auftraggeber eine abweichende Regelung wünscht:

Abschnitt 1.3 (Leistungen mit Lieferung der Stoffe und Bauteile)
Abschnitt 2.1 (Vorhalten von Stoffen und Bauteilen)
Abschnitt 2.2.1 (Liefern ungebrauchter Stoffe und Bauteile)
Abschnitt 2.5 (Brauchwassererwärmer)
Abschnitt 2.9 (Handabsperr- und Handeinstelleinrichtungen an Heizkörpern)
Abschnitt 3.2.5.1 (nahtlose oder längsnahtgeschweißte Rohre)
Abschnitt 3.2.5.2 (Verlegung von Fernheizleitungen im Erdreich)
Abschnitt 3.2.6.2 (Absperr- und Einstelleinrichtungen)
Abschnitt 3.7.1 (Leistungsmessung).

18 380

1. Allgemeines

1.1. DIN 18 380 „Heizungs- und zentrale Brauchwassererwärmungsanlagen" gilt nicht für Einzelöfen, die mit festen oder flüssigen Brennstoffen beheizt werden (siehe DIN 18 362 „Ofen- und Herdarbeiten") und nicht für Lüftungs- und Klimaanlagen (siehe DIN 18 379 „Lüftungstechnische Anlagen").

1.2. Der Auftragnehmer hat vom Auftraggeber gelieferte Planungsunterlagen und Berechnungen auf ihre Richtigkeit zu prüfen (siehe auch Teil B — DIN 1961 — § 3 Nr. 3), insbesondere auf

Wärmebedarf,
Kessel- und Heizkörpergrößen,
Rohrleitungsquerschnitte.

Wenn im Leistungsverzeichnis vorgeschrieben ist, daß der Auftragnehmer die Berechnung für

den Brauchwasserbedarf,
die Abmessungen des Brauchwassererwärmers,
die Höhe und den Querschnitt des Schornsteines

zu liefern hat, so übernimmt er die Gewähr für diese Berechnungen.

1.3. Alle Leistungen umfassen auch die Lieferung der dazugehörigen Stoffe und Bauteile, einschließlich Abladen und Lagern auf der Baustelle, wenn in der Leistungsbeschreibung nichts anderes vorgeschrieben ist.

1.4. Stoffe und Bauteile, die vom Auftraggeber beigestellt werden, hat der Auftragnehmer rechtzeitig beim Auftraggeber anzufordern.

2. Stoffe, Bauteile

2.1. Vorhalten

Stoffe und Bauteile, die der Auftragnehmer nur vorzuhalten hat, die also nicht in das Bauwerk eingehen, können nach Wahl des Auftragnehmers gebraucht oder ungebraucht sein, wenn in der Leistungsbeschreibung darüber nichts vorgeschrieben ist.

2.2. Liefern

2.2.1. Allgemeine Anforderungen

Stoffe und Bauteile, die der Auftragnehmer zu liefern und einzubauen hat, die also in das Bauwerk eingehen, müssen ungebraucht sein, wenn in der Leistungsbeschreibung nichts anderes vorgeschrieben ist.

Sie müssen für den jeweiligen Verwendungszweck geeignet sein.

Stoffe und Bauteile, für die DIN-Normen bestehen, müssen den DIN-Güte- und -Maßbestimmungen entsprechen.

Stoffe und Bauteile, die nach den behördlichen Vorschriften einer Zulassung bedürfen, müssen amtlich zugelassen sein und den Zulassungsbedingungen entsprechen.

Stoffe und Bauteile, für die weder DIN-Normen bestehen noch eine amtliche Zulassung vorgeschrieben ist, dürfen nur mit Zustimmung des Auftraggebers verwendet werden.

Für die gebräuchlichsten genormten Stoffe und Bauteile sind die DIN-Normen nachstehend aufgeführt.

2.3. Stoffe und Bauteile müssen dem Verwendungszweck entsprechend korrosionsgeschützt sein.

2.4. Wärmeerzeuger (Heizkessel, Wärmeaustauscher, Mischgefäße)

DIN 4702	Blatt 1 Heizkessel; Begriffe, Nennleistung, heiztechnische Anforderungen, Kennzeichnung
DIN 4702	Blatt 2 Heizkessel; Prüfregeln
DIN 4702	Blatt 3 Heizkessel; Gas-Spezialheizkessel mit Brennern ohne Gebläse
DIN 4754	Wärmeübertragungsanlagen mit anderen flüssigen Wärmeträgern als Wasser; Sicherheitstechnische Anforderungen
DIN 3368	Blatt 3 Gasverbrauchseinrichtungen; Gas-Wasserheizer für Stadtgas, Erdgas, Gas-Luft-Gemische und Propan/Butan, Umlauf-Wasserheizer mit offener und geschlossener Verbrennungskammer
VDI 2076	Leistungsversuche an Wärmeaustauschern
RAL-RG 610	Gütebedingungen und Gütesicherungsverfahren für Stahlheizkessel
DampfkV	Verordnung über die Errichtung und den Betrieb von Dampfkesselanlagen mit Technischen Regeln für Dampfkessel (TRD)
TRD 401	Ausrüstung und Aufstellung der Dampferzeuger
TRD 402	Ausrüstung und Aufstellung der Heißwassererzeuger
TRD 501	Merkblatt für die Bauartzulassung nach § 14 und für die Baumusterprüfung nach § 19 der DampfkV
TRD 701	Niederdruckdampfkessel

TRD 702 Heißwassererzeuger mit höchstzulässiger Vorlauftemperatur bis 110 °C (Niederdruckheißwassererzeuger)

Unfallverhütungsvorschriften UVV-Druckbehälter (VBG 17)

Arbeitsgemeinschaft Druckbehälter AD-Merkblätter

2.5. Brauchwassererwärmer

DIN 3368 Blatt 1 Gas-Wasserheizer für Stadtgas, Erdgas, Gas-Luft-Gemische und Propan/Butan; Durchlauf-Wasserheizer mit offener und geschlossener Verbrennungskammer

UVV-Druckbehälter (VBG 17)

AD-Merkblätter

DampfkV

TRD 701 und 702

DIN 4800 Doppelwandige Warmwasserbereiter aus Stahl mit zwei festen Böden für stehende und liegende Verwendung

DIN 4801 Einwandige Warmwasserbereiter mit abschraubbarem Deckel aus Stahl

DIN 4802 Einwandige Warmwasserbereiter mit Halsstutzen aus Stahl

DIN 4803 Doppelwandige Warmwasserbereiter mit abschraubbarem Deckel aus Stahl

DIN 4804 Doppelwandige Warmwasserbereiter mit Halsstutzen aus Stahl

DIN 4805 Anschlüsse für elektrische Heizeinsätze für Warmwasserbereiter in zentralen Heizungsanlagen

Brauchwassererwärmer müssen, soweit nach AD-Merkblatt A 3 gefordert, baumustergeprüft sein, wenn in der Leistungsbeschreibung nichts anderes vorgeschrieben ist.

Für Brauchwassererwärmer gelten, soweit zutreffend, auch die in den vorangegangenen und folgenden Abschnitten genannten Normen und Vorschriften.

2.6. Einrichtungen zur Beheizung der Wärmeerzeuger und Brauchwassererwärmer einschließlich der Brennstoffzufuhr und -lagerung

2.6.1. für feste Brennstoffe nach

Sicherheitstechnische Richtlinien — Kohlenstaub

Sicherheitstechnische Richtlinien — Holz

Unfallverhütungsvorschriften Kohlenstaubanlagen (VBG 3),

2.6.2. für flüssige Brennstoffe nach

Sicherheitstechnische Richtlinien — Öl

HBR Richtlinien über Bau und Betrieb von Behälteranlagen zur Lagerung von Heizöl (Heizölbehälter-Richtlinien)

VbF Verordnungen über brennbare Flüssigkeiten

TRbF Technische Richtlinien für brennbare Flüssigkeiten

ZTA Zusammenstellung der technischen Anforderungen an Heizräume,

2.6.3. für gasförmige Brennstoffe nach

DIN 4788 Gasbrenner

Sicherheitstechnische Richtlinien — Gas

TRF Technische Richtlinien für die Einrichtung und Unterhaltung von Flüssiggasanlagen in Gebäuden und Grundstücken

TRGI Technische Richtlinien für Gasinstallation,

2.6.4. für Dampf nach

DampfkV

TRD 701,

2.6.5. für Abgas nach

UVV Druckbehälter (VBG 17)

AD-Merkblätter

DampfkV

DIN 1298 Blatt 1 Abgaskanäle; Abgasrohre, Abgasrohrknie und Abgasrohrbogen, dünnwandig

DIN 1298 Blatt 2 Abgaskanäle; Abgasrohre und Abgasrohrknie, dickwandig,

2.6.6. für elektrische Energie nach

VDE 010	Teil 1, 8 und 9 Bestimmungen für das Errichten von Starkstromanlagen
VDE 0116	Bestimmungen für die elektrische Ausrüstung von nichtelektrisch beheizten Wärmegeräten für den Hausgebrauch und ähnliche Zwecke
VDE 0146	Bestimmungen für das Errichten von Elektrofilteranlagen
VDE 0165	Bestimmungen für die Errichtung elektrischer Anlagen in explosionsgefährdeten Betriebsstätten
VDE 0170/0171	Vorschriften für schlagwetter- und explosionsgeschützte elektrische Betriebsmittel
VDE/VDI 3511	Temperaturmessungen bei Abnahmeversuchen und in der Betriebsüberwachung
DIN 40 050	Blatt 1 Schutzarten; Berührungs-, Fremdkörper- und Wasserschutz für elektrische Betriebsmittel, Allgemeines,

2.6.7. für Fernwärme nach den

Anschlußbedingungen der jeweiligen örtlichen Fernwärmelieferer.

2.7. Ausdehnungsgefäße

DIN 4806 Ausdehnungsgefäße für Heizungsanlagen

DIN 4752 Heißwasserheizungsanlagen mit Vorlauftemperaturen von mehr als 110 °C (Absicherung auf Drücke über 0,5 atü); Ausrüstung und Aufstellung

UVV Druckbehälter (VBG 17)

AD-Merkblätter

TRD-Blätter

DampfkV.

2.8. Rohre und Flansche

DIN 2401 Blatt 1 Rohrleitungen; Druckstufen, Begriffe, Nenndrücke

DIN 2401 Blatt 2 Rohrleitungen; Druckstufen; zulässige Betriebsdrücke für Rohrleitungsteile aus Eisenwerkstoffen

DIN 1626 Blatt 1 Geschweißte Stahlrohre aus unlegierten und niedriglegierten Stählen für Leitungen, Apparate und Behälter; allgemeine Angaben, Übersicht, Hinweise für die Verwendung

DIN 1626 Blatt 2 Geschweißte Stahlrohre aus unlegierten und niedriglegierten Stählen für Leitungen, Apparate und Behälter; Rohre für allgemeine Verwendung (Handelsgüte), Technische Lieferbedingungen

DIN 1626 Blatt 3 Geschweißte Stahlrohre aus unlegierten und niedriglegierten Stählen für Leitungen, Apparate und Behälter; Rohre mit Gütevorschriften, Technische Lieferbedingungen

DIN 1626 Blatt 4 Geschweißte Stahlrohre aus unlegierten und niedriglegierten Stählen für Leitungen, Apparate und Behälter; besonders geprüfte Rohre mit Gütevorschriften, Technische Lieferbedingungen.

Es dürfen nur solche längsnahtgeschweißten Rohre verwendet werden, für die der Lieferer den Nachweis der Einhaltung der Voraussetzungen nach DIN 1626 Blatt 1 erbringt.

DIN 1629 Blatt 1 Nahtlose Rohre aus unlegierten Stählen für Leitungen, Apparate und Behälter; Übersicht, Technische Lieferbedingungen, allgemeine Angaben

DIN 1629 Blatt 2 Nahtlose Rohre aus unlegierten Stählen für Leitungen, Apparate und Behälter; Rohre in Handelsgüte, Technische Lieferbedingungen

DIN 1629 Blatt 3 Nahtlose Rohre aus unlegierten Stählen für Leitungen, Apparate und Behälter; Rohre mit Gütevorschriften, Technische Lieferbedingungen

DIN 1629 Blatt 4 Nahtlose Rohre aus unlegierten Stählen für Leitungen, Apparate und Behälter; Rohre mit besonderen Gütevorschriften, Technische Lieferbedingungen

DIN 2440 Stahlrohre; mittelschwere Gewinderohre

DIN 2441 Stahlrohre; schwere Gewinderohre

DIN 2448 Nahtlose Stahlrohre; Maße und Gewichte

DIN 2458 Geschweißte Stahlrohre; Maße und Gewichte

DIN 2460 Nahtlose Stahlrohre für Gas- und Wasserleitungen

DIN 2461 Geschweißte Stahlrohre für Gas- und Wasserleitungen

DIN 17 175 Blatt 1 Nahtlose Rohre aus warmfesten Stählen; Technische Lieferbedingungen

DIN 17 175 Blatt 2 Nahtlose Rohre aus warmfesten Stählen; Gütevorschriften für die verwendeten Stähle

DIN 17 175 Blatt 2 Beiblatt Nahtlose Rohre aus warmfesten Stählen; Langzeit-Warmfestigkeitswerte

DIN 2391 Blatt 1 Nahtlose Präzisionsstahlrohre, kaltgezogen oder kaltgewalzt; Maße

DIN 2391 Blatt 2 Nahtlose Präzisionsstahlrohre, kaltgezogen oder kaltgewalzt; Technische Lieferbedingungen

DIN 2605 Rohrbogen zum Einschweißen; Stahlrohre
DIN 2606 Rohrbogen aus Stahl zum Einschweißen; Bauart 5 d
DIN 2615 Stahlfittings zum Einschweißen; T
DIN 2616 Stahlfittings zum Einschweißen; Reduzierstücke
DIN 2617 Stahlfittings zum Einschweißen; Kappen
DIN 2618 Stahlfittings zum Einschweißen; Sattelstutzen, Nenndruck 16
DIN 2619 Stahlfittings zum Einschweißen; Einschweißbogen, Nenndruck 16
DIN 2404 Kennfarben für Heizungsrohrleitungen
DIN 2500 Flansche; allgemeine Angaben, Übersicht
DIN 2631 Vorschweißflansche; Nenndruck 6
DIN 2632 Vorschweißflansche; Nenndruck 10
DIN 2633 Vorschweißflansche; Nenndruck 16
DIN 2634 Vorschweißflansche; Nenndruck 25
DIN 2856 Fittings für Lötverbindungen; Technische Lieferbedingungen
DIN 2857 Fittings für Lötverbindungen; Muffen und Reduziermuffen aus Kupfer
DIN 2858 Fittings für Lötverbindungen; Bogen 45° aus Kupfer
DIN 2859 Fittings für Lötverbindungen; Bogen 90° aus Kupfer
DIN 2860 Fittings für Lötverbindungen; Bogen 180° aus Kupfer
DIN 2861 Fittings für Lötverbindungen; T aus Kupfer
DIN 2862 Fittings für Lötverbindungen; Winkel aus Kupfer
DIN 2863 Fittings für Lötverbindungen; Reduzierstücke aus Kupfer
DIN 2864 Blatt 1 Fittings für Lötverbindungen; Muffen und Reduziermuffen aus Rotguß
DIN 2865 Blatt 1 Fittings für Lötverbindungen; Bogen 180° aus Rotguß
DIN 2866 Blatt 1 Fittings für Lötverbindungen; T aus Rotguß
DIN 2867 Blatt 1 Fittings für Lötverbindungen; Winkel aus Rotguß
DIN 2868 Blatt 1 Fittings für Lötverbindungen; Reduzierstücke aus Rotguß
DIN 2869 Blatt 1 Fittings für Lötverbindungen; Muffen und Reduziermuffen aus Messing
DIN 2870 Blatt 1 Fittings für Lötverbindungen; T aus Messing
DIN 2871 Blatt 1 Fittings für Lötverbindungen; Winkel aus Messing
DIN 2872 Blatt 1 Fittings für Lötverbindungen; Reduzierstücke aus Messing.

2.9. Armaturen und Pumpen

DIN 3336 Heizungsmischer mit Einschweißenden ND 6 max. 110 °C; Dreiwegemischer, Vierwegemischer, Baumaße
DIN 3680 Kondensatableiter; System und Organe
DIN 3681 Kondensatableiter; Begriffe für Betriebsdaten
DIN 3682 Kondensatableiter; Druckstufen, Anschlußarten, Nennweiten, Gehäuse-Werkstoffe
DIN 3841 Heizungsarmaturen; Regulierventile ND 10, Durchgangsventile, Eckventile aus NE-Metall, Anschlußmaße
DIN 3844 Heizungsarmaturen; Muffenventile ND 16, Durchgangsmuffenventile aus NE-Metall, Anschlußmaße

DIN 3845 Heizungsarmaturen; Muffenrückschlagventile ND 16 aus NE-Metall, Anschlußmaße

DIN 3848 Heizungsarmaturen; Füll- und Entleerungshähne aus NE-Metall, Hauptmaße

DIN 16 261 Absperrhähne für Druckmeßgeräte in Heizungsanlagen mit Muffen-Muffenanschluß und Muffen-Zapfanschluß; ND 6 Gewinde M 20 × 1,5 oder R $^1/_2$

DIN 16 262 Absperrhähne für Druckmeßgeräte in Heizungsanlagen mit Spannmuffen- und Zapfanschluß; Gewinde R $^1/_2$ oder M 20×1,5

DIN 16 263 Absperrhähne für Druckmeßgeräte in Heizungsanlagen mit Spannmuffen- und Zapfanschluß und Prüfanschluß; Gewinde R $^1/_2$ oder M 20 × 1,5, Prüfanschlußzapfen Gewinde M 20 × 1,5

DIN 16 271 Absperrventil für Druckmeßgeräte mit Spannmuffen- und Zapfanschluß und Prüfanschluß; Gewinde R $^1/_2$ oder M 20 × 1,5, Prüfanschlußzapfen Gewinde M 20 × 1,5, mit Dichtlinse absperrbar

DIN 16 274 Absperrventil für Druckmeßgeräte mit Flanschanschluß und mit Linsendichtung sowie Prüfanschluß; Gewinde R $^1/_2$ oder M 20 × 1,5, Prüfanschlußzapfen Gewinde M 20 × 1,5

DIN 3204 Keil-Flachschieber für Heizungsanlagen für Nenndruck 4 mit Flanschanschluß nach Nenndruck 6

DIN 3216 Armaturen für die Gasversorgung; Schieber ND 4 bis ND 16 aus Grauguß, mit Flanschanschluß nach Nenndruck 10 und 2,5

DIN 1944 Abnahmeversuche an Kreiselpumpen (VDI Kreiselpumpenregeln).

Hand-Absperr- und -Einstelleinrichtungen an Heizkörpern müssen, wenn in der Leistungsbeschreibung nichts anderes vorgeschrieben ist, eine zusätzliche Möglichkeit zur Begrenzung der Durchflußmenge haben (Voreinstellung).

VDE 0410 Regeln für elektrische Meßgeräte

VDE 0414 Bestimmungen für Meßwandler

VDE 0435 Regeln für elektrische Relais in Starkstromanlagen

Die Voreinstellung muß sich auch während des Betriebes von außen leicht mit einem Stellschlüssel bewegen lassen, ohne daß der Wärmeträger nennenswert austreten kann. Selbsttätige Heizkörper-Regulierventile müssen in ihren Gewinde-Anschlußmaßen den Heizkörpernormen entsprechen.

2.10. Regel-, Steuer- und Überwachungseinrichtungen

DIN 19 226 Regelungstechnik und Steuerungstechnik; Begriffe und Benennungen

VDI 2068 Meß- und Regelgeräte-Ausstattung von heiztechnischen Anlagen

VDE 0100/ DIN 3440 Temperaturregler und -begrenzungseinrichtungen für Wärmeerzeugungsanlagen.

2.11. Heizkörper

Die Leistung des Heizkörpertyps muß nach

DIN 4704 Blatt 1 Prüfung von Raumheizkörpern; Prüfregeln

auf einem vom Fachnormenausschuß Heizung und Lüftung anerkannten Prüfstand ermittelt sein.

DIN 4703 Blatt 1 Wärmeleistung von Raumheizkörpern; Radiatoren

DIN 4703 Blatt 2 Wärmeleistung von Raumheizkörpern; Plattenheizkörper aus Stahl

DIN 4720 Gußradiatoren (in Gliederbauart); Baumaße und Einbaumaße

DIN 4722 Stahlradiatoren (in Gliederbauart); Baumaße und Einbaumaße

DIN 55 900 Anstrichstoffe; Heizkörper-Grundanstrichfarbe, technische Lieferbedingungen

DIN 55 901 Trockenstoffe; technische Lieferbedingungen.

3. Ausführung

3.1. Allgemeines

Für die Ausführung von Heizungsanlagen gelten:

DIN 4750 Sicherheitstechnische Anforderungen an Niederdruckdampferzeuger

DIN 4751 Blatt 1 Heizungsanlagen; Sicherheitstechnische Ausrüstung von Warmwasserheizungen mit Vorlauftemperaturen bis 110 °C

DIN 4752 Heißwasserheizungsanlagen mit Vorlauftemperaturen von mehr als 110 °C (Absicherung auf Drücke über 0,5 atü); Ausrüstung und Aufstellung

DIN 4754 Wärmeübertragungsanlagen mit anderen flüssigen Wärmeträgern als Wasser; Sicherheitstechnische Anforderungen.

3.1.1. Wenn Verkehrs-, Versorgungs- und Entsorgungsanlagen im Bereich des Baugeländes liegen, sind die Vorschriften und Anordnungen der zuständigen Stellen zu beachten.

3.1.2. Die für die Aufrechterhaltung des Verkehrs bestimmten Flächen sind freizuhalten. Der Zugang zu Einrichtungen der Versorgungs- und Entsorgungsbetriebe, der Feuerwehr, der Post und Bahn, zu Vermessungspunkten und dergleichen darf nicht mehr als durch die Ausführung unvermeidlich behindert werden.

3.1.3. Heizungs- und Brauchwassererwärmungsanlagen sind in allen ihren Teilen so aufeinander abgestimmt auszuführen, daß die geforderte Leistung erbracht, die Betriebssicherheit vorhanden ist und die Korrosionsvorgänge weitgehend eingeschränkt werden.

3.1.4. Der Auftragnehmer hat dem Auftraggeber vor Beginn der Bauarbeiten alle Angaben zu machen, die für den reibungslosen Einbau und ordnungsgemäßen Betrieb der Anlage notwendig sind.

3.1.5. Der Auftragnehmer hat nach den Plänen des Auftraggebers Einbau-, Fundament-, Schlitz- und Durchbruchpläne aufzustellen und mit dem Auftraggeber abzustimmen. Sofern die Schlitz- und Durchbruchpläne bereits vorliegen, hat der Auftragnehmer diese zu prüfen. Ein Satz Ausführungszeichnungen einschließlich aller notwendigen Detailzeichnungen mit den Gewichtsangaben der Einbauteile sind dem Auftraggeber rechtzeitig auszuhändigen.

3.1.6. Der Auftragnehmer hat vor Beginn seiner Arbeiten die baulichen Verhältnisse auf Eignung für die Durchführung seiner Leistungen zu prüfen.

Er hat dem Auftraggeber Bedenken unverzüglich schriftlich mitzuteilen (siehe Teil B – DIN 1961 – § 4 Nr. 3), insbesondere bei

mangelhafter und erkennbarer fehlerhafter Ausführung,
nicht rechtzeitiger Fertigstellung von Fundamenten,
unzureichendem Querschnitt der Schornsteine, Zuluft- und Abluftschächte,
fehlenden oder falsch angelegten Schlitzen und Durchbrüchen,
unzureichender oder mangelhafter Schall- und Wärmedämmung,
unzureichender Anschlußleistung für die Betriebsmittel (Brennstoffe, Energie).

3.1.7. Stemm-, Fräs- und Bohrarbeiten am Bauwerk dürfen nur im Einvernehmen mit dem Auftraggeber hergestellt werden.

3.1.8. Baustoffe, die zerstörend auf Anlageteile wirken können, z. B. Gips in Verbindung mit Stahl- und Gußteilen oder chloridhaltige Schnellbinder, dürfen nicht verwendet werden.

3.2. Heizungsanlagen

3.2.1. Wärmeerzeugungsanlagen

3.2.1.1. Der Wärmebedarf der zu beheizenden Gebäude ist nach DIN 4701 „Heizungen; Regeln für die Berechnung des Wärmebedarfs von Gebäuden“ zu berechnen.

3.2.1.2. Die Leistung der Wärmeerzeuger muß auf den erforderlichen Gesamtwärmebedarf und die vorgegebenen Betriebsverhältnisse abgestimmt sein. Als Leistung gilt die höchste vom Hersteller angegebene Dauerleistung.

3.2.1.3. Wärmeerzeuger, Beheizungseinrichtungen, vorgesehene Brennstoffe oder Energiearten und die Eigenschaften des Wärmeträgers müssen aufeinander abgestimmt sein. Einflüsse durch Temperatur, Druck, Abgase und desgleichen sind zu berücksichtigen.

3.2.2. Anlagen zur Beheizung

Bei Anlagen, bei denen nach TRD 602 Blatt 1 und Blatt 2 auf eine ständige Beaufsichtigung verzichtet werden kann, sind die für einen solchen Betrieb zusätzlichen Überwachungs- und Kontrolleinrichtungen einzubauen.

3.2.2.1. Feuerungen für feste Brennstoffe

Es gelten insbesondere:

SR Kohlenstaub
SR Holz.

3.2.2.2. Feuerungen für flüssige Brennstoffe

Es gelten insbesondere:

für Hochdruckanlagen
SR Öl.

3.2.2.3. Feuerungen für gasförmige Brennstoffe

Es gelten insbesondere:

für Hochdruckanlagen
SR Gas,
für die übrigen Anlagen
DVGW-TRGI Technische Richtlinien für Gasinstallation

TRF-Gas Technische Richtlinien für die Einrichtung und Unterhaltung von Flüssiggasanlagen in Gebäuden und Grundstücken.

3.2.2.4. Abgasrohre, Abgasschieber, Abgasdrosselklappen, Zugbegrenzer

Bei Heizkesseln für feste Brennstoffe sind Abgasschieber oder Drosselklappen zur Regelung der Zugstärke einzubauen, sie sollen vom Heizerstand bedienbar sein.

Bei Wechselbrand- und Umstellbrandkesseln müssen die Abgasschieber oder Drosselklappen in jeder Stellung feststellbar sein.

Spezialkessel für flüssige oder/und gasförmige Brennstoffe dürfen weder einen Abgasschieber noch eine Drosselklappe haben. Sind die Spezialkessel für eine Umstellung auf feste Brennstoffe eingerichtet, muß der Abgasschieber oder die Drosselklappe mit einer Verblockung versehen sein, die es unmöglich macht, die Feuerung automatisch oder von Hand in Betrieb zu setzen und zu halten, bevor der Abgasweg ausreichend freigegeben ist.

Ein Zugbegrenzer ist einzubauen, wenn die Zugstärke den vom Kesselhersteller angegebenen Wert wesentlich überschreitet.

3.2.2.5. Schornsteine und Abgaskanäle

DIN 18 160 Blatt 1 Feuerungsanlagen; Hausschornsteine, Bemessung und Ausführung

DIN 4705 Blatt 1 Berechnung von Schornsteinabmessungen; Begriffe, ausführliche Berechnungsverfahren

DIN 4705 Blatt 2 Berechnung von Schornsteinabmessungen; Näherungsverfahren für einfach belegte Schornsteine.

Waagerechte Abgaskanäle bei Feuerungsanlagen für feste Brennstoffe sind mit Rücksicht auf die Flugstaubablagerung mit einem um etwa 10 % größeren Querschnitt als der erforderliche Schornsteinquerschnitt auszuführen.

VDI 2116 Auswurfbegrenzung; Zentralheizungskessel und Lufterhitzer mit Ölfeuerung

VDI 2117 Auswurfbegrenzung; Feuerstätten für flüssige Brennstoffe mit Verdampfungsbrennern

VDI 2297 Auswurfbegrenzung; Dampfkessel mit Ölfeuerung.

3.2.2.6. Wärmeaustauscher und Mischgefäße

Es gelten insbesondere:

VDI 2076 Leistungsnachweis für Wärmeaustauscher mit 2 Massenströmen

VBG 17 Druckbehälter.

3.2.3. Heizräume

3.2.3.1. Lager für flüssige Brennstoffe

Es gelten insbesondere:

VbF Verordnungen über brennbare Flüssigkeiten

TRbF Technische Regeln für brennbare Flüssigkeiten

HBR Richtlinien über Bau und Betrieb von Behälteranlagen zur Lagerung von Heizöl (Heizölbehälter-Richtlinien)

DIN 6608 Blatt 1 Liegende Behälter aus Stahl für unterirdische Lagerung flüssiger Mineralölprodukte

DIN 6608 Blatt 2 Liegende Behälter aus Stahl, doppelwandig, für unterirdische Lagerung flüssiger Mineralölprodukte

DIN 6608 Blatt 3 Liegende Behälter aus Stahl für unterirdische Lagerung flüssiger Mineralölprodukte; Transport und Einbau

DIN 6609 Lager für flüssige Kraft- und Brennstoffe; Bau und Einrichtung

DIN 6616 Liegende Behälter aus Stahl für oberirdische Lagerung flüssiger Mineralölprodukte

DIN 6617 Liegende Behälter aus Stahl für teilweise oberirdische Lagerung flüssiger Mineralölprodukte

DIN 6618 Stehende Behälter aus Stahl für oberirdische Lagerung flüssiger Mineralölprodukte

DIN 6619 Stehende Behälter aus Stahl für teilweise oberirdische Lagerung flüssiger Mineralölprodukte

DIN 6620 Blatt 1 Batteriebehälter aus Stahl für oberirdische Lagerung von Heizöl; Behälter

DIN 6620 Blatt 2 Batteriebehälter aus Stahl für oberirdische Lagerung von Heizöl; Verbindungsrohrleitungen

DIN 6622 Blatt 1 Haushaltsbehälter aus Stahl, 620 Liter Inhalt, für oberirdische Lagerung von Heizöl

DIN 6622 Blatt 2 Haushaltsbehälter aus Stahl, 1000 Liter Inhalt, für oberirdische Lagerung von Heizöl

DIN 6623 Stehende Behälter aus Stahl bis 1000 Liter Inhalt für oberirdische Lagerung flüssiger Mineralölprodukte

DIN 6624 Liegende Behälter aus Stahl bis 3500 Liter Inhalt für oberirdische Lagerung flüssiger Mineralölprodukte

DIN 6625 Blatt 1 Standortgefertigte Behälter aus Stahl für oberirdische Lagerung von Heizöl; Bau- und Prüfgrundsätze.

3.2.3.2. Verwendung von Gas als Brennstoff

Es gelten insbesondere:

DVGW-TRGI

DVGW-TRF.

3.2.4. Ausdehnungsgefäße

3.2.4.1. Einbau offener Ausdehnungsgefäße

Es gelten insbesondere:

DIN 4806 Ausdehnungsgefäße für Heizungsanlagen

DIN 4751 Blatt 1 Heizungsanlagen; Sicherheitstechnische Ausrüstung von Warmwasserheizungen mit Vorlauftemperaturen bis 110 °C

DIN 4754 Wärmeübertragungsanlagen mit anderen flüssigen Wärmeträgern als Wasser; Sicherheitstechnische Anforderungen

VDI 2035 Korrosionsschutz in Wasserheizungsanlagen.

3.2.4.2. Druckausdehnungsgefäße

Es gelten insbesondere:

TRD 702

DIN 4752 Heißwasserheizungsanlagen mit Vorlauftemperaturen von mehr als 110 °C (Absicherung auf Drücke über 0,5 atü); Ausrüstung und Aufstellung.

3.2.5. Rohrleitungen

3.2.5.1. Rohrleitungen in Gebäuden und Kanälen

Rohrleitungen sind aus längsnahtgeschweißten Stahlrohren herzustellen, wenn in der Leistungsbeschreibung nichts anderes vorgeschrieben ist, z. B. nahtlose Stahlrohre. Dichtungen sind auf den vorgesehenen Wärmeträger abzustimmen. Die Rohre sind so zu verlegen, daß sie sich, ohne Schäden zu verursachen, ausdehnen können. Neben- und übereinanderlaufende und sich kreuzende Rohre dürfen sich auch bei Dehnung nicht berühren. Die Anschlußleitungen sind so zu verlegen, daß Bedienungstüren und Kontrollklappen frei zugänglich und zu betätigen sind.

Hülsen sind bei Wand- und Deckendurchführungen so einzubauen, daß Geräuschbildung nicht entsteht und eine Schallübertragung gedämpft wird. Lösbare Verbindungen müssen zugänglich bleiben.

3.2.5.2. Rohrleitungen im Erdreich

Erdverlegte Fernheizleitungen sind nach DIN 4033 „Entwässerungskanäle und -leitungen aus vorgefertigten Rohren; Richtlinien für die Ausführung“ zu verlegen, wenn in der Leistungsbeschreibung nichts anderes vorgeschrieben ist.

3.2.6. Armaturen, Pumpen

3.2.6.1. Beim Einbau von Armaturen und Pumpen sind die Anwendungsgrenzen für die Verwendung von Gußeisen mit Lamellengraphit und Kugelgraphit entsprechend DIN 4752 „Heißwasserheizungsanlagen mit Vorlauftemperaturen von mehr als 110 °C (Absicherung auf Drücke über 0,5 atü); Ausrüstung und Aufstellung“ zu beachten.

3.2.6.2. In jede in sich abgeschlossene Heizungsanlage ist dieselbe Art der Absperr- und Einstelleinrichtungen einzubauen, wenn in der Leistungsbeschreibung nichts anderes vorgeschrieben ist.

3.2.6.3. Das in Dampfleitungen und Heizkörpern entstehende Kondensat ist auf kürzestem Weg den dafür bestimmten Leitungen zuzuführen. Kondensatableiter müssen selbsttätig wirksam und leicht einstellbar sein.

3.2.6.4. Umwälzpumpen sind in Heizungsanlagen so einzubauen, daß ein Ansaugen von Luft möglichst vermieden wird.

3.2.6.5. Umwälzpumpen und Armaturen sind so aufeinander abzustimmen, daß bei Druckanstieg, z. B. Schwachlastbetrieb, die in DIN 4109 Blatt 2 „Schallschutz im Hochbau; Anforderungen“ festgelegten zulässigen Geräuschpegel nicht überschritten werden. Ist ein Druckanstieg nicht zu vermeiden, so sind geeignete Maßnahmen zu treffen, z. B. Einbau von Differenzdruckreglern.

3.2.7. Regel-, Steuer- und Überwachungsgeräte

Die Ausstattung der Heizungsanlage mit Regel-, Steuer- und Überwachungsgeräten geschieht nach den in den Normen und Bestimmungen festgelegten Grundsätzen, die jeweils für die gewählte Schaltung anzuwenden sind. Meßfühler sind so einzubauen, daß der Meßwert richtig erfaßt werden kann.

3.2.8. Heizkörper

3.2.8.1. Die Wärmeleistung des Heizkörpers ist auf den nach DIN 4701 „Heizungen; Regeln für die Berechnung des Wärmebedarfs von Gebäuden“ ermittelten Wärmebedarf abzustimmen.

3.2.8.2. Bei Bekleidung oder leistungsminderndem Anstrich, z. B. Aluminiumbronze, ist die Minderung der Wärmeleistung zu berücksichtigen (siehe DIN 4703 Blatt 1).

3.2.8.3. Für die Abstände der Heizkörper von den Bauteilen gelten:

DIN 4720 Gußradiatoren (in Gliederbauart); Baumaße und Einbaumaße
DIN 4722 Stahlradiatoren (in Gliederbauart); Baumaße und Einbaumaße.

Bei Konvektoren sind die vom Hersteller angegebenen Einbaumaße einzuhalten.

3.2.8.4. Die Heizkörper sind so mit den Rohrleitungen zu verbinden, daß sie leicht lösbar und abnehmbar sind. Sind Heizkörperverkleidungen vorgesehen, so müssen die Heizkörper und Einstelleinrichtungen gut zugänglich sein.

3.2.9. Wärmedämmung

Alle Teile der Heizungs- und Brauchwassererwärmungsanlage, die eine Wärmedämmung erhalten sollen, sind so einzubauen, daß diese wirksam angebracht werden kann.

3.2.10. Schallschutzmaßnahmen

Es gelten insbesondere:

DIN 4109 Blatt 1 Schallschutz im Hochbau; Begriffe
DIN 4109 Blatt 2 Schallschutz im Hochbau; Anforderungen
DIN 4109 Blatt 5 Schallschutz im Hochbau; Erläuterungen
VDI 2058 Beurteilung und Abwehr von Arbeitslärm
VDI 2715 Lärmminderung an Warmwasserheizungsanlagen für Wohnbauten.

3.3. Brauchwassererwärmungsanlagen

Es gelten insbesondere:

AD-Merkblatt A 3 Bau, Ausrüstung und Prüfung von Warmwasserbereitern mit Gebrauchswassertemperaturen bis etwa 95 °C
DIN 1988 Trinkwasser-Leitungsanlagen in Grundstücken; Technische Bestimmungen für Bau und Betrieb.

18 380

3.4. Anzeige, Erlaubnis, Genehmigung und Prüfung für Heizungsanlagen

Die für die Anträge notwendigen zeichnerischen und sonstigen Unterlagen sowie Bescheinigungen sind entsprechend der für die Anzeige-, Erlaubnis- bzw. Genehmigungspflicht vorgeschriebenen Anzahl vom Auftragnehmer dem Auftraggeber zur Verfügung zu stellen.

3.5. Dichtheitsprüfung

3.5.1. Der Auftragnehmer hat die Anlage nach dem Einbau und vor dem Schließen der Mauerschlitze, Wand- und Deckendurchbrüche einer Druckprüfung zu unterziehen, eine Bescheinigung darüber auszufertigen und eine Ausfertigung der Bescheinigung dem Auftraggeber auszuhändigen.

Aus der Bescheinigung müssen hervorgehen:

Anlagedaten, wie Aufstellungsort, Leistung, höchster Betriebsdruck, höchstzulässige Betriebstemperatur,
Anschrift des Herstellers,
Prüfdruck,
Dauer der Belastung mit dem Prüfdruck,
Bestätigung, daß die Anlage dicht ist und an keinem Bauteil eine bleibende Formänderung aufgetreten ist.

3.5.2. Wasserheizungen sind mit einem Druck zu prüfen, der das 1,3fache des Gesamtdruckes an jeder Stelle der Anlage, mindestens aber 10 N/cm² (1 bar) Überdruck beträgt. Möglichst unmittelbar nach der Kaltwasserdruckprüfung ist durch Aufheizen auf die höchste der Berechnung zugrunde gelegte Heizwassertemperatur zu prüfen, ob die Anlage auch bei Höchsttemperatur dicht bleibt.

3.5.3. Dampfheizungen sind auf Dichtheit und unbehinderte Wärmeausdehnung durch vollkommenes Füllen der Anlagen mit Dampf zu prüfen. Der Dampf muß dabei den höchsten der Berechnung zugrunde gelegten Betriebsdruck haben. Unmittelbar danach ist für eine Abkühlung auf Raumtemperatur und Wiedererwärmung aller Anlageteile mittels Dampf von höchstem Betriebsdruck zu sorgen.

Diese Temperaturwechselprobe ist mindestens dreimal zu wiederholen. Durch Überschreiten des Betriebsdruckes ist das richtige Arbeiten der Sicherheitseinrichtungen festzustellen.

3.5.4. Die Brauchwassererwärmungsanlage ist mit einem Kaltwasserdruck zu prüfen, der das 1,3fache des höchstzulässigen Betriebsdruckes des Brauchwassererwärmers beträgt.

3.6. Funktionsprüfung

3.6.1. Der Auftragnehmer hat die Anlage auf einwandfreie Funktion zu prüfen. Die endgültige Einstellung ist in der ersten Heizperiode nach Fertigstellung der Anlage durchzuführen.

3.6.2. Die von der Heizungsanlage erzeugten bzw. übertragenen Luft- und Körperschallgeräusche dürfen die in DIN 4109 Blatt 2 und in VDI 2715 festgelegten Werte nicht überschreiten.

3.6.3. Der Auftragnehmer hat aufzustellen und dem Auftraggeber spätestens bei der Abnahme zu übergeben:

Bestandszeichnungen, soweit sie vom Auftraggeber verlangt werden,

Fließ-, Stromlauf- und Schaltschemata,

schematische Darstellungen und Beschreibungen der Anlage,

Berechnung des Brennstoff- bzw. Energiebedarfes, soweit dies vom Auftraggeber verlangt wird,

Kopien behördlicher Prüfbescheinigungen und Werksatteste,

Protokolle über alle im Rahmen der Einregulierungsarbeiten durchgeführten Messungen,

alle für den sicheren und wirtschaftlichen Betrieb erforderlichen Bedienungs- und Wartungsanweisungen, Ersatzteilliste.

3.7. Leistungsmessung

3.7.1. Ist eine Leistungsmessung vorgeschrieben, so ist sie mit einer dem Umfang der Anlage angemessenen Dauer bei möglichst niedriger Außentemperatur im Einvernehmen mit dem Auftraggeber durchzuführen.

Die Leistungsmessung ist, wenn in der Leistungsbeschreibung nichts anderes vorgeschrieben ist, bei Neubauten frühestens nach Ablauf von 6 Monaten regelmäßigen Betriebes und nach Ablauf von 2 Monaten bei alten Gebäuden durchzuführen.

Während der Leistungsmessung ist die Belastung der Wärmeerzeuger dem Heizungswärmebedarf, gegebenenfalls auch dem Wärmebedarf für andere gleichzeitig zu versorgende Wärmeverbraucher, z. B. Brauchwassererwärmer, anzupassen.

Die Innentemperatur ist in 0,75 m Höhe über dem Fußboden in der Mitte des geschlossenen Raumes mit einem wärmestrahlungsgeschützten Thermometer mit einer Ablesegenauigkeit von 0,5 °C zu messen.

3.7.2. Wenn eine Leistungsmessung für Heizkessel vorgeschrieben ist, so ist sie wie folgt auszuführen:

Messen des CO_2-Gehaltes,
der Abgastemperatur,
der Zugstärke,
der Rußzahl.

Für die Prüfung gelten:

bei Heizkesseln für flüssige Brennstoffe

DIN 4702 Blatt 2 Heizkessel; Prüfregeln

bei Heizkesseln für gasförmige Brennstoffe:

DIN 4756 Gasfeuerungen in Heizungsanlagen; Bau, Ausführung, sicherheitstechnische Grundsätze

DIN 4702 Blatt 3 Heizkessel; Gas-Spezialkessel mit Brennern ohne Gebläse.

Heizkessel für feste Brennstoffe sind in Anlehnung an

DIN 4702 Blatt 2 „Heizkessel; Prüfregeln"

zu prüfen.

3.7.3. Wenn eine Leistungsmessung für Brauchwassererwärmer vorgeschrieben ist, so ist sie unter folgenden Bedingungen auszuführen:

Einstellung der Vorlauftemperatur bzw. des Dampfdruckes des Wärmeträgers oder der Beheizungsleistung auf den Nennwert,

Messung der Aufheizzeit aus dem kalten Zustand des Speichers bis zum Erreichen der festgelegten Brauchwassertemperatur im Speicher,

Dauer der Messung entsprechend der Dauer des Spitzenbedarfs,

Feststellung der in der Spitzenbedarfsperiode entnommenen Brauchwassermenge, umgerechnet auf eine mittlere Brauchwassertemperatur bei Temperaturerhöhung um 35 °C.

4. Nebenleistungen

Nebenleistungen sind Leistungen, die auch ohne Erwähnung in der Leistungsbeschreibung zur vertraglichen Leistung gehören (siehe Teil B — DIN 1961 — § 2 Nr. 1).

4.1. Folgende Leistungen sind Nebenleistungen:

4.1.1. Messungen für das Ausführen und Abrechnen der Arbeiten einschließlich des Vorhaltens der Meßgeräte, Lehren, Absteckzeichen usw., des Erhaltens der Lehren und Absteckzeichen während der Bauausführung und des Stellens der Arbeitskräfte, jedoch nicht Leistungen nach Teil B — DIN 1961 — § 3 Nr. 2.

4.1.2. Schutz- und Sicherheitsmaßnahmen nach den Unfallverhütungsvorschriften und den behördlichen Bestimmungen.

4.1.3. Schutz der ausgeführten Leistungen und der für die Ausführung übergebenen Gegenstände vor Beschädigung und Diebstahl bis zur Abnahme.

4.1.4. Heranbringen von Wasser und Energie von den vom Auftraggeber auf der Baustelle zur Verfügung gestellten Anschlußstellen zu den Verwendungsstellen.

4.1.5. Vorhalten der Kleingeräte und Werkzeuge.

4.1.6. Lieferung der Betriebsstoffe, ausgenommen Leistungen nach Abschnitt 4.3.17.

4.1.7. Befördern aller Stoffe und Bauteile, auch wenn sie vom Auftraggeber beigestellt sind, von den Lagerstellen auf der Baustelle zu den Verwendungsstellen und etwaiges Rückbefördern.

4.1.8. Beleuchten und Reinigen der Aufenthaltsräume und Aborte für die Beschäftigten des Auftragnehmers sowie Beheizen der Aufenthaltsräume.

4.1.9. Beseitigen aller Verunreinigungen (Abfälle, Bauschutt und dergleichen), die von den Arbeiten des Auftragnehmers herrühren.

4.1.10. Auf- und Abbauen sowie Vorhalten der Gerüste, deren Arbeitsbühnen bis zu 2 m über Gelände oder Fußboden liegen.

4.1.11. Liefern und Einbauen von Wand- und Deckenhülsen sowie der Verbindungsmittel und Dichtstoffe.

4.1.12. Nachprüfen aller für den Bau der Anlage des Auftragnehmers nötigen baulichen Arbeiten auf ihre maßgerechte Ausführung, soweit dieses mit einfachen Mitteln, z. B. Metermaß, Bandmaß, Wasserwaage, Lot, möglich ist.

4.1.13. Liefern und Anbringen der Typen- und Leistungsschilder.

4.1.14. Einweisung des Bedienungs- und Wartungspersonals.

4.2. Folgende Leistungen sind Nebenleistungen, wenn sie nicht durch besondere Ansätze in der Leistungsbeschreibung erfaßt sind:

4.2.1. Einrichten und Räumen der Baustelle.

4.2.2. Vorhalten der Baustelleneinrichtung einschließlich der Geräte und dergleichen.

4.2.3. Liefern und Einbau von Rohrbefestigungen.

4.3. Folgende Leistungen sind keine Nebenleistungen:

4.3.1. „Besondere Leistungen" nach Teil A — DIN 1960 — § 9 Nr. 6.

4.3.2. Aufstellen, Vorhalten und Beseitigen von Bauzäunen, Blenden und Schutzgerüsten zur Sicherung des öffentlichen Verkehrs sowie von Einrichtungen außerhalb der Baustelle zur Umleitung und Regelung des öffentlichen Verkehrs.

4.3.3. Sichern von Leitungen, Kanälen, Dränen, Kabeln, Grenzsteinen, Bäumen und dergleichen.

4.3.4. Beseitigen von Hindernissen, Leitungen, Kanälen, Dränen, Kabeln und dergleichen.

4.3.5. besondere Maßnahmen aus Gründen der Landespflege und des Umweltschutzes.

4.3.6. Vorhalten von Aufenthalts- und Lagerräumen, wenn der Auftraggeber Räume, die leicht verschließbar gemacht werden können, nicht zur Verfügung stellt.

4.3.7. Auf- und Abbauen sowie Vorhalten der Gerüste, deren Arbeitsbühnen mehr als 2 m über Gelände oder Fußboden liegen.

4.3.8. zusätzliche Maßnahmen für die Weiterarbeit bei Frost und Schnee, soweit sie dem Auftragnehmer nicht ohnehin obliegen.

4.3.9. besondere Maßnahmen zur Schalldämmung der Geräte gegen den Baukörper.

4.3.10. Stemm-, Bohr- und Fräsarbeiten für die Befestigung von Konsolen und Halterungen sowie das Stemmen von Schlitzen und Durchbrüchen.

4.3.11. Anpassen von Anlageteilen an nicht maßgerecht ausgeführte Leistungen anderer Unternehmer.

4.3.12. Lieferung und Befestigung der Funktions-, Bezeichnungs- und Hinweisschilder.

4.3.13. Lieferung von Schalt- und Stromlaufplänen in anderen Fällen als nach Abschnitt 3.6.3.

4.3.14. Anschluß von bauseits gestellten Apparateteilen an die Rohrleitungen und Kanäle.

4.3.15. Einbau von bauseits gestellten Armaturen in die Rohrleitungen und Kanäle.

4.3.16. Wasseranalyse und Gutachten.

4.3.17. Liefern der für die Inbetriebnahme, die Druckprobe und den Probebetrieb nötigen Betriebsstoffe.

4.3.18. Provisorische Maßnahmen zum vorzeitigen Betrieb der Anlage oder von Anlageteilen.

4.3.19. Gebühren für behördlich vorgeschriebene Abnahmeprüfungen.

4.3.20. Herstellen von Mutterpausen nach den Plänen des Auftraggebers nach Abschnitt 3.1.5.

5. Abrechnung

5.1. Allgemeines

5.1.1. Die Leistung ist aus Zeichnungen zu ermitteln, soweit die ausgeführte Leistung diesen Zeichnungen entspricht. Sind solche Zeichnungen nicht vorhanden, ist die Leistung aufzumessen.

Der Ermittlung der Leistung — gleichgültig, ob sie nach Zeichnungen oder nach Aufmaß erfolgt — sind die Maße der Anlagenteile zugrunde zu legen.

5.2. Es werden abgerechnet:

5.2.1. Rohrleitungen einschließlich Rohrbögen, Form- und Verbindungsstücke nach Längenmaß (m), in der Mittelachse gerechnet, getrennt nach Art, Nennweite und Wanddicke, die Länge der Armaturen wird nicht abgezogen.

5.2.2. Kessel unter Angabe der Nennleistung einschließlich grober und feiner Armaturen nach Anzahl (Stück).

5.2.3. Sonstige Heizkörper bzw. Heizkörperglieder, getrennt nach Arten und Abmessungen, nach Anzahl (Stück).

5.2.4. Aufstellen und Anschließen der Heizkörper nach Anzahl (Stück).

5.2.5. Alle übrigen Teile, z. B. Armaturen, Pumpen, Regel-, Absperrorgane, getrennt nach Art und Größe, nach Anzahl (Stück).

VOB Teil C:

Allgemeine Technische Vorschriften für Bauleistungen

Gas-, Wasser- und Abwasser-Installationsarbeiten innerhalb von Gebäuden – DIN 18 381

Fassung Mai 1973

Ausgabedatum: August 1974

Inhalt

0. Hinweise für die Leistungsbeschreibung*)

(siehe auch Teil A — DIN 1960 — § 9)

0.1. In der Leistungsbeschreibung sind nach Lage des Einzelfalles insbesondere anzugeben:

0.1.1. Lage der Baustelle und Umgebungsbedingungen, z. B. Hauptwindrichtung, Einflugschneisen, Verschmutzung der Außenluft, Bebauung usw., Zufahrtsmöglichkeiten und Beschaffenheit der Zufahrt sowie etwaige Einschränkungen bei ihrer Benutzung, Art der baulichen Anlage, Anzahl und Höhe der Geschosse.

0.1.2. Lage und Ausmaß der dem Auftragnehmer für die Ausführung seiner Leistungen zur Benutzung oder Mitbenutzung überlassenen Flächen.

0.1.3. Art, Lage, Abfluß, Abflußvermögen und Hochwasserverhältnisse des Vorfluters.

0.1.4. Ergebnisse der Bodenuntersuchung und der Wasseranalyse.

0.1.5. Schutzgebiete im Bereich der Baustelle.

0.1.6. besondere Maßnahmen aus Gründen der Landespflege und des Umweltschutzes.

0.1.7. Art und Umfang des Schutzes von Bäumen, Pflanzenbeständen, Vegetationsflächen, Bauteilen, Bauwerken u. ä. im Bereich der Baustelle.

0.1.8. besondere Anordnungen, Vorschriften und Maßnahmen der Eigentümer (oder der anderen Weisungsberechtigten) von Leitungen, Kabeln, Dränen, Kanälen, Wegen, Gewässern, Gleisen, Zäunen und dergleichen im Bereich der Baustelle.

0.1.9. besondere wasserrechtliche Bestimmungen.

0.1.10. für den Verkehr freizuhaltende Flächen.

0.1.11. Besonderheiten zur Regelung und Sicherung des Verkehrs, gegebenenfalls auch, wieweit der Auftraggeber die Durchführung der erforderlichen Maßnahmen übernimmt.

0.1.12. Verkehrsverhältnisse auf der Baustelle, insbesondere Verkehrsbeschränkungen, z. B. Begrenzung der Verkehrslasten bei unterirdischen Bauteilen oder Bauwerken.

---

*) Diese Hinweise werden nicht Vertragsbestandteil.

0.1.13. Lage, Art und Anschlußwert der dem Auftragnehmer auf der Baustelle zur Verfügung gestellten Anschlüsse für Wasser und Energie.

0.1.14. Mitbenutzung fremder Gerüste, Hebezeuge, Aufzüge, Aufenthalts- und Lagerräume, Einrichtungen und dergleichen durch den Auftragnehmer.

0.1.15. Auf- und Abbauen sowie Vorhalten der Gerüste, die nicht unter Abschnitt 4.1.11 fallen.

0.1.16. besondere Anforderungen an die Baustelleneinrichtung.

0.1.17. bekannte oder vermutete Hindernisse im Bereich der Baustelle, möglichst unter Auslegung von Bestandsplänen, z. B. Leitungen, Kabel, Dräne, Kanäle, Bauwerksreste (und, soweit bekannt, deren Eigentümer).

0.1.18. Art und Zeit der vom Auftraggeber veranlaßten Vorarbeiten.

0.1.19. ob und in welchem Umfang dem Auftragnehmer Arbeitskräfte und Geräte für Abladen, Lagern und Transport zur Verfügung gestellt werden.

0.1.20. Arbeiten anderer Unternehmer auf der Baustelle.

0.1.21. Leistungen für andere Unternehmer.

0.1.22. Art, Menge, Gewicht der Stoffe und Bauteile, die vom Auftraggeber beigestellt werden, sowie Art, Ort (genaue Bezeichnung) und Zeit ihrer Übergabe.

0.1.23. Güteanforderungen an nicht genormte Stoffe und Bauteile.

0.1.24. Art und Umfang verlangter Eignungs- und Gütenachweise.

0.1.25. vorgesehene Arbeitsabschnitte, Arbeitsunterbrechungen und -beschränkungen nach Art, Ort und Zeit.

0.1.26. besondere Erschwernisse während der Ausführung, z. B. Arbeiten in Räumen, in denen der Betrieb des Auftraggebers weiterläuft, Arbeiten bei außergewöhnlichen Temperaturen.

0.1.27. besondere Maßnahmen, die zum Schutz von benachbarten Grundstücken und Bauwerken notwendig sind.

0.1.28. ob nach bestimmten Zeichnungen oder nach Aufmaß abgerechnet werden soll.

0.1.29. Ausführung der Brandschutz-, Wärmedämm- und Schallschutzarbeiten.

0.1.30. Analyse des Trink- und Nichttrinkwassers.

0.1.31. Abgrenzung des Leistungsumfanges zwischen den beteiligten Unternehmern.

0.1.32. Angabe der Termine für die Lieferung der Unterlagen nach Abschnitt 3.1.2 sowie für Beginn und Ende der vertraglichen Leistungen, ferner, ob und gegebenenfalls in welchem Umfang vom Auftragnehmer Terminpläne oder Beiträge dazu aufzustellen und zu liefern sind, z. B. für Netzpläne.

0.1.33. für welche Anlageteile im Angebot Muster, Bilder und Beschreibung sowie Einzelheiten über Hersteller, Abmessungen, Gewichte und Ausführung verlangt werden.

0.1.34. Zeit der — gegebenenfalls stufenweisen — Inbetriebnahme der Anlage.

0.1.35. ob Arbeitspläne zum Aussparen von Schlitzen und Durchbrüchen für Leitungen und Kanäle anzufertigen sind, oder ob nur vorhandene Pläne zu prüfen sind.

0.1.36. Art und Anzahl der zu liefernden Bestandszeichnungen und schematischen Darstellungen sowie der Bedienungsanweisungen.

0.1.37. Angabe über die Veranlassung besonderer Genehmigungen, Prüfungen und Abnahmen, z. B. Behälterprüfungen durch den TÜV, Anlagen für radioaktive Abwässer.

0.1.38. Art und Umfang der Provisorien.

0.1.39. Forderung von zerstörungsfreien Prüfungen, z. B. Röntgenaufnahmen.

0.1.40. ob Widerlager zur Aufnahme von Reaktionskräften bei Rohrverbindungen (nach Abschnitt 3.1.9) vom Auftragnehmer herzustellen sind.

0.1.41. ob bei Rohrdurchführungen in Wänden und Decken besondere Anforderungen gestellt werden.

0.1.42. Art und Umfang von Winterbaumaßnahmen.

0.1.43. Art und Höhe des Prämienanteiles für gegebenenfalls vom Auftragnehmer zu übernehmende Bauwesen- und Haftpflichtversicherung.

0.1.44. ob ein Wartungsvertrag mit angeboten werden soll.

0.1.45. die zur Verwendung vorgesehenen Wandbeläge, z. B. keramische Fliesen, einschließlich Sockelhöhen, und deren Verlegeverfahren, z. B. Mörtelverlegung, Klebeverfahren.

0.1.46. Anordnung der Armaturenanschlüsse im Fliesenraster.

0.1.47. Anzahl von abschnittsweisen Druckprüfungen.

0.1.48. Dichtarten bei Verbindungen von Rohrverbindungen und Anlageteilen.

0.1.49. Desinfektion und Nachspülung von in Betrieb genommenen Rohrleitungsanlagen.

0.1.50. Der Auftraggeber kann zur Abgabe von Angeboten dergestalt auffordern, daß der dem Angebot zugrunde zu legende Entwurf und die Leistungsbeschreibung von den Bewerbern aufgestellt werden (Leistungsbeschreibung mit Leistungsprogramm).

0.1.50.1. In diesem Falle ist den Bewerbern anzugeben bzw. zu überlassen:

0.1.50.2. Lageplan und Umgebungsbedingungen, z. B. Himmelsrichtung, Windanfall, Bebauung, Verschmutzung der Außenluft.
Gebäudepläne (Geschoßgrundrisse und Gebäudeschnitte) als pausfähige Zeichnungen mit Angabe der Bauweise, z. B. Außen- und Innenwände, Fußboden, Decke, Fenster, Türen.

0.1.50.3. Benutzungsart der Gebäude und der Räume mit
Angabe der Belegung,
der Betriebszeiten,
der Einrichtungen.

0.1.50.4. Lage des Hausanschlußraumes, der Zählerräume, des Übergaberaumes bei Fernwärme, der Räume für Pumpen, Wasseraufbereitung, Warmwasserbereitung und sonstiger Anlageteile.

0.1.50.5. Lage und Querschnitt der Abgasschornsteine für Gasfeuerstätten.

0.1.50.6. Rohr-, Kanal- und Leitungsführung.

0.1.50.7. geforderte Verlegungsart der Rohrleitungen, z. B. auf oder unter Putz.

0.1.50.8. Ausführung der Brandschutz-, Wärmedämm- und Schallschutzarbeiten.

0.1.50.9. ob Spezialarmaturen gefordert werden.

0.1.50.10. Umfang der Brauchwasserversorgung, Anzahl der Bäder, normaler Zapfstellen, der Zapfstellen für Sonderzwecke unter Angabe der jeweiligen Bedarfsmenge sowie der Entwässerungsgegenstände.

0.1.50.11. Zeit und Dauer des Spitzenbedarfs.

0.1.50.12. besondere Vorschriften des Auftraggebers.

0.1.50.13. Eventuelle spätere Erweiterung.

0.1.51. Leistungen nach Abschnitt 4.2 in besonderen Ansätzen, wenn diese Leistungen keine Nebenleistungen sein sollen.

0.1.52. Leistungen nach Abschnitt 4.3 in besonderen Ansätzen.

0.2. In der Leistungsbeschreibung sind Angaben zu folgenden Abschnitten nötig, wenn der Auftraggeber eine abweichende Regelung wünscht.

Abschnitt 1.2 (Leistungen mit Lieferung der Stoffe und Bauteile)
Abschnitt 2.1 (Vorhalten von Stoffen und Bauteilen)
Abschnitt 2.2.1 (Liefern ungebrauchter Stoffe und Bauteile)
Abschnitt 5.1.1 (Ermittlung der Leistung)
Abschnitt 5.2.4 (Abrechnung von Form- und Verbindungsstücken).

1. Allgemeines

1.1. DIN 18 381 „Gas-, Wasser- und Abwasser-Installationsarbeiten innerhalb von Gebäuden" gilt nicht für Entwässerungskanalarbeiten (siehe DIN 18 306 „Abwasserkanalarbeiten") und nicht für Gas- und Wasserleitungsarbeiten im Erdreich (siehe DIN 18 307 „Gas- und Wasserleitungsarbeiten im Erdreich").

1.2. Alle Leistungen umfassen auch die Lieferung der dazugehörigen Stoffe und Bauteile einschließlich Abladen und Lagern auf der Baustelle, wenn in der Leistungsbeschreibung nichts anderes vorgeschrieben ist.

1.3. Stoffe und Bauteile, die vom Auftraggeber beigestellt werden, hat der Auftragnehmer rechtzeitig beim Auftraggeber anzufordern.

2. Stoffe, Bauteile

2.1. Vorhalten

Stoffe und Bauteile, die der Auftragnehmer nur vorzuhalten hat, die also nicht in das Bauwerk eingehen, können nach Wahl des Auftragnehmers gebraucht oder ungebraucht sein, wenn in der Leistungsbeschreibung darüber nichts vorgeschrieben ist.

2.2. Liefern

2.2.1. Allgemeine Anforderungen

Stoffe und Bauteile, die der Auftragnehmer zu liefern und einzubauen hat, die also in das Bauwerk eingehen, müssen ungebraucht sein, wenn in der Leistungsbeschreibung nichts anderes vorgeschrieben ist.

Sie müssen für den jeweiligen Verwendungszweck geeignet sein.

Stoffe und Bauteile, für die DIN-Normen bestehen, müssen den DIN-Güte- und -Maßbestimmungen entsprechen.

Stoffe und Bauteile, die nach den behördlichen Vorschriften einer Zulassung bedürfen, müssen amtlich zugelassen sein und den Zulassungsbedingungen entsprechen. Stoffe und Bauteile, für die weder DIN-Normen bestehen noch eine amtliche Zulassung vorgeschrieben ist, dürfen nur mit Zustimmung des Auftraggebers verwendet werden.

Für die gebräuchlichsten genormten Stoffe und Bauteile sind die DIN-Normen nachstehend aufgeführt.

2.2.2. DIN 1986 Blatt 1 Grundstücksentwässerungsanlagen; Technische Bestimmung für den Bau

DIN 1988 Trinkwasser-Leitungsanlagen in Grundstücken; Technische Bestimmungen für Bau und Betrieb

DVGW-TRGI Technische Regeln für Gasinstallation

TRF Technische Regeln Flüssiggas.

3. Ausführung

3.1. Allgemeines

3.1.1. Gas-, Wasser- und Abwasser-Installationsanlagen sind in allen ihren Teilen so aufeinander abgestimmt auszuführen, daß die geforderte Leistung erbracht wird, die Betriebssicherheit vorhanden ist und Korrosionsvorgänge weitgehend eingeschränkt werden.

3.1.2. Der Auftragnehmer hat nach den Plänen des Auftraggebers Einbau-, Fundament-, Schlitz- und Durchbruchpläne aufzustellen und mit dem Auftraggeber abzustimmen. Sofern die Schlitz- und Durchbruchpläne bereits vorliegen, hat der Auftragnehmer diese zu prüfen.
Ein Satz Ausführungszeichnungen einschließlich aller notwendigen Einzelzeichnungen mit den Gewichtsangaben der Einbauteile sind dem Auftraggeber rechtzeitig auszuhändigen.

3.1.3. Der Auftragnehmer hat vor Beginn seiner Arbeiten die baulichen Verhältnisse auf Eignung für die Durchführung seiner Leistungen zu prüfen. Er hat dem Auftraggeber Bedenken unverzüglich schriftlich mitzuteilen (siehe Teil B – DIN 1961 – § 4 Nr. 3), insbesondere bei

mangelhafter und erkennbar fehlerhafter Ausführung,
nicht rechtzeitiger Fertigstellung von Fundamenten,
unzureichenden Querschnitten,
fehlenden oder falsch angelegten Schlitzen, Durchbrüchen und Montageöffnungen,
fehlendem Meterriß,
unzureichendem oder mangelhaftem Schall-, Wärme- oder Brandschutz des Bauwerkes oder Teilen davon,
unzureichenden Voraussetzungen zur Aufnahme von Reaktionskräften.

3.1.4. Wenn die Leitungsführung dem Auftragnehmer überlassen bleibt, hat er nach der Auftragserteilung so zeitig den genauen Leitungsplan aufzustellen und das Einverständnis des Auftraggebers einzuholen, daß die erforderlichen Schlitze und Aussparungen vorgesehen werden können. Durch das Einverständnis des Auftraggebers wird die Verantwortung des Auftragnehmers nicht eingeschränkt.

3.1.5. Der Auftragnehmer hat die für die Ausführung erforderlichen Genehmigungen und Abnahmen zu veranlassen.

3.1.6. Wenn Verkehrs-, Versorgungs- und Entsorgungsanlagen im Bereich des Baugeländes liegen, sind die Vorschriften und Anordnungen der zuständigen Stellen zu beachten.

3.1.7. Die örtlichen Vorschriften für Anschlüsse an öffentliche Leitungen sind zu beachten.

3.1.8. Bei der Ausführung der Leistungen sind die Einbauanweisungen und Verlegerichtlinien der Hersteller sowie etwaige Verwendungsbeschränkungen zu beachten.

3.1.9. Bei Rohrleitungen mit nicht längskraftschlüssigen Verbindungen, z. B. Steckmuffen, in denen planmäßig Innendruck herrscht oder durch besondere Betriebszustände entstehen kann, hat der Auftragnehmer vor allem bei Richtungsänderungen, die Rohre gegen Auseinandergleiten (bei Druckprüfungen und im Betrieb) durch Befestigung auf Widerlager zu sichern. Sofern die dabei auftretenden Reaktionskräfte in das Bauwerk eingeleitet werden müssen, sind die Kräfte vom Auftragnehmer zu ermitteln und dem Auftraggeber vor Ausführung der Leistung bekanntzugeben.

3.1.10. Reaktionskräfte aus Dehnungsausgleichern, Kompensatoren und Schwingungsdämpfern sind durch Rohrleitungsfestpunkte aufzunehmen.
Sofern es die Einbauanweisungen für solche Bauteile vorschreiben, ist eine axiale Führung der Rohrleitung durch entsprechende Begrenzung sicherzustellen.

3.1.11. Bei Kreuzungen mit anderen Leitungen, insbesondere auch mit elektrischen Leitungen und Heizungsleitungen, müssen diese gegen Beschädigung und Beeinflussungen entsprechend der Art der Leitungen geschützt werden.

3.1.12. Wenn in der Leistungsbeschreibung vorgeschrieben ist, daß Armaturen und Anschlüsse im Fugenschnitt von Fliesen anzuordnen sind, so hat der Auftragnehmer rechtzeitig die dazu erforderlichen Angaben beim Auftraggeber anzufordern, zum Beispiel

Verlegeart (Mörtel oder Klebeverfahren),

Höhe des Fliesensockels,

Größe der Fliesen,

Fugenbreite,

genaue Bezeichnung der Wände, an denen mit dem Verlegen der Fliesen begonnen wird,

Abstand der ersten Fliese von diesen Wänden, gemessen in einer Höhe von 1 m über fertigem Fußboden.

3.1.13. Der Auftragnehmer hat die Bedienungsanweisungen anzufertigen, die für den sachgemäßen und sicheren Betrieb der Gesamtanlage oder einzelner Teile der Gesamtanlage erforderlich sind. Er hat sie zusammen mit den Bestandszeichnungen, schematischen Darstellungen und Beschreibungen der eingebauten Anlage, falls solche Unterlagen in der Leistungsbeschreibung gefordert sind, sowie Wartungsanweisungen der Hersteller bei der Abnahme der Anlage zu übergeben.

3.1.14. Bei Veränderungen an bestehenden Anlagen hat der Auftragnehmer zu veranlassen, daß durch einen zugelassenen Elektroinstallateur geprüft wird, ob durch die vorgesehenen Arbeiten die vorhandenen elektrischen Schutzmaßnahmen (siehe VDE 0100, VDE 0190, DVGW-GW 0190) nicht beeinträchtigt werden.

3.2. Gasversorgungsanlagen

Gasversorgungsanlagen sind nach den „Technischen Regeln für Gasinstallationen", DVGW-TRGI, und TRF „Technische Regeln Flüssiggas" auszuführen und zu prüfen.

3.3. Wasserversorgungsanlagen

Wasserversorgungsanlagen sind nach DIN 1988 „Trinkwasser-Leitungsanlagen in Grundstücken; Technische Bestimmungen für den Bau und Betrieb" und den „Richtlinien für die Berechnung der Wasserleitungen in Hausanlagen" (DVGW-W 308 Berechnungsanleitung zu DIN 1988) auszuführen und zu prüfen.

3.4. Grundstücksentwässerungsanlagen

3.4.1. Grundstücksentwässerungsanlagen sind nach DIN 1986 „Grundstücksentwässerungsanlagen" auszuführen und zu prüfen.

3.4.2. Grundstückskläranlagen und Abscheider sind auszuführen nach

DIN 4261 Blatt 1 Kleinkläranlagen; Anwendung, Bemessung, Ausführung und Betrieb, Anlagen ohne Abwasserbelüftung

DIN 1999 Benzinabscheider

DIN 4040 Fettabscheider; Baugrundsätze

DIN 4041 Fettabscheider; Einbau, Größe und Schlammfänge, Richtlinien.

3.5. Stemm-, Bohr- und Fräsarbeiten

Stemm-, Bohr- und Fräsarbeiten für Durchbrüche und Schlitze sowie für das Befestigen am Bauwerk dürfen nur mit vorheriger Zustimmung des Auftraggebers durchgeführt werden.

4. Nebenleistungen

Nebenleistungen sind Leistungen, die auch ohne Erwähnung in der Leistungsbeschreibung zur vertraglichen Leistung gehören (siehe Teil B — DIN 1961 — § 2 Nr. 1).

4.1. Folgende Leistungen sind Nebenleistungen:

4.1.1. Messungen für das Ausführen und Abrechnen der Arbeiten einschließlich des Vorhaltens der Meßgeräte, Lehren, Absteckzeichen usw., des Erhaltens der Lehren und Absteckzeichen während der Bauausführung und des Stellens der Arbeitskräfte, jedoch nicht Leistungen nach Teil B — DIN 1961 — § 3 Nr. 2.

4.1.2. Schutz- und Sicherheitsmaßnahmen nach den Unfallverhütungsvorschriften und den behördlichen Bestimmungen.

4.1.3. Schutz der ausgeführten Leistungen und der für die Ausführung übergebenen Gegenstände vor Beschädigung und Diebstahl bis zur Abnahme.

4.1.4. Heranbringen von Wasser und Energie von den vom Auftraggeber auf der Baustelle zur Verfügung gestellten Anschlußstellen zu den Verwendungsstellen.

4.1.5. Vorhalten der Kleingeräte und Werkzeuge.

4.1.6. Lieferung der Betriebsstoffe.

4.1.7. Befördern aller Stoffe und Bauteile, auch wenn sie vom Auftraggeber beigestellt sind, von den Lagerstellen auf der Baustelle zu den Verwendungsstellen und etwaiges Rückbefördern.

4.1.8. Sichern der Arbeiten gegen Tagwasser, mit dem normalerweise gerechnet werden muß, und seine etwa erforderliche Beseitigung.

4.1.9. Beleuchten und Reinigen der Aufenthaltsräume und Aborte für die Beschäftigten des Auftragnehmers sowie Beheizen der Aufenthaltsräume.

4.1.10. Beseitigen aller Verunreinigungen (Abfälle, Bauschutt und dergleichen), die von den Arbeiten des Auftragnehmers herrühren.

4.1.11. Auf- und Abbauen sowie Vorhalten der Gerüste, deren Arbeitsbühnen bis zu 2 m über Gelände oder Fußboden liegen.

4.1.12. Anzeichnen der Schlitze und Durchbrüche für die Ausführung von Stemmarbeiten, auch wenn diese von einem anderen Unternehmer ausgeführt werden.

4.1.13. Einmalige Einweisung des Bedienungs- und Wartungspersonals.

4.1.14. Liefern von Rohrfuttern einfacher Art, z. B. in Form von Rohrumhüllungen mit Wellpappe und dergleichen, ausgenommen Leistungen nach Abschnitt 4.3.9.

4.1.15. Liefern und Einbauen von Rohrbefestigungen, z. B. Rohrschellen, ausgenommen Leistungen nach Abschnitt 4.3.11.

4.2. Folgende Leistungen sind Nebenleistungen, wenn sie nicht durch besondere Ansätze in der Leistungsbeschreibung erfaßt sind:

4.2.1. Einrichten und Räumen der Baustelle.

4.2.2. Vorhalten der Baustelleneinrichtung einschließlich der Geräte und dergleichen.

4.2.3. Durchführen der Druckprüfungen einschließlich Vorhalten des Gerätes und Stellung der Arbeitskräfte, ausgenommen Leistungen nach Abschnitt 4.3.10.

4.3. Folgende Leistungen sind keine Nebenleistungen:

4.3.1. „Besondere Leistungen nach Teil A — DIN 1960 — § 9 Nr. 6.

4.3.2. Aufstellen, Vorhalten und Beseitigen von Bauzäunen, Blenden und Schutzgerüsten zur Sicherung des öffentlichen Verkehrs sowie von Einrichtungen außerhalb der Baustelle zur Umleitung und Regelung des öffentlichen Verkehrs.

4.3.3. Boden-, Wasser- und Wasserstandsuntersuchungen sowie besondere Prüfverfahren.

4.3.4. Vorhalten von Aufenthalts- und Lagerräumen, wenn der Auftraggeber Räume, die leicht verschließbar gemacht werden können, nicht zur Verfügung stellt.

4.3.5. Auf- und Abbauen sowie Vorhalten der Gerüste, deren Arbeitsbühnen mehr als 2 m über Gelände oder Fußboden liegen.

4.3.6. zusätzliche Maßnahmen für die Weiterarbeit bei Frost und Schnee, soweit sie dem Auftragnehmer nicht ohnehin obliegen.

4.3.7. besondere Maßnahmen zur Schalldämmung von Anlageteilen gegen den Baukörper.

4.3.8. Stemm-, Bohr- und Fräsarbeiten für das Herstellen von Schlitzen und Durchbrüchen.

4.3.9. Liefern und Einbauen von Rohrfuttern in Form von Hülsenrohren aus Stahl, Kunststoff usw.

4.3.10. Heranschaffen von Wasser für Druckprüfungen, wenn auf der Baustelle keine Entnahmestelle vorhanden ist.

4.3.11. Liefern und Einbauen von Widerlagern, Rohrleitungsfestpunkten, schweren Rohrlagern mit Gleit- oder Rollenschellen, Konsolen und Stützgerüsten.

4.3.12. Herstellen von Fundamenten für Pumpen, Behälter und sonstige schwere Anlageteile.

4.3.13. Entrosten, Aufarbeiten und Ausbessern des Innen- und Außenschutzes der vom Auftraggeber beigestellten Stoffe und Bauteile.

4.3.14. Einbinden und Anschließen an bestehende Rohrleitungen und Anlageteile.

4.3.15. Anpassen von Anlageteilen an nicht maßgerecht ausgeführte Leistungen anderer Unternehmer.

4.3.16. Liefern und Befestigen der Funktions-, Bezeichnungs- und Hinweisschilder sowie Aufstellen der dazugehörigen Verzeichnisse.

4.3.17. Anschließen und Einbauen von bauseits gestellten Anlageteilen an die Rohrleitungen und Kanäle.

4.3.18. Verfüllen der Fugen zwischen Sanitär-Gegenständen und Wandplatten mit elastischen Stoffen.

4.3.19. Lieferung der für die Inbetriebnahme und den Probebetrieb nötigen Stoffe.

4.3.20. Maßnahmen zur vorzeitigen Inbetriebnahme der Anlage oder von Anlageteilen.

4.3.21. Gebühren für behördliche Genehmigungen und Abnahmen.

4.3.22. Liefern von Entwurfs- und Ausführungsplänen auf der Grundlage der vom Auftraggeber zur Verfügung gestellten Unterlagen.

4.3.23. Liefern von Bestandszeichnungen und schematischen Darstellungen der Anlage.

4.3.24. Desinfizieren und Nachspülen von fertiggestellten Rohrleitungsanlagen einschließlich der dazu notwendigen Betriebsstoffe und Reinigungsmittel sowie deren Beseitigung.

5. Abrechnung

5.1. Allgemeines

5.1.1. Die Leistung ist aus Zeichnungen zu ermitteln, soweit die ausgeführte Leistung diesen Zeichnungen entspricht. Sind solche Zeichnungen nicht vorhanden, ist die Leistung aufzumessen.

Der Ermittlung der Leistung — gleichgültig, ob sie nach Zeichnungen oder nach Aufmaß erfolgt — sind die Maße der Anlageteile zugrunde zu legen, wenn in der Leistungsbeschreibung nichts anderes vorgeschrieben ist.

5.2. Es werden abgerechnet:

5.2.1. Rohrleitungen nach Längenmaß (m), in der Achslinie gerechnet, getrennt nach Werkstoff, Nennweite, Nenndruck und Wanddicke. Rohrverbindungen, Rohrbögen, Form- und Paßstücke sowie Armaturen werden nicht abgezogen.

5.2.2. Paßstücke bis zu einer Länge von 0,75 m, Formstücke, Rohrverbindungen und Rohrbögen in Leitungen nach Anzahl (Stück), getrennt nach Art und Nennweite, als Zulage zu den Preisen für die Rohrleitungen.

5.2.3. Manschetten- und Flanschverbindungen, getrennt nach Art, Nenndruck und Nennweite, nach Anzahl (Stück).

5.2.4. Form- und Verbindungsstücke in Gewinderohrleitungen in Hundertsätzen der Preise der dazugehörigen Rohrleitungen, wenn nicht nach der Leistungsbeschreibung die Kosten für Form- und Verbindungsstücke in die Rohrleitungspreise einzurechnen sind.

5.2.5. Sanitär-Ausstattungsgegenstände, Armaturen, Pumpen, Regel- und Absperrorgane, Entwässerungsgegenstände, Schachtabdeckungen, Revisionsrahmen, Reinigungsöffnungen, Funktions-, Bezeichnungs- und Hinweisschilder und dergleichen nach Anzahl (Stück), getrennt nach Werkstoff, Art, Nennweite, Abmessungen, Güteklasse usw.

5.2.6. Rohrfutter nach Längenmaß (m), nach Anzahl (Stück) oder Gewicht (kg), getrennt nach Art und Ausführung.

5.2.7. Widerlager, Rohrlager, Konsolen und Stützgeräte nach Anzahl (Stück) oder Gewicht (kg), getrennt nach Art und Ausführung.

5.2.8. Einbindungen und Anschlüsse an Leitungen und Schächte, getrennt nach Art und Nennweite des vorhandenen und des angeschlossenen Rohres, nach Anzahl (Stück).

5.2.9. Anbohrungen, getrennt nach Werkstoff und Nennweiten des angebohrten und des angeschlossenen Rohres, nach Anzahl (Stück).

5.2.10. Einlauf und Reinigungsschächte, getrennt nach ihren Abmessungen, nach Anzahl (Stück).

VOB Teil C:

Allgemeine Technische Vorschriften für Bauleistungen

Elektrische Kabel- und Leitungsanlagen in Gebäuden

DIN 18 382

Fassung September 1971

Ausgabedatum: August 1974

Inhalt

0. Hinweise für die Leistungsbeschreibung*)

(siehe auch Teil A — DIN 1960 — § 9)

0.1. In der Leistungsbeschreibung sind nach Lage des Einzelfalles insbesondere anzugeben:

0.1.1. Lage der Baustelle und Umgebungsbedingungen, z. B. Hauptwindrichtung, Einflugschneisen, Verschmutzung der Außenluft, Bebauung usw., Zufahrtsmöglichkeiten und Beschaffenheit der Zufahrt sowie etwaige Einschränkungen bei ihrer Benutzung, Art der baulichen Anlagen, Anzahl und Höhe der Geschosse.

0.1.2. Lage und Ausmaß der dem Auftragnehmer für die Ausführung seiner Leistungen zur Benutzung oder Mitbenutzung überlassenen Flächen.

0.1.3. besondere Maßnahmen aus Gründen der Landespflege und des Umweltschutzes.

0.1.4. Art und Umfang des Schutzes von Bäumen, Pflanzenbeständen, Vegetationsflächen, Bauteilen, Bauwerken u. ä. im Bereich der Baustelle.

0.1.5. besondere Anordnungen, Vorschriften und Maßnahmen der Eigentümer (oder der anderen Weisungsberechtigten) von Leitungen, Kabeln, Dränen, Kanälen, Wegen, Gewässern, Gleisen, Zäunen und dergleichen im Bereich der Baustelle.

0.1.6. für den Verkehr freizuhaltende Flächen.

0.1.7. Besonderheiten der Regelung und Sicherung des Verkehrs, gegebenenfalls auch, wieweit der Auftraggeber die Durchführung der erforderlichen Maßnahmen übernimmt.

0.1.8. Verkehrsverhältnisse auf der Baustelle, insbesondere Verkehrsbeschränkungen, z. B. Begrenzung der Verkehrslasten.

0.1.9. Lage, Art und Anschlußwert der dem Auftragnehmer auf der Baustelle zur Verfügung gestellten Anschlüsse für Wasser und Energie.

0.1.10. Mitbenutzung fremder Gerüste, Hebezeuge, Aufzüge, Aufenthalts- und Lagerräume, Einrichtungen und dergleichen durch den Auftragnehmer.

*) Diese Hinweise werden nicht Vertragsbestandteil.

0.1.11. Auf- und Abbauen sowie Vorhalten der Gerüste, die nicht unter Abschnitt 4.1.10 fallen. Vorhalten besonders gearteter Geräte, z. B. fahrbare Leiter.

0.1.12. bekannte oder vermutete Hindernisse im Bereich der Baustelle, möglichst unter Auslegung von Bestandsplänen, z. B. Leitungen, Kabel, Dräne, Kanäle, Bauwerksreste (und, soweit bekannt, deren Eigentümer).

0.1.13. Art und Zeit der vom Auftraggeber veranlaßten Vorarbeiten.

0.1.14. ob und in welchem Umfang dem Auftragnehmer Arbeitskräfte und Geräte für Abladen, Lagern und Transport zur Verfügung gestellt werden.

0.1.15. Arbeiten anderer Unternehmer auf der Baustelle.

0.1.16. Leistungen für andere Unternehmer.

0.1.17. Art, Menge, Gewicht der Stoffe und Bauteile, die vom Auftraggeber beigestellt werden, sowie Art, Ort (genaue Bezeichnung) und Zeit ihrer Übergabe.

0.1.18. vorgesehene Arbeitsabschnitte, Arbeitsunterbrechungen und -beschränkungen nach Art, Ort und Zeit.

0.1.19. besondere Erschwernisse während der Ausführung, z. B. Arbeiten in Räumen, in denen der Betrieb des Auftraggebers weiterläuft, Arbeiten bei außergewöhnlichen Temperaturen.

0.1.20. Benutzung von Teilen der Leistung vor der Abnahme.

0.1.21. Art und Anzahl der geforderten Proben.

0.1.22. besondere Maßnahmen, die zum Schutz von benachbarten Grundstücken und Bauwerken notwendig sind.

0.1.23. ob nach bestimmten Zeichnungen oder nach Aufmaß abgerechnet werden soll.

0.1.24. Stromart, Nennspannung und Frequenz des Netzes.

0.1.25. Anschlußstellen des Elektrizitäts-Versorgungs-Unternehmens (EVU) und der Deutschen Bundespost (DBP).

0.1.26. Bauart der Kabel, Leitungen, Rohre, Kanäle und die Art ihrer Verlegung.

0.1.27. Lage und Ausführung der Schalt- und Verteilungsanlagen.

0.1.28. die Anschlußstellen für die elektrischen Verbrauchsmittel und deren Anschlußwerte; für Fernmeldeanlagen (auch Antennenanlagen) die zur Anlage gehörenden Einrichtungsgegenstände und der Platz hierfür.

0.1.29. Betriebsstätten, Räume und Anlagen besonderer Art, für die zusätzliche Errichtungsbestimmungen nach VDE 0100 bestehen.

0.1.30. Leistungen nach Abschnitt 4.2 in besonderen Ansätzen, wenn diese Leistungen keine Nebenleistungen sein sollen.

0.1.31. Leistungen nach Abschnitt 4.3 in besonderen Ansätzen.

0.2. In der Leistungsbeschreibung sind Angaben zu folgenden Abschnitten nötig, wenn der Auftraggeber eine abweichende Regelung wünscht:

Abschnitt 1.2 (Leistungen mit Lieferung der Stoffe und Bauteile)
Abschnitt 2.1 (Vorhalten von Stoffen und Bauteilen)
Abschnitt 2.2.1 (Liefern ungebrauchter Stoffe und Bauteile)
Abschnitt 3.1.2 (Installationspläne)
Abschnitt 3.2.3 (Leerrohre ohne Zugdrähte)
Abschnitt 5.1.1 (Ermittlung der Leistung).

1. Allgemeines

1.1. DIN 18 382 „Elektrische Kabel- und Leitungsanlagen in Gebäuden" gilt auch für elektrische Kabel- und Leitungsanlagen, die als nichtselbständige Außenanlagen zu den Gebäuden gehören.

1.2. Alle Leistungen umfassen auch die Lieferung der dazugehörigen Stoffe und Bauteile einschließlich Abladen und Lagern auf der Baustelle, wenn in der Leistungsbeschreibung nichts anderes vorgeschrieben ist.

1.3. Stoffe und Bauteile, die vom Auftraggeber beigestellt werden, hat der Auftragnehmer rechtzeitig beim Auftraggeber anzufordern.

1.4. Für Stoffe, Bauteile und für die Ausführung gelten die VDE-Bestimmungen, DIN-Normen und die Technischen Anschlußbedingungen (TAB) der Elektrizitäts-Versorgungsbereiche oder die vom Auftraggeber mit den Elektrizitäts-Versorgungsunternehmen (EVU) vereinbarten und in der Leistungsbeschreibung angegebenen besonderen Technischen Anschlußbedingungen.
Für Kabel- und Leitungsanlagen, die mit dem Fernmeldenetz der Deutschen Bundespost verbunden werden sollen, gelten die besonderen Vorschriften der Deutschen Bundespost.
Die gebräuchlichsten VDE-Bestimmungen sind:

VDE 0100 Bestimmungen für das Errichten von Starkstromanlagen mit Nennspannung bis 1000 Volt

VDE 0101 Bestimmungen für das Errichten von Starkstromanlagen mit Nennspannung über 1 kV

VDE 0800 Bestimmungen für Errichtung und Betrieb von Fernmeldeanlagen einschließlich Informations-Verarbeitungsanlagen.

2. Stoffe, Bauteile

2.1. Vorhalten

Stoffe und Bauteile, die der Auftragnehmer nur vorzuhalten hat, die also nicht in das Bauwerk eingehen, können nach Wahl des Auftragnehmers gebraucht oder ungebraucht sein, wenn in der Leistungsbeschreibung darüber nichts vorgeschrieben ist.

2.2. Liefern

2.2.1. Allgemeine Anforderungen

Stoffe und Bauteile, die der Auftragnehmer zu liefern und einzubauen hat, die also in das Bauwerk eingehen, müssen ungebraucht sein, wenn in der Leistungsbeschreibung nichts anderes vorgeschrieben ist. Sie müssen für den jeweiligen Verwendungszweck geeignet sein.
Stoffe und Bauteile, für die DIN-Normen bestehen, müssen den DIN-Güte- und -Maßbestimmungen entsprechen.
Stoffe und Bauteile, die nach den behördlichen Vorschriften einer Zulassung bedürfen, müssen amtlich zugelassen sein und den Zulassungsbedingungen entsprechen.
Stoffe und Bauteile, für die weder DIN-Normen bestehen noch eine amtliche Zulassung vorgeschrieben ist, dürfen nur mit Zustimmung des Auftraggebers verwendet werden.

3. Ausführung

3.1. Allgemeines

3.1.1. Der Auftragnehmer hat vor Ausführung seiner Arbeiten die baulichen Verhältnisse auf Eignung für die Durchführung seiner Leistungen zu prüfen und Bedenken dem Auftraggeber unverzüglich schriftlich mitzuteilen (siehe Teil B — DIN 1961 — § 4 Nr. 3).

Bedenken sind geltend zu machen insbesondere bei

unzureichenden Anbringungsflächen für Verteilungen u. ä.,

fehlenden oder falsch angelegten Schlitzen und Durchbrüchen,

Unebenheiten der Rohdecke oder nicht ausreichender Konstruktionshöhe für Unterflurinstallationssysteme.

3.1.2. Der Auftragnehmer hat dem Auftraggeber alle für den sicheren und wirtschaftlichen Betrieb der Anlage erforderlichen Bedienungs- und Wartungsanweisungen sowie die Übersichtsschaltpläne nach DIN 40 717 „Schaltzeichen, Installationspläne“ nach dem Istzustand zu fertigen und zu übergeben, sofern nicht in der Leistungsbeschreibung darüber hinaus weitere Bestandspläne, z. B. Installationspläne nach DIN 40 717, gefordert werden, er hat ferner

das Bedienungspersonal in der Bedienung der Anlage zu unterweisen

und die Anlage in Betrieb zu setzen.

3.1.3. Der Auftragnehmer hat, bevor die fertige Anlage in Betrieb genommen wird, eine Prüfung auf Betriebsfähigkeit und eine Prüfung nach den VDE-Bestimmungen, bei Leitungsanlagen für Fernsprechzwecke nach den Bestimmungen der Deutschen Bundespost, auszuführen oder ausführen zu lassen.

Über die Prüfungsergebnisse ist eine Niederschrift zu fertigen und eine Ausfertigung dem Auftraggeber auszuhändigen.

3.2. Errichtung von Kabel- und Leitungsanlagen

3.2.1. VDE-Bestimmungen und DIN-Normen sowie ergänzende Verlegungs- und Verarbeitungsanleitungen der Hersteller der Stoffe und Bauteile sind einzuhalten.

3.2.2. Die erforderlichen Längenzugaben für die ordnungsgemäßen Kabel- und Leitungsanschlüsse sind vorzusehen.

3.2.3. Leerrohre sind ohne Zugdrähte zu verlegen, wenn in der Leistungsbeschreibung nichts anderes vorgeschrieben ist.

3.2.4. Gips darf als Befestigungsmittel für Kabel, Leitungen u. ä. in Verbindung mit zementhaltigem Mörtel sowie in Feuchträumen und im Freien nicht verwendet werden.

3.3. Stemm-, Bohr- und Fräsarbeiten

Stemm-, Bohr- und Fräsarbeiten für Durchbrüche und Schlitze sowie das Befestigen der Kabel und Leitungen am Bauwerk dürfen nur mit vorheriger Zustimmung des Auftraggebers durchgeführt werden.

4. Nebenleistungen

Nebenleistungen sind Leistungen, die auch ohne Erwähnung in der Leistungsbeschreibung zur vertraglichen Leistung gehören (siehe Teil B — DIN 1961 — § 2 Nr. 1).

4.1. Folgende Leistungen sind Nebenleistungen:

4.1.1. Messungen für das Ausführen und Abrechnen der Arbeiten einschließlich des Vorhaltens der Meßgeräte, Lehren, Absteckzeichen usw., des Erhaltens der Lehren und Absteckzeichen während der Bauausführung und des Stellens der Arbeitskräfte, jedoch nicht Leistungen nach Teil B — DIN 1961 — § 3 Nr. 2.

4.1.2. Schutz- und Sicherheitsmaßnahmen nach den Unfallverhütungsvorschriften und den behördlichen Bestimmungen.

4.1.3. Schutz der ausgeführten Leistungen und der für die Ausführung übergebenen Gegenstände vor Beschädigung und Diebstahl bis zur Abnahme.

4.1.4. Heranbringen von Wasser und Energie von den vom Auftraggeber auf der Baustelle zur Verfügung gestellten Anschlußstellen zu den Verwendungsstellen.

4.1.5. Vorhalten der Kleingeräte und Werkzeuge.

4.1.6. Lieferung der Betriebsstoffe.

4.1.7. Befördern aller Stoffe und Bauteile, auch wenn sie vom Auftraggeber beigestellt sind, von den Lagerstellen auf der Baustelle zu den Verwendungsstellen und etwaiges Rückbefördern.

4.1.8. Beleuchten und Reinigen der Aufenthaltsräume und Aborte für die Beschäftigten des Auftragnehmers sowie Beheizen der Aufenthaltsräume.

4.1.9. Beseitigen aller Verunreinigungen (Abfälle, Bauschutt und dergleichen), die von den Arbeiten des Auftragnehmers herrühren.

4.1.10. Auf- und Abbauen sowie Vorhalten der Gerüste, deren Arbeitsbühnen bis zu 2 m über Gelände oder Fußboden liegen, und Leitern bis zu 4 m Höhe.

4.1.11. Stemm-, Bohr- und Fräsarbeiten für das Einsetzen von Dübeln, Steinschrauben und für den Einbau von Installationsmaterial.

4.1.12. Anzeichnen von Schlitzen und Durchbrüchen.

4.1.13. Einsetzen von Dübeln, Steinschrauben u. ä.

4.2. Folgende Leistungen sind Nebenleistungen, wenn sie nicht durch besondere Ansätze in der Leistungsbeschreibung erfaßt sind:

4.2.1. Einrichten und Räumen der Baustelle.

4.2.2. Vorhalten der Baustelleneinrichtung einschließlich der Geräte und dergleichen.

4.3. Folgende Leistungen sind keine Nebenleistungen:

4.3.1. „Besondere Leistungen" nach Teil A — DIN 1960 — § 9 Nr. 6.

4.3.2. Aufstellen, Vorhalten und Beseitigen von Bauzäunen, Blenden und Schutzgerüsten zur Sicherung des öffentlichen Verkehrs sowie von Einrichtungen außerhalb der Baustelle zur Umleitung und Regelung des öffentlichen Verkehrs.

4.3.3. Sichern von Leitungen, Kanälen, Dränen, Kabeln, Grenzsteinen, Bäumen und dergleichen.

4.3.4. Beseitigen von Hindernissen, Leitungen, Kanälen, Dränen, Kabeln und dergleichen.

4.3.5. Vorhalten von Aufenthalts- und Lagerräumen, wenn der Auftraggeber Räume, die leicht verschließbar gemacht werden können, nicht zur Verfügung stellt.

4.3.6. Auf- und Abbauen sowie Vorhalten der Gerüste, deren Arbeitsbühnen mehr als 2 m über Gelände oder Fußboden liegen.

4.3.7. Herstellen, Vorhalten und Beseitigen von Provisorien, z. B. zur vorzeitigen oder Teilinbetriebnahme der Anlage.

4.3.8. Herstellen und Schließen von Schlitzen und Durchbrüchen.

5. Abrechnung

5.1. Allgemeines

5.1.1. Sofern nicht Pauschalvergütungen für bestimmte Teile der Leistung, z. B. Brennstellen, Steckdosen u. ä. vorgeschrieben sind, ist die Leistung aus Zeichnungen zu ermitteln, soweit die ausgeführte Leistung diesen Zeichnungen entspricht.

Sind solche Zeichnungen nicht vorhanden, ist die Leistung aufzumessen.

Der Ermittlung der Leistung — gleichgültig, ob sie nach Zeichnungen oder nach Aufmaß erfolgt — sind die Maße der Anlagenteile zugrunde zu legen, wenn in der Leistungsbeschreibung nichts anderes vorgeschrieben ist.

5.2. Es werden abgerechnet:

5.2.1. Kabel, Leitungen, Drähte und Rohre, getrennt nach Querschnitt oder Durchmesser und Art der Ausführung, nach der tatsächlich verlegten Länge in Meter (m). Verschnitt an Drähten, Rohren und dergleichen wird dabei nicht berücksichtigt.

5.2.2. Stromquellen, wie Batterien und Klingeltransformatoren, Verteiler, Abzweigdosen, Schalter, Läutewerke und dergleichen, getrennt nach Art und Größe, nach Anzahl (Stück).

VOB Teil C:

Allgemeine Technische Vorschriften für Bauleistungen

Blitzschutzanlagen — DIN 18 384

Fassung Juni 1972

Ausgabedatum: August 1974

Inhalt

0. Hinweise für die Leistungsbeschreibung*)

(siehe auch Teil A — DIN 1960 — § 9)

0.1. In der Leistungsbeschreibung sind nach Lage des Einzelfalles insbesondere anzugeben:

0.1.1. Lage der Baustelle und Umgebungsbedingungen, z. B. Hauptwindrichtung, Einflugschneisen, Verschmutzung der Außenluft, Bebauung usw., Zufahrtsmöglichkeiten und Beschaffenheit der Zufahrt sowie etwaige Einschränkungen bei ihrer Benutzung, Art der baulichen Anlagen, Anzahl und Höhe der Geschosse, Lage und Abmessungen der zu schützenden Gebäude.

0.1.2. Lage und Ausmaß der dem Auftragnehmer für die Ausführung seiner Leistungen zur Benutzung oder Mitbenutzung überlassenen Flächen.

0.1.3. Schutzgebiete im Bereich der Baustelle.

0.1.4. besondere Maßnahmen aus Gründen der Landespflege und des Umweltschutzes.

0.1.5. besondere Anordnungen, Vorschriften und Maßnahmen der Eigentümer (oder der anderen Weisungsberechtigten) von Leitungen, Kabeln, Dränen, Kanälen, Wegen, Gewässern, Gleisen, Zäunen und dergleichen im Bereich der Baustelle.

0.1.6. für den Verkehr freizuhaltende Flächen.

0.1.7. Verkehrsverhältnisse auf der Baustelle, insbesondere Verkehrsbeschränkungen, z. B. Begrenzung der Verkehrslasten.

0.1.8. Lage, Art und Anschlußwert der dem Auftragnehmer auf der Baustelle zur Verfügung gestellten Anschlüsse für Wasser und Energie.

0.1.9. Mitbenutzung fremder Gerüste, Hebezeuge, Aufzüge, Aufenthalts- und Lagerräume, Einrichtungen und dergleichen durch den Auftragnehmer.

0.1.10. besondere Anforderungen an die Baustelleneinrichtung.

0.1.11. bekannte oder vermutete Hindernisse im Bereich der Baustelle, möglichst unter Auslegung von Bestandsplänen, z. B. Leitungen, Kabel, Dräne, Kanäle, Bauwerksreste (und, soweit bekannt, deren Eigentümer).

---

*) Diese Hinweise werden nicht Vertragsbestandteil.

0.1.12. Art und Zeit der vom Auftraggeber veranlaßten Vorarbeiten.

0.1.13. ob und in welchem Umfang dem Auftragnehmer Arbeitskräfte und Geräte für Abladen, Lagern und Transport zur Verfügung gestellt werden.

0.1.14. Arbeiten anderer Unternehmer auf der Baustelle.

0.1.15. Leistungen für andere Unternehmer.

0.1.16. Art, Menge, Gewicht der Stoffe und Bauteile, die vom Auftraggeber beigestellt werden, sowie Art, Ort (genaue Bezeichnung) und Zeit ihrer Übergabe.

0.1.17. Güteanforderungen an nicht genormte Stoffe und Bauteile.

0.1.18. Art und Umfang verlangter Eignungs- und Gütenachweise.

0.1.19. Art und Beschaffenheit des Untergrundes, z. B. für die Befestigung der Leitungen.

0.1.20. vorgesehene Arbeitsabschnitte, Arbeitsunterbrechungen und -beschränkungen nach Art, Ort und Zeit.

0.1.21. besondere Erschwernisse während der Ausführung, z. B. Arbeiten in Räumen, in denen der Betrieb des Auftraggebers weiterläuft, Arbeiten bei außergewöhnlichen Temperaturen.

0.1.22. Ausbildung der Anschlüsse an Bauwerke.

0.1.23. ob nach bestimmten Zeichnungen oder nach Aufmaß abgerechnet werden soll.

0.1.24. Auf- und Abbauen sowie Vorhalten von Gerüsten oder besonders gearteten Geräten, z. B. Feuerwehrleitern, falls der Auftragnehmer Gerüste oder solche Geräte ausnahmsweise selbst vorhalten soll.

0.1.25. Bauart des Gebäudes (Art der Wandbausteine, Holz, Stahl oder Stahlbetonskelett und dergleichen), Dicke der Außenwände und Decken.

0.1.26. Art des Außenputzes.

0.1.27. Art der Dacheindeckung.

0.1.28. Lage größerer Metallteile am und im Gebäude, z. B. Abdeckungen, Oberlichte, Entlüfter, Regenrinnen und Regenrohre, Kehlbleche, Dachständer, Heizungs-, Gas- und Wasserleitungen und elektrische Leitungen im Dachgeschoß bzw. unmittelbar unter dem Dach mit Entfernungsangabe vom First, eiserne Dachkonstruktionen, Fahrstuhlgerüste, Gemeinschaftsantennenanlagen und dergleichen.

0.1.29. Tiefe und Verlauf der metallenen Wasser- und Gasrohre im Erdreich, wenn möglich unter Angabe der Art der Verbindung der einzelnen Rohrlängen (Verschweißung, Schraubmuffe, Bleimuffe, Gummimuffe u. a.).

0.1.30. Lage vorhandener Starkstromanlagen auf oder über den Gebäuden unter Angabe von Stromart und Spannungen.

0.1.31. Lage vorhandener Blitzschutzanlagen, wenn möglich unter Angabe des verwendeten Werkstoffes.

0.1.32. Erdungsmöglichkeiten, z. B. Wasser- und Gasrohranschluß, Plattenerdung, Rohrerdung, Oberflächenerdung.

0.1.33. ob ein Prüfbuch anzulegen ist.

0.1.34. Leistungen nach Abschnitt 4.2 in besonderen Ansätzen, wenn diese Leistungen keine Nebenleistungen sein sollen.

0.1.35. Leistungen nach Abschnitt 4.3 in besonderen Ansätzen.

0.2. In der Leistungsbeschreibung sind Angaben zu folgenden Abschnitten nötig, wenn der Auftraggeber eine abweichende Regelung wünscht:

Abschnitt 1.1 (Leistungen mit Lieferung der Stoffe und Bauteile)
Abschnitt 2.1 (Vorhalten der Stoffe und Bauteile)
Abschnitt 2.2.1 (Liefern ungebrauchter Stoffe und Bauteile)
Abschnitt 3.3 (Liefern von Unterlagen)
Abschnitt 5.1.1 (Ermittlung der Leistung)

1. Allgemeines

1.1. Alle Leistungen umfassen auch die Lieferung der dazugehörigen Stoffe und Bauteile einschließlich Abladen und Lagern auf der Baustelle, wenn in der Leistungsbeschreibung nichts anderes vorgeschrieben ist.

1.2. Für Stoffe und Bauteile und für die Ausführung gelten die „Blitzschutz und Allgemeine Blitzschutz-Bestimmungen", herausgegeben vom Ausschuß für Blitzableiterbau (ABB), die zwischen dem Deutschen Verein von Gas- und Wasserfachmännern e. V. (DVGW, ABB und VDE) vereinbarten „Richtlinien für den Anschluß der Blitzableitungen an metallene Wasser- und Gasleitungsrohre" und die VDE-Vorschriften.

2. Stoffe, Bauteile

2.1. Vorhalten

Stoffe und Bauteile, die der Auftragnehmer nur vorzuhalten hat, die also nicht in das Bauwerk eingehen, können nach Wahl des Auftragnehmers gebraucht oder ungebraucht sein, wenn in der Leistungsbeschreibung darüber nichts vorgeschrieben ist.

2.2. Liefern

2.2.1. Allgemeine Anforderungen

Stoffe und Bauteile, die der Auftragnehmer zu liefern und einzubauen hat, die also in das Bauwerk eingehen, müssen ungebraucht sein, wenn in der Leistungsbeschreibung nichts anderes vorgeschrieben ist. Sie müssen für den jeweiligen Verwendungszweck geeignet und aufeinander abgestimmt sein.

Stoffe und Bauteile, für die DIN-Normen bestehen, müssen den DIN-Güte- und -Maßbestimmungen entsprechen.

Stoffe und Bauteile, die nach den behördlichen Vorschriften einer Zulassung bedürfen, müssen amtlich zugelassen sein und den Zulassungsbedingungen entsprechen.

Stoffe und Bauteile, für die weder DIN-Normen bestehen noch eine amtliche Zulassung vorgeschrieben ist, dürfen nur mit Zustimmung des Auftraggebers verwendet werden.

3. Ausführung

3.1. Allgemeines

3.1.1. Stoffe und Bauteile, für die Verarbeitungsvorschriften des Herstellerwerks bestehen, sind nach diesen Vorschriften zu verarbeiten.

3.2. Vor Beginn der Arbeiten hat sich der Auftragnehmer davon zu überzeugen, daß Gebäude und Gebäudeteile in einem für die Errichtung der Blitzschutzanlagen geeigneten Zustand sind. Der Auftragnehmer hat dem Auftraggeber Bedenken unverzüglich schriftlich mitzuteilen (siehe Teil B — DIN 1961 — § 4 Nr. 3).

3.3. Der Auftragnehmer hat, wenn in der Leistungsbeschreibung nichts anderes vorgeschrieben ist, aufzustellen und zu liefern:

3.3.1. die für die Ausführung nötigen Entwurfszeichnungen, aus denen die geforderten Angaben entsprechend „Blitzschutz und Allgemeine Blitzschutz-Bestimmungen" des ABB ersichtlich sind.

3.3.2. die sonstigen Unterlagen für die vorgeschriebenen Genehmigungsanträge,

3.3.3. die Zeichnungen über die ausgeführten Leistungen (Bestandspläne) nach den Richtlinien des ABB.

3.4. Der Auftragnehmer darf nur nach den vom Auftraggeber und erforderlichenfalls von der zuständigen Behörde genehmigten Zeichnungen arbeiten.

3.5. Prüfung

Der Auftragnehmer hat nach Fertigstellung der Blitzschutzanlage eine Abnahmeprüfung durchzuführen oder durchführen zu lassen und dem Auftraggeber einen schriftlichen Bericht über das Ergebnis der Prüfung zu liefern. Für die Abnahmeprüfung gilt „Blitzschutz und Allgemeine Blitzschutz-Bestimmungen" des ABB. In dem Bericht sind auch die Erdungswiderstände anzugeben.

4. Nebenleistungen

Nebenleistungen sind Leistungen, die auch ohne Erwähnung in der Leistungsbeschreibung zur vertraglichen Leistung gehören (siehe Teil B — DIN 1961 — § 2 Nr. 1).

4.1. Folgende Leistungen sind Nebenleistungen:

4.1.1. Messungen für das Ausführen und Abrechnen der Arbeiten einschließlich des Vorhaltens der Meßgeräte, Lehren, Absteckzeichen usw., des Erhaltens der Lehren und Absteckzeichen während der Bauausführung und des Stellens der Arbeitskräfte, jedoch nicht Leistungen nach Teil B — DIN 1961 — § 3 Nr. 2.

4.1.2. Schutz- und Sicherheitsmaßnahmen nach den Unfallverhütungsvorschriften und den behördlichen Bestimmungen.

4.1.3. Schutz der ausgeführten Leistungen und der für die Ausführung übergebenen Gegenstände vor Beschädigung und Diebstahl bis zur Abnahme.

4.1.4. Heranbringen von Wasser und Energie von den vom Auftraggeber auf der Baustelle zur Verfügung gestellten Anschlußstellen zu den Verwendungsstellen.

4.1.5. Vorhalten der Kleingeräte und Werkzeuge.

4.1.6. Lieferung der Betriebsstoffe.

4.1.7. Befördern aller Stoffe und Bauteile, auch wenn sie vom Auftraggeber beigestellt sind, von den Lagerstellen auf der Baustelle zu den Verwendungsstellen und etwaiges Rückbefördern.

4.1.8. Sichern der Arbeiten gegen Tagwasser, mit dem normalerweise gerechnet werden muß, und seine etwa erforderliche Beseitigung.

4.1.9. Beleuchten und Reinigen der Aufenthaltsräume und Aborte für die Beschäftigten des Auftragnehmers sowie Beheizen der Aufenthaltsräume.

4.1.10. Beseitigen aller Verunreinigungen (Abfälle, Bauschutt und dergleichen), die von den Arbeiten des Auftragnehmers herrühren.

4.1.11. Anfertigen und Liefern der Unterlagen nach Abschnitt 3.3.

4.1.12. Vorhalten der Leitern, Dachböcke, Dachleitern, Gurte, Leinen u. ä.

4.1.13. Einsetzen und Befestigen der Stützen und dergleichen einschließlich der hierfür nötigen Stemmarbeiten und Lieferung der Befestigungsmittel.

4.1.14. Korrosionsschutz, soweit er in den nach Abschnitt 1.2 als Vertragsbestandteil geltenden Bestimmungen zwingend vorgeschrieben ist.

4.2. Folgende Leistungen sind Nebenleistungen, wenn sie nicht durch besondere Ansätze in der Leistungsbeschreibung erfaßt sind:

4.2.1. Einrichten und Räumen der Baustelle.

4.2.2. Vorhalten der Baustelleneinrichtung einschließlich der Geräte und dergleichen.

4.3. Folgende Leistungen sind keine Nebenleistungen:

4.3.1. „Besondere Leistungen" nach Teil A — DIN 1960 — § 9 Nr. 6.

4.3.2. Beseitigen von Hindernissen, Leitungen, Kanälen, Dränen, Kabeln und dergleichen.

4.3.3. besondere Maßnahmen aus Gründen der Landespflege und des Umweltschutzes.

4.3.4. Vorhalten von Aufenthalts- und Lagerräumen, wenn der Auftraggeber Räume, die leicht verschließbar gemacht werden können, nicht zur Verfügung stellt.

4.3.5. Auf- und Abbauen sowie Vorhalten von Gerüsten und besonders gearteten Geräten, z. B. Feuerwehrleitern.

4.3.6. Stemmen und Schließen von Schlitzen und Durchbrüchen, ausgenommen Leistungen nach Abschnitt 4.1.13.

4.3.7. Korrosionsschutz der Blitzschutzanlagen, soweit er in den nach Abschnitt 1.2 als Vertragsbestandteil geltenden Bestimmungen nicht zwingend vorgeschrieben ist.

5. Abrechnung

5.1. Allgemeines

5.1.1. Sofern nicht Pauschalvergütungen für die Gesamtleistung oder Teile der Leistung vereinbart sind, ist die Leistung aus Zeichnungen zu ermitteln, soweit die ausgeführte Leistung diesen Zeichnungen entspricht. Sind solche Zeichnungen nicht vorhanden, ist die Leistung aufzumessen.

Der Ermittlung der Leistung — gleichgültig, ob sie nach Zeichnungen oder nach Aufmaß erfolgt — sind die Konstruktionsmaße des Bauwerks zugrunde zu legen, wenn in der Leistungsbeschreibung nichts anderes vorgeschrieben ist, z. B. für Erdleiter.

5.2. Es werden abgerechnet:

5.2.1. oberirdische Leitungen und Erdleitungen, getrennt nach Stoffen, Durchmessern oder Querschnitten und Art der Ausführungen, nach Längenmaß (m).

Verschnitt wird nicht berücksichtigt.

5.2.2. Auffangvorrichtungen, Leitungsstützen, Anschlüsse, Verbindungen, Trennstellen, Erdeinführungen und dergleichen, getrennt nach Art und Größe, nach Anzahl (Stück).

VOB Teil C:

Allgemeine Technische Vorschriften für Bauleistungen

Wärmedämmungsarbeiten – DIN 18421

Fassung Februar 1961

Inhalt

0. Hinweise für die Leistungsbeschreibung*)

(siehe auch Teil A – DIN 1960 – § 9)

0.1. In der Leistungsbeschreibung sind nach Lage des Einzelfalles insbesondere anzugeben:

0.11. Art der Baustellenbewachung, wenn sie dem Auftragnehmer, abweichend von Teil B — DIN 1961 — § 4 Ziffer 5, nicht obliegen soll.

0.12. Möglichkeit der Benutzung bauseitig gestellter Gerüste.

0.13. Erschwernisse bei der Ausführung der Leistung, z. B. bei Arbeiten in Räumen mit Temperaturen über 45 °C, bei Arbeiten in schmutzigen oder nicht begehbaren Kanälen sowie bei Arbeiten, die nur an Sonn- oder Feiertagen oder nachts erledigt werden können.

0.14. in welchen Geschossen die Leitungen, Behälter und dergleichen liegen, an denen die Wärmedämmung herzustellen ist.

0.15. ungewöhnlich hoch über Fußboden liegende Leitungen, Behälter und dergleichen, an denen die Wärmedämmung herzustellen ist.

0.16. Art der Dämmschichten und der Ummantelungen, abnehmbare Dämmungen (Abschnitte 3.326 und 3.337).

0.17. Wärmepreis in DM/Gcal, jährliche Betriebsstundenzahl und Kapitaldienstquote, Temperaturen der flüssigen oder gasförmigen Stoffe, die durch die Anlagen geleitet werden, und Umgebungstemperaturen.

0.18. folgende Werte für die vorgeschriebene Wärmedämmung:

Grenzwerte der Rohdichte der Kieselgurmasse
Grenzwerte der Rohdichte der Magnesiamasse
Rohdichte der fertigen Stopfdämmung
Rohdichte der gesteppten Matten aus Mineralfasern

---

*) Diese Hinweise werden nicht Vertragsbestandteil.

Rohdichte, obere und untere Grenzwerte der Druckfestigkeit von Magnesiaformstücken

Rohdichte von Mineralfaser-Formstücken

Rohdichte von Drahtgeflecht-Formstücken

Rohdichte von Backkork-Formstücken.

Werden diese Werte in der Leistungsbeschreibung nicht vorgeschrieben, so ist zu fordern, daß sie der Bieter für die von ihm vorgesehenen Dämmstoffe im Angebot angibt.

0.19. Leistungen nach Abschnitt 4.3, soweit nötig in besonderen Ansätzen.

0.2. In der Leistungsbeschreibung sind Angaben zu folgenden Abschnitten nötig, wenn der Auftraggeber eine abweichende Regelung wünscht:

Abschnitt 1.2 (Lieferung der Stoffe und Bauteile)

Abschnitt 2.11 (ungebrauchte Stoffe und Bauteile)

Abschnitt 2.53 (Steppung der Matten)

Abschnitt 2.54 (Steppung der Matten)

Abschnitt 2.55 (Steppung der Matten)

Abschnitt 3.14 (Verwendungstemperaturen)

Abschnitt 3.23 (Stoffe für Bandagen)

Abschnitt 3.322 (Befestigen von Matten mit verzinktem Draht; Abstandshalter)

Abschnitt 3.323 (Aufbringen eines Hartmantels, Aufbringen eines Pappmantels bei Kaltwasserleitungen)

Abschnitt 3.333 (Befestigen von Matten an Behältern und dergleichen mit rostgeschützten Metallbändern)

Abschnitt 3.334 (Aufbringen eines Hartmantels, Aufbringen eines Pappmantels bei Kaltwasserbehältern)

Abschnitt 3.41 (Abstützen des Blechmantels bei Stopfdämmungen)

Abschnitt 3.5 (Aufbringen eines Hartmantels, Aufbringen eines Pappmantels bei Kaltwasserleitungen)

Abschnitt 3.6 (Aufbringen eines Gipshartmantels, Aufbringen eines Pappmantels bei Kaltwasserleitungen)

Abschnitt 3.721 (Blechmantel aus verzinktem Stahlblech).

1. Allgemeines

1.1. DIN 18 421 — Wärmedämmungsarbeiten — gilt für Arbeiten zur Herstellung von Wärmedämmungen an Heizungsanlagen, lüftungstechnischen Anlagen, Warmwasserbereitungsanlagen und anderen Anlagen für Flüssigkeit, Dampf oder Gas. DIN 18 421 gilt nicht für Wärmedämmungsarbeiten an Gebäuden und anderen Bauwerken.

1.2. Alle Leistungen umfassen auch die Lieferung der dazugehörigen Stoffe und Bauteile einschließlich Abladen und Lagern auf der Baustelle, wenn in der Leistungsbeschreibung nichts anderes vorgeschrieben ist.

1.3. Für die Berechnung und Prüfung der Wärmedämmungen und der zulässigen Wärmeverluste gilt VDI 2055 — VDI-Richtlinien für Wärme- und Kälteschutz.

2. Stoffe und Bauteile

2.1. Allgemeine Anforderungen

2.11. Stoffe und Bauteile, die der Auftragnehmer zu liefern und einzubauen hat, die also in das Bauwerk eingehen, müssen ungebraucht sein, wenn in der Leistungsbeschreibung nichts anderes vorgeschrieben ist. Sie müssen den DIN-Güte- und -Maßbestimmungen entsprechen. Amtlich zugelassene, nicht genormte Stoffe und Bauteile müssen den Zulassungsbedingungen entsprechen.

2.12. Die Wärmeleitzahlen mit Bezugstemperaturen (Mitteltemperaturen) und die Rohdichten (Raumgewichte) der Dämmstoffe müssen auf Verlangen des Auftraggebers durch ein Gutachten einer amtlich anerkannten Prüfstelle nachgewiesen werden. Die Gutachten dürfen nicht älter als drei Jahre sein.

2.13. Dämmstoffe müssen den zu erwartenden Beanspruchungen genügen; insbesondere müssen sie für die im Betrieb möglichen Höchsttemperaturen geeignet sein. Sie müssen genügend strukturfest, fäulnisfest und ungezieferfest, außerdem auch unter dem Einfluß von Wärme, Alterung und vorübergehender Durchfeuchtung genügend formbeständig sein. Sie dürfen den Untergrund, auf den die Dämmung aufzubringen ist, nicht angreifen.

2.2. Kieselgurmasse

Kieselgurmasse muß aus geglühter, gemahlener Kieselgur, Bindemitteln (feingemahlenem, fettem Bindeton, Kaltleim) und Verfilzungsstoffen bestehen.

Die Rohdichte der Kieselgurdämmung in betriebstrockenem Zustand (in der fertigen Dämmung nach endgültigem Austrocknen festgestellt) darf folgende Werte nicht überschreiten:

bei Kieselgurmasse ohne Tonzusatz (Leichtkieselgurmasse) 450 kg/m^3
bei Kieselgurmasse mit Tonzusatz . . . . 550 kg/m^3

2.3. Magnesiamasse

Magnesiamasse muß aus Magnesium-Carbonat ($MgCO_3$) und Verfilzungsstoffen (mineralischen Faserstoffen, z. B. Asbest) bestehen.

Die Rohdichte der Magnesiadämmung in betriebstrockenem Zustand (in der fertigen Dämmung nach endgültigem Austrocknen festgestellt) darf 300 kg/m^3 nicht überschreiten.

2.4. Mineralfasern für Stopfdämmungen

Mineralfasern (Glasfasern, Schlackenfasern oder Hüttenfasern, Steinfasern) müssen aus einer silikatischen Schmelze hergestellt sein. Die Dicke der Fasern darf 0,015 mm im Mittel nicht überschreiten.

Die Rohdichte von Stopfdämmungen aus Mineralfasern darf folgende Werte nicht unterschreiten:

bei Mineralfasern, die nach dem Düsenblas- oder dem Schleuderverfahren hergestellt sind . . . . 100 kg/m^3
bei Mineralfasern, die nach dem Zerstäubungsverfahren hergestellt sind . . . . 180 kg/m^3

Eine geringere Rohdichte der Stopfdämmung ist mit Zustimmung des Auftraggebers zulässig, wenn die Einhaltung der Betriebswärmeleitzahl und die Beständigkeit des Stoffes nachgewiesen werden (siehe Abschnitt 3.14).

2.5. Gesteppte Matten aus Mineralfasern

2.51. Gesteppte Matten aus Mineralfasern müssen bei der zu erwartenden Beanspruchung formbeständig und temperaturbeständig sein. Sie müssen an allen Stellen gleich dick und gleich dicht sein.

2.52. Die Nenndicke der Matten muß vom Hersteller auf den Matten angegeben sein. Sie gilt für eine Belastung der Matten mit 0,010 kg/cm² = 100 kg/m². Die Dicke der Matten ist an Matten von 500 × 500 mm nach einer vierundzwanzigstündigen Belastung mit 25 kg festzustellen; zur Belastung ist eine Meßplatte der gleichen Abmessung zu verwenden.

2.53. Gesteppte Matten aus Mineralfasern und einer Lage Wellpappe oder Kreppapier müssen mit Textilfäden gesteppt sein, wenn in der Leistungsbeschreibung keine andere Steppung vorgeschrieben ist.

2.54. Gesteppte Matten aus Mineralfasern und einer Lage Drahtgeflecht müssen mit Textilfäden gesteppt sein, wenn in der Leistungsbeschreibung keine andere Steppung (mit Asbestgarn, Glasgarn oder dünnen Drähten) vorgeschrieben ist.

2.55. Gesteppte Matten aus Mineralfasern zwischen zwei Lagen Drahtgeflecht müssen mit Asbestgarn oder Glasgarn gesteppt sein, wenn in der Leistungsbeschreibung keine andere Steppung (mit dünnen Drähten) vorgeschrieben ist.

2.56. Bei Matten nach den Abschnitten 2.54 und 2.55 muß das Drahtgeflecht aus verzinktem Draht hergestellt sein und DIN 1200 — Drahtgeflecht mit sechseckigen Maschen — entsprechen; die Maschenweite darf höchstens 19 mm sein.

2.57. Auf Verlangen hat der Auftragnehmer die Rohdichte nach VDI 2055 — VDI-Richtlinien für Wärme- und Kälteschutz — nachzuweisen. Beim Feststellen der Rohdichte ist von der Nenndicke der Matten auszugehen.

2.6. Dämmschnüre (Zöpfe)

Dämmschnüre (Zöpfe) müssen aus Textilfäden, Asbest- oder Glasgarn oder dünnen Drähten hergestellt sein, die Form von Schläuchen haben und mit losen faserförmigen, pulverförmigen oder körnigen Stoffen gefüllt sein. Sie müssen so beschaffen sein, daß sie auch beim Umwickeln eines Rohres vom Durchmesser der Dämmschnur nicht reißen und daß keine Bestandteile der Füllung herausfallen.

2.61. Dämmschnüre mit Textilumspinnung

Bei Dämmschnüren mit Textilumspinnung müssen die Schlauchwände aus kreuzweise liegenden Textilfäden (z. B. Jute, Baumwolle) bestehen; die Dämmschnüre müssen mit organischen Faserstoffen (z. B. Abfällen von Wolle, Baumwolle, Seide, Kunstseide), pulverförmigen oder körnigen Stoffen (z. B. Kieselgur oder Korkschrot) gefüllt sein. Bei Ummantelung mit Hartmantel muß die Rohdichte der Dämmschnüre so bemessen sein, daß die Rohdichte der fertigen Dämmung (Dämmschnüre mit Hartmantel) 250 kg/m³ nicht überschreitet, wenn die Dicke des Hartmantels (Abschnitt 3.71) 1/5 der Gesamtdicke oder mindestens 10 mm beträgt.

2.62. Dämmschnüre mit Drahtumspinnung

Bei Dämmschnüren mit Drahtumspinnung müssen die Schlauchwände aus kreuzweise liegenden Drähten bestehen. Die Dämmschnüre müssen mit Glasfasern, Schlackenfasern oder Steinfasern gefüllt sein. Bei Ummantelung mit Hartmantel muß die Rohdichte der Dämmschnüre so bemessen sein, daß die Rohdichte der fertigen Dämmung (Dämmschnüre mit Hartmantel) 400 kg/m³ nicht überschreitet, wenn die Dicke des Hartmantels (Abschnitt 3.71) 1/5 der Gesamtdicke oder mindestens 10 mm beträgt.

2.7. Schaumkunststoffe, Formstücke aus Schaumkunststoffen

Bei Schaumkunststoffen und Formstücken aus Schaumkunststoffen muß von den nach Abschnitt 2.13 erforderlichen Eigenschaften das Vorhandensein der Widerstandsfähigkeit gegen Temperaturbeanspruchung und Formbeständigkeit nachgewiesen werden.

2.8. Formstücke

Formstücke (z. B. Platten, Steine, Schalen) müssen die nach Abschnitt 2.13 erforderlichen Eigenschaften haben; außerdem müssen starre Formstücke bruchfest, elastische Formstücke so widerstandsfähig sein, daß sie sich bei der jeweils auftretenden Belastung um höchstens 5 % zusammendrücken lassen.

2.81. Magnesia-Formstücke

Magnesia-Formstücke müssen aus Magnesium-Carbonat ($MgCO_3$) bestehen, dem Asbest zugesetzt ist. Sie müssen eine Druckfestigkeit von mindestens 1,0 kg/cm^2 haben. Ihre Rohdichte darf 250 kg/m^3 nicht überschreiten.

2.82. Mineralfaser-Formstücke

Mineralfaser-Formstücke (Formstücke aus verklebten Mineralfasern) müssen aus Mineralfasern als Grundstoff und organischen oder anorganischen Bindemitteln (z. B. Kunstharz, Kaltleim, Wasserglas) bestehen; es dürfen nur Mineralfasern verwendet werden, die aus einer silikatischen Schmelze gewonnen sind.

Mineralfaser-Formstücke dürfen um höchstens 5 %, bezogen auf die Dicke bei Beginn der Belastung, zusammengedrückt werden. wenn sie 24 Stunden lang mit 0,02 kg/cm^2 belastet werden.

2.83. Drahtgeflecht-Formstücke

Drahtgeflecht-Formstücke müssen aus Drahtgeflechthüllen bestehen, die mit Mineralfasern ausgestopft sind. Das Drahtgeflecht muß am Stück verzinkt sein und DIN 1200 — Drahtgeflecht mit sechseckigen Maschen — entsprechen; die Maschenweite darf höchstens 16 mm sein.

2.84. Backkork-Formstücke

Backkork-Formstücke müssen aus Backkork bestehen, der mit korkeigenem Harz gebacken ist.

Backkork-Formstücke dürfen höchstens um 5 %, bezogen auf die Dicke bei Beginn der Belastung, zusammengedrückt werden, wenn sie 24 Stunden lang mit 0,5 kg/cm^2 belastet werden.

Die Rohdichte der Backkork-Formstücke darf 150 kg/m^3 nicht überschreiten. Sie ist bei lufttrockenem Zustand der Formstücke festzustellen.

3. Ausführung

3.1. Allgemeines

3.11. Prüfung

Der Auftragnehmer hat die Anlagenteile, an denen die Dämmung ausgeführt werden soll, daraufhin zu prüfen, ob Lage und Untergrund für die Ausführung seiner Leistung geeignet sind. Er hat dem Auftraggeber Bedenken gegen die vorgesehene Art der Ausführung schriftlich mitzuteilen (siehe Teil B — DIN 1961 — § 4 Ziffer 3), wenn diese wegen der Lage der Anlagenteile nicht möglich ist oder die Beschaffenheit des Untergrundes den Anforderungen nicht entspricht. Unter diesen Voraussetzungen sind Bedenken geltend zu machen, insbesondere bei

zu geringen Abständen zwischen den Anlagenteilen (z. B. Rohrleitungen), an denen die Dämmung ausgeführt werden soll,

zu geringen Abständen zwischen den Anlagenteilen (z. B. Rohrleitungen), an denen die Dämmung ausgeführt werden soll, und anderen Bauteilen,

groben Verunreinigungen des Untergrundes,

Undichtigkeiten des Untergrundes (z. B. eines Rohres, das mit einer Dämmschicht ummantelt werden soll),

schädlichem Rost auf dem Untergrund.

3.12. Dicke der Dämmschicht

Ist in der Leistungsbeschreibung die Dicke der Dämmschicht nicht vorgeschrieben, so muß sie der Auftragnehmer nach der in der Leistungsbeschreibung verlangten Dämmwirkung bemessen.

Die Dicke der Dämmschicht bei wärmeführenden Anlagen mit Temperaturen bis 120 °C darf die im Abschnitt 3.13 angegebene Mindestdicke der Dämmschicht nicht unterschreiten.

Die Dicke der Dämmschicht bei Warmluftkanälen mit Temperaturen von 35 bis 55 °C darf bei Verwendung von Mineralfaser-Formstücken oder einer gleichwertigen Dämmung 30 mm nicht unterschreiten.

3.13. Mindestdicken der Dämmung an wärmeführenden Anlagen
(siehe Tabelle 1 auf Seite 586)

3.14. Betriebswärmeleitzahlen und Verwendungstemperaturen
(siehe Tabelle 2 auf Seite 587)

Die fertige Dämmung darf keine höheren als die in der Tabelle 2 angegebenen Wärmeleitzahlen haben. Sie muß für die in der Tabelle 2 angegebenen Verwendungstemperaturen geeignet sein, wenn in der Leistungsbeschreibung keine andere Verwendungstemperatur vorgeschrieben ist (z. B. eine höhere Verwendungstemperatur bei den Dämmstoffen, deren Verwendungstemperatur in der Tabelle 2 mit zwei Sternen gekennzeichnet ist).

Verwendungstemperaturen sind die höchsten Temperaturen, die der Untergrund, auf dem die Dämmung aufgebracht ist (z. B. Oberfläche von Heizkesseln, Rohren), erreichen kann.

3.15. Dämmung der Endstellen

Die Dämmung der Endstellen ist bei Wand- und Deckendurchbrüchen bis auf 2 cm an die Wände und Decken heranzuführen.

3.2. Dämmung mit plastischen Massen

3.21. Die plastischen Massen dürfen nicht durch Zusätze gestreckt oder in ihrer Zusammensetzung geändert werden.

3.22. Die plastischen Massen dürfen erst aufgetragen werden, wenn der Untergrund die zum Trocknen der Massen erforderliche Temperatur hat.

3.23. Die äußerste Schicht der plastischen Masse ist zu glätten und mit Binden aus Nessel, mindestens 17fädig auf 1 cm^2, oder aus Jute, nicht unter 185 g/m^2, zu umwickeln, wenn in der Leistungsbeschreibung nichts anderes vorgeschrieben ist. Die Umwicklung ist mit einer Überlappung von mindestens 20 mm herzustellen.

Tabelle 1

Dämmstoff	Mindestdicken der Dämmung in mm bei Rohr-Ø bis 40 mm	bei Rohr-Ø über 40 mm bis 60 mm	bei Rohr-Ø über 60 mm bis 125 mm	bei Rohr-Ø über 125 mm bis 250 mm	bei Rohr-Ø über 250 mm und bei Behältern
bis 80 °C mittlere Temperatur während der Betriebszeit					
1 a) Matten, Formstücke, Dämmschnüre aus Mineralfasern	15/25*)	25/35*)	30/40*)	40/50*)	50/65*)
1 b) Mineralfasern bei Stopfdämmungen	—	—	—	—	50/65*)
1 c) Kieselgur-, Magnesiamasse	30	45	55	70	90
bis 100 °C mittlere Temperatur während der Betriebszeit					
2 a) Matten, Formstücke, Dämmschnüre aus Mineralfasern	20/30*)	30/40*)	40/50*)	50/65*)	60/75*)
2 b) Mineralfasern bei Stopfdämmungen	—	—	—	50/65*)	60/75*)
2 c) Kieselgur-, Magnesiamasse	35	50	65	80	100
bis 120 °C mittlere Temperatur während der Betriebszeit					
3 a) Matten, Formstücke, Dämmschnüre aus Mineralfasern	25/35*)	35/45*)	50/65*)	60/75*)	70/85*)
3 b) Mineralfasern bei Stopfdämmungen	—	—	50/65*)	60/75*)	70/85*)
3 c) Kieselgur-, Magnesiamasse	40	55	75	90	110

3.24. In die Bandagen ist ein Tonbrei einzuschlämmen; die Oberfläche ist abzuziehen.

3.25. Die Endstellen sind mit mindestens 20 mm breiten Blechmanschetten aus rostgeschütztem (z. B. aluminiumplattiertem) Bandstahl zu versehen. Die Endflächen sind auszuspachteln.

*) Die Zahl vor dem Schrägstrich bedeutet die Mindestdicke der Dämmung ohne Ummantelung; die Zahl hinter dem Schrägstrich bedeutet die Mindestdicke der Dämmung mit Hartmantel.

Tabelle 2

Dämmstoffe	Obere Grenzwerte der Betriebswärmeleitzahlen in kcal/mh grd bei einer Mitteltemperatur in der Dämmschicht von 50 °C	100 °C	Verwendungstemperatur °C (im Sinne des Abschnittes 3.14 Absatz 2)
1 Kieselgurmasse			
a) ohne Tonzusatz (Leichtkieselgurmasse)	0,064	0,068	bis 500
b) mit Tonzusatz	0,080	0,085	bis 500
2 Magnesiamasse	0,050	0,055	bis 300
3 Mineralfasern für Stopfdämmungen hergestellt			
a) nach dem Zerstäubungsverfahren	0,045	0,055	bis 450 **)
b) nach dem Düsenblas- oder dem Schleuderverfahren	0,050	0,060	bis 450 **)
4 Gesteppte Matten aus Mineralfasern und			
a) einer Lage Wellpappe oder Kreppapier	0,040	0,048	bis 250 **)
b) einer Lage Drahtgeflecht mit Textilfäden gesteppt	0,042	0,050	bis 450 **)
c) einer Lage Drahtgeflecht mit dünnen Drähten gesteppt	0,046	0,054	bis 450
5 Gesteppte Matten aus Mineralfasern			
a) zwischen 2 Lagen Asbest oder Glasgewebe mit Asbest- oder Glasgarn gesteppt	0,040	0,048	bis 450 **)
b) zwischen 2 Lagen Drahtgeflecht mit Asbest- oder Glasgarn gesteppt	0,050	0,060	bis 450 **)
6 Dämmschnüre	einschließlich Hart- oder Blechmantel		
a) aus organischen Stoffen mit Textilumspinnung	0,050	—	bis 100
b) aus Mineralfasern mit Drahtumspinnung	0,060	0,070	bis 350
7 Magnesia-Formstücke	0,050	0,055	bis 300

**) Siehe Abschnitt 3.14.

Fortsetzung Tabelle 2

Dämmstoffe	Obere Grenzwerte der Betriebswärmeleitzahlen in kcal/mh grd bei einer Mitteltemperatur in der Dämmschicht von 50 °C	100 °C	Verwendungstemperatur °C (im Sinne des Abschnittes 3.14 Absatz 2)
8 Mineralfaser-Formstücke	einschließlich Hart- oder Blechmantel		
a) aus verklebten Mineralfasern mit organischen Bindemitteln	0,040	0,048	bis 250
b) aus verklebten Mineralfasern mit anorganischen Bindemitteln	0,050	0,058	bis 250
c) aus losen Mineralfasern mit Drahtgeflechthüllen			
Mineralfasern hergestellt			
aa) nach dem Zerstäubungsverfahren	0,045	0,055	bis 450 **)
bb) nach dem Düsenblas- oder dem Schleuderverfahren	0,050	0,060	bis 450 **)
9 Backkork-Formstücke	0,040	0,045	bis 150

3.3. Dämmung mit gesteppten Matten aus Mineralfasern

3.31. Zuschnitt

Es sind Matten nach Abschnitt 2.5 zu verwenden. Sie sind vor dem Auflegen zuzuschneiden und mit allen erforderlichen Ein- und Ausschnitten zu versehen. Der Zuschnitt muß so bemessen werden, daß die Seite der Mattenteile, die nach außen zu liegen kommt, ohne Verminderung der Nenndicke der Matte aneinandergestoßen werden kann. Die Mattenstücke müssen unter genauer Einhaltung der Nenndicke preßgestoßen, auf dem Untergrund dicht anliegend, befestigt werden.

3.32. Dämmung mit gesteppten Matten an Rohrleitungen

3.321. Ist die Verwendung von gesteppten Matten nach Abschnitt 2.53 oder 2.54 vorgeschrieben, so ist die Dämmung nach den Abschnitten 3.322 und 3.323 auszuführen.

3.322. Bei Matten nach den Abschnitten 2.53 und 2.54 sind die Mattenstücke so auf die Rohre aufzubringen, daß die Längsfugen in Höhe der Längsachse der Rohrleitungen liegen. Sie sind mit verzinktem Draht von mindestens 0,7 mm Dicke zu befestigen, wenn in der Leistungsbeschreibung nichts anderes vorgeschrieben ist. Bei Nenndicken der Dämmung von 60 mm und mehr sind Abstandshalter aus profiliertem Blech oder Bandstahl von mindestens 20 mm Breite und 2 mm Dicke in Abständen von höchstens 1 m anzubringen, wenn in der Leistungsbeschreibung nichts anderes vorgeschrieben ist. Bei metallischen Abstandshaltern sind dämmende Zwischenlagen einzufügen.

Bei senkrechten Leitungen sind Stützwinkel anzubringen, die ein Abgleiten der Dämmung verhindern.

**) Siehe Abschnitt 3.14.

3.323. Auf die Dämmung aus Matten nach den Abschnitten 2.53 oder 2.54 ist ein Hartmantel (Abschnitt 3.71) aufzubringen wenn in der Leistungsbeschreibung nichts anderes vorgeschrieben ist. Das gilt nicht für Kaltwasserleitungen und andere Kaltleitungen; bei diesen ist ein Pappmantel (Abschnitt 3.73) aufzubringen, wenn in der Leistungsbeschreibung nichts anderes (z. B. Aufbringen einer Sperrschicht aus Kunststoff-Folie) vorgeschrieben ist.

3.324. Ist die Verwendung von Matten nach Abschnitt 2.55 vorgeschrieben, so ist die Dämmung nach Abschnitt 3.325 oder 3.326 auszuführen.

3.325. Bei Matten nach Abschnitt 2.55 sind die Mattenstücke mit rostgeschütztem (z. B. aluminiumplattiertem) Bandstahl zu befestigen, wenn keine abnehmbare Dämmung vorgeschrieben ist. Bei senkrechten Leitungen sind Stützwinkel anzubringen, die ein Abgleiten der Dämmung verhindern. Ist zusätzlich das Aufbringen einer Ummantelung vorgeschrieben, so ist diese nach Abschnitt 3.7 auszuführen.

3.326. Ist bei Matten nach Abschnitt 2.55 eine abnehmbare Dämmung vorgeschrieben, so sind die Mattenstücke in Abständen von höchstens 150 mm über Kreuz oder parallel zu steppen und zu vernähen; sie sind mit Schnürhaken (Tornisterhaken) zu versehen und mit verzinktem, mindestens 0,7 mm dickem Bindedraht zu verschnüren. Bei senkrechten Leitungen sind Stützwinkel anzubringen, die ein Abgleiten der Dämmung verhindern. Ist zusätzlich das Aufbringen einer Ummantelung vorgeschrieben, so ist diese nach Abschnitt 3.7 auszuführen.

3.33. Dämmung mit gesteppten Matten an Behältern, Kesseln, Apparaten u. ä.

3.331. Ist die Verwendung von gesteppten Matten nach den Abschnitten 2.53 oder 2.54 vorgeschrieben, so ist die Dämmung nach den Abschnitten 3.332 bis 3.334 auszuführen.

3.332. Bei Matten nach den Abschnitten 2.53 oder 2.54 hat der Auftragnehmer zur Befestigung der Mattenstücke — bei stehenden Behältern auch zur Aufnahme des Gewichts der Dämmung — Ringe aus Bandstahl von mindestens 25 mm Breite und 2,5 mm Dicke in Abständen von höchstens 1 m anzubringen. Dabei hat er die vom Hersteller der Behälter usw. einzuholenden Angaben zu berücksichtigen. An den Ringen sind vor dem Anbringen Abstandsstege anzunieten; zwischen Abstandsstegen und Ringen sind dämmende Zwischenlagen von mindestens 3 mm Dicke einzulegen. Die Ringe sind bei liegenden Behältern, Kesseln usw. durch kräftige Zugschrauben zu befestigen, bei stehenden Behältern durch Schweißung, soweit zweckmäßig, sonst ebenfalls durch kräftige Zugschrauben.

3.333. Die Mattenstücke sind an den Untergrund anzupressen. Dazu sind rostgeschützte Metallbänder (z. B. aluminiumplattierte Stahlbänder) zu verwenden, wenn in der Leistungsbeschreibung nichts anderes (z. B. die Verwendung von verzinkten Drahtgewebebinden) vorgeschrieben ist. Die Metallbänder sind in Abständen von 0,5 m anzubringen. Stoßfugen sind mit losen Mineralfasern fest auszustopfen.

3.334. Auf die Dämmung aus Matten nach den Abschnitten 2.53 oder 2.54 ist ein Hartmantel (Abschnitt 3.71) aufzubringen, wenn in der Leistungsbeschreibung nichts anderes vorgeschrieben ist. Das gilt nicht für Kaltwasserbehälter und andere Umschließungen für kalte Flüssigkeiten oder kalte Gase; bei diesen ist ein Pappmantel (Abschnitt 3.73) aufzubringen, wenn in der Leistungsbeschreibung nichts anderes (z. B. Aufbringen einer Sperrschicht aus Kunststoff-Folie) vorgeschrieben ist.

3.335. Ist die Verwendung von gesteppten Matten nach Abschnitt 2.55 vorgeschrieben, so ist die Dämmung nach Abschnitt 3.336 oder 3.337 auszuführen.

3.336. Bei Matten nach Abschnitt 2.55 ist nach den Abschnitten 3.332 und 3.33 zu verfahren, wenn keine abnehmbare Dämmung vorgeschrieben ist. Ist zusätzlich das Aufbringen einer Ummantelung vorgeschrieben, so ist diese nach Abschnitt 3.7 auszuführen.

3.337. Ist bei Matten nach Abschnitt 2.55 eine abnehmbare Dämmung vorgeschrieben, so ist diese nach Abschnitt 3.326 auszuführen.

3.4. Stopfdämmungen

3.41. Stopfdämmung hinter Blechmantel

Der Blechmantel ist nach Abschnitt 3.72 herzustellen. Er ist auf Abstandsringen aus Bandstahl von mindestens 20 mm Breite und mindestens 2 mm Dicke mit angenieteten Abstandsstegen aus dem gleichen Bandstahl abzustützen, wenn in der Leistungsbeschreibung nichts anderes vorgeschrieben ist. Zwischen Abstandsstegen und Abstandsringen sind dämmende Zwischenlagen von mindestens 3 mm Dicke einzulegen. Die Abstandshalter sind in Abständen von höchstens 1 m voneinander anzubringen. Der Hohlraum hinter dem Blechmantel ist gleichmäßig fest und so dicht mit den in der Leistungsbeschreibung vorgeschriebenen Mineralfasern auszufüllen, daß die vorgeschriebene Rohdichte der Stopfung erreicht wird. Der Auftragnehmer hat die Rohdichte von Stopfdämmungen aus Mineralfasern nach VDI 2055 — VDI-Richtlinien für Wärme- und Kälteschutz — auf Verlangen nachzuweisen.

3.42. Stopfdämmung hinter Drahtgeflecht mit Hartmantel

Bei Stopfdämmung hinter Drahtgeflecht sind Abstandsringe aus Bandstahl nach Abschnitt 3.41 auf die zu dämmenden Rohrleitungen aufzubringen. Über die Abstandsringe ist am Stück verzinktes Drahtgeflecht nach DIN 1200 — Drahtgeflecht mit sechseckigen Maschen — mit höchstens 16 mm Maschenweite zu spannen.

Der durch das Überspannen mit Drahtgeflecht entstehende Hohlraum ist gleichmäßig fest und so dicht mit den in der Leistungsbeschreibung vorgeschriebenen Mineralfasern auszufüllen, daß die vorgeschriebene Rohdichte der Stopfung erreicht wird. Die Stoßstellen des Drahtgeflechts sind mit verzinktem Draht zu vernähen.

Auf die Dämmschicht mit Drahtgeflecht ist ein Hartmantel (Abschnitt 3.71) aufzubringen.

Der Auftragnehmer hat die Rohdichte von Stopfdämmungen aus Mineralfasern nach VDI 2055 — VDI-Richtlinien für Wärme- und Kälteschutz — auf Verlangen nachzuweisen.

3.5. Dämmung mit Dämmschnüren (Zöpfen)

Die Dämmschnüre sind in Schraubenlinien um die Anlagenteile (Rohrleitungen, Behälter und andere Umschließungen) zu wickeln und dicht aneinander zu pressen. Auf den Belag aus Dämmschnüren ist ein Hartmantel (Abschnitt 3.71) aufzubringen, wenn in der Leistungsbeschreibung nichts anderes vorgeschrieben ist. Das gilt nicht für die Dämmung an Kaltwasserleitungen und anderen Umschließungen für kalte Flüssigkeiten oder kalte Gase; bei diesen ist ein Pappmantel (Abschnitt 3.73) aufzubringen, wenn in der Leistungsbeschreibung nichts anderes (z. B. Aufbringen einer Sperrschicht aus Kunststoff-Folie) vorgeschrieben ist.

3.6. Dämmung mit Formstücken

Die Formstücke sind im Verband preß anzusetzen. Sie sind bei Rohren mit einem äußeren Durchmesser bis zu 100 mm und bei Anlagenteilen mit entsprechendem

Ausmaß mit 0,9 mm dickem, verzinktem Draht zu befestigen; bei Anlagenteilen mit größeren Abmessungen mit mindestens 1,2 mm dickem, verzinktem Draht oder mit rostgeschütztem (z. B. aluminiumplattiertem) Stahlband.

Bei kantigen Gegenständen sind die Formstücke zu kleben, wenn eine Befestigung mit Draht oder Stahlband nicht möglich ist oder nicht ausreichen würde.

Auf die Formstücke ist ein Gipshartmantel (Abschnitt 3.71) aufzubringen, wenn in der Leistungsbeschreibung nichts anderes vorgeschrieben ist. Das gilt nicht für Dämmungen an Kaltwasserleitungen oder anderen Umschließungen für kalte Flüssigkeiten oder kalte Gase; bei diesen ist ein Pappmantel (Abschnitt 3.73) aufzubringen, wenn in der Leistungsbeschreibung nichts anderes (z. B. Aufbringen einer Sperrschicht aus Kunststoff-Folie) vorgeschrieben ist.

3.7. Ummantelungen

3.71. Hartmantel

3.711. Zum Herstellen des Hartmantels ist eine Spezialgipsmasse mindestens 10 mm dick aufzubringen und mit Binden zu umwickeln; die Umwicklung ist mit einer Überlappung von mindestens 20 mm herzustellen. Für die Bandage ist entweder Nessel, mindestens 17fädig auf 1 cm^2, oder Jutegewebe nicht leichter als 185 g/m^2 zu verwenden. Die Oberfläche der Bandage ist zu glätten.

3.712. Wenn nötig, sind Dehnungsfugen anzulegen. Die Fugen sind durch einen mindestens 40 mm breiten, rostgeschützten (z. B. aluminiumplattierten) Blechstreifen von 0,2 mm Dicke abzudecken.

3.713. Die Endstellen sind mit mindestens 20 mm breiten Manschetten aus rostgeschütztem (z. B. aluminiumplattiertem) Stahlband zu versehen und mit der gleichen Spezialgipsmasse auszuspachteln.

3.72. Blechmantel

3.721. Der Blechmantel ist aus verzinktem Stahlblech (mindestens 0,6 mm dick, Zinkauflage 350 g/m^2) herzustellen, wenn in der Leistungsbeschreibung nichts anderes vorgeschrieben ist. Die Bleche sind an den Stoßstellen (Rund- und Längsnähten) mindestens 30 mm zu überdecken, zu sicken und mit Blechschrauben oder Nieten zu befestigen.

3.722. An den Enden des Blechmantels sind zum Abschluß der Dämmung Stirnscheiben aus verzinktem Blech einzusprengeln.

3.73. Pappmantel

Der Pappmantel ist aus einer Lage 500er Pappe mit beiderseitiger Bitumendeckschicht nach DIN 52 128[+1]) herzustellen. Die Überlappung an den Stößen muß mindestens 30 mm betragen. Die Stöße sind in feuchten Räumen, im Freien, bei Kaltwasserleitungen und anderen Umschließungen für kalte Flüssigkeit oder kaltes Gas zu kleben. Der Pappmantel ist mit mindestens 15 mm breitem, rostgeschütztem (z. B. aluminiumplattiertem) Stahlband in Abständen von höchstens 25 cm zu befestigen. An den Enden ist der Pappmantel zum Abschluß der Dämmung einzuschneiden, über die Stirnfläche umzulegen, zu kleben und auf dem Rohr mit Bindedraht dicht zu befestigen.

[+1]) Fassung nach dem Stand von 1965:
DIN 52 128 — Bitumendachpappen mit beiderseitiger Bitumendeckschicht; Begriff, Bezeichnung, Eigenschaft

4. Nebenleistungen

Nebenleistungen sind Leistungen, die auch ohne Erwähnung in der Leistungsbeschreibung zur vertraglichen Leistung gehören (siehe Teil B – DIN 1961 – § 2 Ziffer 1).

4.1. Folgende Leistungen sind Nebenleistungen:

4.101. Messungen für das Ausführen und Abrechnen der Arbeiten einschließlich des Vorhaltens der Meßgeräte und des Stellens der Arbeitskräfte.

4.102. Heranbringen von Wasser, Gas und Strom von den vom Auftraggeber angegebenen Anschlußstellen auf der Baustelle zu den Verwendungsstellen.

4.103. Vorhalten der Kleingeräte und Werkzeuge.

4.104. Befördern aller Stoffe und Bauteile, auch wenn sie vom Auftraggeber gestellt werden, von den Lagerstellen auf der Baustelle zu den Verwendungsstellen und etwaiges Rückbefördern.

4.105. Beleuchten und Reinigen der Aufenthaltsräume und Aborte für die Beschäftigten des Auftragnehmers sowie Beheizen der Aufenthaltsräume.

4.106. Schutz- und Sicherheitsmaßnahmen nach den Unfallverhütungsvorschriften und polizeilichen Vorschriften.

4.107. Beseitigen geringfügiger Verunreinigungen des Untergrundes.

4.108. Lieferung der Betriebsstoffe.

4.109. Abstützen der Dämmung an senkrechten Rohrleitungen.

4.110. Herstellen und Einfassen von Ausschnitten bis zu 0,1 m^2 Größe.

4.111. Beseitigen aller von den Arbeiten des Auftragnehmers herrührenden Verunreinigungen und des Bauschuttes des Auftragnehmers.

4.112. Schutz der ausgeführten Leistungen und der für die Ausführung übergebenen Gegenstände vor Beschädigung und Diebstahl bis zur Abnahme.

4.2. Folgende Leistungen sind Nebenleistungen, wenn sie nicht durch besondere Ansätze in der Leistungsbeschreibung erfaßt sind:

4.21. Einrichten und Räumen der Baustelle.

4.22. Vorhalten der Baustelleneinrichtung einschließlich der Geräte, Gerüste, Maschinen und dergleichen.

4.23. Herstellen und Einfassen von Ausschnitten.

4.3. Folgende Leistungen sind keine Nebenleistungen:

4.31. „Besondere Leistungen" nach Teil A – DIN 1960 – § 9 Ziffer 2 letzter Absatz[+2]).

4.32. Aufstellen, Vorhalten und Beseitigen von Blenden, Bauzäunen und Schutzgerüsten zur Sicherung des öffentlichen Verkehrs.

4.33. Gestellung von Aufenthalts- und Lagerräumen, wenn der Auftraggeber keine Räume zur Verfügung stellt, die vom Auftragnehmer leicht verschließbar gemacht werden können.

4.34. Beheizen der Anlage während der Ausführung der Dämmungsarbeiten.

+2) Seit November 1973: DIN 1960 — § 9 Nr. 6.

5. Aufmaß und Abrechnung

Es werden aufgemessen und abgerechnet:

5.1. Dämmungen an Rohrleitungen einschließlich Rohrbogen, getrennt nach Arten und Abmessungen (z. B. äußerer Rohrdurchmesser, Dicke und Umfang der Dämmung) nach Längenmaß (m).

Flanschenverbindungen werden übermessen. Einbauten (z. B. Armaturen) zwischen den Flanschen werden nicht mitgemessen. Bei Rohrbogen wird der äußere Bogen der fertigen Dämmung gemessen.

Wand- und Deckendurchbrüche bis zu 24 cm Rohbaudicke werden übermessen.

Bei gemeinsamer Dämmung an nebeneinanderliegenden oder gebündelten Rohrleitungen und den dazugehörigen Bögen (gemeinsame Umhüllung unter Ausfüllung der Zwischenräume mit Dämmstoffen) wird jede Rohrleitung für sich gemessen, wenn die Leistungsbeschreibung keine besondere Position für die gemeinsame Dämmung enthält.

Über die Abgeltung der Blechummantelung von Rohrbogen siehe Abschnitt 5.2.

5.2. Blechummantelungen von Rohrbogen und Dämmkappen über Flanschen getrennt nach Abmessungen, nach Stück als Zulage zu den Preisen nach Abschnitt 5.1.

5.3. Dämmungen an Behältern, Kesseln, Apparaten u. ä. nach Flächenmaß (m^2) oder Stück. Bei Abrechnung nach Flächenmaß werden Ausschnitte bis 0,1 m^2 übermessen. Bei Außendämmungen wird die äußere Fläche der Umhüllung gemessen, bei Innendämmungen die Fläche vor dem Aufbringen der Dämmung.

5.4. Dämmkappen über Armaturen, getrennt nach Arten und Abmessungen, nach Stück oder nach Flächenmaß (m^2). Bei Abrechnung nach Flächenmaß werden Ausschnitte bis 0,1 m^2 übermessen.

5.5. Herstellen und Einfassen von Ausschnitten, getrennt nach Größe, nach Stück.

A n h a n g

DIN 18 451
Gerüstarbeiten
Richtlinien für Vergabe und Abrechnung

Diese DIN-Norm ist nicht Bestandteil der VOB

DIN 18 451
Gerüstarbeiten
Richtlinien für Vergabe und Abrechnung

Inhalt

1. Allgemeines

1.1. DIN 18 451 „Gerüstarbeiten; Richtlinien für Vergabe und Abrechnung" gilt für das Aufbauen und das Abbauen sowie für die Gebrauchsüberlassung der Gerüste, die als selbständige Leistung oder Teilleistung vergeben werden.

1.2. Die Verdingungsunterlagen sollen den Bewerbern mit einem Anschreiben übergeben werden, das alle Angaben enthält, die für den Entschluß zur Beteiligung an der Ausschreibung wichtig sind; insbesondere ist anzugeben, ob die Abschnitte 3 bis 6 dieser Richtlinien Vertragsbestandteil werden sollen.

2. Leistungsbeschreibung

2.1. In der Leistungsbeschreibung sind nach Lage des Einzelfalles insbesondere anzugeben:

2.1.1. Lage der Baustelle.

2.1.2. Art und Verwendungszweck der Gerüste (z. B. Arbeitsgerüste, Schutzgerüste, Fanggerüste, Traggerüste für Mauer-, Beton- und Stahlbeton-, Werkstein-, Fliesen- und Platten-, Putz-, Anstrich-, Klempner-, Dachdeckungsarbeiten).

2.1.3. ob eine bestimmte Bauart der Gerüste vorzusehen ist (z. B. abgebundenes Gerüst, Stangengerüst, Leitergerüst, Stahlrohrgerüst).

2.1.4. Tragfähigkeit der Gerüste.

2.1.5. besondere Belastungen (z. B. Lagern und Transportieren von schweren Bauteilen und Geräten).

2.1.6. ob die Gerüste im ganzen oder abschnittsweise zum Gebrauch zu überlassen sind.

2.1.7. ob eine besondere Verankerungsart vorzusehen ist.

2.1.8. ob Einrichtungen (z. B. Leitergänge, Aufzüge) für das Befördern von Stoffen und Bauteilen vorzusehen sind.

2.1.9. Höhenlage, Ausladung und Ausbildung von Schutzgerüsten und Schutzdächern.

2.1.10. Beginn und voraussichtliche Dauer der Gebrauchsüberlassung.

2.1.11. erschwerende Umstände (z. B. Überbrückungen, Transportwege, elektrische Leitungen, Aufstellung der Gerüste auf Trümmern, in oder über Flußbetten, über Bahnkörpern, auf Dächern oder Treppen, unterhalb und oberhalb von mehr als 30 cm auskragenden Gesimsen oder Kragplatten, an oder unter Brücken).

2.1.12. Behinderungen (z. B. durch den Betrieb des Auftraggebers).

2.1.13. vom Auftraggeber verlangte Arbeitsunterbrechungen sowie Beschränkungen der Arbeitszeit.

2.1.14. ob besondere Maßnahmen vorzusehen sind zum Schutz von Bauteilen, Dachdeckungen, elektrischen Leitungen, Beleuchtungsanlagen, Lichtreklamen, Maschinenanlagen, Feuermeldern, Hydranten, Bäumen, Gartenanlagen u. a.

2.1.15. Gerüste für besondere Bauwerksteile (z. B. Schornsteine, Dachaufbauten, Oberlichte).

2.1.16. Leistungen nach Abschnitt 5, soweit nötig in besonderen Ansätzen.

2.2. In der Leistungsbeschreibung sind Angaben nötig, wenn eine abweichende Regelung von folgenden Abschnitten gewünscht wird:

Abschnitt 3.3. (ungebrauchte Verankerungsteile)

Abschnitt 4.4. (Anfertigen und Liefern statischer Nachweise)

Abschnitt 6.1. (Grundeinsatzzeit von 4 Wochen; Abrechnung nach vollen Wochen).

3. Ausführung und Gebrauchsüberlassung

3.1. Die Gerüste müssen DIN 4420 — Gerüstordnung — sowie den Vorschriften der Berufsgenossenschaft und den Bestimmungen der Bauaufsicht entsprechen; sie müssen ferner den im Vertrag vorgesehenen Anforderungen genügen.

3.2. Der Auftragnehmer hat den Untergrund auf Eignung zum Aufstellen der Gerüste sowie die Möglichkeit zum Verankern der Gerüste zu prüfen. Er hat dem Auftraggeber Bedenken unverzüglich schriftlich mitzuteilen, insbesondere bei

nicht genügend tragfähigem Untergrund,
außergewöhnlichen Unebenheiten des Untergrundes,
gefrorenem Untergrund,
ungeeigneten vorhandenen Verankerungsteilen,
unzureichender Verankerungsmöglichkeit,
Fehlen der Einnivellierung und Einplanierung des Untergrundes bei Traggerüsten.

3.3. Verankerungsteile, die der Auftragnehmer zu liefern und einzubauen hat, die also in das Bauwerk eingehen, müssen ungebraucht sein, wenn in der Leistungsbeschreibung nichts anderes vorgeschrieben ist. Der Witterung ausgesetzte in das Bauwerk eingehende Verankerungsteile müssen rostgeschützt sein.

3.4. Die Gerüste sind in einem zu dem vertragsmäßigen Gebrauch geeigneten Zustand zu überlassen und während der Vertragsdauer in diesem Zustand zu erhalten.

3.5. Die Gebrauchsüberlassung beginnt mit der Benutzbarkeit des Gerüstes, jedoch frühestens an dem Tage, zu dem die Benutzung vereinbart ist. Wird jedoch das Gerüst oder ein Gerüstabschnitt vor dem vereinbarten Tag in Benutzung genommen, so gilt als Beginn der Gebrauchsüberlassung für das Gerüst oder den Gerüstabschnitt der Tag, an dem das Gerüst oder der Gerüstabschnitt in Benutzung genommen wird. Die Gebrauchsüberlassung endet mit der Freigabe durch den Auftraggeber zum Abbauen des Gerüstes oder Gerüstabschnittes, jedoch frühestens 3 Werktage nach Zugehen der Mitteilung über die Freigabe.

3.6. Der Auftraggeber bestimmt, welche Unternehmer während der Gebrauchsüberlassung die Gerüste für ihre Arbeiten benutzen dürfen.

3.7. Die Gerüste dürfen nicht über die vorgesehene Beanspruchung hinaus benutzt werden.

3.8. Konstruktive Veränderungen an den Gerüsten darf nur der Auftragnehmer der Gerüstarbeiten ausführen.

3.9. Wenn während der Zeit der Gebrauchsüberlassung Gerüstteile beschädigt werden oder abhanden kommen, hat der Auftragnehmer dies unverzüglich, spätestens vor dem Abbauen der Gerüste, dem Auftraggeber schriftlich mitzuteilen.

4. Nebenleistungen

Folgende Leistungen sind Nebenleistungen, die auch ohne Erwähnung in der Leistungsbeschreibung zur vertraglichen Leistung gehören und durch den vereinbarten Preis abgegolten sind:

4.1. Messungen für das Ausführen und Abrechnen der Gerüste einschließlich des Vorhaltens der Meßgeräte und des Stellens der hierzu erforderlichen Arbeitskräfte.

4.2. unverzügliches Benachrichtigen des Eigentümers von Anlagen (z. B. von elektrischen Leitungen), die beim Aufbauen oder beim Abbauen der Gerüste beschädigt werden könnten.

4.3. das Aufladen und Abladen, das Anfahren und Abfahren, das Stapeln und Lagern der Gerüstteile auf der Baustelle.

4.4. Anfertigen und Liefern statischer Nachweise und Zeichnungen für die Gerüste nach bauaufsichtlicher Anforderung, soweit nicht in der Leistungsbeschreibung ein besonderer Ansatz hierfür vorgesehen ist.

4.5. Schutz von Gebäudeteilen, Wegen u. ä. unter Gerüstfußpunkten.

4.6. Leitergänge für Personen.

4.7. Liefern und Anbringen der zur Befestigung der Gerüste benötigten Verankerungsteile und deren Entfernen, soweit es der gewerblichen Verkehrssitte entspricht.

4.8. Lieferung der Betriebsstoffe.

4.9. Vorhalten der Kleingeräte und Werkzeuge.

4.10. Schutz- und Sicherheitsmaßnahmen nach den Unfallverhütungsvorschriften und nach den polizeilichen Vorschriften, ausgenommen Leistungen nach Abschnitt 5.8. und 5.9.

4.11. Beseitigen aller von den Arbeiten des Auftragnehmers herrührenden Verunreinigungen.

5. Zusätzliche Leistungen

Folgende Leistungen sind zusätzliche Leistungen; sie sind, soweit nötig, in besonderen Ansätzen in der Leistungsbeschreibung zu erfassen:

5.1. Aufstellen, Gebrauchsüberlassung und Beseitigen von Leitergängen zum Befördern von Stoffen und Bauteilen.

5.2. Beseitigen von Hindernissen, Leitungen, Kabeln u. a. sowie Sichern von Leitungen, Kabeln, Grenzsteinen, Bäumen u. a.

5.3. Entfernen von Verankerungsteilen für die Gerüste aus dem Bauwerk in anderen Fällen als nach Abschnitt 4.7.

5.4. besondere Schutzmaßnahmen für Teile der Verankerung, die in das Bauwerk eingehen.

5.5. Aufwendungen für die Inanspruchnahme fremder Grundstücke.

5.6. vom Auftraggeber verlangte nachträgliche Änderung vertragsmäßig ausgeführter Gerüste.

5.7. besondere Maßnahmen zum Schutz gegen Beschädigung von Gebäudeteilen, Anlagen und deren Zugängen bei der Benutzung der Gerüste, ausgenommen Leistungen nach 4.5.

5.8. Aufstellen, Vorhalten und Beseitigen von Blenden, Bauzäunen und besonderen Schutzgerüsten zur Sicherung des öffentlichen Verkehrs sowie von Einrichtungen außerhalb der Baustelle zur Umleitung und Regelung des öffentlichen Verkehrs.

5.9. Beleuchten der Gerüste zur Sicherung des öffentlichen Verkehrs während der Zeit der Gebrauchsüberlassung.

5.10. Aufwendungen für die bauaufsichtliche Genehmigung und Abnahme der Gerüste.

5.11. Beseitigen von Mängeln des Untergrundes (siehe Abschnitt 3.2.).

5.12. Reinigen der Gerüstteile von grober Verschmutzung, soweit eine Wiederverwendung der Gerüstteile ohne diese Reinigung nicht möglich ist.

6. Aufmaß und Abrechnung

6.1. Durch den vereinbarten Preis sind die Gebrauchsüberlassung der Gerüste bis zu 4 Wochen (Grundeinsatzzeit) sowie das Aufbauen und das Abbauen der Gerüste abgegolten, wenn in der Leistungsbeschreibung nichts anderes vorgeschrieben ist.
Die über die Grundeinsatzzeit hinausgehende Gebrauchsüberlassung wird nach vollen Wochen abgerechnet, wenn in der Leistungsbeschreibung nichts anderes vorgeschrieben ist.
Die Woche wird vom ersten Tag der Gebrauchsüberlassung an gerechnet.

6.2. Gerüste werden getrennt nach Bauart, Verwendungszweck und Tragfähigkeit aufgemessen und abgerechnet.

6.2.1. Bei Abrechnung nach Flächenmaß werden Gerüste nach den eingerüsteten Bauwerksflächen aufgemessen, soweit die Ausmaße der Gerüste durch ihre Zweckbestimmung bedingt sind (z. B. Teileinrüstung).
Bei Volleinrüstung eines Bauwerks wird die abzurechnende Fläche durch die äußersten Kanten des Bauwerks begrenzt. Die Länge wird horizontal in der größten Abwicklung der eingerüsteten Bauwerksfläche gemessen; Vorsprünge und Rücksprünge der Bauwerksflächen, die die wandseitige Gerüstflucht nicht unterbrechen, werden jedoch nicht berücksichtigt. Die

Höhe wird von der Standfläche der Gerüste bis zur Oberkante der eingerüsteten Bauwerksfläche gemessen.

6.2.2. Bei der Abrechnung von Raum-Innengerüsten nach Raummaß wird der Rauminhalt des eingerüsteten Raumes oder Raumteiles des Bauwerks gemessen.

6.2.3. Die Maße sind aus den Ausführungszeichnungen zu entnehmen, soweit die Ausführung des Bauwerks diesen Zeichnungen entspricht.

6.2.4. Es werden aufgemessen und abgerechnet:

6.2.4.1. Abgebundene Gerüste nach Flächenmaß (m^2) oder nach Stück.

6.2.4.2. Stangengerüste nach Flächenmaß (m^2) oder nach Stück.

6.2.4.3. Leitergerüste nach Flächenmaß (m^2) oder nach Stück oder nach Längenmaß (m) der aufgestellten Leitern.
Bei Abrechnung nach Längenmaß der aufgestellten Leitern werden die Leitern bis 2 m über der obersten Arbeitsbühne gemessen, jedoch nicht höher als bis zur Oberkante der Bauwerksfläche; überschobene Leiterteile werden übermessen.

6.2.4.4. Stahlrohrgerüste und Leichtmetallrohrgerüste u. a. nach Flächenmaß (m^2) oder nach Stück.

6.2.4.5. Bockgerüste, getrennt nach Art und Abmessungen, nach Stück.

6.2.4.6. Auslegergerüste, getrennt nach Art und Abmessungen, nach Längenmaß (m) oder nach Stück.

6.2.4.7. Schutzdächer, getrennt nach Art und Abmessungen, nach Längenmaß (m) oder nach Flächenmaß (m^2) oder nach Stück.

6.2.4.8. Fanggerüste, getrennt nach Art und Abmessungen, nach Flächenmaß (m^2) oder nach Längenmaß (m) oder nach Stück.

6.2.4.9. Hängegerüste, getrennt nach Art und Abmessungen, nach der Grundfläche des Gerüstes (m^2) oder nach Längenmaß (m) oder nach Stück.

6.2.4.10. Raumgerüste nach Raummaß (m^3) oder nach Stück.

6.2.4.11. fahrbare Gerüste, getrennt nach Art und Abmessungen, nach Stück.

6.2.4.12. Traggerüste und Lehrgerüste, getrennt nach Art und Abmessungen, nach Stück.

6.2.4.13. Gerüste für besondere Bauwerksteile (z. B. für Schornsteine, Dachaufbauten, Oberlichte) nach Stück.

6.2.4.14. Fördergerüste (Aufzuggerüste), Transport- und Laufbrücken, getrennt nach Art und Abmessungen, nach Stück.

6.2.4.15. Leitergänge zum Befördern von Stoffen und Bauteilen, getrennt nach Abmessungen, nach Stück.

6.2.4.16. Schutzabdeckungen, getrennt nach Art und Abmessungen, nach Flächenmaß (m^2) oder nach Stück.

Alphabetisches Sachverzeichnis

a) Das Sachverzeichnis erfaßt nur die Teile A und B der VOB. Für Teil C, Allgemeine Technische Vorschriften für Bauleistungen, erübrigt sich ein Sachverzeichnis, da die Vorschriften nach abgeschlossen behandelten Gewerken aufgegliedert sind.

b) Die Stichworte sind durch Fettdruck hervorgehoben.

c) Wiederholungen sind durch Gedankenstriche dargestellt.

d) Die Hinweise werden nach folgendem Beispiel gegeben: B 13.1 u. 7 bedeutet VOB/B § 13 Nummer 1 und Nummer 7.

D

E

L

O

P

R

T

U

V

W

Für zusätzliche Vermerke

Für zusätzliche Vermerke